AF616933

ACCESO GRATIS *a la Lectura en la Nube*

Para visualizar el libro electrónico en la nube de lectura envíe junto a su nombre y apellidos una fotografía del código de barras situado en la contraportada del libro y otra del ticket de compra a la dirección:

ebooktirant@tirant.com

En un máximo de 72 horas laborables le enviaremos el código de acceso con sus instrucciones.

LA MODERNIZACIÓN DEL DERECHO DE FAMILIA A TRAVÉS DE LA PRÁCTICA JURISPRUDENCIAL

LA MODERNIZACIÓN DEL DERECHO DE FAMILIA A TRAVÉS DE LA PRÁCTICA JURISPRUDENCIAL

JOSÉ RAMÓN DE VERDA Y BEAMONTE
Director

PEDRO CHAPARRO MATAMOROS
Coordinador

tirant lo blanch
Valencia, 2024

En caso de erratas y actualizaciones, la Editorial Tirant lo Blanch publicará la pertinente corrección en la página web www.tirant.com.

La presente obra ha sido financiada por el Proyecto de Investigación "La modernización del Derecho de Familia a través de la práctica jurisprudencial" (AICO/2021/090) de la Conselleria de Educación, Universidades de la Generalitat Valenciana, del que es IP el Profesor José Ramón de Verda y Beamonte.

También se enmarca en el Grupo de Investigación de la Universidad de Valencia "Persona y Familia" (GPF), GIUV2013-101, del que es IP el profesor José Ramón de Verda y Beamonte, así como en el Grupo de Investigación de la Universidad de Valencia "Derecho y vulnerabilidad: menores de edad, personas con discapacidad y animales de compañía" (DERVUL), GIUV2022-532, del que es IP el profesor Pedro Chaparro Matamoros.

EDITA: TIRANT LO BLANCH
C/ Artes Gráficas, 14 - 46010 - Valencia
TELFS.: 96/361 00 48 - 50
FAX: 96/369 41 51
Email: tlb@tirant.com
www.tirant.com
Librería virtual: www.tirant.es
DEPÓSITO LEGAL: V-1268-2024
ISBN: 978-84-1056-804-4

Si tiene alguna queja o sugerencia, envíenos un mail a: *atencioncliente@tirant.com*. En caso de no ser atendida su sugerencia, por favor, lea en *www.tirant.net/index.php/empresa/politicas-de-empresa* nuestro procedimiento de quejas.

Responsabilidad Social Corporativa: http://www.tirant.net/Docs/RSCTirant.pdf

Índice

5. LA REELABORACIÓN JURISPRUDENCIAL DE LA COMPENSACIÓN POR DESEQUILIBRIO ECONÓMICO EN LA SEPARACIÓN Y EL DIVORCIO

José Ramón de Verda y Beamonte

1. PROHIBICIONES E IMPEDIMENTOS MATRIMONIALES

JOSÉ RAMÓN DE VERDA Y BEAMONTE[1]

SUMARIO: I. CONSIDERACIONES PRELIMINARES. II. EL RÉGIMEN ORIGINARIO DEL CÓDIGO CIVIL. III. LA REFORMA OPERADA POR LA LEY 30/1981. IV. UNA PRECISIÓN CONCEPTUAL: REQUISITOS DE CAPACIDAD E IMPEDIMENTOS. V. LOS REQUISITOS DE CAPACIDAD. 1. La edad. 2. La libertad de estado. VI. LOS IMPEDIMENTOS MATRIMONIALES EN SENTIDO ESTRICTO. 1. El parentesco. 2. El crimen.

I. CONSIDERACIONES PRELIMINARES

El objeto del presente trabajo es llevar a cabo un estudio de la capacidad nupcial y de los impedimentos matrimoniales en el Derecho español, materia ésta, que, si bien ha sido objeto de modificación en 2015, en sus líneas esenciales, fue pergeñada por la Ley 30/1981, de 7 de julio.

Dicha Ley llevó a cabo una labor de *personalización* del matrimonio (destacadamente, introduciendo el divorcio vincular y dando relevancia en sede de nulidad a las causas de invalidez, basadas en la falta de *realidad* o *integridad* del consentimiento matrimonial), acentuando su función de ser un medio de desarrollo de la personalidad de los cónyuges, en detrimento de su carácter de institución social, cuya estabilidad se ha considerado, desde siempre, un valor social, lo que explica la tradicional conexión de la institución matrimonial con la procreación y educación de los hijos; y, de ahí, la secular exigencia del requisito de la heterosexualidad de los contrayentes, suprimido por la Ley 13/2005, 1 de julio.

II. EL RÉGIMEN ORIGINARIO DEL CÓDIGO CIVIL

El Código civil español de 1889 estableció una regulación de los impedimentos matrimoniales, heredera de la establecida en la Ley de Matrimonio civil obligatorio de 1870, claramente inspirada en el Derecho Canónico.

---

1 CU, Derecho civil, Universidad de València.

El originario art. 83.1° CC[2] permitía, así, casarse a los varones a partir de los catorce años y a las mujeres a partir de los doce años[3], lo que traslucía una concepción *institucionalista* del matrimonio, que consagraba el impedimento de edad, primando el dato biológico de la posibilidad de procreación (que se consideraba una finalidad típica de aquél)[4]; y estable-

---

2 Correspondiente al art. 4 de la Ley de Matrimonio Civil Obligatorio.

3 Es el criterio entonces seguido por el Derecho canónico, asociado a la pubertad, que también recoge Pothier: *Traité du contrat de mariage*, t. I, Paris, Orleans, 1771, p. 99.

4 No se puede decir que el art. 83. 1° CC fuera totalmente excéntrico en el contexto de otros países europeos, en los que el matrimonio también se permitía, aunque fuera por vía de dispensa, a edades tempranas.
De hecho, era exacta la coincidencia del originario art. 83.1 del Código civil español con el art. 1073.4° del Código civil portugués de 1867, el cual fijaba también la edad para contraer matrimonio en 14 años, para el varón, y en 12 años, para la mujer.
En su primera redacción, el antecedente de lo que posteriormente sería el art. 144 del CC francés, esto es, el art. II del Capítulo II, titulado de las *Cualidades y de las Condiciones necesarias para poder contraer matrimonio*, del 6° Proyecto de ley del Libro I del Código, *Del matrimonio*, establecía que el hombre no podía casarse antes de la edad de quince años cumplidos y la mujer antes de los trece.
El precepto fue discutido en la sesión del 26 de Fructidor del año 9 de la República, discusión de las que nos da noticias, Locré: *Procès-Verbaux du Conseil d'État, contenant la dicussion du Projet de Code civil*, años 9 y 10, I, Imprimerie de la République, Paris, Año XII (1804), pp. 231-233. Hubo quien, como Berlier, defendió el precepto, argumentando que se hallaba en sintonía con la costumbre y que siempre se había ligado la capacidad para contraer matrimonio a la pubertad y que, siendo raro el matrimonio a edades tan tempranas, debía dejarse al cuidado de las familias la posibilidad de reparar a través del matrimonio deslices de los jóvenes. Por el contrario, el Primer Cónsul sostuvo que no sería provechoso que la entera generación se casara a edades tan tempranas, por lo no que había que acoger la regla general que establecía el precepto, en lo que estuvieron de acuerdo la mayoría de los asistentes, por lo que se rechazó el artículo, proponiéndose que se fijara como edad mínima para casarse en dieciocho años para el varón y en quince años para la mujer, a menos que se obtuviera dispensa para casarse antes.
El art. 144 CC francés acabaría, así, fijando la edad para contraer matrimonio en los dieciocho años para el varón y en los quince años para la mujer. Comentando el precepto J. de Maleville: *Analyse raissonée de la discussion du Code civil au Conseil d'État*, t. I, Paris, 1805, observa que tal previsión se explica porque los cónyuges demasiado jóvenes no tienen la madurez de espíritu y la experiencia necesaria para llevar adelante una casa y criar a sus hijos. No obstante, el art. 145 CC galo permitía al Gobierno dispensar el impedimento de edad por motivos graves.
El art. 55 CC italiano de 1865, al igual que el francés, establecía la edad de quince años para la mujer y de dieciocho para el hombre, pero permitía al Rey dispensar

cía la revalidación *ipso facto* (sin necesidad de declaración expresa) del matrimonio contraído por impúberes, "si un día después de haber llegado a la pubertad legal hubiesen vivido juntos sin haber reclamado en juicio contra su validez, o si la mujer hubiera concebido antes de la pubertad legal o de haberse entablado la reclamación"[5].

Aunque el hecho de que se fijara una edad tan temprana para poder casarse traslucía una consideración del matrimonio como una institución tal servicio de la perpetuación de la especie, cumplía, además, una clara función práctica, que era permitir regularizar legal y, por consiguiente, socialmente la situación de los menores que habían mantenido (o pretendían mantener) relaciones sexuales y evitar que los hijos nacidos de ellas fueran extramatrimoniales, con la consiguiente discriminación que esta circunstancia en aquel tiempo comportaba[6].

El Código civil español, inspirándose en el Derecho canónico, regulaba como impedimentos la impotencia[7], el orden sagrado y la profesión religiosa[8], el parentesco de afinidad[9], el conyugicidio[10] y el

---

el impedimento, una vez que la mujer hubiera cumplido los 12 años y el varón los 14.

5 *Vid.* las agudas críticas de esta regulación realizadas por P. Salvador Coderch: "Comentario al art. 46 CC", en *Comentarios a las reformas del Derecho de familia*, vol. I, Tecnos, Madrid, 1984, pp. 157-158, desde un punto de vista constitucional.

6 Utilizo palabras de F. Finocchiaro: *Matrimonio*, en *Commentario del Codice civile Scialoja-Branca* (coord. F. Galgano), tomo II, arts. 84-158, Zanichelli, Bolonia, Il Foro italiano, Roma, 1993, p. 25.

7 El art 83. 3º CC (correspondiente al art. 4.3 de la Ley de Matrimonio civil obligatorio) impedía contraer matrimonio a "Los que adolecieren de impotencia física, absoluta o relativa, para la procreación con anterioridad a la celebración del matrimonio, de una manera patente, perpetua e incurable".

8 Según el art. 83. 4º CC (correspondiente al art. 5.2 de la Ley de Matrimonio civil obligatorio), no podían contraer matrimonio "Los ordenados in sacris y los profesos en una Orden religiosa canónicamente aprobada, ligados con voto solemne de castidad, a no ser que unos y otros hayan obtenido la correspondiente dispensa canónica".

9 El art. 84 CC (trasunto del art. 6 n. 1, 3 y 4 de la Ley de Matrimonio civil obligatorio) establecía el impedimento de parentesco por afinidad legítima o natural en la línea recta; y en línea colateral hasta el cuarto grado en la afinidad legítima y hasta el segundo grado en la afinidad natural, si bien éstos últimos podían ser dispensados por el Gobierno, a instancia de parte, con "justa causa".

10 En la primera edición del Código civil el impedimento de conyugicidio estaba contenido en el número 8º del art. 84, que se refería a "Los que hubiesen sido condenados como autores, o como autor y cómplice de la muerte del cónyuge

rapto[11]; así como una serie de licencias cuya infracción, afectaba a la licitud, pero no, a la validez del matrimonio (impedimentos no dirimentes, sino impedientes, en terminología canónica) según resultada del viejo art. 50 CC, las cuales estaban recogidas en el art. 45 CC, que afectaban a los menores de edad (que para casarse tenían que obtener el consentimiento de la familia en los términos previstos en el art. 46); a la viuda durante los trescientos un días siguientes a la muerte de su marido, o antes de su alumbramiento, si hubiese quedado encinta, y a la mujer, cuyo matrimonio hubiera sido declarado nulo, "en los mismos casos y términos, a contar desde su separación legal"; y al tutor y a sus descendientes con las personas que tuviera o hubiese tenido en guarda hasta que, acabada la tutela, se aprobasen las cuentas de su cargo, salvo el caso de que el padre de la persona sujeta a tutela hubiese autorizado el matrimonio en testamento o en escritura pública[12].

El Código civil español se apartaba del Código civil francés (su modelo, salvo en ámbitos como el del Derecho de familia), el cual, ya en 1804, suprimió el impedimento de impotencia[13], pero, con toda probabilidad, esa

---

de cualquiera de ellos", pasando el mismo texto al número 7° del precepto en la segunda edición del Código.

En la primera edición el número 7° del art. 84 CC (trasunto del art. 6.6. de la Ley de Matrimonio civil obligatorio) impedía contraer matrimonio entre sí a los adúlteros condenados por sentencia firme, impedimento, que fue suprimido en la segunda edición del Código.

11 El originario art. 101.3 CC declaraba nulo el matrimonio "contraído por el raptor con la robada, mientras ésta se halle en su poder".

12 Los antecedentes de estos preceptos se hallan en los arts. 5, n. 3 y 4, y 6, n. 9 y 10, de la Ley de Matrimonio civil obligatorio.

13 Como también el de rapto, al que, sin embargo, J. E. M. Portalis.: *Discours, rapports et travaux sur le Code civil*, Jouvert, Paris, 1844, p. 25, consideraba (junto a la falta de libertad y al error sobre la persona) como un impedimento para contraer matrimonio, impuesto por la naturaleza misma en atención a los fines y caracteres del mismo, que nunca podía ser dispensado, al provocar la falta de un verdadero consentimiento.

De hecho, el impedimento sí aparecía en el art. IV.1 del Capítulo II, titulado de las *Cualidades y de las Condiciones necesarias para poder contraer matrimonio*, del 6° Proyecto de ley del Libro I del Código, *Del matrimonio*, el cual decía que no hay consentimiento (además de en los casos de violencia y error en la persona del otro contrayente, contemplados en los n. 1 y 2 del precepto) si hubiera habido rapto, salvo que la persona raptada lo hubiese prestado, una vez recuperada su libertad. El precepto sería rechazado en la sesión de 26 de Fructidor del año 9 de la República, acogiéndose, como expone Locré: *Procès-Verbaux*, cit., I, p. 240, la propuesta

supresión no vino motivada porque el legislador galo tuviera una concepción del matrimonio muy distinta a que subyacía en la mente del legislador español[14].

Ambos presuponían, en realidad, una visión del matrimonio, en la que primaba su consideración como una institución de carácter social encaminada a la procreación y educación de los hijos[15]; de otro modo no se en-

---

de Bigot-Preámeneu, conforme a la cual "No hay matrimonio, cuando no hay consentimiento; no hay consentimiento cuando hay violencia, seducción o error en la persona". Sin embargo, esta propuesta tampoco pasaría al art. 146 del *Code*, que se limita a decir que "No hay matrimonio, cuando no hay consentimiento", sin que en el art. 180 del mismo, que declara la nulidad del matrimonio contraído sin consentimiento libre, exista ninguna referencia al rapto o a la seducción.
Duranton: *Cours de Droit civil, suivant le Code français*, tomo II, 2ª ed., Alex-Gobelet, Paris, 1828, pp. 36-38, observa que el rapto violento, al igual que cualquier intimidación, sólo da lugar a la posibilidad de ejercitar una demanda de nulidad en favor de la persona violentada, siempre que la violencia subsista al tiempo de la celebración del matrimonio. Respecto del rapto por seducción, también llamado *raptus in parentes*, por considerarse cometido contra la familia del menor seducido, constata que ya no es causa de anulación del matrimonio, limitándose el art. 182 del *Code* a conceder a los familiares la acción de nulidad, cuando el matrimonio se hubiera celebrado sin su consentimiento cuando fuera preciso.

14 Con anterioridad, la impotencia era un impedimento dirimente, pero Pothier: *Traité du contrat de mariage*, t. II, Paris, Orleans, 1771, pp. 78-79, entendía que, a pesar de ello, no podía ser invocada por el contrayente impotente, sino, exclusivamente, por el otro contrayente, pues, siendo una cuestión secreta, no ofendía a la honestidad pública. Por ello, aunque no lo dijera expresamente, hay que entender, que, a su juicio, tampoco podía ser invocada por el Ministerio Público, pues, según el autor, éste no podía demandar la invalidez del matrimonio por motivos ignorados por el público (p. 87).

15 Es, así, de todos conocida la célebre definición de matrimonio de Portalis, quien, en la Sesión del Consejo de Estado, de 1 de Ventôse del año XI de la República, en la Exposición de Motivos del Título V del Proyecto de Código civil, lo define como la sociedad del hombre y de la mujer, que se unen para perpetuar su especie, para ayudarse a llevar adelante las dificultades de la vida, a través del socorro mutuo, y para compartir su común destino. *Cfr.* Locré: *Procès-Verbaux du Conseil d'État, contenant la dicussion du Projet de Code civil*, año XI, tomo II (1803), Imprimerie de la République, Paris, 1803, p. 505.
En la doctrina Proudhon: *Cours de Droit français*, parte 1ª, *Sur l'état des personnes et sur le titre préliminaire du Code Napoléon*, tomo I, 2ª ed., M. Antoine, Paris, 1811, pp. 214-215, definía, así, el matrimonio como una asociación legítimamente contraído por un hombre y una mujer que comporta la mutua entrega de sus facultades naturales con promesa de asistencia y de fidelidad recíprocas; y afirma que ha sido instituido por la naturaleza para la propagación del género humano, siendo

tiende por qué un sector de la doctrina francesa[16] habría de calificar como *inexistente* (no meramente nulo) el matrimonio entre personas del mismo sexo, reputando la heterosexualidad un requisito esencial de la institución matrimonial[17].

La razón fundamental (además buscar un modelo de matrimonio civil propio diferenciado del canónico) —me parece a mí— fue otra, a saber, preservar la intimidad de la familia, evitando injerencias judiciales en un ámbito —sobre todo, en aquella época— tan *espinoso* como el de la capacidad sexual del marido para mantener relaciones sexuales con su mujer; nos parece, así, indicativo que, entre las causas de divorcio contempladas en los originarios arts. 239 a 233 del *Code*, al menos expresamente, no se recogiera la impotencia del marido[18].

---

el fundamento de la sociedad. C. B. M. Toullier: *Le Droit civil français suivant l'ordre du Code Napoléon*, tomo I, Nève, Paris, 1811, p. 594, afirma tajantemente que la finalidad del matrimonio es la procreación de los hijos y la perpetuación de la especie. F. A. Vazeille.: *Traité du mariage*, tomo I, Bavoux, Nèvem, Paris, 1825, p. 3, entiende, en cambio, que, aunque la procreación no es, en sentido estricto, la finalidad del matrimonio, es, en general, efecto necesario del mismo, añadiendo que, como institución civil, el matrimonio tiene con objeto principal determinar un padre para los hijos.

16 *Cfr.* en este sentido C. S. Zachariae: *Cours de Droit civil français* (revisado y aumentado por C. Aubry y C. Rau), t. III, F. Lagier, Estrasburgo, 1839, p. 212; o F. Laurent: *Principes de droit civil*, tomo II, Bruylant-Cristophe, Bruxelles, Paris, 1870, p. 343.
La categoría de la inexistencia, asociada a la idea que *en matière de mariage il n'y a pas de nullité sans texte*, que impedía, además, la aplicación de la institución del matrimonio putativo, fue, sin embargo, perdiendo fuerza en la doctrina científica francesa, que acabó admitiendo causas de nulidad implícitas o virtuales. *Cfr.*, en este sentido, A. Batteur: *Droit des personnes, des familles et des majeurs protégés*, 8ª ed., LGDJ, Issy-les-Moulineaux, 2015, p. 334; Ph. Malaurie y H. Fulchiron: *Droit de la famille*, 5ª ed., LGDJ, 2016, pp. 170-171, o F. Terré, Ch. Goldie-Genicon y D. Fenouillet: *Droit civil, La famille*, 9ª ed., Dalloz, Paris, 2018, pp. 139-140.
Por otro lado, al admitir la Ley n. 404 de 17 de marzo de 2003 el matrimonio entre personas del mismo sexo, despareció la causa prototípica de inexistencia. En efecto, el art. 13 de dicha Ley introdujo un art. 6.1 al Código civil francés, según el cual el matrimonio produce idénticos efectos, con independencia de que los cónyuges sean de diferente o del mismo sexo.

17 *Vid.* a este respecto *Cass. Civ.* 6 abril 1903, S., 1904-I, 273, que afirma que el matrimonio no puede ser legamente contraído más entre dos personas de sexo masculino y femenino, por lo que subordina su existencia a la condición de que el sexo de cada uno de los contrayentes sea conocido y difiera del otro.

18 Así se deduce claramente de los términos en que se pronuncia Duranton: *Cours*, cit., tomo II, pp. 55-56. Observa el autor que, con anterioridad a la promulgación

Eso sí, había una importante diferencia entre ambas legislaciones, porque en la francesa, aunque la procreación fuera un fin implícito de la institución matrimonial *in genere*, no tenía por qué serlo de los concretos matrimonios que se celebraran (siempre, entre un hombre y una mujer)[19]. No obstante, el común de los autores, propugnó, desde tiempos tempranos, la relevancia invalidante del error consistente en ignorar la impotencia *coeundi* del otro contrayente, merced a una interpretación extensiva de la expresión *erreur dans la personne* del art. 180 del *Code*[20].

---

del Código civil francés, la impotencia era un impedimento para contraer matrimonio, constatando que el Código guarda silencio absoluto sobre este punto, lo que explica porque la prueba de la impotencia natural repugna a las buenas costumbres, por ser siempre difícil, indecente y raramente segura. Admite, en cambio, que la impotencia que llama accidental, existente antes del matrimonio, causada por accidente o por "une operation de l'art", pueda encauzarse por vía de error.

19 Duranton: *Cours*, cit., tomo II, pp. 4-5, se refiere, así, al matrimonio, como a la unión legítima entre un hombre y una mujer, que generalmente se asocian para perpetuar su especie y siembre para compartir su común destino.

20 *Cfr.*, ya en este sentido, Duranton: *Cours*, cit., tomo II, p. 56, respecto a la impotencia accidental (no natural). Vazeille, F. A.: *Traité*, cit., tomo I, p. 98 y ss., atribuye relevancia invalidante a la ignorancia de la impotencia del otro contrayente, tanto en el caso de impotencia accidental, como natural, tesis ésta, que es la que acabaría prevaleciendo, siendo acogida, entre otros, por C. Demolombe: *Traité du mariage et de la séparation de corps*, tomo I, Imprimerie Générale, Paris, 1884, pp. 405-406; V. Marcadé: *Explication méthodique et raisonnée du Code civil*, tomo I, 2ª ed., Corbeil, Paris, 1844, p. 555.
Esta tesis acabaría imponiéndose, a pesar, de la resistencia de autores, como F. Laurent: *Principes*, cit., t. II, pp. 379-380, a interpretar extensivamente la expresión "erreur dans la personne" del art. 180 del *Code*, negando la relevancia invalidante del error recayente sobre cualquier cualidad personal del otro contrayente, y, en particular, el atinente a la potencia *coeundi*, considerado dicha posibilidad como una "herejía jurídica", por dar lugar a la consideración como vicio del consentimiento de un mero error sobre los motivos o móviles subjetivos y ser una doctrina "deplorable", al reducir al Derecho al arbitrio del juez.
En cualquier caso, la Ley de 11 de julio de 1975 dio nueva redacción al art. 180 del *Code*, admitiendo que el error sobre cualidades esenciales del otro contrayente pueda también (junto al error sobre su identidad) ser causa de nulidad de matrimonio, entendiendo el común de la doctrina que entre dichas cualidades esenciales se incluye la aptitud para mantener relaciones sexuales, salvo que se trate de un contrayente de edad relativamente avanzada. *Vid.* en este sentido, entre otros, A. Batteur: *Droit des personnes*, cit., p. 316; Y. Buffelan-Lanore y V. Larribau-Terneyre: *Droit civil. Introducción, Biens, Personnes, Famille*, 19 ed., Sirey, Paris, 2015 p. 607; P. Courbe y A. Gouttenoire: *Droit de la famille*, 6ª ed., Sirey, Paris, 2013,

III. LA REFORMA OPERADA POR LA LEY 30/1981

El derecho a contraer matrimonio, consagrado en el art. 32 CE, es manifestación del principio de libertad nupcial, el cual, a su vez, tiene una evidente conexión con el libre desarrollo de la personalidad (art. 10.1 CE), en la medida en que a través de aquélla se salvaguarda un interés fundamental de la persona a constituir una familia fundada en el matrimonio y a desenvolver en ella la propia personalidad, por lo que sólo puede ser limitada legalmente, mediante una regulación de los impedimentos matrimoniales respetuosa con esta idea[21].

Por ello, hay que valorar positivamente que la Ley 30/1981, de 7 de julio, suprimiera los impedimentos de impotencia, orden sagrado y profesión religiosa, parentesco por afinidad y de rapto (así como las licencias, cuya no obtención no afectaban a la validez, sino a la ilicitud del matrimonio), introduciendo un nuevo factor de *personalización* del matrimonio, que se convirtió, así, en cauce de desarrollo personal de los individuos carentes de potencia *coeundi*, así como de los impedidos para contraer matrimonio en virtud de reglamentaciones de carácter confesional o de los ligados entre sí por parentesco de afinidad.

El Estado renunció, pues, a excluir el acceso al matrimonio de estas personas, sin perjuicio de que el error sobre la aptitud sexual o sobre la condición de sacerdote o religioso profeso pueda alcanzar relevancia invalidante, en el caso concreto, *ex* actual art. 73.4° CC (que, tras la reforma operada

---

p. 55; Ph. Malaurie y H. Fulchiron: *Droit de la famille*, cit., p. 131; o F. Terré, Ch Goldie-Genicon y D. Fenouillet, D.: *Droit civil*, cit., p. 141.

21 La libertad nupcial positiva no puede quedar coartada por normas puramente administrativas, pues el art. 32.2 CE establece que "La ley regulará [...] la edad y capacidad para contraerlo".
Así lo constató la RDGRN 3 diciembre 1993 (RJ 1993, 10175), que resolvió un recurso del Ministerio fiscal contra el auto del juez encargado del Registro civil, que autorizaba el matrimonio de una española con un ciudadano checo a quien, por expediente administrativo, se había expulsado de España, habiéndosele prohibido la entrada en territorio español por un período de tres años. La DGRN entendió que "el derecho a contraer matrimonio es un derecho fundamental de las personas, reconocido en el art. 32 de la Constitución [...] y por los Convenios internacionales que ligan a España. Por esto [...] sólo está supeditado a los obstáculos de orden civil establecidos por el Código, pero no puede quedar coartado por normas administrativas de otro carácter, máxime cuando ninguna de ellas subordina, porque ello supondría una limitación intolerable a un derecho fundamental, la celebración del matrimonio de un extranjero en España a su condición de residente legal en España".

por la Ley 30/1981, contempla entre las causas de nulidad matrimonial el error en cualidad); y la situaciones de coacción o miedo grave a través del también reformado (por la misma Ley 30/1981) art. 73.5° CC (coincidente con el segundo inciso del originario art. 101.2° CC), es decir, como vicios del consentimiento; con exclusión, por lo tanto, de consideraciones de orden público acerca de la estructura de la familia, idea ésta última, que preside la regulación de los impedimentos matrimoniales.

En particular, la supresión del impedimento de impotencia[22] también debe ser enjuiciada positivamente desde el punto de vista del respeto al

---

22 En Italia, la Ley n. 51, de 9 de mayo de 1975, suprimió el impedimento de impotencia, supresión que, en aquel momento, suscitó reparos en algún sector de la doctrina.
Así, V. Pietrobon: "Comentario al art. 122 del Código civil", en *Commentario alla riforma del diritto di famiglia* (a cargo de L. Carraro, G. Oppo, A. Trabbuchi), t. I, parte 1ª (arts. 1-89), *Introduzione generale. Domicilio e assenza. Matrimonio. Scioglimento del matrimonio e separazione personale. Regime patrimoniale della famiglia*, Cedam, Padova 1977, pp. 158-160, opuso dos reparos. El primero que la reconducción de la impotencia a una cuestión de puro error en cualidad personal no era, quizás, del todo adecuada, en la medida en que se privaba del derecho a solicitar la nulidad del matrimonio al contrayente que careciera de capacidad para mantener relaciones sexuales, el cual podría llegar al convencimiento de que, si su consorte hubiera conocido la verdadera situación de hecho, no habría prestado el consentimiento; mientras que éste último, por el contrario, pudiera tener reparos morales en invocar un error de esta naturaleza. El otro inconveniente señalado por el autor era el de que la acción de nulidad por error no podía ser ejercitada, si los contrayentes, antes de la celebración del matrimonio, conocían la impotencia de uno de ellos, pero tenían dudas acerca de su posible curación.
Respecto de la primera de las objeciones, entiendo que es razonable atenerse a la particular valoración que de las circunstancias realice el contrayente que padeció el error: si éste, por las razones que sea, decide no impugnar la validez del matrimonio, debe respetarse su libérrima decisión. El segundo de los reparos está, obviamente, fundado, porque el estado psicológico de duda excluye el error. No obstante, si los contrayentes sabían que existía la posibilidad de que la impotencia no llegara a ser curada y, pese a ello, consintieron en contraer matrimonio (cuya validez, a tenor del art. 45.II CC español, no puede ser subordinada a la condición de que la impotencia sea curada), no parece reprochable que deban soportar los riesgos anejos a su decisión. El supuesto me parece radicalmente distinto a la hipótesis en la que un contrayente ignorara la impotencia de la otra parte en el momento de la celebración de las nupcias: en tal caso, existiría un error en una cualidad de incontestable entidad, que viciaría gravemente el consentimiento, y de ahí que el legislador establezca la pertinente acción de impugnación del matrimonio.

derecho fundamental a la intimidad personal y familiar, consagrado en el art. 18 CE[23].

El originario art. 102 CC excluía la legitimación activa del Ministerio Fiscal respecto del ejercicio de la acción de nulidad por impotencia, pero atribuía dicha legitimación, no sólo a los contrayentes, sino a cualquier persona que tuviera interés en la nulidad: se posibilitaba, así, la intromisión de terceros en aspectos que afectaban a la intimidad de las partes del negocio.

Dicha intromisión no es ya posible: suprimido el impedimento de impotencia, el vigente art. 76.I CC concede legitimación para ejercitar la acción de nulidad por error sobre la potencia *coeundi* del otro contrayente[24],

---

A. C. Jemolo; "La nullità per impotenza", *Riv. dir. civ.*, 1979, II, pp. 649 ss., consideró otro inconveniente el hecho de que, tras la reforma de 1975, la ignorancia de la impotencia *coeundi* del otro contrayente sólo podrá ser alegada en el plazo de un año, a contar desde el desvanecimiento del error, con la consecuencia de quedar la mujer unida en matrimonio, si, una vez descubierta la impotencia del varón, no interpone la acción antes del transcurso del plazo de caducidad de la misma, por lo que no podrá esperar a los resultados de las pruebas y del tratamiento clínico a los que se someta la otra parte (la crítica —repárese en ello— parte de la premisa de que la impotencia debiera poder ser invocada en todo tiempo).
Sin embargo, a mi parecer, no debe olvidarse que el interés los contrayentes a la tutela de la *integridad* del consentimiento nupcial ha de ser combinado con el interés público a la certeza de las actuaciones relativas al estado civil de las personas.

23 G. García Cantero: "Nulidad de matrimonio", *AC*, 1993-3, p. 537, va más lejos y apunta la idea de que, quizás, la supresión del impedimento de impotencia esté relacionada con "las dificultades prácticas de la prueba en relación con el derecho a la intimidad".

24 La SAT Valencia 9 mayo 1984 (*RGD* 1984), p. 2455, contempló un supuesto de impotencia *coeundi*, alegada por la demandante, como consecuencia de una pretendida psicopatía asténica del demandado. La Audiencia desestimó la demanda por dos motivos. De una parte, entendió que en el supuesto juzgado no existió error porque la propia actora había tenido conocimiento de las irregularidades psicológicas del demandado, según testimonió el propio médico que había emitido un certificado acreditando que el demandado, antes de la celebración de las nupcias, había sido tratado de una impotencia *coeundi* absoluta. De otra, entendió el tribunal que la cualidad alegada no tenía entidad suficiente, por el carácter contradictorio de las pruebas médicas presentadas (tres médicos testimoniaron que el demandado podía cumplir sus "obligaciones matrimoniales") y "porque hubo consumación del matrimonio seguida de flacidez y repulsión").

exclusivamente, a quien hubiese padecido el vicio del consentimiento, con lo que se evitan eventuales lesiones del derecho a la intimidad familiar[25].

La posibilidad de que el matrimonio sea declarado nulo por error sobre la cualidad de sacerdote o religioso profeso del otro contrayente no es contraria al principio constitucional de aconfesionalidad del Estado, que impone su neutralidad ante el hecho religioso y, por ende, excluye que la legislación estatal haya de estar inspirada en los postulados de una determinada confesión religiosa.

Dicho principio sería claramente vulnerado si la legislación civil, inspirándose en la canónica, hubiera mantenido los impedimentos de orden sacerdotal o profesión religiosa o si hubiese negado capacidad para contraer matrimonio civil a los miembros de la confesión religiosa católica o a los que, estando canónicamente casados, hubieran solicitado y obtenido sentencia de divorcio. En este caso, existiría además una reprochable restricción de la libertad matrimonial y del principio constitucional de libre desarrollo de la personalidad.

Nos hallaríamos en presencia de una discriminación que, por carecer de justificación objetiva y razonable (desde la perspectiva de los valores constitucionales), lesionaría el principio de igualdad proclamado en el art. 14 CE. Se privaría del derecho fundamental a contraer matrimonio a ciertas *categorías* de personas (sacerdotes, religiosos, individuos casados canónicamente o católicos, en general), que resultarían, así, discriminadas respecto de las personas en que no concurrieran los caracteres definitorios de la *categoría* en cuestión.

Pero el principio de aconfesionalidad no significa que el Estado deba ignorar las creencias religiosas de los ciudadanos. Así se deduce del art. 16.3 CE, que contiene un mandato dirigido a los poderes públicos, en cuya virtud éstos deberán tener en cuenta "las creencias religiosas de la sociedad española".

Por ello, no creo que una sentencia de nulidad por error en *cualidades confesionales* vulnerara el principio de aconfesionalidad del Estado. Dicha

---

[25] "La regla observan L. Díez-Picazo y A. Gullón Ballesteros: *Sistema de Derecho civil*, vol. IV, *Derecho de familia, Derecho de sucesiones*, 6ª ed. (2ª reimpresión), Tecnos, Madrid, 1995, p. 83, merece parabienes en la medida en que la nulidad por error sólo puede demandarla quien ha sufrido el error mientras que la nulidad por falta de presupuestos permite una acción del Ministerio Fiscal (art. 74). Así, el debate sobre el vidrioso tema de la potencia o impotencia se restringe a los directamente afectados por ella".

sentencia no se dirigiría a privar del *ius connubii* a ciertas categoría de personas (no entrañaría, pues, una discriminación por razón de religión), sino que, conforme al principio de libertad nupcial, estaría orientada a tutelar la *libertad* e *integridad* del consentimiento de aquellos contrayentes que, en virtud de sus creencias religiosas, desean unirse en matrimonio con personas que no estén afectadas por una incapacidad para contraer según la normas establecidas por la confesión a la que libremente se adscriben.

Es más, posibilita una eficaz tutela de una concreta manifestación de la libertad religiosa, consistente en la libertad de contraer matrimonio con respeto a las propias creencias de la persona.

Creo que la supresión del impedimento de afinidad merece un juicio positivo, pues en este tipo de parentesco legal no se dan las circunstancias morales y biológicas que hacen que el matrimonio entre consanguíneos próximos, sea algo, no sólo socialmente reprobable (rechazo del incesto), sino desaconsejable desde el punto de vista de la perpetuación de la especie: que un suegro se case con su nuera o un cuñado con su cuñada podrá parecer a algunos poco decoroso, pero no pensamos que ello sea motivo suficiente para limitar su libertad nupcial, impidiéndoles contraer matrimonio entre sí, lo que, a mi parecer, sería una injerencia estatal desproporcionada en el ejercicio de un derecho fundamental.

IV. UNA PRECISIÓN CONCEPTUAL: REQUISITOS DE CAPACIDAD E IMPEDIMENTOS

Sobre el marco diseñado por la Ley 30/1981, de 7 de julio opera la reforma de Ley 15/2015, de 2 de julio, de jurisdicción voluntaria, que, como tendré ocasión de exponer afecta la edad para contraer matrimonio (eliminando la posibilidad de dispensa por justa causa en el caso de mayores de edad) y al denominado impedimento de crimen.

En este trabajo partiré de una distinción[26] entre los requisitos de capacidad para contraer matrimonio, exigibles a todo contrayente, cualquiera que sea la persona con la que pretenda casarse (los tradicionalmente denominados impedimentos absolutos en la tradición canónica) y los impedimentos en sentido estricto, que prohíben que un contrayente, plenamente

---

26 Entre nosotros, claramente formulada por G. García Cantero: "De los requisitos del matrimonio", en *Comentarios al Código civil y Compilaciones forales* (dir. M. Albaladejo), t. II, 2ª ed., Edersa, Madrid, 1982, p. 51, al que sigo en este punto.

capaz para casarse, pueda, no obstante, contraer matrimonio con determinada persona (de ahí, que se llamen impedimentos relativos)[27].

En el Derecho español los requisitos de capacidad y los impedimentos matrimoniales afectan a la validez del vínculo, es decir, tienen siempre carácter *dirimente*: no existen ya impedimentos *impedientes* (o meramente prohibitivos) esto es, aquellos cuya presencia no provoca la nulidad del matrimonio[28], sino que, exclusivamente, afectan a la regularidad o licitud de su celebración[29]. Respecto a los requisitos de capacidad para contraer matrimonio, se regulan la mayoría de edad y la libertad de estado. Por cuando concierne a los impedimentos, se contemplan como tales, el de parentesco (que no incluye a los afines) y el de crimen.

V. LOS REQUISITOS DE CAPACIDAD

Como he dicho, son requisitos de capacidad la edad y la libertad de estado.

1. La edad

El art. 46.1° CC afirma que "No pueden contraer matrimonio: los menores de edad", por lo que pueden casarse los mayores de edad o los menores emancipados[30].

---

27 La terminología de "impedimentos absolutos" e "impedimentos relativos" es usada por el Código civil portugués en sus arts. 1601 y 1602.

28 A diferencia de lo que acontece en el Derecho portugués, en el que art. 1604 CC luso contempla dicho tipo de impedimentos.

29 La distinción, de claro origen canónico, era seguida por Pothier: *Traité*, cit., t. I, pp. 92-93.

30 El vigente art. 144 del CC francés (redactado por la Ley n. 399, de 4 de abril de 2006) ha igualado la edad requerida para contraer matrimonio entre hombre y mujer, fijándola en 18 años (aunque dispensable judicialmente), tanto para uno como para otro, con la finalidad de establecer el principio de igualdad y de proteger a la mujer contra el matrimonio forzado o fuertemente influenciado por la familia, según explican Ph. Malaurie y D. Fulchiron: *Droit de la famille*, cit., p. 123. El vigente art. 1601, letra a) CC portugués de 1966 fija la edad mínima en 16 años (no dispensable), tras la reforma llevada a cabo por el Decreto Ley n. 496/1977, de 25 de noviembre, pues anteriormente se fijaba la edad núbil en los 16 años para el varón y en 14 años para la mujer.

La Ley 30/1981 elevó, pues, la edad requerida para contraer matrimonio, pues, como hemos dicho, el originario art. 83.1° CC permitía celebrarlo a los varones mayores de catorce y a las mujeres mayores de doce años[31], lo que supone la sustitución del criterio de la madurez biológica por el de la psicológica[32].

En el n. 12 de la Exposición de Motivos del Decreto Ley se justifica la reforma en el principio de igualdad formal entre los sexos, en la necesidad de impedir que pudiera acceder al matrimonio quien no hubiese alcanzado la madurez psíquica necesaria para un acto de tal gravedad y en el propósito de evitar futuras discriminaciones para la mujer, derivadas del riesgo de que un matrimonio a una edad tan temprana le pudiera privar de la posibilidad de una posterior formación profesional.

El vigente § 1303 *BGB* (redactado por *Gesetz zur Bekämpfung vor Kinderehen* de 17 de julio de 2017), afirma que no puede contraer matrimonio quien no haya alcanzado la mayoría de edad, eliminándose la posibilidad de dispensa judicial del impedimento a partir de los 16 años, que contemplaba el (hoy derogado) § 1303, II *BGB* (redactado por *Gesetz zur Neuordnung des Eheschließungsrechts* de 4 de mayo de 1998), cuando el otro contrayente fuera mayor de edad.

El vigente art. 81 CC italiano (redactado por la Ley n. 51, de 9 de mayo de 1975) establece como edad mínima para contraer matrimonio los 18 años (aunque dispensables a partir de los 16).

Con anterioridad a la reforma de 1975, el precepto, por mimetismo con el Derecho canónico, establecía una edad para contraer matrimonio diferente para el varón (dieciséis años) y para la mujer (catorce años), admitiendo, no obstante, que pudieran casarse, previa dispensa, a partir de los catorce años, el varón, y, a partir de los doce, la mujer.

Se buscaba, así, acercar la legislación civil sobre la materia a la canónica, como consecuencia del Concordato celebrado entre Italia y la Santa Sede en 1929, pero también, según observa F. Finocchiaro: *Matrimonio*, cit., p. 27, de fomentar una política demográfica dirigida a favorecer la creación de familias jóvenes para estimular el crecimiento de la natalidad.

31 Se daba la circunstancia de que en 1981 la posición del Código civil español sobre la edad mínima requerida para poder contraer matrimonio era más rigurosa que la del Derecho canónico en este momento vigente, pues el c. 1067 §1 CIC de 1917, como posteriormente el c. 1083 del vigente CIC, fijaba la edad mínima para contraer matrimonio en dieciséis años para el varón y 14 para la mujer.

32 S. Carrión Olmos: "Comentario al art. 46 CC ", en *Matrimonio y divorcio. Comentarios al nuevo título IV del Libro primero del Código civil* (coord. J. L. Lacruz Berdejo), 2ª ed., Civitas, Madrid, 1994, p. 161, nota 13.

L. Díez-Picazo y A. Gullón Ballesteros: *Sistema de Derecho civil*, cit., vol. IV, p. 77, observan que "al legislador le ha preocupado, más que la procreación, la madurez para afrontar las responsabilidades de la unión conyugal".

La reforma fue, desde luego, perfectamente razonable[33]: en un principio podría llamar la atención que una regulación que pretendía eliminar obstáculos a la celebración del matrimonio acabara imponiéndolos a los menores de edad. Sin embargo, esta posición del legislador no era contraria al libre desarrollo de la personalidad de los menores, sino todo lo contrario, ya que en la realidad social actual no cabe sostener, al menos con carácter general, que un contrayente de doce o catorce años tenga la madurez de juicio suficiente para asumir libre y conscientemente un matrimonio[34].

No obstante, el art. 48.II CC, redactado por la Ley 30/1981, permitía que el impedimento de edad pudiera ser dispensado a partir de los 14 años por el Juez de Primera Instancia, a petición del propio menor, cuando concurriera "justa causa", debiendo ser oídos en el procedimiento sus padres o guardadores; y por aplicación del art. 48. CC (redactado por la misma Ley) la dispensa ulterior convalidaba, "desde su celebración, el matrimonio, cuya nulidad no hubiera sido instada judicialmente por alguna de las partes"[35].

Aunque, probablemente, el legislador estuviera pensado en el embarazo de la mujer (como un vestigio del llamado matrimonio reparador), acabó imponiéndose la idea de que el mero embarazo, por sí solo, no era "justa causa" para la dispensa[36], si no iba acompañado de otras circunstancias, como la no oposición de los padres al matrimonio, y, sobre todo, de un grado de madurez, por parte del menor, superior al propio de su edad biológica[37], lo que remitía a una valoración judicial del caso concreto[38].

---

33 M.ª A. Carrión Vidal: *La nulidad matrimonial civil*, Reus, Madrid, 2023, p. 91, llama la atención sobre la diferencia entre la edad "real", "fijada en su gran mayoría, más por las circunstancias sociales y económicas", frente a una "edad legal", la establecida por el Código civil, "poco aplicable en la práctica".

34 P. Salvador Coderch: "Comentario al art. 46 CC", cit., p. 119.

35 Este sistema de elevación de la edad para contraer matrimonio con el correctivo de la dispensa a partir de los catorce años mereció el juicio positivo de G. García Cantero: "Comentario al art. 44 CC", en *Comentarios al Código civil y Compilaciones forales* (dir. M. Albaladejo), t. II, 2ª ed., Edersa, Madrid, 1982, p. 73, que destacaba su flexibilidad.

36 *Vid.* en este sentido RRDGRN 25 abril 1996 (RJ 1996, 4181) y 29 abril 2000 (RJ 2000, 6149), que se apartan de la doctrina anteriormente sentada por la RDGRN 25 enero 1985 (RJ 1986, 6833).

37 Esta era la posición dominante en la doctrina. *Vid.* en tal sentido G. García Cantero: "Comentario al art. 48 CC", en *Comentarios al Código civil y Compilaciones forales* (dir. M. Albaladejo), t. II, 2ª ed., Edersa, Madrid, 1982, p. 90.

38 La RDGRN 25 enero 1985 observa que "no puede afirmarse sin más que toda persona de quince años de edad carece de discernimiento para contraer matrimo-

En cualquier caso, el art. 48.II CC ha sido derogado por la Disposición Final Primera de la Ley 15/2015, de 2 de julio, de jurisdicción voluntaria, por lo que actualmente no es posible la dispensa del impedimento de edad[39], lo que, a mi entender, merece un juicio positivo, ya que no parece

---

nio, pues, si así fuera, no tendría sentido que el legislador admitiera la dispensa de edad, que puede concederse incluso ulteriormente y cuya ausencia no impide tampoco en ciertos casos una convalidación legal automática del matrimonio inicialmente nulo (*cfr.* artículos 48, III, y 75, II Código Civil)".

La RDGRN 7 abril 1995 (RJ 1995, 3516) consideró justa causa para la dispensa la concurrencia en un menor de una serie de circunstancias, que aconsejaban su concesión, entre ellas, "la edad del contrayente, huérfano de diecisiete años; su convivencia hoy, fuera de la casa paterna, con una mujer a la hija de la cual ha reconocido, y su propósito de fundar una familia matrimonial".

39 Del mismo modo en que acontece en Alemania, donde, por *Gesetz zur Bekämpfung vor Kinderehen* de 17 de julio de 2017, se ha derogado el § 1303, II *BGB* (redactado por *Gesetz zur Neuordnung des Eheschließungsrechts* de 4 de mayo de 1998), de manera que ya no es posible la dispensa judicial del impedimento a partir de los 16 años, cuando el otro contrayente sea mayor de edad.

Se ha suprimido, igualmente, el párrafo III del § 1303, II *BGB*, según el cual el Juez, en caso de oposición del representante legal del contrayente que hubiera pedido la dispensa (o de quien estuviera a cargo de él), sólo podía concederla, si los motivos de la oposición no estaban fundados; como también el párrafo IV del mismo (ambos redactado por la misma Ley de 4 de mayo de 1998), que decía que, si el juez concedía la dispensa, el demandante de la misma ya no requería el previo consentimiento de su representante legal (o de quien estuviera a cargo de él) para casarse.

D. Schwab: *Familienrecht*, 24ª ed., C. H. Beck, Müchen, 2016, p. 37, observa que este conglomerado normativo era complicado, surgiendo la duda de si el representante legal del menor podía autorizar su matrimonio, respondiendo negativamente a la pregunta, pues dicha autorización no era un requisito positivo de la celebración del matrimonio, sino que se expresaba negativamente a través de una mera oposición a la petición de dispensa del hijo menor

En cambio, el art. 146 CC francés (redactado por Ley n. 1970-1266, de 23 de diciembre), admite la dispensa del impedimento de edad (fijado en la actualidad en 18 años para ambos sexos) por el Procurador de la República, por motivos graves, que, según Ph. Malaurie y H. Fulchiron: *Droit de la famille*, cit., p. 123, en la práctica concurren en el caso de embarazo de la mujer, que ha demostrado su aptitud psicológica para el matrimonio. En cualquier caso, subiste la vieja regla, procedente de la tradición jurídica francesa, de que el matrimonio de los menores debe ser autorizado, so pena de invalidez, por sus padres, conforme a los arts. 148 y ss. del mismo Código. F. Terré, Ch. Goldie-Genicon y D. Fenouillet: *Droit civil*, cit., p. 87, justifican dicha regla en la necesidad de esclarecer el consentimiento de los menores inexpertos que se casan a edad temprana y en la circunstancia de que el matrimonio, no sólo les interesa a ellos, sino también a sus respectivas familias.

adecuado que una persona menor de dieciocho años pueda acceder a una realidad vital tan compleja como es el matrimonio, además de que el nacimiento de un hijo fuera del matrimonio ya no es un grave estigma social para la madre, ni un motivo de discriminación para el hijo[40].

A esto hay que añadir la necesidad de luchar contra los matrimonios forzados y precoces, que, si bien son admisibles en la tradición cultural islámica (en la que se insertan numerosos inmigrantes venidos en tiempos recientes a nuestro país), sin embargo, no pueden ser aceptados en España, por ser contrarios al orden público, al lesionar la libertad, valor superior del ordenamiento jurídico español (art. 1.1. CE), el principio constitucional de libre desarrollo de la personalidad (art. 10.1 CE) y el derecho a contraer matrimonio (art. 32.1CE), que, como afirman el art. 16.2 de la Declaración Universal de los Derechos Humanos y el art. 23.3 del Pacto Internacional de Derechos Civiles y Políticos de Nueva York, "no podrá celebrarse sin el libre y pleno consentimiento de los contrayentes"[41].

De ahí que el Artículo Único.90 de la Ley Orgánica 1/2015, de 15 de marzo haya establecido el delito de matrimonios forzados (como una modalidad del de coacciones), en el art. 173 bis CP[42], cuyo núm. 1, establece

---

También es posible la dispensa del impedimento de edad en el Derecho italiano. En el art. 81 del *Codice* (en la redacción dada al precepto por la Ley n. 51, de 9 de mayo de 1975) se establece que los menores de edad no podrán contraer matrimonio, si bien el impedimento es dispensable judicialmente, a instancia del interesado, a partir de los 16 años, por causas fundadas y previa constatación de la madurez psico-física del menor.

40 M.ª A. Carrión Vidal: "Comentarios a vuela pluma en materia de capacidad y forma de celebración del matrimonio, tras modificación del Código Civil por la Ley 15/2015, de 2 de julio de la jurisdicción voluntaria", *Actualidad Jurídica Iberoamericana*, n. 3, agosto 2015, p. 378, observa que la norma ahora suprimida nació "lastrada" por la polémica y las razones que llevaron en 1981 a permitir la dispensa del impedimento de edad, "parecían responder a 'razones' ya obsoletas en la España de aquél momento (tratar de dar una 'solución' normativa, se entiende, a los llamados 'matrimonios de reparación')".

41 Para una visión de Derecho comparado sobre el matrimonio infantil, puede verse T. Peramato Martín: "Matrimonio infantil, precoz y forzado (1ª Parte)", *Diario La Ley*, n. 8965, 21 de abril de 2017, LL 3733/2017, epígrafe II.

42 D. Carpio Briz: "Comentario al art. 172 bis CP", *Comentarios al Código Penal. Reforma LO 1/2015 y LO 2/2015* (dir. M. Corcoy Bidasollo y S. Mir Puig), Tirant lo Blanch, Valencia, 2015, pp. 609-610, se muestra favorable a la tipificación específica del delito de matrimonio forzado, por entender que, de este modo, "se refuerza el mensaje preventivo dirigido a determinados sujetos pertenecientes a comunidades asentadas en territorio español que no atienden al necesario respeto a nuestro

que "El que con intimidación grave o violencia compeliere a otra persona a contraer matrimonio será castigado con una pena de prisión de seis meses a tres años y seis meses o con multa de doce a veinticuatro meses, según la gravedad de la coacción o de los medios empleados", añadiendo, en su núm. 2, "La misma pena se impondrá a quien, con la finalidad de cometer los hechos a que se refiere el apartado anterior, utilice violencia, intimidación grave o engaño para forzar a otro a abandonar el territorio español o a no regresar al mismo"[43].

Sin embargo, no se ha establecido un delito de matrimonio infantil, sino que, exclusivamente, el art. 172. bis CP, en su núm. 3, se limita a considerar como agravante del delito de matrimonio forzado la circunstancia de que víctima fuera menor de edad, en cuyo caso, las penas "se impondrán en su mitad superior", lo que es criticado por un sector de la doctrina, no

---

sistema de valores constitucionales". Critica, incluso, que no contemple también los casos en los que se obliga a uno de los contrayentes, normalmente, la mujer a permanecer unido en matrimonio, con independencia de que haya sido concertado o no, "con aberrantes medios destinados a garantizar la indisolubilidad". Sin embargo, en la doctrina penalista no todas las voces han sido favorables a la introducción de este nuevo delito de matrimonio forzado, sino que existen opiniones críticas, que consideran que estamos ante una reforma de carácter simbólico, pues las conductas en él tipificadas, podían ser ya reconducidas a otros tipos delictivos, afirmando que la lucha contra los matrimonios forzados exige respuestas más allá del Código Penal, focalizándose los esfuerzos en la educación y en la prevención. *Vid.* en este sentido F. Cisneros Ávila: "Reflexiones sobre el delito de matrimonio forzado del art. 172 bis del Código Penal", *Diario La Ley*, 2 de noviembre de 2017, LL 14345/2017, epígrafe. En sentido semejante, se pronuncia G. Guinarte Cabada: "El nuevo delito de matrimonio forzado (artículo 172 *bis* del Código Penal)", en AA.VV.: *Comentarios a las reformas del Código Penal de 2015* (dir. J. L. González Cussac), 2ª ed., Tirant lo Blanch, Valencia, 2015, pp. 536-537, como también, en relación con el art. 127 *bis* del Anteproyecto de 2012, Mª. L. Maqueda Abreu: "El nuevo delito de matrimonio forzado: art. 172 bis CP", en *Estudio crítico sobre el Anteproyecto de reforma penal de 2012* (dir. F. J. Álvarez García), Tirant lo Blanch, Valencia, 2013, pp. 529-534, que pedía la supresión del precepto, por considerar que se estaba ante un delito cultural, fruto de una reforma excesivamente ideológica.

43 Hay, además, que tener en cuenta, que, si mediare un beneficio económico para los padres que imponen al menor el matrimonio forzoso o a quien se casa con él, estaríamos ante un delito de trata de seres humanos, a tenor del art. 177 bis.1, letra e), introducida por el art. único.94 de la Ley Orgánica 1/2015, de 30 de marzo. Tal sería el caso, según T. Peramato Martín: "Matrimonio infantil, precoz y forzado (2ª Parte)", *Diario La Ley*, n. 8966, 24 de abril de 2017, LL 3878/2017, epígrafe V, de que hubiera mediado dote.

sólo por la escasa entidad de la pena impuesta[44], sino también por el hecho de que, en no pocos casos, la decisión de casarse (en particular, si se trata de una niña), no será consecuencia de una "intimidación grave o violencia" (aunque pueda serlo), sino de una educación y situación ambiental que obliga al menor a aceptar la decisión paterna sin discutirla[45].

Más recientemente, la disposición final 4.3 de la Ley Orgánica 10/2022, de 6 de septiembre, ha añadido un núm. 4º al art. 172 bis, según el cual "En las sentencias condenatorias por delito de matrimonio forzado, además del pronunciamiento correspondiente a la responsabilidad civil, se harán, en su caso, los que procedan en orden a la declaración de nulidad o disolución del matrimonio así contraído y a la filiación y fijación de alimentos".

En definitiva, tras la supresión de la dispensa del impedimento de edad, quien pretenda contraer matrimonio ha de ser, inexcusablemente, mayor de edad o ha de haberse emancipado, bien por concesión de quienes ejerzan la patria potestad, bien por concesión judicial (art. 323), requiriéndose en ambos casos que el menor haya cumplido los dieciséis años (arts. 317 y 320 CC).

Pero creo que también podrán contraer matrimonio los mayores de dieciséis años que vivan independiente de sus padres con el consentimiento de estos, pues el art. 319 CC los considera emancipados "a todos los efectos", por lo tanto, también, a efectos de poder contraer matrimonio[46].

---

44 Para D. Carpio Briz: "Comentario al art. 172 bis CP", cit., p. 612, resulta llamativo que, junto al menor de edad, no se contemple también al incapacitado, al que se fuerce a contraer matrimonio.

45 T. Peramato Martín: "Matrimonio infantil, precoz y forzado (2ª Parte)", cit., epígrafe VI.

46 *Vid.* en este sentido M. Albaladejo García: *Curso de Derecho civil*, IV, *Derecho de familia*, 12ª ed. (puesta al día por S. Díaz Alabart), Edisofer, Madrid, 2013, p. 48; Mª C. Crespo Mora: "La celebración del matrimonio", en *Derecho de familia* (coord. G. Díez-Picazo), Cizur Menor (Navarra), 2012, p. 408; G. García Cantero: "Comentario al art. 47 CC", en *Comentarios al Código civil y Compilaciones forales* (dir. M. Albaladejo), t. II, 2ª ed., Edersa, Madrid, 1982, p. 80; Mª Linacero de la Fuente: "Matrimonio. Parejas de hecho", en *Tratado de Derecho de familia* (dir. Mª Linacero de la Fuente), Tirant lo Blanch, Valencia 2016, p. 77; Monje Balmaseda, O.: "Requisitos del matrimonio", en *Sistema de Derecho civil, Derecho de familia* (dir. F. Lledó Yagüe y R. Herrera Campos), Dykinson, Madrid, 2002, p. 66; P. Salvador Coderch: "Comentario al art. 46 CC", cit., p. 165. En contra, sin embargo, R. Durán Rivacoba y A. González González: "Edad, emancipación y matrimonio (con arreglo a la Ley 15/2015, de 2 de julio, de la jurisdicción voluntaria)", *Actualidad civil*, enero 2016, LL 264/2016, epígrafe III, 6; P. De Pablo Contreras: "Comentario al art. 45

No me parece que sea razón suficiente para negarles capacidad nupcial la circunstancia de que los padres puedan revocar dicho consentimiento y, desde luego, si lo hicieran después de que se hubiesen casado (pudiendo haberlo hecho antes perfectamente, evitando, así, el casamiento), no, por ello, el matrimonio sería nulo, porque, en el momento de celebrarse, habría concurrido el requisito de capacidad del art. 46.1 CC (en virtud de la estricta aplicación del art. 319 CC). Es más, me parece dudoso que, después de celebrar el matrimonio, los padres conservasen la posibilidad de revocar el consentimiento[47], pues la solución contraria podría llevar a un resultado absurdo: encontrarnos ante un menor casado y no emancipado.

El art. 75 CC establece una norma especial de legitimación para pedir la nulidad del matrimonio, en el caso de matrimonio celebrado concurriendo el impedimento de edad. En su párrafo primero afirma que "Si la causa de nulidad fuere la falta de edad, mientras el contrayente sea menor sólo podrá ejercitar la acción cualquiera de sus padres, tutores o guardadores y, en todo caso, el Ministerio Fiscal". En cambio, según el párrafo segundo del precepto, "Al llegar a la mayoría de edad sólo podrá ejercitar la acción el contrayente menor, salvo que los cónyuges hubieren vivido juntos durante un año después de alcanzada aquélla"[48].

2. *La libertad de estado*

La libertad de estado y el consiguiente impedimento absoluto de ligamen (que no era, ni sigue siendo dispensable) se encuentra también establecido en el art. 46 CC, precepto que prohíbe contraer matrimonio a quienes "estén ligados con vínculo matrimonial"[49].

Por lo tanto, para poder contraer matrimonio se requiere la libertad de estado, esto es, no estar previamente vinculado por un matrimonio ante-

---

CC", en *Código civil comentado*, vol. I (dir. A. Cañizares Laso, P. De Pablo Contreras, J. Orduña Moreno y R. Valpuesta Fernández), 2ª ed., Civitas, Thomson Reuters, Cizur Menor (Navarra), 2016, p. 356; M. Peña Bernaldo de Quirós: *Derecho de familia,* Universidad Complutense, Madrid, 1989, p. 52, nota 43.

47 Lo constatan Mª C. Crespo Mora: "La celebración", cit., p. 408; y O. Monje Balmaseda: "Requisitos", cit., p. 66.

48 *Vid.* a este respecto RDGRN 8 noviembre 1991 (RJ 1991, 9673).

49 Es un impedimento basado en la concepción monogámica occidental del matrimonio, por lo que es consagrado por el común de las legislaciones europeas.

rior. En caso contrario, el posterior matrimonio sería nulo (art. 73.2º CC), pudiéndose, además, incurrir en un delito de bigamia (art. 217 CP)[50].

El problema de la libertad de estado se plantea únicamente en los casos en que uno o ambos cónyuges se encuentren previamente vinculados por un matrimonio que tenga efectos civiles en España y que no haya sido previamente declarado nulo o disuelto por divorcio, muerte o declaración de fallecimiento de uno de los cónyuges (art. 85 CC)[51]. Obviamente, quien se limita a convivir *more uxorio* con una persona tiene siempre plena libertad

---

50 Ello, sin embargo, no ha impedido a la jurisprudencia reconocer ciertos efectos en España al matrimonio poligámico celebrado en el extranjero. Es el caso de la polémica STS (Sala 3ª) 24 enero 2018 *(Tol 6490142)*, que ha reconocido a las dos mujeres de un ciudadano marroquí muerto, que sirvió en el ejército español en el Sahara, el derecho a compartir la pensión de viudedad.

51 Del art. 85 CC se deduce la disolución definitiva del matrimonio del declarado fallecido y la plena validez del ulterior matrimonio contraído por el cónyuge del declarado fallecido, regla ésta, que, por su sencillez, contrasta con la de otros ordenamientos, como, por ejemplo, el portugués o el alemán.
En cambio, conforme a la antigua dicción del art. 195 CC (en la redacción dada al precepto por la Ley de 8 de septiembre de 1938), la declaración de fallecimiento no bastaba, por sí sola, para que el cónyuge presente pudiera contraer ulterior matrimonio, y, en todo caso, la reaparición del declarado fallecido (recaída la consiguiente resolución judicial tendente a dejar sin efecto la declaración de fallecimiento) comportaba la nulidad (por impedimento de ligamen) del segundo matrimonio celebrado con un tercero por el cónyuge presente.
Dicha previsión era totalmente distinta de la contenida en el actual art. 85 CC (redacción conforme a la Ley 30/1981), que contempla como causa de disolución del matrimonio la declaración de fallecimiento de uno de los cónyuges, lo que, sin duda, posibilita que el cónyuge presente pueda contraer ulterior matrimonio, cuya validez, no se verá afectada por la eventual reaparición del declarado fallecido, ya que el primer matrimonio no existía —había sido disuelto— al tiempo de la celebración del segundo. *Cfr.*, en tal sentido, las autorizadas opiniones de M. Alonso Pérez: "Comentario al art. 85 CC", en *Matrimonio y divorcio. Comentarios al nuevo título IV del Libro primero del Código civil* (coord. J. L. Lacruz Berdejo), 2ª ed., Civitas, Madrid, 1994, p. 885; G. García Cantero: "Comentario al art. 56 CC", en *Comentarios al Código civil y Compilaciones forales* (dir. M. Albaladejo), t. II, 2ª ed., Edersa, Madrid, 1982, pp. 309-310, y V. L. Montés Penadés: "Comentario al art. 85 CC", en *Comentarios a las reformas del Derecho de familia*, vol. I, Tecnos, Madrid, 1984, p. 494.
Actualmente, es, pues, distinta la solución dada a la cuestión por el Derecho español, en relación con el italiano, el cual, en este punto, está claramente influido por el Derecho Canónico. Así, según el art. 65 del *Codice*, el matrimonio contraído por el cónyuge del declarado fallecido es nulo, si este último reaparece o se prueba que vive.

de estado para contraer matrimonio con otra; y ello, con independencia de que su unión de hecho esté, o no, inscrita en el correspondiente Registro administrativo autonómico[52].

El art. 115 del Código civil portugués (redactado por Decreto Ley n. 496/1977, de 25 de noviembre) establece que la declaración de fallecimiento produce los mismos efectos que la muerte, pero no disuelve el matrimonio, sin perjuicio de lo dispuesto en el art. 116 (redactado por el mismo Decreto Ley), según el cual el cónyuge del declarado fallecido, casado civilmente, podrá contraer nuevo matrimonio, en cuyo caso, si regresara el declarado fallecido o se tuviera noticia de que estaba vivo cuando se celebraron las segundas nupcias, el primer matrimonio quedará disuelto por divorcio desde la fecha de la declaración de fallecimiento. Según F. Pereira Coelho y G. De Oliveira: *Curso de Direito da Familia*, vol. I, *Introduçao, Direito Matrimonial*, 5ª ed., Universidad de Coimbra, Coimbra, 2015, p. 303, los preceptos suscitan reparos, pues se comprende mal que el cónyuge del declarado fallecido puede celebrar un segundo matrimonio, no estando disuelto el primero, calificando de insólita la conversión automática y legal de la disolución por muerte en disolución por divorcio.

Según el § 1319.I *BGB* (redactado por *Gesetz zur Neuordnung des Eheschließungsrechts* de 4 de mayo de 1998), cuando, después de la declaración de fallecimiento de uno de los cónyuges, el otro contrae ulterior matrimonio, estando vivo el declarado fallecido, el segundo matrimonio sólo puede ser anulado en virtud del § 1306 *BGB* [es decir, por concurrir impedimento de ligamen], cuando los dos contrayentes del mismo, al casarse, sabían que el declarado fallecido estaba todavía vivo al tiempo de recaer la declaración de fallecimiento. Añade el precepto, en su párrafo II, que el previo matrimonio queda disuelto como consecuencia de la celebración del nuevo, a no ser que los dos contrayentes de este último, al tiempo de celebrarlo, supieran que el declarado fallecido estaba todavía vivo en la fecha de la declaración: el primer matrimonio queda disuelto, incluso, aunque posteriormente se revoque la declaración de fallecimiento.

Conforme al § 1320 *BGB* (redactado por *Gesetz zur Neuordnung des Eheschließungsrechts* de 4 de mayo de 1998), si el declarado fallecido estuviera vivo, sin perjuicio de los dispuesto en el § 1319.I *BGB*, su cónyuge podrá pedir la anulación del nuevo matrimonio, a menos que, al tiempo de celebrarlo, supiera que el declarado fallecido estaba vivo al tiempo de la declaración. La anulación puede ser pedida sólo en el plazo de un año, que comienza a contarse desde el momento en que el cónyuge del anterior matrimonio supiera que el declarado fallecido está vivo.

52 No sucede, así, en Alemania, donde el § 1306 *BGB* impide el matrimonio cuando entre quien desea contraerlo y una tercera persona existe un previo vínculo matrimonial o una unión de hecho (*Lebenspartnerschaft*), ni tampoco, en parte, en Italia, pues el actual art. 86 del *Codice* (redactado por la Ley n. 76, de 20 de mayo de 2016) impide contraer matrimonio al vinculado por un precedente matrimonio o por una unión civil entre personas del mismo sexo.

El Código civil permite celebrar el matrimonio en nuestro país, cuando uno de los contrayentes sea español, bien en forma civil, bien en una de las formas religiosas legalmente previstas, y fuera de España en la forma prevista en la ley del lugar de su celebración (art. 49 CC), como también permite que contraigan matrimonio en nuestra patria dos extranjeros, "con arreglo a la forma prescrita para los españoles o cumpliendo la establecida por la ley personal de cualquiera de ellos".

Por ello, se ha denegado la autorización para contraer matrimonio a los vinculados por un previo matrimonio coránico no disuelto, que había sido celebrado por un español en el extranjero o por dos extranjeros musulmanes en España, pues la islámica es una de las formas religiosas de celebración legalmente previstas (conforme a la Ley 26/1992, de 10 de noviembre, que aprueba la cooperación del Estado con la Conferencia Islámica de España); y, en no pocos casos, se ha dado la circunstancia de que quienes pretendían que se les autorizara la celebración del matrimonio en forma civil eran quienes ya estaban casados entre sí en forma coránica, a los que la Dirección General de los Registros les ha recordado que lo procedente era solicitar la correspondiente inscripción de su matrimonio (válido) en el Registro civil español, y no pretender volver a casarse en forma civil, lo que era imposible, además de innecesario[53].

En cambio, se ha autorizado la celebración del matrimonio en forma civil, cuando lo que había existido no era un previo matrimonio coránico, sino una pura formalidad familiar de carácter simbólico[54]; como también, desde otra perspectiva totalmente diversa, la autorización del matrimonio, por no concurrir impedimento de ligamen, en el caso de una pareja que afirmaron haberse "casado" por el rito gitano, al no ser dicho rito una forma de celebración legalmente admitida[55].

Cualquiera que sea la forma de celebración del matrimonio, los requisitos de capacidad de los contrayentes se regirán por su respectiva ley nacional (art. 9.1. CC), a la cual, por lo tanto, habrán de atenerse los Tribunales españoles (cuando sean competentes) para determinar si están, o no, casados; y, por lo tanto, si es inválido el segundo matrimonio (art. 9.2. y 107.I CC); como también el Encargado del Registro Civil para autorizar el

---

53 *Vid.* en este sentido RDGRN 15 abril 2004 (RJ 2004, 3945); RDGRN 21 enero 2009 (JUR 2010, 99162); RDGRN 30 marzo 2011 (JUR 2012, 92736); RDGRN 1 septiembre 2017 (1ª) (BMJ, septiembre de 2018, pp. 620-622); RDGRN 29 septiembre 2017 (11ª) (BMJ, septiembre de 2018, pp. 624-627); y RDGRN 21 abril 2017 (36ª) (BMJ, abril de 2018, pp. 357-358).

54 *Cfr.* RDGRN 31 mayo 2011 (JUR 2012, 147837).

55 *Cfr.* RDGRN 2 septiembre 2007 (JUR 2007, 314998).

segundo matrimonio o para inscribirlo en los Registros españoles, cuando ya se haya celebrado (normalmente, en el extranjero)[56].

No obstante, se deniega la inscripción en el Registro Central de matrimonios poligámicos, válidos según la legislación nacional de los contrayentes, por ser contrarios al orden público, al atentar la poligamia contra la concepción monogámica española del matrimonio, la dignidad de la mujer y el derecho fundamental a la igualdad; y la inscripción se deniega, no sólo cuando se comprueba que, de hecho, alguno de los contrayentes está anteriormente casado[57], sino, simplemente, cuando del acta de celebración del matrimonio que se presenta para solicitar la inscripción se deduce que el mismo se rige sustantivamente por la ley musulmana, y, por lo tanto, es de tipo poligámico[58], sin que se considere que la declaración jurada de ambos contrayentes de que su matrimonio no es poligámico pueda enervar lo que resulta de dicha acta[59]: así resulta, por ejemplo, además de cuando hay una remisión expresa a la *sharia*, en los casos en los que el certificado literal de acta de matrimonio, en el apartado de datos relativos al esposo, se dice "Número de esposas casadas con él en la actualidad: ninguna"[60]; o que "el novio no podrá contraer segundas nupcias sin permiso de la novia"[61].

Igualmente, se ha denegado la inscripción de matrimonios consuetudinarios celebrados en países, como Guinea, Ghana o Senegal, válidos según la ley de dichos países, pero que atentan contra el orden público, por permitir la poligamia, posibilitar contraerlo a niñas con doce años y poder celebrarse sin el consentimiento de la mujer, que es entregada por su familia al marido[62].

---

56 Por ello, RDGRN 2 septiembre 2010 (JUR 2011, 315107) denegó la inscripción en el Registro Central de un matrimonio celebrado en Pakistán entre un español, nacido pakistaní, y una nacional de dicho estado, porque el primero de ellos estaba ligado por un previo matrimonio celebrado en España, que no había sido disuelto por sentencia de divorcio, de modo que para la ley de española (que regía su capacidad para contraer matrimonio) seguía casado. *Vid.* en el mismo sentido, respecto de un supuesto semejante RDGRN 25 septiembre 2015 (3ª) (BMJ, 26 enero 2016, pp. 584-586).

57 Como sucedió en los casos resueltos por RDGRN 30 septiembre 2008 (JUR 2009, 443067); y RDGRN 25 septiembre 2015 (13ª) (BMJ, 26 enero 2016, pp. 586-588).

58 *Vid.* así RDGRN 28 agosto 2015 (60ª) (BMJ, 26 enero 2016, RRDGRN 01/08/2015-30/08/2015, pp. 481-483); RDGRN 28 agosto 2015 (101ª) (BMJ, 26 enero 2016, pp. 483-485); RDGRN 18 septiembre 2015 (22ª) (BMJ, 26 enero 2016, pp. 578-581); RDGRN 2 junio 2017 (5ª) (BMJ, junio de 2018, pp. 588-590); RDGRN 7 abril 2017 (4ª) (BMJ, abril de 2018, pp. 359-360); y RDGRN 7 abril 2017 (12ª) (BMJ, abril de 2018, pp. 360-362).

59 *Vid.* en este sentido RDGRN 24 febrero 2017 (39ª) (BMJ febrero de 2018, pp. 225-226).

60 RDGRN 28 agosto 2015 (202ª) (BMJ, 26 enero 2016, pp. 487-492).

61 RDGRN 27 octubre 2017 (8ª) (BMJ, septiembre de 2018, pp. 444-445).

62 *Vid.* así RDGRN 21 abril 2014 (JUR 2015, 79346); y RDGRN 23 enero 2015 (JUR 2015, 261421), según las cuales "Los matrimonios celebrados en cualquiera de los

Hay que recordar que, a efectos de la apreciación de la libertad de estado es indiferente que el primer matrimonio esté, o no, inscrito[63], por que, conforme al art. 61 CC, el matrimonio produce "efectos civiles desde su celebración"[64] y, por lo tanto, desde ese momento, vincula a los cónyuges y los sujeta al impedimento de ligamen, de modo que el encargado del Registro Civil deberá denegar la inscripción de un segundo matrimonio, si le consta que alguno de los de los "cónyuges" está vinculado por la existencia de un primero, aunque éste no haya sido inscrito[65].

---

tres supuestos enumerados, todos ellos concurrentes en el consuetudinario ecuatoguineano, son nulos, de conformidad con lo dispuesto en los artículos 46 y 73 del Código Civil y, en consecuencia, el aducido por los interesados, aunque este fehacientemente acreditado, no puede tener acceso al Registro Civil Español". *Cfr.*, en los mismos términos, respecto de Ghana, RDGRN 27 enero 2017 (7ª) (BMJ, 3 de enero de 2018, pp. 150-152).

RDGRN 30 junio 2017 (37ª) (BMJ, junio de 2018, pp. 599-600), denegando la inscripción de un matrimonio consuetudinario celebrado en Senegal, observa que "En el caso actual, los interesados presentan un "acta de matrimonio constatado" celebrado según la costumbre. Este tipo de matrimonios son una forma de unión conyugal que produce efectos en Senegal, tratándose de una forma de matrimonio poligámico que permite la subsistencia de otros vínculos matrimoniales anteriores o posteriores al mismo. Esta forma de matrimonio choca frontalmente con el sistema jurídico matrimonial instituido en nuestro país".

63 Lo constata la SAP Madrid 1 julio 2009 *(Tol 1765457)*. En el caso por ella decidido se trataba de un matrimonio celebrado en Rusia en el año 1954, que no había sido inscrito en el Registro Central hasta el año 2000. A pesar de estar casado, el marido contrajo nuevo matrimonio con otra mujer en el año 1970, matrimonio éste que es el que la sentencia declara nulo por impedimento de ligamen, afirmando que a este respecto es indiferente que el primero no estuviera inscrito. Afirma, así, que "los efectos constitutivos del matrimonio inter partes y terceros intervinientes en las relaciones con aquellos son desde la celebración".

64 Sin perjuicio de que, como dice el referido precepto, para su pleno reconocimiento y para que perjudique los derechos adquiridos de buena fe por terceras personas sea necesaria su inscripción en el Registro Civil.

65 La RDGRN 17 mayo 1995 (RJ 1995, 4360) denegó la autorización para celebrar un segundo matrimonio, por existir otro anterior, celebrado en forma islámica y, por lo tanto, válido según la legislación española, que no había sido inscrito. Se daba la circunstancia de que dicho matrimonio había sido disuelto en territorio español por el Centro Islámico de Barcelona. El Centro Directivo niega toda validez a esta disolución por ser totalmente ajena a las previsiones de la Ley 26/1992, de 10 de noviembre, que aprueba la cooperación del Estado con la Conferencia Islámica de España.

El impedimento de ligamen existe, si al tiempo en que se pretende la celebración del segundo matrimonio, el primer matrimonio no ha sido disuelto. Cuando la causa de disolución alegada es el divorcio judicial, se requiere que, en ese momento, hubiera ya recaído sentencia firme, por lo que no basta que los cónyuges que formaban el primero estuvieran meramente separados[66], ni tampoco que el procedimiento de divorcio solamente estuviera iniciado o decidido por una sentencia que careciera de firmeza, por ejemplo, por ser susceptible de recurso, incluso, aunque posteriormente fuese confirmada[67].

En la práctica se ha planteado el caso de matrimonios que habían sido disueltos por sentencias de divorcio dictadas por tribunales extranjeros, que, sin embargo, carecían de eficacia en España, por no haberse solicitado su reconocimiento mediante el exequatur; por ese motivo se denegado la inscripción en el Registro Civil del segundo de los matrimonios celebrados, porque desde la perspectiva del Derecho español el primer matrimonio seguía siendo válido y, por lo tanto, subsistía el matrimonio anterior[68].

También se ha planteado el supuesto de matrimonios coránicos celebrados en Marruecos, tras haber sido disueltos otros anteriores, sólo provisionalmente, por divorcios revocables, razón por la cual se ha denegado la inscripción de los posteriores[69]; en particular, porque el matrimonio había sido contraído tras haber repudiado el varón a su anterior mujer una sola vez, sin que concurrieran, pues, las dos repudiaciones sucesivas que, según

---

66 *Cfr.* a este respecto SAP Cádiz 24 marzo 2011 *(Tol 2157838).*

67 La SAP Madrid (Sección 22ª) 21 abril 1997, rec. n. 1001/1996, contempló este supuesto. Un varón casado obtuvo sentencia de divorcio, falleciendo antes de la que la misma hubiera alcanzado firmeza por falta de notificación a su primera mujer, que se encontraba en situación procesal de rebeldía; aun así, contrajo un segundo matrimonio, que fue declarado nulo a instancia de la primera (y, en realidad, única) mujer. La segunda de las contrayentes interpuso recurso de apelación en el que argumentaba la validez del segundo matrimonio con fundamento en el principio del *favor matrimonii* y en el criterio de la equidad, pues se estaba ante un acto irrepetible (al haber muerto el contrayente varón). La Audiencia Provincial desestimó el recurso, por considerar obvio la concurrencia del impedimento de ligamen al tiempo de celebrarse el segundo matrimonio.

68 *Cfr.* así RDGRN 5 octubre 1990 (RJ 990, 8344); RDGRN 2 junio 1994 (RJ 1994, 6029); RDGRN 12 febrero 1994 (RJ 1994, 1602); RDGRN 29 octubre 1994 (RJ 1995, 1333); RDGRN 11 noviembre 1995 (RJ 1995, 9914); y RDGRN 4 octubre 1996 (RJ 1997, 2140); y RDGRN 13 marzo 2012 (JUR 2012, 396153).

69 *Cfr.* RDGRN 18 septiembre 2015 (42ª) (BMJ, 26 enero 2016, RRDGRN 01/09/2015-30/09/2015, pp. 582-584).

el Derecho musulmán, son necesarias para que el acto de repudiación sea irrevocable y se disuelva, de modo que el hecho de que la primera repudiación permitiera al varón casarse no significaba que su primer matrimonio hubiera quedado disuelto de manera definitiva[70].

Pudiera ocurrir que el matrimonio anterior estuviera incurso en causa de nulidad, pero la misma no hubiera sido declarada judicialmente. En este caso, el Encargado del Registro deberá denegar la autorización del segundo matrimonio, pero, si, aun así, lo hubiera autorizado y posteriormente se instara su nulidad, aquél contra quien se dirija la demanda podrá plantear una cuestión prejudicial sobre la validez del primero[71], siempre —claro está— que el mismo no hubiera sido convalidado, por haber convivido los contrayentes durante un año después de que menor de edad hubiera cumplido los dieciocho años (art. 75.II CC) o de haberse desvanecido el error o haber cesado la fuerza o la causa del miedo (art. 76.II CC). Desde luego, no podrá prosperar la demanda de nulidad del segundo matrimonio, si en el momento de su presentación ya hubiera recaído sentencia declarativa de la nulidad del primero[72].

Si quien demanda la nulidad del matrimonio es quien contrajo segundo matrimonio, desconociendo que el otro contrayente estaba ya casado, es conveniente que, además, de invocar el impedimento de ligamen, alegue, con apoyo en el art. 73.4º CC, la existencia de un error en cualidad inducido por la reticencia dolosa del otro contrayente, para, así, poder pedir que el mismo sea condenado al resarcimiento de daños y perjuicios, por causación dolosa de la invalidez del matrimonio. Así, sucedió en un caso en que la mujer ignoraba que el contrayente varón estaba casado en la India, por lo que pidió y obtuvo una indemnización de 12.000 euros, que se fundamentó en la *culpa in contrahendo* en la que aquél había incurrido, por haber lesionado la confianza ajena, "violando las exigencias de buena fe en la formación del acto"[73].

---

70 RDGRN 30 septiembre 2008 (JUR 2009, 443067).

71 Esta es la solución sancionada por el art. 124 CC italiano.

72 *Vid.* a este respecto el art. 1633.1, letra c) (redactado por Decreto Ley n. 496/1977, de 25 de noviembre) del Código civil portugués.

73 *Vid.* SAP Cádiz 4 diciembre 2006 *(Tol 6070206)*.

VI. LOS IMPEDIMENTOS MATRIMONIALES EN SENTIDO ESTRICTO

Los impedimentos matrimoniales en sentido estricto (o impedimentos relativos) son el parentesco y el crimen.

1. *El parentesco*

El impedimento de parentesco[74], como resulta del art. 47.1 CC, prohíbe "contraer matrimonio entre sí" a los parientes en línea recta, por con-

---

[74] Recuérdese que, tras la reforma llevada a cabo tras la Ley 30/1981, de 7 de julio, la afinidad no origina impedimento de parentesco.
Lo mismo acontece en la actualidad en el Derecho alemán, en el que el § 4.I *Ehegesetz* de 20 de febrero de 1946, establecía el impedimento de parentesco por afinidad en línea recta, que, sin embargo, fue suprimido por *Gesetz zur Neuordnung des Eheschließungsrechts* de 4 de mayo de 1998, por lo que no pasó al vigente 1307 § *BGB*.
Sin embargo, el art. 161 CC francés (redactado por la Ordenanza n. 759/2005, de 14 de julio) sigue contemplando el impedimento de parentesco por afinidad en línea recta, si bien es dispensable por el Presidente de la República, por causas graves, cuando la persona que ha originado la afinidad haya muerto.
El art. 1602, letra d) CC portugués (redactado por Decreto Ley n. 496/1977, de 25 de noviembre) regula también como impedimento dirimente el parentesco por afinidad en línea recta, pero no lo considera susceptible de dispensa. Pero, además, la Ley 143/2015, de 8 de septiembre, ha introducido un nuevo impedimento dirimente, recogido en el vigente art. 1602, letra b) del Código civil luso, que es el de "anterior responsabilidad parental", lo que, según explican, F. Pereira Coelho y G. De Oliveira, G.: *Curso*, cit., vol. I, pp. 307-308, significa que el cónyuge o conviviente de hecho del progenitor de un niño, que tenga atribuidas responsabilidades parentales respecto de dicho niño, no puede contraer matrimonio con él. Explican los autores que no se trata aquí de un impedimento de parentesco, sino que se basa en razones de carácter social, aunque, si el titular de la responsabilidad parental estuviera casado con el padre o la madre del niño existiría también un impedimento dirimente de afinidad.
El art. 87 CC italiano, cuya redacción actual es fruto de las modificaciones introducidas por diversas leyes (la última, por el Decreto Legislativo n. 154, de 28 de diciembre de 2013) establece el impedimento de afinidad en línea recta, el cual subsiste, incluso aunque el matrimonio del que deriva sea declarado nulo o se disuelva, así como en línea colateral hasta segundo grado. El impedimento de afinidad en línea colateral es, no obstante, susceptible de dispensa judicial, como también lo es en línea recta, cuando derive de un matrimonio declarado nulo.

sanguinidad o por adopción[75], sin limitación de grados, de modo que no podrá un padre casarse con su hijo (sea éste biológico o adoptivo), ni tampoco un abuelo con un nieto[76].

Así mismo, el art. 47.2 CC impide contraer matrimonio entre sí a los parientes colaterales por consanguinidad que se encuentren dentro del tercer grado[77]; por lo tanto, no es posible el matrimonio entre hermanos biológicos, ni entre un tío o sobrino; en cambio, pueden casarse entre sí

---

75 Del mismo modo en que lo hace el art. 87. I, 6) CC italiano, que, además, impide casarse al adoptado y al cónyuge del adoptante, así como al adoptante y al cónyuge del adoptado.
El Código civil portugués no contempla, expresamente, el impedimento de parentesco por adopción en línea recta, aunque es evidente que se subsume dentro de su art. 1602, letra a) (redactado por Decreto Ley n. 496/1977, de 25 de noviembre), que establece como impedimento dirimente el parentesco en línea recta, en virtud de la aplicación del art. 1986, que establece la equiparación entre los hijos biológicos y los adoptivos.
El Código civil francés contempla, expresamente, el impedimento de parentesco por adopción en línea recta, exclusivamente, en relación con la adopción simple, en el art. 366.1 (redactado por Ley n. 604/1996, de 5 de julio), pero, obviamente, la doctrina lo considera aplicable en la adopción plena, como consecuencia de la equiparación que efectúa el art. 358 (redactado por Ley 305/2002, de 4 de marzo), entre los hijos adoptivos y los hijos por naturaleza legítimos. *Cfr.*, así, F. Terré, Ch. Goldie-Genicon y D. Fenouillet, D.: *Droit civil*, cit., p. 120.

76 Hay que tener en cuenta que, aunque a tenor del art. 178.1 CC la adopción extingue los vínculos jurídicos entre el adoptado y su familia biológica, el art. 178.3 CC precisa que dicho efecto debe entenderse "sin perjuicio de lo dispuesto sobre impedimentos matrimoniales". Por tanto, subsiste el impedimento para contraer matrimonio entre el adoptado y sus parientes consanguíneos.

77 Del mismo modo en que lo hacen el art. 163 CC francés y el art. 87. I, 3) CC italiano, si bien, ambos lo consideran dispensable.
El § 1307 *BGB* establece, en cambio, el impedimento de parentesco por consanguinidad en línea colateral, exclusivamente, entre hermanos, sean de vínculo doble o sencillo, precisando que el impedimento subsiste, aunque el parentesco se extinga como consecuencia de la adopción de uno de ellos.
El art. 1602, letra c) CC portugués [la Ley n. 143/2015, de 8 de septiembre, convirtió en letra c), lo que anteriormente, era letra b)] establece el impedimento dirimente de parentesco en línea colateral, también solamente, hasta el segundo grado, si bien el art. 1604, letra c) (redactado Decreto Ley n. 496/1977, de 25 de noviembre) regula como impedimento, meramente impediente, el parentesco de tercer grado en línea colateral, el cual es, además, dispensable, según el art. 1609.1, dispensa que podrá realizar el encargado del Registro Civil, cuando haya motivos serios que justifiquen la celebración del matrimonio.

los primos carnales, al tratarse de parientes colaterales que se hallan en el cuarto grado.

Este precepto (a diferencia de lo que hace el art. 47.1 CC respecto de los parientes en línea recta) no se refiere a los parientes colaterales por adopción, por lo que no existe impedimento para que dos hermanos por adopción puedan casarse entre sí[78], pues las normas que restringen la capacidad nupcial no deben ser objeto de interpretación extensiva, máxime cuando en este caso no existen razones eugenésicas para prohibir el matrimonio[79]. Estamos, pues, ante una norma especial, que desplaza la norma general del art. 108.II CC, según la cual la filiación por naturaleza y por adopción "surten los mismos efectos"[80].

---

78 Sí que, en cambio, lo hay en el Derecho italiano, donde el art. 87. I, 7) y 8) del *Codice* impide casarse a los hijos adoptivos de la misma persona, así como al adoptado y a los hijos (biológicos) del adoptante, sin que tal impedimento sea dispensable.
También en el Derecho alemán, pues el § 1308 *BGB* impide el matrimonio entre hermanos por adopción, aunque el impedimento puede ser dispensado judicialmente.
El Código civil portugués no establece, expresamente, la prohibición de contraer matrimonio entre hermanos adoptivos, pero la doctrina entiende que la misma resulta del art. 1602, letra c), que establece el impedimento de parentesco en el segundo grado de la línea colateral, en virtud de la aplicación del art. 1986, del mismo modo en que a los parientes en línea recta por adopción les resulta aplicable la letra a) del art. 1602. *Cfr.*, en tal sentido, F. Pereira Coelho y G. De Oliveira, G.: *Curso*, cit., vol. I, p. 305.
Lo mismo puede decirse respecto del Código civil francés, respecto de la adopción plena, en virtud de la equiparación de efectos realizada por el art. 358 (redactado por Ley 305/2002, de 4 de marzo) entre los hijos adoptivos y los hijos por naturaleza legítimos. En el caso de adopción simple, existe un impedimento expreso, contemplado en el art. 366.3 y 4 (redactado por Ley n. 604/1996, de 5 de julio), que prohíbe el matrimonio entre los hijos adoptivos de la misma persona, así como entre el adoptado y los hijos biológicos del adoptante; aunque el párrafo del mismo precepto prevé la posibilidad de dispensa por parte del Presidente de la República por motivos graves.

79 En cambio, el adoptado no podrá casarse con sus hermanos biológicos, según resulta del art. 178.3 CC.

80 La opinión de que el impedimento de parentesco por adopción no se extiende la linera colateral es mayoritaria la doctrina española. *Vid.* a este respecto S. Carrión Olmos: "Comentario al art. 47 CC", en *Matrimonio y divorcio. Comentarios al nuevo título IV del Libro primero del Código civil* (coord. J. L. Lacruz Berdejo), 2ª ed., Civitas, Madrid, 1994, p. 184, y las extensas citas que realiza en la nota número 9; Mª C Crespo Mora: "La celebración", cit., p. 411; Mª L. García de Blas Valentín-

No es dispensable el impedimento de parentesco en línea recta, ni tampoco en línea colateral dentro del segundo grado (el que afecta a los hermanos), pero, según prevé el art. 48 CC, sí cabe dispensar judicialmente, a instancia de parte, el impedimento entre colaterales de grado tercero[81], en cuyo caso sería válido el matrimonio contraído por el tío con una sobrina carnal[82].

El precepto requiere que la dispensa tenga "justa causa", que, de acuerdo, con el texto del todavía vigente art. 260 RRC, podrá ser un motivo de "índole particular, familiar o social"[83], habiendo declarado la Dirección General de los Registros y del Notariado que, aunque tales expresiones sean "conceptos indeterminados de difícil evaluación", es posible considerar

---

Fernández: "El matrimonio, realidad social e institución jurídica", en *Instituciones de Derecho Privado,* tomo IV, vol. 1° (coord. V. M. Garrido de Palma), Civitas, Thomson Reuters, Cizur Menor (Navarra), 2015, p. 121; Linacero de la Fuente, Mª: "Matrimonio", cit., p. 79; M. J. Marín López: "Requisitos del matrimonio", en *Manual de Derecho civil, Derecho de familia* (coord. R. Bercovitz Rodríguez-Cano), Bercal, Madrid, 2007, p. 51; F. Sancho Rebullida: "Requisitos del matrimonio", en J. L. Lacruz Berdejo *et alii, Elementos de Derecho civil,* IV, *Derecho de familia,* fasc. 1°, 3ª ed., Bosch, Barcelona, 1989, p 108; E. Serrano Alonso: *El nuevo matrimonio civil,* Edisofer, Madrid, 2005, p. 57. Es minoritaria la opinión contraria de M. Albaladejo García, M.: "El impedimento matrimonial de adopción en el Código civil a hoy", en *Centenario del Código civil (1889-1999),* Centro de Estudios Ramón Areces, t. I, Madrid, 1990, pp. 1 y ss., seguida por J. M. Osorio Serrano: "Requisitos del matrimonio", p. 70, y con la que coincide M.ª A. Carrión Vidal: *La nulidad,* cit., p. 193. P. De Pablo Contreras: "Comentario al art. 47 CC", en *Código civil comentado,* vol. I (dir. A. Cañizares Laso, P. De Pablo Contreras, J. Orduña Moreno y R. Valpuesta Fernández), 2ª ed., Civitas, Thomson Reuters, Cizur Menor (Navarra), 2016, p. 359, aun entendiendo que, a tenor del art. 47.2° CC, se desprende que el impedimento de parentesco no se aplica a los parientes colaterales por adopción, sin embargo, defiende su extensión a ellos, invocando "acentradas convicciones de moralidad social compartidas por la gran mayoría de las culturas".

81 Lo mismo que en Francia e Italia. El art. 164.3 CC francés contempla también la posibilidad de dispensa del impedimento de parentesco por consanguinidad en tercer grado, por causas graves, por parte del Presidente de la República. Igualmente, el art. 87.4 del *Codice* prevé la posibilidad de dispensa judicial.

82 *Vid.* a este respecto RDGRN 18 octubre 1995 (RJ 1995, 9565).

83 Según el todavía vigente art. 261.II RRC, "En la solicitud de dispensa de impedimento de grado tercero de parentesco entre colaterales se expresará con claridad el árbol genealógico de los esposos".

como justa causa para la dispensa la circunstancia de que tío y sobrina, por incapacidad del primero, llevarán conviviendo durante veintidós años[84].

La dispensa podrá tener lugar antes de celebrarse el matrimonio o después (en la rara hipótesis de que se haya autorizado la celebración por no haber reparado el instructor del expediente matrimonial en la existencia del impedimento), pero, en este segundo caso, según dice el mismo precepto, la dispensa, de darse, convalidará el matrimonio desde su celebración, siempre que la nulidad no hubiese sido ya instada judicialmente por alguna de las "partes", palabra ésta, que no se refiere, exclusivamente, a las partes del negocio jurídico matrimonial, sino a todos los legitimados para demandar la nulidad del matrimonio, que, en este caso, no sólo son los cónyuges, sino también (en virtud de la norma general del art. 74 CC) el Ministerio Fiscal y cualquier tercero con interés legítimo[85].

2. *El crimen*

El art. 47.3 CC consagra el denominado impedimento de crimen o muerte dolosa[86].

El precepto ha sido reformado por la Disposición Final Primera de la Ley 15/2015. En su redacción anterior (debida a la Ley 30/1981) impedía "contraer matrimonio entre sí", a los "condenados como autores o cómplices de la muerte dolosa del cónyuge de cualquiera de ellos". Sin embargo, en su actual dicción, se refiere a "Los condenados por haber tenido par-

---

84 *Vid.* así RDGRN 18 octubre 1995 (RJ 1995, 9565), la cual afirma que es "menester entender que una convivencia prolongada y voluntaria entre tío y sobrina puede ser tal fuente de afecto entre ambos, que, sobrepasando el del simple parentesco, llegue a la *affectio maritalis*, cuya real existencia depende de la voluntad íntima de las personas y no puede desvelarse so pena de permitir intromisiones ilegítimas en su intimidad".

85 En este sentido se ha orientado la SAP Teruel 24 marzo 2015 *(Tol 4945741)*. En el supuesto litigioso acontecía que el Ministerio Fiscal había demandado la nulidad del matrimonio antes de que los cónyuges pidieran la dispensa del impedimento, solicitándolo posteriormente, estando vigente el procedimiento judicial.

86 Que no se regula, ni en el Código civil francés, ni en el alemán, aunque sí, en el art. 88 CC italiano y en el art. 1602, letra e) CC portugués, aunque de manera diferente al español, pues refieren el impedimento al llamado conyugicidio individual impropio (el que atenta contra la vida del cónyuge con quien se pretende contraer matrimonio).

ticipación en la muerte dolosa del cónyuge o persona con la que hubiera estado unida por análoga relación de afectividad a la conyugal"[87].

Se observa, pues, una extensión del régimen legal del impedimento[88]; y ello en dos sentidos: de un lado, la prohibición de contraer matrimonio afecta ahora, no sólo afecta a los autores y cómplices (así, como en común interpretación de la doctrina a los inductores y cooperadores necesarios[89]), sino también a los encubridores; y de otro lado, el sujeto pasivo del delito que da origen al impedimento puede ser, no sólo el cónyuge, sino también el conviviente *more uxorio.*

La reforma de 2015 revitaliza, así, un impedimento, que parecía totalmente obsoleto. Es evidente que el impedimento de crimen surge en el contexto de un Derecho matrimonial contrario al divorcio[90]. Nace, obviamente, como una sanción civil a un comportamiento reprobable, pero, sobre todo, con la finalidad de disuadir a quienes, no pudiendo acudir al divorcio, pretendieran disolver su matrimonio, poniéndose de acuerdo para matar al cónyuge de cualquiera de ellos.

Pudiera, pues, pensarse que, admitido el divorcio y, además, con la amplitud con hoy se regula, carecería de sentido mantener el impedimento de crimen, pero no es así, porque dicho impedimento sigue manteniendo una utilidad social como una medida de lucha contra la lacra de la violen-

---

87 Es, pues, distinta la regulación del impedimento en la legislación civil española y la canónica, pues el c. 1090 CIC, no sólo regula el conyugicidio por cooperación mutua, física o moral (el único contemplado en el art. 47.3 CC, que exige además condena penal firme), sino también el conyugicidio simple, que comprende dos supuestos: causar la muerte del propio cónyuge (conyugicidio propio) o la del cónyuge de la persona con la que se desea contraer matrimonio (conyugicidio impropio): en estos dos supuestos, se exige siempre que el crimen haya sido causado con la intención de contraer matrimonio con determinada persona.

88 A. Carrión Vidal: "Comentarios", cit., p. 379.

89 *Vid.* en este sentido S. Carrión Olmos: "Comentario al art. 47 CC ", cit., p. 190; L. Díez-Picazo y A. Gullón Ballesteros: *Sistema de Derecho civil,* vol. IV, cit., p. 78; C. Lasarte Álvarez: *Principios,* cit., t. VI, p. 67; P. De pablo Contreras: "El matrimonio como acto jurídico. La nulidad del matrimonio", en *Curso de Derecho Civil (IV)* (coord. C. Martínez de Aguirre Aldaz), 4ª ed., Madrid, Colex, 2013, p. 119; P. Salvador Coderch: "Comentario al art. 47 CC", en *Comentarios a las reformas del Derecho de familia,* vol. I, Tecnos, Madrid, 1984, p. 119.

90 Es, por ello, que el impedimento de crimen no fue recogido en el Código civil francés, aunque sí, en el italiano, tanto en el de 1865 (art. 62), como en el de 1942, en cuyo art. 88 pervive tras la reforma de 1975, que introdujo el divorcio en Italia.

cia en el ámbito de las relaciones familiares, que no hay por qué circunscribir a la que tiene lugar en el seno de la familia matrimonial: esta parece ser el nuevo fundamento del impedimento, pues, de otro modo, no se comprende por qué habría también de aplicarse a quienes, al estar meramente unidos de hecho, pueden casarse entre sí, sin necesidad de disolver un previo vínculo matrimonial, por tener libertad de estado para contraer matrimonio.

En cualquier caso, tanto antes, como ahora, se exige que exista una condena penal firme de ambos cónyuges o convivientes *more uxorio*, por muerte dolosa, pudiendo ser diverso su grado de autoría o participación (p. ej., uno es condenado como autor directo del delito y otro como inductor, cómplice o encubridor). No basta una condena por mera imprudencia temeraria (por ejemplo, la que pudiera tener lugar en un accidente de tráfico)[91], como tampoco[92] una condena por mera tentativa de homicidio o asesinato no culminada con éxito, pues el precepto habla claramente de "muerte", por lo que presupone que la misma ha tenido lugar[93].

Sin embargo[94], no parece necesario que la finalidad de la comisión del delito fuera, precisamente, acabar con la vida del propio cónyuge o el de la persona, con cuya connivencia se ha realizado el crimen, con la finalidad

---

91 *Cfr.*, así, F. Blasco Gascó: *Instituciones de Derecho civil. Derecho de familia*, 3ª ed., Tirant lo Blanch, Valencia, 2018, p. 71; Carrión Olmos, S.: "Comentario al art. 47 CC", cit., p. 191; L. Díez-Picazo y A. Gullón Ballesteros: *Sistema de Derecho civil*, vol. IV, cit., p. 78; A. Díaz Martínez: "Comentario al art. 47 CC", en *Comentarios al Código civil* (dir. R. Bercovitz Rodríguez-Cano) tomo I, Tirant lo Blanch, Valencia 2013, p. 670; G. García Cantero: "Comentario al art. 47 CC", cit., p. 85; M. J. Marín López: "Requisitos", cit., p. 50; P. De Pablo Contreras: "Comentario al art. 47 CC", cit., p. 359; P. Salvador Coderch: "Comentario al art. 47 CC", cit., p. 179; E. Serrano Alonso: *El nuevo matrimonio*, cit., p. 57.

92 A diferencia de lo que acontece en el Derecho italiano, a tenor del art. 88 del *Codice*; como también en el Derecho portugués, según resulta del art. 1604, letra f) CC luso.

93 *Vid.* en tal sentido F. Blasco Gascó: *Instituciones*, cit., p. 71; S. Carrión Olmos: "Comentario al art. 47 CC", cit., p. 191; A. Díaz Martínez: "Comentario al art. 47 CC", cit., p. 670; M. J. Marín López: "Requisitos", cit., p. 50; P. Salvador Coderch: "Comentario al art. 47 CC", cit., p. 359; Serrano Alonso, E.: *El nuevo matrimonio*, cit., p. 57. En contra, sin embargo, G. García Cantero: "Comentario al art. 47 CC", cit., p. 85, quien, atendiendo a la *ratio* de la norma, entiende que basta con que se dé el delito en grado de frustración o tentativa. Esta es, en cualquier caso, la solución adoptada por el art. 88 CC italiano.

94 A diferencia de lo que exige el c. 1090 CIC.

específica de casarse con ella[95] (aunque éste sea el supuesto clásico para el que estaba pensado el impedimento, cuando no había divorcio), porque, si así lo fuera, no se entendería por qué el sujeto pasivo del delito puede ser un conviviente *more uxorio*, con el que no se está casado y del que, por lo tanto, no es necesario divorciarse.

La doctrina dominante entiende que la condena penal posterior a la celebración del matrimonio produciría la nulidad del matrimonio contraído anteriormente[96], pero no creo que yo que se trate de una cuestión de retroacción de los efectos de la sentencia penal[97]. La explicación creo que es otra: lo que justifica el impedimento matrimonial no es la sentencia en sí, sino los hechos en que ésta se basa, esto es, el homicidio o asesinato de la persona con quien se está casado o se convive *more uxorio* antes de celebrarse el matrimonio, que es lo que merece el reproche y la consiguiente sanción por parte del legislador civil: si se exige la condena penal firme es, sencillamente, porque, sin ella, no existe certeza jurídica de la comisión del delito y, en consecuencia, no se puede privar preventivamente al presunto autor, cómplice o encubridor del mismo de la posibilidad de casarse, ya que ello supondría una injustificada restricción de su derecho a contraer matrimonio[98].

---

95 *Cfr.*, así, L. Díez-Picazo y A. Gullón Ballesteros: *Sistema de Derecho civil*, vol. IV, cit., p. 78, y M.ª A. Carrión Vidal: *La nulidad*, cit., p. 132.

96 *Vid.* así S. Carrión Olmos: "Comentario al art. 47 CC", cit., p. 192; A. Díaz Martínez: "Comentario al art. 47 CC", cit., p. 671; L. Díez-Picazo y A. Gullón Ballesteros: *Sistema de Derecho civil*, vol. IV, cit., p. 78; J. M. Osorio Serrano: "Requisitos"; cit., p. 70; o P. Salvador Coderch: "Comentario al art. 46 CC", cit., p. 177. En contra, sin embargo, M. Peña Bernaldo de Quirós: *Derecho de familia*, cit., p. 53, nota 47; y P. De Pablo Contreras: "Comentario al art. 47 CC", cit., p. 359.

97 Como sostienen E. Roca Trías "Los requisitos del matrimonio", en *Derecho de familia* (coord. E. Roca Trías), 3ª ed., Tirant lo Blanch, Valencia, 1997, p. 65; y P. Salvador Coderch: "Comentario al art. 46 CC", cit., p. 177.

98 En relación con el art. 88 CC italiano de 1942, F. Finocchiaro: *Matrimonio*, cit., p. 45, observa que, aunque la norma ligue el impedimento a la existencia de una condena, no es posible una lectura puramente formal de la misma, que termina frustrando la función de la misma, que es la tutela del orden público, el cual queda perturbado, no por la sentencia misma, sino por el hecho que da lugar al proceso, por lo que no es posible distinguir entre condena anterior y condena posterior al matrimonio, si el hecho delictivo es anterior a la celebración del mismo.

La Ley 30/1981 introdujo la posibilidad de dispensar el impedimento de crimen[99], la cual no estaba contemplada en el originario art. 85 CC, lo que mereció la crítica de un sector de la doctrina[100]. Sin embargo, a mi entender, esta novedad merece un juicio positivo, porque por muy reprochable que haya sido la conducta de quienes cometieron el delito, siempre cabe el arrepentimiento y la rehabilitación de los condenados. Otra cosa es que el anterior art. 48.I CC (redactado por la Ley 30/1981), incomprensiblemente, permitiera al Ministerio de Justicia la dispensa del impedimento sin concurrir una "justa causa"[101], lo que, en cambio, sí que requiere el vigente art. 48 CC (cuya redacción se debe a la Disposición Final Primera de la Ley 15/2015), que, además, encomienda ahora la facultad de conceder la dispensa al Juez, dejando la misma de ser un acto graciable y alejándose de la discrecionalidad administrativa[102].

Hay que recordar que la dispensa del impedimento (al igual que el de parentesco colateral de tercer grado) puede ser anterior o posterior a la celebración del matrimonio, pero ésta última sólo es posible si la nulidad no ha sido pedida judicialmente por alguna de las partes, en cuyo caso convalidará el matrimonio desde su celebración (art. 48 CC).

---

99 Que no es posible en el Derecho italiano y portugués.

100 G. García Cantero: "Comentario al art. 48 CC", cit., p. 89, considera "sorprendente" la posibilidad de dispensar el impedimento de crimen.

101 Me parece fundada la crítica al respecto de G. García Cantero: "Comentario al art. 48 CC", cit., p. 89.

102 Con anterioridad a la reforma llevada a cabo por la Ley 15/2015, P. De Pablo Contreras: "El matrimonio", cit., p. 119, observaba que, si bien la dispensa era *discrecional*, en cambio, no podía ser *arbitraria*, por lo que había que incluir una valoración del reproche o alarma social a que diera lugar el matrimonio del homicida, refiriéndose, en particular, al caso de que la mujer condenada sufriera malos tratos por parte del marido.

E. Serrano Alonso: *El nuevo matrimonio*, cit., p. 57, como pone ejemplo de justa causa la existencia de hijos.

2. LA SIMULACIÓN DEL MATRIMONIO CIVIL

JOSÉ RAMÓN DE VERDA Y BEAMONTE[1]

SUMARIO: I. PRINCIPIO DE PERSONALIZACIÓN DEL MATRIMONIO Y NULIDAD MATRIMONIAL. II. LA SIMULACIÓN CAUSA DE NULIDAD MATRIMONIAL. III. LA RESERVA MENTAL NO ES SIMULACIÓN, AUNQUE LA MISMA TAMBIÉN SEA UN SUPUESTO DE INEXISTENCIA DEL CONSENTIMIENTO QUE DA LUGAR A LA NULIDAD DEL MATRIMONIO. IV. EL RÉGIMEN PROCESAL DE LA ACCIÓN DE NULIDAD POR SIMULACIÓN. V. LA PRUEBA DE LA SIMULACIÓN EN LA JURISPRUDENCIA. VI. LA SIMULACIÓN EN MATRIMONIOS CON ELEMENTOS DE EXTRANJERÍA.

I. PRINCIPIO DE PERSONALIZACIÓN DEL MATRIMONIO Y NULIDAD MATRIMONIAL

La promulgación de la Constitución de 1978 supuso, sin duda, la transformación más profunda sufrida por el Derecho civil español desde los tiempos de la Codificación.

Esta transformación fue consecuencia ineludible de una Constitución, marcadamente renovadora, que proclama el Estado Social y democrático de Derecho (art. 1.1), que propugna la libertad como valor superior del ordenamiento jurídico (art. 1.2) y que establece como fundamento del orden político el libre desarrollo de la personalidad (art. 10.1); y, sobre todo, de una Constitución, cuyas normas vinculan a los ciudadanos y a los poderes públicos (art. 9.1), por lo que no tienen un mero carácter programático, sino que están dotadas de valor normativo inmediato y directo.

La incidencia de los principios constitucionales ha sido especialmente intensa por cuanto se refiere al Derecho de Familia, debiéndose destacar la impronta que en la moderna configuración del matrimonio supuso el principio constitucional de libre desarrollo de la personalidad, que ha llevado a una creciente *personalización* del matrimonio.

De hecho, las reformas de Derecho de familia más importantes llevadas a cabo en España tras la promulgación de la CE encuentran una de sus ideas directrices en el principio de libre desarrollo de la personalidad, aunque, solo a partir de 2005, el legislador haga un reclamo expreso a di-

---

[1] CU, Derecho civil, Universidad de València.

cho principio como un argumento para establecer soluciones discutidas, como son la admisión del matrimonio entre personas del mismo sexo (por la Ley 13/2005, de 1 de julio) o el divorcio por el mero consentimiento de cualquiera de los cónyuges (Ley 15/2005, de 8 de julio)

Sin embargo, ya la Ley 30/1981, de 7 de julio, que admitió el divorcio vincular (aunque no con la amplitud actual), marca un tránsito en la concepción del matrimonio (de *institucionalista* a *personalista*), en concreto, por cuanto aquí nos interesa, en orden a la nulidad matrimonial.

La concepción *institucionalista* (no *personalista*) del matrimonio se plasmaba en el inadecuado tratamiento de las causas matrimoniales de carácter consensual, por parte del originario art. 101.2° CC, en particular, en materia de error, rechazándose la relevancia invalidante del recayente sobre las cualidades personales del otro contrayente y admitiendo, exclusivamente, el atinente a su identidad; tampoco la simulación y la reserva mental encontraban encaje legal entre las causas de nulidad del matrimonio[2].

En realidad, desde la perspectiva del nuestro decimonónico Código civil, el matrimonio era, ante todo, un estado civil, con incidencia en la capacidad de obrar de las personas; y de ahí que sacrificara el interés privado de los contrayentes a la tutela de la *realidad* e *integridad* del consentimiento, es decir, la posibilidad de demandar la nulidad del matrimonio en caso de inexistencia de aquel o de presencia de vicios de la voluntad, en aras al interés público a la seguridad y estabilidad de las relaciones matrimoniales y a la certeza de las actuaciones relativas al estado civil, lo que explicaba la rigurosa identificación del consentimiento matrimonial con el manifestado en sede de celebración[3], esto es, la consideración del "matrimonio como un acto jurídico formal"[4]) y, por ende, que se prescindiera del examen de

---

2 Lo que no impidió a G. García Cantero: *El vínculo de matrimonio civil en el Derecho español*, CSIC, Roma-Madrid, 1959, pp. 168-169, defender la relevancia invalidante de la simulación, argumentando que, si bien en el Derecho español anterior a la reforma del 81 no existía norma semejante a la contenida en el art. 146 del *Code* (conforme al cual, "il n'y a pas de mariage lorsqu'il a point de consentement"), no obstante, el sistema del Código civil español la suponía implícita, lo que deducía el autor de una lectura conjunta de los arts. 89, 100 y 101.1°, en relación con los arts. 83.2° y 101.

3 *Cfr.* S. Carrión Olmos: "En torno a la simulación de matrimonio civil", *Revista de Derecho Privado,* 1981, p. 42.

4 Observa E. Lalaguna Domínguez: *Estudios de Derecho matrimonial,* Rialp, Madrid, 1962, p. 248, respecto a la legislación civil anterior a la reforma del Código civil por Ley 30/1981: "La forma se muestra en el Derecho civil como rígida objetiva-

sus contenidos materiales. Es lo que se ha llamado el principio de "absorción del consentimiento matrimonial en la forma de celebración"[5], lo que estaba íntimamente ligado a la consideración de que la participación del funcionario ante quien se celebraban las nupcias era integrativa del acto jurídico del matrimonio[6].

Por el contrario, la Ley 30/1981 estableció una normativa protectora del consentimiento (actualmente vigente), que confirmó la calificación del matrimonio como un acto de autonomía privada, encaminado a actuar intereses personalísimos de los contrayentes, lo que es conforme a la tesis actualmente indiscutida en la doctrina española de que se trata de un negocio jurídico de Derecho de familia[7]. Es claro que el contenido de la relación jurídico-matrimonial (por afectar al estado civil de las personas y a la estructura de las relaciones familiares) está predeterminado por la ley: las normas que regulan los efectos personales del matrimonio, son imperativas y no pueden ser modificadas por los particulares. Pero ello no impide la calificación dogmática del matrimonio como negocio jurídico, pues, como se ha dicho, "la sustancia del negocio jurídico no se encuentra tanto en el poder de determinación del contenido de la relación jurídica que el negocio crea como en el poder de creación de la propia relación jurídica"[8].

En el matrimonio concurre lo que tradicionalmente se ha considerado la esencia misma del *Rechtsgeschäft*, es decir, el ser una declaración de voluntad dirigida a producir efectos jurídicos que el ordenamiento realiza, porque son queridos por las partes. Y, aceptada dicha noción de negocio jurídico, no hay ninguna dificultad en calificar como negociales las recíprocas declaraciones de voluntad, en virtud de las cuales cada contrayente manifiesta su consentimiento en contraer matrimonio con el otro (art. 58 CC): los efectos establecidos por los arts. 67 y 68 CC se producen, en cuanto queridos por los contrayentes (*cfr.* arts. 45, I, 73.1° CC); y el funcionario autorizante es, simplemente, un testigo cualificado, cuya presencia no enerva un ápice el carácter negocial del acto.

---

ción del consentimiento. En otras palabras: no existe jurídicamente otro consentimiento que el manifestado en la forma requerida".

5 E. Lalaguna Domínguez: *Estudios de Derecho matrimonial*, cit., pp. 248-249.

6 Lo constata E. Perego: *La simulazione nel matrimonio civile*, Giuffrè, Milano, 1980, pp. 7-8.

7 En particular, tras el célebre trabajo de L. Díez-Picazo: "El negocio jurídico de Derecho de Familia", *Revista General de Legislación y Jurisprudencia*, 1962, pp. 771 ss.

8 L. Díez-Picazo: "El negocio jurídico", cit., p. 773.

En definitiva, en 1981 el legislador abandonó su tradicional posición, consistente en ignorar la *realidad* e *integridad* del consentimiento de los contrayentes: se proclamó expresamente el principio según el cual "no hay matrimonio sin consentimiento matrimonial" (vigente art. 45 CC) y, consecuentemente, se consideró nulo el matrimonio celebrado sin consentimiento matrimonial (vigente art. 73.1° CC), con lo que la simulación y la reserva mental encontraron encaje específico entre las causas de nulidad; como también las hipótesis, rarísimas en la práctica, de error obstativo en la emisión o en el contenido de la declaración. Por otro lado, se amplió el ámbito del de aplicación del error invalidante, que se extendió al recayente sobre las cualidades personales del otro contrayente (vigente art. 73.4° CC)[9].

Esta reforma creo que es merecedora de valoración positiva: la nulidad y el divorcio no solo son instituciones distintas desde un punto de vista conceptual y práctico, sino que no proporcionan la misma satisfacción a los sujetos que acuden a ellas, dándose, además, la circunstancia de que el divorcio puede ser contrario a las creencias religiosas de los contrayentes.

La categoría de la nulidad presupone un sistema jurídico en el que el matrimonio, por decisión del legislador, solo puede tener su origen en un negocio jurídico válido, es decir, en el que deben concurrir los requisitos de capacidad (arts. 46-47 CC), consentimiento (arts. 45, 73 CC) y forma (arts. 51 ss. C.C) legalmente establecidos al efecto. Por ello, la ausencia de alguno de tales requisitos (o su inadecuada formación) se sanciona con la invalidez del acto negocial, siendo la nulidad del matrimonio la concreta sanción que el ordenamiento jurídico asigna al acto irregular (art. 73 CC).

La introducción del divorcio vincular por Ley 30/1981, de 7 de julio, no impidió que el legislador estableciera un estimable régimen jurídico de la nulidad matrimonial (que esencialmente continua vigente); y ello parece lógico, pues, siendo la nulidad una categoría plenamente asentada en la teoría general del negocio jurídico, hubiera sido un contrasentido que el mismo legislador, que establece una detallada reglamentación de la invalidez de los contratos (capítulo VI del título II del Libro IV del Código civil), hubiese, en cambio, descuidado la regulación de la nulidad de ma-

9 M.ª A. Carrión Vidal: *La nulidad matrimonial civil*, Reus, Madrid, 2023, p. 213, emplea certeramente el término "desformalizar", para transmitir la idea de "la pérdida de importancia de la forma en el matrimonio", la cual "sigue figurando como un elemento estructural de la unión matrimonial, pero su relevancia es sensiblemente menor".

trimonio, acto éste, que comporta radicales consecuencias jurídicas, que transcienden de la esfera puramente patrimonial y afectan a lo más íntimo de la persona. Es más, la regulación de la nulidad matrimonial será un fiel reflejo del respeto que el propio legislador siente por la figura del matrimonio, tal y como es configurada por la legislación civil[10].

Así, la norma del art. 45 CC, a cuyo tenor "no hay matrimonio sin consentimiento matrimonial", sería una declaración puramente formal, de nulo interés práctico, si la ley, correlativamente, no hubiera garantizado la *realidad* e *integridad* del concreto consentimiento de los contrayentes a través del establecimiento de los pertinentes capítulos de nulidad: ausencia de consentimiento matrimonial (art. 73.1° CC), error en la identidad o en cualidad personal (art. 73.4° CC), coacción o miedo grave (art. 73.5° CC)[11].

La nulidad matrimonial asume, pues, la específica función de tutelar la recta formación del vínculo matrimonial, razón por la cual atiende al momento constitutivo del matrimonio, prescindiendo de las sobrevenidas situaciones de crisis conyugal, cuya solución jurídica podrá hallarse en el divorcio o en la separación.

Pero más allá de consideraciones de índole dogmático, yo creo que la *libertad nupcial,* protegida por el art. 32.1 CE (tanto en su vertiente positiva, como negativa, del derecho a contraer o no matrimonio) aconseja el reconocimiento a la persona del derecho a no ser considerada como casada, ante la sociedad y ante el Estado, en tanto no haya contraído matrimonio mediante la celebración de un acto jurídico en el que concurran todos los presupuestos de validez exigidos por la ley: el derecho, en definitiva, a solicitar la declaración de nulidad del negocio matrimonial inválido, lo que alcanza una especial significación en el concreto plano del consentimiento que, sin duda, constituye, el elemento básico del negocio matrimonial (art. 45 CC)[12]. Quien contrae matrimonio debe consentir realmente (y con en-

---

10 Y es que, come expone L. I. Arechederra Aranzadi: *El consentimiento matrimonial (Comentario al artículo 45 del Código civil),* Universidad de Navarra, Pamplona, 1989, p. 42, "el régimen de validez —inversamente régimen de nulidad— explicita el concepto de matrimonio".

11 Otro tanto puede decirse respecto de la regulación de los impedimentos para contraer matrimonio (*cfr.* arts. 46 y 47 CC en relación con art. 73.2° CC y de los requisitos de forma a los que debe ajustarse la celebración del negocio jurídico matrimonial (*cfr.* arts. 51 ss. CC en relación. con art. 73.3° CC).

12 Según expone P. Salvador Coderch: "Comentario al art. 44 CC", en *Comentarios a las reformas del Derecho de familia,* vol. I, Tecnos, Madrid, 198 p. 118, "reglas como las relativas al consentimiento matrimonial o a la edad mínima para contraer ma-

tera libertad) todas las consecuencias jurídicas que de dicho acto derivan. La solución contraría pugnaría con la concepción del matrimonio como cauce al servicio del libre desarrollo de la personalidad del ser humano: la naturaleza misma del matrimonio exige la existencia de un consentimiento *real* e *íntegro.*

II. LA SIMULACIÓN CAUSA DE NULIDAD MATRIMONIAL

Es indiscutido que, aunque no se diga expresamente[13], la simulación absoluta encuentra encaje en el vigente art. 73.1° CC, en tanto que dicho precepto sanciona la invalidez del "matrimonio celebrado sin consentimiento matrimonial"[14].

---

trimonio pueden configurarse como normas que están al servicio de la *libertad matrimonial*".

13 La simulación sí era expresamente contemplada como causa de nulidad en la redacción del art. 73.5° CC propuesta por el Proyecto de Ley del Gobierno, pero, posteriormente, se suprime su mención expresa, formulándose la regla general del art. 73.1 CC, sin duda, para ajustar la redacción del precepto a la del art. 45.I CC.

14 Esta unánime posición consensualista a la que, lógicamente, me adhiero, contrasta con la lectura de la simulación en clave causalista, que realiza el común de la doctrina y la jurisprudencia españolas en el ámbito contractual, viendo en la simulación absoluta un caso de inexistencia de causa encuadrable en el art. 1275 CC, que da lugar a la nulidad del negocio, rechazando contemplarla, tal y como hace la tradición jurídica alemana (*cfr.* § 117.I BGB) y, por influencia de esta, la portuguesa (*cfr.* art. 240.1 CC luso) como un supuesto de divergencia consciente entre la voluntad real y la declarada, siendo a este respecto especialmente contundente F. De Castro y Bravo: *El negocio jurídico,* Civitas, Madrid, 1985 (reimpresión 1991), pp. 336-338, y 348-350.
Sin embargo, a mi parecer, las denominadas teorías causalista y consensualista se complementan en este punto, pues la razón por la que la voluntad real y la declarada divergen es, precisamente, porque los contratantes, en virtud del acuerdo interno simulatorio, excluyen asumir la causa objetiva del negocio, entendida como la función económico-social de mismo, buscando crear una pura apariencia externa para lograr finalidades ajenas a dicha causa.
En este sentido me parecen muy lúcidas las palabras de J. Jordano Fraga: *Falta absoluta de consentimiento, interpretación e ineficacia contractuales,* Real Colegio de España, Bolonia, 1988, p. 201, cuando afirma que la causa "falsa", esto es, la que externamente y de manera aparente se asume con el negocio simulado, "es, en otras palabras, la causa no querida", añadiendo que "es sólo a través de la falta de

La simulación absoluta tiene lugar cuando a las recíprocas declaraciones formales de los contrayentes, de querer contraer matrimonio el uno con el otro, se superpone un pacto privado, en cuya virtud ambos excluyen la causa típica del negocio matrimonial[15] (consistente en la instauración de una plena comunidad de vida tendencialmente perpetua entre dos personas, asumiendo estas las obligaciones conyugales establecidas en los arts. 67 y 68 CC)[16]. Por el acuerdo simulatorio los contrayentes convienen entre sí en no adquirir el *status* de cónyuge, por lo que habrá un supuesto de diver-

---

consentimiento como se determina la falsedad de la causa, que, por tanto, no es sino una consecuencia de ella".

15 F. Finocchiario: *Matrimonio civile. Formazione, validità, divorcio,* 2ª ed., Giuffrè, Milano, 1989, p. 17, observa, así, que el hecho de que el consentimiento de las partes deba adherirse a la función social del negocio, tiene relevancia todas aquellas veces en que la declaración de voluntad expresada ante el funcionario del registro civil no se dirige al crear el *consortium,* sino a otros fines.

16 No comparto la posición de ciertos autores que como Mª C. Gete Alonso y Calera: "Comentario al art. 73 CC", en *Comentarios a las reformas del Derecho de familia,* vol. I, Tecnos, Madrid, 1984, p. 373, excluyen que pueda hablarse de una causa del negocio matrimonial, por no exigirla expresamente el Código civil, a diferencia de lo que hace respecto de los contratos.
Creo, por el contrario, que hay una causa objetiva o típica del negocio jurídico matrimonial, que, lógicamente, se identifica con la asunción de una plena comunidad de vida con los derechos-deberes conyugales legalmente establecidos en los arts. 67 y 68 CC.
Me parece especialmente significativo el art. 123.I CC italiano, que, al regular la simulación, dice que "El matrimonio puede ser impugnado por cada uno de los cónyuges, cuando los esposos hayan pactado no cumplir las obligaciones y no ejercitar los derechos derivados del mismo".
Resulta evidente que el precepto establece una clara conexión entre simulación y exclusión de la causa del negocio matrimonial, identificada con los derechos-deberes conyugales, aunque, ciertamente, hubiera sido más oportuno que hablara de un pacto, en cuya virtud se excluyera la asunción de los mismos, no su mero cumplimiento o ejercicio; o como dice F. Galgano: *Il negozio giuridico,* en *Trattato de diritto civile e commerciale* (dir. A. Cicu y F. Messineo, continuado por L. Mengoni), III, t. 1, Giuffrè, Milano, 1988, p. 510, se podría haber establecido la presunción de que el matrimonio no es querido, si su celebración es precedida o acompañada del pacto que excluye el ejercicio de todos los derechos y el cumplimiento de todos los deberes que derivan del matrimonio.
De hecho, esta redacción del precepto ha llevado a algunos autores, como, p. ej., F. Finocchiaro: *Matrimonio,* en *Commentario del Codice Civile Scialoja-Branca* (a cargo de F. Galgano), t. II, Bologna-Roma, Zanichelli, 1993, *sub* art. 123, p. 166-169, a sostener que la norma no regula la simulación, pues sanciona un vicio que no afecta al momento de formación del vínculo, sino a la fase de ejecución del

gencia consciente entre la voluntad real y la declarada (ante el funcionario autorizante), lo que dará lugar a una falta de consentimiento, que provocará la nulidad del negocio (art. 45, I CC): los declarantes o contrayentes no querían, en realidad, casarse, sino crear una apariencia de matrimonio para lograr un efecto que la ley asigna al mismo[17]: en la práctica, el efecto buscado suele ser que un contrayente extranjero obtenga el permiso de residencia en España, pero las finalidades pueden ser otras, por ejemplo, subrogarse en un arrendamiento urbano, cobrar una pensión de viudedad o disfrutar de los beneficios fiscales establecidos para las transmisiones de bienes entre cónyuges, en particular, a los efectos del impuesto de sucesiones y donaciones[18].

---

mismo, de modo que los contrayentes no excluirían la asunción del estado de cónyuge.

Sin embargo, como certeramente señala C. M. Bianca: *Diritto civile,* 2.1. La *famiglia,* 6ª ed., Giuffrè, Milano, 2017, la objeción desaparece cuando se parte de una noción amplia de simulación, entendida como una apariencia negocial, reconducible a la hipótesis de una utilización intencional del negocio para una finalidad incompatible con su causa típica. Por otro lado, como constata V. Barba: "La simulazione nel matrimonio civile", en *Trattato di diritto di famiglia* (dir. G. Bonilini), vol. I, *Famiglia e matrimonio,* Utet, Torino, 2016, p. 463, hay una cierta dosis de artificialidad en el recurso al argumento de la literalidad del art. 123 CC italiano para negar que el precepto no se refiera a la simulación, pues, como dice el autor, pensar que la obligación pueda nacer privada de su característica esencial, en virtud de un acuerdo de no cumplirla, es tanto como negar su existencia misma.

17 Hay que tener en cuenta que, para que exista la simulación, no basta con que el propósito práctico perseguido por los contrayentes sea alcanzar los efectos que la ley asigna al matrimonio, ya que los motivos subjetivos de las partes para contraer matrimonio son irrelevantes: lo decisivo es que solamente se quieran alcanzar dichos efectos, excluyendo la asunción del estado civil de cónyuge y, por consiguiente, los derechos-deberes que del mismo derivan. *Vid.* a este respecto, las consideraciones realizadas por F. Pereira Coelho y G. de Oliveira: *Curso de Direito da familia,* vol. I, *Introuduçao Direito matrimonial,* 5ª ed., Universidad de Coimbra, Coimbra, 2015, pp. 273-274.

18 En la jurisprudencia francesa Cass. 1ª 28 octubre 2003 (D. 2004, 21) se ha declarado nulo un matrimonio contraído por un varón con orientación homosexual, gravemente enfermo de sida, en previsión de su muerte, con una amiga (madre de un niño y que convivía de hecho con otro hombre). El varón aportó en capitulaciones matrimoniales sus bienes a la comunidad conyugal, pactándose su atribución integral al cónyuge sobreviviente, a cambio del acuerdo interno de que la mujer cuidara de su madre. Sucedió, sin embargo, que la madre murió y él mejoró de salud, gracias a la terapia seguida, por lo que demandó la nulidad del matrimonio por simulación.

Mayores problemas plantea la admisión de la simulación parcial (la denominada *simulatio partialis*) en el ámbito del Derecho matrimonial civil[19]. Dicha figura aparece regulada en el c. 1101, II del vigente *CIC* (correspondiente al c. 1086 del viejo *Codex*), conforme al cual si uno de los contrayentes (o ambos) excluye, mediante un acto positivo de voluntad, alguno de los elementos o propiedades esenciales del matrimonio (es decir, el *bonum prolis*, el *bonum fidei* o el *bonum sacramenti*) contrae inválidamente. Desde la perspectiva del Derecho civil, la simulación parcial haría alusión a la hipótesis en que los contrayentes no excluyen la causa típica del negocio (quieren asumir el *status* conyugal), sino que, tan sólo, pactan la no asunción de alguno de los caracteres definitorios (*propiedades* en terminología canónica) del tipo matrimonial civil (la unidad) o de alguna de las obligaciones que integran el contenido personal de la relación matrimonial (*ex* art. 67 y 68 CC).

Sin duda, existen razones que inducen a no reconocer relevancia invalidante a la simulación parcial[20]. De un lado, la circunstancia de que las obligaciones que integran el *status* conyugal son materia de orden público sustraída a la autonomía de la voluntad y, por ende, a la disponibilidad de los particulares (de ahí, que el art. 45, II CC declare enérgicamente que "la condición, término o modo del consentimiento se tendrá por no puesto"). De otro, la necesidad de armonizar el interés privado de los contrayentes a la protección de la *realidad* del consentimiento nupcial con el interés público a la certeza de las actuaciones relativas al estado civil de las personas, que, quizás, podrían padecer de manera excesiva con la admisión de la simulación parcial.

---

19 *Vid.* en contra de la admisión de la misma, expresamente, L. I. Arechederra Aranzadi: "Comentario al art. 45 CC", en *Matrimonio y divorcio. Comentarios al nuevo título IV del Libro primero del Código civil* (coord. J. L. Lacruz Berdejo), 2ª ed., Civitas, Madrid, 1994, p. 101, en particular, nota 29; P. De Pablo Contreras: "Comentario al art. 45 CC, en *Código civil comentado* (dir. A. Cañizares Laso, P. De Pablo Contreras, J. Orduña Moreno y R. Valpuesta Fernández), vol. I, 2ª ed., Thomson Reuters Aranzadi, Cizur Menor (Navarra), 2016, p. 351; J. A. Doral García: "Comentario al art. 73 CC", en *Matrimonio y divorcio. Comentarios al nuevo título IV del Libro primero del Código civil* (coord. J. L. Lacruz Berdejo), 2ª ed., Civitas, Madrid, 1994, p. 712; e implícitamente E. Roca Trías: "Los requisitos del matrimonio", en *Derecho de familia* (coord. E. Roca Trías), 3ª ed., Tirant lo Blanch, Valencia, 1997, p. 72.

20 La doctrina foránea se inclina por no admitir la relevancia de la simulación parcial: *cfr.* así, respecto de la italiana, entre otros, F. Galgano: *Il negozio*, cit., p. 510; y, respecto de la portuguesa, F. Pereira Coelho y G. de Oliveira: *Curso*, cit., p. 275.

Sin embargo, no puede dejar de observarse que, en ocasiones, lo que, *prima facie*, aparece como una simulación parcial, podría, en realidad, ser constitutivo de una auténtica simulación total. Así, si los contrayentes, en virtud de un pacto, excluyen toda convivencia habría que dudar de la seriedad de su propósito de contraer matrimonio y de asumir el *status* conyugal. Y otro tanto cabría decir, de existir un pacto dirigido, no a modalizar, sino a excluir, total y absolutamente, las obligaciones de respeto, fidelidad o auxilio mutuo, o la propiedad de la *unidad*, característica del modelo matrimonial de Occidente. En realidad, las obligaciones que integran el contenido de la relación matrimonial son tan mínimas y, por otra parte, tan indispensables en orden a la instauración de una plena comunidad de vida, que resulta difícil imaginar la existencia de un verdadero consentimiento *ad nuptias* desligado de la voluntad de asumir los derechos-deberes contemplados en los arts. 67 y 68 CC; y, dada la *simplicidad* del instituto matrimonial civil, que, a diferencia del canónico, no tiene como fin típico la procreación y educación de los hijos, ni tampoco reviste, obviamente, los caracteres de la indisolubilidad y de la sacramentalidad, quizás, incluso, sea de escasa utilidad hablar de simulación parcial *versus* simulación total en el ámbito del Derecho civil matrimonial.

La cuestión adquiere especial interés desde el momento en que la Ley 15/2005, de 8 de julio, añadió al art. 68 CC un último inciso, que dice que los cónyuges "Deberán, además, compartir las responsabilidades domésticas y el cuidado y atención de ascendientes y descendientes y otras personas dependientes a su cargo".

A mi parecer, la oportunidad de esta disposición es dudosa[21], en la medida en que supone una injerencia pública en un ámbito íntimo de la persona, como es el de la libre decisión de los cónyuges, acerca de la asignación y distribución de las tareas domésticas, lo que, además, parece estar en contradicción con el principio constitucional de libre desarrollo de la personalidad, el cual implica el reconocimiento, como principio general inspirador del ordenamiento jurídico, de la autonomía de la persona para elegir entre las diversas opciones vitales, de acuerdo

---

21 S. Carrión Olmos: "Separación y divorcio tras la Ley 15/2005, de 8 de julio", en *Comentarios a las reformas del Derecho de Familia de 2005* (coord. J. R. de Verda y Beamonte), Thomson Reuters Aranzadi, Cizur Menor, 2006, p. 180, juzga esta disposición "quizá no del todo afortunada, al menos, por cuanto a su ubicación se refiere".

con sus propios intereses y preferencias[22]. Este intervencionismo estatal, calificado como "una norma de pedagogía social"[23], que pretende imponer a los cónyuges un modelo de organización de las tareas domésticas, basado en la igualdad (aunque expresamente no se utilice esta palabra), resulta paradójico[24], si se tiene en cuenta que, precisamente, el principio constitucional de libre desarrollo de la personalidad es el hilo conductor de la reforma introducida por la Ley 15/2005, al establecer como causa de separación y disolución del matrimonio la mera voluntad de los cónyuges, así como también lo es de la reforma operada por la Ley 13/2005, de 1 de julio, por la que se admite el matrimonio entre personas del mismo sexo.

Entiendo que, una vez proclamado en el art. 66 CC, que "El marido y la mujer son iguales en derechos y deberes", proclamación seguramente necesaria al tiempo de promulgarse la Ley 30/1981, dado los antecedentes históricos de sumisión de la mujer al marido (que, por supuesto, no son exclusivos de nuestro Derecho), el Estado no tiene por qué predeterminar legalmente la distribución de las funciones que cada uno de los cónyuges asumirá en el matrimonio, sino que debe respetar los acuerdos a los que

---

22 L. Díez-Picazo, L. y A. Gullón Ballesteros: *Sistema de Derecho civil*, vol. IV, *Derecho de familia. Derecho de sucesiones*, 12ª ed., Tecnos, Madrid, 2018, p. 88, consideran que se trata de "un precepto difícil de integrar en el sistema legal, pues utiliza frases muy generales, susceptibles de todas las interpretaciones posibles". E. Serrano Gómez: "Efectos del matrimonio", en *El nuevo matrimonio civil. Estudio de las leyes 13/2005, de 1as leyes 13/2005, de 1 de julio, y 15/2005, de 8 de julio, de Reforma del Código Civil. Con formularios*, Edisofer, Madrid, 2005, p. 70, entiende que "esta referencia 'a compartir las responsabilidades domésticas', se trata de una concesión legal del legislador a determinados movimientos feministas".
Tiene razón M. Paradiso: *I rapporti personali tra coniugi*, en *Il codice civile. Comentario* (dir. P. Schlesinger), artículos 143 a 148, Giuffrè, Milano, 1990, p. 6, cuando habla de la necesidad de individualizar en los deberes conyugales el contenido mínimo para garantizar la identidad sustancial del matrimonio, respetando, al mismo tiempo, la legítima diferenciación de las diversas realidades familiares.

23 Mª L. Atienza Navarro: "La incidencia de las reformas de 2005 en materia de efectos personales del matrimonio", en *Comentarios a las reformas del Derecho de Familia de 2005* (coord. J. R. de Verda y Beamonte), Thomson Reuters Aranzadi, Cizur Menor, 2006, p. 153.

24 Mª L. Atienza Navarro: "La incidencia", cit., p. 156; y Mª T. Marín García de Leonardo: "Remedios indemnizatorios en las relaciones conyugales", en *Comentarios a las reformas del Derecho de Familia de 2005* (coord. J. R. de Verda y Beamonte), Thomson Reuters Aranzadi, Cizur Menor, 2006, p. 157, llaman la atención sobre este punto.

ambos lleguen libremente a este respecto, por ejemplo, que uno de ellos se dedique a las labores del hogar y el otro trabaje fuera de casa, opción, que, desde un punto de vista constitucional, es tan perfectamente legítima, como aquélla en la que se pacta una distribución por igual de las tareas domésticas[25].

III. LA RESERVA MENTAL NO ES SIMULACIÓN, AUNQUE LA MISMA TAMBIÉN SEA UN SUPUESTO DE INEXISTENCIA DEL CONSENTIMIENTO QUE DA LUGAR A LA NULIDAD DEL MATRIMONIO

Distinta de la simulación es la reserva mental, que no tiene carácter bilateral, sino unilateral, es decir, que tiene lugar cuando uno de los contrayentes (desconociéndolo el otro) excluye la causa del matrimonio, mediante un acto de voluntad interno, no manifestado externamente[26]. Quien realiza la reserva mental no desea, pues, asumir el estado civil de casado, sino solamente su mera apariencia para lograr un efecto que la ley asigna a dicho estado, por ejemplo, la tarjeta de residente comunitario, cuando se trata de un contrayente extranjero que se casa, con tal fin, con un español.

La reserva mental es causa de nulidad del matrimonio civil, como lo es del canónico, teniendo actualmente encaje (al igual que la simulación) en el art. 73.1° CC, al ser un supuesto de matrimonio "celebrado sin consentimiento matrimonial", tal y como sostiene el común de los autores[27] y la jurisprudencia[28].

---

25 J. L. Lacruz Berdejo: "Efectos del matrimonio", en J. L. Lacruz Berdejo y otros: *Elementos de Derecho civil*, IV, *Derecho de familia*, fascículo 1°, 3ª ed., Bosch, Barcelona, 1989, cit., p. 135, afirma, así, "la necesidad de respetar, junto al 'libre desarrollo', las bases sobre las cuales establecieron libremente los cónyuges la vida familiar".

26 Si el otro contrayente conoce la reserva mental de quien la realiza (y comparte su propósito de no asumir el estado civil de casado), estaremos, en puridad, ante una simulación tácita.

27 La doctrina actual es favorable al reconocimiento de la reserva mental como causa de invalidez matrimonial. *Vid.*, en este sentido, M. Albaladejo García: *Curso de Derecho civil*, IV, *Derecho de familia*, 12ª ed. (puesta al día por S. Díaz Alabart), Edisofer, Madrid, 2013 p. 85; M.ª A. Carrión Vidal: *La nulidad*, cit., pp. 297-298; L. Díez-Picazo y A. Gullón Ballesteros: *Sistema*, cit., p. 77; A. Díaz Martínez: "Comentario al art. 73 CC", en *Comentarios al Código civil* (dir. R. Bercovitz Rodríguez-Cano), t.

Podría replicarse que la admisión de la reserva mental como causa de nulidad de matrimonio es difícilmente conciliable con el interés público a la certeza y seriedad de las actuaciones relativas al estado civil de las personas.

A mi parecer, esta objeción pierde fuerza a la luz de la especificidad del negocio jurídico matrimonial respecto del contrato. En el ámbito del Derecho de la contratación la exigencia de seguridad de las relaciones jurídicas patrimoniales (a los efectos de favorecer la circulación de la riqueza) justifica sobradamente que, en virtud del principio de responsabilidad negocial, nadie pueda invocar en perjuicio de la otra parte contratante una causa de nulidad imputable a la propia conducta dolosa de quien la alega[29]. Sin embargo, tal consecuencia parece desmesurada respecto del matrimonio, que no es un contrato, sino un negocio jurídico de Derecho de familia, en cuya virtud dos personas asumen una plena comunidad de vida; y, de ahí, que deba tutelarse exquisitamente la realidad del consentimiento nupcial; y ello frente a otras consideraciones, debiendo prevalecer

---

I, Tirant lo Blanch, Valencia, 2013, pp. 833-834; J. A. Doral García: "Comentario al art. 73 CC", en *Matrimonio y divorcio. Comentarios al nuevo IV del Libro primero del Código civil* (coord. J. L. Lacruz Berdejo), 2ª ed., Civitas, Madrid, 1994, p. 704; G. García Cantero: "Comentario al art. 47 CC", en *Comentarios al Código civil y Compilaciones forales* (dir. M. Albaladejo), t. II, 2ª ed., Edersa, Madrid, 1982, p. 218; C. Hornero Méndez: "Las crisis matrimoniales", en *Derecho de Familia* (dir. A. López y López y R. Valpuesta Fernández), 2ª ed., Tirant lo Blanch, Valencia, 2017, p. 69; Mª Linacero de la Fuente: "Nulidad, separación y divorcio, en Tratado de Derecho de familia" (dir. Mª Linacero de la Fuente), Tirant lo Blanch, Valencia 2016, p. 132; O. Monje Balmaseda: "Requisitos del matrimonio", en *Sistema de Derecho civil, Derecho de familia* (dir. F. Lledó Yagüe y R. Herrera Campos), Dykinson, Madrid, 2002, p. 72; E. Roca i Trías: "Los requisitos", cit., p. 73; Mª D. Toldrá i Roca: "La reserva mental en el matrimonio civil", en *Estudios en homenaje a la profesora Teresa Puente* (coord. L. Prats), vol. II, Universidad de Valencia, Valencia, 1996, pp. 519 ss.; y C. Villagrasa Alcaide: *Matrimonio civil y reserva mental*, EUB, Barcelona, 1996.

28 La jurisprudencia de instancia, en efecto, ha ido también progresivamente admitiendo la reserva mental como causa de nulidad de matrimonio. *Vid.*, en este sentido, entre otras, SSAP Barcelona 8 noviembre 1999 (AC 1999, 2588), Valencia 20 julio 2006 (JUR 2007, 40031), Málaga 30 noviembre 2006 (JUR 2007, 163775), Málaga 22 enero 2009 (JUR 2009, 199377), Barcelona 25 noviembre 2009 (JUR 2010, 151111), Vizcaya 20 mayo 2010 (JUR 2010, 409090) y Vizcaya 30 abril 2019 (*Tol 7418109*).

29 *Vid.*, así, expresamente, en sede de negocio jurídico en general, § 116 BGB y el art. 244.2º CC portugués, que, sin embargo, asimilan a la simulación la reserva mental conocida por el destinatario de la declaración de voluntad.

el interés privado de los contrayentes a demandar la nulidad del matrimonio contraído con reserva mental frente al interés público a la seguridad de las relaciones matrimoniales y a la estabilidad de las actuaciones relativas al estado civil de las personas[30].

Por otro lado, hay que tener en cuenta que no existe reserva mental por el hecho de que declarante quiera casarse para obtener una ventaja administrativa (permiso de residencia) o patrimonial (aumento de sus niveles de bienestar), pues los propósitos prácticos que llevan a un persona a contraer matrimonio son móviles subjetivos que el Derecho no entre a valorar (ya que pertenecen a la esfera de su libertad e intimidad), sino que es necesario que quien declara querer casarse solo busque crear una apariencia de matrimonio que le lleve a obtener dichas ventajas: es necesario, en suma, que en su fuero interno, mediante un acto positivo de voluntad, excluya la causa del negocio jurídico conyugal, es decir, la asunción de los deberes conyugales[31].

---

30 No es esta la solución aceptada por el común de la doctrina portuguesa, motivada, creo yo, en parte, porque el Código civil luso, carece de un precepto parangonable al art. 73.1º CC español, que, con carácter general, declare la invalidez del matrimonio celebrado sin consentimiento. Por el contrario, el art. 1635 CC portugués contiene una enumeración de supuestos de faltad de voluntad que dan lugar a la invalidez matrimonial, entre los que sí se encuentra la simulación, pero, en cambio, no la reserva mental, la cual, sin embargo, según el art. 244.2º CC, no es causa de nulidad del negocio jurídico, en general, salvo que la misma sea conocida por el destinario de la declaración. En el sentido de aplicar esta norma general al matrimonio, invocando el principio de responsabilidad, *vid.* F. Pereira Coelho y G. de Oliveira: *Curso*, cit., p. 272.

31 Hay que observar que la mera confesión del declarante de no haber querido contraer matrimonio (que raramente se dará, como no sea él quien demande la nulidad) no es suficiente para considerar acreditada la reserva mental (como tampoco lo es la confesión de ambos contrayentes para probar la existencia de una simulación, pues que estamos ante una materia que afecta el estado civil), pero es un indicio de su existencia, el cual, con apoyo en otras circunstancias, puede hacer presumir racionalmente al juez que aquel carece de un propósito de asumir el estado civil de casado: por ejemplo, la obtención por parte del declarante extranjero de un permiso de residencia en España y el abandonado repentino del domicilio conyugal al poco tiempo de casarse. *Vid.*, así, SSAP Barcelona 8 noviembre 1999 (*Tol 22783*) y Málaga 22 enero 2009 (JUR 2009, 199377)

Por el contrario, la no obtención de un beneficio por parte del declarante como consecuencia de la celebración del matrimonio es un indicio de que existió un auténtico consentimiento matrimonial, como también si lo obtuvo, pero tuvo lugar un normal desenvolvimiento de la convivencia conyugal durante un período de

Afirmada la posibilidad de incardinar la reserva mental en el art. 73.1° CC, habrá que admitir, por aplicación del art. 74 CC, que la legitimación para interponer la demanda de nulidad corresponde, por supuesto, al contrayente que confió en la validez de la declaración emitida, a los terceros con interés directo y legítimo en la declaración de nulidad y al Ministerio Fiscal; pero también al contrayente, autor de la reserva mental[32].

Podría, quizás, objetarse que el reconocimiento de legitimación activa al autor de la reserva mental supondría un premio a la mala fe, en cuanto comportaría una injustificada prevalencia del interés del declarante a la tutela de la *realidad* del consentimiento, en perjuicio del interés del destinatario a la tutela de la confianza en la validez de la declaración emitida. Pero estimo que la objeción apuntada carece de fundamento, si se considera que la afirmación de la relevancia de la reserva mental no comporta, necesariamente, negar la operatividad del principio de responsabilidad negocial. Si ha existido convivencia conyugal el autor de la reserva deberá indemnizar al contrayente inocente, conforme a lo dispuesto en el art. 98 CC; y, en cualquier caso, deberá indemnizarle (a mi entender, con apoyo en el art. 1902 CC) los gastos hechos y las obligaciones contraídas en atención al matrimonio, los cuales quedan inútiles como consecuencia de la nulidad del mismo e, incluso, según la jurisprudencia, el daño moral "que se origina con la frustración de la esperanza de lograr una familia legítimamente constituida"[33].

---

tiempo prolongado. *Vid.*, en tal sentido, SSAP Valencia 20 julio 2006 (JUR 2007, 40031), Málaga 30 noviembre 2006 (JUR 2007, 163775), Barcelona 25 noviembre 2009 (JUR 2010, 151111) y Vizcaya 20 mayo 2010 (JUR 2010, 409090).

32 En contra, sin embargo, C. Villagrasa Alcaide: *Matrimonio civil*, cit., pp. 127-129.

33 *Vid.* a este respecto, STS 28 noviembre 1985 (*Tol 1736098*), recaída en un caso en el que la declaración de nulidad había tenido lugar en la jurisdicción eclesiástica, acudiéndose posteriormente por la mujer defraudada a la vía civil para pedir el resarcimiento del daño moral, que se le concedió, si bien, no con apoyo en el art. 1902 CC (responsabilidad extracontractual), sino con fundamento en las normas de la responsabilidad civil contractual.

IV. EL RÉGIMEN PROCESAL DE LA ACCIÓN DE NULIDAD POR SIMULACIÓN

La acción de simulación es imprescriptible[34] y, a diferencia de lo que establecen los arts. 75 y 76 CC (para los casos de matrimonio contraído mediando impedimento de edad o por error, coacción miedo grave), se trata de una nulidad que no puede convalidarse por la convivencia posterior de los contrayentes durante un lapso de tiempo, lo que parece ajustado a la gravedad de esta causa de nulidad, excluyente del consentimiento matrimonial[35].

---

34 La STS 24 enero 2024 *(Tol 9856587)* observa que "La regla general, por tanto, fuera de lo previsto en los arts. 75 y 76 CC para los casos que contemplan, es que las personas legitimadas para impugnar la validez de un matrimonio (art. 74 y ss.) pueden hacerlo sin estar sometidas a un plazo". En el caso concreto, se declaró nulo un matrimonio, por falta de capacidad natural de entender y de querer, al sufrir uno de los contrayentes un Alzheimer que le afectaba en tal grado, que no pudo emitir un consentimiento matrimonial válido, rechazándose la aplicación del plazo de caducidad de 4 años, previstos en el art. 1301 CC para la anulación de los contratos.

35 En otros Derechos se adoptan soluciones distintas.
Así, según resulta del art. 1644 CC portugués, que, a diferencia de lo que hace el art. 240.2 de dicho código (en sede de negocio jurídico en general), considera meramente anulable (no nulo) el matrimonio simulado [*cfr.* art. 1635.d) CC portugués], la acción solo podrá ejercitarse en el plazo de tres años a partir de la celebración del matrimonio o, si el mismo no era conocido por el demandante de la anulación, en el de seis meses a partir de que lo conociera (disposición este última, que, obviamente, está pensada para los demandantes de anulación distintos de los propios contrayentes). Esta solución contrasta con la que resulta del art. 286 CC portugués para los negocios simulados en general, respecto de los cuales, siendo nulos, la acción para declarar su invalidez podrá ser ejercitada en todo tiempo por cualquier interesado y la nulidad podrá ser aplicada de oficio por el Tribunal.
También en el Derecho alemán se produce el mismo contraste entre el régimen de la invalidez en el negocio jurídico en general y el negocio jurídico matrimonial, que, apartándose de la regla prevista en el § 117.I BGB, no es nulo, sino anulable. Por ello, el matrimonio simulado (*Scheinehe*), considerado como causa de anulación por el § 1314.II, 5º BGB, se convalida por la convivencia posterior de los cónyuges, según prevé el § 1315.I 5º BGB. Sin embargo, la acción de anulación no está sujeta a plazo de ejercicio, como constata D. Schwab: *Familienrecht*, 24ª ed., C. H. Beck, München, 2016, p. 41.
El art. 123.II CC italiano prevé que, en el caso de simulación, la acción no puede ser ejercitada, una vez transcurrido un año desde la celebración del matrimonio,

El legislador, en este punto, ha hecho prevalecer el principio de tutela del consentimiento sobre el de seguridad jurídica de las relaciones matrimoniales[36]. El régimen procesal de la acción de nulidad era diverso en el art. 77 Proyecto de Ley del Gobierno, cuyo tenor era el siguiente: "En caso de simulación sólo estarán legitimados los contrayentes y, para evitar fraudes, el Ministerio Fiscal. Unos y otros carecerán de acción si los cónyuges hubieren vivido juntos durante más de seis meses".

---

o bien en el caso que los contrayentes hayan convivido como cónyuge sucesivamente a dicha celebración.

Esta norma ha dado lugar a un fuerte debate doctrinal, existiendo autores que entienden que el régimen procesal de la acción que en ella se prevé es incoherente con la esencia de la simulación, porque, siendo esta un supuesto de inexistencia de consentimiento (elemento esencial del negocio jurídico), debe dar lugar a la nulidad del matrimonio y, por lo tanto, no es posible su sanación: la consecuencia es que, según ellos el art. 123 CC italiano no se referiría a la simulación (a pesar de que así lo dice su rúbrica), sino a otra figura distinta, como, por ejemplo (según opiniones), a un negocio indirecto, a un negocio fiduciario o la categoría del abuso de derecho. *Vid.* a este respecto, *in extenso,* E. Perego: *La simulazione,* cit., pp. 50 y ss.

A mi parecer, este modo de razonar incurre un apriorismo conceptual, que traslada automáticamente esquemas contractuales al matrimonio: se parte de la idea preconcebida de que la naturaleza sustantiva de un supuesto de hecho requiere una determinada regulación procesal y, si la que legalmente se establece no coincide con lo que exige esa idea preconcebida, se concluye que el legislador, en realidad, no ha querido regular dicho supuesto. En verdad, el régimen procesal de la acción de simulación es una cuestión que puede determinar el legislador de la manera que tenga por conveniente, y es a ese dato legal al que la doctrina debe atenerse para elaborar la categoría de la invalidez matrimonial, y no, al revés.

C. M. Bianca: *Diritto civile,* cit., p. 163 observa, así, que la específica solución legal a la simulación matrimonial puede encontrar justificación en la exigencia de no posponer en el tiempo la incertidumbre de un matrimonio, cuya celebración ha sido realmente querida por los cónyuges.

Por último, en el Derecho francés se aplica a la simulación el vigente art. 181 del *Code,* de modo que la acción de nulidad no podrá ejercitarse pasado un plazo de cinco años, a contar desde la celebración del matrimonio.

36 Es interesante la evolución del Derecho luso respecto a la legitimación activa para ejercitar la acción de nulidad de matrimonio por simulación. El originario art. 1640.1° CC portugués atribuía la legitimación, exclusivamente, a las personas perjudicadas por el matrimonio simulado, pero no a los contrayes, a quien, sin embargo, también ahora se la reconoce el precepto desde la reforma llevada a cabo por el DL núm. 496/1977, de 25 de noviembre, lo que es valorado positivamente por la doctrina, por considerar que la solución anterior constituía una desviación injustificada de la norma general del art. 242.1° CC portugués. *Cfr.* a este respecto F. Pereira Coelho y G. de Oliveira: *Curso,* cit., p. 274.

Evidentemente, el régimen procesal de la acción es bien distinto del inicialmente previsto en el Proyecto de Ley, ya que, de la norma general formulada en el art. 74 CC (aplicable a la simulación), resulta (*a sensu contrario*, en relación a los arts. 75 y 76 CC), no solo que el matrimonio nulo por simulación no se convalida por convivencia de los contrayentes, sino que la legitimación activa para demandar la nulidad corresponde también a terceros con interés directo y legítimo en ella[37].

Se observa, pues, una evidente diferencia procesal entre las acciones de nulidad por causa de simulación y las que tienen lugar por concurrir impedimento de edad o un vicio del consentimiento (error, coacción o miedo grave): mientras que la legitimación para ejercitar la primera corresponde "a los cónyuges, al Ministerio Fiscal y a cualquier persona que tenga interés directo y legítimo en ella" (art. 74 CC), por el contrario, respecto de las segundas existe una legitimación restringida. Así, el art. 75. CC establece que "Si la causa de nulidad fuere la falta de edad, mientras el contrayente sea menor sólo podrá ejercitar la acción cualquiera de sus padres, tutores o guardadores y, en todo caso, el Ministerio Fiscal", añadiendo que "Al llegar a la mayoría de edad sólo podrá ejercitar la acción el contrayente menor, salvo que los cónyuges hubieren vivido juntos durante un año después de alcanzada aquélla". Por su parte, conforme al art. 76 CC, "En los casos de error, coacción o miedo grave solamente podrá ejercitar la acción de nulidad el cónyuge que hubiera sufrido el vicio"; y "Caduca la acción y se convalida el matrimonio si los cónyuges hubieran vivido juntos durante un año después de desvanecido el error o de haber cesado la fuerza o la causa del miedo".

---

37 Sin embargo, creo que la actuación del Ministerio Fiscal procederá, exclusivamente (tal y como se decía en el Proyecto del Gobierno), a los efectos de "evitar fraudes", entendiendo, por tales, aquellos con los que los contrayentes pretendan obtener algún beneficio que las leyes prevén en favor de los casados (normalmente, la residencia en España), ya que, en caso contrario, la injerencia pública en aspectos que afectan a la intimidad personal y familiar de los contrayentes y al ejercicio del *ius connubii* carece de razón de ser.
En todo caso, hay que advertir que son excepcionales los supuestos en que la demanda de nulidad es presentada por el Ministerio Fiscal, ya que este, normalmente, realiza el control de la posible existencia de una simulación en la tramitación del expediente previo a la celebración del matrimonio o al tiempo de la solicitud de la inscripción, cuando se trata de matrimonios celebrados en el extranjero con arreglo a la forma establecida en la *lex loci*. *Vid.*, no obstante, SSAP Valladolid 12 marzo 1999 (Sec. 3ª, nº 74/1999) y Asturias 31 enero 2000 (Sec. 1ª, nº 43/2000).

No creo que con apoyo en estos preceptos puede trasladarse al ámbito de la invalidez matrimonial la tradicional bipartición, propia de los negocios jurídicos patrimoniales, entre nulidad y anulabilidad[38], sino que la "nulidad" matrimonial (que es el término que, en sede de invalidez matrimonial, siempre utiliza el legislador de 1981, que, conociendo de la distinción, para nada habla de "anulabilidad") es una categoría única[39] (regula-

---

[38] La respuesta a la cuestión es diversa en los distintos países.
La doctrina francesa, desde antiguo, distingue claramente entre nulidades absolutas y relativas: las primeras son las que están fundadas en motivos de orden público, por lo que pueden ser invocadas por ambos esposos y por el Ministerio Público; las segundas son las fundadas en motivos de interés privado, por lo que solo pueden ser invocadas por las personas en cuyo interés están establecidas y cuyo silencio, durante un cierto tiempo, es suficiente para que no se pueda atacar la validez del matrimonio por dichos motivos. *Cfr.*, por ejemplo, entre los autores clásicos, Delvincourt: *Cours de Code civil*, t. I, Dijon, Videcoq, Paris, 1834, pp. 74-75; y, entre los más recientes, Ph. Malaurie y H. Fulchiron, H.: *Droit de la famille*, 5ª ed., LGDJ, Issy-les-Moulineaux, 2016, p. 170.
Por el contrario, la doctrina portuguesa no admite la bipartición entre nulidad y anulabilidad en sede de matrimonio, proponiendo, de acuerdo con la terminología del código portugués luso, una sola categoría de invalidez del matrimonio civil, esto es, la anulabilidad. *Cfr.*, en este sentido, por todos, F. Pereira Coelho y G. de Oliveira: *Curso*, cit., pp. 353 y 357, que caracterizan la anulabilidad del matrimonio por las siguientes notas: imposibilidad de apreciación de oficio, necesidad de ser constata judicialmente, legitimación activa (de la acción para constatarla) restringida, existencia de un plazo de ejercicio de la acción y posibilidad de sanación del defecto en ciertos supuestos.
En la doctrina italiana hay opiniones contrapuestas entre los autores. Un sector de la doctrina se muestra contrario a trasladar al negocio matrimonial la distinción entre nulidad y anulabilidad: es, por ejemplo, el caso de F. Galgano: *Il negozio*, cit., p. 501. Por el contrario, otros autores son favorables a distinguir ambas categorías en la invalidez matrimonial. En tal sentido se orienta, entre otros, V. Barba: "Nullità, annullabilità e irregolarità del matrimonio civile", en *Trattato di diritto di famiglia* (dir. G. Bonilini), vol. I, *Famiglia e matrimonio*, Utet, Torino, 2016, pp. 309-310, que funda la distinción en el interés general o particular protegido por la causa de invalidez y en la imposibilidad o posibilidad de sanación del matrimonio invalido.

[39] En la doctrina española es mayoritaria la opinión de que la nulidad matrimonial constituye una categoría única, de tal modo, que no es trasladable al negocio matrimonial la distinción entre nulidad y anulabilidad, distinción esta, propia del ámbito del Derecho de la contratación.
Cfr., en este sentido, Albaladejo García, M.: *Curso*, cit., pp. 79-80; F. Blasco Gascó: *Instituciones de Derecho civil. Derecho de familia*, 3ª ed., Tirant lo Blanch, Valencia, 2018, p. 266; A. Díaz Martínez: "Comentario al art. 73 CC", cit., pp. 801-802; L. Díez-Picazo y A. Gullón Ballesteros: *Sistema de Derecho civil*, cit., vol. IV, p. 104; Mª

da por los arts. 73 ss. CC), dependiendo de las concretas normas (arts. 74, 75, 76.I C.c.) la legitimación activa para ejercitarla, sin que esté sujeta a plazo de prescripción[40], aunque la misma no podrá ejercitarse en los casos

---

C. Gete Alonso y Calera: "Comentario al art. 73 CC", cit., p. 360 ss.; J. Puig Brutau: *Compendio de Derecho civil*, vol. IV, *Derecho de familia. Derecho de sucesiones*, 1ª ed., Bosch, Barcelona, 1991, p. 31; N. Martínez Rodríguez: "La nulidad matrimonial", en *Nuevos conflictos en el Derecho de Familia* (coord. E. Llamas Pombo), Wolters Kluwer, Madrid, 2009, pp. 69-100; E. Serrano Alonso: *El nuevo matrimonio civil*, Madrid, 2005, p. 91; P. De Pablo Contreras: "Comentario al art. 74 CC", en *Código civil comentado*, vol. I (dir. A. Cañizares Laso, P. De Pablo Contreras, J. Orduña Moreno y R. Valpuesta Fernández), 2ª ed., Thomson Reuters Aranzadi, Cizur Menor (Navarra), 2016, p. 458.

Espacialmente certeras me parecen las observaciones de A. Luna Serrano: "La nulidad del matrimonio", en Lacruz Berdejo, J. L.: *El nuevo régimen de la familia*, vol. I, *Matrimonio y divorcio*, Madrid, 1982, p. 135, para quien "el diferente tratamiento que en materia de nulidad matrimonial tienen [...] la legitimación y la convalidación según las diferentes causas de invalidez no obedece a circunstancias formalmente reconducibles a categorías abstractas —en cuanto conectadas a intereses homogéneos— sino que, a diferencia de lo que ocurre en tema de contratos —en cuya materia los intereses son homogenizables—, se basa en consideraciones de prudencia y, en definitiva, de política legislativa polivalentes y, desde luego, más sensibles a la diversa apreciación moral y política de las distintas causas que invalidan al matrimonio y a las circunstancias que subsiguen, en cada caso, a su celebración".

Sin embargo, admiten la distinción entre nulidad y anulabilidad en el ámbito de la invalidez matrimonial E. Lalaguna Domínguez: "La nulidad del matrimonio después de la Constitución", *Revista General de Legislación y Jurisprudencia*, 1979, pp. 187-189; y, con posterioridad a la reforma de 1981, G. García Cantero: "Comentario al art. 73 CC", en *Comentarios al Código civil y Compilaciones forales* (dir. M. Albaladejo), t. II, 2ª ed., Edersa, Madrid, 1982, p. 204; M. Peña Bernaldo de Quirós: *Derecho de familia*, Universidad de Madrid, Madrid, 1989, pp. 80-83; y parece que también C. Lasarte Álvarez: *Principios de Derecho civil*, t. VI, *Derecho de familia*, Trivium, Madrid, 1997, p. 88.

40 Surge la pregunta de si los plazos contemplados en los arts. 75 y 76 CC constituyen el único límite al ejercicio de la acción de nulidad o, por el contrario, aquella está, además, sujeta a plazo de prescripción.

La opinión negativa es la prevalente en la doctrina. Según M. Albaladejo García: *Curso*, cit., IV, p. 90, "no hay límite de tiempo para pedir la nulidad. Así se sigue de que no establece la ley un plazo máximo como regla para cualquier caso, y de que por excepción sí fija en ciertos casos un cierto plazo para el ejercicio de la acción, lo que implica que en los demás, no hay plazo". En el mismo sentido se pronuncian L. Díez-Picazo y A. Gullón Ballesteros: *Sistema de Derecho civil*, cit., vol. IV, p. 120, para quienes se trata de "una nulidad radical y de una acción que no está sometida a plazo de ejercicio en principio"; como también Mª C. Gete Alonso

(expresamente previstos por los arts. 75.II y 76.II CC) de convalidación de matrimonio nulo, la cual no tiene lugar por el mero transcurso del tiempo (no estamos, pues, en realidad, ante un caso de caducidad de la acción), sino por la convivencia de los cónyuges durante un año, a contar desde que el contrayente menor alcanzare la mayoría de edad o desde que hubiere cesado el vicio de consentimiento (en supuestos de error, coacción o miedo grave). Es, pues, la convivencia conyugal durante un plazo de tiempo la que convalida el matrimonio, y no el transcurso del plazo, en sí mismo considerado[41].

Estamos aquí ante una nulidad matrimonial, que precisa siempre de declaración judicial firme[42], contrastando dicho régimen con el de los contratos, donde las partes del negocio nulo pueden, de mutuo acuerdo, constatar la nulidad (p. ej. en documento público) sin necesidad de acudir a un proceso. Además, la declaración de nulidad matrimonial no hace desaparecer los efectos ya producidos respecto de los hijos y contrayentes de buena fe (art. 79 CC), de tal modo que la figura del matrimonio putativo

---

y Calera: "Comentario al art. 73 CC", cit., p. 410; y P. De Pablo Contreras: "Comentario al art. 76 CC", en *Código civil comentado,* vol. I (dir. A. Cañizares Laso, P. De Pablo Contreras, J. Orduña Moreno y R. Valpuesta Fernández), 2ª ed., Thomson Reuters Aranzadi, Cizur Menor, 2016, p. 466. J. Puig Brutau: *Compendio de Derecho civil,* cit., vol. IV, p. 36, parece adherirse a la opinión favorable a la imprescriptibilidad de la acción de nulidad, en cuanto acción relativa al estado civil de las personas.

En contra, sin embargo, G. García Cantero: "Comentario al art. 73 CC", cit., pp. 236-237, que, aplicando al negocio jurídico matrimonial las categorías de la inexistencia, nulidad y anulabilidad, distingue los siguientes supuestos: 1º) la acción es imprescriptible en los supuestos que él denomina de inexistencia (matrimonio celebrado sin consentimiento, art. 73.1º CCC) y de nulidad absoluta por bigamia y por impedimento no dispensable; 2º) la acción prescribe a los quince años en los demás supuestos de nulidad absoluta (básicamente, en caso de concurrencia de un impedimento dispensable y de matrimonio celebrado con defecto de forma); la acción prescribe a los cuatro años (por aplicación del art. 1301 CC) en los supuestos que el autor califica de anulabilidad (error, coacción o miedo grave).

41 Es cierto que el art. 76.II CC emplea la palabra "Caduca", pero, como constata P. De Pablo Contreras: "Comentario al art. 76 CC", cit., p. 466, el fundamento de la convalidación se halla en la tradicionalmente llamada *sanatio in radice,* conforme a la cual la convivencia de los cónyuges sana determinados efectos de los que adolecía el matrimonio al tiempo de su celebración.

42 Como observa Mª Gete Alonso y Calera: "Comentario al art. 73 CC", cit., p. 36, tal exigencia se puede desprender de diversos preceptos del Código civil que aluden a la declaración de nulidad, presuponiendo que es el juez quien la pronuncia (arts. 78, 91, 95, 98).

concurre a matizar las rigurosas consecuencias resultantes de la aplicación del principio *quod nullum est, nullum effectum producit.*

V. LA PRUEBA DE LA SIMULACIÓN EN LA JURISPRUDENCIA

Cuando la declaración de nulidad es instada por los propios contrayentes surge la necesidad de armonizar el interés privado de estos a la tutela de la *realidad* de su consentimiento con el interés público a la estabilidad y a la certeza de las actuaciones relativas al estado civil de las personas.

La antigua concepción del matrimonio como una institución, cuya estabilidad debía ser garantizada a todo trance, ha de ceder ante la actual concepción del matrimonio como un cauce al servicio del libre desarrollo de la personalidad. La categoría de la nulidad ha de vertebrarse sobre la idea-fuerza del valor preeminente de la persona sobre la institución, lo que debe traducirse en una inequívoca protección de la voluntad real de los contrayentes, frente a desmesuradas consideraciones de utilidad social o de estabilidad del vínculo.

Ahora bien, ello no significa ignorar que la cuestión de la validez del matrimonio, por implicar el nacimiento de un estado civil, interesa a la entera sociedad, por lo que, en aras de la seguridad jurídica de las relaciones matrimoniales, ha de exigirse una cumplida prueba de la simulación, que es una causa de invalidez del matrimonio, y no, un remedio jurídico de las situaciones de crisis conyugal, motivadas por la desaparición sobrevenida de la *affectio maritalis,* las cuales deberán encauzarse, en su caso, a través de la separación o del divorcio.

En principio, se presume que la declaración de querer contraer matrimonio se corresponde con la voluntad real de las partes[43], por lo que quien afirme lo contrario debe probarlo. Ha de partirse, pues, de la presunción de validez del matrimonio y de la correspondencia entre la voluntad real y la declarada: quien afirme la divergencia entre ambas ha de probarla cumplidamente, debiendo el juzgador valorar atentamente los actos de los contrayentes, previos y posteriores a la conclusión del matrimonio y ponderar globalmente las circunstancias concurrentes en el caso litigioso.

---

[43] En este sentido se pronuncia expresamente, en sede de nulidad matrimonial, el art. 1634 CC portugués.

La prueba de la simulación es, sin duda, la cuestión que más interés práctico suscita[44], pudiendo extraerse de la jurisprudencia las siguientes orientaciones:

1ª) A efectos de prueba de la simulación, no basta la mera confesión de los contrayentes, de no haber querido estos asumir los efectos jurídicos del matrimonio, ya que, dada la naturaleza de la materia debatida, a saber, la validez o invalidez de un negocio generador de un estado civil, no rige en este punto el principio dispositivo de las partes[45].

2º) Para averiguar si realmente existió, o no, una simulación, la jurisprudencia valora (aunque no como factor exclusivo) las ventajas prácticas que, para uno de los contrayentes, o para ambos, pudiera haber reportado la creación de una apariencia de matrimonio: por ejemplo, obtener un contrayente extranjero el permiso de residencia en España (en especial, si se prueba que el otro ha recibido un dinero, cuya entrega es difícil de explicar)[46], recibir ambos contrayentes una ayuda económica que los padres de la pareja subordinan a la condición de que se casen[47]; obtener una pensión de viudedad, cuando el anciano marido, que en realidad era el padre del compañero sentimental de la mujer, fallezca[48]; conseguir que la hija discapacitada del contrayente de 85 años, casado *in articulo mortis* con su empleada de hogar, sea cuidada por esta última, pudiendo seguir habitado con ella en la vivienda familiar y percibir la empleada una pensión de viudedad[49].

---

44 Puede verse el magnífico tratamiento que de la cuestión realiza M.ª A. Carrión Vidal: *La nulidad*, cit., pp. 257 y ss.

45 *Cfr.* SSAP Navarra 12 mayo 1999 (Sec. 1ª, nº 98/1999) y Valencia 24 febrero 2000 (*Tol 247434*).

46 *Vid.* SAP Sevilla 30 junio 2015 (*Tol 5545248*).
La SAP Valencia 25 noviembre 2019 *(Tol 7793365)* declaro nulo el matrimonio contraído entre una marroquí y un español, que se encontraba en paro. La contrayente marroquí, en sede policial, en el marco de una investigación con relación a una organización criminal, dedicada al favorecimiento de la inmigración clandestina mediante falsificaciones documentales y matrimonios fraudulentos, declaró que había pagado al contrayente español 3000 euros a cambio de casarse con ella, habiendo aceptando este por su precaria situación económica, considerado la sentencia "significativo que en la declaración que este prestó ante la policía manifestó desconocer el apellido de ella y no recordar la fecha de la boda".

47 *Vid.* SJPI núm. 16 Barcelona 17 noviembre 1982 (RJC 1983, 267-269).

48 *Vid.* SAP Castellón 1 febrero 2005 (JUR 2005, 81347).

49 SAP Barcelona 15 febrero 2022 *(Tol 8917809)*.

3º) El hecho de que los contrayentes no hayan logrado probar la existencia de una previa relación de noviazgo[50] o haber instaurado o mantenido una convivencia estable tras la conclusión de las nupcias se considera un indicio importante en favor de la simulación, en particular, cuando uno de los contrayentes es un extranjero, al que la celebración del matrimonio le facilita la obtención del permiso de residencia en España o le evita la expulsión del territorio nacional[51].

No se considera prueba suficiente de la convivencia el mero empadronamiento formal en el mismo domicilio, si no se aporta el contrato de arrendamiento de la vivienda u otros contratos o recibos de suministros básicos (como agua, luz y gas) a nombre de ambos o se acredita la existencia de cuentas bancarias conjuntas o individuales (de las que sea titular quien se pretende beneficiar de la simulación) donde se domiciliase el pago de dichos servicios[52].

4º) Por el contrario, la existencia de una previa relación de noviazgo (acreditada, por ejemplo, mediante prueba testifical[53] o reportajes fotográficos[54]), como también el hecho probado de que los contrayentes hubieran

50 La SAP Tarragona 19 febrero 2020 *(Tol 7985388)* subraya la falta de prueba de la existencia "de preparativos de toda índole para la celebración del matrimonio y del inicio de una vida en común", como, por ejemplo, la testifical de amigos y de familia de la pareja o la compra de mobiliario para el hogar común. *Vid.*, en el mismo sentido, SAP Barcelona 16 julio 2020 *(Tol 8052229)*.

51 *Vid.* SSAP La Rioja 4 junio 1999 (AC 1999, 1313), La Rioja 8 julio 1999 (nº 419/1999), Zaragoza 22 marzo 2000 (Sec. 2ª, nº 191/2000), Asturias 27 marzo 2000 (AC 2000, 561), Zamora 5 febrero 2015 (*Tol 4761272*), Guipúzcoa 30 marzo 2016 (*Tol 5733278*) y Vizcaya 30 abril 2019 (*Tol 7418109*).

52 *Vid.* SAP Tarragona 19 febrero 2020 *(Tol 7985388)*, que declara la nulidad de matrimonio, teniendo además en cuenta que la policía, al visitar el domicilio en el que los contrayentes estaban empadronados, constató que en el mismo vivía otro hombre, padre de un hijo que la mujer había tenido con él, con posterioridad a la celebración del matrimonio.

53 La SAP Asturias 14 mayo 2020 *(Tol 7972076)* consideró improcedente la negativa de la DGRN a inscribir un matrimonio celebrado por poderes entre un contrayente español y otro colombiano entre los que existía una diferencia de edad de 40 años y que nunca se habían visto físicamente, los cuales habían decidido casarse a través de una llamada de wasap. Fue decisiva la prueba testifical de una previa relación de noviazgo y del carácter estable de esta, aunque la misma fuera a distancia, así como la falta de un móvil económico (el contrayente colombiano era Agente de Tránsitos en su país)

54 *Vid.* SAP Vizcaya 28 febrero 2020 (ECLI:ES:APBI:2020:634).

mantenido relaciones estables antes del matrimonio[55] o convivido durante un cierto tiempo después de casarse es interpretado como un indicio en favor de la existencia de un auténtico consentimiento matrimonial, indicio este, que contrarresta otros, de los que pudiera deducirse lo contrario, tales como la obtención de beneficios por parte de uno o de ambos contrayentes[56].

5º) Es posible presumir la simulación cuando existen contradicciones en el expediente de extranjería para la adquisición de residencia (como consecuencia de la cuales el Ministerio Fiscal interpone una demanda de nulidad), que se mantienen en el acto de la vista del juicio, si las mismas no son puntuales, sino "incompatibles con una relación matrimonial genuina", de modo que "evidencian que, al tiempo de su celebración, el consentimiento matrimonial otorgado realmente no existió"[57]; y lo mismo, si dichas contradicciones se producen en las vistas de un juicio iniciado por los contrayentes contra la negativa de inscripción registral del matrimonio, manifestando un desconocimiento mutuo en aspectos básicos de su vida personal o familiar, como sucede cuando el varón dice ignorar que la mujer estuviese embaraza al tiempo de casarse, cuando, en realidad, "no sólo es que estuviera en una fase incipiente de gestación sino que estaba ya embarazada de cuatro meses y de baja por maternidad, situación que no

---

55 SAP Cantabria 18 marzo 2015 (*Tol 5564537*) consideró válido el matrimonio contraído entre un español y una colombiana, por haberse probado la realidad de una relación constante y habitual entre ellos previa a la celebración del matrimonio, al haber existido numerosas comunicaciones a través de internet durante años, haberse aportado justificantes de viajes y visados que acreditaban razonablemente su contacto personal y directo, así como documentación probatoria de envíos de dinero; y, por último, haber adoptado el marido el hijo de la mujer, abonando los gastos de educación del menor.
SAP Vizcaya 9 febrero 2017 (*Tol 6095157*) consideró también válido el matrimonio contraído entre un español y una cubana, por haberse acreditado la existencia de relaciones entre ellos, años antes de la celebración del matrimonio, que tuvo lugar en Cuba. El marido, antes de casarse, había realizado viajes periódicos anuales de un mes a la isla y había enviado a su mujer ayuda financiera de manera continuada. Considera la Audiencia que, si con posterioridad al matrimonio no se había instaurado una convivencia conyugal estable, ello obedecía a la dificultad de la mujer de salir de Cuba, existiendo facturas de la compañía telefónica, que acreditaban que los cónyuges habían mantenido conversaciones a través de mensajes de texto, de manera constante y prácticamente diaria.

56 *Vid.* SSAP Huelva 16 diciembre 1997 (Sec. 2ª, rec. 21/1997) y Madrid 26 mayo 1998 (AC 1998, 1066).

57 *Vid.* SAP Tarragona 19 febrero 2020 *(Tol 7985388).*

podía ser desconocida por aquel que con ella se casaba y con quien tenía una relación de noviazgo según sus propias manifestaciones"[58].

El régimen de legitimación activa establecido en el vigente art. 74 CC permite demandar la nulidad, no sólo a las partes, que quieran desvincularse, sino también a terceros con interés directo y legítimo en ella (por ejemplo, un propietario que quiera oponerse a la subrogación en favor del falso cónyuge del inquilino muerto). Sin embargo, la actuación del Ministerio Fiscal procederá, exclusivamente a los efectos de "evitar fraudes", entendiendo, por tales, aquellos con los que los contrayentes pretendan obtener algún beneficio que las leyes prevén en favor de los casados (en la práctica, normalmente, la residencia en España)[59].

Cuando quien insta la demanda de nulidad es un tercero, entran en conflicto dos intereses diversos: de un lado, el interés privado, de uno o de ambos contrayentes, a que se respete la voluntad, que en su momento manifestaron, de contraer matrimonio, sin verse sometidos a la necesidad de explicar las razones o propósitos que les impulsaron a celebrarlo, por ser cuestiones que entran dentro del ámbito de su derecho a la intimidad; de otro lado, el interés del tercero, a quien la existencia del matrimonio perjudica, en constatar que existió un auténtico consentimiento nupcial y en que, de no ser así, se declare la nulidad del matrimonio.

La apreciación de la simulación ha de ser especialmente cauta en aquellos supuestos en que la declaración de nulidad es instada después de la muerte de alguno de los contrayentes, dado que en tal supuesto existirá una indudable dificultad para averiguar cuál fue su auténtica voluntad y, por lo tanto, para determinar si existió, o no, un real consentimiento matrimonial[60].

---

58 SAP Barcelona 29 enero 2020 (*Tol 7765607*).

59 *Vid.*, así, SSAP Valencia 25 noviembre 2019 *(Tol 7793365)* y Tarragona 19 febrero 2020 (*Tol 7985388*), donde la intervención del Ministerio Fiscal se produce a raíz de actuaciones policías contra redes criminales dedicadas a la inmigración ilegal. La SAP Barcelona 16 julio 2020 *(Tol 8052229)* observa que el proceso de nulidad instado por el Ministerio Fiscal puede continuar, aunque en el curso del mismo el matrimonio se haya disuelto por sentencia dictada en otro proceso de divorcio.

60 *Vid.* a este respecto SSAP Cáceres 20 diciembre 1999 (Sec. 2ª, nº 312/1999), Valencia 2 febrero 2001 (Sec. 10ª, nº 55/2001) y Valencia 11 abril 2001 (Sec. 10ª, nº 203/2001).

VI. LA SIMULACIÓN EN MATRIMONIOS CON ELEMENTOS DE EXTRANJERÍA

Desde hace años proliferan los matrimonios simulados, celebrados por españoles con extranjeros, con la finalidad de que estos últimos obtengan la residencia en nuestro país y, consiguientemente, puedan adquirir la nacionalidad española en el plazo privilegiado de un año (art. 22.3 CC). Esta proliferación de matrimonios simulados llevó a la Dirección General de los Registros y del Notariado a dictar la Instrucción de 9 enero de 1995, para la tramitación de expedientes previos al matrimonio cuando uno de los contrayentes está domiciliado en el extranjero.

Establece, así, que el Encargado del Registro (en la actualidad, también el Notario autorizante)[61], antes de autorizar el matrimonio, debe llegar a

---

[61] El art. 51.1 CC, en la redacción debida a la disposición final 1.5 de la Ley 15/2015, de 2 de julio, atribuye la competencia para tramitar el acta o el expediente "al Secretario judicial (actualmente Letrado de la Administración de Justicia), Notario o Encargado del Registro Civil del lugar del domicilio de uno de los contrayentes o al funcionario diplomático o consular Encargado del Registro Civil si residiesen en el extranjero".
Sin embargo, la entrada en vigor de este precepto, que encomienda la competencia del control de los requisitos de capacidad de los contrayentes, también a los Notarios y Letrados de la Administración de Justicia (ante los que, tras la reforma de 2015, podían ya celebrarse matrimonios civiles, según resulta de la disposición transitoria cuarta.2 de la Ley 15/2015), se pospuso al 30 de junio de 2017, fecha en la que debía haber comenzado la vigencia de la LRC de 2011, según preveía la disposición final 21.3 de la Ley 15/2015, que, sin embargo, fue modificada por el art. Único.5 de la Ley 4/2017, de 28 de junio, el cual ya no establecía el concreto momento a partir del cual será aplicable el nuevo art. 51 CC (y otros preceptos relativos a la tramitación y celebración del matrimonio civil), sino que se remitía, sin más, a la fecha de la "completa entrada en vigor" de la LRC de 2011, que fue nuevamente aplazada al 30 de abril de 2021 (disposición final décima, I, LRC, modificado por la disposición final segunda del Real Decreto-Ley 16/2020, de 28 de abril).
Finalmente, el art. 51 CC, redactado por la Ley 15/2015, de 2 de julio, se halla en vigor, como consecuencia de la "completa entrada en vigor" de la LRC de 2011, que esta vez ha tenido lugar en la fecha prevista, es decir, el 30 de abril de 2021, en virtud de la disposición final décima de la misma, redactada conforme a la disposición final 5 de la Ley 3/2020, de 18 de septiembre. Por lo tanto, en la actualidad, los Notarios pueden realizar el control de capacidad de los contrayentes, tramitando actas de documentación del expediente y de autorización de matrimonio, conforme a lo previsto por la Instrucción de 3 de junio de 2021, de la Dirección General de Seguridad Jurídica y Fe Pública, sobre la tramitación del

"la convicción de que los interesados intentan realmente fundar una familia y de que su propósito no es simplemente, en claro fraude de ley, el de beneficiarse de las consecuencias legales de la institución matrimonial sobre la base de un matrimonio en el cual no ha habido verdadero consentimiento matrimonial y que es, en rigor, nulo por simulación". En definitiva, la finalidad de la Instrucción es anticipar la reacción del Estado frente al fenómeno de la simulación a un momento previo al de la conclusión del matrimonio, evitando tener que esperar a este momento para constatarla a través del ejercicio de la acción judicial de nulidad por parte del Ministerio Fiscal.

La Dirección General de los Registros y del Notariado ha optado, no obstante, por una aplicación flexible de la Instrucción de 9 enero de 1995, denegando la autorización para la celebración del matrimonio, solamente, cuando los hechos comprobados por el trámite de la audiencia de los contrayentes son tan rotundos, que es posible deducir de ellos "sin sombra de duda" la inexistencia de consentimiento matrimonial[62].

La autorización para la celebración del matrimonio solo se deniega, en efecto, en casos excepcionales, de falta absoluta de conocimiento personal entre los contrayentes, unida a la ausencia de relaciones telefónicas o epistolares entre ellos (en particular, si se trata de matrimonios por poder), o cuando en sus respectivas declaraciones incurren en graves contradicciones sobre aspectos básicos de su personalidad o de su entorno social y familiar (por ejemplo, tipo de trabajo, aficiones, lugar de residencia, existencia de matrimonios anteriores, número de hijos), lo que evidencia un mutuo desconocimiento, del que es posible deducir en un grado de certeza moral la inexistencia de un verdadero consentimiento matrimonial, según las reglas del criterio humano[63].

Por ejemplo, se denegó la autorización de la celebración de un matrimonio por poderes en la Habana entre una española y un cubano, entre los que existía una diferencia de edad de treinta y tres años. El Centro Directivo entendió que no había

---

procedimiento de autorización de matrimonio ante notarios, salvo que exista sentencia de modificación judicial de la capacidad o resolución judicial que acuerde medidas judiciales de apoyo a personas con discapacidad, en cuyo caso, la tramitación corresponde al Encargado del Registro Civil (apartado 4 de la Instrucción).

62 *Vid.* en este sentido, entre otras muchas, RRDGRN 3 enero 2000 (*Tol 132092*), 13 enero 2000 (*Tol 118537*), 2 marzo 2000 (*Tol 132088*), 3 marzo 2000 (*Tol 132094*) y 10 junio 2000 (*Tol 117816*).

63 *Vid.* en este sentido, por ejemplo. RRDGRN 17 febrero 2000 (*Tol 117820*), 17 febrero 2000 (*Tol 117821*) o 19 mayo 2000 (*Tol 117818*).

prueba alguna de que los contrayentes hubieran mantenido previamente cualquier tipo de relación, ya que en la audiencia reservada ante el Registro Consular de España en la Habana el cubano, a pesar de afirmar que había conocido a la española durante un viaje de ésta a Cuba, no supo precisar el lugar y la fecha de su nacimiento, ni si había estado casada anteriormente, como tampoco cuáles eran sus aficiones, salvo "que le gusta el cine y el teatro"[64].

La Instrucción de 9 de enero de 1995 dicta normas relativas al expediente previo al matrimonio, cuando uno de los contrayentes no está domiciliado en España. No obstante, la práctica ha demostrado que el riesgo de simulación es mayor cuando se trata de matrimonios contraídos fuera del territorio nacional entre un español y un extranjero, según la forma autorizada por la ley del lugar de la celebración, donde, por lo tanto, no existe una tramitación de expediente previo por parte de las autoridades españolas. Por ello, la Dirección General de los Registros y del Notariado ha extremado las precauciones ante este tipo de matrimonios y ha facultado al Encargado del Registro Consular español en que se solicita la inscripción para calificar el consentimiento matrimonial de los contrayentes, a través del examen de sus respectivas declaraciones[65].

---

64 RDGRN 17 febrero 2000 (*Tol 117820*), *Vid.* también en el sentido de denegar la autorización solicitada, entre otras muchas, RRDGRN 17 febrero 2000 (*Tol 117821*), 19 mayo 2000 (*Tol 117818*), 19 mayo 2000 (*Tol 117819)* 10 junio 2000 (*Tol 117816*) y 27 febrero 2019 (14ª) (BOMJ núm. 2226, enero 2020, p. 239).
La SAP Madrid 16 diciembre 2011 (*Tol 2388831*), por su parte, convalidó la denegación de la inscripción de un matrimonio efectuada por la DGRN. En la audiencia ante el encargado del Registro Civil Consular quedó acreditado que los cónyuges, él español y ella dominicana, incurrieron en abundantes contradicciones notorias sobre la forma y el momento de conocerse: por ejemplo, él decía que se conocieron telefónicamente desde 2003 y ella, que se conocieron en 2004, sin que, en ningún caso, hubieran aportado pruebas de dichas conversaciones telefónicas. Lo cierto es que se conocieron personalmente ocho días antes de la celebración del matrimonio, y ello, unido al desconocimiento mutuo de datos personales, lleva a la Audiencia a desestimar el recurso interpuesto contra la denegación de la inscripción del matrimonio.

65 Tal posibilidad es admitida por la emblemática RDGRN 30 mayo 1995 (RAJ 1995, 4415), que razona de la siguiente manera: "el matrimonio que conste por 'certificación expedida por autoridad o funcionario del país de celebración' (artículo 256.3 R.R.C.) es inscribible, 'siempre que no haya dudas en la realidad del hecho y de su legalidad conforme a la Ley española', siendo título para practicar la inscripción 'el documento expresado y las declaraciones complementarias oportunas'. Consiguientemente, si es necesario que no haya duda de la legalidad del matrimonio conforme a la ley española y si las declaraciones complementarias oportunas integran el título para practicar la inscripción del matrimonio en el

Con el fin de acabar con incertidumbres y dar mayor seguridad jurídica, la DGRN, mediante Instrucción de 31 enero 2006 (aplicable, en la actualidad, a los procedimientos de autorización llevados a cabo ante Notario)[66], ha precisado que los datos de los que cabe inferir la simulación del consentimiento matrimonial son dos: en primer lugar, el desconocimiento por parte de uno o ambos contrayentes de los "datos personales y/o familiares básicos" del otro; y, en segundo lugar, la inexistencia de relaciones previas entre los contrayentes.

En cuanto a la valoración de ambos elementos, de dicha Instrucción se pueden extraer una seria de criterios básicos:

Registro Civil español, la conclusión es que, del mismo modo que sucede en el expediente previo en el trámite de la audiencia, reservada y por separado, de cada contrayente (*cfr.* artículo 246 R.R.C. y regla 3ª de la Instrucción de 9 de enero de 1995), también cuando el matrimonio ya se ha celebrado según la forma local el Encargado puede y debe comprobar, por medio de aquellas declaraciones complementarias, si el matrimonio cumple todos los requisitos legales exigidos por el Código Civil y, entre ellos, la existencia de real consentimiento matrimonial". En el concreto supuesto de hecho, se denegó la inscripción en el Registro Consular español en Pekín de un matrimonio celebrado en China por un español con una nacional de ese país, al considerar que existían datos objetivos de que los que cabía deducir la existencia de una simulación: los contrayentes se conocieron por carta y no se vieron hasta escasos días antes de la celebración del matrimonio; ella no hablaba español ni él chino, comunicándose por medio de un hermano de aquélla, que actuaba como intérprete; no hubo convivencia después de la celebración del matrimonio, residiendo los contrayentes en hoteles diferentes, y el contrayente español acabó reconociendo que "la boda no es normal". *Vid.* también, denegando la inscripción, RRDGRN 22 noviembre 1995 (RAJ 1996, 608) y 18 enero 1996 (RAJ 1996, 10).

66 Así resulta del apartado 6 de la Instrucción de 3 de junio de 2021, de la Dirección General de Seguridad Jurídica y Fe Pública, conforme al cual deberá realizarse "la audiencia reservada personalmente por el Notario autorizante, con inmediación y en unidad de acto, entrevistando separadamente a cada solicitante, e impidiendo en la medida de lo posible la comunicación entre ambos en el momento de realizar separadamente la audiencia reservada". Se añade que "Se harán constar el desarrollo de este acto, consignando expresamente las preguntas que se realizan y las respuestas a las mismas, sin que esté sujeto a un cuestionario fijo establecido, sino procurando realizar una entrevista iterativa y que vaya evolucionando en virtud de las respuestas que se obtengan, a fin de aclarar posibles contradicciones u otros rasgos que permitan incidir en el sustento de las presunciones oportunas para poder fundamentar la resolución".

a) debe considerarse y presumirse que existe auténtico "consentimiento matrimonial" cuando un contrayente conoce los "datos personales y familiares básicos" del otro contrayente;

b) aun cuando los contrayentes puedan desconocer algunos "datos personales y familiares básicos recíprocos", ello puede resultar insuficiente a fin de alcanzar la conclusión de la existencia de la simulación, si se prueba que los contrayentes han mantenido relaciones antes de la celebración del matrimonio, bien personales, o bien por carta, teléfono o Internet que por su duración e intensidad no permita excluir toda duda sobre la posible simulación;

c) los datos o hechos relativos al matrimonio que no afectan al conocimiento personal mutuo de los contrayentes, ni a la existencia de relaciones previas entre los contrayentes, no son relevantes para inferir de los mismos, aisladamente, la existencia de un matrimonio simulado.

La SAP Burgos 23 enero 2023 *(Tol 9452894)* confirmó el auto, que, a su vez, había desestimado el recurso contra la decisión de la DGRN de denegar la celebración de un matrimonio entre dos personas, que vivían en países distintos (él en España y ella en Marruecos), por falta de consentimiento matrimonial. Dedujo la simulación de las contradicciones en que ambos habían incurrido en las audiencias reservadas: ella había manifestado que se habían visto "siete o diez veces", y él que en "tres ocasiones"; ella había declarado haber visto al padre de él una vez, mientras que él decía que no sabía si lo había visto y que estaba muerto. Prestó también atención a la diferencia de edad existente entre ellos (18 años) y a la falta de acreditación de la existencia de contactos personales, no habiendo aportado el español (apelante) prueba, ni de la periodicidad de los viajes a Marruecos, ni de las estancias en dicho país, "ni tampoco de las comunicaciones telefónicas". Se daba, además, la circunstancia de que el apelante, nacido en Marruecos, había estado casado con una ciudadana española durante tres años, "divorciándose justo cuando obtuvo la nacionalidad española".

3. LA OBLIGACIÓN DE ALIMENTOS EN LA JURISPRUDENCIA[1]

José Ramón de Verda y Beamonte[2]

SUMARIO: I. CONSIDERACIONES PRELIMINARES. II. ÁMBITO DE APLICACIÓN DEL ART. 93.I CC. 1. La distinción entre hijos menores no emancipados e hijos mayores de edad. A) Falta de aplicación al trabajo. B) Falta de aplicación al estudio. C) Imposibilidad de que los hijos mayores pretendan elegir, a costa de los padres, la vivienda en la que habitar. D) Pérdida del derecho de alimentos por falta de relación con los progenitores. 2. La legitimación extraordinaria del art. 93.II CC para reclamar alimentos en favor de los hijos mayores de edad en el juicio matrimonial. A) Los requisitos de la convivencia y de la dependencia. B) Fecha de extinción de la pensión de alimentos. C) Compensación de pensiones atrasadas. III. LA FORMA DE PRESTAR ALIMENTOS (GASTOS ORDINARIOS Y EXTRAORDINARIOS). 1. Custodia monoparental. A) Los gastos ordinarios. B) Gastos extraordinarios. 2. Custodia compartida. IV. LA CUANTÍA DE LA PRESTACIÓN DE ALIMENTOS. 1. Criterios para determinar la capacidad económica de los progenitores. A) La capacidad económica del alimentante se determina por su entera situación patrimonial. B) La posibilidad de acudir a la prueba indiciaria para determinar la situación económica del alimentante ante la ausencia de pruebas directas. C) La toma en consideración de las cargas y gastos soportados por el alimentante. 2. Las necesidades del alimentista. A) La apreciación subjetiva de las necesidades. B) La necesidad de garantizar el mínimo vital. C) El estado de absoluta pobreza como causa de suspensión temporal de la efectividad de la obligación de alimentos. D) La posibilidad de reclamar alimentos a los alimentantes de los progenitores. E) La posibilidad de suspender la obligación de alimentos, cuando el menor tenga ingresos propios para satisfacer sus necesidades. V. MODIFICACIÓN DE LA CUANTÍA DE PENSIÓN. 1. Reducción de la pensión. A) La disminución de la capacidad económica del alimentante. B) La disminución de las necesidades del alimentista. C) La sustitución del régimen de custodia monoparental por el de compartida. D) El aumento del nivel de ingresos del otro progenitor. E) El nacimiento de nuevos hijos en el marco de una relación familiar diversa. 2. Aumento de la cuantía. A) Aumento de la capacidad económica del alimentante. B) Aumento de las necesidades del alimentista. C) La disminución de la capacidad económica del otro progenitor. VI. FECHA DESDE LA QUE SE DEBEN LOS ALIMENTOS Y MOMENTO DESDE EL QUE SURTEN EFECTOS LA MODIFICACIÓN DE SU CUANTÍA.

---

1 Para la redacción de este capítulo he contado con la ayuda de Álvaro Bueno Biot.

2 CU, Derecho civil, Universidad de Valencia.

I. CONSIDERACIONES PRELIMINARES

En sede de efectos comunes a la nulidad, separación y divorcio, el art. 93.I CC (en relación con los hijos menores de edad no emancipados) dispone que el juez, "en todo caso"[3], deberá determinar "la contribución de cada progenitor para satisfacer los alimentos", acomodando las prestaciones a "las circunstancias económicas y necesidades de los hijos en cada momento"[4].

Para realizar dicha acomodación establecerá las bases de su actualización anual[5], habiendo declarado la jurisprudencia que, en el caso de omi-

---

3 Las prestaciones alimenticias en favor de los menores pueden ser establecidas de oficio, ya que, en este caso, los Tribunales no están sometidos al principio dispositivo, de rogación o de aportación de parte. La SAP Barcelona 17 abril 2001 (JUR 2001, 142268) observa, así, que en esta materia "los pactos entre los progenitores tienen siempre la consideración de propuestas al tribunal, que ha de pronunciarse a instancia de parte, del Ministerio Fiscal o de oficio".
Conforme al art. 770.4º LEC, los Tribunales podrán también acordar de oficio las pruebas que estimen necesarias para comprobar la concurrencia de las circunstancias de hecho de las que dependan sus pronunciamientos (señaladamente, en orden a determinar la real capacidad económica de los progenitores y poder, así, determinar la cuantía de la pensión de alimentos).
A este respecto hay que tener en cuenta que a través del Punto Neutro Judicial los Tribunales pueden tener acceso a datos de los progenitores relevantes para determinar la cuantía de las pensiones de alimentos, como obtener notas simples a través del CORPME o realizar consultas tributarias a la AEAT.

4 El art. 93.I CC se refiere a la fijación judicial de la contribución a los alimentos en el marco de las medidas definitivas, pero, obviamente, podrán también determinarse en los autos que, a petición de parte, prevean medidas provisionalísimas (art. 771 LEC) y en los que establezcan las medidas provisionales derivadas de la admisión de la demanda de nulidad, separación o divorcio (arts. 103.3º CC y 773 LEC), sin perjuicio de que la determinación provisional de la contribución pueda posteriormente ser modificada al dictarse sentencia que establezca la medida definitiva que la sustituya (art. 774.4º LEC).

5 Esta actualización anual es una obligación del alimentante impuesta en sentencia, que no requiere petición ni resolución judicial previa, por poder realizarse mediante una operación aritmética. De no hacerla, el beneficiario podrá ejecutar los atrasos debidos por falta de actualización o por haber sido hecha esta de manera incorrecta (siempre respetando el plazo de caducidad de cinco años de la acción ejecutiva del art. 518 LEC y de prescripción del art. 1966.1 CC, a contar desde el día en que debió haberse pagado la actualización) y el ejecutado podrá oponer pluspetición, si considera que el cálculo no está bien efectuado. La jurisprudencia actual se orienta claramente en este sentido: *vid.* AAAP Cantabria 17 febrero 1999 (AC 1999, 283), Valencia 8 julio 2002 (JUR 2003, 52113), Jaén 12 noviembre 2010

tir la sentencia este extremo, la omisión deberá ser salvada aplicándose el índice de variación del IPC, que tiene la ventaja de ser un criterio objetivo fijado por un organismo público, a no ser que en el convenio regulador existiera otra previsión[6] (por ejemplo, una actualización en función de la variación de los ingresos del alimentante).

El precepto añade que el juez "adoptará las medidas convenientes para asegurar la efectividad" de la prestación de alimentos (por ejemplo, la retención en la nómina del alimentista del importe de la pensión y su ingreso en la cuenta bancaria del beneficiario)[7].

II. ÁMBITO DE APLICACIÓN DEL ART. 93.I CC

En materia de alimentos, como es sabido, es preciso distinguir, según que los hijos sean menores no emancipados o mayores de edad.

(JUR 2011, 70582), Vizcaya 25 noviembre 2010 (JUR 2011, 128001) y Badajoz 5 mayo 2011 (JUR 2011, 207444).

Por lo tanto, solo se pueden reclamar los atrasos por las actualizaciones no realizadas durante los últimos cinco años anteriores a la presentación de la demanda, pero el cálculo para la revalorización se realizará sobre la base de lo que debiera haber sido el importe (acumulado) de la pensión, de haberse llevado a cabo todas las actualizaciones procedentes, incluidas aquellas cuya cuantía no pueda ya reclamarse, por caducidad de la acción ejecutiva. De manera gráfica podemos decir que, a estos efectos, el tiempo no se para. Como observa el AAP Valencia 29 octubre 2018 *(Tol 7085147)*, "la prescripción de determinadas mensualidades no implica que no se siga aplicando el índice de revalorización correspondiente a los periodos cuyas mensualidades han prescrito".

6 SSAP Madrid 12 noviembre 2012 (*Tol 2723729*) y Madrid 7 febrero 2014 *(Tol 4115461)*.

7 Por su parte, el art. 776.1º LEC prevé la imposición de medidas coercitivas contra quien no haga efectivas las prestaciones y el art. 227 CP tipifica el delito de impago de pensiones durante dos meses consecutivos o cuatro meses no consecutivos.
Existe, además, un "Fondo de Garantía del Pago de Alimentos" creado por la Ley 42/2006, de 28 de diciembre, y regulado por el RD 1618/2007, de 7 de diciembre, que es un fondo carente de personalidad jurídica, que tiene como finalidad garantizar a los hijos menores de edad el pago de alimentos reconocidos e impagados establecidos en convenio judicialmente aprobado o en resolución judicial en procesos de separación, divorcio, declaración de nulidad del matrimonio, filiación o alimentos, mediante el abono de una cantidad que tendrá la condición de anticipo.

1. *La distinción entre hijos menores no emancipados e hijos mayores de edad*

a) Si los hijos son menores de edad no emancipados[8], la obligación de alimentos de los progenitores forma parte del contenido propio de la patria potestad (art. 154 CC), de modo que, en virtud del art. 93.I CC, aquella procede incondicionadamente ("en todo caso"), sin que sea preciso demostrar que el hijo los necesite para subsistir[9].

La jurisprudencia ha equiparado, en materia de alimentos, la situación de los hijos mayores de edad con seria discapacidad (estuvieran, o no, incapacitados) a la de los menores no emancipados.

Así, la STS 7 julio 2014 (*Tol 4426700*) denegó la pretensión del padre de dejar sin efecto la pensión de alimentos establecida en favor de un hijo de 27 años, que padecía una esquizofrenia paranoide, con un grado de discapacidad reconocido superior al 65%, el cual no había sido incapacitado, equiparando su situación a la de los hijos menores no emancipados, "pues no estamos ciertamente ante una situación normalizada de un hijo mayor de edad o emancipado, sino ante un hijo afectado por deficiencias mentales, intelectuales o sensoriales, con o sin expediente formalizado, que requiere unos cuidados, personales y económicos, y una dedicación extrema y exclusiva que subsiste mientras subsista la discapacidad y carezca de recursos económicos para su propia manutención".

Sin embargo, tras la entrada en vigor de la Ley 8/2021, que está presidida por el principio de libre desarrollo de la personalidad en el ejercicio de la capacidad jurídica (razón por la cual se suprime la incapacitación), parece que esta equiparación ya no es posible, por lo que la pretensión de alimentos de los hijos mayores de edad con discapacidad habrá de discurrir por la vía de los art. 142 y ss. CC; y ello, sin perjuicio de que el grado de discapacidad que padezcan sea tenido en cuenta para valorar hasta qué punto la situación de necesidad en la que se encuentran es o, no, debida a su propia negligencia.

b) Si, por el contrario, son mayores de edad o se hallan emancipados, para que estos puedan percibir una pensión de alimentos (que, en su caso, tendrá lugar conforme a los arts. 142 y ss. CC, y no, en virtud del art. 93.I CC) , es necesario demostrar que se encuentran en una situación objetiva de "necesidad" (por no tener ingresos propios suficientes, al no poder ejercer

---

8 La madre encinta tiene legitimación para pedir alimentos en favor del hijo concebido para que pueda disfrutar de ellos, una vez que nazca, con apoyo en el art. 29 CC, al tratarse de un efecto civil favorable, con la condición suspensiva de que se verifique el nacimiento, lo que parece más razonable que tener que instar después del nacimiento un juicio de modificación de medidas. *Vid.* SAP Cuenca 27 mayo 1999 (AC 1999, 5908), Pontevedra (Sección 3ª) (n. 62/2000) 29 febrero 2000 (rec. nº 366/1998) y Toledo 20 febrero 2003 (JUR 2003, 76724).

9 SSTS 5 octubre 1993 *(Tol 1655748)*, 16 julio 2002 *(Tol 202431)* y 2 de diciembre de 2015 (*Tol 5583918*).

una profesión u oficio con el que ganarse la vida o encontrarse todavía en fase de formación) y que dicha "necesidad" no es imputable a su falta de diligencia, es decir, no proviene de su mala conducta o de su falta de aplicación al trabajo (art. 152.3° y 5° CC) o al estudio (art. 142.II, *in fine*)[10].

A) Falta de aplicación al trabajo

Por lo tanto, si los hijos mayores, pudiendo trabajar no lo hacen, no tienen derecho a recibir alimentos de sus progenitores[11].

> La STS 21 septiembre 2016 *(Tol 5829637)* consideró que no procedía que el padre prestase alimentos, al entender que cabía la independencia económica o posibilidad de empleo en un hijo de 27 años, que podía haber trabajado en la inmobiliaria de su madre.
>
> La STS 13 diciembre 2017 *(Tol 6454966)* también entendió que procedía la extinción de la pensión de alimentos de un hijo mayor de edad afectado de una minusvalía, dado que la misma no le impedía trabajar y, de hecho, lo hacía, siendo, además, determinante que el padre alimentante estuviese afectado por una incapacidad absoluta para toda actividad.

No obstante, ha de tratarse de un trabajo que permita atender razonablemente las propias necesidades y que, en la medida de lo posible, se halle en conexión con la formación del hijo.

---

10 La SAP Madrid 30 abril 2020 *(Tol 7968019)* ha considerado improcedente la excepción de litisconsorcio pasivo necesario opuesta por el padre, al que la hija mayor de edad le había pedido el mantenimiento y aumento de la pensión de alimentos y de las asignaciones destinadas a vivienda y estudio, porque el padre demandado había asumido personalmente las prestaciones derivadas de asignaciones mensuales, vivienda y estudio de sus tres hijos mediante cuotas perfectamente determinadas y establecidas, sin compartirlas ni reclamar nada a la madre, y así se vino respetando y cumpliendo la obligación contraída, hasta que una de las hijas, siendo ya mayor de edad, reclamó el mantenimiento y aumento de tales asignaciones.

11 La SAP Cantabria 23 febrero 2021 (*Tol 8414259*) entendió que no procedía reconocer alimentos a una hija de 20 años, que no había acreditado que cursara estudio alguno al tiempo del juicio y tampoco que, ni siquiera, fuese demandante de empleo, concurriendo por consiguiente una situación de pasividad en orden a su formación y a procurarse ingresos. Ya durante la minoría de edad, había hecho los estudios con poco aprovechamiento, tuvo que repetir curso dos veces y mostró gran conflictividad, habiendo sido objeto de hasta 18 partes disciplinarios durante la ESO; fue, además, expulsada del centro en dos ocasiones, por su mala conducta y comportamiento conflictivo, incluso con sus compañeros.

Se ha dicho, así, que la mayoría de edad del hijo perceptor "no es suficiente para extinguir la pensión, si no se acredita que el hijo ha accedido al mercado laboral o está en condiciones de hacerlo o que ha rechazado una oferta de empleo en línea con su formación", y que, por ello, no es suficiente, para proceder a la extinción, la circunstancia de que en el acto de la vista el padre ofreciera al hijo de 24 años, que se encontraba preparando una oposición, "un trabajo de camarero, de fin de semana, en una localidad que distaba, casi 100 km de su lugar de residencia", por no considerarse "solución estable para éste, ni desde el punto de vista económico ni de proyección profesional ya que el hijo no ha interrumpido su formación encaminada a encontrar un empleo estable"[12].

Por supuesto, no se pierde el derecho a exigir alimentos cuando la inactividad tiene su origen en una enfermedad que inhabilita o hace extremadamente difícil el acceso a un puesto de trabajo.

Es el caso de un hijo de 26 años, con una sintomatología ansiosa, con un componente fóbico en su relación con los demás, que le dificultaba de forma muy importante su acceso al mercado laboral. Reconoció que había sido llamado para una entrevista de trabajo, en su lugar de residencia, pero que no llegó a presentarse, porque le entró ansiedad y se puso a vomitar en la calle. Existía un informe psiquiátrico que relataba que, afectivamente, expresaba ansiedad generalizada, ánimo depresivo, miedo y ansiedad reactiva en la relación con los demás, que se traducían en sentimientos de incapacidad, inseguridad, baja autoestima, frustración e impotencia. No se procedió a la extinción de la pensión de alimentos (solicitada por el padre), pues su situación de dependencia económica derivaba de la enfermedad que padecía, y no de su pasividad para incorporarse al mercado laboral[13].

A veces, se concede una pensión de alimentos por el tiempo que se considera prudencial para que una persona, que tiene una formación que le permite acceder al mercado de trabajo, pueda encontrar un empleo.

Se ha fijado, así, un plazo de 2 años para la percepción de la pensión de alimentos, concedida a una hija, que pretendía que su padre le pagase en Nueva York un Máster, de un coste aproximado de 80.000 euros; y ello, para evitar una "situación de parasitismo social", por constar acreditado que la hija tenía un expediente académico y una formación, que le habilitaban para incorporarse al mercado laboral en unas condiciones adecuadas[14].

---

12 SAP Albacete 24 mayo 2022 *(Tol 9124117)*.

13 SAP Baleares 18 febrero 2021 *(Tol 8405118)*.

14 SAP Madrid 30 abril 2020 *(Tol 7968019)*.

B) Falta de aplicación al estudio

Tampoco tendrán derecho a percibir alimentos los hijos que muestren un nulo o escaso rendimiento académico, sin que concurra una causa razonable que lo justifique.

La STS 24 mayo 2018 *(Tol 6621625)* extinguió la pensión de alimentos que venía percibiendo la hija, ya que su percepción, a juicio del alto Tribunal, colocaba al padre "en una situación de absoluta indigencia", teniendo en cuenta que únicamente percibía un subsidio de desempleo de 426 euros mensuales y que tenía a un hijo de 7 años a su cargo. A ello, hay que sumar la falta de aprovechamiento académico de la hija, que, más allá de algún episodio de ansiedad sufrido durante los exámenes, podía haberse esforzado más para acabar la carrera e, incluso, haberla compatibilizado con algún trabajo, atendida la situación de quien le venía abonando los alimentos[15].

La enfermedad es, desde luego, una causa razonable que puede justificar un retraso en los estudios.

Es, por ello, que se ha concedido una pensión de alimentos a un hijo de 19 años, que, si bien había abandonado los estudios al cumplir los 17 años, manifestó en la prueba testifical, su voluntad de cursar la carrera de Derecho con intención de presentarse a las pruebas de acceso para mayores de 20 años, habiendo quedado acreditado también por la prueba documental médica aportada, que estaba diagnosticado de trastorno ansioso depresivo reactivo y sometido a medicación por esa causa con anterioridad a la presentación de la demanda, habiendo estado con anterioridad en tratamiento psicológico desde los 17 años. Se constató, además, la mala fe del padre, cuyo abogado había preparado un borrador de convenio, que fue presentado a la firma del hijo cuando éste acababa de cumplir los 18 años, para recoger documentalmente su decisión de abandonar los estudios, apoyando dicha decisión con la transferencia de 3.500 € del fondo destinado a su formación para que pudiera comprarse un coche, pudiendo el padre disponer del resto de dicho fondo (el borrador no fue firmado)[16].

---

15 Por el contrario, la STS 21 diciembre 2017 *(Tol 6462819)* consideró procedente prestar alimentos a la hija mayor de edad, demandante de empleo que vivía en la casa de la abuela materna, por no quedar demostrado que su situación de necesidad fuese imputable a su propia negligencia y haber existido intento tardío, pero cierto, de completar su formación, cuantificándose la pensión en 150 euros mensuales. La hija, que tenía 25 años, en el momento de interponerse el recurso, interrumpió sus estudios desde 2009 (al terminar la secundaria) hasta 2013, año en que inició el grado medio de FP de electromecánica de automóviles, el cual concluyó en 2015, habiendo trabajado 180 días, desde 2009 a 2013, en períodos de escasa duración.

16 SAP Málaga 26 octubre 2020 (*Tol 8318019*).

En ocasiones, la jurisprudencia, ante un rendimiento académico insuficiente, concede al hijo una pensión de alimentos, pero la limita temporalmente.

La STS 14 febrero 2019 *(Tol 7065247)* entiende que el nulo rendimiento académico del hijo, matriculado en segundo de bachiller durante 4 años, determina la extinción de la pensión de alimentos, fijando, no obstante, un límite temporal de un año para la continuidad en la percepción de alimentos, entendiendo que ese es un plazo razonable para que el hijo pueda adaptarse a su nueva situación económica.

Dicha limitación temporal intenta evitar una situación de pasividad de los hijos en el estudio y fomentar el esfuerzo personal en orden a obtener una formación que le posibilite alcanzar su independencia económica.

Por ello, se ha fijado un plazo de 1 año para la percepción de la pensión de alimentos, prorrogable por otro más, siempre y cuando el hijo demandante acreditase haber superado el 70% de los créditos del primer curso de Derecho: se trataba de un joven de 24 años, que durante 5 años había cursado estudios de ingeniería informática, sin llegar a superar el primer año de carrera, consiguiendo tan solo aprobar la mitad de las asignaturas de dicho año, para posteriormente matricularse en la UNED, con la finalidad de estudiar la carrera de Derecho, de cuya evolución omitía cualquier tipo de información, salvo la referida a la tramitación y el coste de la matrícula[17].

No procede establecer dicha limitación temporal, cuando no existe dicha situación de pasividad y los hijos mayores de edad se encuentran cursando normalmente sus estudios universitarios, pues los alimentos "comprenden también la educación e instrucción del alimentista mientras sea menor de edad y aún después cuando no haya terminado su formación por causa que no le sea imputable" (art. 149.II CC)[18].

---

17 SAP Pontevedra 22 abril 2020 *(Tol 7945685)*.

18 Los gastos de matrícula de universidad son ordinarios, pues, aunque anuales, son previsibles y periódicos, de modo que deben entenderse incluidos en la pensión de alimentos.
La circunstancia de que la universidad en que se pretenden cursar los estudios sea privada no los convierte en extraordinarios, pese a lo cual un sector de la jurisprudencia de instancia los considera como tales, con la finalidad de excluir que deban contribuir a su pago los progenitores que no consienten en que sus hijos estudien en ella, cuando existe una universidad pública cercana, más barata, en la que se imparte la misma titulación que la que los hijos quieren estudiar.
La SAP Palma de Mallorca 5 marzo 2020 (*Tol 7957437*) consideró, así, gastos extraordinarios los generados por el estudio en una Universidad privada de la carrera de Derecho en inglés, cuyo importe ascendía a 20.000 euros anuales. Observa

En consecuencia, se ha rechazado establecer un plazo máximo de 2 años para la percepción de la pensión de alimentos fijada en favor de dos hijas mayores de edad o inferior, hasta que alcanzasen su independencia económica, porque las mismas se encontraban en pleno periodo de formación académica y profesional, acorde con sus edades (la una, acabada la carrera de Derecho en el 2017, se encontraba preparando las oposiciones a Registrador de la Propiedad; y, la otra, cursaba estudios universitarios de odontología). Se concluye que, en tales situaciones, en la que no se

---

que no se ha justificado que sea un importe que entre dentro de los parámetros normales o habituales para la realización de unos estudios jurídicos, sin que sea posible acceder a otra universidad en la que se pueda obtener una formación equivalente sin hacer frente a un gasto tan elevado. Concluye, pues, que se trata de un gasto que debe ser considerado como extraordinario y que precisa el acuerdo de ambos progenitores para que queden obligados a pagarlo de forma conjunta.

El AAP Barcelona 21 julio 2021 (ECLI:ES:APB:2021:7623A) consideró también que los gastos de universidad privada en la que estudiaba la hija eran extraordinarios, al superar su coste al normal de una universidad pública, afirmando que solo cuando el concepto de matrícula universitaria se encuentra entre los parámetros normales de una matrícula universitaria dichos gastos no deben considerarse extraordinarios.

Esta orientación no es correcta: como hemos dicho, estamos siempre ante gastos ordinarios, lo que no significa que un progenitor pueda imponerlos al otro, solicitando un aumento de la cuantía de la pensión de alimentos que satisface, pues no todo gasto ordinario ha de considerarse necesario, como tampoco hay que excluir que sea necesario un gasto, por el mero hecho de ser extraordinario (pensemos, por ejemplo, en gastos sanitarios no cubiertos por la Seguridad Social). No es correcta, en definitiva, la identificación entre gastos extraordinarios y gastos no necesarios.

El AAP Madrid 18 septiembre 2020 (*Tol 8207288*) afirma, así, que los gastos de educación previsibles, periódicos y no excepcionales, sean del ciclo que sean, son gastos de alimentos, no extraordinarios. Precisa que el hecho de que la hija quiera estudiar en una Universidad privada no convierte a los gastos en extraordinarios, sino que puede fundar, en su caso, la modificación de medidas pertinentes para solicitar un aumento de la pensión de alimentos, al haber una modificación sustancial de las circunstancias, por cuanto la cuota universitaria es alimento.

En cambio, son gastos extraordinarios los de carnet de conducir, que, unas veces, se consideran necesarios y otras no, en atención al nivel económico de la familia y a la circunstancia de que su obtención sea, o no, precisa para la formación o adquisición de empleo por parte del hijo.

El AAP Madrid 12 marzo 2021 (*Tol 8453998*) niega, así, que dicho gasto pueda calificarse *a priori* como estrictamente necesario, entendiendo que no lo era en el caso concreto enjuiciado, "por mucho que sea conveniente para el hijo la obtención del carnet de conducir como todo lo que redunde en su mejor y más completa formación en todos los órdenes", pero, para poder exigirse el rembolso, deberá realizarse con el consentimiento de ambos progenitores.

acredita pasividad en la obtención de empleo o en la terminación de la formación académica, no cabe condicionar a los hijos con plazos fatales para conseguirlo, pues su tardanza en abandonar el hogar, son múltiples y no siempre imputables a su pasividad[19].

Sin embargo, últimamente, están recayendo sentencias de instancia que imponen un plazo máximo de percepción, incluso, aunque no se observe en los hijos una situación de pasividad, con el fin de evitar que se prolonguen excesivamente los estudios no universitarios.

Se ha desestimado, así, la demanda de extinción, pero se ha reducido la cuantía de la pensión (de 175 a 100 euros), fijándose, además, un plazo de 2 años para su percepción, correspondiente a los dos años académicos restantes para que la hija, de 23 años, finalizara sus estudios de Auxiliar de Enfermería, los cuales compaginaba con un trabajo a media jornada por la tarde, por el que percibía alrededor de 600 euros netos mensuales, estimándose que necesitaba unos 700 euros mensuales para satisfacer sus necesidades. El atraso en los estudios no era voluntario, sino debido a los constantes ingresos médicos debidos a su enfermedad (de Crohn), lo cuales habían provocado una demora en su formación académica. No se considera acreditado que la pensión alimenticia en su día establecida hubiera de ser totalmente suprimida, al continuar la hija con su formación académica y no haber logrado la total independencia económica, siendo necesario aún la ayuda de sus progenitores para poder continuar con sus estudios toda vez que, de otra forma, debería abandonar los mismos para poder trabajar toda la jornada[20].

Se ha estimado procedente el pago de pensión de alimentos de 200 euros a un hijo de 24 años, que se encontraba realizando estudios de FP e intentando acabar la ESO, así como a una hija de 22 años, que también cursaba estudios de FP, que compaginaba con un contrato de trabajo temporal, a tiempo parcial, de 12,50 horas a la semana, que realizaba, únicamente los sábados y domingos, por el que mensualmente percibía menos 300 euros brutos, cantidad "insuficiente para satisfacer todas sus necesidades". Se ha confirmado la sentencia recurrida, que había establecido un plazo temporal para la percepción de la pensión: mientras "dure la formación académica que los hijos están realizando con rendimiento aprovechable y fructuoso, y un año más desde que cada uno cese en la formación que están realizando, para darles un margen para abrirse camino en el marco laboral, sin perjuicio de que si las circunstancias cambiasen pueda volverse a plantear la cuestión ante los tribunales".

---

19 SAP Bilbao 17 septiembre 2020 *(Tol 8338933)*.
La SAP Barcelona 9 julio 2020 *(Tol 8054010)* consideró igualmente improcedente fijar un plazo máximo de percepción de la pensión de alimentos establecida en favor de una hija de 20 años, que estaba cursando estudios universitarios de ingeniería matemática con muy buenos resultados, manteniendo, por tanto, la pensión hasta que la hija concluyera su formación y estuviese en disposición de generar ingresos por sí misma.

20 SAP Zamora 7 enero 2020 *(Tol 7861000)*.

Consideración de dicho plazo como razonable, "en atención a las circunstancias personales de los demandantes y a la actual situación del mercado laboral"[21].

En el caso de hijos que se encuentran preparando oposiciones, se están también dictando algunas sentencias de instancia un tanto rigurosas, que establecen límites temporales reducidos, coincidentes con la fijación de un plazo que se considera razonable para poder aprobarse la oposición, especialmente, cuando el deudor no tiene una posición económica holgada.

Se ha fijado, así, un límite temporal de dos años a la pensión de alimentos de un hijo de 24 años de edad, que en junio de 2017 había finalizado un Ciclo Formativo de Formación Profesional de Grado Medio; en junio de 2020, otro de Grado Superior; y, desde el 1 de febrero de 2021, se encontraba preparando oposiciones, estableciéndose que el plazo de dos años se debía computar desde la fecha en que aquél "inició la preparación para el acceso a Instituciones Penitenciarias, periodo que, a plena dedicación, se estima razonable para preparar la misma u encontrar otro empleo alternativo acorde con su formación" (se ha revocado de la sentencia, que había establecido como fecha de inicio del cómputo del plazo de dos años, la de la propia sentencia)[22].

Incluso, se ha procedido a la extinción de los alimentos percibidos por quien se encontraba preparando oposiciones, al no haberlas aprobado en el primer intento, criterio este, cuestionable, pues hay grados universitarios (Magisterio es uno de ellos), una de cuyas salidas naturales es preparar una oposición, cuyo resultado, además, es siempre incierto.

La SAP Soria 9 enero 2023 *(Tol 9403625)* ha procedido, en efecto, a la extinción de los alimentos percibidos por una hija de 27 años, con titulación de Magisterio, Grado Superior de Jardín de Infancia, que se encontraba preparando oposiciones, al no haberlas aprobado en el primer intento. Se pronuncia en unos términos muy tajantes, reprochando a la hija que persista en su propósito de preparar una oposición, a pesar de haberla ya suspendido, criticando que hubiera quedado en el puesto 4.892 de 6.387. Dice, así, que "Ello supone un bajo rendimiento de estudio en el año y medio de preparación, y más teniendo en cuenta que acababa de terminar su carrera de educación infantil y debería tener recientes los conocimientos propios de los estudios seguidos".

Este juicio, a todas luces, desmesurado, se acompaña del siguiente argumento: la hija "tiene formación suficiente para incorporarse al mercado laboral, pero, si decide preparar unas oposiciones, lo cual es una opción legítima, tal decisión no debe ser a costa del padre, pues tiene otras salidas laborales que seguir sin depender de la pensión alimenticia de su progenitor, y en todo caso, los gastos que suponen la oposición pueden ser sufragados con los trabajos esporádicos de la alimentista".

---

21 SAP Valladolid 17 octubre 2022 *(Tol 9341729)*.

22 SAP Albacete 24 mayo 2022 *(Tol 9124117)*.

A mi parecer, este modo de razonar sólo se explica por la situación económica del padre alimentante, que "ha visto mermados sus ingresos tras pasar al retiro laboral, en la suma de 470 € al mes, que sí consideramos una suma sustancial respecto de lo que ingresaba cuando se fijó la pensión de alimentos (1.868 €) pues supone una disminución de aproximadamente el 25% de sus ingresos". Además, padece "una grave enfermedad (cáncer) que se está tratando en Madrid, y ello supone los lógicos gastos". Sólo en este contexto se explica la afirmación de "que nos encontramos ante el supuesto del artículo 152.3° del C.C"., ya que [la hija] puede ejercer un oficio o profesión, sin necesidad de acudir a la pensión de alimentos del padre".

Por lo tanto, no es posible generalizar la solución a la que se llega, la cual está en consonancia con el art. 152° CC, que contempla como causa de extinción de la obligación de alimentos la merma de fortuna del alimentante, "hasta el punto de no poder satisfacerlos sin desatender sus propias necesidades". Es decir, que, si bien, como regla general, la preparación de una oposición dentro de un plazo razonable, en atención a la dificultad objetiva de aprobarla, no es causa de extinción de la obligación alimentos, sin embargo, sí puede serlo, en el caso en que obligar al padre a seguir manteniendo al hijo mayor de edad resulte desproporcionado, en atención a las circunstancias económicas en las que se encuentre.

C) Imposibilidad de que los hijos mayores pretendan elegir, a costa de los padres, la vivienda en la que habitar

Como regla general, los hijos mayores de edad no pueden pretender que se les procure una vivienda donde residir, distinta de la de sus progenitores y a costa de ellos[23], pues, conforme al art. 149.I CC, estos podrán prestar los alimentos ("a su elección"), manteniéndolos "en su propia casa"[24].

---

23 La SAP Córdoba 28 enero 2020 (*Tol 7919241*) observa, así, que la necesidad de habitación de la hija mayor de edad no tiene por qué satisfacerse en la vivienda en que ella elija, desestimando la demanda en que aquélla pedía la asignación de 1.000 euros mensuales, por la necesidad de procurarse una vivienda hasta que pudiese superarse profesionalmente. Afirma que la hija no puede elegir a su capricho dónde vivir y que se lo costeen los padres, constando la existencia de una voluntad clara de aquéllos de reanudar la convivencia y de buscar una aproximación hacia ella, y, en cambio, un absoluto rechazo de la demandante hacia sus progenitores, en términos que llegan a ser viscerales, por lo que no está justificado su rechazo a vivir en el hogar familiar.

24 Lo evidencia la SAP Madrid 30 abril 2020 *(Tol 7968019)*, que afirma que no puede imponerse al padre la obligación de pagar 25.000 € en concepto de gastos de vivienda en Nueva York (ciudad donde la hija pretendía cursar un Master, con un coste aproximado de 80.000 euros), cuando la demandante puede vivir en la vivienda que tiene alquilada el padre y en la que, de hecho, reside cuando está en Madrid y en la que se encuentra, además, empadronada: el art. 149 CC permite al obligado a prestar alimentos, satisfacer su obligación de la manera que sea menos

Es muy conocida la STS 23 febrero 2000 *(Tol 4927163)* que desestimó la pretensión de percibir alimentos de una hija mayor de edad, que, en pleno conflicto generacional con sus padres, pretendió vivir independientemente de ellos, pero, a su costa. Dice, así: "Las dos partes tienen toda la razón y todo el derecho a actuar como han actuado; y, sobre todo, la hija ha ejercitado, al salir del hogar paterno —no consta que fuera expulsada conminatoriamente del mismo— uno de los mayores, por no decir el mayor, de los bienes o valores que tiene el ser humano, como es el del ejercicio de la libertad personal. Ahora bien, dicha parte recurrente en casación, no puede ni debe olvidar, que muchas veces la libertad como valor social particular, exige el pago de un precio, como es el de la pérdida de ciertas comodidades, y de sufrir contratiempos dolorosos, que van desde el área de los afectos hasta el entorno laboral. Y lo que no se puede pretender es realizar un modelo de vida propio y con arreglo a unos principios de conducta, que atacan y contradicen a los de un entorno familiar y social, y seguir obteniendo las ventajas de acogimiento y económicas de dicho entorno, que se rechaza".

No obstante, por las circunstancias del caso, no ha llegado a la misma solución la más reciente STS 5 diciembre 2019 *(Tol 7648511)*, que, confirmando la sentencia recurrida, ha estimado parcialmente la pretensión de una hija mayor de edad, con una minusvalía reconocida del 87%, de que se aumentara la cuantía de la pensión de alimentos que percibía de sus padres, considerando procedente que a los 548,90 euros que recibía del padre se añadieran 271,84 euros más a cargo del padre y 128,16 euros a cargo de la madre. La hija, que vivía con su tía, ante la imposibilidad de vivir con sus progenitores, argumentaba que el aumento de la cuantía de la pensión de alimentos solicitada venía motivado por su deseo de vivir independientemente en una vivienda de protección oficial de su propiedad, adaptada a sus necesidades, pero que carecía de medios económicos suficientes para ello. El TS ha considerado que los supuestos de hecho de ambas sentencias no eran los mismos, pues en la última de ellas, la hija mayor se hallaba discapacitada (lo que evidentemente mermaba su capacidad de obtener ingresos laborales) y no había abandonado de manera voluntaria la vivienda familiar, sino por concurrir una "incompatibilidad de caracteres que propició que la hoy demandante viva con su tía paterna", constatando "la tensión existente entre madre e hija, que no consta que fuese provocada por ésta".

D) Pérdida del derecho de alimentos por falta de relación con los progenitores

Por último, hay que tener en cuenta que, conforme al art. 152.4º CC, el hijo mayor de edad perderá el derecho a alimentos, cuando "hubiese cometido alguna falta de las que dan lugar a la desheredación".

La desheredación supone la privación de la legítima; por ello, según el art. 848 CC, "sólo podrá tener lugar por alguna de las causas que expresamente señala la ley", en los arts. 852 y 855 CC. Sin embargo, lo cierto

---

gravosa para él y para el patrimonio familiar, recibiendo y manteniendo a su propia costa al que tiene derecho a ellos.

es que la jurisprudencia actual considera como causa de desheredación el "maltrato psicológico" a los ascendientes cuando este da lugar a una situación de abandono, entendiendo que, si bien el mismo no aparece contemplado expresamente en el art. 854 CC, no obstante, puede ser considerado una modalidad de "maltrato de obra", que sí es recogido en dicho precepto como posible causa de desheredación de los descendientes[25].

Extrapolando esta idea al ámbito de los alimentos, la jurisprudencia entiende que la falta manifiesta de relación de los hijos mayores de edad con los padres alimentantes, imputable, "de manera principal y relevante", a aquéllos les priva del derecho a exigirles alimentos *ex* art. 152.4° CC[26].

> Así lo ha reconocido expresamente la STS 19 febrero 2019 *(Tol 7083001)*, que habla de una "interpretación flexible de la causa de extinción de pensión alimenticia" prevista en el precepto, "conforme a la realidad social, al signo cultural y a los valores del momento", "porque la solidaridad familiar e intergeneracional es la que late como fundamento de la pensión a favor de los hijos mayores de edad". No obstante, ha precisado la necesidad "de interpretación rigurosa y restrictiva valorar la concurrencia y prueba de la causa, esto es, la falta de relación manifiesta y que esa falta sea imputable, de forma principal y relevante al hijo". En el caso concreto,

---

25 *Vid.* en este sentido SSTS 3 junio 2014 *(Tol 4395123)*, 30 enero 2015 *(Tol 4748346)* y 13 mayo 2019 *(Tol 7238960)*.

26 La SAP Bilbao 9 enero 2020 (*Tol 7964868*) se refiere también a la interpretación amplia de la causa de desheredación del art. 853.2° CC y a su incidencia en la aplicación del art. 152.4° CC, observando que el maltrato de obra comprende también el psicológico, como acción que determina un menoscabo o lesión de la salud mental de la víctima. En el caso enjuiciado decidió que no podía reclamar alimentos a la madre la hija mayor de edad, condenada como autora de un delito de maltrato en el ámbito familiar y de un delito de amenazas. Se habían considerado hechos probados que la hija había agarrado del pelo a su progenitora, lanzándola contra el suelo y pegándole puñetazos, habiéndole dicho que le iba a matar y a echar de casa.
La SJPI n. 8 Pamplona 8 febrero 2023, procedimiento 552/2021 (JUR 2023, 63411), ha extinguido la pensión de alimentos por injurias y amenazas de la hija, "siendo objeto de denuncia tales hechos y reconocidos por la misma, si bien, en el proceso penal y a tales efectos el padre perdonó a la hija". Precisa que el art. 152 CC "no exige para la extinción de la obligación de prestar alimentos condena firme, sino haber cometido alguna de las faltas que pueden dar lugar a la desheredación, y como tales se han de considerar las injurias y las amenazas": "en el presente caso —concluye— no hay sentencia firme condenatoria por más que los hechos se hayan reconocido porque no se mantuvo, otorgando perdón, la acusación por el hoy demandante, requisito aquél que es necesario para la condena".

la sentencia recurrida había declarado extinguido el derecho de alimentos por "la nula relación afectiva, continuada y consolidada en el tiempo entre el progenitor no custodio y los hijos" y "la negativa de éstos de relacionarse con su padre como así pusieron de manifiesto, decisión libre, querida y voluntaria". El hijo, de 25 años, hacía diez que no hablaba con su padre, ni había intentado ponerse en contacto con él, y la hija, de 20, hacía ocho que no lo veía y no tenía ningún interés en verle. Sin embargo, el TS revocó la sentencia, por entender que "esa falta de relación no es imputable a los hijos, con la caracterización de principal, relevante e intensa" requerida.

Por el contrario, la SAP Navarra 27 octubre 2020 (*Tol 8297392*) sí consideró procedente la extinción de la pensión de alimentos de una hija que, cumplida la mayoría de edad, pidió el cambio de orden de sus apellidos; escribió un libro, afirmando que no tenía padre; y provocó la total ruptura de las relaciones personales con él, sin que accediese a la recomposición de las mismas. Un mes y 8 días antes de la presentación de la demanda, el padre había enviado a la hija una carta, por burofax, en la que le pedía normalizar su relación, sin obtener respuesta; en la contestación a la demanda la hija dijo expresamente que no quería mantener ninguna relación con su padre, "siendo esta una decisión que entra dentro de la esfera de lo personal y por tanto indiscutible, máxime siendo en la actualidad mayor de edad"; y en la celebración de la vista declaró que no quería "tener relación ni trato con su padre, con quien la única relación que quiere es que le pague la pensión". Observa la Audiencia que resulta probado que existe una absoluta falta de relación entre la hija y su padre, la cual "posee las condiciones de principal, relevante, acreditada y duradera en el tiempo e imputable en exclusiva a su voluntad, lo que implica la asunción de las consecuencias de sus actos y de las decisiones libérrimamente adoptadas por parte de persona mayor de edad".

Resulta, pues, que para que la falta de relación entre padres e hijos mayores de edad prive a estos del derecho a exigirles los alimentos que necesitan, dicha falta de relación ha de ser "manifiesta" y ha de ser "imputable, de forma principal y relevante al hijo". Por lo tanto, el dato clave para decidir la procedencia o improcedencia de la demanda de extinción de alimentos es la determinación de este extremo.

La SAP Toledo 18 enero 2023 *(Tol 9453901)* ha desestimado la demanda de extinción presentada por la madre de una hija de 24 años, todavía estudiante, por considerar que no podía entenderse que "la falta de relación manifiesta entre madre e hija, sobre la que no existe duda, es, de modo principal y relevante, imputable a ésta". Así se deduce, efectivamente, de la relación de hechos probados, constatándose la existencia de un procedimiento penal por agresión sexual a la hija, cuando esta era menor de edad, que terminó con la absolución de la madre, si bien, durante su tramitación, se acordó una orden de protección a favor de la hija, por la que se prohibía a la demandante "aproximarse y comunicarse con ella, por lo que la falta de relación entre la madre y la hija durante estos años estaba plenamente justificada". Después de la sentencia absolutoria, no hubo "ningún intento de comunicación" por parte de la madre con su hija, "ni de ésta con aquélla, por lo que difícilmente se puede imputar esta falta de comunicación en exclusiva" a la demandada. La demandante remitió un requerimiento notarial en el que indicaba "la voluntad de cambiar el pago de la pensión alimenticia en metálico por recibir y mantener" a la hija "en su casa, así como ofrecerle trabajo en el bar de su pareja". "Así las cosas —se concluye—, el requerimiento citado no puede considerarse como un intento de reanudar la relación entre madre e hija sino más bien un ofrecimiento de un puesto de trabajo en el bar, indicándole la jornada laboral y el salario que recibiría".

Por el contrario, la SAP Salamanca 1 febrero 2023 *(Tol 9437962)* ha estimado la demanda de extinción de alimentos interpuesta por el padre contra la hija de 29 años, que no "aporta documento alguno que acredite que ha tenido algún trabajo, ni que está en búsqueda activa de empleo, ni que siga formándose". Pero, afirma que, además "concurre una causa que, por sí sola, ya es suficiente para acordar la citada extinción. En concreto la falta de relación entre padre e hija imputable solo a ésta". Constata que, en su escrito y en la propia vista, la hija "confirma que no se habla con su padre porque éste le denunció en 2018, y ahora lo vuelve a hacer", pero que, en realidad, dichas denuncias eran demandas de modificación de medidas; que la demandada, por problemas con su pareja, se fue a vivir con su padre, "convivencia que derivó en una denuncia a su progenitor por presuntos malos tratos que obligó a éste a salir de su propia vivienda", denuncia, "que finalmente fue archivada"; denunció también a su padre por impago de pensiones de alimentos; y, por último consta "que el padre le escribió por WhatsApp en la Navidad de 2021 para felicitarle las fiestas y que su hija le contestó de forma abrupta y maleducada desentendiéndose de él".

2. *La legitimación extraordinaria del art. 93.II CC para reclamar alimentos en favor de los hijos mayores de edad en el juicio matrimonial*

A) Los requisitos de la convivencia y de la dependencia

Dándose los presupuestos previstos en el art. 93.II CC, introducido por Ley 11/1990, 15 octubre, esto es, que los hijos mayores de edad o emancipados "convivieran en el domicilio familiar" (convivencia) y "carecieran de ingresos propios" (dependencia), se reconoce la legitimación para demandar alimentos en el marco del propio juicio matrimonial al progenitor con el que conviven (sin necesidad, pues, de que los propios hijos deban instar un juicio independiente).

Con ello se evitan dos inconvenientes: por un lado, que los propios hijos tuvieran que instar, ellos mismos, un juicio declarativo independiente contra el progenitor con el que no conviven, dando lugar a duplicidades procesales y a posibles enfrentamientos entre ellos; y, por otro lado, que el progenitor con el que conviven tuviera que dirigirse contra ellos, una vez que estos hubieran obtenido la prestación de alimentos, directamente, del otro progenitor.

Obviamente, la legitimación del progenitor para reclamar alimentos presupone que estos tienen derecho a ellos, conforme a los arts. 142 y ss. CC[27].

La STS 12 julio 2014 *(Tol 4480889)* revocó la sentencia recurrida, que había denegado los alimentos pedidos por la madre, con el argumento de que la hija con la que convivía tenía el título de Maestra de educación especial, por lo que —según la Audiencia— tenía una posibilidad concreta de trabajar y de percibir ingresos. Frente a ello, el TS afirma que "no se acredita la percepción de ingresos por parte de la misma ni que carezca de la necesaria diligencia en el desarrollo de su carrera profesional", por lo que estima procedente la pretensión entablada por la madre al amparo del art. 93.II CC.

La jurisprudencia habla de "un indudable interés del cónyuge con quien conviven los hijos mayores de edad necesitados de alimentos a que, en la sentencia que pone fin al proceso matrimonial, se establezca la contribución del otro progenitor a la satisfacción de esas necesidades alimenticias de los hijos", lo que se explica por la circunstancia de que el progenitor con el que conviven asume "las funciones de dirección y organización de la vida familiar"[28]; y, de ahí, que la aplicación del art. 93.II CC, se subordine a la circunstancia que quien reclama los alimentos sea "quien los perciba y administre"[29].

La STS 7 marzo 2017 (*Tol 5990874)* denegó la legitimación de la madre para exigir alimentos, no porque los hijos mayores de edad se encontrasen cursando estudios universitarios en el extranjero, sino porque gozaban "de autonomía en la dirección y organización de sus vidas". Observa, así, que son "cotitulares, junto a sus padres, de un inmueble que se encuentra arrendado y con la renta que obtienen, en parte propia y en parte como alimentos de sus padres, sufragan sus necesidades, o algunas, ingresándose en cuentas corrientes propias, abiertas en una entidad sita en el Reino Unido. A ello se une, y es relevante y definitivo, que lo pretendido por la recurrente es que se fijen alimentos a favor de los hijos mayores a ingresar por cada progenitor en las respectivas cuentas corrientes de ellos".

a) El requisito de la convivencia en el domicilio familiar "no puede entenderse como el simple hecho de morar en la misma vivienda, sino que se

---

27 Siendo los hijos mayores de edad, el Tribunal no puede establecer de oficio alimentos, sino que deberán ser pedidos por el progenitor con el que conviva en la demanda o, si tiene la condición de demandado, mediante reconvención explícita [art. 770.2 d) LEC].

28 STS 24 abril 2000 (*Tol 2473281*).

29 STS 12 junio 2020 *(Tol 8010241)*.

trata de una convivencia familiar en el más estricto sentido del término con lo que la misma comporta entre las personas que la integran"[30].

La STS 12 junio 2020 (*Tol 8010241*) postula una interpretación sociológica del art. 93.II CC, conforme a la cual "la exclusión de la posibilidad de que el progenitor solicite alimentos para el hijo mayor de edad se refiere a los casos en que el mismo viva de forma independiente de la familia y no a aquellos en que, por razones justificadas como son la de seguir estudios de formación profesional en otra localidad —como ocurre en el caso presente— dicha convivencia tenga lugar en la actualidad con la abuela materna ya que en tal caso la convivencia se sigue en el seno familiar en el cual se atienden las necesidades básicas de la hija".

b) El requisito de la dependencia, es decir, que los hijos carezcan de "ingresos propios" debe entenderse "en sentido amplio, esto es, no como una falta total de ellos, sino que sean insuficientes"[31].

La legitimación del art. 93.II CC desaparece una vez que el hijo ha alcanzado su autonomía económica, aunque luego la reduzca o la pierda, pues, por su mayoría de edad, "está capacitado para reclamar sus propios derechos, sin que el progenitor con el que convive", pueda seguir sustituyéndolo[32].

B) Fecha de extinción de la pensión de alimentos

La jurisprudencia más reciente ha considerado que los alimentos fijados en virtud del art. 93.II CC se extinguen, no desde la fecha de la sentencia que los declara extintos (que es la regla general cuando se modifica al alza o a la baja su cuantía), sino desde el momento en que el progenitor que los percibe pierde la legitimación para exigirlos, por desaparecer alguno de los dos requisitos exigidos por el precepto, esto es, desde que cesase la convivencia con el hijo o desde que este tuviera ingresos económicos suficientes[33].

---

30 SSTS 24 abril 2000 (*Tol 2473281*), 7 marzo 2017 (*Tol 5990874*), 12 marzo 2019 (*Tol 7119477*) y 10 abril 2019 (*Tol 7199719*).

31 SSTS 7 marzo 2017 (*Tol 5990874*), 20 julio 2017 (*Tol 6213806*), 12 marzo 2019 (*Tol 7119477*) y 10 abril 2019 (*Tol 7199719*).

32 AAP Barcelona 12 noviembre 2020 *(Tol 8227074)*.

33 Sin embargo, en la jurisprudencia de instancia encontramos soluciones contradictorias.
La SAP Valencia 30 septiembre 2020 (*Tol 8192572*) afirma que la pensión de alimentos se extingue a partir de la interposición de la demanda, y no, desde la fecha de la sentencia estimatoria de la misma, al haberse probado que al tiempo de

La STS 12 marzo 2019 *(Tol 7119477)* ha confirmado la extinción de la pensión de alimentos percibida por la madre con la que el hijo mayor de edad había convivido, ocultando al padre que, posteriormente, el hijo había abandonado el domicilio familiar. Observa que el efecto extintivo tiene lugar desde el momento en que cesó la convivencia con la madre, por haber cesado en tal tiempo su legitimación para percibirla ex art. 93.II CC; y no desde la fecha de la sentencia estimatoria de la demanda. Afirma que, desde el momento en el que el hijo "dejó de convivir con la madre, el único legitimado para reclamar alimentos a su progenitor era él, al ser mayor de edad". "En el caso enjuiciado —añade— habían desaparecido las bases fácticas para que la recurrente tuviese legitimación para seguir percibiendo la pensión alimenticia de un hijo mayor de edad, y no lo comunicó al alimentante"; y añade que la sentencia recurrida había apoyado su decisión en la necesidad de no consagrar "un manifiesto abuso de derecho", habiendo entendido que había existido una convivencia entre madre e hijo.

La STS 10 abril 2019 *(Tol 7199719)* ha declarado también extinta la pensión de alimentos pagados a la madre, con quienes convivían los hijos mayores de edad, por la circunstancia de haber alcanzado éstos independencia económica, al hallarse trabajando ambos en las fuerzas armadas e, incluso, tener residencia independiente. Reitera que la madre dejó de estar legitimada para percibir la pensión alimenticia, al amparo del art. 93.II CC desde que desaparecieron los requisitos a los que el precepto subordina su subsistencia. Sin embargo, fija el efecto extintivo en el momento de la fecha de la interposición de la demanda, que es lo que había decidido la sentencia recurrida, extremo este no recurrido por el padre, constatando la existencia de un empecinamiento de la madre, tras la formulación de la demanda, consistente en querer mantener una legitimación para percibir la pensión de alimentos de los hijos, que había perdido.

---

iniciarse el juicio ya se había producido la inserción laboral del hijo, ordenando la devolución de las cantidades indebidamente pagadas.

Por el contrario, la SAP Albacete 26 noviembre 2020 (ECLI:ES:APAB:2020:787) entiende que el cese de la obligación de pagar alimentos percibidos *ex* art. 93.II CC no tiene carácter retroactivo, produciendo efectos, exclusivamente, desde la fecha de la sentencia que declara extinta dicha obligación.

Sigue una posición intermedia la SAP Málaga 15 julio 2020 (*Tol 8319449*), que llega a una solución que parece justiciarse por las concretas circunstancias del caso enjuiciado. Declara, así, la extinción retroactiva de la pensión de alimentos establecida en favor de 4 hijos menores de edad, que, a la fecha de la sentencia apelada, tenían 42 años, el mayor, y 33 años, el menor, siendo todos ellos independientes económicamente desde hacía años. Retrotrae los efectos extintivos a noviembre de 2012, siendo la sentencia apelada de fecha de 4 de febrero de 2019. Observa que mantener el efecto *ex nunc* de la extinción, sería tanto como dar carta de naturaleza a un ejercicio abusivo del derecho y a una actuación contraria a la ley, concretamente, al art. 152.3° CC, en cuyas previsiones se encuentran los hijos alimentistas desde hace muchos años.

C) Compensación de pensiones atrasadas

Se ha planteado si el progenitor que percibe alimentos en beneficio de los hijos puede, con fundamento en el art. 151.II CC, compensar las pensiones atrasadas con la deuda que él mismo tenga frente al alimentante, cuestión que ha sido resuelta en sentido afirmativo.

La STS 7 junio 2021 (*Tol 8473449*) admitió la compensación de pensiones de alimentos impagadas por el padre con las cantidades debidas (a título de enriquecimiento injusto) por la madre, por haber cobrado ésta rentas de un inmueble de aquél, alquilado sin su consentimiento. Reconoce que la acreedora de los alimentos era la hija menor, y no la madre, a cuyo cuidado estaba la hija, la cual solo estaba legitimada para reclamarlos; sin embargo, puesto que el padre no pagó pensión alguna y fue la madre, con la que convivía la menor, quien asumió todos los gastos de manutención, por aplicación de las reglas del pago de tercero (art. 1158 CC), corresponde reconocerle el derecho a reclamar las pensiones que estaba obligado pagar el padre.

III. LA FORMA DE PRESTAR ALIMENTOS (GASTOS ORDINARIOS Y EXTRAORDINARIOS)

Del art. 93.I CC resulta claramente que "cada progenitor" está obligado a satisfacer alimentos, pero ello no significa que la forma de prestarlos tenga que ser la misma, debiendo, además, existir una proporcionalidad entre la cuantía de la prestación alimenticia y las circunstancias económicas del obligado a satisfacerla.

1. *Custodia monoparental*

Es frecuente que, en el caso de que la custodia de los hijos corresponda a uno solo de los progenitores, este realice su contribución, principalmente, mediante la atención personal cotidiana que le proporciona, consistiendo la contribución del progenitor no custodio en el pago de una pensión mensual alimenticia en metálico, en la cual se englobarán los gastos ordinarios, quedando fuera de su cálculo los gastos extraordinarios, que deberán ser satisfechos a parte, también por el progenitor no custodio, en la cuantía en que se pacte o judicialmente se determine (normalmente, lo serán por partes iguales)[34].

---

34 El AAP Alicante 7 octubre 2020 (ECLI:ES:APA:2020:356A) admite la compensación de la mitad de gastos extraordinarios de cargo del ejecutante que reclama

Es, pues, importante distinguir entre "gastos ordinarios" y "gastos extraordinarios", puesto que, como hemos dicho, es usual que en los convenios reguladores se pacte (o en la sentencia recaída en juicio contencioso se establezca) que, mientras el progenitor que no convive con los hijos contribuya a los gastos ordinarios mediante el pago de la pensión de alimentos, en cambio, los extraordinarios sean satisfechos por los dos progenitores, por mitad (aunque pueden serlo en cuantía diversa).

De ahí que, salvo que en el convenio se haga una especificación muy detallada del carácter que tiene cada gasto (si existe una sentencia dictada en juicio contencioso, ésta, con toda seguridad, no lo hará), suela discutirse su carácter ordinario o extraordinario (en particular, si existen malas relaciones entre los progenitores): al progenitor que paga la pensión le interesará que un gasto sea calificado como ordinario, para que se entienda incluido en la misma y no tenga que desembolsar una cantidad adicional para hacerle frente, y al custodio le interesara, justamente, lo contrario, es decir, que sea conceptuado como extraordinario[35].

---

pensión de alimentos fijada judicialmente. Afirma que pueden ser compensados, tanto los gastos ordinarios como los extraordinarios, con la única diferencia de que en el primer caso todo lo pagado será compensable, mientras que en el segundo la compensación no comprenderá la cuota que represente la contribución obligatoria de quien realizó el gasto. No es exigible que el gasto extraordinario que deba compensarse sea declarado procedente en el procedimiento previo del art. 776.4º LEC, de manera que las eventuales discrepancias de las partes sobre dicho carácter habrán de ser ventiladas dentro de la misma oposición a la ejecución instada de contrario.

35 Si existe una previa calificación de un gasto como extraordinario en el convenio regulador o en la sentencia contenciosa, podrá instarse en vía ejecutiva directamente el pago de su importe; en otro caso, a efectos de decidir la naturaleza ordinaria o extraordinario del gasto, la cuestión deberá ventilarse a través del incidente del art. 776.4º LEC, según el cual, "Cuando deban ser objeto de ejecución forzosa gastos extraordinarios, no expresamente previstos en las medidas definitivas o provisionales, deberá solicitarse previamente al despacho de ejecución la declaración de que la cantidad reclamada tiene la consideración de gasto extraordinario. Del escrito solicitando la declaración de gasto extraordinario se dará vista a la contraria y, en caso de oposición dentro de los cinco días siguientes, el Tribunal convocará a las partes a una vista que se sustanciará con arreglo a lo dispuesto en los artículos 440 y siguientes y que resolverá mediante auto".
La jurisprudencia ha precisado que solo debe acudirse al incidente previo del artículo 776. 4º LEC, si existen dudas respecto al carácter ordinario o extraordinario de un determinado gasto, por lo que es improcedente, no solo cuando los gastos extraordinarios estén detallados en el convenio o en la sentencia, sino también cuando se trate de gastos extraordinarios respecto de los que, por existir una reiterada doctrina jurisprudencial sobre tal carácter, no haya duda sobre su naturaleza. Vid. en este sentido AAAP Madrid AAP Madrid 22 febrero 2021 *(Tol 8424257)* y 1 marzo 2021 *(Tol 8431184)*.

A) Los gastos ordinarios

Son gastos ordinarios los habituales y previsibles periódicamente, por lo que su importe es tenido en cuenta para fijar la cuantía de la prestación alimenticia y se incluyen dentro de ella[36].

Son los de manutención (o alimentación estricta), vestido[37], calzado o vivienda[38], como es el caso de gastos de alquiler de la casa donde viven los

---

36 El progenitor no custodio no puede eximirse de contribuir a estos gastos en periodos vacacionales, argumentando que el menor se encuentra en su compañía. *Vid.*, en este sentido, SSAP Santa Cruz de Tenerife 22 marzo 2013 *(Tol 3710308)* y Guadalajara 28 octubre 2014 *(Tol 4710317).*

37 Incluida la ropa para la fiesta de un instituto. Vid., así, AAP Madrid 12 marzo 2021 *(Tol 8453998).*
El AAP Tarragona 3 marzo 2021 *(Tol 8428126)* observa que los gastos por compras de ropa que el progenitor no custodio realice durante la estancia de los menores en su compañía no son compensables con la pensión de alimentos. Explica que el progenitor que paga la pensión tiene la obligación de abonar su importe íntegramente y no puede descontar una parte, alegando que ha comprado ropa y realizado otras atenciones en favor de los menores: la ropa es parte de la pensión de alimentos y debe ser sufragada por la progenitora custodia; si lo hace el otro progenitor, durante sus estancias con los menores, se consideran liberalidades no compensables.

38 La jurisprudencia actual, con evidente sentido común, entiende que las cuotas de amortización del préstamo hipotecario concedido para la adquisición de la vivienda común no son cargas del matrimonio, sino deudas de la sociedad de gananciales, que, en consecuencia, deberán ser satisfechas por ambos cónyuges por mitad. En este sentido se orientó la importante STS 28 marzo 2011 *(Tol 2082300).* Con esta solución se evita una situación injusta, consistente en que el cónyuge no custodio pueda verse privado de la casa, al no habérsela atribuido la custodia de los hijos menores, y, sin embargo, deba pagar, en exclusiva o en su mayor parte, las cuotas de amortización del préstamo solicitado por ambos para la adquisición de la vivienda común, como un modo de contribuir a la prestación de alimentos de los hijos.
La misma solución se mantiene, cuando el régimen económico matrimonial es el de separación de bienes, en cuyo caso el pago del préstamo hipotecario sobre la cosa, perteneciente *pro indiviso* a ambos cónyuges, en régimen de comunidad ordinaria, se regirá por el art. 393 CC, de modo que se hará en proporción a sus respectivas cuotas de participación, que, salvo prueba en contrario, se presumen iguales. *Vid.* en este sentido SSTS 26 noviembre 2012 *(Tol 2708269)* y 20 marzo 2013 *(Tol 3783030).*
En definitiva, el pago del préstamo hipotecario se hará conforme a lo que resulte del título de adquisición de la vivienda y teniendo en cuenta los pactos a los que los cónyuges hubieran llegado con el banco al concertar el contrato; y ello sin per-

menores con el progenitor custodio, cuando su importe es prudente y no puede calificarse de excesivo[39].

También los de guardería[40], en especial, cuando el progenitor custodio trabaja fuera de casa[41], así como los de cuidadora en la jornada laboral de aquel[42]; o los de acceso de los menores a teléfono móvil o internet[43].

---

juicio, de que, si quien paga en virtud de dichos pactos resulta no ser propietario de la vivienda, pueda reclamar, por vía de regreso, a quien realmente lo fuera. Esta es solución admitida por la STS 17 febrero 2014 *(Tol 4119495)*, que confirmó la sentencia recurrida, la cual había condenado al marido a pagar la mitad de las cuotas del préstamo hipotecario, a lo que se había obligado frente al banco al suscribir la hipoteca. La mujer sostenía que la vivienda se había puesto exclusivamente a su nombre para evitar que pudiera ser embargada por las deudas contraídas por su cónyuge en el ejercicio de su actividad empresarial. Afirma el Supremo, que la sentencia objeto del recurso "no perturba el concepto de cargas del matrimonio, dado que se limita a constatar que la vivienda familiar es privativa de la esposa y que se concertó el pago del préstamo hipotecario por ambos cónyuges y a ello se obligaron frente al banco, por lo que se limita a reflejar el ámbito obligacional concertado voluntariamente por los litigantes, sin mencionar que ello constituya una carga del matrimonio, como reconoce la parte recurrida, razón por la que procede desestimar el recurso, dado que no se aprecia el interés casacional alegado, pues la resolución recurrida se ajusta a la doctrina jurisprudencial expuesta, sin apartarse de la misma".

39 SSAP Barcelona 21 diciembre 2007 (*Tol 1282650*), Madrid 25 marzo 2011 (*Tol 2178935*) y Madrid 14 octubre 2014 (JUR 2015, 9899).
La SAP Baleares 23 marzo 2020 (*Tol 7965992*) precisa que la vivienda forma parte de la pensión de alimentos, por lo que no es necesario fijar una cantidad específica para el pago del alquiler, pues la pensión de alimentos ya engloba dicho gasto. En orden a determinar la cuantía de esta partida hay que tener en cuenta si la vivienda no solo es ocupada por los hijos, sino también por la madre y, eventualmente, por otros familiares de esta. *Vid.* SAP Madrid 7 octubre 2016 (AC 2016, 1796).

40 SSAP León 17 diciembre 2010 (*Tol 2052221*) y Madrid 9 febrero 2012 (*Tol 2488235*).

41 SSAP Barcelona 21 diciembre 2007 (AC 2008, 483) y Madrid 14 octubre 2014 (JUR 2015, 9899).

42 SSAP Valencia 14 julio 2014 *(Tol 4520529)* y Guadalajara 28 octubre 2014 (*Tol 4710317*).

43 SJPI Alicante, n. 8, 22 diciembre 2014, confirmada por SAP Alicante 12 junio 2015 (*Tol 5438988*).

Mención especial merecen los gastos periódicos de formación y educación de los menores[44].

Entre ellos hay que incluir, indudablemente, los de comienzo de curso, aunque se paguen una sola vez al año, pues son previsibles y periódicos (no, por meses, pero sí, por años), de modo que "deben ser tenidos en cuenta cuando se fija la pensión alimenticia", prorrateándolos por meses[45], como es el caso de las matrículas y de los libros de texto[46], siendo irrelevante que los mismos se adquieran en el propio colegio o fuera de él en librerías o centro comerciales[47], y, en general, del material escolar[48].

Las matrículas pueden ser en centros públicos o concertados[49], en cuyo caso también se comprenden las cuotas de las asociaciones de padres y las aportaciones voluntarias[50], o en un centro docente privado, elegido de común acuerdo antes del cese de la vida en común y en el que el menor ha estudiado dos cursos, por lo que cambiarlo de centro perjudica la continuidad del hijo en el entorno escolar en el que se halla integrado[51].

---

44 Es posible tomar en consideración los gastos de escolarización de un menor que, si bien todavía asiste a la guardería en el momento de fijarse la pensión, es totalmente previsible que de modo inminente se matricule en el mismo centro público que su hermano. Así lo considera la SAP Madrid 9 febrero 2012 *(Tol 2488235)*, que explica que "las pensiones de alimentos se fijan siempre con vocación de futuro, en evitación de que incidencias mínimas, máxime siendo previsibles, como es la escolarización, aboquen a las partes a incesantes procesos de modificación de medidas (artículo 775 LEC), para su reajuste".

45 STS 15 octubre 2014 (*Tol 4584709)*, 21 septiembre 2016 *(Tol 5829912)* y 13 septiembre 2017 *(Tol 6347631)*.

46 STS 13 septiembre 2017 *(Tol 6347631)*.

47 SAP Córdoba 9 octubre 2014 *(Tol 4691667)*.

48 SSAP Ciudad Real 22 mayo 2006 (*Tol 933456*), León 17 diciembre 2010 (*Tol 2052221*), Alicante 16 marzo 2010 (*Tol 1991652*), Madrid 9 febrero 2012 *(Tol 2488235)*, Madrid 14 julio 2015 *(Tol 5408265)* y Málaga 14 enero 2016 (*Tol 5797698*); AAP Madrid 22 febrero 2021 *(Tol 8424257)*; SJPI Alicante, n. 8, 22 diciembre 2014, confirmada por SAP Alicante 12 junio 2015 (*Tol 5438988*).

49 SAP Madrid 25 marzo 2011 (*Tol 2178935*).
El AAP Barcelona 27 julio 2021 (ECLI:ES:APB:2021:7627A) observa que los gastos de libros, material escolar y AMPA son ordinarios y, por tanto, están incluidos en la pensión alimenticia, precisando que el hecho de que hasta ahora hubieran sido abonados por error por el padre no les convierte en gastos extraordinarios.

50 AAP Madrid 22 febrero 2021 *(Tol 8424257)*; SJPI Alicante, n. 8, 22 diciembre 2014, confirmada por SAP Alicante 12 junio 2015 (*Tol 5438988*).

51 SAP Sevilla 30 diciembre 2013 (*Tol 4154793)*.

Son también gastos necesarios de formación, los de uniforme[52], los de transporte[53] y comedor[54], incluidos los desayunos en el colegio[55], excluyéndose, en cambio, los gastos de comedor fuera del período escolar, como son los que se generan cuando el menor asiste a él durante el mes de julio[56].

Así mismo, los de salidas escolares de obligada asistencia al formar parte del programa educativo[57]; los de actividades extraescolares, como excursiones planificadas por el centro, que tengan lugar dentro de la población donde residen los menores y dentro del año escolar[58], que sean de unas horas y tengan un coste proporcionada a ellas[59] o de una jornada de duración[60]; o los de academia de inglés, si ya existían con anterioridad a la crisis familiar[61].

---

52 SSAP Madrid 9 febrero 2012 *(Tol 2488235)* y Madrid 14 julio 2015 *(Tol 5408265)*; SSJPI Sevilla, n. 23, 5 diciembre 2013, confirmada por SAP Sevilla 30 enero 2015 *(Tol 4822584)*, y Alicante, n. 8, 22 diciembre 2014, confirmada por SAP Alicante 12 junio 2015 (*Tol 5438988*).

53 SSAP Santa Cruz de Tenerife 22 marzo 2013 *(Tol 3710308)* y Madrid 14 julio 2015 *(Tol 5408265)*; SSJPI Sevilla, n. 23, 5 diciembre 2013, confirmada por SAP Sevilla 30 enero 2015 *(Tol 4822584)*, y Alicante, n. 8, 22 diciembre 2014, confirmada por SAP Alicante 12 junio 2015 (*Tol 5438988*).

54 SAP Madrid 14 julio 2015 *(Tol 5408265)*; SSJPI Sevilla, n. 23, 5 diciembre 2013, confirmada por SAP Sevilla 30 enero 2015 *(Tol 4822584)*, y Alicante, n. 8, 22 diciembre 2014, confirmada por SAP Alicante 12 junio 2015 (*Tol 5438988*); S Juzgado Violencia Mujer, n. 3, Sevilla 30 diciembre 2013, confirmada por SAP Sevilla 22 enero 2015 (*Tol 4822598*).

55 SAP Madrid 14 julio 2015 *(Tol 5408265)*.

56 SAP Madrid 9 febrero 2012 *(Tol 2488235)*.

57 SAP Barcelona 17 febrero 2009 (AC 20091203).

58 SAP Ciudad Real 22 mayo 2006 (*Tol 933456*).

59 AAP Alicante 30 septiembre 2010 (JUR 2011, 46691).

60 SJPI Alicante, n. 8, 22 diciembre 2014, confirmada por SAP Alicante 12 junio 2015 (*Tol 5438988*).

61 SAP Córdoba 9 octubre 2014 *(Tol 4691667)*.
El AAP Madrid 22 marzo 2021 (*Tol 8454004*) considera también gasto ordinario el de las clases de inglés, por tratarse de una actividad preexistente, asumida de conformidad por ambos progenitores, y que habitualmente se estaba desarrollando en el momento de la ruptura de la pareja, de modo que es evidente que se tuvo en consideración a la hora de fijar el importe de la pensión alimenticia, y que así se señaló expresamente en la sentencia, puesto que hizo una expresa alusión a ese gasto y a su importe en cómputo mensual, por lo que carece de la consideración de gasto extraordinario repercutible.

B) Gastos extraordinarios

Son gastos extraordinarios, los que no son habituales y previsibles periódicamente; y de ahí que no puedan ser tenidos en cuenta al determinar la cuantía de la prestación y, en consecuencia, no se entiendan comprendidos dentro de ella[62].

a) Estos gastos extraordinarios deben ser asumidos por los progenitores, cuando sean necesarios y proporcionados a sus respectivos recursos económicos (art. 142 CC).

Es el caso de los gastos de salud no periódicos[63], no cubiertos por la Seguridad Social o por cualquier otra mutualidad u organismo al que pudieran estar afiliados los hijos menores[64].

Por ejemplo, los de medicamentos[65], los derivados de operaciones de cirugía reparadora[66], de adquisiciones de prótesis[67] o aparatos de óptica[68], de logope-

---

[62] La STSJ Cataluña 13 octubre 2020 *(Tol 8195340)* observa que no puede imponerse a los progenitores la apertura de una cuenta corriente en la que ingresen mensualmente una cantidad de dinero para abonar anticipadamente gastos extraordinarios indeterminados en previsión de su eventual devengo, a no ser que el deudor haya dejado de satisfacer puntualmente más de un pago. Considera que esta provisión a modo de reserva solo es procedente cuando la acuerden los progenitores o la imponga la autoridad judicial, fundamentándola en la existencia de un previo impago. Por ello, ha casado la sentencia que la establece, sin motivarla, ni determinar el modo en que se deben satisfacer los gastos extraordinarios.

[63] Pues, si son periódicos y previsibles, son gastos ordinarios. *Vid.* SAP Alicante 27 abril 2015 *(Tol 5065643)*.

[64] El AAP Granada 5 junio 2020 (*Tol 8090246*) considera un gasto extraordinario no necesario el correspondiente a la vacuna Bexero, que no está incluida en el calendario de vacunaciones. Afirma que "no puede discutirse y al igual que otros muchos tratamientos preventivos, pueda suponer un beneficio adicional para la salud que, no por ello, en su caso y a falta de consentimiento del otro progenitor, habrá de soportarse por el que realiza el desembolso por su sola decisión".

[65] AAP Madrid 8 septiembre 2020 *(Tol 8208347)*.

[66] No, en principio, de mera cirugía estética.

[67] Plantillas, ayudadores, andadores, corsés, sillas de ruedas, etc. *Vid.* SJPI Alicante, n. 8, 22 diciembre 2014, confirmada por SAP Alicante 12 junio 2015 (*Tol 5438988*).

[68] Monturas y cristales de gafas, lentillas y renovación o reposición de unas u otras por variación de graduación, rotura, sustracción o pérdida. *Vid.* SJPI Alicante, n. 8, 22 diciembre 2014, confirmada por SAP Alicante 12 junio 2015 (*Tol 5438988*). El AAP Madrid 15 febrero 2021 *(Tol 8424259)* precisa que los gastos derivados de las compras de lentillas son extraordinarios y necesarios para la salud de los menores, por lo que deben ser satisfechos por ambos progenitores, aunque ya se usen

dia[69], de dentista y tratamientos bucodentales[70], psicológicos[71], fisioterapéuticos o rehabilitadores prescritos médicamente[72] (por ejemplo, clases de natación[73]) y de homeopatía[74].

También el de ciertos gastos de formación puntuales y de actividades extraescolares.

Así, los gastos generados por las clases de repaso, cuando las calificaciones escolares demuestren que son imprescindibles para la educación de los hijos por su bajo rendimiento académico[75]; por actividades extraescolares que se consideren necesarias para la formación integral de los menores[76]; por viajes de fin de curso y campamentos de verano, siempre que su coste sea moderado y que se trate de viajes realizados por todos o la mayor parte de los alumnos y organizados por el propio

---

gafas. Observa, así, que "Las lentes de contacto sirven para corregir un déficit de la salud visual, cuya necesidad no se excluye por el mero hecho de que también se usen gafas, pues tal utilización, como es un hecho notorio sería complementaria, al proporcionar las primeras una mejor experiencia de visión, y las segundas mejor hidratación ocular".

69 SSJPI Sevilla, n. 23, 5 diciembre 2013, confirmada por SAP Sevilla 30 enero 2015 *(Tol 4822584)*, y Alicante, n. 8, 22 diciembre 2014, confirmada por SAP Alicante 12 junio 2015 (*Tol 5438988*); S Juzgado Violencia Mujer, n. 3, Sevilla 30 diciembre 2013, confirmada por SAP Sevilla 22 enero 2015 (*Tol 4822598*).

70 Ortodoncia, prótesis dentarias, aparatos correctores, colocación de piezas dentales nuevas, empastes, endodoncias, desvitalización, colocación de fundas o implantes. *Vid.* SJPI Alicante, n. 8, 22 diciembre 2014, confirmada por SAP Alicante 12 junio 2015 (*Tol 5438988*).

71 SSJPI Sevilla, n. 23, 5 diciembre 2013, confirmada por SAP Sevilla 30 enero 2015 *(Tol 4822584)*, y Alicante, n. 8, 22 diciembre 2014, confirmada por SAP Alicante 12 junio 2015 (*Tol 5438988*); S Juzgado Violencia Mujer, n. 3, Sevilla 30 diciembre 2013, confirmada por SAP Sevilla 22 enero 2015 (*Tol 4822598*).

72 SSJPI Sevilla, n. 23, 5 diciembre 2013, confirmada por SAP Sevilla 30 enero 2015 *(Tol 4822584)*, y Alicante, n. 8, 22 diciembre 2014, confirmada por SAP Alicante 12 junio 2015 (*Tol 5438988*); S Juzgado Violencia Mujer, n. 3, Sevilla 30 diciembre 2013, confirmada por SAP Sevilla 22 enero 2015 (*Tol 4822598*).

73 SJPI Sevilla, n. 23, 5 diciembre 2013, confirmada por SAP Sevilla 30 enero 2015 *(Tol 4822584)*.

74 SJPI Sevilla, n. 23, 5 diciembre 2013, confirmada por SAP Sevilla 30 enero 2015 *(Tol 4822584)*.

75 SAP Alicante 16 marzo 2010 (*Tol 1991652*); AAP Alicante 30 septiembre 2010 (JUR 2011, 46691) y S Juzgado Violencia Mujer, n. 3, Sevilla 30 diciembre 2013, confirmada por SAP Sevilla 22 enero 2015 (*Tol 4822598*).

76 SAP Ciudad Real 22 mayo 2006 (*Tol 933456*).

centro escolar o por asociaciones de padres[77] o por la compra de un ordenador, "que resulta una herramienta absolutamente imprescindible a día de hoy"[78].

La jurisprudencia considera dudoso que puedan considerarse gastos extraordinarios de contribución obligatoria las estancias individuales y voluntarias en el extranjero para perfeccionar el conocimiento de idiomas, "puesto que, aun teniendo en cuenta que se trata de una actividad formativa complementaria y cada vez más conveniente no puede reputarse siempre de estricta necesidad y también ha de ponderarse su coste normalmente elevado en relación con la situación económica de los interesados"[79].

En ocasiones, se especifica que, con independencia de la obligación de los dos progenitores de contribuir al pago de estos gastos extraordinarios, sin embargo, para poder reclamar su reembolso, salvo supuestos de urgencia (por ejemplo, de carácter médico), antes de realizarlos, se recabe el consentimiento del otro progenitor, informándole por cualquier medio fehaciente (que deje constancia de su práctica) de la necesidad de realizarlos y de su importe (aportando, en su caso, presupuesto con el nombre del profesional que lo expide), previéndose que la falta de oposición expresa, en un breve plazo (por ejemplo, de diez días naturales) o la obstaculización acreditada a la recepción de la comunicación sea considerada como un consentimiento tácito[80].

Sin embargo, hay una orientación jurisprudencial, que tiende a considerar que, siendo los gastos necesarios y su importe razonable, quien los ha realizado puede reclamar al otro progenitor el reembolso de la parte que

---

77 AAP Alicante 30 septiembre 2010 (JUR 2011, 46691); SJPI Alicante, n. 8, 22 diciembre 2014, confirmada por SAP Alicante 12 junio 2015 (*Tol 5438988*).

78 AAP Madrid 12 marzo 2021 *(Tol 8453998)*.

79 AAP Alicante 30 septiembre 2010 (JUR 2011, 46691); SJPI Alicante, n. 8, 22 diciembre 2014, confirmada por SAP Alicante 12 junio 2015 (*Tol 5438988*).
Es distinto el caso de las clases particulares de inglés, que refuerzan las que se reciben en las escuelas o colegios. *Vid.*, así, considerándolas gastos extraordinarios necesarios, AAP Madrid 12 marzo 2021 (*Tol 8453998*).

80 SSJPI Sevilla, n. 23, 5 diciembre 2013, confirmada por SAP Sevilla 30 enero 2015 (*Tol 4822598*), Madrid, n. 24, 27 enero 2014, confirmada por la SAP Madrid 14 julio 2015 *(Tol 5407109)*, y Alicante, n. 8, 22 diciembre 2014, confirmada por SAP Alicante 12 junio 2015 (*Tol 5438988*); S Juzgado Mujer, n. 3, Sevilla 30 diciembre 2013, confirmada por SAP Sevilla 22 enero 2015 (*Tol 4822598*).

le corresponda soportar, aunque no los haya consentido[81], siempre que los justifique cumplidamente[82]

Esto es claro en los casos de gastos de carácter sanitario, sobre todo, si son urgentes[83], como sucede con los de ortodoncia[84]; no, en cambio, con los generados por intervenciones quirúrgicas de cirugía ocular por láser para reducción o curación de miopía, pues no suelen ser urgentes y, dado su alto coste, no pueden ser decididos unilateralmente por el progenitor custodio[85].

Se han calificado como gastos extraordinarios necesarios, que deben ser satisfechos por ambos progenitores, los de tratamiento de terapia psicológica y de des-

---

81 *Vid.*, en este sentido, AAP Madrid 22 febrero 2021 *(Tol 8424257)*, como también AAP Madrid 12 marzo 2021 (*Tol 8453998*), conforme al cual, dentro de los gastos extraordinarios, "se debe distinguir entre los necesarios que no requieren el previo consentimiento del progenitor no custodio, y los no necesarios, que sí precisan del previo conocimiento y consentimiento del progenitor no custodio, por tanto, al no constar que el mismo conociera y consintiera el gasto no puede entenderse que deba afrontar la mitad de su coste".

82 El AAP Madrid 8 septiembre 2020 (*Tol 8208347*) considera como gasto extraordinario el farmacológico, no previsto como tal en el convenio regulador, como consecuencia de una enfermedad (trastorno de hiperactividad) diagnosticada 4 años después de la ratificación del mismo, pues tal gasto surgió de forma imprevisible y no puede considerarse como un gasto habitual, ni común, que quede cubierto con el importe de la pensión ordinaria de alimentos. Sin embargo, constata la falta de acreditación de la cuantía de los gastos reclamados, al presentarse solamente el ticket de compra correspondiente a un mes, cuando se reclamaban los correspondientes a 19 meses. Observa que la naturaleza extraordinaria del gasto exige a quien lo reclama un plus de celo y corrección en la información y acreditación que debe trasladar al otro progenitor, que le permita conocer, sin ningún género de duda, la existencia real del gasto y el importe del mismo, requisito no cumplido por el ejecutante.

83 El AAP Madrid 1 marzo 2021 (*Tol 8431184*) observa que "existen gastos extraordinarios que pueden ser urgentes y necesarios, relacionados habitualmente con la salud de los hijos, en orden a la posibilidad de dar lugar, en tales supuestos, a la viabilidad de la reclamación de los mismos, aun sin la necesidad de la previa autorización o comunicación, o consentimiento, del otro progenitor".

84 El AAP Madrid 22 febrero 2021 (*Tol 8424257*) consideró procedente reclamar al padre los gastos odontológicos (aparato dental) fehacientemente comunicados por la madre custodia, con envío de un presupuesto de ADESLAS, al ser éste el más económico, entendiendo que la falta de respuesta a la comunicación había de entenderse como un consentimiento tácito a su realización.

85 SJPI Alicante, n. 8, 22 diciembre 2014, confirmada por SAP Alicante 12 junio 2015 *(Tol 5438988)*.

habituación a la adicción del alcohol realizado por un menor en un centro privado, considerándose infundada la oposición de la madre, que, teniendo medios para ello, se negaba a pagar la mitad de los mismos, con el argumento de que el tratamiento en el centro privado había sido decidido unilateralmente por el padre, el cual no había contado con su consentimiento para ello, existiendo centros públicos alternativos (no precisados) para dicha finalidad. Se ha desestimado dicho argumento, afirmándose que la circunstancia de que dicho tratamiento tenga que ser realizado en un centro privado o público es una decisión que debe tomarse teniendo en cuenta los informes de profesionales en la materia, existiendo, además, un auto judicial que otorgaba al padre la facultad de decidir cuál era el tratamiento psicoterapéutico que debía recibir el hijo menor[86].

Pero esta orientación jurisprudencial se manifiesta también en gastos de formación.

Se ha considerado que los cursos de inglés dan lugar a "gastos extraordinarios necesarios para una adecuada formación de los hijos y para poner las bases del acceso de los mismos al mercado laboral en el futuro, y en cuyo mercado el conocimiento de dicho idioma se ha convertido en un requisito prácticamente imprescindible"; y de su carácter necesario se ha deducido que deben ser sufragados por ambos progenitores, a pesar de no resultar "acreditado que se haya aceptado previamente dicho gasto", siendo "cierto que no consta el consentimiento del padre" a su realización"[87].

b) También deben ser asumidos por los progenitores los gastos extraordinarios, cuando, aun no siendo necesarios, sin embargo, sean decididos por ambos o, decididos por uno de ellos, sean comunicados al otro y este no se oponga a su realización (se trata de gastos extraordinarios de asunción voluntaria).

Así sucede, por ejemplo, cuando el progenitor custodio matricula a la hija en un colegio privado y el otro manifiesta su conformidad, pagando, incluso, por completo la matrícula de un curso, entendiéndose que deben pagarse también los gastos de comedor, por encontrarse dicho colegio en una localidad distinta a la que reside[88]. Igualmente, cuando uno de los progenitores ha venido pagando directamente el gasto derivado de un seguro médico privado, habiéndose considerado que se trata de gasto extraordinario que debe seguir pagando él en exclusiva (y no, por partes iguales) después de la ruptura de la convivencia[89].

Hay que tener en cuenta que estos gastos extraordinarios no son necesarios, pues es posible satisfacerlos con los sistemas públicos de salud y de educación, pero, una vez asumidos, son periódicos y previsibles, por lo que, en sentido estricto, debie-

---

86 AAP Madrid 12 marzo 2021 *(Tol 8438315)*.

87 AAP Madrid 12 marzo 2021 (*Tol 8453998*).

88 SAP Castellón 28 marzo 2005 (*Tol 641586*).

89 SAP Málaga 14 enero 2016 (*Tol 5797698*).

ran considerarse extraordinarios solamente los provocados por el primer desembolso (por ejemplo, el primer curso escolar) y ordinarios los correspondientes a los posteriores pagos, de modo que sería procedente instar un juicio de medidas para incluir su cuantía en la pensión de alimentos.

c) Por último, los progenitores deberán asumir los gastos extraordinarios no consensuados expresa o tácitamente aunque no sean estrictamente necesarios, cuando, así se determine judicialmente, por considerarse convenientes para el menor y proporcionados a la capacidad económica de la familia; en caso de ausencia de autorización judicial, en principio, deberá soportarlos quien los realice.

Estamos, pues, ante una categoría, la de los gastos "convenientes", que se sitúa entre la de los "estrictamente necesarios" y la de los "prescindibles" (o superfluos)[90].

Se trata de una categoría flexible, que se determina en atención a la concreta personalidad y específicas necesidades de los menores y a los recursos económicos del alimentante, la cual permite repercutir gastos extraordinarios, que, con carácter general, serían prescindibles, por lo que, para su realización y posterior rembolso, se requería, en todo caso, consentimiento de ambos progenitores.

Por ejemplo, en el ámbito de una economía modesta, la asistencia a unas clases particulares de música o la adquisición de un instrumento especialmente costoso es un gasto prescindible. Sin embargo, puede llegar a considerarse un gasto conveniente para el desarrollo de la personalidad y formación del menor, si este siente una especial inclinación hacia la música y el alimentante tiene recursos económicos suficientes para satisfacerlo[91].

No obstante, al igual que dijimos respecto de los gastos necesarios, existe una orientación jurisprudencial que reconoce el derecho de reembolso de los gastos, cuando es claro que son convenientes para el menor y tienen un importe razonable; y ello, aunque hayan sido hechos unilateralmente,

---

90 El AAP Madrid 1 marzo 2021 (*Tol 8431184*) realiza la distinción en los siguientes términos: "Dentro de los gastos extraordinarios, debe distinguirse entre los necesarios y los convenientes e, incluso, aquellos que son prescindibles. Existen unos gastos extraordinarios cuya necesidad no puede discutirse, como por ejemplo los sanitarios sobrevenidos y aquéllos convenientes al desarrollo psicosocial de los hijos, tales como los de formación complementaria; otros, cuya conveniencia no se discute pero su realización dependerá, en buena medida, de las posibilidades económicas de los progenitores, y, finalmente, el tercer grupo en el que se pueden incluir los demás que siendo perfectamente prescindibles, se realizarían, muy probablemente, de seguir junto el matrimonio".

91 *Vid.*, así, SAP Alicante 28 abril 2015 *(Tol 5183882)*.

sin previa autorización judicial, incluso, constando la oposición del otro progenitor[92].

Con el fin de poder ser repercutidos se han considerado gastos extraordinarios de carácter necesario una serie de desembolsos, que, más correctamente, habría que haber calificado como gastos convenientes de contribución obligatoria para ambos progenitores, en atención a la personalidad y concretas necesidades del hijo en cuyo favor se hicieron. Así, el importe de la matrícula en un centro privado de bachillerato para alumnos con capacidad intelectual, pero con educación adaptada, porque su matriculación en dicho centro, hecha contra el parecer del padre, no había sido una decisión caprichosa de la madre, sino que fue apoyada por los profesionales que en ese momento trataban al menor de sus problemas médicos y psicológicos; y ello, aunque, con posterioridad, dicha decisión se revelara desacertada y, al año siguiente, hubiera que matricular al hijo en un centro de formación profesional (que es lo que el padre había propuesto desde el principio), debido a su fracaso escolar. Con el mismo fin, se han calificado como necesarios unos gastos que, en puridad, habría también que considerar convenientes y, por tanto, repercutibles, aunque fueran hechos sin el consentimiento del padre: los derivados de la realización de los cursos de primeros auxilios acuáticos (185,00 euros), de patrón de embarcación de recreo —PER— (547,80 euros) y de renovación de desfibrilador semiautomático —DESA—(65,00 euros), así como el de Licencia de navegación PNB, tasas de examen y tramitación (557,80 euros), pues todas las actividades eran formativas e iban en la misma dirección que su vocación sanitaria, obtenida a través de la Formación profesional que había cursado, contribuyendo a que el hijo superara el aislamiento y pudiera trabajar durante el verano[93].

---

92 Claramente, en este sentido se pronuncia el AAP Madrid 22 febrero 2021 *(Tol 8424257)*, que critica que "Algunos Tribunales han rechazado el pago del gasto extraordinario razonando que como no había habido previa conformidad ni se había acudido a la autoridad judicial para que ésta manifestase la necesidad o no de tal gasto, y el mismo se había decidido de forma, unilateral, debiendo el progenitor que había tomado esa decisión hacer frente a dicho gasto". Frente a ello, afirma que "Es evidente que no se puede 'castigar' de esa manera al progenitor custodio, y 'premiar' al no custodio, pues ni siquiera se cuestiona, en muchos casos, la necesidad ni la conveniencia ni la naturaleza del gasto, sólo se toma en cuenta, para su rechazo, la falta de acuerdo previo". Concluye que la solución debe ser la siguiente: "Con carácter general, se examina la conveniencia, la necesidad de dicho gasto fundamentándolo en que, puesto que se trata, propiamente de alimentos, no existe norma legal alguna que exija el previo consentimiento, al igual que los alimentos, por lo que son exigibles, caso de haberse realizado, tales gastos siempre que los mismos fueren necesarios o convenientes".

93 AAP Valencia 30 septiembre 2020 (*Tol 8192612*).

2. *Custodia compartida*

En los casos de custodia compartida es habitual que el Juez determine que cada uno de los progenitores satisfaga los gastos ordinarios generados durante el tiempo en que los hijos convivan con cada uno de ellos.

Ahora bien, hay gastos ordinarios diversos a los de pura comida, ropa y habitación, que se generan en períodos más amplios que aquellos en los que los hijos conviven con cada progenitor (por ejemplo, los escolares y académicos en sentido amplio, como recibos mensuales, matrícula o reserva de plaza, cuotas de AMPA o similares, libros, material escolar, uniforme, ropa de deporte o excursiones)[94], por lo que es común que se abra una cuenta conjunta en la que ambos padres hagan ingresos periódicos para atenderlos[95], la cual, si hay excesiva conflictividad entre ellos, quizás convenga que tenga carácter mancomunado[96].

En cualquier caso, la existencia de una custodia compartida no significa, necesariamente, una contribución por igual de los dos progenitores a dichos gastos ordinarios, así como tampoco a los extraordinarios, sino que puede ser diferente en atención a la cuantía de sus respectivos patrimonios y al diverso grado de implicación en el cuidado personal de los menores (que no tiene por qué ser idéntico).

> La STS 11 febrero 2016 *(Tol 5645217)* observa, así, que "el sistema de custodia compartida de los hijos no exime del pago de una pensión de alimentos si existe desproporción entre los ingresos de ambos cónyuges". En el caso concreto entendió que el padre debía pasar una pensión a su exmujer para la manutención de sus dos hijas menores, ya que la progenitora no percibía salario ni rendimiento alguno, y además rechazó que esa pensión pudiera limitarse temporalmente, "pues los menores no pueden quedar al socaire de que la madre pueda o no encontrar trabajo", sin perjuicio de que posteriormente, por aplicación del art. 91 CC, pueda haber modificaciones si existe variación sustancial de las circunstancias.
>
> La STS 9 diciembre 2022 *(Tol 9334681)* expresa el mismo principio, de que la custodia compartida no significa que no pueda imponerse el pago de una pensión de alimentos a uno de los progenitores cuando hay una desproporción entre los recursos de ambos. En el caso resuelto la madre no desempeñaba un trabajo retribuido, "viviendo en el domicilio de su madre con los menores y litigando con justicia gratuita, mientras que el recurrido (padre), tiene trabajo retribuido y goza de vivienda propia,

---

94 SAP Madrid 14 mayo 2021 *(Tol 8548389)*.

95 SSAP Valencia 14 octubre 2013 (JUR 2013, 351228), Valencia 24 junio 2014 *(Tol 4523508)*, Valencia 8 septiembre 2014 *(Tol 4545320)* y Madrid 23 abril 2021 *(Tol 8498912)*.

96 SSAP Valencia 22 septiembre 2014 *(Tol 4545354)*, Valencia 19 mayo 2015 (*Tol 5194108*) y Madrid 14 mayo 2021 *(Tol 8548389)*.

al margen de la que fue familiar, lo que denota desproporción en los ingresos de cada progenitor, por lo que el padre deberá abonar a los menores en la persona de la madre, la cantidad de 100 euros por cada hijo".

IV. LA CUANTÍA DE LA PRESTACIÓN DE ALIMENTOS

Los parámetros a los que el art. 93.I CC se remite para fijar la contribución y, en definitiva, la cuantía de la pensión de alimentos, son, de un lado, "las circunstancias económicas" del progenitor obligado a pagarla (alimentante); y de otro, las "necesidades de los hijos" (alimentistas)[97].

Debe existir una relación de proporcionalidad entre ambos, tal y como, con carácter general, establece el art. 146 CC en materia de alimentos, pero dichos parámetros no tienen la misma importancia cuando los hijos son menores, pues, en tal caso, lógicamente el segundo de los parámetros se convierte en prioritario respecto del primero.

Por ello, la jurisprudencia ha declarado que el principio de proporcionalidad establecido en el art. 146 CC solo es aplicable "a alimentos debidos a consecuencia de la patria potestad (artículo 154.1 CC) con carácter indicativo, por lo que caben en sede de éstos, criterios de mayor amplitud, pautas mucho más elásticas en beneficio del menor, que se tornan en exigencia jurídica en sintonía con el interés público de protección de los alimentistas habida cuenta del vínculo de filiación y la edad"[98].

---

97 La STS 18 mayo 2022 (*Tol 8976982)* ha precisado que no puede repercutirse en la cuantificación de la pensión de alimentos la contribución de la madre al pago de los gastos de desplazamiento del padre, para que éste pueda comunicarse con el hijo, que reside con aquélla en Inglaterra, pues esto supondría hacer recaer, exclusivamente, sobre él dichos gastos. Observa que "Tal carga económica no tiene que ser soportada, exclusivamente, por el padre, que es quien realiza además el esfuerzo de los desplazamientos a Inglaterra para verse con su hijo" (principio de proporcionalidad y de contribución equitativa de ambos progenitores, de similar capacidad económica): la madre debe contribuir a los gastos de desplazamiento del padre, incluyendo los de estancia, pero no los de manutención, con un límite de 150 euros, por cada viaje de ida y vuelta, actualizables anualmente conforme al IPC.

98 SSTS 5 octubre 1993 *(Tol 1655748)* y 16 julio 2002 *(Tol 202431)*.
La SAP Baleares 23 marzo de 2020 *(Tol 796592)* ha constatado la desproporción de la cuantía de la pensión de alimentos de 1.900 euros mensuales fijada en favor de un niño de 5 años, que estudiaba en una escuela pública y que tenía las necesidades propias de un niño de su edad, trabajando su madre y percibiendo ésta unos ingresos de unos 900 euros al mes. En su lugar, estableció una pensión

En el caso de divorcio judicial por mutuo acuerdo, la contribución de cada progenitor a los alimentos forma parte del contenido mínimo del convenio regulador, pero el pacto de los cónyuges no será aprobado, si es dañoso para los hijos (art. 90 CC)[99].

Las Tablas orientadoras para determinar las pensiones alimenticias de los hijos en los procesos de familia elaboradas por el CGPJ, en 2013 y actualizadas en 2019, son, desde luego, meramente, indicativas.

1. Criterios para determinar la capacidad económica de los progenitores

Expondremos, a continuación, una serie de criterios para determinar la capacidad económica del obligado a prestar alimentos, que juegan, tanto, en el momento de la fijación inicial de la prestación, como, posteriormente, cuando (en un juicio de modificación de medidas) se alega una modificación del nivel de ingresos del alimentista para pedir la reducción o el aumento de su cuantía.

A) La capacidad económica del alimentante se determina por su entera situación patrimonial

Para valorar "las circunstancias económicas" del alimentante habrá que tener en cuenta, no solo el importe de su salario neto que, en su caso, perciba, sino la totalidad de su patrimonio, tanto mobiliario (acciones, depósitos bancarios, bonos, etc.), como inmobiliario (rentas, plusvalías, alquileres, etc.).

Así lo constata la STS 14 octubre 2014 *(Tol 4526696)* que observa que la "obligación alimenticia que se presta a los hijos no está a expensas únicamente de los ingresos sino también de los medios o recursos de uno de los cónyuges", por lo que "no es necesaria una liquidez dineraria inmediata para detraer de la misma la contribución sino que es posible la afectación de un patrimonio personal al pago de tales obligaciones para realizarlo y con su producto aplicarlo hasta donde alcance con esta finalidad". Concretamente, revocando la sentencia recurrida, fija como doctrina que "La obligación de pagar alimentos a los hijos menores no se extingue por el solo

---

de 500 euros mensuales, a cargo del padre, que estaba de baja por enfermedad cardíaca y cobraba 1.200 euros de una mutua.

99 La SAP Málaga 30 enero 2018 (*Tol 7022285*) afirma, en este sentido, que corresponde "al prudente arbitrio judicial la determinación de la cuantía alimenticia, cuyo criterio no pueden sustituir las partes eficazmente con el suyo propio".

hecho de haber ingresado en prisión el progenitor que debe prestarlos si al tiempo no se acredita la falta de ingresos o de recursos para poder hacerlos efectivos".

La STS 22 junio 2017 (*Tol 6201518*), aplicando la misma doctrina, casó la sentencia recurrida, que había establecido una pensión de alimentos a cargo del padre de 250 euros, dada su carencia de trabajo. La fijó en 400 euros, cuantía que era la que había establecido la sentencia de primera instancia, teniendo en cuenta que el patrimonio de ambos progenitores era "importante, tanto que no han necesitado trabajar para mantener un estatus importante de vida", afirmado que reducir la prestación a una cuantía tan mínima no resultaba "coherente ni con los recursos económicos, ni con el status social de la pareja".

B) La posibilidad de acudir a la prueba indiciaria para determinar la situación económica del alimentante ante la ausencia de pruebas directas

Cuando el alimentante es un trabajador por cuenta ajena es fácil determinar sus rendimientos netos del trabajo (son estos los que se tienen en cuenta, no los brutos), que se acreditarán de manera objetiva a través de la correspondiente certificación de ingresos por parte de la empresa o entidad pagadora.

En cambio, cuando los ingresos del potencial deudor derivan del ejercicio de actividades de difícil fiscalización (profesionales liberales, participación en sociedades o percepción de comisiones complementarias del salario fijo) puede existir una gran dificultad para probar su verdadera capacidad económica, máxime cuando las declaraciones fiscales no la acreditan plenamente, ya que no contienen más que las manifestaciones realizadas de manera unilateral ante la Administración Tributaria[100] y no excluyen que no puedan existir ingresos no declarados[101].

En estos casos (y en los que existen sospechas de economía sumergida) la jurisprudencia impone una mayor exigencia probatoria "conforme a lo dispuesto en

---

[100] En este sentido, la SAP Pontevedra 20 julio 2015 (*Tol 5391233*) señala que, "en principio, las declaraciones tributarias carecen de valor probatorio, en la medida en que se trata de manifestaciones unilaterales y que no han sido objeto de la oportuna comprobación".

[101] La SAP Murcia 16 junio 2010 *(Tol 1905712)* desestima una pretensión de reducción de cuantía de alimentos, considerando que a este propósito resultaban insuficientes los datos derivados de la declaración de la renta, pues "en todo caso le correspondía al recurrente una más exhaustiva acreditación al respecto, conforme a lo dispuesto en el art. 217 de la LEC, valorando, de un lado, el desempeño de otras actividades laborales extras" y el hecho de la existencia de determinados signos externos demostrativos de un nivel de vida superior, como cabría deducir de los tres turismos y dos motocicletas que posee".

> el art. 217 de la LEC, derivada de la mayor facilidad y disponibilidad de quién es perceptor de tales ingresos"[102], porque, en dichos supuestos, "quien postula una pensión cuenta con enormes —por no decir diabólicas— dificultades para demostrar la situación pecuniaria del otro, mientras que a éste le es tremendamente fácil porque nadie como él la conoce, bastándole al primero sembrar con un principio de prueba una duda razonable sobre la realidad de los ingresos aparentes del deudor para que, a partir de ahí, incumba a éste la carga de la prueba, con la grave consecuencia, en caso de no atender su deber, de que se den por ciertas las rentas que se le imputan"[103].

En general, ante la existencia de pruebas directas respecto a la cuantía de los ingresos, es posible acudir a pruebas indiciarias[104], teniendo en cuenta, entre otros, los siguientes datos:

a) Existencia de signos externos que permitan deducir que el obligado al pago tiene una capacidad económica superior a la que reconoce[105].

Se habla, así, de "un principio básico en cuestiones de derecho matrimonial, según el cual, a falta de pruebas directas sobre los verdaderos ingresos de la unidad familiar, o cuando aquéllas no sean fiables, los signos externos indicadores del nivel socioeconómico en que se desenvuelve habitualmente la familia (tales como gastos de colegio o educación de los hijos, viajes y ocio, movimientos de tarjeta de crédito, marca y categoría de los

---

102 SSAP Murcia 16 junio 2010 *(Tol 1905712)* y Murcia 20 junio 2013 (*Tol 3846988*).

103 SAP Murcia 28 julio 2003 (JUR 2003, 235370).

104 Como señala la SAP Salamanca 14 julio 2015 (*Tol 5221098*), las presunciones, "si bien tienen un carácter supletorio, deben utilizarse cuando un hecho dudoso no tenga demostración eficaz por los demás, de manera que mediante la apreciación de un enlace preciso y directo entre el hecho base y el deducido o el que se pretende deducir, por estar sometido a las reglas del criterio humano, que no figuran determinadas en ningún precepto legal, puede llegarse a una determinada conclusión".

105 Existen gastos particularmente ostentosos, que permiten deducir que la capacidad económica del alimentista es muy superior a la que dice tener, como es el participar en cacerías periódicas en África. *Vid.*, así, SAP Barcelona 26 julio 2012 (*Tol 2669452*).
La SAP Barcelona 22 abril 2015 *(Tol 5185583)* señala que "En el presente caso existen indicios suficientes para considerar acreditado que la [parte demandada] trabaja realizando tareas domésticas en domicilios, tal como alegaba el demandado, sin reflejo fiscal, y sin que sea creíble que sea su hermana quien trabaja y le dé el dinero obtenido por su trabajo, como pretenden hacer creer sobre todo porque no se ha acreditado que la actora padezca enfermedad alguna que le impida trabajar, y en todo caso, puede hacerlo".

vehículos que poseen, vestidos, joyas, etcétera) constituyen un elemento decisivo para deducir dicha realidad"[106].

Se ha reputado, por ejemplo, un indicio externo relevante la circunstancia de que el apelante viviera en Santiago, que asumiera los gastos de desplazamientos frecuentes a Lugo para visitar y atender a su madre y los gastos relativos a juegos *on-line* que por mínimos que sean en su cuantía, "lo cierto es que difícilmente se concilian con una ausencia total de medios económicos que se alega, y por lo mismo, no se puede obviar el gasto que implica el consumo de sustancias estupefacientes, pues, todo ello hace suponer que, a pesar de no realizar actividad laboral, dispone de medios económicos que le permiten hacer frente a la pensión fijada como mínimo vital en la sentencia apelada"[107].

b) El trabajo en la empresa familiar, a pesar de no constar como socio, o ni siquiera como empleado de la misma o, figurando como trabajador, se le fije un salario inferior a las funciones que realmente realice.

Es, por ejemplo, el caso de un padre que se dedicaba de manera encubierta a ejercer la actividad de gestión de un negocio de comercio de artículos de saneamiento, actividad que anteriormente a la ruptura matrimonial ejercía junto con su esposa y que, roto el vínculo matrimonial, pasó a ejercerla bajo una sociedad que figuraba a nombre de su madre cuyo objeto social era similar a la que regentaba con su esposa. El Tribunal que resolvió el caso consideró notable el indicio de que la empresa titulada a nombre de su madre coincidiera en su actividad "con la de aquella en la que el recurrente prestó sus servicios profesionales durante un importante período y con una remuneración elevada, lo que pone de relieve su cualificación y competencia, que hace difícilmente imaginable que no haya puesto profesionalmente al servicio de la nueva empresa"[108].

Es también el caso de un demandado que figuraba en la nómina de la empresa que regentaba su propio padre, como peón, cuando, en realidad, reconoció que desempeñaba funciones de gerente y comercial, siendo propietario de un 10% de la misma y conduciendo un BMW que figuraba a nombre de ella. Se daba, además, la circunstancia de que había reducido artificialmente el importe de la nómina para pagar una menor cuantía de alimentos, resultando un contraste con la de la anualidad inmediatamente anterior a la crisis familiar, contradicción que carecía "de toda lógica si sus circunstancias laborales no habían variado"[109].

---

[106] SAP Murcia 28 julio 2003 (JUR 2003, 235370).

[107] SAP La Coruña 30 diciembre 2015 (*Tol 5669119*).

[108] SAP Valladolid 29 julio 2002 (EDJ 2002, 45840).

[109] SAP Murcia 28 julio 2003 (JUR 2003, 235370).

c) La titularidad de inmuebles, en particular, si han sido adquiridos en fechas próximas a la fecha en la que se piden los alimentos, ya que ello es demostrativo de que no solo percibe los ingresos que declara[110].

Se ha considerado, así, procedente imponer al padre el pago de una pensión mensual de 1.625 € por cada uno de los dos hijos menores, destacando que era gestor de un entramado societario importante y que, aunque negaba percibir 15.000 € mensuales, "lo cierto que se soporta actualmente un importante nivel de gastos, a la sazón, hipoteca mensual por importe de 8.500, la tenencia de un importante patrimonio inmobiliario, a la sazón, un dúplex de lujo en Marbella, que está alquilado, afrontándose también una hipoteca de algo más de 500 mensuales, o la propiedad también de otro inmueble sito en Torremolinos, plaza de garaje, una nave en un polígono industrial, que también está alquilada, y que genera los oportunos rendimientos, todo lo cual permite deducir que se mantiene un importante nivel de ingresos como consecuencia de la explotación de dichos negocios, y no obstante afirmar que la situación empresarial y mercantil del recurrente es muy opaca, si bien dicho entramado social y financiero siempre ha sido dirigido y explotado únicamente por aquel"[111].

d) Una noticia en internet en la que se contaba que el padre, que negaba ejercer la profesión liberal como arquitecto, había entregado una obra en un municipio.

Así lo entendió la STS 5 julio 2010 (*Tol 1908405*), que admitió el recurso extraordinario por infracción procesal del art. 286 LEC, al entender que debía de haberse admitido (y dado traslado a la otra parte) el escrito presentado por la mujer después del período de alegaciones, tan pronto como tuvo conocimiento de la noticia publicada en internet. Observa que "la demandante había insistido durante el procedimiento en la posibilidad de que el marido ejerciera su profesión liberal como arquitecto al margen de la relación laboral probada" y que el descubrimiento de un documento en el que podría fundarse esta realidad constituía un hecho nuevo que, "por lo menos debería haber sido valorado, por ser importante en determinar la cuantía de los alimentos de los menores", máxime, "teniendo en cuenta que la introducción del hecho

---

110 En esta línea, la SAP Málaga 29 marzo 2007 (*Tol 1125817*) indica que "existen indicios más que racionales como para poder entender la percepción de otras cantidades por conceptos diversos, siendo muestra de ello no solamente la titularidad de dos inmuebles sino, incluso, la adquisición en fechas próximas de una tercera vivienda a la que trasladó su residencia, siendo intrascendente a los efectos aquí debatidos si las otras viviendas se encuentran ocupadas en régimen de arrendamiento o si van a ser vendidas, puesto que lo esencial es que ello es demostrativo de no contar exclusivamente con ingresos netos mensuales de mil quinientos veinticinco euros con veinte céntimos (1.525,20 €) mensuales sino de una cantidad superior".

111 SAP Madrid 14 julio 2015 *(Tol 5407109)*.

nuevo no modifica en absoluto la petición formulada en la demanda", no debiendo considerarse una *mutatio libelli*, sino un mero complemento.

e) La confusión entre los patrimonios del alimentante y el de la sociedad de la que aquél es socio único.

Se ha fijado, así, una pensión alimenticia de 530 euros en favor de un hijo de 12 años y a cargo de un padre que declaraba percibir 1.500 euros mensuales en concepto de salario de una sociedad de la que era socio único, más 1.100 euros por otros conceptos. Se dio especial relevancia a la confusión entre su patrimonio personal y el de una sociedad, entre los cuales existían transferencias bancarias recíprocas: era la sociedad la que asumía el pago de la empleada del hogar familiar, así como también de los vehículos de alta gama que disfrutaba el matrimonio y que seguía disfrutando el padre, admitiendo que parte de su patrimonio inmobiliario lo había aportado a la sociedad; el padre era, además, cotitular de productos bancarios con importantes montantes económicos; y abonaba en concepto de alquiler 750 euros mensuales. Se constató, también, la existencia de otros signos externos que revelaban que su capacidad económica era muy superior a la que decía tener: aportación al matrimonio, constante este, de unos 2.000 euros mensuales a la cuenta común para atender los gastos de la familia, además de pagar la hipoteca de la vivienda familiar (1.500 euros), línea telefónica, gastos de seguridad de la vivienda, seguros, etc.[112]

C) La toma en consideración de las cargas y gastos soportados por el alimentante

Evidentemente, para determinar la capacidad económica del alimentante habrá que tomar en consideración, no solo el activo, sino también el pasivo de su patrimonio, esto es, las cargas y los gastos que soporte, en particular, los que se requieran para atender sus propias necesidades más elementales, so pena de ruptura del principio de proporcionalidad[113].

Así mismo, para fijar la cuantía de la prestación de alimentos, habrá que tener en cuenta el conjunto de medidas de trascendencia económica previstas en la sentencia que las establezca, pues todas ellas, aunque sean distintas, están interrelacionadas.

---

[112] SAP Cáceres 14 octubre 2020 (*Tol 8209527*).

[113] La SAP Córdoba 13 diciembre 2016 (*Tol 5973478*), así, tiene en cuenta como gasto el importe que debía satisfacer el alimentista en concepto de alquiler, de manera que, para calcular la cantidad sobre la que operar en la determinación de la cuantía de la prestación alimenticia, detrajo los 350 euros —cuota de alquiler— de los 1260 euros, que era el rendimiento neto del trabajo como militar.

Se considera, así, que el establecimiento en el marco de una custodia monoparental de un régimen de relaciones personales con los hijos muy amplio en favor del progenitor, que, en la práctica, da lugar a períodos de convivencia muy semejantes a los que resultaría de un sistema de custodia compartida, ha de ser considerado para reducir el importe de la pensión[114].

Así mismo, desde esta perspectiva, uno de los parámetros que adquiere mayor relevancia en orden a determinar la cuantía de la prestación de alimentos es a quién se atribuye el uso de la vivienda familiar[115], pues el usuario de la misma obtendrá un importante beneficio, en detrimento del otro, que tendrá que seguir pagando el préstamo hipotecario, si la vivienda es privativa de él o pertenece a ambos, sin poder disfrutar de ella, debiendo, normalmente, proceder a formalizar un alquiler o compraventa de otra vivienda.

> En definitiva, el derecho de uso de la vivienda familiar tiene un valor económico, por lo que quien no lo tiene deberá satisfacer una cuantía inferior de alimentos de la que debería de haber satisfecho si la hubiese tenido[116]; y viceversa: de ahí que se haya establecido una pensión de alimentos a cargo del padre de 350 euros y 400 a cargo de la madre, compensando con ello que esta disfrutara del derecho de uso exclusivo de la vivienda familiar, "mientras que ambos han de soportar por mitad la cuota hipotecaria y los gastos que no sean los de suministros, uso, impuestos y conservación"[117].

2. *Las necesidades del alimentista*

El segundo de los criterios establecidos por el art. 93.I CC para determinar la cuantía de la pensión alimenticia es el de las "necesidades" de los hijos.

Conforme al art. 154. III.1° CC, la patria potestad comprende el deber de los progenitores de tener a sus hijos en compañía, "alimentarlos, educarlos y procurarles una formación integral".

La jurisprudencia ha observado que el deber contemplado en el precepto, "no se limita estrictamente al concepto de mero subsidio, comple-

---

114 *Cfr.*, así, SAP Córdoba 30 septiembre 2013 (JUR 2014, 76240).

115 SSAP Barcelona 26 julio 2012 (*Tol 2669452*), Córdoba 30 septiembre 2013 (JUR 2014, 76240), Barcelona 30 enero 2014 (*Tol 4109030*) y Madrid 21 abril 2019 (*Tol 1760026*).

116 SAP Madrid 21 abril 2019 (*Tol 1760026*).

117 SAP Barcelona 30 enero 2014 (*Tol 4109030*)

mentado por la disponibilidad de medios del progenitor obligado; sino que atiende a un criterio posibilista, o de optimización, una vez que el deber del progenitor alcanza a la mayor satisfacción de las necesidades del hijo, en la medida en que mejor se lo permita la totalidad de los medios económicos a su disposición"[118].

A) La apreciación subjetiva de las necesidades

Mientras el criterio de la capacidad del alimentante tiene siempre carácter objetivo, en cambio, el de las necesidades del alimentista es "de condición subjetiva o relativa", pues su cuantificación dependerá de varios factores, "entre los que sin duda tiene especial significación la situación económica disfrutada por el grupo familiar"[119], ya que "no se trata de que la pensión alimenticia "cubra las necesidades más básicas de los menores, sino que permita que los hijos continúen en lo posible con el status económico y social existente con anterioridad a la ruptura de la convivencia entre sus progenitores"[120].

Las necesidades de los hijos deberán, pues, valorarse "conforme al correspondiente status o posición social de la familia"[121]. Por ejemplo, en el contexto de una familia de economía media puede resultar desproporcionado obligar al alimentista a pagar la matrícula de un colegio privado, unas clases de golf o de tenis o comprar un piano a los menores, lo que, sin embargo, será normal en el contexto de una familia adinerada[122].

---

118 SAP Granada 22 junio 2018 *(Tol 6829050)*.

119 SSAP Madrid 19 diciembre 2006 (JUR 2007, 162380) y Madrid 14 octubre 2014 (JUR 2015, 9899).

120 SAP Málaga 14 enero 2016 (*Tol 5797698)*.

121 STS 21 octubre 2014 *(Tol 4530267)*.

122 La SAP Granada 22 junio 2018 (*Tol 6829050*), observa, así que el padre, titular único de una sociedad de responsabilidad limitada con un volumen de beneficios anual de 500.000 euros debe "contribuir al necesario y justo complemento para la más desahogada satisfacción integral de sus necesidades, habida cuenta del ostensible desequilibrio de medios, en los períodos que pase con su madre, entre las que se incluye no solamente la comida, sino también la ropa, vivienda, ocio, complemento educacional y todos cuantos aditamentos fueran apropiados para procurar el mejor desarrollo del menor en las privilegiadas condiciones que permite la fortuna de aquél". Por ello, la circunstancia de que el padre aceptara pagar en exclusiva la educación al menor en el costoso centro escolar en el que se encontraba matriculado (por no menos de 8.000 euros al año) no le eximió de pagar una pensión compensatoria, cuyo importe se fijó en 400 euros.

Por ello, se ha considerado que, en el ámbito de una familia con alto nivel de vida, los gastos derivados de "la actividad de Kart de elevado coste" del menor (entrenamientos, fichas federativas, reparaciones...), son gastos ordinarios, pues en ella concurren las notas de previsibilidad y habitualidad, y deben ser abonados por mitad por ambos progenitores[123].

Se ha observado también que las necesidades de los hijos "no son uniformes" y, dado que en el concreto caso que enjuicia "el status familiar de las menores está por encima de la media", cobran sentido ciertos gastos que el alimentista "considera superfluos como la pertenencia a una cofradía o a un club náutico, la asistencia al conservatorio o la adquisición de instrumentos musicales"[124].

Así mismo, han de tomarse en consideración necesidades especiales de los menores, distintas a las propias de su edad, en particular, las que derivan de su condición de salud.

Por ello, se ha tenido en cuenta a la hora de fijar la pensión de alimentos del padre que la hija padeciera una serie de patologías de carácter crónico (síndrome de cortedad isquiosural, hiperlordosis lumbar, escoliosis de columna y dismetría de caderas), que exigirían "un tratamiento rehabilitador de por vida" (masajes descontracturantes, ejercicios de auto elongación y manipulación pélvica entre otros), incluyendo en la pensión la cuantía mensual de dichos tratamientos, que se desprendía del presupuesto elaborado por un centro terapéutico[125].

Las necesidades de los hijos pueden ser cambiantes a lo largo de los años, por lo que será posible que en un juicio de medidas se modifique la cuantía de la pensión alimenticia para adecuarse a ellas (por ejemplo, cuando, por su edad, han de ser escolarizados, en particular, si los progenitores no optan por un centro público o concertado).

B) La necesidad de garantizar el mínimo vital

Como ya hemos dicho, de los dos criterios tenidos en cuenta por el art. 93.I CC para determinar la cuantía de la prestación de alimentos (entre los cuales debe haber una relación de proporcionalidad), el prevalente es el constituido por las "necesidades de los hijos" menores; y ello, porque se trata de una obligación legal basada en el principio de solidaridad familiar, que tiene fundamento en el art. 39 CE, conforme al cual los poderes públicos han de asegurar "la protección social, económica y jurídica de la familia", lo que se traduce en un deber incondicional de los padres para con los

---

123 SAP Castellón 3 septiembre 2014 (*Tol 4713475*).

124 SAP Alicante 28 abril 2015 (*Tol 5183882*).

125 La SAP Alicante 27 abril 2015 (*Tol 5065643*).

hijos, con independencia de la mayor o menor dificultad que tengan los primeros para proporcionar los alimentos a los segundos.

Por lo tanto, aunque exista una situación de dificultad económica de los progenitores, habrá que fijar siempre una cantidad mínima de pensión que contribuya a cubrir los gastos más imprescindibles para la atención y el cuidado del menor, debiéndosele garantizar lo que jurisprudencialmente se viene denominando el "mínimo vital" o "de mera subsistencia"[126], es decir, lo necesario para que los menores puedan desarrollarse en "condiciones de suficiencia y dignidad a los efectos de garantizar, al menos, y en la medida de lo posible, un mínimo desarrollo físico, intelectual y emocional"[127].

Estamos, pues, ante un tope mínimo por debajo del cual no puede ni debe establecerse la pensión de alimentos, aunque ello suponga un gran sacrificio para el padre. Las Audiencias Provinciales vienen fijando el mínimo vital en una franja que oscila entre los 100 y 200 euros al mes[128].

La jurisprudencia insiste que el alimentante no puede eximirse de atender ese "mínimo vital" alegando encontrarse en paro, cuando exista una falta de diligencia en la búsqueda de un puesto de trabajo[129].

---

126 STS 5 octubre 1993 (*Tol 1663192*).

127 SAP Málaga 30 enero 2018 (*Tol 7022285*).

128 Las SSAP Barcelona 22 mayo 2014 (*Tol 4493268*), Burgos 23 noviembre 2016 (*Tol 5927774*) o Asturias 16 diciembre de 2016 (*Tol 5946604*) lo fijaron en 100 euros; la SAP La Coruña 29 junio 2018 (*Tol 6870992*) en 125 euros; las SSAP Valencia 7 febrero 2011 (*Tol 2104854*), Baleares 5 noviembre 2013 (*Tol 4032587*), Valencia 7 de julio 2014 *(Tol 4520507)* y Alicante 8 de mayo 2015 (*Tol 5183797)* en 150 euros; la SAP Valencia 11 de abril 2014 *(Tol 4409876)* en 170 euros; la SAP Cáceres 2 marzo 2015 (*Tol 4788775*) en 180 euros; y la SAP Murcia 12 noviembre 2009 (JUR 2010, 8075) *(Tol 1756087)* en 200 euros.

129 La SAP Albacete 19 febrero 2015 *(Tol 4765877)* observa, así, que "debe fijarse una cantidad prudencial mínima que permita cubrir parte de las necesidades más básicas de los hijos —el llamado mínimo vital", "aunque el alimentante carezca de ingresos o se encuentre desempleado, siempre que objetiva y físicamente pueda desarrollar una actividad laboral que le permita generar ingreso", considerando que ese mínimo vital no puede ser inferior a 100 euros.

La SAP Málaga 30 enero 2018 *(Tol 7022285)* afirma que "en principio la situación de desempleo no exime al alimentante del deber de diligencia en orden a satisfacer las necesidades de los hijos que recae sobre los padres, quienes han de hacer todo lo que tengan en su mano para conseguirlo", y, por lo tanto, ha de atenderse no tanto a "cuáles son reales ingresos sino de lo que pueden obtener con la máxima diligencia". En el caso concreto, consideró procedente que el padre, que se

C) El estado de absoluta pobreza como causa de suspensión temporal de la efectividad de la obligación de alimentos

No obstante lo dicho, cuando el progenitor se encuentre en un estado de "absoluta pobreza", careciendo de todo tipo de recursos económicos, procederá, excepcionalmente, la suspensión temporal del pago de la pensión (que no, la extinción de la misma), en cuanto persista esta situación, teniendo en cuenta que dicha excepción temporal no tendrá lugar o cesará, "ante la más mínima presunción de ingresos, cualquiera que sea su origen y circunstancias"[130]

La jurisprudencia dice, así, que "lo normal será fijar siempre en supuestos de esta naturaleza un mínimo que contribuya a cubrir los gastos repercutibles más imprescindibles para la atención y cuidado del menor, y admitir solo con carácter muy excepcional, con criterio restrictivo y temporal, la suspensión de la obligación, pues ante la más mínima presunción de ingresos, cualquiera que sea su origen y circunstancias, se habría de acudir a la solución que se predica como normal, aún a costa de un gran sacrificio del progenitor alimentante"[131].

> La STS 18 marzo 2016 *(Tol 5681256)* revocó una sentencia que había impuesto al padre el pago de una pensión alimenticia de 125 euros mensuales, por haber considerado que la cuantía de la establecida en primera instancia (63 euros mensuales) no bastaba para garantizar el mínimo vital del menor. El TS ponderó que el padre había dejado de percibir subsidio de desempleo y vivía con su propia madre, la cual pagaba sus gastos ordinarios. Habla, así, de la existencia de "un escenario de pobreza absoluta" ante el que "resulta ilusorio querer salvar el mínimo vital del hijo, pues en tales situaciones el derecho de familia poco puede hacer" (...) debiendo ser las Administraciones públicas a través de servicios sociales las que remedien las situaciones en que tales mínimos no se encuentren cubiertos".

---

encontraba en situación de demandante de empleo y que realizaba trabajos no declarados como adiestrador de perros, pagara 150 euros por cada una de las dos hijas menores, y no los 80 euros que pretendía satisfacer, pues con esta exigua cantidad era imposible "darse al menor la indispensable cobertura de sus necesidades, dándose la circunstancia de que la madre tampoco trabajaba, percibiendo un subsidio de 426 euros.

130 SSTS 2 marzo 2015 (*Tol 4748228*), 18 marzo 2016 *(Tol 5681256)* y 25 abril 2016 *(Tol 5708241)*.

131 STS 2 marzo 2015 (*Tol 4748228*).

D) La posibilidad de reclamar alimentos a los alimentantes de los progenitores

Hay que tener en cuenta la posibilidad de que, ante una situación de "absoluta pobreza" de los progenitores, los hijos puedan accionar contra los que están obligados a prestar alimentos a aquellos en virtud de los arts. 142 y ss. CC, que normalmente serán los abuelos.

La STS 2 marzo 2015 (*Tol 4748228*) afirma que "La falta de medios determina otro mínimo vital, el de un alimentante absolutamente insolvente, cuyas necesidades, como en este caso, son cubiertas por aquellas personas que, por disposición legal, están obligados a hacerlo, conforme a los artículos 142 y siguientes del Código Civil, las mismas contra los que los hijos pueden accionar para imponerles tal obligación, supuesta la carencia de medios de ambos padres". "Ahora bien, habrá que tener en cuenta que, dado que en este caso nos ceñimos al régimen general, en virtud del art. 152.2 CC, esta obligación cesará cuando la fortuna del obligado a darlos se hubiere reducido hasta el punto de no poder satisfacerlos sin desatender sus propias necesidades y las de su familia. Esto es, que los nietos podrán accionar contra los abuelos, pero en este caso, no existirá un deber incondicional de prestar alimentos de los segundos respecto de los primeros, sino que habrá que estar al criterio de proporcionalidad entre las necesidades de los nietos y el caudal y patrimonio de los abuelos".

E) La posibilidad de suspender la obligación de alimentos, cuando el menor tenga ingresos propios para satisfacer sus necesidades

Hemos dicho que, siendo los hijos menores de edad, los alimentos les son debidos, incondicionadamente, sin necesidad de probar su situación de necesidad). Sin embargo, el TS ha admitido la posibilidad de suspender (que no extinguir) la obligación de alimentos, cuando (y, en tanto que) el menor tenga ingresos propios para satisfacer sus necesidades.

La STS 24 octubre 2008 (*Tol 1393347*) acordó la suspensión de la obligación, porque la menor disponía de ingresos suficientes, debido a una beca por ser deportista de élite, no siendo necesaria, al menos temporalmente, dicha prestación. Así, afirma que "cuando el menor, como es el caso, tiene ingresos propios, estimados, según las circunstancias del caso, de entidad suficiente para subvenir completamente sus necesidades de alimentación, vestido, alojamiento y educación, nada obsta a que la prestación alimenticia pueda, no cesar, pero sí suspenderse en su percepción". Concretamente, la hija, de 15 años de edad, disfrutaba de una beca de la Federación Española de Gimnasia, que le daba derecho a la suma de 851,43 euros mensuales para atender sus gastos personales, y, además, corría por cuenta de dicho organismo los gastos de alojamiento, manutención y derivados de la práctica deportiva durante su estancia en Madrid.

V. MODIFICACIÓN DE LA CUANTÍA DE PENSIÓN

Conforme al art. 90.3 CC, "Las medidas que el Juez adopte en defecto de acuerdo o las convenidas por los cónyuges judicialmente, podrán ser modificadas judicialmente o por nuevo convenio aprobado por el Juez, cuando así lo aconsejen las nuevas necesidades de los hijos o el cambio de las circunstancias de los cónyuges. Las medidas que hubieran sido convenidas ante el Secretario judicial o en escritura pública podrán ser modificadas por un nuevo acuerdo, sujeto a los mismos requisitos exigidos en este Código".

Por lo tanto, a falta de acuerdo entre los progenitores, podrá iniciarse un juicio de medidas para modificar la cuantía de la pensión, al alza o a la baja, en virtud del art. 775 LEC[132].

> Para que pueda llevarse a cabo la modificación de las medidas establecidas (sea en proceso contencioso o de mutuo acuerdo) será necesario que el cambio sobrevenido de circunstancias (en relación con las que fueran tenidas en cuenta para establecer la cuantía de la pensión) sea: a) sustancial, b) permanente, c) imprevisible, d) ajeno a la voluntad de quien solicita la modificación (esto, cobrará importancia cuando se piden reducciones basadas en una presunta merma de ingresos), y e) suficientemente acreditado por el demandante.

1. *Reducción de la pensión*

Las causas que pueden motivar la reducción de la petición de alimentos son las siguientes.

A) La disminución de la capacidad económica del alimentante

La disminución de la capacidad económica del alimentante, ciertamente, es una de las causas que puede motivar una reducción de la cuantía de

---

132 En los juicios de modificación de medidas rige el principio dispositivo, cuando el alimentante pretende una reducción de la cuantía de la pensión de alimentos establecida, debiendo acreditar el cambio de circunstancias, sin que se pueda otorgar más de lo pedido. Por ello, se ha considerado incongruente que la sentencia recurrida, al estimar la demanda, no solo redujera la cuantía de la pensión de alimentos (que era lo único que había pedido el actor), sino que, además, decidiera incluir en ella ciertos gastos de actividades y de tratamientos médicos de un niño autista, por ser previsibles y periódicos, cambiando su conceptuación (de extraordinarios a ordinarios), excediéndose, así, de la pretensión ejercitada por el alimentista. *Vid.* SAP Málaga 8 junio 2017 (*Tol 6543129*).

la pensión. Puede ser consecuencia, por ejemplo, de una jubilación, de la pérdida del trabajo[133] del derecho a percibir un subsidio de desempleo[134], de la reducción de la jornada laboral[135], o de pasar a trabajar de modo esporádico, cuando antes se trabajaba de manera continuada[136].

No basta, desde luego, con que el alimentante haya visto reducida su capacidad económica, incluso de manera significativa, sino que es preciso que esa disminución impida seguir atendiendo las necesidades de los hijos, tal y como las venía satisfaciendo, quedando a salvo siempre el "mínimo vital" imprescindible para garantizar la subsistencia de los menores, a no ser que medie una situación de absoluta pobreza del progenitor.

Por ello, ha sido mínima la Reducción de la pensión de alimentos (de 200 euros mensuales a 150), por disminución de ingresos del alimentante, que, al tiempo de fijarse su cuantía trabajaba como camionero, cobrando 1.100 euros mensuales, mientras que, al solicitar la modificación, percibía 674,75 euros, por una pensión por incapacidad permanente total por enfermedad común[137].

Realizaremos, a continuación, una serie de consideraciones, a la luz de los requisitos, a los que, según hemos visto, se subordina el éxito de una pretensión de modificación de medidas.

a) Dado que la modificación ha de ser "sustancial", no procede la reducción cuando la disminución de los ingresos del alimentante es mínima[138].

Se ha mantenido, así, el importe de la pensión de alimentos del progenitor no custodio en 180 euros al mes para su hijo, al considerar que "la reducción de ingresos no ha sido tan sustancial como para justificar la reducción de la pensión de alimentos". Los ingresos del progenitor habían descendido desde 952,61 euros al mes hasta 830,23 euros al mes[139].

Por el contrario, se ha reducido la cuantía de pensión de alimentos (a 350 euros al mes), porque el alimentante, que, en la declaración del IRPF de 2012, había declarado un rendimiento neto de 39.244'01 euros, en la de 2013, pasó a declarar tan solo 14.173'39 euros, por "el hecho notorio del cierre de Canal 9, con la consiguiente

---

133 SAP Cádiz 20 enero 2020 *(Tol 7888506)*.

134 SSAP Tarragona 24 julio 1995 (AC 1995, 1746) y Vizcaya 17 abril 2015 *(Tol 5195196)*.

135 SAP Salamanca 28 diciembre 2016 *(Tol 5947771)*.

136 SAP Málaga 8 junio 2017 *(Tol 6543129)*.

137 SAP León 23 junio 2020 *(Tol 8050407)*.

138 Una acción modificativa basada en una reducción que no suponga una merma de, al menos, un 20%, difícilmente prosperará.

139 SAP Valencia 20 mayo 2015 *(Tol 5194110)*.

repercusión para el sector audiovisual valenciano en el que se engloba la actividad profesional del demandante"[140].

Igualmente, se ha disminuido la cuantía de pensión establecida en favor de la hija mayor de edad (de 250 euros a 100 euros), por la reducción de ingresos del deudor, que, de cobrar como dependiente de farmacia 1089'31 euros mensuales, pasó a percibir 430 euros, en concepto de subsidio por desempleo[141].

b) Como se dijo, la modificación debe ser "ajena a la voluntad de quien solicita la modificación", siendo irrelevante, si la misma "ha sido consecuencia de una baja laboral voluntaria, de la petición de excedencia, o del endeudamiento voluntario del mismo por la compra de bienes muebles o inmuebles", pues lo contrario "sería dejar siempre a merced de la mejor o peor voluntad del obligado el cumplimiento del convenio regulador o de las medidas judiciales"[142].

En los casos de paro de personas en edad laboral habrá que valorar hasta qué punto dicha situación es imputable a su falta de diligencia al buscar un puesto de trabajo.

Es, por ello, que la STS 21 mayo 2014 *(Tol 4371711)* ha confirmado el rechazo de la sentencia recurrida a la pretensión del padre de que se redujera la cuantía de la pensión de alimentos, basada en el argumento de que no percibía ingreso alguno. Afirma que "no acredita que haya efectuado un intento serio de superar su situación de desempleo, pese a su joven edad y ausencia constatada de enfermedades. Asimismo, que se ha documentado que fue objeto de acciones judiciales para reclamarle pensiones pendientes cuando no tenía excusa para su impago, pues mantenía su trabajo en aquellas fechas". En este caso, se daba la circunstancia de que no se había inscrito como solicitante de empleo, hasta pasados dos años desde el cierre del negocio de hostelería del que era titular en régimen de autónomo[143].

c) Dado que la modificación ha de ser "imprevisible", se ha negado que el padre no custodio que, después del divorcio, se fue a vivir con su madre y posteriormente alquiló una casa para vivir en ella con su nueva familia, pueda pedir una reducción de la pensión, porque en el convenio regulador ya se había tenido en cuenta que debía abandonar la vivienda familiar

---

140 SAP Valencia 18 mayo 2015 *(Tol 5194105)*.

141 SAP Cádiz 20 enero 2020 *(Tol 7888506)*.

142 SAP Salamanca 28 diciembre 2016 *(Tol 5947771)*.

143 La SAP Ciudad Real 28 junio 1999 (AC 1999, 7664) tampoco estimó la demanda de reducción de la cuantía de la pensión del alimentante, porque el contrato de trabajo que presentaba le vinculaba "muy poco tiempo al actor, por lo que fácilmente puede desarrollar otra actividad, que lo complemente, siendo, por otra parte, dudoso, por notorio que con la cantidad que percibe pueda mantenerse en Madrid, la localidad en donde reside".

al atribuirse su uso a la madre custodia, "lo que implicaba tener que afrontar un gasto para ocupar un inmueble en que residir, bien fuese por adquisición por compra o mediante un contrato de inquilinato"[144].

En cambio, se ha entendido que el convenio no ratificado judicialmente puede modificarse por una alteración sobrevenida de las circunstancias, como consecuencia de los efectos económicos de la pandemia. Se ha modificado, así, la cuantía de la pensión de alimentos pactada en el convenio, reduciéndose en un 33%, mientras el deudor se encuentre en situación de ERTE (de 300 a 200 euros), debiendo pagar 270 euros cuando se encuentre activo[145].

d) La reducción de ingresos deberá demostrarse cumplidamente por quien la invoca[146] y, cuando procedan de actividades económicas de difícil fiscalización, se le impone una mayor exigencia probatoria conforme a lo dispuesto en el art. 217 de la LEC, "derivada de la mayor facilidad y disponibilidad de quién es perceptor de tales ingresos"[147].

Se ha rechazado, así, la pretensión de reducción de la cuantía de una pensión de alimentos de un electricista que trabajaba como autónomo, el cual sostenía que los ingresos de su empresa habían caído por la crisis económica, habiendo despedido, por tal motivo, al único trabajador que tenía contratado, y que los trabajos extras de reformas también habían experimentado una baja considerable. Se desestimó la pretensión, por considerarse que tales manifestaciones eran gratuitas, "al no venir avaladas por ningún medio probatorio" y que, siendo el demandante el titular de la empresa que regenta "se encuentra en óptimas condiciones para acreditar y justificar los motivos de impugnación alegados y concretamente la realidad actual de los rendimientos económicos procedentes de dicha actividad empresarial"[148].

También se ha desestimado la pretensión de reducción de un padre, no admitiéndose como prueba de la disminución de ingresos la declaración del impuesto de sociedades en la que se reflejaba un resultado negativo en la cuenta de pérdidas y ganancias de dos anualidades, por ser el demandante el socio único y administrador de la sociedad, de modo que "puede disminuir no sólo los salarios sino también las cuentas de la sociedad a la baja a los efectos de simular una disminución de ingresos no coincidentes con la realidad; falta de coincidencia con la realidad que se puede

---

144 SAP Barcelona 27 septiembre 2011 (*Tol 2261213*).

145 SAP Barcelona 18 febrero 2021 (*Tol 8390946*).

146 La SAP Logroño 16 enero 2020 (*Tol 7875679*) ha mantenido la cuantía de la pensión de 200 euros establecida en la sentencia de instancia, porque el padre, que solicitaba su reducción a 100 euros, no había aportado su contrato de trabajo, ni sus nóminas, ni siquiera había declarado cuál era su salario mensual; pudo, en definitiva, haber acreditado su real situación económica y no lo hizo, por lo que la opacidad sobre la misma en modo alguno puede favorecerle.

147 SSAP Murcia 16 junio 2010 (*Tol 1905712*).

148 SAP Murcia 16 junio 2010 (*Tol 1905712*).

presumir del hecho acreditado documentalmente de que dicha sociedad no presentó en el Registro Mercantil los libros de contabilidad, teniendo cerrado por dicho motivo la hoja registral"[149].

B) La disminución de las necesidades del alimentista

Otra circunstancia que puede motivar la reducción de la pensión es la disminución de las necesidades del menor. Es, por ejemplo, el caso en que, por su edad, pasa de estar en una guardería privada a estar escolarizado en un centro concertado[150].

Se ha reducido la cuantía de la pensión de alimentos de un hijo que había alcanzado la mayoría de edad, de 800 a 400 euros, por ser muy inferior el coste de los estudios universitarios que los del colegio en el que estaba matriculado. No se consideró una circunstancia previsible el hecho de estudiar una carrera universitaria en el lugar de residencia; y tampoco se entendió que fuera una circunstancia pasajera la percepción de una beca que cubría holgadamente el coste de los estudios universitarios, de modo que, mientras se percibiera, debía ser tenida en cuenta para establecer la cuantía de la pensión[151].

C) La sustitución del régimen de custodia monoparental por el de compartida

Un caso típico de reducción tiene lugar, cuando se pasa de un régimen de custodia monoparental a otro, de custodia compartida[152], ya que el deudor prestará alimentos al menor en la modalidad de sustento y habitación, mediante su atención personal en los períodos en los que conviva con él, lo que, como ya se ha dicho, no significa que esta atención personal agote todas las necesidades del hijo, pues habrá otros gastos ordinarios (por ejemplo, educación o vestido) que ambos progenitores deberán satisfacer, no necesariamente por partes iguales, sino en proporción a sus respectivos recursos económicos[153].

---

149 SAP La Coruña 21 mayo 2015 *(Tol 5167052)*.

150 SAP Valencia 30 junio 2014 *(Tol 4517416)*.

151 SAP La Coruña 30 marzo 2020 *(Tol 7946374)*.

152 Por el contrario, cuando el régimen de custodia compartida inicialmente establecido fracase y sea sustituido por otro, de custodia monoparental, el progenitor no custodio verá incrementado el importe de la pensión de alimentos (por ejemplo, en el doble).

153 La SAP Pamplona 9 febrero 2021 *(Tol 8418780)* observa que el acuerdo de mediación en la situación de separación respecto de la cuantía de la pensión de ali-

D) El aumento del nivel de ingresos del otro progenitor

También se ha considerado como circunstancia sobrevenida que permite instar un juicio de modificación de medidas el aumento del nivel de ingresos del otro progenitor, que, obviamente, también debe contribuir a los alimentos de los hijos menores[154].

Así sucede, cuando, por ejemplo, la madre custodia, que al tiempo de fijarse la pensión de alimentos estaba parada, encuentra trabajo, no dejando "de llamar la atención que después de dejar de percibir la prestación por desempleo adquiriese un vehículo y una motocicleta de segunda mano"[155].

Igualmente, cuando la madre custodia, que, cuando se fijó la cuantía de la pensión carecía de trabajo por haber venido desempeñando su actividad laboral en la empresa de su antiguo cónyuge (no tenía ahorros, ni un patrimonio), posteriormente, trabaja, constatándose en las declaraciones de la renta aportadas que tenía unos ingresos netos de 2.100 euros mensuales[156].

E) El nacimiento de nuevos hijos en el marco de una relación familiar diversa

Durante tiempo se discutió si el nacimiento de nuevos hijos en el marco de una relación familiar distinta era una circunstancia que permitía al alimentante pedir una reducción de la cuantía de la pensión, por tener que hacer frente a una nueva obligación de alimentos, negándolo alguna jurisprudencia de instancia, por considerar que se trataba de una circunstancia que no era ajena a la voluntad de aquel.

---

mentos no vincula al juez que dicta la sentencia de divorcio, cuando los cónyuges llegan a un nuevo acuerdo, conforme al cual se atribuye la custodia a la madre y se reducen los periodos de estancia del menor con el padre; por ello, procede a la cuantificación de la pensión en 250 euros mensuales, frente a los 150 euros fijados en el acuerdo previo de mediación.

154 En esta línea la STS 30 abril 2013 (*Tol 3706592*) señala que hay que "valorar si es o no procedente redistribuir la capacidad económica del obligado, sin comprometer la situación de ninguno de los menores, en cuyo interés se actúa, y ello exige ponderar no solo las posibilidades económicas del alimentante sino las del otro progenitor que tiene también la obligación de contribuir proporcionalmente a la atención de los alimentos de los descendientes, según sean sus recursos económicos".

155 SAP Guipúzcoa 25 enero 2018 (*Tol 6589562*).

156 SAP Barcelona 26 julio 2012 *(Tol 2617533)*.

Sin embargo, en la actualidad es clara la doctrina jurisprudencial de que, si bien la pensión de alimentos fijada no debe reducirse necesariamente por la circunstancia de que el obligado a pagarla tenga nuevos hijos con otra persona distinta, no obstante, no es un dato intrascendente, debiendo valorarse su capacidad económica "para hacer frente a esta obligación ya impuesta y a la que resulta de las necesidades de los hijos nacidos con posterioridad", como también conocer "el caudal o medios con los que cuenta la nueva unidad familiar", teniendo en cuenta la capacidad económica del otro progenitor, que también ha de prestar alimentos[157].

Por ello, la STS 1 febrero 2017 (*Tol 5959584*), revocando la sentencia recurrida, redujo de 330 a 180 euros la cuantía de la pensión de alimentos que debía pagar el padre, teniendo en cuenta el nacimiento de dos hijos del nuevo matrimonio, que aquel disfrutaba "de la misma situación laboral y económica antes y después de su nacimiento" y que su actual mujer desarrollaba un "trabajo de venta minorista de artículos de papelería cuya actividad arrojó pérdidas", "contribuyendo a la economía familiar con pequeñas cantidades de dinero procedentes de esta actividad económica"[158].

2. *Aumento de la cuantía*

Estadísticamente son inferiores los juicios de modificación de medidas en las que se pretende un aumento de la cuantía de la pensión. Las causas, que ha de probar quien las alega (art. 217 LEC), son, por ejemplo, el aumento de la capacidad económica del alimentante, de las necesidades

---

157 SSTS 30 de abril 2013 *(Tol 3706592)* y 1 febrero 2017 (*Tol 5959584*).

158 La SAP Valladolid 30 septiembre 2020 *(Tol 8206003)*, por el contrario, desestimó la demanda de reducción de la pensión de alimentos establecida en favor de los dos hijos del anterior matrimonio, a pesar del nacimiento de otra hija en el seno del posterior matrimonio, por falta de acreditación de haber existido una reducción notable de la fortuna del padre que le impidiera atender las obligaciones alimenticias fijadas para sus dos primeros hijos; además, trabajando su actual mujer, ésta necesariamente colaboraba o debía hacerlo en la satisfacción de las necesidades de la nueva hija.
La SAP La Coruña 3 abril 2021 *(Tol 8440614)* tampoco redujo la cuantía de la pensión de alimentos, afirmando que la mera circunstancia de que el padre tuviese que abonar un préstamo hipotecario de una vivienda que había adquirido con su actual pareja no era motivo para reducir la cuantía de la pensión, no habiendo acreditado la cuantía del préstamo concedido, de la cuota de amortización mensual y de la medida en que la otra adquirente de la vivienda pudiese contribuir; y tampoco lo era el que su nueva pareja tuviese tres hijos con los que convivía, pues no tenía la obligación de alimentarlos, y sí la de asistir a su hijo.

de los alimentistas o la disminución de la capacidad económica del otro progenitor.

A) Aumento de la capacidad económica del alimentante

Dado que la modificación ha de ser "sustancial", no se toman en consideración pequeños aumentos de ingresos; y, puesto que también ha de ser "permanente", tampoco se consideran aumentos de ingresos puramente pasajeros[159].

La capacidad económica del alimentante aumenta, claramente, cuando deja de estar en paro y encuentra un trabajo.

> Se ha aumentado, así, la cuantía de la pensión pactada en convenio regulador (de 200 euros mensuales, a 300), por haber dejado el alimentante de estar en la situación de desempleo en la que se hallaba al tiempo del divorcio y percibir actualmente una media de 1.040 euros mensuales, sin haber cambiado las necesidades de la hija menor, ni la situación laboral de la madre[160].

Esta causa de aumento de la cuantía de pensión puede estar prevista en el convenio regulador, en particular, cuando en él, por la mala situación económica del alimentante, se establece una cuantía muy pequeña, con una cláusula de este tipo: "no obstante, si el padre encontrara un empleo o deviniera a mejor fortuna, éste contribuirá al mantenimiento, sostenimiento y alimentos de los hijos en mayor cuantía, aumentándose la cantidad de 180, 30 euros al mes en un 40% del sueldo que cobrara mensualmente"[161].

Hay, además, que tener en cuenta que "una superior capacidad de pago, hipotética o real, no da lugar sin más a elevar las pensiones de alimentos de no exigirlo las necesidades", "pues son estas el techo último de los alimentos"[162].

---

159 La SAP Málaga 18 diciembre 2015 (*Tol 5795554*) exige que "las alteraciones tengan estabilidad o permanencia en el tiempo y no sean meramente coyunturales, sino con estructuración suficiente en los ingresos o fortuna del deudor que hagan necesaria la modificación de la medida, excluyéndose toda forma de temporalidad".

160 SAP Madrid 20 enero 2020 *(Tol 8288863)*.

161 *Vid.* AAP Valencia 29 octubre 2018 (*Tol 7085147*).

162 SAP Madrid 7 octubre 2016 (*Tol 5882743)*. En este caso, al pasar a recibir el alimentante una pensión en favor de familiares se estimó la pretensión de aumento de la pensión.

B) Aumento de las necesidades del alimentista

El propio crecimiento del hijo da lugar a nuevas etapas evolutivas, que pueden originar mayores necesidades y, por tanto, exigir un incremento de la cuantía de la pensión.

Un caso típico de aumento de las necesidades del alimentista tiene lugar cuando este pasa a estar escolarizado en un centro privado, procediendo de una guardería o de un centro público o concertado[163].

Por ello, se ha aumentado la cuantía de la pensión mensual pagada por el padre, de los iniciales 425 euros a 650 euros, dado que la niña, de ocho años, había pasado de estudiar en un centro público a otro privado, donde abonaba mensualmente 452 euros por diez mensualidades, en concepto de enseñanza, autobús escolar y comedor[164].

Puede también suceder que el hijo contraiga una enfermedad crónica, que reclame un tipo de alimentación más costosa, la asistencia permanente de un cuidador o gastos de medicación.

C) La disminución de la capacidad económica del otro progenitor

También es causa de aumento de la pensión de alimentos la circunstancia de que el otro progenitor disminuya su capacidad económica, manteniendo el alimentante la suya o mejorándola.

Así sucede cuando la madre ve reducidos sus ingresos a la suma de 1.104,75 euros netos mensuales, frente a los 1.400 que percibía, por lo que se aumenta el importe de la pensión mensual que satisfacía al menor, de 275 euros a 350 euros[165].

Igualmente, cuando se establece un sistema de custodia compartida y la madre pierde el derecho de uso a la vivienda familiar, de propiedad exclusiva del padre, y, dada su escasa capacidad de renta (que contrasta con la abultada fortuna de aquel, titular único de una sociedad de responsabilidad limitada con un volumen de beneficios anual de 500.000 euros), le será difícil procurarse otra vivienda en condiciones semejantes en la que poder residir con el menor los períodos en que conviva con ella[166].

---

163 Otro, aunque ya tratándose de mayores de edad, cuando los hijos se matriculan en una universidad, en particular, si es privada, lo que puede ser debido a exigencias vocacionales del hijo, por no existir una oferta pública de la carrera que desea cursar en el lugar en el que reside.

164 STSJ Aragón (Sala Civil y Penal, Sección 1ª) 20 abril 2012 *(Tol 2532104)*.

165 STS 18 julio 2018 (*Tol 6676349*).

166 STS 5 noviembre 2019 (*Tol 7571546*).

La pérdida del derecho de uso de la vivienda puede también deberse a que, manteniéndose el sistema de custodia compartida, los familiares del progenitor no custodio, que prestaron gratuitamente el uso de una casa de su propiedad a los futuros cónyuges para que residieran en ella, pongan fin al comodato, por concluir la situación en consideración a la cual se concedió, considerando la jurisprudencia que el cónyuge a quien se atribuyó el uso de la vivienda en el juicio familiar (yerno o nuera de los comodantes) queda convertido en un mero precarista, al que se puede desahuciar[167].

Existe, en fin, la posibilidad de que el derecho de uso se extinga por la convivencia de hecho del progenitor usuario con un tercero en la vivienda familiar, por entender la jurisprudencia más reciente que, en tal caso, la vivienda pierde su originario carácter "familiar", desapareciendo su antigua naturaleza, al "servir en su uso a una familia distinta y diferente" a la formada por los cónyuges[168].

VI. FECHA DESDE LA QUE SE DEBEN LOS ALIMENTOS Y MOMENTO DESDE EL QUE SURTEN EFECTOS LA MODIFICACIÓN DE SU CUANTÍA

Es doctrina jurisprudencial consolidada que, por aplicación de la regla contenida en el art. 148.I CC, los alimentos debidos a los hijos menores de edad habrán de abonarse por el progenitor demandado desde el momento de la interposición de la demanda, y no desde la fecha de la sentencia que los fija[169].

En cambio, las sentencias que aumentan o disminuyen la cuantía de los alimentos ya establecidos no pueden retrotraer dicha modificación al mo-

---

167 *Vid.* en este sentido SSTS 31 enero 1995 *(Tol 1667029)*, 29 febrero 2000 *(Tol 2435)*, 26 diciembre 2005 *(Tol 795335)*, 2 octubre 2008 *(Tol 1378500)*, 29 octubre 2008 *(Tol 1396318)*, 30 octubre 2008 *(Tol 1396292)*, 13 noviembre 2008 *(Tol 1401711)* y 14 noviembre 2008 *(Tol 1432560)*.

168 *Vid.* así SSTS (Pleno) 20 noviembre 2018 (*Tol 6921906*) y 29 octubre 2019 (*Tol 7571565*).

169 Tal es la doctrina fijada por la STS 14 junio 2011 (*Tol 2154134*), reiterada, entre otras muchas, por SSTS 26 octubre 2011 (*Tol 2272351*), 4 diciembre 2013 (*Tol 4052971*) y 20 febrero 2019 (*Tol 7087653*). La SSTS 26 marzo 2014 (*Tol 4177207*) y 20 diciembre 2017 (*Tol 6462791*) matizan que esta regla "podría tener excepciones cuando se acredita que el obligado al pago ha hecho frente a las cargas que comporta el matrimonio, incluidos los alimentos, hasta un determinado momento, con lo que, sin alterar esta doctrina, los efectos habrían de retrotraerse a un tiempo distinto, puesto que de otra forma se estarían pagando dos veces".

mento de la interposición de la demanda, sino que tienen efectos desde la fecha en que se dicten.

Es, así, jurisprudencia reiterada que "cada resolución desplegará su eficacia desde la fecha en que se dicte y será solo la primera resolución que fije la pensión de alimentos la que podrá imponer el pago desde la fecha de la interposición de la demanda, porque hasta esa fecha no estaba determinada la obligación, y las restantes resoluciones serán eficaces desde que se dicten, momento en que sustituyen a las citadas anteriormente"[170].

Por lo tanto, si, al resolverse un recurso de apelación, se revoca la sentencia de primera instancia, que no había entendido procedente imponer el pago de una pensión de alimentos, estos se deberán desde el momento de la interposición de la demanda, y no desde la fecha de la sentencia de segunda instancia, pues es ésta, la que, por primera vez los establece.

> La STS 30 noviembre 2020 (*Tol 8230329)* dice, así, que "debemos entender que se acierta en la sentencia recurrida cuando se fijan los alimentos desde la interposición de la demanda, dado que la sentencia de la Audiencia Provincial es la primera sentencia que fija los alimentos, ya que la sentencia del juzgado no los fijaba y dejaba sin efecto los establecidos en el auto de medidas".

Si al resolverse el recurso de apelación se aumenta la cuantía inicialmente fijada en la sentencia recurrida, los alimentos se deberán en dicha cuantía inicial, desde la fecha de la interposición de la demanda, pero el aumento sólo tendrá lugar desde la fecha de la sentencia de segunda instancia, que es la que los modifica.

> La STS 23 mayo 2022 (*Tol 8995640)* observa que los alimentos fijados por vez primera por la sentencia de primera instancia se devengan desde la fecha de la interposición de la demanda; y ello, "sin perjuicio del derecho del recurrente de acreditar la cantidad abonada voluntariamente, en concepto de alimentos, durante la sustanciación del litigio, a los efectos de evitar una duplicación en el pago", pero "no son susceptibles de ser descontadas las cantidades relativas al seguro médico privado que cubre también a los litigantes, al constituir partidas distintas a los alimentos fijados en dinero, no compensables". Por el contrario, el aumento de la pensión de alimentos llevado a cabo por la sentencia de segunda instancia sólo se debe desde la fecha de ésta, por no ser la que primero los establece, limitándose a modificar su cuantía.

---

170 Esta doctrina, basada en los arts. 774.5 LEC y 106 CC, fue fijada por la STS 26 marzo 2014 (*Tol 4177207*) y seguida de manera repetida, entre otras, por SSTS 15 junio (*Tol 5185820*), 20 diciembre 2017 (*Tol 6462791*), 18 julio 2018 (*Tol 6676349*) y 5 noviembre 2019 (*Tol 7571546*).

La jurisprudencia ha negado que pueda considerarse una modificación de alimentos la fijación que establece, como medida definitiva, la sentencia de nulidad, separación o divorcio, variando la cuantía establecida en el auto de medidas provisionales previas a la demanda, por ser dichas medidas accesorias y conexas al procedimiento principal, de modo que los alimentos serán debidos, desde la fecha de la interposición de la demanda, y no, desde la fecha de la sentencia (que, en rigor, las establece por vez primera).

La STS 6 febrero 2020 *(Tol 7745778)* dice, así, que "No puede entenderse que la sentencia de primera instancia haya recaído en un proceso diferente al de medidas provisionales previas, pues estas son unas medidas cautelares previas y conexas con el procedimiento principal (arts. 771.5 y 772.1 LEC). Por ello, tratándose del mismo proceso ha de aplicarse la doctrina jurisprudencial, en el sentido que los alimentos fijados en la sentencia de primera instancia, se devengan desde la interposición de la demanda, sin perjuicio que se compute lo ya abonado en virtud del auto de medidas, para evitar un doble pago, ya que dichas medidas solo constituyen un estatuto jurídico provisional"[171].

---

[171] En el mismo sentido se pronuncia la STS (Pleno) 15 diciembre 2022 (*Tol 9365528*). En la sentencia de divorcio se había establecido una custodia compartida, sin fijar pensión de alimentos a cargo de ninguno de los progenitores. Posteriormente, el padre instó demanda de modificación de medidas, recayendo sentencia de primera instancia en la que se le concedió custodia monoparental, imponiéndose a la madre la obligación de pagar una pensión de alimentos de 120 euros al mes, 40 euros más de la establecidas en el auto de medidas provisionales, desde la fecha de dicha sentencia, extremos éste, que fue confirmado en segunda instancia. En el recurso, el padre argumenta que los alimentos se debían devengar desde el momento de la interposición de la demanda y no, desde la fecha de la sentencia de primera instancia, tal y como se sostenía en ella y en la sentencia recurrida, la cual afirmaba que la pensión se había establecido por vez primera en el auto de medidas provisionales coetáneas y "que la sentencia de primera instancia lo único que hizo fue alterar su cuantía por lo que debe considerarse eficaz desde que fue dictada".

El TS estima el recurso de casación, aplicando la doctrina expuesta por la STS 6 febrero 2020 *(Tol 7745778)*, afirmando lo siguiente: "Es cierto, que esta doctrina se refiere a las medidas provisionales previas a la demanda de nulidad, separación o divorcio del art. 771 LEC, pero también lo es que ha de considerarse extensiva a las medidas provisionales coetáneas del art. 773 LEC y a las del art. 775.3 LEC, pues tampoco en su caso la sentencia de primera instancia recae en un proceso diferente, sino en el mismo proceso en el que se acuerdan estas, por lo que, igual que cuando se trata de medidas provisionales previas, ha de aplicarse la doctrina jurisprudencial, en el sentido de que los alimentos fijados en la sentencia de primera instancia, se devengan desde la interposición de la demanda, sin perjuicio

La acción ejecutiva para pedir el pago de las pensiones adeudadas está sujeta al plazo de caducidad de 5 años del art. 518 LEC, que se cuenta desde la fecha de la exigibilidad de cada una de las pensiones reclamadas[172]. No obstante, dicha caducidad no puede ser aplicada de oficio por los Tribunales, sino que ha de ser invocada por el alimentista como causa de oposición a la ejecución (art. 556.1°, II LEC).

Sin embargo, la STS 14 noviembre 2018 (*Tol 6920143*) ha entendido que la buena fe en el ejercicio de los derechos impide reclamar una deuda de alimentos, al haber transcurrido más de veinte años desde que se fijaron en la resolución judicial, sin haber sido nunca pagados, ni reclamados, incluso respecto del importe de las pensiones no prescritas o respecto de las cuales la acción ejecutiva no está caducada. Dice, así que "No cabe considerar que cumple con los requisitos de ejercicio del derecho conforme a las reglas de la buena fe la reclamación que se hace con tanto retraso respecto del momento en que presumiblemente era necesario percibir la pensión alimenticia, cuando se acumulan cantidades que difícilmente pueden ser asumidas por el obligado al pago".

---

que se compute lo ya abonado en virtud del auto de medidas, para evitar un doble pago, ya que dichas medidas solo constituyen un estatuto jurídico provisional".

172 Obsérvese que este plazo de caducidad se superpone al de prescripción del art. 1966.1 CC, también de cinco años, por lo que el demandado puede alegar uno u otro indistintamente, aunque le convendrá alegar la caducidad, si se hubieran realizado actuaciones extrajudiciales para reclamar las pensiones no satisfechas, pues la misma no se interrumpe.

4. LA VIVIENDA FAMILIAR EN LAS CRISIS CONYUGALES: ANÁLISIS LEGAL Y JURISPRUDENCIAL DE LA ATRIBUCIÓN DE SU USO Y PROPUESTAS DE *LEGE FERENDA*[1]

PILAR MARÍA ESTELLÉS PERALTA[2]

I. REFLEXIÓN PRELIMINAR

La mayoría de las crisis de pareja conllevan la cesación de la convivencia familiar, por lo que la problemática sobre con quién convivirán los hijos menores cobra especial importancia. Asimismo, dónde lo harán (en qué inmueble), es de gran relevancia porque indudablemente la vivienda suele ser el bien de mayor valor del que disponen los cónyuges, de manera que el progenitor no custodio, por aplicación automática del art. 96.1 CC debe

---

[1] El presente trabajo es la versión adaptada, actualizada y ampliada de "La atribución del uso de la vivienda familiar en las crisis de pareja: análisis legal y jurisprudencial del art. 96.1 CC y propuestas de lege ferenda", Actualidad Jurídica Iberoamericana, núm. 19, agosto 2023, pp. 200-259.

[2] Universidad Católica de Valencia "San Vicente Mártir".

abandonar el domicilio "familiar", aunque puede no gozar de la capacidad económica suficiente para poder adquirir o arrendar otra residencia si previamente no se procede a la venta de la anterior. Venta que, en la mayoría de los casos, es extremadamente dificultosa mientras persiste ese derecho de uso que, según el art. 96.3 CC y reiterada jurisprudencia anterior a su reforma, es (y era) oponible a terceros adquirentes del inmueble no protegidos por el art. 34 LH[3] y que actualmente se protege de manera expresa en el mencionado precepto, pues se trata nada menos, de la vivienda familiar ya sea ésta ganancial[4], en comunidad proindiviso o privativa.

El art. 96 CC modificado por la Ley 8/2021, de 2 de junio, por la que se reforma la legislación civil procesal para el apoyo a las personas con discapacidad para el ejercicio de su capacidad jurídica (en adelante Ley 8/2021), viene a establecer respecto de los hijos comunes menores y del cónyuge en cuya compañía queden éstos, el derecho de uso de la vivienda familiar (en defecto de acuerdo aprobado por la autoridad judicial) y de los objetos de uso ordinario de ésta hasta que los hijos sean mayores de edad, atendiendo también a las necesidades e intereses de los hijos con discapacidad.

La nueva redacción del precepto reformado en lo que interesa a nuestro análisis, se expresa en su primer apartado, en los siguientes términos:

> "En defecto de acuerdo de los cónyuges aprobado por la autoridad judicial, el uso de la vivienda familiar y de los objetos de uso ordinario de ella corresponderá a los hijos comunes menores de edad y al cónyuge en cuya compañía queden, hasta que todos aquellos alcancen la mayoría de edad. Si entre los hijos menores hubiera alguno en una situación de discapacidad que hiciera conveniente la continuación en el uso de la vivienda familiar después de su mayoría de edad, la autoridad judicial determinará el plazo de duración de ese derecho, en función de las circunstancias concurrentes.
>
> A los efectos del párrafo anterior, los hijos comunes mayores de edad que al tiempo de la nulidad, separación o divorcio estuvieran en una situación de discapacidad

---

3 *Vid.* J. R. De Verda y Beamonte: "La atribución del uso de la vivienda familiar en los casos de divorcio en España: la superación del Derecho positivo por la práctica jurisprudencial", *Actualidad Jurídica Iberoamericana*, núm. 3 bis, 2015, pp. 9-43, en p. 12. Consagran, la oponibilidad a terceros del derecho de uso, entre otras, las SSTS 11 diciembre 1992 (*Tol 1661990*), 18 octubre 1994 (*Tol 1665543*), 31 diciembre 1994 (*Tol 1666524*), 4 abril 1997 (*Tol 2114321*), 22 abril 2004 (*Tol 392352*), 14 enero 2010 (Pleno) (*Tol 1840476*), 8 octubre 2010 (*Tol 1972276*), 22 noviembre 2010 (*Tol 2003527*) y 18 marzo 2011 (*Tol 2089131*).

4 *Vid.* STS 3 enero 2022 (*Tol 8764983*).

que hiciera conveniente la continuación en el uso de la vivienda familiar, se equiparan a los hijos menores que se hallen en similar situación.

Extinguido el uso previsto en el párrafo primero, las necesidades de vivienda de los que carezcan de independencia económica se atenderán según lo previsto en el Título VI de este Libro, relativo a los alimentos entre parientes.

Cuando algunos de los hijos queden en la compañía de uno de los cónyuges y los restantes en la del otro, la autoridad judicial resolverá lo procedente".

Al efecto, conviene destacar algunas cuestiones sobre la nueva redacción de este apartado que, en todo caso, tiene carácter dispositivo y que se establece en favor de los hijos menores comunes y con discapacidad. Cuestiones todas ellas que analizamos en este trabajo a la luz de la doctrina y la jurisprudencia. Cuestiones que orbitan en torno a la vivienda familiar cuyo concepto debemos perfilar primeramente.

II. CONCEPTO DE VIVIENDA FAMILIAR

1. Aproximación al concepto de vivienda familiar: precisión terminológica en la doctrina y la jurisprudencia

Existen conceptos en relación con esta cuestión que podrían parecer similares pero no lo son y, sin embargo, pueden dar lugar a una cierta confusión si no se precisan algunas expresiones como "domicilio conyugal", "domicilio familiar" y "vivienda familiar". El Código Civil en su art. 70 establece los criterios para la fijación del domicilio conyugal al señalar que "los cónyuges fijarán de común acuerdo el domicilio conyugal y, en caso de discrepancia, resolverá el Juez, teniendo en cuenta el interés de la familia". Y, según su art. 40, el domicilio conyugal es el lugar de residencia habitual. Así, el domicilio conyugal se identifica con la existencia de una relación matrimonial, hace referencia a la relación de pareja. Por el contrario, el domicilio familiar suele considerarse desde la perspectiva de los hijos al margen del vínculo conyugal y se refiere a la efectiva convivencia tanto de la pareja con los hijos comunes, como de uno sólo de los progenitores con esos hijos comunes[5].

---

[5] S. Espiau Espiau: *La vivienda familiar en el ordenamiento jurídico español*, PPU, Barcelona, 1992, pp. 21, 36 y 37.

Indudablemente, el domicilio conyugal cumple la función de localización o identificación del matrimonio, sin embargo, la vivienda familiar es un objeto patrimonial susceptible de titularidad y posesión[6]. Entiende la doctrina española que el concepto de domicilio conyugal es más amplio que el de vivienda familiar —que tiene un contenido sociológico— que, sin embargo, coincidirá siempre con el domicilio conyugal —de contenido más jurídico—[7]. De este modo, puede ser definida la vivienda familiar como la base física del domicilio conyugal o familiar fijado por los cónyuges, sin perjuicio de que la vivienda conyugal sea donde normalmente residan también los hijos y donde sus progenitores cumplan la obligación de tenerlos en su compañía.

En esta línea de entendimiento se ha pronunciado la jurisprudencia al señalar que la vivienda familiar es la habitada por los progenitores y los hijos hasta la ruptura de la relación de pareja [SSTS 23 enero 2017 (*Tol 5944409*), 22 septiembre 2017 (*Tol 6355976*) y 24 mayo 2021 (*Tol 8454612*)].

Producida crisis matrimonial (o de pareja, en su caso) la vivienda o domicilio familiar fijado por los cónyuges sigue existiendo y sobre su uso habrá que decidir, aunque ésta ya no tenga la categoría de domicilio conyugal[8] debido al cese de la convivencia de los ya ex cónyuges.

Pero el Código Civil no define la vivienda familiar pese a que en la filosofía de su concepto mismo se apoyan, por un lado, los fundamentos del derecho de uso de la vivienda familiar en situaciones armónicas de convivencia matrimonial, y, por otro lado, los fundamentos de la atribución judicial del uso de la vivienda familiar, en los casos de crisis matrimonial[9]. Así dicho concepto de vivienda familiar se ha ido perfilando tanto por la doctrina como por la jurisprudencia menor y del Tribunal Supremo.

---

6 Así H. Álvarez Álvarez: *Régimen jurídico del domicilio de las personas físicas*, Lex Nova, Valladolid, 2005, p. 376.

7 H. Álvarez Álvarez: *Régimen jurídico*, cit., p. 376.

8 En opinión de H. Álvarez Álvarez: *Régimen jurídico*, cit., p. 385 el legislador se refiere en varios preceptos del Código Civil, como los arts. 70, 82. 1, 87, 90 b), 91, 103.2, 1357 y 1362.1, a un mismo concepto aunque utilizando distintas expresiones como equivalentes: 'domicilio conyugal', 'hogar', 'hogar familiar', 'vivienda habitual', 'vivienda familiar' o 'domicilio familiar'.

9 *Vid.* en este sentido R. F. Sifre Puig: "La atribución judicial del uso de la vivienda familiar en los casos de crisis matrimonial y sus repercusiones registrales. Primera parte", *Revista Crítica de Derecho Inmobiliario*, núm. 783, 2021, pp. 135-221, concretamente, p. 140.

Ya tres décadas atrás, la STS 31 diciembre 1994 (*Tol 1666524*) definió la vivienda familiar como un bien familiar (no patrimonial) al servicio del grupo o ente pluripersonal que en ella se asienta, quien quiera que sea el propietario. Posteriormente la STS 16 diciembre 1996 (*Tol 217322*), la define como el reducto donde se asienta y desarrolla la persona física, como refugio elemental que sirve a la satisfacción de sus necesidades primarias (descanso, aseo, alimentación, vestido, etc.) y protección de su intimidad (privacidad), al tiempo que, cuando existen hijos, es también auxilio indispensable para el amparo y educación de éstos.

Para una aproximación mayor a este concepto no definido en ningún precepto legal se han ofrecido por la doctrina[10] y la jurisprudencia[11], algunos caracteres definitorios.

2. *Caracteres de la vivienda familiar*

De acuerdo con Ordás Alonso[12], la vivienda familiar, para su consideración como tal debe reunir determinadas características: ha tratarse de un inmueble o edificación cuyo destino principal sea servir de alojamiento, como vivienda, a las personas (lo que excluye los solares, locales de negocio y fábricas). Asimismo, quedan excluidos las caravanas, barcos, remolques, tiendas de campaña, etc.[13], pero no los inmuebles con un destino mixto como la vivienda con despacho anexo o integrado para el ejercicio de la profesión.

---

10 H. Álvarez Álvarez: *Régimen jurídico*, cit.; J. R. De Verda y Beamonte: "La atribución", cit.; S. Espiau Espiau: *La vivienda*, cit.; R. F. Sifre Puig: "La atribución", cit., entre otros.

11 *Vid.* SSTS 31 diciembre 1994 (*Tol 1666524*), STS 16 diciembre 1996 (*Tol 217322*), 9 mayo 2012 (*Tol 2538556*), 31 mayo 2012 (*Tol 2538081*), 30 octubre 2015 (*Tol 5550283*), 6 octubre de 2016 (*Tol 5843481*), 23 enero 2017 (*Tol 5944409*), 22 septiembre 2017 (*Tol 6355976*), 20 noviembre 2018 (*Tol 6921906*) y 24 mayo 2021 (*Tol 8454612*), entre otras.

12 M. Ordás Alonso: *La atribución del uso de la vivienda familiar y la ponderación de las circunstancias concurrentes*, Bosch, Madrid, 2018, p. 73-86; y en el mismo sentido, R. F. Sifre Puig: "La atribución", cit., p. 143.

13 Porque estos lugares no están dotados de idoneidad material ni estabilidad ni pueden ser identificados ni individualizados por referencias a un lugar físico. En este sentido, H. Álvarez Álvarez: *Régimen jurídico*, cit., p. 381.

La vivienda debe reunir las condiciones de habitabilidad (de higiene y seguridad) y dignidad, quedando excluidas las chabolas, chozas, etc.[14]; y ha de estar afectada a las necesidades de la familia[15].

Al mismo tiempo, debe tener la consideración de residencia habitual, es decir, ocupada de hecho y con habitualidad, por tanto, no estarían incluidas las residencias secundarias, viviendas de temporada o fincas de recreo[16]. Residir habitualmente significa morar o habitar en un lugar de forma normal y presumiblemente continuada. La residencia (*residere*) significa asentarse en un lugar, siendo la habitualidad el signo distintivo del domicilio y el que le diferencia de la mera residencia. Le caracteriza, más que la duración o permanencia, la nota de ser la residencia normal y presumible para un futuro próximo (*animus manendi*).

La STS 9 mayo 2012 (*Tol 2538556*), exige que la vivienda constituya la residencia habitual de la unidad familiar, es decir, debe tratarse del lugar en que la familia haya convivido como tal, con una voluntad de permanencia. Sería aquella que es ocupada por los cónyuges y por los hijos en el momento en que se produce la ruptura de la convivencia. SSTS 31 mayo 2012 (*Tol 2538081*), 30 octubre 2015 (*Tol 5550283*) y 6 octubre de 2016 (*Tol 5843481*).

Asimismo, se considera vivienda familiar en cuanto sirva a un determinado grupo familiar aunque desmembrado y desintegrado tras la crisis matrimonial. Por ello, la entrada de una tercera persona en el ámbito sentimental de la esposa y materialmente en la que fue vivienda familiar hace perder a la vivienda su antigua naturaleza de vivienda familiar por servir en

---

14 *Vid.*, E. Serrano Gómez: *La vivienda familiar en las crisis matrimoniales*, Tecnos, Madrid, 1999, p. 12.

15 En opinión de R. F. Sifre Puig: "La atribución", cit., p. 143, no reúne esa condición el piso habitado únicamente por uno de los cónyuges, por motivos laborales, en lugar distinto de donde reside la familia. Pero sí deberá tener tal consideración si el piso está al servicio de cualquier miembro de la familia, indistintamente.

16 J. R. De Verda y Beamonte: "La atribución", cit., pp. 13-14, señala que el precepto se refiere, exclusivamente, a la "vivienda familiar", esto es, a la vivienda principal en la que habitualmente residen los miembros de la familia, por lo que no entran dentro de este concepto las casas que sólo son habitadas durante una parte del año, por ejemplo, en vacaciones; y tampoco, según constata la STS 9 mayo 2012 (*Tol 2538556*), las segundas residencias o los locales en los que se ejerce una profesión o negocio, cuya atribución (salvo que otra cosa acuerden las partes) "debe efectuarse de acuerdo con las reglas del régimen económico-matrimonial que rija las relaciones entre cónyuges".

su uso a una familia distinta y diferente, según señala la STS 20 noviembre 2018 (*Tol 6921906*).

3. Los efectos de la ruptura conyugal en la vivienda y domicilio familiares

Los supuestos de crisis conyugal que se producen en el momento de una separación o divorcio y que conllevan el cese de la obligación de convivencia desencadenan algunas cuestiones relativas al domicilio conyugal y la vivienda familiar:

a) Por un lado, los domicilios conyugal y familiar, que eran una misma cosa y se ubicaban en un mismo lugar, se disocian y dan paso al domicilio individual de uno de los ex cónyuges y al domicilio familiar de aquel de ellos a cuyo cuidado quedan los hijos, de haberlos. Desaparece pues el domicilio conyugal, concepto directamente relacionado con la vida de pareja que ahora finaliza, y se mantiene el domicilio familiar en la medida en que uno de los cónyuges queda al cuidado de los hijos comunes.

b) La determinación de quién va a continuar en ese domicilio (otrora conyugal y familiar), estará en función de una serie de circunstancias que se deberían tenerse en cuenta para adjudicar el uso de la vivienda conyugal a uno u otro cónyuge. Los criterios que se pueden aplicar son numerosos, aunque el criterio principal a tener en cuenta para el caso de que existan hijos comunes es que el derecho al uso de la vivienda se adjudica automática y cuasi imperativamente al cónyuge a quien se atribuye la custodia de los hijos, en atención al interés primordial de los hijos que es el criterio que se hace prevalecer en vez de poner el acento en el posible interés o conveniencia del cónyuge custodio. Tal es la regulación del art. 96.1 CC a falta de acuerdo de los excónyuges. No obstante, como analizaremos, no siempre se preserva el interés superior del menor cuando se atribuye el uso de la vivienda familiar (automáticamente) al cónyuge custodio. Y al mismo tiempo, no se atienden debidamente otros intereses de los afectados por esta crisis familiar.

c) En el caso de que se determine la custodia compartida de los menores, el domicilio familiar deja de ser único y se duplica pues ambos progenitores van a convivir con sus hijos menores en la antigua vivienda familiar (o no) y en otra u otras nuevas.

d) En el caso de la continuidad en el domicilio familiar del cónyuge custodio y los hijos que han quedado a su cuidado, surge el problema del uso real de la vivienda *versus* la titularidad jurídica de ésta (antes vivienda conyugal y ahora familiar), que puede haber sido arrendada por los cónyuges, o adquirida conjuntamente por ambos ostentando los dos cónyuges la propiedad de la misma; o bien que pertenezca a uno solo de los cónyuges que bien puede ser el que la habita en compañía de los hijos pero también del que abandona la vivienda familiar para constituir uno nuevo domicilio individual separado de su ex cónyuge e hijos.

III. NATURALEZA JURÍDICA DE LA ATRIBUCIÓN JUDICIAL DEL USO DE LA VIVIENDA FAMILIAR

Cabe distinguir entre el derecho de uso de la vivienda familiar (derecho que corresponde a todos los miembros del grupo familiar en situaciones de armonía conyugal) y, el 'derecho' a la atribución —judicial— del uso de la vivienda familiar (en favor de aquellos miembros de la familia necesitados de protección y que opera en la situación de crisis de pareja). Así, estos derechos: derecho de uso y derecho de atribución judicial del uso de la vivienda familiar obedecen a dos principios constitucionales: el derecho a la vivienda del art. 47 CE y el derecho a la protección de la familia, consagrado en el art. 39.1 y 2 CE[17], dado que la finalidad del precepto (art. 96 CC) no es otra que garantizar que aquellos que presenten un interés digno de protección vean garantizado el acceso a una vivienda[18].

En todo caso, el reformado art. 96 CC posibilita que el derecho de uso de la vivienda familiar en situaciones de crisis familiar también pueda ser pactado por los cónyuges en convenio regulador o por acuerdo especial. Dicho acuerdo (como la resolución judicial que atribuya el uso de la vivienda familiar al cónyuge custodio) debe ser inscrito en el Registro de la Propiedad para impedir que se disponga de la misma en favor de terceros de buena fe que se puedan acoger a la buena fe registral del art. 34 LH. Tal es así porque se considera —por un importante sector doctrinal— como un derecho de naturaleza real pese a que se atribuya al cónyuge no titular

---

17 M. Manzano Fernández: "Titularidad y atribución del uso de la vivienda familiar (problemas prácticos y propuestas de reforma de una regulación inadecuada)", *Revista Crítica de Derecho Inmobiliario*, núm. 774, 2019, p. 1785. Asimismo, R. F. Sifre Puig: "La atribución", cit., p. 141. *Vid.* asimismo, P. Chaparro Matamoros: "La atribución del derecho de uso de la vivienda familiar en España" en *La vivienda en las crisis familiares*, (dir. P. Chaparro Matamoros), Tirant lo Blanch, Colección Tratados, Valencia, 2022, pp. 36-64, en p. 48 y ss.

18 M. Ordás Alonso: *La atribución*, cit., pp. 79 y ss.

de la misma[19]. En opinión de Berrocal, nos hallamos ante un derecho oponible "erga omnes" e inscribible en el Registro de la Propiedad por lo que tiene efectos reales[20]. No obstante, no es pacífica esta cuestión en la doctrina, pues otros autores lo consideran como un derecho familiar (no real) que legitima al cónyuge custodio para la posesión exclusiva de la vivienda familiar frente al cónyuge propietario[21].

En opinión de Serrano Alonso, lo que en estos casos se atribuye al cónyuge usuario es una facultad de usar y disfrutar la vivienda, bien sea porque el cónyuge titular ha renunciado voluntariamente a dicha facultad (me-

---

19 J. López Liz: *Bienes inmuebles y sociedad conyugal. Adquisición, administración y disposición, hipoteca y embargo, con particular estudio del derecho real de uso especial de la vivienda familiar*, Bosch, Barcelona, 1998, pp. 268 y 274; J. Méndez Pérez: "La atribución judicial de la vivienda a uno de los cónyuges en los procesos de nulidad, separación o divorcio", *Revista General de Derecho*, núm. 519, 1987, p. 6304. Para A. Isaac Aguilar: "Las consecuencias registrales de la separación matrimonial y del divorcio", *Revista Crítica de Derecho Inmobiliario*, núm. 577, 1986, pp. 1730 y 1732, se trata de un derecho real de habitación, definido en el art. 524.2 CC; F. J. Gómez Gálligo: "Efectos de la atribución del derecho de uso al cónyuge titular de la vivienda familiar". *Boletín del Centro de Estudios Hipotecarios de Cataluña*, núm. 68, 1996, pp. 146-148, entiende que derecho de uso de la vivienda familiar es un verdadero derecho real oponible a terceros y susceptible de inscripción; B. Camy Sánchez-Cañete: "Protección legal de la vivienda familiar", *Revista Crítica de Derecho Inmobiliario*, núm. 588, 1988, p. 1609, lo considera un derecho real de usufructo. Por el contrario, en opinión de F. J. García-Valdecasas y Alex: "Uso familiar: un nuevo derecho", *Lunes 4'30*, núm. 191, 1996, p. 20-22, en el uso regulado por el art. 96 CC no se aprecian contornos reales por lo que no se trata de un derecho real sino personal. Asimismo, Mª. D. Cervilla Garzón: "Naturaleza jurídica del derecho a usar la vivienda familiar. Revisión y puesta al día", *InDret: Revista para el Análisis del Derecho*, núm. 4, 2017, p. 22.

20 A. I. Berrocal Lanzarot: "La extinción del derecho de uso de la vivienda familiar, en especial, por convivencia marital del usuario con otra persona". *Revista Crítica de Derecho Inmobiliario*, núm. 774, 2019, pp. 2002-2042.

21 J. J. Pretel Serrano: "Naturaleza jurídica del uso de la vivienda familiar y eficacia frente a terceros. Su estudio desde la práctica profesional", en *Menores y crisis de pareja: la atribución del uso de la vivienda familiar*, (dir. G. Cerdeira Bravo de Mansilla), Reus, Madrid, 2017, p. 25; o E. Calmarza Cuencas: "La atribución judicial del uso de la vivienda familiar en situaciones de crisis matrimonial", *Cuadernos del Seminario Carlos Hernández Crespo*, núm. 37, 2018, pp. 24-25. Igualmente, las RRDGRN de 14 de mayo de 2009 y 19 de julio de 2011, también reconocen a este derecho de uso un carácter no real sino familiar, que tiene unos efectos especiales pues se produce una disociación entre la titularidad del derecho de uso y el interés protegido por el mismo. Sobre esta cuestión, *vid.*, R. F. Sifre Puig: "La atribución", cit., p. 159 y ss.

diante pacto) o bien porque ha sido privado de la misma judicialmente, pero nada más. En consecuencia, el cónyuge usuario no tendría ningún derecho ni real ni personal sobre dicha vivienda. Es por ello que la posición jurídica del cónyuge titular no queda alterada por la atribución del uso de la vivienda al cónyuge no titular, sino que tan sólo le priva de la facultad de uso, que es lo que, en puridad, se atribuye al usuario; así, este cónyuge usuario adquiere únicamente la facultad de ocupar la vivienda familiar durante el tiempo y en las condiciones fijadas en el convenio regulador o en la sentencia que le hubieren atribuido su uso. A su vez, señala el citado autor que, si bien la eficacia "erga omnes" es característica propia de los derechos reales, otro tanto sucede en otro tipo de contratos como los de arrendamiento u opción. Igualmente, señala que la exigencia de asentimiento (o consentimiento según la actual redacción del art. 96.3 CC) del cónyuge titular del derecho de uso o, en su defecto, de autorización judicial, para que el cónyuge titular de la vivienda familiar pueda realizar actos de disposición sobre la misma sería innecesaria, para proteger al cónyuge usuario, si este derecho de uso tuviera naturaleza real[22]. Si bien es cierto que este derecho supone una limitación del dominio del cónyuge titular de la vivienda porque restringe sus facultades de disposición y disfrute y supone una carga para el inmueble con eficacia frente a terceros, y por ello, inscribible[23].

Igualmente, para Sifre, el derecho de uso de la vivienda familiar no es un derecho real porque, si lo fuera, no sería preciso el consentimiento del cónyuge usuario que exige el art. 96 CC para que el cónyuge titular de la vivienda familiar pueda realizar actos de disposición sobre la misma. En su opinión, se trata de un derecho de ocupación y posesión exclusiva de la vivienda familiar por uno de los cónyuges, de carácter no personal ni real, sino familiar y "sui generis" con algunas notas características: supone como "efecto único, exclusivo y consustancial", una limitación del derecho del titular oponible "erga omnes" a la facultad de disponer del cónyuge titular de la vivienda familiar, que debe recabar el consentimiento del cónyuge usuario o, en su caso, autorización judicial, para cualquier acto de disposi-

---

22 M. Ordás Alonso: *La atribución*, cit., pp. 37-38. A su vez, A. I. Berrocal Lanzarot: "La extinción", cit., pp. 2005-2007, destaca la temporalidad del uso y la necesidad de consentimiento de ambos cónyuges para disponer de la vivienda, lo que le confiere rasgos más propios de los derechos personales.

23 A. López Frias: "El derecho de uso ex artículo 96 del Código civil ante la hipoteca y el embargo de la vivienda familiar", *Revista Crítica de Derecho Inmobiliario*, núm. 729, 2012, p. 114.

ción sobre esta vivienda que ya no puede poseer o disfrutar porque se ha atribuido la posesión exclusiva de la misma al otro cónyuge. "Lo que es oponible 'erga omnes' y con carácter inmediato no es el derecho familiar de ocupación, en sí mismo considerado, sino la mera limitación o prohibición de disponer del cónyuge titular registral dominical"[24].

A este respecto, como evidencia Sifre[25], la jurisprudencia de nuestros Tribunal Supremo ha sufrido una evolución y ha pasado de considerar el derecho de uso de la vivienda familiar como un derecho personal, incluso negando la eficacia real de este derecho (SSTS 29 abril 1994 (*Tol 1656640*) o 22 septiembre 1988 (*Tol 1735993*)[26], para admitir posteriormente, una cierta eficacia real [SSTS 13 diciembre 1991 (*Tol 1728403*) y 18 octubre 1994(*Tol 1665543*)], incluso oponible a terceros y con acceso al Registro de la Propiedad [STS 11 diciembre 1992 (*Tol 1661990*)], reconociendo más adelante su naturaleza real [SSTS 20 de mayo de 1993 (*Tol 1663807*), 11 diciembre 2002 (*Tol 4920193*) y 14 diciembre 2004 (*Tol 526529*)], para calificarlo finalmente como un derecho familiar [SSTS 14 enero 2010 (*Tol 1840476*) y 18 enero 2010 (*Tol 1793037*)][27], no real, en el que la protección del interés de los hijos o del cónyuge más desfavorecido es esencial a su naturaleza y va a delimitar su contenido y características[28]. En este sentido, señala el Tribunal Supremo, que el legislador no ha conferido a la atribución del uso de la vivienda familiar la naturaleza de derecho real y que, por el contrario, el art. 96 CC únicamente señala a quién se atribuye

---

24 R. F. Sifre Puig: "La atribución", cit., p. 158 y ss. En este sentido, las RRDGRN 5 de septiembre y 20 de octubre de 2016 entienden (independientemente de la naturaleza jurídica que se le atribuya al derecho de uso) que es inscribible y oponible a terceros, sea como prohibición de disponer, sea como verdadero derecho real, constituyendo una auténtica limitación a las facultades del excónyuge propietario.

25 R. F. Sifre Puig: "La atribución", cit., pp. 161 y ss., en un magnífico y exhaustivo análisis de esta cuestión.

26 Así las SSTS 29 abril 1994 (*Tol 1656640*) o 22 septiembre 1988 (*Tol 1735993*) que, negando la eficacia real de este derecho, admite el derecho a la división de la cosa común (en este caso de la vivienda) ejercitado por uno de los cónyuges cotitular, a pesar de la existencia del derecho de uso en favor del otro, otorgando preferencia al derecho a dividir la cosa común sobre el derecho de uso de la que fuera vivienda familiar.

27 Asimismo, SSTS 18 octubre 1994 (*Tol 1665543*), 14 julio 1994 (*Tol 1657336*), 31 diciembre 1994 (*Tol 1666524*) y 16 diciembre 1995 (*Tol 1668184*), o las ya citadas SSTS 14 enero 2010 (*Tol 1840476*) y 18 enero 2010 (*Tol 1793037*).

28 *Vid.* R. F. Sifre Puig: "La atribución", cit., pp. 162.

el uso de la vivienda familiar, estableciendo la preferencia en favor de los hijos comunes y del progenitor custodio o de aquel de los cónyuges cuyo interés resulte más digno de protección con independencia del título que ostente el titular de la vivienda, ya sea en copropiedad con el cónyuge usuario, de propiedad exclusiva del titular o en arrendamiento. En todo caso, el derecho al uso de la vivienda familiar en favor del cónyuge no titular de la misma, supone (nada menos) la limitación de disponer impuesta al otro cónyuge (y oponible a terceros)[29], quien debe recabar el consentimiento del cónyuge titular del derecho de uso (o la autorización judicial) para cualquier acto de disposición de la vivienda familiar, según señaló la STS 27 febrero 2012 (*Tol 2468857*), entre otras. Pero no se debe perder de vista, como afirma Sifre, que la crisis matrimonial no puede reforzar una situación posesoria que, en la situación de normalidad de matrimonio, era la misma; no hay razón alguna que justifique mayor protección en situaciones de crisis que en situaciones de normalidad matrimonial[30].

Así las cosas, el estatuto jurídico que se le reconoce por nuestro Código Civil a la vivienda calificada como "familiar" en situaciones de crisis familiar (al uso de la misma), se separa del normal uso de la cosa cual es la vivienda en sí misma[31]. Autores como Goñi[32], señalan que pese a la dicción del art. 96.3 CC, el cónyuge no usuario puede ejercitar la actio communi dividundo sin necesidad del consentimiento del cónyuge usuario, por el hecho de que la división no se considera como un acto dispositivo sino declarativo o especificativo de los copropietarios mediante el cual se concreta su cuota. Pero de ello, no se puede derivar la extinción del derecho de uso atribuido al cónyuge usuario, según entiende la doctrina y jurisprudencia mayoritarias[33].

En consecuencia, la asignación de este uso no altera la titularidad del bien ni sus cargas, derechos y obligaciones. En tal sentido, la STS 5 febrero

---

29 STS 27 febrero 2012 (*Tol 2468857*), entre otras.

30 R. F. Sifre Puig: "La atribución", cit., pp. 188.

31 *Vid.* en este sentido, M. García Mayo.: "El uso de la vivienda familiar a la luz del nuevo art. 96 CC", en *Vivienda y colectivos vulnerables,* (dirs. M.ª D. Cervilla e I. Zurita), Aranzadi, Navarra, 2022, pp. 220-265, concretamente, p. 229. Asimismo, en "El uso de la vivienda familiar a la luz del nuevo art. 96 CC", *Revista de Derecho Civil,* núm. 3, 2021, pp. 187-221.

32 M. Goñi Rodríguez De Almeida: "La oponibilidad del derecho de uso de la vivienda familiar". *Revista Crítica de Derecho Inmobiliario,* núm. 737, 2013, pp. 1893-1912, en p. 1902.

33 *Vid.*, STS 27 febrero 2012 (*Tol 2468857*) ya citada.

2013 (*Tol 3011876*) señaló que la acción de división de cosa común de la vivienda en copropiedad (situación que se produce principalmente en la liquidación del régimen de separación de bienes) no extingue el derecho de uso atribuido al otro cónyuge, derecho que es oponible a terceros que hayan adquirido directamente del propietario único o en la subasta consiguiente a la acción de división, todo ello con fundamento en la protección de la familia y la vivienda y en la buena fe de las relaciones entre cónyuges. Redundando en ello, la STS 22 enero 2013 (*Tol 3006992*) precisa que:

> "Sin duda la división de la cosa común produce importantes efectos que afectan a los condóminos, a los terceros y a la misma cosa poseída en común. Pero es el caso que la sentencia parte de la existencia del uso exclusivo de la vivienda por el recurrente resultante del juicio matrimonial y declara que no hay ninguna prueba respecto a si se mantienen las circunstancias que se tuvieron en cuenta a la hora de adoptar esta decisión de uso exclusivo o si por el contrario estas han cambiado, y lo cierto es que ninguna alegación o valoración de estos hechos se hace en el motivo que pueda ser determinante de una calificación jurídica distinta que, en cualquier caso, no afecta al derecho que en su día le fue reconocido por el Juzgado de Familia, con base en las circunstancias concurrentes en aquel momento, que podrán o no mantenerse"[34].

Complejo ciertamente y con disparidad de criterios que clarifiquen mejor su naturaleza jurídica en este asunto que no es nuevo. Por el contrario, todo este "nuevo" estatuto de la vivienda familiar tiene su origen en la regulación introducida hace ya cuarenta años por la Ley 30/1981, de 7 de julio, pues hasta entonces, la vivienda familiar se regía por la titularidad del bien[35].

Con independencia de esta importante discusión doctrinal, lo bien cierto es que el derecho de uso sobre la vivienda familiar y del ajuar de la misma es personalísimo en favor del cónyuge custodio (y los hijos comunes que queden en su compañía) e indisponible, por lo que no se puede ceder el uso a terceros.

---

34 En relación con esta cuestión *vid.*, P. M.ª Estellés Peralta: *El régimen de separación de bienes y su liquidación. Problemáticas y soluciones en la praxis de los tribunales*, Tirant lo Blanch, Valencia, 2022, pp. 89-95.

35 En igual sentido, M. García Mayo: "El uso", 2022, cit., p. 223, para quien el único precedente previo es el art. 68.2 CC (introducido por la Ley 24 de abril de 1958 y que denominaba a esta vivienda como 'común') que contemplaba la atribución del uso de la vivienda familiar en relación con las medidas provisionales, aunque no con las definitivas.

En todo caso, tal y como está redactado el art. 96 CC —y atendiendo a la realidad social familiar y al mercado inmobiliario, el alto coste de adquisición e, incluso, de arrendamiento de las viviendas y la escasez de las mismas—, se plantean nuevas problemáticas añadidas a las que propiamente genera la crisis de pareja y la ruptura de la convivencia y que van más allá de la determinación de su naturaleza jurídica[36].

IV. LA TITULARIDAD DEL USO DE LA VIVIENDA FAMILIAR

De la medida relativa al uso de la vivienda familiar que regula el art. 96 CC pueden extraerse algunas reglas en relación a la determinación de la titularidad del derecho de uso de la vivienda familiar como señala Sifre[37]. En primer lugar y únicamente habiendo acuerdo de los cónyuges aprobado por el juez, es posible que el uso se atribuya en favor de quienes los cónyuges dispongan y, por tanto, puede acordarse de que se atribuya al cónyuge no propietario, siendo éste el cónyuge usuario y, por ende, el sujeto titular del derecho de uso. Pero también en favor de los hijos mayores de edad (si hay pacto sobre este extremo).

Por otra parte, habiendo hijos menores de edad o con discapacidad, la dicción del precepto parece plantear que el uso de la vivienda familiar

---

36 Tema que ha suscitado una gran literatura jurídica. Entre otros muchos: A. M. Bañón González: "La atribución del derecho de uso de la vivienda familiar: aspectos registrales", *Actualidad Jurídica Iberoamericana*, núm. 3 bis, 2015, pp. 113-144. A. I. Berrocal Lanzarot: "Criterios para la atribución del uso de la vivienda familiar", *Revista Crítica de Derecho Inmobiliario*, núm. 743, 2014, p. 1347 y ss. G. Cerdeira Bravo De Mansilla: "Atribución de la vivienda familiar en las parejas de hecho tras su ruptura: ¿siempre en precario? ¿siempre sin aplicar el art. 96 CC? Comentario a la Sentencia del TS de 6 de octubre de 2011", *Revista Aranzadi de Derecho Patrimonial*, núm. 28, 2012-1, p. 585 ss. M.ª D. Cervilla Garzón: *La atribución del uso de la vivienda familiar al cónyuge no titular*, Marcial Pons, Madrid, 2005. M.ª D. Cervilla Garzón: "Custodia compartida y atribución del uso de la vivienda familiar", *Revista de Derecho de familia: Doctrina, Jurisprudencia, Legislación*, núm. 44, 2009, p. 45 ss. M.ª I. De La Iglesia Monje: "Atribución temporal del uso de la vivienda familiar", *Revista crítica de Derecho inmobiliario*, núm. 728, 2011, p. 3451 ss. C. Gil Membrado: *La vivienda familiar*, Reus, Madrid, 2013. S. Salazar Bort: *La tutela especial de los hijos en la atribución del uso de la vivienda familiar en las crisis matrimoniales: el interés protegido*, Tirant lo Blanch, Valencia, 2000. S. Salazar Bort: *La atribución del uso de la vivienda familiar en las crisis matrimoniales (amplio estudio jurisprudencial)*, Aranzadi, Navarra, 2001.

37 R. F. Sifre Puig: "La atribución", cit., p. 178.

corresponde a los hijos y al cónyuge en cuya compañía queden. No obstante, en opinión de la mayoría de la doctrina así como de la Dirección General de Seguridad Jurídica y Fe Pública[38], el sujeto titular del derecho de uso será, exclusivamente, el cónyuge custodio, pues no existe ninguna titularidad jurídica a favor de los hijos que son tan sólo beneficiarios pero no titulares del derecho[39]. No conviene confundir el interés protegido con la atribución del derecho de uso que es, sin duda, el interés familiar, con la titularidad del derecho que corresponde exclusivamente al cónyuge a quien se le ha atribuido. En esta línea, la STS de 14 enero 2010 (*Tol 1840476*) aclara que la titularidad del derecho corresponde en todo caso al cónyuge a quien se atribuye la custodia y no a los hijos. Asimismo, al cónyuge usuario se atribuye exclusivamente la situación de poder en que consiste el derecho de uso, puesto que la limitación a la disposición de la vivienda se remueve con su solo consentimiento[40].

En los casos de custodia dividida (cuando algunos de los hijos queden en la compañía de uno y los restantes en la del otro), el juez resolverá lo procedente, como afirma el precepto, pues el legislador no ha establecido ningún criterio que permita atribuir el uso de la vivienda familiar a uno u otro cónyuge. La posición del juez en estos casos es delicada pues debe conjugar los intereses de ambos grupos familiares y valorar cuál de ellos es el más necesitado de protección. Interés que podría no ser el de los hijos menores o con discapacidad[41]. Al respecto, interesan las SSTS de 21 julio 2016 (*Tol 5789066*) y 13 septiembre 2017 (*Tol 6347623*) que analizaremos más adelante.

En los casos de custodia compartida, se aprecia una importante laguna en la redacción del precepto, cuestión que abordamos en el epígrafe correspondiente.

---

38 Anteriormente, Dirección General de los Registros y del Notariado hasta 2020.

39 Así, las RRDGRN de 6 de julio y 19 de septiembre de 2007; 5 de junio, 27 de agosto y 10 de octubre de 2008; 18 de noviembre de 2009; 1 de marzo y 19 de julio de 2011; 9 de julio de 2013 y 19 de enero de 2016. Según las SSTS de 14 de enero 2010 (*Tol 1840476*) y 22 de noviembre de 2010 (*Tol 2003527*), el derecho de uso de la vivienda familiar es un derecho de carácter familiar, cuya titularidad corresponde, en todo caso, al cónyuge a quien se atribuye la custodia de los hijos menores o a aquel que se estima, no habiendo hijos, que ostenta un interés más necesitado de protección.

40 *Vid.* R. F. Sifre Puig: "La atribución", cit., p. 198.

41 *Vid.* A. I. Berrocal Lanzarot: "Criterios para", cit.

No habiendo hijos, podrá atribuirse temporalmente el uso de la vivienda familiar al cónyuge no titular de la misma, si el interés de este es el más necesitado de protección y las circunstancias lo hacen aconsejable, en cuyo caso, el sujeto titular del derecho de uso será dicho cónyuge, cuestión que se regula en el art. 96.2 CC.

Por último, y aunque parezca improbable, es posible que el uso se atribuya al cónyuge propietario de la vivienda.

1. La limitación temporal del derecho de uso de la vivienda familiar

La limitación temporal del derecho de uso de la vivienda familiar constituye una de las problemáticas que la redacción del art. 96 CC suscitaba en relación con esta medida restrictiva de los derechos del cónyuge titular. Al efecto solucionar esta cuestión la jurisprudencia de nuestros tribunales se ha pronunciado en sentido dispar, admitiendo o negando la posibilidad de limitar temporalmente la atribución del uso incluso cuando los hijos aún son menores de edad[42]. No obstante, en todo caso, lo bien cierto es que la mayoría de edad de los hijos va a funcionar como límite temporal del derecho de uso.

En consecuencia, este derecho de uso sobre la vivienda familiar no es *sine die* sino absolutamente temporal por lo que será inscrito a efectos de su oponibilidad frente a terceros, de acuerdo con el art. 96.4 CC, y los arts. 9 Ley Hipotecaria (en adelante LH) y 51 Reglamento Hipotecario (en adelante RH), con la expresión de su temporalidad, según señaló la RDGRN de 20 de octubre de 2016. Existiendo hijos menores de edad, la duración del derecho viene determinada por la fecha en la que el más joven de ellos alcance la mayoría de edad[43]. En estos casos, el interés tutelado es claramente el de los menores y no el de la propiedad del bien. En el mismo sentido se ha pronunciado las SSTS 20 abril 2022 (*Tol 8917144*) y 17 julio 2023 (*Tol 9657583*).

Por el contrario, si no hay hijos comunes o estos son ya mayores de edad en la fecha de la crisis conyugal el interés al que se atiende es el del cónyuge propietario, por lo que, necesariamente, ha de imponerse un límite

---

[42] Sobre esta cuestión *vid.*, M. García Mayo: "El uso", 2022, cit., pp. 237 y ss.

[43] *Vid.*, SSTS 18 mayo 2015 (*Tol 5000600*) y 29 mayo 2015 (*Tol 5010151*).

temporal al derecho de uso[44], a no ser que se pacte en convenio regulador una atribución sin limitación de tiempo[45].

V. LA APLICACIÓN AUTOMÁTICA DEL ART. 96.1 CC Y LA CORRECCIÓN JURISPRUDENCIAL DE LA RIGIDEZ DEL PRECEPTO

La aplicación automática del art. 96.1 CC puede obviarse si hay acuerdo de los cónyuges aprobado por la autoridad judicial, luego se trata de una norma dispositiva que permite efectuar la atribución del uso de la vivienda familiar tanto en favor del progenitor no custodio, como del custodio como de ninguno de ellos si así lo han acordados los ex cónyuges en los casos de crisis familiar y quedan cubiertas de otro modo las necesidades de vivienda de los hijos menores y mayores con discapacidad.

La disolución del matrimonio de mutuo acuerdo con hijos menores y consiguiente liquidación del régimen económico matrimonial debe realizarse a través del convenio regulador que contemplará, asimismo, la custodia de los hijos, los derechos de uso sobre la vivienda habitual[46], las compensaciones y demás aspectos personales y patrimoniales que requiera la regulación de la ruptura conyugal.

La vía consensual para dirimir las relaciones jurídicas tanto personales como patrimoniales es, en todo caso, la más recomendable pues ahorra tiempo y costes. No obstante, el art. 86 CC determina la intervención judicial (y veta la notarial) en los divorcios y separaciones judiciales, aun de mutuo acuerdo, en los que concurran los requisitos y circunstancias del art. 81 CC, esto es, cuando "existan hijos menores no emancipados o hijos mayores respecto de los que se hayan establecido judicialmente medidas de apoyo atribuidas a sus progenitores"[47].

---

44 R. F. Sifre Puig: "La atribución", cit., p. 198.

45 E. Calmarza Cuencas: "La atribución", cit., p. 29.

46 El contenido mínimo del convenio regulador aparece recogido en el art. 90 CC: "1. El convenio regulador a que se refieren los artículos 81, 82, 83, 86 y 87 deberá contener, al menos y siempre que fueran aplicables, los siguientes extremos: c) La atribución del uso de la vivienda y ajuar familiar...".

47 Téngase en cuenta la Ley 15/2015, de 2 de julio, de la Jurisdicción Voluntaria, que ha modificado determinados artículos del Código civil (en su DF 1ª), permitiendo que la separación y el divorcio por mutuo acuerdo, se sustancie no solo

En otro caso, la atribución del uso de la vivienda habitual queda determinada por la atribución de la custodia de los hijos comunes menores de edad. El precepto comentado establece un tándem entre custodia y uso de la vivienda familiar y puede abrir un abismo en la protección del menor ¿se utilizará su custodia por los progenitores para procurarse una vivienda en los tiempos actuales? ¿o prevalecerá el amor y el interés por el hijo únicamente?

La aplicación automática del art. 96.1 CC puede dar lugar, además, a situaciones injustas cuando el progenitor custodio tuviere medios suficientes para cubrir la necesidad de vivienda de los hijos y ello fuere compatible con el interés superior de éstos[48]. En este sentido, tanto la doctrina[49]

---

ante el órgano judicial sino también ante letrado de la Administración de Justicia o ante notario, cuando no existan hijos menores no emancipados o con la capacidad modificada judicialmente que dependan de los progenitores, ex arts. 81, 82, 83, 87 y 90 CC.

48 Así, la redacción del art. 96 del fallido Anteproyecto de Ley de 2014, sobre el ejercicio de la corresponsabilidad parental y otras medidas a adoptar tras la ruptura de la convivencia.

49 D. Aviñó Belenguer: "Criterios de atribución del uso de la vivienda familiar en el régimen de custodia compartida", *Actualidad Juridíca Iberoamericana*, núm. 12, 2020, pp. 215-216; R. M. Anguita Ríos: "El acceso a la vivienda: algunas situaciones problemáticas en torno a la pareja", *Universitas: Revista de Filosofía, Derecho y Política*, núm. 14, julio 2011, pp. 116-117; A. L. Cabezuelo Arenas: "Extinción de la atribución de uso de la vivienda familiar tras el divorcio por convivencia extramatrimonial con tercero. Comentario a la SAP de Almería de 19 de marzo de 2007 (AC 2007, 505)", *Revista Aranzadi de Derecho Patrimonial*, núm. 21, 2008, p. 311; M.ª D. Cervilla Garzón: "Naturaleza jurídica del derecho a usar la vivienda familiar. Revisión y puesta al día", *InDret: Revista para el Análisis del Derecho*, núm. 4, 2017, p. 22; M. Cuena Casas: "Uso de la vivienda familiar en situación de crisis matrimonial y compensación al cónyuge propietario", *Revista de Derecho Civil*, vol. I, núm. 2, abril-junio, 2014, p. 16; P. Chaparro Matamoros: "La atribución", cit., pp. 36-64; J. R. De Verda y Beamonte: "Prólogo", en *La vivienda en las crisis familiares*, (dir. P. Chaparro Matamoros), Tirant lo Blanch, Colección Tratados, Valencia, 2022, p. 25; J. P. González del Pozo: "A vueltas con la atribución del uso de la vivienda familiar cuando existen hijos comunes", *ElDerecho.com*, junio 2010 (http://www.elderecho.com/civil/vueltas-atribucion-vivienda-familiarcomunes_11_184555003.html); C. Hernández Ibáñez: "Crisis matrimonial y cambios en la atribución de la vivienda familiar", *Revista Critica de Derecho Inmobiliario*, núm. 738, 2013, p. 2249; M. Á. Moreno Navarrete: "Comentario a la STS de 10 de octubre de 2011. Atribución del uso de la vivienda familiar en residencia distinta a la de la convivencia familiar durante el matrimonio", *Cuadernos Civitas de Jurisprudencia Civil*, núm. 89, 2012, p. 476; E. Moro Bonillo: "La convivencia con terceros en la vivienda

como la jurisprudencia abogaron un planteamiento más justo y acorde al sentido común[50]. La STS 23 septiembre 2020 (*Tol 8111765*) ya señaló que teniendo en cuenta que la vivienda familiar es un importante y reiterado foco de conflictos entre los ex cónyuges, resulta lógico:

> "que la doctrina postule que el legislador aborde una nueva regulación sobre la materia, pues las nuevas realidades familiares y de uniones de pareja así lo demandan; y todo ello en estrecha relación con la de superior protección del interés del menor; conciliando los intereses en conflicto y poniendo coto a un nicho de litigios y de tensiones deplorables, y a veces reprobables" (FJ 2º).

Sobre esta cuestión ya se pronunciaron con anterioridad otras sentencias del Tribunal Supremo como las SSTS 17 octubre 2013 (*Tol 3986249*) y 3 abril 2014 (*Tol 4218412*), que en su momento señalaron que se valoraban "las críticas que desde distintos sectores se están haciendo contra el rigorismo de la medida de uso de la vivienda familiar que se realiza al amparo del 96 del Código Civil", situación que agudizada por la crisis económica, ha "puesto en cuestión algunos de los postulados que permitieron su inicial redacción y que se han complicado especialmente en los casos de guarda y custodia compartida, haciendo inexcusablemente necesaria una nueva

---

familiar", *Revista de Derecho de Familia: Doctrina, Jurisprudencia, Legislación*, núm. 63, 2014, p. 43; M. Ordás Alonso: "La atribución del uso de la vivienda familiar en la nueva redacción del art. 96 CC fruto de la Ley 8/2021 por la que se reforma la legislación civil y procesal para el apoyo de las personas con discapacidad en el ejercicio de su capacidad jurídica", en *La vivienda en las crisis familiares*, (dir. P. Chaparro Matamoros), Tirant lo Blanch, Colección Tratados, Valencia, 2022, pp. 284 y ss.; A. Paniza Fullana: "Custodia compartida y atribución del uso de la vivienda familiar (A propósito de la Sentencia del Tribunal Supremo de 24 de octubre de 2014)", *Aranzadi Civil-Mercantil*, núm. 10, 2015, pp. 89-90; C. Pinto Andrade: "La atribución judicial de la vivienda familiar cuando existen hijos menores de edad", *Revista Jurídica de Castilla y León*, núm. 30, 2013, pp. 19-20; M. Ureña Martínez: "Comentario a la STS de 14 de abril de 2011 (RJ 2011, 3590). Atribución del uso y disfrute de la vivienda habitual al menor y al progenitor titular de la guarda A única en defecto de acuerdo de los cónyuges", *Cuadernos Civitas de Jurisprudencia Civil*, núm. 87, 2011, p. 1827; J. L. Utrera Gutiérrez: "1981-2011: treinta años divorciándonos", *Diario La Ley*, Año XXXIII, Sección Tribuna, núm. 7771, 9 de enero de 2012, p. 4; y B. Verdera Izquierdo: "Estudio de los últimos postulados referentes a la atribución del uso de la vivienda familiar. La 'necesidad de vivienda'", *InDret: Revista para el análisis del Derecho*, núm. 1, 2016, pp. 11-14.

50 *Vid.* P. Chaparro Matamoros: "La relativización del interés del hijo menor de edad a continuar residiendo en la vivienda familiar tras la crisis de sus progenitores", en *Vivienda y Colectivos Vulnerables*, (dirs. M.ª D. Cervilla e I. Zurita), Aranzadi, Navarra, 2022, pp. 81-128, concretamente, p. 86.

y completa regulación". Asimismo, la STS 17 octubre 2017 (*Tol 6401637*), hizo referencia a la necesidad de un cambio legislativo que se adaptase a las nuevas realidades. ¿Llegó en realidad el deseado cambio con la reforma del art. 96 CC introducida por la Ley 8/2021?[51] Obviamente, no. Por el contrario, el legislador no ha mejorado suficientemente la redacción del art. 96 CC con la Ley 8/2021, dejando escapar una nueva oportunidad de suavizar la rigidez del precepto y de mejora de las necesidades habitacionales de los hijos menores de edad[52] que debiera ir orientada a garantizar el derecho de los hijos a habitar una vivienda en su entorno habitual aunque no sea necesariamente el anterior domicilio familiar[53]. Sin embargo, contenida en el precepto sí queda esta opción, si así lo autoriza la autoridad judicial, por lo que se puede autorizar el pacto en convenio regulador que establezca una solución diferente a la atribución de la vivienda familiar en favor del progenitor custodio sin que ello suponga que se contraría el interés superior del menor[54].

Ahora bien, en defecto de este acuerdo en convenio regulador o en defecto de tal acuerdo aprobado por la autoridad judicial, se aplicará automáticamente la solución aportada por el art. 96.1 CC en favor de la que fuera vivienda familiar[55] con independencia de que ésta sea de naturaleza privativa[56], proindiviso o ganancial[57] y sin atender a interés más necesitado de protección. Una solución más acorde a la realidad social actual de las familias hubiera sido incluir la palabra "preferentemente" en el precepto

---

51 Lo que sí es evidente es que el Anteproyecto de Ley sobre el ejercicio de la corresponsabilidad parental no llegó a cuajar, aunque llegó a contar con el dictamen del Consejo de Estado.

52 En este sentido, P. Chaparro Matamoros: "La relativización", cit., p. 87.

53 Así, C. Pinto Andrade: "La atribución…", cit., p. 20.

54 *Vid.*, en tal sentido, J. Martínez Calvo: "La extinción del derecho de uso sobre la vivienda familiar como consecuencia de la convivencia con un tercero. Reflexiones a la luz de la reciente jurisprudencia del Tribunal Supremo", *Revista de Derecho Civil*, vol. VI, núm. 3, julio-septiembre, 2019, pp. 166-167.

55 Otras soluciones interesantes han sido adoptadas por los ordenamientos civiles que coexisten en armonía con el Código Civil y que permiten que los hijos menores cubrir sus necesidades de vivienda en otra distinta a la que fuera familiar si el cónyuge custodio dispone de medios económicos y suficientes y el no custodio no, como así regula la Ley vasca núm. 7/2015, de 30 de junio, de relaciones familiares en supuestos de separación o ruptura de los progenitores, en su art. 12.3 o la Ley 72, párrafo segundo del Fuero Nuevo de Navarra o el art. 233-20.4 CCCat.

56 En este sentido, *vid.*, STS 29 marzo 2022 (*Tol 8900789*).

57 En este sentido, H. Álvarez Álvarez: *Régimen jurídico*, cit., p. 428.

para permitir, que ante la falta de acuerdo o de acuerdo aprobado por la autoridad judicial, pueda ésta, valorando el caso enjuiciado y, por tanto, todos los intereses en juego (también los del cónyuge no custodio) atribuir "preferentemente" (pero no obligatoriamente) el uso de la vivienda familiar al cónyuge custodio. En tal sentido, matiza la STS 13 diciembre 2021 (*Tol 8704870*) que:

> "La doctrina que procede aplicar en el presente caso es la que refiere la recurrente, iniciada con la sentencia 671/2012, de 5 de noviembre, y que luego ha sido reiterada por otras muchas, incluida la 241/2019, de 2 de junio de 2020, citada por el fiscal, hasta la última, que es la 351/2020, de 24 de junio en la que se declara:
>
> [...] la atribución del uso de la vivienda familiar a los hijos menores de edad es una manifestación del principio del interés del menor, que no puede ser limitada por el Juez, salvo lo establecido en el art. 96 CC [...] esta norma no permite establecer ninguna limitación a la atribución del uso de la vivienda a los menores mientras sigan siéndolo, porque el interés que se protege en ella no es la propiedad, sino los derechos que tiene el menor en una situación de crisis de la pareja, salvo pacto de los progenitores, que deberá a su vez ser controlado por el juez. Una interpretación correctora de esta norma, permitiendo la atribución por tiempo limitado de la vivienda habitual, implicaría la vulneración de los derechos de los hijos menores, derechos que la Constitución incorporó al ordenamiento jurídico español (arts. 14 y 39 CE) y que después han sido desarrollados en la Ley Orgánica de protección del menor.
>
> [...] Es cierto que esta sala viene admitiendo en algunas resoluciones recientes la concurrencia de supuestos excepcionales que pudieran mitigar las consecuencias del inflexible rigor en la aplicación del artículo 96.1 del Código Civil. Lo que no es posible es que esta alegación sirva de argumento en la sentencia para contravenir la reiterada doctrina de esta sala sobre el uso de la vivienda familiar en supuestos similares pues a ninguno se refieren las 'resoluciones más recientes' que dice la sentencia, sin citarlas".

La aplicación automática del art. 96.1 CC, en definitiva, podrá obviarse gracias a la flexibilización llevada a cabo por la jurisprudencia cuando concurran algunos factores destacables como el carácter no familiar de la vivienda o bien que el hijo no precise de la vivienda por encontrarse satisfechas las necesidades de habitación a través de otros medios:

> "Hay dos factores que eliminan el rigor de la norma cuando no existe acuerdo previo entre los cónyuges: uno, el carácter no familiar de la vivienda sobre la que se establece la medida, entendiendo que una cosa es el uso que se hace de la misma vigente la relación matrimonial y otra distinta que ese uso permita calificarla de familiar si no sirve a los fines del matrimonio porque los cónyuges no cumplen con el derecho y deber propio de la relación. Otro, que el hijo no precise de la vivienda por encontrarse satisfechas las necesidades de habitación a través de otros medios"[58].

---

[58] Según señala la citada STS 13 diciembre 2021 (*Tol 8704870*).

Pero téngase en cuenta que de no ser así, de no poder obviarse la aplicación automática del art. 96.1 CC[59], ello genera el problema de atribuir el uso de la vivienda familiar a quien ostente el interés más necesitado de protección en ese momento a costa de colocar en situación de vulnerabilidad al cónyuge no favorecido con esta medida. La situación (por demás injusta) se podía haber paliado con el establecimiento de un derecho de arrendamiento forzoso, incluso con una renta baja, que aliviara la situación económica del cónyuge no usuario, en vez de la atribución gratuita ex lege que impone —en ausencia de pacto aprobado por el juez— el precepto comentado.

1. La quiebra de la atribución automática del uso de la vivienda familiar

La dicción del art. 96.1 CC compele a una aplicación automática del precepto que no admite que el menor sea realojado en una vivienda distinta que fuera familiar, de conformidad con la jurisprudencia del Tribunal Supremo en interpretación de este precepto. En tal sentido, en la STS 30 septiembre 2011 (*Tol 2259065*), el Tribunal Supremo se posicionaba en contra de que el progenitor custodio y los hijos menores habitasen una vivienda arrendada por el cónyuge no custodio, análoga a la familiar y señalaba que el sistema legalmente establecido por el art. 96.1 CC en referencia al uso de la vivienda familiar "no permite imponer ninguna limitación a la atribución del uso de la vivienda a los menores mientras sigan siéndolo"[60], todos o alguno de ellos. Por tanto, la doctrina jurisprudencial en su interpretación del precepto era muy estricta y no admitía limitaciones. Desatendía, en consecuencia, otros criterios en juego a valorar como el de necesidad de alguno de los miembros de la pareja o el de la titularidad de la vivienda[61]. Asimismo, incurría en el error de considerar que se perjudica

---

59 Así lo reitera la STS 17 julio 2023 (*Tol 9657583*).

60 Asimismo, la STS 3 abril 2014 (*Tol 4218412*).

61 Por el contrario, esta limitaciones o excepciones sí son admitidas en el Derecho civil autonómico como en el art. 233-20.1 y 233-20.4 CCCat.; art. 12 Ley vasca 7/2015, de 30 de junio, que atiende, entre otros, a criterios de necesidad de los miembros de la pareja y a la titularidad de la vivienda; o el art. 81.2 del Código del Derecho Foral de Aragón que atiende al mejor interés para las relaciones familiares.

el interés del menor si no se le atribuye el derecho de uso de la vivienda que fuera familiar[62].

Lo bien cierto, es que lo que se perjudica realmente en algunos casos, es el interés patrimonial de los progenitores hasta provocar la precariedad económica del cónyuge no custodio[63]. Así, con el transcurso de los años, la jurisprudencia ha intentado flexibilizar la contundencia de la aplicación rigurosa del art. 96.1 CC, planteando la posibilidad (la prioridad) de que las necesidades habitacionales del menor queden cubiertas, pero relajando la exigencia de que deban serlo única y exclusivamente ocupando la vivienda familiar y permitiendo que se asigne a estos efectos una vivienda alternativa, siempre que reúna los requisitos de habitabilidad.

Tal es el tenor de la STS 20 noviembre 2018 (*Tol 6921906*) que antes de la reforma señalaba que "el interés superior del menor no puede desvincularse absolutamente del interés patrimonial de sus progenitores, cuando es posible conciliarlos". Por tanto, si cabe una interpretación más flexible del precepto, ello va a permitir que, en algunas ocasiones, el uso de la vivienda familiar corresponda a su titular aunque no sea el progenitor custodio. En tal sentido, la citada sentencia entiende que es posible compatibilizar los intereses del hijo menor y los de los padres y señala que:

> "La situación del grupo familiar no es la misma antes que después de la separación o divorcio, especialmente para las economías más débiles que se dividen y, particularmente, cuando uno de los cónyuges debe abandonar el domicilio o cuando se bloquea la normal disposición del patrimonio común de ambos cónyuges impidiendo una cobertura económica mayor, no solo en favor de los hijos, sino de los propios padres que han contribuido a crear un patrimonio común afectado tras la separación por una situación de real incertidumbre.
>
> Ahora bien, hay dos factores que eliminan el rigor de la norma cuando no existe acuerdo previo entre los cónyuges: uno, el carácter no familiar de la vivienda sobre la que se establece la medida, entendiendo que una cosa es el uso que se hace de la misma vigente la relación matrimonial y otra distinta que ese uso permita calificarla de familiar si no sirve a los fines del matrimonio porque los cónyuges no cumplen con el derecho y deber propio de la relación. Otro, que el hijo no precise de la vivienda por encontrarse satisfechas las necesidades de habitación a través de otros medios; solución que requiere que la vivienda alternativa sea idónea para satisfacer el interés prevalente del menor (sentencias 671/2012, de 5 de noviembre; 284/2016, de 3 de mayo; 646/2017, de 27 de noviembre y 181/2018 de 4 abril) (...) La solución

---

62 Así se pronuncia la doctrina mayoritaria que considera muy rígida la doctrina jurisprudencial, como M.ª A. Blandino Garrido: "La contribución", cit., p. 58; M. Ordás Alonso: *La atribución*, cit., pp. 557-559.

63 Así, M.ª A. Blandino Garrido: "La contribución", cit., p. 60.

dada en la sentencia recurrida no vulnera este interés, ni contradice la jurisprudencia de esta sala en la interpretación del artículo 96 CC:

El derecho de uso de la vivienda familiar existe y deja de existir en función de las circunstancias que concurren en el caso. Se confiere y se mantiene en tanto que conserve este carácter familiar. La vivienda sobre la que se establece el uso no es otra que aquella en que la familia haya convivido como tal, con una voluntad de permanencia (sentencia 726/2013, de 19 de noviembre).

El interés de los hijos no puede desvincularse absolutamente del de sus padres, cuando es posible conciliarlos. El interés en abstracto o simplemente especulativo no es suficiente y la misma decisión adoptada en su día por los progenitores para poner fin al matrimonio, la deben tener ahora para actuar en beneficio e interés de sus hijos respecto de la vivienda, una vez que se ha extinguido la medida inicial de uso, y que en el caso se ve favorecida por el carácter ganancial del inmueble y por la posibilidad real de poder seguir ocupándolo si la madre adquiere la mitad o se produce su venta y adquiere otra vivienda".

Existe, por tanto, la posibilidad de extinguir el uso de la vivienda familiar por la introducción de un tercero en el inmueble, tal y como ha declarado la jurisprudencia en algunas sentencias como la STS 20 noviembre 2018 (*Tol 6919974*) arriba transcrita y la STS 29 octubre 2019 (*Tol 7571565*) que señala, asimismo, que:

"(i) El *derecho* de uso de la *vivienda familiar* existe y deja de existir en función de las circunstancias que concurren en el caso. Se confiere y se mantiene en tanto que conserve este *carácter familiar*. La *vivienda* sobre la que se establece el uso no es otra que aquella en que la familia haya convivido como tal, con una voluntad de permanencia (sentencia 726/2013, de 19 de noviembre). En el presente caso, este *carácter* ha desaparecido, no porque la madre e hijos hayan dejado de vivir en ella, sino por la entrada de un tercero, dejando de servir a los fines del matrimonio. La introducción de una tercera persona hace *perder* a la *vivienda* su *antigua naturaleza* 'por servir en su uso a una familia distinta y diferente', como dice la sentencia recurrida.

(ii) La medida no priva a los menores de su *derecho* a una *vivienda*, ni cambia la custodia, que se mantiene en favor de su madre. La atribución del uso a los hijos menores y al progenitor custodio se produce para salvaguardar los *derechos* de aquellos. Pero más allá de que se les proporcione una *vivienda* que cubra las necesidades de alojamiento en condiciones de dignidad y decoro, no es posible man*tener*los en el uso de un inmueble que no tiene el *carácter* de *domicilio familiar*, puesto que dejó de servir a los fines que determinaron la atribución del uso en el momento de la ruptura matrimonial, más allá del tiempo necesario para liquidar la sociedad legal de gananciales existente entre ambos progenitores".

Y más recientemente, se extrae la misma línea de la STS 5 julio 2023 (*Tol 9640352*). Todo ello pone de relieve lo que Blandino denomina como "la quiebra en el automatismo en la concesión del uso de la vivienda familiar al progenitor o progenitores custodio/s" lo que implica que, en diversas situaciones, la vivienda familiar seguirá el curso correspondiente a su régimen de titularidad, sin atribución del derecho de uso. Todo ello porque la nueva tendencia jurisprudencial de nuestro Tribunal Supremo considera que es posible compatibilizar la protección de los intereses de los hijos menores y el interés legítimo (aunque sea de carácter patrimonial y de menor rango siempre) de sus progenitores[64]. En tal sentido, ya se pronunció la STS 13 diciembre 2021 (*Tol 8704870*) y anteriormente, la STS 17 junio 2013 (*Tol 3795745*) al esclarecer cuáles deben ser los factores a considerar para mitigar el excesivo rigor de la aplicación automática del art. 96.1 CC[65]. Porque enfatiza esta última sentencia:

> "La situación del grupo familiar no es la misma antes que después de la separación o divorcio, especialmente para las economías más débiles que se dividen y, particularmente, cuando uno de los cónyuges debe abandonar el domicilio o cuando se bloquea la normal disposición del patrimonio común de ambos cónyuges impidiendo una cobertura económica mayor, no solo en favor de los hijos, sino de los propios padres que han contribuido a crear un patrimonio común afectado tras la separación por una situación de real incertidumbre".

Obviamente, la reforma del art. 96 CC por la Ley 8/2021, no condujo al deseado cambio en la aplicación del precepto, aunque algunas cuestiones sí mejoraron con su nueva redacción: quedó absolutamente claro que los hijos a los que se refiere el artículo debían ser comunes a ambos cónyuges (o a la pareja). Por tanto, quedan excluidos los hijos no comunes que qui-

---

64 M.ª A. Blandino Garrido: "La contribución", cit., p. 60.

65 "Lo que pretende, por tanto, el artículo 96 del CC al atribuir la vivienda al progenitor con quien los hijos conviven es evitar que a la separación de los padres que amenaza su bienestar se sume la perdida de la vivienda en la que han convivido hasta el momento de la ruptura de sus padres con evidente repercusión en su crecimiento, desarrollo y nivel de relaciones.
Ahora bien, hay dos factores que eliminan el rigor de la norma cuando no existe acuerdo previo entre los cónyuges: uno, el carácter no familiar de la vivienda sobre la que se establece la medida, entendiendo que una cosa es el uso que se hace de la misma vigente la relación matrimonial y otra distinta que ese uso permita calificarla de familiar si no sirve a los fines del matrimonio porque los cónyuges no cumplen con el derecho y deber propio de la relación. Otro, que el hijo no precise de la vivienda por encontrarse satisfechas las necesidades de habitación a través de otros medios; solución que requiere que la vivienda alternativa sea idónea para satisfacer el interés prevalente del menor, como así aparece recogido en el artículo 233-20 CCCat, que establece que en el caso en que las otras residencias sean idóneas para las necesidades del progenitor custodio y los hijos, el juez puede sustituir la atribución de la vivienda familiar por la de otra residencia más adecuada (en cierta forma, en el art. 81.1 CDF aragonés) (SSTS 10 de octubre 2011; 5 de noviembre de 2012)".

zás con el cambio de la realidad social española constituya un supuesto más que frecuente a considerar.

Asimismo, quedarían excluidos los hijos mayores de edad que el propio precepto redirige a la prestación de alimentos entre parientes de los arts. 142 y siguientes del Código Civil que permiten, a elección del alimentante, abonar una cantidad para cubrir esta necesidad o recibir al alimentista en su propia casa. Y es que la razón principal del art. 96 CC se asienta, por un lado, en su carácter y finalidad asistencial. Por ello, la atribución del uso de la vivienda familiar pone el acento en la protección del familiar vulnerable[66] en una necesidad como la vivienda, que actualmente es acuciante y difícil de resolver[67] en muchos casos y que puede agravarse tras la crisis familiar[68]. Pero también, y de manera relevante, en la satisfacción y protección del "entorno" social y familiar que afecta fundamentalmente a los menores o "teoría del apego"[69]. En consecuencia, el art. 96.1 CC precisa que la medida esté vigente hasta que los hijos comunes alcancen la mayo-

---

66 En este sentido, M. García Mayo: "El uso", 2022, cit., p. 235.

67 De acuerdo con el informe del Consejo General del Notariado de 7 febrero 2023, en 2022, el precio del m² de la vivienda subió destacadamente en Madrid (12,2% anual), Murcia (11,0%), Canarias (10,4%) y Comunidad Valenciana (10,3%). Solo cayó en Castilla-La Mancha (-1,6%). Asimismo, en 2022, los nuevos préstamos para adquisición de vivienda aumentaron un 2,8% anual, hasta las 355.470 operaciones, creciendo en 14 autonomías. Su cuantía promedio fue de 153.357€, elevándose un 3,8% frente al año 2021. En https://www.notariado.org/liferay/c/document_library/get_file?uuid=d67a705d-23dd-4147-835a-385bb9a00275&groupId=2289837 (Consultado 8 febrero 2023).

68 *Vid.* P. M.ª Estellés Peralta: "Concepto de vulnerabilidad: análisis legal y constitucional", en *Vivienda y colectivos vulnerables*, (dir. M.ª D. Cervilla e I. Zurita), Aranzadi, Navarra, 2022, pp. 163-190. No obstante, en opinión de M. García Mayo: "El uso", 2021, cit., p. 192, la finalidad del legislador, con esta norma, no es la de satisfacer una necesidad habitacional de tipo económica. "Se trata, principalmente, de satisfacer una necesidad de tipo personal o social. La necesidad habrá de ir vinculada a la existencia de una serie de intereses —no necesariamente de carácter económico— que solo es posible satisfacerlos con la atribución de la vivienda que antes de la crisis matrimonial venía siendo la familiar, y no de otra. No es tanto un valor objetivo, como subjetivo". Es una norma de protección de la persona que forma parte o se integra en un núcleo de convivencia que se basa en las relaciones de sangre y afecto (familiares), de acuerdo con M. M. Manzano Fernández: "Derecho de uso de la vivienda familiar y atribución del uso en situaciones de crisis matrimonial", *LandAS: International Journal of Land Law and Agricultural Science*, núm. 5, 2011, p. 13.

69 En el mismo sentido, M. García Mayo: "El uso", 2022, cit., p. 236, quien hace alusión a la "teoría del apego".

ría de edad. En este sentido, la jurisprudencia ha señalado, sumándose a la "teoría del apego", que la finalidad del precepto se halla en preservar el entorno habitual del menor pese a la crisis familiar a fin de evitar cambios perjudiciales de residencia. En preservar su interés superior porque la atribución de la vivienda al progenitor custodio evita que a "la separación de los padres que amenaza su bienestar se sume la pérdida de la vivienda en la que han convivido hasta el momento de la ruptura de sus padres con evidente repercusión en su crecimiento, desarrollo y nivel de relaciones", según señaló la STS 17 octubre 2017 (*Tol 6401637*)[70]. Cierto, pero cuando la adquisición de la vivienda o su traslado a la misma se haya producido recientemente ¿qué interés se protege en estos casos respecto del menor? Porque, obviamente, no será el del entorno "habitual" que no es tal, ni tampoco social pues quizás la familia se haya trasladado desde otra población. Tampoco se atiende al creciente uso (y hasta abuso) de las redes sociales que interconectan a los hijos con otros familiares y amigos espacialmente alejados y que permite que se comuniquen y relacionen igualmente; o a los casos de custodia compartida en los que el "niño maleta" se ha de desplazar semanal o quincenalmente del domicilio de la madre al del padre y viceversa.

2. *La determinación del interés más necesitado de protección*

El art. 103 CC, regula las medidas provisionales o coetáneas a adoptar por el juez, una vez admitida la demanda de nulidad, separación o divorcio ante la falta de acuerdo de los cónyuges o convenio regulador, aprobado judicialmente. Entre esas medidas, destaca la regulada en el párrafo segundo del precepto que contempla la necesidad de determinar, teniendo en cuenta el interés familiar más necesitado de protección, cuál de los cónyuges ha de continuar en el uso de la vivienda familiar y, asimismo, previo inventario, los bienes y objetos del ajuar que continúan en esta y los que se ha de llevar el otro cónyuge, así como también las medidas cautelares convenientes para conservar el derecho de cada uno. Ello habrá que ponerlo en relación con el art. 773 LEC. Contempla el art. 103 CC, pero no define, cuál es el interés más necesitado de protección. Quizás existan varios intereses protegibles pero habrá que graduarlos porque no todos van a poder recibir el mismo trato.

---

[70] Y, asimismo, SSTS 14 abril 2011 (*Tol 2124703*), 30 septiembre 2011 (*Tol 2259065*), 21 mayo 2013 (*Tol 3878093*), 13 julio 2012 (*Tol 2635455*).

Frente a este concepto jurídico indeterminado, la doctrina ha realizado una labor de conceptualización y en tal sentido, Luna Serrano[71], afirma que el "interés más necesitado de protección" es el interés de la cohesión familiar, del cumplimiento de las funciones familiares y, por lo tanto, de la formación y educación de los hijos y su bienestar. En consecuencia, ese interés familiar prioritario es el que aconseja conceder el uso de la vivienda familiar al progenitor custodio que vaya a convivir con los hijos menores. En igual sentido, para Puig Brutau[72], el interés de la cohesión familiar y la educación y formación de los hijos y su bienestar, aconsejan conceder el uso de la vivienda familiar al cónyuge que deba seguir conviviendo con los hijos o con los más jóvenes de ellos. En opinión de García Cantero[73], el interés más necesitado de protección es el de la familia y sus diversos miembros (art. 39 CE) pero también el derecho a disfrutar de una vivienda digna y adecuada (art. 47 CE). No obstante, se debe precisar que el derecho a disfrutar de una vivienda digna y adecuada no es el principio sobre el que pivota el precepto comentado, de lo contrario no se entendería que no se tengan en cuenta las necesidades habitacionales de los hijos mayores de edad[74] o del cónyuge no custodio.

En todo caso, téngase en cuenta que la aplicación automática del art. 96.1 CC obvia la atribución del uso de la vivienda que fuera el domicilio familiar a aquel otro miembro de la disuelta familia cuyo interés sea el más necesitado de protección. Y ello, porque el legislador presume que este interés "siempre" es el del hijo menor (para permanecer en su entorno social y familiar y, por tanto, en la que fuera vivienda familiar) y ahora también, tras la reforma por la Ley 8/2021, del hijo con discapacidad. El legislador ha desaprovechado la oportunidad de recoger la doctrina jurisprudencial

---

71 A. Luna Serrano: "Invalidez, relajación y disolución del matrimonio", en *Derecho de familia*, vol. I, (dir. J. L. Lacruz Berdejo), Bosch, Barcelona, 1990, pp. 245-246, concretamente, p. 263.

72 J. Puig Brutau: *Fundamentos de Derecho Civil*, t. IV, Bosch, Barcelona, 1985, pp. 100-101.

73 G. García Cantero y J. M.ª Castán Vázquez: *Derecho civil español, común y foral*, t. V, Derecho de familia, vol. I, Reus, Madrid, 1987, p. 1024.

74 *Vid.*, al respecto M.ª A. Blandino Garrido: "La contribución", cit., pp. 72 y 79. Asimismo, la STS 19 enero 2017 (*Tol 5944342*), señala que con "la mayoría de edad alcanzada por alguno de ellos, el interés superior del menor como criterio determinante del uso de la vivienda decae automática y definitivamente, y los padres pasan a estar en posición de igualdad respecto a su obligación conjunta de prestar alimentos a los hijos comunes no independientes, incluido lo relativo a proporcionarles habitación (art. 142 CC)".

sobre esta materia, en ocasiones, mucho más sensibilizada con los demás intereses implicados en esta cuestión como son el no disponer el progenitor no custodio, de otra vivienda o contar con menores ingresos que el custodio o con una salud más precaria, etc. como la STS 25 noviembre 2022 (*Tol 9318718*). No sigue, por el contrario, este criterio la STS 29 septiembre 2022 (*Tol 9253220*) que atribuye el uso al ahora padre custodio y a su hijo y obliga a la madre, quien deja de ser la custodia y carece de ingresos y empleo, a entregar la vivienda en un plazo de 10 días.

Y así, pese a la reforma por la Ley 8/2021, se mantiene por el legislador una regulación que pretende la aplicación del principio *favor filii* o *favor minoris* y que identifica este interés del hijo con la atribución del uso de la vivienda familiar al progenitor con el que vaya a convivir para preservar al máximo las mismas condiciones familiares que disfrutaba el menor con anterioridad a la crisis familiar. Este marcado carácter asistencial del precepto atiende a la protección del entorno social, económico, familiar (proximidad con otros parientes) y habitacional, conocido y habitual para el menor antes de la ruptura[75]. No obstante, habrá situaciones que afectan al desarrollo emocional del menor y que tal vez aconsejen que no siga habitando una vivienda en la que padeció algunas situaciones traumáticas y/o algunos "horrores" de los que conviene alejarle para bien de su salud mental por lo que la atribución 'automática' e imperativa que establece el art. 96.1 CC no ampara su interés superior en estos casos. Tampoco si se no se vulnera el interés del menor en modo alguno. Habrá que estar a las circunstancias concreta del caso enjuiciado a tener de la STS 7 noviembre 2022 (*Tol 9253220*) que señaló que:

> "no hay dos supuestos iguales, ni puede establecerse un criterio apriorístico sobre cuál sea su mayor beneficio, de modo que el tribunal debe realizar la ponderación de cuál sea el interés superior del menor en cada caso, ofreciendo una motivación reforzada sustentada en su mayor beneficio y con pleno respeto a sus *derechos* (sentencia 705/2021, de 19 de octubre)[76]".

Tal es caso enjuiciado en la citada STS 17 junio 2013 (*Tol 3795745*):

> "Mantener durante tres años al hijo y a su madre en esta vivienda para pasar luego a la otra en modo alguno vulnera ni el interés del menor (próximo a cumplir la mayoría de edad cuando concluya el periodo), ni mucho menos la jurisprudencia que se dice infringida y que está amparada en una situación distinta en la que la limitación del uso puede dejar al hijo menor en un escenario de absoluta incerti-

---

75 *Vid.* asimismo, H. Álvarez Álvarez: *Régimen jurídico*, cit., p. 430.

76 STS 19 octubre 2021 (*Tol 8630944*).

> dumbre sobre su alojamiento, lo que no ocurre en este caso en que esta limitación temporal se complementa con la atribución de otro domicilio a partir del tercer año en que se dicta la sentencia. No puede soslayarse que el domicilio familiar conlleva el uso de una finca de siete hectáreas e impide la disposición un patrimonio común importante que afectará necesariamente a la liquidación del haber conyugal y a su reparto entre ambos cónyuges, sin merma del interés legítimo de un hijo que conoce la nueva casa, por ser la de su padre, cuya habitabilidad no se ha cuestionado, y que transcurridos los tres años de uso se enfrentará a una situación escolar y de relaciones distinta de la que ahora disfruta.
>
> La atribución del uso al menor y al progenitor, precisan las SSTS de 29 de marzo de 2011 y 5 de noviembre de 2012, "se produce para salvaguardar los derechos de este, pero no es una expropiación del propietario y decidir en el sentido propuesto por la recurrente sería tanto como consagrar un auténtico abuso de derecho", que no queda amparado ni en el artículo 96, ni en el art. 7 CC".

Sin embargo, el art. 96.2 CC sí contemplan que el juez valore —atendiendo al caso enjuiciado— cuál es el interés más necesitado de protección y le atribuya, en consecuencia, al cónyuge no titular, el uso de la vivienda familiar sin imponer soluciones apriorísticas que pueden dar lugar a situaciones de injusticia material.

Lo que no contempla el precepto es la atribución al progenitor no custodio (y titular o cotitular de la vivienda familiar) cuando el custodio dispone de medios suficientes para garantizar la necesidad de vivienda de los hijos comunes. Única circunstancia que tienen en cuenta tanto la doctrina como la jurisprudencia que sí han valorado la conveniencia de conciliar tanto los intereses de los hijos menores como de los progenitores, pese a la literalidad del art. 96.1 CC[77]. Interesante al respecto resulta la STS 5 noviembre 2012 (*Tol 2675572*) que señaló en el caso enjuiciado que la adquisición de una vivienda por la madre custodia no provoca que la hija que con ella convive quede desprotegida de sus derechos pues la misma:

> "cubre sus necesidades de alojamiento en condiciones de dignidad y decoro en el inmueble de la madre", y no solo cubre estas necesidades sino que como consecuencia del cambio, además de que el padre recupera la vivienda y le permite disfrutar de un status similar al de su hija y su ex esposa, mejora con ello su situación económica permitiéndole hacer frente a una superior prestación alimenticia a favor de su hija al desaparecer la carga que representaba el pago de la renta de alquiler.
>
> La atribución del uso al menor y al progenitor, precisa la STS de 29 de marzo de 2011, se produce para salvaguardar los derechos de este, pero no es una expropia-

---

77 *Vid.*, asimismo, P. Chaparro Matamoros: "La relativización", cit., p. 102. Asimismo, E. Rubio Torrano: "El interés más necesitado de protección en la atribución del uso de la vivienda familiar", *Aranzadi civil-mercantil. Revista doctrinal*, núm. 8, 2011, pp. 11-13.

ción del propietario y decidir en el sentido propuesto por la recurrente sería tanto como consagrar un auténtico abuso de derecho, que no queda amparado ni en el artículo 96, ni en el art. 7 CC".

3. *La subsidiariedad de la atribución del uso de la vivienda familiar ex art. 96.1 CC*

No conviene olvidar que el art. 96.1 CC es una norma dispositiva en defecto de acuerdo entre los cónyuges que deberá ser aprobado por la autoridad judicial si hay hijos comunes menores de edad. En consecuencia, es perfectamente posible atribuir el uso de la vivienda familiar al progenitor no custodio en el convenio regulador, como también acordar no atribuirla a ninguno de los progenitores, siempre que las necesidades de vivienda de los hijos menores queden suficientemente cubiertas con otra medida[78] como la atribución de otra vivienda distinta a la familiar[79].

Al mismo tiempo, la dicción del art. 96.1 CC presupone la determinación de un régimen de custodia monoparental o exclusiva en el que los hijos menores quedan al cuidado de uno sólo de los progenitores. No obstante, este tipo de guarda y custodia ha dejado de considerase excepcional —también a nivel jurisprudencial— según analizamos seguidamente y se atribuye por más beneficiosa para el desarrollo de los hijos menores en un amplio número de casos. Pese a ello, el precepto no la contempla.

4. *Soluciones salomónicas en los casos de custodia dividida y silencio respecto a la compartida*

La custodia compartida es una creación jurisprudencial que fue abriéndose paso lentamente a golpe de sentencia frente a la tradicional regulación del sistema de custodia monoparental y que llegó hasta el Tribunal Constitucional que la valoró en su STC 4/2001, de 15 de enero[80] y fue siendo aceptada desde entonces en la jurisprudencia del Tribunal Su-

---

78 Comparte la misma opinión P. Chaparro Matamoros: "La relativización", cit., p. 88.

79 En esta línea, la normativa autonómica ya comentada que permite a los hijos menores cubrir sus necesidades de vivienda en otra distinta a la familiar en algunos casos, como regula el art. 12.3 de la Ley vasca núm. 7/2015, de 30 de junio o la Ley 72, párrafo segundo del Fuero Nuevo de Navarra o el art. 233-20.4 CCCat.

80 STC 4/2001, de 15 de enero (*Tol 81387*).

premo, siendo finalmente regulada en la reforma que introdujo la Ley 15/2005 de 8 de julio, por la que se modificaba el Código Civil y la Ley de Enjuiciamiento Civil en materia de separación y divorcio. Es a partir de esta reforma cuando se hace referencia expresa a la custodia compartida en la nueva redacción al art. 92 CC, aunque muy restrictivamente, pues frente a la anterior libertad de origen jurisprudencial, la reforma la sometió a diversas restricciones como la solicitud de una de las partes (frente a la posibilidad de acordarla de oficio que el mismo Tribunal Constitucional había considerado legal en su STC 4/2001)[81], el dictamen del Ministerio Fiscal —actualmente declarado inconstitucional—, y como no podía ser menos, la prevalencia del interés superior del menor[82]. Con todo, este tipo de custodia ha evolucionado muy rápidamente como consecuencia de las últimas y recientes reformas legales en el Derecho autonómico, que han abierto amplios espacios a la custodia compartida en el Derecho de familia español creando en la opinión pública un estado de concienciación y sensibilización hacia el tema que ha generado una amplia demanda social de regulación de esta modalidad de custodia no siempre exenta de intereses poco bondadosos (que no buscan precisamente el beneficio del hijo) y que destacan por la búsqueda del ahorro crematístico que supone la custodia compartida para el progenitor no custodio[83]. A este respecto, los legisladores autonómicos de Aragón, Cataluña, Navarra, la Comunidad Valenciana[84] y recientemente el País Vasco, dieron un paso adelante, estableciendo la custodia compartida como modalidad preferente, incluso en el supuesto de desacuerdo de los padres, si bien con matizaciones. También la jurisprudencia ha jugado un papel muy relevante en el cambio de tendencias y se ha pasado desde la tradicional reticencia hacia la custodia compartida a la negación de su excepcionalidad en numerosas sentencias, ayudando a superar la concepción y regulación de la custodia compartida como una modalidad de custodia excepcional en los supuestos de falta de acuerdo de los progenitores. En tal sentido, la paradigmática STC 185/2012, de 17 de octubre (*Tol 2675044*) entendió que el sistema de custodia compartida debía considerarse normal y no excepcional. Así se advierte, asimismo,

---

81 STC 4/2001, de 15 de enero (*Tol 81387*).

82 En tal sentido, P. M.ª Estellés Peralta: "Presente y futuro en la búsqueda del interés del niño valenciano en situaciones de crisis familiar". *Revista Boliviana de Derecho*, núm. 24, 2017, pp. 76-97, concretamente, p. 81.

83 *Vid.*, STS 29 marzo 2022 (*Tol 8900789*).

84 Posteriormente declarada inconstitucional por STC 192/2016, de 16 de noviembre (*Tol 5922198*).

en varios pronunciamientos del Tribunal Supremo que se apartan de esta medida como algo excepcional y aplican la custodia compartida como la modalidad más aconsejable para el interés del menor. En consecuencia, esta va a ser la doctrina jurisprudencial del Tribunal Supremo que desde 2013 viene estableciendo, con carácter general, la pertinencia del régimen de custodia compartida al entender que la custodia compartida es una medida "normal e incluso deseable" que "permite que sea efectivo el derecho que los hijos tienen a relacionarse con ambos progenitores, aun en situaciones de crisis, siempre que ello sea posible y en tanto en cuanto lo sea" en STS 29 abril 2013 (*Tol 3711046*), asimismo SSTS 18 noviembre 2014 (*Tol 4556709*), 14 octubre 2015 (*Tol 5512847*), 11 febrero 2016 (*Tol 5645202*), 16 septiembre 2022 (*Tol 9332223*), 21 diciembre 2022 (*Tol 93566559*) y 1 marzo 2023(*Tol 9437650*), entre otras muchas. Todo ello atiende a la idea de que el reparto de responsabilidades de los padres respecto de sus hijos no les corresponde porque ambos progenitores tengan iguales derechos, sino porque así lo demanda el interés superior de los hijos o "favor filii". El fundamento del principio no es satisfacer los deseos e intereses de los padres, sino proteger los derechos e intereses de los hijos[85]. Ya la STS 27 septiembre 2011 (*Tol 2248671*), entendió que la guarda compartida debe establecerse en interés del menor y no de los distintos y contrapuestos intereses de los progenitores. Porque la custodia compartida no está pensada para proteger el principio de igualdad entre ambos progenitores y, por el contrario, la única finalidad que persigue es que se haga efectiva la mejor forma de procurar la protección del interés del menor [así la citada STS 1 marzo 2023 (*Tol 9437650*)], exigencia constitucional establecida en el art. 39 CE, cuyo párrafo tercero, al mismo tiempo, impone a los progenitores la obligación de prestar asistencia de todo orden a los hijos habidos dentro o fuera del matrimonio, con independencia de si están o no casados y de si conviven o no con el menor. El régimen de esta asistencia siempre deberá tener en cuenta estos criterios, porque en cada uno de los casos lo que debe decidir el Juez es cuál será el mejor régimen de protección del hijo según sus circunstancias y las de sus progenitores, por ello indica que el juzgador debe tener en cuenta que "no son los afectos de los padres los que deben presidir la decisión judicial, sino "los derechos traducidos en afectos y los vínculos de estabilidad y bienestar que el menor desarrolla" con ambos progenitores en la nueva situación, con la presencia de los dos", criterios que ha venido manteniendo esta Sala en sentencias en numerosas ocasiones, STS 4 marzo 2016 (*Tol 5669215*), STS 22 julio 2011 (*Tol 2196632*), en-

---

85 *Vid.*, STS 7 noviembre 2022 (*Tol 9294450*).

tre otras. Por ello, el Tribunal Supremo ya señaló en tan tempranas fechas que la guarda y custodia compartida se acordará cuando concurran alguno de los criterios reiterados por esta Sala y recogidos como doctrina jurisprudencial en la STS 29 abril 2013 (*Tol 3711046*) de la siguiente forma: debe estar fundada en el interés de los menores que van a quedar afectados por la medida que se deba tomar, que se acordará cuando concurran criterios tales como la práctica anterior de los progenitores en sus relaciones con el menor y sus aptitudes personales; los deseos manifestados por los menores competentes; el número de hijos; el cumplimiento por parte de los progenitores de sus deberes en relación con los hijos y el respeto mutuo en sus relaciones personales; el resultado de los informes exigidos legalmente, y, en definitiva, cualquier otro que permita a los menores una vida adecuada, aunque en la práctica pueda ser más compleja que la que se lleva a cabo cuando los progenitores conviven [asimismo, STS 1 marzo 2023 (*Tol 9437650*)].

Indiscutiblemente, la doctrina jurisprudencial sitúa a la custodia compartida como una opción bien valorada por nuestros tribunales durante la última década siempre que reúna determinados requisitos. En este sentido, la STS 20 diciembre 2021 (*Tol 8745964*) enumera la distinta tipología de custodia compartida y señala en su FJ 3 que:

> "no se discute la atribución de la custodia compartida a favor de los litigantes con respecto a su hija común, que cumplirá los 16 años de edad, el próximo día 29 de diciembre, lo que conforma una manifestación declarada por este tribunal del interés y beneficio de los menores, en tanto en cuanto: 1) se fomenta la integración de los hijos con su padre y con su madre, obviando desequilibrios en los tiempos de presencia; 2) se evita el sentimiento de pérdida; 3) no se cuestiona la idoneidad de los progenitores; y 4) se estimula la cooperación de los padres, en beneficio de los menores (sentencias 433/2016, de 27 de junio; 526/2016, de 12 de septiembre; 545/2016, de 16 de septiembre; 413/2017, de 27 de junio; 442/2017, de 13 de julio; 654/2018, de 30 de noviembre y 175/2021, de 29 de marzo, entre otras). De esta manera, el recurso queda circunscrito a la forma de atribución del uso de la vivienda familiar, que adquiere especiales connotaciones en casos como el presente, ante las distintas modalidades de atribución susceptibles de ser adoptadas, tales como: (i) Custodia compartida simultánea, en supuestos excepcionales en que los hijos conviven con sus padres en la misma casa, cuando existen posibilidades reales y efectivas de vida separada entre ellos en el mismo inmueble. (ii) Custodia compartida a tiempo parcial, en que los hijos permanecen en el que fue domicilio familiar, siendo los padres quienes periódicamente lo abandonan cuando la custodia corresponde al otro progenitor. Es el modelo denominado de 'casa nido', adoptado por la sentencia recurrida. (iii) Custodia compartida a tiempo parcial, con cambio de residencia de los hijos, que se ha descrito gráficamente con la expresión de "niños mochila", en el que son los menores quienes periódicamente conviven en el respectivo domicilio de sus padres. (iv) Custodia compartida, en la que la distribución del tiempo de convivencia no es igualitario con respecto a los padres, en atención a las circunstancias

concurrentes en cada caso, que condicionan la viabilidad de la custodia común. (v) A su vez los sistemas referidos admiten distintas fórmulas, en relación a los periodos temporales en que se lleva a efecto el cambio de custodia, siendo el más habitual el semanal, aunque caben otras modalidades temporales de intercambio: diario, quincenal, mensual etc".

La importancia que va adquiriendo el régimen de custodia compartida no es baladí puesto que las cifras así lo indican: pese a que en 2021 el total de crisis conyugales que terminaron en nulidad, separación y divorcio asciende a 90.582 casos (frente a los 102.341 casos que se produjeron en 2017), el total de casos de ruptura ha ido aumentando de nuevo y en 2021 ha habido un incremento anual respecto de 2020 del 13,2%. Del total de procesos de disolución y nulidad, en 2021 hubo 86.851 divorcios, un 12,5% más que en el año anterior.

La custodia compartida fue otorgada en el 43,1% de los casos de divorcio y separación de parejas con hijos, según los últimos datos publicados por el INE[86], frente al 30,2% de los casos de divorcio y separación, sobre el año 2017[87], luego el incremento es muy importante y la tendencia se va aproximando con gran fuerza al 50% de los casos.

Teniendo en cuenta que la asignación del uso de la vivienda familiar se halla interconectada con el régimen de custodia establecido tras la ruptura conyugal, régimen de custodia que puede ser tanto monoparental como compartida, lo que no se comprende es por qué el art. 96.1 CC presume que, en los casos de crisis familiar, el régimen de custodia sobre los hijos comunes menores va a ser exclusivo o monoparental[88] cuando la tendencia apunta en sentido contrario[89]. Y así lo pone de manifiesto De Verda, quien señala que a causa de que el precepto no prevé esta "eventualidad" bastante común, para los escenarios de guarda y custodia compartida han de buscarse criterios de atribución de la vivienda distintos al previsto en el

---

86 Datos INE publicados el 15/07/2022.

87 Según los últimos datos del INE disponibles a 15/07/2022. Disponible en: https://www.ine.es/dyngs/INEbase/es/operacion.htm?c=Estadistica_C&cid=1254736176798&menu=ultiDatos&idp=1254735573206 [consultado 13 de febrero de 2023].

88 *Vid.* al respecto, J. R. De Verda y Beamonte: "La atribución" cit., p. 15.

89 Según los últimos datos del INE disponibles a 15/07/2022. Disponible en: https://www.ine.es/dyngs/INEbase/es/operacion.htm?c=Estadistica_C&cid=1254736176798&menu=ultiDatos&idp=1254735573206 [consultado 13 de febrero de 2023]. Y que fue cobrando auge a partir de la Ley de 8 de julio de 2005, por la que se dio nueva redacción al art. 92 CC.

art. 96.1 CC[90]. No se comprende la oportunidad perdida que dejó pasar el legislador en la reforma del precepto.

De todas formas, en los casos de custodia compartida, sistema al que se le supone que concilia mejor los intereses del hijo para relacionarse con ambos progenitores, implica la salida del hijo de la vivienda familiar asignada a uno de los progenitores para convivir en los períodos correspondientes con el otro progenitor en otra vivienda distinta, dando lugar al "niño mochila" o "maleta ", solución no siempre beneficiosa para los menores y relativizando la importancia real de la vivienda familiar para los intereses del menor[91]. Se aprecia una cierta contradicción jurídica en ello porque si la vivienda familiar fuera tan prioritaria para preservar los intereses de los hijos, sólo sería admisible el sistema de la "casa nido" en los casos de custodia compartida pero que no está bien valorada por nuestra jurisprudencia por los problemas que plantea. En este sentido, la citada STS 20 diciembre 2021 (*Tol 8745964*) se posicionó en contra la "casa nido", que consideró poco idónea para los intereses de los menores, señalando que esta modalidad de custodia compartida:

> "constituye una fórmula viable que, sin embargo, contiene importantes dificultades para su adopción, en tanto en cuanto requiere un intenso nivel de entendimiento y comunicación entre los progenitores para coordinar los requerimientos de intendencia y cuidado de la vivienda familiar, con la necesidad igualmente de las correlativas interferencias positivas, en su caso, con las respectivas parejas con las que los padres hayan podido reconstruir sus vidas, que deberán adoptarse también a este concreto modelo de convivencia. En definitiva, implica una fórmula de economía colaborativa, que deberá contar con la adhesión de los progenitores, que quieran y puedan atender a las exigencias que implica su puesta en marcha, lo que requiere la existencia de un buen 'coparenting' —relaciones de los padres entre sí—. Todo ello, además, con el requisito de contar con una capacidad económica suficiente para sufragar los mayores gastos, que exige la adopción de este concreto patrón de decisión. El fracaso de una medida de tal clase lesionaría el interés y beneficio de los menores, en cuanto a su estabilidad y satisfacción de sus necesidades. Es por ello que, dadas las dificultades expuestas, la jurisprudencia se muestra reticente a la adopción de una solución de tal clase, toda vez que implica contar con tres viviendas, la propia de cada padre y la común preservada para el uso rotatorio prefijado, solución que resulta antieconómica, y que requiere un intenso nivel de colaboración de los progenitores, que conlleva a que se descarte su adopción en los casos enjuiciados en las sentencias 343/2018, de 7 de junio; 215/2019, de 5 de abril; 15/2020, de 16 de enero y 396/2020, de 6 de julio, todas ellas citadas en la más reciente sentencia 438/2021, de 22 de junio.

[90] J. R. De Verda y Beamonte: "La atribución", cit., p. 17.

[91] *Vid.*, P. Chaparro Matamoros: "La relativización", cit., pp. 93-94.

Pues bien, bajo las connotaciones expuestas, el recurso de la madre debe ser estimado, máxime cuando alega carecer de capacidad económica suficiente para sufragar los gastos de dos viviendas, la que fue en su día familiar y la propia para cubrir sus necesidades individuales de habitación, así como tampoco existe una buena predisposición constatada de los litigantes para participar en la gestión que implica el mantenimiento y cuidado de la vivienda común de uso temporal asignado".

En todo caso, y a falta de criterios específicos que orienten al juez en su decisión sobre la atribución de la vivienda familiar en los casos de custodia compartida, la doctrina apunta algunas soluciones[92]: con independencia de los supuestos viables económicamente de "casa nido" en los que los hijos permanecen en la vivienda y son los padres los que se desplazan alternativamente a la misma, en los periodos de ejercicio de la guarda y custodia, se propone que se atribuya el uso de la vivienda a los hijos y al progenitor que, en cada momento, los tenga bajo su guarda y custodia. Recordemos que esta modalidad es rechazada por la jurisprudencia. Otra opción, más habitual es la que atribuye el uso de la vivienda a uno solo de los progenitores, el usuario de la vivienda, junto con los hijos, y se impone al otro progenitor que se procurare un inmueble para habitar y compartir con los hijos en los periodos de ejercicio de la guarda y custodia. En este caso, son los hijos los que se desplazan entre una vivienda y otra relativizándose la importancia de la vivienda familiar en estos casos[93]; Obviamente, en este supuesto, la decisión sobre la atribución del uso de la vivienda, atenderá al interés del cónyuge más necesitado de protección, valorando factores, como la titularidad de otra vivienda, la situación económica, etc. Finalmente, se podía acordar que la vivienda familiar no se atribuya a ninguno de los progenitores porque se proceda a su venta y cada cónyuge adquiera (o arriende) otra vivienda distinta que compartirá con los hijos comunes en los períodos de ejercicio de la guarda y custodia. En todo caso, cualquiera de las soluciones propuestas supone una medida onerosa en el contexto económico actual, tanto laboral como en relación con la carestía de vivienda en propiedad y arrendada, de difícil solución que obviamente afectará a los alimentos que deban prestarse a estos hijos al reducirse la capacidad

---

92 *Vid.* R. F. Sifre Puig: "La atribución", cit., segunda parte, p. 871.

93 En tal sentido, M.ª A. Blandino Garrido: "La contribución", cit., p. 64, para quien no siempre precisa el hijo de la vivienda familiar por encontrarse satisfechas sus necesidades habitacionales a través de una vivienda alternativa idónea.

económica de los progenitores[94] y de difícil modificación a posteriori. En tal sentido, la SAP Madrid 3 febrero 2023 (*Tol 9436192*)[95] señala que:

> "Ha de tenerse en consideración que la atribución del uso de la vivienda conyugal, viene basada en presupuestos de intereses necesitados de mayor protección, genéricos que no específicos, se efectúa al momento de la ruptura o crisis a fines de mero alojamiento, de asentamiento estructural del núcleo precisado de mayor protección, en evitación del peregrinaje del mismo y de su desarraigo, esto es, solo hay un momento de atribución del uso, el de la quiebra de la pareja, que no otros posteriores, y siempre con carácter temporal, sin conferir al beneficiario mayores derechos de los que deriven del título de ocupación.
>
> Ninguna razón justifica se asigne ahora el uso en beneficio de D. F., cuya necesidad básica de vivienda viene perfectamente cubierta, sin alteración alguna de circunstancias contempladas al tiempo del divorcio en orden a sus posibilidades y capacidad para dar cobertura suficiente y digna a repetida necesidad propia de alojamiento que presenta y la de los hijos comunes en los tiempos en que con ellos permanezca, y en lo que afecta al interés precisado de mayor protección".

Lo que sí se ha previsto el legislador en el art. 96.1.4.CC son los supuestos de custodia dividida o repartida. En estos casos, en los que se reparte entre los dos cónyuges la guarda y custodia de los hijos menores, separando a los hermanos quedarán unos a cargo de un progenitor y otros del otro y cuya posibilidad contempla el precepto, la única previsión que establece el precepto, es que el juez decida sobre la atribución del uso de la vivienda familiar sin más indicaciones. El criterio del "interés más necesitado de protección" no se presume a priori en favor de los hijos menores, sino que deberá acreditarse en cada caso[96]. En consecuencia, la doctrina señala algunos criterios a considerar para conceder el uso de la vivienda a uno de los dos grupos familiares en que ha quedado dividida la otrora unidad familiar. Así se apuntan algunos posibles factores decisorios como el número de hijos que integra cada uno de los dos grupos familiares; la situación económica de cada uno de los grupos familiares, las dificultades o las posibilidades para hacer frente a las nuevas necesidades de vivienda; las retribuciones salariales de uno u otro cónyuge; el estado de salud de los progenitores o de los hijos; la edad de los hijos, etc. En este contexto,

---

94 En el mismo sentido, P. Chaparro Matamoros: "La relativización", cit., pp. 95.

95 *Vid.*, asimismo, las SSAP Guadalajara 1 febrero 2023 (*Tol 9437389*), Barcelona 3 enero 2023 (*Tol 9423249*), Madrid 13 enero 2023 (*Tol 9417636*) o Burgos 23 diciembre 2022 (*Tol 9419480*), entre otras.

96 Así A. I. Berrocal Lanzarot: "La atribución del uso de la vivienda perteneciente a un tercero: precario o comodato", *Revista Crítica de Derecho Inmobiliario*, núm. 790, 2022, pp. 1082-1153, concretamente, p. 1093.

señala Sifre que, si no queda acreditado un interés especial de protección en uno de los grupos familiares, resulta factible que si la vivienda familiar es privativa se atribuya al cónyuge titular. Por el contrario, en los casos más comunes, en los que la vivienda familiar es de titularidad conjunta, al ser el uso compartido, se puede optar bien por dividirla —si es posible su división material—, o bien por atribuir el uso de forma temporal y rotatoria o forma alternativa a cada uno de los dos grupos familiares[97].

VI. LA ESPECIAL PROTECCIÓN DE LOS HIJOS CON DISCAPACIDAD

La Ley 8/2021 pretende incorporar las exigencias del art. 12 de la Convención Internacional sobre Derechos de las Personas con Discapacidad, de Nueva York de 13 de diciembre de 2006 con el fin de promover en las personas con discapacidad, "el adecuado ejercicio de su capacidad jurídica con la finalidad de permitir el desarrollo pleno de su personalidad y el desenvolvimiento jurídico en condiciones de igualdad" (art. 249 CC).

1. *La atribución del uso a los hijos menores con discapacidad que alcanzan la mayoría de edad*

La reforma mencionada ha suprimido tanto la patria potestad prorrogada como la patria potestad rehabilitada, en aplicación de la Convención de 2006, adaptando un nuevo modelo de tratamiento jurídico de la discapacidad que incide en el análisis del art. 96.1 CC que también se reforma[98]. En tal sentido, el precepto señala, al respecto, que:

> "Si entre los hijos menores hubiera alguno en una situación de discapacidad que hiciera conveniente la continuación en el uso de la vivienda familiar después de su mayoría de edad, la autoridad judicial determinará el plazo de duración de ese derecho, en función de las circunstancias concurrentes".

Como consecuencia de la desaparición de la patria potestad prorrogada y, teniendo en cuenta que es muy posible que el menor con discapacidad continúe con ésta al alcanzar su mayoría de edad, necesitando cubrir sus necesidades de vivienda por más tiempo, el legislador protege a estos hijos

---

97 R. F. Sifre Puig: "La atribución", cit., segunda parte, p. 870.

98 P. Chaparro Matamoros: "La atribución", cit. pp. 55 y ss.

manteniéndoles en el uso de la vivienda familiar después de su mayoría de edad, como una medida de apoyo parental. En caso de que el hijo con discapacidad, goce de algunos recursos (empleo, rentas, etc.) será posible establecer un plazo temporal de duración con límite máximo de este derecho de uso[99]. Asimismo, el precepto establece que:

> "A los efectos del párrafo anterior, los hijos comunes mayores de edad que al tiempo de la nulidad, separación o divorcio estuvieran en una situación de discapacidad que hiciera conveniente la continuación en el uso de la vivienda familiar, se equiparán a los hijos menores que se hallaren en similar situación".

Así pues, los hijos mayores de edad con discapacidad son equiparados por el legislador a los hijos menores en el uso de la vivienda familiar cuando fuera conveniente su continuación en el uso de la vivienda, por considerarse su interés también necesitado de protección[100]. A ello se debe señalar que el legislador no ha indicado la duración del derecho lo que conduce a una interpretación jurisprudencial que, protegiendo a estos hijos conjugue, asimismo, otros derechos en liza. Habrá que atender, eso sí, a su situación personal y sus circunstancias. En relación con ello la STS 7 julio 2014 (*Tol 4426700*), aunque anterior a la reforma por la Ley 8/2021, ya recogía los postulados de la Convención de las personas con discapacidad y, en consecuencia, se pronuncia con el siguiente tenor:

> "La Convención sustituye el modelo médico de la discapacidad por un modelo social y de derecho humano que, al interactuar con diversas barreras, puede impedir la participación plena y efectiva del incapacitado en la sociedad, en igualdad de condiciones con las demás. Estamos ante una nueva realidad legal y judicial y uno de los retos de la Convención será el cambio de las actitudes hacia estas personas para lograr que los objetivos del Convenio se conviertan en realidad. Decir que el hijo conserva sus derechos para hacerlos efectivos en el juicio de alimentos, siempre que se den los requisitos exigidos en los artículos 142 y siguientes del Código Civil, no solo no responde a esta finalidad, sino que no da respuesta inmediata al problema. La discapacidad existe, y lo que no es posible es resolverlo bajo pautas meramente formales que supongan una merma de los derechos del discapacitado que en estos momentos son iguales o más necesitados si cabe de protección que los que resultan a favor de los hijos menores, para reconducirlo al régimen alimenticio propio de los artículos 142 y siguientes del Código Civil, como deber alimenticio de los padres hacia sus hijos en situación de ruptura matrimonial, conforme a lo dispuesto en el

---

99 *Vid.*, en el mismo sentido, M.ª I. De La Iglesia Monje: "El uso de la vivienda familiar como compensación del derecho de alimentos. Los hijos menores y mayores con discapacidad. (Art. 96 CC y su relación con el art. 149 CC)", *Revista crítica de Derecho inmobiliario*, núm. 790, 2022, pp. 1065-1081, en concreto, p. 1066.

100 En esta línea, A. I. Berrocal Lanzarot: "La atribución", cit., p. 1098.

artículo 93 del Código Civil, pues no estamos ciertamente ante una situación normalizada de un hijo mayor de edad o emancipado, sino ante un hijo afectado por deficiencias, mentales, intelectuales o sensoriales, con o sin expediente formalizado, que requiere unos cuidados, personales y económicos, y una dedicación extrema y exclusiva que subsiste mientras subsista la discapacidad y carezca de recursos económicos para su propia manutención, sin que ello suponga ninguna discriminación, (que trata de evitar la Convención), antes al contrario, lo que se pretende es complementar la situación personal por la que atraviesa en estos momentos para integrarle, si es posible, en el mundo laboral, social y económico mediante estas medidas de apoyo económico".

Por otro lado, la STS 19 enero 2017 (*Tol 5944342*) señaló que el interés superior del menor, en el que se inspira el art. 96 CC, no es totalmente equiparable al caso del hijo mayor de edad con discapacidad, y que la protección del hijo con discapacidad debe procurar su integración mediante un sistema de apoyos, según su grado de discapacidad. En consecuencia, determina que la atribución de uso de la vivienda familiar es de carácter limitado y temporal porque entiende que:

> "Prescindir de este límite temporal en el caso de hijos discapacitados o con la capacidad judicialmente modificada en razón a dicho gravamen o limitación sería contrario al artículo 96 del Código Civil, y con ello dejaría de estar justificada la limitación que este precepto prevé a otros derechos constitucionalmente protegidos, pues impondría al titular del inmueble una limitación durante toda su vida, que vaciaría de contenido económico el derecho de propiedad o, al menos, lo reduciría considerablemente, en la medida en que su cese estaría condicionado a que el beneficiario mejore o recupere su capacidad, o desaparezca su situación de dependencia y vulnerabilidad".

No cabe, en conclusión, la atribución del uso de la vivienda familiar de manera indefinida que se asiente en la discapacidad del hijo como única premisa, sino que deben tomarse en consideración, además, la necesidad habitacional, de apoyos parentales, etc. Todo ello determinará la fijación del plazo en el uso de la vivienda familiar, que es, de naturaleza temporal[101].

2. *La atribución del uso a los hijos mayores con discapacidad en el momento de la crisis conyugal*

Por otra parte, en relación con los hijos mayores con discapacidad llegada la crisis que provoca la ruptura de la convivencia familiar, la doctrina

---

101 En el mismo sentido, M.ª I. De La Iglesia Monje: "El uso", cit., p. 1075.

requiere que la situación de discapacidad exista al tiempo de la separación, nulidad y divorcio. En estos casos, se debe probar la conveniencia de mantener al hijo discapacitado en la vivienda familiar (bien por estar adaptada a su situación, cercanía centro escolar u otros motivos suficientes en relación a su discapacidad) y debe constar la voluntad del hijo con discapacidad de permanecer en ésta y sin que sea necesario que existan medidas de apoyo acordadas[102]. En todo caso, el juez podrá fijar el plazo de duración de ese derecho, en función de las circunstancias concurrentes, al igual que en los supuestos en que concurren hijos menores con discapacidad tras alcanzar su mayoría de edad. A su vez, de la referencia a la "continuación" del uso que hace el art. 96.1 en su segundo párrafo CC, cabe entender que se trata de hijos que se encuentren conviviendo en la vivienda familiar en el momento de producirse la nulidad, separación o divorcio de sus padres.

Se aprecia, en consecuencia, que la línea marcada por legislador va en paralelo a la de nuestros tribunales y no toma en consideración la doctrina jurisprudencial de nuestro Tribunal Supremo que únicamente equiparó a los hijos mayores de edad con discapacidad a los hijos menores respecto de los alimentos, pero no con respecto a la atribución del uso de la vivienda en ningún caso[103] argumentando, entre otras la ya citada STS 19 enero 2017 (*Tol 5944342*), que:

> "no se ignora que la vivienda constituye uno de los derechos humanos fundamentales en cuanto garantiza a su titular el derecho al desarrollo de la personalidad y le asegura una existencia digna Ocurre, sin embargo, que el interés superior del menor, que inspira la medida de uso de la vivienda familiar, no es en todo caso equiparable al hijo mayor de edad con discapacidad en orden a otorgar la especial protección que el ordenamiento jurídico dispensa al menor. El interés del menor tiende a su protección y asistencia de todo orden, mientras que el de la persona con discapacidad se dirige a la integración de su capacidad de obrar mediante un sistema de apoyos orientado a una protección especial, según el grado de discapacidad".
>
> [...] el interés de las personas mayores con discapacidad depende de muchos factores: depende de su estado y grado, físico, mental, intelectual o sensorial; de una correcta evaluación de sus estado; del acierto en la adopción de los apoyos en la toma de decisiones y de la elección de la persona o institución encargada de hacerlo, que proteja y promueva sus intereses como persona especialmente vulnerable en el ejercicio de los derechos fundamentales a la vida, salud e integridad, a partir de un modelo adecuado de supervisión para lo que es determinante un doble compromiso, social e individual por parte de quien asume a su cuidado, y un respeto a su derecho a formar su voluntad y preferencias, que le dé la oportunidad de vivir de forma independiente y de tener control sobre su vida diaria, siempre que sea posible, lo que

---

102 A. I. Berrocal Lanzarot: "La atribución", cit., p. 1098.

103 *Idem.*

> supone, como en este caso ocurre que la toma de decisiones derivadas del divorcio de sus padres sea asumida por la hija y no por su madre».
>
> [...] una cosa es que se trate de proteger al más débil o vulnerable y otra cosa distinta que en todo caso haya que imponer limitaciones al uso de la vivienda familiar en los supuestos de crisis matrimonial, cuando hay otras formas de protección en ningún caso discriminatorias. Los hijos, menores y mayores, con o sin discapacidad, son acreedores de la obligación alimentaria de sus progenitores. Con la mayoría de edad alcanzada por alguno de ellos el interés superior del menor como criterio determinante del uso de la vivienda decae automática y definitivamente y los padres pasan a estar en posición de igualdad respecto a su obligación conjunta de prestar alimentos a los hijos comunes no independientes, incluido lo relativo a proporcionarles habitación (art. 142 CC). En lo que aquí interesa supone que una vez transcurrido esos tres años y finalizada la atribución del uso de la vivienda familiar a la esposa e hija, la atención a las necesidades de vivienda y alimentos a la hija deberá ser satisfechos, si no pudiera atenderlos por sí misma mediante la obligación de alimentos de los progenitores".

En consecuencia, la sentencia no atribuye el uso de la vivienda al hijo mayor de edad con discapacidad porque se considerada que su interés no es el más necesitado de protección. No equipara hijos menores con mayores con discapacidad. Este enfoque tiene su lógica si se atiende a que la discapacidad es graduable y por ello, no es conveniente realizar una equiparación general de los hijos menores con aquellos mayores con alguna discapacidad más o menos limitativa[104]. En consecuencia, no es de extrañar que esta postura jurisprudencial se aparte de la que señaló la STS 30 mayo 2012 (*Tol 2558108*), que consideró que los hijos con discapacidad (en el caso enjuiciado se había incapacitado al hijo mayor de edad) deben ser equiparados a los menores en esta cuestión porque su interés también resulta ser el más necesitado de protección y, es por ello, que también están incluidos en el art. 96.1 CC. Obviamente, parece que el tribunal no distinguió entre incapacidad y discapacidad pues la última no siempre comportaba la primera.

Así pues, superada la doctrina jurisprudencial que mantenía la STS 30 mayo 2012 (*Tol 2558108*), en los casos en que se valore la atribución del uso de la vivienda familiar al hijo mayor de edad que al tiempo de la nulidad separación o divorcio padezca una discapacidad, se deberá atender a cada caso concreto. La razón primordial que señala la doctrina es que el mayor de edad con discapacidad, a diferencia del hijo menor, puede satisfacer sus

---

104 En el mismo sentido, M. Ordás Alonso: "Luces y sombras de la propuesta de modificación del art. 96 CC prevista en el Anteproyecto de ley por el que se reforma la legislación civil y procesal en materia de discapacidad", *Actualidad Jurídica Iberoamericana*, núm. 10 bis, 2019, pp. 32-63, en pp. 55.

necesidades asistenciales a través del derecho de alimentos que le corresponda sin que sea necesario privar al progenitor titular de la vivienda del uso de la misma de manera permanente [SSTS 8 marzo 2017 (*Tol 5990775*) y 4 abril 2018 (*Tol 6566197*)][105]. Por ello, el cambio de doctrina jurisprudencial también se apoya en el carácter temporal de la atribución del uso de la vivienda familiar basado en que el art. 96 CC no configura este derecho de uso con carácter indefinido ni expropiatorio de la propiedad de la vivienda de la que es titular uno de los cónyuges (si tenemos en cuenta que algunas discapacidades son permanentes)[106]. Sin embargo, en mi opinión, cuando los hijos mayores de edad padecen una discapacidad permanente que haga conveniente y necesaria su continuidad en la vivienda familiar sin que su necesidad habitacional en relación a sus concretas circunstancias (accesibilidad de la vivienda, etc.) pueda ser cubierta adecuadamente de otra manera, habrá que considerar su permanencia en la misma para tutelar el interés del más vulnerable y necesitado de protección. Sólo el análisis del caso concreto llevará a alcanzar la solución más justa y óptima para todos los implicados porque no todas las discapacidades tienen los mismos grados y limitaciones.

VII. LA EXCLUSIÓN DE LOS HIJOS MAYORES DE EDAD

La reforma del art. 93 CC por la Ley 11/1990, de 15 de octubre, que introdujo el segundo apartado del precepto según el cual "si convivieran en el domicilio familiar hijos mayores de edad o emancipados que carecieran de ingresos propios, el Juez, en la misma resolución, fijará los alimentos que sean debidos conforme a los artículos 142 y siguientes de este Código", no encuentra correlativo en el Código Civil en relación a la atribución del uso de la vivienda familiar en favor de los hijos mayores de edad que continúan viviendo en el hogar familiar, aun cuando carezcan de independencia económica. Así las cosas, dos corrientes doctrinales y jurisprudenciales

---

105 *Vid.*, M. García Mayo: "El uso", cit., 2022, pp. 248-249.

106 Igualmente, M. García Mayo: "El uso de", cit., 2022, p. 246. Para M. Ordás Alonso: "Luces y sombras", cit., p. 57, la atribución del uso de la vivienda familiar debe ser una medida de última ratio que exclusivamente debe adoptarse cuando sea posible afrontar de otra manera la necesidad de vivienda de quien presente el interés más necesitado de protección.

se contraponen en su intento de incluir[107] o bien excluir a los hijos mayores de edad del primer párrafo del art. 96 CC[108]. No obstante, el legislador no ha contemplado la aplicación de los criterios del art. 93.2 CC en sede de alimentos a la atribución del uso de la vivienda familiar del art. 96 CC y ello lo evidencia el dato de que no ha procedido a su inclusión pese a las numerosas reformas del Código Civil, por lo que no cabe una interpretación extensiva de la norma prevista para menores de edad en el art. 96.1 CC, si atendemos a que la atribución del uso de la vivienda no deja de comportar un gravamen al derecho de propiedad[109]. Es más, en el propio precepto se indica que el uso de la vivienda familiar corresponderá a los hijos comunes menores de edad y al cónyuge en cuya compañía queden "hasta que todos aquellos alcancen la mayoría de edad". Luego el límite temporal —a falta de otro determinado en el convenio regulador o la sentencia— lo establece el precepto en la mayoría de edad del menor de los hijos comunes, en cuyo momento el derecho de uso se extingue.

Una vez alcanzada por todos ellos la mayoría de edad, la persistencia de necesidades habitacionales en estos hijos no es determinante para la atribución del uso de la vivienda familiar. Y así se pronuncia la jurisprudencia al desvincular al desvincular el uso de la vivienda familiar a la prestación de ali-

---

107 Por todos, H. Álvarez Álvarez: *Régimen jurídico,* cit., p. 429; M. Cuena Casas: "El régimen jurídico de la vivienda habitual", *Tratado de Derecho de Familia,* vol. III, 2ª ed., Aranzadi, Navarra, 2017, p. 41; B. Sánchez-Calero Arribas: "Atribución del uso de la vivienda familiar", *Actualidad Civil,* núm. 3, 2016, edición digital, p. 3., para quienes resulta aplicable el art. 96. I CC a los hijos mayores de edad que convivan en el domicilio familiar y carezcan de ingresos propios y cuya situación no la hayan generado ellos mismos por apatía o pereza.

108 En esta línea, M.ª D. Cervilla Garzón: "Naturaleza jurídica del uso de la vivienda familiar y eficacia frente a terceros. Su estudio desde la doctrina", en *Menores y crisis de pareja: la atribución del uso de la vivienda familiar,* (dir. G. Cerdeira Bravo de Mansilla), Reus, Madrid, 2017, p. 28; J. R. De Verda y Beamonte y G. Carapezza Figlia: "El derecho de uso de la vivienda familiar en las crisis familiares: comparación entre las experiencias jurídicas española e italiana", *Revista Crítica de Derecho Inmobiliario,* núm. 752, 2015, p. 3407; C. Guilarte Martín-Calero: "Atribución de vivienda familiar en procedimiento de divorcio a los hijos menores y al progenitor custodio", *Cuadernos Civitas de Jurisprudencia Civil,* núm. 93, 2013, p. 530; I. Tena Piazuelo: *La prestación de alimentos a los hijos tras la ruptura de pareja: pensiones, gastos, vivienda,* Aranzadi, Navarra, 2015, p. 227; M. Ordás Alonso: "Luces y sombras", cit., p. 43; L. Zumaquero Gil: "La atribución judicial del uso de la vivienda familiar en caso de crisis matrimonial: régimen jurídico actual y propuestas de reforma", *Revista de Derecho Patrimonial,* núm. 41, 2016, p. 15.

109 Así, M. Ordás Alonso: "Luces y sombras", cit., p. 43.

mentos en relación con los hijos mayores de edad aun cuando convivan en el hogar familiar y carezcan de ingresos propios y, por ende, de independencia económica [STS 19 enero 2017 (*Tol 5944342*)][110]. Por tanto, la atribución del uso de la vivienda familiar no tiene en nuestra legislación civil común el carácter de contribución en especie a los alimentos de los hijos[111].

En consecuencia, un importante sector doctrinal entiende que la atribución del uso de la vivienda familiar cuando existan hijos mayores de edad no puede vincularse en ningún caso con la prestación alimenticia prevista en el art. 93.2 CC, sino que habrá de realizarse a tenor del art. 96.3 CC (y no del art. 96.1 CC) y, por ende, a favor del cónyuge cuyo interés sea el más necesitado de protección en función de las circunstancias concurrentes[112]. Y en esta línea se pronuncia la jurisprudencia. Así la STS 23 enero 2017 (*Tol 5944409*), ya señalaba que:

> "Cuando existen hijos menores de edad el interés de éstos es el que determina la atribución del uso de la vivienda familiar, que corresponderá a ellos y al progenitor custodio (artículo 96.1 CC). Sólo existen dos factores que eliminan el rigor de la norma: (i) cuando la vivienda no tenga el carácter de familiar; (ii) cuando el hijo no precise de la vivienda por encontrarse satisfechas las necesidades de habitación a través de otros medios. Así se recoge en la sentencia 284/2016, de 3 mayo, rec. 129/2015, que se hace eco de lo declarado en la sentencia de 5 de noviembre de 2012, reiterado en las de 15 de marzo de 2013 y 16 de enero de 2015. Por tanto, la sentencia de primera instancia fue correcta atribuyendo el uso de la vivienda familiar a la menor y a la progenitora custodia.
>
> Ahí pudo detenerse. Sin embargo, conocedora de la doctrina de esta Sala, limitó la aplicación rigorista del artículo 96.1 CC hasta la mayoría de edad de la menor para, alcanzada ésta, que se aplicase el artículo 96.3 CC y se decidiese pruden-

---

110 La STS 12 junio 2023 (*Tol 9652170*) inadmite el recurso de casación en que la recurrente pretendía el reconocimiento en el uso de la que fuera vivienda familiar hasta que los hijos fueran independientes económicamente, en vez de hasta la mayoría de edad del más pequeño.

111 *Vid.*, en este sentido, M.ª A. Blandino Garrido: "La contribución", cit., p. 52. Tampoco para M. García Mayo: "El uso", cit., 2021, pp. 187-221, en p. 190; M. Luque Jiménez: *La atribución del derecho de uso de la vivienda familiar en situaciones de crisis matrimonial*, CRPME - Centro de Estudios Registrales, Madrid, 2012, p. 56; M. Ordás Alonso: *La atribución del uso de la vivienda familiar y la ponderación de las circunstancias concurrentes*, Wolters Kluwer, Madrid, 2018, p. 246; C. Páramo y De Santiago: "Vivienda familiar: atribución de uso al progenitor custodio y a los hijos y las consecuencias de la ejecución hipotecaria", *CEFLegal: revista práctica de derecho. Comentarios y casos prácticos*, núm. 172, 2015, p. 133.

112 Asimismo, la situación de los cónyuges cuando todos los hijos son mayores de edad, se asimila a la de los cónyuges sin hijos del párrafo tercero del precepto analizado. SAP Madrid 29 septiembre 2022 (*Tol 9515090*).

cialmente a favor del cónyuge cuyo interés fuera el más necesitado de protección, cuando las circunstancias lo hicieren aconsejable.

En efecto existe doctrina de sentencia de pleno, que recoge la sentencia 315/2015, de 29 de mayo, rec. 66/2014, del siguiente tenor: 'La mayoría de edad alcanzada por los hijos a quienes se atribuyó el uso, dice la sentencia de 11 de noviembre 2013, deja en situación de igualdad a marido y mujer ante este derecho, enfrentándose uno y otro a una nueva situación que tiene necesariamente en cuenta, no el derecho preferente que resulta de la medida complementaria de guarda y custodia, sino el interés de superior protección, que a partir de entonces justifiquen, y por un tiempo determinado. Y es que, adquirida la mayoría de edad por los hijos, tal variación objetiva hace cesar el criterio de atribución automática del uso de la vivienda que el artículo 96 establece a falta de acuerdo entre los cónyuges, y cabe plantearse de nuevo el tema de su asignación, pudiendo ambos cónyuges instar un régimen distinto del que fue asignado inicialmente por la minoría de edad de los hijos, en concurrencia con otras circunstancias sobrevenidas'. En atención a lo expuesto la sentencia recurrida decidió prematuramente, como si la hija ya fuese mayor de edad, y teniendo en cuenta sólo las circunstancias de ella y no la del progenitor más necesitado de protección en atención a las circunstancias fácticas que la propia sentencia recoge.

Un supuesto similar fue el que decidió la sentencia 604/2016, de 6 de octubre, rec. 1986/14, con cita de la jurisprudencia antes citada, y declara lo siguiente: En el caso que se enjuicia la sentencia recurrida valora que los hijos viven con su madre y que no tienen independencia económica encontrándose en periodo de formación por lo que, dice, sin citar jurisprudencia alguna, que solo cabe hacer el uso y atribución del domicilio 'a los hijos por ser estos el interés más necesitado de protección' y 'exclusivamente hasta la independencia económica".

Continúa la sentencia argumentando que el uso se atribuye al progenitor custodio y que, una vez alcanzada la mayoría de edad de los hijos, la custodia desaparece y si estos necesitaran alimentos, en los que se incluye la vivienda, pueden pasar a residir con cualquiera de sus progenitores en función de que el alimentante decida proporcionarlos manteniendo a esos hijos en su propia casa:

"Sin duda, el desconocimiento de la jurisprudencia sobre esta materia justifica el interés casacional que ha dado lugar al recurso de casación. El uso se atribuye al progenitor, como luego se dice en el fallo, y por el tiempo que prudencialmente se fije a su favor y este tiempo no es el que conviene a los hijos sino a ella, aunque pueda valorarse la circunstancia no solo de que convivan con ella los hijos, sino de que aquella custodia que se había establecido a su favor durante su minoría de edad desaparece por la mayoría de edad y si estos necesitaran alimentos, en los que se incluye la vivienda, pueden pasar a residir con cualquiera de sus progenitores en función de que el alimentante decida proporcionarlos manteniendo en su propia casa al que tiene derecho a ellos. Por consiguiente, la sentencia recurrida, utilizando el criterio del interés de los hijos mayores, contradice la doctrina de esta sala y ha de ser casada".

Así pues, el Tribunal Supremo clarifica que el art. 96.1 CC no atribuye el uso de la vivienda a los hijos menores de edad hasta la independencia económica, sino que va más allá y atribuye el uso de la vivienda al progenitor custodio lo que se extiende a los hijos menores hasta alcanzar la mayoría de edad.

La propia sentencia puntualiza, tal y como apuntamos anteriormente, que si hubiese querido el legislador asumir la atribución del uso de la vivienda familiar a los hijos mayores de edad sin independencia económica que convivan con uno de los progenitores así debió haberlo previsto de forma explícita, al modo que se hace en el art. 93.2 CC respecto del derecho a percibir pensión alimenticia. Al no haberse establecido tal previsión legal no cabe interpretación extensiva alguna de la norma prevista para menores de edad en el art. 96.1 CC, máxime cuando es evidente que la atribución del uso de la vivienda no deja de comportar un gravamen al derecho de dominio. En igual sentido, se manifiesta la STS 12 julio 2023 (*Tol 9652170*).

En esta línea ya se habían manifestado las STS 29 mayo 2015 (*Tol 5010151*) al señalar que la mayoría de edad alcanzada por el hijo hace que los progenitores se encuentren ante una nueva circunstancia, estando en situación de igualdad ambos; o la STS 6 octubre 2016 (*Tol 5843481*), que afirmó que, extinguiéndose la custodia cuando el hijo alcanza la mayoría de edad, si este precisara de alimentos, entre los que se incluye la habitación, no tiene porqué recibirlos en la vivienda familiar, sino que puede recibirlos en la residencia de cualquiera de los progenitores[113]. Tal es así que la reciente STC 12/2023, de 6 de marzo (*Tol 9466559*) señala que la prestación alimenticia y de habitación a favor del hijo mayor, tenga la edad que tenga, está desvinculada del derecho a continuar usando la vivienda familiar, pues sus necesidades básicas se satisfacen mediante el derecho de alimentos entre parientes. En dicha sentencia, el Tribunal Constitucional avala que no se vulnera la tutela judicial efectiva de los hijos que han alcan-

---

113 SSTS 30 marzo 2012 (*Tol 2509172*), 11 noviembre 2013 (*Tol 4022595*), 12 febrero 2014 (*Tol 4184116*), 28 octubre 2015 (*Tol 5544522)*, 6 octubre 2016 (*Tol 5843481*), 25 octubre 2016 (*Tol 5859683*) o 21 de diciembre 2016 (*Tol 5930854*). En estas resoluciones, el argumento expuesto se utiliza para denegar la atribución del uso de la vivienda familiar en virtud del art. 96.I cuando los hijos son ya mayores de edad. Pero esta doctrina es, asimismo, referida en otras muchas resoluciones en las que, pese a haberse atribuido el uso por ser los hijos menores de edad, consideran la mayoría de edad como límite temporal de la referida atribución: SSTS 22 abril 2004 (*Tol 392352*),10 febrero 2006 (*Tol 827039*), 3 abril 2014 (*Tol 4218412*), 25 abril 2016 (*Tol 5708237*), 25 octubre (*Tol 5859683*), 20 junio 2017 (*Tol 6201425*) o 27 septiembre 2017 (*Tol 6369738*).

zado la mayoría de edad porque "ningún alimentista mayor de edad, cuyo derecho se regule conforme a lo dispuesto en los arts. 142 y siguientes del Código civil, tiene derecho a obtener parte de los alimentos que precise mediante la atribución del uso de la vivienda familiar con exclusión del progenitor con el que no haya elegido convivir. En dicha tesitura, la atribución del uso de la vivienda familiar ha de hacerse al margen de lo dicho sobre los alimentos que reciba el hijo o los hijos mayores y, por tanto, única y exclusivamente a tenor, no del párrafo 1 sino del párrafo 3 del artículo 96 CC (sentencia de 11 de noviembre de 2013)".

Así pues, siguiendo la doctrina jurisprudencial que descartó que los hijos mayores de edad fueran acreedores de la protección que brinda el art. 96.1 CC, y en coherencia con el art. 149 CC, el progenitor con el que el hijo no convive podría satisfacer la necesidad de habitación del ya hijo mayor de edad, mediante el pago de una pensión de alimentos o manteniéndolo en su propia casa.

Pero nada obsta para que en se pacte en convenio regulador por mutuo acuerdo, formulado ante el letrado de la Administración de Justicia o notario, prestando su consentimiento tanto los cónyuges como los hijos mayores de edad o los menores emancipados respecto de las medidas que les afecten (el uso de la vivienda, v. gr.) por carecer de ingresos propios y tener necesidad de convivir en el domicilio familiar.

VIII. CONCLUSIONES Y PROPUESTAS *DE LEGE FERENDA*

1. La Ley 8/2021, de 2 de junio, por la que se reforma la legislación civil y procesal para el apoyo a las personas con discapacidad en el ejercicio de su capacidad jurídica, ha modificado la redacción del art. 96 CC y ha introducido expresamente la referencia a los hijos con discapacidad a los que no se hacía alusión con anterioridad y que generaba numerosos problemas de interpretación al respecto.

2. La nueva redacción clarifica que la medida de atribución del uso de la vivienda está referida a los hijos comunes de ambos cónyuges y no de los habidos por cualquiera de ellos con una tercera persona aunque convivieran estos últimos en el hogar familiar.

3. El inmueble que reúna las condiciones de habitabilidad y constituya la residencia habitual de la unidad familiar, por tratarse del lugar en el que la familia haya convivido como tal, con una voluntad de permanencia, ocupada por los cónyuges y por los hijos en el momento en que se produce la

ruptura de la convivencia, se considera vivienda familiar. En este sentido, se sigue considerando como vivienda familiar, en cuanto sirve a un determinado grupo familiar aunque éste se halle desmembrado y desintegrado tras la crisis matrimonial. Por ello, la entrada de una tercera persona en el ámbito sentimental de uno de los ex cónyuges y, materialmente, en la que fue vivienda familiar hace perder a la vivienda su antigua naturaleza de vivienda familiar por servir en su uso a una familia distinta y diferente.

4. La determinación de quién va a continuar en el que fuera domicilio conyugal y familiar, estará en función de una serie de circunstancias que deben tenerse en cuenta para adjudicar el uso de la vivienda conyugal a uno u otro cónyuge. El criterio principal tenido en cuenta para el caso de que existan hijos comunes es que el derecho al uso de la vivienda se adjudica automática y cuasi imperativamente al cónyuge a quien se atribuye la custodia de los hijos, en atención al interés primordial de los hijos que es el criterio que se hace prevalecer en vez de poner el acento en el posible interés o conveniencia del cónyuge custodio. Tal es la regulación del art. 96.1 CC a falta de acuerdo de los excónyuges. No obstante, como hemos analizado, no siempre se preserva el interés superior del menor cuando se atribuye el uso de la vivienda familiar (automáticamente) al cónyuge custodio. Y al mismo tiempo, no se atienden debidamente otros intereses de los afectados por esta crisis familiar. En el caso de que se determine la custodia compartida de los menores (supuesto bastante habitual actualmente), el domicilio familiar deja de ser único y se duplica pues ambos progenitores van a convivir con sus hijos menores en la antigua vivienda familiar (o no) y en otra u otras nuevas.

5. En el caso de la continuidad en el domicilio familiar del cónyuge custodio y los hijos que han quedado a su cuidado, surge el problema del uso real de la vivienda *versus* la titularidad jurídica de ésta (antes vivienda conyugal y ahora familiar), que puede haber sido arrendada por los cónyuges, o adquirida conjuntamente por ambos ostentando los dos cónyuges la propiedad de la misma; o bien que pertenezca a uno solo de los cónyuges que bien puede ser el que la habita en compañía de los hijos pero también del que abandona la vivienda familiar para constituir uno nuevo domicilio individual separado de su ex cónyuge e hijos.

6. En mi opinión, el derecho de uso sobre la vivienda familiar no es un derecho real ni personal sino familiar y sui generis, que atribuye la posesión exclusiva de la vivienda familiar a uno de los excónyuges, impidiendo el uso de la misma al otro, además de una limitación a la facultad de disponer del cónyuge titular de la vivienda familiar oponible erga omnes e inscribible en el Registro de la Propiedad. Para esta limitación de los de-

rechos del cónyuge titular de la vivienda al que no se le ha atribuido el uso de su propiedad tanto para su disfrute como para su disposición, quizás se debiera tener en cuenta que no siempre la atribución del uso al cónyuge custodio preserva mejor los intereses de los hijos menores.

7. Curiosamente este "derecho de ocupación familiar" que conlleva el derecho de uso de la vivienda familiar, no tiene acceso al Registro de la Propiedad, por lo que la protección del cónyuge usuario no queda plenamente plasmada.

8. La aplicación automática del art. 96.1 CC impide la atribución del uso de la vivienda familiar en perjuicio de aquel miembro de la disuelta familia cuyo interés sea el más necesitado de protección. Y ello, porque el legislador presume que este interés siempre es el del hijo menor (para permanecer en su entorno social y familiar y, por tanto, en la que fuera vivienda familiar) y ahora también, tras la reforma por la Ley 8/2021, del hijo con discapacidad. Lástima que el legislador no haya aprovechado la oportunidad de recoger la doctrina jurisprudencial sobre esta materia, más sensibilizada con los otros intereses implicados en esta cuestión, como no disponer el progenitor no custodio de otra vivienda o contar con menores ingresos que el custodio o salud más precaria, etc., en vez de mantener una regulación que pretende la aplicación del principio favor filii o favor minoris y que identifica este interés del hijo con la atribución del uso de la vivienda familiar al progenitor con el que vaya a convivir para preservar al máximo las mismas condiciones familiares que disfrutaba el menor con anterioridad a la crisis familiar, confiriendo un marcado carácter asistencial y automático del precepto, que no siempre es la solución óptima.

9. La aplicación automática del art. 96.1 CC puede evitarse si hay acuerdo de los cónyuges aprobado por la autoridad judicial, luego se trata de una norma dispositiva que permite efectuar la atribución del uso de la vivienda familiar tanto en favor del progenitor no custodio, como del custodio como de ninguno de ellos si así lo han acordados los ex cónyuges en los casos de crisis familiar y quedan cubiertas de otro modo las necesidades de vivienda de los hijos menores y mayores con discapacidad.

10. Si tenemos en cuenta que la custodia compartida fue otorgada en el 43,1% de los casos de divorcio y separación de parejas con hijos, según los últimos datos publicados por el INE en julio de 2022, frente al 30,2% de los casos de divorcio y separación, sobre el año 2017, ello que pone de relieve un incremento muy importante y una tendencia que se va aproximando con gran fuerza al 50% de los casos. Si además, ello se pone en relación con que la asignación del uso de la vivienda familiar se halla inter-

conectada con el régimen de custodia establecido tras la ruptura conyugal, régimen de custodia que puede ser tanto monoparental como compartida, y que según las cifras indicadas tiende con gran fuerza hacia la modalidad de custodia compartida, no se comprende por qué el art. 96.1 CC presume que en los casos de crisis familiar, el régimen de custodia sobre los hijos comunes menores va a ser individual alejándose el legislador, una vez más, de la realidad social española. Debería, por el contrario, haber resuelto esta problemática en favor del cónyuge (que junto con los hijos menores o con discapacidad) ostente una mayor necesidad de protección atendiendo a todas las circunstancias concurrentes en el caso.

11. En relación con los hijos con discapacidad, y de acuerdo con la interpretación jurisprudencial del art. 96.1 CC ante la falta de indicación de plazo por el legislador para el disfrute del derecho que confiere el precepto, no cabe la atribución del uso de la vivienda familiar de manera indefinida que se asiente en la discapacidad del hijo como única premisa, sino que deben tomarse en consideración, además, la necesidad habitacional, de apoyos parentales, etc. Todo ello determinará la fijación del plazo en el uso de la vivienda familiar, que es, de naturaleza temporal. No obstante, hubiera sido deseable que el legislador, aprovechando la reforma, hubiera establecido algunos requisitos o condiciones para prolongar más o menos el uso de la vivienda familiar y/o hubiera establecido un plazo límite para no erosionar los derechos del progenitor titular de la vivienda.

12. En todo caso, cuando los hijos mayores de edad padecen una discapacidad permanente que haga conveniente y necesaria su continuidad en la vivienda familiar, sin que su necesidad habitacional en relación a sus concretas circunstancias (accesibilidad de la vivienda, etc.) pueda ser cubierta adecuadamente de otra manera, habrá que considerar su permanencia en la misma para tutelar el interés del más vulnerable y necesitado de protección. Sólo el análisis del caso concreto llevará a alcanzar la solución más adecuada para todos los intereses en liza porque no todas las discapacidades tienen los mismos grados y limitaciones.

13. En relación con los hijos mayores de edad, la doctrina jurisprudencial descartó que fueran acreedores de la protección que brinda el art. 96 CC, y en coherencia con el art. 149 CC, el progenitor con el que el hijo no convive podría satisfacer la necesidad de habitación del ya hijo mayor de edad, mediante el pago de una pensión de alimentos o manteniéndolo en su propia casa. La razón estriba en que si hubiese querido el legislador asumir la atribución del uso de la vivienda familiar a los hijos mayores de edad sin independencia económica que convivan con uno de los progenitores así debió haberlo previsto de forma explícita, al modo que se hace en el art.

93.2 CC respecto del derecho a percibir pensión alimenticia. Al no haberse establecido tal previsión legal resulta forzada la interpretación extensiva de esta norma prevista para los hijos menores de edad en el art. 96.1 CC, máxime cuando es evidente que la atribución del uso de la vivienda no deja de comportar un gravamen al derecho de dominio.

14. Asimismo, en el caso de los hijos mayores de edad, la vía consensual es la más conveniente para todos los implicados y aconsejable porque la norma del art. 96.1 CC es dispositiva por lo que nada obsta para que se pacte un régimen distinto, por mutuo acuerdo en convenio regulador, formulado ante el letrado de la Administración de Justicia o notario, prestando su consentimiento tanto los cónyuges como los hijos mayores de edad o los menores emancipados respecto de las medidas que les afecten (el uso de la vivienda, v. gr.) por carecer de ingresos propios y tener necesidad de convivir en el domicilio familiar.

15. La atribución del uso de la vivienda familiar que regula el art. 96.1 CC tiene la finalidad de paliar no sólo un problema de entorno social que, según hemos analizado no siempre es tal, sino más bien un problema económico relacionado con la dificultad de los españoles en el acceso a la vivienda y que se vuelve más acuciante en situaciones de crisis de pareja en los que la convivencia en el mismo hogar deviene imposible. Ello genera el problema de atribuir el uso de la vivienda familiar a quien ostente el interés más necesitado de protección en ese momento, a costa de colocar en situación de vulnerabilidad al cónyuge no favorecido con esta medida. La situación (por demás injusta) se podía haber paliado con el establecimiento de un derecho de arrendamiento forzoso, incluso con una renta baja, que aliviara la situación económica del cónyuge no usuario, en vez de la atribución gratuita ex lege que impone —en ausencia de pacto aprobado por el juez— el art. 96.1 CC.

IX. ÍNDICE DE SENTENCIAS COMENTADAS

STC 12/2023, de 6 de marzo (*Tol 9466559*)
STC 192/2016, de 16 de noviembre (*Tol 5922198*)
STC 185/2012, de 17 de octubre (*Tol 2675044*)
STC 4/2001, de 15 de enero (*Tol 81387*)
STS 17 julio 2023 (*Tol 9657583*)
STS 12 julio 2023 (*Tol 9652170*)
STS 5 julio 2023 (*Tol 9640352*)
STS 12 junio 2023 (*Tol 9652170*)
STS 1 marzo 2023 (*Tol 9437650*)

STS 21 diciembre 2022 (*Tol 93566559*)
STS 25 noviembre 2022 (*Tol 9318718*)
STS 7 noviembre 2022 (*Tol 9294450*)
STS 29 septiembre 2022 (*Tol 9253220*)
STS 16 septiembre 2022 (*Tol 9332223*)
STS 20 abril 2022 (*Tol 8917144*)
STS 29 marzo 2022 (*Tol 8900789*)
STS 3 enero 2022 (*Tol 8764983*)
STS 20 diciembre 2021 (*Tol 8745964*)
STS 13 diciembre 2021 (*Tol 8704870*)
STS 19 octubre 2021 (*Tol 8630944*)
STS 24 mayo 2021, (*Tol 8454612*)
STS 23 septiembre 2020 (*Tol 8111765*)
STS 29 octubre 2019 (*Tol 7571565*)
STS 20 noviembre 2018 (*Tol 6921906*)
STS 4 abril 2018 (*Tol 6566197*)
STS 17 octubre 2017 (*Tol 6401637*)
STS 27 septiembre 2017 (*Tol 6369738*)
STS 22 septiembre 2017 (*Tol 6355976*)
STS 13 septiembre 2017 (*Tol 6347623*)
STS 20 junio 2017 (*Tol 6201425*)
STS 8 marzo 2017 (*Tol 5990775*)
STS 23 enero 2017 (*Tol 5944409*)
STS 19 enero 2017 (*Tol 5944342*)
STS 21 de diciembre 2016 (*Tol 5930854*)
STS 25 octubre 2016 (*Tol 5859683*)
STS 6 octubre 2016 (*Tol 5843481*)
STS 21 julio 2016 (*Tol 5789066*)
STS 25 abril 2016 (*Tol 5708237*)
STS 4 marzo 2016 (*Tol 5669215*)
STS 11 febrero 2016 (*Tol 5645202*)
STS 30 octubre 2015 (*Tol 5550283*)
STS 28 octubre 2015 (*Tol 5544522)*
STS 14 octubre 2015 (*Tol 5512847*)
STS 29 mayo 2015 (*Tol 5010151*)
STS 18 mayo 2015 (*Tol 5000600*)
STS 18 noviembre 2014 (*Tol 4556709*)
STS 7 julio 2014 (*Tol 4426700*)
STS 3 abril 2014 (*Tol 4218412)*
STS 12 febrero 2014 (*Tol 4184116*)
STS 11 noviembre 2013 (*Tol 4022595*)
STS 17 octubre 2013 (*Tol 3986249*)
STS 17 junio 2013 (*Tol 3795745*)
STS 21 mayo 2013 (*Tol 3878093*)
STS 29 abril 2013 (*Tol 3711046*)
STS 5 febrero 2013 (*Tol 3011876*)
STS 22 enero 2013 (*Tol 3006992*)

STS 5 noviembre 2012 (*Tol 2675572*)
STS 13 julio 2012 (*Tol 2635455*)
STS 31 mayo 2012 (*Tol 2538081*)
STS 30 mayo 2012 (*Tol 2558108*)
STS 9 de mayo 2012 (*Tol 2538556*)
STS 30 marzo 2012 (*Tol 2509172*)
STS 27 febrero 2012 (*Tol 2468857*)
STS 30 septiembre 2011 (*Tol 2259065*)
STS 27 septiembre 2011 (*Tol 2248671*)
STS 22 julio 2011 (*Tol 2196632*)
STS 14 abril 2011 (*Tol 2124703*)
STS 18 marzo 2011 (*Tol 2089131)*
STS 22 noviembre 2010 (*Tol 2003527*)
STS 8 octubre 2010 (*Tol 1972276*)
STS 18 enero 2010 (*Tol 1793037*)
STS 14 enero 2010 (Pleno) (*Tol 1840476*)
STS 10 febrero 2006 (*Tol 827039*)
STS 14 diciembre 2004 (*Tol 526529*)
STS 22 abril 2004 (*Tol 392352*)
STS 11 diciembre 2002 (*Tol 4920193*)
STS 4 abril 1997 (*Tol 2114321*)
STS 16 diciembre 1996 (*Tol 217322*)
STS 16 diciembre 1995 (*Tol 1668184*)
STS 31 diciembre 1994 (*Tol 1666524*)
STS 31 diciembre 1994 (*Tol 1666524*)
STS 18 octubre 1994 (*Tol 1665543*)
STS 14 julio 1994 (*Tol 1657336)*
STS 29 abril 1994 (*Tol 1656640)*
STS 20 mayo 1993 (*Tol 1663807*)
STS 11 diciembre 1992 (*Tol 1661990*)
STS 13 diciembre 1991 (*Tol 1728403*)
STS 22 septiembre 1988 (*Tol 1735993*)
SAP Madrid 3 febrero 2023 (*Tol 9436192*)
SAP Guadalajara 1 febrero 2023 (*Tol 9437389*)
SAP Madrid 13 enero 2023 (*Tol 9417636*)
SAP Barcelona 3 enero 2023 (*Tol 9423249*)
SAP Burgos 23 diciembre 2022 (*Tol 9419480*)

5. LA REELABORACIÓN JURISPRUDENCIAL DE LA COMPENSACIÓN POR DESEQUILIBRIO ECONÓMICO EN LA SEPARACIÓN Y EL DIVORCIO

JOSÉ RAMÓN DE VERDA Y BEAMONTE[1]

SUMARIO: I. CONSIDERACIONES PRELIMINARES. II. LA REINTERPRETACIÓN JURISPRUDENCIAL DEL PRECEPTO: LA IDENTIFICACIÓN DEL DESEQUILIBRIO CON LA PÉRDIDA DE OPORTUNIDADES. III. EL FUNDAMENTO Y NATURALEZA DE LA COMPENSACIÓN. IV. PRESUPUESTOS DE LA COMPENSACIÓN. 1. La previa existencia de un matrimonio. 2. La separación o el divorcio. 3. El desequilibrio económico causado por la separación o el divorcio. V. CRITERIOS JURISPRUDENCIALES PARA DETERMINAR LA EXISTENCIA DEL DESEQUILIBRIO ECONÓMICO COMPENSABLE. 1. La realización de un trabajo retribuido que permita mantener la independencia económica, sin sacrificio de su promoción profesional, excluye el desequilibrio, aunque exista una disparidad notoria en la respectiva cuantía de los salarios. 2. El trabajo intermitente fuera de casa no excluye el desequilibrio en perjuicio de quien se ocupó de la familia durante una parte significativa de la duración del matrimonio, especialmente si se trata de trabajos esporádicos escasamente retribuidos. 3. La reducción de la jornada laboral para atender a la familia da lugar a un desequilibrio económico moderado. 4. La existencia del desequilibrio debe valorarse en el contexto de las medidas definitivas adoptadas en la separación o divorcio, en particular, en materia de atribución del uso de la vivienda familiar y de alimentos. 5. La existencia de un régimen de sociedad de gananciales puede excluir o paliar el desequilibrio. 6. La futura liquidación de la sociedad de gananciales como posible circunstancia que permite superar el inicial desequilibrio que motiva la concesión de una pensión temporal. 7. La compensación del art. 97 CC es compatible con la del art. 1438 CC, aunque, concedidas ambas, la cuantía de una condiciona la de la otra. 8. La compensación por desequilibrio es teóricamente compatible con una pensión de alimentos en caso de separación. VI. MOMENTO DE APRECIACIÓN DEL DESEQUILIBRIO: REGLA GENERAL Y EXCEPCIONES. 1. El desequilibrio debe apreciarse en el momento de la ruptura de la convivencia, cuando existe una separación de hecho prolongada, con anterioridad a la presentación de la demanda, que evidencia una situación consolidada de independencia económica. 2. Posibilidad de conceder una pensión compensatoria sujeta a la condición suspensiva de pérdida de un puesto de trabajo en la empresa del otro cónyuge. 3. La sentencia de divorcio no puede conceder una compensación, si la misma no fue establecida en la previa sentencia de separación. VII. PRESTACIÓN ÚNICA O PENSIÓN PERIÓDICA. VIII. CARÁCTER INDEFINIDO O TEMPORAL DE LA PENSIÓN COMPENSATORIA. 1. Planteamiento de la cuestión. 2. La convicción del juzgador de que el acreedor de la pensión podrá superar el desequilibrio en un tiempo concreto como criterio de decisión para establecer una pensión de carácter temporal. A) La posibilidad de vender una casa en un futuro no puede fundamentar un juicio prospectivo favorable a la tempora-

1 CU, Derecho civil, Universidad de València.

lidad de la pensión, si no se aporta un estudio de mercado específico. B) La expectativa de la futura liquidación de la sociedad de gananciales no es una circunstancia que, por sí misma, permita establecer la temporalidad de la pensión, siendo necesario concretar en qué medida la liquidación permitirá superar el desequilibrio económico al perceptor en el plazo determinado. C) La previsible percepción de una pensión de jubilación permite limitar el cobro de la pensión compensatoria al momento en que aquella tenga lugar. D) La mera expectativa de percibir una pensión por invalidez no autoriza a establecer una pensión de carácter temporal, si no se acredita con la suficiente certidumbre la posibilidad de percibirla y su cuantía. 3. Circunstancias valoradas en orden al establecimiento de pensiones indefinidas. A) La avanzada edad y la falta de cualificación profesional del perceptor. B) El mal estado de salud del perceptor. C) La cualificación profesional del perceptor, que tiene cierta edad y carece de experiencia laboral. D) La falta de cualificación de un perceptor joven. 4. Circunstancias valoradas en orden al establecimiento de pensiones temporales. A) La edad, no excesivamente avanzada, unida a la cualificación profesional del perceptor. B) La disminución de intensidad de la dedicación futura del perceptor a la familia. 5. La revisión casacional del carácter temporal o indefinido de la pensión. 6. La aplicación de las causas de modificación y extinción de la pensión compensatoria a las concedidas con carácter temporal. 7. La posibilidad de conversión en temporal de la pensión indefinida a través de un juicio de modificación de medidas. IX. CAUSAS LEGALES DE EXTINCIÓN. 1. La enumeración del art. 101.I CC no es exhaustiva. 2. El precepto tiene carácter dispositivo. 3. La prueba de la concurrencia de la causa de extinción incumbe a quien la alega. 4. Momento en que produce efectos la extinción. 5. Cese de la causa que motivó la concesión de la pensión. A) La pensión se extingue, aunque el trabajo no permita disfrutar del mimo nivel de vida que el deudor. B) La pensión no se extingue cuando se accede a un puesto de trabajo en edad próxima a la edad de jubilación. C) La actitud pasiva en la búsqueda de un trabajo es una circunstancia que debe valorarse en orden a la persistencia de la pensión compensatoria. D) La actividad que proporciona los nuevos ingresos ha de tener continuidad en el tiempo. E) La extinción de la pensión exige que el trabajo que se realiza no sea esporádico, pero no, necesariamente, fijo. F) Carecen de trascendencia los nuevos ingresos que, por su escasa cuantía, no proporcionen al perceptor una mejora sustancial de su situación económica. G) El cobro de una pensión no contributiva, a pesar de su exigua cuantía, puede determinar la extinción, cuando la situación económica del deudor es precaria. H) Un incremento moderado de los ingresos del perceptor puede dar lugar a la pérdida de la pensión, si va acompañado de una merma de la capacidad económica del deudor. I) La adquisición de una herencia no comporta, por sí misma, la desaparición del equilibrio. J) La liquidación de la sociedad de gananciales puede determinar la extinción de la pensión, si como consecuencia de ella, se atribuyen al perceptor bienes que le aseguren una situación de estabilidad económica próxima a la existente antes de la separación o el divorcio. 5. Nuevo matrimonio del perceptor. 6. Vida marital con un tercero. A) Basta demostrar la existencia de un proyecto de vida común, socialmente reconocible, con una cierta vocación de continuidad, sin que sea necesaria la convivencia en un mismo domicilio. B) Prueba de la vida marital. C) Momento en que tiene lugar la extinción. 7. La imposibilidad sobrevenida del deudor, no meramente temporal, de satisfacer el pago de la pensión, por circunstancias sobrevenidas e imprevisibles, de las que no es responsable.

I. CONSIDERACIONES PRELIMINARES

El art. 97 CC regula la compensación por desequilibrio en los casos de separación y de divorcio[2], a través de tres párrafos, de cuya lectura se desprende que el primero de ellos se dirige a fijar los requisitos para que la compensación tenga lugar; y el segundo, una vez establecida su procedencia, a fijar su cuantía.

En la redacción dada al art. 97 CC por la Ley 30/1981, de 7 de julio, los dos primeros párrafos actuales estaban refundidos en uno solo. Tras la Ley 15/2005, de 8 de julio, quedaron como párrafos independientes.

A tenor del primer párrafo del precepto, "El cónyuge al que la separación o el divorcio produzca un desequilibrio económico en relación con la posición del otro, que implique un empeoramiento en su situación anterior en el matrimonio, tendrá derecho a una compensación que podrá consistir en una pensión temporal o por tiempo indefinido, o en una prestación única, según se determine en el convenio regulador o en la sentencia".

La redacción actual de este precepto se debe al art. 1.9 de la Ley 15/2005, de 8 de julio, que introdujo dos importantes novedades. La primera de ellas fue la posibilidad de satisfacer la compensación, no solo a través de una pensión periódica (única modalidad prevista en la redacción del precepto debida a la Ley 30/1981, de 7 de julio), sino también mediante una prestación única. La segunda es la referida a la posibilidad de establecer la pensión compensatoria con carácter temporal, y no solamente por tiempo indefinido, como preveía el art. 97.I CC en la redacción dada por la Ley 30/1981.

---

2 La figura aparece, por vez primera, en nuestra legislación, como consecuencia de la introducción del divorcio, por la Ley 30/1981, de 7 de julio, careciendo de precedentes en la Ley republicana de 2 de marzo de 1932, que, como es sabido, admitió el divorcio entre los años 1932 y 1938.
En efecto, el art. 30 de dicha Ley contemplaba una pensión de alimentos, en caso de necesidad, en favor del cónyuge inocente, sustancialmente distinta a la pensión por desequilibrio económico regulada en el art. 97 CC.
A tenor de dicho precepto, "El cónyuge inocente, cuando carezca de bienes propios bastantes para atender a su subsistencia, podrá exigir del culpable una pensión alimenticia, independientemente de la que corresponde a los hijos que tenga a su cuidado. Si el divorcio se decretare por causa que no implique culpabilidad de ninguno de los cónyuges ambos podrán exigirse recíprocamente alimentos en su caso".

Conforme al párrafo segundo, "A falta de acuerdo de los cónyuges, el Juez, en sentencia, determinará su importe teniendo en cuenta las siguientes circunstancias: 1.ª Los acuerdos a que hubieran llegado los cónyuges. 2.ª La edad y el estado de salud. 3.ª La cualificación profesional y las probabilidades de acceso a un empleo. 4.ª La dedicación pasada y futura a la familia. 5.ª La colaboración con su trabajo en las actividades mercantiles, industriales o profesionales del otro cónyuge. 6.ª La duración del matrimonio y de la convivencia conyugal. 7.ª La pérdida eventual de un derecho de pensión. 8.ª El caudal y los medios económicos y las necesidades de uno y otro cónyuge. 9.ª Cualquier otra circunstancia relevante".

> Existe, además, un párrafo tercero, según el cual, "En la resolución judicial o en el convenio regulador formalizado ante el Secretario judicial o el Notario se fijarán la periodicidad, la forma de pago, las bases para actualizar la pensión, la duración o el momento de cese y las garantías para su efectividad"[3]

II. LA REINTERPRETACIÓN JURISPRUDENCIAL DEL PRECEPTO: LA IDENTIFICACIÓN DEL DESEQUILIBRIO CON LA PÉRDIDA DE OPORTUNIDADES

Como he dicho, de la lectura del art. 97 CC se colige que sus dos primeros párrafos regulan dos aspectos diversos de la compensación: el primero, los presupuestos; y el segundo, la cuantía de la misma[4].

Literalmente, del párrafo primero del precepto, resulta que el desequilibrio que se compensa se identifica con la disminución del nivel económico que, como consecuencia, de la separación o del divorcio, sufre un cónyuge, siendo dos los términos de comparación: por un lado, hay que comparar la situación actual de cada cónyuge en relación con la que tenía

---

3 La redacción actual de este precepto se debe a la disposición final 1.25 de la Ley 15/2015, de 2 de julio, que introdujo la separación y el divorcio extrajudiciales (ante Letrado de la Administración de Justicia o Notario).

4 Téngase, en cuanta que antes de la reforma del precepto por la Ley 15/2005, de 8 de julio, ambos párrafos estaban refundidos en uno solo, lo que no impidió al común de los autores que escribieron poco después de la reforma de 1981 entender que en el mismo había dos partes bien diferenciadas. *Vid.*, así, G. García Cantero: "Comentario a los arts. 97 a 101 CC", en *Comentarios al Código Civil y Compilaciones forales* (dir. M. Albaladejo), t. II, Edersa, Madrid, 1982, p. 432; o E. Roca Trías: "Comentario al art. 97 CC", en *Comentarios a las reformas del Derecho de familia*, vol. I, Tecnos, Madrid, 1984, pp. 619-621.

antes de la ruptura; pero, además, hay que confrontar la posición económica en la que queda cada uno de ellos, en relación con la del otro, por lo que si ambos resultan estar en una posición parecida no habrá desequilibrio compensable, incluso, aunque quien reclama la prestación, haya visto empeorada su situación, después de la separación o del divorcio; por el contrario, si las posiciones económicas de los cónyuges son notoriamente dispares, el cónyuge que objetivamente se encuentre en peor situación tendrá derecho a ser compensado, con el fin de no ver disminuido el nivel de vida de que disfrutaba durante el matrimonio.

Esta interpretación, llamada "objetiva", fue discutida por un sector de la doctrina, que postuló un exégesis del precepto, llamada "subjetiva", preocupada por la posibilidad de que la aplicación de la norma, tal y como está redactada, perjudicara al cónyuge, de cierta edad, que se había dedicado al cuidado de la familia (o, de no tanta edad, pero, que previsiblemente se iba seguir dedicando a ella), cuando, desde un punto de vista objetivo, su situación, después de la separación o del divorcio, fuera peor que la que tenía antes, pero no que la del otro cónyuge; y, por ello, no existiera desequilibrio en el sentido del art. 97.I CC: para evitarlo, se propuso entender que las circunstancias del art. 97.II CC no solo eran criterios de cuantificación de la compensación, sino también parámetros para apreciar la existencia del desequilibrio, debiendo tenerse en cuenta, a este efecto, las circunstancias personales (subjetivas) de quien reclamase la compensación: muy señaladamente, su edad, estado de salud y dedicación pasada y futura a la familia[5].

Otro sector de la doctrina (más numeroso) contestó también la interpretación objetiva partiendo de una preocupación distinta, a saber, que el matrimonio pudiera convertirse en una especie de "negocio"[6], consistente en buscar una persona con una capacidad económica superior a la propia para casarse, con el fin de asegurarse de que, tras la separación o el divorcio, se siguiese disfrutando, del mismo nivel de vida que se tenía du-

---

5 *Vid.* en este sentido C. Lalana del Castillo: *La pensión por desequilibrio en caso de separación o divorcio*, Bosch, Barcelona, 1993, p. 38, en particular, nota 6.

6 E. Valladares Rascón: *Nulidad, separación, divorcio. Comentarios a la Ley de reforma del matrimonio*, Civitas, Madrid, 1982, p. 429, se mostró muy crítica con la redacción del art. 97.I CC, afirmando que no se debía establecer una especie de "derecho adquirido" a mantener el nivel de vida de que se disfrutó durante el matrimonio a costa del otro cónyuge, pues, "En la práctica, ello puede suponer, de una parte, una cuasijubilación a temprana edad, al tener resuelto su problema económico con carácter permanente el cónyuge que percibe la pensión".

rante el matrimonio, incluso, aunque la duración del mismo fuera breve; y ello, con carácter indefinido (hay que recordar que, originariamente, la pensión compensatoria tenía carácter vitalicio)[7].

Con el fin de evitarlo, dicho sector doctrinal postuló igualmente considerar que las circunstancias del art. 97.II CC (o, mejor dicho, algunas de ellas) constituían también criterios para apreciar la existencia del desequilibrio[8]. Sin embargo, no se trataba aquí de evitar que el cónyuge que se había dedicado a la familia se viera privado de compensación, por no ser su situación peor que la del otro, sino de excluir que la mera existencia de un desequilibrio económico, entendido este en sentido objetivo (es decir, cualquiera que fuera su causa), diera lugar a la compensación. Se propuso, por ello, valorar las circunstancias subjetivas del cónyuge que solicitaba la pensión en orden a decidir si el desequilibrio económico por él sufrido era merecedor de ser compensado, llegando, básicamente, a la conclusión de que solo era compensable el desequilibrio causado por la pérdida de oportunidades como consecuencia de su dedicación a la familia o de la colaboración desinteresada en la actividad económica del otro consorte[9].

---

7 En la tramitación parlamentaria del Proyecto de Ley, Royo Martínez, que defendió la enmienda n. 126 del Grupo Comunista (en la cual se pretendía la sustitución de la pensión compensatoria por desequilibrio económico por una pensión de alimentos en caso de necesidad), criticó la redacción del art. 97 CC, por entender que posibilitaba que la persona que "mejorase su condición económica o ascendiese en la escala social como consecuencia de matrimonio, tenga garantizado ese *status*, este *standing* aun cuando se produzca la separación o el divorcio". *Cfr. Código civil (Reformas 1978-1983) Trabajos parlamentarios*, vol. II (ed. dirigida por F. Santaolalla), Cortes Generales, Madrid, 1985, p. 1690.
Frente a ello, Pelayo Duque defendió la redacción del precepto y el concepto mismo de pensión compensatoria por desequilibrio, frente al de pensión de alimentos en caso de necesidad, propugnada en la enmienda, argumentado que se trataba de compensar también "lo que llamamos el *modus vivendi* del matrimonio, el equilibrar en la situación de un cónyuge con respecto a otro, el tren de vida, el *status* o situación matrimonial o nivel matrimonial" (loc. ult. cit., p. 1693).

8 *Vid.* a este respecto, C. Lasarte Álvarez, y Mª R. Valpuesta Fernández: "Comentario al art. 97 CC", en *Matrimonio y divorcio. Comentarios al nuevo título IV del Libro primero del Código civil* (coord. J. L. Lacruz Berdejo), Civitas, Madrid, 1994, 2ª ed., pp. 1179-1180.

9 *Vid.* en este sentido H. Campuzano Tomé: *La pensión por desequilibrio económico en los casos de separación y divorcio*, Bosch, Barcelona, 3ª ed., p. 75; Mª T. Marín García de Leonardo: *La temporalidad de la pensión compensatoria: una realidad de nuestro tiempo*, Tirant lo Blanch, Valencia, 1997, pp. 55-69; y Mª P. Sánchez González: *La extinción del derecho a la pensión compensatoria*, Comares, Granada, 2005, pp. 57-64.

Esta segunda interpretación ha sido acogida por la jurisprudencia desde la emblemática STS 19 enero 2010 (RAJ 2010, 417), que ha declarado que las circunstancias del art. 97.II CC tienen una doble función: "a) actúan como elementos integrantes del desequilibrio (...), y b) una vez determinada la concurrencia del mismo, actuarán como elementos que permitirán fijar la cuantía de la pensión". Ha integrado, así, los dos párrafos del precepto, afirmando que "la pensión compensatoria pretende evitar que el perjuicio que puede producir la convivencia recaiga exclusivamente sobre uno de los cónyuges y para ello habrá que tenerse en consideración lo que ha ocurrido durante la vida matrimonial y básicamente, la dedicación a la familia y la colaboración con las actividades del otro cónyuge; el régimen de bienes a que han estado sujetos los cónyuges en tanto que va a compensar determinados desequilibrios, e incluso, su situación anterior al matrimonio para poder determinar si este ha producido un desequilibrio que genere posibilidades de compensación"[10].

En el concreto caso, se consideró improcedente la concesión de la pensión compensatoria solicitada, por entender que la mujer "no ha sufrido ningún perjuicio por el hecho de haber contraído matrimonio, ya que su capacidad de trabajo se ha mantenido intacta a lo largo del mismo", ya que la dedicación a la familia "no le ha impedido trabajar cuando así lo ha considerado conveniente o cuando ha encontrado oportunidades laborales en el mercado de trabajo". Se evidenció también que "El régimen económico matrimonial que ha regido las relaciones patrimoniales entre los cónyuges ha sido el de gananciales, lo que ha permitido que tuvieran lugar las transferencias económicas equilibradoras consiguientes entre los patrimonios de los esposos, de modo que los dos inmuebles de que son titulares lo son por mitad".

Hay que observar que la integración propugnada por la jurisprudencia no afecta por igual a todas las circunstancias del art. 97.II CC, sino que, como ella misma dice, se centra, básicamente, en "la dedicación a la familia y la colaboración con las actividades del otro cónyuge" (además de en el régimen económico matrimonial, circunstancia esta no prevista expresamente por el precepto, pensándose, sin duda, en lo regímenes de comunidad y,

---

10 Esta doctrina jurisprudencial es seguida de manera constante por el Tribunal Supremo, entre otras muchas, por SSTS 14 marzo 2011 (*Tol 2080803*), 22 junio 2011 (*Tol 2227659*), 16 noviembre 2012 (*Tol 2685953*) y 17 diciembre 2012 (*Tol 2714277*), o más recientemente, por SSTS 11 mayo 2016 (*Tol 5728503*), 18 mayo 2016 (*Tol 5733178*), 5 octubre 2016 (*Tol 5843675*), 24 marzo 2017 (*Tol 6010408*), 18 julio de 2019 (*Tol 7419524*) y 3 junio 2020 (*Tol 7969778*).
En realidad, aunque esta interpretación integradora del art. 97 CC, se aparte de lo que dice el precepto, sin embargo, reconduce la compensación al supuesto en el que básicamente estaba pensando el legislador al regular la pensión compensatoria.
G. García Cantero: "Comentario a los arts. 97 a 101 CC", cit., p. 431, decía, así: "parece que el legislador está contemplando la hipótesis de la mujer casada bajo el régimen de sociedad de gananciales que ha dedicado su vida al hogar y carece de una especialización profesional, cuya situación económica va a sufrir, presumiblemente, grave deterioro con el divorcio".

en particular, en la sociedad de gananciales), por lo que la interpretación objetiva ha derivado en una identificación del desequilibrio con la pérdida de oportunidades, económicas y profesionales[11].

III. EL FUNDAMENTO Y NATURALEZA DE LA COMPENSACIÓN

Cabe reflexionar sobre el fundamento y la naturaleza de la compensación.

A mi parecer, su fundamento, tal y como fue concebida en 1981, era la idea de la solidaridad postconyugal: el art. 97 CC presuponía (y presupone) la existencia de un matrimonio, mediante el cual los cónyuges asumen, entre otras obligaciones, la de asistirse y socorrerse mutuamente (arts. 67 y 68 CC), obligación esta, que, si bien se extingue en el caso de disolución del matrimonio por divorcio (quedando en suspenso en la separación legal), tiene una proyección ulterior en el deber de satisfacer una pensión compensatoria cuando se den los requisitos previstos en el párrafo primero del precepto (es indicativo que en la redacción del mismo debida a la Ley 30/1981, de 7 de julio, la compensación se llevara a cabo, exclusivamente, mediante un pensión periódica de carácter indefinido)[12].

En definitiva, subyacía la idea de que el divorcio no podía borrar, de manera total y absoluta, la relación con el cónyuge perjudicado por la ruptura, cuya posición no era la de un "extraño"[13], por lo que no es raro que

---

11 Esta interpretación jurisprudencial suscita en la actualidad la adhesión del común de los autores. *Vid.* en este sentido, por ejemplo, J. Barceló Doménech: "La compensación", en *Las crisis familiares. Tratado Práctico interdisciplinar* (dir. J. R. de Verda y Beamonte), Tirant lo Blanch, Valencia, 2021, pp. 292-294; Belío Pascual, A. C.: *La pensión compensatoria*, Tirant lo Blanch, Valencia, 2013, p. 76; P. Gutiérrez Santiago: *La "vida marital" del perceptor de la pensión compensatoria*, Thomson Reuters, Aranzadi, Cizur Menor (Navarra), 2013, pp. 50-52; C. Martínez de Aguirre: "Régimen común a la nulidad, la separación y el divorcio", en *Curso de Derecho Civil (IV), Derecho de Familia* (coord. C. Martínez de Aguirre), 4ª ed., Colex, Madrid, 2013, P. 195; o M. Ordás Alonso: *La cuantificación de las prestaciones económicas en las rupturas de pareja*, Bosch Wolters Kluwer, Hospital de Llobregat, 2017, p. 335.

12 C. Lalana del Castillo: *La pensión*, cit., p. 24, observa que la solidaridad postconyugal explica "en parte que, a pesar de que el vínculo matrimonial haya desparecido, en caso de divorcio, siga vigente una relación entre los antiguos cónyuges, aunque únicamente sea a efectos económicos".

13 C. Martínez de Aguirre: "Régimen", cit., p. 192, afirma que "La pensión, más aún si es por tiempo indefinido (pero también la temporal) supone en alguna medida

en un momento inmediatamente posterior a la reforma de 1981 se llegara, incluso, a hablar de la existencia de un estado civil de divorciado[14].

Desde esta perspectiva es lógico que no se reconociera pensión compensatoria en el caso de ruptura de unión de hecho, puesto que (al menos desde la perspectiva del Código civil) los convivientes, a diferencia de los cónyuges, no asumen ningún estado civil, dentro del cual se integre un deber de asistencia y socorro mutuo. Ciertamente, no creo que en 1981 pasara por la mente del legislador plantearse esta posibilidad, pero no lo es menos que, con posterioridad (por ejemplo, con ocasión de la reforma del precepto en 2005) pudo haberse optado por esta posibilidad y no se hizo. La compensación por desequilibrio estuvo, pues, y sigue estando unida a la solidaridad postconyugal, idea esta, que, sin embargo, aparece cada vez más debilitada en la sociedad moderna, ante la generalización del divorcio, la cada vez más corta duración de muchos matrimonios y el acceso de las mujeres al mercado de trabajo.

Vincular la compensación a la solidaridad postconyugal no significa, necesariamente, realizar una lectura del art. 97 CC en clave puramente asistencial[15]. De hecho, su finalidad esencial es compensar el desequilibrio económico causado a un cónyuge como consecuencia de la separación o del divorcio, por lo que el hecho de percibir un salario, por sí mismo, no

---

la continuidad de los efectos del matrimonio, incluso indefinidamente, más allá del momento en que ha quedado disuelto por el divorcio; dicho con otras palabras, los cónyuges pueden divorciarse, pero no siempre pueden evitar continuar ligados por la pensión (cuyo fundamento último sería un matrimonio ya disuelto)".

14 *Cfr.*, así, G. García Cantero: "Comentario al art. 86 CC", en *Comentarios al Código Civil y Compilaciones forales* (dirigidos por M. Albaladejo), tomo II, arts. 22 a 107 del Código civil, Edersa, Madrid, 1982, pp. 312-313.

15 En la tramitación del Proyecto de Ley se presentó una enmienda, la n. 126, por parte del Grupo Comunista, defendida por Pérez Royo, en la que, precisamente, se pretendía sustituir la pensión compensatoria por desequilibrio, por una "pensión alimenticia", "Cuando uno de los cónyuges no pueda subvenir en todo o en parte, a sus necesidades, después de dictada sentencia de separación o de divorcio". *Cfr. Código civil (Reformas 1978-1983)*, cit., p. 1273.
Dicha enmienda fue rechazada, rechazo que fue justificado por Pelayo Duque, quien observó que "La finalidad de esta pensión no es la de la pensión alimenticia; tiene un sentido mucho más amplio que desborda el contenido de la pensión alimenticia en el sentido de ir a compensar, no lo que indispensable para la subsistencia, tal como viene definido por el concepto de alimento, sino que viene a compensar el desequilibrio económico que, en la situación de un cónyuge, produce en relación con la del otro el divorcio o separación" (loc. ult., cit., p. 1693).

impide la obtención de una compensación, habiendo declarado la jurisprudencia, de manera reiterada, que la pensión compensatoria, a diferencia de la de alimentos, es independiente de la noción de "necesidad" de quien la solicita, por lo que el cónyuge que sufre el desequilibrio puede ser acreedor de la misma, aunque tenga medios suficientes para mantenerse, por sí mismo[16].

Ahora bien, no parece posible desvincular de manera absoluta la compensación de la idea de "necesidad", pues, si bien es cierto que puede haber un desequilibrio económico compensable, sin que exista una situación de necesidad del cónyuge perjudicado por la ruptura, no lo es menos, que, en muchas ocasiones, será, precisamente, dicha situación de necesidad, la que contribuya a determinar la existencia de un desequilibrio (repárese en que, según el art. 97.II, 8° CC "las necesidades de uno y otro cónyuge" son un parámetro para cuantificar la compensación[17]).

La conexión entre compensación y necesidad es también evidente en el ámbito de la modificación y extinción de la pensión compensatoria, que puede ver reducida su cuantía cuando aumente la fortuna del acreedor (art. 100.I CC), e, incluso, llegar a extinguirse, por "cese de la causa que lo motivó" (art. 101.I CC), es decir, cuando, el acreedor aumente sus recursos hasta el punto de que pueda llegarse a la conclusión de que superó el desequilibrio, si bien lo que, en realidad, sucederá, en no pocos casos, es que ya no tendrá necesidad de la pensión, por haber alcanzado una capacidad económica suficiente que le permita ser autosuficiente.

Bien mirado, la regulación de las causas de extinción de la pensión compensatoria no casa bien con la idea, jurisprudencialmente consagrada, de que lo que se compensa a través del art. 97 CC es la pérdida de oportunidades, como consecuencia de la dedicación a la familia o a las actividades económicas del otro cónyuge. Si esto es así, no se entiende por qué el acreedor pierde el derecho a seguir percibiendo la pensión al aumentar de fortuna, por ejemplo, por recibir una herencia, pues esta circunstancia no hace desaparecer el empobrecimiento sufrido durante el matrimonio (pérdida de ingresos no compensados suficientemente con un régimen de

---

16 *Vid.* SSTS 9 febrero 2010 (*Tol 1790763*), 22 junio 2011 (*Tol 2227659*), 27 junio 2011 (*Tol 2191098*), 7 marzo 2018 (*Tol 6531191*) y 29 junio 2020 (*Tol 8000209*).

17 C. Lalana del Castillo: *La pensión*, cit., p. 24; E. Roca Trías: "Comentario al art. 97 CC", cit., pp. 617-618; y E. Valladares Rascón: *Nulidad*, cit., p. 427, llaman la atención sobre la circunstancia de que las necesidades de los cónyuges son un elemento de cuantificación de la pensión compensatoria.

comunidad y/o pérdida de expectativas de desarrollo profesional): en el fondo, subyace la idea de que ya no necesita la pensión para vivir.

La misma perplejidad produce, desde este punto de vista, el hecho de que la pensión se extinga por el hecho de que el acreedor contraiga nuevo matrimonio o viva maritalmente con otra persona; y ello, porque esta circunstancia, por sí misma, no implica la desaparición del desequilibrio[18].

En realidad, subyace aquí la idea de que, siendo la pensión compensatoria un reflejo de la obligación de asistencia y socorro mutuo (suspendida o extinguida como consecuencia de la separación o del divorcio)[19], la misma deja de tener sentido, cuando, como consecuencia de la celebración del posterior matrimonio, nace una nueva obligación de asistirse y socorrerse entre los cónyuges actuales[20].

Respecto de la consideración de la vida marital con tercero como causa de extinción de la pensión compensatoria, se trataba, básicamente, de evitar el fraude de quienes, para no perder la pensión, no se volvían a casar, pero convivían *more uxorio* con otra persona[21].

---

18 P. Gutiérrez Santiago: *La "vida marital"*, cit., p. 65, afirma —creo que con razón— que estas causas de extinción de la pensión compensatoria "se da de bruces" con la idea de compensación por desequilibro económico, pues "Si esto es así, tal compensación poco o nada debería tener que ver, al menos necesariamente, con el posterior matrimonio o vida marital del sujeto con derecho a ella".

19 C. Lalana del Castillo: *La pensión*, cit., pp. 244-245, respecto de esta causa de extinción observa que "En el fondo puede verse en este punto la prueba de un elemento alimenticio de la pensión"; y lo mismo E. Roca Trías: "Comentario al art. 97 CC", cit., pp. 617-618, que, refiriéndose a preceptos que podrían inducir a pensar que la pensión compensatoria tiene carácter alimenticio, alude al art. 101 CC, en la medida en que el nuevo matrimonio del pensionista "soluciona la necesidad en que se encontraba".

20 Este es el fundamento de esta causa de extinción, según el común de la doctrina. *Cfr.*, así, J. Barceló Doménech: "La compensación", cit., p. 310; Belío Pascual, A. C.: *La pensión*, cit., p. 361; C. Lalana del Castillo: *La pensión*, cit., p. 244-245; C. Lasarte Álvarez, y Mª R. Valpuesta Fernández: "Comentario al art. 101 CC", en Matrimonio y divorcio. Comentarios al nuevo título IV del Libro primero del Código civil (coord. J. L. Lacruz Berdejo), Civitas, Madrid, 1994, 2ª ed., p. 1203; C. Martínez de Aguirre: "Régimen", cit., p. 197; E. Roca Trías: "Comentario al art. 101 CC", en *Comentarios a las reformas del Derecho de familia*, vol. I, Tecnos, Madrid, 1984, pp. 641-642; Mª P. Sánchez González: *La extinción*, cit., p. 86.

21 *Cfr.* J. Barceló Doménech: "La compensación", cit., p. 311; Belío Pascual, A. C.: *La pensión*, cit., p. 362; A. Díaz Martínez: "Comentario al art. 101 CC", en *Comentarios al Código Civil* (dir. R. Bercovitz Rodríguez-Cano), t. I, Tirant lo Blanch, Valencia, 2013, p. 1065; G. García Cantero: "Comentario a los arts. 97 a 101 CC", cit., p. 442;

A mi parecer, si se quiere desvincular la compensación de la idea de "necesidad", para centrarla en la idea de reparación por la pérdida de oportunidades, debiera establecerse una modalidad de prestación única, calculando su importe al tiempo de la separación o del divorcio, sin perjuicio de que pudiese establecerse un fraccionamiento de los pagos en diversos plazos sucesivos: mientras no se haga así, la compensación tendrá, inevitablemente, una naturaleza mixta[22].

IV. PRESUPUESTOS DE LA COMPENSACIÓN

Los presupuestos de la compensación son: a) la previa existencia de un matrimonio; b) la separación o el divorcio; y c) el desequilibrio económico de uno de los cónyuges, como consecuencia de aquellas.

1. *La previa existencia de un matrimonio*

El art. 97 CC presupone la existencia de un matrimonio, lo cual es lógico, porque, como he dicho, la compensación, para el legislador de 1981, es una proyección de la obligación de asistencia y socorro mutuo en un periodo posterior a la disolución del mismo por divorcio (o a la cesación de sus efectos, en el caso de separación): al no existir una obligación legal semejante a cargo de los convivientes de hecho, es entendible que no se les reconozca el derecho a exigir la compensación prevista en el precepto.

La STS 16 diciembre 2015 (RAJ 2015, 5887, Rec. 1888/2014), no obstante, ha tenido en cuenta el periodo de convivencia *more uxorio*, previo al matrimonio, para determinar la cuantía y el plazo de duración de una pensión compensatoria de carácter temporal de tres años, concedida como consecuencia del desequilibrio sufrido por la mujer por su dedicación a la familia y a la actividad profesional del marido (torero). Observa que tal dedicación al hogar y a la colaboración profesional del marido tuvo lugar, "sin solución de continuidad, durante la unión de hecho y durante la convivencia conyugal, hasta que se produjo la ruptura de esta; por lo que debe computarse aquel tiempo de convivencia, sobre todo si se tiene en cuenta

---

P. Gutiérrez Santiago: *La "vida marital"*, cit., pp. 58-59; C. Lalana del Castillo: *La pensión*, cit., p. 248; C. Martínez de Aguirre: "Régimen", cit., p. 197; E. Roca Trías: "Comentario al art. 101 CC", cit., p. 642; o Mª P. Sánchez González: *La extinción*, cit., pp. 101-102. *Vid.*, no obstante, en sentido crítico, G. Muñoz Rodrigo: "La extinción de la pensión compensatoria por *convivencia marital*: Significado y finalidad", *Actualidad Jurídica Iberoamericana*, n. 8 *bis*, 2018, p. 358.

22 Como sostiene C. Lalana del Castillo: *La pensión*, cit., p. 24.

que la jurisprudencia admite fórmulas resarcitorias en caso de ruptura de parejas de hecho". Precisa, sin embargo, que "en el supuesto enjuiciado no existió una ruptura de la convivencia *more uxorio*, solicitándose compensación por tal circunstancia. La convivencia more uxorio cesó porque lo que era una unión de hecho se convirtió en una unión de derecho, esto es, en matrimonio, continuando las relaciones entre las partes en las mismas condiciones y con los mismos roles que antes".

Durante un tiempo, la jurisprudencia[23] se mostró favorable a aplicar analógicamente a las uniones de hecho el art. 97 CC, concediendo la pensión por desequilibrio prevista en el precepto para el caso de separación o divorcio al conviviente perjudicado por la ruptura[24]. Sin embargo, en la actualidad es doctrina jurisprudencial consolidada que no procede dicha aplicación analógica, dado que la unión de hecho y el matrimonio no son realidades equivalentes, debiendo acudirse, en su caso, al principio de prohibición de enriquecimiento injusto para reparar el perjuicio que experimenta el conviviente, como consecuencia de la ruptura, consistente en

---

23 También un sector de la doctrina. *Vid.* por ejemplo en este sentido I. Miralles González: "La disolución de la unión no matrimonial. Efectos", en *Estudio comparado de la regulación autonómica de las parejas de hecho soluciones armonizadoras*, Consejo General del Poder Judicial, Madrid, 2005, p. 213.

24 *Vid.* en este sentido SSTS 5 julio 2001 (*Tol 230668*) y 16 julio 2002 (*Tol 202431*). La primera de ellas condenó al varón, responsable de la ruptura de una convivencia "more uxorio, que había durado quince años, al pago a la mujer abandonada de una indemnización compensatoria de dos millones novecientas setenta y cinco mil pesetas. En esta sentencia el Tribunal Supremo excluyó la aplicación del principio general de prohibición del enriquecimiento injusto, considerando solución más adecuada la aplicación analógica del art. 97 CC, entendiendo que existe "semejanza de la situación matrimonial rota por divorcio o separación que permite al cónyuge al que se le ocasione un desequilibrio económico con la posición del otro, con la situación de convivencia 'more uxorio' de larga duración, rota unilateralmente cuando se origina tal desequilibrio". La segunda reconoció a la mujer abandonada el derecho a percibir una pensión compensatoria de quince mil pesetas mensuales por ruptura de una convivencia "more uxorio", que había durado seis años, y de la que había nacido un hijo. Nuevamente, el Tribunal Supremo volvió a descartar la aplicación del principio de prohibición del enriquecimiento injusto, estimando que la aplicación analógica del art. 97 CC era una solución más adecuada en orden a fundamentar el fallo. C. de Amunátegui Rodríguez: "Reconocimiento de pensiones y compensaciones en la ruptura de las parejas no casadas", en *Libro Homenaje al profesor Manuel Albaladejo García* (coord. J. M. González Porras y F. P. Méndez González), vol. I, Murcia, 2004, p. 233, al referirse (en una exposición crítica), a esta orientación jurisprudencial favorable a la equiparación entre matrimonio y unión de hecho, decía que parecía que "no tiene marcha atrás".

haberse dedicado al trabajo doméstico o haber colaborado en las actividades empresariales o profesionales del otro, sin haber recibido retribución por ello.

En efecto, hoy, a partir de la importante STS (Pleno) 12 septiembre 2005 *(Tol 719651)*, se afirma que "es preciso proclamar que la unión de hecho es una institución que nada tiene que ver con el matrimonio [...] aunque las dos estén dentro del derecho de familia": "Es más, hoy por hoy, con la existencia jurídica del matrimonio homosexual y el divorcio unilateral, se puede proclamar que la unión de hecho está formada por personas que no quieren, en absoluto, contraer matrimonio con sus consecuencias". "Por ello se añade, debe huirse de la aplicación por "analogía iuris" de normas propias del matrimonio, como son los arts. 97, 97 y 98 CC, ya que tal aplicación analógica comporta inevitablemente una penalización de la libre ruptura de la pareja, y más especialmente una penalización al miembro de la unión que no desea su continuidad. Apenas cabe imaginar nada más paradójico que imponer una compensación económica por la ruptura a quien precisamente nunca quiso acogerse al régimen jurídico que prevé dicha compensación para el caso de ruptura del matrimonio por separación o divorcio"[25].

Aun compartiendo esta doctrina jurisprudencial, cabe observar que el conviviente *more uxorio* perjudicado por la ruptura, mediante el principio de prohibición de enriquecimiento injusto, podrá obtener la reparación de un perjuicio, sustancialmente idéntico, al que el cónyuge que sufre el desequilibrio puede reclamar a través del art. 97 CC, según la interpretación que del precepto realiza actualmente la jurisprudencia.

Es, en efecto, habitual que la jurisprudencia recurra a dicho principio general, con el fin de proteger al perjudicado por la ruptura de la unión de hecho cuando los convivientes, expresa o tácitamente, no constituyeron, expresa o tácitamente, alguna comunidad de bienes (por ejemplo, sobre la vivienda familiar) o una sociedad respecto el ejercicio de una actividad profesional o económica, que permite a ambos convivientes participar en ganancias. Se trata, casi siempre, de supuestos en que ha existido una larga convivencia de hecho, con dedicación exclusiva de la mujer a las tareas domésticas[26] o colaboración en las actividades económicas de su compa-

---

25 *Vid.* en el mismo sentido SSTS 22 febrero 2006 *(Tol 846265)*, 19 octubre 2006 *(Tol 1006910)*, 27 marzo 2008 *(Tol 1354577)*, 30 octubre 2008 *(Tol 1432563)*, 11 diciembre 2008 *(Tol 1432568)* y 6 octubre 2011 *(Tol 2252090)*.

26 *Vid.* en este sentido SSTS 11 diciembre 1992 (*Tol 1654941*), 27 marzo 2001 (*Tol 71705*) y 17 enero 2003 (*Tol 230655*), como también SSAP Pontevedra 28 abril 2006 (*Tol 938477*) y Zaragoza 11 mayo 2010 (*Tol 1978779*).

ñero sin recibir ninguna retribución[27]; y ello, con independencia de que la ruptura de la unión de hecho haya tenido lugar por voluntad unilateral del varón o por el hecho de su muerte, lo que es perfectamente lógico, ya que no se trata aquí de sancionar a quien rompe la vida en común, sino de compensar económicamente al conviviente perjudicado por el enriquecimiento sin causa de su compañero[28].

2. *La separación o el divorcio*

La compensación procede, según el art. 97.I CC, en los casos de separación o de divorcio, aunque hay que tener en cuenta, sin embargo, que en la actualidad los casos de separación legal son escasos.

La Ley 15/2005, de 8 de julio, reformó radicalmente las causas de separación y divorcio (reforma que permanece hasta nuestros días); y ello, en un doble sentido:

En primer lugar, las asimiló, con lo que privó a la separación de importancia práctica (si los motivos que permiten separarse o divorciarse son los mismos, los cónyuges que atraviesan una crisis matrimonial grave suelen acudir directamente al divorcio, sin pasar antes por una fase previa de separación).

En segundo lugar, por aplicación del principio de libre desarrollo de la personalidad, estableció como una única causa de separación y divorcio la mera voluntad de ambos cónyuges o de un solo de ellos de no querer seguir conviviendo o de continuar casados (sin atribuir, pues, ninguna significación al posible incumplimiento de las obligaciones conyugales, ni exigir la acreditación de un período mínimo de cesación de la convivencia conyugal, como ocurría antes de la reforma), estableciendo, sin embargo, un límite temporal de tres meses desde la celebración del matrimonio para poder interponer la demanda de separación o divorcio (salvo que la misma sea presentada por uno solo de los cónyuges y mediasen malos tratos, en cuyo caso no será necesario esperar al transcurso de dicho plazo)[29].

---

27 *Vid.* en este sentido SSAP Asturias 16 enero 1997 (AC 1997, 103) y Barcelona 29 septiembre 2000 (JUR 2001, 55).

28 *Vid.* en este sentido STS 17 junio 2003 (*Tol 285652*).

29 Este límite temporal de los tres meses, así como la excepción al mismo derivada de los malos tratos, persiste tras la reforma de 2015 en el vigente art. 81 CC (al que se remite el art. 86 CC, no reformado en el 2015) para la separación o divorcio judicial. El mismo límite de los tres meses se aplica a la separación o divorcio

La compensación no procede en el caso de la nulidad de matrimonio, lo que resulta coherente con la idea de que la compensación es un reflejo último de la obligación de asistencia y socorro mutuo: si el matrimonio es nulo, no surgió de él dicha obligación conyugal, por lo que mal puede dar lugar al pago de una compensación, concebida como una proyección de aquella.

No obstante, según el art. 98 CC, "El cónyuge de buena fe cuyo matrimonio sea declarado nulo tendrá derecho a una indemnización si ha existido convivencia conyugal, atendidas las circunstancias previstas en el artículo 97".

3. El desequilibrio económico causado por la separación o el divorcio

El tercero de los requisitos es el desequilibrio económico causado por la separación o por el divorcio.

Como ya he dicho, de acuerdo con la interpretación actual del art. 97 CC, la función de la compensación no es la de "permitir al cónyuge más desfavorecido seguir disfrutando de un nivel económico similar al que llevaba durante la etapa de normalidad conyugal"[30].

> La STS 20 febrero 2014 (*Tol 4142537)* fija como doctrina jurisprudencial que "en orden a la concesión de la pensión compensatoria no basta la mera consideración del desequilibrio patrimonial, en sí mismo considerado, sino que debe valorarse la perspectiva causal que lo sustente ya en relación con la situación de derechos y obligaciones resultante tras el divorcio, como, en su caso, con la mayor dedicación a la familia o a la actividad profesional o empresarial del otro cónyuge anterior a la ruptura matrimonial".

A través de dicho precepto, no se compensa, pues, cualquier desequilibrio, sino, tan solo, el que tiene su causa en la dedicación exclusiva (o prioritaria) de uno de los cónyuges al cuidado de la familia o en su coloración desinteresada en la actividad profesional o empresarial del otro[31], siempre

---

extrajudicial (ante Secretario Judicial o Notario), aunque en este caso, sin excepción ninguna, sin duda, pensando en que si el (actualmente Letrado de la Administración de Justicia) o Notario son sabedores de la existencia de malos tratos, lo que deben hacer es efectuar la oportuna denuncia (art. 82 CC redactado por la disposición final primera, 18, de la Ley 155/2015).

30 *Vid.*, entre otras muchas STS 22 junio 2011 (*Tol 2227659)*.

31 La SAP Ciudad Real 2 diciembre 2011 *(Tol 2337967)* excluyó, así, el desequilibrio, porque los cónyuges habían explotado conjuntamente (obteniendo los corres-

que, como consecuencia de ellos, haya sufrido una pérdida de expectativas económicas o de desarrollo profesional o laboral[32].

La STS 16 diciembre 2015 (RAJ 2015, 5887) concedió una pensión compensatoria temporal a una mujer que, durante el matrimonio y en el periodo previo de convivencia *more uxorio*, cesó en su actividad como titular de una empresa de publicidad por internet para dedicarse al hogar y colaborar en el desarrollo de la carrera profesional de su marido (como torero), realizando gestiones de administración de patrimonio e inversiones, y desarrollando actuaciones periféricas, complementarias y de apoyo a las actividades profesionales y mercantiles de aquél, a través de la utilización de portales web para promocionar su figura como matador de toros y del mantenimiento de relaciones con entidades bancarias, agentes inmobiliarios, asesores financieros, y periodistas, entre otros". Se compensó, así, "la pérdida de expectativas de la esposa y el abandono de su actividad laboral en beneficio propio, para dedicar sus esfuerzos en beneficio del marido".

V. CRITERIOS JURISPRUDENCIALES PARA DETERMINAR LA EXISTENCIA DEL DESEQUILIBRIO ECONÓMICO COMPENSABLE

Me referiré, a continuación, a una serie de criterios sentados por la jurisprudencia, en orden a la determinación de la existencia del desequilibrio económico compensable por la vía del art. 97 CC[33].

---

pondientes beneficios) un negocio (una pizzería) que, tras separarse de hecho, habían traspasado. El marido percibía una prestación por desempleo de 1.097 euros y sufragaba los gastos correspondientes a dos de los tres hijos comunes que convivían con él, mientras que la mujer ganaba 500 euros mensuales como trabajadora doméstica, habitando en la casa donde trabajaba, por lo que tenía cubierta su necesidad de vivienda.

32 La SAP Alicante 31 enero 2017 *(Tol 6144557)* consideró un desequilibrio la circunstancia de que, habiendo durado el matrimonio 38 años y habiendo tenido la mujer 4 hijos, solo había podido trabajar 7 años, por lo que no iba a poder consolidar una pensión contributiva (la actora tenía 60 años al tiempo de presentación de la demanda). Por ello, apreciando ponderadamente los ingresos de los litigantes, fijó una pensión de 100 euros mensuales, sin límite temporal, "dada la edad de la demandante, que no consta tenga cualificación profesional alguna".

33 Para una extensa visión de conjunto del panorama jurisprudencial sobre la compensación por desequilibrio, *vid.* A. I. Berrocal Lanzarot: "Tendencias actuales en torno a la pensión compensatoria o pensión por desequilibrio en España", *Actualidad Jurídica Iberoamericana*, n. 5 *bis*, 2016, pp. 9-69.

1. *La realización de un trabajo retribuido que permita mantener la independencia económica, sin sacrificio de su promoción profesional, excluye el desequilibrio, aunque exista una disparidad notoria en la respectiva cuantía de los salarios*

No procede la compensación, cuando quien la reclama ha venido realizando un trabajo retribuido fuera de casa, que le haya permitido mantener su independencia económica y conservar sus expectativas de promoción laboral o profesional; y, ello, aunque su salario sea muy inferior al de su cónyuge.

La STS 22 junio 2011 (*Tol 2227659)* ha revocado, así, una sentencia, que había concedido una pensión compensatoria, basándose en la disparidad de salario de los cónyuges: la mujer, auxiliar interina de biblioteca tenía un sueldo mensual de 1.649 euros, frente a los 2.900 euros percibidos por el marido, en su condición de profesor universitario. Por el contrario, ha evidenciado que la mayor dedicación de la mujer a la familia no había sido "un obstáculo o impedimento para su actividad laboral", la cual había desarrollado durante el matrimonio, y que no había quedado probado que "su menor cualificación profesional, origen de la diferencia salarial y de la menor estabilidad de su empleo, respecto al de su esposo", fuera "una consecuencia directa del matrimonio", y no "de sus propias actitudes y capacidades".

La STS 20 febrero 2014 (*Tol 4142537)* también denegó la pensión compensatoria solicitada por la mujer, aunque los ingresos de su marido eran el doble de los que ella percibí, por entender que esta diferencia salarial, no comportaba "automáticamente una absoluta disparidad desequilibrante", evidenciando "el relevante patrimonio ganancial resultante del matrimonio", la mayor contribución del marido en los alimentos de la hija común, "así como, particularmente, con la notable diferencia de edad entre ambos cónyuges en donde el marido, de 66 años, se encuentra próximo a la jubilación, donde disfrutará de una pensión inferior a los ingresos de su mujer que, con 51 años, ha ejercido y ejerce con normalidad su actividad profesional".

Igualmente, la STS 13 septiembre 2017 (*Tol 6347623*) ha denegado la pensión compensatoria a una mujer sujeta a tutela del padre, como consecuencia de haber padecido un ictus después del nacimiento de la tercera hija; y ello, porque la enfermedad no le había impedido desarrollar un trabajo profesional altamente cualificado durante el matrimonio, quedando cubiertas sus necesidades con una jubilación por incapacidad de 2.554,49 euros al mes y una prestación mensual de MUFACE de 1.277,35 euros. Observa, además, que lo que "tampoco se ha probado es que la diferencia de ingresos entre los cónyuges traiga causa directa del sacrificio asumido por la esposa durante el matrimonio por su mayor dedicación a la familia y en concreto por el cuidado de los dos primeros hijos, ni que este sacrificio se encuentre en relación directa con el progresivo incremento de los ingresos del esposo por su trabajo durante el tiempo que duró el matrimonio" (los ingresos brutos anuales del marido eran de (137.868,15 euros). Por último, resalta que esa diferencia salarial "queda desdibujada desde el momento en que es a la esposa a la que se atribuye el uso de la vivienda y se la exonera de cualquier gasto de los hijos"[34].

La jurisprudencia ha precisado que la mayor dedicación a la familia no es causa de desequilibrio, si ello no ha sido "un obstáculo o impedimento para su actividad laboral"[35].

La SAP Málaga 15 junio 2016 *(Tol 5904574)* denegó la pensión compensatoria solicitada a una mujer, doctora en Bellas Artes y profesora en la Universidad de Granada, que percibía unos ingresos netos de 1.700,00 euros mensuales, trabajo que había venido desempeñando durante todo el matrimonio, que había durado unos ocho años. Entendió que, si bien las decisiones sobre la casa eran tomadas por la mujer, ambos cónyuges se ocupaban de la misma y de los hijos comunes y que aquella no había probado que "esta mayor dedicación haya supuesto renuncia o sacrificio de promoción profesional para poder dedicarse al cuidado y atención a los hijos". Fue determinante la declaración testifical del Director del Departamento en que trabajaba, el cual afirmó que, "desde que se casó no ha reducido su nivel de investigación y de dedicación a la Universidad, y si bien no se ha presentado a las oposiciones, ello se debe al sistema de la Universidad, en ningún caso por el hecho de tener que atender a la familia".

2. *El trabajo intermitente fuera de casa no excluye el desequilibrio en perjuicio de quien se ocupó de la familia durante una parte significativa de la duración del matrimonio, especialmente si se trata de trabajos esporádicos escasamente retribuidos*

Para entender que ha existido un desequilibrio económico compensable no se requiere una dedicación al hogar durante todo el tiempo de la celebración del matrimonio, sino que basta con que la dedicación altruista de uno de los cónyuges al cuidado de la familia se haya dado durante una parte significativa de la duración del matrimonio, con clara merma de sus

---

34 La SAP Madrid 22 junio 2012 *(Tol 2611558)* denegó la pensión compensatoria a una mujer de 40 años, que había estada casada unos 4 años, durante los cuales había trabajado, percibiendo el último año nóminas de unos 1.500 euros mensuales. Consideró irrelevante que el marido tuviera mayores ingresos, cuantificados en unos 100.000 euros, teniendo en cuanta, para la denegación, la edad de la esposa, que no padeciera enfermedad, la escasa duración del matrimonio, la inexistencia de hijos, su dedicación laboral, así como que "trabajó durante el matrimonio con unos ingresos derivados de aquella actividad laboral que en su cuantía le permiten atender en términos de autonomía e independencia personal sus necesidades vitales en condiciones de dignidad y razonable decoro".

35 STS 22 junio 2011 *(Tol 2227659)*.

expectativas económicas y profesiones, aunque en ciertos periodos haya trabajado fuera de casa, circunstancia esta, que, sin embargo, debe ser tenida en cuenta para aminorar el importe de la pensión.

La STS 25 septiembre 2019 (*Tol 7515249*) ha concedido, así, una pensión vitalicia de 600 euros mensuales a una mujer de 59 años que, al casarse, abandonó su profesión de maestra, habiéndose dedicado los diez primeros años del matrimonio (que duro treinta) al cuidado de la familia y, en particular, al de los tres hijos comunes. Posteriormente, cursó estudios de auxiliar de clínica, profesión en la que trabajó intermitentemente, cotizando aproximadamente doce años. De todo ello se deduce que la mujer "perdió unas legítimas expectativas profesionales y económicas por su mayor dedicación a la familia, que no habrían acaecido de no mediar vínculo matrimonial, razón de peso para fijar la pensión compensatoria (...) máxime cuando la interrupción de la vida laboral durante el matrimonio, se produjo en los primeros años, que es el período determinante del desarrollo profesional de cualquier persona".

El desequilibrio es más evidente, cuando nos encontramos ante trabajos meramente esporádicos y escasamente retribuidos.

La STS 16 noviembre 2012 *(Tol 2685953)* reconoció una pensión compensatoria vitalicia de 300 euros a una mejor, teniendo en cuenta su edad, la duración del matrimonio (22 años), y "su escasa cualificación profesional y una mínima experiencia dados los años de edad laboral dedicados exclusivamente al cuidado de la familia", lo que solo le ha permitido acceder a un empleo a tiempo parcial en un Ayuntamiento (asistenta domiciliaria), "del que obtiene un pequeño salario".

La SAP Badajoz 8 mayo 2017 *(Tol 6185967)* concedió también una pensión vitalicia a una mujer de 52 años, que había estado casada 28, con estudios primarios y sin ninguna cualificación profesional. Durante la vigencia del matrimonio se había dedicado al cuidado de la casa y de los hijos, compaginando dicha dedicación con trabajos esporádicos de corta duración. En los últimos años había estado activa en el PER y en los meses inmediatos anteriores al divorcio había trabajado como peón del Ayuntamiento, con un salario neto de 678 euros.

La SAP Córdoba 9 octubre 2019 *(Tol 7672357)* concedió una pensión temporal por 5 años a una mujer, que, durante los 33 años que había durado el matrimonio, se había dedicado sustancialmente a las tareas domésticas, cuidando de los hijos y del hogar, e, incluso, había ayudado en la explotación familiar, permitiendo que fuera el marido el que trabajara a jornada completa. A ello no fue obstáculo la circunstancia de que la mujer hubiera estado dada de alta en la Tesorería General de la Seguridad Social 7.997 días, pues solo había trabajado esporádicamente y había percibido la renta agraria.

3. *La reducción de la jornada laboral para atender a la familia da lugar a un desequilibrio económico moderado*

La mera reducción de la jornada laboral con la clara finalidad de atender a la familia da lugar a un equilibrio susceptible de ser compensado, pues el empobrecimiento que ello origina es indudable, si bien a través de una pensión de carácter temporal de cuantía moderada, dado que el acreedor de la misma no abandonó completamente su actividad laboral durante el matrimonio y, por lo tanto, no perdió su independencia económica[36].

Por ello, la STS 25 septiembre 2019 (*Tol 7515249*) ha revocado una sentencia, que había denegado la pensión compensatoria pedida por la mujer, porque tenía 43 años, no sufría enfermedad incapacitante alguna, era bióloga y se encontraba trabajando desde antes de contraer matrimonio para una firma de control de plagas, con contrato indefinido y sueldo digno. Frente a ello, valoró la circunstancia de la reducción de jornada laboral de 2 horas pedida por la demandante para atender a los hijos menores (de quienes era custodia), durante el matrimonio y mantenida tras el divorcio, como criterio para conceder una pensión compensatoria con carácter temporal. Dijo, así, que, "durante la convivencia matrimonial, la demandada centró especialmente su atención en el cuidado de los hijos comunes y a tal efecto solicitó una disminución de la jornada laboral de dos horas"; y que la "dedicación futura a la familia existe, dada su condición de cónyuge custodio, si bien en atención a la edad actual de los hijos de 16 y 13 años de edad, su implicación ya no es tan intensa por requerir menos atención personal".

4. La existencia del desequilibrio debe valorarse en el contexto de las medidas definitivas adoptadas en la separación o divorcio, en particular, en materia de atribución del uso de la vivienda familiar y de alimentos

Para valorar si existe el desequilibrio (o la magnitud del mismo) hay que tener en cuenta la situación en que quedarán los cónyuges como consecuencia de las otras medidas definitivas adoptadas en la sentencia de separación o divorcio, en particular, sobre la asignación del uso de la vivien-

---

36 Es, pues, clara, la diferencia existente en materia de compensación por desequilibrio económico por separación o divorcio, regulada en el art. 97 CC, y la compensación por trabajo doméstico en la liquidación del régimen económico matrimonial de separación de bienes, del art. 1438 CC.
La compensación prevista en este último precepto, según reiterada interpretación jurisprudencial, requiere que la dedicación al trabajo doméstico de quien la reclama sea "exclusiva", es decir, que no lo haya compatibilizado con un trabajo retribuido fuera de casa, aunque no sea a jornada completa, pero no se exige que sea "excluyente", es decir, que lo haya realizado materialmente, por sí solo, sin el auxilio de terceros (por ejemplo, servicio doméstico) o sin la colaboración ocasional del otro cónyuge. *Cfr.*, en este sentido, la STS (Pleno) 26 marzo 2015 (*Tol 4839258*) seguida entre otras, por SSTS 14 abril 2015 (*Tol 4918101*), 15 noviembre 2015 (*Tol 7586694*) y 14 marzo 2017 (*Tol 6001668*).

da familiar[37] o el pago de pensiones alimenticias a los hijos: podría, así, resultar desmesurado imponer el pago de una pensión compensatoria al cónyuge que debe abandonar el uso del domicilio familiar (y, quizás, se ve obligado a alquilar o a comprar otra vivienda) y pagar una elevada pensión alimenticia (en relación con sus ingresos) a los hijos comunes[38].

> La STS 22 junio 2011 (*Tol 2227659*) ha negado que existiera un desequilibrio a pesar de la diferencia de ingresos de los cónyuges (unos 2900 euros al mes de salario del marido, como profesor, más extras, por cursos, conferencias y dietas, frente a los 1649 euros de la mujer), pues dicha diferencia salarial debía ser puesta en relación con "las diferentes cargas que han de hacer frente a partir de la ruptura, no cabe concluir que exista una disparidad que sea fuente misma del desequilibrio". Ha considerado, así, determinante que la mujer continuara en el uso de la vivienda familiar "y que la mayor parte de los gastos de alimentación de los hijos que con ella conviven, se sufragan con la pensión alimenticia a cargo del padre, que es, por el contrario, sobre quien han incidido en mayor medida las consecuencias económicas negativas derivadas de la ruptura conyugal, al tener que hacer frente a un alquiler de 530 euros mensuales, y al pago de las referidas pensiones alimenticias de sus dos hijos"[39].

---

37 El Anteproyecto de Ley sobre el ejercicio de la corresponsabilidad parental y otras medidas a adoptar tras la ruptura de la convivencia, de 19 de julio de 2013, propuso la siguiente redacción del n. 9 del art. 97.II CC: "La atribución que, en su caso, se haya hecho del uso de la vivienda familiar al acreedor de la pensión y el régimen de asunción de los gastos que la misma genere".

38 No es, pues, afortunada la afirmación de la STS 11 mayo 2016 (*Tol 5728503*) de que "Tener atribuido el uso de la vivienda familiar no puede considerarse como un factor que tenga incidencia en la decisión, sino a lo sumo en la cuantificación de la pensión, ya que tal atribución lo es por ser progenitor custodio y en tanto lo sea". Se trata de una afirmación hecha con carácter general, pero que, en realidad, parece que solo se justifica en relación con el concreto supuesto de hecho enjuiciado, en el que la atribución del uso de la vivienda familiar a la mujer no excluía el desequilibrio como consecuencia de su dedicación a la familia. Mucho más adecuado habría sido decir que la atribución del uso de la vivienda familiar a quien reclama la compensación no excluye la posibilidad de que pueda percibirla.

39 En el mismo sentido se orienta la posterior STS 13 septiembre 2017 (*Tol 6347623*), que tiene en cuenta ambas circunstancias para denegar la pensión compensatoria solicitada por una mujer, a quien se le había asignado el uso de la vivienda familiar y se le había exonerado de contribuir a la prestación de alimentos de los hijos. La SAP Ciudad Real 9 abril 2018 (*Tol 6634604*) denegó también la pensión compensatoria solicitada por la madre custodia, a quien se había atribuido el uso de la vivienda familiar, porque el marido debía sufragar, no solo los gastos de vivienda y alimentación propios, sino que, además, había de abonar una pensión alimenticia a favor de sus hijas de 300 euros mensuales, cuando solo contaba para vivir con sus rendimientos del trabajo, que apenas llegaban a los 600 euros, careciendo

5. *La existencia de un régimen de sociedad de gananciales puede excluir o paliar el desequilibrio*

Habrá que tener en cuenta el régimen económico matrimonial, ya que esta es una circunstancia que, aun sido objeto de expresa previsión legal, indudablemente afecta al "caudal y los medios económicos y las necesidades de uno y otro cónyuge" (art. 97.II.8° CC), pues, si se rigen por gananciales, puede no existir un desequilibrio o quedar este paliado[40].

La STS 19 enero 2010 (RAJ 2010, 417) insiste en la necesidad de valorar el régimen económico matrimonial que ha regido las relaciones patrimoniales entre los cónyuges, pues, si este ha sido el de gananciales, dará lugar a "transferencias económicas equilibradoras consiguientes entre los patrimonios de los esposos".

Ahora bien, la mera existencia de una sociedad de gananciales no excluye la compensación con el argumento de que ambos cónyuges hacen suyos, por mitad, los ingresos procedentes del trabajo retribuido realizado por uno de ellos: ello podrá compensar la ausencia de rendimientos del trabajo de quien se dedicó al cuidado de la familia durante el matrimonio, pero no, necesariamente, eliminará el perjuicio derivado de la pérdida de expectativas de desarrollo profesional o de la dificultad o imposibilidad de acceder a un puesto de trabajo después de la separación o del divorcio.

La STS 10 marzo 2009 *(Tol 1474923)* consideró procedente reconocer una pensión compensatoria indefinida a la mujer, porque, como consecuencia de la liquidación de gananciales, "no recibió más que la mitad de lo que legalmente le correspondía, pero no la compensación por el desequilibrio que le produjo la ruptura y que, más allá de que le correspondieran bienes en igual valor que los de su marido, viene determinado por el hecho de haber dedicado 29 años de su vida a la familia y a subvenir con su dedicación a los éxitos económicos y empresariales de su esposo, y por el hecho de que, al separarse, su falta de experiencia y formación profesional, junto a su edad, la sitúan en desventaja frente al marido, al no tener la esposa otro patrimonio que el recibido".

La STS 14 marzo 2011 (*Tol 2080803*) ha concedido también una pensión indefinida, teniendo en cuenta la duración del matrimonio (26 años), la edad de la mujer (50 años), la exclusiva dedicación a la familia y el tiempo en que estuvo apartada

---

de patrimonio de cualquier índole. Por el contrario, la mujer (de 42 años) tenía cubiertas sus necesidades de habitación y, recientemente, había, "podido acceder a dos trabajos temporales acordes a su capacitación profesional lo que unido a que cuenta con algo de patrimonio que, aunque, no muy relevante, le posibilita obtener algún rendimiento económico".

40 En este punto insiste el común de los autores. *Vid.*, por ejemplo. E. Roca Trías: "Comentario al art. 97 CC", cit., p. 626.

del mundo laboral, lo que permite concluir "que son razonablemente escasas las posibilidades reales de la esposa de obtener en un plazo concreto un empleo que le permita gozar de medios propios para obrar autónomamente, de manera que la función de restablecer el equilibrio consustancial a la pensión compensatoria solo puede entenderse cumplida fiándola con carácter vitalicio".

Igualmente la STS 18 julio 2019 (*Tol 7419524*) ha entendido que había que atribuir carácter vitalicio a la pensión de una mujer de 54 años, dedicada durante los 27 años del matrimonio, de manera exclusiva, al cuidado de los dos hijos, salvo el último año en que había trabajado con contratos temporales, siendo sus ingresos brutos 323,75 euros, una vez que finalizara el contrato vigente, mientras que el marido tenía un trabajo estable, por el que percibía un salario medio de 1.500 euros mensuales.

Si quien reclama la compensación se encuentra en situación de excedencia voluntaria y puede reincorporarse fácilmente a su puesto, no habrá desequilibrio económico.

La STS 23 enero 2012 (*Tol 2407043*) observa que no existe derecho a percibir una compensación, cuando el desequilibrio tenga su exclusivo origen en "la diferente aptitud, formación o cualificación profesional de cada uno de los miembros de la pareja". Concretamente, se la deniega a la mujer, de profesión enfermera, que se encontraba en situación de excedencia voluntaria.

En cualquier caso, una liquidación ventajosa de la liquidación de la sociedad de gananciales puede excluir el desequilibrio: por ejemplo, si la adjudicación de bienes ha sido especialmente beneficiosa a quien reclama la compensación, por haberse valorado a la baja los bienes adjudicados, o si, objetivamente, los bienes que recibe o espera recibir tras la liquidación le permiten vivir en una situación económica desahogada, sin necesidad de trabajar.

Así, la STS 14 febrero 2019 (*Tol 7064894*), recordando que la pensión compensatoria no es un mecanismo igualador de economías, se ha denegado la pensión compensatoria a una mujer con una edad próxima a los 60 años, tras la disolución de un matrimonio, que había durado más de 25 años. La mujer había trabajó durante 8 años; fue cotitular de una sociedad patrimonial con el marido, quien le donó una vivienda; estuvieron casados en sociedad de gananciales durante 13 años y era usufructuaria vitalicia de la vivienda familiar, cuya nuda propiedad había donado a los hijos: la recurrente había adquirido, en definitiva, un patrimonio, tanto común, en virtud del régimen de gananciales, como propio, del que podía obtener rendimientos. No se estimaron los argumentos de la mujer de que la familia dependía de los ingresos del esposo y de que este había tenido y seguía teniendo una proyección profesional de la que carecía la esposa[41].

---

41 La SAP Las Palmas 30 junio 2017 *(Tol 6356684)* denegó la pensión solicitada por la mujer, porque, a pesar de la larga duración del matrimonio (unos 34 años) y

6. *La futura liquidación de la sociedad de gananciales como posible circunstancia que permite superar el inicial desequilibrio que motiva la concesión de una pensión temporal*

Con frecuencia sucede que, entre la disolución y la liquidación de la sociedad de gananciales, media un lapso de tiempo considerable, lo que puede originar un gran perjuicio al cónyuge que carece de ingresos periódicos, con los que poder subsistir.

Pare evitarlo, la jurisprudencia ha considerado la liquidación de la sociedad de gananciales como una posible circunstancia que puede ayudar a superar el inicial desequilibrio al perceptor de la pensión cuando se lleve a cabo, teniendo en cuenta la previsible cuantía de dichas adjudicaciones lo que le permite fijarla con carácter temporal, en el momento de la separación o del divorcio, lo que, bien mirado, desvirtúa —a mi parecer— la naturaleza de la compensación, que, en este caso, pasa a cumplir la función propia de una pensión de alimentos, al remediar una situación de necesidad provisional de quien la recibe[42].

> La STS 11 mayo 2016 *(Tol 5728503)* ha revocado, no obstante, la sentencia recurrida, que había limitado la percepción de la pensión compensatoria a un plazo de 7 años, teniendo en cuenta, entre otras circunstancias, la de hallarse pendiente la liquidación de la sociedad de gananciales, la cual, una vez realizada, "supondrá un importante refuerzo de su situación económica". Admite que, en orden a la concesión de la compensación, "podría ser factor relevante el relativo a la liquidación del régimen económico matrimonial y las potenciales adjudicaciones que pudiese recibir" de quien la solicita. Sin embargo, observa que en la sentencia impugnada "no se concreta en qué medida se verá afectada la economía de la actora tras la citada liquidación del régimen económico matrimonial, por lo que tan poco adquirimos

---

de su dedicación a la atención de la familia, no obstante, se había formado una "importante sociedad de gananciales". Existía, así, un negocio ganancial y una sociedad de responsabilidad limitada, también de carácter ganancial, titular de distintos inmuebles que administraban, de hecho, los cónyuges, administrando unos el marido y otros la mujer, sin que constara que se rindiesen cuentas. Concretamente, la mujer reconoció percibir, al menos, el alquiler mensual de tres inmuebles gananciales. En consecuencia, se denegó la compensación, dejando a salvo el derecho de la mujer "a solicitar rendimiento de cuentas de los negocios gananciales y la liquidación de la sociedad de gananciales".

42 Propiamente, no se suele fijar la pensión compensatoria hasta la liquidación de la sociedad de gananciales, sino que lo que se hace es establecer un plazo determinado, dentro del cual se entiende razonable prever que la liquidación tendrá lugar. *Vid.*, en este sentido, por ejemplo, SAP Jaén 15 noviembre 2013 (*Tol 5380400*), que estableció un plazo de 4 años.

certidumbre sobre la superación de su desequilibrio". Por ello, se concede la pensión con carácter indefinido[43].

7. *La compensación del art. 97 CC es compatible con la del art. 1438 CC, aunque, concedidas ambas, la cuantía de una condiciona la de la otra*

La circunstancia de que, habiendo existido un régimen económico matrimonial de separación de bienes, el cónyuge que se hubiese dedicado al trabajo doméstico reciba una compensación *ex* art. 1438 CC, no excluye que pueda también percibir una pensión compensatoria *ex* art. 97 CC. A tenor del primero de dichos preceptos, "El trabajo para la casa será computado como contribución a las cargas y dará derecho a obtener una compensación que el Juez señalará, a falta de acuerdo, a la extinción del régimen de separación".

Reiterada jurisprudencia afirma que la pensión compensatoria por desequilibrio del art. 97 CC y la compensación por trabajo doméstico en la liquidación del régimen económico matrimonial de separación de bienes regulada en el art. 1438 CC son compatibles, por ser distintos sus presupuestos y sus respectivas finalidades[44].

> La STS 26 abril 2017 (*Tol 6061137*) ha precisado, así, que "Mediante la pensión compensatoria se cuantifica el desequilibrio que tras la separación o divorcio se produce en uno de los cónyuges, valorando la pérdida de oportunidades profesionales y teniendo en cuenta como uno más de los criterios la *dedicación pasada y futura a la familia*"; por el contrario la compensación del art. 1438 CC "tiene su base en el trabajo para la casa realizado por uno de los cónyuges, bajo un régimen de separación de bienes, al valorarlo como una contribución al sostenimiento de las cargas familiares".

Por lo tanto, mientras la pensión compensatoria pretende reparar el desequilibrio económico, consistente en el daño que un cónyuge sufre al perder oportunidades de obtener ingresos y expectativas laborales o profesionales, como consecuencia de su exclusiva o prioritaria dedicación pasada, actual y futura a la familia, la compensación del art. 1438 CC (que,

---

[43] La STS 13 julio 2020 (*Tol 8037049*) casó también la sentencia recurrida, decidiendo que la pensión compensatoria debía tener carácter indefinido, porque, si bien es cierto que la perceptora contrajo matrimonio bajo el régimen de la sociedad legal de gananciales, "su liquidación traerá consigo la pérdida de la vivienda familiar a través de la cual satisface sus actuales necesidades de habitación".

[44] *Vid.*, en este sentido, SSTS 5 mayo 2016 *(Tol 5716443)*, 14 marzo 2017 (*Tol 6001668*), 20 de febrero 2018 (*Tol 6526201*) y 11 diciembre 2019 (*Tol 7653638*).

obviamente, solo se da cuando, existiendo un régimen de separación, se liquide este) tiene como finalidad reparar directamente el valor de la dedicación pasada a la familia, entendida esta como una modalidad de contribución exclusiva de un cónyuge al levantamiento de las cargas familiares.

No obstante, más allá de la distinción teórica entre la pensión compensatoria y la compensación por trabajo doméstico, entre ambas existe un evidente punto de conexión, que es el que resulta de la "dedicación pasada a la familia", que, aunque no es lo que directamente se indemniza a través de la primera, no obstante, sirve como criterio para el cálculo de la misma, por lo que es inevitable que la cuantificación de la una incida en la de la otra.

La STS 11 diciembre 2019 (*Tol 7653638*) ha estimado, así, un recurso de casación, observando que "una valoración equitativa de los trabajos de coordinación cualificados para la casa prestados por la demandante, durante los diez años del matrimonio, a razón de unos 7.000 euros netos al mes, arroja la suma final de 840.000 euros, que consideramos procedente como indemnización liquidatoria del régimen de separación de bienes, que regía el matrimonio de los litigantes, ponderando además los otros elementos de juicio antes considerados, como donaciones recibidas [durante el matrimonio] de unos tres millones de euros [con los que la mujer compró una casa, que reformó a costa del marido], nivel de vida que disfrutó, pensión compensatoria de 75.000 euros al mes durante cinco años, para cuya fijación se valoraron también sus expectativas profesionales" (la Audiencia había fijado la compensación del art. 1438 CC en 6.000.000 de euros).

8. La compensación por desequilibrio es teóricamente compatible con una pensión de alimentos en caso de separación

La compensación es teóricamente compatible con una pensión de alimentos en caso de separación[45]: digo teóricamente, porque en la actualidad, unificadas las causas de separación y divorcio, las demandas de separación son raras y porque, en no pocos casos, cuando en las sentencias

---

[45] *Vid.*, en este sentido, en la doctrina científica, Belío Pascual, A. C.: *La pensión*, cit., p. 56; L. Díez-Picazo y A. Gullón Ballesteros: *Sistema de Derecho civil*, vol. IV, *Derecho de familia. Derecho de sucesiones*, Técnos, 6ª ed., Madrid, 1992, p. 138; M. Ordás Alonso: *La cuantificación*, cit., p. 366; y E. Roca Trías: "Comentario al art. 97 CC", cit., p. 624; y, en la jurisprudencia, STS 10 marzo 2009 *(Tol 1474923)*. En contra, sin embargo, se pronuncia un sector de la doctrina, para quien la pensión de alimentos se integra y queda cubierta por la pensión compensatoria. *Vid.*, en este sentido, C. Lalana del Castillo: *La pensión*, cit., p. 27-28; C. Lasarte Álvarez, y Mª R. Valpuesta Fernández: "Comentario al art. 97 CC", cit., p. 1163.

de separación se establece una pensión compensatoria se suele entender subsumida en ella los alimentos[46]; y, en cualquier caso, siendo la necesidad del acreedor una circunstancia de cuantificación de la compensación (art. 97. II.8° CC), el hecho de que dicha necesidad quede paliada por la pensión de alimentos ha de disminuir la cuantía de aquella[47].

Sin embargo, es claro que ambas pensiones son distintas: la pensión de alimentos tiene un claro carácter esencialmente asistencial y procede en caso de necesidad, pues la separación legal (judicial o extrajudicial) suspende la obligación de socorro y asistencia mutua en la cual se subsumían los alimentos antes de la separación conyugal, dando entrada a la posible aplicación de los arts. 142 y ss. CC (alimentos entre parientes); la pensión compensatoria, aunque —como he explicado— no es totalmente ajena a la idea de necesidad tiene, esencialmente, una finalidad reparadora del desequilibrio económico causado por la separación o el divorcio, por lo que su concesión es independiente de la noción de necesidad.

Además, hay que tener en cuenta que, tras la reforma del 2005, la compensación puede realizarse mediante una prestación única: cabría, pues la entrega de un capital o de un inmueble en concepto de compensación al cónyuge que ha sufrido el desequilibrio y el establecimiento de una pensión de alimentos a su favor, cuando, pese a la compensación recibida, se encontrara, no obstante, en situación de necesidad.

Disuelto el matrimonio por divorcio, se extinguirá la pensión de alimentos establecida en la sentencia de separación (por perderse la condición de cónyuge exigida por el art. 143.1° CC para reclamarlos) y, teniendo dicha pensión una naturaleza esencialmente distinta a la compensatoria, no cabe pedir en el procedimiento de divorcio la conversión automática de aquella en esta.

Lo excluye claramente STS 9 febrero 2010 *(Tol 1790763)*, que fija como doctrina jurisprudencial "que el desequilibrio que genera el derecho a la pensión compensatoria debe existir en el momento de la ruptura matrimonial, aunque se acuerde el pago de alimentos a uno de los cónyuges, sin que el momento del divorcio permita examinar de nuevo la concurrencia o no del desequilibrio y sin que la extinción del derecho de alimentos genere por sí mismo el derecho a obtener la pensión compensatoria".

---

[46] *Vid.* a este respecto, la paradigmática SAP Baleares 30 septiembre 2002 (JUR 2003, 35453).

[47] Como dicen L. Díez-Picazo y A. Gullón Ballesteros: *Sistema*, cit., p. 138.

En cualquier caso, hay que tener en cuenta si estamos ante una obligación voluntaria de alimentos pactada en convenio regulador de la separación, la misma, salvo que otra cosa se hubiera previsto expresamente, no se extinguirá por el divorcio.

> En tal sentido se ha manifestado la STS 4 noviembre 2011 *(Tol 2270289)*, que ha declarado que "el convenio de separación y el de divorcio pueden contener pactos voluntarios estableciendo alimentos entre los ex cónyuges. El pacto sobre alimentos tiene naturaleza contractual y a no ser que se limite de forma expresa a la separación, mantiene su eficacia a pesar del divorcio posterior, por lo que el alimentista deberá seguir prestándolos".

VI. MOMENTO DE APRECIACIÓN DEL DESEQUILIBRIO: REGLA GENERAL Y EXCEPCIONES

Es doctrina jurisprudencial reiterada que el desequilibrio que da lugar a la compensación del art. 97 CC "debe existir en el momento de la separación o del divorcio", por lo que es en este momento, al que hay que atenerse para apreciar su existencia[48].

Sin embargo, esta regla general tiene sus excepciones, fijadas por la propia jurisprudencia.

1. El desequilibrio debe apreciarse en el momento de la ruptura de la convivencia, cuando existe una separación de hecho prolongada, con anterioridad a la presentación de la demanda, que evidencia una situación consolidada de independencia económica

La regla general quiebra cuando existe una separación de hecho prolongada, con anterioridad a la presentación de la demanda de separación o de divorcio, en cuyo caso se considera que el momento para apreciar el desequilibrio es el de la ruptura de la convivencia[49].

---

48 *Vid.*, en este sentido, SSTS 19 octubre 2011 (*Tol 2269878*), 18 marzo 2014 (*Tol 4183456*) y 27 noviembre 2014 *(Tol 4561611)*.

49 *Vid.*, así, SSTS 17 diciembre 2012 (*Tol 2714277*), 3 junio 2013 *(Tol 3774228)*, 30 septiembre 2014 *(Tol 4529106)*, 7 marzo 2018 (*Tol 6531191*) y 29 junio 2020 (*Tol 8000209*).

Es, por ello, que se deniega la compensación, si durante el periodo previo de separación de hecho no ha habido petición económica alguna, pues ello permite presumir "una situación consolidada de independencia económica y de autonomía patrimonial" entre los cónyuges y, por lo tanto, la inexistencia, al tiempo de la ruptura, de un desequilibrio que deba ser compensado[50].

La STS 17 diciembre 2012 (*Tol 2714277*), dice así, que, "en principio, y salvo circunstancias muy concretas de vinculación económica entre los cónyuges, se considera que "no existe desequilibrio económico en las situaciones prolongadas de ruptura conyugal", pues se entiende que "cada uno de ellos ha dispuesto de medios propios de subsistencia y mal se puede argumentar por quien la solicita que la separación o divorcio es determinante para el de un empobrecimiento en su situación anterior en el matrimonio, situación que en el peor de los casos sería la misma, pero no agravada por la ruptura". En el caso concreto, se confirmó la sentencia recurrida que había denegado la pensión compensatoria en un supuesto en que había existido una separación de hecho durante cuatro años.

La STS 3 junio 2013 *(Tol 3774228)* niega también que la mujer tuviera derecho a la pensión compensatoria, después de siete años de ruptura efectiva de la convivencia conyugal, "sin que durante todo ese período mediara reclamación alguna entre los cónyuges y sin que se haya podido constatar ninguna vinculación económica". "En esta situación —concluye— lo que no puede la esposa es instrumentalizar el juicio de divorcio para solicitar una prestación económica que se ha demostrado innecesaria para su sostenimiento, y perturbadora, si se quiere, del régimen de vida llevado hasta la fecha por uno y otro cónyuge hasta la formulación de la demanda por uno de ellos".

La STS 30 septiembre 2014 *(Tol 4529106)* afirma, en fin, que "al transcurrir cinco años sin petición económica alguna, se creó por la esposa una situación consolidada de independencia económica y de autonomía patrimonial incompatible con la concepción de inestabilidad económica, al tiempo que con la actual reclamación se perturba la necesaria confianza y expectativas del esposo que razonablemente no podía esperar, transcurrido tanto tiempo, una reclamación económica, que viniese a gravar aún más su situación financiera, de por si maltrecha dado que es el único que afronta los gastos económicos de los dos hijos (arts. 97 y 7 del Código Civil)".

No obstante, hay que tener en cuenta que la presunción de no existencia de desequilibrio económico en el momento de la ruptura "se destruye cuando, pese a una separación prolongada, los esposos han intercambiado ayudas económicas" o, "no consta que "ambas partes hayan asumido vidas económicas independientes"[51].

---

50 STS 30 septiembre 2014 *(Tol 4529106)*.

51 STS 1 diciembre 2015 *(Tol 5583882)*.

La SAP Madrid 18 febrero 2019 (*Tol 7602518*), aplicando dicha doctrina, concedió una pensión compensatoria, porque, aunque antes de la presentación de la demanda de divorcio, había existido una separación de hecho de (al menos) cinco años, sin embargo, del testimonio de la hija mayor de edad, resultó que su madre había vivido todo este tiempo de lo que le daba su padre (6.000, 5.000 o 4.000 euros mensuales), justamente, hasta dos meses antes de la presentación de la demanda, cuando tuvo lugar la boda de su hermano, momento en el que el padre dejó de pasar dinero, si bien, días antes de casarse, el hijo había entregado a la madre dos talones por valor de 7.500 euros cada uno a cargo de empresas, que, si bien estaban a nombre suyo, era su padre quien estaba detrás de ellas

2. *Posibilidad de conceder una pensión compensatoria sujeta a la condición suspensiva de pérdida de un puesto de trabajo en la empresa del otro cónyuge*

En la práctica se ha planteado el problema de si es posible conceder una pensión compensatoria, sujeta a condición suspensiva, a un cónyuge que trabaja en una empresa del otro, ante la eventualidad de que este, como consecuencia de la crisis familiar, lo despidiera y, en consecuencia, perdiese su fuente de ingresos.

En un principio la jurisprudencia se mostró contraria a dicha posibilidad, revocándose, así, la pensión compensatoria condicionada concedida a la mujer, en razón a una hipotética pérdida de trabajo en la empresa de su marido tras la ruptura matrimonial.

La STS 19 octubre 2011 (*Tol 2269878*) afirmó que, si dicho despido ocurriere ("dejando aparte las compensaciones laborales a que tendría derecho" la demandante), "el desequilibrio que hipotéticamente podría producirse no tendría lugar como consecuencia del desequilibrio producido por la ruptura matrimonial, sino que vendría provocado por el despido posterior", reiterando que "El desequilibrio que da lugar a la pensión debe existir en el momento de la separación o del divorcio y los sucesos posteriores no pueden dar lugar al nacimiento de una pensión que no se acreditaba cuando ocurrió la crisis matrimonial"[52].

---

52 Idéntica doctrina fue seguida por otras sentencias posteriores, que conocieron de supuestos de hecho idénticos, revocando resoluciones que habían concedido una pensión compensatoria a la mujer que trabajaba en la empresa del marido, para el caso de que fuese despedida.
La STS 18 marzo 2014 (*Tol 4183456*) afirma que "Es cierto que la esposa puede quedarse sin trabajo, pero también lo es que puede encontrar un nuevo empleo, y que la sociedad de su marido puede verse también afectada por la crisis económica, colocándole en una situación de desempleo"; y la STS 27 noviembre 2014 (*Tol 4561611*), que, a partir de la separación o divorcio, "se desvinculan los patri-

Sin embargo, la jurisprudencia más reciente ha cambiado de posición, considerando necesario "mitigar" el carácter general de la doctrina hasta entonces fijada, según la cual el desequilibrio económico ha de ser apreciado, exclusivamente, en el momento de la separación o divorcio en los casos en los que "los únicos ingresos de la esposa proceden del trabajo que actualmente desempeña en una empresa regida por el esposo".

En estos casos, la STS (Pleno) 7 marzo 2018 (*Tol 6531191*) admite, en efecto, un juicio prospectivo de futuro, "pues desde el mismo momento de la ruptura concurre una circunstancia de futuro relevante, pues la continuidad de la situación actual de equilibrio o desequilibrio depende de una compensación económica preexistente, a cargo del obligado y para la beneficiaria como contraprestación por el trabajo que realiza, la cual puede desaparecer por la propia decisión del deudor, lo que supone una afectación directa y cuantitativamente importante sobre la situación económica de la esposa". En consecuencia, confirma la sentencia que había concedido a la mujer una pensión compensatoria equivalente a la de su salario para el caso de "que finalice la actual relación laboral, por causa no imputable a ella, sin perjuicio de la posibilidad siempre presente de modificación o extinción posterior de la medida por alteración de las circunstancias que ahora se tienen en cuenta".

Aplicando la misma doctrina, la STS 29 junio 2020 (*Tol 8000209*) ha confirmado la sentencia que había concedido a una mujer de 62 años, que se hallaba en situación de baja laboral y que trabajaba en una empresa común, administrada por el marido, el derecho a percibir una pensión compensatoria mensual de 700 euros condicionada a la circunstancia de que, una vez que cesara de percibir la prestación por baja laboral, se le denegara la reincorporación a la empresa y hasta el momento en que percibiese una pensión por jubilación o una prestación de una cuantía igual o superior. Ha observado que "el desequilibrio económico a que se refiere el artículo 97 CC no requiere para su existencia ausencia de medios económicos por parte de la beneficiaria sino efectivo perjuicio derivado de la ruptura de la convivencia, y en este caso dicho perjuicio se producirá evidentemente si, por la actuación del esposo, la recurrida no puede reintegrarse al trabajo en la empresa que tienen en común". Ha precisado, no obstante, que, "habiéndose fijado una pensión compensatoria de futuro —amparada en las circunstancias que han quedado expuestas— lógicamente cualquier modificación de circunstancias puede afectar a su efectividad, incluso antes de que esta tenga lugar, de conformidad con lo establecido en el artículo 100 CC".

Esta nueva doctrina jurisprudencial podría criticarse, por prestar atención a un futurible, esto es, a una eventual circunstancia posterior a la

---

monios de uno y otro cónyuge a expensas de lo que resulte de la liquidación de la sociedad conyugal y, en su caso, de la modificación o extinción de las medidas que pudieran haberse acordado en el momento del divorcio. Lo demás supone mantener tras la ruptura una vinculación económica entre cónyuges distinta de la que la ley autoriza, y, propiciar, en definitiva, una suerte de problemas añadidos y en ningún caso deseables".

sentencia de separación o divorcio, que es el momento al que, según resulta del art. 97 CC, hay que atender para valorar la existencia del desequilibrio; y también, porque parece otorgar un privilegio laboral excesivo al perceptor de la pensión, blindándolo frente a posibles despidos, incluso en casos de dificultades económicas objetivas de la empresa del deudor. Siendo cierto todo ello, sin embargo, permite evitar posibles comportamientos contrarios a la buena fe por parte del deudor que pospusiese un despido que ya tuviese decidido al tiempo de la separación o divorcio para no verse obligado a pagar una compensación y, posteriormente, dictada la sentencia, llevara a cabo el despido proyectado.

3. La sentencia de divorcio no puede conceder una compensación, si la misma no fue establecida en la previa sentencia de separación

No es posible que la sentencia de divorcio establezca una compensación que no fue concedida en la previa sentencia de separación, bien porque no se pidió, bien porque se consideró improcedente, al no existir desequilibrio económico compensable.

> La STS 3 junio 2016 (RAJ 2016, 2317) ha declarado que "no hay dos momentos de ruptura conyugal, sino uno solo: el de la separación o el del divorcio, en el cual se determina de manera definitiva si concurre o no ese desequilibrio económico que sustenta el derecho, valorado en relación a la situación que se disfrutaba cuando acontece la ruptura de la convivencia conyugal, de la que trae causa, conforme al artículo 97 CC, quedando asimismo juzgada si el derecho no se hace valer o no se insta correctamente por la parte interesada, impidiendo que pueda reconocerse en la sentencia"[53].

Ahora bien, se ha admitido que puede establecerse una pensión compensatoria en la sentencia de divorcio, cuando en la sentencia de separación se impuso solamente el pago de una pensión de alimentos, por solici-

---

[53] En este caso, lo que realmente se discutía es si era posible que en un juicio de modificación de medidas se concediese una pensión compensatoria, tras un proceso de divorcio, en el que se le había negado a la mujer, porque la había solicitado en el trámite de contestación a la demanda y no mediante reconvención expresa.
El TS, estimando el recurso de casación, consideró correcta la solución de la sentencia de primera instancia, que había sido contraria a poder plantear la petición de manera autónoma y porque "en virtud del principio de preclusión no se puede hacer valer en un procedimiento de modificación de medidas el desequilibrio económico que no alegó, dejando de pedir pensión compensatoria, lo que conlleva el decaimiento definitivo de su derecho".

tarlo así la demandante y desistir de la pretensión de que se le concediera una pensión compensatoria, "no sin perjuicio de reservarse su derecho en un ulterior procedimiento"; y ello, en virtud de un acuerdo al que llegaron los cónyuges en el marco de un procedimiento contencioso.

La STS 9 diciembre 2010 *(Tol 1790763)* observa que "Es válido el pacto entre los cónyuges en cuya virtud la esposa se reservó el derecho a reclamar la pensión compensatoria en un procedimiento posterior, puesto que estaba ejerciendo su derecho a reclamar dicha pensión y más teniendo en cuenta que recibía alimentos de su marido". "En este caso —añade— lo que ocurre es que el pacto sobre alimentos si se produce, como en el presente caso, puede ocultar el desequilibrio ya existente, que se va a poner de relieve con toda crudeza cuando se extinga dicho derecho. Por tanto, no se trata de que el desequilibrio se produzca por la pérdida del derecho a los alimentos, sino que, existiendo ya en el momento de la separación, había quedado oculto por el pacto de alimentos".

VII. PRESTACIÓN ÚNICA O PENSIÓN PERIÓDICA

El art. 97.I CC, en la redacción dada al precepto por la Ley 30/1981, solo contemplaba una modalidad de compensación, consistente en el pago de una pensión periódica de carácter indefinido.

El art. 1.9 de la Ley 15/2005, de 8 de julio, introdujo dos novedades en la redacción del mismo: la primera de ellas fue la posibilidad de satisfacer la compensación, no solo a través de una pensión periódica, sino también mediante una prestación única[54]; la segunda fue la posibilidad de estable-

---

[54] El pago de la compensación a través de un pago único es la regla general en el Derecho francés, según resulta del art. 270 del *Code*, adoptando la forma de entrega de un capital, cuyo importe es fijado por el Juez, en atención a las circunstancias del art. 271 del mismo.
Solo excepcionalmente y mediante decisión especialmente motivada, cuando el estado de salud del acreedor no le permite subvenir a sus propias necesidades, el juez podrá establecer una pensión compensatoria de carácter indefinido (art. 276 del *Code*), la cual podrá ser revisada, suspendida o suprimida en caso de cambio importante de los recursos económicos o de las necesidades de una o de ambas partes (art. 276-3 del *Code*).
Además, conforme al art. 276.4 del *Code*, el deudor de una prestación compensatoria en forma de renta puede, en todo momento, demandar judicialmente que la que misma sea sustituida, en todo o en parte, por un capital, teniendo lugar la sustitución según las modalidades fijadas por decreto en Consejo de Estado. Igualmente, podrá pedir la sustitución el acreedor, si tiene lugar una modificación de la situación del deudor que permite llevarla a cabo, en particular, en el momento

cer la pensión compensatoria con carácter temporal, y no solamente por tiempo indefinido.

Sin embargo, así como jurisprudencialmente se han normalizado las pensiones con carácter temporal, no ha ocurrido lo mismo con las prestaciones únicas, las cuales pueden consistir en la entrega de un capital en dinero o de un bien o en la constitución de un derecho real sobre ciertos bienes del deudor, por ejemplo, un usufructo (como prevé el art. 99.I CC, para los pactos de sustitución de pensión compensatoria) e, incluso, en una combinación de dichas modalidades[55].

Cabe preguntarse por las razones de este fracaso.

Desde luego, es evidente que la modalidad de la prestación única disminuye la litigiosidad, pues ayuda a los cónyuges a desvincularse de eventuales demandas que, de otro modo, podrían tener lugar en el marco de juicios de modificación y extinción de medidas, así como los provocados por el impago de pensiones.

Pero también lo es que tiene sus desventajas. Para el deudor el pago a tanto alzado puede representar un gran inconveniente, si la cuantía de la pensión es alta en relación con la de su patrimonio; y al acreedor le ocasionará, con total seguridad, un problema fiscal[56], al ver aumentada su base imponible con el consiguiente incremento de la cantidad que deberá pagar en el IRPF[57], si bien ambos problemas se pueden

---

de la liquidación del régimen económico matrimonial. El rechazo del Juez a la sustitución deberá estar especialmente motivado.

55 Según el art. 274 CC francés, el Juez decidirá el modo a través del cual se ejecutará la prestación compensatoria en capital, entre una de las formas siguientes: 1° Pago de una suma de dinero. 2º Atribución de bienes en propiedad o de un derecho temporal o vitalicio de uso o de habitación, exigiéndose el consentimiento del deudor, exclusivamente, para la atribución en propiedad de bienes que el mismo haya recibido en herencia o donación.

56 *Vid.* en general el capítulo 13º de esta misma obra: F. Hernández Guijarro: "La fiscalidad de la compensación".

57 Es de destacar que la regla general, consagrada en el art. 270 CC francés, según la cual la compensación se lleva a cabo mediante una prestación única, va acompañada de un ventajoso tratamiento tributario, en virtud del cual el deudor obtiene una serie de reducciones fiscales en el Impuesto sobre la Renta, si la paga, de una sola vez o en periodos sucesivos (cuando se haya permitido el fraccionamiento), dentro de los doce meses siguientes, a contar desde la fecha de la sentencia de divorcio, en los términos previstos en el art. 199 *octodecies* del Código General de los Impuestos. Además, desde la perspectiva del acreedor, los pagos recibidos en este período no están sujetos al Impuesto sobre la Renta, si bien, en aplicación del art.

atenuar, fraccionando el pago de la compensación fijada en plazos sucesivos[58].

Al acreedor le puede, además, ocasionar la pérdida de la posibilidad de obtener una pensión de viudedad al tiempo del fallecimiento del excónyuge, lo cual puede resultar un gran problema para personas de cierta edad. Hay que tener en cuenta que el establecimiento de una pensión compensatoria puede condicionar, en su momento, la posibilidad de percibir una pensión de viudedad. El art. 220.1.II LGSS supedita, así, la concesión de la pensión de viudedad al requisito de que el cónyuge separado o divorciado sea acreedor de una pensión compensatoria que se extinga por muerte del causante. El precepto establece, además, que la cuantía de la pensión de viudedad no puede superar a la de la pensión compensatoria[59].

Por todo ello, creemos que el Juez, a falta de acuerdo de los cónyuges, debe proceder con suma prudencia a la hora de conceder compensaciones en forma de prestación única y, desde luego, no puede establecer esta modalidad de compensación si ninguna de las partes la pide.

Si la solicita el acreedor, deberá —en todo caso— examinar si el patrimonio del deudor le permite satisfacerla sin grave quebranto económico, pudiendo el juez fraccionar el pago en plazos sucesivos[60]; si la pide el deudor, creemos que no deberá, en principio, imponérsela al acreedor, a no ser que se le ofrezca el pago de la parte del IRPF que por la percepción de la compensación deba soportar o un prudente aplazamiento en pagos

---

1133 *ter* de dicho Código, debe satisfacer un derecho fijo de 125 euros, cuando la compensación se haya realizado a través de la entrega de inmuebles o de derechos reales inmobiliarios.

58 Esta posibilidad está prevista por el art. 275 CC francés, según el cual cuando el deudor no se encuentre en condiciones de pagar el capital de una sola vez, el juez podrá fraccionar el pago en plazos periódicos, actualizables según las reglas aplicables a las pensiones de alimentos, con el límite de ocho años.
El deudor puede pedir la revisión de la forma de pago, en el caso de que exista un cambio importante en su situación, en cuyo caso el Juez, por decisión especial y motivada, podrá autorizar el pago del capital por un límite superior al de los ocho años.
El deudor podrá liberarse, en todo momento, saldando el capital que le reste por pagar, debidamente actualizado; y, después de la liquidación del régimen económico matrimonial, el acreedor de la prestación compensatoria podrá, igualmente, demandar judicialmente dicho pago.

59 *Vid.* sobre el tema el capítulo 14° de esta misma obra: E. E. Taléns Visconti: "Pensión compensatoria y pensión de viudedad".

60 Como expresamente prevé el art. 275 CC francés.

sucesivos[61], y siempre que no sea razonable privarle de la posibilidad de percibir una pensión de viudedad que, por su situación personal, le resulte indispensable para su subsistencia.

VIII. CARÁCTER INDEFINIDO O TEMPORAL DE LA PENSIÓN COMPENSATORIA

1. Planteamiento de la cuestión

El art. 97.I CC, tal y como fue redactado por la Ley 30/1981, de 7 de julio, contemplaba la compensación como una pensión periódica de carácter indefinido, lo que era una consecuencia lógica de una regulación basada en la idea de la solidaridad postconyugal, conforme a la cual la obligación de auxilio y ayuda mutua, que se extinguía en el caso de disolución del matrimonio por divorcio (quedando en suspenso en la separación legal), tenía una proyección ulterior en el deber de satisfacer una pensión compensatoria cuando se dieran los requisitos previstos en el párrafo primero del precepto.

> El tenor del precepto era, en efecto, el siguiente: "El cónyuge al que la separación o divorcio produzca desequilibrio económico en relación con la posición del otro, que implique un empeoramiento en su situación anterior en el matrimonio, tiene derecho a una pensión que se fijará en la resolución judicial".

En el capítulo precedente se ha explicado cómo la doctrina y la jurisprudencia han llevado a cabo una reinterpretación del precepto, que excluye que la función de la compensación sea la de permitir al cónyuge más desfavorecido por la ruptura seguir disfrutando del mismo nivel económico que tenía durante el matrimonio. Se ha acabado, así, por entender que con la compensación se trata de reparar el desequilibrio que tiene su causa en la dedicación exclusiva (o prioritaria) de uno de los cónyuges al cuidado de la familia o en su coloración desinteresada en la actividad profesional o empresarial del otro, siempre que, como consecuencia de ello, haya sufrido una pérdida de expectativas económicas o de desarrollo profesional o laboral.

---

61 En tal caso, el acreedor no sufriría ningún perjuicio, siempre que la cuantía de la pensión fuera adecuada, teniendo, además, la ventaja de que no perderá el derecho a cobrar los plazos pendientes de pago por las circunstancias de extinción de la pensión compensatoria previstas en el art. 101 CC.

Esta misma idea, que partía de un nuevo contexto social de plena igualdad entre los cónyuges y de la posibilidad de acceso de la mujer al mundo laboral, es la que hizo también (incluso, con anterioridad a la consagración jurisprudencial de dicha interpretación) que en la jurisprudencia de instancia, más allá del tenor literal del entonces vigente art. 97.I CC, se propugnara que la pensión compensatoria se pudiera conceder con carácter temporal, en los casos en que pudiera alcanzarse la convicción razonable de que el desequilibrio originado por la ruptura pudiera superarse con el propio esfuerzo en un plazo determinado[62].

Se trataba, en definitiva, que la pensión compensatoria se convirtiera en un mecanismo automático de perpetuación del nivel de vida del que disfrutaba durante el matrimonio, desincentivando la búsqueda de una au-

---

62 Esta posición encontró eco en un sector de la doctrina científica. *Vid.*, en este sentido, T. Marín García de Leonardo: *La temporalidad de la pensión compensatoria*, Tirant lo Blanch, Valencia, 1997, pp. 11-12, quien afirmaba que la circunstancia de que se no mencionara expresamente la posibilidad de establecer una pensión compensatoria no significaba que no pudiera establecerse, pues tampoco había ningún precepto que la prohibiera expresamente. Consideraba que, "por razones de equidad", no era razonable "gravar al deudor en algunas situaciones de forma indefinida, para mantener al acreedor en una posición confortable o, al menos, desahogada", argumentando que cabía pensar que la limitación de la pensión tenía cabida en el art. 101 CC; "en concreto, en la extinción por cese de la causa que motivó el derecho a la misma"; y que, "en la práctica, la dificultad de probar por el cónyuge deudor el cese del desequilibrio del contrayente acreedor" podía "llevar a la situación de que las pensiones, que deberían ser temporales, se conviertan en vitalicias debido a una actitud pasiva de este último" (p. 72).
A. L. Cabezuelo Arenas: *La limitación temporal de la pensión compensatoria en el Código Civil*, Aranzadi, Cizur Menor (Navarra), 2002, p. 119, sostenía que la concesión de pensiones indefinidas podía provocar "en muchos casos la degradación de la institución matrimonial", cuando fueran "sustanciosas" y "en el marco de una unión que no se ha prolongado excesivamente, recompensan y fomentan aun sin pretenderlo enlaces que sólo están guiados por la codicia", con lo que, según ella, "desembocaríamos en una situación en la que la economía de una persona, y con ello su libertad, podría quedar seriamente hipotecada quizá para el resto de sus días". La autora también defiende el carácter temporal de la pensión, con la finalidad de evitar una situación de pasividad en la búsqueda de un empleo por parte del beneficiario, cuando señala que "El alto precio que se puede llegar a pagar por no haber atribuido carácter temporal a la pensión compensatoria en el texto del Código Civil, es el de propiciar el deliberado mantenimiento de la situación de desequilibrio por parte del acreedor, con el fin de continuar percibiendo cómodamente la suma que le fue reconocida en su momento".

tonomía económica a través del desarrollo de una profesión u oficio por parte de quien la percibe.

Esta tesis fue asumida por el Tribunal Supremo.

La emblemática STS 10 febrero 2005 (*Tol 591010*) señala, en efecto, que "la normativa legal no configura, con carácter necesario, la pensión como un derecho de duración indefinida", sino que "el contexto social permite y el sentir social apoya una solución favorable a la pensión temporal, por lo que la misma cuenta con un soporte relevante en una interpretación del art. 97 CC adecuada a la realidad social actual, prevista como elemento interpretativo de las normas en el art. 3.1 CC".

Precisa, no obstante, que, para que pueda concederse una pensión compensatoria con carácter temporal, "Es preciso que conste una situación de idoneidad o aptitud para superar el desequilibrio económico que haga desaconsejable la prolongación de la pensión. Se trata de apreciar la posibilidad de desenvolverse autónomamente. Y se requiere que sea posible la previsión *ex ante* de las condiciones o circunstancias que delimitan la temporalidad; una previsión, en definitiva, con certidumbre o potencialidad real determinada por altos índices de probabilidad, que es ajena a lo que se ha denominado *futurismo o adivinación*. El plazo estará en consonancia con la previsión de superación de desequilibrio, para lo que habrá de actuarse con prudencia y ponderación —como en realidad en todas las apreciaciones a realizar—, sin perjuicio de aplicar, cuando sea oportuno por las circunstancias concurrentes, plazos flexibles o generosos, o adoptar las medidas o cautelas que eviten la total desprotección".

En el caso concreto, revocó la sentencia recurrida, que, a su vez, había estimado el recurso de apelación contra la sentencia de primera instancia[63], que había establecido un plazo de duración de 2 años y tres meses respecto de una pensión compensatoria, previamente establecida en sentencia de separación. El TS consideró "ponderada y razonable la solución a la que había llegado la sentencia de primera instancia, "teniendo en cuenta la edad de la perceptora, 40 años, y que "su capacitación profesional justifican presumir que la misma no haya de tener dificultades para acceder al mercado laboral en un futuro más o menos próximo, máxime cuando la edad del hijo ya no exige un cuidado tan inmediato y aun cuando pueda precisar de una actividad de reciclaje de conocimientos para recuperar los varios años de alejamiento de su actividad profesional"[64].

---

63 La Audiencia argumentó que "la pensión no aparece configurada ni contemplada en el Código Civil como una prestación de carácter temporal y limitado, sino, al contrario, como indefinida y sin sujeción a plazo ni término, todo ello sin perjuicio, claro es, de que, ex artículos 100 y 101, pueda ser la misma modificada en caso de alteración sustancial de las circunstancias o resultar extinguida por desaparición del desequilibrio económico que justificó su creación" (p. 130).

64 La STS 28 abril 2005 (*Tol 641880*), recogiendo la misma doctrina, casó también la sentencia recurrida, considerando razonable la fijación de un plazo de 2 años para la percepción de la pensión compensatoria, teniendo en cuenta la edad de la perceptora, 37 años, que la misma era Diplomada en Técnicas de Comunicación y que el matrimonio había durado 3 años.

A su vez, esta solución jurisprudencial, fue recogida en la actual dicción del art. 97.I CC, debida al art. 1.9 de la Ley 15/2005, de 8 de julio, conforme al cual la pensión "podrá consistir en una pensión temporal o por tiempo indefinido".

Obviamente, ambas modalidades de prestación de la pensión presuponen la existencia de un desequilibrio económico compensable en los términos en que se han expuesto en el capítulo precedente de esta obra.

2. *La convicción del juzgador de que el acreedor de la pensión podrá superar el desequilibrio en un tiempo concreto como criterio de decisión para establecer una pensión de carácter temporal*

Para decidir la forma de prestación de la pensión, habrá que valorar la aptitud del perceptor de la misma "para superar el desequilibrio económico en un tiempo concreto, y alcanzar la convicción de que no es preciso prolongar más allá su percepción" (por la certeza de que va a ser factible la superación del desequilibrio), atendiendo a las circunstancias del art. 97.II CC, que, de este modo, se convierten no solo en criterios para determinar la existencia de un desequilibrio compensable y de su cuantía, sino también para decidir si debe ser vitalicia o temporal; y ello, mediante un "juicio prospectivo", que debe realizarse "con prudencia, ponderación y con criterios de certidumbre", es decir, "con certidumbre o potencialidad real determinada por altos índices de probabilidad, que es ajena a lo que se ha denominado futurismo o adivinación"[65].

La jurisprudencia ha realizado una serie de precisiones a este respecto.

A) La posibilidad de vender una casa en un futuro no puede fundamentar un juicio prospectivo favorable a la temporalidad de la pensión, si no se aporta un estudio de mercado específico

Se ha rechazado que exista certidumbre acerca de la probabilidad de la superación del desequilibrio en un plazo determinado por la mera circunstancia de que la mujer propietaria de una casa, que ella misma reconoce que es muy grande para sus necesidades, pueda venderla, una vez superada

---

65 *Vid.* en este sentido, entre otras muchas, SSTS 2 junio 2015 (*Tol 5185809*), 11 mayo 2016 (*Tol 5728503*), 24 marzo 2017 (*Tol 6010408*), 11 diciembre 2018 (*Tol 6963918*), 3 junio 2020 (*Tol 7969778*) y 13 julio 2020 (*Tol 8037049*).

la crisis inmobiliaria, con el fin de adquirir otra menor y, así, obtener una liquidez que le ayude en la satisfacción de sus necesidades económicas.

La STS 2 junio 2015 (*Tol 5185809*) casó la sentencia recurrida, que no había establecido una limitación temporal al pago de la pensión, sino dos tramos sucesivos de cuantía diversa. Había, así, fijado, 400 euros mensuales durante los cinco primeros años, reduciéndola a 250 euros en los años posteriores, por entender que el período de cinco años era un tiempo razonable para que la perceptora, propietaria del piso donde habitaba, pudiera venderlo con la finalidad de adquirir otro menor y, así, obtener liquidez.

El TS afirma que debe aplicarse a este supuesto la misma doctrina sentada respecto del juicio prospectivo que permite establecer una pensión con carácter temporal, afirmando que la sentencia recurrida operaba "sin unos elementos fácticos sólidos para poder llevar a cabo ese juicio prospectivo, pues, con independencia del futurible o adivinación de la superación de la crisis económica e inmobiliaria, aunque así fuese se echa en falta un estudio de mercado singular de la vivienda en cuestión que justifique esa operación a cinco años que se aventura". En el caso juzgado la mujer tenía 68 años y se había dedicado al cuidado de la familia de manera exclusiva durante los 35 años en que había durado el matrimonio. Estas circunstancias —dice el TS— "lejos de conducir a una previsión favorable de una fácil reinserción en la función reequilibradora de la pensión en el modo decidido, indican más bien lo contrario".

B) La expectativa de la futura liquidación de la sociedad de gananciales no es una circunstancia que, por sí misma, permita establecer la temporalidad de la pensión, siendo necesario concretar en qué medida la liquidación permitirá superar el desequilibrio económico al perceptor en el plazo determinado

La jurisprudencia ha admitido que la futura y previsible liquidación de la sociedad de gananciales es una circunstancia que aumentará la liquidez del perceptor, por lo que puede ser tenida en cuenta en orden a la fijación de una pensión durante un plazo, dentro del cual se entiende razonable esperar que dicha liquidación tendrá lugar[66].

La STS 11 mayo 2016 *(Tol 5728503)* ha revocado, sin embargo, la sentencia recurrida, que había limitado la percepción de la pensión compensatoria a un plazo de 7 años, teniendo en cuenta, entre otras circunstancias, la de hallarse pendiente la liquidación de la sociedad de gananciales, la cual, una vez realizada, "supondrá un importante refuerzo de su situación económica". Reconoce que, en orden a la concesión de la compensación, "podría ser factor relevante el relativo a la liquidación

---

66 *Vid.*, en este sentido, por ejemplo, SAP Jaén 15 noviembre 2013 (*Tol 5380400*), que estableció un plazo de 4 años.

del régimen económico matrimonial y las potenciales adjudicaciones que pudiese recibir" de quien la solicita. No obstante, observa que en la sentencia impugnada "no se concreta en qué medida se verá afectada la economía de la actora tras la citada liquidación del régimen económico matrimonial, por lo que tan poco adquirimos certidumbre sobre la superación de su desequilibrio". Por ello, el TS entiende que hay que conceder la pensión con carácter indefinido.

Ahora bien, la mera expectativa de que se lleve a cabo la liquidación en un plazo razonable, por sí sola, no permite establecer una pensión con carácter temporal, siendo necesario que la sentencia que la establezca concrete en qué medida dicha liquidación permitirá superar el desequilibrio económico al perceptor en el plazo determinado.

La STS 3 junio 2020 (*Tol 7969778*) casó la sentencia recurrida, que había sujetado a un plazo de 7 años la pensión compensatoria de 500 euros mensuales, concedida a una mujer sin cualificación profesional, dedicada al cuidado de la familia, la cual tenía reconocido un grado de discapacidad del 40%, sufriendo un proceso crónico-depresivo sin solución quirúrgica, irreversible e incapacitante, llegando a ser invalidante en fase de crisis. El matrimonio había durado 25 años y de él habían nacido dos hijas, la mayor, que padecía una escoliosis dorsal y la menor, de 14 años, por lo que ambas precisarían de los cuidados de la madre.

La Audiencia había establecido el plazo de 7 años, considerándolo prudencial, pues, según ella, vencido este, la perceptora podría transformar en dinero "el amplio patrimonio inmobiliario heredado" (consistente en el 25% de una finca urbana valorado en 1.000.000 de euros y de 4 fincas rústicas con una superficie total 25.749 m. cuadrados), respecto del cual tenía solamente la nuda propiedad, correspondiendo el usufructo a su madre (como también el de la cantidad de 90.662,13 euros). Sin embargo, el TS no aprecia "con certidumbre, o índice alto de probabilidad, que en el plazo de 7 años obtenga la recurrente liquidez del patrimonio hereditario y, en su caso, del quantum, pues se carece de datos concluyentes para llevar a cabo ese juicio prospectivo".

Respecto, de la hipotética superación del desequilibrio a través de la liquidación de la sociedad de gananciales en dicho plazo (aspecto que ahora nos interesa), observa que en la sentencia recurrida "no se concreta en qué medida se verá afectada la economía de la actora tras la citada liquidación del régimen económico matrimonial, por lo que tan poco adquirimos certidumbre sobre la superación de su desequilibrio". "Por todo ello —concluye— no tiene sentido fijar el límite de 7 años, pues si las actuales condiciones no se hubiesen alterado al llegar esa fecha, la recurrente se vería con grandes dificultades económicas, sobre todo si se tiene en cuenta que el recurrido percibirá una pensión contributiva en su momento, mientras que la recurrente, por no cotizar al dedicarse al hogar e hijos, se va a ver privada de disfrutarla".

Esta solución jurisprudencial presupone la existencia de un lapso de tiempo considerable entre la disolución y la liquidación de la sociedad de gananciales, lo que puede privar al cónyuge que carezca de ingresos periódicos de medios económicos con los que poder subsistir. Esta es la razón de que, en ocasiones, se considere la liquidación de la sociedad de gananciales como una circunstancia que puede ayudar a superar el inicial desequilibrio al perceptor de la pensión cuando se lleve a cabo, lo que lleva a fijarla con carácter temporal, lo que —desde nuestro punto de vista— desvirtúa la naturaleza de la compensación, que, en este caso, pasa a cumplir la función propia de una pensión de alimentos, al paliar una situación de necesidad provisional de quien la recibe.

Pero es que, además, si la existencia de un régimen de sociedad de gananciales no ha excluido la existencia de un desequilibrio (por no ser suficiente dicho régimen para eliminar el perjuicio derivado para uno de los cónyuges de la pérdida de expectativas de desarrollo profesional o de la dificultad o imposibilidad de acceder a un puesto de trabajo después de la separación o del divorcio), no es lógico entender que dicho desequilibrio, cuya existencia se determina al tiempo de la ruptura, pueda ser superado a través de la liquidación, la cual no es más que una mera concreción de la parte que al perceptor le correspondía en la sociedad[67].

En realidad, a nuestro parecer, lo que sucedía en los casos resueltos por las sentencias expuestas, no era que hubiera existido una falta de concreción en las resoluciones recurridas sobre el modo en que la liquidación permitiría superar el desequilibrio económico en el plazo determinado (que, ciertamente, lo había) sino que lo que acaecía era, sobre todo, que el TS tenía la convicción de que la liquidación no eliminaría el desequilibrio constatado, razón por la cual decide fijar la compensación con carácter indefinido.

C) La previsible percepción de una pensión de jubilación permite limitar el cobro de la pensión compensatoria al momento en que aquella tenga lugar

Se ha admitido que pueda fijarse como plazo final de percepción de la pensión compensatoria el momento en que se adquiera el derecho al cobro de una pensión de jubilación.

En este sentido se ha pronunciado la STS 29 junio 2020 (*Tol 8000209*), que ha confirmado la sentencia que había concedido a una mujer de 62 años, que se hallaba en situación de baja laboral y que trabajaba en una empresa común, administrada por el marido, el derecho a percibir una pensión compensatoria mensual de 700 euros condicionada a la circunstancia de que, una vez que cesara de percibir la

---

[67] Es, por ello, que como dice reiterada jurisprudencia, recogida, entre otras, por la STS 27 junio 2011 (*Tol 2191098*), la liquidación de la sociedad de gananciales no es causa de extinción de la pensión compensatoria.

prestación por baja laboral, se le denegara la reincorporación a la empresa y hasta el momento en que percibiese una pensión por jubilación o una prestación de una cuantía igual o superior. Se trataba, pues, de una sentencia sujeta a condición (denegación de reincorporación a la empresa) y, de cumplirse esta, a plazo.

D) La mera expectativa de percibir una pensión por invalidez no autoriza a establecer una pensión de carácter temporal, si no se acredita con la suficiente certidumbre la posibilidad de percibirla y su cuantía

Se ha negado que sea posible establecer el carácter temporal de una pensión ante la mera eventualidad de que el perceptor de la misma pueda obtener una pensión de invalidez, si no se aportan pruebas que permitan llegar a esta conclusión con certidumbre, la cual debe también alcanzar a la probable cuantía de la misma.

La STS 11 diciembre 2018 (*Tol 6963918*) casó la sentencia recurrida, que había establecido un plazo temporal de cinco años para la percepción de la pensión compensatoria, por entender que en ella se había llevado a cabo un juicio prospectivo con falta de certidumbre y con índices de probabilidad, cuya relevancia no constaba, por cuanto se refería a la posibilidad de que la acreedora superara el desequilibrio, precisamente, en cinco años.

Dice, así, que la afirmación de que fuera a tener una fuente de ingresos, mediante la tramitación de una pensión por invalidez era probable, "pero sin prueba documental que le dé suficiente certidumbre, ni, en su caso, sobre su cuantía, a fin de ponderar la superación del desequilibrio"; que la aseveración de que su fuente de ingresos se incrementara, por atender en el domicilio al padre y hermano del obligado, "no es ni futurismo ni adivinación sino un milagro, si se tiene en cuenta que las pensiones que perciben estos son de subsistencia y uno de ellos por padecer una discapacidad"; y, respecto a la liquidación de la sociedad legal de gananciales y a las correspondientes adjudicaciones, que no existía la necesaria certidumbre, "pues se ignora qué va a percibir y frutos que pueda obtener".

3. Circunstancias valoradas en orden al establecimiento de pensiones indefinidas

Las circunstancias comúnmente valoradas por la jurisprudencia para establecer pensiones indefinidas son la avanzada edad del perceptor, su mal estado de salud y su falta de cualificación profesional.

Son estas circunstancias que, en no pocas ocasiones, suelen apreciarse conjuntamente, las cuales dificultan extraordinariamente el acceso al mercado laboral, lo que impide fijar un límite temporal a la pensión compensatoria, al ser imposible predecir con cierto grado de certidumbre cuando el perceptor podrá (si es que puede) superar el desequilibrio producido tras la ruptura matrimonial.

A) La avanzada edad y la falta de cualificación profesional del perceptor

El supuesto típico que da lugar a la concesión de una pensión indefinida es la existencia de una mujer de elevada edad, dedicada a la familia durante un largo período de matrimonio, carente de cualificación profesional.

La STS 14 marzo 2011 (*Tol 2080803*) consideró procedente la concesión de una pensión vitalicia, teniendo en cuenta la duración del matrimonio (26 años), la edad de la mujer (50 años), la exclusiva dedicación a la familia y el tiempo en que estuvo apartada del mundo laboral, lo que permite concluir "que son razonablemente escasas las posibilidades reales de la esposa de obtener en un plazo concreto un empleo que le permita gozar de medios propios para obrar autónomamente, de manera que la función de restablecer el equilibrio consustancial a la pensión compensatoria solo puede entenderse cumplida fiándola con carácter vitalicio".

La STS 8 septiembre 2015 (*Tol 5495476*) revocó la sentencia que temporalizaba una pensión compensatoria, desconociendo la persistencia del desequilibrio, al ser la acreedora de la misma una mujer de 53 años, dedicada durante 25 años al cuidado del hogar y de los hijos, sin trabajo ni cualificación profesional.

La STS 18 julio 2019 (*Tol 7419524*) igualmente entendió que había que atribuir carácter vitalicio a la pensión de una mujer de 54 años, dedicada durante los 27 años del matrimonio, de manera exclusiva, al cuidado de los dos hijos, salvo el último año en que había trabajado con contratos temporales, siendo sus ingresos brutos 323,75 euros, una vez que finalizara el contrato vigente, mientras que el marido tenía un trabajo estable, por el que percibía un salario medio de 1.500 euros mensuales.

B) El mal estado de salud del perceptor

En ocasiones, el supuesto típico, al que nos acabamos de referir, puede estar agravado por el mal estado de salud del perceptor.

La STS 10 enero 2011 (RJ 2020\5354) consideró, así, pertinente atribuir la pensión compensatoria con carácter vitalicio a una mujer, teniendo en cuenta la duración del matrimonio, su edad (57 años) y su estado de salud, por sufrir síndromes depresivos.

La STS 8 mayo 2018 (*Tol 6602764*) revocó igualmente la sentencia recurrida, que había sujetado la pensión compensatoria a un plazo de seis años, dado que, siendo su perceptora una mujer de 50 años, carente de formación y con delicado estado de salud (neuralgia de trigémino), podía predecirse su más que dificultosa inserción en el mercado laboral. El matrimonio había tenido una duración superior a 20 años, sin que la mujer hubiera trabajado fuera de casa y su único patrimonio estaba constituido por la mitad de la vivienda ganancial.

C) La cualificación profesional del perceptor, que tiene cierta edad y carece de experiencia laboral

La existencia de una cualificación profesional no es óbice a la concesión de una pensión con carácter indefinido si el perceptor es de cierta edad y no tiene una experiencia laboral previa, por haberse dedicado al cuidado de la familia.

La STS 11 mayo 2016 (*Tol 5728503*) revocó la sentencia recurrida, que había fijado un plazo de 7 años a la pensión compensatoria a una persona con una edad cercana a los 60 años, licenciada en Bellas Artes. Observa que, teniendo en cuenta la edad de la recurrente, que su matrimonio había durado más de 30 años, que durante ese tiempo había sido ella quien de forma principal se había ocupado del cuidado de la familia y de la hija, habiendo trabajando solo esporádicamente, a pesar de tener la licenciatura en Bellas Artes, y que en la actualidad carece de ingresos "la conclusión, con alta probabilidad y certidumbre es que no supere el desequilibrio, pues por edad, según máximas de experiencia, le va a ser sumamente difícil acceder al mercado laboral, cuando precisamente comparten también tal dificultad las personas más jóvenes".

La STS 7 noviembre 2019 (*Tol 7586557*) consideró procedente conceder con carácter indefinido una pensión compensatoria a una mujer, nacida en 1965, que terminó la carrera de Derecho 14 años después de casada y que, si bien estaba colegiada como abogada, nunca había ejercido la profesión, habiéndose dedicado durante 25 años al cuidado de la familia, que tenía tres hijos, uno de ellos con discapacidad desde su nacimiento.

D) La falta de cualificación de un perceptor joven

Un supuesto atípico, en orden a la concesión de una pensión compensatoria indefinida es el de un perceptor de joven edad, que, sin embargo, no tiene una cualificación profesional que le permita una inserción cierta en el mercado laboral.

La STS 30 noviembre 2020 (*Tol 8230329*) contempló un supuesto de este tipo, confirmando la sentencia recurrida, que había concedido una pensión compensatoria indefinida a una mujer de 41 años, dedicada durante el matrimonio al cuidado de los dos hijos comunes, observando que, mientras el marido tenía unos ingresos de 100.000 euros mensuales, la perceptora solo había trabajado de manera temporal y esporádica, hallándose, exclusivamente, en posesión del graduado escolar, por lo que tenía escasas posibilidades de promoción laboral; y ello, a pesar de que se había establecido un régimen de custodia compartida.

El TS entendió procedente establecer la pensión compensatoria con carácter indefinido, con el fin de compensar el desequilibrio de la perceptora, "que, con su dedicación a la familia, posibilitó el desarrollo profesional del que fue su esposo, no apreciándose posibilidades ciertas de inserción en la vida laboral, al menos con la entidad que se requeriría, todo ello sin perjuicio de valorar, en su momento, futuras alteraciones que evidenciaran una mayor potencialidad económica".

No cabe duda de que este supuesto no es el que comúnmente da lugar a una pensión indefinida y, desde luego, se corre el riesgo de fomentar una pasividad del perceptor en la búsqueda de una independencia económica.

De hecho, la STS 5 noviembre 2019 (*Tol 7571546*) confirmó la atribución de una pensión compensatoria de carácter temporal (por dos años) de 400 euros mensuales en favor de la mujer, que se había dedicado a la familia durante cinco años, tenía un puesto de trabajo ficticio en la empresa del marido (se le había dado de alta como jefa de facturación, por motivos fiscales, puesto del que fue despedida, como consecuencia del divorcio) y, siendo bachiller, carecía de titulación que le facultase para una rápida inserción laboral. No obstante, había recibido 60.000 euros como consecuencia de la liquidación de la sociedad de gananciales.

En supuestos de este tipo, hay que recordar que la jurisprudencia ha reconocido la posibilidad de convertir en temporal una pensión inicialmente establecida con carácter indefinido en caso de injustificada pasividad o absoluta desidia en la búsqueda de un empleo[68].

4. *Circunstancias valoradas en orden al establecimiento de pensiones temporales*

Las circunstancias generalmente valoradas por la jurisprudencia para establecer pensiones temporales son la edad, no excesivamente elevada, del perceptor, unida a su cualificación profesional, y la disminución de intensidad de su futura dedicación a la familia, bien porque los hijos son ya mayores de edad, bien porque se encuentran en una edad cercana a los 18 años.

Son estas circunstancias, que permiten llegar a la convicción del juzgador, con un alto grado de "certidumbre o potencialidad real determinada por altos índices de probabilidad", de que podrá accederse a un puesto de trabajo y, por lo tanto, superar el desequilibrio en un plazo determinado.

Las mencionadas circunstancias son la que, precisamente, tuvo en cuenta la emblemática STS 10 febrero 2005 (*Tol 591010*), para (aun antes de la reforma del art. 97 CC llevada a cabo en 2005), conceder temporalmente una pensión compensatoria (de 2 años y tres meses) a una mujer de 40 años, con capacitación profesional y con un hijo, cuya edad ya no exigía "un cuidado tan inmediato", "aun cuando pueda precisar de una actividad de reciclaje de conocimientos para recuperar los varios años de alejamiento de su actividad profesional".

---

68 *Vid.* en particular STS 15 junio 2011 (*Tol 2188737*).

A) La edad, no excesivamente avanzada, unida a la cualificación profesional del perceptor

El supuesto típico de concesión de la prestación temporal, es el de una mujer, relativamente joven, que tiene una cualificación profesional, razón por la cual puede preverse su posible incorporación al mercado de trabajo en un tiempo razonable.

La STS 28 abril 2005 (*Tol 641880*) (recaída antes de la reforma del art. 97 CC del 2005) casó la sentencia recurrida, considerando razonable la fijación de un plazo de 2 años para la percepción de la pensión compensatoria, teniendo en cuenta la edad de la perceptora, 37 años, que la misma era Diplomada en Técnicas de Comunicación y que el matrimonio había durado 3 años.

La STS 16 diciembre 2015 (*Tol 5618274*) consideró procedente establecer una pensión compensatoria temporal en favor de una mujer que, durante el matrimonio y en el periodo previo de convivencia *more uxorio*, había abandonado su actividad como titular de una empresa de publicidad por internet para dedicarse al hogar y, sobre todo, colaborar en el desarrollo de la carrera profesional de su marido, realizando gestiones de administración de su patrimonio e inversiones, así como una serie de actuaciones complementarias de apoyo a las actividades profesionales y mercantiles de aquel, a través de la utilización de portales web para promocionar su figura como matador de toros y del mantenimiento de relaciones con entidades bancarias, agentes inmobiliarios, asesores financieros o periodistas. Confirmó, en este punto, la sentencia recurrida, que había fijado un límite temporal de 3 años a la pensión compensatoria, teniendo en cuenta "la juventud de los cónyuges, la calificación de los mismos en sus respectivas esferas profesionales y la inexistencia de hijos" y destacando que la mujer gozaba "de cualificación profesional y de amplias perspectivas laborales".

B) La disminución de intensidad de la dedicación futura del perceptor a la familia

Otra circunstancia que lleva a conceder pensiones de carácter temporal es la previsión de que la dedicación del perceptor a la familia sea menos intensa como consecuencia de la edad de los hijos.

La STS 12 febrero 2020 (*Tol 7765714)* concedió una pensión compensatoria temporal a una mujer de 43 años, que no sufría enfermedad incapacitante alguna, que era bióloga y se encontraba trabajando desde antes de contraer matrimonio para una firma de control de plagas, con contrato indefinido y sueldo digno. Durante el matrimonio la demandante había pedido una reducción de jornada laboral de 2 horas para atender a los hijos menores, cuya custodia obtuvo en la sentencia de divorcio. Dice el TS que la "dedicación futura a la familia existe, dada su condición de cónyuge custodio, si bien en atención a la edad actual de los hijos de 16 y 13 años de edad, su implicación ya no es tan intensa por requerir menos atención personal".

5. La revisión casacional del carácter temporal o indefinido de la pensión

Según reiterada jurisprudencia, es posible la revisión casacional de las decisiones acerca de fijar un límite temporal a la pensión compensatoria o bien de establecer su carácter vitalicio, únicamente, "cuando el juicio prospectivo sobre la posibilidad de superar el inicial desequilibrio en función de los factores concurrentes se muestra como ilógico o irracional, o cuando se asienta en parámetros distintos de los declarados por la jurisprudencia"[69].

Aun así, es considerable el número de sentencias en las que se estima el recurso de casación en el sentido de considerar que la pensión no debe ser temporal, sino vitalicia, en particular, cuando se trate de cónyuges que se encuentran en la franja de los 50 años de edad, lo que parece estar en estrecha relación con la dificultad que dichas personas experimentan actualmente para poder incorporarse al mercado de trabajo.

La STS 24 marzo 2017 (*Tol 6010408*) también revocó la sentencia que había establecido una pensión compensatoria temporal, teniendo en cuenta la edad de la recurrente (56 años al momento de presentar la demanda), que su matrimonio había durado más de 30 años, que durante ese tiempo había sido ella quien de forma principal se había ocupado del cuidado de la familia y de los hijos, que solo había trabajado esporádicamente en el negocio del marido y que como único ingreso tenía 425 euros mensuales, durante dos años, correspondientes a una ayuda como víctima de violencia de género. Dice, así, que "la conclusión, con alta probabilidad y certidumbre es que no supere el desequilibrio, pues por edad, según máximas de experiencia, le va a ser sumamente difícil acceder al mercado laboral, cuando precisamente comparten también tal dificultad las personas más jóvenes".

La STS 21 junio 2018 (*Tol 6652388*) tampoco consideró procedente sujetar a un plazo la pensión compensatoria de 100 euros mensuales reconocida a una mujer de 57 años, cuyo matrimonio había durado 17 años, habiendo existido una previa convivencia entre los cónyuges. La sentencia recurrida había establecido un plazo de cinco años, argumentando que, si bien la edad de la perceptora le dificultaba el acceso al mercado laboral, sin embargo, no le impedía que pudiera realizar trabajos no especializados, demandados en la sociedad actual, como cuidado de ancianos o enfermos o labores de limpieza, sin perjuicio, además, "de obtener en su día una pensión no contributiva". Frente a ello el TS afirma que, dada la edad de la mujer, "no cabe considerar que la misma tenga una clara probabilidad de superar el desequilibrio económico actual que únicamente en parte queda paliado con la exigua cantidad mensual concedida, cuando además consta que el obligado satisface otra pensión por desequilibrio por una relación anterior por más del doble de dicha cantidad".

La STS 13 julio 2020 (*Tol 8037049*) casó la sentencia recurrida, la cual había concedido a la mujer la pensión compensatoria por un plazo de 3 años, entendiendo que se debía conceder con carácter indefinido, "toda vez que cuenta con más de 55 años

---

69 *Vid.*, por ejemplo, en otras muchas, SSTS 8 de septiembre 2015 (*Tol 5495476*), 11 mayo 2016 (*Tol 5728503*) y 3 febrero de 2017 (*Tol 5960246*).

de edad, perteneciendo, en consecuencia, a un colectivo en el que se centra el mayor número de parados de larga duración y tasas de desempleo más elevadas, así como la falta de actualización de sus conocimientos, tras no haberse dedicado a actividad profesional alguna en los últimos 25 años, si dejamos a salvo un lapso temporal de unos días"; y añade que "Las dificultades de reciclaje profesional, preparándose para el ejercicio de otra profesión o empleo, tampoco gozan de probabilidad razonable de éxito dado el actual mercado laboral".

6. *La aplicación de las causas de modificación y extinción de la pensión compensatoria a las concedidas con carácter temporal*

El hecho de que la pensión tenga carácter temporal no significa que la misma no puede ser objeto de modificación o extinción antes del cumplimiento del plazo pactado, conforme a lo dispuesto en los arts. 100 y 101 CC, preceptos que se estudian en los lugares correspondientes de esta obra, a los que aquí nos remitimos.

La STS 20 diciembre 2012 (*Tol 2722893*) afirma, así, que "Constituye doctrina jurisprudencial que el reconocimiento del derecho, incluso de hacerse con un límite temporal, no impide el juego de los artículos 100 y 101 CC".

7. *La posibilidad de conversión en temporal de la pensión indefinida a través de un juicio de modificación de medidas*

En línea de continuidad con lo dicho en el epígrafe precedente, hay que tener en cuenta que la jurisprudencia ha entendido que es posible una modificación del carácter vitalicio de la pensión, si se produce un cambio sobrevenido de circunstancias, que justifique convertirla en temporal, por la posibilidad del perceptor de superar el desequilibrio en un plazo determinado.

La STS 20 diciembre 2012 (*Tol 2722893*) afirma, así, que "Es el cambio de circunstancias determinantes del desequilibrio que motivaron su reconocimiento, el mismo que también puede convertir una pensión vitalicia en temporal, tanto porque lo autoriza el artículo 100 del CC, como porque la normativa legal no configura, con carácter necesario, la pensión como un derecho de duración indefinida-vitalicia", observando que "esta transformación de la pensión vitalicia en temporal puede venir dada por la idoneidad o aptitud para superar el desequilibrio económico, y, alcanzarse por tanto la convicción de que no es preciso prolongar más allá su percepción por la certeza de que va a ser factible la superación de este desequilibrio"[70].

---

70 La misma doctrina repite la STS 24 septiembre 2018 (*Tol 6814702*), si bien hay que tener en cuenta que en este caso el demandante no pretendía la conversión

Sin embargo, en el caso enjuiciado entendió que era improcedente la pretensión del deudor de una pensión compensatoria indefinida de que la misma se declarara extinguida o, subsidiariamente, se le fijara un límite temporal a su percepción, confirmando la sentencia recurrida, que, simplemente, había reducido su cuantía, por entender que, si bien existía "una variación en la situación que dio lugar a acordar la medida", ya que, aunque la demandada realizaba un trabajo por cuenta ajena, no obstante, dicho trabajo no suponía una incorporación plena al mercado laboral, ya que prestaba sus servicios en un negocio familiar, recibiendo una remuneración limitada, que no superaba los 400 euros mensuales.

Se ha considerado, así, procedente la posibilidad de fijar un límite temporal a una pensión inicialmente concedida con carácter indefinido, cuando el perceptor ha demostrado una evidente falta de interés en la búsqueda de un empleo, si, por su edad y formación académica, es razonable pensar que podría haberlo conseguido.

La STS 15 junio 2011 (*Tol 2188737*) confirmó la sentencia recurrida, que, al igual que la de primera instancia, había convertido en temporal una pensión indefinida, a los cinco años de la percepción de la misma. En este caso, se daba la circunstancia de que en la sentencia de divorcio se había acordado fijar la pensión compensatoria sin limitación temporal, pero contemplando la revisión de las circunstancias tomadas en cuenta para su concesión, una vez pasados cinco años, teniendo en cuenta, en particular "el interés y empeño de la esposa en la búsqueda y obtención de trabajo".

La Audiencia, como antes había hecho el Juzgado, fijó un plazo de 3 años a la pensión, argumentando que la perceptora se había limitado a inscribirse como

---

de una pensión indefinida en temporal, sino la extinción de una pensión indefinida, pactada como tal en el convenio regulador hasta el momento en que la mujer percibiera ingresos.

En primera instancia se desestimó la pretensión, por no quedar probado que la perceptora hubiese accedido al mercado laboral u obtenido algún tipo de ingresos. En segunda instancia, en cambio, la Audiencia, la acogió, declarando extinguida la pensión compensatoria, al entender que había existido desidia por parte de la mujer en la búsqueda de empleo durante el tiempo transcurrido desde la separación, por la circunstancia de que solo había estado apuntada a la lista del paro durante dos años y medio, sin que se acreditara la realización de cursos de preparación, trabajos esporádicos o temporales, cuando, con anterioridad, había trabajado, al menos, durante 10 años.

El TS casó la sentencia de segunda instancia, sosteniendo la doctrina de que no procede la extinción de la pensión compensatoria por el mero hecho de que el perceptor haya accedido a un trabajo, sino que es necesario acreditar "una verdadera desidia y desinterés respecto del acceso al mercado laboral", lo que en el caso enjuiciado no había quedado probado (la mujer tenía 55 años, carecía de especialización profesional y había abandonado su trabajo "para dedicarse a la familia y en particular al cuidado de uno de los hijos habidos del matrimonio que requería de cuidados especiales").

demandante de empleo en el INEM y a realizar cursos de formación por un tiempo no superior a 6 meses, lo que era insuficiente en orden apreciar un auténtico interés y empeño en superar el desequilibrio. Este argumento es compartido por el TS, que insiste en las circunstancias de la edad y de la cualificación profesional de la perceptora, considerando acertado limitar a 3 años el cobro de la pensión, afirmando que "era un plazo más que suficiente para conseguir un trabajo, no siendo jurídicamente aceptable repercutir en el esposo pagador de la pensión las consecuencias negativas derivadas de la falta de acceso al mismo por la pasividad de la esposa en su búsqueda y obtención".

En realidad, se da aquí una paradoja, porque estamos en una modificación de medidas, que, en sentido estricto, no presupone un cambio sobrevenido de circunstancias, sino la perpetuación de las que dieron lugar al otorgamiento de la pensión o, dicho de otro modo, el mantenimiento de una situación de desequilibrio económico por un comportamiento imputable al propio perceptor, consistente en su injustificada pasividad o absoluta desidia en la búsqueda de un empleo que le permita superarlo.

No queremos decir que seamos contrarios a la posibilidad de que el comportamiento claramente negligente en orden al acceso al mercado laboral (si existe una real posibilidad de acceso al mismo) pueda ser considerado una circunstancia para convertir una pensión indefinida en temporal, sino, simplemente, que estamos ante una causa de modificación de medidas no prevista expresamente en el art. 100 CC, aunque pueda apoyarse en principios generales, como el de prohibición del abuso de Derecho (art. 7.II CC), ya que prolongar la percepción de la pensión indefinidamente en esta tesitura supone imponer una carga injustificada al deudor de la misma y desincentivar la búsqueda de la autonomía económica del perceptor.

En cualquier caso, en los últimos tiempos se observa en la jurisprudencia una posición contraria a entender que quepa convertir en temporal una pensión pactada con carácter indefinido en convenio regulador, con apoyo en el principio de autonomía privada, desde la consideración del respeto a los pactos libremente alcanzados por las partes.

La STS 10 enero 2018 (*Tol 6478033*) revocó, así, la sentencia recurrida, que había fijado un plazo de 5 años a una pensión inicialmente establecida con carácter indefinido, en virtud de lo pactado por los cónyuges en convenio regulador, con el argumento de que la perceptora, que llevaba cobrando la pensión durante 6 años, tenía una formación universitaria cualificada, que le permitía el ejercicio de la profesión de abogada, y de que el hijo era mayor de edad, por lo que no precisaba las atenciones y cuidados que requiere un menor, de manera que "goza de plena disponibilidad horaria y por su edad se halla en plena capacidad laboral, pues goza de buena salud".

Para la estimación del recurso se emplean dos argumentos: de un lado, el principio de autonomía de la voluntad, pero, de otro, la inexistencia de un cambio sobrevenido de las circunstancias que llevaron a las partes a pactar la pensión con carácter indefinido. Se observa, así que la posibilidad de la pensión temporal "se incorporó al artículo 97 CC por Ley 15/2005, de 8 de julio, mucho antes de que se celebrara el convenio entre los hoy litigantes que, en consecuencia, pudieron tener en cuenta dicha posibilidad legal y no lo hicieron"; y se añade: "Se trata por ello de un acuerdo libremente establecido que sólo una posible alteración de circunstancias —que no se pudieron tener en cuenta en aquel momento— debe provocar su modificación. Dicha alteración no se ha considerado producida por la sentencia recurrida que, en consecuencia, no debe modificar en este punto lo que fue común acuerdo de las partes".

Por lo tanto, la razón de la decisión no estriba en la mera consideración de que las partes, pudiendo pactar una pensión temporal, hubieran llegado al acuerdo de establecerla con carácter indefinido, sino, también en el hecho de que no había existido una modificación de las circunstancias que fueron tenidas en cuenta para pactar una pensión indefinida, porque la mujer, al tiempo de firmarse el convenio regulador ya ejercía la profesión de la Abogacía; de hecho, la había compatibilizado con la dedicación de la familia.

A nuestro parecer, no es posible sostener la inviabilidad de una pretensión de conversión de una pensión indefinida en temporal por el mero hecho de haber sido pactado su carácter indefinido en un convenio regulador con el argumento de que en el convenio podía haberse previsto (y no se hizo) la posibilidad de que la pensión se convirtiera en temporal en el momento en que existiera la convicción de que el perceptor de la pensión pudiera superar el desequilibrio en un plazo determinado.

Para excluir la viabilidad de la pretensión, es necesario que en el convenio se haya desvinculado, expresa o tácitamente, la percepción de la pensión de la circunstancia de que quien la recibe pudiera acceder en un futuro a un puesto de trabajo. En caso contrario, no puede excluirse la posibilidad de instar la conversión de la pensión indefinida en temporal con fundamento en la falta de interés del perceptor en alcanzar la propia autonomía económica mediante el acceso al mercado de trabajo; siempre —claro está— que se halle en condiciones de llegar a ella, pues, como ha declarado reiterada jurisprudencia, el mero paso del tiempo no es causa para instar un juicio de modificación de medidas de una pensión de carácter vitalicio[71].

---

71 La STS 3 octubre 2008 (*Tol 1386042*) observa que "las circunstancias determinantes del desequilibrio y de la subsistencia del mismo más allá de un plazo determinado, que condujeron al reconocimiento de una pensión compensatoria vitalicia, no pueden verse alteradas por el mero transcurso del tiempo en la medida que lo relevante no es el dato objetivo del paso del mismo, sino la superación de la situación de desequilibrio que justificó la concesión del derecho".

La presuposición tácita de que la percepción de la pensión pactada con carácter indefinido no se vincula al futuro acceso al mercado de trabajo puede derivar de las circunstancias del caso concreto, por ejemplo, la edad, el estado de salud y la falta de cualificación profesional del perceptor, que hacen ya previsible al tiempo de la firma del convenio regulador que el mismo no accederá a un puesto de trabajo en un plazo determinado.

La STS 3 febrero 2017 (*Tol 5960246*) revocó, justamente, la sentencia recurrida que había estimado la pretensión del marido de que la pensión pactada con carácter vitalicio en el convenio regulador, recogido en la sentencia de separación, se convirtiera en temporal.

El demandante argumentaba que, durante los 11 años en que había cobrado la pensión, la mujer había tenido tiempo suficiente para superar, total o parcialmente el desequilibrio, por lo que pedía su extinción o, subsidiariamente, su conversión en temporal. La pretensión fue desestimada en primera instancia y (la subsidiaria) estimada en segunda instancia, observando la Audiencia que no constaba que la perceptora hubiera buscado empleo o hubiera llevado a cabo una actividad formativa, salvo un intento de trabajar en el servicio doméstico, que había tenido que abandonar por motivos de salud. Concretamente, constató el padecimiento de trastornos de angustia, taquicardias e insuficiencia mitral leve, así como haber sufrido un tumor renal y un cáncer objeto de nefrectomía, sin recurrencia.

El TS revocó la sentencia, afirmando que "las circunstancias determinantes del desequilibrio y de la subsistencia del mismo ya venían analizadas en el convenio regulador recogido en la sentencia de separación matrimonial, justificando las circunstancias de la concesión del derecho y fijándose su cuantía y la duración indefinida, sin que nada se dijese o contemplase de la posibilidad que tenía entonces la esposa de superar en un tiempo determinado el desequilibrio que le generaba la ruptura". Observa que "Lo que en su día no se previó no puede traerse ahora a colación, reprochando a la demandada desidia en la búsqueda de empleo, sobre todo si se tiene en cuenta las dificultades que tiene el mercado laboral para personas de esa edad"; y concluye: "No tiene sentido que lo que no se contempló cuando la recurrida tenía 44 años (limitación temporal de la pensión) se imponga ahora que tiene 57"

Hay que tener en cuenta que la mujer había dejado de trabajar al contraer matrimonio, para dedicarse al hogar y a la familia, de modo que, al separarse el matrimonio, teniendo ella 44 años, llevaba 23 años sin trabajar fuera del hogar, sin formación y con un delicado estado de salud, lo que explicaba que se hubiese pactado el reconocimiento de una pensión compensatoria con carácter indefinido a su favor.

IX. CAUSAS LEGALES DE EXTINCIÓN

"El derecho a la pensión se extingue por el cese de la causa que lo motivó, por contraer el acreedor nuevo matrimonio o por vivir maritalmente con otra persona" (art. 101.I CC).

En cambio, "El derecho a la pensión no se extingue por el solo hecho de la muerte del deudor. No obstante, los herederos de este podrán solicitar del Juez la reducción o supresión de aquella, si el caudal hereditario no pudiera satisfacer las necesidades de la deuda o afectara a sus derechos en la legítima" (art. 101. II CC).

Insisto en la falta de adecuación de las causas de extinción de la pensión compensatoria, a la que, según la actual jurisprudencia, es la finalidad de la misma. Si con ella se trata, simplemente, de compensar al cónyuge perjudicado por la pérdida de oportunidades (como consecuencia de su dedicación desinteresada a la familia o a la actividad profesional o económica del otro), no se comprende por qué se pierde cuando se dan las causas del art. 101.I CC: el perjuicio no deja de existir, por la circunstancia de que posteriormente el perceptor deje de necesitar la pensión para subsistir, contraiga nuevo matrimonio o viva de hecho con un tercero. En realidad, aquí subsiste la idea de solidaridad post conyugal como fundamento de la pensión compensatoria, razón por la cual no se considera pertinente prolongar el derecho a cobrarla de quien, aunque empobrecido durante el matrimonio, puede ya satisfacer sus necesidades por sus propios medios.

1. La enumeración del art. 101.I CC no es exhaustiva

La enumeración de las causas de extinción del art. 101.I CC no es exhaustiva, pues no contempla, por ejemplo, la muerte del perceptor, ni tampoco la expiración del plazo por el que se concedió la pensión, cuando la misma tenga carácter temporal.

> La STS 15 junio 2011 *(Tol 2188737)* afirma, así, que "Esta enumeración no es taxativa pues también extingue el derecho a pensión la renuncia, la prescripción, la reconciliación entre los cónyuges [en el caso de separación] o el cumplimiento de la condición resolutoria establecida en el convenio [p.ej., la posterior carencia de medios, trabajo o bienes, del deudor para seguir haciendo frente pago] o, el transcurso del plazo cuando se fijó con carácter temporal".

La jurisprudencia de instancia ha admitido una causa de extinción que raramente aplica: la imposibilidad sobrevenida del deudor de satisfacer el pago de la pensión, por circunstancias sobrevenidas e imprevisibles, de las que no es responsable, incluso, sin estar prevista esta circunstancia como una condición resolutoria en un convenio regulador.

2. El precepto tiene carácter dispositivo

El art. 101.I CC tiene carácter dispositivo: quiere ello decir que la extinción no tendrá lugar, cuando las cónyuges hayan pactado en el convenio regulador, que la pensión se pague, a pesar de concurrir cualquiera de las causas previstas en el mismo.

Así, la STS 20 abril 2012 *(Tol 2532595)* admite la validez de un pacto, contenido en un convenio regulador, por el cual se acuerda que el marido satisfaga una pensión compensatoria a la mujer, aunque esta acceda a un puesto de trabajo y, por lo tanto, no la necesite para subsistir.

La STS 24 marzo 2017 (*Tol 6010408*) observa que la vida marital del perceptor con un tercero extingue la pensión compensatoria, cuando no se haya previsto en el convenio regulador en que las partes la acordaron la exclusión de la aplicación del art. 101 CC.

La STS 21 febrero 2022 *(Tol 8820487*), revocando la sentencia recurrida, denegó la extinción de una pensión pactada como indefinida, habiéndose previsto expresamente que "únicamente dejará vigencia y eficacia, o será modificada, siempre que haya un cambio sustancial en las circunstancias, para el supuesto caso futuro de que [al deudor] le sobreviniere carencia de medios (trabajo o bienes) para seguir haciendo frente a la convenida expresada pensión"; añadiéndose que "Igualmente cesará la obligación", si la perceptora "contrajere un nuevo matrimonio". El TS afirma que "las partes son muy libres de convenir las reglas que rijan la prestación de la pensión compensatoria pactada. En el ejercicio de tales facultades, determinaron el concreto régimen de extinción de dicha pensión, en vez de quedar sometidas a las causas legales de los arts. 100 y 101 del CC, lo que, desde luego, no podían ignorar cuando, al suscribir el convenio, se hallaban debidamente asesoradas por sus respectivas abogadas, las cuales además lo suscribieron, conjuntamente, con los litigantes". Constata que, entre dichas causas de extinción, no incluyeron la vida marital de la perceptora con un tercero. Dice, así, que "Es obvio, que la relación entre [la perceptora y un tercero], sin convivencia en el mismo domicilio, sin proyección pública frente a tercero e incluso hijos de la demandada, con intención firme, desde el inicio de la relación, de trasladarse a Portugal, no encaja en la causa pactada de extinción de la pensión, con lo que el recurso debe ser estimado".

3. La prueba de la concurrencia de la causa de extinción incumbe a quien la alega

La prueba de la concurrencia de la causa de extinción corresponde a quien la alega[72]

Se ha revocado la sentencia recurrida, denegándose, así, la extinción pedida por el deudor, que decía haberse jubilado, pero sin acreditar esta circunstancia, como tampoco la cuantía de la pretendida jubilación, "pues lo único que sobre tal extremo consta es la manifestación verbal del mismo, en donde a preguntas de la parte manifiesta que percibe una pensión por importe de 1.500 euros", afirmándose que "Esta Sala considera que dicha manifestación no es válida y suficiente para obtener el resultado jurídico que pretende, pues nada le impide demostrar documentalmente

---

72 SSTS 20 diciembre 2012 *(Tol 2722893)* y 24 septiembre 2018 (*Tol 6814702*).

tal aserto y la cuantía de su pensión, pues dicha circunstancia junto con la ocupación laboral de la apelante y el tiempo transcurrido desde la sentencia de separación, podría ser considerado como alteración sustancial, pero no se puede llegar a dicha conclusión cuando el obligado a probar la alteración no lo hace"[73].

También se ha denegado la extinción solicitada por el deudor, quien afirmaba haberse jubilado y cedido la titularidad del bar del que era propietario a un tercero, por considerar que sus explicaciones sobre una desvinculación total del negocio no eran creíbles. Se ha dicho, así, que, "Ni lo son antes del cambio de titular porque no es presumible que ceda todo a cambio de nada, ni tampoco después porque su ocultamiento de la realidad es patente ante la falta de prueba de una transmisión real y de una separación total de la actividad del Bar"[74].

Tampoco se ha extinguido la pensión, porque en el convenio regulador se había pactado que no sería motivo de extinción el hecho de que la mujer desempeñara "su actual ocupación en situación de alta en la Seguridad Social como empleada de hogar", sin que el marido hubiera probado que la perceptora llevara a cabo en el gimnasio una pretendida actividad laboral retribuida adicional como limpiadora[75].

4. *Momento en que produce efectos la extinción*

Cuando la causa de extinción de la pensión es el cese de la causa que motivó su concesión, sus efectos se producen desde la fecha de la sentencia que la acuerda[76]

Según la más moderna jurisprudencia, cuando la causa de extinción es otra, la cuestión varía, según expondremos más adelante.

---

73 SAP Guadalajara 24 julio 2012 *(Tol 2627267).*

74 SAP Pontevedra 7 noviembre 2012 *(Tol 2703771).*

75 SAP Asturias 4 diciembre 2015 *(Tol 560356).*
En cambio, la SAP Asturias 15 octubre 2012 *(Tol 2684677)* confirmó la sentencia recurrida, que había considerado probada la superación del desequilibrio, porque la perceptora "se había introducido ya en el mercado laboral con contratos temporales", y porque, hasta que había instado la ejecución, el marido no había pagado ninguna cantidad, "ni ella le había reclamado nada hasta el año 2009, lo que unido al hecho de la incorporación de la recurrente al mercado laboral en las condiciones propias de su cualificación, todo lo cual lleva a la juzgadora extinguir la pensión compensatoria".

76 SSTS 16 noviembre 2016 *(Tol 5892438)* y 14 febrero 2018 (*Tol 6516542).*
No obstante, la SAP Vizcaya 28 junio 2017 *(Tol 6357780)*, excepcionalmente, acuerda retrotraer sus efectos a la fecha de la interposición de la demanda, por la mala fe de la perceptora, que, al tiempo de pactarse en el convenio regulador la pensión compensatoria, silenció que estaba cobrando el subsidio de desempleo, sin que el marido tuviera conocimiento de que "realizara actividad laboral o percibiese algún ingreso".

5. *Cese de la causa que motivó la concesión de la pensión*

Cesa la causa que motivó la pensión, cuando desaparece la situación de desequilibrio que justificó su concesión, por haber mejorado sustancialmente el perceptor su situación económica, al haber incrementado sus ingresos periódicos (señaladamente, como consecuencia de haber accedido a un puesto de trabajo) o su patrimonio (por ejemplo, por haber recibido una herencia).

La jurisprudencia ha ido elaborando unas reglas en la materia.

A) La pensión se extingue, aunque el trabajo no permita disfrutar del mimo nivel de vida que el deudor

No es óbice a la extinción que el trabajo encontrado no permita disfrutar al perceptor del mismo nivel de vida que el excónyuge.

La STS 20 junio 2013 (*Tol 3794192*) confirmó la sentencia recurrida, que había acogido la demanda de extinción de la pensión compensatoria del marido, pactada con carácter indefinido en convenio regulador, porque la perceptora había obtenido un puesto de trabajo fijo en un hospital, dejando de ser interina. El TS considera, en efecto, probada la actividad laboral de la recurrente, constatando que ha "consolidado su situación laboral y mantiene un nivel de vida suficiente y adecuado y que, si bien no es igual al de su esposo, ello no significa que deba serle equiparada, ya que el principio de dignidad contenido en el art. 10 CE debe servir de argumento para justificar la independencia económica de los cónyuges una vez extinguido el matrimonio, a salvo los casos previstos en el art. 97 CC".

B) La pensión no se extingue cuando se accede a un puesto de trabajo en edad próxima a la edad de jubilación

Se ha denegado la extinción de la pensión compensatoria pactada en convenio regulador, cuando la perceptora, que se había dedicado al cuidado de la familia y trabajaba solamente de manera ocasional, encuentra un trabajo fijo, poco antes de jubilarse, por lo exiguo de la pensión de jubilación que recibirá, dados los escasos años cotizados.

La STS 26 marzo 2014 (*Tol 4183526*) denegó, así, la extinción de la pensión compensatoria pactada en el convenio regulador, cuando la mujer, que se había dedicado durante 30 años a las labores domésticas, percibía un salario de 1095 euros mensuales netos, pero trabajando de forma temporal y con carácter discontinuo como gerocultora. Posteriormente, 2 años después de la firma del convenio y 3 años antes de jubilarse, encontró trabajo fijo, ante lo cual el marido solicitó la extinción de la pensión pactada, argumentado que había existido una alteración sustancial de las circunstancias, pues los ingresos de su mujer habían pasado a ser estables. La sentencia recurrida mantuvo la pensión para evitar el desequilibrio que se iba a crear a los pocos meses de ser dictada, como consecuencia de la jubilación de la perceptora, lo que fue considerado correcto por el TS, que constata que la escasa cuantía de la jubilación de la perceptora era consecuencia de su dedicación preferente a la familia durante más de 30 años, tal y como se había reconocido en el convenio regulador, "lo cual acarreó que la misma no tuviese vida laboral estable durante más de treinta años, con la consiguiente ausencia de cotización que se proyecta en una escasa pensión".

C) La actitud pasiva en la búsqueda de un trabajo es una circunstancia que debe valorarse en orden a la persistencia de la pensión compensatoria

La jurisprudencia valora la actitud pasiva del perceptor en la búsqueda de un trabajo en orden a la extinción de la pensión.

La emblemática STS 15 junio 2011 *(Tol 2188737)* conoció de un caso muy particular, al que dio lugar una demanda de extinción de una pensión compensatoria de duración indefinida, a la que, expresamente, se le había fijado un plazo de revisión de 5 años, teniendo en cuenta "todas las circunstancias que habían motivado su fijación, y, en particular, el interés y empeño de la esposa en la búsqueda y obtención de trabajo". Llegados los 5 años e instada la revisión, se procedió, en primera instancia, no a extinguir la pensión, sino a establecer un límite temporal de 3 años a la misma, solución esta, que el TS consideró acertada, afirmando que "se supera el desequilibrio cuando la no superación es imputable a la falta de voluntad de la beneficiaria" y que, "Por tanto, lo transcendente es comprobar si durante los cinco años fijados por la sentencia de divorcio la esposa ha mostrado interés y empeño verdaderos en la obtención de empleo". "En este aspecto añade, el razonamiento del Juzgado es correcto pues para apreciar el interés no basta con figurar como demandante de empleo, sino que deben realizarse actividades tendentes a su búsqueda, tales como presentar currículo en diferentes empresas o presentarse a oposiciones o ampliar la formación (lo que no hizo, realizando solo dos cursos de seis meses en total en cinco años)".

La STS 24 septiembre 2018 (*Tol 6814702*) expone, no obstante, como doctrina jurisprudencial que no es posible configurar la pérdida del derecho a percibir la pensión compensatoria "como una especie de sanción por el hecho de no haber accedido a un empleo, salvo que se acredite que las circunstancias concurrentes en quien resulta ser beneficiario de la pensión demuestren una verdadera desidia y desinterés respecto del acceso al mercado laboral". En el caso concreto consideró que no se daba dicha desidia y desinterés en una mujer de 55 años, sin especial cualificación profesional, que había abandonado su trabajo para dedicarse a la familia y, en particular, al cuidado de un hijo con necesidades especiales.

En la práctica, la pasividad en la búsqueda del trabajo raramente suele ser el único motivo para justificar la extinción, sino que suele ser usado como un argumento, a mayor abundamiento, para reforzar el fallo[77].

---

[77] La SAP Toledo 29 junio 2016 *(Tol 5820019)* estimó procedente la extinción de una pensión compensatoria de 150 euros mensuales, por haber "transcurrido ya

D) La actividad que proporciona los nuevos ingresos ha de tener continuidad en el tiempo

La actividad de la que derivan los nuevos ingresos debe tener una continuidad para que pueda estimarse la pretensión extintiva.

Por ello, se denegó la extinción de la pensión percibida por una mujer, que durante los 23 años de matrimonio se había dedicado al cuidado de familia y de los hijos, la cual había obtenido la concesión administrativa de una peluquería en una residencia de ancianos, pero, con carácter temporal y careciendo de experiencia laboral, pese a su titulación, lo que "impide considerar como probada la desaparición del desequilibrio entre los esposos, sin perjuicio de que en el futuro pueda la esposa llegar a superarlo mediante la consolidación de los ingresos que pueda llegar a obtener para subvenir de forma autónoma, pero siendo hoy por hoy su situación la misma que la que tenía" (en el momento de concedérsele la pensión)[78].

---

ocho años desde que se le concedió la pensión y que la perceptora de la pensión es una mujer joven, nacida en 1971, habiendo transcurrido un tiempo prudencial como para insertarse en el mercado de trabajo". Pero "Junto a ello consta acreditado documentalmente que el demandado ha visto reducida su jornada laboral a en un 40%, percibiendo unos ingresos de 638 € netos al mes, y además es deudor de una pensión de alimentos a favor de un nuevo hijo habido de una nueva relación por importe de 180 euros".

La SAP La Coruña 14 octubre 2016 *(Tol 5890132)* consideró también como uno de los argumentos (no el único) favorables a la extinción la circunstancia de que la perceptora no hubiese "acreditado ningún intento de ejercer su profesión de peluquera estableciéndose por su propia cuenta que explique que no apareciera inscrita como demandante de empleo hasta el año 2012", resaltando que "tampoco parece que antes de esa fecha hubiera realizado curso de reciclaje o formación profesional que incrementase sus posibilidades de desenvolverse de forma autónoma, por lo que, la subsistencia del desequilibrio inicial puede ser imputado, cuando menos en parte, a su propia desidia".

La SAP Valencia 13 marzo 2017 *(Tol 6153712)* procedió a extinguir la pensión compensatoria percibida por una mujer, desde el 2002, por no ser "creíble que la misma haya vivido únicamente con la pensión compensatoria de 150 euros", "lo que lleva a deducir que la misma ha trabajado si bien de forma opaca, al ser materialmente imposible que pudiese subsistir con la citada cantidad, a lo que cabe añadir que, además, de haber sido así, la situación le sería imputable a la misma, dado que cuando se separó tenía aún edad bastante para buscar y encontrar algún tipo de trabajo".

78 SAP Málaga 24 septiembre 2014 *(Tol 5395169)*.

E) La extinción de la pensión exige que el trabajo que se realiza no sea esporádico, pero no, necesariamente, fijo

La extinción no tiene lugar, cuando el trabajo es esporádico, aunque ello no significa que el efecto extintivo requiera que aquél sea fijo.

Se ha observado, así, que la actividad laboral "no debe ser esporádica, sino continuada (lo que tampoco significa un puesto de trabajo fijo tan escaso en estos tiempos)", debiendo procurar "la percepción de unos ingresos en cuantía suficiente para que el acreedor pueda hacer frente a su propia economía". En el caso enjuiciado, se probó que la mujer, desde el año siguiente a la separación, había ido concatenando diversos trabajos temporales con prestaciones por desempleo, teniendo durante los dos últimos años unos ingresos anuales aproximados de 15500 euros. Se concluye que la que la perceptora trabaja, "de una manera continuada y no meramente esporádica", "que lo ha hecho desde hace tiempo, y que tiene capacidad y habilidades para seguir haciéndolo"[79].

F) Carecen de trascendencia los nuevos ingresos que, por su escasa cuantía, no proporcionen al perceptor una mejora sustancial de su situación económica

La extinción de la pensión requiere "la percepción de unos ingresos en cuantía suficiente para que el acreedor pueda hacer frente a su propia economía"[80].

---

79 SAP Jaén 7 septiembre 2016 *(Tol 5903119)*.

80 SAP Jaén 7 septiembre 2016 *(Tol 5903119)*.
La SAP Alicante 11 octubre 2012 *(Tol 2701690)* no extinguió una exigua pensión compensatoria, cuyo importe no bastaba para "atender a sus más elementales necesidades", pues, si bien la perceptora reconoció que estuvo trabajando durante cierto período de tiempo, en realidad, ya lo hacía en el momento de concedérsele la pensión, no habiéndose acreditado que percibiera "unas mayores percepciones salariales ahora que antes", concluyendo que "mientras no se acredite que el monto de los ingresos derivados de su trabajo como limpiadora de viviendas o escaleras le permite prescindir para subvenir a sus necesidades de la ayuda que la pensión compensatoria supone, no encontramos razones para acordar su supresión".
La SAP La Coruña 9 mayo 2016 *(Tol 5786015)* no acordó la extinción de la pensión percibida por una mujer, de 60 años de edad y con padecimientos físicos, que tenía "nulas posibilidades de incorporarse al mercado laboral", observando que "carece de recursos propios adicionales a la pensión compensatoria y en todo caso, la percepción de un subsidio, no conlleva, por sí solo, la extinción de una pensión, cuando el desequilibrio patrimonial entre las partes persiste".

G) El cobro de una pensión no contributiva, a pesar de su exigua cuantía, puede determinar la extinción, cuando la situación económica del deudor es precaria

El desequilibrio puede desaparecer, no solo por encontrarse un puesto de trabajo, sino también por el cobro de una pensión no contributiva.

La STS 27 enero 2017 (*Tol 5950029)* ha considerado causa de extinción el pasar a cobrar la perceptora una pensión no contributiva de 388 euros mensuales, que no percibía al momento de fijarse la pensión compensatoria, viviendo en una casa de su propiedad, mientras que el marido, que percibía los mismos ingresos que cuando se firmó el convenio regulador (pensión contributiva de 971 euros mensuales), tenía que pagar un alquiler mensual de 380 euros.

H) Un incremento moderado de los ingresos del perceptor puede dar lugar a la pérdida de la pensión, si va acompañado de una merma de la capacidad económica del deudor

En general, la jurisprudencia, para decidir si un aumento en los ingresos del perceptor determina la extinción de la pensión, pondera la situación actual del deudor, de modo que, si éste ha sufrido una merma importante de su capacidad económica, suele estimar la demanda de modificación de medidas.

Se ha suprimido la pensión compensatoria de 150 euros mensuales concedida a la mujer, a la que administrativamente se le había reconocido una minusvalía del 39%, percibiendo una ayuda familiar de 315,11 euros, al computarse como recurso propio la cuantía de la pensión. Por su parte, el marido, agente de seguros, había pasado de ingresar unos 12.000 euros anuales (al tiempo de la separación) a 142,69 euros mensuales en el año 2012, y 87,50 euros en el año 2013. Se ha concluido que, dado que la perceptora "ha pasado a tener ingresos propios, aun aceptando que los mismos no garantizan una plena independencia económica, la situación entre los litigantes se ha equilibrado, puesto que no puede desconocerse la notable disminución de los ingresos" del deudor[81].

I) La adquisición de una herencia no comporta, por sí misma, la desaparición del equilibrio

La percepción de la herencia, es sin duda, una circunstancia, que puede determinar la extinción de la pensión, pero no siempre.

---

81 SAP Asturias 16 octubre 2014 *(Tol 4592019).*

La STS 17 marzo 2014 (*Tol 4142357)* fijó como doctrina que "el hecho de recibir una herencia es una circunstancia en principio no previsible, sino sobrevenida, susceptible de incidir favorablemente en la situación económica del beneficiario o acreedor de la pensión y como tal determinante de su modificación o extinción", matizando, sin embargo, que, "en la práctica tal alteración tenga efectivamente lugar con ese carácter de sustancial o esencial a consecuencia de la herencia aceptada es algo que no puede afirmarse sino tras examinar las circunstancias del caso concreto, y en particular, después de valorar su entidad en el plano económico, la disponibilidad que al acreedor corresponde sobre los bienes que la integran, y, en suma, la posibilidad efectiva de rentabilizarlos económicamente".

La STS 16 noviembre 2016 *(Tol 5892438)* observa que el hecho de haber recibido una herencia la acreedora de la pensión no implica necesariamente la extinción de la misma, pues si bien es cierto que se trata de "una circunstancia en principio no previsible, sino sobrevenida, susceptible de incidir favorablemente en la situación económica del beneficiario o acreedor de la pensión", para que tenga carácter sustancial, es necesario examinar las circunstancias del caso concreto, y, en particular, "su entidad en el plano económico, la disponibilidad que al acreedor corresponde sobre los bienes que la integran, y, en suma, la posibilidad efectiva de rentabilizarlos económicamente". En el caso enjuiciado no se estimó la pretensión extintiva de la pensión, porque la acreedora era una mujer, sin cualificación profesional y de edad avanzada, que tuvo que vender la casa heredada de sus padres (en la que residía) para comprar otra.

Es distinta la solución a la que llegó la STS 31 enero 2022 (*Tol 8797534*), la cual observa que el acuerdo de que la pensión se redujera a 700 euros en el caso de que la perceptora vendiera la vivienda familiar (que le había sido adjudicada en la liquidación de la sociedad de gananciales) no significa que se fijara un mínimo garantizado frente a otras posibles alteraciones sustanciales de circunstancias. Revocó, así, la sentencia que no tuvo en cuenta la incidencia que sobre la situación de desequilibrio había tenido la adquisición de una herencia de 135.851,72 euros, lo que supone "la percepción teórica de la pensión compensatoria durante, al menos, 16 años, independientemente de la cantidad cobrada por la venta del piso común" (452.000 euros). Se asume la instancia, declarando extinta la pensión, lo que "no implica dejar desasistida a la demandada, que convivió con el actor durante 9 años y que ha disfrutado de tal pensión durante unos 29 años, la cual, al pedirse la correspondiente información patrimonial, contaba, en cuentas corrientes, con una suma líquida de 388.000 euros, frente a los 14.000 euros del saldo de las cuentas del actor. La referida suma dinero le permitiría disfrutar, al menos, de 1.500 euros al mes, durante 21 años, es decir hasta alcanzar cerca de los 90 años de edad"[82].

---

82 La SAP La Coruña 4 febrero 2016 *(Tol 5687962)* no extinguió la pensión compensatoria percibida por una mujer en mal estado de salud, de 57 años (aunque la redujo a 125 euros mensuales), que, al fallecer su madre, heredó una casa, de unos 82 metros cuadrados, y una cantidad de dinero cercana a unos 18.000 euros. Afirmó que, si bien había mejorado su situación económica, no obstante, tenía "que asumir los gastos de mantenimiento de la casa, lo que en vida de su madre abonaba ésta última con su peculio propio"; y, además, "destinó parte del dinero adquirido por herencia para sufragar el importante coste económico de una operación quirúrgica de su hija y los gastos de desplazamiento al lugar donde se llevó

J) La liquidación de la sociedad de gananciales puede determinar la extinción de la pensión, si como consecuencia de ella, se atribuyen al perceptor bienes que le aseguren una situación de estabilidad económica próxima a la existente antes de la separación o el divorcio

La liquidación de la sociedad de gananciales no determina, en sí misma, la extinción de la pensión.

La STS 27 junio 2011 *(Tol 2191098)* precisa que la jurisprudencia es contraria a poner fin a la pensión "por las consecuencias que en el plano económico puedan haber resultado de la liquidación del régimen económico matrimonial", lo que es lógico, pues, a través de ella, solo se concreta la parte que al perceptor ya le correspondía en la sociedad de gananciales (si era este el régimen por el que se regían los cónyuges), la cual debió ser tenida en cuenta para apreciar la existencia, o no, de un desequilibrio al fijarse la pensión.

Sin embargo, lo cierto es que la circunstancia de que, en ocasiones, medie un lapso de tiempo considerable entre la separación o el divorcio y la liquidación de la sociedad de gananciales hace que la jurisprudencia considere esta última como una circunstancia que puede hacer desaparecer el desequilibrio inicial, en la medida en que, como consecuencia de ella, el perceptor recibirá la propiedad exclusiva del metálico y de los bienes que se le adjudiquen, de los que podrá disponer para aplicarlos a la satisfacción de sus necesidades.

La STS 14 febrero 2018 (*Tol 6516542)*, revocando, la sentencia recurrida, consideró procedente la extinción de la pensión compensatoria, por habérsele adjudicado a la perceptora la práctica totalidad de los bienes inmuebles gananciales, por un valor de 884.201,80 euros. Dice, así, que "Tras la liquidación de la sociedad de gananciales, la indivisión que afectaba a la titularidad de los bienes, ha devenido en atribución exclusiva de la propiedad y uso de los bienes adjudicados, con lo que los bienes han pasado a ser productivos para cada uno de los cónyuges, pudiendo disponer de los mismos, ya vendiéndolos o explotándolos, con lo que se aseguran una situación de estabilidad económica que se aproxima bastante a la existente antes de la separación conyugal y divorcio, con lo que al desaparecer la situación de desequilibrio, procede declarar extinguida la pensión compensatoria".

---

a cabo la misma" (unos 9.000 euros), "así como también tuvo que hacer frente a los gastos de sepelio de su madre".

5. *Nuevo matrimonio del perceptor*

La pensión se extingue automáticamente por contraer el acreedor nuevo matrimonio.

Ya he dicho que la explicación de esta causa de extinción es clara: el posterior matrimonio da lugar a una nueva familia, lo que deja sin justificación la idea de solidaridad post conyugal entre los anteriores cónyuges.

En el caso de que el acreedor contraiga nuevo matrimonio con un tercero (hecho objetivo, cuya fecha de realización es fácilmente constatable), la jurisprudencia considera "evidente" que dicha causa de extinción producirá su efecto desde que tenga lugar (es decir, desde el momento de la celebración del segundo matrimonio), "con independencia de la fecha en que —conocida dicha situación—se interpone la demanda y se dicta sentencia decidiendo sobre la extinción"[83].

Por lo tanto, acordada judicialmente la extinción, procederá la devolución de las pensiones indebidamente cobradas por el perceptor vuelto a casar.

6. *Vida marital con un tercero*

Por cuanto concierne a la extinción por "vivir maritalmente" el perceptor con un tercero, ya se ha dicho que es opinión común que esta causa de extinción tenía como finalidad evitar el fraude del perceptor de la pensión que, con la finalidad de no perderla, evitara casarse con su nueva pareja, manteniendo con ella una mera convivencia *more uxorio.*

A) Basta demostrar la existencia de un proyecto de vida común, socialmente reconocible, con una cierta vocación de continuidad, sin que sea necesaria la convivencia en un mismo domicilio

Actualmente, la unión de hecho se ha generalizado y, dentro de ella, aparecen, con frecuencia, fórmulas que no responden a la idea de convivencia, entendida esta como vida estable bajo un mismo techo. Hay, así, multitud de relaciones afectivas con la nota de exclusividad entre personas que, por diversas razones (deseo de mantener la propia independencia, de no asumir ningún tipo de limitación a su libertad, de evitar conflictos con

---

[83] SSTS 18 julio 2018 *(Tol 6670975)* y 17 diciembre de 2019 *(Tol 7628262).*

los hijos de sus parejas), no conviven en el mismo domicilio. Surge, entonces, la cuestión de decidir si estas relaciones de hecho pueden considerarse "vida marital" en el sentido del art. 101.I CC.

La respuesta ha de ser positiva: la vida marital a la que se refiere el art. 101.I CC no debe ser entendida con el rigor que puede exigirse a una familia no matrimonial a los efectos de ser considerada una unión de hecho para obtener beneficios administrativos o quedar sujeta a una normativa, estatal o autonómica, sobre la materia. Bien pensado, sobre todo, desde la óptica de los valores socialmente imperantes, la obligación de pagar una pensión a una persona con la que ya no se mantiene una relación de familia (hoy los casos de separación, dada la facilidad con la que se puede acceder al divorcio, son raros) es una "rareza", por lo que no tiene sentido prolongarla, por la mera circunstancia de que el perceptor no conviva *more uxorio* (en el sentido estricto del término) con su nueva pareja: mantener la solidaridad post conyugal, en este supuesto, resultaría, a todas luces, excesivo.

La jurisprudencia actual entiende, así, que, en orden a la extinción de la pensión, basta que se logre demostrar la existencia de un proyecto de vida común, socialmente reconocible, con una cierta vocación de continuidad, aunque el perceptor de la pensión mantenga un domicilio diferente del de su nuevo compañero sentimental.

La STS 9 febrero 2012 *(Tol 2450794)* consideró procedente la extinción de la pensión compensatoria, porque, aunque la exmujer no vivía de manera continuada con su compañero, resultó probada la existencia de "una relación sentimental de un año y medio de duración, que no se había ocultado, siendo conocida por amigos y familiares, siendo pública en actos sociales". Valoró que las relaciones habían sido "exclusivas" y que se había dado a entender "en el entorno social de los convivientes que se trataba de relaciones sentimentales con una cierta estabilidad". Concretamente, se habían producido continuas visitas y pernoctaciones de cada uno de los convivientes en el domicilio del otro, así como en diversos establecimientos hoteleros.

La STS 28 marzo 2012 *(Tol 2513991)* se pronunció en el mismo sentido, por considerar probada la existencia de una convivencia de 2 años de la mujer con otro hombre, porque, aunque "no se produjo una convivencia continuada bajo el mismo techo", este "había acudido habitualmente a la vivienda" de aquella, "no solo para visitarla, sino que también había residido allí muchos fines de semana"; y "el entorno" de la exmujer conocía esas relaciones.

La STS 24 marzo 2017 *(Tol 6010408)* confirmó la sentencia recurrida, que había acordado la extinción de la pensión compensatoria, por entender que la perceptora mantenía una convivencia de hecho con una tercera persona, que tenía carácter de "vida marital" a los efectos previstos en el art. 101.I CC; y ello, "aun cuando se califiquen los encuentros como esporádicos, porque, se reconoce que, por lo menos los fines de semana viven juntos, se reconocen como novios, actúan socialmente con la apariencia de un matrimonio, sus encuentros se producen también de manera pública, en su vehículo, en la vía pública y en los establecimientos públicos de su residencia".

B) Prueba de la vida marital

En la práctica, surge el problema de probar la existencia de una "vida marital" en el sentido en que, según se ha explicado, entiende dicha expresión la jurisprudencia, que, como se ha dicho, no es sinónima de convivencia *more uxorio* en el mismo domicilio, siendo esta última expresión más amplia que aquélla.

Es frecuente acudir a informes de detectives[84]. En ocasiones, es el propio perceptor o sus allegados quienes proporcionan la prueba mediante

---

[84] La SAP Málaga 4 noviembre 2015 (*Tol 5721640)* se valió, así, del informe de un detective, para entender probado que existía una vida marital, que iba más allá de lo que la perceptora de la pensión llamaba una simple "relación de fin de semana". Afirma que del informe del detective y de su declaración en el acto del juicio, así como de las fotografías incluidas en aquel, se desprende que la relación entre ambos, que dura años, "excede de lo que puede considerarse una mera amistad, apareciendo en las mismas cogidos de la mano por la calle", tras recoger el varón a la perceptora en la parada del autobús, "con lo que han venido a manifestar públicamente dicha relación, es conocido por la familia de ella, se reúne con su familia en las Fiestas Navideñas, y aun cuando esta relación pueda no ser continuada en el tiempo durante toda la semana, quedando limitada a los fines de semana", "ello no impide que pueda entenderse que hay vida marital en el sentido jurisprudencial, y que por tanto, concurre la causa de extinción del art. 101 CC".
La SAP La Coruña 14 octubre 2016 *(Tol 5890132)* consideró procedente extinguir la pensión compensatoria percibida por una mujer, cuya nueva pareja estaba empadronada en una vivienda, propiedad de la tía de aquella, la cual estaba ingresada en una residencia, sin que pudiera probarse el pago por parte del varón de renta alguna, usando la sobrina tal vivienda, cuando viajaba a la ciudad en la que hallaba el piso. Para llegar a tal decisión fue decisivo un informe de un detective, en el que se constataba que la perceptora, si bien tenía un domicilio propio en otra ciudad, pasaba largas temporadas en dicha vivienda, "entrando en la misma con sus propias llaves" y hacía la compra en las inmediaciones de la misma, así como que "ambos pasean juntos de la mano, acuden a centros comerciales juntos", "se dan la mano, él la protege del viento, comparten consumiciones en locales de hostelería, etc". El detective aportó fotografías en las que los dos miembros de la pareja aparecían con vestidos diversos, hasta en tres ocasiones distintas, presentándose también un oficio bancario en el que se acreditaba que la mujer, al menos, durante 15 meses, en el curso de 2 años, había retirado dinero de cajeros automáticos que se encontraban en las inmediaciones de la vivienda de su tía.

publicaciones imprudentes en las redes sociales[85]. Es también importante la prueba testifical suministrada por personas creíbles del entorno de la pareja[86].

C) Momento en que tiene lugar la extinción

La jurisprudencia no se ha pronunciado tajantemente sobre cuándo debe tener lugar la extinción de la pensión compensatoria por vida marital con un tercero, pero, aun siendo dudoso, parece lógico entender que esta causa debiera producir efectos desde el momento en que lograra probarse la fecha de su inicio, si bien, en este caso, la prueba (como se ha visto) será más difícil, que en el de la celebración de nuevo matrimonio.

Así parece deducirse de la STS 18 julio 2018 *(Tol 6670975)*, la cual confirmó la sentencia recurrida, que había acordado la extinción de la pensión desde el momento de la interposición de la demanda (habiendo, en cambio, sostenido la demandada y recurrente que debiera haberse fijado como fecha de extinción la de la sentencia estimatoria de la demanda). Sin embargo, el TS observa que, dado que se había podido determinar que la situación de convivencia de hecho existía más de diez años antes de la interposición de la demanda, carecería "de sentido prolongar más allá

---

85 La SAP Madrid 17 diciembre 2020 *(Tol 8360045)* confirmó la sentencia recurrida, que había estimado la demanda de extinción de la pensión, por entender probado que la perceptora mantenía una relación sentimental con otro hombre, relación conocida y en la que participaban los hijos de ambos. Para ello, se apoyó, básicamente, en un informe de un detective, que había realizado seguimientos espaciados durante 8 meses, a través del cual se acreditó que habían pasado períodos de tiempo juntos en sus respectivas viviendas y realizado viajes, proporcionado fotografías en los que se observaba "unión, complicidad y mutuo entendimiento entre los interesados, quienes pasean con las manos entrelazadas —como pareja estrechamente unida— o se brindan gestos —como rodear con el brazo— que por el contexto y las actitudes (posturas) se evidencian como muestras de afecto y protección, en esas formas de comunicación no verbal". Pero, además, en el contenido de las publicaciones en redes sociales de una hija del nuevo compañero de la perceptora, en las que se reflejaban "las actividades realizadas por los miembros de ambas familias" y la asistencia de esta a la boda de una hija de aquel.

86 La SAP Pontevedra 21 abril 2014 *(Tol 4488574)* valoró, así, la declaración de un testigo que declaró que la perceptora acudía "a la aldea los fines de semana con su pareja", para concluir que no se estaba "ante una mera relación de amistad o mero noviazgo, sino ante modos de vida propios de pareja", siendo definitivo el informe del detective, que, haciéndose pasar por encuestador, visitó al varón, quien le dijo formar parte de "una unidad familiar compuesta de dos miembros", contabilizando "los ingresos de ambos como recursos propios de la pareja".

del ejercicio del derecho por el demandante la existencia de la obligación de pago de la pensión, cuya extinción podía haberse producido en la práctica mucho tiempo atrás". A continuación, explica: "La razón de ser de la pensión compensatoria está en relación con la comunidad de disfrute entre dos personas —unidas por matrimonio— de una determinada posición económica, lo que da lugar a que —extinguido el vínculo— deba ser compensado aquel de los cónyuges que sufre un desequilibrio perjudicial respecto de la situación en que se encontraba vigente el matrimonio; compensación que se extinguirá cuando esa comunidad de disfrute de instaura de nuevo con otra persona". Parece, en definitiva, que la solución adoptada es motivada por la pretensión del deudor de fijar como fecha de extinción de la pensión la de la presentación de la demanda.

Reproduce el mismo razonamiento la STS 17 diciembre de 2019 *(Tol 7628262)*, la cual, si bien declara que "confirmada una sentencia del juzgado, que en primera instancia declaró la extinción de la pensión compensatoria, será eficaz la extinción desde la fecha en que fue dictada la sentencia repuesta", añade que "la petición del recurrente es ciertamente prudente, en cuanto reclama la devolución de las cantidades percibidas indebidamente por la esposa en concepto de pensión compensatoria y ello desde la fecha de la sentencia del juzgado". Parece, pues, que, de nuevo, estamos ante una solución explicable por el "petitum" de la demanda.

7. *La imposibilidad sobrevenida del deudor, no meramente temporal, de satisfacer el pago de la pensión, por circunstancias sobrevenidas e imprevisibles, de las que no es responsable*

El TS ha admito la suspensión transitoria del pago de la pensión compensatoria, cuando el deudor no puede satisfacerla.

La STS 17 junio 2015 *(Tol 5185813)* ha considerado posible una modificación de medidas consistente en una mera suspensión transitoria del pago de la pensión (en el caso enjuiciado, mientras dura la incapacidad laboral del deudor, suceso que no puede "calificarse de fugaz o efímero"), la cual puede empezar a desplegar sus efectos desde la interposición de la demanda, sin infringir por ello la doctrina según la cual en la modificación de medidas los efectos se despliegan desde que se dictan de acuerdo con el art. 775.3 LEC

Sin embargo, la jurisprudencia de instancia ha ido más allá, creando una nueva causa de extinción de la pensión compensatoria, que aplica con gran cautela, consistente en la imposibilidad sobrevenida del deudor, no meramente puntual, de satisfacer el pago de la pensión, por circunstancias sobrevenidas e imprevisibles, de las que no es responsable.

Se extinguió, así, la pensión compensatoria por la quiebra económica y desaparición de la empresa que constituía la fuente de ingresos del deudor, quien perdió la valiosa nave industrial sobre la que funcionaba aquella, perdió todos sus trabajadores y vio embargado un automóvil y dos furgonetas, así como su apartamento en la playa, teniendo, además, gravada su vivienda con dos hipotecas en garantía de dos préstamos, con cuantiosos saldos pendientes de pago[87].

En el mismo sentido se orienta otra sentencia, que procedió a la extinción de la pensión compensatoria pagada por el marido, quien tenía reconocida una prestación social por desempleo de 426 euros mensuales, con fecha de extinción en abril de 2015, constando que La Cruz Roja, en el año 2014, le había facilitado alimentos, lote bebé y ayuda económica para el pago de un recibo de luz y, en el año 2015, le había suministrado alimentos, al menos, en el mes de enero. Se afirma que tan "escasa disponibilidad dineraria nos permite afirmar un cambio importante en la situación económica" del deudor, "respecto de aquella de la que disfrutaba al tiempo de la separación", "que debía ser sustancialmente superior a la que ahora tiene, pues de lo contrario no habría pactado una pensión compensatoria de cuatrocientos euros (400€) mensuales y mucho menos de ochocientos euros (800€) los meses de julio y diciembre, ya que se trata de cantidades imposibles de satisfacer con sus actuales ingresos"; y se concluye: "Esa minoración de capacidad económica tiene una incidencia relevante a efectos de ponderar la obligación de abonar la pensión compensatoria, al quedar paliado el desequilibrio económico que motivó su fijación"[88].

En casos como los descritos parece razonable extinguir el derecho a percibir la pensión, pero no, porque la drástica disminución de ingresos tenga como resultado paliar el desequilibrio que motivó su concesión. Repárese en que la falta de capacidad económica del deudor para seguir pagando la pensión no elimina el desequilibrio causado a la perceptora por la separación o el divorcio, pues se trata de una circunstancia extrínseca a la situación económica de aquella, la cual no mejora como consecuencia de la falta de recursos del marido. Lo que sucede es que en los casos enjuiciados resulta manifiestamente desproporcionado perpetuar una obligación, imposible de cumplir, nacida bajo un presupuesto desaparecido, esto es, la posibilidad del deudor de pagar la pensión fijada, provocando su mantenimiento un desequilibrio sobrevenido, mayor que aquel que, a través de la pensión, se pretendía reparar.

En cualquier caso, se ha de ser cauto respecto de la posible creación artificiosa e intencionada de un empobrecimiento económico, con la finalidad de no hacer frente al pago de la pensión compensatoria, como ocurrió en el caso resuelto por la SAP La Rioja 29 marzo 2017 *(Tol 6493510)*, que, revocando la sentencia recurrida, mantuvo la pensión, basándose, entre otros argumentos, en que el deudor (condenado tres veces, por impago de pensiones) "está en plena disposición de percibir la pensión de jubilación, no teniendo ninguna lógica que con 61 años se inscriba como demandante de empleo".

---

87 SAP Castellón 10 febrero 2015 *(Tol 4918438)*.

88 SAP Asturias 22 enero 2016 *(Tol 5648986)*.

Ni que decir tiene que la imposibilidad sobrevenida de pagar la pensión ha de valorarse teniendo en cuenta todos los recursos económicos del deudor, y no solo, su nivel actual de ingresos.

> En este sentido se ha orientado una sentencia que ha negado que la mera circunstancia de la jubilación del deudor, Notario de profesión, pueda dar lugar a la extinción de la pensión, ante la ausencia de prueba de su verdadera situación económica[89].

---

89 SAP Madrid 7 mayo 2020 *(Tol 8207114)*.

6. PACTOS FAMILIARES CON PREVISIONES DE RUPTURA EN LA JURISPRUDENCIA RECIENTE

MARÍA DOLORES CERVILLA GARZÓN[1]

SUMARIO: I. INTRODUCCIÓN: CONTEXTUALIZAMOS. II. DOS CUESTIONES PREVIAS. 1. Una cuestión terminológica: pactos familiares que no pactos prematrimoniales. 2. Una cuestión conceptual: pactos familiares con previsiones de ruptura versus capitulaciones matrimoniales. III. LOS LÍMITES CONSTITUCIONALES Y SU INTERPRETACIÓN POR LOS TRIBUNALES. 1. El principio de igualdad del artículo 14. A) El desequilibrio patrimonial. a) Desequilibrio patrimonial y asesoramiento legal independiente en el Derecho norteamericano. b) Desequilibrio patrimonial y asesoramiento legal independiente en el Derecho catalán. c) El tratamiento del desequilibrio en los tribunales españoles. B) La renuncia de los derechos. a) La validez de la renuncia de derechos en el Derecho norteamericano. b) La reciprocidad de la renuncia del artículo 231-20.3 del Código Civil catalán. c) El tratamiento en la jurisprudencia española: la renuncia a la pensión compensatoria y otras cuestiones relacionadas con la pensión compensatoria. 2. El derecho a contraer matrimonio y la disolubilidad del vínculo del artículo 32. IV. LOS LÍMITES DEL CÓDIGO CIVIL Y SU INTERPRETACIÓN POR LOS TRIBUNALES. 1. Los derechos y obligaciones del matrimonio como límite a la autonomía de la voluntad. 2. La moralidad de los pactos preventivos. A) Antecedentes en el Derecho norteamericano. B) La moralidad de los pactos preventivos en la jurisprudencia española: *excusatio non petita accusatio manifesta*. 3. Orden público familiar. A) Orden público y percepción de una pensión a cargo del erario público. B) Orden público e interés del menor. V. LA EFICACIA DEL PACTO FAMILIAR PREVENTIVO: CONSENTIMIENTO Y CAMBIO DE CIRCUNSTANCIA EN LA JURISPRUDENCIA. 1. La validez del consentimiento emitido al momento de suscribirse el acuerdo. 2. El cambio de circunstancias al momento de ser aplicado. VI. A DÓNDE CAMINAMOS: SIEMPRE LA LIBERTAD.

I. INTRODUCCIÓN: CONTEXTUALIZAMOS

El trabajo que hoy presento se ha realizado en el seno del proyecto de investigación "La modernización del Derecho de familia a través de la práctica jurisprudencial" liderado por el profesor José Ramón de Verda[2], y se

---

1 CU, Derecho civil, Universidad de Cádiz.

2 AICO/2021/090 "La modernización del derecho de familia a través de la práctica jurisprudencial" financiado por la Conselleria d'Innovació, Universitats, Ciència i Societat Digital de la Generalitat Valenciana, IP: José Ramón de Verda y Beamonte

enmarca dentro de la línea de investigación que comencé en el 2013 sobre los pactos preventivos de las crisis familiares. Esta vez, aunque partiendo de contribuciones previas, se centra el discurso en el análisis del panorama actual desde una visión práctica al tener como punto de referencia la jurisprudencia más reciente. Sobre todo, la jurisprudencia posterior a 2018, fecha de publicación de mi último trabajo sobre la materia[3]. Y también, en menor medida, he incorporado algunas referencias a los trabajos doctrinales más novedosos o que he considerado de mayor interés.

He seguido con mucho detenimiento durante todos estos años la jurisprudencia del tribunal supremo y de las audiencias provinciales, lo que me ha permitido percatarme (y asombrarme) de la rapidez con que se han ido introduciendo en nuestro Derecho reglas y argumentos que ya apuntaba cuando me inicié en el tema. Algunos con causa en nuestros preceptos o principios que los alumbran, otros directamente importados del Derecho norteamericano en donde surgieron, allá por los años setenta, y donde se ha construido en los *cases law* toda una doctrina jurisprudencial repleta de casuística.

Al mismo tiempo, la doctrina, que, cuando comencé a estudiarlos, no se fijaba en estos instrumentos negociales, quizás al compás de los tribunales, se ha ido ocupando de analizar la figura y debatir sobre los aspectos más controvertidos del régimen jurídico.

A diferencia del legislador nacional quien no ha considerado necesario regularlos, pues, en verdad, nuestro CC dispone, hoy por hoy, de los mimbres suficientes para responder, con soltura, a los retos derivados de su creciente implementación. La labor de los tribunales ha colaborado al ofrecer una interpretación de sus preceptos adecuada y adaptada a las nuevas realidades familiares y a las exigencias de una sociedad que busca en el consenso fórmulas para evitar la intervención de los jueces en los conflictos familiares. Porque como dijo alguien, cuyo nombre ahora no recuerdo, "cuando en una familia entra el Código civil, se queda el Código y sale la familia"; por lo que, desde mi punto de vista, no es preciso ni conveniente crear reglas *ad hoc*, bien en una normativa específica al margen del Código (opción que carece de justificación ni por el tema, que no es especial, ni por su conflictividad) o modificar el Código aludiendo, directamente, a la figura dotándola de un régimen jurídico propio al margen de las capitu-

---

3 "Acuerdos prematrimoniales y ruptura conyugal: algunas consideraciones al hilo de las sentencias del TS de 30 de mayo de 2018 y 15 de octubre de 2018", *Diario La Ley*, nº 9301, 2018.

laciones o dentro de estas. En cambio, el legislador foral catalán, particularmente (al que, por ese motivo, me dedicaré con mayor detenimiento al análisis de sus propuestas) y también el vasco, aunque más modestamente[4], sí se han ocupado de ellos. No obstante, otros ordenamientos forales que han seguido el modelo de nuestro Código, y sin dedicarse a ellos expresamente, contemplan un espacio suficiente y correcto para que los pactos con previsión de ruptura encuentren cobijo[5].

---

4 Ley 7/2015, de 30 de junio, de relaciones familiares en supuestos de separación o ruptura de los progenitores. Artículo 4. Pactos en previsión de ruptura de la convivencia. "1. Los pactos que prevean la ruptura de la convivencia y regulen las nuevas relaciones familiares podrán otorgarse antes o durante dicha convivencia. 2. Tales pactos tendrán, en todo o en parte, el contenido que se prevé para el convenio regulador. 3. Para su validez, estos pactos habrán de otorgarse en escritura pública, y quedarán sin efecto en caso de no contraerse matrimonio o iniciarse la convivencia en el plazo de un año. 4. Los pactos podrán contener la previsión y compromiso de acudir, con carácter previo a la vía judicial, a la mediación familiar, con el objeto de resolver mediante el diálogo aquellos conflictos que puedan surgir tras la ruptura. 5. Estos pactos serán válidos y obligarán a todos los firmantes aun cuando no contengan todos los extremos mínimos de un convenio regulador. En tal caso, la validez y eficacia se limitará a los aspectos pactados. Únicamente serán susceptibles de ejecución judicial los pactos previamente aprobados por el juez".

5 Ley Foral 21/2019, de 4 de abril, de modificación y actualización de la Compilación del Derecho civil foral de Navarra o Fuero Nuevo.
Ley 103. Libertad de pacto. "Los cónyuges podrán pactar en previsión de la ruptura matrimonial o una vez producida esta, todos los efectos económicos derivados de la misma, sin perjuicio de lo dispuesto en el título V para aquellos relacionados con la responsabilidad parental sobre sus hijos menores de edad. Dichos pactos tendrán los efectos que correspondan según se hayan otorgado en documento privado o público o hayan sido incorporados al Convenio Regulador de nulidad, separación o divorcio. Los cónyuges podrán incluir en los mismos su compromiso de recurrir a la mediación para resolver las diferencias derivadas de su aplicación".
Decreto Legislativo 1/2011, de 22 de marzo, del Gobierno de Aragón, por el que se aprueba, con el título de "Código del Derecho Foral de Aragón", el Texto Refundido de las Leyes civiles aragonesas.
Artículo 195. Contenido y forma de los capítulos. 1. Los capítulos matrimoniales podrán contener cualesquiera estipulaciones relativas al régimen familiar y sucesorio de los contrayentes y de quienes con ellos concurran al otorgamiento, sin más límites que los del principio standum est chartae. 2. Los capítulos matrimoniales y sus modificaciones requieren, para su validez, el otorgamiento en escritura pública".
Ley 2/2006, de 14 de junio, de derecho civil de Galicia.

En consecuencia, desgranaré mi discurso desde el vértice de la jurisprudencia más reciente, con referencias al Derecho norteamericano y al Derecho catalán, cuando el tema abordado así lo requiera, orillando otros ordenamientos forales y estudios doctrinales más profusos que quedarán al margen del planteamiento (aunque presentes, estos últimos, cuando fuera preciso).

II. DOS CUESTIONES PREVIAS

Antes de al iniciar estas líneas, creo conveniente realizar dos precisiones del todo necesarias, pues en esta materia se aprecia una confusión terminológica y conceptual que oscurece y distorsiona los reflexiones que otros compañeros de la academia e, incluso, el tribunal supremo han llevado y llevan a cabo.

No es, en modo alguno, baladí acometer esta empresa, ya que en nuestra disciplina los conocimientos discurren por los raíles de los términos y los conceptos; por lo que, si estos no se encuentran correctamente sustentados, la locomotora del saber no llegará a la estación deseada.

A fin de ofrecer al lector una visión completa y realista de los problemas que se suscitan en este ámbito de estudio, procederemos, a continuación, a precisar con claridad el armazón sobre el que edificaremos nuestros argumentos.

Artículo 173. "Las capitulaciones podrán otorgarse antes o durante el matrimonio y habrán de formalizarse necesariamente en escritura pública.

Artículo 174 "Las capitulaciones podrán contener cualquier estipulación relativa al régimen económico familiar y sucesorio, sin más limitaciones que las contenidas en la ley".

Ley 10/2007, de 20 de marzo, de régimen económico matrimonial valenciano, declarada inconstitucional por STC 82/2016 de 16 de abril.

Artículo 25. El contenido de la carta de nupcias o capitulaciones matrimoniales. "En la carta de nupcias o capitulaciones matrimoniales se puede establecer el régimen económico del matrimonio y cualesquiera otros pactos de naturaleza patrimonial o personal entre los cónyuges o a favor de ellos, de sus hijos nacidos o por nacer, ya para que produzcan efectos durante el matrimonio o incluso después de la disolución del mismo, sin más límites que lo que establece esta ley, lo que resulte de las buenas costumbres y lo que imponga la absoluta igualdad de derechos y obligaciones entre los consortes dentro de su matrimonio".

1. *Una cuestión terminológica: pactos familiares que no pactos prematrimoniales*

Por influencia del modelo norteamericano que hemos importado, se comenzó a hablar en la doctrina[6] y en la jurisprudencia[7] de pactos prematrimoniales como si, en nuestro Derecho, se percibieran diferencias en el régimen jurídico de los pactos porque fueran tomados antes o durante el matrimonio. Es verdad que dicha distinción en Derecho estadounidense tiene su sentido, habida cuenta que existe una dualidad de régimen jurídico, con tendencia a corregirse, entre ambos tipos de acuerdos[8]; lo que no sucede, en modo alguno, en Derecho español.

He de confesar que yo también "caí en la trampa", aunque por poco tiempo, y en mis primeros también aludía a los acuerdos prematrimoniales[9] que, posteriormente, denominaba acuerdos prematrimoniales y matrimoniales[10]; tras percatarme que no era posible encontrar una *causa iuris* que justificara tal la referencia inicial a acuerdos prematrimoniales, orillando los matrimoniales como si pudiera diferenciarse el régimen aplicable. Si bien era técnicamente correcto mencionar a ambos acuerdos, cierto es, también, que mi segunda opción adolecía de restricción en el ámbito del estudio que de ella se concitaba, al dejar fuera los pactos tomados por los convivientes a los que, exceptuando la posibilidad de pactar en capitulaciones matrimoniales y sobre la renuncia a la pensión compensatoria u otras cuestiones conectadas con esta (por razones obvias), eran de aplicación todas las consideraciones que sobre su régimen jurídico realizamos.

---

6 Y todavía se sigue hablando. M. García Mayo: *Pactos prematrimoniales en previsión de crisis matrimoniales,* Bosch, Madrid, 2023

7 Un ejemplo de muchos SAP Málaga 27 octubre 2021 *(Tol 8776348)* dice "Pero más acertado sería analizarlo como un pacto prematrimonial o mejor expresado, en el caso de autos, un pacto realizado durante el matrimonio, pero con el fin de regular determinadas consecuencias para el supuesto de ruptura matrimonial"

8 "Los acuerdos prematrimoniales y matrimoniales en el actual Derecho de los EE.UU: The Uniform Premarital and Marital Agreement Act (2012)", *Revista de Derecho Civil,* vol. 4, nº 2, 2017, pp. 3-54

9 *Los acuerdos prematrimoniales en previsión de ruptura: un estudio de Derecho comparado,* Tirant lo Blanch, 2013.

10 "Acuerdos prematrimoniales y matrimoniales con previsiones de ruptura que afecten a los hijos menores: reflexiones en torno a su eficacia (1)", *La Ley Derecho de Familia: Revista jurídica sobre familia y menores,* nº 11, 2016)

Así pues, el objeto de análisis se localiza en los acuerdos que tomen los esposos o los convivientes antes o después del matrimonio o de la convivencia cuyo contenido verse sobre las previsiones para el caso de la ruptura de la pareja. Quedan fuera pues, los pactos que tengan lugar en situación de crisis regulando consecuencias de una ruptura que ya se ha producido o que se avecina. Advertimos que, dada la amplia libertad en las parejas de hecho y que no existen normas en Derecho común que regule las consecuencias de la ruptura, nuestras reflexiones se centrarán, en su mayor parte, en los pactos matrimoniales, previos o constante el matrimonio. Aunque hemos de advertir que muchas de las conclusiones serán trasplantables a las parejas y así lo deducirá el lector sin dificultad alguna.

El recurso a los términos "pactos familiares"[11] nos permite, pues, incluir cualquier tipo de pactos que los futuros esposos, ya esposos, futuros convivientes o convivientes realicen en previsión de una futura e hipotética crisis anticipando las consecuencias que la pareja desea subsigan a una posible ruptura[12]concertados en momentos previos a que la crisis sea una realidad.

Estos pactos familiares son una clara manifestación de lo que algunos han bautizado como la "privatización" o "contractualización" del matrimonio[13], y que corroboran, por ende, que la autonomía de la voluntad se

---

11 El término "pactos familiares" es utilizado en algunas ocasiones por la jurisprudencia. Así, en SAP Zaragoza 23 junio 2017 (*Tol 6307514*).

12 A. J. Muñoz Navarro: "Los pactos prematrimoniales o en previsión de ruptura matrimonial", *LA LEY Derecho de familia*, núm. 25, 2020, p. 3; M. P. García Rubio: "Los pactos prematrimoniales de renuncia a la pensión compensatoria en el Código Civil", *Anuario de Derecho Civil*, Ministerio de Justicia y Boletín Oficial del Estado, vol. 64, núm. 3, 2003, p. 1655. La autora baraja, asimismo, la posibilidad de que la nomenclatura que les haga referencia sea "acuerdos preventivos de la crisis matrimonial", en la que, como podemos apreciar, persiste la mención a esta característica. Así como, finalmente, puede deducirse de la definición aportada por A. M. Rodríguez Guitián: "Los pactos de pre-ruptura conyugal: el difícil equilibrio entre la autonomía privada de los cónyuges y la solidaridad", *Revista Jurídica de la Revista Autónoma de Madrid*, núm. 38, 2018, p. 100: "negocios jurídicos en virtud de los cuales aquellos que tienen planeado contraer matrimonio, o se hallan en una situación de pacífica convivencia matrimonial, regulan de forma anticipada las consecuencias personales y/o patrimoniales que pudieran derivarse de una eventual y futura separación y/o divorcio".

13 Hace años que usó esta terminología en su estudio sobre la materia I. Paz-Ares.: "Previsiones capitulares", en *Recientes modificaciones legislativas para abogados de familia. Modificaciones fiscales, el síndrome de alienación parental y previsiones capitulares: homenaje a Luis Zarraluqui Sánchez-Eznarriaga* (dir. E. Holgado, I. Paz-Ares, y J. M.

ha ido abriendo paso de manera paulatina en el Derecho de familia[14]. En este sentido, los acuerdos que ocupan nuestra atención dejaron hace años de resultar unos extraños para nuestro ordenamiento, incluso a pesar de no encontrarse aún tipificados en el mismo. Los pactos familiares con previsión de ruptura se postulan, así, como una valiosa herramienta para solventar conflictos, pues si ya lo son el diálogo y el acuerdo alcanzados en tiempos de tempestad[15], más lo resultan aún aquellos que pueden producirse cuando el mar todavía se encuentra en calma[16]. Sin embargo, hemos de decir que no se trata esta de la única virtud que demuestran dichos pactos, pues, además, consecuencia directa de estas afirmaciones es que permiten a los cónyuges (o futuros cónyuges) acceder al matrimonio con conocimiento de causa, sin ser ajenos a las consecuencias que podría deparar una posible (aunque nunca deseable) crisis matrimonial. La claridad y la falta de incertidumbre en cuanto al "qué podría pasar" dota al matrimonio de una perspectiva "realista"[17] tanto en el plano personal como en el

---

Aguilar Cuenca), ed. Dykinson, Madrid, 2008, p. 101, declarando que, en su opinión "lo más destacable del último periodo de esta evolución es el imparable camino hacia la privatización que ha emprendido el matrimonio".

14 B. Sillero Crovetto: "Pactos en previsión de crisis matrimonial: legalidad y contenido", *Revista Crítica de Derecho Inmobiliario*, núm. 769, 2018, p. 2781. Es interesante, en este sentido, la reflexión que fue realizada por L. Díez Picazo y A. Gullón Ballesteros: *Sistema de Derecho Civil IV*, ed. 9ª, ed. Tecnos, Madrid, 2004, p. 44. Los autores resaltan en su obra la importancia que en ello han tenido los cambios sociales que de un tiempo a esta parte se han producido, tales como el nuevo papel de la mujer, que en su lucha contra el patriarcado ha logrado posicionarse en una situación de igualdad con respecto a los hombres, pudiendo llegar a perfeccionar acuerdos con los mismos o la evolución de la familia.

15 Pues, como he afirmado en varias ocasiones, y una vez más en mi trabajo "Reflexiones", cit., p. 333, "el peor de los acuerdos es mejor a la más fundamentada de las sentencias, básicamente porque el primero, al ser consensuado va a cumplirse, mientras la segunda, por impuesta, es más posible que sea incumplida".

16 Me reitero en esta premisa que ya figura en otros trabajos previos como en "La eficacia del pacto sobre alimentos en las crisis matrimoniales y de pareja fuera del convenio regulador", en *Familia y Derecho en la España del siglo XXI: libro homenaje al profesor Luis Humberto Clavería Gosálbez* (dir. A. Marín Velarde, A. L. Cabezuelo Arenas y F. Moreno Mozo), ed. Reus, Madrid, 2021, p. 438.

17 En este sentido se expresa M. P. García Rubio: "Los pactos", cit., pp. 1657-1658 destaca que no solo "permiten a las partes iniciar el matrimonio y la vida familiar pensando de forma realista en la relación, anticipando sus contingencias y planeándolas", sino que, además, "abren a las partes la posibilidad de regular su relación matrimonial y postmatrimonial de acuerdo con sus mutuas aspiraciones, intereses y valores".

patrimonial[18], nada insignificante, que, bajo nuestro punto de vista, favorece sobremanera el devenir de la pareja al plantear, además, un escenario tendente al diálogo, punto clave en una buena convivencia[19].

En consecuencia, el régimen jurídico de los acuerdos que tomen los esposos en situación de armonía familiar se encuentran mediatizados, no por el momento temporal en que se tomen, sino por dos límites o requisitos que actúan como los raíles sobre los que va a discurrir nuestro discurso.

En primer lugar, los límites generales a la autonomía de la voluntad ex art. 1255 CC de aplicación a cualquier tipo de contrato. Pues, los pactos familiares con previsiones de ruptura concertados fuera de capitulaciones matrimoniales, son pactos atípicos y como tales acreedores de las reglas que conforman a la teoría general del contrato tal cual es el aludido precepto del CC.

En segundo lugar, un requisito de forma, cuando el pacto contiene previsiones de ruptura relativas o que afecten al régimen económico matrimonial, derivado del régimen jurídico establecido para las capitulaciones matrimoniales en los arts. 1325 y ss. CC, instrumento de carácter imperativo para dichos acuerdos.

En este sentido muy significativa la SAP A Coruña 4 diciembre 2020 (ECLI:ES:APC:2020:2760), que se plantea el cumplimiento del acuerdo prenupcial por medio del cual se había establecido la adjudicación de la vivienda familiar a la esposa en caso de ruptura. Pretensión a la que no accede el tribunal, al considerar que, por medio de pacto familiar puede acordarse el uso de la vivienda, pero las cuestiones relativas al régimen eco-

---

18 Se acerca a la situación desde un prisma económico L. Aguilar Ruíz: "Los pactos", cit., p. 106, pues afirma que gracias a estos y lo que implican se velará "durante la vida del «negocio» (negocio jurídico, en este caso), las inversiones o aportaciones económicas realizadas por los cónyuges durante la convivencia marital, sean remuneradas o no, lo que redundará después en unos menores costes de litigación en el momento de la disolución del matrimonio por divorcio".

19 Son numerosos los autores que destacan las bonanzas de estos pactos, mostrándose conforme con este pensamiento I. Paz-Ares: "Previsiones capitulares", cit., p. 35, quien asevera que "posibilitan en el futuro contrayente una reflexión más o menos intensa sobre aspectos de la futura vida matrimonial en común, particularmente económico, e, incluso, de forma más tímida, sobre las consecuencias de los posibles avatares matrimoniales". Todo lo que aquí comentamos justifica sobradamente que B. Sillero Crovetto: "Pactos", cit., p. 2799 se refiera a estos acuerdos como parte del "Derecho Preventivo de Familia que evita la "incertidumbre judicial"".

nómico matrimonial deben realizarse en escritura pública, por ser esta una cuestión reservada por ley a las capitulaciones matrimoniales.

Finalmente, si los pactos tienen lugar entre los convivientes, dado que no existen entre ellos régimen económico algunos que no sean las reglas entre ellos consensuados y no son, por tanto, de aplicación la normativa sobre capítulo matrimoniales, solo operaría el límite general del art. 1255 CC.

2. *Una cuestión conceptual: pactos familiares con previsiones de ruptura versus capitulaciones matrimoniales*

Como quiera que se ha observado una "cierta confusión" tanto en la doctrina[20] como en la jurisprudencia[21] conviene aclarar que no es identificable, en todos los casos, pactos familiares con previsiones de ruptura, entendido como los tomados por los cónyuges o futuros cónyuges, con capitulaciones matrimoniales. Corrobora esta premisa las afirmaciones vertidas con la que finalizamos el epígrafe anterior que sirven de pórtico a lo que procedemos a principiar.

En este sentido, los pactos familiares con previsiones de ruptura, siempre que no afecten al régimen económico matrimonial, pueden ser celebrados válidamente en cualquier escenario formal[22], ya que el art. 1323

---

20 Entre otros se encuentran C. Lasarte Álvarez: *Derecho de familia. Principios de Derecho Civil VI,* Marcial Pons 2022, p. 154; A. Cabanillas Sánchez.: "Las capitulaciones matrimoniales", en *Derecho de Familia* (coord. G. Díez-Picazo Giménez), ed. Thomson Reuters-Civitas, Cizur Menor, 2012, pp. 591-592; o J. P. González del Pozo: "Acuerdos y contratos prematrimoniales (I)", *Boletín de Derecho de familia,* núm. 81, 2008, p. 11.

21 Decía, textualmente STS 24 junio 2015 *(Tol 5191042),* a la sazón la primera sentencia del TS que se refiere, expresamente, a ellos: "(e)l fenómeno pactos prematrimoniales tiene la denominación de capitulaciones matrimoniales en nuestro ordenamiento". No siempre se percibe tal confusión. La SAP Jaén 11 septiembre 2020 *(Tol 8228641),* en cambio, lo tiene meridianamente claro cuando afirma que: "... una cosa es la modificación de capitulaciones matrimoniales, para la que el legislador ha querido como presupuesto de validez que conste en escritura pública y tenga la oportuna publicidad registral a fin de oponerse a terceros, y otra muy distinta, que los cónyuges a virtud de la libertad de contratación entre ellos..."

22 A. Marín Salmerón: "Los pactos prematrimoniales y sus límites en la jurisprudencia", *Instituto de Derecho Iberoamericano,* 2019 (disponible en: https://idibe.org/tribuna/21442/#; última consulta: 13/05/2022).

CC instaura la libertad de contratación entre cónyuges sin añadir ningún requisito adicional por lo que rige el principio general de libertad de forma consagrado en el art. 1278 CC. Si los contratantes no hubieran celebrado aun el matrimonio y el pacto fuera, por consiguiente, prematrimonial se trataría de un contrato más sometido a las reglas generales, a no ser que adoptara la fórmula de capitulaciones matrimoniales previas al matrimonio y este se contrajera un año después en el marco de los previsto en el art. 1334 CC

Ahora bien, de acuerdo con el último inciso del art. 1325 CC introducido por la reforma de la Ley 30/1981, de 7 de julio[23] las capitulaciones matrimoniales podrían cobijar, a partir de entonces, no solo los pactos sobre el régimen económico matrimonial sino "cualesquiera otras disposiciones por razón del mismo". Sobre la interpretación de los referidos términos, la doctrina actual mantiene una "visión amplia" del contenido del pacto capitular[24], pues identifica los términos "del mismo" del citado precepto como "del matrimonio", y no como referenciados al régimen económico matrimonial[25].

---

23 "En capitulaciones matrimoniales podrán los otorgantes estipular, modificar o sustituir el régimen económico de su matrimonio o cualesquiera otras disposiciones por razón del mismo". Sobre la evolución histórica de las capitulaciones matrimoniales se pronuncia B. Sillero Crovetto: "Pactos", cit., p. 2781.

24 Entre otros se encuentran A. Cabanillas Sánchez: "Las capitulaciones", cit., pp. 591-592; o J. P. González del Pozo: "Acuerdos", cit., p. 11. Bien es cierto que no se negaba con anterioridad tajantemente a las partes la inclusión de cláusulas no relativas al régimen económico matrimonial pues, de hecho, lo previsto por los artículos 1315 y 1316 CC vigentes hasta 1981 dejaban entrever esta facultad: el primero de ellos disponía que los cónyuges o futuros cónyuges "podr(rían) otorgar sus capitulaciones [...] estipulando las condiciones de la sociedad conyugal relativamente a los bienes presentes y futuros, *sin otras limitaciones que las señaladas en este Código*", siendo ello complementado con este segundo, que afirmaba que "no podr(ían) los otorgantes estipular nada que fuere contrario a las Leyes o a las buenas costumbres ni a los fines del matrimonio". Por lo tanto, siempre y cuando se atendiese a aquellos límites, no debía haber inconveniente en no ceñirse en exclusiva a la determinación del régimen económico matrimonial. Sin embargo, gracias a que se incluye esta cláusula (recordemos, "cualesquiera otras disposiciones por razón del mismo"), se indica esto mismo de forma clara, no debiendo inferirse de ninguna interpretación subjetiva por parte de quien estudiase el asunto.

25 La relevancia de este inciso la pone de manifiesto Antón Juárez, I.: "Acuerdos prematrimoniales: ley aplicable y derecho comparado", *Cuadernos de Derecho Transnacional*, vol. 7, núm. 1, 2015, p. 35, cuestionando si los que conocemos como acuerdos prematrimoniales o matrimoniales en previsión de ruptura pudieran

En este escenario las capitulaciones matrimoniales posibilitan el acogimiento de pactos familiares de carácter prematrimonial o matrimonial con previsiones de ruptura, incluso si estos fueran los únicos acuerdos sin que sea necesario que vengan adosados a otros relativos al régimen económico matrimonial. Obviamente, si la previsión de ruptura afecta al régimen económico matrimonial deberá tomarse en este marco por imperativo legal.

Cuando tenga lugar cualquiera de las situaciones anteriormente descritas se apreciará una identificación entre pactos familiares con previsiones de ruptura y capitulaciones matrimoniales[26]. Que no siempre se observará, en la medida que, en relación a los pactos con previsiones de ruptura, excepto cuando afecten al régimen económico matrimonial, existe libertad de forma, tal y como hemos apuntado[27]. Sobre la libertad de forma, la SAP Málaga 27 octubre 2021 (*Tol 8776348)* dota de validez un documento consistente en una cuartilla de papel cuadriculado donde se expresa: "Yo Paula

---

ser capitulaciones matrimoniales, apunta que "para llegar a una solución hay que plantearse un aspecto fundamental, y es, qué contenido cabría dentro del término capitulaciones matrimoniales de acuerdo al ordenamiento español. Entonces, cabría preguntarse si las capitulaciones matrimoniales se reducen exclusivamente a tratar cuestiones referentes al régimen económico matrimonial o si se pueden incluir otro tipo de cuestiones".

26 Por consiguiente, no son siempre negocios jurídicos diferentes. Parece que no opina así, R. Méndez Rojo: "Validez de los pactos prematrimoniales en la jurisprudencia del Tribunal Supremo y de las Audiencias Provinciales", *Diario La Ley* 3271/2018 pues afirma que "Estos acuerdos deben distinguirse de otras manifestaciones de la autonomía de la voluntad de los cónyuges como las capitulaciones matrimoniales…".

27 SAP Málaga 27 octubre 2021 (*Tol 8776348)* dice: "Y en cuanto a la forma, conocido es el sentido espiritualista, y no formal, de los negocios jurídicos en nuestro ordenamiento, no requiriéndose forma alguna (salvo supuestos excepcionales dentro de los cuales no se incluye el presente) para que el contrato sea válido. En este caso, tan válido es el contrato celebrado en una mera cuartilla como realizado en documento público. Por tanto, nos encontramos ante un contrato que recoge todos los elementos exigidos por nuestro ordenamiento jurídico para ser válido. Un acuerdo en el que el matrimonio emite su voluntad de manera no viciada y concurriendo todos los requisitos para la validez del contrato. No aparece que atente contra la igualdad de los cónyuges, o al menos, ni ello se ha aducido, ni consta acreditado. Ni el tiempo que transcurrió desde la suscripción del documento hasta la ruptura (noviembre de 2017 a noviembre de 2018 que como indica la sentencia se interpuso denuncia por parte de la mujer contra el marido) haya dado lugar, ni por el lapso temporal, ni por las circunstancias a una alteración sobrevenida de las circunstancias y a un aumento extraordinario de la onerosidad".

llego a un acuerdo de separación con Jesús de recibir una compensación económica de 215.000", firmado por ambos cónyuges".

No obstante, el Derecho catalán, en el que sí se encuentran tipificados, ha considerado pertinente el legislador no entender válidos aquellos que se realizaran en documento privado (sea cual fuere su contenido), como puede deducirse de lo establecido en el artículo 231-20.1 CCCat[28] excluyéndose la libertad de forma del Derecho común. También el legislador vasco que se ha ocupado de ellos en el art. 4 de Ley Vasca 7/2015, de 30 de junio, de relaciones familiares en supuestos de separación o ruptura de los progenitores[29], en el mismo sentido, en cuanto a la exigencia de forma.

III. LOS LÍMITES CONSTITUCIONALES Y SU INTERPRETACIÓN POR LOS TRIBUNALES

Como quiera que nos encontramos en sede de contratos, procede mirar al art. 1255 CC en donde se ubican los límites a la autonomía de la voluntad, que constituyen el cauce por el que debe discurrir cualquier acuerdo que aspire a ser eficaz. En su virtud, la ley se esgrime como el primero y más importante de las fronteras intraspasable por cualquier pacto. Siguiendo la jerarquía normativa, nuestros ojos deben posarse en la Constitución, ley

---

28 Concretamente, este precepto dice así: "(l)os pactos en previsión de una ruptura matrimonial pueden otorgarse en capítulos matrimoniales o en escritura pública. En el supuesto de que sean antenupciales, solo son válidos si se otorgan antes de los treinta días anteriores a la fecha de celebración del matrimonio, y caducan de acuerdo con lo establecido por el artículo 231-19.2".

29 Artículo 4. Pactos en previsión de ruptura de la convivencia. "1. Los pactos que prevean la ruptura de la convivencia y regulen las nuevas relaciones familiares podrán otorgarse antes o durante dicha convivencia. 2. Tales pactos tendrán, en todo o en parte, el contenido que se prevé para el convenio regulador. 3. Para su validez, estos pactos habrán de otorgarse en escritura pública, y quedarán sin efecto en caso de no contraerse matrimonio o iniciarse la convivencia en el plazo de un año. 4. Los pactos podrán contener la previsión y compromiso de acudir, con carácter previo a la vía judicial, a la mediación familiar, con el objeto de resolver mediante el diálogo aquellos conflictos que puedan surgir tras la ruptura. 5. Estos pactos serán válidos y obligarán a todos los firmantes aun cuando no contengan todos los extremos mínimos de un convenio regulador. En tal caso, la validez y eficacia se limitará a los aspectos pactados. Únicamente serán susceptibles de ejecución judicial los pactos previamente aprobados por el juez".

de leyes, para escudriñar en su articulado aquellos preceptos que pudieran conectarse más adecuadamente con los pactos familiares.

Sean, pues, los artículos 14 y 32 los protagonistas de este epígrafe y a cuyo estudio nos dedicaremos para establecer las medidas que el legislador pudiera implementar para evitar su vulneración.

1. El principio de igualdad del artículo 14

En el art. 14 de la Constitución, contextualizado en sede de capitulaciones matrimoniales en el art. 1328 CC, se localiza el primero de los límites constitucionales a los pactos con previsiones de ruptura: la igualdad entre los contrayentes. Dicha igualdad se proyecta, con carácter general, en la prohibición de cláusulas que impliquen un desequilibrio manifiesto carente de justificación. Ya que no debe colegirse la necesaria igualdad material entre ambos, al recabar en la "justificación" la clave para testar la infracción de la norma.

Dada la ponderación adecuada entre libertad/igualdad, no abundan las resoluciones en las que se declare la nulidad de pactos por observarse dicho desequilibrio; ya que, no podemos orillar, que el libre consentimiento también incluye la opción de elegir, por las razones que sea, una situación más desfavorable que la del otro contratante. La SAP Vizcaya 19 abril 2021 (ECLI: ES:APBI: 2021:584)[30], es de las pocas que declara ineficaz un

---

30 SAP Vizcaya 19 abril 2021: "El pacto en cuestión era el siguiente: "el Sr. Evelio se compromete a constituir junto a la Sra. Esperanza una Sociedad Limitada a través de la cual realizará todas sus actividades inmobiliarias y que se regirá con arreglo a las siguientes reglas: 1) La Sra. Esperanza será junto con el Sr. Evelio administradora mancomunada de la misma, 2) la Sra. Esperanza será socia al 50%, admitiéndose de mutuo acuerdo socios adicionales, si bien, en todo caso, la participación de ambos deberá ser igual, 3) Se incluirá cláusula estatuaria de prohibición de ejercicio de competencia a la sociedad en negocios inmobiliario por el Sr. Evelio o las partes que se describen a continuación, exigiéndose al Sr. Evelio exclusividad laboral a dicha sociedad en el ámbito inmobiliario expuesto, estableciendo que de ejercer esta actividad de competencia el Sr. Evelio o cualquier miembro de la familia de la persona con la que contraiga futuro matrimonio o por persona interpuesta, Sr. Evelio deberá entregar la Sra. Esperanza su participación en la vivienda habitual de DIRECCION006 y la totalidad del resto de bienes gananciales el matrimonio y, en caso de haberse liquidado la sociedad de gananciales, una cantidad equivalente a la recibida por el Sr. Evelio. < folio 159 y ss de autos>". Dicha cláusula fue impugnada por el ex cónyuge por falta de reciprocidad, sobre la base de los siguientes argumentos que fueron aceptados por la Audiencia: "Expone que

pacto familiar con previsión de ruptura por infracción del art. 1323 CC al incluirse una cláusula que situaba al marido en una situación manifiestamente desigual con relación a la esposa, sin que concurriera causa o fundamento que lo justificase. Afirmando el Tribunal que: "los pactos conculcan el principio de igualdad entre cónyuges por establecer una situación de sometimiento y resultar perjudicial para el Sr. Evelio".

Por ese motivo, las reclamaciones se han dirigido a aspectos puntuales y concretos que pueden salvarse por medio de la existencia de una información adecuada que garantice la voluntariedad del consentimiento, pues ya no se trata de una simple medida matemática de los resultados contables derivados del pacto sino si, efectivamente, el resultado era querido, fruto de una reflexión madura.

En esta línea, se ha invocado la infracción del art. 14 CE como causa de impugnación de los pactos en muchos de los conflictos que se suscitan en los tribunales y, por consiguiente, estos se han pronunciado sobre el particular construyendo una doctrina jurisprudencial. A fin de ordenar el discurso, hemos identificado los principales problemas que la aplicación del art. 14 de la Constitución ha generado apuntando los fundamentos que se proponen para su solución, de forma que el lector aprecie la ponderación de intereses de la que se valen los operadores jurídicos.

A) El desequilibrio patrimonial

La situación de desequilibrio patrimonial entre los contratantes ha sido alegada como evidencia de la desigualdad que prohíbe el art. 14 de la Constitución. Para salvarla, se requiere constatar la existencia de un con-

---

los pactos conculcan el principio de igualdad entre cónyuges por establecer una situación de sometimiento y resultar perjudicial para el Sr. Evelio, en cuanto que nada se contempla respeto a que la prohibición de que la Sra. Esperanza pueda constituir sociedades sobre el mismo objeto social, ni se impone a la Sra. Esperanza la exclusividad laboral en la sociedad que deben constituir, como, en ambos casos, se establece para el Sr. Evelio, además de no concretarse si la actividad del Sr. Evelio va a ser retribuida o no. Existe limitación de derechos del Sr. Evelio que afectan al principio de igualdad, con posición dominante para la Sra. Esperanza, siendo que dichas obligaciones se extienden a terceros 'miembros de la familia' ó 'persona física o jurídica interpuesta vinculada' del ámbito familiar y social del Sr. Evelio, con penalización de entregar la totalidad de las participación en los bienes gananciales, y además de carácter indefinida o vitalicia, sin que exista ningún atisbo de obligación para la Sra. Esperanza, con vulneración de los arts. 10, 14, 19, 35 y 38 de la CE"

sentimiento informado, de manera que se garantice la voluntariedad del emisor (y por tanto su validez). El binomio voluntariedad-consentimiento informado se estima suficiente y así se ha venido utilizando como técnica argumentativa en distintas sedes y países donde este conflicto se ha suscitado.

Sin embargo, hemos de poner de manifiesto que, desde una técnica jurídica más depurada, la conexión entre desequilibrio y consentimiento informado no debería abordarse en el ámbito del art. 14 de la CE, considerada como un límite legal a la autonomía contractual, sino al analizar los elementos del contrato ex art. 1261 CC como falta o vicio del consentimiento. En esta disyuntiva, hemos optado por seguir la orientación de las resoluciones de los tribunales que suelen conectar ambas premisas tanto en nuestro país como fuera de este.

a) Desequilibrio patrimonial y asesoramiento legal independiente en el Derecho norteamericano

Hablar de desequilibrio patrimonial como causa de ineficacia no es novedoso, pues, como suele suceder en esta materia también aquí juega un papel importante la jurisprudencia norteamericana sobre acuerdos prematrimoniales, trasplantable a cualquier acuerdo prematrimonial o matrimonial con previsión de ruptura en nuestro país, dado que aquí no se aprecia la distinción de pactos según el momento temporal de su concierto. Ciertamente, los *cases law* y los textos jurídicos que abordan la materia en los ordenamientos de los Estados que componen la Unión, lo hacen al hilo del tratamiento del consentimiento contractual.

En este sentido, el documento denominado *Uniform Premarital Agreement Act* de 1983 (a partir de ahora UPAA), emblemático en el diseño del régimen jurídico de los pactos prematrimoniales y que recopiló las reglas construidas en la jurisprudencia desde la primera sentencia de 1972 que admitió su validez, contiene una presunción de no voluntariedad del pacto cuando el acuerdo, al momento de firmarse, pueda ser calificado como "desproporcionado" (*uncosncionable*)[31]. La desproporción indicada se refie-

[31] "a) A premarital agreement is not enforceable if the party against whom enforcement is sought proves that (1) that party did not execute the agreement voluntarily; or (2) the agreement was unconscionable when it was executed and, before execution of the agreement, that party: (i) was not provided a fair and reasonable disclosure of the property or financial obligations of the other party; (ii) did not

re a un desequilibrio patrimonial que se medirá en el momento de la firma del acuerdo, lo que se infiere de la alusión a la información financiera que los futuros cónyuges deben facilitarse y que se encuentra, directamente ligada en la UPAA, a la "desproporción". Por consiguiente, constatada la existencia de un desequilibrio patrimonial, es necesaria, además, que la situación no sea querida por la parte cuya situación económica, tras el acuerdo, es más desfavorable (dado que es renunciable el derecho a ser informado sobre estos extremos). Tampoco es apreciable la falta de información si la otra parte tuviera conocimiento del desequilibrio patrimonial por otros medios, en la medida que no se ve afectado el consentimiento que, en este caso, sería libre y consciente.

El consentimiento informado que se requiere para salvar el desequilibrio puede obtenerse por medio del asesoramiento legal independiente de las partes contratantes, lo que en España queda garantizado si el pacto se concierta como capitulaciones matrimoniales ante notario. En caso contrario, el juez debe analizar que la información sea clara e inteligible en cuanto a su terminología y adaptada al destinatario. Sin embargo, y aunque lo omite UPAA, es de lógico concluir que el estudio de la claridad del mensaje no se debe limitar a la forma, sino que recabará en el contenido del mismo.

En 2012 se publica *Uniform Premarital and Marital Agreement Act* (a partir de ahora UPMAA) que sustituye al texto de 1983, en el que se incluye como novedad en relación con textos precedentes (no así en las legislaciones de algunos Estados[32] ni en la jurisprudencia[33]) el requisito del asesoramien-

---

voluntarily and expressly waive, in writing, any right to disclosure of the property or financial obligations of the other party beyond the disclosure provided; and (iii) did not have, or reasonably could not have had, an adequate knowledge of the property or financial obligations of the other party".

32 California art. 1615, c): "For the purposes of subdivision (a), it shall be deemed that a premarital agreement was not executed voluntarily unless the court finds in writing or on the record all of the following: (1) The party against whom enforcement is sought was represented by independent legal counsel at the time of signing the agreement or, after being advised to seek independent legal counsel, expressly waived, in a separate writing, representation by independent legal counsel. (2) The party against whom enforcement is sought had not less than seven calendar days between the time that party was first presented with the agreement and advised to seek independent legal counsel and the time the agreement was signed.(3) The party against whom enforcement is sought, if unrepresented by legal counsel, was fully informed of the terms and basic effect of the agreement as well as the rights and obligations he or she was giving up by signing the agreement, and was proficient in the language in which the explanation

to legal independiente sobre el alcance jurídico del contenido del pacto. Conforme a la redacción de UPMAA dicho requisito deben ser matizado en orden a su repercusión en el juicio de validez, pues no necesariamente es presupuesto de la eficacia del acuerdo. Así, el pacto se considera válido si las partes, antes de la firma, disponen de un espacio de tiempo razonable para decidir si hace uso de tal facultad (es decir, lo que en la jurisprudencia se identifica con "oportunidad" de haber recibido tal asesoramiento)[35].

---

of the party's rights was conducted and in which the agreement was written. The explanation of the rights and obligations relinquished shall be memorialized in writing and delivered to the party prior to signing the agreement. The unrepresented party shall, on or before the signing of the premarital agreement, execute a document declaring that he or she received the information required by this paragraph and indicating who provided that information. (4) The agreement and the writings executed pursuant to paragraphs (1) and (3) were not executed under duress, fraud, or undue influence, and the parties did not lack capacity to enter into the agreement. (5) Any other factors the court deems relevant". New Jersey 31:2-38:"The burden of proof to set aside a premarital agreement shall be upon the party alleging the agreement to be unenforceable. A premarital agreement shall not be enforceable if the party seeking to set aside the agreement proves, by clear and convincing evidence, that ... c) That party, before execution of the agreement: ... 4) Did not consult with independent legal counsel and did not voluntarily and expressly waive, in writing, the opportunity to consult with independent legal counsel".

33 Por ejemplo, los siguientes pronunciamientos de tribunales favorables a la eficacia del acuerdo, en los ha existido asesoramiento legal independiente y éste ha sido un factor a tener en cuenta a la hora del fallo: Caso *Boote v. Shivers*, la Corte de Apelación de Tennessee, No. M2003-00560-COA-R3-CV (2005); Caso *Reece v. Elliot*, Corte de Apelación de Tennesse, No. 4581 (2006); Caso *Hood v. Hood*, Corte de Apelación de Alabama, 20911016, LEXIS 116, (2011); Caso *Guthez V. Guthez*, Corte Suprema de Nueva York, 53786/12, LEXIS 2225 (2014); Caso *Sanderson v. Sanderson*, Corte Suprema de Mississippi, No. 2012-CA-01153-SCT, LEXIS 600 (2014); Caso *In re the Marriage of K. Grubaugh and C. Roos*, Corte de Apelación de California, A140883, LEXIS 4903 (2015).

34 Sección 9 (b) "A party has access to independent legal representation if: (1) before signing a premarital or marital agreement, the party has a reasonable time to: (A) decide whether to retain a lawyer to provide independent legal representation; and (B) locate a lawyer to provide independent legal representation, obtain the lawyer's advice, and considerer the advice provided; and (2) the other party is represented by a lawyer and the party has the financial ability to retain a lawyer or the other party agrees to pay the reasonable fees and expenses of independent legal representation".

35 Algunos pronunciamientos en sentido contrario, como caso *Ware v. Ware*, donde la Corte Suprema de Apelación del Oeste de Virginia, 687 S.E.2d 382 (2009),

Tampoco es preciso que cada uno aporte un asesor, pudiendo uno solo realizar la función para la pareja[36]. En cualquier caso, si el asesoramiento legal independiente ha existido[37], nada más puede hacerse al respecto en orden a su incidencia en el consentimiento informado, pues los tribunales no se encuentran legitimados para entrar a calibrar el contenido de la información facilitada por el profesional.

Otra cuestión relacionada con la información necesaria para emitir un consentimiento eficaz es la relativa a la situación financiera de la otra parte contratante, de manera que pueda calibrar el alcance patrimonial de lo acordado. A dicha situación se puede llegar, bien como consecuencia de haber recibido información financiera de la otra parte, bien, simplemente, por disponer de ese conocimiento por otros medios. La diferencia estriba en que, si no se ha cumplido la obligación de información en los términos previstos en el UPMAA[38], el que así no haya procedido deberá asumir la

---

declara ineficaz un acuerdo prematrimonial por entender que falta de la asesoría legal independiente, pues un mismo abogado no puede representar a dos partes antagónicas.

36 Así, *Woolwine v. Woolwine,* Corte de Apelación de Alabama, Civ.No.5827-X, LEXIS 1362 (1987); *Cannon v. Cannon,* Corte de Apelación de Maryland, No. 48, Sept. Term. 2004 (2005); *Biliouris v. Biliouris,* Corte de Apelación de Massachusetts, No. 05-P-933 (2006); *In re the State of Kinney,* Corte Suprema de Minnesota, A05-1794 n(2007); *Estate of Martin v. Estate of Martin Jr.,* Corte Suprema Judicial de Maine, Docket No. Aro-07-91 (2008); *Cenovic v. Cenovic,* Corte de Apelación de Nebraska, No. A-09-238, LEXIS 5 (2010); *In re marriage of Michael,* Corte de Apelación de California, D056693, LEXIS 631 (2011); *Owen v. Owen,* Corte Suprema de Apelación de Virginia, No. 13-0467, LEXIS 632 (2014).

37 La jurisprudencia equipara la existencia de tal asesoramiento a la circunstancia de que los contrayentes sean profesionales del Derecho como el caso *Robinson v. Robinson,* Corte Suprema de Alabama, 2090682, LEXIS 378 (2011). Los Tribunales son estrictos a la hora de interpretar "profesional en Derecho", pues en la sentencia dictada por la Corte Suprema de Nueva York, caso *Plaintiff v. Plaintiff,* LEXIS 4535 (2012), no se tiene en cuenta el hecho de que la esposa trabajara como recepcionista en una firma de abogados matrimonialistas y, aunque fue asesorada por el mismo abogado que su esposo, no aprecia causa suficiente para la ineficacia en atención a otras irregularidades no salvadas por estos dos hechos probados (a saber, trabajar en un despacho de abogados, lo que implica un conocimiento del Derecho, y haber sido asesorada).

38 Sección 9 (d): "A party has adequate financial disclosure under this section if the party: (1) receives a reasonably accurate description and good-faith estimate of value of the property, liabilities, and income of the other party; (2) expressly waives, in a separate signed record, the right to financial disclosure beyond the disclosure

carga de la prueba de que la otra parte estaba suficientemente informada por otros medios de su situación patrimonial.

b) Desequilibrio patrimonial y asesoramiento legal independiente en el Derecho catalán

Ambos aspectos figuran en la regulación del CCCatalán, de forma muy semejante a la expuesta lo que acredita la influencia del Derecho norteamericano en esta materia en el viejo continente.

En primer lugar, se expresa el art. 231.20.2 en relación al asesoramiento legal independiente en los siguientes términos: "El notario, antes de autorizar la escritura a que se refiere el apartado 1, debe informar por separado a cada uno de los otorgantes sobre el alcance de los cambios que pretenden introducirse con los pactos respecto al régimen legal supletorio y debe advertirlos de su deber recíproco de proporcionarse la información a que se refiere el apartado 4". Como quiera que la regulación catalana determina que estos acuerdos solo pueden llevarse a cabo en escritura pública, el notario asume, de forma automática dicha función. La obligación de información se integra en el conjunto de obligaciones intrínsecas a la función notarial, reseñadas en el párrafo 2 del art. 17 /bis) de la Ley del Notariado[39] que desarrolla el art. 147 del Reglamento Notarial[40].

En segundo lugar, el párrafo 4 del art. 231.20 ("El cónyuge que pretenda hacer valer un pacto en previsión de una ruptura matrimonial tiene la

---

provided; or (3) has adequate knowledge or a reasonable basis for having adequate knowledge of the information described in paragraph (1)"

39 Artículo 17 bis: "2. Reglamentariamente se regularán los requisitos indispensables para la autorización o intervención y conservación del instrumento público electrónico en lo no previsto en este artículo. En todo caso, la autorización o intervención notarial del documento público electrónico ha de estar sujeta a las mismas garantías y requisitos que la de todo documento público notarial y producirá los mismos efectos. En consecuencia: a) Con independencia del soporte electrónico, informático o digital en que se contenga el documento público notarial, el notario deberá dar fe de la identidad de los otorgantes, de que a su juicio tienen capacidad y legitimación, de que el consentimiento ha sido libremente prestado y de que el otorgamiento se adecua a la legalidad y a la voluntad debidamente informada de los otorgantes o intervinientes"

40 Artículo 147: "El notario redactará el instrumento público conforme a la voluntad común de los otorgantes, la cual deberá indagar, interpretar y adecuar al ordenamiento jurídico, e informará a aquéllos del valor y alcance de su redacción, de conformidad con el artículo 17 bis de la Ley del Notariado"

carga de acreditar que la otra parte disponía, en el momento de firmarlo, de información suficiente sobre su patrimonio, sus ingresos y sus expectativas económicas, siempre y cuando esta información fuese relevante con relación al contenido del pacto") establece la carga de la prueba de que existía información financiera suficiente sobre tres aspectos concretos: el patrimonio, los ingresos y las expectativas, que recae sobre el que solicita la eficacia del pacto.

Algunas precisiones merecen recibir el precepto. La distinción entre ingresos y patrimonio es desafortunada, a no ser que identifiquemos el "patrimonio" como del conjunto de bienes y derechos, en sentido estático, frente al dinamismo del término "ingresos". El término "expectativas", en cambio, debe ser puntualizado a fin de delimitar lo que comprende. En principio, bajo su paraguas, tendrán cobijo partidas que, aun siendo inexistentes, quizás, se integren (o no) en el patrimonio futuro del sujeto. Urge, pues, buscar parámetros interpretativos que permitan soslayar la inseguridad que genera dicho término por falta de certeza. La buena fe impone restricciones interpretativas para que su contenido se constriña a derechos u obligaciones que razonablemente y en un espacio de tiempo prudencial se materializarán. Así, por ejemplo, el hecho de ser designado en testamento como heredero de una persona con un importante patrimonio, no puede considerarse como una "expectativa" a tener en cuenta en el marco del art. 231.20.4, pues, aunque el testador tuviera una edad avanzada y/o un estado de salud precaria, a no ser que concurra en el beneficiario la cualidad de legitimario, dado que el testamento no concede derechos a beneficiario por poder alterarse debe excluirse tal posibilidad del término "expectativa".

La parquedad de la norma en cuanto a la información debida nos obliga a concretarla acudiendo a principios ya clásicos en este tema. Así, un contenido suficiente no implica exhaustividad y, en cuanto a la forma y al lenguaje, este estará adaptado al destinatario, huyéndose de una terminología confusa o excesivamente técnica que dificulte su comprensión. En cualquier caso, la buena fe que rige las relaciones contractuales demanda una información media que permita a cualquier persona media emitir un consentimiento válido, por maduro y formado.

Aunque la norma no es casuística como las existentes en algunos Estados de la Unión que contemplan supuestos tales como aquellos que eximen de la obligación de informar, tampoco es necesario entrar en ese detalle; pues la aplicación del principio de buena fe nos conduce a idénticos resultados sin que sea preciso que el legislador lo contemple expresamente.

Algunas dudas que pudiera suscitar la aplicación del precepto han sido ya resultas por los tribunales catalanes. Así la STSJ Cataluña 31 marzo 2016 *(Tol 5714863)* expresa con claridad algo que se infiere del texto de la norma: la obligación de información no es un requisito de validez de los pactos[41], con independencia de la incidencia que ello tuviere en la formación del consentimiento y su repercusión en torno a su eficacia. Asimismo, esta resolución indica que la carga probatoria sobre la información recibida se extiende a su veracidad y suficiencia, siendo indiferente el medio o la forma como esta se preste[42]. Otro aspecto a valorar es la incidencia de la información en la emisión del consentimiento, pues si se acredita que éste se hubiera prestado con desconocimiento sobre las consecuencias económicas por existir otros motivos que lo impulsan, el hecho de que no se hubiese atendido a la obligación de información es intrascendente[43]. Ello nos conduce a afirmar que no solo debe tenerse en cuenta el contenido del

---

41 "El cumplimiento del deber de información que regula el art. 231-20.4 CCCat no constituye, propiamente, un requisito formal de la validez, sin perjuicio de los efectos que su incumplimiento pudiera tener sobre la correcta formación del consentimiento necesario, este sí, para su validez (*cfr.* STSJCat 46/2012 de 12 jul. FD2§2)".

42 "Por lo demás, la información de que se trata ha de ser sustancialmente fiel a la realidad económica que pretende transmitir, lo que podrá hacerse por cualquier medio de comunicación, no necesariamente documental y aunque no responda a estándares contables, siempre que sea con el detalle y la precisión suficientes como para que los otorgantes puedan formarse recíprocamente un cabal conocimiento sobre la composición de sus respectivos patrimonios al tiempo del otorgamiento de los pactos, sobre la fuente de sus ingresos o rentas de cualquier procedencia vigentes entonces y sobre sus correspondientes expectativas económicas que sean razonablemente previsibles en ese momento, con sus valores aproximados respectivos, a fin de que —por lo que se refiere en concreto al pacto previsto en el art. 233-16.1 CCCat sobre la pensión compensatoria, que es del que se trata aquí— aquellos puedan valorar fundadamente si las obligaciones que asumen o las renuncias que aceptan en previsión de la ruptura de la convivencia se adecuan o no a los específicos y respectivos planteamientos o intenciones negociales que inspiren su consentimiento a los pactos (*cfr.* SSTS1 167/2012 de 16 mar. FD4 y 244/2012 de 4 abr. FD2)".

43 "Precisamente por ello, la relevancia de la información de que habla el art. 231-20.4 CCCat habrá de medirse no solo en relación con el contenido del pacto, sino también en atención a la intención evidenciable de las partes al otorgarlo, de modo que, si el eventual déficit no hubiera podido condicionar razonablemente el consentimiento del otorgante ni su decisión de pactar, deberá considerase intrascendente".

pacto (criterio objetivo) sino también la intención o propósito de este para los que lo conciertan (criterio subjetivo).

Completando el breve recorrido jurisprudencial, la STSJ Cataluña 13 abril 2021 *(Tol 8581480)* estima la existencia de información suficiente para emitir un consentimiento válido, aun cuando no se haya cumplido la obligación de informar, si de los hechos se desprende que la parte reclamante conocía la situación financiera de su ex cónyuge como consecuencia de la convivencia[44].

c) El tratamiento del desequilibrio en los tribunales españoles

La primera de las sentencias del tribunal supremo, la STS 24 junio 2015 *(Tol 5191042)*, que se pronunció abiertamente sobre los pactos prematrimoniales con previsiones de ruptura abordó la vulneración del art. 14, como uno de las causas de impugnación alegada por la reclamante. Para analizar la posible conculcación el tribunal recurre a criterios patrimoniales (desequilibrio financiero), constatando la inexistencia de tal desequilibrio entre ambos contratantes, ya que su situación era de solvencia. Asimismo, ya desde un análisis personal, tampoco aprecia una situación de sometimiento o de prepotencia de uno sobre otro con causa en el acuerdo[45]. En este caso, no se examina la voluntariedad del consentimiento sustentado en la

---

44 "Ello expuesto, no cabe olvidar que en el presente caso la Sala de apelación parte de la base de que por las circunstancias concurrentes, la Sra. Sara conocía el patrimonio y los medios de fortuna de su esposo, para el que había trabajado en las empresas con las que, según la reconvención, gestionaba su patrimonio y economía (Scourge SA y Agebel SA) y con quien convivía desde hacía 16 años, además de la propia admisión de que no ignoraba que tenía en propiedad un edificio en la CALLE000 de DIRECCION000 en cuyos bajos residía la familia y una finca en DIRECCION001"

45 "En cuarto lugar, no queda cuestionada la igualdad de los cónyuges, pues no consta que los pactos hayan sido gravemente perjudiciales para el recurrente, de profesión abogado y divorciado de un matrimonio anterior, manteniendo ambos una saneada situación económica, lo que impide limitar los efectos de los pactos que libremente acordaron. De los pactos tampoco puede inferirse que uno de los cónyuges quede en situación de abuso de posición dominante, ni que haya sumido al otro en una clara situación de precariedad que genere la necesidad de asistencia de instituciones públicas o privadas… No se aprecia que a través de los pactos se haya impuesto una situación de sometimiento a una de las partes, por lo que no se declara infracción del principio de igualdad (art. 14 de la Constitución) ni lesión del derecho a la dignidad (art. 10 de la Constitución) o libertad personal (arts. 17 y 19 de la Constitución).

información previa, pues no es preciso al no apreciarse ni desequilibrio patrimonial ni sometimiento personal.

De forma más explícita, otros pronunciamientos, como la SAP Valencia 6 abril 2017 *(Tol 6179622)*, aluden a factores como la edad, experiencia, profesión, experiencia previa... de los que se infiere la comprensión y, por consiguiente, la voluntariedad del consentimiento emitido. Dichos factores parece que eximen de una hipotética obligación de informar[46], pues lo que interesa a los efectos de la desigualdad es la información de la que disponen los contratantes, con independencia de como haya llegado a ella.

Si bien nuestros tribunales toman como punto de referencia el desequilibrio patrimonial como dato para analizar la vulneración del art. 14, no es particularmente escrupuloso en su observación, pues, aun detectándose cuantitativamente, no colige de los datos consecuencias cualitativas que genere desigualdad no justificada. La SAP A Coruña 21 julio 2021 (ECLI:ES:APC:2021:1892) sirve como un ejemplo, pues califica como meras "contraprestaciones" las derivadas del pacto que, si bien, no son equitativas existen y, por consiguiente, soslayan el desequilibrio. Con ello se corrobora lo inicialmente afirmado: que el principio de igualdad no impone el equilibrio pleno entre las contraprestaciones, sino que, en respeto de la autonomía de la voluntad, solo puede imponerse antes situaciones injustificada y flagrantemente desproporcionadas.

Finalmente, a diferencia del Derecho norteamericano, el tratamiento de la obligación de información es muy escaso. En consecuencia, no podemos sostener que, técnicamente, tal obligación forme parte del pacto, como tampoco el asesoramiento legal independiente. No obstante, así como es claro que la eficacia del pacto preventivo no se encuentra conec-

---

46 "el acuerdo adoptado y recogido en la escritura pública aportada, es de plena aplicación al supuesto de autos, lo que determina la estimación del recurso, pues, a diferencia de lo señalado en la sentencia de instancia, no estima la Sala exista conculcación del derecho a la igualdad de ambos cónyuges, pues, como se desprende de los autos ambos, por edad, profesión y experiencia anterior, eran plenamente conscientes del acuerdo a que habían llegado de tipo económico, entre los dos, ante Notario, afectando sólo y exclusivamente a los mismos en el orden económico, dada la inexistencia de hijos comunes, lo que se traduce en que mal puede alegarse, y estimarse, posteriormente, que dicho pacto limitaba la igualdad entre ambos, cuando los dos conocen perfectamente —no se olvide su edad y cualificación profesional— las consecuencias de tal pacto, pues de admitirse la demanda quebraría el principio de libertad de pactos, permitiéndose que se pudiese firmar válidamente cualquier pacto, ante la seguridad de, más tarde, dejarlo sin efecto, pese a conocer plenamente la trascendencia y alcance del mismo"

tado con la existencia del asesoramiento legal independiente, no podemos decir lo mismo en relación al consentimiento informado. Pues, por un lado, la función normativa de la buena fe en sede contractual ex art. 1258 CC impone a los contratantes, obligaciones, no queridas, pero surgidas bajo su amparo; aunque, eso sí, en este caso, posteriores a la emisión del consentimiento, habida cuenta que surgen una vez el contrato se ha perfeccionado. Ello no permite sostener que, con causa en el pacto familiar, los sujetos se encuentran obligados a informarse mutuamente de posibles diferencias significativas en sus respectivos estados o situaciones financieras que pudieran incidir en el contenido de lo pactado. Si bien, el recorrido de esta obligación es relativamente reducido, ya que dicha información fluye con naturalidad en una situación de armonía, sin que sea preciso una actividad específica en este sentido. No obstante, de producirse cambios señalados y no detectados el sujeto afectado debe informar a su pareja como demanda la buena fe.

Por otro lado, y es ahí donde se ubica la *causa iuris* de la que pende su incidencia en la validez del pacto, podría entenderse que la falta de información suficiente provocaría un consentimiento no eficiente ex el artículo 1261 CC, lo que convierte en impugnable el pacto por ese motivo.

B) La renuncia de los derechos

Hablar de igualdad en los pactos familiares con previsiones de ruptura nos conduce a cuestionarnos la validez de la renuncia de los derechos en ellos contenidos. Sobre todo, cuando la renuncia es unilateral de manera que uno de los sujetos concernidos se beneficia del pacto frente al perjuicio patente del que lleva a cabo la renuncia, o bien genera desequilibrio patrimonial considerable o manifiesto.

La validez de la renuncia de derechos queda sometida al régimen general, que no se ve afectado porque esta acaezca en sede de pactos familiares. El art. 6.2 del CC y la regla en él referida ("la renuncia a los derechos en ella reconocidos sólo serán válidas cuando no contraríen el interés o el orden público ni perjudiquen a terceros") conforman el eje vertebrador de cualquier disquisición sobre la validez de la renuncia de derechos. Que se completa con la prohibición expresa de la renuncia a la herencia futura de los arts. 816 ("Toda renuncia o transacción sobre la legítima futura entre el que la debe y sus herederos forzosos es nula, y éstos podrán reclamarla cuando muera aquél; pero deberán traer a colación lo que hubiesen recibido por la renuncia o la transacción") y 991 ("Nadie podrá aceptar ni repudiar sin estar cierto de la muerte de la persona a quien haya de heredar y de su derecho a la herencia") del CC.

En realidad, de las consecuencias patrimoniales típicas derivadas de la ruptura, solo la pensión compensatoria, la indemnización por el trabajo doméstico prevista en el art 1438 CC y la indemnización en caso de nulidad ex art. 98 CC[47] podrán ser objeto de renuncia previa. De todas ellas es, sin duda, la pensión compensatoria la que acapara un mayor protagonismo, no solo por su naturaleza netamente dispositiva y no asistencial, sino por concurrir en un mayor número de supuestos, dada los presupuestos que la generan y el ámbito más amplio en el que tiene lugar. El hecho de que en nuestro Derecho no se cuestione el interés privado que subyace en la pensión compensatoria, es una de las claves de la amplia acogida en la jurisprudencia. A diferencia de otros países, como nuestra vecina Italia, en la que, por considerarse que la pensión compensatoria es una medida asistencial, que atiende, pues, a un interés público, los pactos preventivos que versan sobre su renuncia o su mera disposición se califican como ineficaces[48].

Partiendo de la disponibilidad de las prestaciones y superado el primer parámetro de validez derivado de las normas generales enunciadas, la eficacia de la renuncia vendrá fijada por la vulneración del principio de igualdad, lo que nos conduce al epígrafe precedente. Pues deberá procederse, en consecuencia, a valorar el desequilibrio patrimonial, así como la incidencia del consentimiento informado en los términos ya referidos y a los que nos remitimos.

El motivo de dedicarle un apartado de este ensayo se justifica por su habitualidad y conflictividad, lo que ha generado una doctrina jurisprudencial importante que merece un análisis más detallado.

---

47 "El cónyuge de buena fe cuyo matrimonio haya sido declarado nulo tendrá derecho a una indemnización si ha existido convivencia conyugal, atendidas las circunstancias previstas en el artículo 97".

48 Además de otros argumentos, como la imposibilidad de renunciar a derechos futuros y la inexistencia de causa. Invito al lector a ilustrarse sobre el particular en los dos interesantes artículos doctrinales de V. Barba: "Los pactos prematrimoniales en el Derecho italiano. Propuesta de reforma de acuerdo con el Derecho catalán", *Anuario de Derecho Civil,* tomo LXXIV, 2021, pp. 21 y ss. y "Pactos en previsión de ruptura familiar: una comparación entre la jurisprudencia italiana y la española, en la esperanza de que la primera aprenda de la segunda", *Cuadernos de Derecho Privado,* 3, 2022, pp. 45 y ss.

a) La validez de la renuncia de derechos en el Derecho norteamericano

La renuncia a derechos se encuentra admitida desde los primeros pronunciamientos de los tribunales estadounidenses como contenido de los pactos prenupciales[49]. En este sentido, los *cases law* incorporan el criterio de la de razonabilidad de la renuncia como parámetro de medición de su eficacia, que puede verse cumplida por su reciprocidad, aunque no necesariamente por ésta. El juicio sobre la razonabilidad comporta, también, la apreciación de otras circunstancias que pudieran tener lugar en el momento de aplicarse el acuerdo, cuando se produce la disolución del vínculo. Entre estas circunstancias cobra un especial protagonismo el hecho de que, como consecuencia de la renuncia, el renunciante se convierta en acreedor de una ayuda a cargo del erario público. Dicha limitación de orden público se recoge, expresamente, en UPAA (1983)[50].

En el texto conocido como *American Law Institute Principles of the Law of Family Dissolution* (2002) se perfila el régimen jurídico de la renuncia de los derechos, incorporando nuevas reglas provenientes de los *cases law*. Así, si el contenido del acuerdo se refiere a la renuncia o limitación de derecho a percibir una pensión en caso de ruptura o se pacta un régimen económico matrimonial distinto del de comunidad de bienes o ganancias, se exige una información específica a la parte que renuncia o que se perjudica patrimonialmente como consecuencia de ésta. En este sentido, la norma establece la obligación de facilitar información sobre el estado financiero de la parte que alega la validez del acuerdo prematrimonial. Se presume, así, que el

---

49 La sentencia de la Corte Judicial Suprema de Massachusetts de 13 de julio 1981 en el caso *Osborne v. Osborne*, Mass. Adv.Sh.2216, 428 N.E.2d 810 (1981) se plantea la validez de un acuerdo prematrimonial, suscrito horas antes de la boda, en el cual, para el caso de divorcio, los futuros esposos renuncian a cualquier derecho de contenido patrimonial que, llegado ese momento, pudiera corresponderle. Esta sentencia fue emblemática por ser una de las primeras en construir la doctrina jurisprudencial que determina la validez de la renuncia. Donna Pamela M.: "Antenuptial contracts governing alimony or property rights upon divorce: Osborne v. Osborne", en *Boston College Law Review*, Volumen 24, issue 2, number 2, pp. 469 a 504, concretamente la cita es a las pp. 475 y 476.

50 Section 6: "(b) If a provision of a premarital agreement modifies or eliminates spousal support and that modification or elimination causes one party to the agreement to be eligible for support under a program of public assistance at the time of separation or marital dissolution, a court, notwithstanding the terms of the agreement, may require the other party to provide support to the extent necessary to avoid that eligibility".

consentimiento es libre si el sujeto que renuncia, conoce su valor patrimonial[51].

Finalmente, las pinceladas con las que pretendemos esbozar las reglas del Derecho norteamericano nos conducen al último documento publicado: UPMAA (2013). En este se introducen precauciones en orden a garantizar la voluntariedad del consentimiento cuando el pacto versa sobre renuncia de derechos. El asesoramiento legal se convierte en imprescindible[52], y se exige un lenguaje claro y una redacción inteligible del texto que contiene la renuncia. De no cumplirse ambos requisitos el acuerdo carecería de eficacia[53]. Se incluye una norma idéntica a la que figuraba en el Acta de 1983, relativa a la limitación de la renuncia de derechos, que sitúa al renunciante en una situación tal que le convierte en beneficiario de una prestación o subsidio a costa del Estado[54].

---

51 Parágrafo 7.04 (5): "Para que tenga efecto las cláusulas del acuerdo que limitan las pretensiones de realizar pagos compensatorios por una de las artes, o de deber compartir en régimen de comunidad matrimonial, la parte que alegue el pacto limitativo debe demostrar que antes de la celebración del acuerdo la otra parte conocía, al menos aproximadamente, sus activos e ingresos, o le fueron proporcionados mediante una declaración escrita conteniendo esta información..."

52 Sección 9, a (3)"... unless the party had independent legal representation at the time the agreement was signed, the agreement did not include a notice of waiver of rights under subsection (c) or an explanation in plain language ofthe marital rights or obligations being modified or waived by the agreement". Generalmente cuando los Tribunales han rechazado la eficacia de un acuerdo prematrimonial sin asesoramiento legal independiente se producen en el seno de contratos donde ha existido renuncias a derechos. Por ejemplo, *Pite v. Pite,* Corte Superior de Connecticut, FA 990429262S, LEXIS 522 (2001), caso *Eyster v. Pechenik,* Corte de Apelación de Massachusett, No.06-P-1578 (2008) o *In re Marriage of Rudder,* Corte de Apelación de Oregón, No.4581 (2009), entre otros.

53 Sección 9, c: (c) "A notice of waiver of rights under this section requires language, conspicuously displayed, substantially similar to the following, as applicable to the premarital agreement or marital agreement:..."

54 Sección 9 (e):" If a premarital agreement or marital agreement modifies or eliminates spousal support and the modification or elimination causes a party to the agreement to be eligible for support under a program of public assistance at the time of separation or marital dissolution, a court, on request of that party, may require the other party to provide support to the extent necessary to avoid that eligibility".

b) La reciprocidad de la renuncia del artículo 231-20.3 del Código Civil catalán

La dicción del art. 231-20.3 ("Los pactos de exclusión o limitación de derechos deben tener carácter recíproco y precisar con claridad los derechos que limitan o a los que se renuncia") expresa con nitidez la opción del legislador catalán por la reciprocidad no solo en la renuncia, sino también en la limitación de derechos.

Así como la reciprocidad en la renuncia de derechos, cuando ambas partes se encuentran en una situación equiparada, sino en contenido, al menos en la titularidad del derecho que se renuncia, es fácilmente constatable, no así la limitación de los derechos. La interpretación amplia que demanda esta norma cohonestada con la libertad de pacto que caracteriza al actual Derecho de familia, nos conduce a afirmar que dicha reciprocidad debe interpretarse de forma laxa o formal en orden a la restricción de derechos. Pues lo que se trata de evitar es que uno de los contratantes lleve a cabo una renuncia o limitación de derechos unilateral y desproporcionada en relación al otro. Teniendo en cuenta, a la hora de calibrar la aplicación de la prohibición, una valoración global del patrimonio de ambos y de las expectativas patrimoniales de cada uno de ellos.

En consecuencia, si no existe una plena reciprocidad al renunciarse a derechos idénticos en cuanto a su naturaleza (el arquetipo sería la renuncia recíproca a la pensión compensatoria que pudiera corresponderle), será preciso contar como elemento interpretativo de las posibles limitaciones de derechos o renuncias llevadas a cabo, la existencia de una cierta compensación, de manera que no se genere una desproporción entre lo pactado por cada cónyuge o futuro cónyuge. Pues, por ejemplo, con esta interpretación, se apreciaría reciprocidad en el pacto por medio del cual uno solo renuncia a la pensión compensatoria, recibiendo, si la ruptura acaeciera, el renunciante un bien inmueble concreto o una cantidad económica. La renuncia no es técnicamente o formalmente recíproca, pero sí lo es desde un punto de vista material al recibir una compensación económica el único renunciante por parte del beneficiado por la renuncia por ser el obligado al pago de la misma, equiparándose el desequilibrio patrimonial que pudiera generarse.

c) El tratamiento en la jurisprudencia española: la renuncia a la pensión compensatoria y otras cuestiones relacionadas con la pensión compensatoria

A diferencia del Derecho catalán, no existe en Derecho común una norma limitativa de la libertad de los contratantes en orden a la renuncia de derechos en los pactos de los que nos ocupamos. En esta línea de voluntarismo, se admite, sin dificultad, la renuncia de cualquiera de las partes o de ambas al posible derecho a percibir una pensión compensatoria, también con carácter previo a la ruptura. Bien es cierto que hubo reticencias en nuestros tribunales[55] e, incluso, en la doctrina autorizada[56], hoy del todo superadas, a la renuncia anticipada. Pero, dado que hoy la unanimidad doctrinal y jurisprudencial es patente y que no se atisba quiebra alguna, orillaremos reproducir argumentos superados y que, por otra parte, tampoco compartimos[57].

Sin embargo, este no es un tema "cerrado". Nuestros tribunales no dejan de resolver conflictos sobre esta materia; pues ya no se trata solo de considerar válida en sí misma la renuncia por apreciarse legitimidad para ello[58], sino que la disposición que las partes hagan se adecúe a otros parámetros que puedan incidir en su eficacia.

---

55 Sobre la posición de los Tribunales, *vid.* C. Pinto Andrade: *Pactos matrimoniales en previsión de ruptura*, Barcelona, 2010, pp. 323 a 359. La doctrina también es unánime al emitir juicio sobre su validez. Así, F. J. Pastor Vita.: "La renuncia anticipada de la pensión compensatoria en capitulaciones matrimoniales", *Revista de Derecho de familia,*, nº 19, 2003, pp. 25-55; M. P. García Rubio: "Los pactos prematrimoniales de renuncia a la pensión compensatoria", en *ADC*, 2003, pp. 1653-1673; J. Egea Fernández: "Pensión compensatoria y pactos en previsión de ruptura matrimonial", en *Estudios jurídicos en homenaje al profesor Luis Diez Picazo*, tomo III, Madrid, 2003, pp. 4551-4574; C. Hornero Méndez y L. Aguilar Ruiz: "Los pactos conyugales de renuncia a la pensión compensatoria: autonomía de la voluntad y control judicial", *Revista Jurídica del Notariado* nº 57, 2006, pp. 9-43; C. Martínez Escribano: *Pactos prematrimoniales*, Madrid, 2011, p. 165 a 171, entre otros.

56 En la doctrina se manifiesta contraria al reconocimiento por atentar a la esencia del matrimonio, A. L. Cabezuelo Arenas: "¿Es válida la renuncia a una eventual pensión compensatoria formulada años antes de la separación en capitulaciones matrimoniales?", *Aranzadi Civil*, nº 18, febrero 2005, pp. 15-35, p. 30.

57 Por ejemplo, SAP Asturias 12 diciembre 2000, citada por V. Moreno: "La validez de los acuerdos prematrimoniales", en el *Diario La Ley*, nº 7049, 5 noviembre 2008, pp. 1 a 6, concretamente la cita es a la p. 3 es uno de los ejemplos de jurisprudencia que, en su momento, negaba efectividad a estos pactos de renuncia previa.

58 La jurisprudencia que reconoce validez a la renuncia no es tan reciente. Por ejemplo, SAP Valencia, 3 abril 2012 (*Tol 2570318*) en relación a la validez de la siguiente cláusula en documento privado en el que consta la renuncia clara de la demandante a "la pensión compensatoria que pudiese asistir a Dª María Cristina tras una futurible ruptura matrimonial con D. Pelayo, o a cualquier tipo de prestación económica que a la misma le pudiere corresponder en Derecho, en razón de la convivencia con D. Pelayo, ya sea como pareja de hecho o de derecho". Dice: "La renuncia a la pensión compensatoria en un documento firmado antes de

En esta línea de "disposición" en sentido amplio sobre la pensión compensatoria, la imaginación de los esposos ha superado con creces la mera renuncia, y se extiende a otras cuestiones, tales como las causas de extinción, proponiendo formas de extensión no contempladas, expresamente, en el CC. En las SSTS 21 febrero 2022 *(Tol 8820487)* y 30 mayo 2022 *(Tol 9002322)*, se contienen afirmaciones de calado y que van más allá de la renuncia o pacto sobre su cuantía[59], o modalidad[60], objeto, hasta entonces, de los pronunciamientos jurisprudenciales. Pues ya no se trata solo de eso, de cuantificar o renunciar, ni siquiera de pactar otras prestaciones compatibles con la compensatoria si esta última tuviera lugar, sino de regular las causas que dan lugar a la extinción, distintas de las establecidas por el legislador en el arts. 100 y 101 del CC.

Así, en la mencionada sentencia del tribunal supremo de 21 de febrero 2022 se dilucida la validez de un acuerdo en el que, entre otros aspectos, se fija la causa de extinción de la pensión compensatoria referida solo al hecho de contraer matrimonio por parte del beneficiario, apartándose del dictado de las causas de extinción del citado derecho establecidas en el art. 101 CC Expresándose el tribunal de forma generosa, prevaleciendo el carácter dispositivo del régimen jurídico de la pensión compensatoria en todos los sentidos[61]. De forma semejante se expresa la sentencia del

---

contraer matrimonio, para el caso de la ruptura, es válido porque se trata de una prestación económica entre los cónyuges no regida por el principio inquisitivo, y sujeta a la disposición de las partes siempre que se respeten los límites generales de la autonomía de la voluntad, es decir, el respeto a la ley, la moral o el orden público, conforme al artículo 1.255 del Código Civil, y los correspondientes a la renuncia de los derechos, es decir, la no contrariedad al interés o al orden público o el perjuicio de terceros, de acuerdo con el artículo 6-2 del Código Civil, límites entre los que no se encuentra que el derecho renunciado haya nacido, por lo que cabe la renuncia a un derecho futuro, lo que por otra parte confirma el artículo 1.271, párrafo primero del Código Civil".

59 SSAP Barcelona 31 mayo 2021 *(Tol 8554293)*, Granada 17 febrero 2022 *(Tol 9045213)*, entre otras.

60 SAP A Coruña 11 enero 2017 *(Tol 5949474)*, Las Palmas 21 octubre 2019, entre otras.

61 Sobre el particular dice, textualmente, la meritada sentencia: "En efecto, las partes son muy libres de convenir las reglas que rijan la prestación de la pensión compensatoria pactada. En el ejercicio de tales facultades, determinaron el concreto régimen de extinción de dicha pensión, en vez de quedar sometidas a las causas legales de los arts. 100 y 101 del CC, lo que, desde luego, no podían ignorar cuando, al suscribir el convenio, se hallaban debidamente asesoradas por sus respectivas abogadas, las cuales además lo suscribieron, conjuntamente, con los

tribunal supremo de 30 de mayo de 2022, que aborda el alcance de un pacto sobre el régimen jurídico de la pensión compensatoria de forma, igualmente amplia[62].

En la STS 13 marzo 2023 *(Tol 9459869)*, el tribunal supremo retoma el tema de la validez de la renuncia a la pensión compensatoria fijada en capitulaciones previas al matrimonio, que el juzgado de primera instancia había estimado como procedente y que, en cambio, la Audiencia provincial habían declarado su ineficacia al no haberse acontecido las circunstancias que en el acuerdo se habían presupuesto para que esta tuviera lugar. Se aprecia, a juicio del tribunal, un cambio en las circunstancias, en la medida que la renuncia debe ubicarse en el escenario de independencia

---

litigantes... En definitiva, las partes decidieron determinar convencionalmente cuando la prestación del actor quedaba extinguida; es decir, cuando sobreviniera carencia de medios (trabajo o bienes) para hacer frente a la pensión, e igualmente en el caso de que D.ª Ángeles contrajera un nuevo matrimonio. Este acuerdo, al que le dieron carácter vinculante, es perfectamente válido, al entrar en el marco de las facultades dispositivas de las partes, y sin que plantearan cuestión alguna relativa a que su suscripción se llevara efecto bajo la concurrencia de un vicio en el consentimiento (arts. 1265 y siguientes del CC), de difícil apreciación, además, cuando los litigantes estaban debidamente asesorados por sus respectivas letradas... Por lo tanto, al no concurrir el supuesto que pactaron las partes para la extinción de la pensión, el recurso debe ser estimado, con lo que carece de interés legítimo entrar en el análisis del segundo de los motivos interpuestos, relativo a la interpretación indebida del art. 101 del CC, que contempla como supuesto normativo de extinción de la pensión compensatoria vivir maritalmente con otra persona".

62 "Pues bien, en el contexto expuesto, el recurso debe ser estimado, toda vez que las partes pactaron, al amparo de la libre autonomía de la voluntad, dentro del marco de sus facultades dispositivas, la fijación de una pensión compensatoria a favor de la recurrente, su importe, su periodicidad mensual, las concretas causas de extinción de la misma, con lo que la sentencia del tribunal provincial, al desconocer los términos de lo pactado, infringió lo dispuesto en el art. 1255 del CC, sin que la validez y cumplimiento de los contratos pueda quedar al arbitrio de una de las partes contratantes como establece el invocado art. 1256 CC. La pensión compensatoria no se fijó con ningún límite temporal, sino con 'carácter vitalicio', y su extinción quedó condicionada a que la demandada 'conviva maritalmente con otra persona, contraiga nuevo matrimonio, o bien tenga un trabajo por cuenta propia o ajena, cuya retribución sea superior a 1500 euros mensuales brutos, sin incluir pagas extras', ninguno de cuyos supuestos es declarado probado por la Audiencia. El pacto sobre la pensión compensatoria, obrante en el convenio regulador suscrito, no es contrario a la ley, la moral, ni al orden público (art. 1255 CC), no exige un especial requisito de forma, y concurren para su validez los requisitos del art. 1261 del CC —consentimiento, objeto y causa—, que no se cuestionan".

económica, causada por ostentar cada uno un trabajo remunerado, que se altera al abandonarlo la esposa y dedicarse al cuidado del hijo común. En consecuencia, la audiencia provincial acude a los criterios del art. 97 y, en su virtud, estiman la procedencia de la pensión compensatoria a favor de la renunciante[63].

Nuestro Alto Tribunal, en la línea de favorecer el acuerdo y dotarlo de eficacia, sobre todo en cuanto a la pensión compensatoria se refiere, lleva a cabo una interpretación amplia del pacto, "hilando más fino" y no atendiendo a circunstancias que no se habían expresado en este como causa de invalidez de la renuncia. Residencia el núcleo de la validez de lo acordado, en primer lugar, en el consentimiento libremente emitido que se ve reforzado por la intervención del notario autorizante y de las circunstancias personales de los otorgantes, ambas personas maduras y con formación y experiencia suficiente para comprender el alcance de la renuncia[64]. En

---

63 "La exesposa entiende, al igual que el exesposo, que los términos acordados en la escritura de capitulaciones comportan una renuncia tanto a la prestación por desequilibrio (art. 97 CC) como a la compensación por el denominado trabajo para la casa (art. 1438 CC), pero argumenta, y su tesis ha sido acogida por la sentencia recurrida, que en este caso no rige la renuncia acordada porque, al no haberse dado la contribución paritaria en el cuidado del hijo, no se dan las condiciones y circunstancias pactadas en las capitulaciones. Partiendo de este presupuesto, la sentencia recurrida analiza si concurren los requisitos para reconocer la prestación por desequilibrio y la compensación por el trabajo para la casa, entiende que sí, y condena al exesposo a pagar por los dos conceptos".

64 "Partiendo del respeto a la autonomía de la voluntad de los cónyuges, la validez de sus acuerdos exige la formación libre del consentimiento. En el caso, no se ha denunciado por la esposa ningún vicio del consentimiento ni tampoco cabe presumir una relación de superioridad del futuro esposo respecto de ella que diera lugar a que su consentimiento no fuera libremente formado y emitido. Se trata de un matrimonio celebrado por dos personas con cierta madurez, que llevaban cuatro años de relación sentimental, incluido un periodo de convivencia. Cuando otorgaron las capitulaciones, días antes de contraer matrimonio, los dos se encontraban divorciados (él con tres hijos de su matrimonio anterior e importantes cargas económicas), es decir, contaban con una experiencia matrimonial fracasada y el conocimiento de lo que eso conlleva. La futura esposa disponía de una trayectoria personal y vital que impide hablar de una parte 'débil' o ignorante que pudiera haber padecido error sobre las consecuencias de su renuncia: tenía en ese momento 43 años y era, según ha mantenido el recurrente, y ella no lo ha negado, licenciada en economía y empresaria autónoma. Por otra parte, la intervención del notario que autoriza la escritura pública de capitulaciones matrimoniales garantiza que la futura esposa pudiera ser consciente de lo que implicaba la renuncia que firmaba, y en este sentido es significativo que en la escritura el

segundo lugar, aun admitiendo la existencia de un "control de lesividad", que convertiría en ineficaz un acuerdo válidamente nacido por existir consentimiento libre en el momento de su celebración, dicha lesividad no puede interpretarse en el sentido de considerar perjudicial el pacto por haberse renunciado a una prestación que, de no mediar la renuncia, hubiera surgido como derecho para la renunciante por concurrir los presupuestos exigidos en la ley para ello[65].

Finalizamos este epígrafe afirmando que, si bien, la renuncia unilateral debe estimarse como plenamente eficaz, con carácter general, al no encontrarse prohibida ni directa ni indirectamente por norma alguna, ello no debe conducirnos a mantener su validez, en cualquier caso[66]. Por el contrario, consideramos que el juzgador debería exigir una cierta reciprocidad en la renuncia, derivada de la exigencia del principio de buena fe y no del principio de igualdad. De manera que ello condujera a una inversión de la carga de la prueba de aquel que reclama el cumplimiento de obligaciones derivadas de un pacto familiar preventivo, en que no existe reciprocidad alguna en la renuncia o limitación de derechos. En este sen-

---

notario hiciera constar lo siguiente: 'manifiestan asimismo los señores comparecientes, aun advertidos por mí, (el notario) de la trascendencia y contundencia de este pacto, que quieren pactar, y en efecto pactan, que, en caso de disolución, divorcio o nulidad del matrimonio proyectado nada se reclamarán el uno al otro por ningún concepto o acción que pudiera generarse por razón del matrimonio, la convivencia, gastos, bienes, derechos u obligaciones matrimoniales, independientemente de la cuantía de los ingresos de cada uno de ellos. A excepción de las acciones que amparen a los hijos comunes, en su caso".

65 "Partiendo por tanto de un consentimiento libre y consciente, en el caso debemos rechazar que pueda apreciarse, por el contenido del pacto y su objeto, referido a derechos patrimoniales disponibles, algún límite a la autonomía privada que permita considerar que es lesivo. Como hemos dicho, para ello no es suficiente que en el momento de la disolución del matrimonio concurran los presupuestos para el reconocimiento delos derechos a que se ha renunciado, porque precisamente esa es la finalidad del pacto que los futuros esposos quisieron libremente por entender que así convenía a sus intereses".

66 J. R. de Verda y Beamonte, "La compensación por desequilibrio económico en la separación y el divorcio: últimas tendencias jurisprudenciales", *Actualidad Civil*, nº 10, octubre 2020, afirma que "Es dudosa la validez de un pacto prematrimonial de renuncia anticipada de la pensión compensatoria que excluyera toda posibilidad de reclamación, a no ser que se previese otro tipo de compensaciones".

tido, para medir esa "cierta reciprocidad" deberá valorarse el pacto, en su conjunto, así como las circunstancias patrimoniales reales y potenciales[67].

2. *El derecho a contraer matrimonio y la disolubilidad del vínculo del artículo 32*

Una atención especial merece el análisis de los límites a la autonomía de la voluntad contenidos en el art. 32 de nuestra Constitución que establece: "1. El hombre y la mujer tienen derecho a contraer matrimonio con plena igualdad jurídica. 2. La ley regulará las formas de matrimonio, la edad y capacidad para contraerlo, los derechos y deberes de los cónyuges, las causas de separación y disolución y sus efectos".

Por un lado, el primer párrafo consagra el derecho a contraer matrimonio (y a no contraerlo). En este sentido, podemos afirmar que el concepto de matrimonio contemplado en la Constitución discurre entre dos linderos que marcan las fronteras y que no pueden traspasarse so pena de caer en la inconstitucionalidad. De un lado, la diferencia tratamiento jurídico que el legislador tiene que dispensar al matrimonio y pareja de hecho; de forma que la protección, con base constitucional como modalidad de familia de la pareja de hecho[68], si bien debe existir, necesariamente será menor que la establecida para el matrimonio. Por tanto, cualquier regulación o aplicación vía analógica de normas del matrimonio, "matrimonializando" las uniones de hecho, supone una infracción del derecho a no contraer matrimonio. La opción de entablar relaciones familiares fuera del matrimonio, pues, solo pueda ser fruto de la libre voluntad de los sujetos, que deciden ubicar sus relaciones al margen del Derecho (ya que, en otro caso, hubieran contraído matrimonio). En consecuencia, durante la convivencia no debe existir límite o norma alguna que, desde

---

67 No opina así S. Gaspar Lera: "Acuerdos prematrimoniales sobre relaciones personales entre cónyuges y su ruptura: límites a la autonomía de la voluntad", *ADC*, tomo LXIV, 2001, fasc. III, pp. 1041 a 1074, concretamente la cita es a las pp. 1063 y 1064. Esta autora entiende que el principio de igualdad no exige la simultaneidad de las renuncias, ya que, una de ellas, será, en todo caso inútil, pues sólo uno de los ex cónyuges pudiera, en su caso, ser deudor de la prestación. Recordemos que la base de nuestra afirmación se ubica en el principio de buena fe y no en el principio de igualdad como límite legal a la autonomía de la voluntad.

68 Sobre la influencia de la entrada en vigor de la Constitución en el Derecho de familia, C. Lasarte: "Constitución y Derecho de familia", *AAMN,* tomo 53, 2012-2013, pp. 493-513.

fuera, se pueda imponer a los componentes de la unión y que afecte al contenido esencial de estas uniones (denominadas "uniones libres" por Gavidia Sánchez[69]), que, de acuerdo con la mejor doctrina en la materia, se concreta en la "libertad de ruptura"[70]. Dicha afirmación no impide a los miembros de la pareja pactar sobre sus relaciones patrimoniales durante la convivencia e, incluso, cuando esta llegue a su fin, posibilidad coherente con la libertad que la conceptúa y que les da sentido. Siempre que dichos acuerdos respeten el contenido esencial que las define: la susodicha libertad de ruptura.

Ello nos lleva a aseverar que un pacto familiar en el que se contenga, para el caso de ruptura, consecuencias idénticas a las que se producen cuando el matrimonio se rompe o algunas tan gravosas que el conviviente se ve limitado o imposibilitado para finalizar la unión (por el temor a las consecuencias económicas de su decisión), vulneraría el derecho de los convivientes a no contraer matrimonio. Y, por tanto, sería coherente tildarlo de inconstitucional.

En consecuencia, el art. 32.1 de la Constitución limita la libertad de los convivientes de pactar sobre consecuencias que tendrían lugar en caso de ruptura de la unión, al impedir que estas afecten al derecho a contraer matrimonio (y a no contraerlo) que en el mismo se consagra.

Asimismo, el párrafo segundo delnmeritado precepto expresa un mandato palmario al legislador para regular la disolución del matrimonio, que este obedeció en 1981 y volvió a hacerlo en 2005. Pero, al mismo tiempo que instaura el divorcio como un componente del contenido

---

69 Por ejemplo, y entre otros trabajos, en: "La unión libre: familia, no matrimonio", *La Ley*, nº 3, 2004, pp. 1871-1833; *La unión libre: (el marco constitucional y la situación del conviviente supérstite)*, Ed. Tirant lo Blanch, 1995; "La libertad de elegir como cónyuge a otra persona del mismo sexo y de optar entre el matrimonio y una unión libre (Análisis crítico de la constitucionalidad del Matrimonio Homosexual y del llamado Divorcio Express", *La reforma del matrimonio: (Leyes 13 y 15/2005)* (coord. J. V. Gavidia Sánchez), 2007, pp. 21-79.

70 Gavidia Sánchez defiende esta tesis con brillantez en todos sus trabajos sobre la materia (también en los citados en la nota anterior y en otros muchos, pues es el civilista que más ha estudiado las parejas de hecho); particularmente, y por citar algunos, en los siguientes trabajos: "Enriquecimiento injusto entre convivientes y respeto a la libre ruptura de las uniones no matrimoniales", *La Ley*, nº 3, 2006, pp. 1890-1909; "Analogía entre el matrimonio y la unión libre en la jurisprudencia del Tribunal Supremo y principio de libre ruptura de las uniones no matrimoniales: la unión libre en la jurisprudencia (y II)", *Aranzadi civil: revista quincenal*, nº 1, 2002, pp. 2355-2418.

esencial del matrimonio, en el párrafo primero del artículo referido, al regular el derecho a contraer matrimonio (y a no contraerlo), consagra la permanencia del vínculo conyugal que lo define, frente a la libertad de ruptura que caracteriza a las parejas de hecho. Se instaura la necesidad, por imperativo constitucional, de que el matrimonio regulado contemple el divorcio como forma de disolución del vínculo. En consecuencia, cualquier establecimiento mediante pactos de penalizaciones o consecuencias tendentes a imposibilitar el ejercicio del divorcio con el fin de perpetuar la relación, vulnera el art. 32.2 y, en su virtud, será calificada como inconstitucional.

IV. LOS LÍMITES DEL CÓDIGO CIVIL Y SU INTERPRETACIÓN POR LOS TRIBUNALES

A diferencia de otros ordenamientos jurídicos que miran con recelo los contratos celebrados entre cónyuges, nuestro CC, al amparo del art. 1323 CC, diseña un amplio escenario de libertad que permite se desplieguen los pactos más variopintos con los únicos límites del art. 1255 CC. Así, de entrada, nada impide, desde el articulado del código, los acuerdos que puedan contemplar previsiones para el caso de ruptura. Si de futuros esposos o meros convivientes se tratase, igualmente, rige una amplia libertad restringida por el citado art. 1255 CC.

En toda lógica, los pactos deberán atenerse al respecto de las normas imperativas contenidas en nuestro CC. Por ejemplo, la obligatoriedad de utilizar el instrumento de las capitulaciones matrimoniales para cualquier pacto sobre régimen económico matrimonial o la introducción de causas de separación o divorcio o cualquier otra traba que dificulte la ruptura y la hagan más gravosa de las instauradas por la legislación vigente, deberán ser rechazadas, no solo por contravenir la normativa del CC sobre separación o divorcio, sino por afectar al art. 32 de la Constitución al que hemos dedicado el epígrafe precedente.

Sin embargo, ello no es óbice para que dediquemos alguna reflexión a otro posible límite derivado de la necesidad de que sean respetadas las normas generales del CC que establecen los derechos y obligaciones de los contrayentes: respeto, ayuda mutua, velar por el interés de la familia, convivencia, fidelidad y socorro mutuo.

1. Los derechos y obligaciones del matrimonio como límite a la autonomía de la voluntad

Algún sector de la doctrina con argumentos, a nuestro juicio, no convincentes, se muestra partidario de considerar que los derechos y deberes del matrimonio de los arts. 66, 67 y 68 del CC actúan, con carácter general[71], como límite a la autonomía de la voluntad. Otro, en cambio aboga por que a día de hoy no deberían ser considerados límites a la autonomía de la voluntad de los cónyuges o futuros cónyuges, resultando de ello la validez de los acuerdos que su incumplimiento permitiesen. Este sector entiende que la posibilidad de pactar sobre dichos deberes es una consecuencia directa de las modificaciones operadas por la Ley 15/2005, de 8 de julio, por la que se modifican el Código Civil y la Ley de Enjuiciamiento Civil en materia de separación y divorcio, al eliminar esta la necesidad de alegar una causa para que fuera posible la separación (que, a su vez, era requisito indispensable para divorciarse), causas entre las que se encontraba el incumplimiento de los deberes conyugales[72]. Por lo tanto, según estos autores, la modificación supuso una cierta merma en la importancia de los deberes mencionados por lo cual ha de entenderse posible el pacto sobre ellos.

En este "aire de libertad" que caracteriza a nuestro discurso, alineado con la libertad que también respira nuestro CC y que inspira a nuestros tribunales, nos sentimos más cercanos a la segunda de las tesis, si bien, con las matizaciones necesarias para evitar que se vulneren derechos de los contratantes. Pues, la admisión de pactos que versen sobre el contenido o la forma de considerar al cumplimiento (o no) de estos derechos y deberes, se encuentra condicionado al respeto de la dignidad de la persona y a su libre desarrollo de la personalidad establecidos en el art. 10 de la Constitución. Este será el único filtro que actuará como tamiz para discriminar la validez de los pactos, tensionando, adecuadamente, la libertad con la dignidad de los sujetos concernidos.

Aterrizando en la realidad y a fin de ilustrar al lector, por ejemplo, pactar sobre la fidelidad en las relaciones conyugales, estableciendo indemnizaciones por su vulneración o conectando el reconocimiento de derechos

---

[71] A. I. Berrocal Lanzarot.: "Pactos", cit., p. 3. En igual sentido, E. Hijas Cid: "Pactos prematrimoniales", *Diario La Ley*, Derecho de familia, nº 24, Cuarto trimestre de 2019.

[72] Sin embargo, se encuentra en el extremo opuesto M. Figueroa Torres: *Autonomía de la voluntad, capitulaciones matrimoniales y pactos en previsión de ruptura en España, Estados Unidos y Puerto Rico*, ed. Dykinson, Madrid, 2016, p. 216.

patrimoniales a su observancia, en principio, no debe considerarse que, por su objeto, adolezca de motivo de nulidad. Siempre, claro está, que no infrinja el art. 32 de la Constitución en los términos expresados en epígrafes precedentes, al gravar en exceso la ruptura dificultando la disolubilidad sin causa que impera en nuestro ordenamiento jurídico[73]. También se ha cuestionado la validez de un pacto en el que los cónyuges acuerden excluir la fidelidad, diseñando, de este modo, un matrimonio "abierto" en el que esta no tiene cabida[74]. En este sentido, y tras la entrada en vigor de la Ley 13/2005, la fidelidad entre los cónyuges no constituye una obligación en el sentido técnico (pues de su incumplimiento no se deriva consecuencia alguna), siendo plenamente disponible por las partes y operando, muy débilmente[75], sólo si no existiera ninguno de los pactos aludidos. Desde otra perspectiva y relacionado con la fidelidad, el hecho de consensuar un número de relaciones sexuales en un periodo de tiempo o una determinada frecuencia en las mismas, será tildado como un acuerdo ineficaz por atentar a la dignidad de la persona ex artículo 10.

2. La moralidad de los pactos preventivos

De todos es sabido lo "resbaladizo" del término moral en el ámbito jurídico; tan es así que pocos se atreven a mencionarlo, pasando de puntillas cuando pudiera plantearse su infracción. Normalmente, no suele ser

---

73 Muy interesante el trabajo de C. López-Rendo Rodríguez y M. J. Azaustre Fernández: "Acuerdos matrimoniales e infidelidad. Ayer y hoy", *Glossae, European Journal of Legal History 19* (2022), pp. 475 y ss. que nos aporta una perspectiva amplia e histórica de estos pactos. En particular, remito al lector a las pp. 54 y ss. dedicadas al análisis del Derecho español sobre la validez de pactos indemnizatorios por incumplimiento del deber de fidelidad entre los cónyuges. Concluyendo, tras un análisis de las dos posturas doctrinales en orden a su eficacia que "En definitiva, es un acuerdo conforme ley, que recoge el deber de fidelidad entre los cónyuges y no es contrario a las *bonas mores*"

74 En este sentido, no son considerados válidos por infracción del orden público todos aquellos pactos que impliquen la posibilidad de que los cónyuges sean infieles entre sí a los ojos de González del Pozo, J. P.: "Acuerdos", cit., pp. 2-4. M. P. Vilella Llop, *Hacia un nuevo modelo de derecho de familia: Análisis de las figuras y herramientas emergentes,* Dykinson, 2021, p. 176 califica como nulos "todos aquellos pactos que recojan pactos de matrimonio abierto, donde se permita a los cónyuges mantener relaciones adúlteras, por ser contrarios a la moral y al orden público".

75 Y digo "débilmente" porque ni siquiera genera responsabilidad civil al que la incumpliera.

necesario, pues las posibles vulneraciones a la moral se reconducen, con facilidad, al ámbito de la ley o el orden público, por lo que no es preciso entrar en una materia que tantos tintes subjetivos presenta.

No obstante, entendemos que encaja correctamente en el concepto de moral, como límite a la autonomía de la voluntad, la posible vulneración de los pactos familiares con previsiones de ruptura al concepto de matrimonio que se ha mantenido durante muchos años, hoy ya superada, al menos, en nuestro país. El hecho de dicha superación encuentra su fundamento en el concepto contingente de "moral social"; pues, si repugnaba en una determinada época, que los esposos o futuros esposos se plantearan lo qué va a acaecer si su matrimonio (en algunos casos ni siquiera celebrado) se disuelve, en la actualidad ello no es extraño, sino, incluso, recomendable. El convencimiento de que la autonomía de la voluntad es el instrumento más adecuado para solventar la crisis, la normalización de la ruptura conyugal que aparece como una solución deseable y beneficiosa cuando se constata la crisis afectiva, los distintos modelos de familia, son, entre otros, factores que han incidido en el concepto moral del matrimonio, que no es el que se deriva, necesariamente, del mandato constitucional. Pues como dijo, en su día el profesor De Castro, "la moral es un conjunto de convicciones de orden ético imperantes en un determinado momento histórico en la comunidad jurídica"[76].

Dicho lo anterior, los tribunales españoles y extranjeros suelen referirse a este aspecto como infracción al orden público (y no a la moral). Nosotros hemos optado por calificarlo como vulneración de la moral, reservando el concepto orden público al interés del menor o al del cónyuge o conviviente más necesitados de protección, pues nos parece más adecuado. De todas formas, no entraremos en debate sobre el particular y "aceptaremos pulpo como animal de compañía" si algun estudioso del Derecho discute sobre la inclusión o no de este hecho, indudablemente restrictivo durante muchas décadas y que ha actuado como barrera de contención a la admisión de los pactos familiares preventivos, en la categoría de la moral[77].

---

[76] C. Lasarte y A. Calaza: *Principios de Derecho Civil III,* Ed. Marcial Pons, Madrid, 2022, p. 6.

[77] A pesar de lo mantenido previamente, algunos autores han atribuido las reticencias de las que hablábamos en lugar de a la moralidad o inmoralidad de estos pactos, a una infracción del orden público. Así lo hace ver A. M. Rodríguez Guitián.: "Los pactos", cit., p. 102, "la fuerte influencia cristiana en la mayoría de los países occidentales se traduce en un cierto rechazo inicial de los acuerdos de este tipo. Como el matrimonio cristiano se caracteriza por la indisolubilidad, pactos cuyo

Hasta hace relativamente poco tiempo, los argumentos contrarios a la admisión se centraban en la calificación como infracción del art. 1255 CC al hecho de que un contrato determine *ex ante* las consecuencias de la crisis matrimonial cuando no hay ni indicios de que pueda llegar a producirse. La clave se ubica en el concepto de matrimonio y el carácter de estabilidad o permanencia que es inherente al mismo. Dada, además, la función dentro del orden público que la institución matrimonial lleva a cabo, como célula básica sobre la que se articula la familia, los argumentos que han rechazado el reconocimiento y la eficacia jurídica se han apoyado en la calificación de acuerdos inmorales y, por consiguiente, contrarios al orden público. Moral y orden público se entremezclan sin pudor algunos tanto en la doctrina como en la jurisprudencia.

En este sentido, se califican como contrarios a la moral aquellos acuerdos que generen una "promoción de la crisis" al anticipar, en un momento de armonía conyugal, lo qué sucedería en un hipotético divorcio o separación; por lo que, dichos pactos, y desde esa perspectiva, no se ajustan a nuestro ordenamiento. El núcleo de esta argumentación se focaliza en el concepto de matrimonio construido sobre la permanencia del vínculo, puesta en entredicho si los futuros contrayentes o cónyuges pactan sobre una crisis que no ha acaecido y que, en ese momento, carece de visos de suceder.

Aunque, en verdad, este es un argumento relegado en nuestro país y en otros, ha sido, y es en aquellos lugares en los que todavía carecen de eficacia, una justificación muy recurrente. El motivo se encuentra en que es el "argumento" del que se valieron los tribunales para negarle eficacia, por lo que, al evolucionar la jurisprudencia en sentido contrario, ha sido preciso "desmontarlo", aportando fundamentos y razones que fundamenten la tesis, ahora, contraria.

---

contenido consiste en planear las consecuencias del final del matrimonio se consideran contrarios al orden público". Sin embargo, tal y como la autora afirma, en línea con lo defendido en este trabajo con anterioridad, estas son cuestiones del pasado, sirviendo en la actualidad el orden público ya no de límite a los pactos matrimoniales o prematrimoniales *per se* sino más bien a los contenidos que pudieran estos cobijar: "Hoy en día, no obstante, el concepto de orden público ha pasado de constituir la razón de ser de la inadmisión de tales pactos a ser un límite puntual a la autonomía de las partes a la hora de celebrarlos".

A) Antecedentes en el Derecho norteamericano

Hasta la sentencia del 8 de marzo de 1972 del tribunal supremo de Florida en el caso *Posner v. Posner*[78] que marca un importante punto de inflexión a la admisibilidad de los acuerdos prematrimoniales en previsión de ruptura, en Derecho estadounidense se rechazaban, sistemáticamente, su eficacia por la infracción al orden público que ellos representaban (en EE.UU no se contempla la moral como límite, sí en nuestro Derecho)[79]. La razón que blandían los operadores jurídicos se ubicaba en la inmoralidad de estos acuerdos, en la medida que atacaban al carácter permanente y estable (que no indisoluble) de la institución matrimonial. Repugnaba, pues, a la sociedad norteamericana reconocer validez a unos acuerdos, concertados antes de celebrar un matrimonio[80]; y sustentados sobre la premisa de la ruptura del matrimonio todavía no contraído. Dicho rechazo se canaliza jurídicamente por su calificación de contratos "contrarios al orden público", de ahí que en estas reflexiones aludamos al concepto jurídico "orden público" que, si bien, no es equiparable al concepto de "moral", bajo el mismo se esconde el rechazo social que estos contratos generaban. En otras palabras, en cualesquiera acuerdos prematrimoniales que contemplaran el divorcio *"were unenforceable as against the public policy of marital*

---

78 257 So.2d530.

79 El matrimonio *Posner* había realizado un acuerdo prematrimonial catorce días antes de su matrimonio, en el que se contenía una serie de previsiones para el caso de ruptura de la pareja. Entre ellas, en el supuesto de suceder el divorcio, el Sr. *Posner* debía abonar a su esposa 600 dólares mensuales, en concepto de alimentos, y 600 dólares a cada uno de los hijos que tuviera el matrimonio, en concepto de gastos de manutención de estos. Tras seis años de matrimonio y con dos hijos en el mundo, el matrimonio pone fin a su convivencia y, la Sra. *Posner* reclama el cumplimiento del acuerdo. Sin embargo, y como respuesta a la demanda, este es impugnado por el Sr. *Posner* alegando su no obligatoriedad, conforme a la jurisprudencia extendida que los calificaba como acuerdos contrarios al orden público. En este sentido, y antes de entrar en la argumentación jurídica, el tribunal supremo afirma que estos acuerdos no son contrarios al orden público, interpretando el Derecho desde la realidad social de la época, en la que el divorcio se había convertido en algo usual entre los norteamericanos, por ello el orden público no puede (ni debe) condenar *a husband and wife to a lifetime of misery as an alternative to the oppobrium of divorce.*

80 H. Nasheri.: "Prenuptial agreements in the United States: a need for closes control?", en *International Journal of Law, Policy and the Family,* 12 (1998), 307 a 322, concretamente la cita es a la p. 314.

stability'[81]. Para llegar a esta conclusión los tribunales llevaban a cabo un exhaustivo análisis de los hechos a los que aplicaban las normas propias de la teoría general del contrato[82], sin que se tuviera en cuenta ninguna especialidad que legitimara a optar por una interpretación de estos preceptos más adecuada a las particularidades de los pactos prematrimoniales.

En síntesis, la argumentación de la que se vale el tribunal supremo de Florida para declarar su validez apartándose de la doctrina jurisprudencia, hasta entonces unánime, y, por consiguiente, aplicar las previsiones que para el supuesto de ruptura contenía el pacto, pueden resumirse en las siguientes consideraciones: Los acuerdos prematrimoniales con previsiones para el caso de ruptura no son contrarios al orden público, pues la realidad social de la época acreditaba que el divorcio se había convertido en algo usual entre los norteamericanos[83]. Dicha reflexión comporta que, en ningún caso, el hecho de que exista o no un acuerdo prematrimonial puede ser considerado como un incentivo a la ruptura.

En el periodo comprendido entre 1972 y 1983 se suceden múltiples pronunciamientos en los Tribunales de los distintos Estados de la Unión influidos por el que ha tenido lugar en Florida. Estas sentencias se caracterizan por partir de la admisión de la validez de los acuerdos prematrimoniales, no considerados ya como contrarios al orden público. Desde esta nueva perspectiva, el planteamiento de los operadores jurídicos se va a limitar a examinar, no la validez en sí misma, sino las condiciones de la eficacia concreta del acuerdo enjuiciado, aplicando, para ello, las normas sobre la eficacia de los acuerdos o contratos en general. Al realizar esta labor, se va consolidando una doctrina propia sobre los requisitos que debe incluir

---

81 Así lo afirma H. Mahar: "Why are there so few prenuptial agreements?, *Harvard Law School John M. Olin Center for Law, Economics and Business Discussion Paper Series*, 2003, Paper 436, p. 3.

82 L. Anguita Villanueva: "Acuerdos prematrimoniales: Del modelo de los estados Unidos de América a la realidad española" en la obra *Autonomía de la voluntad y negocios jurídicos de familia*, de la que es coautor con J. J. Rams Albesa, C. Amunátegui Rodriguez y E. Serrano Gómez, Madrid, 2009, pp. 273 a 320, concretamente la cita es a la p. 284.

83 En consecuencia, razones de orden público no pueden (ni deben) condenar *a husband and wife to a lifetime of misery as an alternative to the oppobrium of divorce.* Esta es una frase de la famosa sentencia que está presente en múltiples sentencias posteriores, por lo que puede considerarse un "clásico" en esta materia. El texto lo he tomado de H. Nasheri: "Prenuptial agreements in the United States: a need for closes control?" en *International Journal of Law, Policy and the Family*, 12 (1998), 307 a 322, p. 314.

todo acuerdo prematrimonial que, posteriormente, se verá reflejada y recogida en el *Uniform Premarital Agreement Act American* (1983) *Law Institute Principles of the Law of Family* (2002) y *Uniform Premarital and Marital Agreement Act American* (2012)

Esta forma de proceder tiene repercusiones en Europa, en donde los tribunales mantenían el rechazo a los pactos preventivos con idénticos argumentos a los mantenidos en EE.UU[84].

B) La moralidad de los pactos preventivos en la jurisprudencia española: *excusatio non petita accusatio manifesta*

En España no encontramos pronunciamientos contundentes como los acecidos en Derecho anglosajón (EE.UU y Derecho inglés y galés). Lo que, por otro lado, no sorprende al jurista, ya que nuestro ordenamiento jurídico siempre ha contemplado los pactos prematrimoniales (capitulaciones matrimoniales previas al matrimonio) con un amplio contenido desde la reforma de 1981, por lo que el pacto, en principio, no le es nada ajeno.

Sin embargo, la inmoralidad en los términos expresados (o contravención del orden público) no ha aparecido ni en nuestra jurisprudencia ni en nuestra doctrina, pero no por ello no ha estado presente. Pues, qué duda cabe que se escondía tras los argumentos de los que se valieron nues-

---

84 Un ejemplo significativo lo constituye el Derecho inglés y galés que se ha caracterizado, tradicionalmente, por negar toda eficacia a los acuerdos prematrimoniales, sea cual sea su contenido, desconocedor, a diferencia del modelo continental, del régimen económico matrimonial, institución que no existe y, por consiguiente, está fuera del ámbito de disposición. En este sentido, los acuerdos prematrimoniales, al modo de las capitulaciones matrimoniales, de tanta trascendencia en el Derecho europeo, son irrelevantes en este ordenamiento jurídico, ya que el objeto natural de esto (pacto sobre régimen económico matrimonial) es ignorado. En general los jueces ingleses utilizaban como argumentos para rechazar la validez de estos pactos que los acuerdos prematrimoniales con previsiones para el caso de ruptura minan la institución del matrimonio; son contrarios al orden público, pues es materia de interés público asegurar que los ex cónyuges reciban la prestación económica correspondiente en caso de divorcio; y finalmente, son los jueces los que pueden garantizarlo, y no el acuerdo de los esposos, ya que las partes no pueden excluir la actuación de los jueces. La sentencia en el caso *Radmacher v. Granatino* (2010 UKSC 42.) supone el reconocimiento de los acuerdos prematrimoniales en Inglaterra como fuente de derechos y obligaciones para los contrayentes, siempre que concurra una serie de requisitos; requisitos que están tomados de la doctrina jurisprudencial norteamericana, de donde provienen.

tros tribunales para negar eficacia a la renuncia previa a la pensión compensatoria, un pacto familiar de carácter preventivo de los aquí analizados. Esta afirmación se refuerza si acudimos a la jurisprudencia actual en el que sí figuran las referencias al orden público para mantener la eficacia de los pactos en previsión de ruptura.

Como decíamos, curiosamente, las alusiones al orden público o a la moral que fueron esgrimidas en otros países para negarles eficacia, se asoman a la jurisprudencia española para reconocerla. Cuando, en verdad, su ineficacia no se había planteado por este motivo abiertamente, como había tenido lugar en otros lugares.

La primera sentencia del TS que emite un juicio sobre la validez del acuerdo prematrimonial, sentencia del TS de 24 de junio 2015, sitúa el eje sobre el que pivotan los demás argumentos, en la posible nulidad del contrato por la infracción del art. 1255 del CC; pues, si ello fuere así, cualquier otra consideración "está demás". En este sentido, afirma que no existe contravención del citado precepto por el hecho de que el objeto del pacto sea una hipotética crisis matrimonial, en la medida que plantearse tal posibilidad "no supone promoción de la crisis" (y, por consiguiente, no puede ser calificado como contrario a la moral) y que este tipo de acuerdo es admitido en nuestro ordenamiento jurídico (citando a los art. 1323 CC, de cuestionada oportunidad, y el 1325 CC, este muy bien "traído" al argumentario) y en otros ordenamientos jurídicos y forales[85]. Se hace eco la propia sentencia del cambio, calificado como "profundo", que ha tenido lugar en la sociedad y en el matrimonio para justificar la plena admisibilidad que, por otra parte, nunca se había cuestionado abiertamente en nuestro país. La alusión al cambio en los términos expresados en la resolución, acredita la conexión con la "moral social" que había estado presente en la implementación de los acuerdos familiares con previsiones de ruptura[86]

---

[85] "En segundo lugar, los pactos no son contrarios a la ley, moral u orden público, en cuanto se limitan a pactar un acuerdo económico para el caso de separación conyugal, lo cual ya tiene cabida en los ordenamientos autonómicos, en otros Estados de la Unión Europea y con un refrendo normativo en los arts. 1323 y 1325, del C. Civil."...Igualmente no supone promoción de la crisis,"

[86] "En el profundo cambio del modelo social y matrimonial que se viene experimentando (art. 3.1 del C. Civil) la sociedad demanda un sistema menos encorsetado y con mayor margen de autonomía dentro del derecho de familia, compatible con la libertad de pacto entre cónyuges que proclama el art. 1323 C. Civil, a través del cual debe potenciarse la facultad de autorregulación de los cónyuges (art. 1255 C. Civil) que ya tiene una regulación expresa en lo que se refiere a los pactos prema-

Este razonamiento se reitera en resoluciones posteriores del propio TS[87] y de las Audiencias Provinciales por lo que podemos afirmar que es esta un línea consolidada que deja un ámbito para la negociación amplio también en este aspecto patrimonial de la ruptura.

3. Orden público familiar

Somos conscientes de la dificultad de deslindar entre moral y orden público como límite a los pactos que protagonizan nuestro ensayo, pues, dicha confusión se encuentra presente en la doctrina y en la jurisprudencia[88]. Sin embargo, acudir al concepto de "orden público familiar"[89] coadyuva a visibilizar la diferencia que, en puridad, existe.

En este sentido, componen el concepto de orden público familiar los principios indisponibles, orientadores y fundamentadores de la normativa actual española y, en su caso europea (orden público familiar europeo[90]), que actúan como barrera defensora del concepto moderno de familia y de los intereses que hoy por hoy deben atender nuestras normas con carácter preferente. Partiendo de este concepto de "orden público familiar", hemos seleccionado dos aspectos en los que puede apreciarse su vulneración. El primero, de menor entidad y más propio del orden público general traído al discurso por su presencia en la jurisprudencia española y extranjera; el segundo, un clásico con importantes implicaciones en nuestra materia.

---

trimoniales, previsores de la crisis conyugal, en los arts. 55 231-19 del Código Civil Catalán y en el art. 25 del ley 10/2007 de 20 de marzo de la Comunidad Valenciana".

87 SSTS 15 octubre 2018 *(Tol 6852505)* y 21 febrero 2022 *(Tol 8820487)*, por ejemplo.

88 Pero no solo entre moral y orden público, sino también en el concepto mismo de orden público como límite a la autonomía de la voluntad. Como muestra, la desafortunada SAP Cantabria 21 septiembre 2021 (ECLI:ES:APS:2020;1057), que dice, textualmente: "Fijado este extremo, cabe analizar si los pactos prematrimoniales, son contrarios al orden público. Debemos declarar que la formación, edad, escasa duración del matrimonio, ausencia de descendencia común, posibilitan un desenvolvimiento de ella que posibilitan un marco fluido, por lo que no consta alteración del orden público".

89 Emplea esta expresión A. I. Berrocal Lanzarot: "Pactos", cit., p. 3.

90 J. Rodríguez Rodrigo: "Orden público europeo en Derecho de familia", *Anuario Español de Derecho Internacional Privado,* nº 21, 2020, pp. 305 y ss.

A) Orden público y percepción de una pensión a cargo del erario público

A fin de valorar si la renuncia a derechos patrimoniales que pudiera corresponder al renunciante, el hecho de que, como consecuencia de la situación precaria en que dicha renuncia lo sitúa, le convierta en beneficiario de una prestación económica de carácter público, se considera un síntoma de contravención de lo pactado con el orden público. Dicho "síntoma" pudiera ser técnicamente discutible y se aleja del concepto "orden público familiar" sobre el que construiremos el discurso; no obstante, dada su presencia en la jurisprudencia y los antecedentes en Derecho comparado[91], hemos decido dedicarles unas líneas en este contexto (que, si bien no es el idóneo, sí el más adecuado)[92].

Al respecto, nuestro Alto Tribunal en la STS de 24 de junio de 2015 trae a los fundamentos de la resolución, como argumento sobre el que se pudiera concluir la infracción al orden público, el hecho de que el posible perjudicado patrimonialmente por el pacto se convierta en beneficiario de una pensión a cargo del erario público; cosa que, como no sucede, excluye tal posibilidad de ineficacia[93]. La conexión orden público-beneficiario de una pensión no es novedosa, y, una vez más, se deja sentir la influencia del Derecho norteamericano ya que fue allí donde surgió, por primera vez, dicha alineación. La limitación que ello comporta se puso de manifiesto como límite a la renuncia de derechos patrimoniales que pudieran corresponder al renunciante, considerándose que, si, como consecuencia de la misma, se convertía en beneficiario de una prestación económica a cargo de Estado, la renuncia era ineficaz por vulnerar el orden público[94].

B) Orden público e interés del menor

En segundo lugar, la posible vulneración del interés del menor, principio vertebrador del orden público familiar, nos conduce a cuestionarnos

---

91 A mayor abundamiento, me remito a mi trabajo "Acuerdos prematrimoniales", cit., p. 49.

92 No obstante, ya hemos apuntado los antecedentes en Derecho norteamericano el epígrafe III, 1. B) a) de este trabajo.

93 Como podemos leer en su fundamento jurídico sexto: "la insuficiencia de medios podría atentar contra el orden público al implicar la necesaria intervención del erario público, lo que queda descartado, en este caso, por la holgura de recursos de ambos".

94 *Vid.* epígrafe II.1.B) a).

si de dicho principio se colige la imposibilidad de pactar sobre cuestiones que les afecten directamente, o, por el contrario, el principio actúa como criba para admitir la validez de determinados pactos. En cualquier caso, es absolutamente incuestionable que, para ser válidos, estos pactos tendrán necesariamente que velar por su protección y porque, lo en ellos acordado sea favorable a estos.

Si acudimos al Derecho comparado en busca de referencias, nos percataremos de que en EE.UU. se ha sido especialmente férreo en esta cuestión. A pesar de las reticencias primigenias que mostraban los tribunales a posibilitar el pacto entre cónyuges sobre cuestiones relativas a los menores, finalmente se vieron obligados a pronunciarse al respecto, dando validez a aquellos que, siendo beneficiosos para ellos (pues en caso contrario contravendrían el orden público y devendrían automáticamente ineficaces), versasen sobre aspectos patrimoniales. Por el contrario, los pactos sobre materias personales, tales como aquellos que recaen sobre el régimen de custodia o el régimen de visitas y comunicación, pueden ser tenidos en cuenta por el juez a la hora de decidir, no siendo en ningún caso vinculantes. Esto es, los cónyuges no podrán exigir su ejecución ante los tribunales.

Los mecanismos de protección desplegados en nuestro país por parte del Derecho civil común divergen un poco de cómo se procede en EE.UU., aunque no por ello esta protección es sustancialmente diferente. El papel de la jurisprudencia es básico a la hora de delimitar los contornos de la protección, pues debe concretar el sentido del interés del menor, a la hora de interpretar los acuerdos que le conciernen.

La relevancia del interés del menor en nuestro Derecho, nos conduce a afirmar, con carácter general, que cualquier pacto que contenga medidas que les afecten, y, en consecuencia, también los pactos familiares con previsiones de ruptura de no ser perjudicial, sí serían ejecutable[95]. Así, conforme con la tendencia actual de potenciar el acuerdo en las relaciones familiares, más que poner el acento en el contenido (es decir, si aborda aspectos patrimoniales o no patrimoniales) a la hora de discernir sobre la validez de los pactos por esta causa, se atiende, exclusivamente, a si estos son beneficiosos para los menores en el momento de ser aplicados.

---

95 Se pronuncia a favor de esta reflexión Antón Juárez, I.: "Acuerdos prematrimoniales en previsión de ruptura matrimonial: el test conflictual y material a tener en cuenta para que un acuerdo prematrimonial supere una revisión judicial ante tribunales españoles", *Cuadernos de Derecho Transnacional*, vol. 11, nº 1, 2019, pp. 99-100.

La premisa anterior, de entrada, nos sitúa en una postura, favorable a su admisibilidad, pues, entendemos, que no puede apreciarse relación causa-efecto entre interés del menor y orden público, de manera que se excluya la eficacia de cualquier pacto que le afecte si no se tomara en sede judicial.

Como decíamos, la jurisprudencia española ha mostrado un vuelco relevante a la hora de abordar la validez de los acuerdos que nos ocupan. La susodicha tendencia en relación a los pactos sobre menores, se consagra en la STS (Pleno) 15 octubre 2018 *(Tol 6852505)*, apartándose de sentencias anteriores en las que, tradicionalmente, se consideraba indisponible y, por tanto, fuera de cualquier pacto o acuerdo que no sea el convenio regulador, la cuantificación de la pensión alimenticia que los progenitores deben satisfacer cuando tiene lugar una ruptura en sus relaciones.

En concreto, nuestro alto tribunal se encuentra llamado a dilucidar si la pensión alimenticia a favor de los menores, contenida en un convenio regulador suscrito por los cónyuges, pero no ratificado ante la autoridad judicial, es exigible o, por el contrario, dicha cláusula es nula por ser esta una materia excluida del pacto privado al concurrir un interés público. Trayendo a colación en su argumentación la doctrina sobre la necesidad de dotar una mayor autonomía de la voluntad entre los cónyuges o futuros cónyuges que extrae literalmente de la sentencia de 24 junio 2015, a la que ya nos hemos referido en líneas precedentes, concluye, afirmando de manera taxativa lo siguiente: "Los acuerdos sobre medidas relativas a los hijos menores, serán válidos siempre y cuando no sean contrarios al interés del menor, y con la limitación impuesta en el art. 1814 CC, esto es, no cabe renunciar ni disponer del derecho del menor a la pensión de alimentos, ni puede compensarse con una deuda entre los progenitores, ni someterse condicionalmente en beneficio de los menores".

Esta aseveración abre el campo a los acuerdos en los que se pacta sobre la cuantía y forma de pago de la pensión alimenticia en cualquier momento de la relación conyugal o previa al matrimonio. Basta que, por su contenido, no resulten perjudiciales para el menor. Asimismo, se colige que el límite aludido debe observarse, no cuando fueron tomados, sino cuando, efectivamente, sean exigibles por haber acaecido la ruptura. Efectivamente, un acuerdo de contenido patrimonial, tal cual es la pensión alimenticia, se califica de perjudicial por su montante económico en función de las necesidades del beneficiario y los medios del que está obligado a satisfacerla. Circunstancias que deben observarse cuando la deuda fuera exigible y no cuando se consensuó.

La sentencia citada ha gozado de gran repercusión, habiéndose producido múltiples pronunciamientos en las audiencias provinciales[96], de manera que puede calificarse como una tendencia consolidada que acredita una forma de proceder en el tráfico jurídico. Dicha repercusión, obviamente, no se constriñe a posibles acuerdos preventivos sino a cualquier pacto entre los progenitores que contenga tal acuerdo. Ciertamente, la mayoría de las resoluciones se refieren a convenios reguladores no ratificados, tomados en el seno de la crisis; aunque los argumentos esgrimidos giran en torno a justificar la disponibilidad de las prestaciones o derechos económicos a los que pudiera tener derecho el menor como consecuencia de la crisis de sus progenitores, con independencia del momento temporal en el que se pactaron.

Caracteriza las resoluciones dictadas siguiendo la estela de la de 15 de octubre 2018, el hecho de que el objeto de la *litis* recaiga sobre la eficacia de un pacto en el que se establece el derecho de los menores a cobrar una pensión alimenticia y su importe. Desde la óptica del interés del menor, sentado como queda la legitimidad del acuerdo, será el importe el objeto de análisis a fin de concretar si este es adecuado y, por consiguiente, alineado con el interés del menor. No obstante, el citado análisis puede trascender a otras cuestiones cuando el contenido del pacto no se limita a los extremos indicados. En este sentido, la SAP Ciudad Real 16 julio 2020 *(Tol 8134288)*, aun estimando la disponibilidad de la pensión alimenticia, falla en contra de su eficacia ya que la fijación de su importe se concreta en la cantidad que, en concepto de alquiler de la vivienda en la que reside el menor y el progenitor custodio, va a abonar el progenitor, pudiera atentar al interés del menor, por lo que precisa, para su eficacia, homologación judicial[97]

---

96 Entre otras muchas, SSAP Zaragoza 23 junio 2017 *(Tol 6307514)*, Lugo 15 enero 2019 *(Tol 7057143)*, Murcia 10 octubre 2019 *(Tol 7641652)*, Salamanca 07 julio 2020 *(Tol 8060794)*, Madrid 10 julio 2020 *(Tol 8410958)*.

97 "Cierto que en este supuesto el escenario es diferente, en cuanto no se estipula una obligación a favor de un menor de edad, sino que se aduce la estipulación de una forma de pago alternativa, forma sobre la que las partes no tienen la libertad negocial, en cuanto afecta a menor de edad y ha de evaluarse solo desde su interés superior. No supone la fijación de una pensión a su favor, como en los supuestos anteriormente examinados, sino se aduce se estipuló una prestación alternativa que, aunque venga a sufragar las necesidades de habitación, entendemos no debe ser validable sin homologación judicial. Por ello ha de predicarse su viabilidad como causa de oposición mediante pago frente a la reclamación alimenticia".

Conectado con otro de los argumentos expuestos, consideramos como válido cualquier pacto sobre el uso de la vivienda familiar (también el que contenga su renuncia), cuando existen hijos menores, siempre que su interés se vea atendido[98]. En caso de que el pacto excluya el uso de la que fuera vivienda familiar a los menores, la validez no debiera verse afectada si se les hubiese dotado de otra vivienda de similares características que no necesariamente y en todos los escenarios debe coincidir con la que hasta el momento de la crisis fuera la ocupada por el núcleo familiar. La interpretación sugerida no infringe norma alguna, ya que el criterio 96.1 del CC que impone al juez, en caso de falta de acuerdo, la atribución del uso al progenitor custodio, es un criterio que solo procede si existe desacuerdo entre los progenitores. Del que no debe deducirse que, necesariamente, el interés del menor cohoneste con el uso de la vivienda familiar; pues si bien, ello se presume, si se acredita que dicha relación es inexistente, decae la citada conexión. Y, en consecuencia, la eficacia del pacto que así lo haya previsto no se ve afectada. A diferencia de la pensión alimenticia de los menores determinada en el pacto de sus progenitores que ha generado abundante conflictividad, la cuestiones apuntadas en torno al acuerdo so-

---

98 No lo fue en la SAP Granada 1 octubre 2021 *(Tol 8793940)*, en la que se desestima el recurso planteado al calificarse como contrario al interés del menor la previsión de un pacto prematrimonial que no preveía el uso de otra vivienda alternativa a la familiar para los menores. "El recurso de apelación ha de ser desestimado por razones obvias, puesto que la jurisprudencia citada excluye del ámbito de los pactos prematrimoniales aquéllos que no atañen estrictamente al ámbito patrimonial entre los futuros cónyuges contratantes; de modo que, en ningún caso, tienen eficacia cuando perjudican al interés superior del menor, habiendo de entenderse la referencia del art. 96 del Código Civil a que 'en defecto de acuerdo con los cónyuges aprobado por el Juez', el uso de la vivienda familiar y de los objetos de uso ordinario en ella corresponde a los hijos y al cónyuge en cuya compañía queden, en el sentido de que el juez convalide un acuerdo en el que el interés de los menores a disponer de una vivienda se satisfaga con un acuerdo concreto en el que la que fue vivienda familiar se sustituya por otra que proporcione idénticas o parecidas prestaciones teniendo en cuenta las circunstancias sobrevenidas, no siendo este el caso del acuerdo prematrimonial alcanzado, puesto que no se designa otra vivienda alternativa para el caso de que nacieran hijos del matrimonio, como ha sido el caso, siendo lo cierto que precisamente el pacto prevé esa eventualidad para establecer que Dª Inés tendría que abonar a D. Arsenio 2000 € mensuales en caso de que se le atribuyera el uso y disfrute de la vivienda con sus hijos, a lo que ni siquiera hace referencia el apelante porque es revelador del carácter punitivo y, por ende, abusivo del mismo que invalida por completo para contemplarlo como motivo de impugnación de la medida acordada".

bre el uso de la vivienda no han sido objeto de un detallado examen por la jurisprudencia al no ser objeto de contienda entre los implicados[99].

Si bien es cierto que el interés del menor se percibe con mayor nitidez en los pactos sobre cuestiones patrimoniales (pensión alimenticia, por ejemplo), ello no nos impide incluir, también, los pactos sobre régimen de visita o ejercicio de la custodia, cuya eficacia no debe depender de la aprobación judicial si son razonables y adecuados. Razonabilidad y adecuación que debe constatar el juez atendiendo a las circunstancias de los progenitores y los hijos, pero, sobre todo, a la voluntad de estos de cumplir lo consensuado. En una materia tan sensible como esta, no se trata solo de analizar, objetivamente, si el número de días u horas pactados de visita, por ejemplo, es suficiente para el menor o si es posible construir un régimen más racional o técnicamente más perfecto. El juez debe analizar las circunstancias de cada uno de los progenitores, la relación que mantienen con sus hijos y, sobre todo, el hecho de que ese es el acuerdo que ambos libremente quieren. Factor, este último, muy a tener en cuenta y decisorios, pues si es lo querido es lo que van a cumplir. Cualquier otra opción impuesta, aun cuando pedagógicamente sea mejor, no lo será si es rechazada por los llamados a llevarla a cabo.

Dos ejemplos encontramos en la jurisprudencia en sede de audiencias provinciales, en las que se dotan de eficacia acuerdos tomados, también, sobre la guarda y custodia de los menores en sendos convenios reguladores no ratificados judicialmente. Me estoy refiriendo a las SSAP Murcia 30 mayo 2019 *(Tol 7405777)* y Madrid 10 julio 2020 *(Tol 8410958)*. Estas resoluciones se caracterizan porque no distingue, entre consecuencias patrimoniales y personales con relación a los menores, sometiendo a ambas al límite del interés del menor para determinar su eficacia. Considero, como ya anuncié hace años, que esta línea, entonces no iniciada ni atisbada, y que hoy tímidamente comienza a asomarse, no solo es, a mi juicio, adecuada por no estar esta materia, por sí misma, excluida del ámbito de disposición de los progenitores, sino acorde con la contractualización de las relaciones matrimoniales que venimos observando (y aplaudiendo)[100].

---

99 Algún ejemplo, en los Tribunales catalanes, dada la amplia disponibilidad sobre el uso de la vivienda que contempla el CC catalán; así, SAP Barcelona 26 julio 2021 *(Tol 8602240)*.

100 SAP Barcelona 26 julio 2021 *(Tol 8602240)*, en línea con las anteriores, afirma "La ley solo supedita la eficacia de los pactos en materia de guarda y relaciones personales con los hijos y los alimentos a favor de éstos a que prioricen el interés de los menores".

V. LA EFICACIA DEL PACTO FAMILIAR PREVENTIVO: CONSENTIMIENTO Y CAMBIO DE CIRCUNSTANCIA EN LA JURISPRUDENCIA

Aunque algunas de las cuestiones objeto de este último epígrafe ya han sido abordadas total o parcialmente en apartados o epígrafes precedentes, no quisiera finalizar estas líneas sin aglutinarlas y mostrarlas al lector de modo unificado. Así, reflexionaremos aquí, desde un enfoque jurisprudencial orillando planteamientos doctrinales, sobre la eficacia del pacto ubicada en dos momentos temporales diferentes de su vida. En primer lugar, en el momento en que nace por aunarse las voluntades de los contrayentes; ello nos conducirá a evaluar la existencia de un consentimiento capaz por libre y voluntariamente emitido. En segundo lugar, el momento en el que ha de aplicarse, siempre diferente al del inicio de su existencia, cuando la ruptura se produce: a tal fin nos adentraremos en el "cambio de circunstancias", terreno espinoso que puede incidir en la ineficacia de un pacto en el que, cuando fue tomado, concurrían todos los requisitos necesarios para su validez[101].

1. *La validez del consentimiento emitido al momento de suscribirse el acuerdo*

Cuando abordamos el análisis del principio de igualdad como límite a la autonomía de la voluntad, aludimos a la validez del consentimiento y a las características que en este debían concurrir para que se estimara como eficiente y el pacto desplegara sus efectos jurídicos. Nos referimos con detalle a la necesidad de consentimiento informando, valorando la

[101] Muy clarificador el párrafo que, a continuación, se transcribe, de la STS 7 noviembre 2018 *(Tol 6906992)* que aunque relativo a la eficacia de un convenio regulador no ratificado judicialmente, es perfectamente trasplantable a los pactos familiares preventivos: "Por tanto, una vez aportado con tal naturaleza al proceso contencioso, la parte que lo suscribió, pero no lo ratificó en presencia judicial, tendrá que alegar y justificar, en este proceso, las causas de su proceder, bien por el incumplimiento de las exigencias del art. 1255 CC, bien por concurrir algún vicio en el consentimiento entonces prestado, en los términos del art. 1265 CC, o por haberse modificado sustancialmente las circunstancias que determinaron el inicial consenso, que nada tiene que ver con cambio de opinión injustificada, sobre todo en supuestos como el presente en los que cada cónyuge intervino asesorado de letrado en la redacción y suscripción del convenio".

intervención del notario (preceptiva en Cataluña) al asumir la función de asesor jurídico independiente que coadyuve a valorar las consecuencias de lo pactado y garantiza la existencia de una información o conocimiento suficiente de la situación financiera de los contrayentes. Me remito, pues, a lo allí expresado y argumentado, así como las fuentes jurisprudenciales y doctrinales citadas.

Un indicio a valorar y que pudiera influir en la validez del consentimiento se concreta en la constatación de una precipitación que impidiera la debida reflexión y maduración que un acuerdo de este tipo exige. No se decantan nuestros Tribunales en establecer un plazo de tiempo necesario que debe concurrir entre su firma y la celebración del matrimonio que pudiera considerarse indicativo de que el pacto no se ha generado de manera impetuosa. Por ejemplo, la SAP Alicante 30 octubre 2003 *(Tol 324278)* estima que, dada las circunstancias que rodean a la pareja y el contenido del pacto, el hecho de que el matrimonio se contraiga tres días después de concertarse no es un periodo corto que impida su interiorización y que no se aprecia precipitación que pueda incidir en la validez del consentimiento[102]. Tampoco estima que la brevedad del plazo indique ineficacia del consentimiento la SAP Murcia 24 octubre 2013 *(Tol 4008791)*. En otros casos, simplemente se alude a que "se firman los pactos con suficiente antelación al matrimonio por lo que tampoco pueden considerarse sorpresivos".

Otro indicio para calibrar la presencia de un consentimiento eficaz se ubica en las características de los sujetos contratantes. Así, la edad y la for-

---

102 "En cuanto al fondo del asunto, censura el apelante la concesión a su ex cónyuge de una Pensión Compensatoria con base en un acuerdo extrajudicial que nunca llegó a ratificarse ante la presencia judicial. Sin embargo, en el supuesto concreto de autos nos hallamos en presencia de un acuerdo prematrimonial suscrito por los interesados, tres días antes de contraer matrimonio, en el que pactaron de forma expresa el reconocimiento a favor de la esposa de dicha pensión para el supuesto de una ruptura de mismo, teniendo en cuenta el desconocimiento sobre cuál iba a ser el Estado de residencia habitual de los futuros cónyuges, dada la actividad profesional del Sr. Horton como jugador de baloncesto, así como del éxito de esa unión matrimonial; presentando el mismo ante la Oficina Liquidadora de la Junta de Extremadura a efectos de exención del impuesto y quedando un ejemplar en poder de cada uno de los interesados; acuerdo que fue ratificado posteriormente, en Marzo de 2000, a raíz de la separación de hecho pactada en ese momento y en previsión de una futura demanda de separación, con la salvedad de reducir los pagos mensuales de la pensión a la suma de 130.000 pesetas, en lugar de las 200.000 acordadas en Mayo de 1999".

mación actúa como un filtro que impide prosperen impugnaciones del consentimiento por inexistente.

Muy expresiva la SAP Cantabria 21 septiembre 2021 *(Tol 8209265)*, en la que se plantea la validez de un acuerdo prematrimonial que contenía una cláusula de renuncia recíproca a la pensión compensatoria, alegándose vicio del consentimiento emitido cuando el acuerdo se concertó. Por un lado, se alega un sometimiento al esposo que incide en la igualdad, libertad y dignidad, desestimado sin dificulta tras analizar la relación existente entre los firmantes y apreciar, como uno de los elementos concomitantes y síntomas de la madurez del consentimiento el hecho que los pactos se suscriben "con suficiente antelación"[103]. Por otro, se tiene en cuenta, no solo las características de la firmante de edad y formación[104] sino la información de la que se disponía calificada como "suficiente" por el tribunal[105].

Obviamente, y a parte de las peculiaridades esbozadas propias de estos pactos, podrán invocarse cualquiera de los vicios del consentimiento o falta de cualquiera de los requisitos que nuestro CC para impugnar el acuerdo.

Por último, solo recalcar que cualquier consideración relativa al consentimiento debe apreciarse y valorarse en el momento de su emisión, pues una vez que este sea fruto de la autonomía de los sujetos, no existe motivo

---

103 "De lo declarado probado no puede deducirse atentado alguno a la igualdad, libertad o dignidad de Dña. María Angeles, por el hecho de firmar pactos prematrimoniales, dado que lejos de percibirse un sometimiento al esposo o predominio del marido, lo que se evidencia es una relación de confianza en el que la esposa resulta beneficiaria de prestaciones, se acoge a su hija, se firman los pactos con suficiente antelación con respecto al matrimonio, por lo que tampoco pueden considerarse sorpresivos y una relación matrimonial no extensa temporalmente pero tampoco fugaz".

104 "Debemos declarar que la formación, edad, escasa duración del matrimonio, ausencia de descendencia común, posibilitan un desenvolvimiento de ella que posibilitan un marco económico fluido, por lo que no consta alteración del orden público.(.)".

105 "Los datos añadidos que resulta de la prueba practicada son expresivos de la suficiente información y de la libertad de ambas partes en momentos previos o coetáneos al pacto que hacen inviable ahora que desplieguen sus efectos propios. Ambos celebran el matrimonio con edades verdaderamente maduras, sin descendencia común previa, con experiencias de matrimonio anteriores, sin que la esposa trabajara ya por cuenta propia o ajena —al contrario que el esposo, con una experiencia profesional regular y mantenida como catedrático de universidad..."

jurídico que posibilite que prospere cualquier reclamación de ineficacia por esta causa.

2. El cambio de circunstancias al momento de ser aplicado

Distinto del análisis anterior sobre eficacia/validez del consentimiento emitido, se encuentra la ineficacia *a posteri*; cuando tiene lugar un cambio de circunstancias de manera que, al momento de ser aplicado, el pacto genera una situación injusta y desproporcionada por acaecer circunstancias no previsibles e inexistentes cuando se concertó.

Aunque los tribunales y a la doctrina gustan de hablar de "*cláusula rebus*" como justificación de esta peculiaridad, personalmente considero que no es una denominación adecuada. La "cláusula rebus" es un concepto acuñado por la doctrina y la jurisprudencia en relación a los contratos comerciales, exigiéndose férreos requisitos, habida cuenta que en ellos no subyace interés público alguno que legitime tal modo de ineficacia tan excepcional. De tal modo que esta cláusula está marcada de una excepcional tal que la hacen difícilmente concurrente.

A diferencia de lo que sucede en Derecho de familia, en el que no extraña, y así lo contempla el legislador expresamente, que cuando tiene lugar un cambio de circunstancias, medidas o consecuencias de la crisis pueden ser modificadas por el juez si se acreditan tales extremos.

El hecho de que los pactos familiares gocen de una naturaleza netamente contractual no lo convierte en valedor de todas y cada una de las reglas o pautas que sostienen el régimen jurídico contractual. Pues no debemos soslayar que, aunque estemos ante un contrato, subyace un interés público que irradia consecuencias y efectos no percibidos en los contratos comerciales. De ahí que, sobre esta premisa, mantengo que es más correcto hablar de ineficacia por cambio de circunstancia que cláusula rebus; y aplicar los criterios con los que los Tribunales alteren o extingan medidas con causa en las crisis, menos rígidos y más operativos que los que sustentan la *cláusula rebus.*

La alegación del cambio de circunstancias es recurrente en la jurisprudencia, lo que obliga a los tribunales a tener que manifestarse sobre su apreciación. Ya figura en la primera de las sentencias del TS de 24 de junio 2015, que lo identifica como *cláusula rebus* a fin de aplicar la doctrina jurisprudencial en su apreciación y consecuencias. En este sentido sustenta su razonamiento bajo dos parámetros clásicos: que el cambio de circunstancias sea sobrevenido y el aumento excesivo de la onerosidad de la prestación; a los que añade un tercero extraído de los PECL: que no hubiera sido posible una previsión razonable de las nuevas circunstancias[106].

Siguiendo la estela del pronunciamiento anterior, la SAP Granada 1 octubre 2021 (*Tol 8793940),* en orden a la validez del pacto de renuncia a la pensión compensatoria realizado en capitulaciones matrimoniales, estima la concurrencia de cambio de circunstancias y, en su virtud, el establecimiento de una pensión compensatoria cuya beneficiaria es la renunciante. Así, establece como síntomas de que la renuncia "rebasa los límites de lo admisible" y que, en consecuencia, aprecia invalidez por circunstancias sobrevenidas: "cuando resulte gravemente perjudicial para la parte denunciante, sumiéndola en estado de precariedad y cuando concurra un claro desequilibrio posterior a la crisis".

En cualquier caso, los tribunales se muestran reacios a la admisión de ineficacia por cambio de circunstancias, mostrándose muy cuidadosos y poco proclives a su consideración. Lo que cohonesta con los principios de eficacia contractual conectados con el respeto a la autonomía de la voluntad expresada en el consentimiento válidamente emitido[107]

---

106 "Sin perjuicio de ello, en cuanto invocada, sí debemos analizar si en aplicación de la doctrina sobre la 'cláusula rebus sic stantibus' cabe una moderación de lo pactado. Esta Sala, en sentencias de 17 de enero de 2013, recurso 1579 de 2010, 18 de enero de 2013, recurso 1318 de 2011 y 15 de octubre de 2014, recurso 2992 de 2012, exige para la aplicación de la cláusula 'rebus', con mayor flexibilidad que en otras épocas, que la alteración sea sobrevenida y que concurra aumento extraordinario de la onerosidad o que no concurra la posibilidad de haber efectuado una previsión razonable de la situación desencadenada (art. 9:503 de los Principios Europeos de la Contratación). Aplicada la doctrina al caso de autos, hemos de rechazar la moderación o extinción de la renta vitalicia, pues no se provoca una especial onerosidad en las prestaciones, ni la situación actual de los contratantes era difícilmente previsible, dado que ambos mantienen una desahogada situación financiera igual que la existente al momento de los pactos, por lo que ninguna variación se ha producido, razón que nos lleva a la aplicación del art. 1258 del Código Civil que determina algo tan elemental como que los contratos han de ser cumplidos".

107 Algunos ejemplos: TSJC 13 abril 2021 *(Tol 8579317)*, SSAP Murcia 24 octubre 2013 *(Tol 4008802)*, A Coruña 21 julio 2021 *(Tol 8636345)*, Valencia 27 mayo 2020 *(Tol 8008853)* y AP Granada 17 febrero 2022 *(Tol 9045213)*.

VI. A DÓNDE CAMINAMOS: SIEMPRE LA LIBERTAD

Quisiera finalizar estas líneas constatando lo que ya aventuré cuando me inicié en el estudio de los pactos preventivos de las crisis familiares: el contractualismo imperante e *in crescendo* en Derecho de familia se convierte en el instrumento preferido para regular las consecuencias derivadas de la ruptura. Dicha privatización de un sector del Derecho civil del que hace unos años se predicaba su publificación es consecuencia, probablemente, de haber comprobado que el legislador y el juez, como aplicador de las normas, son, en definitiva, extraños cuyas soluciones, bien intencionadas y técnicamente impecables, son ajenas a los sujetos que deben implementarlas. Su papel no debe ser el de árbitro o tercero que viene a "poner orden" en la familia rota, sino sólo el de garante de los principios o intereses que, en ese momento, la sociedad estima dignos de especial protección (lo que hemos denominsado "orden público familiar").

Este importante cambio se ha llevado a cabo, una vez más, por nuestros tribunales; no solo por su natural función de interpretar las normas en el momento en que han de ser aplicadas (invitación del art. 3 CC), sino porque encontraron en nuestro Código civil "mimbres para tejer este cesto". De ahí la relevancia del estudio jurisprudencial, caldo de cultivo de resoluciones que van construyendo reglas y principios sobre los que justificar jurídicamente posiciones que hace unos años hubieran sido rechazadas de plano en el foro.

A fin de ofrecer al lector una perspectiva de futuro, llamamos su atención sobre el generoso tratamiento jurisprudencial del ámbito de disposición de la que se erige como la "reina" de los pactos preventivos: la pensión compensatoria. Nos hemos referido con detalle en epígrafes precedentes en donde hemos puesto de relieve los argumentos que sustentan la validez de pactos preventivos que van más allá de la simple renuncia. Dado que no se encuentra presente interés preferente que justifique la imposición de barreras o controles, los tribunales no entran a valorar otra cuestión que no sea la constatación del consentimiento libre, causa eficiente de la vinculación de lo pactado. Sin orillar la posible incidencia del cambio de circunstancia (*cláusula rebus*), ciertamente, se muestran muy poco proclives a apreciarla, dando preferencia al pacto si este se concertó sin vicio del conbsentimiento alguno.

Al mismo tiempo, en orden a la pensión de alimentos a los menores, se ha abierto una vía de pacto privado, sin control judicial, sobre el montante que, en caso de impugnación, es declarado eficaz si la cuantía se encuentra alineada con el interés del menor. De manera que se posibilita pactar sobre estos extremos, no temiendo por su validez por el hecho de haberse concertado solo *inter partes.* Dichos argumentos son trasplantables al pacto sobre el uso de la vivienda, en el contexto amplio de disponibilidad que se alumbra y que se redirecciona a atender al derecho de los menores a residir en una vivienda digna y de similares características a la que fuera la vivienda familiar, sin que, necesariamente, su interés demande que recaiga sobre esta.

Otro tema sobre el que ya empiezan a surgir pronunciamientos (hemos citado dos de ellos en el texto principal) y del que vaticino un paulatino aumento, se localiza en los pactos sobre custodia y régimen de visitas estimados como válidos si se adecúan al interés del menor. Ciertamente, estos acuerdos se salen del marco estrictamente patrimonial para ubicarse en el de las relaciones personales que parecen más dignos de vigilancia y, por consiguientes, propicios a quedar fuera del consenso. Sin embargo, dicha apreciación debe ser cuestionada ya que es precisamente en este campo donde debe tener un mayor juego las preferencias, deseos y circunstancias de los progenitores para hacer más fácil y cómodo su atención a las obligaciones paterno filiales. E incluso, para no atenderlas con regularidad, si no fuese su deseo: ya que, ¿se puede obligar a un padre a visitar y convivir con su hijo con la frecuencia y asiduidad que, en puridad, su interés demanda? ¿no está más conectado con su interés que las visitas y estancias tengan lugar cuando el progenitor se encuentre dispuesto a ello y lo haga con comodidad y buena disposición siempre que lo haya pactado con el otro progenitor? Obviamente, no pretendo defender la eficacia de un acuerdo en el que uno de los progenitores renuncie al derecho de vistas y comunicación, pero sí el que establezca un régimen más generoso para uno y más reducido para otro si, efectivamente, los progenitores lo consensúan. No pudiendo, en este último caso, esgrimirse el interés del menor de compartir su tiempo de forma proporcionada si uno de los progenitores no está conforme con ello para predicar su ineficacia. En consecuencisa, también es posible incluir estos acuerdos en los pactos preventivos.

Del análisis de la jurisprudencia reciente, se observa, además, que cualquier acuerdo, fuera de estos mencionados, con previsiones patrimoniales para el caso de ruptura si se adecúan a los requisitos generales del art. 1261 CC y no vulnera los límites del art. 1255 CC, gozan de plena eficacia. En este sentido, las atribuciones patrimoniales para el caso de ruptura, sin que estén dotadas del matiz "compensatorio" o establecimiento de renta vitalicia han sido abordados con generosodad en el foro, tal y como hemos acreditado y comentado.

Tras el panorama esbozado, solo queda decir que "seguimos". Seguimos en esta línea de libertad y acuerdo que no tiene vuelta atrás. Una sociedad más libre y más madura es aquella que es capaz de orillar la imposición y dar prevalencia al consenso, confiando en los ciudadanos, sobre todo, en la autorregulación de una parcela tan íntima como es la familia. El Derecho debe quedar relegado, cada vez, más a temas patrimoniales cuyos conflictos incidan en las relaciones económicas de la comunidad. Su cabida en el Derecho de familia solo se justifica para mantener el orden público familiar (el que sea en el momento en que nos encontremos), en calidad de garante y defensor de los sujetos más débiles y de los valores constitucionales de igualdad y dignidad.

7. REFLEXIONES SOBRE LA UNIÓN DE HECHO

JOSÉ RAMÓN DE VERDA Y BEAMONTE[1]

SUMARIO: I. CONSTITUCIÓN Y UNIÓN DE HECHO. II. LA REGULACIÓN DE LAS UNIONES DE HECHO. III. EXCLUSIÓN DE LA ANALOGÍA EN ORDEN A APLICAR A LA UNIÓN DE HECHO NORMAS REGULADORAS DEL MATRIMONIO. 1. Imposibilidad de aplicar las normas relativas al régimen económico matrimonial. 2. Imposibilidad de aplicar el art. 97 CC. 3. Imposibilidad de aplicar el art. 96.2 CC. IV. LA LIBERTAD DE PACTOS ENTRE CONVIVIENTES PARA REGULAR LOS ASPECTOS PATRIMONIALES DE LA UNIÓN. 1. La constitución tácita de una comunidad sobre la vivienda en la que se reside. A) Pagos realizados con cargo a cuentas conjuntas. B) Pagos realizados con cargo a cuentas de titularidad individual (posible existencia de fiducia). C) Atribución voluntaria de carácter común, con independencia de la propiedad del dinero empleado para la adquisición de la vivienda. D) Adquisición de vivienda por uno solo de los convivientes antes del inicio de la vida en común. 2. La constitución tácita de una sociedad irregular o de una comunidad de bienes en torno al ejercicio de una actividad profesional o empresarial. V. El PRINCIPIO DE PROHIBICIÓN DEL ENRIQUECIMIENTO INJUSTO. VI. AUTONOMÍA PRIVADA Y ESTABLECIMIENTO O EXCLUSIÓN CONVENCIONAL DE INDEMNIZACIONES. 1. Previsión contractual de pago de indemnizaciones al extinguirse la unión de hecho. 2. Pactos de renuncia anticipada a reclamar indemnizaciones.

I. CONSTITUCIÓN Y UNIÓN DE HECHO

El art. 39.1 CE establece que los poderes públicos aseguran la protección social, económica y jurídica de la familia. El precepto habla de "familia", y no de "familia legítima" (o "matrimonial"), por lo que la protección que el precepto otorga a la familia no debe identificarse, necesariamente, con la que tiene origen en el matrimonio, el cual se regula en un precepto específico (art. 32 CE), y en capítulo diverso.

Esta es la posición mantenida por la jurisprudencia constitucional desde tiempos tempranos, con apoyo en el principio constitucional de libre desarrollo de la personalidad consagrado en el art. 10.1 CE[2], cuando afirma que "el concepto constitu-

1 CU, Derecho civil, Universidad de València.

2 *Cfr.* en este sentido SSTC 222/1992, de 11 de diciembre de 1992 (*Tol 82002*), 6/1993, de 18 de enero de 1993 (*Tol 82029*) y 47/1993, de 8 de febrero de 1993 (*Tol 82070*).

cional de familia (no) se reduce a la matrimonial"[3]. Por lo tanto, dentro de la noción de familia contemplada en el art. 39.1 CE hay que situar las uniones no matrimoniales que tienen su origen en una decisión libre de los convivientes (que realizan, así, una determinada opción vital en el ejercicio de la libertad nupcial negativa) y en las que concurren las notas de unidad, estabilidad y afectividad.

Ahora bien, la inclusión de la familia de hecho en el genérico mandato de protección que la norma dirige a los poderes públicos, no prejuzga la cuestión del "grado" de dicha protección.

Me parece, así, pertinente distinguir diversos grados de protección constitucional en el ámbito familiar:

a) la Constitución garantiza la protección integral de los hijos y de las madres, sin que quepa discriminar a aquellos o a estas, por razón de su filiación o su estado civil, respectivamente;

b) la Constitución no garantiza, en cambio, una protección uniforme para todo tipo de uniones entre personas situadas en posición de paridad (es decir, cónyuges o convivientes de hecho).

Como afirma reiterada jurisprudencia constitucional[4], "el matrimonio y la convivencia extramatrimonial no son realidades equivalentes. El matrimonio es una institución social garantizada por nuestra norma suprema, y el derecho a contraerlo es un derecho constitucional (art. 32.1), cuyo régimen jurídico corresponde a la ley por mandato constitucional"; por el contrario, la unión de hecho, "ni es una institución jurídicamente garantizada ni hay un derecho constitucional expreso a su establecimiento[5]".

---

3 STC 116/1999, de 17 de junio de 1999 (*Tol 13003*).

4 La STC 184/1990, de 15 de noviembre de 1990 (*Tol 81857*) afirma que "lo que no reconoce la Constitución es un pretendido derecho a formar una unión de hecho que, por imperativo del art. 14 sea acreedora al mismo tratamiento [...] que el dispensado por el legislador a quienes ejercitando el derecho constitucional del art. 32.1, contraigan matrimonio y formalicen así la relación que, en cuanto institución social, la Constitución garantiza". La STC 66/1994, de 28 de febrero de 1994 (*Tol 82474*) afirma que "no serán necesariamente incompatibles con el art. 39.1 C.E., ni tampoco con el principio de igualdad, las medidas de los poderes públicos que otorgan un trato distinto y más favorable a la unión familiar que a otras uniones convivenciales, ni aquellas otras medidas que favorecen el derecho constitucional a contraer matrimonio (art. 32.1 C.E.), siempre, claro está, que con ello no se coarte ni se dificulte irrazonablemente al hombre y la mujer que decidan convivir 'more uxorio'".

5 *Vid.* así STC (Pleno) 93/2013, de 23 de abril (*Tol 3659972*), que utiliza este argumento para considerar que la Ley navarra, de 22 de junio de 2000, "para la igualdad jurídica de las parejas estables", no incurría en una extralimitación com-

Por lo tanto, la parificación de trato jurídico que, en algunos aspectos, establecen ciertas normas civiles, estatales o autonómicas es, en general, una pura opción del legislador, que, si bien puede encontrar cobertura en el principio constitucional de libre desarrollo de la personalidad (siempre, claro está, que no se imponga imperativamente a los integrantes de la unión de hecho)[6], no es una exigencia constitucional desde el punto de vista del respeto al derecho fundamental a la no discriminación[7], por lo que no me parece pertinente justificarla en el art. 14 CE[8].

---

petencial, vulnerando el art. 149.1, regla 8ª, CE, que, "en todo caso", atribuye al Estado competencia exclusiva para regular "las relaciones jurídico civiles relativas a las formas del matrimonio".

6 F. Pantaleón Prieto: "Régimen jurídico civil de las uniones de hecho", en *Uniones de hecho* (coord. J. M. Martinell y M.ª T. Areces Piñol), Lérida 1998, pp. 72 y 74, afirmó, así, en su momento, rotundamente que era "legítimo constitucionalmente tratar distinto, en concreto, mejor, al matrimonio que a la convivencia extramatrimonial"; invocando el art. 10.1 CE y el principio de libre desarrollo de la personalidad en contra de una parificación imperativa del matrimonio y la convivencia extramatrimonial, la cual estaría "impidiendo la libre opción, que entra en el campo del libre desarrollo de la personalidad, de la dignidad de la persona humana, de organizar la convivencia en pareja al margen del ordenamiento en aquello que sólo afecta a la decisión de las personas adultas que deciden convivir, decisión que debe ser exquisitamente respetada por el legislador".

7 Tal es el caso, en mi opinión, del art. 16.2 de la Ley de Arrendamientos Urbanos de 1994, que, en materia de subrogación por muerte del inquilino en el arrendamiento urbano, equipara al cónyuge viudo y al conviviente supérstite. No obstante, otra fue la opinión de la jurisprudencia constitucional respecto del art. 58.1 de la anterior Ley de Arrendamientos Urbanos de 1964 (que no contemplaba dicha equiparación). La STC 222/1992, de 11 de diciembre (*Tol 82002*), lo declaró inconstitucional, afirmando que la situación protegida por el referido precepto, mediante la subrogación, no era la unión matrimonial, *per se*, sino la convivencia ("haber vivido en determinado espacio físico con el titular del arrendamiento"), y, de ahí, que posibilitara "una continuidad en la ocupación de la vivienda arrendada en la que se ha desarrollado, precisamente en ella, dicha convivencia"; y en el mismo sentido se pronunciaron las posteriores SSTC 6/1993, de 18 de enero de 1993 (*Tol 82029*), y 47/1993, de 8 de febrero de 1993 (*Tol 82070*).

8 Me parece particularmente interesantes las reflexiones que lleva a cabo M. Cuena Casas: "Uniones de hecho y abuso del derecho. Acerca de la discriminación en contra del matrimonio", Diario *La Ley*, n. 6210, 15 de marzo de 2005, Sección Doctrina, LA LEY 875/2005, la cual cuestiona la constitucionalidad, desde el punto de vista del derecho a la no discriminación, de las legislaciones civiles autonómicas, que en algunos aspectos equiparan las uniones de hecho al matrimonio, pero sólo en las ventajas, y no en las obligaciones que resultan del estado civil de

Dicho de otro modo: las personas que, en el ejercicio de su libertad nupcial, deciden no casarse no pueden esperar beneficiarse automáticamente de todas las consecuencias jurídicas que la ley atribuye a las personas que ejercitan el derecho constitucional a contraer matrimonio.

A este respecto, hay que recordar la consolidada doctrina jurisprudencial[9], según la cual el antiguo art. 174 LGSS, que (antes de la reforma llevada a cabo por la Ley 40/2007, de 4 de diciembre), a diferencia de lo que acontece en la actualidad (dándose las condiciones previstas en el vigente art. 221 LGSS), reconocía el derecho a percibir pensión de viudedad, exclusivamente, al cónyuge (no al conviviente) supérstite, no era contrario al principio constitucional de igualdad[10].

Hay, además, que tener en cuenta que, en la actualidad, tras las reformas llevadas a cabo por las Leyes 13/2005, de 1 de julio, y 15/2005, de 8 de julio, es posible el matrimonio entre personas del mismo sexo (la imposibilidad legal de contraerlo era, precisamente, uno de los argumentos más importantes en favor de la equiparación legal entre matrimonio y unión de hecho)[11], como también disolverlo, sin causa alguna, más allá de la voluntad unilateral de cualquiera de los cónyuges de divorciarse, expresada, eso sí (como regla general), una vez transcurridos tres meses después de haberse casado (art. 81.2 CC)[12]; y ello, desde la consideración de que

---

casado, lo que, según la autora, es "potencialmente inconstitucional, por generarse una discriminación contra el matrimonio".

9 Dicha doctrina jurisprudencial arranca del conocido ATC 156/1987, de 11 de febrero (*Jurisprudencia Constitucional, 1987, t. XVII, pp. 876-879).*

10 *Vid.* en este sentido SSTC (Pleno) 92/2014, de 10 de junio (*Tol 4422359*), y 93/2014, de 12 de junio (*Tol 4422358*).

11 F. Pantaleón Prieto: "Régimen jurídico", cit., p. 71, que se pronunciaba en favor de que los convivientes homosexuales pudieran, si así lo deseaban, institucionalizar jurídicamente su convivencia, afirmaba, que, una vez que ello fuera posible (todavía no se admitía el matrimonio entre personas del mismo sexo), "sería también perfectamente razonable afirmar que la regla general en materia de convivencia *more uxorio*, debiera ser la no intervención del legislador".

12 No puede dejar de evidenciarse que este divorcio sin causa desdibuja los límites entre el matrimonio y la unión de hecho. Precisamente, J. V. Gavidia Sánchez: "¿Es la unión libre una situación análoga al matrimonio?", *Revista Jurídica del Notariado,* 1999, p. 232, consideraba que "la diferencia esencial entre el matrimonio y la unión libre" es la "libre ruptura de la unión". Decía, así: "La institución matrimonial se configura sobre la exclusión de la libre ruptura. Si una comunidad de vida de tipo familiar puede ser disuelta por decisión de uno sus integrantes, sin necesidad de acreditar que concurre una justa causa, estaremos ante una unión libre, más, menos o nada regulada, no ante un matrimonio".

no existe ningún motivo para seguir estando vinculado, cuando se haya llegado a la convicción de que el propio matrimonio ya no es un cauce idóneo para el desarrollo de la propia personalidad de quien quiere divorciarse. Así mismo, hay que tener presente que el vigente art. 82 CC (en la redacción dada al precepto por la disposición final primera, 18, de la Ley 15/2015) permite el divorcio (y la separación) notarial (al margen, pues, de un proceso judicial), por mutuo acuerdo, siempre que los cónyuges no tengan hijos menores no emancipados o hijos mayores respecto de los que se hayan establecido judicialmente medidas de apoyo atribuidas a sus progenitores[13].

II. LA REGULACIÓN DE LAS UNIONES DE HECHO

En el Derecho civil común no existe una regulación orgánica de las uniones de hecho[14], sino, exclusivamente, algunas normas que, básicamente, las equiparan a los matrimonios en algunos aspectos concretos, siendo el caso paradigmático el art. 16.2 de la Ley de Arrendamientos Urbanos de 1994, en materia de subrogación en el arrendamiento urbano por muerte del conviviente del inquilino.

---

13 Tras la reforma de 2015 se ha dado, pues, un paso más en la "personalización" del matrimonio, reconociéndose dos nuevos negocios jurídicos de Derecho de familia orientados, no ya a la constitución de un estado civil, como es el caso del matrimonio, sino a la suspensión de los efectos de las obligaciones que lo integran (separación) o a la extinción del estado civil de casado (divorcio): eso sí, dichos negocios jurídicos exigen para su validez la intervención de Secretario Judicial o de Notario: en el primer caso, se estará a lo dispuesto en el art. 777.10° LEC; y, en el segundo a lo previsto en el art. 54 LN (preceptos ambos cuya redacción actual se debe a la Ley 15/2015).

14 En realidad, un sector de la doctrina se ha manifestado en contra de una regulación orgánica de las uniones de hecho, por entender que dicha regulación no casaría bien con el carácter informal de las mismas. Así, por ejemplo, J. B. Jordano Barea: "Matrimonio y unión libre", en *Homenaje al Profesor Bernardo Moreno Quesada*, vol. II, Almería, 2000, pp. 858-859, observa que, "Aún con una ley reguladora de las parejas de hecho estables siempre habrá quienes legítimamente deseen unirse al margen de ella"; y añade: "Se trata, por tanto, de una verdadera paradoja jurídica o de una aporía sin fácil solución"; por ello, aboga por una actitud de *dissimulatio* o tolerancia, que consiste en hacer la *vista gorda jurídica*".

Sí existe, en cambio, un conjunto de normas civiles autonómicas[15] que establecen una regulación detallada, pero diferente, de las uniones de hecho, lo que se traduce (desde mi punto de vista) en una indeseable dispersión normativa[16] y en una inseguridad jurídica, máxime, cuando alguna

---

15 A saber, la Ley catalana, de 15 de julio de 1998, de "uniones estables de pareja", sustituida por el art. 234-1 a 14 del Código civil de Cataluña; la Ley aragonesa, de 26 de marzo de 1999, de "parejas estables no casadas", sustituida por los arts. 303-315 del Código de Derecho Foral de Aragón; la Ley balear, de 19 de diciembre de 2001, de "parejas estables"; la Ley madrileña, de 19 de diciembre de 2001 sobre "uniones de hecho" [cuyos arts. 4 y 5 han sido declarados inconstitucionales por la STC (Pleno) 81/2013, de 11 de abril (*Tol 3659972*)]; la Ley asturiana, de 23 de mayo de 2002, de "parejas estables", la Ley andaluza, de 16 de diciembre de 2002, de "parejas de hecho", la Ley canaria, de 6 de marzo de 2003, de "parejas de hecho, la Ley extremeña, de 20 de marzo de 2003, de "parejas de hecho", la Ley vasca, de 7 de mayo de 2003, "reguladora de las parejas de hecho"; o la Ley cántabra, de 16 de mayo de 2005, "reguladora de las parejas de hecho".
La Ley 10/2007, de 28 de junio, de reforma de la Disposición Adicional Tercera de la Ley 2/2006, de 14 de junio, de Derecho civil de Galicia, ha introducido modificaciones en el estatuto jurídico de las parejas de hecho, quienes en la redacción anterior se equiparaban *ope legis* al matrimonio, exigiéndose ahora, en cambio, una declaración expresa respecto a este extremo en el momento de la inscripción en el Registro de Parejas de Hecho de Galicia.
Cosa semejante ha ocurrido en Navarra. La STC (Pleno) 93/2013, de 23 de abril *(Tol 3659972)*, declaró inconstitucionales, todos los preceptos de carácter estrictamente civil de La Ley de 22 de junio de 2000, "para la igualdad jurídica de las parejas estables", que imponían a los convivientes una serie de obligaciones, por el mero hecho de la convivencia, prescindiendo de su voluntad de asumirlas. En la actualidad, la Ley 106 del Fuero Nuevo de Navarra (actualizado por Ley Foral 4/2019, de 4 de abril) prevé que "Dos personas mayores de edad o menores emancipadas, en comunidad de vida afectiva análoga a la conyugal, si quieren constituirse en pareja estable con los efectos previstos en esta Compilación podrán hacerlo manifestando su voluntad en documento público". Añadiendo que "La pareja estable deberá inscribirse en un Registro único de parejas estables de la Comunidad Foral de Navarra a los efectos de prueba y publicidad previstos en la norma que lo regule, así como a los efectos que establezcan otras disposiciones legales".
Respecto de la Ley valenciana, de 15 de octubre de 2012, de "uniones de hecho formalizadas", hay que tener en cuenta que sus arts. 6, 7, 8, 9, 10, 11, 12, 13 y 14 (de carácter estrictamente civil) fueron declarados inconstitucionales por STC 110/2016, de 9 de junio *(Tol 5753921)*. De hecho, la Ley murciana, de 3 de julio de 2018, de "parejas de hecho", contiene una regulación puramente administrativa de la materia.

16 Son numerosas las voces en la doctrina que, ante esta dispersión normativa, se refieren, en alguna medida, a una necesidad de armonización de la legislación so-

de ellas, en clara contradicción con el art. 149.1, regla 8ª, determinan las reglas de solución de los conflictos interregionales cuando los convivientes tienen vecindades civiles diversas[17].

Varias de estas legislaciones autonómicas plantean dudas acerca de su inconstitucionalidad (algunas de ellas ya despejadas jurisprudencialmente).

a) Por un lado, surgen, en efecto, problemas, desde el punto de vista de la competencia de las Comunidades Autónomas (las que carecen de Derecho civil propio) para regular aspectos estrictamente civiles de las uniones de hecho, que, en principio, según el art. 149.1, regla 8º, CE son de competencia exclusiva del Estado ("sin perjuicio de la conservación, modificación y desarrollo por las Comunidades Autónomas de los derechos civiles, forales o especiales, allí donde existan").

---

bre la materia. *Vid.* en este sentido A. Leciñena Ibarra: "Hacia un contractualismo regulador en el marco de un régimen legal dispositivo como vía para poner fin a la anomia general en la ordenación de las parejas de hecho", *Revista de Derecho Privado,* 2011, p. 64; C. Pinto Andrade: *Efectos patrimoniales tras la ruptura de las parejas de hecho,* Barcelona, 2008, 42; P. Ortuño Muñoz y F. Vega Sala: "Constitución de la convivencia *more uxorio*", en *Estudio comparado de la regulación autonómica de las parejas de hecho soluciones armonizadoras,* Consejo General del Poder Judicial, Madrid, 2005, p. 113. Por el contrario, E. Roca Trías: "Repensar la pareja de hecho", en *Estudio comparado de la regulación autonómica de las parejas de hecho: soluciones armonizadoras,* Consejo General del Poder Judicial, Madrid, 2005, pp. 427-431, no considera un mal la proliferación legislativa autonómica, centrando su preocupación en la circunstancia de que Comunidades Autónomas sin competencia legislativa en materia civil hayan regulado las uniones de hecho y en la "necesidad urgente de establecer una norma de conflicto para determinar la legislación aplicable en el caso de que los convivientes estén sujetos a distintos derechos civiles".

17 Es lo que sucedía con el art. 2.3 de la Ley navarra, de 22 de junio de 2000, "para la igualdad jurídica de las parejas estables", declarado inconstitucional por la STC (Pleno) 93/2013, de 23 de abril (*Tol 3659972*), pues, al establecer su aplicación al supuesto en que uno de los dos miembros de la pareja estable tenga vecindad civil navarra, determina el ámbito personal de aplicación de una norma integrada en el ordenamiento navarro y dispone unilateralmente, por tanto, la eventual aplicación de la normativa de la Comunidad Foral al miembro de la pareja que no tenga la vecindad civil antes citada. Al definirse el ámbito de aplicación de la Ley Foral 6/2000 en función de la ley personal de uno de los miembros de la pareja estable se contiene así una norma de solución de conflicto con otras leyes (aplicación de la Ley Foral 6/2000 en función del criterio de la vecindad civil foral de uno de los miembros de la pareja estable) que expresa la preferencia por el propio ordenamiento foral, cuando la competencia de dictar normas para resolver los conflictos de leyes se halla reservada al Estado con carácter exclusivo por el art. 149.1.8 CE".

Han sido, así, declarados inconstitucionales[18] los arts. 4 y 5 de la Ley madrileña, de 19 de diciembre de 2001, sobre "uniones de hecho", que regulaban los requisitos de validez y contenido de los pactos encaminados a regular las relaciones patrimoniales entre los convivientes, durante la vigencia de la unión de hecho y a su cese (así como el procedimiento de inscripción registral de dichos pactos). Dice, así, en un razonamiento que puede aplicarse a varias leyes autonómicas, cuya competencia en materia de Derecho civil es dudosa[19], que en los preceptos se "contempla un régimen normativo generador de obligaciones económicas derivadas de dicha situación de hecho que pertenece al ámbito de las relaciones jurídico-privadas de los miembros" de la misma; y, "atendiendo a la finalidad que persigue, dicho efecto se inserta de lleno en el ámbito de las relaciones personales y patrimoniales de los integrantes de la unión de hecho, teniendo, por tanto, una naturaleza propia de la materia regulada por el Derecho civil". En definitiva, concluye que con dichos preceptos la Comunidad Autónoma "se sitúa extramuros de sus facultades legislativas y vulnera las competencias del Estado, tal como las mismas se establecen en el art. 149.1.8º CE, debiendo ser declarado, por ello, inconstitucional y nulo".

---

18 STC (Pleno) 81/2013, de 11 de abril (*Tol 3659972*).

19 Me refiero, básicamente, a la Ley asturiana, de 23 de mayo de 2002, de "parejas estables", la Ley andaluza, de 16 de diciembre de 2002, de "parejas de hecho", la Ley canaria, de 6 de marzo de 2003, de "parejas de hecho, la Ley extremeña, de 20 de marzo de 2003, de "parejas de hecho, o a la Ley cántabra, de 16 de mayo de 2005, "reguladora de las parejas de hecho".

Subiste, en cambio, la duda sobre la constitucionalidad de la Disposición Adicional de la Ley 2/2006, de 14 de junio, de Derecho civil de Galicia (modificada por el artículo único de la Ley 10/2007, de 28 de junio), que equipara uniones de hecho y matrimonio (mediando voluntad de los convivientes en favor de dicha equiparación), ya que la STC (Pleno) 75/2014, de 8 de mayo *(Tol 4356989)*, no ha entrado sobre el fondo del asunto. El Tribunal proponente de la cuestión dudaba de su constitucionalidad, en la medida en que podía suponer una extralimitación competencial, por no suponer "un supuesto de conservación ni modificación del derecho foral de Galicia" y ser "más que dudoso que se pueda entender como desarrollo, pues no es fácil la conexión con ninguna institución ya regulada por el Derecho foral gallego a la que se esté actualizando o innovando, por lo que no cabe descartar la invasión de la competencia del Estado en materia de legislación civil".

En cambio, la STC (Pleno) 93/2013, de 23 de abril *(Tol 3659972)*, no ha considerado que hubiera extralimitación competencial en la regulación sustantiva de la Ley navarra, de 22 de junio de 2000, "para la igualdad jurídica de las parejas estables", afirmando que el legislador foral "puede regular determinados efectos jurídicos derivados de la relación entre los que conviven de hecho, en el ejercicio de las competencias de que dispone, atendiendo a las previsiones de la LORAFNA [Ley Orgánica de Reintegración y Amejoramiento del Régimen Foral de Navarra], en materia de derecho civil (art. 48), función pública [49.1 b)] o régimen tributario (art. 45.3)".

Lo mismo ha acontecido con los preceptos de carácter civil de la Ley 5/2012, de 15 de octubre, de la Generalidad Valenciana, de uniones de hecho formalizadas, que han sido declarados inconstitucionales, por extralimitación competencial, al recaer sobre una materia respecto de la cual la Comunidad carece de capacidad para legislar[20], subsistiendo, pues, tan solo, los preceptos (neutros desde un punto de vista competencial) que se limitan a definir la "unión de hecho formalizada" y prever su inscripción (art. 3), a determinar quiénes pueden formarla (art. 4) y a establecer sus causas de extinción (art. 5); y, así mismo, el art. 15, que regula efectos no civiles de la unión, meramente administrativos o sociales, equiparándola al matrimonio, por ejemplo, respecto de licencias, permisos, situaciones administrativas, provisión de puestos de trabajo y ayuda familiar[21].

---

20 Por el contrario, respecto del art. 1 ("Objeto y principios de esta Ley"), el TC entiende que "solamente resulta inconstitucional el inciso que da soporte a la normativa civil comentada, pero no en su integridad; el resto del precepto puede seguir dando soporte a las normas válidas de la Ley".

21 Hay que tener en cuenta que, por aplicación del art. 149.1, regla 8ª, CE, no existiendo en Valencia una Complicación de Derecho Foral al tiempo de promulgarse la Constitución, la competencia de la Comunidad Valenciana para legislar sobre cuestiones de Derecho civil se reduce, exclusivamente, a materias sobre las que en ese momento (1978) hubiere pervivido un Derecho histórico por vía de costumbre [como es el caso paradigmático de los arrendamientos rústicos, resuelto por la STC 121/1992, de 28 de septiembre (*Tol 80731*), que declaró la competencia de la Comunidad Valenciana para regularlos, al haber pervivido por vía consuetudinaria] o que fueran conexas a dichas materias en orden a una actualización o innovación de contenidos, según sus principios informadores peculiares [ello, según la doctrina de las materias conexas, claramente expuesta en la STC 88/1993, de 12 de marzo (*Tol 82111*)].
Ciertamente, el artículo 49.1.2ª del Estatuto de la Comunidad Valenciana, en su redacción de 2007, atribuye a la Generalidad la competencia exclusiva para conservar, modificar y desarrollar el Derecho Foral civil valenciano. Hay quien ha considerado que este precepto legitimaba a la Generalidad para recuperar el Derecho Foral antiguo, adaptándolo a la actual realidad social. Sin embargo, lo cierto es que el precepto, como el art. 149.1, regla 8ª, CE, presupone la existencia previa de un Derecho foral vigente, por lo que no habilita a la Comunidad para regular instituciones ya desaparecidas en 1978, como tampoco para regular *ex novo* las que, como es el caso de las uniones de hecho, nunca fueron reguladas.
Así, la STC 110/2016, de 9 de junio *(Tol 5753921)*, al resolver el recurso de inconstitucionalidad contra la Ley 5/2012, de 15 de octubre, observa, que la validez de la misma depende "de que la Comunidad Autónoma pueda identificar una costumbre asentada en su Derecho civil efectivamente existente en su territorio (ya en 1978) y subsistente en el momento de la aprobación de la Ley", "o bien otra institución consuetudinaria diferente a la regulada pero 'conexa' con ella de manera que pueda servir de base para apreciar un 'desarrollo' de su Derecho civil foral o especial", concluyendo que "De no poder hacerlo [que es lo que aconteció], la norma civil valenciana debe reputarse inconstitucional y nula por falta de

b) Por otro lado, la duda respecto a la constitucionalidad surge desde la perspectiva del principio constitucional de libre desarrollo de la personalidad, consagrado en el art. 10.1 CE, desde el momento en que, algunas de las legislaciones, imponen imperativamente a los convivientes (por el mero hecho de haber convido un periodo de tiempo o de haber tenido descendencia), una especie de estatuto jurídico semejante al matrimonio, prescindiendo de la voluntad de los mismos de someterse a las normas que lo integran[22].

Por ello, con indudable acierto, han sido declarados inconstitucionales[23] diversos artículos de la Ley navarra, de 22 de junio de 2000, "para la igualdad jurídica de las

---

competencia" [es el mismo argumento utilizado por la STC (Pleno) 82/2016, de 28 de abril *(Tol 5792094)*, que declaró inconstitucional la Ley de la Comunidad Valenciana 10/2007, de 20 de marzo, de Régimen Económico Matrimonial Valenciano].

Nada queda, pues, de los preceptos civiles Ley 5/2012 que regulaban los derechos y deberes de los convivientes; sin embargo, hay que tener en cuenta que, con la excepción del art. 14, que regulaba los "derechos de la persona conviviente supérstite en la sucesión de la persona premuerta", el cual no se llegó a aplicar nunca, por estar suspendido por el TC [ATC (Pleno) 280/2013, de 3 de diciembre *(Tol 4076178)*], el resto de los preceptos, sí que se aplicaron, creando situaciones consolidadas firmes, que no resultan afectadas por la posterior declaración de inconstitucionalidad.

Así, la STC 110/2016 afirma que "teniendo en cuenta la existencia de un régimen legal anterior al ahora anulado (el de la Ley 1/2001, de 6 de abril, por la que se regulan las uniones de hecho) y los efectos que haya podido producir la aplicación de la Ley impugnada entre los miembros de las uniones de hecho formalizadas acogidas a la misma, y en sus relaciones con terceros, el principio de seguridad jurídica consagrado en el art. 9.3 CE aconseja limitar los efectos de esta Sentencia, que tendrá solo efectos 'pro futuro', sin afectar a las 'situaciones jurídicas consolidadas'" [es, de nuevo, la misma solución adoptada por la STC (Pleno) 82/2016, de 28 de abril *(Tol 5792094)*, respecto de la Ley de la Comunidad Valenciana 10/2007, de 20 de marzo, de Régimen Económico Matrimonial Valenciano].

22 Sobre ese peligro llamaba ya la atención J. L. Lacruz Berdejo: "Convivencia *more uxorio:* estipulaciones y presunciones, en *Centenario del Código civil* (1889-1989), tomo I, Madrid, 1990, p. 1062, cuando afirmaba que, "si el legislador reglamentase donde los contrayentes no quieren ninguna regla, estaría infringiendo una voluntad que acaso constituye o es expresión de unos derechos de la personalidad. El legislador se inmiscuirá arbitrariamente en la intimidad de las personas".

23 STC (Pleno) 93/2013, de 23 de abril (*Tol 3659972*). J. Nanclares Valle: "Las parejas estables tras la inconstitucionalidad parcial de la Ley foral 6/2000, de 3 de julio: el retorno de la unión de hecho", *Revista Crítica de Derecho Inmobiliario*, n. 750, 2015, pp. 1859-1914, realiza interesantes consideraciones al hilo de esta sen-

parejas estables[24]", de los que resultaba la imposición, con carácter imperativo, de una serie de derechos y obligaciones de carácter civil a los integrantes de la unión de hecho, derivados del puro hecho de convivir maritalmente durante un período ininterrumpido mínimo de un plazo que no era necesario, cuando tuvieran descendencia. El TC, con buen criterio (que sirve para otras leyes autonómicas que se basan en el mismo criterio de imposición imperativa prescindiendo de la voluntad de los convivientes[25]), afirma que el "Elemento esencial de la constitución de la pareja de hecho es [...] su conformación extramuros de la institución matrimonial por decisión propia de sus integrantes, adoptada en ejercicio de su libertad personal". Prosigue: "La unión de hecho, en cuanto realidad social relevante, sí puede ser objeto de tratamiento y de consideración por el legislador respetando determinados límites [...] el límite principal con el que se tropieza es la propia libertad de los integrantes de la pareja y su autonomía privada, por lo que una regulación detallada de los efectos, tanto personales como patrimoniales, que se pretendan atribuir a esa unión, puede colisionar con la citada libertad, si se impusieran a los integrantes de la pareja unos efectos que, precisamente, los sujetos quisieron excluir en virtud de su decisión libre y constitucionalmente amparada de no contraer matrimonio. Por ello, el régimen jurídico que el legislador puede establecer al efecto deberá ser eminentemente dispositivo y no imperativo, so pena de vulnerar la libertad consagrada en el art. 10.1 CE. De manera que únicamente podrán considerarse respetuosos de la libertad personal aquellos efectos jurídicos cuya operatividad se condiciona a su previa asunción por ambos miembros de la pareja"[26].

---

tencia sobre el principio constitucional de libre desarrollo de la personalidad en relación con la regulación de las uniones de hecho. *Vid.* también a este respecto A. Gálvez Criado: "El principio general del libre desarrollo de la personalidad y los pactos entre convivientes tras la STC 93/2013, de 23 de abril", *Revista Crítica de Derecho Inmobiliario*, n. 750, 2015, pp. 1807-1858; y M. Martín-Casals: "El derecho a la *convivencia anómica en pareja:* ¿Un nuevo derecho fundamental? Comentario general a la STC 23.4.2013", *InDret*, 3/2013.

24 Ha declarado, así, la inconstitucionalidad del art. 2, apartado 2, párrafo primero, inciso "hayan convivido maritalmente, como mínimo, un período ininterrumpido de un año, salvo que tuvieran descendencia común, en cuyo caso bastará la mera convivencia, o salvo que", y párrafo segundo, y apartado 3; del art. 3, inciso "y el transcurso del año de convivencia"; del art. 4, apartado 4; del art. 5, apartado 1, inciso "respetando, en todo caso, los derechos mínimos contemplados en la presente Ley Foral, los cuales son irrenunciables hasta el momento en que son exigibles", y apartados 2, 3, 4 y 5; del art. 6; del art. 7; del art. 9; del art. 11; y del art. 12.1.

25 Esto es, el Código civil de Cataluña (art. 234-1), el Código de Derecho Foral de Aragón (arts. 303 y 305), Ley asturiana, de 23 de mayo de 2002, de "parejas estables" (art. 3.2.)

26 En cualquier caso, la disposición derogatoria tercera de la Ley Foral, de 4 de abril de 2019, de modificación y actualización de la Compilación del Derecho Civil Foral de Navarra o Fuero Nuevo, ha derogado los arts. 1, 2, 3, 4, 5 y 8 de la Ley de 22 de junio de 2000, para la igualdad jurídica de las parejas estables, que son

III. EXCLUSIÓN DE LA ANALOGÍA EN ORDEN A APLICAR A LA UNIÓN DE HECHO NORMAS REGULADORAS DEL MATRIMONIO

La falta de equivalencia entre el matrimonio y la unión de hecho desde un punto de vista constitucional, hace improcedente que se apliquen a estas últimas, por analogía, las normas reguladoras del primero en las relaciones de los convivientes entre sí (dejando siempre a salvo el principio de no discriminación entre los hijos matrimoniales y los no matrimoniales)

1. Imposibilidad de aplicar las normas relativas al régimen económico matrimonial

La jurisprudencia[27] es, así, constante al afirmar que, dado que el matrimonio y las uniones de hecho no son realidades equivalentes (no hay identidad de razón entre ellos), es improcedente aplicar analógicamente a estas últimas las normas de la sociedad de gananciales[28], en particular, el art. 1344 CC, conforme al cual los cónyuges hacen comunes las ganancias o

---

sustituidos por una regulación respetuosa con el principio constitucional de libre desarrollo de la personalidad, contenida en las Leyes 106 y ss. de Fuero Nuevo, las cuales solo se aplicarán a las parejas que manifiesten en documento público su voluntad de sujetarse a ellas y se inscriban en el correspondiente registro autonómico.

27 A la que en este punto sigue el común de la doctrina. *Vid.*, así, entre otros muchos, M. C. Corral Gijón: "Las uniones de hecho y sus efectos patrimoniales (Parte 2ª: Efectos patrimoniales)", *Revista Crítica de Derecho Inmobiliario*, n. 664, 2001; E. Estrada Alonso: *Las uniones extramatrimoniales en el Derecho civil español*, 2ª ed., Madrid, 1991, pp. 174-175; I. Gallego Domínguez: *Las parejas no casadas y sus efectos patrimoniales*, Madrid, 1995, p. 163; C. Mesa Marrero: *Las uniones de hecho. Análisis de las Relaciones Económicas y de sus Efectos*, 3ª ed., Cizur Menor (Navarra), 2006, p. 101; M.ª P. Pous de la Flor: "Crisis de parejas: consecuencias patrimoniales por ruptura de las uniones de hecho, *Revista Crítica de Derecho Inmobiliario*, n. 712, 2009, p. 811.

28 Como, en cambio, acontece en Galicia, para los convivientes que, habiendo inscrito la unión de hecho en el Registro autonómico, no pacten lo contrario, según resulta del n. 3 de la Disposición Adicional Tercera de la Ley 2/2006, de 14 de junio, de Derecho civil de dicha Comunidad Autónoma, en relación con el art. 171 de la misma, que establece como régimen legal económico matrimonial supletorio la sociedad de gananciales, extendiendo el n. 3 de la Disposición Adicional Tercera a los integrantes de las parejas de hecho registradas "los derechos y las obligaciones que la presente ley reconoce a los cónyuges".

beneficios obtenidos indistintamente por cualquiera de ellos, que les serán atribuidos por mitad al disolverse la sociedad[29].

En particular, los Tribunales han excluido repetidamente la aplicación analógica en las uniones de hecho del art. 1351 CC, que considera gananciales los premios obtenidos en el juego por cualquiera de los cónyuges[30].

Así sucedió, por ejemplo, en un caso, en el cual un conviviente reclamaba al otro el 50% del importe del "Cuponazo" de la ONCE. El Supremo excluyó la aplicación de dicho precepto, afirmando que para el éxito de su pretensión el demandante debería haber demostrado que había habido un pacto (expreso o tácito), entre ellos, dirigido a crear una comunidad de ganancias o una comunidad sobre el dinero obtenido con el premio, cosa que, a su juicio, no había resultado probada. Dio, así, por buena la valoración de la prueba efectuada por sentencia recurrida, la cual había constatado que el dinero del premio había sido ingresado en una cuenta exclusiva de la demandada, por lo que no podía deducirse que los convivientes hubieran decidido "compartir todas las ganancias en régimen de comunidad, sino que gozaron de una independencia económica, en función de los ingresos de que disponían, sin perjuicio de que decidieran comprar una vivienda por partes iguales y abrir unas cuentas corrientes en que algunos gastos comunes se pudieran cubrir"[31].

Por la misma razón, tampoco procede aplicar analógicamente a las uniones de hecho las normas del régimen de separación de bienes[32], en concreto, el art. 1438 CC[33], que atribuye al cónyuge que contribuyó al sos-

---

29 *Cfr.*, así, SSTS 18 febrero 1993 (*Tol 1662753*), 22 julio 1993 (*Tol 1655594*), 27 mayo 1994 (*Tol 1665406*), 20 octubre 1994 (*Tol 1665565*), 30 diciembre 1994 (*Tol 1665147*), 4 marzo 1997 (*Tol 215044*), 4 junio 1998 (*Tol 14803*), 23 julio 1998 (*Tol 7276*), 22 enero 2001 (*Tol 99617*) y 23 noviembre 2004 (*Tol 538271*), como también RDGRN 7 febrero 2013 (BOE 4 marzo 2013, p. 17011).

30 *Vid.* en este sentido SSTS 31 octubre 1996 (*Tol 5119221*), 4 febrero 2010 (*Tol 1781437*) y 16 junio 2011 (*Tol 2153790*).

31 STS 16 junio 2011 (*Tol 2153790*).

32 Téngase en cuenta que el art. 5.3 de la Ley vasca, de 7 de mayo, "reguladora de las parejas de hecho" (tras la reforma llevada a cabo por la Disposición Adicional Segunda de la Ley 5/2015, de 25 de junio, de Derecho Civil Vasco), dispone que "A falta de pacto expreso el régimen económico-patrimonial de las parejas de hecho reguladas en esta ley será el de separación de bienes establecido en el Código Civil".

33 En el ámbito de las legislaciones autonómicas, el art. 239-4.1 del Código civil de Cataluña prevé que, en el caso de cesación de la convivencia *more uxorio*, el conviviente perjudicado pueda pedir una compensación económica por trabajo, semejante a la que puede solicitar el cónyuge al tiempo de la extinción del régimen de separación. El precepto es, seguramente, inconstitucional, porque (como acontecía con el declarado inconstitucional art. 5.5. de Ley navarra, de 22 de junio de 2000, "para la igualdad jurídica de las parejas estables"), forma parte de

tenimiento de las cargas del matrimonio, mediante su trabajo para la casa, el derecho a obtener una compensación económica en la cuantía que el Juez señale, al tiempo de la extinción del régimen de separación[34].

2. *Imposibilidad de aplicar el art. 97 CC*

Durante un tiempo, la jurisprudencia[35] se mostró favorable a aplicar analógicamente a las uniones de hecho el art. 97 CC, concediendo la pensión por desequilibrio prevista en el precepto para el caso de separación o

---

un conjunto de normas que se imponen imperativamente a los convivientes, con independencia de su voluntad de someterse a ellas.

34 *Cfr.* STS 24 noviembre 1994 (*Tol 1665586*).
No me convence la tesis contraria, favorable a la aplicación analógica del art. 1438 CC a las uniones de hecho, basada en el argumento de que la compensación que dicho precepto contempla tiene como causa el empobrecimiento del cónyuge que se ha dedicado al trabajo doméstico. En mi opinión, no es correcto recurrir a dicho precepto, ya que este presupone la existencia de un régimen económico matrimonial (el de separación de bienes), que en el caso de la unión de hecho no existe, pues, por definición, no hay matrimonio; y ello, aunque también aquí haya una separación entre los respectivos patrimonios de los convivientes (salvo que hayan pactado algún tipo de comunidad). Pero ello es bien diferente de la existencia de un estricto régimen económico matrimonial de separación de bienes, que, entre otras cosas, supone la sujeción de los cónyuges a las normas del régimen económico matrimonial primario de los arts. 1315 y ss. CC, además de a las específicas de los arts. 1435 y ss. CC.
Con el fin de reparar el perjuicio del conviviente empobrecido, me parece más pertinente, acudir, directamente, al principio general de prohibición de enriquecimiento injusto (que, como veremos, es lo que hacen los tribunales): desde un punto de vista práctico, el recurso a dicho principio hace, además, innecesaria, la aplicación (aunque fuera analógica) del art. 1438 CC.
No obstante, desde un punto de vista teórico, sí que me parece posible que, del mismo modo, en que los convivientes pueden pactar, no una estricta sociedad de gananciales, sino una comunidad de ganancias, remitiendo su liquidación a las normas de aquélla, puedan también pactar que la liquidación de las relaciones económicas generadas por la convivencia se sujete al art. 1438 CC, si bien, a efectos prácticos, las consecuencias que resulten de la aplicación de dicho precepto no diferirán mucho de la aplicación del principio de prohibición del enriquecimiento injusto.

35 Como también un sector de la doctrina. *Vid.*, por ejemplo, en este sentido, I. Miralles González: "La disolución de la unión no matrimonial. Efectos", en *Estudio comparado de la regulación autonómica de las parejas de hecho soluciones armonizadoras*, Consejo General del Poder Judicial, Madrid, 2005, p. 213.

divorcio al conviviente perjudicado por la ruptura[36]. Sin embargo, en la actualidad es doctrina jurisprudencial consolidada que no procede dicha aplicación analógica, dado que la unión de hecho y el matrimonio no son realidades equivalentes[37].

> En efecto, el Pleno del Tribunal Supremo[38], con buen criterio, ha considerado que "es preciso afirmar que la unión de hecho es una institución que nada tiene que ver con el matrimonio [...] aunque las dos estén dentro del derecho de familia"; añadiendo: "Es más, hoy por hoy, con la existencia jurídica del matrimonio homosexual y el divorcio unilateral, se puede proclamar que la unión de hecho está formada por personas que no quieren, en absoluto, contraer matrimonio con sus consecuencias". "Por ello —continúa diciendo— debe huirse de la aplicación por "analogía iuris" de normas propias del matrimonio, como son los arts. 96, 97 y 98 CC, ya que tal aplicación analógica comporta inevitablemente una penalización de la libre ruptura de la pareja, y más especialmente una penalización al miembro de la unión que no desea su continuidad. Apenas cabe imaginar nada más paradójico que imponer una compensación económica por la ruptura a quien precisamente nunca quiso acogerse al régimen jurídico que prevé dicha compensación para el caso de ruptura del matrimonio por separación o divorcio"[39].

---

36 *Vid.* en este sentido SSTS 5 julio 2001 (*Tol 230668*) y 16 julio 2002 (*Tol 202431*).

37 Por lo tanto, para reconocer a las uniones de hecho la pensión compensatoria del art. 97 CC, se requeriría una norma expresa, como la contenida en el art. 234-9 del Código civil de Cataluña, conforme al cual "Si un conviviente ha trabajado para la casa sustancialmente más que el otro o ha trabajado para el otro sin retribución o con una retribución insuficiente, tiene derecho a una compensación económica por esta dedicación siempre y cuando en el momento del cese de la convivencia el otro haya obtenido un incremento patrimonial superior, de acuerdo con las reglas del artículo 232-6" (n. 1). "Se aplica a la compensación económica por razón de trabajo lo establecido por los artículos 232-5 a 232-10".

38 STS (Pleno) 12 septiembre 2005 (*Tol 719651*).

39 *Vid.* en sentido idéntico SSTS 22 febrero 2006 (*Tol 846265*), 19 octubre 2006 (*Tol 1006910*), 27 marzo 2008 (*Tol 1354577*), 30 octubre 2008 (*Tol 1432563*), 11 diciembre 2008 (*Tol 1432568*), 6 octubre 2011 (*Tol 2252090*) y (Pleno) 15 enero 2018 (*Tol 6480072*).
Compartan la solución en la doctrina, entre otros autores, L. Blanco Pérez-Rubio: "Indemnización por ruptura unilateral en la unión de hecho", *Revista de Derecho Privado,* 2006, febrero, pp. 3-32, en particular, p. 29; M. Bustos Gómez-Rico: "Las relaciones", cit., p. 444; M. C. Corral Gijón, *Las uniones de hecho,* cit.; I. Gallego Domínguez, *Las parejas,* cit., p. 321; A. Leciñena Ibarra, "Hacia un contractualismo", cit., p. 67; C. Mesa Marrero: *Las uniones,* cit., p. 206, o M.ª P. Pous de la Flor: "Crisis", cit., p. 811.

3. Imposibilidad de aplicar el art. 96.2 CC

La jurisprudencia, tras ciertas vacilaciones iniciales[40], se ha decantado claramente en contra de la aplicación analógica del art. 96.2 CC (antiguo 96.III) a las uniones de hecho, afirmando que, a falta de hijos menores de edad, no es posible atribuir, al conviviente más necesitado de protección el uso de la vivienda familiar[41]. Por el contrario, como es lógico, sí aplica analógicamente en las uniones de hecho el art. 96.1 CC, pues, por imperativo constitucional, la posición de los hijos menores de edad es la misma, con independencia de su filiación, por lo que no cabe que reciban un tratamiento distinto, de manera que procederá la atribución (sin limitación temporal) del uso de la vivienda familiar al progenitor (no casado) con el convivan, mientras persista su minoría de edad[42].

---

40 *Cfr.*, así, SSTS 16 diciembre 1996 (RAJ 1996, 9020) y 10 marzo 1998 (RAJ 1998, 1272), favorables a aplicar la solución del art. 96.III CC a las uniones de hecho, no a través de una interpretación analógica del precepto, sino apoyándose en un pretendido principio general del Derecho, de protección del conviviente.

41 *Vid.* ya STS 27 marzo 2008 (*Tol 1658870*) y, más claramente, SSTS 6 octubre 2011 (*Tol 2252090*).

42 *Vid.* en este sentido SSTS 1 abril 2011 (*Tol 2093031*) y 14 abril 2011 (*Tol 2124703*). Cabe reflexionar sobre la posibilidad de que los convivientes otorguen pactos relativos al uso de la vivienda familiar, tal y como, según se deduce del art. 96 CC, pueden hacer los cónyuges en el marco de un proceso judicial de separación, divorcio o nulidad (siempre sujetos al control judicial para verificar que no son dañosos para los hijos o gravemente perjudiciales para uno de ellos, art. 90.2 CC). Me parece que cabría pactar que, no habiendo hijos menores comunes, el uso de la vivienda familiar se asignara en función de su propiedad, excluyendo, pues, que su uso pudiera sea atribuido al conviviente no propietario, aunque su interés fuera el más necesitado de protección.
En cambio, si hubiera hijos menores no sería válido el pacto que excluyera la asignación del uso al progenitor no titular de la vivienda a quien se le hubiera atribuido la custodia de los mismos, pues dicho pacto iría en contra del art. 39 CE, según el cual "Los padres deben prestar asistencia de todo orden a la hijos habidos dentro o fuera del matrimonio, durante su minoría de edad"; y lo mismo el que lo concediera, pero lo limitara a un periodo inferior de tiempo al que restase para que alcanzaran la mayoría de edad; a no ser —en ambos casos— que se previera la posibilidad cierta de realojar a los menores de manera permanente en otra vivienda apta para satisfacer de manera diga su necesidad de habitación.
Respecto al último extremo, hay que recordar que la jurisprudencia más reciente viene realizando una interpretación del art. 96.1 CC en clave alimenticia, considerando que la esencia de la razón de ser de la disciplina en él consagrada es asegurar la satisfacción del derecho de alimentos de los hijos menores en una modalidad habitacional, por lo que, si es posible satisfacer la necesidad de habitación de

IV. LA LIBERTAD DE PACTOS ENTRE CONVIVIENTES PARA REGULAR LOS ASPECTOS PATRIMONIALES DE LA UNIÓN

Es evidente que los convivientes pueden, en el ejercicio de su autonomía privada, regular los aspectos económicos de su unión, tanto, durante su vigencia (el caso paradigmático es el de su contribución al pago de los gastos generados por la atención ordinaria de la familia, estipulando, por ejemplo que se hagan cargo de ellos, por mitad o en proporción a sus respectivos recursos económicos), como también, para el supuesto de su extinción (previendo, por ejemplo, la atribución por mitad a cada uno de ellos de las ganancias obtenidas por ambos mediante el ejercicio de una actividad económica o profesional)[43].

---

los hijos (también menores) con una vivienda distinta a la familiar, el derecho de uso puede extinguirse (instándose un juicio de modificación de medidas) antes de que los hijos menores alcancen la mayoría de edad. *Vid.* así STS 29 marzo 2011 *(Tol 2078863).*

Planteémonos otra cuestión: ¿sería posible que los convivientes pactaran que, en el caso de extinción de la unión de hecho, tuviera lugar la asignación del derecho de uso de la vivienda familiar, conforme a lo dispuesto en el art. 96 CC?

Yo creo que dicho pacto sería posible, cuando la cosa fuera propiedad de uno de ellos o de ambos: se trataría de la constitución de un derecho de uso sujeto a condición suspensiva (la extinción de la unión de hecho), pero, existiendo hijos menores comunes, el pacto sería totalmente inútil, ya que, como he dicho, la jurisprudencia aplica el art. 96.1 CC a las uniones de hecho. Por lo tanto, sólo tendría algún sentido, cuando no los hubiera, en cuyo caso se plantearía el problema de su alcance respecto de terceros: ¿tendría dicho derecho de uso pactado la eficacia real propia del asignado judicialmente en virtud del art. 96?; ¿podría, como éste, acceder al Registro de la Propiedad? Me parece que no, por lo que la solución más práctica sería constituir un derecho de usufructo ordinario, fijando su duración, bajo condición suspensiva en escritura pública e inscribirlo en el Registro de la Propiedad, con lo que el eventual usufructuario no se vería expuesto al riesgo de que su derecho real decayera frente un tercer hipotecario protegido por el art. 34 LH.

43 Es evidente la validez de los pactos de los convivientes encaminados a regular su contribución al pago de los gastos generados por la atención ordinaria de la familia (compras de muebles, ropa, electrodomésticos, alimentos), cuyo contenido puede ser muy variado: se puede, así, estipular (expresa o tácitamente) que ambos se hagan cargo de dichos gastos, por mitad o en proporción a sus respectivos recursos económicos; como también, que recaigan, exclusivamente, sobre uno de ellos, eximiendo de ellos al que se dedica al trabajo doméstico.

Ahora bien, este tipo de pactos tendrán efectos entre las partes, pues, evidentemente, no pueden alterar la responsabilidad patrimonial frente a terceros del conviviente que contraiga la deuda (art. 1911 CC), al que el acreedor podrá reclamar la integridad de la misma, sin perjuicio de que este pueda posteriormente dirigirse por vía de regreso contra el otro conviviente para reclamarle la parte que le corresponda en dicha deuda, de acuerdo con lo pactado entre ellos.

Lo que plantea dificultades es la posibilidad de que el acreedor pueda dirigirse directamente contra el conviviente no deudor, posibilidad que no está prevista en el Derecho civil común.

No me parece que pueda aplicarse por analogía el art. 1319.II CC, que permite al acreedor dirigirse solidariamente contra los bienes del cónyuge deudor y los bienes comunes y, subsidiariamente, contra los bienes del cónyuge no deudor: estamos ante un precepto integrante del régimen económico matrimonial primario y ya hemos dicho que el matrimonio y la convivencia *more uxorio* no son realidades equivalentes.

Además, en la unión de hecho falta el presupuesto previo que explica la solución del art. 1319.II CC, esto es, la legitimación otorgada por ley a cualquiera de los cónyuges para "realizar los actos encaminados a atender las necesidades ordinarias de la familia, encomendadas a su cuidado, conforme al uso del lugar y a las circunstancias de la misma" (art. 1319.I CC), legitimación que se explica, porque a través de dichos actos se atienden gastos que son cargas del matrimonio, a cuyo levantamiento están legalmente afectos los bienes de ambos (art. 1318.1 CC), lo que, al menos en Derecho civil común, no sucede respecto de los bienes de los convivientes.

En la doctrina se han propuesto diversas soluciones en orden a permitir que el acreedor pueda dirigirse contra el conviviente con el que no contrató. De todas ellas, la que más me convence es la que, con tal fin, acude a la figura de la representación indirecta, presumiendo que quien contrajo la deuda, aunque actuara en propio nombre, tenía conferido un mandato tácito del otro conviviente para actuar por cuenta suya, con el fin de satisfacer un interés que, en parte, le era propio: habría contratado, en definitiva, sobre cosas, que, al menos parcialmente, eran "propias del mandante", lo que, en virtud del art. 1737.II CC, permitiría al acreedor dirigirse directamente contra este. *Vid.*, en este sentido E. Estrada Alonso, *Las uniones*, cit., p. 321; como también A. Leciñena Ibarra: "Hacia un contractualismo", cit., p. 94-97.

No me cabe duda de que la existencia de un pacto entre los convivientes, por el que ambos asumieran la obligación de contribuir a los gastos destinados a atender las necesidades ordinarias de la familia, contribuiría a reforzar la presunción de existencia de ese mandato tácito (como también la circunstancia de que habitualmente las deudas para satisfacer dichas necesidades fueran contraídas de manera indistinta por ambos o por uno de ellos, sin la oposición del otro).

De cualquier modo, cuando las circunstancias del caso concreto impidieran entender que ha existido un mandato tácito cabría siempre que el acreedor accionara contra el conviviente no deudor a través del principio de prohibición de enriquecimiento injusto.

La licitud de estos pactos, admitidos por las legislaciones autonómicas sobre uniones de hecho[44], no suscita en la actualidad ninguna duda a la luz de los principios constitucionales[45], ya que si, en ejercicio del libre desarrollo de la personalidad consagrado en el art. 10.1 CE, toda persona puede optar entre formar una familia fundada en el matrimonio o en la mera convivencia de hecho, y, si tanto la familia matrimonial como la extramatrimonial encuentran encaje en el art. 39 CE, lógicamente, se debe reconocer a los convivientes, la posibilidad de que, al amparo del art. 1255 CC, puedan establecer los pactos que tengan por conveniente para liquidar sus relaciones económicas tras la ruptura de la convivencia[46].

---

44 El art. 234-3 y 5 del Código civil de Cataluña contempla, así, dichos pactos, tanto para ordenar la convivencia, como en previsión de su ruptura, si bien éstos últimos deberán otorgarse en escritura pública. El art. 307 del Código de Derecho Foral de Aragón prevé que los convivientes puedan regular los aspectos personales y patrimoniales de sus relaciones, mediante escritura pública "siempre que no perjudiquen los derechos o dignidad de cualquiera de los otorgantes y no sean contrarios a normas imperativas".
Otras legislaciones autonómicas prevén también la posibilidad de que los convivientes puedan regular sus relaciones personales y patrimoniales a través de pactos (siempre con límites, que tienen que ver con el respeto al principio de igualdad, al orden público o a normas imperativas), sin exigir que los mismos sean otorgados en escritura pública, requiriendo, no obstante, que, al menos, consten en documento privado: es el caso del art. 5 de la Ley asturiana, de 23 de mayo de 2002, de "parejas estables" (art. 3.2.); del art. 6.1 de la Ley extremeña, de 20 de marzo de 2003, de "parejas de hecho"; del art. 8.1 de la Ley cántabra, de 16 de mayo de 2005, "reguladora de las parejas de hecho"; del art. 5.3 de la Ley vasca, de 7 de mayo, "reguladora de las parejas de hecho"; y de la Disposición Adicional Tercera, 3, de la Ley 2/2006, de 14 de junio, de derecho civil de Galicia. Por el contrario, el art. 4.1 de la Ley balear, de 19 de diciembre de 2001, de "parejas estables", permite que los pactos sean escritos u orales, como también —creo yo— la Ley 109.I del Fuero Nuevo de Navarra, que, simplemente, habla de "pacto", como mecanismo al que los convivientes pueden acudir para la "regulación de los aspectos personales, familiares y patrimoniales de su relación, así como sus derechos y obligaciones".

45 *Cfr.*, en este sentido, entre otros muchos, C. Mesa Marrero: *Las uniones*, cit., pp. 82-93, que trata de la cuestión extensamente, con examen de sus precedentes históricos, doctrinales y jurisprudenciales; como también F. Pantaleón Prieto: "La autorregulación de la unión libre", *Poder Judicial*, n. 4, diciembre de 1986, pp. 119-126.

46 *Vid.* en este sentido STS 22 enero 2001 (*Tol 99617*).

Así lo afirma el TC[47], el cual observa que "Consustancial a esa libertad de decisión, adoptada en el marco de la autonomía privada de los componentes de la pareja, es el poder de gobernarse libremente en la esfera jurídica de ese espacio propio, ordenando por sí mismos su ámbito privado, el conjunto de derechos, facultades y relaciones que ostenten, si bien dentro de ciertos límites impuestos por el orden social, ya que la autonomía privada no es una regla absoluta [...] Pues bien, este respeto a la autonomía privada de quienes han decidido conformar una unión de hecho se traduce en el reconocimiento de que, en aras a su libertad individual, pueden desarrollar sus relaciones —antes, durante y al extinguirse esa unión— conforme a los pactos que consideren oportunos, sin más límites que los impuestos por la moral y el orden público constitucional; y esta libertad debe ser respetada por el ordenamiento jurídico en todo caso, salvo que su ejercicio concreto pudiera entrar en conflicto con valores constitucionales superiores que justificaran su constricción".

Cabe, así, que los convivientes, conforme al principio de autonomía privada, expresado en art. 1255 CC (y respetando los límites establecidos en el precepto), constituyan una comunidad bienes (por ejemplo, sobre la vivienda en la que habitan), una sociedad para el ejercicio de una actividad económica compartida por ambos o, incluso, una sociedad universal de ganancias.

En su momento suscitó gran polémica la posibilidad de que los convivientes pudieran acogerse al régimen económico matrimonial de la sociedad de gananciales, cuya regulación legal presupone, obviamente, la existencia de un matrimonio[48].

---

47 STC (Pleno) 93/2013, de 23 de abril (*Tol 3659972*).

48 Ciertamente, un sector de la doctrina admitió expresamente la posibilidad de que los convivientes puedan pactar sujetar sus relaciones económicas a la sociedad de gananciales, inclusos con efectos frente a terceros, constando en escritura pública la certeza de la fecha del pacto. Es el caso, por ejemplo, de M. Bustos Gómez-Rico: "Las relaciones personales y económicas entre los integrantes de la unión de hecho y frente a terceros", en *Consecuencias jurídicas de las uniones de hecho*, Cuadernos de Derecho Judicial, Madrid, 1998, p. 482; o de G. Muñoz de Dios: "Régimen económico en las uniones extramatrimoniales", *La Ley*, 1987-2, p. 1167.
Ahora bien, en no pocos casos, si se leen detenidamente los términos en que se expresaban los autores, creo que puede deducirse que, en realidad, no propugnaban, sin más, la posibilidad de que puedan acogerse a la integridad del régimen económico matrimonial, incluidas las reglas de responsabilidad frente a terceros. Así, R. Bercovitz Rodríguez-Cano: "Las parejas de hecho", *Revista Doctrinal Aranzadi Civil-Mercantil*, 1993, vol. I, Doctrina, BIB 1993/16, tras admitir el pacto de sujeción a sociedad de gananciales, se plantea, de modo inmediato su eficacia frente a terceros en términos dubitativos. Dice, así: "¿Se extiende esta conclusión (por lo que se refiere al supuesto de pacto) a los efectos frente a terceros? Si la respuesta es positiva, ¿en qué condiciones se producen esos efectos frente a terceros?".

A mi parecer, los convivientes pueden pactar (con arreglo al principio de libertad de forma, consagrado en el art. 1278 CC)[49] una comunidad que tenga por objeto las ganancias obtenidas por cualquiera de ellos durante la convivencia y su reparto por mitad, una vez extinguida aquélla[50], pero lo que no pueden hacer es pactar una sociedad de gananciales[51]; y ello, porque las normas que la regulan no sólo tienen efectos internos (entre los cónyuges), sino también externos (frente a terceros), determinando *erga omnes* la titularidad de los bienes que integran las respetivas masas

---

Más recientemente, C. Mesa Marrero, *Las uniones,* cit., p. 105, con apoyo en el principio de autonomía de la voluntad, considera "adecuado y plenamente válido que la pareja decida someter sus intereses económicos al régimen jurídico que voluntariamente elijan, sea éste uno de los regulados para el matrimonio o cualquier otro". Sin embargo, no parece que la autora esté admitiendo una remisión pactada en bloque al régimen económico matrimonial de la sociedad de gananciales, pues, en otro lugar de la misma obra (p. 169), afirma que si los convivientes pactaron sujetarse a dicho régimen "no hay obstáculos que impidan la aplicación de las de liquidación" del mismo en el momento de la ruptura.

Para M.ª P. Pous de la Flor: "Crisis", cit., p. 818 "es posible la aplicación de un régimen económico matrimonial a una unión de hecho, siempre que los convivientes hayan pactado de forma expresa o tácitamente someter su vida patrimonial a dicho régimen". No obstante, cuando en las pp. 819-820, se refiere al supuesto en que los convivientes hayan pactado someterse al régimen de sociedad de gananciales, centra las consecuencias de dicho pacto en la aplicación del art. 1344 CC y en las normas de liquidación de dicho régimen.

49 No estamos ante capitulaciones matrimoniales, por lo que no es aplicable el art. 1327 CC.

50 En palabras de Lacruz Berdejo: "Convivencia", cit., p. 1069, lo que los convivientes pueden pactar es "un régimen de bienes societarios equivalente —hasta cierto punto— a la comunidad conyugal legal".

51 *Cfr.* en este sentido, claramente, J. A. Torres Lana: "De nuevo sobre las relaciones patrimoniales entre parejas no casadas", *Revista Doctrinal Aranzadi Civil-Mercantil,* 1993, vol. II, Doctrina, BIB 1993/131, como también C. Martínez De Aguirre: "Acuerdos", cit., pp. 866-888, para quien los convivientes podrán pactar una sociedad universal de ganancias, pero no una sociedad de gananciales, aunque, por aplicación del principio de conservación del negocio jurídico, entiende que, si los convivientes estipulan una sociedad de gananciales, habrá de interpretarse dicha estipulación en el sentido más conforme a lo que está al alcance de su voluntad, "lo que equivaldría a entender constituida una sociedad universal ganancias, con el contenido contractual (no estatutario) del régimen de gananciales", esto es, con exclusión de las normas "mediante las que se determina *erga omnes* el concreto estatuto de los patrimonios de los cónyuges y de los bienes que los componen (y que los compondrán), incluidas las responsabilidades a las que tales bienes están afectos". F. Pantaleón Prieto: "Régimen jurídico", cit., p. 74, por su parte, remarcando la diferencia existente entre "un contrato y un régimen económico", entiende que los convivientes "pueden conseguir los efectos de los gananciales por la sociedad universal de ganancias, pero no tener un régimen económico".

patrimoniales, su sistema de administración y de disposición y el régimen de responsabilidad a que están sujetos[52], efectos, estos últimos, que sólo se pueden producir por expresa previsión de la Ley, y no por meros actos de autonomía privada (ni de los cónyuges, ni de los convivientes)[53].

La Dirección General de los Registros y del Notariado[54] ha negado, así la inscripción de una escritura de aportación de un inmueble a una "sociedad de gananciales" constituida por dos convivientes en una escritura pública, inscrita en un Registro administrativo de uniones de hecho, afirmando que "no está regulada en las leyes una aplicación genérica y en bloque del estatuto ganancial al régimen de convivencia, incluso cuando haya sido objeto de un pacto expreso de remisión"; añade que "resulta difícil extender una organización jurídica basada en el carácter público del estatuto conyugal a unas relaciones personales, que desde el punto de vista jurídico —no así desde el social—, destacan precisamente por lo contrario"; y concluye "que carece de sentido aplicar a las uniones extramatrimoniales el régimen legal supletorio de la sociedad de gananciales, incluso mediante pacto expreso de los convivientes"[55].

---

52 A. Gálvez Criado: "El principio", cit., p. 1842, observa, así, que "La opinión general es que tales pactos despliegan sus efectos en las relaciones internas entre los convivientes, sobre todo de cara a la extinción del régimen, que habrá de hacerse en términos económicos como si de cónyuges se tratara, pero no producen efectos frente a terceros, pues los convivientes habrán creado un pacto, pero no un régimen económico, que sólo puede establecer el legislador (o los cónyuges por delegación del legislador)"; y añade: "Esto significa que habrá que distinguir entre una esfera interna (entre los convivientes existe un 'acuerdo' de ganancialidad, que podrá instrumentarse incluso a través de una sociedad universal de ganancias) y otra externa (frente a terceros se aplican las reglas generales sobre titularidad de los bienes, administración, disposición y responsabilidad).

53 C. Martínez De Aguirre: "Acuerdos", cit., pp. 865-866, observa, así que "el régimen económico matrimonial es siempre legal (aunque sea mediante normas delegadas, como son las otorgadas mediante capítulos por los cónyuges), y encuentra el fundamento de su eficacia jurídica en la propia ley, y no en la voluntad de los cónyuges": y, respecto de los convivientes, que "los mismos pueden llegar válida y eficazmente, sin otros límites que los legales, a los pactos que estimen por conveniente en lo que respecta a las relaciones entre ellos. Lo que no pueden hacer es establecer por pacto, con efectos reales y automáticos y eficacia erga omnes, el estatuto personal y futuro de sus respectivos patrimonios"; "eso —concluye— sólo puede hacerlo la ley (y lo hace sólo respecto al matrimonio) o los cónyuges por delegación de la ley".

54 RDGRN 7 febrero 2013 (BOE 4 marzo 2013, p. 17011).

55 Observa que "Esto es así por los siguientes motivos: 1. La imposibilidad de crear una sociedad de gananciales —que es un régimen económico matrimonial— sin matrimonio; 2. Falta de publicidad de la misma frente a terceros; y 3. La imposibilidad de pactar entre los convivientes capítulos matrimoniales y dado que los regímenes económico matrimoniales sólo pueden establecerse a través de capitulaciones matrimoniales, de ello se derivaría que los convivientes no pueden pactar

No obstante, hay que decir que, en la práctica, cada vez serán raros los pactos de este tipo, pues si los convivientes pactan, normalmente, lo harán para excluir la existencia de una comunidad de ganancias, dejando clara la separación de sus respectivos patrimonios y haciendo constar que a cada uno de ellos les corresponde la propiedad y administración exclusiva de los bienes que los integran y de los que posteriormente pudiera adquirir por cualquier título.

En la práctica (al menos, en Derecho civil común) no suelen ser frecuentes los pactos expresos entre convivientes[56], lo que plantea el problema de determinar si tácitamente quisieron constituir una comunidad o sociedad[57].

En relación con las viviendas compradas en comunidad de bienes, el Tribunal Supremo ha afirmado, recientemente, que "el hecho de que la adquisición sea conjunta, que lo adquirido sea la vivienda de la familia y que los adquirentes convivan more uxorio no revela de manera inequívoca que sea irrelevante, en las relaciones entre las partes, quién aporta el dinero". Por lo tanto, la adquisición conjunta de la vivienda familiar, que, en virtud del art. 393.II CC, se presume hecha por partes iguales, no excluye que quien demuestre haber realizado mayores aportaciones para su compra pueda reclamar el reembolso del exceso al otro comunero, a no ser que este último pruebe la concurrencia "de alguna causa que lo excluya, como el ánimo liberal del aportante, o el pacto de reparto de gastos familiares que compense lo aportado para la adquisición". En el caso concreto, no se consideró probado que existiese "un pacto implícito sobre la aplicación indistinta de recursos", del que cupiera "deducir la inexigibilidad de reembolsos". Se dice, así, que, puesto que "los convivientes percibían ingresos de sus respectivos trabajos y mantenían cuentas separadas resulta difícil concluir, como hace la sentencia recurrida, que las partes descartaran toda exigibilidad de créditos por mayores aportaciones realizadas por uno de ellos para el pago"[58].

---

que entre los mismos rijan las normas reguladores de un régimen económico como es el de sociedad de gananciales".

56 La doctrina suele llamar la atención sobre la poca frecuencia con que los convivientes estipulan pactos para regular sus relaciones económicas, explicándolo en la usual intención de quienes inician una convivencia *more uxorio* de mantener su unión al margen del Derecho. *Vid.* en este sentido, por ejemplo, C. Martínez De Aguirre: "Acuerdos entre convivientes more uxorio", *Revista de Derecho Privado*, 2002 (11), p. 846.

57 Hay que tener en cuenta que la jurisprudencia es bastante reacia a considerar tácitamente constituida una sociedad universal de ganancias, que, en las relaciones entre los convivientes sería lo más aproximado a una sociedad de gananciales, ya que comprendería todo lo que ambos integrantes de la unión de hecho adquirieran durante la duración de ésta, con su trabajo o industria (art. 1675 CC). *Vid.* a este respecto SSTS 11 diciembre 1992 (*Tol 1654941*), 17 enero 2003 (*Tol 230655*) y 27 mayo 2004 (*Tol 448408*).

58 *Vid.* STS 24 marzo 2021 *(Tol 8379008).*

1. La constitución tácita de una comunidad sobre la vivienda en la que se reside

No son infrecuentes los casos en los que los tribunales entienden que los convivientes constituyeron tácitamente una comunidad de bienes sobre la casa en la que se ha desarrollado la vida familiar, a pesar de que dicha vivienda, aunque comprada durante el periodo de convivencia, figure a nombre de uno solo de ellos.

La jurisprudencia ha precisado, no obstante, que la mera convivencia de hecho, por prolongada que esta sea, no establece ninguna presunción de comunidad[59], por lo que para entenderla constituida considera necesario probar la existencia de una voluntad tácita o implícita de los convivientes, de hacer común la vivienda adquirida, la cual ha de deducirse de hechos concluyentes[60].

A) Pagos realizados con cargo a cuentas conjuntas

Habitualmente, el principal dato ponderado para afirmar la existencia de la comunidad es la existencia de una cuenta corriente conjunta, en la que ambos convivientes han realizado ingresos y con cargo a la cual se ha pagado el precio de compra de la vivienda o las amortizaciones del préstamo concedido para su adquisición por una entidad bancaria[61].

Sin embargo, hay que advertir de que la mera existencia de una cuenta corriente bancaria conjunta no autoriza para deducir la existencia de una comunidad de bienes sobre la vivienda, incluso, aunque el precio de compra haya sido satisfecho con cargo a dicha cuenta, si consta que solo uno de los convivientes ha realizado ingresos en ella[62].

---

59 *Vid.* en este sentido SSTS 27 mayo 1995 (RAJ 1995, 382) y 17 enero 2003 (*Tol 230655*).

60 *Vid.* en este sentido SSTS 21 octubre 1992 (*Tol 1655301*) y 16 junio 2011 (*Tol 2153790*).

61 *Vid.* en este sentido STS 29 octubre 1997 (*Tol 216045*), así como SSAP Zaragoza 23 enero 2001 (AC 2001, 749), Asturias 26 junio 2001 (AC 2001, 2380), Navarra 27 febrero 2002 (JUR 2002, 103962) y La Coruña 10 junio 2002 (*Tol 239650*)

62 *Cfr.*, así, SSAP Salamanca 29 junio 1995 (AC 1995, 1200) y Burgos 13 noviembre 2001 (*Tol 140238*).

La precisión realizada se explica, porque, como ha sido reiteradamente dicho por la jurisprudencia[63], la existencia de una cuenta corriente bancaria conjunta en favor de varias personas (en este caso, a nombre de los convivientes), incluso con firma indistinta, no implica, que todas ellas sean cotitulares de los fondos depositados. Lo único que significa es que cualquiera de ellas puede disponer del saldo frente al banco (aspecto externo de la solidaridad), pero será titular de los mismos aquella a quien correspondiese la propiedad originaria del dinero ingresado[64] (o a quien le pertenezca, según lo pactado por los cuentacorrentistas en sus relaciones internas)[65].

B) Pagos realizados con cargo a cuentas de titularidad individual (posible existencia de fiducia)

En sentido inverso, la circunstancia de que el precio de la vivienda o de que la amortización del préstamo concedido para su adquisición haya sido satisfecha con cargo a una cuenta de titularidad exclusiva del conviviente a cuyo nombre figura la vivienda es, en principio, un claro indicio de que la vivienda pertenece solamente a dicho conviviente y que, por lo tanto, no existe sobre ella una comunidad de bienes tácitamente constituida[66].

---

63 *Vid.*, entre otras muchas, STS 15 febrero 2013 (*Tol 3055573*), que declaró que era de propiedad exclusiva del marido el importe de un premio de lotería que le había donado su madre, sin haberse hecho referencia alguna (en el contrato de donación) a la mujer, importe, que fue posteriormente ingresado en una cuenta corriente que figuraba a nombre de los dos cónyuges.

64 *Vid.* en tal sentido SAP Las Palmas 19 enero 2016 (*Tol 5679322*), que consideró que un deposito indistinto, que figuraba a nombre de ambos convivientes era, en realidad de uno de ellos. El dinero depositado provenía de una cuenta conjunta, pero pudo demostrarse que previamente había existido una trasferencia de dicho dinero a la cuenta conjunta a partir de una cuenta de titularidad exclusiva de uno de los convivientes, cuenta a la que se trasfirió el importe del depósito, una vez vencido este.

65 La SAP Badajoz 10 junio 2015 (*Tol 5192359*) consideró que existía una comunidad de bienes sobre unos títulos bancarios adquiridos por un conviviente con cargo a fondos procedentes de una cuenta corriente exclusiva suya, pero que, no obstante, fueron ingresados en una cuenta de valores de la que ambos convivientes eran titulares y en la que ya había depositados títulos de otra entidad. Afirma que el adquirente "no opta por ingresar esos valores en una cuenta sólo aperturada a su nombre" (tenía otras, que sí lo estaban), sino en la que estaba abierta a "nombre suyo y de su pareja desde hace casi 30 años". Resultaba, además, que en el IRPF cada uno de ellos tributaba por el 50% de los rendimientos derivados de dicha cuenta de valores.

66 *Vid.* en este sentido SAP Madrid 15 enero 2002 (JUR 2002, 121529), Vizcaya 6 septiembre 2002 (JUR 2003, 89219) y Málaga 28 septiembre 2017 (*Tol 6543115*).

No obstante, el dato de que la cuenta corriente con cargo a la cual se paga el precio de la vivienda aparezca exclusivamente a nombre de uno solo de los convivientes, que aparece como único adquirente en la escritura de compraventa (negocio fiduciario), con el fin de reforzar la apariencia (no correspondiente a la realidad) de ser aquel titular exclusivo de la vivienda (por ejemplo, para evitar que sea embargada por deudas del otro o para que sea más fácil acceder a ella, si es de protección oficial[67]), no es óbice para que pueda probarse que existe una comunidad de bienes sobre dicha vivienda, si logra demostrarse que el otro conviviente ha realizado ingresos periódicos en dicha cuenta[68].

La mera circunstancia de que, en la cuenta corriente de titularidad exclusiva, con cargo a la cual se satisfacen las cuotas de amortización, se halle autorizado el conviviente no titular no permite deducir, lógicamente, la constitución tácita de una comunidad de bienes sobre la vivienda, ya que dicha autorización, en ningún caso, presupone la cotitularidad de los fondos depositados. *Cfr.* en este sentido SSAP Alicante 29 octubre 2001 *(Tol 100157)* y Pontevedra 28 abril 2006 *(Tol 938477)*.

67 Es el caso contemplado por la SAP Alicante 16 diciembre 2016 (*Tol 5969897*), que entendió que había una comunidad de bienes sobre una vivienda de protección oficial comprada por uno solo de los convivientes. Para ello, tuvo en cuenta las diversas pruebas testificales de las que se deducía un propósito común de adquirir la vivienda para los dos: así, la directora de la sucursal bancaria declaró que "ambos estaban juntos en el préstamo" y una trabajadora de la promotora que "ambos acudieron para interesarse en la compra de una vivienda", indicándoseles la conveniencia de que figurara a nombre de uno de ellos para tener acceso a la concesión de ayudas. Además, que la demandada había avalado el préstamo y conservaba toda la documentación relativa al mismo y a la compra. Respecto de la cuota en la comunidad de cada uno de los convivientes, entendió que cabía "presumir una auténtica voluntad de adquisición al 50%, independientemente de una mayor o menor contribución por parte de cada uno de los compradores".

68 La SAP Pontevedra 6 abril 1998 (AC 1998, 4691), consideró, así, que existía una comunidad de bienes sobre la casa, a pesar de que su precio de compra había sido satisfecho con fondos procedentes de una cuenta corriente bancaria que estaba a nombre de la mujer, la cual también aparecía como titular exclusiva de la vivienda. Llegó a esta conclusión, tras constatar los frecuentes ingresos de dinero que el varón había realizado en la referida cuenta corriente, así como la declaración testifical del vendedor, que había afirmado que los convivientes le habían manifestado que, aunque la adquisición se hacía formalmente a nombre de la mujer, realmente, eran ambos, quienes la adquirían, por mitad.

C) Atribución voluntaria de carácter común, con independencia de la propiedad del dinero empleado para la adquisición de la vivienda

Los indicios expuestos sirven para probar que una vivienda que figura a nombre de uno de los convivientes es, en realidad, de los dos, basándose en la circunstancia de que ambos aportaron dinero para adquirirla.

Pero puede darse el supuesto de viviendas que figuren a nombre de los dos convivientes, a pesar de haber sido compradas con dinero de uno solo de ellos, porque haya habido un propósito de adquirirlas para ambos (por ejemplo, para compensar la dedicación a la familia de quien no ejerce un trabajo remunerado o por considerar que se está ante una adquisición fruto de un ahorro común).

Si este propósito existe y resulta probado[69], el conviviente que pagó la vivienda no puede pretender que no haya comunidad de bienes sobre la misma, argumentando que el precio se pagó con fondos enteramente suyos[70], como tampoco parece que pueda reclamar al otro comunero el reembolso de la mitad del precio por él pagado, invocando el art. 1158.II CC, pues los convivientes, en el ejercicio del principio de autonomía privada, pueden pactar adquirir en común una vivienda, con independencia de a

69 Según la STS 14 mayo 2004 (*Tol 420587*), "la prueba de la aportación económica no implica la consecuencia jurídica de la propiedad exclusiva de lo adquirido, siendo así que el negocio jurídico de adquisición no ha sido impugnado y dándose el caso de las aportaciones personales de la convivencia concurren con las económicas, siendo indiscutible que el ahorro y el esfuerzo para tal adquisición son comunes. Por tanto, no puede estimarse la demanda en que pide la declaración de propiedad exclusiva de la vivienda adquirida en común".

70 *Cfr.* STS 14 mayo 2004 (*Tol 420587*), conforme a la cual "El mantenimiento durante toda la convivencia, de la cotitularidad dominical de los dos convivientes sobre su vivienda, adquirida por mitad y pro indiviso, implica que la petición por uno de ellos de que es de su exclusiva propiedad por haberla pagado desconociendo la colaboración y la aportación de ella, la infracción de la doctrina de los actos propios".
La SAP Murcia 20 enero 2015 *(Tol 4742322)* consideró que, aunque no había quedado probada la existencia de un pacto de los convivientes de crear una comunidad que tuviera por objeto las ganancias procedentes de las actividades profesionales, sin embargo, sí había quedado demostrada la intención de comprar una concreta finca para ambos. En la escritura de compraventa el conviviente compareciente había declarado adquirir la finca "para su matrimonio", lo que (más allá de la impropiedad del término utilizado) se califica como un acto concluyente de querer establecer una comunidad sobre el inmueble, "por voluntad conjunta o por voluntad exclusiva [del compareciente] lo que en todo caso es indiferente".

quién pertenezca el dinero empleado para pagar el precio (y, por lo tanto, sin derecho a reembolso, si el dinero es de uno solo de ellos, por ejemplo, el que percibe rendimientos del trabajo)[71].

No obstante, la jurisprudencia admite el derecho de reembolso respecto de los pagos realizados por uno de los convivientes, después de la ruptura de la convivencia[72].

D) Adquisición de vivienda por uno solo de los convivientes antes del inicio de la vida en común

Por último, hay que tener en cuenta que, si la vivienda ha sido adquirida por uno de los convivientes con anterioridad al inicio de la convivencia (y, por lo tanto, aparece como único propietario en la escritura de compraventa), la jurisprudencia es reacia a considerar constituida tácitamente una comunidad de bienes sobre ella, aunque, posteriormente, parte del precio aplazado haya sido satisfecho por el otro conviviente, reconociéndole, en tal caso, un derecho de reembolso, al extinguirse la unión de hecho[73].

---

71 La STS 14 mayo 2004 (*Tol 420587*) considera "inaceptable" la pretensión alternativa del conviviente que había pagado íntegramente el precio de la vivienda comprada *pro indiviso* (su pretensión principal había sido que se le declarara propietario exclusivo de la misma), de que "se le abonen por la demandada una serie de gastos, siendo así que no se plantea el abono a ésta de los gastos, esfuerzos y aportaciones personales debidas a la convivencia en general y al cuidado de la hija común en particular".
Vid. en el mismo sentido, SAP Madrid 28 abril 2015 *(Tol 5172144)*, como también SAP Orense 23 junio 2016 *(Tol 5801599)*, que, revocando la sentencia apelada, desestimó la demanda de un conviviente de que el otro le abonara el 50% de las cuotas de dos hipotecas que gravaban dos viviendas inscritas a nombre de los dos, así como el mismo porcentaje de los impuestos y gastos de comunidad, que él había satisfecho totalmente. Afirma que "los convivientes decidieron adquirir los inmuebles en común y proindiviso, independientemente del origen del dinero empleado para el pago, por lo que no puede el actor pedir ahora el reembolso de la mitad de las cuotas hipotecarias y gastos, sin tener en cuenta las aportaciones personales de la vida en común, y económicas".

72 *Vid.* en este sentido, SAP Madrid 28 abril 2015 (*Tol 5172144*) y SAP Orense 23 junio 2016 (*Tol 5801599*).

73 En tal sentido se orienta, SAP Vizcaya 31 marzo 2017 (*Tol 6143539*), que justificó tal solución en la aplicación analógica de los arts. 1354 y 1357 CC.
Más prudentemente, SAP Madrid 15 junio 2016 *(Tol 5836824)* niega la existencia de comunidad sobre una vivienda, constatando la circunstancia de que la demandada figuraba como compradora única de la misma en un contrato celebrado dos

Esta solución, a mi entender, es correcta, aunque debe matizarse, en el sentido de que es posible la existencia de una comunidad tácita, cuando la compra la realice uno solo de los convivientes, antes de iniciarse la convivencia, pero en vistas a instaurarla con el otro[74].

2. *La constitución tácita de una sociedad irregular o de una comunidad de bienes en torno al ejercicio de una actividad profesional o empresarial*

Tampoco son infrecuentes las sentencias en que los Tribunales aprecian la voluntad tácita de los convivientes de constituir entre ellos una sociedad particular de ganancias (art. 1678 CC), que se regirá, en cuanto sociedad irregular, por las normas de la comunidad de bienes (art. 1669 CC), entre ellas, por el art. 393.II CC, conforme al cual las participaciones de los integrantes de la unión de hecho se presumen iguales.

En general, se entiende que concurre dicha voluntad cuando uno de los convivientes ha participado en la actividad empresarial o comercial del otro, durante un período de tiempo prolongado y de manera permanente; y, ante la dificultad de determinar la cuantía de las respectivas participaciones, suele liquidarse la sociedad atribuyendo a cada uno de ellos la mitad del patrimonio común[75].

Por el contrario, los Tribunales se muestran reacios a entender que ha quedado probada la voluntad tácita de constituir una sociedad, cuando la colaboración del reclamante en las actividades empresariales o comerciales del otro conviviente ha sido pasajera u ocasional, en particular, si consta que durante el tiempo en que se desarrolló la convivencia de hecho mantuvo una actividad laboral retribuida, propia e independiente de la desplegada por su compañero[76].

---

años antes de haberse iniciado la convivencia, habiendo sido la única pagadora de las cuotas del préstamo hipotecario desde su cuenta, "sin que figure pago alguno del actor para contribuir a esta deuda" (por lo que no le concede ningún derecho de reembolso).

74 Por lo demás, tampoco puede excluirse que, con posterioridad a la adquisición de la vivienda, los convivientes atribuyan a la vivienda carácter común.

75 *Cfr.* en tal sentido SSTS 18 mayo 1992 (*Tol 1659829*) y 18 marzo 1995 (*Tol 1667230*), así como SAP Alicante 17 mayo 2001 (*Tol 63718*), Las Palmas 22 mayo 2001 (JUR 2002, 29175) Valencia 12 febrero 2002 (*Tol 231438*).

76 *Vid.* en este sentido STS 11 diciembre 1992 (*Tol 1654941*), como también SAP Zaragoza 26 noviembre 1999 (AC 1999, 6500).

Conviene precisar que la jurisprudencia más reciente tiende a considerar que los convivientes constituyeron, no una sociedad irregular, sino una comunidad de bienes, que tuvo como finalidad el desarrollo de una actividad profesional, comercial o empresarial en que los dos colaboraron, con el fin de atribuirles las ganancias obtenidas, mientras duró la convivencia. Quizás, porque esta calificación se ajusta mejor a la libertad que tienen los convivientes para poner fin al ejercicio conjunto de la actividad, tras la ruptura de la unión de hecho.

Se ha deducido, así, la existencia de una comunidad de bienes sobre los ingresos obtenidos por los convivientes en un negocio de venta de artesanía, basándose en la duración de la unión (diez años) y en la explotación comercial conjunta, "con todo un juego de cuentas bancarias en común"[77]. Por el contrario, se entendió que no había habido voluntad de constituir tácitamente una comunidad sobre una clínica veterinaria, que constaba exclusivamente a nombre del varón demandado y en la que la mujer demandante había colaborado en tareas administrativas y de funcionamiento. El dato decisivo para decidir el litigio fue la existencia de un contrato de trabajo a favor de la demandada[78].

---

77 STS 22 febrero 2006 (*Tol 846265*).
La SAP Asturias 15 marzo 2004 (JUR 2004, 120634) apreció la existencia de una comunidad de bienes sobre los bares de alterne que regentaban los convivientes, basándose en la duración de la unión (casi treinta años) y en "la explotación conjunta de los negocios, que implicaba además la titularidad también conjunta de una cuenta bancaria en la que ambos habían domiciliado las pensiones que percibían del INSS".
La SAP Asturias 1 septiembre 2009 (JUR 2009, 416537) resolvió un recurso de apelación en el que se discutía sobre la existencia de una comunidad de bienes respecto de dos negocios de venta de ropa y complementos, en los que la mujer había trabajado de dependienta, atendiendo a los clientes, llevando el almacén y tratando con los mayoristas. Respecto del primer negocio, negó la pretendida comunidad, por considerarla incongruente con el contrato laboral de la demandante, afirmando que el trabajo por ella desempeñado "no pudo obedecer a una intención implícita de aportar su trabajo al acervo común, sino de cumplir con la prestación laboral para la que precisamente había sido contratada". Sin embargo, la Audiencia sí apreció una comunidad de bienes sobre el otro negocio, que fue abierto posteriormente y en el que la mujer desempeñaba sus funciones sin contrato de trabajo, afirmando que "no puede patentizarse una voluntad expresa de que continuara la relación laboral que habían venido manteniendo hasta ese momento", y en virtud de la cual había trabajado en el primero de los negocios abiertos.

78 *Cfr.* STS 8 mayo 2008 (*Tol 1324496*).

V. El PRINCIPIO DE PROHIBICIÓN DEL ENRIQUECIMIENTO INJUSTO

Es habitual que la jurisprudencia recurra al principio general de enriquecimiento injusto, con el fin de proteger al perjudicado por la ruptura de la unión de hecho cuando los convivientes, expresa o tácitamente, no constituyeron una comunidad de bienes o una sociedad[79].

Se trata, casi siempre, de supuestos en que ha existido una larga convivencia de hecho, con dedicación exclusiva de la mujer a las tareas domésticas[80] o colaboración en las actividades económicas de su compañero sin recibir ninguna retribución[81]; y ello, con independencia de que la ruptura de la unión de hecho haya tenido lugar por voluntad unilateral del varón o por el hecho de su muerte, lo que es perfectamente lógico, ya que no se trata aquí de sancionar a quien rompe la vida en común, sino de compensar económicamente al conviviente perjudicado por el enriquecimiento sin causa de su compañero[82].

Es, por ello, que se condenó al varón, que voluntariamente había roto la convivencia *more uxorio,* que había durado seis años, a pagar a la mujer abandonada la cantidad de catorce millones de pesetas (algo más de 84.000 euros), al entender que esta última había sufrido un empobrecimiento, derivado de su dedicación desinteresada a las relaciones sociales de su compañero y a su atención doméstica, con el consiguiente enriquecimiento injustificado de este[83].

También se reconoció a la mujer abandonada el derecho a percibir una indemnización compensatoria de quince millones de pesetas (algo más de 90.000 euros), por ruptura de la convivencia *more uxorio,* mediante la aplicación del principio general de prohibición de enriquecimiento injusto, teniendo en cuenta que la mujer "había sacrificado veinte años de su vida para atender al demandado e hijos, descuidando

---

79 En otras ocasiones, el principio de prohibición de enriquecimiento injusto sirve para que pueda reclamarse el reembolso de las cantidades pagadas por uno de los convivientes por obras realizadas en la vivienda familiar perteneciente, exclusivamente, al otro, así como por la compra de muebles destinados a ella y el pago de gastos de comunidad. *Vid.* en este sentido SAP Almería 4 febrero 2020 *(Tol 8287055).*

80 *Vid* en este sentido SSTS 11 diciembre 1992 (*Tol 1654941*), 27 marzo 2001 (*Tol 71705*) y 17 enero 2003 (*Tol 230655*), como también SSAP Pontevedra 28 abril 2006 (*Tol 938477*), Zaragoza 11 mayo 2010 (*Tol 1978779*) y Madrid 26 junio 2020 *(Tol 8047888).*

81 *Cfr.* así SAP Asturias 16 enero 1997 (AC 1997, 103), Barcelona 29 septiembre 2000 (JUR 2001, 55) y Valencia 23 junio 2015 (JUR 2015, 206276).

82 STS 17 junio 2003 (*Tol 285652).*

83 STS 11 diciembre 1992 (*Tol 1654941*).

su formación laboral y sus expectativas en orden a dispensar un mejor cuidado y atención a la familia"[84].

Con apoyo en el mismo principio, se condenó al varón, responsable de la ruptura de una convivencia *more uxorio*, de diecinueve años, de la que habían nacido dos hijos, al pago de una indemnización compensatoria, cuya cuantía quedó establecida en un tercio de los bienes adquiridos por el varón durante el periodo en que había durado la unión de hecho. Se precisó que, mediante el reconocimiento de la indemnización, "no se acepta la igualdad o asimilación (de la unión de hecho) al matrimonio, sino que trata de proteger a la parte que ha quedado perjudicada por razón de la convivencia y se pretende evitar el perjuicio injusto para el más débil"[85].

Igualmente, se reconoció a la mujer, integrante de una unión de hecho, disuelta por muerte del varón, el derecho a obtener una indemnización equivalente al veinticinco por ciento del valor de los bienes adquiridos por aquel durante el tiempo en que había durado la convivencia *more uxorio* con los ingresos obtenidos con su trabajo y por la explotación de una farmacia de la que era titular. Se evidenció que la mujer se había dedicado, en exclusiva, durante cincuenta y tres años al cuidado de su compañero y del hogar familiar, "prestándole total ayuda moral y material, lo que repercutió positiva y significativamente en la formación del patrimonio de aquél, al tiempo que acarreó un desentendimiento de su propio patrimonio, pues tal dedicación no solo no le supuso ninguna retribución o compensación económica, sino que le impidió obtener beneficios privativos mediante el desarrollo de otra actividad en provecho propio"[86].

Como regla general, puede, pues, afirmarse que se empobrece quien durante un prolongado período de tiempo se dedica, en exclusiva o de modo prioritario, a la atención del hogar o colabora en la empresa o negocio de su compañero sin recibir ninguna compensación por ello[87].

El empobrecimiento resulta, no solo de la no percepción de una retribución por el ejercicio de estas actividades, sino también de las dificultades que tiene para acceder a un empleo la persona que siempre se ha dedicado a las labores domésticas (pensemos en mujeres de avanzada edad, de escasa cualificación profesional, que nunca han trabajado fuera de casa), o también de las dificultades que encuentra para reincorporarse al mercado de trabajo quien lo ha abandonado durante un prolongado período de tiempo; empobrecimiento, que todavía es más claro cuando

84 STS 27 marzo 2001 (*Tol 71705*).

85 STS 17 enero 2003 (*Tol 230655*).

86 STS 17 junio 2003 (*Tol 285652*).

87 *Vid.* así SSTS 5 febrero 2004 (*Tol 348570*), 30 octubre 2008 (*Tol 1432563*) y (Pleno) 12 septiembre 2005 (*Tol 719651*).

la mujer ha dejado un trabajo retribuido al tiempo de iniciarse la convivencia[88].

La jurisprudencia no considera que existe empobrecimiento susceptible de ser resarcido cuando la mayor dedicación al hogar de uno de los convivientes no le ha impedido desempeñar una actividad retribuida[89].

En cualquier caso, hay que excluir la aplicación del principio general de prohibición del enriquecimiento injusto cuando quien lo pretende no ha recibido propiamente una retribución por sus labores domésticas equiparable a un salario, pero sí otras compensaciones económicas, que impiden considerar que la situación en la que se ha desarrollado la convivencia de hecho y su posterior ruptura le ha producido un empobrecimiento.

> Se denegó, así, la pretensión de la reclamante, de que el varón le satisficiera una indemnización por enriquecimiento injusto, valorando el hecho de que, mientras persistió la unión de hecho, el demandado había asumido la práctica totalidad de los gastos comunes, así como los generados por la atención de los dos hijos de la mujer, que vivían con ellos, domiciliando su nómina en la cuenta corriente de la demandante, y pagando, además, las amortizaciones del crédito hipotecario concedido para la adquisición de la vivienda, que era de propiedad exclusiva de aquélla[90]. Se desestimó igualmente la indemnización por enriquecimiento injusto solicitada por la conviviente, como consecuencia de la ruptura de la convivencia, argumentando que el varón demandado había transmitido gratuitamente a la actora, bajo la apariencia

---

88 STS 17 junio 2003 (*Tol 285652*).
La SAP Madrid 26 junio 2020 *(Tol 8047888)* explica que "cuando una de las partes de una pareja, que convive en una situación análoga a la del matrimonio, decide dedicarse en exclusiva al cuidado del hogar y de la familia, sin realizar cualquier tipo de actividad cobrando por ello una remuneración, aceptando la otra parte de la pareja esta situación, tal actividad desarrollada en el ámbito de la familia supone no solo una forma de contribución con las cargas familiares, sino que además sin duda contribuye en la obtención de los ingresos patrimoniales o económicos por la otra parte de la pareja, quien precisamente por ello puede dedicarse plenamente a su desarrollo profesional".

89 La STS (Pleno) 15 enero 2018 (*Tol 5423872*) descartó la aplicación de la doctrina del enriquecimiento injusto, porque, "Durante la convivencia, la actora no se dedicó en exclusiva a la atención de los hijos y del hogar familiar, y el hecho de una mayor dedicación a los hijos no comportó un empobrecimiento de la actora y un enriquecimiento del demandado; la convivencia no implicó una pérdida de expectativas ni el abandono de una actividad en beneficio propio por la dedicación en beneficio del demandado, ni el desentendimiento de su propio patrimonio, ni le impidió obtener beneficios mediante el desarrollo de una actividad remunerada". *Vid.* también, denegando la indemnización pretendida SSAP La Rioja 11 septiembre 2015 (*Tol 5529876*) y Cáceres 5 febrero 2018 (*Tol 6534382*).

90 SAP Málaga 25 abril 2002 (*Tol 1189041*).

de un falso contrato de compraventa, carente de precio real, participaciones en la sociedad explotadora de un restaurante, ascendiendo las participaciones cedidas a casi la mitad del capital social[91].

VI. AUTONOMÍA PRIVADA Y ESTABLECIMIENTO O EXCLUSIÓN CONVENCIONAL DE INDEMNIZACIONES

La creciente proyección del principio de autonomía privada en el ámbito familiar, en general, y en el de las uniones de hecho, en particular, ha llevado a la doctrina a plantearse la posibilidad de que los convivientes puedan acordar o excluir indemnizaciones en previsión de una futura ruptura de la convivencia[92].

---

91 SAP Gerona 2 octubre 2002 (*Tol 263405*).

92 En general, los pactos preventivos para regular los efectos de crisis familiares futuras son extraños a nuestra tradición jurídica, siendo, en cambio, admitidos por el Derecho anglosajón, por cuya influencia han sido recibidos en el Derecho civil catalán, cuyo Código Civil, Libro II, admite los pactos por los que los contrayentes renuncian a percibir una pensión compensatoria en caso de crisis conyugal (art. 233-16) o una compensación económica por trabajo doméstico al extinguirse el régimen de separación (art. 232-7), como también el pacto por el que los convivientes renuncian a exigir una compensación económica por trabajo doméstico en caso de cese de la convivencia (art. 234-9.2, en relación con art. 232-7).
No obstante, la validez de estos pactos se subordina a los requisitos del art. 231-20, cuyo número 5 prevé su posible revisión judicial en los siguientes términos: "Los pactos en previsión de ruptura que en el momento en que se pretende el cumplimiento sean gravemente perjudiciales para un cónyuge no son eficaces si este acredita que han sobrevenido circunstancias relevantes que no se previeron ni podían razonablemente preverse en el momento en que se otorgaron".
En todo caso, el art. 234-10.2 considera ineficaces los pactos de renuncia a la prestación alimentaria (que el precepto establece en caso de ruptura de la convivencia *more uxorio*), "en aquello en que comprometan la posibilidad de atender a las necesidades básicas del conviviente que tiene derecho a pedir salvo que hayan sido incorporados a una propuesta de convenio"; de donde se deduce que los pactos de renuncia anticipada a la prestación alimentaria serían ineficaces.
Por el contrario, el art. 4.1 de la Ley balear, de 19 de diciembre de 2001, de "parejas estables", permite a los miembros de la pareja "regular las compensaciones económicas en el caso de extinción de la convivencia, con el límite de los derechos mínimos que establece esta Ley, los cuales son irrenunciables hasta el momento en que son exigibles".
Por lo tanto, carecen de validez los pactos de renuncia anticipada de la compensación prevista en el art. 9.2 de la Ley, según el cual "El conviviente perjudicado pue-

1. Previsión contractual de pago de indemnizaciones al extinguirse la unión de hecho

Hay que distinguir dos tipos de pactos: de un lado, los que fijan una indemnización a cargo de uno de los convivientes, por la mera circunstancia de la ruptura de la convivencia, haciendo abstracción de toda idea de compensación de los perjuicios sufridos por quien deba percibirla; y, de otro lado, los que establecen una indemnización con la finalidad de compensar el empobrecimiento que una de las partes ha sufrido durante la convivencia, como consecuencia de su dedicación al cuidado de la familia o de su colaboración no retribuida (o retribuida de manera insuficiente) en la actividad profesional o económica de la otra.

a) Es dudosa la validez del primer tipo de pactos desde la perspectiva del art. 10 CE[93], puesto que, al imponer una penalización económica de la ruptura, suponen un ataque a la libertad que tiene todo conviviente para poner fin a la unión de hecho[94], opción ésta, que encuentra cobertura en el principio constitucional de libre desarrollo de la personalidad, del mismo modo que la encuentra la opción de formar una familia no basada en el matrimonio[95].

---

de reclamar una compensación económica cuando la convivencia haya supuesto una situación de desigualdad patrimonial entre ambos miembros de la pareja que implique un enriquecimiento injusto y se haya dado uno de los siguientes supuestos: a) Que el conviviente haya contribuido económicamente o con su trabajo a la adquisición, conservación o mejora de cualquiera de los bienes comunes o privativos del otro miembro de la pareja. b) Que el conviviente se haya dedicado con exclusividad o de forma principal a la realización de trabajo para la familia".

93 Desde luego, como observa E. Estrada Alonso: *Las uniones*, cit., p. 159, es indudable la invalidez de un pacto de "renuncia al derecho de romper la unión libre en cualquier momento".

94 No obstante, hay que tener en cuenta que las SSTS 31 marzo 2011 (*Tol 2114961*) y 24 junio 2015 (*Tol 5191042*) han admitido la validez de los pactos por virtud de los cuales se conviene que, en caso de crisis familiar, uno de los cónyuges (el marido) deba pagar al otro (la mujer) una renta mensual vitalicia, que, en rigor, no es una compensación por desequilibrio en el sentido del art. 97 CC.

95 En contra de la validez de este tipo de pactos se manifiesta claramente J. V. Gavidia Sánchez; "¿Es la unión?", cit., pp. 250, salvo en el caso en que la prevean para el supuesto de "mala fe en el ejercicio del derecho a la libre ruptura", pues, en tal caso, según el autor, tendrían la cobertura legal del art. 7.1 CC. I. Gallego Domínguez: *Las parejas*, cit., pp. 115 y 317, no considera válidos los pactos "que limitan la voluntad para romper la unión libre en curso", refiriéndose concretamente a los "sanciones o indemnizaciones penales —más allá del ámbito reparador", a los

b) En cambio, no hay ninguna duda respecto de la validez del segundo tipo de pactos[96], en la medida en que contengan una autorregulación ra-

---

que califica como "precio de la ruptura" o "precio de la liberación". Igualmente, D. López Jiménez: *Prestaciones económicas como consecuencia de la ruptura de las parejas no casadas*, Cizur Menor (Navarra), 2007, p. 47, que considera nulo el pacto en el que se acuerda una indemnización, con la que se pretende imponer "un precio a la ruptura".

En favor de la validez de dicho tipo de pactos se orientan, por el contrario, L. Bueno Medina: "Resolución unilateral como causa de disolución de las uniones de hecho", en *Estudio comparado de la regulación autonómica de las parejas de hecho soluciones armonizadoras*, Consejo General del Poder Judicial, Madrid, 2005, p. 239; y C. Mesa Marrero, *Las uniones*, cit., p. 9.

Más mesurada es la opinión de A. Gálvez Criado: "El principio general", cit., p. quien afirma poder estar de acuerdo en la nulidad de "un pacto que obstaculice gravemente la libre ruptura", pero no, en la de todo pacto que "fije una compensación superior al enriquecimiento superior" (concretamente, se refiere a la validez de un pacto de remisión al art. 97 CC).

96 El art. 310.1 del Código de Derecho Foral de Aragón prevé que "En caso de extinción de la pareja estable no casada por causa distinta a la muerte o declaración de fallecimiento, y si la convivencia ha supuesto una situación de desigualdad patrimonial entre ambos convivientes que implique un enriquecimiento injusto, podrá exigirse una compensación económica por el conviviente perjudicado en los siguientes casos: a) Cuando el conviviente ha contribuido económicamente o con su trabajo a la adquisición, conservación o mejora de cualquiera de los bienes comunes o privativos del otro miembro de la pareja estable no casada. b) Cuando el conviviente, sin retribución o con retribución insuficiente, se ha dedicado al hogar, o a los hijos del otro conviviente, o ha trabajado para éste".

Con toda probabilidad, el precepto es inconstitucional, porque del mismo modo en que acontecía con diversos artículos de la Ley navarra, de 22 de junio de 2000, "para la igualdad jurídica de las parejas estables", forma parte de un conjunto de normas que imponen a los convivientes una especie de estado civil paramatrimonial, prescindiendo de su común voluntad de someterse a ellos.

Por esa razón, la STC (Pleno) 93/2013, de 23 de abril *(Tol 3659972)*, declaró inconstitucional el art. 5.5. de la Ley Navarra, que preveía el pago de una prestación de una compensación económica por enriquecimiento injusto. Dice, así, que "Independientemente de que las reglas generales de responsabilidad por enriquecimiento injusto puedan tener su proyección en determinados supuestos, y de que los miembros de la pareja puedan libremente establecer los pactos que tengan por convenientes al respecto, lo que resulta inconstitucional es la imperatividad de la previsión".

Sí que, en cambio, es constitucional el art. 9.2 de la Ley balear, de 19 de diciembre de 2001, de "parejas estables", que también prevé una compensación económica por enriquecimiento injusto en favor del conviviente perjudicado. Pero dichas normas, como, en general, todas las que integran la regulación legal balear de las

zonable de los intereses de ambas partes, pues, con ellos se llegará a una solución semejante a la que resultaría de la aplicación del principio general de prohibición de enriquecimiento injusto, que es al que recurrirían los tribunales (si se dieran sus presupuestos)[97] de no haberse estipulado aquellos, pero con la ventaja de ser una solución querida y concretamente articulada por los convivientes[98].

---

uniones de hecho, solo se aplican a los convivientes que voluntariamente aceptan someterse a ellas, mediante su inscripción en el Registro de Parejas Estables de las Islas Baleares (cfr. art. 1.2).

Por la misma razón, también lo es el art. 6.2.b) de la Ley vasca, de 7 de mayo de 2003, "reguladora de las parejas de hecho", que, no obstante, a diferencia del precepto balear, no impone a los convivientes que voluntariamente deciden inscribir su unión en el Registro autonómico la obligación de pagar al perjudicado una pensión compensatoria por enriquecimiento injusto, sino que tan solo la prevé como una cláusula general, a lo que los convivientes pueden someterse, si así lo desean, en el momento de la inscripción.

Otras legislaciones autonómicas, con clara extralimitación competencial, por estar ante una materia de carácter civil sobre las que las respectivas Comunidades Autónomas carecen de capacidad para legislar, por no tener Derecho Civil especial o foral, al tiempo de la entrada en vigor de la Constitución (tal y como exige el art. 149.1, regla 8ª de la misma) contemplan la posibilidad de que los convivientes establezcan compensaciones para el caso de extinción de la unión de hecho.

Así, el art. 7.1 de la Ley canaria, de 6 de marzo de 2003, de "parejas de hecho; el art. 5.1 de la Ley asturiana, de 23 de mayo de 2002, de "parejas estables", "siempre con observancia de la legalidad aplicable. El art. 10.2 de la Ley andaluza, de 16 de diciembre de 2002, de "parejas de hecho" permite pactar una "compensación económica cuando tras el cese de la convivencia se produzca un desequilibrio económico en uno de los convivientes, en relación a la posición del otro y que suponga una merma con respecto a su situación previa al establecimiento de la convivencia".

Otras legislaciones autonómicas, también con clara limitación extra competencial, van más lejos, al prever una compensación económica por enriquecimiento injusto, sin necesidad de pacto al respecto de los convivientes: es el caso del art. 7 de Ley extremeña, de 20 de marzo de 2003, de "parejas de hecho" o del art. 9 de la Ley cántabra, de 16 de mayo de 2005, "reguladora de las parejas de hecho".

97 Y, lógicamente, si se pidiera por la parte perjudicada, que, según observa STS (Pleno) 15 enero 2018 (*Tol 6480072*), no podrá encauzar su pretensión por los trámites de juicio verbal, por no tratarse de una materia contemplada en los arts. 753 y 770 LEC, sino que deberá acudir al procedimiento ordinario, en función de la cuantía reclamada, conforme al art. 251.7 LEC, sin que proceda la acumulación al proceso especial de menores. *Vid.* también SAP Pontevedra 24 julio 2015 (*Tol 5423872*) y SAP La Rioja 11 septiembre 2015 (*Tol 5529876*).

98 J. V. Gavidia Sánchez: "¿Es la unión?", cit., p. 235, observa que "prever una compensación por enriquecimiento injusto no constituye obstáculo legítimo alguno a

2. *Pactos de renuncia anticipada a reclamar indemnizaciones*

Otra de las cuestiones que ha preocupado a la doctrina es la relativa a la validez de los pactos de renuncia anticipada a percibir indemnizaciones en el caso de cese de la convivencia.

a) En mi opinión, son perfectamente válidos los pactos de renuncia a percibir una indemnización por la mera ruptura de la convivencia, aunque su utilidad parezca escasa, ya que cada conviviente tiene libertad para poner fin a la unión de hecho, sin que legalmente deba satisfacer ninguna reparación por ello: es más, creo que una norma que impusiera una indemnización de este tipo (como también la aplicación de una regla general, como el art. 1902 CC, con el mismo fin), muy probablemente, sería inconstitucional, por ser contraria al libre desarrollo de la personalidad; por lo tanto, a través de estos pactos se estaría renunciando a un derecho que no se tiene[99].

---

la libre ruptura, ya que si se es libre también debe ser responsable, y si alguien se ha enriquecido a costa del otro, no puede decirse que se coarte nada por el hecho de que se imponga una compensación en estos casos".

99 I. Gallego Domínguez: *Las parejas*, cit., p. 319, enumera una serie de supuestos en los que tendría lugar una indemnización *ex* art. 1902 CC, no por la ruptura de la convivencia, en sí, sino por las circunstancias en las que la misma tuviera lugar, por ejemplo, en los casos de publicidad o violencia de la ruptura o cuando la mujer abandonada estuviese embarazada.

Yo soy poco proclive a la aplicación del art. 1902 CC en estos supuestos, como también lo es la jurisprudencia, que, no obstante, ha aplicado la responsabilidad civil extracontractual para proteger al desfavorecido por el cese de la convivencia *more uxorio*, en un caso en que la ruptura de la convivencia había sido acompañada del incumplimiento sin causa de una previa promesa cierta de matrimonio.

La STS 16 diciembre 1996 *(Tol 1658870)* fundamentó, así, en el art. 1902 CC la condena del varón a pagar la cantidad de tres millones de pesetas, en concepto de daños y perjuicios, a su compañera, la cual había puesto fin al contrato de arrendamiento de la vivienda donde residía y en la que recibía huéspedes, para iniciar una convivencia *more uxorio* durante tres años con el condenado, ante la confianza, que éste le había suscitado de que se casaría con ella, a través de una promesa de matrimonio, que no cumplió. En este caso concurría la particularidad de que la unión de hecho había sido iniciada, mediando una previa promesa de matrimonio del varón que posteriormente rompió la convivencia. En segunda instancia la condena del varón había sido fundamentada en el art. 43 CC, solución ésta, que desautorizó el Supremo, lo que me parece correcto, ya que el daño derivado de haber puesto fin al contrato de arrendamiento de la vivienda de la mujer abandonada no es un "gasto hecho" o una "obligación contraída" en considera-

b) En cambio, a mi entender, es dudosa la validez de los pactos de renuncia anticipada a exigir cualquier tipo de indemnización en el caso de

---

ción al matrimonio proyectado, por lo que no puede ser indemnizado a través del referido precepto.
No estoy de acuerdo en la aplicación que hizo del art. 1902 CC para fundamentar el fallo condenatorio, porque, a mi juicio, este artículo no juega en el caso de ruptura de la promesa de matrimonio, cuyos efectos económicos se rigen, exclusivamente, por el art. 43 CC, cuyo tenor es claro, al exponer que el incumplimiento sin causa de la promesa cierta de matrimonio, "sólo producirá la obligación de resarcir a la otra parte de los gastos hechos y de las obligaciones contraídas en consideración al matrimonio proyectado. El precepto es una fórmula de transacción, entre el principio de tutela de la confianza y el principio de libertad nupcial, que, evidentemente, quedaría desvirtuado, si la negativa a cumplir la promesa produjera consecuencias patrimoniales tan gravosas para el promitente, que éste se viera constreñido a contraer matrimonio para escapar al pago de una indemnización cuantiosa. Ello explica la limitación del importe máximo de la indemnización a los conceptos que la propia norma determina (gastos hechos y obligaciones contraídas en atención al matrimonio), cerrando la posibilidad de que el promisario pueda pedir el resarcimiento de otros daños. Creo, además, que la inaplicación del art. 1902 CC en los casos de ruptura de la promesa de matrimonio deriva del principio *specialia generalibus derogant*, ya que, a mi entender, el art. 43 CC es una norma especial que establece un supuesto específico de responsabilidad prenegocial (que una clase de responsabilidad civil extracontractual), por lo que excluye la aplicación de la norma general (el art. 1902 CC).
A mi juicio, el recurso a la responsabilidad civil extracontractual al objeto de proteger al conviviente que queda perjudicado por el cese de la unión de hecho es, como regla general improcedente, si el cese de dicha unión no implica, al mismo tiempo, incumplimiento sin causa de una previa promesa cierta de matrimonio. Evidentemente, de no mediar promesa de matrimonio, es clara la imposibilidad de aplicar el art. 43 CC, pero, a mi entender, tampoco procede, en principio, la aplicación del art. 1902 CC para condenar al conviviente que rompe la unión de hecho al pago de una indemnización de daños y perjuicios por los daños que esa ruptura ocasione al otro conviviente.
La ruptura de la convivencia *more uxorio* es un acto de libertad de quienes la forman, del mismo modo que lo es su constitución. Si, según la jurisprudencia del Tribunal Constitucional, el principio de libre desarrollo de la personalidad impide exige respetar la radical libertad del ser humano para casarse o permanecer soltero, me parece que, por aplicación del mismo principio constitucional, no debe merecer ningún reproche culpabilístico quien decide poner fin a la unión de hecho, cuando entiende que dicha unión ya no es un cauce adecuado para el desarrollo de su personalidad, por lo que no se entiende como puede ser obligado a pagar una indemnización de daños y perjuicios, por esta sola causa.

cesación de la convivencia[100]; cerrando la posibilidad de obtener una compensación al conviviente que, sin retribución alguna (o escasa), se hubiera dedicado al trabajo doméstico o hubiese colaborado en la actividad económica o profesional del otro; a no ser que dichos pactos formaran parte de una razonable composición de intereses, en la que se previesen otro tipo de compensaciones en favor del perjudicado, por ejemplo, una atribución de bienes (durante la convivencia o al cesar ésta) o la que resultaría de haberse pactado que se hicieran comunes las ganancias obtenidas por ejercicio de la actividad en la que colaboró[101].

---

[100] A. Gálvez Criado: "El principio general", cit., p. 1845 y 1847, en cambio, los considera válidos, siempre que no perjudiquen los derechos básicos menores e incapacitados, "porque así lo exige el principio pacta *sunt servanda* y la seguridad jurídica", de modo que los jueces deben aplicarlos, pero introduce una importante matización: "salvo que resulte de todo punto irrazonable atendidas las circunstancias concurrentes en el momento actual", pues, en este caso, "la reclamación del cumplimiento íntegro del pacto puede resultar abusiva o contraria a la buena fe".

[101] No obstante, la STS 30 mayo 2018 (*Tol 6630522)* ha admitido, en sede de matrimonio, la validez de un pacto de renuncia anticipada al pago de una pensión compensatoria en caso de separación o de divorcio. Los cónyuges se conocieron por internet. La mujer, de nacionalidad rusa, se trasladó a España con su hija, iniciándose una convivencia de hecho entre ellos, durante 3 años, pasados los cuales se casaron, teniendo, respectivamente, en ese momento 59 (él) y 38 años (ella). Meses antes de contraer matrimonio comparecieron ante Notario declarando, que, en el caso de separación o divorcio, ninguno de ellos reclamaría al otro ninguna indemnización, ni pensión compensatoria. En el momento del divorcio, la mujer sostuvo que la renuncia a la pensión compensatoria era nula, pues la había hecho sin conocer la trascendencia de lo efectuado y sin conocimiento de la lengua española, encontrándose en una situación de precariedad.

El TS considera que dicho pacto no es contrario al orden público porque, en el caso concreto, no se daban las circunstancias para la concesión de una pensión compensatoria, afirmando que "la formación, edad, escasa duración del matrimonio, ausencia de descendencia común, posibilitan un desenvolvimiento de ella que posibilitan un marco económico fluido". Rechaza, además, que se diera esa situación de precariedad denunciada por la mujer, "dado que lejos de percibirse un sometimiento al esposo o predominio del marido, lo que se evidencia es una relación de confianza en el que la esposa resulta beneficiaria de prestaciones, se acoge a su hija, se firman los pactos con suficiente antelación con respecto al matrimonio, por lo que tampoco pueden considerarse sorpresivos y una relación matrimonial no extensa temporalmente pero tampoco fugaz". "Por todo ello, la libertad, dignidad e igualdad de los cónyuges ha quedado preservada (arts. 14, 17 y 19 de la Constitución)".

La STS 13 marzo 2023 *(Tol 9459869)* reafirma la validez de los pactos de renuncia previa a la pensión compensatoria, siempre que no concurran vicios de consenti-

---

miento o una situación de superioridad de una de las partes, que lleve a imponer la renuncia a la otra, lo que no sucedió en el caso enjuiciado, destacando que el pacto se había firmado ante notario, quien había advertido a los firmantes de sus consecuencias, y que la "futura esposa disponía de una trayectoria personal y vital que impide hablar de una parte 'débil' o ignorante que pudiera haber padecido error sobre las consecuencias de su renuncia: tenía en ese momento 43 años y era, según ha mantenido el recurrente, y ella no lo ha negado, licenciada en economía y empresaria autónoma".

Una vez confirmada la validez del pacto, el TS admite, sin embargo, la posibilidad de una revisión judicial del mismo para controlar su "lesividad", como consecuencia de "la aparición de circunstancias no previstas", que pudieran "colocar a un cónyuge en una situación que, por no serle imputable", hicieran "irracional exigir el cumplimiento de las previsiones negociales de los esposos", descartando, además, la concurrencia de "alguna circunstancia extraordinaria", por la que la mujer "no pudiera trabajar, primero tras la celebración del matrimonio y luego tras el nacimiento del niño", o de "alguna circunstancia fuera de lo común", por la que "el cuidado del niño requiriera una dedicación especial que, al ser asumida en exclusiva por la madre, la hubiera colocado, por no poder trabajar, en una situación de precariedad económica que las partes no pudieron contemplar al pactar las consecuencias económicas de un eventual divorcio".

Respecto de la "lesividad", afirma que la misma "no puede apreciarse sin más por el hecho de que se renuncie a derechos que corresponderían legalmente en caso de no existir renuncia, pero que se configuran por el legislador como derechos disponibles".

Esta afirmación parece lógica, porque si se considera lesivo un pacto de renuncia, por el mero hecho de que priva a uno de los cónyuges de un derecho que la ley le reconoce, dicho tipo de pactos serían inútiles, pues sólo serían eficaces cuando, al momento de aplicarse, no existiera derecho a reclamar la pensión, por no darse los requisitos legales para su exigencia.

Ahora bien, al igual que en el caso resuelto por la primera de las sentencias expuestas, en este, la mujer que reclamaba la pensión y sostenía la invalidez del pacto de renuncia, en realidad, legalmente, no tenía derecho a ella, porque su mayor dedicación al cuidado del hijo común no le había impedido desarrollar una actividad profesional remunerada acorde a su formación, por lo que no había existido una pérdida de expectativas que diera lugar a un desequilibrio compensable por el art. 97 CC.

Para verificar la consistencia de la doctrina jurisprudencial expuesta, habrá que esperar a que se juzgue un caso en el que uno de los cónyuges, legalmente, tenga derecho a reclamar una pensión compensatoria, por haberse dedicado al cuidado de la familia, y, para oponerse a su concesión, el otro invocare un pacto de renuncia previa y la imposibilidad de dejarlo sin efecto, por no concurrir circunstancias extraordinarias o imprevisibles, tales como la existencia de una enfermedad del demandante, que le hubiera impedido a trabajar, o la de un hijo, que obligara a prestarse cuidados especiales, negando que pudiera considerarse como tales el

Podría argumentarse que esta posición va en contra de la actual corriente de privatización de la familia y que cabría pensar en otra solución más acorde con el principio de autonomía privada[102]. ¿No podrían, quizás, considerarse válidos los pactos de renuncia anticipada a exigir compensaciones futuras, pero sujetar su eficacia a la apreciación judicial, a través de la doctrina de la cláusula *rebus sic stantibus*?[103] De ser así, el juez podría no aplicar el pacto, cuando al cesar la convivencia existiera un cambio extraordinario de circunstancias que no hubieran podido preverse al tiempo de su otorgamiento.

Pero, ¿cuáles serían, entonces, tales circunstancias sobrevenidas? ¿Cabría incluir entre ellas, por ejemplo, el supuesto de que uno de los convivientes se hubiera dedicado al cuidado de unos hijos comunes? Tengo mis dudas de que en este caso se cumpliera el requisito (imprescindible para aplicar la doctrina de la cláusula *rebus sic stantibus*) de estar ante una circunstancia sobrevendida absolutamente imprevisible al tiempo de la celebración del contrato. ¿Y qué decir del supuesto en que uno de los convivientes hubiera colaborado desinteresadamente en la actividad económica del otro desde el inicio de la convivencia y hasta la finalización de la misma?; ¿podría considerarse qué ha habido aquí un cambio sobrevenido de circunstancias? Parece que no, como no se considere que lo sea el haberse llegado a una edad avanzada

---

hecho de que el demandante, contra lo inicialmente previsto, por puro altruismo y solidaridad familiar, se hubiera al cuidado de la familia, perdiendo oportunidades de desarrollo profesional, con el consentimiento del demandado (y, beneficio de éste): negar, en este caso, la compensación, en aras al respecto al principio de la autonomía privada, me parecía, sencillamente, la manifestación de un cruel individualismo.

En cualquier caso, la posición favorable a la validez de los pactos de renuncia previa a la pensión compensatoria va ganando adeptos en la doctrina científica española, sin duda, influida por la posición favorable al respecto del derecho civil catalán. *Vid.*, en este sentido, la importante aportación de M. García Mayo, *Pactos prematrimoniales*, Bosch, Madrid, 2023.

102 Me parecen muy pertinentes las observaciones de Mª M. Heras Hernández: "Acuerdos suscritos para ordenar la convivencia en pareja de preruptura y postruptura. Perspectiva desde el Derecho español", *Tla-Melaua* (Revista de Ciencias Sociales de la Universidad Autónoma de Puebla, México), n. 38, septiembre 2015, según la cual "si la progresiva 'contractualización' de las relaciones de familia y de pareja da cabida al predominio de los intereses particulares de cada uno de sus miembros, de ningún modo tal posibilidad puede conducir a un individualismo capaz de dinamitar los principios básicos que apuntalan el orden público como el principio de igualdad de los convivientes, el de solidaridad familiar o del interés superior de los menores".

103 En general, sobre la aplicación (favorable) de la referida doctrina en el ámbito del Derecho de familia, *vid.* E. Goñi Huarte: *"Rebus sic stantibus" y pactos económicos familiares, Aranzadi, Cizur Menor, 2023.*

sin haberse realizado un trabajo remunerado, pero que uno va a envejecer es algo absolutamente previsible y nada extraordinario[104].

Probablemente, en no pocos casos, por razones de justicia material, habría que forzar la aplicación de la doctrina jurisprudencial de la cláusula *rebus sic stantibus*, considerando el juzgador que habría habido un cambio extraordinario de circunstancias absolutamente imprevisible siempre que uno de los convivientes se hubiera enriquecido injustamente a costa del otro.

Pero entonces, ¿para qué serviría el pacto de renuncia anticipada a exigir compensaciones? Desde luego, para dar certeza a los convivientes sobre sus respectivas situaciones patrimoniales en el caso de cesación de la convivencia, ya hemos visto que no, pues cabría siempre discutir la existencia de una alteración sobrevenida de circunstancias; y, para evitar intervenciones judiciales, tampoco. Estaríamos, en definitiva, ante un pacto con una eficacia claudicante, supeditada a que no se constatase judicialmente la existencia de un enriquecimiento injusto. Sólo sería eficaz, si no lo hubiere habido, pero, en este caso, el pacto sería totalmente inútil, porque implicaría la renuncia a una indemnización que no se tiene derecho a reclamar (la mera ruptura de la convivencia, por sí misma, no da derecho a exigir ninguna indemnización).

---

104 Me parecen muy interesantes las observaciones que realiza A. Gálvez Criado: "El principio general", cit., p. 1846, al analizar la posible aplicación de la doctrina de cláusula *rebus sic stantibus* a los pactos de renuncia a compensaciones futuras, que el autor niega, precisamente, por la dificultad de entender que concurra el requisito de la imprevisibilidad del cambio sobrevenido de circunstancias. Dice, así, que "el tema del cambio sobrevenido de las circunstancias debe analizarse teniendo en cuenta la finalidad básica de toda convivencia de hecho: el establecimiento de una relación afectiva duradera entre personas capaces y que deben tener conocimiento de las distintas vicisitudes por las que puede transcurrir una convivencia de estas características en nuestra sociedad actual"; y añade: "En 20, 30 o 40 años de vida en pareja naturalmente que se producen cambios muy sustanciales en la vida de las personas, ¿pero resultan imprevisibles estos cambios para esas personas?".

8. CARGAS Y OBLIGACIONES DE LA SOCIEDAD LEGAL DE GANANCIALES

MARÍA JOSÉ REYES LÓPEZ[1]

I. LA SOCIEDAD LEGAL DE GANANCIALES. NATURALEZA Y RASGOS CARACTERÍSTICOS

Tradicionalmente la sociedad legal de gananciales ha sido y es el régimen económico del matrimonio de carácter subsidiario de primer rango que se contempla en el Código civil como aplicable a todos los matrimonios celebrados en una CCAA que no tenga atribuida competencia en ma-

1 CU, Derecho civil, Universidad de Valencia.

teria de derecho civil, siempre que no hayan optado por otro distinto en capitulaciones matrimoniales.

La característica innata de este régimen es la conformación de un patrimonio común, independiente al configurado por los bienes propios de cada uno de los cónyuges que, sin tener personalidad jurídica propia, tiene la entidad suficiente para obligarse y hacer frente a las deudas derivadas de la convivencia en común y del mantenimiento y educación de los hijos, bien sean comunes, bien de uno sólo de los esposos.

Este patrimonio ganancial constituye una comunidad de bienes de tipo germánico formada por todas las ganancias y bienes que se obtienen durante el tiempo en que esté vigente la sociedad legal de gananciales, de forma que, como establece el art. 1344 CC, se hacen comunes para los cónyuges las ganancias o beneficios obtenidos indistintamente por cualquiera de ellos, que les serán atribuidos por mitad al disolverse aquella.

El reconocimiento de un patrimonio propio de la sociedad conyugal, independiente del privativo, implica que éste es al que corresponde hacer frente de las cargas y deudas de la sociedad de gananciales. Como consecuencia además de que la sociedad de gananciales está constituida por las ganancias o beneficios obtenidas indistintamente por cualquiera de ellos, se conforman tres patrimonios distintos: dos, que son los compuestos por los bienes privativos de cada uno de los consortes; y, un tercero, que es formado por los bienes comunes de ambos. Por tanto, el casado bajo el régimen de gananciales es titular de un patrimonio privativo y cotitular con su cónyuge del ganancial con el que se debe hacer frente a las obligaciones y cargas propias de la sociedad conyugal.

Como punto de partida, los arts. 1346 y 1347 CC establecen cuáles son los bienes integrantes del patrimonio privativo y del ganancial para seguidamente su sección tercera precisar los criterios determinantes de atribución de la deuda; esto es, quién debe soportarla, distinguiendo según se haya contraído por uno o ambos cónyuges en beneficio de la sociedad, o frente a terceros. A ello responde que el articulado quede estructurado fijando, en primer lugar, los gastos o cargas que ha de soportar el patrimonio ganancial; y, a posteriori la responsabilidad de cada uno de los patrimonios. En concreto, en sus tres primeros preceptos —arts. 1362 a 1364 CC— regula las cargas que competen a la sociedad mientras que en el resto del articulado de la sección se recogen los supuestos de responsabilidad que especifican cuál es el patrimonio que el acreedor puede agredir en caso de incumplimiento.

Cada una de las partidas referidas atiende a una cuestión diferente además de facilitar la distinción entre carga y responsabilidad. La primera surge de la relación de los cónyuges entre sí, dirigiéndose a la fijación del pasivo de la sociedad; la segunda se determina a partir de la relación entre los esposos y sus respectivos patrimonios con terceros, ya que tiene como finalidad la determinación de los bienes con los que resarcir a los acreedores, como consecuencia de las obligaciones que haya contraído cada uno de los consortes o ambos en beneficio de la sociedad conyugal.

II. LAS CARGAS Y DEUDAS DE LA SOCIEDAD LEGAL DE GANANCIALES. CONCEPTOS QUE COMPRENDE

Aunque la sociedad de gananciales no tiene personalidad jurídica tiene que afrontar los gastos propios vinculados con el patrimonio ganancial o, en su caso, el privativo de cada uno de los cónyuges según el origen y naturaleza de cada uno de ellos. Así, en primer lugar, estos se corresponden con los provenientes de las propias necesidades del matrimonio y de la familia que conforman. En segundo lugar, se encuentran aquellos que nacen como consecuencia del endeudamiento de uno o ambos cónyuges, ya sea en beneficio de la sociedad de gananciales, ya sea en provecho propio, sin perjuicio del posterior nacimiento de un derecho de reembolso a favor del cónyuge acreedor. Partiendo de esta premisa, como se ha anticipado, cabe distinguir las relaciones de los cónyuges entre sí, resultantes de la necesidad de afrontar las consecuencias económicas que derivan del mantenimiento del vínculo matrimonial y, en su caso, de la familia, por lo que se centran en la relación interna; de las nacidas entre uno o ambos cónyuges con uno o varios acreedores, que se sitúan en lo que se ha calificado de relación externa. En ambas, debido a la naturaleza y procedencia de las deudas y obligaciones que asuman los esposos entre sí con la sociedad de gananciales o con terceros, se plantea la necesidad de determinar cuál de los tres patrimonios debe satisfacer la deuda: si el privativo de cada cónyuge o el ganancial. En esta línea, la sección tercera del capítulo IV, destinado a regular la sociedad de gananciales, estructura estos cargos en dos modalidades: cargas y deudas, en atención al carácter que se atribuye a cada una de estas dos partidas. Así, un sector doctrinal califica las cargas como la responsabilidad definitiva o pasivo interno de la sociedad mientras que entiende que las obligaciones o deudas aluden a la responsabilidad provisional o pasivo externo de la misma[2].

1. *Concepto civil de carga y obligación de la sociedad de gananciales*

La doctrina especializada se refiere a las cargas de la sociedad de gananciales como los gastos que, por razón de su finalidad, repercuten de modo definitivo sobre el patrimonio ganancial, independientemente de que exista o no obligación directa frente al acreedor del patrimonio ganancial. Por su parte, las obligaciones de la sociedad de gananciales se constituyen como deudas de uno o ambos cónyuges por las que responde tanto el cónyuge comprometido como el patrimonio ganancial directamente.

La diferencia entre ambas estriba en que las cargas adquieren una mayor relevancia en el plano interno especialmente en el momento de la liquidación del régimen económico-matrimonial mientras que las obligaciones se manifiestan en las relaciones externas frente a los acreedores y durante el tiempo de vigencia de la sociedad legal de gananciales. Esta distinción implica que, frente al acreedor, la obligación sea ganancial y, entre los cónyuges, sea una carga privativa de uno sólo de los consortes. Por ello, la doctrina advierte que no todas las cargas de la sociedad se corresponden con obligaciones, ni tampoco todas ellas son cargas de esta[3].

2. *Modalidades y contenido de las cargas*

El patrimonio de la sociedad legal de gananciales está constituido, como todo patrimonio, por un activo y un pasivo. Este último está compuesto por cargas y obligaciones. Con relación a las primeras, como establece el AAP Madrid 4 junio 2013[4], reproduciendo el criterio establecido en la STS 20 junio 2008 *(Tol 1343838)*: "Las cargas de la sociedad gananciales son los

---

2 Al respecto, P. Saborido Sánchez: "Comentario a los arts. 1362 a 1374 CC", *en Código Civil Comentado* (dir. A. Cañizares Laso, P. de P. Contreras, F. J. Orduña Moreno, R. Valpuesta Fernández), vol. III, 2ª ed., Cívitas, Cizur Menor (Navarra), 2016; M. J. Reyes López: "Cargas y deudas de la sociedad legal de gananciales", en *GPS de familia* (dir. J. R. de Verda y Beamonte), Tirant lo Blanch, Valencia, 2023, pp. 481-509.

3 D. Cadenas Osuna: "Comentarios arts. 1362-1374 CC", en *Comentarios al Código Civil* (dir. A. Cañizares Laso), Tirant lo Blanch, Valencia, 2023, pp. 6193-6247.

4 AAP Madrid 4 de junio 2013 *(Tol 4589972)*.

gastos o pagos que, por razón de su finalidad, deben repercutir, de modo definitivo, sobre el patrimonio ganancial, con independencia de que frente al acreedor haya o no obligación directa de la sociedad. Mientras que las obligaciones de la sociedad de gananciales son aquellas obligaciones de un cónyuge o de ambos de las que, además del cónyuge deudor, responden directamente frente al acreedor los bienes gananciales".

Las diferentes cargas existentes quedan enumeradas en los artículos 1362, 1363, 1366 y 1371 CC, como se esboza seguidamente. Los gastos que describen estos preceptos quedan comprendidos dentro del ámbito concerniente a la responsabilidad definitiva porque siempre deben ser soportados por la masa ganancial, de manera que, si en la esfera externa hubieran respondido frente al acreedor los bienes privativos de uno de los cónyuges, éste tendría un derecho de reembolso, tal y como establece el art. 1364 CC frente a la sociedad de gananciales.

En todo caso, el concepto de carga queda siempre referido a las existentes durante la vigencia del régimen. Quedan por tanto excluidas las deudas habidas con anterioridad y las satisfechas antes o después de la disolución, sea quien fuere el que las hubiere pagado[5].

El art. 1362 CC describe los conceptos que se consideran cargas del matrimonio. Entre éstas, a partir de las diferentes situaciones descritas en el articulado del Código civil, la doctrina ha diferenciado entre cargas de índole familiar y de índole económica.

3. Gastos derivados del sostenimiento de la familia

Se consideran cargas familiares, el sostenimiento de la familia, la alimentación y educación de los hijos comunes y las atenciones de previsión acomodadas a los usos y a las circunstancias de la familia.

La economía del matrimonio se contempla desde dos perspectivas. La primera de ellas, aplicable con carácter general a todos los matrimonios está referida al denominado régimen primario, regulado en los arts. 1315 y ss. del CC, que contempla los conceptos que contribuyen al mantenimiento de la familia. El segundo concierne al régimen específico que cada matrimonio escoja para regular su economía matrimonial. Por ello, que corresponda al patrimonio conjunto del matrimonio hacerse cargo de los gastos derivados del sostenimiento de la familia es una consecuencia de lo

---

5 STS 17 febrero 2014 *(Tol 4119495)*.

previsto en el art. 1318 CC., que somete a ambos cónyuges al levantamiento de las cargas del matrimonio y establece la responsabilidad del caudal común en caso de que uno de los cónyuges carezca de bienes propios suficientes con los que hacer frente a los gastos necesarios causados en litigios que sostenga contra el otro cónyuge sin mediar mala fe o temeridad, o contra tercero si redundan en provecho de la familia. En el caso además de que uno de los cónyuges incumpliere su deber de contribuir al levantamiento de estas cargas, el Juez, a instancia del otro, dictará las medidas cautelares que estime conveniente a fin de asegurar su cumplimiento y los anticipos necesarios o proveer a las necesidades futuras.

Sin embargo, habida cuenta de que el concepto de familia no queda precisado pudiendo por tanto abarcar desde la familia extensa a la nuclear es necesario precisar el alcance con el que debe de interpretarse el concepto de familia, así como el que debe darse a los gastos vinculados a su sostenimiento.

Una buena parte de la doctrina se decanta por interpretar que el precepto queda referido a la familia nuclear constituida por los progenitores y sus hijos y, en su caso, con los tenidos por uno sólo de los esposos. Sin embargo, habrá que estar a la configuración específica de cada familia, por ejemplo, en el caso de que uno de los cónyuges tenga también a su cargo, un ascendiente o pariente próximo, en cuyo caso, podría también ampliarse el espectro de gastos que resulten propios para el sostenimiento de esa familia o erigirse ese cónyuge en deudor de la sociedad de gananciales. No obstante, acorde con el tenor literal del precepto, que vincula sus efectos a que se trate de hijos comunes o de uno de los cónyuges según convivan o no en el hogar familiar, la opinión más generalizada se decanta por interpretar que está referido a la familia nuclear, integrada por los esposos e hijos no independizados, de la que derivan obligaciones para los hijos menores de edad o bien dependientes económicamente de sus progenitores.

Con relación a los gastos vinculados con el sostenimiento habrá que distinguir si el matrimonio tiene hijos comunes o sólo los tiene uno de ellos. En el primer caso, la alimentación y educación de los hijos de ambos cónyuges correrá a cargo de la sociedad de gananciales haciendo frente ésta a los gastos que deriven de su alimentación, educación… Igualmente correrá a su cargo cuando haya hijos de uno solo de los cónyuges, pero siempre que convivan en el hogar familiar. En este último caso, sin embargo, darán lugar a reintegro en el momento de la liquidación.

Respecto a su contenido, se ha interpretado que se trata de un concepto amplio e integrador que no se limita a aspectos vinculados con la alimentación o educación, sino que abarca todos los aspectos que redunden en el desarrollo de la personalidad de los menores y en la adopción de medidas encaminadas a lograr una buena calidad de vida. Dentro del mismo se incluye, por tanto, los derivados de las atenciones de previsión, como los seguros de vida, los relativos a la vivienda y ajuar familiares, los seguros médicos, escolar, los obligatorios de viaje, etc... gastos, en suma, que no son necesarios pero que contribuyen al desarrollo y expansión en distintos ámbitos de los miembros de la familia dependientes de la posición económica de la familia. Asimismo, comprende los de ocio o recreo y otros exigidos según los usos sociales.

Tampoco es un concepto que deba ser interpretado de manera restrictiva pues va más allá de los gastos por alimentos entendidos en el sentido amplio del art. 142 CC[6]. Como recuerda la SAP Murcia (Sección 1ª) 25 marzo 2003 (rec. nº 390/2002), el concepto de cargas familiares es más amplio que el de pensión de alimentos, al tiempo que enumera como cargas, los gastos encaminados a la obtención de los medios necesarios para el sostenimiento, habitación, alimentación, vestido, educación y asistencia médica de los hijos.

Este apartado ha de relacionarse asimismo con el art. 1365.1º CC, que determina como responsabilidad directa del patrimonio común las deudas contraídas por un cónyuge en el ejercicio de la potestad doméstica. Al respecto también se ha cuestionado si el pago de los gastos procesales debe incluirse también en este apartado, ateniéndose al mismo criterio delimitador; esto es, si se trata de gastos derivados del ejercicio de un procedimiento en beneficio de la familia, se considerarán cargas de la sociedad de gananciales mientras que si es en defensa de los intereses de uno de los consortes dichos gastos podrán ser satisfechos por la sociedad, si bien una vez verificado el pago el patrimonio del cónyuge deudor será a su vez, deudor de la sociedad de gananciales.

Finalmente, como ha señalado la jurisprudencia, cabe también incluir los gastos de la casa que no son propiamente "alimentarios" y cuya concreción depende de las atenciones de previsión acomodadas a los usos y a circunstancias de la familia, como pueda ser el servicio doméstico, mantenimiento de instalaciones...[7]

---

6 SAP Soria 29 mayo 2007 *(Tol 7310786).*

7 A. L. Rebolledo Varela: "Comentario a los arts. 1362 a 1374", en *Comentarios al Código Civil* (dir. R. Bercovitz Rodríguez-Cano), t. VII, Tirant lo Blanch, Valencia, pp. 9636-9724.

4. Gastos originados por la adquisición, tenencia y disfrute de los bienes comunes

Este apartado incluye de forma genérica todos los gastos que se generen de los bienes de la sociedad de gananciales, ya sean los derivados de su adquisición, como los resultantes del mantenimiento y disfrute de los mismos.

A) Adquisición de bienes comunes

De entre los gastos generados para la adquisición de bienes comunes, el más relevante es el derivado de la adquisición de la vivienda común y residencia habitual del matrimonio, que normalmente además suelen adquirirse mediante la suscripción de un préstamo hipotecario. Están por tanto incluidos los plazos de la hipoteca destinada a la adquisición de la vivienda familiar pues, como declara la STS 28 marzo 2011 (*Tol 2082300)* y, la que en ella se cita, STS 5 noviembre 2008 *(Tol 1401729)* se trata de una deuda de la sociedad de gananciales, porque se ha contraído por ambos cónyuges en su beneficio, ya que el bien adquirido y financiado con la hipoteca tendrá la naturaleza de bien ganancial y corresponderá a ambos cónyuges por mitad[8].

Igualmente, deben incluirse como "gastos de adquisición" aquellos otros relativos a escrituración, impuesto y acceso al registro de los bienes gananciales[9]. Sin embargo, como señala la STS 1 junio 2020 *(Tol 7966063)* y ha sido igualmente señalado en las SSTS 11 diciembre 2019 *(Tol 7628261)* y 4 febrero 2020 *(Tol 7831819)*[10]: "... el mero hecho de ingresar dinero privativo en una cuenta conjunta no permite atribuirle carácter ganancial y, en consecuencia, si se emplea para hacer frente a necesidades y cargas de la familia o para la adquisición de bienes a los que los cónyuges, de común acuerdo, atribuyen carácter ganancial, surge un derecho de reem-

---

8 A tal efecto y, como recuerda la STS 21 septiembre 2016 *(Tol 5829710)* el préstamo hipotecario es una deuda de la sociedad de gananciales (art. 1362.2 CC) [SSTS 28 marzo 2011 *(Tol 2082300)* y 5 noviembre 2008 *(Tol 1401729)*] y, como tal deuda ha de ser afrontada al 50% por cada uno de los cónyuges, sin que pueda alterarse la obligación por razón del interés del menor, el cual debió de ser valorado a la hora de calcular la pensión por alimentos.

9 SSAP Valencia 20 septiembre 2004 *(Tol 523535)* y 28 enero 2013 *(Tol 3762763).*

10 STS 1 junio 2020 *(Tol 7966063)* y ha sido igualmente señalado en las SSTS 11 diciembre 2019 *(Tol 7628261)* y 4 febrero 2020 *(Tol 7831819).*

bolso a favor de su titular, aunque no hiciera reserva de ese derecho en el momento del ingreso del dinero en la cuenta¨. En igual sentido, la STS 27 mayo 2019 (ECLI:ES:TS:2019:1591), reitera que el acuerdo de los cónyuges para atribuir carácter ganancial a un bien no convierte en ganancial al dinero empleado para su adquisición, y genera un crédito "por el valor satisfecho" a costa del caudal propio de uno de los esposos (art. 1358 CC), de manera coherente con lo dispuesto en el art. 1362.2.ª CC, conforme al cual, la adquisición de los bienes comunes es "de cargo" de la sociedad de gananciales (art. 1362.2.ª CC).

También es carga de la sociedad el precio de adquisición, así como la administración y explotación, las reparaciones ordinarias y extraordinarias. Según la STS 14 marzo 2002 *(Tol 4975394)*, la razón de su inclusión se encuentra en el propio contenido patrimonial de la sociedad, que comporta que cargue con los gastos de constitución o mantenimiento de su patrimonio. Igualmente se debe incluir en dicho concepto los impuestos, como pueda ser el IBI de la vivienda privativa, por ser cargas periódicas del bien [SAP Guipúzcoa 22 febrero 2013 *(Tol 4358595)*]. Así lo entiende también el TS cuando en su sentencia de 21 junio 2005 *(Tol 667508)* señala que "Los impuestos derivados del trabajo, bienes o industria de los dos o de uno de los cónyuges son a cargo de la comunidad de gananciales; el concepto básico es que son carga de ésta, las obligaciones necesarias para la conservación de los patrimonios ganancial y privativo: así lo disponen los números 2 ° y 3° del artículo 1362, CC y así la deuda tributaria es a cargo de la comunidad de gananciales...". Sin embargo, la solución es distinta cuando la vivienda pertenezca a uno solo de los cónyuges. Al respecto, como recuerda la STS 24 abril 2018 *(Tol 6591963)* queda excluido del concepto de "cargas matrimoniales" los pagos correspondientes a la amortización del préstamo hipotecario que grava la vivienda familiar, pues de la amortización del préstamo habrá de responder quien lo suscribió, pero por razón de dicha obligación así contraída y no por la existencia de matrimonio entre los prestatarios.

Por su parte, la STS 23 noviembre 2022 *(Tol 9305251)*, partiendo del carácter ganancial del inmueble concluye que en el pasivo debe incluirse como deudas a cargo de la sociedad los créditos a favor de terceros por los pagos que hayan realizado para financiar la adquisición de un bien ganancial, por lo que configura dichas deudas "de cargo" de la sociedad, esto es, deudas de responsabilidad definitiva de la sociedad de la que deben responder los bienes gananciales y que, por tanto, deben tenerse en cuenta en la confección del inventario a efectos de la liquidación.

B) Gastos de tenencia y disfrute

El pago de estos gastos se justifica en la condición ganancial de los frutos, rentas o intereses que produzcan tanto los bienes privativos como los gananciales, conforme dispone el artículo 1347.2.° CC.

Los gastos por tenencia derivan de la conservación o reparaciones precisas tanto de bienes privativos como comunes y los de mantenimiento encaminados a evitar el deterioro o destrucción de los bienes comunes, correspondiendo, a su vez, los concernientes al disfrute a aquellos que tienen como finalidad la producción de frutos, según se infiere de la STS 26 septiembre 2002 *(Tol 4920159).*

5. La administración ordinaria de los bienes privativos de cualquiera de los cónyuges

La administración ordinaria de los bienes privativos se determina como deuda del patrimonio común. Se incluye en éstos, los gastos por cargas periódicas correspondientes a cada uno de los bienes (gastos de reparaciones ordinarias, costas de pleitos, gastos de administración…) y, en general, los que se originen de su gestión, ordinarios o extraordinarios mientras que, respecto al patrimonio privativo de cada cónyuge, solo serán cargas los gastos ordinarios derivados de la administración, quedando excluidos los extraordinarios.

Para determinar si se trata de gastos ordinarios, la doctrina ha señalado distintos criterios a seguir: las obras de mera reparación de bienes privativos son cargas gananciales, pero si son auténticas mejoras, la responsabilidad no es directamente ganancial, obteniendo un derecho de reembolso la sociedad por los gastos ocasionados. Lo trascendental en este extremo es diferenciar entre los actos de disposición y los de mera administración, como señala la STS 23 septiembre 2010 *(Tol 1952692)*, que determina la nulidad de un arrendamiento concertado sin la autorización judicial del cónyuge por ser tutor de su esposa, al negarse la consideración de acto de administración.

Los costes producidos por una operación de cirugía estética también fueron considerados como gastos a cargo de la sociedad de gananciales en la SAP Murcia 2 noviembre 2012 *(Tol 2706125)*, al haber sido consentida por ambos cónyuges, por lo que no deben incluirse en el artículo 1390 del Código Civil, sino en el 1363 CC al no haberse pactado que la operación hubiera de satisfacerse con los bienes privativos de la esposa.

6. La explotación regular de los negocios o el desempeño de la profesión, arte u oficio de cada cónyuge

Sobre los gastos generados como consecuencia de la explotación regular de los negocios o el desempeño de la profesión, arte u oficio de cada cónyuge, la doctrina jurisprudencial tiene establecido que: Los "gastos de explotación" contemplados en este apartado son solamente los de carácter regular, que son aquéllos que, por su índole, deben considerarse económicamente gastos ordinarios de producción de los rendimientos del negocio privativo, lo que excluye los de carácter extraordinario, como los derivados de construcciones (art. 1359 CC), las reparaciones extraordinarias o cualquier otro que exceda de lo que se considera un gasto ordinario y habitual[11]. También deben entenderse incluidos los gastos derivados del pago de las cotizaciones a la Seguridad Social por estar adscrito al Régimen Especial de Trabajadores Autónomos pues, como advierte la SAP Madrid 21 junio 2005 *(Tol 699636)*, se trata de deudas ineludibles para desarrollar el trabajo que sirve para el sustento de la familia.

En cuanto a los gastos que origine la explotación regular de los negocios o el desempeño de la profesión, se ha cuestionado si la redacción del precepto lleva a la exclusión de algún gasto de explotación o profesión. La respuesta es negativa en los casos en que la empresa sea de carácter común. No obstante, ante el carácter privativo del negocio o profesión, los gastos que se establecen a cargo de la sociedad son exclusivamente los ordinarios, excluyéndose otros supuestos que se apartan de la habitualidad. El fundamento reside es la condición de bienes comunes que tienen los ingresos profesionales de cualquier clase; por ello, la diferenciación entre la profesión, arte y oficio de un cónyuge comerciante y no comerciante, a diferencia de lo que ocurre en el art. 1365 CC, es irrelevante. A estos efectos, la STS 20 junio 2008 *(Tol 1343838)* determinó en cuanto al ámbito de responsabilidad que compete a cada uno, que, ni del artículo 1362.2 CC, ni del artículo 1365.1 CC se deduce la responsabilidad directa de los bienes gananciales, y que el art. 1362.2° CC se refiere a las cargas de la sociedad de gananciales que la doctrina ha definido como «gastos o pagos que, por razón de su finalidad, deben repercutir, de modo definitivo, sobre el patrimonio ganancial, con independencia de que frente al acreedor haya o no obligación directa de la sociedad», porque, como prosigue dicha sentencia, reiterada en jurisprudencia posterior: "...la cuestión que suscita la

---

11 SAP Murcia 16 junio 2011 *(Tol 2197368)*.

posibilidad de una carga de la sociedad de gananciales causada por uno de los cónyuges está en función, según el criterio que parece mejor fundado, de que el cónyuge ejercite una potestad de gestión social. El art. 1365.1 CC, por tanto, se refiere a la responsabilidad definitiva, o entre cónyuges, y no a la provisional, o frente a terceros. Es necesario investigar sobre la naturaleza de esta adquisición si estamos ante un acto de administración, o si requiere la actuación conjunta de ambos cónyuges para comprometer definitivamente el patrimonio común. Lo cierto es que este art. 1362.2° está regulando la responsabilidad definitiva de los bienes gananciales, pero no la provisional respecto de terceros"[12].

Es criterio generalizado jurisprudencialmente que el artículo 6 del Código de comercio no precisa que el consentimiento del cónyuge deba ser expreso, siendo suficiente el tácito "cuando la actividad comercial se lleva a cabo con conocimiento y sin oposición expresa del cónyuge que debe prestarlo"[13] y asimismo que, de las deudas de naturaleza mercantil contraídas por uno de los consortes en el desarrollo de su actividad comercial sin oposición y con conocimiento del otro deben responder los bienes gananciales, aunque se hayan atribuido a este último con ocasión de la liquidación de la sociedad, sin que obste a que la demanda se dirija contra ambos cónyuges que la obligación haya sido contraída por uno sólo de ellos, pues, al responder los bienes de la sociedad, puede demandarse al interviniente con notificación de la demanda al cónyuge no deudor, o bien formularla contra ambos cónyuges[14].

Respecto a los costes de adquisición y financieros abonados como contraprestación de los derechos de un contrato de leasing privativo, la STS 13 septiembre 2017 *(Tol 6347675)* estima que el art. 1362.4.° CC no permite considerarlos como carga de la sociedad pues para ello sería preciso calificarlos como gastos por la exploración "regular" del negocio, lo que no sucede cuando de lo que se trata es de gastos dirigidos a la creación, establecimiento o instalación de una actividad empresarial privativa, consistente en el caso juzgado, en el alquiler a terceros de los inmuebles objeto del contrato de leasing.

---

12 STS 27 septiembre 2022 *(Tol 2479329)*.

13 STS 3 julio 2007 *(Tol 1113024)*.

14 STS 5 octubre 2007 *(Tol 1156467)*.

7. Cargas de la sociedad legal de gananciales por cantidades donadas

El art. 1363 CC establece la presunción de que, cuando no haya pacto entre los consortes, también serán de cargo de la sociedad las cantidades donadas o prometidas por ambos cónyuges de común acuerdo sin perjuicio de que, aunque el tenor literal del precepto está referido a la entrega de cantidades, en la práctica se entienda que incluye todo tipo de bienes.

A) Ámbito de aplicación

Se computa como carga de la sociedad legal de gananciales la donación ya realizada y la promesa de donación, incluyendo en ella la obligación de donar. En todo caso se requiere que medie un pacto expreso entre los cónyuges puesto que la voluntad de donar no se presume. Además de ello, es necesaria la aceptación por parte del donatario como requisito de validez. Este es precisamente el presupuesto por el que la doctrina jurisprudencial se muestra contraria a la admisión de la promesa de donación, como manifiesta la STS 25 enero 2008 *(Tol 1256804)*, a propósito de la establecida en un convenio regulador de donar a los hijos del matrimonio determinados bienes inmuebles cuando cumplieran 25 años, entendiendo que se trata de una donación incompleta por faltarle el presupuesto de la aceptación por parte del donatario. Dicho criterio fue posteriormente reiterado en la STS 31 marzo 2011 (*Tol 2114961)*.

B) Mutuo acuerdo

La donación realizada a cargo de la sociedad legal de gananciales precisa además del consentimiento por parte de ambos cónyuges. Consecuentemente, las donaciones realizadas de manera individual por uno de los cónyuges sin contar con el consentimiento del otro cónyuge quedarán excluidas del ámbito de aplicación de este precepto, debiendo imputarse al patrimonio privativo del donante y respetando los límites impuestos en el art. 1320 CC.

La exigencia de consentimiento por parte de ambos cónyuges no implica que la actuación tenga que ser necesariamente conjunta, aunque sí requiere que sea anterior a la entrega del objeto de la donación puesto que, en caso contrario, la donación será nula.

En lo que respecta al gasto producido por la donación o la promesa será también imputable como carga de la sociedad, salvo que exista pacto entre los cónyuges que determine lo contrario.

C) Cantidades satisfechas con patrimonio privativo

En el caso de que ambos cónyuges estén conformes en realizar una donación, pero no cuenten con bienes suficientes y ésta se haga con bienes privativos, la sociedad legal de gananciales se convertirá en deudora, naciendo un derecho de reintegro en uno u otro caso. En cambio, si los cónyuges no tienen un acuerdo previo, se entenderán como donaciones imputables al patrimonio privativo de cada uno de ellos. Esta circunstancia se ha visto reflejada en situaciones, por ejemplo, en que hay aportación de capital de un cónyuge y de capital privativo con el fin de adquirir una vivienda en común, como se manifiesta en el supuesto de hecho de la STS 28 febrero 2023 (*Tol 9482505*), en la que se declara que no cabe deducir una voluntad de donación con apoyo en un documento que no fue firmado por los cónyuges y a cuya eficacia se ha venido oponiendo la propia demandada al entender que el ingreso de dinero de exclusiva propiedad de la demandante en una cuenta común de la que era cotitular con su esposa no da lugar a la copropiedad del dinero sin una cumplida prueba de ese ánimo de liberalidad, por lo que determina que se trata de una deuda personal entre las excónyuges ajena a la liquidación del régimen de gananciales al ser una aportación anterior al matrimonio, cuyo pago podrá exigirse de los bienes que se vayan a adjudicar a la demandada.

En también criterio jurisprudencial consolidado no considerar que concurre una liberalidad o una donación cuando no conste de forma expresa e inequívoca dicha voluntad por parte de quién hace la disposición[15].

D) Cantidades satisfechas con patrimonio ganancial

En el caso, por el contrario, de que sea donante sólo uno de los cónyuges y lo haga con dinero ganancial se requerirá igualmente el consentimiento del otro consorte, pero no se imputará como carga de la sociedad, convirtiéndose dicho esposo en deudor de ésta.

En cuanto a su valoración en el patrimonio de cada consorte se entiende que la donación ha sido realizada por mitad por cada cónyuge.

---

15 SAP Valencia 28 febrero 2019 *(Tol 7180201)*.

E) Pago por parte de un cónyuge de gastos o pagos a cargo de la sociedad legal de gananciales

Con carácter general y, con la finalidad de evitar un enriquecimiento injusto por parte del cónyuge que no pagó, el que hubiere aportado bienes privativos para los gastos o pagos a cargo de la sociedad tendrá derecho a ser reintegrado por su valor a costa del patrimonio común.

Esta máxima ha sido aplicada de forma constante por parte de la jurisprudencia, que establece que, salvo que se demuestre que su titular lo aplique en beneficio exclusivo, procede el reembolso del dinero privativo confundido con el dinero ganancial y poseído conjuntamente. Por tanto, a falta de prueba, que incumbe al otro cónyuge, se presume que se gastó en interés de la sociedad.

F) Ejercicio de la acción de reintegro

Para que el cónyuge que pagó pueda ejercitar el derecho de reintegro es necesario que se cumplimenten dos presupuestos:

a) Aportación de bienes privativos

El primer requisito consiste en que pago debe ser realizado con bienes privativos, sin embargo, aunque el precepto se refiere exclusivamente a su aportación, es criterio generalizado aceptar que este derecho al reintegro podrá también ser reconocido cuando se trate de aportaciones dinerarias.

De otra parte, los bienes deben corresponderse con los fijados en el art. 1361 CC, en tanto, con carácter general, opera la presunción de que los bienes de que dispongan los cónyuges, vigente el régimen, tienen naturaleza ganancial. No obstante, como recuerda la STS 22 noviembre 2021 (*Tol 8661361)*, el Tribunal Supremo ha exigido que sea suficiente, satisfactoria y convincente, no bastando la prueba indiciaria, debiendo resolverse las situaciones dudosas a favor de la pertenencia del bien a la sociedad matrimonial por la "vis atractiva" de la ganancialidad[16].

Con relación al ingreso de dinero privativo en una cuenta conjunta el TS ha declarado que dicho hecho no permite atribuirle carácter ganancial y si se emplea para hacer frente a necesidades y cargas de la familia o para

---

[16] STS 24 julio 1996 *(Tol 5152879)*.

la adquisición de bienes a los que los cónyuges de común acuerdo atribuyen carácter ganancial, surge un derecho de reembolso a favor de su titular, aunque no hiciera reserva de ese derecho en el momento del ingreso del dinero en la cuenta[17].

b) Realizar el acto para pago de gastos a cargo de la sociedad legal de gananciales

El segundo presupuesto es que la finalidad de los pagos del cónyuge sea atender las cargas de la sociedad legal de gananciales.

En este sentido se pronunció la STS 10 enero 2022 *(Tol 5152879)*, al reconocer la existencia de un derecho de reembolso a favor del cónyuge que, en un pacto en escritura pública atribuyó a la aportación carácter oneroso con la expresión de que la causa es contribuir a las cargas del matrimonio y a la tramitación fiscal de la aportación de bienes acogiéndose a la exención prevista en el Texto refundido de la Ley del Impuesto sobre Transmisiones Patrimoniales y Actos Jurídicos Documentados para las aportaciones de bienes y derechos verificados por los cónyuges a la sociedad conyugal, por entender que aunque no hubiere habido una manifestación expresa de la aportación onerosa, no existía ningún dato en el negocio celebrado que permitiese deducir su carácter gratuito.

Con relación a los ingresos o aportaciones realizados por uno de los cónyuges, el TS tiene establecido que el mero hecho de ingresar dinero privativo en una cuenta conjunta no permite atribuirle carácter ganancial, aunque dichos fondos se destinaran a atender a las cargas y necesidades propias de la sociedad de gananciales, y, por consiguiente, se apliquen en beneficio del consorcio conyugal, por lo que procede el reconocimiento del derecho de reembolso[18].

El derecho de reintegro suele ejercitarse tras la liquidación de la sociedad y contra la misma, aunque no tenga reconocida personalidad jurídica, como señala la STS 22 noviembre 2021 *(Tol 8687347)*. En todo caso, es presupuesto necesario que la acción se ejercite antes de que se disuelva la sociedad de gananciales puesto que posteriormente habrá nacido una sociedad postganancial. En el caso de que la deuda contraída por la socie-

---

17 STS 1 junio 2020 *(Tol 7966063)*. En el mismo sentido: SSTS 11 diciembre 2019 *(Tol 7628261)* y 4 febrero 2020 *(Tol 7831819)*.

18 STS 27 septiembre 2021 *(Tol 8614980)*.

dad se extinga con anterioridad al momento de la liquidación no resultará aplicable el art. 1403 CC[19].

En cuanto a la prueba del carácter privativo de los bienes que se destinan al pago o gastos de las cargas de la sociedad de gananciales, se aplica la presunción de que no cabe presumir el ánimo liberal del cónyuge que emplea dinero privativo para hacer frente a las necesidades de la familia salvo que se demuestre que su titular lo aplicó en beneficio exclusivo. Corresponde al cónyuge demostrar el destino del pago, si bien los criterios de apreciación por parte de la jurisprudencia no son muy restrictivos, bastando con la acreditación de indicios suficientes. Tampoco la atribución del carácter ganancial a un bien convierte en ganancial el dinero empleado para su adquisición y debe reembolsarse el valor satisfecho a costa del caudal propio, mediante el reintegro de su importe actualizado al tiempo de la liquidación[20].

III. DEUDAS

Tras establecer cuáles son los gastos que conforman las cargas del matrimonio, los preceptos siguientes se centran en determinar las deudas de la sociedad, sin perjuicio de que, como matizó la STS 15 diciembre 2017*(Tol 6460411)*, es más preciso referirse a las deudas que son "a cargo" de la sociedad de gananciales, en cuanto deben ser soportadas por su patrimonio.

El vínculo que surge en este caso se analiza desde la esfera externa, que es la que contempla las obligaciones o la responsabilidad de la sociedad ganancial, en la que los cónyuges, ya sea para atender las cargas de la sociedad de gananciales o para otros fines, actúan en el tráfico jurídico relacionándose con terceros con los que pueden contraer deudas. Precisamente, esta relación con terceros requiere criterios claros respecto a la determinación de los bienes que quedan sujetos a responsabilidad cuando se contrata con una persona casada, dado que los acreedores no tienen por qué conocer, ni se les puede exigir conocer la finalidad por la que se han comprometido, pero, sin embargo, sí precisan averiguar si responden los

---

19 "Pagadas las deudas y cargas de la sociedad se abonarán las indemnizaciones y reintegros debidos a cada cónyuge hasta donde alcance el caudal inventariado, haciendo las compensaciones que correspondan cuando el cónyuge sea deudor de la sociedad".

20 STS 22 noviembre 2021 *(Tol 8661361)*.

bienes gananciales o sólo los privativos del cónyuge deudor. Para remediar dicha situación, la ley establece un conjunto de normas encaminadas a ordenar la sujeción de los bienes gananciales ante determinadas deudas. Son en concreto los arts. 1365 a 1373 CC, quedando exceptuado el art. 1371 CC. Pero se trata de una responsabilidad provisional, ya que es posible que aunque en la esfera externa, o en relación con los acreedores, hayan respondido bienes de naturaleza ganancial, no se trate de un gasto que deba soportar definitivamente la sociedad conyugal por no atender a las finalidades propias de la misma, en cuyo caso surgiría un derecho de reembolso (art. 1364 CC) a favor de la sociedad de gananciales contra el cónyuge deudor, siendo a la inversa si se tratase de una carga de la sociedad de gananciales, contra la que surgiría un derecho de crédito a favor del cónyuge cuyos bienes privativos hubiesen sido agredidos por el acreedor.

La doctrina mayoritaria entiende que en esta partida se incluyen todas las deudas del consorcio de las que responde el patrimonio ganancial, aunque no sean cargas de la sociedad de gananciales, sin perjuicio de los reintegros o reembolsos debidos entre los patrimonios privativos y ganancial, aunque realmente, dado su tenor literal, debiera incluirse las cargas definitivas. Esto es, el pasivo definitivo. Por tanto, una vez contraída la deuda por la sociedad de gananciales, los bienes que la integran quedan afectos a la responsabilidad patrimonial universal, independientemente de que se haya llevado a cabo la adjudicación individualizada a favor del otro esposo o, en su caso, de sus herederos si la disolución obedeciese a su fallecimiento, pues la responsabilidad del haber ganancial permanece y se mantiene no obstante haberse llevado a cabo adjudicaciones individualizadas a favor de los cónyuges. Sin embargo, como establece la STS 20 junio 2008 *(Tol 1343838)*, la regla es que por la compra que un cónyuge hace sin consentimiento del otro no se genera una obligación de la sociedad[21].

Atendiendo a la citada regulación se pone de manifiesto la coincidencia casi total entre la esfera externa o responsabilidad provisional y la esfera interna o responsabilidad definitiva, dado que suelen coincidir los bienes que quedan sujetos a la responsabilidad correspondiente frente a los acreedores, y los bienes que deben soportar definitivamente el gasto originado por esa deuda en las relaciones intraconyugales. No obstante, en los casos en que no sea así, el equilibrio patrimonial quebrado se restaura mediante el nacimiento del correspondiente derecho de reembolso o de reintegro a favor de quien proceda, conforme a lo dispuesto en el 1364 CC. No se

[21] Art. 1367 CC.

incluirán sin embargo en el pasivo ganancial aquellas deudas que se contraigan una vez disuelta la sociedad, aunque puedan considerarse pasivo de la comunidad postganancial, ni tampoco aquellos gastos que, si bien constante la sociedad de gananciales constituían claramente cargas del consorcio por derivar de un bien de naturaleza común, dejan de ser carga ganancial desde el momento en que sólo uno de los cónyuges disfruta del bien que las genera, como ocurre, por ejemplo en el supuesto de que el uso de la vivienda familiar le haya sido atribuido en exclusiva a uno sólo de los cónyuges, que además haya asumido el pago de las citadas cargas. En este sentido, la STS 14 mayo 2001 *(Tol 4974246)* manifiesta que no resulta acreedor de la sociedad de gananciales el cónyuge a quien se le adjudicó la vivienda familiar que fue subastada ya que la venta en subasta se produjo cuando la sociedad ya se había disuelto[22].

De otra parte, al no existir presunción de ganancialidad de las deudas contraídas por los cónyuges durante la vigencia de la sociedad, la sola afirmación por parte de uno de ellos de que la deuda es ganancial no es suficiente para que figure en el pasivo de la sociedad. Es necesario que exista una previa aceptación del carácter común por parte del otro cónyuge o en su caso un pronunciamiento judicial de ganancialidad de la deuda puesto que no existe ninguna presunción de que las deudas contraídas durante la vigencia de la sociedad de gananciales tengan carácter común, sin perjuicio de que en ocasiones se suavice la carga de la prueba[23]. Igualmente recaerá sobre el acreedor la carga de acreditar que la deuda era ganancial si fue contraída por uno solo de los cónyuges. Respecto a los préstamos entre familiares, que generalmente no se documentan en una escritura pública, corresponderá acudir a la presunción judicial al amparo del artículo 386 LEC y resolver del conjunto de indicios, conforme a las reglas de la racionalidad y del criterio humano[24]. También lo harán los bienes gananciales de las obligaciones contraídas por uno solo de los cónyuges en caso de separación de hecho cuando se trate de los gastos de sostenimiento, previsión y educación de los hijos que estén a cargo de la sociedad de gananciales.

---

22 SAP Málaga 15 marzo 2003 *(Tol 1185624)*.

23 SAP (Sección 2ª) Huelva 9 julio 2002 (rec. nº 638/2001).

24 SAP Badajoz 27 octubre 2015 *(Tol 5542858)*.

1. *Obligaciones contraídas por uno solo de los cónyuges*

Así como el criterio general cuando se trata de bienes gananciales es que responden en todo caso de las obligaciones contraídas por los dos cónyuges conjuntamente o por uno de ellos con el consentimiento expreso del otro, en lo que se refiere a las obligaciones contraídas por uno sólo de los cónyuges rige el principio de que el débito contraído tiene carácter privativo. Como puso de manifiesto la RDGRN 22 marzo 2019[25], no existiendo en el Código Civil una presunción de ganancialidad de las deudas contraídas durante la vigencia de la sociedad de gananciales ninguna deuda adquirida por un solo cónyuge puede ser reputada ganancial y tratada jurídicamente como tal mientras no recaiga la pertinente declaración judicial en juicio declarativo entablado contra ambos cónyuges. No obstante, responderá directamente el patrimonio ganancial frente a terceros cuando la obligación quede subsumida en alguno de los siguientes supuestos:

A) Deudas contraídas en el ejercicio de la potestad doméstica o de la disposición o gestión de gananciales, que por ley o por capítulos le corresponda

Si bien la regla que rige la actuación de los cónyuges es el principio de cogestión, este primer apartado quiebra dicho criterio responsabilizando a la sociedad legal de gananciales por las deudas contraídas por uno solo de los esposos, justificándolo en el ejercicio de la potestad doméstica.

Dicho ejercicio se corresponde con las cargas que competen a la sociedad legal de gananciales descritas en el art. 1362.1 CC en el ejercicio de la potestad doméstica; sin embargo, a diferencia de éste, según queda establecido en el art. 1365 CC, la sociedad no se erige en responsable frente a terceros por los gastos derivados de la alimentación y educación de los hijos de uno solo de los cónyuges si no conviven en el hogar familiar, ni tampoco incluye los actos encaminados a la adquisición de bienes comunes. También, a diferencia de lo previsto en el art. 1319 CC, el art. 1365 CC regula en la esfera interna de la sociedad la determinación de las obligaciones que responden al patrimonio ganancial para determinar un posible derecho de reembolso posterior al cónyuge que pagó con bienes privativos mientras que el primer precepto actúa

---

[25] RDGRN 22 marzo 2019 *(Tol 7160885)*.

en el ámbito de la relación externa del pasivo frente a los acreedores, independientemente del funcionamiento interno de las diferentes masas privativas o ganancial.

Corresponde igualmente a la sociedad hacer frente por las deudas contraídas en el ejercicio de actividades de gestión o disposición. En concreto, cabe destacar los actos estipulados en las capitulaciones matrimoniales (arts. 1315, 1375 CC), la actuación de gestión de su propio patrimonio privativo que afecten a los frutos o ganancias (art. 1381 CC), la gestión de bienes gananciales, títulos valores o suma dineraria que figuren a su nombre o se encuentren en su poder (art. 1384 CC), el ejercicio de los derechos de crédito gananciales que estén constituidos a su nombre (art. 1385), las actuaciones de urgencia (art. 1386 CC), y actuaciones atribuidas por ministerio de la ley o por los Tribunales (arts. 1387, 1388 y 1389 CC).

Los actos de administración o disposición a título oneroso realizados por un cónyuge que requieran del consentimiento de su consorte serán anulables durante el plazo de cuatro años.

B) Deudas contraídas en el ejercicio ordinario de la profesión, arte u oficio o en la administración ordinaria de los propios bienes

Para que los bienes comunes respondan se exige el consentimiento por parte de ambos cónyuges. También, como regla general, quedan obligados los bienes privativos del cónyuge. Sin embargo, aunque es conveniente, no se exige el consentimiento expreso del otro cónyuge ya que se incluye el tácito en los casos en los que se realice dicha actividad contando con su conocimiento y no cuente con la oposición expresa de su consorte[26]. Igualmente se presume cuando el comercio se ejerza con conocimiento y sin oposición del otro, o cuando al contraer matrimonio se hallare uno de los cónyuges ejerciendo el comercio y lo continuase sin oposición del otro. En este caso, la sociedad conyugal responderá no sólo de los actos derivados del ejercicio ordinario del comercio o profesión, sino de todo tipo de acto realizado por este esposo, al no comprender el art. 6 Código de Comercio dicha limitación.

Las deudas de las que responderá la sociedad legal de gananciales serán las que deriven de la administración ordinaria de los bienes privativos de

---

26 STS 5 octubre 2007 *(Tol 1156467)*.

cada cónyuge, quedando excluidas por tanto las deudas que deriven de actos propios de administración extraordinaria.

También la jurisprudencia ha aplicado el criterio de que, como señala la STS 28 mayo 2020 *(Tol 7966042)*, la remisión a dichos artículos del Código de Comercio lo es únicamente con referencia a la esfera externa; esto es, en el ámbito de la responsabilidad frente a terceros, debiendo acudirse a la regulación prevista en el Código Civil para todas las cuestiones relacionadas con la responsabilidad interna y a la responsabilidad subsidiaria con los bienes gananciales. Y es que, como establece la STS 27 marzo 1999 *(Tol 1547)*, el artículo 1365 CC decreta la responsabilidad directa de los bienes gananciales frente a los acreedores cuando las deudas contraídas por uno de los esposos provienen del ejercicio ordinario de la profesión, arte u oficio o administración ordinaria de los bienes propios, toda vez que, si bien el artículo 1362-4 CC se refiere literalmente a la explotación regular de los negocios o el desempeño de la profesión, arte u oficio de cada cónyuge, su operatividad jurídica se produce en la responsabilidad interna y determinación del pasivo definitivo; en cambio, el 1365 CC actúa hacia el exterior, en proyección a la defensa de los derechos de los acreedores por las deudas contraídas por uno de los cónyuges.

Es doctrina reiterada, como manifiesta la STS 6 mayo 2015 *(Tol 1156467)*, que, conforme a la normativa mercantil, los bienes gananciales quedan sujetos a la actividad de comercio conocida y consentida que lleva a cabo uno de los cónyuges. Se trata sin embargo de una responsabilidad provisional, ya que es posible que, aunque en la esfera externa, o en relación con los acreedores, hayan respondido bienes de naturaleza ganancial, no sea un gasto que deba soportar definitivamente la sociedad conyugal porque no atienda a las finalidades propias de la misma. En este caso surgiría un derecho de reembolso a favor de la sociedad de gananciales contra el cónyuge deudor, siendo a la inversa si se tratase de una carga de la sociedad de gananciales, contra la que surgiría un derecho de crédito a favor del cónyuge cuyos bienes privativos hubiesen sido agredidos por el acreedor (art. 1364 CC). A este respecto, la doctrina mayoritaria entiende que, en esta partida, se incluyen todas las deudas del consorcio de las que responde el patrimonio ganancial, aunque no sean cargas de la sociedad de gananciales, sin perjuicio de los reintegros o reembolsos debidos entre los patrimonios privativos y ganancial, aunque realmente, dado su tenor literal, debieran incluirse las cargas definitivas; esto es, el pasivo final.

C) Obligaciones extracontractuales de un cónyuge que sean consecuencia de su actuación en beneficio de la sociedad conyugal o en el ámbito de la administración de sus bienes, salvo que fuesen debidas a dolo o culpa grave del cónyuge deudor

El comportamiento del cónyuge tiene que estar encaminado a actuar en beneficio de la sociedad conyugal o en el ámbito de la administración de los bienes[27]. Al no limitarse a este último caso, se entiende que el texto legal también integra las obligaciones extracontractuales nacidas en el ejercicio de la profesión por el cónyuge deudor. A este respecto, sólo quedan exceptuadas del ámbito de responsabilidad de la sociedad de gananciales aquellas actuaciones en las que el cónyuge haya participado como autor o, en su caso, cómplice, en la producción del comportamiento delictivo, pero no aquellas en las que el cónyuge se considere responsable civil subsidiario.

Según interpretación jurisprudencial, la distinción entre si existió dolo o culpa grave en el cónyuge solo tiene relevancia en el ámbito interno, pero no en el externo, ya que el acreedor podrá dirigirse contra los bienes privativos del deudor o contra los bienes gananciales, sin perjuicio del derecho de reembolso de la sociedad. Como determina la citada STS 6 marzo 2023, la claridad del texto legal rechaza que la excepción tenga únicamente el alcance de excluir el efecto "de cargo" de la sociedad de gananciales, de modo que su patrimonio responde frente a tercero, pero internamente, en las relaciones entre los cónyuges, la deuda no es pasivo de la sociedad. Esta limitación de los efectos de la excepción es arbitraria porque distingue donde la ley no lo hace entre "responsabilidad y cargo" de la sociedad de gananciales.

D) Obligaciones contraídas por uno solo de los cónyuges, en caso de separación de hecho, para el sostenimiento, atención y educación de los hijos

La previsión establecida en este apartado significa que, en ese período de separación de hecho conyugal, las deudas que se contraigan tendrán carácter privativo, teniendo tan solo la consideración de gananciales cuando se acredite que se actuó en interés de la familia. La persona legitimada para actuar en beneficio de los hijos corresponderá al cónyuge que en cada momento los tenga a su cargo.

---

27 STS 6 marzo 2023 (*Tol 9482408*).

Dado que este precepto sólo regula la responsabilidad frente a terceros, en el caso de que las deudas sean saldadas con el patrimonio privativo resultará aplicable el art. 1364 CC, por lo que en la fase de liquidación de la sociedad deberán incluirse en su pasivo.

En cuanto a su vinculación con lo dispuesto en el art. 1362 CC, en este precepto se incluye como carga de la sociedad la concerniente al mantenimiento de los hijos de uno de los consortes siempre que convivan en el hogar familiar; sin embargo, en este caso, a diferencia de aquel, el precepto queda referido únicamente a los hijos comunes del matrimonio. Por ello, cada uno de los esposos tendrá que demostrar el origen de las deudas contraídas y su vinculación con el cuidado de los hijos.

2. *Obligaciones contraídas por ambos cónyuges*

Los bienes comunes responden directamente frente a terceros en los siguientes supuestos:

a) Por la realización conjunta del acto o negocio jurídico por ambos cónyuges, independientemente de que se trate de actos de administración o disposición.

Este apartado contiene un criterio destinado a aplicarse en la esfera externa de responsabilidad del patrimonio ganancial, en el que, partiendo del principio de cogestión que debe presidir la actuación de los cónyuges con los acreedores, se configura el consentimiento como pieza clave para convertir la deuda en ganancial[28] pues lo decisivo para vincular a la sociedad es la conducta que ambos realicen de mutuo acuerdo. De esta forma, los actos o negocios jurídicos realizados por ambos cónyuges responsabilizan, en todo caso, los bienes comunes directamente frente a terceros aun cuando la obligación se hubiera contraído en interés exclusivo de alguno de ellos, sin perjuicio de las facultades de reintegro al patrimonio común por el cónyuge favorecido.

b) Por la realización de negocios jurídicos por uno de los cónyuges con el consentimiento expreso del otro. En este caso quedan también comprometidos los bienes comunes, cualquiera que sea la naturaleza del negocio realizado[29]. En este sentido, la jurisprudencia tiene declarado que el consentimiento no tiene prescrita forma determinada, pudiendo ser expre-

---

28 STS 20 junio 2008 *(Tol 1343838)*; SAP Málaga 27 abril 2010 *(Tol 1977400)*.

29 STS 10 diciembre 1990 *(Tol 1729471)*.

so, tácito o presunto y prestarse con anterioridad, simultáneamente o con posterioridad a la celebración del negocio jurídico, y responsabilizar los bienes comunes.

A diferencia sin embargo de la situación anterior, el único que contrae la deuda es el cónyuge que ha asumido la obligación, por lo que el consentimiento del consorte solo tiene el valor de asentir a que respondan los bienes gananciales, pero no legitima para que se pueda proceder sobre sus bienes privativos.

Para que se pueda anotar un embargo sobre un bien inscrito con carácter ganancial, la demanda debe dirigirse contra ambos esposos, o en el caso de que se haya demandado sólo al que contrajo la deuda, se le deberá dar traslado de la demanda ejecutiva y del auto que despache ejecución al cónyuge no demandado[30].

Cuando las deudas sean también de la sociedad responderán los bienes de la sociedad de gananciales. Aunque el tenor literal del art. 1369 CC no lo indique la opinión generalizada es que las deudas a las que se refiere son las contenidas en el art. 1365 CC, si bien, en este caso, a la responsabilidad por las obligaciones contraídas por un cónyuge se suma el patrimonio ganancial para reforzar la posición de los acreedores en la relación externa. Por eso, se trata realmente de un supuesto de solidaridad impropia porque no se da entre deudores sino de solidaridad de patrimonios. Tal actuación conjunta puede darse por la concurrencia de ambos cónyuges al negocio que generó la obligación o por la intervención de uno sólo de los cónyuges con el consentimiento expreso del otro, pero, en todo caso, obliga a dirigir la demanda contra ambos consortes o notificar el embargo al esposo que no demandó, en virtud de lo establecido en los arts. 541.2 LEC y. 144 RH.

Finalmente, cuando no exista actuación conjunta o consentimiento del otro cónyuge, la obligación contraída no formará parte del pasivo de la sociedad de gananciales, siendo de titularidad privativa del cónyuge que la contrajo

A) Adquisición de bienes gananciales a plazos

La disposición contenida en el art. 1370 CC trata de reforzar la garantía del acreedor de un bien vendido aplazadamente a un cónyuge, por lo que sólo afecta a las relaciones entre el cónyuge adquirente y el vendedor.

---

30 RDGRN 17 mayo 2017 *(Tol 6152725).*

Dicho consorte siempre será deudor frente al vendedor por lo que responderá, además de con el bien ganancial, con sus bienes privativos de manera solidaria puesto que esta situación también queda amparada en el art. 1369 CC.

En el supuesto de que el bien ganancial haya sido adquirido a plazos por uno de los cónyuges sin el consentimiento del otro responderá directamente el bien adquirido, sin perjuicio de la responsabilidad de otros bienes según las reglas del Código Civil.

Esta disposición resultará aplicable mientras el bien se encuentre en la masa consorcial y no haya sido pagado en su integridad, si bien, como señala la STS 2 diciembre 1997 *(Tol 215978)*, "Es criterio generalizado entender que el precepto no está reconociendo una garantía real de carácter especial como preferencia del acreedor del precio aplazado frente a los acreedores de la sociedad en los términos sancionados en los arts. 1922 CC y ss., o una prohibición de disponer".

Si bien la referencia a la adquisición de bienes gananciales pudiera en principio asimilarse a la compraventa, el supuesto de hecho incluye los casos de préstamos hipotecarios para la adquisición de viviendas familiares, o los créditos de financiación para bienes muebles y, no solo el precio aplazado de la adquisición, sino todos los gastos de constitución o cancelación de hipoteca o apertura de la financiación del crédito. Para que pueda operar requiere la concurrencia de dos presupuestos:

a) Previa actuación individual del cónyuge deudor, carente de consentimiento del otro cónyuge.

La actuación del esposo debe tener lugar dentro de la esfera de las potestades que el Código reconoce aisladamente a los cónyuges o aplicando el art. 1356 CC en el caso de que el primer desembolso fuese ganancial. No obstante, es criterio generalizado entender que, aunque no hubiera existido este primer desembolso, debe aplicarse también el art. 1370 CC por la presunción de ganancialidad de los bienes, ex art. 1361 CC.

La caracterización del bien como ganancial sirve para fijar la responsabilidad del bien adquirido, estableciendo su inclusión en el activo ganancial, y no en el patrimonio privativo del cónyuge que contrató con independencia de su valoración como deuda ganancial o privativa. Se trata de una norma de pasivo provisional que determina dos consecuencias: en primer lugar, la sujeción del bien adquirido, independientemente de la inexistencia del consentimiento del otro cónyuge y, en segundo lugar, la aplicación de las reglas generales de responsabilidad del Código Civil.

b) Pago aplazado de la adquisición.

Esta modalidad de pago determina que, independientemente de que la responsabilidad de la deuda se especifique a través del patrimonio privativo o ganancial, el bien queda sujeto a la satisfacción de la deuda.

3. Deudas de juego

A la responsabilidad de los patrimonios privativos y ganancial por deudas de juego se refieren los artículos 1371 y 1372 CC, cuyos efectos jurídicos quedan regulados en atención a que la deuda de juego de uno de los cónyuges haya sido o no saldada.

Nuestro ordenamiento establece un régimen de responsabilidad distinto según el montante de las pérdidas y el tipo de juego.

Si las pérdidas son moderadas con arreglo al uso y circunstancias de la familia, serán asumidas por la sociedad de gananciales sin que a su liquidación el cónyuge que las haya generado vea disminuida su parte respectiva de los gananciales (art. 1371 CC.). Si el juego en que se han generado tales pérdidas es uno en los que la ley concede acción para reclamar lo que se gane, aquéllas serán asumidas por el cónyuge deudor respondiendo de las mismas exclusivamente sus bienes privativos (art. 1372 CC). Por tanto, mientras el artículo 1371 CC atiende al ámbito interno de responsabilidad del pasivo ganancial, el siguiente precepto regula la esfera externa e interna.

Los arts. 1371 y 1372 CC establecen las consecuencias que derivan de la práctica de un juego lícito puesto que solo éstas son exigibles por el acreedor. De ellas responderán los cónyuges jugadores.

Como presupuesto para no disminuir la parte de gananciales del jugador se exige que la deuda de juego atribuible y pagada por uno de los cónyuges sea de importe moderado en el supuesto de que la deuda haya sido pagada. Dicho criterio habrá de valorarse en atención al uso y las concretas circunstancias de cada familia. Esta referencia al gasto moderado tiene su correlativo en el art. 1351 CC, que incluye las ganancias obtenidas por cualquiera de los cónyuges en el juego al activo de la sociedad de gananciales por lo que, en lógica correspondencia, cabe entender que si hay ganancias es porque el cónyuge ha asumido un riesgo que, en algunas ocasiones, puede traducirse en pérdidas.

La referencia que hace el precepto al matrimonio debe entenderse al tiempo que haya estado vigente la sociedad legal de gananciales.

En las deudas de juego aún no pagadas por el cónyuge la responsabilidad es exclusiva de los bienes privativos del jugador.

4. Responsabilidad de la sociedad legal de gananciales por deudas privativas

En principio, cada cónyuge responde con sus bienes privativos del montante de sus deudas. Sólo en el caso de que se acredite que el patrimonio del cónyuge deudor es insuficiente se podrá pedir el embargo de los gananciales.

En los casos en los que medie una reclamación ante los tribunales, aunque la demanda ejecutiva sólo debe dirigirse frente al cónyuge deudor, la notificación al que no lo es, constituye un requisito necesario. A este respecto, la STS 7 junio 2006 *(Tol 961850)* afirma que la falta de notificación no puede variar la posible sujeción de los bienes gananciales a la ejecución seguida, ni determina que prospere la tercería de dominio; sin embargo, la RDGRN 4 octubre 2010[31], observó que el cónyuge no deudor no sólo puede hacer valer la opción contemplada en dicho precepto sino también la interposición de la correspondiente tercería de dominio, y que en caso de no interponerse esta última, la enajenación alcanzada siempre quedaría amenazada de ineficacia si se demuestra en el procedimiento iniciado contra el adjudicatario, que el bien era efectivamente privativo. A estos efectos, el cónyuge no deudor puede optar por especificar el embargo sobre los bienes que le corresponderían al deudor en el patrimonio ganancial si bien resulta imprescindible la liquidación de la sociedad con el fin de determinar la parte correspondiente a cada cónyuge. En el caso, por el contrario, de que no opte y se realice ejecución sobre bienes comunes, se reputará que el cónyuge deudor tiene recibido a cuenta de su participación el valor de aquéllos al tiempo en que los abone con otros caudales propios o en el momento de liquidación de la sociedad conyugal.

IV. CONCLUSIONES

La sociedad legal de gananciales es el régimen establecido por el Código Civil como supletorio de primer grado, que se aplica en todos los

---

[31] RDGRN 4 octubre 2010 *(Tol 1990001)*.

territorios que no tengan atribuida competencia para desarrollar derecho civil propio, por lo que sigue siendo el régimen que acoge el mayor número de matrimonios. Sin embargo, no por ello, su regulación es sencilla, sino que entraña una compleja normativa caracterizada por la dificultad de justificar el carácter privativo o ganancial de ciertos bienes sobre todo en matrimonios de larga duración en los que la carga de la prueba se convierte en una misión de difícil o imposible realización. A esta circunstancia se suma que, al no tener la sociedad legal de gananciales reconocida personalidad jurídica, no puede asumir obligaciones propias. Dicha comunidad, que ha sido calificada por la doctrina, de tipo germánico, se limita exclusivamente a los llamados bienes gananciales, por lo que cada uno de los cónyuges conserva la propiedad de su patrimonio privativo. Estos últimos podrán ser utilizados en beneficio propio o para hacer frente a las cargas y obligaciones del matrimonio y de la familia, resultante de lo cual, entre la masa ganancial y las privativas, como patrimonios autónomos que son, se puede entablar relaciones jurídicas diversas que necesariamente habrá que resolver una vez extinguido este régimen, en el momento de su liquidación. Para ello, es preciso atender en primer lugar a la relación interna existente entre los esposos, con motivo fundamentalmente de hacer frente a los cargos y cargas conyugales y, en segundo lugar, a la relación externa, que surge entre los terceros con uno o ambos cónyuges. Es así como, en el ámbito concreto de las cargas y deudas de la sociedad de gananciales, el CC destina una serie de normas, contenidas en los arts. 1355 a 1375 CC, en las que regula las situaciones en que el patrimonio privativo o común de cada cónyuge debe responder, siendo uno de los principales problemas el derivado de los gastos originados por la actuación de uno de ellos en beneficio de la sociedad de gananciales. En este sentido, en la esfera externa, se determina la facultad del acreedor de dirigirse contra cualquier patrimonio, mientras que, en la esfera interna, satisfecha la obligación, el patrimonio ganancial debe soportar con carácter definitivo el desembolso realizado. No obstante, a pesar de contar con este amplio articulado, ha sido la doctrina jurisprudencial la que ha ido estableciendo criterios interpretativos, con relación, por ejemplo, a la naturaleza de la vivienda cuando una o varias aportaciones hayan sido realizadas con patrimonio privativo y las posteriores con dinero ganancial; al igual que cuando se adquieren bienes a plazos y los primeros pagos hayan sido realizados con dinero privativo y los restantes con ganancial o viceversa o, respecto a los gastos que se incluyen como propios para el sostenimiento de las cargas matrimoniales y de la familia, entre otros. Finalmente, la gestión o actuación en nombre de la sociedad de gananciales también plantea problemas procedimentales en cuanto a la legitimación e intervención de los cónyuges ante los tribunales, que éstos se han encargado de resolver a la luz del derecho sustantivo y de la LEC.

9. LAS (DES)COMPENSACIONES DERIVADAS DE LA LIQUIDACIÓN DEL RÉGIMEN DE SEPARACIÓN DE BIENES: ANÁLISIS LEGAL Y JURISPRUDENCIAL

Pilar María Estellés Peralta[1]

SUMARIO: I. CUESTIONES PRELIMINARES. II. LA COMPATIBILIDAD DE LA PRESTACIÓN COMPENSATORIA DEL ART. 97 CC Y LA COMPENSACIÓN DEL ART. 1438 CC. III. EL DERECHO A LA PRESTACIÓN COMPENSATORIA O COMPENSACIÓN POR DESEQUILIBRIO ECONÓMICO DEL ART. 97 CC. 1. Presupuestos. 1.1. La separación o el divorcio y el régimen económico matrimonial. 1.2. El desequilibrio económico tras la separación o el divorcio. 1.3. Criterios para la determinación del desequilibrio compensable. A) La realización de un trabajo dignamente retribuido que permita mantener la independencia económica, sin sacrificio de la promoción profesional. B) La alternancia en el cuidado de la familia y la realización de trabajos retribuidos durante la vida conyugal. C) La realización de trabajos esporádicos y/o escasamente retribuidos. D) La reducción de la jornada laboral para atender a la familia. E) La excedencia voluntaria laboral. 1.4. La valoración del desequilibrio económico en el contexto de las demás medidas definitivas adoptadas en la separación o divorcio. 2. La determinación de la cuantía. 2.1. Los acuerdos conyugales. 2.2. Criterios legales a considerar en la cuantificación de la compensación. A) La edad y el estado de salud. B) Las probabilidades de acceso a un empleo y la cualificación profesional. C) La dedicación pasada y futura a la familia. D) La colaboración con su trabajo en las actividades mercantiles, industriales y profesionales del otro cónyuge. E) La duración del matrimonio y de la convivencia conyugal. F) La pérdida eventual de un derecho de pensión. G) El caudal y los medios económicos y las necesidades de uno y otro cónyuge. H) Otras circunstancias relevantes. IV. LA INDEMNIZACIÓN/COMPENSACIÓN POR TRABAJO DOMÉSTICO. 1. Exégesis del art. 1438 CC. 1.1. Planteamiento preliminar y situación actual. 2. El encaje del principio de solidaridad conyugal en un régimen disociativo. 3. El polémico entendimiento del art. 1438 CC en su relación con el levantamiento de las cargas del matrimonio y la dedicación a la familia. 3.1. La dedicación a la familia y la obligación de ambos cónyuges de contribuir a las cargas del matrimonio. A) Alternativas en la contribución a las cargas del matrimonio en el régimen de separación de bienes. B) ¿Sesgo de género en la consideración de la atención a la familia y el cuidado del hogar?. 3.2. La "sobreaportación" del cónyuge doméstico y el fracaso del principio de proporcionalidad. 4. Los presupuestos de la compensación del art. 1438 CC. 4.1. Los patrimonios de los cónyuges. A) El destino de todos los ingresos económicos del cónyuge deudor para atender las cargas del matrimonio. B) La compensación del cónyuge doméstico ya compensado económicamente durante la convivencia. 4.2. La extinción del régimen de separación de bienes. 4.3. El desempeño exclusivo y excluyente del trabajo para la casa como título para obtener una compensación en el momento de la finalización del régimen. A) El desempeño exclusivo. a) Desempeño exclusivo debido a falta de volun-

1 Universidad Católica de Valencia "San Vicente Mártir".

tad de realizar un trabajo externo. b) Desempeño exclusivo y compatibilización del cuidado del hogar con los estudios. c) Desempeño exclusivo y compatibilización con trabajo externo. d) Desempeño exclusivo y compatibilización con un trabajo externo precario. e) Desempeño exclusivo y alternancia en el cuidado del hogar con trabajos remunerados externos. f) Desempeño exclusivo y reducción de jornada para atender a la familia y al hogar. g) Desempeño exclusivo y la excedencia voluntaria para cuidar de los hijos y el hogar. h) Supuesto del cónyuge dedicado al cuidado de la familia pero que en los años o meses previos a la extinción desempeña una actividad laboral o profesional externa. i) Compatibilización de la atención a la familia con una actividad laboral sin retribuir. j) Compatibilización de la dedicación a la familia con una actividad retribuida sita en la vivienda familiar. k) Supuesto del cónyuge doméstico que formalmente figura como trabajador o administrador de una empresa pero no ejerce de facto. B) El desempeño excluyente. C) La colaboración en el negocio "familiar". D) La intensidad de la dedicación a la familia. 5. La corrección comunitaria operada en un régimen de separación de bienes. 5.1. La exclusión del desequilibrio patrimonial. 5.2. La finalidad indemnizatoria de la compensación. 6. Cuantificación de la compensación del art. 1438 CC. 6.1. Métodos de cuantificación. A) El acuerdo conyugal. B) El coste real del servicio doméstico. C) El salario mínimo interprofesional. D) Los signos indicativos del nivel de vida de la familia durante la convivencia conyugal. E) La ponderación de otras circunstancias concurrentes. F) Los salarios dejados de percibir por el cónyuge doméstico. V. CONCLUSIONES CRÍTICAS Y PROPUESTAS *DE LEGE FERENDA*.

I. CUESTIONES PRELIMINARES

A la hora de analizar la extinción del régimen de separación de bienes debemos constatar que esta situación no es neutra sino que provoca una serie de problemáticas de variado signo que están relacionadas con la solidaridad postconyugal[2] y los desvelos en pro de la familia durante el tiempo de "vigencia" del matrimonio y la vida conyugal, siempre que se

---

2 Así lo entiende J. R. De Verda y Beamonte: "Presupuestos de la compensación (la noción de desequilibrio económico)", en *La compensación por desequilibrio en la separación y divorcio. Tratado práctico interdisciplinar,* (dir. J. R. De Verda), Tirant lo Blanch, Valencia, 2021, pp. 32 y ss., para quien la compensación por desequilibrio estuvo y sigue estando unida a la solidaridad postconyugal, aunque esta idea, sin embargo, aparece cada vez más debilitada en la sociedad moderna, ante la generalización del divorcio, la cada vez más corta duración de muchos matrimonios y el acceso de ambos cónyuges al mercado laboral. Sin embargo, para el autor, vincular la compensación a la solidaridad postconyugal no significa realizar una lectura del art. 97 CC en clave puramente asistencial, necesariamente, aunque no obstante, en su opinión la conexión entre compensación y necesidad es también evidente en el ámbito de la modificación y extinción de la pensión compensatoria, al influir en la reducción de su cuantía cuando aumente la fortuna del acreedor (art. 100.I CC), e, incluso, llegar a extinguirse, por "cese de la causa que lo motivó" (art. 101.I CC), es decir, cuando, el acreedor aumente sus recursos de tal manera que pueda llegarse a la conclusión de que superó el desequilibrio, si bien lo que, en realidad, sucederá, en no pocos casos, es que ya no tendrá necesidad

produzac la extinción del régimen de separación de bienes por el divorcio de los cónyuges.

Así, esa extinción del régimen de separación de bienes constituye uno de los presupuestos para ser compensado el cónyuge doméstico por su dedicación pasada y futura a la familia. Sin embargo, tras el análisis jurisprudencial que vamos a desarrollar, se aprecia un esfuerzo por parte de nuestros tribunales por deslindar el régimen jurídico de la prestación compensatoria o compensación por desequilibrio económico que se proyecta entre los cónyuges cualquiera que sea su régimen económico matrimonial (regulada en el art. 97 CC), de la compensación por trabajo doméstico aplicable únicamente aquellos cónyuges regidos por el régimen de separación de bienes (regulada en el art. 1438 CC)[3].

Una de los motivos que dificultan el deslinde ambas compensaciones se encuentra precisamente en la terminología que emplea el legislador para regular ambas figuras. En primer lugar, porque se sustituyó el vocablo "pensión" por el de "compensación" en la nueva redacción dada al art. 97 CC y se reconoció el derecho —al cónyuge al que la separación o el divorcio produzca un desequilibrio económico en relación con la posición del otro— a percibir una *compensación.* En segundo lugar, porque, igualmente, en la redacción del art. 1438 CC, el legislador concede al cónyuge doméstico el derecho a obtener una *compensación.*

No obstante, no es el término "compensación" empleado por legislador lo único que va a conducir a estas incertidumbres y confusiones, también la utilización de la expresión "la dedicación pasada y futura a la familia" que emplea el art. 97.II.4° CC, tiene relación directa con los presupuestos del art. 1438 CC[4]. Así las cosas, el Tribunal Supremo en la interesante STS 26 abril 2017 (*Tol 6067400*) recoge y sistematiza las diferencias entre la compensación por trabajo doméstico y la compensación por desequilibrio o prestación compensatoria al entender que:

> "Mediante la pensión compensatoria se cuantifica el desequilibrio que tras la separación o divorcio se produce en uno de los cónyuges, valorando la pérdida de

---

de la pensión por haber alcanzado una capacidad económica que le permita ser autosuficiente.

3 *Vid.* al respecto, P. Mª. Estellés Peralta: *El régimen de separación de bienes y su liquidación. Problemáticas y soluciones en la praxis de los tribunales,* Tirant lo Blanch, Valencia, 2022, pp. 179 y ss.

4 *Vid.* al respecto, A. Arrébola Blanco: *La compensación del trabajo doméstico en el régimen de separación de bienes,* Reus, Madrid, 2019, p. 434.

oportunidades profesionales y teniendo en cuenta como uno más de los criterios la 'dedicación pasada y futura a la familia'" y que por el contrario, "la compensación del art. 1438 del Código Civil tiene su base en el trabajo para la casa realizado por uno de los cónyuges, bajo un régimen de separación de bienes, al valorarlo como una contribución al sostenimiento de las cargas familiares".

Por ello, en este capítulo, analizaremos las posibles sorpresas en relación con las prestaciones/compensaciones que puede reclamar aquel cónyuge que se dedicó en mayor o menor medida a la familia y lo compatibilizó o no con una profesión remunerada, en los casos de extinción del régimen de separación de bienes. Analizaremos la posible compatibilidad de las compensaciones de los arts. 97 y 1438 CC y las injustas consecuencias, por poco equitativas, originadas del controvertido entendimiento de este último precepto y su aplicación práctica respecto de quienes sometan la economía de su matrimonio a las disposiciones del régimen de separación de bienes[5] y del entendimiento e interpretación de nuestros tribunales de la actual realidad social española en consonancia con las vigentes condiciones laborales y de vida de los hogares españoles.

II. LA COMPATIBILIDAD DE LA PRESTACIÓN COMPENSATORIA DEL ART. 97 CC Y LA COMPENSACIÓN DEL ART. 1438 CC

La posible compatibilidad entre la pensión compensatoria por desequilibrio del art. 97 CC y la compensación por trabajo doméstico en la liquidación del régimen económico matrimonial de separación de bienes —según reiterada doctrina jurisprudencial—, es innegable, por ser distintos tanto sus presupuestos como sus finalidades. Así, las SSTS 11 diciembre 2015 (*Tol 5595880);* 5 mayo 2016 (*Tol 5716443*); 14 marzo 2017 (*Tol 6001668*); 20 febrero 2018 (*Tol 6526201)*; 11 diciembre 2019 (*Tol 7653638*) y 21 junio 2023 (*Tol 9629223*), señalan a su vez que se trata de una norma de liquidación del régimen económico matrimonial de separación de bienes que no es incompatible con la pensión compensatoria, aunque pueda tenerse en cuenta a la hora de fijar la compensación.

---

5 *Vid.* en este sentido, P. M.ª Estellés Peralta: "La solidaridad forzada de los regímenes disociativos en los supuestos de crisis conyugal", *Revista Boliviana de Derecho*, n. 27, enero 2019, pp. 100-133.

No obstante, la fundamentación para el reconocimiento de una u otra figura la señaló la STS 26 abril 2017 (*Tol 6067400*), al entender que:

> "Mediante la pensión compensatoria se cuantifica el desequilibrio que tras la separación o divorcio se produce en uno de los cónyuges, valorando la pérdida de oportunidades profesionales y teniendo en cuenta como uno más de los criterios la 'dedicación pasada y futura a la familia'" y que por el contrario, "la compensación del art. 1438 del Código Civil tiene su base en el trabajo para la casa realizado por uno de los cónyuges, bajo un régimen de separación de bienes, al valorarlo como una contribución al sostenimiento de las cargas familiares".

Por lo tanto, mientras la pensión compensatoria pretende reparar, corregir, el desequilibrio económico[6], consistente en el daño que un cónyuge sufre al perder oportunidades y expectativas laborales o profesionales, como consecuencia de su exclusiva dedicación pasada actual y futura a la familia (que pese a la dicción del art. 97 CC se ha convertido en un presupuesto para la concesión de la misma), la compensación del art. 1438 CC, para el régimen de separación de bienes exclusivamente[7], tiene como finalidad, compensar, reparar directamente el valor de la dedicación pasada a la familia, entendida esta como una modalidad de contribución exclusiva de un cónyuge al levantamiento de las cargas familiares, considerada como una indemnización: así las STS 22 marzo 2023 (*Tol 9469381*), 13 marzo 2023 (*Tol 94599869*), 10 marzo 2023 (*Tol 9460417*), 21 diciembre 2022 (*Tol 9356643*), 2 noviembre 2022 (*Tol 9286979*), 20 febrero 2018 (*Tol 6526201*) y SAP Madrid 3 julio 2009 (*Tol 1759899*) y SAP Sevilla 17 marzo 2004 (*Tol 758234*) y sin que se tenga en cuenta para su concesión si hubo o no desequilibrio patrimonial. La compensación del art. 1438 CC, en consecuencia, no tendrá en cuenta la situación económica del cónyuge acreedor, en contraposición al art. 97 CC[8].

Señala la SAP Huelva 13 octubre 2020 (*Tol 8249487*) que:

---

[6] *Vid.* B. Verdera Izquierdo: "Configuración de la compensación económica derivada del trabajo para la casa como correctivo de una desigualdad conyugal", *Derecho Privado y Constitución*, n. 27, enero-diciembre 2013, pp. 209-250, en p. 246.

[7] Según señala STS 11 diciembre 2019 (*Tol 7653638*), FJ 4.

[8] B. Verdera Izquierdo: "Configuración", cit., p. 246; P. M.ª Estellés Peralta: "La compensación del art. 1438 CC", en *La compensación por desequilibrio en la separación y divorcio. Tratado práctico interdisciplinar,* (dir. J. R. De Verda), Tirant lo Blanch, Valencia, 2021, pp. 249-282, en pp. 280-281; y, en idéntico sentido, J. R. De Verda y Beamonte: "Presupuestos de", cit., p. 55.

"Tenemos en cuenta además lo atinente a la pensión compensatoria dispuesta, que también la Sala del Tribunal Supremo utiliza como criterio para su liquidación, aun reconociendo la compatibilidad de ambas prestaciones y su diferente origen, como es efectivamente cierto, no solo porque la indemnización a la que se refiere el artículo 1438 solo procede en el caso del régimen de separación de bienes (es lo que le da su especial naturaleza, en opinión de esta Sala, especialmente vinculada a la circunstancia de que esa falta de actividad probablemente cause un enriquecimiento en favor de quien de ella se beneficia por no realizar actividades domésticas o familiares esencialmente y si otras que permiten aumentar su patrimonio, como sucede en este caso) mientras que la pensión compensatoria tiende a subvenir a un desequilibrio final cuando ese reparto de roles sitúa a una de las partes en una situación peor que aquella que tenía antes del matrimonio, alejándola del mercado laboral".

En tal sentido, la doctrina entiende que, más allá de la distinción teórica entre la pensión compensatoria y la compensación por trabajo doméstico, entre ambas existe un evidente punto de conexión, que es el que resulta de la "dedicación pasada a la familia", que aunque no es lo que directamente se indemniza a través de la primera, no obstante, sirve como criterio de cálculo de la misma, por lo que es inevitable que la cuantificación de la una incida en la de la otra[9], pese a que, en mi opinión, no parece tener mucho sentido reclamar doblemente la dedicación pasada a la familia si ya se retribuye por la vía del art. 97 o por la del art. 1438 CC. No obstante, la STS 11 diciembre 2019 (*Tol 7653638*) estimó que a pesar de que la Audiencia había fijado la compensación del art. 1438 CC en 6.000.000 de euros,

"una valoración equitativa de los trabajos de coordinación cualificados para la casa prestados por la demandante, durante los diez años del matrimonio, a razón de unos 7.000 euros netos al mes, arroja la suma final de 840.000 euros, que consideramos procedente como indemnización liquidatoria del régimen de separación de bienes, que regía el matrimonio de los litigantes, ponderando además los otros elementos de juicio antes considerados, como donaciones recibidas [durante el matrimonio] de unos tres millones de euros [con los que la mujer compró una casa, que reformó a costa del marido], nivel de vida que disfrutó, pensión compensatoria de 75.000 euros al mes durante cinco años, para cuya fijación se valoraron también sus expectativas profesionales".

---

9 *Vid.* J. R. De Verda y Beamonte: "La compensación del art. 1438: interpretación jurisprudencial", *Revista Familia y Sucesiones*, ICAV, 17 marzo 2021, p. 10; M.ª T. Marín García de Leonardo: *La temporalidad de la pensión compensatoria: una realidad de nuestro tiempo,* Tirant lo Blanch, Valencia, 1997, pp. 55-69; H. Campuzano Tomé: *La pensión por desequilibrio económico en los casos de separación y divorcio*, Bosch, Barcelona, 1994, p. 75; y M.ª P. Sánchez González: *La extinción del derecho a la pensión compensatoria,* Comares, Granada, 2005, pp. 57-64.

Por tanto, deberán tenerse en cuenta las distintas circunstancias para el cómputo de la referida pensión y compensación que regulan ambos preceptos para evitar duplicidades innecesarias y, tal como determina el art. 97.II.9° CC, para la fijación de la cuantía de la pensión compensatoria "cualquier otra circunstancia relevante", donde se debe subsumir la fijación de la compensación económica en tanto corresponda. Por otro lado, el desequilibrio que da lugar a la pensión compensatoria debe existir en el momento de la separación o del divorcio y los sucesos posteriores no pueden dar lugar al nacimiento de una pensión que no se acredita cuando ocurre la crisis matrimonial, según la STS 27 noviembre 2014 (*Tol 4561611*).

III. EL DERECHO A LA PRESTACIÓN COMPENSATORIA O COMPENSACIÓN POR DESEQUILIBRIO ECONÓMICO DEL ART. 97 CC

En consecuencia, en los casos de separación y divorcio es el art. 97 CC el que regula la llamada prestación compensatoria o compensación por desequilibrio[10]. De acuerdo con el tenor del precepto, se regulan dos cuestiones en materia de compensación: los presupuestos para su reconocimiento y la cuantía de la compensación.

> "El cónyuge al que la separación o el divorcio produzca un desequilibrio económico en relación con la posición del otro, que implique un empeoramiento en su situación anterior en el matrimonio, tendrá derecho a una compensación que podrá consistir en una pensión temporal o por tiempo indefinido, o en una prestación única, según se determine en el convenio regulador o en la sentencia".
>
> "A falta de acuerdo de los cónyuges, el Juez, en sentencia, determinará su importe teniendo en cuenta las siguientes circunstancias: 1.ª Los acuerdos a que hubieran llegado los cónyuges. 2.ª La edad y el estado de salud. 3.ª La cualificación profesional y las probabilidades de acceso a un empleo. 4.ª La dedicación pasada y futura a la familia. 5.ª La colaboración con su trabajo en las actividades mercantiles, industriales

---

10 La redacción actual de este precepto se debe al art. 1.9 de la Ley 15/2005, de 8 de julio, —que introdujo como importantes novedades la posibilidad de satisfacer la compensación tanto a través de una pensión periódica como mediante una prestación única, así como la posibilidad de establecer la pensión compensatoria con carácter temporal, y no solamente por tiempo indefinido, a diferencia de lo que regulaba el anterior art. 97.I CC en la redacción dada por la Ley 30/1981— y a la disposición final 1.25 de la Ley 15/2015, de 2 de julio, que introdujo la separación y el divorcio extrajudiciales (ante Letrado de la Administración de Justicia o Notario).

o profesionales del otro cónyuge. 6.ª La duración del matrimonio y de la convivencia conyugal. 7.ª La pérdida eventual de un derecho de pensión. 8.ª El caudal y los medios económicos y las necesidades de uno y otro cónyuge. 9.ª Cualquier otra circunstancia relevante".

"En la resolución judicial o en el convenio regulador formalizado ante el Secretario judicial o el Notario se fijarán la periodicidad, la forma de pago, las bases para actualizar la pensión, la duración o el momento de cese y las garantías para su efectividad".

En definitiva, el fundamento y finalidad del precepto es compensar el desequilibrio económico causado a un cónyuge como consecuencia de la separación o del divorcio. La situación de inferioridad en que se encuentra un cónyuge respecto del otro [STS 3 mayo 2023 (*Tol 9572731*)], por lo que la percepción de un salario no impide la obtención de una compensación. Así lo entiende la jurisprudencia de manera reiterada al señalar que la pensión compensatoria, a diferencia de la de alimentos, es independiente de la noción de "necesidad" de quien la solicita y, por tanto, el cónyuge que sufre el desequilibrio puede ser igualmente acreedor de la misma aunque tenga medios suficientes para mantenerse por sí mismo: SSTS 9 febrero 2010 (*Tol 1790763*), 22 junio 2011 (*Tol 2227659*), 27 junio 2011 (*Tol 2191098*), 7 marzo 2018 (*Tol 6531191*) y 29 junio 2020 (*Tol 8000209*), aunque ello incidirá en la cuantía o duración de la pensión. Asimismo, si la finalidad de la compensación es restablecer el desequilibrio constatado, ello no puede representar una garantía vitalicia de sostenimiento personal o una medida que permita al cónyuge acreedor "perpetuar el nivel de vida que venía disfrutando antes de que se produjese la crisis matrimonial, ni cabe tampoco que pueda cuantificarse la compensación en orden a equiparar económicamente los patrimonios"[11], según señalan las SSTS 19 febrero 2014 (*Tol 41244378*) y 20 febrero 2014 (*Tol 41422537*), ni tiene como función ser "un instrumento indemnizatorio" sino, que por el contrario, su finalidad es la de devolver al cónyuge perjudicado por la ruptura "una situación de potencial igualdad de oportunidades laborales y económicas respecto de las que habría tenido de no mediar el vínculo matrimonial" según las SSTS 5 noviembre 2008 (*Tol 8473619*), 22 junio 2011 (*Tol 8403955*) o 23 octubre 2012 (*Tol 2526738*) aunque este criterio ha sufrido una variación con la más reciente STS 14 febrero 2019 (*Tol 7064894*) que señaló que

---

11 M. A. Gómez Valenzuela: "Cuantificación de la compensación", en *La compensación por desequilibrio en la separación y divorcio. Tratado práctico interdisciplinar*, (dir. J. R. De Verda), Tirant lo Blanch, Valencia, 2021, pp. 87 a 126, concretamente, p. 89.

"no es función de la pensión igualar economías dispares". En esta línea señala, asimismo, la STS 7 junio 2023 (*Tol 9607019*), que se trata un derecho personal con la finalidad de compensar el descenso que la nueva situación produce respecto del nivel de vida que se mantenía durante la convivencia; lo que, en consecuencia, se produce con independencia de la situación de necesidad, mayor o menor, del acreedor, no debiendo entenderse como un derecho de nivelación o de indiscriminada igualación.

Por otro lado, las Audiencias Provinciales entienden que todas las crisis matrimoniales inciden negativamente en la economía de ambos cónyuges y no es posible equilibrar aritméticamente la situación de ambos después de la ruptura comparada con la disfrutada en el periodo de convivencia. Así la SAP Huelva 27 enero 2010 (*Tol 1968571*), al señalar que:

> "el reequilibrio no tiene que suponer una igualdad entre los patrimonios de ambos, sino hallarse cada uno de ellos, de forma autónoma, en la posición económica que le corresponde según sus propias actitudes o capacidades para generar recursos económicos".

En el mismo sentido, la SAP Barcelona 13 julio 2016 (*Tol 5839748*), señala que:

> "la finalidad actual de la pretensión compensatoria es la readaptación del cónyuge acreedor a la vida activa como consecuencia de las desmejoras económicas consiguientes a la disolución del matrimonio y a la pérdida de oportunidades experimentada precisamente por éste. No se concibe ya como una garantía de sostenimiento vital por parte del antiguo cónyuge ni como un derecho automático a una prestación económica permanente".

O más recientemente, la SAP Soria 27 de enero 2020 (*Tol 7876847*), al afirmar que el restablecimiento de la situación de desequilibrio económico no es equiparable a una estricta igualdad económica en sentido estricto:

> "en el presente supuesto, la regla de proporcionalidad tomada en cuenta por el Juzgador resulta correcta, a juicio de la Sala, bien entendido que el restablecimiento de la situación de desequilibrio económico no es equiparable a una estricta igualdad económica, como propone la parte apelante, igualando necesariamente los ingresos de uno y otro, a fin de mantenerlos idénticos. Con la fijación de la pensión en 200 euros, V. obtendrá 819,77 euros mensuales, y L. 1031,54 euros, prorrateadas las pagas extraordinarias, respetando una regla de proporcionalidad, que no de igualdad en sentido estricto".

Lo contrario, podría dar lugar a la mercantilización del matrimonio, un riesgo a tener en cuenta en la liquidación del régimen de separación de bienes.

Al mismo tiempo, Es decir, debe promoverse una actitud proactiva en el cónyuge acreedor que le conmine a mantenerse por sí mismo tras la crisis matrimonial, sin quedar negligentemente sometido a la economía o prosperidad del otro cónyuge.

1. Presupuestos

Los presupuestos de la compensación son fundamentalmente dos: la separación o el divorcio y el desequilibrio económico sufrido por de uno de los cónyuges, como consecuencia del fin de la convivencia conyugal.

1.1. La separación o el divorcio y el régimen económico matrimonial

El art. 97 CC, que presupone la existencia de un matrimonio, tiene su fundamento en la obligación de asistencia y socorro mutuo en un periodo posterior a la disolución del mismo por divorcio (o a la cesación de sus efectos, en el caso de separación)[12], por lo que no procede la compensación en el caso de la nulidad de matrimonio, pues si el matrimonio es nulo, no surgió de éste la obligación conyugal de asistencia y socorro mutuo, por lo que no puede dar lugar a ninguna compensación y sólo cabe compensación en los casos de separación (residual) y divorcio[13].

Por otra parte, habrá que tener en cuenta el régimen económico matrimonial de los cónyuges pues esta circunstancia afecta indudablemente al "caudal y los medios económicos y las necesidades de uno y otro cónyuge" según se desprende del art. 97.II.8º CC, y puede generar o no un desequilibrio económico compensable según se desprende de la STS 19 enero 2010 (*Tol 1790759*) que insiste en la necesidad de valorar el régimen económico matrimonial que ha regido las relaciones patrimoniales entre los cónyuges.

Concretamente, en lo que respecta al régimen de separación de bienes, una vez determinada su extinción por el divorcio de los cónyuges habrá que valorar la existencia del posible desequilibrio compensable en ese preciso momento de la ruptura como reflejan las SSTS 19 octubre 2011 (*Tol 2269878*), 18 marzo 2014 (*Tol 4183456*), 27 noviembre 2014 *(Tol 4561611)* y 7 junio 2023 (*Tol 9607019*).

---

[12] *Vid.* en este sentido, J. R. De Verda y Beamonte: "Presupuestos de", cit., p. 35.

[13] *Vid.* igualmente sobre esta cuestión y la aplicación del art. 98 CC a J. R. De Verda y Beamonte: "Presupuestos de", cit., pp. 40 y ss.

1.2. El desequilibrio económico tras la separación o el divorcio

En consonancia con la interpretación del art. 97 CC, la finalidad de la compensación no es para la jurisprudencia la de "permitir al cónyuge más desfavorecido seguir disfrutando de un nivel económico similar al que llevaba durante la etapa de normalidad conyugal" según señala la STS 22 junio 2011 (*Tol 2227659)* sino compensar el posible desequilibrio económico que se haya podido producir por la separación o el divorcio de uno de los cónyuges teniendo en cuenta la mayor dedicación a la familia y la pérdida de expectativas profesionales en la actividad profesional o empresarial desempeñada con anterioridad a la ruptura matrimonial por el cónyuge perjudicado. Destaca, asimismo en este sentido, la STS 20 febrero 2014 (*Tol 4142537)* establece que:

> "en orden a la concesión de la pensión compensatoria no basta la mera consideración del desequilibrio patrimonial, en sí mismo considerado, sino que debe valorarse la perspectiva causal que lo sustente ya en relación con la situación de derechos y obligaciones resultante tras el divorcio, como, en su caso, con la mayor dedicación a la familia o a la actividad profesional o empresarial del otro cónyuge anterior a la ruptura matrimonial".

Por tanto, el segundo de los requisitos es el desequilibrio económico que se produce por la separación o por el divorcio de los cónyuges. La STS 17 mayo 2023 (*Tol 9575975*) estimó que:

> "cualquier empobrecimiento posterior estará completamente desligado de la convivencia matrimonial y no procede en consecuencia otorgar pensión por desequilibrio económico. Los sucesos que se producen con posterioridad a la ruptura de la convivencia son, en principio, completamente irrelevantes para determinar la existencia de la pensión compensatoria o la procedencia de elevar su cuantía; sí operan, sin embargo, para su posible disminución o extinción".

Sin embargo, a través de dicho precepto, no se compensa cualquier desequilibrio sino únicamente, el que tiene su causa en la dedicación exclusiva (o prioritaria) de uno de los cónyuges al cuidado de la familia o en su coloración desinteresada en la actividad profesional o empresarial del otro, siempre que, como consecuencia de ellos, haya sufrido una pérdida de expectativas económicas o de desarrollo profesional o laboral. Es el caso de la SAP Alicante 31 enero 2017 *(Tol 6144557)* consideró como desequilibrio la circunstancia de que, habiendo durado el matrimonio 38 años y habiendo tenido la mujer 4 hijos, solo había podido trabajar 7 años, por lo que no iba a poder consolidar una pensión contributiva (la actora tenía 60 años al tiempo de presentación de la demanda). Por ello, apreciando ponderadamente los ingresos de los litigantes, fijó una pensión de 100 euros mensuales, sin límite temporal, "dada la edad de la demandante, que no consta tenga cualificación profesional alguna".

Igualmente, la STS 16 diciembre 2015 (*Tol 5618274*) concedió una pensión compensatoria temporal a una mujer que, durante el matrimonio (y en el periodo previo de convivencia *more uxorio*), cesó en su actividad como titular de una empresa de publicidad por internet para dedicarse al hogar y colaborar en el desarrollo de la carrera profesional de su marido. El Tribunal Supremo compensó de esta manera lo que definió como:

> "la pérdida de expectativas de la esposa y el abandono de su actividad laboral en beneficio propio, para dedicar sus esfuerzos en beneficio del marido".

No obstante, la SAP Ciudad Real 2 diciembre 2011 *(Tol 2337967)* excluyó el desequilibrio porque en el caso enjuiciado los cónyuges habían explotado conjuntamente (obteniendo los correspondientes beneficios) un negocio (una pizzería) que, tras separarse de hecho, habían traspasado. El marido percibía una prestación por desempleo de 1.097 euros y sufragaba los gastos correspondientes a dos de los tres hijos comunes que convivían con él, mientras que la mujer ganaba 500 euros mensuales como trabajadora doméstica, habitando en la casa donde trabajaba, por lo que tenía cubierta su necesidad de vivienda.

1.3. Criterios para la determinación del desequilibrio compensable

La jurisprudencia ha ido estableciendo, también en este punto una serie de criterios a tener en cuenta en orden a la determinación de la existencia del desequilibrio económico compensable por la vía del art. 97 CC[14], en función de los trabajos realizados por cónyuge supuestamente perjudicado, de su duración, calidad y promoción profesional.

La STS 14 marzo 2011 (*Tol 2080803*) concedió una pensión indefinida, teniendo en cuenta la extensa duración del matrimonio (26 años) y la edad de la solicitante (50 años), la exclusiva dedicación a la familia y el tiempo en que estuvo apartada del mundo laboral, lo que permitió al Tribunal Supremo concluir que:

---

14 *Vid.* al respecto, A. I. Berrocal Lanzarot: "Tendencias actuales en torno a la pensión compensatoria o pensión por desequilibrio en España", *Actualidad Jurídica Iberoamericana*, n. 5 bis, 2016, pp. 9-69; y J. R De Verda y Beamonte: "Presupuestos de", cit., pp. 45 y ss.

"son razonablemente escasas las posibilidades reales de la esposa de obtener en un plazo concreto un empleo que le permita gozar de medios propios para obrar autónomamente, de manera que la función de restablecer el equilibrio consustancial a la pensión compensatoria solo puede entenderse cumplida fiándola con carácter vitalicio".

Por otro lado, la STS 23 enero 2012 (*Tol 2407043*) señala que no existe derecho a percibir la pensión compensatoria cuando el desequilibrio tenga su origen exclusivamente, en "la diferente aptitud, formación o cualificación profesional de cada uno de los miembros de la pareja".

A) La realización de un trabajo dignamente retribuido que permita mantener la independencia económica, sin sacrificio de la promoción profesional

Queda excluido el desequilibrio y no procede la compensación, cuando quien la reclama ha venido realizando un trabajo retribuido fuera de casa, que le haya permitido mantener su independencia económica y conservar sus expectativas de promoción laboral o profesional; y, ello, a pesar de que su salario sea muy inferior al de su cónyuge. Así lo entendió la STS 22 junio 2011 (*Tol 2227659)* al casar una sentencia, que había concedido una pensión compensatoria, basándose en la disparidad de salario de los cónyuges: en el caso enjuiciado, la mujer, auxiliar interina de biblioteca tenía un sueldo mensual de 1.649 euros, frente a los 2.900 euros percibidos por el marido, en su condición de profesor universitario. Por el contrario, el Tribunal Supremo señaló que la mayor dedicación de la mujer a la familia no había sido "un obstáculo o impedimento para su actividad laboral", la cual había desarrollado durante el matrimonio, y que no había quedado probado que "su menor cualificación profesional, origen de la diferencia salarial y de la menor estabilidad de su empleo, respecto al de su esposo", fuera "una consecuencia directa del matrimonio", y no "de sus propias actitudes y capacidades".

Igualmente, la STS 20 febrero 2014 (*Tol 4142537)* denegó la pensión compensatoria a la esposa pese a que el marido percibía unos ingresos que suponían el doble de la cantidad que ella percibía, al entender que esta diferencia salarial no comportaba "automáticamente una absoluta disparidad desequilibrante", evidenciando "el relevante patrimonio ganancial resultante del matrimonio", la mayor contribución del marido en los alimentos de la hija común, "así como, particularmente, con la notable diferencia de edad entre ambos cónyuges en donde el marido, de 66 años, se encuentra próximo a la jubilación, donde disfrutará de una pensión inferior a los ingresos de su mujer que, con 51 años, ha ejercido y ejerce con normalidad su actividad profesional".

Asimismo, la STS 13 septiembre 2017 (*Tol 6347623*) denegó la pensión compensatoria a una mujer que había padecido un ictus después del nacimiento de la tercera hija porque la enfermedad no le había impedido desarrollar un trabajo profesional altamente cualificado durante el matrimonio, quedando cubiertas sus necesidades con una jubilación por incapacidad de 2.554,49 euros al mes y una prestación mensual de MUFACE de 1.277,35 euros. En esta sentencia, que en mi opinión es muy rigurosa, el Alto Tribunal señala que tampoco ha quedado probado

> "que la diferencia de ingresos entre los cónyuges traiga causa directa del sacrificio asumido por la esposa durante el matrimonio por su mayor dedicación a la familia y en concreto por el cuidado de los dos primeros hijos, ni que este sacrificio se encuentre en relación directa con el progresivo incremento de los ingresos del esposo por su trabajo durante el tiempo que duró el matrimonio".

En este caso los ingresos brutos anuales del marido eran de 137.868,15 euros. Por último, resalta que esa diferencia salarial "queda desdibujada desde el momento en que es a la esposa a la que se atribuye el uso de la vivienda y se la exonera de cualquier gasto de los hijos".

En consecuencia, la doctrina jurisprudencial entiende que la mayor dedicación a la familia no es causa de desequilibrio, si ello no ha sido "un obstáculo o impedimento para su actividad laboral", según manifiesta la STS 22 junio 2011 *(Tol 2227659).*

En la jurisprudencia menor destaca, asimismo, la SAP Madrid 22 junio 2012 *(Tol 2611558)* que denegó la pensión compensatoria a una mujer de 40 años, que había estada casada unos 4 años, durante los cuales había trabajado, percibiendo el último año nóminas de unos 1.500 euros mensuales. Consideró irrelevante que el marido tuviera mayores ingresos, cuantificados en unos 100.000 euros, teniendo en cuanta, para la denegación de la pensión compensatoria, tanto la edad de la esposa, que no padeciera enfermedad, la escasa duración del matrimonio, la inexistencia de hijos, su dedicación laboral, así como que:

> "trabajó durante el matrimonio con unos ingresos derivados de aquella actividad laboral que en su cuantía le permiten atender en términos de autonomía e independencia personal sus necesidades vitales en condiciones de dignidad y razonable decoro".

Asimismo, la SAP Málaga 15 junio 2016 *(Tol 5904574)* denegó la pensión compensatoria a una mujer, profesora universitaria, que percibía unos ingresos netos de 1.700 euros mensuales, por un trabajo desempeñado durante los ocho años que duró el matrimonio. En este caso, la Audiencia entendió que, si bien las decisiones sobre la casa eran adoptadas por la mujer, ambos cónyuges se ocupaban de la misma y de los hijos comunes y que la esposa no había probado que:

> "esta mayor dedicación haya supuesto renuncia o sacrificio de promoción profesional para poder dedicarse al cuidado y atención a los hijos", pues "desde que se casó no ha reducido su nivel de investigación y de dedicación a la Universidad, y si bien no se ha presentado a las oposiciones, ello se debe al sistema de la Universidad, en ningún caso por el hecho de tener que atender a la familia".

B) La alternancia en el cuidado de la familia y la realización de trabajos retribuidos durante la vida conyugal

Para conceder la pensión compensatoria no se requiere una dedicación al hogar durante todo el tiempo de la celebración del matrimonio sino que la jurisprudencia entiende ha habido un desequilibrio compensable si uno de los cónyuges se ha dedicado al cuidado de la familia durante una parte significativa de la vida conyugal y ello le ha ocasionado una merma de sus expectativas económicas y profesiones. Y ello, aunque en ciertos periodos haya compatibilizado el cuidado del hogar y la familia con un trabajado fuera de casa, circunstancia esta, que no excluye el reconocimiento de la pensión compensatoria aunque, sin embargo, debe ser tenida en cuenta para aminorar su importe. En este sentido, la STS 25 septiembre 2019 (*Tol 7515249*) concedió una pensión vitalicia de 600 euros mensuales a la mujer de 59 años que, al casarse, abandonó su profesión de maestra, habiéndose dedicado los diez primeros años del matrimonio (que duro treinta) al cuidado de la familia y, en particular, al de los tres hijos comunes. Posteriormente, cursó estudios de auxiliar de clínica, profesión en la que trabajó intermitentemente, cotizando aproximadamente doce años. En consecuencia, el Tribunal Supremo entiende que la mujer:

> "perdió unas legítimas expectativas profesionales y económicas por su mayor dedicación a la familia, que no habrían acaecido de no mediar vínculo matrimonial, razón de peso para fijar la pensión compensatoria (...) máxime cuando la interrupción de la vida laboral durante el matrimonio, se produjo en los primeros años, que es el período determinante del desarrollo profesional de cualquier persona".

C) La realización de trabajos esporádicos y/o escasamente retribuidos

Si el cónyuge demandante de la pensión compensatoria tan sólo ha realizado trabajos meramente esporádicos y escasamente retribuidos durante el tiempo que duró el matrimonio, el desequilibrio es más evidente y nuestros tribunales así lo señalan como en la STS 16 noviembre 2012 *(Tol 2685953)* en la que el Tribunal Supremo reconoció una pensión compensatoria vitalicia de 300 euros a una mejor, teniendo en cuenta su edad, la duración del matrimonio (22 años) y "su escasa cualificación profesional y una mínima experiencia dados los años de edad laboral dedicados exclusivamente al cuidado de la familia", lo que solo le ha permitido acceder a un empleo a tiempo parcial en un Ayuntamiento (asistenta domiciliaria), "del que obtiene un pequeño salario".

Las Audiencias Provinciales se ha pronunciado en idéntico sentido como la SAP Badajoz 8 mayo 2017 *(Tol 6185967)*, que concedió una pensión vitalicia a una mujer de 52 años, con estudios primarios y sin ninguna cualificación profesional cuyo matrimonio había durado 28 años y durante la vida conyugal se había dedicado al cuidado de la casa y de los hijos, compaginando dicha dedicación con trabajos esporádicos de corta duración. En los últimos años había estado activa en el PER y en los meses inmediatos anteriores al divorcio había trabajado como peón del Ayuntamiento, con un salario neto de 678 euros. Es significativo resaltar que la mujer no tenía ninguna cualificación profesional y sólo contaba con estudios primarios, por lo que no se alcanza a comprender el desequilibrio que le haya podido ocasionar su dedicación a la familia.

En el caso enjuiciado por la SAP Córdoba 9 octubre 2019 *(Tol 7672357)* se concedió una pensión temporal por 5 años a una mujer, que, durante los 33 años que había durado el matrimonio, se había dedicado sustancialmente a las tareas domésticas y de cuidado de la familia, e, incluso, había ayudado en la explotación familiar, permitiendo que fuera el marido el que trabajara a jornada completa. A ello no fue obstáculo la circunstancia de que la mujer hubiera estado dada de alta en la Tesorería General de la Seguridad Social 7.997 días, pues solo había trabajado esporádicamente y había percibido la renta agraria.

Téngase en cuenta que los trabajos esporádicos deben estar escasamente retribuidos como ya señaló la citada SAP Madrid 22 junio 2012 *(Tol 2611558)* que denegó la pensión compensatoria a la esposa que había estada casada unos 4 años y durante los cuales había trabajado con un salario de unos 1.500 euros mensuales, lo que para el tribunal significaba que no hay desequilibrio pues:

> "trabajó durante el matrimonio con unos ingresos derivados de aquella actividad laboral que en su cuantía le permiten atender en términos de autonomía e independencia personal sus necesidades vitales en condiciones de dignidad y razonable decoro".

Es el caso enjuiciado por la la STS 18 julio 2019 (*Tol 7419524*) que señaló que había que conceder la pensión compensatoria con carácter vitalicio a la mujer de 54 años, que dedicó los 27 años de matrimonio, de manera exclusiva, al cuidado de los hijos, a pesar de que el último año había trabajado con contratos temporales con unos ingresos brutos en torno a los 300 euros, mientras que el marido tenía un trabajo estable por el que percibía un salario medio de 1.500 euros mensuales.

D) La reducción de la jornada laboral para atender a la familia

Entiende la jurisprudencia que la reducción de la jornada laboral con la finalidad de atender a la familia da lugar a un desequilibrio (aunque moderado) susceptible de ser compensado, pues genera un empobrecimiento en el cónyuge doméstico. No obstante, si bien se va a conceder la pensión compensatoria, la jurisprudencia opta por una pensión de carácter temporal de cuantía moderada, dado que el cónyuge acreedor de la misma continua con su actividad laboral durante el matrimonio y, en consecuencia, no pierde su independencia económica.

La STS 25 septiembre 2019 (*Tol 7515249*) concedió la pensión compensatoria con carácter temporal al cónyuge doméstico, que se encontraba trabajando desde antes de contraer matrimonio con contrato indefinido y un sueldo digno pero que había solicitado una reducción de jornada laboral de 2 horas para atender a los hijos menores (de quienes era custodia), durante el matrimonio y mantenida tras el divorcio, al entender que:

> "durante la convivencia matrimonial, la demandada centró especialmente su atención en el cuidado de los hijos comunes y a tal efecto solicitó una disminución de la jornada laboral de dos horas"; y que la "dedicación futura a la familia existe, dada su condición de cónyuge custodio, si bien en atención a la edad actual de los hijos de 16 y 13 años de edad, su implicación ya no es tan intensa por requerir menos atención personal".

E) La excedencia voluntaria laboral

Si quien reclama la compensación se encuentra en situación de excedencia voluntaria laboral y puede reincorporarse fácilmente a su puesto, no habrá desequilibrio económico, de acuerdo con la STS 23 enero 2012 (*Tol 2407043*) que observa que no existe derecho a percibir una compensación cuando el desequilibrio tenga su exclusivo origen en la situación de excedencia voluntaria en se encontraba la mujer, de profesión enfermera.

1.4. La valoración del desequilibrio económico en el contexto de las demás medidas definitivas adoptadas en la separación o divorcio

La jurisprudencia tiene en cuenta la situación de los cónyuges como consecuencia de las otras medidas definitivas adoptadas en la sentencia de separación o divorcio, en particular, sobre la asignación del uso de la vivienda familiar o el pago de pensiones alimenticias a los hijos a la hora de valorar si existe el desequilibrio o el alcance del mismo pues podría ser perjudicial para el cónyuge deudor, por excesivo, imponerle el pago de la pensión compensatoria cuando, además, debe abandonar el uso del domicilio familiar (por lo que deberá disponer de otra para sí que deberá alquilar o comprar con el desembolso que ello supone) y abonar una pensión alimenticia (adecuada a sus ingresos) a los hijos comunes.

Así lo entendió la STS 22 junio 2011 (*Tol 2227659*) que no apreció desequilibrio a pesar de la diferencia de ingresos de los cónyuges al entender que dicha diferencia salarial debía ser puesta en relación con "las diferentes cargas que han de hacer frente a partir de la ruptura, no cabe concluir que exista una disparidad que sea fuente misma del desequilibrio". El dato de que la esposa continuara en el uso de la vivienda familiar "y que la mayor parte de los gastos de alimentación de los hijos que con ella conviven, se sufragan con la pensión alimenticia a cargo del padre, que es, por el contrario, sobre quien han incidido en mayor medida las consecuencias económicas negativas derivadas de la ruptura conyugal, al tener que hacer frente a un alquiler de 530 euros mensuales, y al pago de las referidas pensiones alimenticias de sus dos hijos" fue determinante para el Tribunal Supremo.

Igualmente, en la STS 11 mayo 2016 (*Tol 5728503*) el Alto Tribunal señala que:

> "tener atribuido el uso de la vivienda familiar no puede considerarse como un factor que tenga incidencia en la decisión, sino a lo sumo en la cuantificación de la pensión, ya que tal atribución lo es por ser progenitor custodio y en tanto lo sea".

En este caso, la atribución del uso de la vivienda familiar a la mujer no excluía el desequilibrio como consecuencia de su dedicación a la familia porque la doctrina jurisprudencial entiende que la atribución del uso de la vivienda familiar en favor del cónyuge que reclama la pensión compensatoria no excluye la posibilidad de que pueda percibirla. Aunque igualmente pueda ser denegada como en el caso enjuiciado por la STS 13 septiembre 2017 (*Tol 6347623*), que valoró varias circunstancias para denegar la pensión compensatoria a la mujer a quien se le había asignado el uso de la vivienda familiar y se le había exonerado de contribuir a la prestación de alimentos de los hijos.

Por su parte, la SAP Ciudad Real 9 abril 2018 *(Tol 6634604)* muy acertadamente denegó, asimismo, la pensión compensatoria solicitada por la madre custodia a quien se había atribuido el uso de la vivienda familiar atendiendo a que el exmarido debía sufragar tanto sus propios gastos de vivienda y manutención propios como la pensión alimenticia a favor de sus hijas por importe de 300 euros mensuales, cuando solo contaba para vivir con su salario de apenas 600 euros, careciendo de cualquier otro patrimonio. Por el contrario, su exmujer (de 42 años) tenía cubiertas sus necesidades de habitación y, recientemente, había "podido acceder a dos trabajos temporales acordes a su capacitación profesional lo que unido a que cuenta con algo de patrimonio que, aunque no muy relevante, le posibilita obtener algún rendimiento económico".

2. *La determinación de la cuantía*

Determinada la procedencia de la compensación en virtud del art. 97 CC, la cuantía puede determinarse por los acuerdos entre los cónyuges, o a falta de éstos, por resolución judicial atendiendo a los criterios enumerados en el precepto analizado. En todo caso, se debe atender a lo que señala la STS 10 marzo 2023 (*Tol 9460417*)[15]:

> La fijación de la precitada pensión con límite temporal exige constatar la concurrencia de una situación de idoneidad, que permita al cónyuge beneficiario superar el desequilibrio económico sufrido transcurrido un concreto periodo de tiempo; o dicho de otra forma que, con ello, no se resienta la función de restablecer el equilibrio, que es consustancial a la fijación de una pensión de tal naturaleza, conforme a lo dispuesto en el art. 97 CC. A tales efectos, es preciso que los tribunales realicen un juicio prospectivo a fin de explorar o predecir las posibilidades de que, en un concreto plazo de tiempo, desaparezca el desequilibrio existente, al poder contar el beneficiario con recursos económicos propios que eliminen la situación preexistente. Se trata, en definitiva, de un juicio circunstancial y prudente, que deberá llevarse a efecto con altos índices de probabilidad, que se alejen de lo que se ha denominado mero futurismo o adivinación.

---

15 Asimismo, la STS 21 diciembre 2022 (*Tol 9356643*).

2.1. Los acuerdos conyugales

A tenor del art. 97 CC, "a falta de acuerdo de los cónyuges, el Juez, en sentencia, determinará su importe teniendo en cuenta", los acuerdos que hubiesen adoptado los cónyuges, entre otras circunstancias enumeradas en el precepto. Lo que parece un contrasentido, según la dicción del precepto viene a reflejar la existencia, en la práctica, de pactos conyugales o prenupciales más o menos clarificadores que puedan haberse celebrado en el ámbito del negocio jurídico de Derecho de familia, antes o después de contraído matrimonio. En estos pactos, los cónyuges pueden haber acordado en capitulaciones matrimoniales que, en caso de producirse la crisis matrimonial, uno de ellos deba abonar al otro una pensión compensatoria. Es posible que estos pactos determinen o no la cuantía a percibir pero también que establezcan una horquilla dependiendo de las circunstancias en el momento de la ruptura sobre la que no se va a llegar a un acuerdo razonable posterior o bien, habrá casos en que el pacto sobre la pensión compensatoria va resultar desproporcionado o manifiestamente perjudicial para uno de los cónyuges pese al acuerdo prenupcial.

Con todo, en estos supuestos cabe plantearse la posible vinculación del Juez a la cuantía pactada por los cónyuges, ya sea razonable o desproporcionada. La doctrina entiende que el Juez, en virtud del art. 90.2 CC, deberá aprobar los acuerdos que hayan alcanzado los cónyuges para regular las consecuencias de la crisis matrimonial, salvo sin son dañosos o gravemente perjudiciales para los hijos o uno de los cónyuges"[16].

En el caso enjuiciado por la SAP Almería 17 febrero 2003 (*Tol 329439*), los cónyuges, dos días antes de la celebración del matrimonio, pactaron en capitulaciones matrimoniales que el marido indemnizaría a la esposa en la cantidad de un millón de pesetas en caso de cese de la convivencia conyugal, incrementándose dicha cantidad en caso de que la ruptura se produjere después de transcurrido el primer año de convivencia conyugal y ello con independencia de la pensión compensatoria prevista en el art. 97 CC. El Tribunal, sancionó con la nulidad dicha cláusula, pese al art. 1255 CC, en virtud del art. 1328 CC, pues de lo contrario, se estarían autorizando cláusulas penales que:

---

[16] En tal sentido, *vid.* M. A. Gómez Valenzuela: "Cuantificación", cit., p. 92 y ss.; y, asimismo, M.ª T. Marín García de Leonardo: *Renuncia a la pensión por desequilibrio*, Tirant lo Blanch, Valencia, 1995, pp. 69 y 70.

"limitarían el derecho a la separación matrimonial, reconocido implícitamente en el art. 32.2 de nuestra Constitución, lo que no es admisible y supondría un retroceso en el régimen de derechos de los cónyuges y los colocaría a uno de ellos en desigualdad no sólo con respecto al otro en el ámbito de ese matrimonio sino en general con los demás al limitarse la posibilidad de instar esa separación matrimonial... La razón de ello estaría en la falta de igualdad de los cónyuges que ocasiona aquélla y que sería contraria al art. 32.1 de la Constitución que consagra el derecho del hombre y la mujer a contraer matrimonio con plena igualdad jurídica. Esta igualdad se perdería desde el momento en que la convivencia conyugal se condiciona, en cuanto a su cese, por medio de una cláusula penal que con el transcurso del tiempo puede hacer muy gravoso o de casi imposible cumplimiento el abono de la indemnización contractual".

En consecuencia, el Juez puede declarar la nulidad de indemnizaciones desproporcionadas que coarten la igualdad de los cónyuges pero también podrá sancionar con la nulidad aquellas compensaciones cuyo cuantía resulten insuficientes o excesivas. Así pues, en la mayoría de las ocasiones los pactos alcanzados entre los cónyuges tendrán fuerza vinculante[17]. En tal sentido, la SAP Zaragoza 19 septiembre 2018 (*Tol 7020940*), FD 4, al señalar que:

"si bien como se ha expuesto en el fundamento jurídico segundo en caso de materias no disponibles, el convenio o pacto de relaciones familiares firmado por las partes, pero no ratificado judicialmente, no tiene sino valor indiciario, entendemos que sobre la materia disponible, se trata de un acuerdo o pacto sujeto a la libertad contractual reconocida en preceptos generales como los art. 1091 y 1255 CC, y en ese sentido vinculantes para las partes. En el suscrito entre las partes del mes de noviembre de 2016 se reconocía por los pactantes la existencia de un perjuicio por desequilibrio, resultante de una temporal mayor dedicación de la esposa al cuidado de las tres hijas y a la limitación que ello ha supuesto para su desarrollo laboral o profesional. Las partes valoraron tal desequilibrio en 4000 euros, por lo que consecuentemente, procede reconocer tal desequilibrio y su corrección a través del pago por el apelado de la expresada cantidad, dando lugar a la estimación parcial del motivo del recurso".

2.2. Criterios legales a considerar en la cuantificación de la compensación

Los criterios previstos por el legislador respecto a la cuantificación de la compensación derivados del art. 97 CC tras el análisis de la STS 12 febrero 2020 (*Tol 765714*). En ella el Tribunal Supremo concedió una pensión compensatoria temporal de cinco años con una cuantía de setecientos eu-

17 *Vid.* al respecto, A. Gómez Valenzuela: "Cuantificación", cit., p. 94.

ros mensuales, valorando los siguientes criterios —del art. 97 CC— de manera detallada e individualizada y ajustada al caso concreto que se pueden sintetizar en:

> "A) Los acuerdos a los que hubieran llegado los cónyuges. En este caso, ningún convenio consta al respecto. B) La edad y el estado de salud. En este sentido, a la fecha de la sentencia del Juzgado, la actora contaba con 43 años y el demandado con la misma edad. No consta ninguna incidencia negativa con respecto al estado de salud de los litigantes. C) La cualificación profesional y las probabilidades de acceso al trabajo. La demandante es bióloga de profesión y goza de estabilidad laboral, trabajó antes de contraer matrimonio, durante la convivencia matrimonial y sigue haciéndolo en la actualidad. Igualmente, el demandado siempre trabajó antes, durante y después de la vida en común. D) La colaboración con las actividades mercantiles, industriales o profesionales del otro cónyuge; en este caso no concurre, al ser ambos trabajadores por cuenta ajena. E) La duración de la convivencia conyugal. Los cónyuges contrajeron matrimonio, el 3 de mayo de 2003. En el hecho cuarto de la demanda, se hace referencia expresa a que ya venían haciendo vida separada desde hacía meses; por lo que la convivencia duró unos 13 años aproximadamente. F) La dedicación pasada y futura a la familia. En este aspecto, durante la convivencia matrimonial, la demandada centró especialmente su atención en el cuidado de los hijos comunes y a tal efecto solicitó una disminución de la jornada laboral de dos horas. La dedicación futura a la familia existe, dada su condición de cónyuge custodio, si bien en atención a la edad actual de los hijos de 16 y 13 años de edad, su implicación ya no es tan intensa por requerir menos atención personal. G) El caudal y los medios económicos y las necesidades de uno y otro cónyuge. La actora cuenta con un salario mensual de unos 1310 euros, a lo que habría que añadir el importe de las pagas extras, mientras que los ingresos del demandado, en cómputo mensual, equivalen a unos 6626,59 euros al mes. Con la obligación de abonar a los hijos una pensión de alimentos de 1100 euros mensuales con actualización IPC, así como la necesidad de cubrir sus necesidades de habitación. El régimen económico del matrimonio fue el de sociedad legal de gananciales, durante la cual la actora disfrutó del carácter común de los superiores ingresos del marido (art. 1347.1 CC), lo que permitió la constitución de un patrimonio común entre el que se encuentra la vivienda familiar".

En consecuencia, podemos destacar, en orden a la cuantificación de la pensión compensatoria los siguientes criterios:

A) La edad y el estado de salud

Uno de los primeros criterios a considerar para fijar la cuantía de la compensación son la edad y estado de salud del cónyuge perceptor en el momento de la sentencia de separación o divorcio, sin que se pueda argumentarse una modificación de la compensación amparándose el demandante en el mero transcurso del tiempo o el deterioro de la salud si estos factores no van acompañados de una alteración en su fortuna (art. 100 CC) según señala la STS 3 octubre 2008 (*Tol 1386042*). En todo caso, la edad avanzada y el estado de salud precario del cónyuge deudor y/o acreedor van a ser determinantes tanto en la determinación de la cuantía como en la duración de la compensación por lo que deberían considerarse ambos factores en relación con ambos cónyuges[18].

La STS 14 marzo 2011 (*Tol 2080803*) consideró procedente la concesión de una pensión vitalicia, teniendo en cuenta la duración del matrimonio (26 años), la edad de la mujer (50 años), la exclusiva dedicación a la familia y el tiempo en que estuvo apartada del mundo laboral, lo que permite concluir "que son razonablemente escasas las posibilidades reales de la esposa de obtener en un plazo concreto un empleo que le permita gozar de medios propios para obrar autónomamente, de manera que la función de restablecer el equilibrio consustancial a la pensión compensatoria solo puede entenderse cumplida fiándola con carácter vitalicio".

La STS 8 septiembre 2015 (*Tol 5495476*) revocó la sentencia que temporalizaba una pensión compensatoria, desconociendo la persistencia del desequilibrio, al ser la acreedora de la misma una mujer de 53 años, dedicada durante 25 años al cuidado del hogar y de los hijos, sin trabajo ni cualificación profesional.

La STS 18 julio 2019 (*Tol 7419524*) entendió que había que atribuir carácter vitalicio a la pensión de una mujer de 54 años, dedicada durante los 27 años del matrimonio, de manera exclusiva, al cuidado de los dos hijos, salvo el último año en que había trabajado con contratos temporales, siendo sus ingresos brutos 323,75 euros, una vez que finalizara el contrato vigente, mientras que el marido tenía un trabajo estable, por el que percibía un salario medio de 1.500 euros mensuales.

Igualmente, la STS 21 junio 2023 (*Tol 9629223*) atiende a la edad —59 años— de la ex esposa y la STS 10 marzo 2023 (*Tol 9460417*) señala que:

> "siguiendo pautas y criterios de prudencia, no apreciamos que concurra una alta probabilidad de que la esposa, en un plazo de tiempo prudencial, pueda encontrar un empleo estable...ya que cuenta con más de 57 años".

En relación con las Audiencias Provinciales, en concreto, la SAP Asturias 22 junio 2020 (*Tol 8037656*), reconoce a la esposa una compensación vitalicia atendiendo a su edad (72 años), la duración del matrimonio y la pensión de jubilación que percibía el esposo (dos mil trescientos euros). En esta sentencia, el tribunal valora y pondera la edad de ambos cónyuges:

---

18 *Ibid.*, al respecto M. A. Gómez Valenzuela: "Cuantificación", cit., p. 95.

por un lado, valora las probabilidades reales de la esposa de obtener un trabajo, debido a su edad, y respecto al marido, toma en consideración sus ingresos actuales, esto es, el importe de la pensión de jubilación, muy inferior al salario que cobraba cuando se encontraba en activo.

En cuanto a la valoración del estado de salud, éste debe ser determinante del acceso o no al mercado laboral; en este sentido, destacan la STS 10 enero 2012 (*Tol 2450837*) consideró, así, pertinente atribuir la pensión compensatoria con carácter vitalicio a una mujer, teniendo en cuenta la duración del matrimonio, su edad (57 años) y su estado de salud, por sufrir síndromes depresivos.

Igualmente, la STS 8 mayo 2018 (*Tol 6602764*) revocó la sentencia recurrida, que había sujetado la pensión compensatoria a un plazo de seis años, y concedió la pensión compensatoria con carácter vitalicio dado que, siendo su perceptora una mujer de 50 años, carente de formación y con delicado estado de salud (neuralgia de trigémino), podía predecirse su más que dificultosa inserción en el mercado laboral. El matrimonio había tenido una duración superior a 20 años, sin que la mujer hubiera trabajado fuera de casa y su único patrimonio estaba constituido por la mitad de la vivienda ganancial.

Por el contrario, la SAP Lugo 15 julio 2020 (*Tol 8057066*) fijó una pensión compensatoria de cuatrocientos cincuenta euros, porque a pesar de que la esposa alegó problemas de salud, esta circunstancia, no le impedía desarrollar una actividad laboral.

B) Las probabilidades de acceso a un empleo y la cualificación profesional

La cualificación profesional y las probabilidades que pueda tener el cónyuge acreedor para acceder al mercado laboral son dos circunstancias directamente relacionadas, por un lado, con la edad: a mayor edad, mayores dificultades para que el acceso a un empleo; y si se le suma una menor experiencia laboral previa, más complejo se torna el acceso al mercado laboral; y por otra parte con la dedicación a la familia: cuanto mayor tiempo dedicado a las tareas de cuidado del hogar y la familia, mayor alejamiento del mercado laboral y del reciclaje profesional y, de nuevo, menor experiencia laboral.

Todo ellos constituyen factores que deben influir en la determinación por el Juez de la cuantía de la compensación y/o en su duración. Así las SSTS 27 junio 2017 (*Tol 6205794*), 11 diciembre 2018 (*Tol 963918*), 18 julio 2019 (*Tol 419524*) y 19 julio 2023 (*Tol 9661124*), señala que la esposa:

"tiene muy pocas posibilidades de acceder a un empleo, y carece de derecho a percibir prestación de desempleo o jubilación, al no haber sido dada de alta durante la mayor parte del tiempo que trabajó para el ex esposo".

La STS 10 marzo 2023 (*Tol 9460417*) señala que:

"no apreciamos que concurra una alta probabilidad de que la esposa, en un plazo de tiempo prudencial, pueda encontrar un empleo estable. En el caso, al igual que dijimos en esas sentencias, más bien todo conduce a considerar poco halagüeñas las probabilidades de integración en el mundo laboral de la Sra. E., sin cualificación profesional, y que cuenta con más de 57 años, por lo que pertenece a un colectivo en el que se centra el mayor número de parados de larga duración y tasas de desempleo más elevadas. La falta de cualificación profesional y de actualización de sus conocimientos, tras no haberse dedicado desde 2008 (con el paréntesis del trabajo precario para la empresa de su esposo durante unos meses) a actividad profesional alguna no ofrece un pronóstico favorable".

Igualmente, la SAP Madrid 2 octubre 2015 (*Tol 5545113*), condenó al marido a abonar a su consorte una compensación con carácter indefinido, teniendo en cuenta que ésta carecía de titulación en el momento de la ruptura matrimonial, que carecía de experiencia laboral previa, y que a sus cuarenta y seis años no tenía fácil acceso al mercado laboral[19].

En el mismo sentido, la SAP Huelva 29 junio 2015 (*Tol 5440164*), reconoció a la esposa una pensión compensatoria con carácter indefinido en base en la edad de la misma (55 años) y a su escasa cualificación profesional:

"Así las cosas, este Tribunal (como incluso reconoce la propia sentencia de Primera Instancia) considera que la carencia de cualificación de doña A. y su edad hace difícil que pueda acceder al mercado laboral, máxime en la situación de crisis económica actual".

---

19 Por el contrario, la STSJ Cataluña 20 junio 2011 (*Tol 2222003*), que, pese a que la esposa tenía una parca formación —azafata de vuelo—, limita la compensación a ocho años, dada su edad y su estado de salud y sus probabilidades de acceder al mercado laboral: "Al respecto, ha de señalarse que la duración de la convivencia ha sido de 24 años incluyendo el tiempo anterior a contraer matrimonio, la edad de la esposa de 48 años goza de una salud aceptable, su cualificación laboral es parca, pues anteriormente fue azafata y modelo durante una corta vida laboral (f. 304) y la compensación económica concedida por la vía del art. 41 CF lo ha sido en la suma de 600.000 euros. Con estos parámetros la Sala estima que resulta procedente fijar un límite temporal para la pensión compensatoria y la cifra en 8 años que constituye un tiempo razonable para que pueda acceder al mercado laboral, aun siendo conscientes de la actual dificultad y de su cualificación profesional".

Igualmente, la SAP Málaga 15 febrero 2018 (*Tol 7041370*), señaló que:

> "En el presente caso, la Sentencia apelada afirma tajantemente que, 'si hay un supuesto en que resulta adecuada la fijación de la pensión compensatoria sin límite temporal, ese es el que nos ocupa. Estamos ante una mujer de 57 años, sin acceso al mercado laboral (algunos días) desde hace 30 años en que nació su primera hija. Con tales antecedentes la posibilidad de que la actora encuentre una actividad remunerada y estable es casi una ficción".

Por otro lado, la SAP Cádiz 29 septiembre 2018 (*Tol 7013547*), incluso valoró la escasa cuantía de la pensión de jubilación a percibir por el cónyuge acreedor entendiendo que en el caso enjuiciado:

> "es claro que se produce un desequilibrio, pues la esposa de 55 años de edad a lo largo del matrimonio ha trabajado según constata la información laboral durante 3 años y siete meses aproximadamente, gran parte del período laboral con anterioridad al casamiento, y combinados con un último empleo precario de carácter estacional... Por lo que es obvio que su cotización a la Seguridad Social ha sido escasa y cabe presumir que su futura pensión de jubilación correrá la misma suerte".

Asimismo, se valora la ausencia de experiencia laboral aun cuando se tenga cierta cualificación profesional, por haberse dedicado al cuidado de la familia. En tal sentido, la STS 11 mayo 2016 (*Tol 5728503*) revocó la sentencia recurrida, que había fijado un plazo de 7 años a la pensión compensatoria a una persona con una edad cercana a los 60 años, licenciada en Bellas Artes. El Tribunal Supremo, teniendo en cuenta la edad de la recurrente, que su matrimonio había durado más de 30 años y que durante ese tiempo había sido ella quien de forma principal se había ocupado del cuidado de la familia y de la hija, habiendo trabajado esporádicamente a pesar de tener la licenciatura en Bellas Artes, y que en la actualidad carece de ingresos señala que:

> "la conclusión, con alta probabilidad y certidumbre es que no supere el desequilibrio, pues por edad, según máximas de experiencia, le va a ser sumamente difícil acceder al mercado laboral, cuando precisamente comparten también tal dificultad las personas más jóvenes".

Igualmente, la STS 7 noviembre 2019 (*Tol 7586557*) consideró procedente conceder con carácter indefinido una pensión compensatoria a una mujer, nacida en 1965, que terminó la carrera de Derecho 14 años después de casada y que, si bien estaba colegiada como abogada, nunca había ejercido la profesión, habiéndose dedicado durante 25 años al cuidado de la familia, que tenía tres hijos, uno de ellos con discapacidad desde su nacimiento. En la misma línea la a STS 25 septiembre 2019 (*Tol 515249*), al valorar que la esposa:

> "perdió unas legítimas expectativas profesionales y económicas por su mayor dedicación a la familia, que no habrían acaecido de no mediar vínculo matrimonial, razón de peso para fijar la pensión compensatoria (art. 97.4 del CC), máxime cuando la interrupción de la vida laboral durante el matrimonio, se produjo en los primeros años, que es el período determinante del desarrollo profesional de cualquier persona".

Se da el caso, asimismo, del reconocimiento de la compensación en favor de un cónyuge de joven edad, que, sin embargo, carece de cualificación profesional que le permita el acceso al mercado laboral. Así, la STS 30 noviembre 2020 (*Tol 8230329*) confirmó la sentencia recurrida, que había concedido una pensión compensatoria indefinida a una mujer de 41 años, dedicada durante el matrimonio al cuidado de los dos hijos comunes, observando que, mientras el marido tenía unos ingresos de 100.000 euros mensuales, la perceptora solo había trabajado de manera temporal y esporádica, hallándose, exclusivamente, en posesión del graduado escolar, por lo que tenía escasas posibilidades de promoción laboral; y ello, a pesar de que se había establecido un régimen de custodia compartida. El TS entendió procedente establecer la pensión compensatoria con carácter indefinido, con el fin de compensar el desequilibrio de la perceptora que:

> "con su dedicación a la familia, posibilitó el desarrollo profesional del que fue su esposo, no apreciándose posibilidades ciertas de inserción en la vida laboral, al menos con la entidad que se requeriría, todo ello sin perjuicio de valorar, en su momento, futuras alteraciones que evidenciaran una mayor potencialidad económica".

Pero, sobre todo, se atiende a la "avanzad edad", a efectos laborales, que va a dificultar si no imposibilitar el acceso al mercado laboral como pone de manifiesto la STS 23 noviembre 2021 (*Tol 661187*), por lo que tampoco es factible la superación del desequilibrio, pues:

> "la actora cuenta actualmente con 61 años de edad, con lo que su integración en el mundo laboral es complicada, como es hecho notorio y resulta de los estudios estadísticos existentes al respecto. Buena muestra de ello, es que, desde el 4 de mayo de 2012, en que fue despedida como consecuencia de un expediente de regulación de empleo, solo trabajó seis meses, desde el 10 de diciembre de 2013 al 10 de junio de 2014. Su cargo como vocal vecinal del ayuntamiento de Madrid fue esporádico, y lo desempeñó hasta el mes de junio de 2019, en que cesó, data a partir de la cual no cuenta con tales ingresos que se elevaban a la suma de 570,16 euros mensuales, en concepto de dietas y plus de asistencia".

C) La dedicación pasada y futura a la familia

De acuerdo con las tendencias de la doctrina jurisprudencial, para el Tribunal Supremo, la dedicación pasada a la familia es una circunstancia especialmente relevante en orden a conceder la compensación, pues la mayoría de las veces el desequilibrio económico con relación a la posición del otro cónyuge tiene su origen en la dedicación a la familia del cónyuge doméstico.

La STS 18 julio 2019 (*Tol 419524*) casa la sentencia y atribuye carácter indefinido a la pensión compensatoria. En este caso, la esposa (de 54 años) se había dedicado durante veintiséis años en exclusiva al cuidado de la familia e hijos, careciendo de cualificación profesional alguna y sin un trabajo estable, por lo que se aprecia gran dificultad para superar el desequilibrio económico en un periodo de tres años, como había fijado la Audiencia. Igualmente, la STS 11 diciembre 2018 (*Tol 963918*).

En la STS 25 septiembre 2019 (*Tol 515249*), a diferencia de otros supuestos, no se casa la sentencia de la Audiencia, sino que se mantiene la pensión indefinida de 600 € fijada. Señala el Tribunal que la esposa que dedicó los diez primeros años del matrimonio al cuidado de la familia, posteriormente se empleó durante doce años con contratos temporales, como se y de escasa cotización, por lo que valora que:

> "perdió unas legítimas expectativas profesionales y económicas por su mayor dedicación a la familia, que no habrían acaecido de no mediar vínculo matrimonial, razón de peso para fijar la pensión compensatoria (art. 97.4 CC), máxime cuando la interrupción de la vida laboral durante el matrimonio, se produjo en los primeros años, que es el período determinante del desarrollo profesional de cualquier persona".

La STS 7 noviembre 2019 (*Tol 586557*) señala que:

> "no basta con que la esposa terminara sus estudios universitarios de derecho en 2006, años después de casada (el matrimonio se contrajo en 1992), ni que esté colegiada, pues lo cierto es que durante los veinticinco años de matrimonio no ha ejercido profesión y solo consta un breve período de empleo en la empresa de su familia hace ya algunos años (en 2001 y 2002, el cese se produce coincidiendo con el fallecimiento de su padre). El hecho de que la esposa haya acompañado a su marido en sus destinos, y la dedicación a una familia con tres hijos, uno de ellos con discapacidad desde su nacimiento, aunque haya contado con una ayuda externa, es buena explicación de su falta de acceso al mercado laboral, que no queda garantizada en el futuro con facilidad, pese a sus estudios, en atención a su edad (nació en 1965) y a su falta de experiencia laboral, por mucho que su hermano sea titular de una empresa en la que en el pasado estuvo temporalmente contratada".

La SAP Valencia 12 marzo 2020 (*Tol 8004542*), aumentó la pensión compensatoria a cuatrocientos euros al entender que la dedicación pasada a la familia provoca en no pocas ocasiones que el cónyuge doméstico abandone toda actividad laboral, lo que provoca un desequilibrio en su acceso posterior al mercado laboral e, incluso, en sus cotizaciones para una futura pensión de jubilación, que se debe compensar.

Igualmente, la dedicación futura a la familia del cónyuge acreedor, puede afectar en la cuantía de la compensación, pues el régimen de convivencia con los hijos incide en el acceso al mercado laboral (el cuidado de los hijos, en función de sus edades, discapacidad, u otros familiares dependientes, etc., resta tiempo y esfuerzos al cónyuge custodio), por lo que estas circunstancias deben ser relevantes en la cuantificación, y duración de la compensación.

En todo caso, y atendiendo a la compatibilidad de las pensiones reguladas por los arts. 97 y 1438 CC, la dedicación pasada a la familia quedaría compensada por el art. 1438 CC. En este sentido, la SAP Zaragoza 16 mayo 2016 (*Tol 939632*), entendió que la cuantía de la pensión compensatoria, si es reconocida a su vez la compensación económica del art. 1438 CC, debe prescindir de la circunstancia "dedicación pasada a la familia", ya computada en esta última compensación, y atender únicamente a la dedicación futura, pues de lo contrario, y sin perjuicio de la compatibilidad de ambas prestaciones, estaría computándose doblemente el mismo hecho, en perjuicio del cónyuge no doméstico[20].

D) La colaboración con su trabajo en las actividades mercantiles, industriales y profesionales del otro cónyuge

La referencia expresa del art. 97.5 CC a la colaboración del cónyuge acreedor, con su trabajo, en las actividades mercantiles, industriales y profesionales del otro cónyuge, debe ponerse en relación con el art. 1438 CC y la interpretación extensiva del Tribunal Supremo en sus SSTS 26 marzo 2015 (*Tol 4839258*) y 26 abril 2017 (*Tol 6067400*) dada la compatibilidad entre ambas compensaciones y para evitar duplicidades injustas. Igualmente, la SAP Valencia 13 noviembre 2019 (*Tol 7647053*) que reconoció a la

---

20 En contra de esta solución, A. Arrébola Blanco: *La compensación*, cit., p. 434 quien sugiere no establecer ninguna subordinación entre la compensación del art. 97 y la del 1438 CC.

esposa que había colaborado en la peluquería de su esposo, sin cotizar, una compensación de 300 euros mensuales.

Incluso, puede darse el caso de que el cónyuge casado en régimen de separación de bienes rehúse reclamar la compensación del art. 1438 CC, centrando su reclamación respecto de la pensión compensatoria, exclusivamente. En este sentido, la SAP Córdoba 11 marzo 2020 (*Tol 7978039*), reconoció a la esposa una pensión compensatoria de cuatro mil euros, valorando que esta trabajó en algunas empresas familiares del marido.

Nótese que la valoración de la colaboración del cónyuge acreedor en la actividad mercantil, empresarial o profesional del consorte tiene su fundamento, por un lado, en que dicha actividad no tiene relación con una carga matrimonial a cuyo levantamiento estén obligados ambos cónyuges, por tanto, esta colaboración *gratis et amore* alivia al cónyuge empresario del conste de contratar a un tercero; por otro lado, esta colaboración altruista en la actividad del consorte puede suponer, además, una pérdida de oportunidades profesionales que, en justicia, deben ser compensadas y que incluso hayan podido generar un enriquecimiento injusto a costa del consorte altruista y en beneficio del cónyuge empresario[21].

E) La duración del matrimonio y de la convivencia conyugal

La duración del matrimonio y de la convivencia conyugal puede incidir en el desequilibrio económico pues la mayor duración del matrimonio implica una mayor dedicación a la familia o a las actividades mercantiles, industriales o profesionales del otro cónyuge e, incluso, una menor su cualificación profesional y, en consecuencia, menores probabilidades de acceso a un empleo, como en un bucle.

La STS 18 julio 2019 (*Tol 419524*) casa la sentencia y atribuye carácter indefinido a la pensión compensatoria porque la esposa se había dedicado durante veintiséis años en exclusiva al cuidado de la familia e hijos. Igualmente, la STS 11 diciembre 2018 (*Tol 963918*), al prolongarse el matrimonio durante veintiocho años.

En la STS 13 julio 2020 (*Tol 037049*), se valora, asimismo, la prolongada duración del matrimonio, en torno a los veinticinco años; igualmente, en la STS 22 octubre 2020 (*Tol 181730*). Atendiendo a estas circunstancias, la SAP Ciudad Real 24 febrero 2020 (*Tol 7936478*), valoró no sólo la duración

---

21 *Ibid.*, A. Arrébola Blanco: *La compensación*, cit., pp. 443 y 445.

del matrimonio sino la dificultad para la esposa de acceder al mercado laboral, además de pérdida del uso del domicilio. Igualmente, la SAP Asturias 22 de junio 2020 (*Tol 8037656*) concedió a la esposa una pensión compensatoria de mil euros atendiendo no únicamente a la duración del matrimonio sino también a que su edad ascendía a setenta y dos años, el matrimonio duró cincuenta y cuatro años y que, durante el mismo, estuvo cuidando de los ocho hijos en común y carecía de ingresos.

Por otro lado, en relación con extensión del concepto de "convivencia conyugal", el Tribunal Supremo en la STS 16 diciembre 2015 (*Tol 5618274*) se inclina a considerar que la previa convivencia *more uxorio* debe computarse al objeto de fijar la cuantía de la compensación y sumarse a la duración del matrimonio, lo que constituye una "matrimonialización retroactiva"[22] de la convivencia *more uxorio* previa al matrimonio a tener en cuenta para la valoración del desequilibrio y la cuantificación y temporalidad de la pensión "en atención a la pérdida de expectativas de la esposa y el abandono de su actividad laboral en beneficio propio, para dedicar sus esfuerzos en beneficio del marido". Igualmente, la STS 10 noviembre 2016 (*Tol 877390*) valoró los muchos años de convivencia (no todos en matrimonio), concretamente, dieciséis años de matrimonio y quince de convivencia previa que junto al cuidado de la familia y a la edad del cónyuge acreedor, favorecieron que la pensión concedida tuviese carácter indefinido.

Otro supuesto conflictivo en torno a la duración del matrimonio y la convivencia conyugal tiene relación con los altibajos en la relación conyugal de separaciones con ruptura de la convivencia conyugal, reconciliaciones, posterior divorcio, etc., y la duración de la convivencia a los efectos de determinar si ha existido desequilibrio y de computar debidamente la compensación. De acuerdo con la STSJ Cataluña 24 febrero 2014 (*Tol 4194540*), debe ser computando y reconociendo, asimismo, el periodo de convivencia tras la reconciliación.

Destaca, asimismo, la STS 26 febrero 2019 (*Tol 099259*), donde el matrimonio se divorció y se volvió a casar, tomando como referencia el Tribunal, para fijar la cuantía de la pensión, la duración total del matrimonio, que fue de veintinueve años.

---

22 En este sentido, G. Cerdeira Bravo de Mansilla: "Comentario a la STS de 16 de diciembre de 2015", *Revista Aranzadi Doctrinal*, n. 4/2016, p. 11.

F) La pérdida eventual de un derecho de pensión

En este punto resulta de interés la STS 9 octubre 2018 (*Tol 843596*), que valora, entre otras, la circunstancia contemplada en el párrafo 7ª del art. 97.II CC y, en consecuencia, concede una pensión indefinida de 100 € pese a la breve duración del matrimonio (dos años). El Tribunal Supremo confirma la sentencia de la Audiencia que había fijado esta pensión al considerar la sentencia que:

> "la esposa tiene, al tiempo de dictarse, 63 años de edad. Se casó con 61 años, y no trabajaba cuando contrajo matrimonio, ni tampoco después, percibiendo únicamente 200 euros de su anterior marido en concepto de pensión compensatoria, que dejó de percibir cuando contrajo matrimonio con el ahora recurrente, de 69 años de edad, con ingresos de 624 euros al mes y con una vivienda en la que reside recibida por herencia, pendiente de división, por lo que el divorcio ha ocasionado a la esposa un desequilibrio económico respecto a la situación anterior en el matrimonio, pues entonces percibía una pensión compensatoria vitalicia y la expectativa de percibir una pensión de viudedad en su momento, que ha perdido con el nuevo matrimonio... que está difícil su incorporación al mercado laboral con sus circunstancias personales y que existe una previsión razonable de que no va a lograr superar ese desequilibrio en un plazo determinado, de todo lo cual es conocedor su esposo al tiempo de contraer matrimonio...la decisión de la Audiencia es el resultado de un juicio prospectivo razonable, lógico y prudente, pues no se compadece mal con la edad, con los recursos económicos del matrimonio, especialmente de la esposa, así como con la posible dificultad de rehacer esta su vida laboral (...) Cierto que el matrimonio ha tenido una duración de menos de dos años, pero al mismo llegó la esposa, conociéndolo el esposo, no solo con una pérdida razonable de expectativas, sino perdiendo los únicos recursos que tenía, y ello se debe valorar a efectos de fijar en su favor una pensión compensatoria, conforme a lo dispuesto en el artículo 97 del CC".

La pérdida de un derecho de pensión no necesariamente debe estar vinculada a la crisis matrimonial que origina la solicitud y valoración de la compensación por desequilibrio. Por ello, en ocasiones se tratará de una pensión de alimentos, como en el caso enjuiciado por la STS 9 febrero 2010 (*Tol 1790763*), fijando como doctrinal jurisprudencia que:

> "El desequilibrio que genera el derecho a la pensión compensatoria debe existir en el momento de la ruptura matrimonial, aunque se acuerde el pago de alimentos a uno de los cónyuges, sin que el momento del divorcio permita examinar de nuevo la concurrencia o no del desequilibrio y sin que la extinción del derecho de alimentos genere por sí mismo el derecho a obtener la pensión compensatoria" y que "la pérdida del derecho a los alimentos no es determinante para fijar la concurrencia o no de desequilibrio, por lo que el cálculo de la cantidad que se debía por pensión debe efectuarse de acuerdo con las condiciones existentes en el momento de la ruptura".

Lo que viene a señalar el Tribunal Supremo en esta sentencia es que la extinción de la pensión de alimentos (acordada en la separación) no debe transformarse, automáticamente, en una pensión compensatoria en el posterior proceso de divorcio, pero el cónyuge sí puede solicitar la compensación en el proceso de divorcio si se aprecia desequilibrio y, en ese caso, se deberá computar la pérdida de esta pensión a fin de cuantificar la compensación que pueda recibir.

La pérdida eventual de un derecho de pensión también puede comprender la extinción de una prestación por desempleo o una pensión no contributiva[23] como en el caso enjuiciado por la SAP Albacete 1 abril 2016 (*Tol 5698806*) que valoró, incluso, ante la eventual pérdida de la esposa del derecho a la pensión derivada de la cotización a la Seguridad Social del esposo.

Igualmente, los tribunales tienen en cuenta la imposibilidad para el cónyuge doméstico de acceder o bien, a una pensión de jubilación, o a su cuantía máxima como consecuencia de su dedicación pasada a la familia[24], tal y como valoró la SAP Barcelona 29 julio 2020 (*Tol 8131304*) que concedió a la esposa una pensión indefinida de trescientos euros porque desde la celebración del matrimonio, en 1979, trabajo un período de seis años y medio, para luego reincorporarse más tarde de nuevo al mercado laboral, sin que ello le sirviera para tener derecho a la pensión de jubilación:

> "la esposa sólo ha trabajado 6 años y 6 meses en el período transcurrido desde el matrimonio, marzo de 1979 hasta octubre de 2017 y cuando se incorporó por primera vez al mundo laboral ya había cumplido 53 años de edad, de modo y manera que ya no podrá tampoco disponer de pensión de jubilación. Por lo tanto, pese a que se procederá a la liquidación del bien en común, la vivienda, y puesto que al estar gravada con préstamo hipotecario ello reducirá la disponibilidad de patrimonio para ambos y ya que el esposo percibe prestación por jubilación en cuantía de 2.122 euros mensuales por 14 pagas, o sea un promedio de 2.475 euros mensuales, procede reconocerle a la esposa una prestación compensatoria de menor importe, 300 euros mensuales, pero sin limitación temporal".

---

23 *Vid.* T. Echevarría de Rada: "Pensión compensatoria en los casos de separación y divorcio: Algunos aspectos problemáticos derivados de su actual regulación", *Boletín del Ministerio de Justicia*, n. 1950, p. 3230.

24 Para ampliar esta cuestión, *vid.*, M. A. Gómez Valenzuela: "Cuantificación", cit., p. 110 y ss.

G) El caudal y los medios económicos y las necesidades de uno y otro cónyuge

Al hacer referencia al caudal y los medios económicos que se contemplan en la relación del art. 97 CC, debe tenerse en cuenta tanto los ingresos del cónyuge deudor como su patrimonio en orden a cuantificar la compensación, tanto para no perjudicar al cónyuge acreedor como al deudor. Y es que la cuantía de la pensión compensatoria no puede llegar hasta el punto de que el deudor tenga que comprometer gravemente su patrimonio en el pago de la compensación o su propia subsistencia pero tampoco es admisible que para evitar el pago de la compensación o una determinación justa de su cuantía oculte sus ingresos a la vista de las consecuencias que una posible crisis matrimonial le pueda ocasionar.

Sin embargo, sorprendentemente, la SAP A Coruña 7 marzo 2016 (*Tol 5700903*), no computó el dinero obtenido por el rescate de un plan de pensión para determinar la cuantía de la compensación. En el caso enjuiciado, el marido percibía una pensión de jubilación y el dinero del rescate de un plan de pensiones. Aunque el Tribunal manifestó que el plan de pensiones era un dato indicativo del caudal económico del deudor, diferenció entre los planes de pensiones que son fruto del ahorro y no tiene por qué computarse, y aquellos que tienen como origen las aportaciones de la empresa en la que había trabajado.

En todo caso, la valoración del patrimonio que puede ser objeto de cuantificación de la compensación, deberá atender a las circunstancias del caso concreto, y atender a la disponibilidad de los bienes y a la posibilidad de rentabilizarlos económicamente, para entender que el cónyuge ha mejorado su situación económica, según señala la STS 3 octubre 2011 (*Tol 2258920*):

> "En teoría, es razonable valorar el hecho de recibir una herencia como una circunstancia no previsible y, por ende, que no procedía tomar en cuenta cuando se fijó la pensión compensatoria. Entendida pues como una circunstancia sobrevenida, de imposible o difícil valoración a priori, susceptible de incidir favorablemente en la situación económica del beneficiario o acreedor de la pensión compensatoria la percepción de la herencia tendría cabida en el concepto de alteración sustancial de aquellas iniciales circunstancias, que es el presupuesto contemplado en el artículo 100 CC para que pueda estimarse la pretensión de modificar la cuantía de la pensión reconocida. Sin embargo, que en la práctica tal alteración tenga efectivamente lugar con ese carácter de sustancial o esencial a consecuencia de la herencia aceptada es algo que no puede afirmarse sino tras examinar las circunstancias del caso concreto, y en particular, después de valorar su entidad en el plano económico, la disponibilidad que al acreedor corresponde sobre los bienes que la integran, y, en suma, la posibilidad efectiva de rentabilizarlos económicamente (pues sin esta rentabilización,

la mera aceptación de la herencia no se va a traducir en una mejora de la situación económica)".

En relación con la valoración de los medios económicos de uno y otro cónyuge, la SAP Murcia 12 julio 2012 (*Tol 2624644*), elevó la cuantía de la compensación porque estimó que, aunque la esposa tuviese varios bienes inmuebles, estos eran improductivos y no le permitían superar el desequilibrio económico; asimismo, respecto del marido, jubilado, valoró que aumentar la compensación en mayor medida que la acordada, perjudicaría su propia subsistencia:

> "En el presente caso realmente la situación económica de ambos es de escasa entidad, pero mucho más evidente en la de la Sra. S., agravada para ambos por la crisis económica que les impide obtener beneficios de sus bienes (alquilar/vender los de la playa). Por todo ello, atendiendo a la duración del matrimonio (más de 42 años), la dedicación pasada a la familia (tres hijos y la madre trabajando en el hogar), la situación de jubilados de ambos y la improductividad actual de los bienes se entiende por la Sala que se ha de incrementar a la cantidad de 250 € al mes el importe de la pensión compensatoria, atendiendo que imponer una cantidad superior dejaría demasiado mermada la pensión del obligado a prestarla".

Por ello, en lo que respecta a la referencia a las "necesidades de uno y otro cónyuge", a pesar de que la necesidad de uno de los cónyuges no sea el único criterio determinante para la concesión de la compensación, sí puede afectar a su cuantía, y deberá ser debidamente ponderado con la finalidad de que la compensación permita al cónyuge acreedor superar el desequilibrio y al deudor abonar la compensación sin verse envuelto en una situación precaria que afecte, incluso, a su propia subsistencia.

Tal fue el criterio seguido por la SAP Pontevedra 3 diciembre 2015 (*Tol 5610467*), que teniendo en cuenta el caudal y los medios económicos de la esposa, redujo la compensación porque ponderó señalando que:

> "el importe de la pensión habrá de fijarse teniendo en cuenta las necesidades de la esposa y el caudal del esposo, a cuya costa se establece".

Aunque la STS 3 mayo 2023 (*Tol 9572731*) precisa que, en el caso enjuiciado, existe desequilibrio aunque la esposa percibe una pensión de invalidez permanente de 400,00 euros mes, en catorce pagas.

H) Otras circunstancias relevantes

El *numerus apertus* que introduce la relación del art. 97.II.9ª CC ha dado lugar a que los Tribunales hayan valorado, además, otras causas distintas de las enunciadas en el precepto legal para determinar la existencia del desequilibrio, la cuantía de la compensación y su duración.

En consecuencia, la doctrina[25] establece algunas otras causas más o menos determinantes de un posible desequilibrio que afectan a los cónyuges, entre la cabría destacar la atribución del uso de la vivienda familiar en favor del cónyuge acreedor.

Esta atribución del uso de la vivienda familiar al cónyuge acreedor, es fácil colegir que provocará que éste pierda capacidad adquisitiva al tener este que disponer de una cantidad de dinero para cubrir sus propias necesidades de vivienda. Así, los Tribunales han valorado que el uso de la vivienda familiar en favor del cónyuge acreedor de la compensación es un criterio a ponderar para reducir el importe de esta prestación, como la STS 17 mayo 2013 (*Tol 3745500*) o la SAP Madrid 1 abril 2016 (*Tol 5729563*), que, atendiendo a que se atribuyó a ambos cónyuges el uso de la vivienda por periodos anuales, fijó la compensación en quinientos euros, en los periodos en los que la esposa, acreedora, tuviese el uso, elevándose la cuantía a mil euros cuando correspondiera al marido; o la más reciente SAP Asturias 27 julio 2020 (*Tol 8082076*), que desestimó las pretensiones de la esposa que pretendía subir la pensión compensatoria fijada en la instancia en setecientos euros mensuales porque le fue asignado el uso de la vivienda familiar. Es de destacar que, en este caso, el Tribunal no valoró la pérdida de una pensión no contributiva.

IV. LA INDEMNIZACIÓN/COMPENSACIÓN POR TRABAJO DOMÉSTICO

A diferencia de los sucede en otras legislaciones civiles en las que el trabajo doméstico no es otra cosa que un mecanismo de contribución en especie a la obligación que tienen ambos cónyuges de contribuir a las cargas familiares, para el legislador del Código Civil, este mismo trabajo para la casa es un "título" previsto por la ley que permite al cónyuge que lo desarrolla y cuyo régimen económico matrimoniales el de la separación de bienes, obtener una compensación económica a la disolución del matrimonio, de acuerdo con el art. 1438 CC. Asimismo, la jurisprudencia de

---

25 *Vid.* M. García Mayo: *Vivienda familiar y crisis de pareja: régimen jurídico*, Reus, Madrid, 2019, p. 156.; asimismo, M. A. Gómez Valenzuela: "Cuantificación", cit., p. 118 y ss.

nuestro Tribunal Supremo [la STS 12 julio 2023 (*Tol 9652165*) resume perfectamente esta posición jurisprudencial]. En esta compensación o indemnización por el trabajo realizado para la casa y los desvelos por la familia no resulta trascendente la dedicación futura a la familia ni la existencia de desequilibrio económico, sino la previa contribución en especie al levantamiento de las cargas familiares.

1. Exégesis del art. 1438 CC

La exégesis del art. 1438 CC por nuestros tribunales, y concretamente por la jurisprudencia de nuestro Tribunal Supremo plantea no pocas problemáticas a la extinción del régimen de separación de bienes en la determinación de la compensación que regula el art. 1438 CC en favor del cónyuge doméstico a la extinción del régimen, fundamentalmente desde la STS 14 julio 2011.

1.1. Planteamiento preliminar y situación actual

Según analicé en trabajos anteriores[26], la igualdad y solidaridad de los esposos tanto en el plano personal como en el patrimonial distan mucho de conseguirse *de facto*, especialmente en regímenes económico matrimoniales como el de separación de bienes, en los que falla la justicia (entendida como equidad) a nivel patrimonial cuando se produce la extinción del régimen y donde el cónyuge económicamente débil no participa de la prosperidad del matrimonio[27]. Sin embargo, este mismo cónyuge ha colaborado de algún modo en el desarrollo e incremento de los recursos del otro, lo que es inevitable cuando se ha producido una larga vida en común y, además, sociológicamente frecuente en países como el nuestro, en que gran parte de las esposas atienden mayoritariamente al hogar ya sea exclusivamente o compatibilizándolo con una profesión —la doble jornada laboral— pese a que se está iniciando una tímida modificación de esta tendencia, en crecimiento exponencial, en las generaciones más jóvenes.

---

26 *Vid.* P. Mª. Estellés Peralta: "La descompensación de la doble jornada laboral versus el enriquecimiento injustificado del cónyuge doméstico: necesidad de un nuevo enfoque jurisprudencial del controvertido artículo 1438 CC", *Actualidad Jurídica Iberoamericana*, vol. 10, bis, 2019, pp. 112-132; y *El régimen*, cit., pp. 179-291.

27 V. L., Montés Penadés: "El régimen de separación de bienes", en *Comentarios a las Reformas del Derecho de Familia*, (dirs. M. Amorós Guardiola et al), Tecnos, Madrid, 1984, vol. II, p. 1.920.

Con todo, la esposa dedicada a sus labores —que todavía en este país todavía son muy numerosas—, que colabora con su marido en la ordenación de la economía conyugal en el ahorro y en la inversión, y que participa en la producción de la ganancia que se obtiene aun cuando la fuente directa del ingreso de ésta sea el marido, sólo ve reconocido parcialmente su derecho si demanda a su esposo la compensación establecida en el art. 1438 CC y se dan los presupuestos para que los tribunales le otorguen la razón. Sin embargo, si esta misma esposa se dedica al cuidado de la familia y del hogar y participa, además, en la producción de la ganancia con el salario de su actividad profesional, no[28]. En consecuencia, un análisis de la materia va a revelar los efectos, en algunos casos injustos y poco equitativos para quienes sometan la economía de su matrimonio a las disposiciones del régimen de separación de bienes, originadas del controvertido entendimiento del art. 1438 CC y su aplicación práctica[29].

En relación con la situación actual y, según me propongo analizar, quiero evidenciar que no ha habido, en mi opinión, superación jurisprudencial del derecho codificado, entendida como mejora, del actual derecho legislado, antes, al contrario. No sólo porque el Tribunal Supremo, en mi opinión, ha ido más allá de la mera interpretación del texto legal[30] introduciendo requisitos no previstos por el legislador sino porque, además, y

28 En este sentido, ya se expresó Diez Picazo, L.: *Sistema de Derecho Civil*, vol. IV, Derecho de Familia, Tecnos, Madrid, 2018, p. 217 ss., para quien, además, en el régimen de separación de bienes la falta de toda participación en ganancias hace de peor condición al cónyuge que carece de ingresos propios y que se dedica a la gestión doméstica, que en nuestro país es todavía mayoritariamente la mujer.

29 *Vid.* en este sentido, P. Mª. Estellés Peralta: "La solidaridad forzada de los regímenes disociativos en los supuestos de crisis conyugal", *Revista Boliviana de Derecho*, n. 27, enero 2019, pp. 100-133.

30 *Vid.* al respecto, J. Igartua Salaverría: "La motivación del veredicto tergiversada en la jurisprudencia del Tribunal Supremo", *Teoría y Derecho*, nº 31, 2021, pp 408-429, concretamente, p. 408, que critica la interpretación abrogante por el TS de algunas leyes y denomina como "jurisprudencia abrogante" y no de interpretación *discutible*, cuando nuestros tribunales desatienden o incluso contrarían el significado literal del documento legislativo, como parece ser el caso, señalando el autor que "la situación llega al extremo si, pretextando prestar su boca a las palabras de la ley, el Tribunal suplanta aquellas por las propias como si fuera evidente que es la ley la que así habla. Y aunque la letra de la ley no se erige en límite absolutamente infranqueable de la interpretación jurídica, no es juego limpio intentar que cuele pacíficamente como idea del legislador la que es de cosecha propia del Tribunal. 'Tergiversar' es el término que conviene a ese proceder".

pese a lo afirmado en algunas sentencias del Alto Tribunal, se desatiende la realidad social española en la interpretación del art. 1438 CC.

En primer lugar, las sucesivas crisis económicas (tanto la de 2008 como la más reciente generada por la pandemia)[31], la invasión de Ucrania, el alza de los precios de todos los productos, los ERTES, los cierres de empresas y la subida disparada de los bienes de consumo, etc., han dado paso a una realidad económica en la que la generalidad de las familias no puede prescindir de una segunda fuente de ingresos para dedicarse exclusivamente al cuidado del hogar, si es que ambos encuentran trabajo en el mercado laboral, antes al contrario, con la incorporación de la mujer al mercado laboral y su elevada cualificación, en la mayoría de los casos ambos cónyuges desarrollan actividades profesionales aunque mayoritariamente la mujer española reduce su jornada laboral para poder compaginar su empleo con la atención y cuidado del hogar y la familia. En segundo lugar, destaca el incremento de matrimonios que pactan el régimen de separación de bienes de forma libre y voluntaria (pese a su insolidaridad patrimonial); y, por último, el número de fracasos o disensiones matrimoniales ha generado un incremento de las tasas de divorcio de los españoles[32], cuyas cifras son dramáticas en relación con el aumento de las rupturas matrimoniales[33].

Este aumento progresivo en los procesos de divorcio de aquellos casados en regímenes separación de bienes otorga la posibilidad de solicitar la compensación por trabajo doméstico del art. 1438 CC sobre todo, si se tiene en cuenta que para su concesión, la dedicación a la familia por el solicitante tiene un peso considerable.

---

31 Además de los efectos sanitarios, personales y sociales que han ocasionado.

32 Últimos datos INE publicados el 15/07/2022, disponible en: https://www.ine.es/dyngs/INEbase/es/operacion.htm?c=Estadistica_C&cid=1254736176798&menu=ultiDatos&idp=1254735573206 [consulta: 9/09/2023]

33 Informe sobre la Evolución de la Familia en España 2021, disponible [en línea] <https://www.bioeticaweb.com/wp-content/uploads/Informe-Evolucio%CC%81n-de-la-Familia-en-Espan%CC%83a_2021_IPF_.pdf>. [consulta: 19/04/2023.] señala que el crecimiento de los divorcios en España que se ha duplicado en los últimos 15 años de manera espectacular, se rompe un matrimonio cada 5,5 minutos en España. Cada día se rompen 261 matrimonios. El dato es que 1/3 de los matrimonios que se divorcia no dura ni 10 años de matrimonio y 1 de cada 6 matrimonios no dura ni 5 años. 2,8 millones de divorciados en España.

2. *El encaje del principio de solidaridad conyugal en un régimen disociativo*

Tengamos en cuenta que, pese a sus diferencia, los distintos sistemas económico-matrimoniales vigentes convergen hacia un mismo ideal de dignidad matrimonial y justicia conyugal que tiende a satisfacer el conjunto de aspiraciones que durante mucho tiempo se consideraron poco compatibles en los regímenes económico-matrimoniales de corte disociativo: la igualdad y solidaridad de los esposos tanto en el plano personal como en el patrimonial pese a que en algunos de ellos su consecución es deficiente. Por otra parte, la idea de participación asociativa entre cónyuges, que ya comparten vida y destinos, parece empujar hacia la comunidad más o menos plena. No obstante, la elección del régimen económico matrimonial tiene unas consecuencias y alcance que deberían invitar a la reflexión de los futuros contrayentes o usuarios debiendo ponderar en su elección algunos factores como la exigencia del principio de igualdad o la autonomía de los esposos, la agilidad del tráfico y de forma determinante, la solidaridad entre cónyuges y su contribución a las cargas del matrimonio[34]. Obviamente, son los propios interesados quienes pueden —deben— apreciar cuál es el régimen que mejor conviene a sus intereses, mas lo cierto es que a pesar de estar admitido en nuestro Derecho el principio de libertad capitular, gran parte de los matrimonios que se celebran no concluyen ningún capitulo matrimonial y, por el contrario, se sujetan a los regímenes legales supletorios[35], unas veces de forma consciente y otras muchas por inercia.

Tanto personal como patrimonialmente, la solidaridad e igualdad de los esposos no siempre es de fácil encaje en este tipo de regímenes económico matrimoniales como el de separación de bienes cuando se produce su extinción, pues el cónyuge económicamente débil no participa de la prosperidad del matrimonio[36] y no siempre se pacta este tipo de regímenes por propia elección, sino más bien por una cierta "imposición" del otro aceptada a medias[37]. No obstante, en aquellos casos en que sí y se ha gozado de una prolongada vida en común, seguramente este mismo cónyuge habrá colaborado de algún modo en el desarrollo e incremento de los recursos

---

[34] *Vid.* en tal sentido, P. Mª. Estellés Peralta: "La solidaridad" cit., p. 102.

[35] Así, C. H. Vidal Taquini: *Régimen de bienes en el matrimonio*, Astrea, Buenos Aires, 1993, p. 9.

[36] V. L. Montes Penades: "El régimen de separación de bienes", en *Comentarios a las Reformas del Derecho de Familia*, (dirs. M. Amorós Guardiola et al), Tecnos, Madrid, 1984, vol. II, pp. 1.920 y ss., p. 1.920.

[37] Vid. STS 13 marzo 2023 (*Tol 9459869*).

del otro. Ello es lo lógico y lo sociológicamente frecuente en países como el nuestro, en que gran parte de los cónyuges atienden mayoritariamente al hogar ya sea exclusivamente o compatibilizándolo con una profesión —en la impagable doble jornada laboral— pese a la modificación de esta tendencia en las generaciones más jóvenes. Así, un gran número de esposas españolas, se dedican al cuidado del hogar y la familia —en parte porque el mercado de trabajo no da empleo a los dos miembros de la pareja— y, además, colaboran con su cónyuge en la ordenación de la economía conyugal, en el ahorro y en la inversión, aun cuando la fuente directa del ingreso familiar sea el marido. En estos casos, para ver reconocidos parcialmente sus derechos deberán demandar a su ex esposo la pensión compensatoria del art. 97 CC y/o la compensación establecida en el art. 1438 CC, si se dan los presupuestos para que los tribunales le otorguen la razón. Sin embargo, olvídese este cónyuge de recibir la compensación si se ha dedicado al cuidado de la familia y del hogar y si, además, ha aportado a la economía familiar el salario de su actividad profesional para hacer frente al pago de los gastos y cargas familiares[38].

Hoy por hoy, es contrario a las tendencias de futuro optar por un régimen económico matrimonial que no armonice bien con los postulados de la solidaridad conyugal, teniendo en cuenta que actualmente resulta poco operativo prescindir de la igualdad y la autonomía de los cónyuges en la gestión y dirección de la economía matrimonial.

Por ello los tribunales van modulando el entendimiento de este principio de solidaridad conyugal para hacerlo encajar en un régimen disociativo e insolidario como el de separación de bienes. En tal sentido se ha pronunciado la SAP Salamanca 25 marzo 2022 (*Tol 8983465*):

> "El derecho a la indemnización se construye sobre el principio de solidaridad matrimonial, y, según numerosa jurisprudencia, se fundamenta con base en lo que se deja de desembolsar o se ahorra por la falta de contratación del servicio ante la dedicación de uno de los cónyuges a dicho trabajo en el hogar. La indemnización reclamada tiene como finalidad compensar al cónyuge que en un régimen de separación de bienes donde no ha visto aumentar su patrimonio por el trabajo realizado por el cónyuge, ha relegado su carrera profesional para cuidar a la familia y dedicarse a las tareas del hogar".

---

38 En este sentido, L. Diez Picazo: *Sistema de Derecho Civil*, vol. IV, Derecho de Familia, Tecnos, Madrid, 2018, p. 217 ss. *Vid.* asimismo, P. Mª. Estellés Peralta: "La descompensación", cit., p. 114.

3. El polémico entendimiento del art. 1438 CC en su relación con el levantamiento de las cargas del matrimonio y la dedicación a la familia

La jurisprudencia más consolidada en esta materia acerca de cómo debía entenderse la compensación por el desempeño del trabajo doméstico, avalada por la STS 14 julio 2011 (*Tol 2185564*) y posteriormente por otras interesantes sentencias en la misma línea, ha dado lugar a situaciones de difícil entendimiento en la concesión —o mejor, denegación— de la compensación del art. 1438 CC al exigir unos sólidos requisitos que han venido siendo rigurosamente aplicados hasta la actualidad por parte de nuestros jueces y tribunales entre los cuales se encuentran varios puntos que conviene analizar a la luz de la realidad social actual de nuestro país: por un lado, la obligación de ambos cónyuges de contribuir al levantamiento de las cargas del matrimonio, contribución que puede realizarse con trabajo doméstico, no siendo necesario, por tanto, que ambos cónyuges aporten dinero u otros bienes para sufragar las cargas del matrimonio sino que el trabajo para la casa es considerado como una forma de aportación a los gastos comunes cuando uno de los cónyuges solo tiene posibilidades de contribuir de esta manera y ello para que pueda cumplirse el principio de igualdad de los arts. 14 y 32 CE; y por otro, que el trabajo para la casa no sólo es una forma de contribución, sino que constituye también un título para obtener una compensación en el momento de la finalización del régimen [en reiteradas sentencias como la STS 17 mayo 2023 (*Tol 9575975*)].

3.1. La dedicación a la familia y la obligación de ambos cónyuges de contribuir a las cargas del matrimonio

La dedicación a la familia y el deber de contribuir a las cargas familiares en que se incluye aquélla, deben ser puestos en relación con los arts. 68, 1318, 1362 y 142, 103, 1362 y 1438 CC con el fin de obtener un concepto aproximado de las cargas del matrimonio. Del análisis de todo ello deriva que podamos considerar como carga del matrimonio no sólo el sustento, vestido, habitación, asistencia médica, gastos de embarazo y parto de los hijos en cuanto no esté cubiertos de otro modo y las atenciones de previsión acomodadas a los usos y circunstancias de la familia, sino también, todas aquellas tareas domésticas de intendencia, limpieza y cuidado y atención de ascendientes y descendientes y otras personas dependientes de la pareja matrimonial, ya sea mediante dedicación personal en la ejecución de las labores domésticas y atención a los miembros de la familia ya sea mediante la dirección o coordinación del desempeño de los empleados domésticos de estas tareas, según señala la STS 11 diciembre 2019 (*Tol 7653638*). Este dato es relevante dado que nuestros tribunales consideran como dedicación a la familia compensable, las funciones de dirección, supervisión, control y coordinación necesarias para la buena marcha del hogar familiar, durante la vigencia del matrimonio, así como la atención personalizada a las hijos comunes u otros parientes dependientes bien se realicen personalmente por los cónyuges, bien se contrate a empleados domésticos concluyendo que no es necesaria la ejecución material del trabajo doméstico, de acuerdo con la citada sentencia.

Se considera, además, por la doctrina jurisprudencial del precepto que la colaboración de un esposo en el negocio o actividad comercial o profesional de su consorte sin retribución o en condiciones precarias debe entenderse, igualmente, como trabajo para la casa según analizamos más adelante.

A) Alternativas en la contribución a las cargas del matrimonio en el régimen de separación de bienes

Como ya se ha analizado en un capítulo anterior, la extensión y posibles formas de cumplimiento de esta obligación de contribuir a las cargas del matrimonio que regula el art. 1438 CC podrán ser objeto de pacto entre los esposos quienes podrán decidir libremente el reparto de dichas cargas entre sí, incluso liberando a uno de ellos[39]. A falta de pacto, lo cual será más frecuente de lo deseable[40], el Código Civil nos ofrece la solución: la contribución de ambos cónyuges. El reparto de las cargas no se realizará, sin embargo, por partes iguales sino proporcionalmente a sus respectivos recursos económicos, expresión que comprende tanto capitales como rentas (del trabajo y capital). Interesa destacar que en esta contribución al sos-

---

[39] Este convenio entre los cónyuges (previo o posterior al matrimonio) será el mecanismo preferente de determinación de tales reglas. El pacto puede darse en capitulaciones o fuera de ellas, lo cual resulta curioso teniendo en cuenta que —salvo en territorios forales donde el régimen de separación de bienes sea de aplicación preferente— los contrayentes sometidos al derecho común deberán pactar este régimen en capitulaciones matrimoniales, incluso en los supuestos del art. 1435-2º CC.

[40] V. L. Montés Penadés: "El régimen", cit., pp. 865 y 866. Téngase en cuenta que el pacto sobre el reparto de las cargas matrimoniales no ha de ser necesariamente capitular y puede establecerse, incluso tácitamente, a través del comportamiento cotidiano.

tenimiento de las cargas se incluye tanto la estrictamente económica como la aportación en especie mediante el trabajo para la casa. Ello significa, que pese a que la forma habitual y lógica de contribuir a las cargas es conveniente que sea mayoritariamente en metálico mediante la aportación de los fondos necesarios para el sostenimiento de la familia y los pagos de las facturas y gastos que ello origina, pues el coste de la alimentación, vestido, asistencia médica, etc. no puede sufragarse si no es con aportaciones dinerarias de uno o ambos cónyuges no es menos necesaria la contribución a las cargas en especie, ya sea mediante el uso de bienes propios de uno de los cónyuges para satisfacer necesidades familiares tales como la necesidad de vivienda, transporte, etc.[41], como realizando el indispensable trabajo para el hogar contemplado en el art. 1438. La STS 11 diciembre 2019 (*Tol 7653638*), señala en su FJ 3 que:

> "es habitual que la obligación de participar en la satisfacción de las precitadas cargas se lleve a efecto por ambos cónyuges con los ingresos procedentes de sus respectivos trabajos, pero ello no cercena la posibilidad de la prestación exclusiva en especie por parte de uno de ellos, mediante la realización de las tareas domésticas y de cuidado de los hijos comunes".

B) ¿Sesgo de género en la consideración de la atención a la familia y el cuidado del hogar?

Según se ha indicado ya, los esposos, con independencia de su régimen económico-matrimonial —también los regidos por regímenes disociativos como la separación de bienes o participación en las ganancias—, tienen el deber de deber de contribuir al levantamiento de las cargas del matrimonio. La prestación de un servicio de atención y cuidado al hogar y a los que componen la unidad familiar, hijos y ascendientes es una de las formas de contribuir los cónyuges a las cargas del matrimonio, como contribución en especie y como tal se recoge en el art. 1438 CC y se señala en las SSTS 14 julio 2011 (*Tol 2185564*) y 11 diciembre 2019 (*Tol 7653638*), no siendo necesario que ambos cónyuges aporten dinero u otros bienes para sufragar las cargas del matrimonio, sino que el trabajo para la casa es considera-

---

41 V. Moreno Velasco: "Aspectos prácticos de la contribución a las cargas del matrimonio en el régimen de separación de bienes en el Código Civil", *Diario La Ley*, n. 7425, Sección Tribuna, 16 junio 2016, *La Ley* 3441/2010, para quien se podrá calcular esta aportación en función del precio de mercado de dicho uso, por ejemplo, el alquiler medio en la zona, o el porcentaje de amortización fiscal en el caso de un vehículo, etc.

do como una forma de aportación a los gastos comunes —igualmente la SAP León 29 diciembre 2020 (*Tol 8350892*)—, aunque si ambos cónyuges contribuyeran tan sólo con el trabajo doméstico resultaría complicado o imposible sufragar los gastos familiares. Así pues, no es menos cierto que al menos uno de los cónyuges deberá aportar dinero (ya sea su salario —todo o en parte— u otros bienes) para ello.

El art. 66 CC proclama que los cónyuges son iguales en derechos y en deberes debiendo actuar en interés de la familia anteponiendo el interés familiar a cualquier otro (art. 67 CC) y compartiendo las responsabilidades domésticas y el cuidado y atención de descendientes, ascendientes y otras personas dependientes a su cargo (art. 68 CC).

Para determinar el concepto y alcance de estas tareas domésticas que recaerán en la mayoría de los casos sobre uno de los cónyuges (y que en España será mayoritariamente la mujer como ya señalamos) realice o no otra actividad profesional remunerada, interesa traer a colación lo dispuesto en el art. 68 CC en relación a los derechos y obligaciones de los cónyuges, cuyo texto señala que los cónyuges "deberán compartir, además, las tareas domésticas y el cuidado y atención de ascendientes y descendientes y otras personas dependientes a su cargo". Ello supone que ambos esposos en plano de igualdad, tienen el derecho y el deber de atender a las tareas domésticas y al cuidado de los hijos y mayores dependientes a su cargo[42].

Las tareas que permite distinguir el análisis del art. 68 CC son de dos tipos, las propiamente domésticas y las que conllevan el cuidado a ascendientes, descendientes y otras personas dependientes a cargo de los cónyuges. Por tanto, el precepto regula lo que serían las tareas cotidianas de mantenimiento en condiciones de habitabilidad de la vivienda y de intendencia, por un lado, y de los especiales cuidados requeridos por los hijos, ascendientes y personas dependientes de los cónyuges, por otro. La justificación de la distinción entre tareas domésticas y cuidados al resto de miembros de la familia, podría resultar de una posible intención en concretar con mayor detalle las tareas desempeñadas en el ámbito privado, todas ellas reservadas tradicionalmente al cónyuge doméstico que no sólo plancha, lava, friega, tiende o cocina, sino que lleva a los niños al colegio, al pediatra cuando es necesario, les administra el jarabe prescrito, les controla la fiebre, les compra la ropa, les alimenta, ayuda a hacer deberes o desarrolla todo tipo de atenciones personales a sus mayores, amén de un largo etcétera. En este sentido, ya resaltaban algunos autores la mayoritaria

---

42 P. Mª. Estellés Peralta: "La compensación", cit., p. 255.

dedicación de la mujer casada dentro del hogar familiar resultado de hábitos arraigados en las sociedades occidentales[43], y que por el momento no se hallan en trance de desaparecer, en referencia al papel desempeñado por la esposa en la economía doméstica y el cuidado del hogar, de los hijos y del propio marido. Por mucha que sea la colaboración que el esposo e hijos presten siempre quedará a la mujer el papel de rectora de la economía doméstica, aunque disponga de empleados domésticos o de electrodomésticos de última generación que faciliten estas tareas. Este papel, sigue siendo desempeñado actualmente por la mujer profesional, que ya se ha incorporado al mercado de trabajo, pero que no se libera de las tareas domésticas. Le incumbe, en consecuencia, un doble rol desempeñando a la vez el de trabajadora del hogar —o gerente del hogar si se prefiere— y trabajadora externa[44].

Me parece importante reseñar que ambos cónyuges tiene el deber de dedicación a la familia lo que conlleva un desplazamiento en la tradicional asignación social y legal del desempeño de estas tareas desde la mujer, en exclusiva, a los dos miembros de la pareja por igual. Difícil, en cambio, exigir la implicación igualitaria de ambos cónyuges, dada la peculiar incoercibilidad de los deberes matrimoniales que establecen los arts. 67 y 68 CC y el escaso éxito del precepto ya anunciado. La solución se ha articulado mediante la generosa aplicación e interpretación jurisprudencial del 1438 CC, si se tiene en cuenta que en nuestro país donde trabajo para la casa desempeñado por el cónyuge doméstico no está reconocido ni cuantificado, es de justicia arbitrar mecanismos de compensación alternativos[45].

En los casos en que la pareja ha pactado que sea uno de ellos quien aporte los ingresos con su trabajo fuera del hogar mientras que el otro se ocupa de las tareas domésticas, ello es una contribución a las cargas del matrimonio por parte de quien las asume en ejercicio de la libertad de pactos entre cónyuges. Dicho reparto de tareas que competen a ambos cónyuges en plano de igualdad, queda al albur de ambos esposos quienes

---

43 L. Martínez Calcerrada: "El nuevo papel de la mujer en el Derecho", *Diario La Ley*, Ed. La Ley, t. 1, 1982, p. 15.

44 *Ibidem*.

45 SAP Tarragona 23 mayo 2006 (*Tol 6266031*): El trabajo exclusivo para la familia y el hogar no solo es fundamental para la paz y armonía del matrimonio, es imprescindible para que el otro cónyuge dedique su esfuerzo, sin perturbaciones, a la creación de riqueza para el sustento e integración social de la familia. El trabajo doméstico es capital en su esencia, esforzado en su prestación y legalmente infravalorado.

deberán acordar de mutuo acuerdo cómo y qué se distribuyen. Sin embargo, el desempeño de las tareas domésticas y/o de cuidado a los familiares a cargo de la pareja la determina la ley en plano de igualdad[46], tanto si uno de ellos —normalmente la mujer— no trabaja fuera del hogar, como si tiene un trabajo por cuenta ajena o es autónomo, por ello, la realización de tal trabajo para la casa, de acuerdo con la exégesis del art. 1438 CC, se computará como contribución a las cargas y dará derecho a obtener una compensación que, a falta de pacto, el juez señalará a la extinción del régimen de separación (que no necesariamente se produce con la extinción del matrimonio, aunque ciertamente sea lo más frecuente)[47].

Al respecto, la SAP Madrid 1 febrero 2006 (*Tol 876877*) aclara que:

> "Debe tenerse presente que el artículo 1438 que ahora se analiza fue introducido por la reforma llevada a cabo por la Ley de 13 de mayo de 1981, cuya filosofía inspiradora fue la de instaurar un régimen de igualdad entre el marido y la mujer en todos los órdenes, y por tanto, tal sistema familiar de igualdad ha de referirse no solamente tanto a los derechos, sino también a los deberes, en consonancia con lo dispuesto en los artículos 67 y 68 del Código Civil, en cierto modo aplicables, por cuanto que los deberes de ayuda mutua se traduce en la colaboración y en la atención por parte de ambos cónyuges a las cargas familiares, afrontando cada cual distintos y diversos cometidos, sin que haya probado la esposa la exclusividad en el cumplimiento de todos ellos; de tal modo que, a falta de acto concreto o convenio entre los cónyuges, a propósito del cumplimiento de tal deber jurídico, según se infiere de las capitulaciones matrimoniales, y como quiera que no se ha probado la existencia de acuerdo expreso sobre el modo de hacer frente a esas cargas, ha de entenderse, a falta de prueba en contrario, que el esposo ha contribuido a dichas cargas de igual manera que la demandante, y por cuanto que la comunidad de vida que entraña el

---

46 Para P. Cremades García: "El reparto de las tareas domésticas y su valoración en el ámbito familiar", *Diario La Ley*, n. 7079, Sección Doctrina, Ed. *La Ley*, 18 diciembre 2008, Año XXIX, Ref. D-371, La Ley 41321/2008, pp. 7 y 8, si los miembros de la pareja han decidido que sea uno de ellos quien aporte los ingresos con su trabajo fuera del hogar, mientras que el otro, se queda en casa, asumiendo las tareas domésticas, ello es una contribución a las cargas del matrimonio por parte de quien las asume, pero será un claro incumplimiento por parte del otro pese a esta supuesta "autorización pactada" de lo contrario, la norma del art. 68 es una mera declaración de principios sin efectos jurídicos. De lo que nadie parece dudar es de que los deberes conyugales en general, tienen un alto contenido ético y moral, y que es imposible su ejecución forzosa. Por tanto, su reparación para el caso de incumplimiento vendría por la concurrencia de daño como consecuencia del referido incumplimiento.

47 La SAP Valencia 27 febrero 2023 (*Tol 9465717*), modera la percepción de la compensación del art. 1438 CC en atención a la dedicación al hogar que había desplegado el marido demandado.

matrimonio tiene lugar en régimen de igualdad jurídica entre los cónyuges, de tal manera que la desigualdad natural o material, según la posición de uno y otro en el ámbito matrimonial y en el círculo de las tareas y los trabajos en el hogar, en la esfera personal, familiar y laboral, mientras estuvo vigente el régimen de separación, y a fin de obtener el crédito o indemnización que establece el artículo 1438, exige una cumplida demostración, so pena, de conculcar el espíritu de dicho precepto, generando un enriquecimiento injusto".

La introducción del precepto comentado supuso un gran avance en la equiparación de la mujer casada (más formal que material) al esposo varón y del reconocimiento a su dedicación doméstica en los casos en que únicamente puede contribuir de esta manera[48]; igualdad jurídica de los cónyuges en el matrimonio que se basa a nivel personal en sus contribuciones en favor de la familia aun tratándose de un régimen disociativo e insolidario como el régimen de separación de bienes[49]. Se justificaría así que la dedicación a las tareas de cuidado de la familia y del hogar sirva como título para la contribución a las cargas del matrimonio y evite, a la liquidación del régimen, que el cónyuge que contribuye con su salario profesional pueda reclamar al trabajador doméstico por su falta de contribución dineraria a estas mismas. E incluso el precepto parece dar un paso más, al reconocer el derecho a compensación por el exceso de contribución que hubiera podi-

48 En opinión de J. L. De Los Mozos: "La igualdad de los cónyuges y la organización ejercicio de las potestades domésticas", *Documentación Jurídica*, enero-diciembre de 1982, vol. I, p. 105, para quien las leyes de igualdad promulgadas en Europa y en nuestro país representan la aplicación concreta al campo de las relaciones conyugales de la ya no tan nueva pero aún necesitada de impulso, concepción de la situación jurídica de la mujer casada… Esta igualdad, como principio informador de las técnicas matrimoniales, debe ser entendida no como igualdad de los sexos, sino como igualdad estrictamente jurídica, y sobre todo igualdad ante la Ley.

49 *Vid.* en este sentido, L. Martínez Calcerrada: "El nuevo", cit., p. 1-2, para quien la historia revela, en síntesis, el tránsito de la mujer desde la "imbecilitas sexus" hasta su igualdad jurídica con el hombre y subraya que aunque la instauración del principio de igualdad jurídica entre ambos sexos es una realidad incontestable, no por ello han desaparecido "in radice" los flecos de diversidad entre ambos. Obsérvese que los comentarios de este autor datan de 1982 y lo muy apropiados que son hoy en día, cuarenta años después; incluso hubo que modificar el art. 68 CC por mor de inculcarlo en la conciencia social, con discutido éxito. En este sentido, es interesante, asimismo, el análisis de P. Cremades García: "El reparto", cit., p. 2, que se expresa en los siguientes términos: "decíamos que algo está pasando en nuestra sociedad, porque con la pretensión de compartir las tareas domésticas, se intenta superar el abismo en un campo tradicionalmente reservado, el de la ejecución de las tareas domésticas, a las mujeres.

do aportar por esta vía el cónyuge doméstico. Otra cuestión más discutible será su plasmación práctica si se tienen en cuenta los presupuestos para su concesión. En este sentido, la STS 11 diciembre 2019 (*Tol 7653638*), FJ 3, nos aclara que:

> "Se introdujo en el art. 68 CC, el deber de compartir las responsabilidades domésticas, así como el cuidado y atención de ascendientes y descendientes; por lo que si son satisfechas exclusivamente por uno de ellos, no sorprende que se establezca el derecho a la compensación".

No obstante, conviene señalar que con el trabajo doméstico no se cubren ni abonan todas las cargas del matrimonio mencionadas y cada uno colabora como puede en el proyecto conyugal común. Por ello, ante las variadas necesidades familiares cotidianas se hace difícil aplicar la regla de la proporcionalidad de los recursos que establece el precepto estudiado o llevar un inventario de los gastos, dedicación, atenciones y desvelos por la familia de difícil cómputo. A mi juicio, la finalidad de la norma que pretende evitar la "sobreaportación" de uno de los esposos en el proyecto familiar común no ha terminado alcanzando plenamente su fin como seguidamente analizaré. ¿Cabe apreciar en ello cierto sesgo de género?[50]

Además de ello, como pone de relieve acertadamente Gutiérrez Santiago, "resulta preciso que el trabajo para la casa realizado por uno de los cónyuges quede debidamente probado —tanto en su existencia y realidad como en la vertiente de la intensidad (y duración) del mismo, a efectos de su necesaria valoración monetaria—. Solo a partir de esa cumplida acreditación podrá calibrarse —según ya se apuntó y se repetirá más adelante— el respeto o, por el contrario, la quiebra de la regla de la "proporcionalidad" en las respectivas aportaciones de ambos consortes a las cargas familiares y solo así cabrá apreciar, en su caso, el exceso de contribución de uno de ellos mediante el trabajo doméstico, que legitime su derecho a compensación, y efectuar un cálculo ajustado del quantum en que la misma deba concretarse"[51]. Y no vaya a ser que la compensación económica

---

50 *Vid.* al respecto, A. Arrébola Blanco: "Los sesgos de género en la interpretación del régimen de separación de bienes", en *(Des)igualdad y violencia de género: el nudo gordiano de la sociedad globalizada*, (dirs. Á. Figueruelo Burrieza y M. Del Pozo Pérez), Aranzadi, Cizur Menor, 2020, pp. 57 y ss.

51 P. Gutiérrez Santiago: "Disfunciones en la interpretación jurisprudencial del artículo 1438 del Código civil: el riesgo de duplicidad valorativa del "trabajo para la casa" en el régimen económico matrimonial de separación de bienes", *Actualidad Jurídica Iberoamericana*, n. 17, 2022, p. 538-599, concretamente, p. 572, quien reali-

del art. 1438 CC no cumpla su función si finalmente "representa una apetitosa tentación" y "no es difícil imaginar que quedarse en casa para atender y cuidar de hijos y/o del hogar, sea la opción más rentable en la medida en que quepa esperar mayores réditos de una compensación a cargo del consorte que del desarrollo de una actividad remunerada fuera del ámbito doméstico"[52].

3.2. La "sobreaportación" del cónyuge doméstico y el fracaso del principio de proporcionalidad

La compensación del art. 1438 CC se justifica para equilibrar el exceso dedicación de un cónyuge al sostenimiento de las cargas familiares cuando es mayor que de la que debiera según la regla de proporcionalidad[53]; este exceso de aportación es denominado como "sobreaportación" por parte de la doctrina y jurisprudencia para justificar la compensación.

> En este sentido, es interesante la SAP Navarra 31 julio 2003 (*Tol 350454*), que en tan "temprana fecha" ya entendió que existe "sobreaportación" cuando el valor de la contribución de un cónyuge al sostenimiento de las cargas familiares mediante el trabajo para el hogar, resulta mayor que aquella a la que resultaría obligado, según la regla de proporcionalidad, por lo que se genera a su favor un derecho de reembolso del exceso cuando se extingue el régimen económico matrimonial para evitar casos de enriquecimiento injusto[54].

Con ello se pretende compensar al trabajador casero el plus de disponibilidad que obtiene el cónyuge que realiza su labor profesional fuera del hogar y que contribuye poco o nada en las tareas domésticas, precisamente porque el cónyuge doméstico le libera de ello con su dedicación a la familia, obteniendo más tiempo y mayor disponibilidad de recursos para

---

za un interesante análisis sobre la cuestión. *Vid*, asimismo, Guilarte Martín-Calero, C., "De nuevo sobre la compensación por el trabajo doméstico: una reflexión crítica sobre la línea jurisprudencial actual", Revista de Derecho de Familia: Doctrina, Jurisprudencia, Legislación, n. 68, 2015, pp. 55-78.

52 A. Arrébola Blanco: "Los sesgos", cit., pp. 57-58.

53 Señala R. Bercovitz Rodríguez-Cano: "Comentario a la sentencia de 11 de febrero de 2005", *CCJC*, n. 70, 2006, p. 147, que para entender si dicha proporcionalidad se respeta habrá que tener en consideración si los dos han contribuido con todo su patrimonio, con todo lo obtenido o ahorrado con su trabajo y con todo lo producido o ahorrado con sus bienes.

54 SAP Madrid 1 febrero 2006 (*Tol 876877*) deniega tal compensación porque los dos cónyuges habían contribuido por igual a las tareas del hogar.

su desarrollo profesional, lo que le permite, en algunos casos, incrementar su patrimonio personal; e igualmente, cuando el cónyuge doméstico haya trabajado para el otro conviviente sin retribución o con retribución insuficiente, en el caso de que por este motivo, —es decir el trabajo sin retribución o con retribución insuficiente—, se haya generado una situación de desigualdad entre el patrimonio de ambos que implique un enriquecimiento injusto según señala la SAP Navarra 31 julio 2003 (*Tol 350454*).

La compensación se configura, entonces, como un mecanismo corrector del régimen de separación de bienes que modera el desequilibrio patrimonial[55] producido a la extinción del régimen de separación de bienes y que resulta injusto para el cónyuge dedicado al hogar[56]; la interpretación del precepto permite exigir una compensación por el exceso de contribución que hubiera podido aportar por esta vía el cónyuge doméstico, en aplicación del principio de igualdad y en la exigencia de paridad a nivel personal basada en sus contribuciones equitativas en favor de la familia, o según señala la citada SAP Navarra 31 julio 2003 (*Tol 350454*) FJ 5:

> Se trata de un "derecho al reembolso" que como tratamos de explicar, es el único susceptible de inclusión en la liquidación del régimen convencional de separación de bienes, para "compensar" la diferencia entre dos desplazamientos patrimoniales que se hubieran producido a favor de uno u otro de los cónyuges, a causa de la sobreaportación 'en especie' —permítase de nuevo la expresión genérica— vinculada al trabajo del hogar familiar.

Sin embargo, con esta *indemnización* como la denomina el Tribunal Supremo en sus últimas sentencias[57] , a mi juicio se sobrepasa el reconocimiento de la labor doméstica si se concede en todo caso, o mayoritaria-

---

55 G. A. Amengual Bunyola: "La compensación por dedicación a la familia (artículo 1438 del Código Civil y legislaciones autonómicas): análisis doctrinal y jurisprudencial", *Revista de Derecho Actual*, vol. I, 2016, p. 12; Igualmente, otras normas como el Código Civil catalán, en su Libro II, sigue haciendo referencia al enriquecimiento del cónyuge liberado de las tareas domésticas y pone el acento en la duración e intensidad de la dedicación al trabajo doméstico como el art. 232-5.

56 *Idem*, G. A. Amengual Bunyola: "La compensación", cit., p. 12.

57 Así se la denomina en numerosas sentencias tanto de la Audiencias Provinciales como del Tribunal Supremo: *Vid.* la SAP Madrid 12 marzo 2021(*Tol 8454025*) o SSTS 20 febrero 2018 (*Tol 6526201*), 11 diciembre 2019 (*Tol 7653638*), entre otras muchas.

mente, la compensación del art. 1438 CC[58] sin atender a que la misma es una de las formas de contribución a las cargas del matrimonio.

Luego para interpretar adecuadamente la finalidad del precepto, un amplio sector doctrinal[59] y jurisprudencial considera que la mayor contribución o "sobreaportación" de uno de los miembros de la pareja le otorga a éste el derecho a solicitar una indemnización, y ello aunque pueda tener un trabajo remunerado fuera del hogar en contraposición con la línea jurisprudencial marcada por el Tribunal Supremo[60]. En mi opinión, pese a la doctrina jurisprudencial de los últimos años que ha marcado claramente el Tribunal Supremo, el criterio seguido por numerosas sentencias de la Audiencias Provinciales que concedían el derecho a la compensación en estos casos de "sobreaportación" era muy sensato. En este sentido, la SAP Madrid 3 junio 2009 (*Tol 1759899*):

> "Cuando uno de los cónyuges ha contribuido de un modo que se revela desproporcionado en relación a la aportación del otro cónyuge, al momento de la extinción del régimen de separación; en suma, si dicho trabajo doméstico y de asistencia no ha constituido una "sobreaportación" al sostenimiento de las cargas familiares, no se justifica, entonces, el derecho de reembolso económico previsto en el precepto antes mencionado".

La realidad es que son numerosos los supuestos en la práctica en que uno de los cónyuges contribuye en mayor medida a tales tareas debido a su mayor implicación o porque su trabajo se lo permite, y con ello excede de la contribución a las cargas exigibles.

---

58 J. López Medel: "Familia y régimen económico matrimonial", *RCDI*, 1880-I, p. 99. A su vez, J. M. Lete Del Rio: "Algunas consideraciones sobre la igualdad conyugal", *RGLJ*, 1976/1, pp. 119-120, destaca que no se trata únicamente de utilizar a la familia, y en concreto, el régimen económico matrimonial como instrumento de satisfacción y cumplimiento de los intereses individuales de sus miembros, sino de entender la familia como comunidad, sin desconocer por ello el valor de la persona. La familia ha de entenderse como comunidad, esto es, como portadora de un interés propio y superior al de los miembros que la componen, denominado *interés de la familia*. Asimismo, J. Castán Tobeñas: *Derecho civil español común y foral*, t. V, vol. 1°, Reus, Madrid, 1961, p. 24.

59 Por todos, *vid.*, P. Gutiérrez Santiago: "Disfunciones en", cit., pp. 538-599.

60 SSTS 11 diciembre 2015 (*Tol 5595880*); 14 marzo 2017 (*Tol 6001668*); 26 abril 2017 (*Tol 6067400*); 20 febrero 2018 (*Tol 6526201*); 11 diciembre 2019 (*Tol 76536338*), etc. En igual sentido, A. L. Rebolledo Varela: *Separación de bienes en el matrimonio. Régimen de Separación de Bienes en el Código civil*, Montecorvo, Madrid, 1983, p. 441, considera que el sujeto que trabajó fuera del hogar no debe tener derecho a tal compensación.

En estos casos, el objeto de la compensación regulada en el art. 1438 CC no debiera ser la contribución que corresponde al cónyuge como carga del matrimonio, que no debe ser compensada, sino exclusivamente el exceso de tal aportación. Lo que debe compensarse, es pues, esa "sobreaportación", el exceso de la contribución exigible o lo que se ha venido a denominar "sobrecontribución"[61]. Por tanto, no debería haber compensación cuando la dedicación a las tareas del hogar es equilibrada o paritaria, ni debería haberla, cuando los cónyuges recaban la ayuda de servicio doméstico para realizar todas o la mayoría de las actividades domésticas[62].

Sin embargo, el fenómeno jurídico observado, es que existe una relegación de la "sobreaportación" o "sobrecontribución" de uno de los cónyuges en la valoración judicial, ignorándose esta circunstancia para el reconocimiento del derecho a la compensación que regula el art. 1438 CC. En consecuencia, en tanto se mantenga el genérico y abstracto derecho a una compensación que enuncia el art. 1438 CC y su desarrollo jurisprudencial, no dejarán de producirse algunas situaciones injustas por pretender beneficiar al cónyuge doméstico cuando realiza estas tareas caseras en exclusiva, sin tener en cuenta su obligación legal de contribuir a las cargas del matrimonio y relegando injustamente al cónyuge que ha aportado más de lo que proporcionalmente le corresponde a la economía, gestión y cuidado familiar ya sea porque aporta económicamente más de lo que le corresponde, ya sea porque contribuye con su salario y su dedicación a la familia en mayor proporción que su consorte.

Esta valoración del desempeño del trabajo doméstico en exclusiva como única aportación a las cargas del matrimonio relegando la valoración cuando se compagina con el desempeño laboral y/o profesional que puede implicar exceso contribución del matrimonio es el resultado de una serie de controvertidos pronunciamientos jurisprudenciales que alejan a nuestros tribunales, en algunos casos, del sentir social. A diferencia de ellos, la interesante SAP Navarra 31 julio 2003 (*Tol 350454*), aplicó adecuadamente la regla de la proporcionalidad al señalar que:

> "Únicamente procede la compensación cuando el valor del trabajo para la casa es superior a lo que se debe aportar como contribución a las cargas. En el caso de que la dedicación al trabajo doméstico sea la correspondiente al levantamiento de cargas de manera proporcional, no cabe la compensación".

---

61 En el mismo sentido, B. Verdera Izquierdo: "Configuración", cit., p. 236.

62 G. A. Amengual Bunyola: "La compensación", cit., pp. 16 y 17.

En general, la jurisprudencia menor ha sido favorable a la concesión de la compensación por trabajo doméstico[63], al cónyuge acreedor aunque trabaje fuera del hogar, siempre que se acredite la “sobreaportación”, muy en consonancia con la realidad socio-familiar de los hogares españoles. Y la realidad social española nuevamente es arrolladora, tanto que los datos hablan por sí mismos[64].

Las mujeres, en España, se han dedicado de forma exclusiva no sólo al cuidado de hijos y mayores sino también a las tareas domésticas derivadas de la atención a la familia. Durante las últimas décadas, sin embargo, la incorporación de la mujer al mercado de trabajo se ha producido de una manera progresiva pero irreversible sin que haya supuesto una paralela democratización de la vida doméstica[65]. La mujer no ha visto reducidas por ello sus tareas domésticas, asumiendo todas aquellas que no ejecuta el hombre y todas aquellas asistenciales que no proporciona el Estado (centro de atención de niños y de personas mayores). Incluso, en más casos de los deseables, se ve obligada a reducir su jornada laboral para poder atender debidamente a sus responsabilidades familiares.

Los datos indican que la incorporación de la mujer al mercado laboral es un hecho incuestionable y que cada vez se igualan más dichas tasas con los hombres[66]. De hecho, de la tasa de empleo del segundo trimestre de 2022 resulta un 46,34% de las mujeres (un 43,32% de 2021) frente a un 53,73% de los hombres, esto es, 10,39 puntos porcentuales[67].

---

63 SSAP Córdoba 11 noviembre 2002 (*Tol 263843*), Córdoba 6 febrero 2004 (*Tol 360935*), Navarra 2 junio 2004 (*Tol 498701*), Zaragoza, 20 mayo 2005 (*Tol 676562*), Murcia 6 noviembre 2006 (*Tol 6288447*).

64 *Vid.* a este respecto las tasas de empleo hombres/mujeres en España del segundo trimestre 2022, en https://www.ine.es/infografias/tasasepa/desktop/tasas.html?t=1&lang=es, [consulta: 8/09/23].

65 P. Cremades García: “El reparto”, cit., p. 7; y L. Martínez Calcerrada: “El nuevo”, cit., pp. 1-2.

66 No obstante, la tasa fluctúa según años, v. gr. en 2013 fue de 9.7 puntos porcentuales y en 2019 de 12 puntos según los últimos datos facilitados por el INE. Disponible en: https://www.ine.es/infografias/tasasepa/desktop/tasas.html?t=1&lang=es [consulta: 8/09/2023].

67 Disponible en: https://www.ine.es/infografias/tasasepa/desktop/tasas.html?t=1&lang=es, [consulta: 8/09/2023].

Según la información que proporciona la última Encuesta Nacional de Condiciones de Trabajo[68] en el cómputo global del número de horas a la semana dedicadas al empleo principal, otro empleo, trabajo no remunerado y desplazamientos según sexo y tipo de jornada de las personas empleadas, son más largas las jornadas de trabajo de las mujeres que las de los hombres. Las mujeres dedican 63,6 horas semanales a trabajo remunerado + trabajo no remunerado + desplazamientos y los hombres 56,7 horas semanales. Los hombres dedican habitualmente el mismo número de horas al trabajo no remunerado (14 horas a la semana) independientemente de que trabajen a tiempo parcial o a jornada completa. Las mujeres incrementan el tiempo dedicado a trabajo no remunerado (30 horas a la semana) cuando tienen jornada a tiempo parcial.

La progresiva incorporación de la mujer al mundo laboral, lejos de equipararla a su compañero la sitúan en la denominada doble —y agotadora— jornada femenina. La conciliación de la vida familiar y laboral[69] supone para uno de los cónyuges (la mujer) un esfuerzo ímprobo y poco reconocido. Esta segunda jornada casera no se encuentra valorada económicamente pese a que algunas de las tareas domésticas no desarrolladas por este cónyuge requerirán frecuentemente, de la contratación de un servicio doméstico al que habrá que remunerar, por lo que, en conclusión, el trabajo doméstico de la mujer ahorra a la cuenta de gastos de la economía familiar.

Es innegable que España ha tendido ligeramente hacia una mayor igualdad en el desempeño del trabajo doméstico, pero la nota dominante es de una clara y persistente desigualdad que se mantiene tras los últimos datos obtenidos. La mayoría de los estudios demuestran que las parejas donde el varón desempeña una actividad profesional retribuida y la mujer está

---

68 Disponible https://www.ine.es/ss/Satellite?L=es_ES&c=INESeccion_C&cid=1259925472488&p= 1254735110672&pagename=ProductosYServicios%2FPYSLayout¶m1=PYSDetalle¶m3=1259924822888, [consulta: 8/09/2023]. No hay datos más recientes.

69 P. Cremades García: "El reparto", cit., p. 2. En opinión de esta autora, conviene recordar que las reducciones en las jornadas de trabajo para atender a la casa y a los hijos son muy frecuentes en las mujeres. Y todo ello repercute en general en su distinta posición familiar y laboral. A pesar de las medidas que legalmente se van adoptando en el ámbito público, tendentes a evitar situaciones de discriminación tanto de tipo salarial como ocupacional, sin embargo, siguen existiendo dificultades para acceder las mujeres a puestos de responsabilidad en las empresas o para promocionarse, ya que su dedicación profesional está coartada en gran medida por sus responsabilidades domésticas y filiales. Es innegable.

desempleada, las mujeres dedican muchísimo más tiempo al trabajo doméstico que los hombres. Ahora bien, cuando es el hombre quien está en paro, y la mujer no, ambos dedican el mismo tiempo al trabajo doméstico. En parejas donde ambos están empleados o ambos están en paro, la contribución del hombre no supera el tercio del volumen de trabajo doméstico del hogar[70]. Toda esta variedad de situaciones conyugales que abarcan los supuestos en los que uno de cónyuges no desempeña trabajo externo retribuido hasta los casos en que ambos tienen jornadas laborales interminables y deben de contar con ayuda externa, deben poner igualmente el foco en la plena aplicación del principio de corresponsabilidad doméstica, estando más justificado, en la práctica, si son ambos cónyuges los que trabajan fuera de casa. Sin embargo, los datos indican que en nuestro país, el varón no acaba de asumir lo que impone con escaso éxito el art. 68 CC[71]. Y la exclusión de compensación en favor del cónyuge que compagina trabajo en el hogar con trabajo retribuido —la mujer en un porcentaje mayoritario— supone, en mi opinión una doble discriminación que se debería reconsiderar. Aquí el sesgo de género, juega en contra de la mujer.

A la vista de los datos facilitados sería deseable que la diferente situación actual pueda servir en el futuro para propiciar un giro en la opinión del Tribunal Supremo dado que su interpretación jurisprudencial del art. 1438 CC desatiende una realidad como la española en que ambos cónyuges desempeñan actividades laborales o profesionales, y en un importante porcentaje, al menos uno de los cónyuges (normalmente la mujer) desempeña actividades remuneradas a tiempo parcial para poder compatibilizarlas con el cuidado de sus hijos y personas dependientes, sin que esta realidad social influya en estos pronunciamientos. La interpretación y aplicación de las normas por parte de los tribunales debería tener en cuenta la realidad social del tiempo en que han de ser aplicadas las normas jurídicas y

---

70 Encuesta Nacional de Condiciones de Trabajo 2015, disponible en https: //www.ine.es/ss/Satellite?L=es_ES&c=INESeccion_C&cid=1259925472488&p=1254735110672&pagename=ProductosYServicios%2FPYSLayout¶m1=PYSDetalle¶m3=1259924822888, [consulta: 8/09/2023]. En este sentido, ya apuntaba P. Cremades García: "El reparto", cit., p. 2, que algo está pasando en nuestra sociedad porque con la pretensión de compartir las tareas domésticas, se intenta superar el abismo en un campo tradicionalmente reservado, el de la ejecución de las tareas domésticas, a las mujeres.

71 Para P. Cremades García: "El reparto", cit., pp. 7 y 8.

constituye, todavía hoy, uno de los criterios de interpretación válidamente admitidos en el primer apartado del art. 3 CC[72].

Así las cosas, no es fácil entender que se conceda la compensación en los supuestos de dedicación exclusiva para el esposo o la esposa que optó voluntariamente por "quedarse en casa"[73] y se deniegue a aquéllos que realizan una doble jornada para contribuir económicamente con los rendimientos del trabajo y en especie con su trabajo y desvelos en el ámbito doméstico y que son mayoría. Esta postura supone un estímulo positivo a no trabajar fuera del hogar, ya que si un cónyuge se dedica solo al trabajo doméstico puede pedir compensación y, en cambio, si realiza todas las tareas domésticas y además lo compagina con un trabajo fuera del hogar, no tiene derecho a nada[74]. Creemos que debería revisarse la interpretación que hace el Tribunal Supremo de esta norma.

En mi opinión, mantener la actual interpretación del art. 1438 CC propicia y ampara la injusta situación en favor del cónyuge que compatibiliza ambos cometidos, casa y familia y desempeño profesional extra familiar y beneficia de manera poco equitativa a aquel cónyuge que no trabajando fuera del hogar no contribuye de otra forma al abono de los gastos familia-

---

72 En el mismo sentido, A. Arrébola Blanco: "¿Un avance para la compensación del trabajo doméstico?", *Diario La Ley*, Sección Doctrina, 13 de julio de 2017, n. 9020, p. 3.

73 P. Gutiérrez Santiago: "Paradojas y falacias de la compensación económica del trabajo doméstico en el artículo 1438 del Código Civil español", *Actualidad Jurídica Iberoamericana*, n. 3, diciembre 2015, p. 57, para quien ¿conviene —o hasta se debe— entender que lo que, en último término, da su sentido y razón de ser al art. 1438 *in fine* CC es evitar una suerte de aprovechamiento o "enriquecimiento" injustificado del cónyuge que se benefició del real y efectivo trabajo doméstico del otro? ¿O debemos asumir que nos hallamos ante un larvado sistema de "indemnización" —otro más (si pensamos en algunos supuestos de pensión compensatoria)— para el esposo o la esposa que optó voluntariamente por "quedarse en casa" (a menudo trabajando en efecto en ella, aunque otras veces poco o incluso nada), ya que con los ingresos del cónyuge se vivía holgada y sobradamente (y hasta había para pagar el servicio doméstico)?

74 En todo caso más derecho tendría el cónyuge que, con una actividad laboral remunerada, se encarga también del trabajo en casa por lo que contribuye de dos maneras al levantamiento de las cargas, sobre todo si se entiende que la *ratio legis* del precepto es evitar el enriquecimiento de uno de los cónyuges en perjuicio de otro o la sobrecontribución de uno de los cónyuges. Mª. P. Montes Rodríguez: "El derecho de compensación por trabajo doméstico en el régimen de separación de bienes del CC y en la LREMV: análisis comparativo", *Actualidad Jurídica Iberoamericana*, n. 3, agosto 2015, pp. 367 y 368.

res, porque si la contribución del cónyuge solicitante de compensación es la estrictamente obligada para su justa y equitativa contribución a las cargas del matrimonio y en cumplimiento del principio de corresponsabilidad doméstica, no entendemos qué se le ha de compensar y por qué.

4. Los presupuestos de la compensación del art. 1438 CC

Para tener derecho a esta compensación la jurisprudencia exige en primer lugar, que el matrimonio regido por régimen de separación de bienes se extinga y por otro, que el cónyuge trabajador doméstico lo sea en exclusiva sin atender al patrimonio de los cónyuges en relación con la compensación.

Veamos los requisitos y presupuestos para poder reclamar la compensación del art. 1438 en los casos de extinción del régimen de separación de bienes, por parte de aquel cónyuge que se dedicó en mayor o menor medida a la familia y sus necesidades y lo compatibilizó o no con una profesión remunerada.

4.1. Los patrimonios de los cónyuges

Destaca la falta de referencia del texto legal a los patrimonios de los cónyuges. El art. 1438 CC no menciona ni el patrimonio del cónyuge que solicita la compensación ni tampoco el patrimonio del cónyuge frente al que se pide el reconocimiento de este derecho/indemnización. En su argumentación el Tribunal Supremo entiende que la norma no discrimina entre el mayor o menor patrimonio de los cónyuges. Por ello, este derecho a compensación existe con independencia del patrimonio del cónyuge acreedor y de que se encuentre o no en situación de necesidad, lo que ha sido objeto de críticas por un sector de la doctrina[75], que cuestiona que el cónyuge que ha obtenido los recursos económicos para la familia mediante una actividad laboral retribuida deba satisfacer una cantidad de dinero al que se ocupó entretanto del trabajo doméstico, con independencia de si ello le reportó o no algún beneficio económico exclusivo. Lo cierto es que ambos contribuyeron al levantamiento de las cargas del matrimonio sólo que de distinta manera: uno mediante los recursos obtenidos a través de una actividad remunerada y el otro haciéndose cargo de los asuntos

---

75 M. L. Moreno-Torres Herrera: “La compensación por el trabajo doméstico en el Código Civil español”, *Revista Aranzadi Doctrinal*, 2011, n. 8, p. 3.

domésticos. Que esto sea así, no parece razón suficiente (más allá de la necesidad de revalorizar el trabajo en la casa) que justifique el reconocer automáticamente al cónyuge que se ocupó del hogar un derecho de compensación económica. Pese a este impecable razonamiento doctrinal, la STS 11 diciembre 2019 (*Tol 7653638*), FJ 3 asienta la misma doctrina jurisprudencial continuista de la STS 14 julio 2011 (*Tol 2185564*), y de la STS de 14 marzo 2017 (*Tol 6001668*), que excluyen "la exigencia del enriquecimiento del deudor que deba pagar la compensación por trabajo doméstico" matizando que:

> "El derecho a obtener la compensación por haber contribuido uno de los cónyuges a las cargas del matrimonio con trabajo doméstico en el régimen de separación de bienes requiere que habiéndose pactado este régimen, se haya contribuido a las cargas del matrimonio solo con el trabajo realizado para la casa. Se excluye, por tanto, que sea necesario para obtener la compensación que se haya producido un incremento patrimonial del otro cónyuge".

Asimismo, la STS 19 abril 2023 (*Tol 9517351*). Por otro lado, si el cónyuge doméstico es titular de un sustancial patrimonio privativo aunque este cónyuge se haya dedicado exclusivamente a la casa y la familia, el Tribunal Supremo ha resuelto afirmativamente y así entiende la STS 25 noviembre 2015 (*Tol 5588405*) que la existencia de un importante patrimonio no es obstáculo para la concesión de la compensación del art. 1438 CC y señala que "lo cierto es que la norma no discrimina entre el mayor o menor patrimonio de los cónyuges".

A) El destino de todos los ingresos económicos del cónyuge deudor para atender las cargas del matrimonio

Es significativa la STS 31 enero 2014 (*Tol 4111346*) que incluso declaró que "basta con el dato objetivo de la dedicación exclusiva a la familia para tener derecho a la compensación" que establece el art. 1438 CC., y añade, "es contrario a la doctrina de esta Sala el tener en cuenta otra circunstancia distinta a la objetiva..."

Así pues, se reconoce un derecho abstracto a la compensación por el hecho solo de haberse dedicado en exclusiva a las tareas del hogar o cuidado de la familia en régimen de separación de bienes sin tener en cuenta otra circunstancia distinta a la objetiva, como la obtención de un beneficio económico por el otro esposo, o incluso, cuando todos los emolumentos del cónyuge demandado de compensación se hayan dedicado al levantamiento de las cargas familiares. En este último supuesto ¿no trabajaron ambos para la familia, uno con su contribución en especie y el otro, dineraria?

Cuestión distinta es determinar el importe de la compensación. En este punto no puedo compartir la posición del Tribunal Supremo porque, en tal caso se puede llegar a producir incluso, una situación de enriquecimiento del cónyuge solicitante de compensación cuando su consorte ha estado invirtiendo todos los ingresos obtenidos en atender los gastos familiares y no se ha enriquecido o prosperado a costa de la dedicación del otro al hogar. Dando lugar a lo que un sector doctrinal[76] denomina las "compensaciones descompensadas", esto es, a la compensación opuesta a la idea de proporcionalidad en la contribución de cada cónyuge al sostenimiento de las cargas derivada de aplicar a rajatabla esta doctrina jurisprudencial del Tribunal Supremo que afirma que la compensación "resulta de una forma objetiva por el hecho de que uno de los cónyuges haya contribuido solo con el trabajo realizado para la casa", según la citada STS 31 enero 2014 (*Tol 4111346*), FD 2º, con independencia de que el otro cónyuge haya tenido o no "enriquecimiento" o aprovechamiento alguno de resultas de tal división de tareas y aportaciones.

Por otra parte, la jurisprudencia menor en algunos casos se ha apartado de este criterio como la SAP Zaragoza 3 marzo 2009 (*Tol 1532016*) ya superada por la nueva jurisprudencia del Tribunal Supremo que señalaba que:

> "... si la esposa se dedicó al cuidado de la familia y los únicos ingresos que entraron en la casa fueron los obtenidos por el esposo, quien se los entregaba a aquélla para atender las cargas familiares, debe concluirse que la contribución de ambos cónyuges, uno con el trabajo fuera de la casa y la esposa con el trabajo dentro de ella, merece la misma valoración, y, por ello, que ninguna indemnización cabe fijar a favor de la esposa...".

Otras más recientes desestiman, asimismo, la compensación como la SAP Palencia 18 noviembre 2019 (*Tol 7693800*), SAP Alicante 25 septiembre 2019 (*Tol 7798616*) o SAP Valladolid 7 mayo 2018 (*Tol 6665471*), etc., cuando el cónyuge no doméstico destinó todos sus ingresos a atender los gastos de la familia pero no así la mencionada STS 31 enero 2014 (*Tol 4111346*).

---

76 P. Gutiérrez Santiago: "Paradojas", cit., p. 67.

B) La compensación del cónyuge doméstico ya compensado económicamente durante la convivencia

Cuando se produce un incremento patrimonial del cónyuge doméstico durante el matrimonio, la jurisprudencia opta por reconocer el derecho a la compensación pero aclarando que ya se entiende compensada anticipadamente con este incremento. Así STS 31 enero 2014 (*Tol 4111346*) entendió que había habido compensación anticipada, por la adquisición de la titularidad o cotitularidad de bienes a los que no había aportado nada el cónyuge doméstico. Igual sentido, SAP Murcia 28 noviembre 2019 (*Tol 7558230*), SAP Badajoz 9 julio 2019 (*Tol 439819*), etc., por haber recibido cantidades de dinero constante matrimonio, lo que la SAP Madrid 11 noviembre 2019 (*Tol 7735160*), entendió como pago a cuenta de la compensación o por haber sido liberado de deudas SAP Murcia 14 enero 2016 (*Tol 5646515*) y otras.

Sin embargo, la compensación económica recibida durante la convivencia (cantidades dinero, compra de bienes pagados por el otro cónyuge, pago de deudas, etc.) debe ser suficiente para resarcir el trabajo para la casa. Así la STS 11 diciembre 2019 (*Tol 7653638*), pese a las cuantiosas aportaciones del cónyuge no doméstico, al haberse fijado una importante compensación, el Tribunal Supremo consideró que tales aportaciones no eran suficientes. En consecuencia, no importan los patrimonios de los cónyuges para determinar la procedencia de la compensación sí importa el régimen económico matrimonial de la pareja.

El trabajo para la casa es considerado como una forma de aportación a los gastos comunes cuando uno de los cónyuges solo tiene posibilidades de contribuir de esta manera y ello para que pueda cumplirse el principio de igualdad de los arts. 14 y 32 CE; y al mismo tiempo, el trabajo para la casa no sólo es una forma de contribución, sino que constituye también un título para obtener una compensación en el momento de la finalización del régimen. Ahora bien, para tener derecho a esta compensación la jurisprudencia exige en primer lugar, que el matrimonio regido por régimen de separación de bienes se extinga; y por otro, que el cónyuge, trabajador doméstico lo sea en exclusiva. A continuación, se exponen algunas problemáticas que genera la interpretación y aplicación de esta última regla.

4.2. La extinción del régimen de separación de bienes

Sin duda, el régimen de separación de bienes está dotado de algunas ventajas al otorgar total autonomía a los cónyuges en la gestión de sus respectivos patrimonios, no obstante, en su esencia no se permite a los cónyuges participar en las ganancias o beneficios obtenidos constante matrimonio causando que este régimen matrimonial tan individualista se compagine mal con la esencia del matrimonio —comunidad de vida (y amor)—, la solidaridad conyugal y las exigencias del orden familiar[77]. Inicialmente, pudiera parecer que el régimen de separación ofrece un trato injusto para el cónyuge que, careciendo de fortuna inicial, haya colaborado de algún modo en el desarrollo e incremento de los recursos del otro, lo que es inevitable cuando se ha producido una larga vida en común y además sociológicamente frecuente en países como el nuestro, en que gran parte de las esposas atienden mayoritariamente al hogar ya sea exclusivamente o compatibilizándolo con una profesión —la doble jornada laboral— pese a la inicial e irrelevante modificación de esta tendencia en los últimos años. En consecuencia, para ser justo, el régimen de separación requiere una situación de equilibrio entre los patrimonios iniciales de los cónyuges o unas actividades económicas o profesionales que sean equilibradas y permitan que cada uno tenga sus propios ingresos[78], ya que cuando se produce la extinción del régimen, el cónyuge económicamente débil no participa de la prosperidad del matrimonio[79].

---

77 En el mismo sentido, G. García Cantero: *Derecho civil español, común y foral,* Tomo V, vol. I, Reus, Madrid, 1987, p. 295. Asimismo, J. Renauld: *Droit patrimonial de la famille,* t. I, *Regimes matrimoniaux,* Lacier, S.A., Bruxelles, 1971, p. 204 y s.s. afirma que hoy en día la pura concepción separatista está en crisis al mismo tiempo que se evoluciona hacia formas más participativas y se reconoce de forma unánime que dicho régimen puede ser extremadamente desfavorable e injusto para el cónyuge que carece de fortuna personal y no ejerce una actividad lucrativa propia, al mismo tiempo que precisa que ambos esposos lleven al día una contabilidad minuciosa, lo que no suele producirse normalmente. Asimismo, J. L. De Los Mozos: *Comentarios al Código civil y Compilaciones Forales* (dir. M. Albaladejo), T. XVIII, vol. 3°, Edersa, Madrid, 1985, p. 6, para quien no cabe duda de que habría chocado no sólo con la tradición jurídica en la que se asienta el Código Civil, sino con la propia conciencia social de la mayor parte de los españoles.

78 En el mismo sentido, E. Serrano Alonso, H. Campuzano Tomé, A. González González y J. Carbajo González: *Régimen económico del matrimonio,* Forum, Oviedo, 1996, p. 161.

79 V. L. Montes Penades: "El régimen", cit., p. 1.920; asimismo, L. Diez Picazo: *Sistema,* cit., p. 217 y ss., para quien, además, en el régimen de separación de bienes la falta de toda participación en ganancias hace de peor condición al cónyuge que carece de ingresos propios y que se dedica a la gestión doméstica, que en nuestro país es todavía mayoritariamente la mujer. En mi opinión, ello es precisamente lo que pretendía paliar el régimen de participación en las ganancias, donde a la disolución del mismo se produce una nivelación en las ganancias de los esposos

El cónyuge dedicado a sus labores, que colabora con su consorte en la ordenación de la economía conyugal, en el ahorro y en la inversión, y que colabora en mayor o menor medida en la producción de la ganancia (actual y mayoritariamente, la mujer), sólo ve reconocido parcialmente su derecho si demanda a su consorte la compensación establecida en el art. 1438 CC siempre que se dan los peculiares presupuestos para que los tribunales le otorguen la razón. Por el contrario, el cónyuge que se dedica al cuidado de la familia y del hogar y además participa en la economía familiar con el salario de su actividad profesional, no. No obstante, la razón de la existencia del art. 1438 CC es la de garantizar a los componentes de la relación matrimonial una cierta equidad y solidaridad porque la unidad conyugal, aun regida por régimen de separación de bienes, sigue siendo una unidad de trabajo y esfuerzo común de los esposos[80] que se justifica en la comunidad de vida y amor que debe ser el matrimonio.

Así las cosas, uno de los presupuestos indispensables que se exigen para la aplicación del art. 1438 CC es la extinción del régimen de separación de bienes ya sea por separación, divorcio, nulidad o muerte de uno de los cónyuges. No obstante, no procede la compensación si el período efectivo de convivencia conyugal lo fue bajo otros regímenes económicos y ello aunque el art. 1438 CC no haga ninguna referencia a esta cuestión; sólo se tiene en cuenta el período de tiempo en que los cónyuges estuvieron casados en régimen de separación de bienes pero no los períodos previos en que rigieran otros regímenes económicos. En consecuencia, tampoco se computan para compensación del art. 1438 CC los períodos de convivencia *more uxorio* porque no hay vínculo, ni régimen de separación de bienes y,

---

e implica un fortalecimiento de la solidaridad entre cónyuges en el régimen de participación dado que el haber partible no está únicamente compuesto por lo ganado con el esfuerzo común, sino también por los resultados de la adversa o próspera fortuna individual y se compagina perfectamente con la independencia de marido y mujer.

80 J. López Medel: "Familia y régimen", cit., p. 99. A su vez, J. M. Lete Del Rio: "Algunas consideraciones", cit., p. 119-120, destaca que no se trata únicamente de utilizar a la familia, y en concreto, el régimen económico matrimonial como instrumento de satisfacción y cumplimiento de los intereses individuales de sus miembros, sino de entender la familia como comunidad, sin desconocer por ello el valor de la persona. La familia ha de entenderse como comunidad, esto es, como portadora de un interés propio y superior al de los miembros que la componen, denominado *interés de la familia*. Asimismo, J. Castán Tobeñas: *Derecho civil*, cit., p. 24.

en puridad, no existen cónyuges, ni cargas ni matrimonio según señalan la SAP Burgos 30 junio 2010 (*Tol 1908178*) o la SAP Segovia 6 noviembre 2018 (*Tol 7014164*). Al efecto, la STS 16 diciembre 2015 (*Tol 5618274*) sí reconoció la pensión compensatoria del art. 97 CC, que dice, deriva únicamente de la situación de convivencia matrimonial y la norma del art. 1438 CC es una norma de liquidación del régimen de separación de bienes que no procede si éste (y el matrimonio que lo sustenta) no existe.

En los casos en que el matrimonio ha tenido escasa duración nos encontramos soluciones contradictorias en la jurisprudencia de las Audiencias Provinciales. Así, no la conceden, la SAP Burgos 30 junio 2010 (*Tol 1908178*), que no fija la compensación porque el matrimonio había durado tan sólo dos años y ocho meses; igualmente la SAP Murcia 5 enero 2016 (*Tol 5641870*) porque la duración del matrimonio fue de tan solo 1 año; o la SAP Valencia 4 julio 2013 (*Tol 5375429*) para la que tan sólo duró 4 años o la misma SAP Valencia 27 junio 2011 al apreciar que la dedicación a la familia tan sólo ha durado 3 años como igualmente señaló la SAP Alicante 14 abril 2011 (*Tol 2210790*) por los 3 años del caso enjuiciado. Por el contrario, otras Audiencias Provinciales sí la fijan pese a esa escasa duración, como la SAP Madrid 5 enero 2010 (*Tol 1806244*) porque la dedicación fue intensa pese a la brevedad del matrimonio y la SAP Zamora 12 noviembre 2019 (*Tol 7699689*), concedió la compensación pese a la escasa duración (2 años y 10 meses) del matrimonio.

4.3. El desempeño exclusivo y excluyente del trabajo para la casa como título para obtener una compensación en el momento de la finalización del régimen

A) El desempeño exclusivo

El Tribunal Supremo y la mayor parte de la jurisprudencia menor exigen el desempeño activo de los trabajos domésticos en dedicación plena y exclusiva para que tenga lugar el nacimiento del derecho a exigir la compensación establecida en el art. 1438 CC. En la importante STS 14 julio 2011 (*Tol 2185564*), el Tribunal Supremo sentó doctrina, por primera vez, estableciendo los presupuestos que habrían de concurrir para tener derecho a una compensación por el trabajo desempeñado en el hogar constante el régimen de separación de bienes y que, sucesivamente, han ido plasmándose en sentencias posteriores entre las cabe destacar la STS 26 abril 2017 (*Tol 6067400*).

Es, asimismo, significativa la STS 31 enero 2014 (*Tol 4111346*), que declaró que:

> "Basta con el dato objetivo de la dedicación exclusiva a la familia para tener derecho a la compensación" que establece el art. 1438 CC[81].

Así pues, se reconoce un derecho abstracto a la compensación por el hecho solo de haberse dedicado en exclusiva a las tareas del hogar o cuidado de la familia, en régimen de separación de bienes, sin tener en cuenta otra circunstancia distinta a la objetiva, como la obtención de un beneficio económico por el otro esposo o cuando todos los emolumentos del cónyuge demandado de compensación se hayan dedicado al levantamiento de las cargas familiares, lo que la sentencia denomina la inexistencia de "desigualdad peyorativa"[82]. Es más, se puede producir en ciertos casos, incluso, como ya hemos señalado, una situación de enriquecimiento del

---

81 *Vid.* P. Gutiérrez Santiago: "Paradojas", cit., p. 67, para quien siguen siendo muchos los pleitos en que parece bastar el alegato del cónyuge solicitante de la compensación de que no trabajó fuera, sino que se quedó en casa, para inferir sin más de ello, con escasísimo o nulo soporte probatorio, que efectiva y realmente trabajó en la casa —sin que obren en tal sentido datos objetivos, sólidos y relevantes, y al socaire de meras conjeturas, especulaciones o suposiciones sin fundamento cierto; y en la p. 84, la autora pone de manifiesto lo que ella denomina las "compensaciones descompensadas" y que "acontecerán al aplicar a rajatabla aquella otra parte de la doctrina jurisprudencial del Tribunal Supremo según la cual la compensación "resulta de una forma objetiva por el hecho de que uno de los cónyuges haya contribuido solo con el trabajo realizado para la casa" —STS 31 enero 2014 (ROJ 2014, 433), FD 2º—, con total independencia de que el otro cónyuge haya tenido o no "enriquecimiento" o aprovechamiento alguno de resultas de tal división de tareas y aportaciones. Habrá en concreto compensación descompensada —compensación opuesta a la idea de proporcionalidad en la contribución de cada cónyuge al sostenimiento de las cargas (art. 1438.2 CC)— cuando por virtud de la compensación decretada el cónyuge beneficiario reciba más de lo que le correspondería una vez que se pone en valor monetario su trabajo doméstico, por una parte, y, por otra, también lo que del otro percibió durante el matrimonio para gastos "privativos" suyos que, por rebasar sus necesidades personales, no pudieran contar como gastos o cargas del matrimonio, además de lo que aquel otro cónyuge pagó como costes del servicio doméstico, si lo hubiera habido. Si de compensación hemos de hablar con propiedad, esta tiene que ser la salida".

82 En igual sentido, A. L. Campo Izquierdo: "La compensación por el trabajo para la casa en régimen de separación de bienes (art. 1438 CC) desde la perspectiva del TS", *El Derecho.com*, disponible en https://elderecho.com/la-compensacion-por-el-trabajo-para-la-casa-en-regimen-de-separacion-de-bienes-art-1438-cc-desde-la-perspectiva-del-ts, [última consulta: 11/09/2023].

cónyuge solicitante de compensación cuando su consorte ha estado invirtiendo todos los ingresos obtenidos en atender los gastos familiares y no se ha enriquecido a costa de la dedicación del otro al hogar[83].

En el mismo sentido, posteriormente recoge este criterio de la "desigualdad peyorativa", la SAP Asturias 27 mayo 2022 (*Tol 9166160*).

Si bien es cierto que la exigencia de una dedicación exclusiva y excluyente a las tareas domésticas nunca fue un tema pacífico sino que ha generado discrepancias tanto en la doctrina[84] como en la jurisprudencia menor anterior a la STS 14 julio 2011 (*Tol 2185564*), que consideraba suficiente la actividad doméstica en régimen de dedicación mayoritaria compaginada con una actividad fuera del hogar, entendiendo que no se exige que aquella actividad en el hogar sea absoluta y exclusiva, bastando que sea predominante frente al otro cónyuge[85]; la postura del Tribunal Supremo confirmó su apoyo a la llamada interpretación literal hasta en otras tres ocasiones diferentes a través de las SSTS 26 marzo 2015 (*Tol 4839258*) y 14 abril 2015 (*Tol 4918101*), entendiéndose conforme a dicha jurisprudencia que la compensación únicamente se puede obtener cuando quien pretende constituirse en acreedor, ha realizado con exclusividad trabajo para la casa pero no cuando se han desarrollado además otras actividades, como el

---

83 Mejor entendimiento de la cuestión ha realizado la jurisprudencia menor en algunos casos: En este sentido se pronuncia la SAP Zaragoza 3 marzo 2009 (*Tol 1532016*), que señala que "... si como en el caso ha sucedido según lo que resulta de lo actuado, la esposa se dedicó al cuidado de la familia y los únicos ingresos que entraron en la casa fueron los obtenidos por el esposo, quien se los entregaba a aquélla para atender las cargas familiares, no constando, por otro lado, que el esposo se haya hecho durante el matrimonio con más bienes que los existentes con anterioridad al mismo, debe concluirse que la contribución de ambos cónyuges, uno con el trabajo fuera de la casa y la esposa con el trabajo dentro de ella, merece la misma valoración, y, por ello, que ninguna indemnización cabe fijar a favor de la Sra. Sacramento...".

84 *Vid.* A. Arrébola Blanco: "¿Un avance", cit., p. 2.

85 Y sin necesidad de probar la imposibilidad para trabajar: STS 14 marzo 2017 (*Tol 6001668*). Lo determinante para conceder la compensación, en algunos casos, ha sido la mayor aportación de un cónyuge al trabajo para la casa, en proporción muy superior al otro, por lo que es indiferente que el acreedor realice algún trabajo fuera de casa, sea a tiempo total o parcial: en este sentido, SAP Córdoba 11 noviembre 2002 (*Tol 263843*), SAP Asturias 2 marzo 2010 (*Tol 1832304*) y SAP Madrid 25 febrero 2005 (*Tol 8088270*), entre otras, todas ellas previas a la STS 14 julio 2011 (*Tol 21855664*).

ejercicio de trabajo o profesión a tiempo parcial o en jornada completa[86] excepto si se trata de la realización de trabajo no retribuido o en precario para la empresa familiar. Así la mencionada STS 26 marzo 2015 (*Tol 4839258*):

> "Es evidente que, con el paso del tiempo, el artículo 1438 ha dejado de tener el sentido que tuvo inicialmente, porque la sociedad ha cambiado a partir de un proceso de individualización y masiva incorporación de la mujer al mercado de trabajo y de un esfuerzo evidente en conciliar la vida familiar y laboral. Pero también lo es que no todos los ordenamientos jurídicos españoles admiten la compensación para el cónyuge que contribuye a las cargas del matrimonio con su trabajo en casa cuando la relación termina (Navarra, Aragón y Baleares) y que aquellos que establecen como régimen primario el de la sociedad de gananciales, que permite hacer comunes las ganancias, no impiden a marido y mujer convenir otro distinto, como el de separación de bienes, en el que existe absoluta separación patrimonial pero en el que es posible pactar con igualdad el reparto de funciones en el matrimonio y fijar en su vista los parámetros a utilizar para determinar la concreta cantidad debida como compensación y la forma de pagarla por la dedicación a la casa y a los hijos de uno de ellos, lo que no ocurre en aquellos otros sistemas en los que se impone como régimen primario el de separación de bienes y en el que, salvo pacto, no es posible regular convencionalmente aspectos de este régimen, como el de la compensación, que se establece en función de una serie de circunstancias distintas de las que resultan del artículo 1438 CC, como es el caso del artículo 232.5 del Código Civil de Cataluña en el que se tiene en cuenta el mayor trabajo de uno de los cónyuges para el caso ("sustancialmente"), así como el incremento patrimonial superior, o del artículo 12 de la Ley de la Comunidad Autónoma de Valencia en el que también se compensa el trabajo para la casa considerando como tal, no solo lo que constituye este trabajo específico, sino "la colaboración no retributiva o insuficientemente retribuida" que uno de los cónyuges preste al otro en el ejercicio de su actividad empresarial o profesional".

En esta línea la STS 25 noviembre 2015 (*Tol 5588405*), en la que el Tribunal Supremo mantiene su doctrina sobre que la dedicación a las tareas del hogar debe ser exclusiva pero no excluyente pese a que la esposa, muy adinerada, reclama a su cónyuge la compensación por trabajo doméstico, a pesar de que contaba con ayuda externa e incluso chófer. En su argumentación el Tribunal Supremo entiende que "la norma no discrimina entre el mayor o menor patrimonio de los cónyuges. Si la demandante hubiera realizado algún trabajo fuera del hogar, quedaría excluida del derecho y no tendría derecho a "nada". Por ello, este derecho a compensación existe con independencia del patrimonio del cónyuge acreedor y de que se encuentre o no en situación de necesidad.

---

86 Incluso se concede el derecho a la misma si esa dedicación exclusiva se compatibiliza con la ayuda ocasional del otro cónyuge o de tercera persona.

Nótese que esta doctrina jurisprudencial conlleva la aplicación objetiva y automática del art. 1438 CC, y que ha sido muy criticada por un sector de la doctrina[87].

Interesa al respecto, la STS 11 diciembre 2019 (*Tol 7653638*), que en su FJ 3 señala, aclara y asienta la misma doctrina jurisprudencial continuista frente a las posibles dudas interpretativas que dichas resoluciones podían haber suscitado en la decisión de algunas Audiencias Provinciales, matizando que:

> "El derecho a obtener la compensación por haber contribuido uno de los cónyuges a las cargas del matrimonio con trabajo doméstico en el régimen de separación de bienes requiere que habiéndose pactado este régimen, se haya contribuido a las cargas del matrimonio solo con el trabajo realizado para la casa. Se excluye, por tanto, que sea necesario para obtener la compensación que se haya producido un incremento patrimonial del otro cónyuge".
>
> "[...] exige que la dedicación del cónyuge al trabajo y al hogar sea exclusiva, no excluyente, (solo con el trabajo realizado para la casa), lo que impide reconocer, de un lado, el derecho a la compensación en aquellos supuestos en que el cónyuge que lo reclama hubiere compatibilizado el cuidado de la casa y la familia con la realización de un trabajo fuera del hogar, a tiempo parcial o en jornada completa, y no excluirla, de otro, cuando esta dedicación, siendo exclusiva, se realiza con la colaboración ocasional del otro cónyuge, comprometido también con la contribución a las cargas del matrimonio, o con ayuda externa, pues la dedicación se mantiene al margen de que pueda tomarse en consideración para cuantificar la compensación, una vez que se ha constatado la concurrencia de los presupuestos necesarios para su reconocimiento".

En la misma línea la STS 19 abril 2023 (*Tol 9519356*).

En definitiva, tan sólo se va a considerar el trabajo para el hogar contemplado en el art. 1438 CC según señalan las SSTS 14 julio 2011 (*Tol*

---

87 En este sentido, M. L. Moreno-Torres Herrera: "La compensación", cit., p. 3, en relación a la STS 14 julio 2011 (ROJ 2011, 4874), al preguntarse si esta doctrina significa que el cónyuge que haya obtenido los recursos económicos para la familia mediante una actividad laboral retribuida, debe satisfacer una cantidad de dinero al que se ocupó mientras tanto del trabajo doméstico, con independencia de si ello le reportó o no algún beneficio económico exclusivo. Lo cierto es que ambos cónyuges en este caso se han beneficiado recíprocamente de la actividad del otro, ambos contribuyeron al levantamiento de las cargas del matrimonio sólo que de distinta manera: uno mediante los recursos obtenidos a través de una actividad remunerada y el otro haciéndose cargo de los asuntos domésticos. Que esto sea así, no parece razón suficiente (más allá de la necesidad de revalorizar el trabajo en la casa) que justifique el reconocer automáticamente al cónyuge que se ocupó del hogar un derecho de compensación económica.

2185564) y 11 diciembre 2019 (*Tol 7653638*) e igualmente la SAP León 29 diciembre 2020 (*Tol 8350892*). Luego, el trabajo para el hogar es la única fórmula para la concesión de esta compensación.

a) Desempeño exclusivo debido a falta de voluntad de realizar un trabajo externo

En el caso del cónyuge que se dedica a la casa en exclusiva porque no ha querido desempeñar un trabajo externo, debe ser el otro cónyuge el que deba aportar necesariamente el efectivo para hacer frente a los gastos de la familia porque su consorte no ha querido realizar ninguna actividad externa a pesar de tener posibilidades de incorporarse al mercado de trabajo y obtener otros ingresos. Es un caso claro de falta de voluntad para ejercer una profesión u oficio y no de imposibilidad por cualquier causa justificada (atención hijos menores y/o dependientes, imposibilidad acceso al mercado laboral, enfermedad o discapacidad, etc.).

Aun así, el Tribunal Supremo en su STS 14 marzo 2017 (*Tol 6001668*), señala que, para ser acreedor de la compensación, el art. 1438 no exige que haya existido una imposibilidad probada y manifiesta para desempeñar un trabajo externo. Basta con el dato de no haberlo desempeñado externamente, por tanto, sí reconoce la compensación del art. 1438 CC en estos casos. Tampoco lo toma en consideración la STS 21 junio 2023 (*Tol 9629223*).

b) Desempeño exclusivo y compatibilización del cuidado del hogar con los estudios

Absurdamente, en el caso de compatibilizar la dedicación a la familia con el estudio de oposiciones o de unos estudios de grado los tribunales deniegan la compensación porque se dedica mucho tiempo a estos estudios. Así lo han señalado la SAP Madrid 29 junio 2018 (*Tol 6794542*), SAP Madrid 28 septiembre 2018 (*Tol 6970484*). Por el contrario, si se trata de algo esporádico, alguna asignatura suelta, etc., no habrá problema en su reconocimiento. No le pareció problemático al Alto Tribunal en la STS 12 julio 2023 (*Tol 9652165*) respecto de la esposa, que constante matrimonio obtuvo varios —muchos— títulos que la cualificaban profesionalmente.

En relación con otros supuestos:

c) Desempeño exclusivo y compatibilización con trabajo externo

La STS 26 marzo 2015 (*Tol 4839258*) aclaraba que la expresión: "solo con el trabajo realizado para la casa" exige que la dedicación del cónyuge doméstico sea exclusiva, no excluyente, lo que impide reconocer el derecho a la compensación en los casos en que el cónyuge doméstico hubiere compatibilizado el cuidado de la casa y la familia con la realización de un trabajo fuera del hogar, a tiempo parcial o a jornada completa.

Posteriormente la STS 14 abril 2015 (*Tol 4918101*), denegó la compensación porque la esposa trabajó en una de las empresas que administraba el esposo cobrando 800 euros, lo que era incompatible con el art. 1438 CC. Igualmente se pronunció la STS 25 noviembre 2015 (*Tol 5588405*).

Por tanto, ha sido reiterada la jurisprudencia del Tribunal Supremo y las Audiencias Provinciales en denegar la compensación cuando se compatibiliza el trabajo para la casa con un trabajo fuera de ella, porque la dedicación a la casa deja de ser exclusiva. Así la SAP Valencia 9 enero 2019 en que la esposa estaba de alta como autónoma. Igualmente, SSAP Alicante 11 septiembre 2015; Madrid 13 enero 2015, etc. Al hilo de ello, la STS 26 marzo 2015 (*Tol 4839258*) señalaba que:

> "Es evidente que, con el paso del tiempo, el artículo 1438 ha dejado de tener el sentido que tuvo inicialmente, porque la sociedad ha cambiado a partir de un proceso de individualización y masiva incorporación de la mujer al mercado de trabajo y de un esfuerzo evidente en conciliar la vida familiar y laboral".

Y es que la realidad social española según la información que proporciona la última Encuesta Nacional de Condiciones de Trabajo en el cómputo global del número de horas a la semana dedicadas al empleo principal y al trabajo no remunerado, son más largas las jornadas de trabajo de las mujeres que las de los hombres. Las mujeres dedican 63,6 horas semanales al trabajo remunerado + trabajo doméstico y los hombres 56,7 horas semanales de media (algunos menos). Los hombres dedican 14 horas a la semana al trabajo doméstico tanto si trabajan a tiempo parcial o a jornada completa, si es que realizan trabajo doméstico. Las mujeres incrementan a 30 horas a la semana el tiempo dedicado al trabajo doméstico cuando tienen jornada a tiempo parcial.

La progresiva incorporación de la mujer al mundo laboral, lejos de equipararla a su compañero la sitúa en la denominada doble —y agotadora— jornada femenina. La conciliación de la vida familiar y laboral supone para uno de los cónyuges (la mujer) un esfuerzo ímprobo y poco reconocido y en gran número de casos debe reducir su jornada laboral para compatibilizarlo todo y atender a la familia.

Aun así, la jurisprudencia del Tribunal Supremo ha insistido durante años en que si la labor doméstica se compatibiliza con un trabajo externo, no hay derecho a compensación, manteniendo la exigencia de que el cónyuge doméstico no realice ningún trabajo fuera del hogar, tal y como señalaba la STS 28 febrero 2017 (*Tol 5984421*) cuando consideró que no se daban los requisitos para la compensación en porque la esposa trabajaba para la casa, para su cónyuge y además ejercía una actividad retribuida por cuenta ajena: es decir, 3 en 1: un claro caso de sobreaportación absoluta de este cónyuge y una negativa radical del Tribunal Supremo a su esfuerzo. En igual sentido se pronunció más tarde la SAP Córdoba 5 noviembre 2019 (*Tol 7763538*): 3 en 1 y no se reconoce.

Igualmente, la STS 5 julio 2023 (*Tol 9640451*) en atención a que el régimen de separación solo duró dos años, la esposa ha venido trabajando por cuenta ajena, aun de forma irregular, y ha quedado acreditado que ha desempeñado actividad remunerada durante toda la vigencia del régimen de separación.

En la STS 12 julio 2023 (*Tol 9652165*), el tribunal inadmite el recurso de casación contra la SAP Badajoz 8 abril 2022 (*Tol 9093921*) que se aparta de esta línea jurisprudencial y reconoce que, pese a que la esposa ha prestado trabajo remunerado, ha realizado diversa formación académica y profesional, por lo que consta que salvo lo expuesto, la esposa se ha dedicado de forma exclusiva a la familia, y hogar, por ello se le reconoce la compensación limitada a los tiempos de dedicación exclusiva al hogar pues ha sacrificado su capacidad laboral, a favor del otro cónyuge; y considera que, "se debe excluir los periodos en que ha realizado trabajo fuera del hogar", por ello la fija la cuantía en atención a que "también ha colaborado el esposo en los cuidados de la hija menor". Una pena que el Tribunal Supremo no entrara en el fondo del asunto.

d) Desempeño exclusivo y compatibilización con un trabajo externo precario

Nos estamos refiriendo al caso de los trabajos mal remunerados, temporales, etc., bastante habituales en la práctica. Pese a ello, la jurisprudencia del TS ha mantenido una línea negativa al reconocimiento de la compensación al igual que las Audiencias Provinciales, así la SAP Córdoba 6 noviembre 2019 (*Tol 7776526*), deniega la compensación pese a la precariedad laboral (altas y bajas temporales) de la esposa solicitante.

Sin embargo, la SAP Madrid 15 febrero 2019 (*Tol 7109484*), excepcionalmente, reconoce la compensación porque se acreditó que el trabajo fue esporádico, precario y mal remunerado.

Sorprendentemente, la STS 13 enero 2022 (*Tol 8765167*) cambia su postura monolítica, da un giro bastante significativo y reconoce que la recurrente que no se ha dedicado en exclusiva al trabajo del hogar durante tres meses en los que trabajó como camarera por cuenta ajena, a tiempo parcial y los fines de semana con un salario entre 350 y 400 euros,

> "se puede considerar para aquilatar la cuantía de la compensación pero no para determinar la exclusión del derecho a su percepción cuando ha estado dedicada al cuidado de la casa y de los hijos durante más de 17 años".

Aquí el Tribunal Supremo se basa en la brevedad del trabajo externo y la intensa y prolongada dedicación a la familia, no de un trabajo precario propiamente. Por tanto, con esta nueva sentencia pudimos atisbar un rayo de esperanza en la evolución de la jurisprudencia del Alto tribunal que parece que se confirma en la STS 22 marzo 2023 (*Tol 9469381*) cuando tiene en cuenta a efectos de esta compensación, que deben reconocerse:

> "tanto los períodos en los que la esposa ha contribuido a las cargas familiares con el trabajo para la casa de forma plena, como aquellos en los que ha trabajado en el negocio familiar y que pondera en atención a que su dedicación durante estos períodos era parcial en atención a las circunstancias concurrentes.
>
> ... y que procede reconocer la compensación por el tiempo que la actora no desarrolló trabajo fuera del hogar, conforme al informe de vida laboral, y las bases de cotización, excluyendo el periodo que trabajó, al no constar que fuera precario".

e) Desempeño exclusivo y alternancia en el cuidado del hogar con trabajos remunerados externos

Si se da el caso de que el cónyuge doméstico que actualmente se dedica al cuidado del hogar pero con anterioridad realizó trabajos remunerados externos, nos encontramos en este punto con diversas posturas según las distintas Audiencias Provinciales. Por un lado, la SAP Sevilla 5 abril 2019 (*Tol 7450011*) denegó la compensación porque la esposa estuvo trabajando por cuenta ajena durante los primeros años de matrimonio y ampliando su formación universitaria cuando se encontraba en desempleo, por lo que entiende que no concurren los requisitos que exige la jurisprudencia del Tribunal Supremo.

Otras Audiencias Provinciales se apartan del criterio del Tribunal Supremo y sí conceden la compensación, aunque para su cálculo descuentan el período de actividad laboral, como la SAP Murcia 3 diciembre 2015 (*Tol 5620783*) entendió que los 591 días de actividad laboral de la esposa "se trata de un hecho puntual, carente de permanencia y estabilidad temporal, que no impide el reconocimiento de tal derecho compensatorio". La SAP Zaragoza 3 diciembre 2019 (*Tol 7765968*), sí reconoce la compensación porque la esposa, que trabajo durante los dos primeros años de matrimonio y, posteriormente, dejó el trabajo para dedicarse al cuidado del hogar.

En cambio, la SAP Murcia 20 septiembre 2018 (*Tol 6969681*), limita la compensación a los "períodos en que la esposa no desarrolló actividad laboral dedicándose exclusivamente al trabajo de la casa". En igual sentido la SAP Sevilla 6 octubre 2017 (*Tol 6537268*), que tan sólo computa los periodos en que no trabajó externamente para el cálculo de la indemnización.

Este ha sido el criterio seguido por la SAP Badajoz 8 abril 2022 (*Tol 9093921*). Aun así, en mi opinión, son precisamente esos períodos (en los que se compatibiliza el trabajo interno doméstico y el externo) en los que hay una verdadera sobreaportación del cónyuge doméstico y lejos de descontarlos es cuando se deberían computar precisamente y no aquellos en contribuyó tan solo en especie a las cargas del matrimonio como era su obligación.

f) Desempeño exclusivo y reducción de jornada para atender a la familia y al hogar

Según las estadísticas analizadas anteriormente[88] es lo que suelen hacer las mujeres para atender a los hijos y dependientes. Sin embargo, entiende la jurisprudencia que el trabajo a media jornada conlleva no cumplir con el requisito de exclusividad que exige el Tribunal Supremo, por lo que no habrá derecho a la compensación.

En este punto, diversas son las posturas que mantienen las Audiencias Provinciales. Por un lado, encontramos al respecto la SAP Jaén 10 enero 2019 (*Tol 7083705*), la deniega y analiza que ese trabajo a tiempo parcial externo no es consecuencia de una decisión conyugal para atender las necesidades de la familia o ahorrarse el gasto del servicio doméstico con sacrificio de los intereses personales de la esposa recurrente, además reco-

---

88 *Vid.* Disponible https://www.ine.es/ss/Satellite?L=es_ES&c=INESeccion_C&cid=1259925472488&p= 1254735110672&pagename=ProductosYServicios%2FPYSLayout¶m1=PYSDetalle¶m3=1259924822888, [consulta: 8/09/2023]. No hay datos más recientes.

noce que el esposo contribuyó en efectivo y la recurrente en especie (que además contaba con servicio doméstico) por lo que una vez extinguido el matrimonio nada se debe compensar. Por otro, la SAP Barcelona 23 enero 2020 (*Tol 7766065*), aplicando el art. 1438, sí valoró y reconoció la compatibilidad del trabajo externo y la dedicación a la familia de la esposa con períodos de excedencia voluntaria y períodos de reducción de jornada, precisamente para poder atender a su familia[89].

Por lo que respecta a nuestro Tribunal Supremo, desde la STS 14 julio 2011 (*Tol 2185564*), la compensación se ha otorgado exclusivamente cuando se ha trabajado "solo" para la casa, con la excepción que contempla la STS 26 abril 2017 (*Tol 6067400*) en la que se equiparó el trabajo para la casa con el trabajo para el otro cónyuge sin retribución o retribución insuficiente[90]. También en la STS 13 enero 2022 (*Tol 8765167*), reconoce el trabajo externo, aunque breve, de la esposa, así como la SAP Badajoz 8 abril 2022 (*Tol 9093921*).

g) Desempeño exclusivo y la excedencia voluntaria para cuidar de los hijos y el hogar

El solicitar una excedencia voluntaria temporal implica que se realizaba un trabajo externo, lo que excluye el derecho a la compensación de acuerdo con la jurisprudencia del Tribunal Supremo. No obstante, la SAP Badajoz 16 enero 2020 (*Tol 7754169*), apartándose de la jurisprudencia del Tribunal Supremo concluye que procede fijar la compensación en favor de la esposa, que pidió excedencia coincidiendo con el nacimiento de los

89 También las sentencias de las Audiencias Provinciales anteriores a la STS 14 julio 2011 (*Tol 2185564*), sí concedían la compensación: Así la SAP Albacete 17 mayo 2010 (*Tol 1878677*), entendió que, dado que la esposa trabajó a tiempo parcial y con trabajos mal remunerados, "cabe pensar que dedicó la mayor parte de la jornada al cuidado del hogar". La SAP Granada 29 mayo 2009 (*Tol 1602765*), reconoció a pesar de la limitada actividad laboral de la esposa, sus exiguos ingresos, pero aprecia mucha mayor entidad en la dedicación al cuidado de los hijos y la casa que el esposo, cuya dedicación fue nula (yo diría que nula en especie pero que algo debió aportar en efectivo para los gastos de la familia).

90 En este caso, la esposa en los primeros años de matrimonio, también trabajó unos años por cuenta ajena y pese a ello el Tribunal Supremo le reconoció la compensación (aunque digamos que en esta sentencia ese dato pasó más bien desapercibido porque el Tribunal Supremo estaba centrado en equiparar el trabajo para la casa con el trabajo para el otro cónyuge sin retribución o retribución insuficiente.

hijos, reincorporándose posteriormente al trabajo, pero tan sólo de los períodos en que se dedicó exclusivamente al trabajo doméstico.

h) Supuesto del cónyuge dedicado al cuidado de la familia pero que en los años o meses previos a la extinción desempeña una actividad laboral o profesional externa

De conformidad con la jurisprudencia del Tribunal Supremo el derecho a la compensación surge exclusivamente cuando se trabaja solo para la casa incluso cuando el cónyuge doméstico dedicado toda la vida al cuidado de la casa y los hijos y ya cuando estos son mayores, y unos años antes del divorcio emprende una actividad laboral. Sí lo reconoció la SAP Sevilla 10 enero 2013 (*Tol 3959024*) en los siguientes términos:

> "En el caso de autos, ha de estimarse acreditada la causa justificadora del reconocimiento de un derecho a la pretendida indemnización, pues, con independencia de que el matrimonio haya dispuesto de servicio doméstico en la vivienda habitual, la actora ha contribuido a las cargas del matrimonio con su trabajo en el hogar familiar, habiéndose dedicada al cuidado de los hijos durante toda la duración del matrimonio, y de forma exclusiva desde su celebración hasta después del nacimiento de sus cuatro hijos, constando su alta como autónoma en la Seguridad social en el año 2004, por lo que estimando que durante una parte importante del tiempo de vigencia del matrimonio la actora no ha contribuido de forma exclusiva y excluyente al levantamiento de las cargas del matrimonio con su trabajo en el hogar familiar, considera la Sala que debe moderarse la cuantía de la indemnización solicitada".

Posteriormente, el ATS 26 septiembre 2018 (*Tol 6823344*) señaló que no excluye la compensación el hecho de que la esposa haya estado dada de alta laboral un mes en la empresa de un amigo del marido y unos meses antes del divorcio. Pero un auto no hace jurisprudencia.

La evolución se ha producido con la STS 13 enero 2022 (*Tol 8765167*) comentada que reconoce la compensación pese a que la esposa desempeñó una actividad laboral externa como camarera tres meses antes del divorcio (por breve período) porque tuvo en cuenta que la esposa estuvo al cuidado de la casa y los hijos en exclusiva durante más de 17 años, y señala que es irrazonable y desproporcionado desatender a este dato.

i) Compatibilización de la atención a la familia con una actividad laboral sin retribuir

Curiosamente el Tribunal Supremo sí ha reconocido la compensación cuando el cónyuge doméstico ha realizado alguna actividad laboral o profesional sin retribuir en la STS 11 diciembre 2019, lo que no se entiende (o al menos no entiendo), porque en este caso la dedicación a la casa deja de ser exclusiva además de no retribuida e ilegal.

j) Compatibilización de la dedicación a la familia con una actividad retribuida sita en la vivienda familiar

Se deniega la compensación en los casos en que se determina que el cónyuge doméstico compatibiliza el cuidado del hogar con otras actividades artísticas, profesionales, etc. que le reportan una retribución y en tal sentido las Audiencias Provinciales equiparan estos trabajos al trabajo realizado fuera del hogar:

Concretamente la SAP Albacete 21 septiembre 2018 (*Tol 6978735*) señala que realizaba trabajos de confección de abalorios o regalos para comuniones, unas veces dada de alta y las más en la economía sumergida; o la SAP Sevilla 18 noviembre 2013 (*Tol 4135446*) que entiende que al contar con servicio doméstico y la esposa realizar actividades artísticas no puede acreditarse la real contribución a la las labores domésticas; o la SAP Castellón 3 noviembre 2011 (*Tol 2454904*) en que el cónyuge doméstico realizaba productos artesanales que posteriormente vendía:

> "el presupuesto necesario para el reconocimiento de la compensación se centra en la prueba al respecto de la desigualdad peyorativa antes indicada, en lo que se refiere a un especial desempeño en los trabajos domésticos, y a una significativa labor asistencial en favor de toda la familia, con exención de funciones, en este ámbito para el otro cónyuge, con lo que ello supone desde el punto de vista del sacrificio personal y material del primero.
>
> Desde la celebración del matrimonio y hasta la fecha de la interposición de la demanda de divorcio la demandante Dª J. no ha tenido una dedicación exclusiva al cuidado y atención de la familia y a la realización del trabajo doméstico en el hogar familiar, dado que la misma realizaba trabajos artesanales en su propia casa, procediendo posteriormente a la venta de los productos obteniendo así una compensación económica por el trabajo realizado. De ahí que no concurran los requisitos de la compensación prevista en el artículo 1438 del C.C. y la pretensión de la parte demandante no pueda prosperar".

En el caso enjuiciado por la SAP Castellón 22 octubre 2010 (*Tol 2030624*) porque lo compatibilizó con su profesión de pintora e impartir clases en su estudio aunque sus ingresos fueron "discretos":

> "si bien es cierto es que la Sra. O. se ha ocupado del cuidado de las hijas y del hogar con ayuda del servicio doméstico, no es menos cierto que ello se pudo compatibilizar con su profesión de pintora e impartir clases en su estudio, y, por otro lado, que junto al notable nivel de vida se adquirieron dos inmuebles —que se titulariza-

ron pro indiviso— sin duda gracias a los ingresos del Sr. D., pues como la propia Sra. O. plantea, sus ingresos y aportaciones han sido discretas.

Es decir, lo que haya podido aportar demás la Sra. O. en el hogar mientras su esposo trabaja en gran medida, puede entenderse compensado con lo disfrutado de un nivel de vida posible por los ingresos no de ella, más el hecho de ser doble titular en condominio inmobiliario. Es dudoso que la Sra. O. pudiera haber adquirido esos inmuebles con los rendimientos de su profesión.

Es solo posible —como se dijo— que la Sra. O. hubiere prestado más atención a su carrera profesional de no haberse sentido confiada por la 'vida arreglada' que podía augurar en un futuro compartido con su esposo, pero ello no puede suponer que deba ser compensado por ello ni por no haber invertido en potenciar sus propios recursos, aunque no otro cosa serían las exposiciones de su obra pictórica que según ellas eran costeadas por el esposo y de donde no se obtenían rendimiento apreciable. Otro tanto ocurre con su estudio de pintura del casco viejo de Oropesa. Es correcta la no apreciación de indemnización de la sentencia apelada".

k) Supuesto del cónyuge doméstico que formalmente figura como trabajador o administrador de una empresa pero no ejerce de facto

En estos casos, si el cónyuge doméstico que figura en alta por cuenta ajena o autónomo pero en realidad no realiza ningún trabajo fuera del hogar, bien porque esta situación convenga a los intereses fiscales del otro cónyuge: desgravarse gastos o porque el cónyuge doméstico obtenga una cotización para beneficios posteriores de cara a pensión, etc., "el alta en cuestión carece de virtualidad para denegar el derecho a obtener la compensación", porque la esposa nunca llegó a trabajar en el negocio (que, además, resultó que era del marido), según señala el Tribunal Supremo que hasta la STS 13 enero 2022 (*Tol 8765167*) no había resuelto esta cuestión.

B) El desempeño excluyente

La realización de las labores domésticas y el cuidado de hijos y dependientes no necesariamente requieren de la ejecución material y personal del cónyuge doméstico. Así lo señala la muy citada STS 19 diciembre 2019 (*Tol 7653638*) en su FJ 4 en relación con el caso enjuiciado, cuando entiende que pese a que la actora contó con 11 empleados para la atención de las tareas domésticas (dadas las dimensiones de la vivienda familiar, la capacidad económica de su esposo y la posición social que le brindó el matrimonio) que le dispensaba de la ejecución material de tan dignos trabajos, la esposa sí abordó las funciones de dirección, supervisión, control y coordinación necesarias para la buena marcha del hogar familiar durante la vigencia del matrimonio, así como la atención personalizada a las hijas comunes, susceptible de generar una compensación económica a la extinción del régimen de separación y señala al respecto que:

> "el trabajo para la casa no es excluyente, en el sentido de que impida beneficiarse de la compensación económica del art. 1438 del CC, por la circunstancia de que se cuente con ayuda externa"[91].

Una y otra vez nuestro Alto Tribunal se reitera en esta doctrina, que en mi opinión, genera un trato desigual al entender que la dedicación a las tareas del hogar y cuidado de la familia no precisa la ejecución material del trabajo doméstico, siendo suficiente su dirección y responsabilidad, esto es, las labores de dirección, administrativas o burocráticas dirigidas a una adecuada gestión de los intereses familiares[92], e insisto, aunque dichas tareas no se ejecuten materialmente por quien reclama como deudor tal compensación por contar con la posibilidad de servicio doméstico; si, según las circunstancias, el mero control del servicio doméstico y las atenciones a las relaciones sociales de la familia en según qué casos, así como la atención de los hijos, puede computarse como una labor susceptible de ser tenida en cuenta como contribución a las cargas matrimoniales[93] sufragada para mayor agravio por el cónyuge no doméstico, no acabo de vislumbrar el fundamento de tal compensación y, por el contrario, me parece que se está entregando carta blanca al enriquecimiento injustificado del cónyuge "director doméstico" o "gerente del hogar". Si bien es cierto que algunos pronunciamientos judiciales han excluido la compensación cuando la esposa dispuso de servicio doméstico[94] no así el Tribunal Supremo, que reconoce, aunque modera, el derecho a la compensación en favor de la esposa en su STS 25 noviembre 2015 (*Tol 5588405*)[95], FJ 3, pese a que contó con la ayuda inestimable del servicio doméstico e incluso de un chofer, pues a la postre, sobre ella recaía como se dice en el recurso,

---

91 En la misma línea se manifestaron las SSTS 25 noviembre 2015 (*Tol 5588405*) y 11 diciembre 2015 (*Tol 5595880*).

92 Mª. P. Montés Rodríguez: "El derecho", cit., p. 363.

93 V. Moreno Velasco: "Aspectos prácticos", cit., pp. 5-6. Para una parte considerable de la jurisprudencia existe una equiparación o equivalencia entre el desempeño de las tareas domésticas o trabajo para hogar y la dedicación a la familia, por ejemplo, llevar y traer los niños al colegio, acompañarles al médico para revisiones, vacunas, etc.

94 SAP Sevilla 27 abril 2007 (*Tol 1622591*).

95 STS 25 noviembre 2015 (*Tol 5588405*) y 11 diciembre 2019 (*Tol 7553638*), entre otras.

la "dirección del trabajo doméstico, el interés de la familia y el amor por la prole, que difícilmente forman parte de las tareas domésticas realizadas por el servicio doméstico". En el mismo sentido la SAP León 29 diciembre 2020 (*Tol 8350892*), a cuyo tenor:

> "sí procede la indemnización si el cónyuge solo trabajó para el otro cónyuge o para la familia o los negocios familiares de éste, sin retribución o con retribución inferior a condiciones de mercado".

Sin embargo, la SAP Alicante 10 junio 2010 (*Tol 20006753*) no reconoce la compensación si el servicio doméstico se ocupa de la totalidad de las tareas y el cónyuge demandante tan sólo supervisa y dirige; o la SAP Madrid 3 junio 2009 (*Tol 1759899*), entre otras. Otra visión acorde con el Tribunal Supremo encontramos en la SAP Córdoba 6 febrero 2004 (*Tol 360935*): "pues no todo lo que precisa una casa lo realiza el servicio doméstico que pueda tener, ni el personal que realiza este cometido, normalmente, está el día entero, ni todos los días", o la STSJ Cataluña 8 julio 2011 (*Tol 2237223*), que establece que contar esporádicamente con servicio doméstico no desvirtúa la dedicación al cuidado de la casa y de los hijos durante los diecisiete años de matrimonio.

Indudablemente la dirección de los trabajos de limpieza, el interés y amor por la familia es difícilmente sustituible por terceras personas, pero no le encuentro sentido a compensar las tareas domésticas a quien ni las realizó ni las sufragó porque entiendo que, en estos supuestos, el otro consorte que se hizo cargo de todos los gastos domésticos no carecía de interés y amor por la familia aunque no dirigiera el trabajo de los empleados domésticos a los que sí retribuyó.

C) La colaboración en el negocio "familiar"

La doctrina jurisprudencial del precepto que comentamos considera que la colaboración de un esposo en el negocio o actividad comercial o profesional de su consorte sin retribución o en condiciones precarias debe entenderse, igualmente, como trabajo para la casa. En tal sentido, la STS 26 abril 2017 (*Tol 6067400*), sentó doctrina en otro aspecto definitorio de este concepto señalando que:

> "la colaboración en actividades profesionales o negocios familiares, en condiciones laborales precarias, como es el caso, puede considerarse como trabajo para la casa que da derecho a una compensación, mediante una interpretación de la expresión 'trabajo para la casa' contenida en el art. 1438 CC, dado que con dicho trabajo

se atiende principalmente al sostenimiento de las cargas del matrimonio de forma similar al trabajo en el hogar".

Por su parte, en la STS 11 diciembre 2019 (*Tol 7653638*) se afirma, a su vez, que esta interpretación de la expresión normativa "trabajo para la casa", que se recoge en la citada STS 26 abril 2017 (*Tol 6067400*) no cercena la aplicación del art. 1438 del CC, cuando se trata de actividades profesionales o negocios familiares, en la medida en que con dicho trabajo también se atienda principalmente al sostenimiento de las cargas del matrimonio de forma similar al trabajo en el hogar y, por ello:

> "con este pronunciamiento, se adapta la jurisprudencia de esta sala, recogida entre otras en sentencias 534/2011, 135/2015, al presente supuesto en el que la esposa no solo trabajaba en el hogar sino que además trabajaba en el negocio familiar (del que era titular su suegra) con un salario moderado y contratada como autónoma en el negocio de su suegra, lo que le privaba de indemnización por despido, criterio que ya se anticipaba en sentencia 136/2017, de 28 de febrero que atiende para denegar el derecho a la compensación económica citada a que la realización de un trabajo fuera del hogar se haya realizado "por cuenta ajena".

Por su parte, en la STS 3 marzo 2021 (*Tol 8351033*) se afirma, que la expresión "trabajo para la casa" incluye actividades profesionales o negocios familiares (del que era titular su suegra) con un salario moderado "y contratada como autónoma en el negocio de su suegra, lo que le privaba de indemnización por despido…" lo que se consideró como condiciones precarias.

Luego la doctrina jurisprudencial entiende que si el trabajo para el otro cónyuge es precario, no se retribuye o se retribuye insuficientemente, debe reconocerse el derecho a la compensación de acuerdo con las ya citadas STS 26 abril 2017 (*Tol 6067400*), STS 11 diciembre 2019 (*Tol 7653638*) y STS 3 marzo 2021 (*Tol 8351033*)[96].

A no ser que el trabajo en la empresa familiar esté bien o moderadamente remunerado en cuyo caso, se denegó la compensación por la STS 14 abril 2015 (*Tol 4918101*) porque la esposa contratada percibía 800 euros o en el caso enjuiciado por la SAP Valencia 19 enero 2015 (*Tol 4791835*) en que se denegó porque la esposa estaba contratada en un estanco propiedad del marido por el que percibía un sueldo.

La STS 29 septiembre 2020 (*Tol 8120648*) no concede la compensación porque en este caso, el trabajo desarrollado por D. Benjamín en la far-

---

[96] Y la SAP León 29 diciembre 2020 (*Tol 8350892*), entre otras.

macia de su esposa fue retribuido con un salario adecuado, y similar al que luego obtuvo en las otras farmacias que lo contrataron después de la ruptura conyugal. Por tanto, el recurrido no trabajó prioritariamente en las tareas del hogar, ni fue retribuido precariamente, por lo que procede excluir la aplicación del art. 1438 CC.

D) La intensidad de la dedicación a la familia

En definitiva y pese a la STS 3 marzo 2021 (*Tol 8351033*), que apela a la realidad social actual (art. 3.1 del CC), no se atiende a la situación frecuente de quien ha trabajado con mayor intensidad para la familia (normalmente la mujer) que asumiendo la doble jornada —laboral y familiar— (lo que sucede en la mayoría de los hogares españoles), no ve reconocido su derecho a la compensación pese a su "intensa" contribución interna y externa a la familia compatibilizando y organizando su actividad laboral en función de las necesidades de la casa y la familia; aportando su salario al pago de los recibos y gastos y desempeñando las tareas domésticas y el cuidado de los hijos y otros familiares dependientes.

Porque la actual interpretación de la compensación del art. 1438 CC exige que uno de los cónyuges haya trabajado con mayor intensidad que el otro en el hogar, por lo que para obtenerla no basta con que uno de ellos haya realizado un trabajo —no retribuido o insuficientemente retribuido— en la empresa del otro, si no va acompañada de una dedicación preferente al trabajo doméstico.

La STS 13 enero 2022 (*Tol 8765167*), incluso precisa que debe tratarse de un trabajo sólo para la casa que denote esa intensidad.

Otra cuestión que tiene relevancia en este punto, son las consecuencias de que el otro cónyuge haya colaborado en mayor o menor medida en la atención de la familia. Pese a lo que se pueda suponer inicialmente, el hecho de que el otro cónyuge se haya dedicado, en la medida en que se lo permitía su trabajo externo, a la atención de la casa y la familia, no impide el reconocimiento de la compensación 1438 al cónyuge doméstico. Así la STS 25 noviembre 2015:

> "cuando se realiza con la colaboración ocasional del otro cónyuge comprometido también con la contribución (en especie diría yo) a las cargas del matrimonio"

Aunque —se matiza— esta ayuda pueda tomarse en consideración para la cuantificación de la compensación. No obstante, habrá que analizar cada caso concreto porque la dedicación a la familia puede ser nula, mínima, media e incluso igualitaria. Y pueden presentarse supuestos en los que exista equilibrio entre ambos cónyuges en la atención de las necesidades de la familia y las tareas domésticas. Es el caso enjuiciado por la SAP Madrid 29 junio 2018 (*Tol 6794542*), que determinó (además del incumplimiento de otros requisitos como la dedicación exclusiva porque trabajaba externamente), que el exmarido estuvo presente en la atención y crianza de los hijos por lo que no hubo por parte de la esposa, dedicación exclusiva sino semejante a la del exmarido. Asimismo, la SAP Madrid 1 diciembre 2016 (*Tol 5030620*), señaló que:

> "no se ha acreditado que dicho señor, en sus momentos libres, no se dedicase a atenciones directas con respecto a sus hijos y colaborara en un repartimiento de papeles dentro del matrimonio"

O la SAP Córdoba 21 diciembre 2017(*Tol 6544289*) que aunque reconoció la compensación, también se reconoció que el esposo se implicaba en las tareas domésticas y por tanto, la dedicación de la esposa no era exclusiva:

> "debemos destacar que durante el periodo de tiempo que el Sr. F. desempeñaba una actividad laboral (aproximadamente 5 años), no participaba en las tareas del hogar que eran asumidas exclusivamente por la Sra. E. Sin embargo, también hemos afirmado en los periodos en los que el Sr. F. se encontraba desempleado durante la vigencia del régimen de separación de bienes (aproximadamente 10 años), sí realizaba una participación en las tareas del hogar como ha reconocido su hijo en el acto del juicio. En la sentencia del Tribunal Supremo, antes citada, de 14 de marzo de 2017 se indicaba que el derecho a la compensación no se excluía cuando siendo exclusiva la dedicación, 'se realizase con la colaboración ocasional del otro cónyuge, comprometido también con la contribución a las cargas del matrimonio, o con ayuda externa, pues la dedicación se mantiene al margen de que pueda tomarse en consideración para cuantificar la compensación'. Por lo tanto, nos encontramos ante este último supuesto en el que la colaboración ha sido parcial y solamente referida a los periodos en que el esposo no desempeñaba actividad laboral que debe ser considerada para la cuantificación de la compensación y que viene referido a 10 de los 15 años de vigencia del régimen de separación de bienes. Por ello, procedería minorar la cuantía señalada en la sentencia con arreglo a este criterio en el que se valora la dedicación del esposo durante los periodos de tiempo que estuvo desempleado.
>
> Ahora bien, para resolver adecuadamente la cuestión planteada deben ser valoradas la totalidad de las circunstancias concurrentes en el caso que nos ocupa, respecto a la cual aparece una cierta orfandad probatoria. No obstante, sí podemos afirmar que nos encontramos ante una situación familiar que se encuentra por debajo de la situación media familiar española, en cuanto que sólo aparecen ingresos del Sr. F. durante un periodo de unos 5 años dentro de los 15 años de vigencia del régimen de separación de bienes. Tales ingresos, caben presumir que han sido destinados íntegramente a la contribución a las cargas familiares, es decir, no se trata de una contribución proporcional a los respectivos recursos económicos como presupone el artículo 1438 del Código Civil sino que posiblemente ha sido una aplicación íntegra,

en su totalidad. De esta manera el Sr. F. ha contribuido a las cargas familiares con todos sus ingresos y la Sra. E. ha contribuido con su dedicación plena a la familia sin que ello haya permitido tener un reflejo patrimonial positivo en el Sr. F. No es que no se haya producido un incremento patrimonial en favor del Sr. F., es que no se podía producir este incremento patrimonial dada las muy limitadas circunstancias económicas que hemos expuesto".

5. La corrección comunitaria operada en un régimen de separación de bienes

Tras lectura y análisis de los pronunciamientos judiciales enunciados, únicamente es posible entender la doctrina jurisprudencial sobre la finalidad del art. 1348 CC en clave de indemnización al cónyuge por los desvelos en pro de la familia que permiten, que una vez disuelto el régimen de separación de bienes pueda instarse una reclamación en concepto de compensación por trabajo doméstico además del pago de la pensión compensatoria en un régimen disociativo libremente pactado. En consecuencia, la aplicación del art. 1348 CC supone un remedio para compensar los desvelos del cónyuge que se dedica a la familia frente a un régimen tan insolidario[97]; y por esta vía se pretende comunicar parte de las ganancias del otro esposo desvirtuando, en mi opinión, la esencia de este régimen económico matrimonial. Posteriores sentencias consolidan a día de hoy la opinión que desde hace una década manifestó por vez primera nuestro Tribunal Supremo acerca de cómo debía entenderse la compensación por el desempeño del trabajo doméstico en relación al controvertido entendimiento del art. 1438 CC, respecto de quienes sometan la economía de su matrimonio a las disposiciones del régimen de separación de bienes.

5.1. La exclusión del desequilibrio patrimonial

El trabajo para la casa dará derecho a obtener una compensación que el Juez señalará, a falta de acuerdo, a la extinción del régimen de separación, de acuerdo con el art. 1438 CC[98]. En mi opinión, esta compensación del

---

97 L. Diez Picazo: *Sistema,* cit., p. 217 y ss., para quien, además, en el régimen de separación de bienes la falta de toda participación en ganancias hace de peor condición al cónyuge que carece de ingresos propios y que se dedica a la gestión doméstica, que en nuestro país es todavía mayoritariamente la mujer.

98 En opinión J. L. Lacruz Berdejo: *Elementos de Derecho Civil,* tomo IV, Bosch, Barcelona, 1990, p. 269, este precepto permite paliar los rigores del régimen de se-

trabajo doméstico, de la dedicación a la familia, en definitiva, que dicho precepto regula supone una corrección comunitaria impropia de un régimen disociativo libremente elegido por los cónyuges[99]. El fundamento aducido por la jurisprudencia y que critica la doctrina, puede sintetizarse en que lo que se compensa es la prestación gratuita del trabajo doméstico, sin la exigencia de que se haya producido ningún desequilibrio patrimonial o, en otras palabras, un incremento patrimonial del otro cónyuge, como consecuencia del mismo. Esta doctrina ya fue establecida por la histórica STS 14 julio 2011 (*Tol 2185564*), que señaló que:

> "El derecho a obtener la compensación por haber contribuido uno de los cónyuges a las cargas del matrimonio con trabajo doméstico en el régimen de separación de bienes requiere que, habiéndose pactado este régimen, se haya contribuido a las cargas del matrimonio solo con el trabajo realizado para la casa. Se excluye, por tanto, que sea necesario para obtener la compensación que se haya producido un incremento patrimonial del otro cónyuge"[100].

---

paración de bienes al reconocer el valor del trabajo para la casa, evitando así que el cónyuge que ha dedicado sus esfuerzos al trabajo doméstico no obtenga recompensa alguna una vez liquidado el régimen matrimonial. A juicio de este mismo autor en *Elementos de Derecho Civil*, tomo IV, Familia, Dykinson, Madrid, 2010, p. 262, sobra la compensación adicional presuntiva y falta un reconocimiento expreso de derecho a una compensación, cuando la función realizada por el cónyuge excede de la dedicación del hogar para su presunción, lo que sirve para exonerarle de la contribución dineraria con independencia de cómo se desarrolle la contribución fáctica.

99 Así lo entendió la SAP Córdoba 11 noviembre 2002 (*Tol 263843*). Este precepto ha sido muy criticado por la doctrina, así, J. A. Torres Lana: "Artículo 1438", en *Código Civil. Doctrina y Jurisprudencia*, (dir. J. L. Albácar López), Trivium, Madrid, 1991, p. 1.073, se muestra muy crítico con este precepto al considerar, como indica la cita sentencia de Córdoba, que "introduce un elemento anómalo" en la regulación del régimen de separación de bienes, ya que o bien es "una manifestación comunitaria, lo que contradice la idea motriz del régimen", o bien se trata de un salario devengado y no cobrado, "lo que contradice los principios de cualquier régimen económico matrimonial". Asimismo, A. L. Rebolledo Valera: *Separación*, cit., p. 435, entiende que aunque la finalidad de la norma pudiera ser adecuada, no lo es en cuanto al medio empleado porque, por una parte, en el régimen de separación de bienes debe pactarse y por tanto los cónyuges pueden establecer en las capitulaciones los pactos que crean convenientes para corregir los efectos perjudiciales para uno de ellos, de la liquidación del régimen de separación absoluta de bienes.

100 *Vid.* asimismo, en esta línea las SSTS 31 enero 2014 (*Tol 4111346*), 5 mayo 2016 (*Tol 5716443*), 14 de marzo 2017 (*Tol 6001668*) y 11 diciembre 2019 (*Tol 7653638*).

Posteriormente, se reiteró esta doctrina en otras SSTS 31 enero 2014 (*Tol 4111346*); 26 marzo 2015 (*Tol 4839258*); 14 abril 2015 (*Tol 4918101*); 25 noviembre 2015 (*Tol 5588405*); 11 diciembre 2015 (*Tol 5595880*) y 28 febrero 2017 (*Tol 5984421*), que excluyeron la exigencia del enriquecimiento del deudor que debe pagar la compensación por trabajo doméstico, y concretamente, las SSTS 14 marzo 2017(*Tol 6001668)* y 11 diciembre 2019 (*Tol 7653638*) al señalar que el requisito de subordinar la compensación económica a la circunstancia de que el otro cónyuge se hubiera enriquecido durante la vigencia del régimen de separación fue suprimido del proyecto de ley remitido por el gobierno en la redacción del art. 1438 CC. En el mimo sentido se pronuncia la SAP León 29 diciembre 2020 (*Tol 8350892*).

Por su parte, la STS 11 diciembre 2019 (*Tol 7653638*), señaló que pese a que:

> "El trabajo para casa se hace de forma gratuita, sin percepción de ningún salario a cargo del patrimonio del otro consorte, pero ello no significa que no sea susceptible de generar una compensación, al tiempo de la extinción del régimen económico matrimonial, que no supone una adjudicación de bienes, sin perjuicio de que, por acuerdo entre las partes, se pueda indemnizar de tal forma"[101].

Me parece conveniente señalar en este apartado, que en los casos de "sobreaportación" o "sobrecontribución" del cónyuge doméstico que se ve obligado a reducir su jornada para compatibilizarla con la dedicación a la familia o que compagina su jornada completa con la realización de las tareas domésticas y el cuidado de los suyos, con independencia de que pueda solicitar la pensión compensatoria del art. 97 CC, según hemos reiterado, sufre respecto de la aplicación del art. 1438 CC, un agravio comparativo gravísimo pues la jurisprudencia es constante en denegarle la compensación por trabajo doméstico y, por el contrario, sí concede a aquel cónyuge, que sin sobreaportar se limita a contribuir al levantamiento de las cargas del matrimonio y la familia con su desempeño en especie. En este sentido,

---

[101] Téngase en cuenta, asimismo, que la STS 11 diciembre 2019 (*Tol 7653638*), observa que "se ha empleado de forma gráfica, para conceptuar tal derecho de compensación, la expresión de *salario diferido*...si bien en estricta técnica jurídica no es tal, pues no estamos ante la retribución de una relación de trabajo dependiente y subordinada", y que, en mi opinión no parece nada adecuada en el seno de una relación conyugal. Igualmente, se puede intuir de las más recientes como las SSTS 21 junio 2023 (*Tol 9629223*), 5 julio 2023 (*Tol 9640451*) y 12 julio 2023 (*Tol 9661124*), entre otras.

interesa el razonamiento impecable de la SAP Huelva 13 octubre 2020 (*Tol 8249487*) cuando señala que:

> Si existe un régimen de separación y ambos cónyuges deben contribuir con su propia capacidad económica, aun cuando en este caso quien no realiza actividad retribuida lo haga mediante su industria o su actividad doméstica y en menor proporción, una parte de ella se ha de considerar hecha como contribución a los gastos familiares o del matrimonio y solo otra parte pueda considerarse un remanente o ahorro que da base a la aplicación del artículo 1438".

5.2. La finalidad indemnizatoria de la compensación

Según afirma la STS 11 diciembre 2019 (*Tol 7653638*), FJ 4, el reconocimiento de la compensación del art. 1438 CC en el caso enjuiciado se concede como indemnización liquidatoria del régimen de separación de bienes y ello pese a que el Tribunal reconoce en párrafo anterior:

> "Ello no significa que la demandante no tenga derecho a una compensación del art. 1438 del CC, que no cuestiona el demandado. En efecto, la diferencia entre la capacidad económica entre ambos litigantes es tan abismal, que la aportación proporcional de la esposa a las cargas del matrimonio sería muy escasa, con lo que su dedicación exclusiva al hogar requiere una compensación pecuniaria".

Luego si su contribución a las cargas del matrimonio es tan escasa ¿qué se le retribuye o compensa? Me debo plantear que pese a las afirmaciones de nuestro Tribunal Supremo, esta compensación verdaderamente se articularía, en aras de la equidad[102], como un mecanismo corrector del *desequilibrio patrimonial* injustificado o de salvaguarda de la desigualdad pa-

---

[102] Destacan en este sentido algunas sentencias de las Audiencias Provinciales como la SAP Murcia 5 mayo 2009 (*Tol 6758389*): "para una adecuada hermenéutica de la norma, insoslayable para concretar sus requisitos de viabilidad, su alcance y la forma de determinar y articular la compensación, devenga imprescindible examinar la razón de ser del precepto, que no es más que una nueva plasmación de dos principios esenciales en materia de familia, de una parte, el de corregir siempre los perjuicios que para uno de los convivientes ha supuesto la dedicación a la familia, y otro el de igualdad del art. 14 CE"; la SAP Alicante 10 junio 2010 (*Tol 2006753*) que establece: el fundamento de la indemnización prevista en el citado precepto no es otro que el de resarcir al cónyuge que, en el régimen de separación de bienes, se dedica a los trabajos propios de la casa, y no participa de las ganancias que el otro va generando con su actividad profesional, al quedar éste liberado en gran medida de aquellos, permitiéndole de esta forma proyectar su tiempo y esfuerzo en dicha actividad.

trimonial que provoca entre los cónyuges el cese definitivo de la vida marital. Esta es la línea seguida por cierta doctrina y jurisprudencia menor que parece haberse superado en los últimos años, por los pronunciamientos de las SSTS 11 diciembre 2015 (*Tol 5595880*) y 14 marzo 2017 (*Tol 6001668*), entre otras muchas. Sin embargo, de acuerdo con la STS 3 marzo 2021 (*Tol 8351033*), la regla sobre compensación contenida en el art. 1438 CC, está dirigida a mitigar la desconsideración de que es objeto en el régimen de separación el cónyuge que se dedica de forma exclusiva al trabajo para la casa (y que pudo responder en su origen al presupuesto de quien solo se había dedicado al hogar y no había realizado ninguna suerte de actividad remunerada).

Igualmente, la SAP Valencia 11 mayo 2022 (*Tol 9167122*) considera esta aportación pasada a la familia como un prestación susceptible de cuantificación económica que ostenta un valor estimable al tiempo de proceder a la liquidación del régimen económico de separación, aunque exige que se acredite la exclusiva dedicación a la familia —contribución al levantamiento de las cargas del matrimonio— por parte del recurrente durante y hasta la extinción del matrimonio, por lo que, no habiéndose acreditado, estima que no concurre título que le habilite para obtener la compensación pretendida en la demanda.

Matiza, no obstante, esta cuestión la SAP Huelva 13 octubre 2020 (*Tol 8249487*) cuando afirma que:

> "Habrá de hacerse una corrección derivada además de la circunstancia de que es obligada la participación de la actora en la contribución de las cargas del matrimonio, y no teniendo otros medios para ello (salvo los percibidos en los periodos de actividad retribuida), es lógico que parte de su trabajo sea computado también a ese fin. La compensación económica, en definitiva, no debe recoger la totalidad de la actividad prestada sino solo aquella parte que pueda entenderse un exceso sobre la contribución debida. Entendemos que la causa de la norma justifica que sea solo una proporción de una actividad laboral por jornada y tiempo completo la que sea objeto de compensación.
>
> No comparte, pues, la Sala la forma en que ha hecho el cálculo de la citada indemnización la parte recurrente, que entiende que ha de ser equivalente al salario mínimo interprofesional durante todos los años en que ha durado el matrimonio, dando por sentado así que la actividad fue completa y que además toda la cantidad percibida habría sido ahorrada, sin contribuir al sostenimiento ordinario de la familia. Si existe un régimen de separación y ambos cónyuges deben contribuir con su propia capacidad económica, aun cuando en este caso quien no realiza actividad retribuida lo haga mediante su industria o su actividad doméstica y en menor proporción, una parte de ella se ha de considerar hecha como contribución a los gastos familiares o del matrimonio y solo otra parte pueda considerarse un remanente o ahorro que da base a la aplicación del artículo 1438".

6. Cuantificación de la compensación del art. 1438 CC

El legislador no ha contemplado ninguna norma que regule esta cuestión, por lo que carecemos de indicaciones legales que nos ayuden en la determinación de la cuantía a la que va a tener derecho el cónyuge doméstico, por lo que debemos recurrir a la jurisprudencia. El Tribunal Supremo se ha pronunciado en varias ocasiones al respecto. En la STS 14 julio 2011 (*Tol 2185564*) señaló que la cuantía debe fijarla el juez. Posteriormente se ha pronunciado en otras sentencias como la STS 25 noviembre 2015 (*Tol 5579658*):

> "Nada dice la norma sobre cómo debe hacerse esta compensación económica por lo que deberá el Juez valorar todas estas circunstancias y procurar hacerlo de una forma ponderada y equitativa a la extinción del régimen económico matrimonial teniendo en cuenta dos cosas: primera que no es necesario para obtenerla que se haya producido un incremento patrimonial de uno de los cónyuges, del que pueda ser participe el otro, y, segunda, que lo que se retribuye es la dedicación de forma exclusiva al hogar y a los hijos, dentro de la discrecionalidad que autoriza la norma; circunstancias todas ellas que permiten concretar la compensación en la cifra de doscientos cincuenta mil euros, atendiendo a los años de convivencia y al apoyo que la esposa ha tenido de terceras personas en la realización de tales menesteres, sin que la situación patrimonial que pretende hacer valer el esposo sea óbice para ello".

En la misma línea, la STS 5 mayo 2016 (*Tol 5716443*), el Tribunal Supremo señaló que no era posible dictar una doctrina jurisprudencial que resolviera las dudas en orden a determinar la cuantía de esta compensación regulada en el art. 1438 CC porque la ponderación de todas las circunstancias concurrentes debía quedar a la discrecionalidad del juez. Todo ello va a dar lugar a varios criterios para el cálculo de la misma.

Así la STS 26 septiembre 2018 (*Tol 68304557*) mantuvo los mismos argumentos que la citada STS 25 noviembre 2015 (*Tol 5579658*) y que por no duplicar reproducimos ahora:

> La forma de determinar cuantía de la compensación ofrece algunos problemas. En la sentencia de esta Sala de 14 de julio de 2011 se dijo que el artículo 1438 CC se remite al convenio, o sea a lo que los cónyuges, al pactar este régimen, puedan establecer respecto a los parámetros a utilizar para fijar la concreta cantidad debida y la forma de pagarla. Ahora bien, esta opción no se utiliza, como sería deseable, ni se ha utilizado en este caso por lo que entonces será el juez quien deba fijarla, para lo cual el Código no contiene ningún tipo de orientación que no sea la que resulta de una norma especial en el marco del régimen económico matrimonial de separación de bienes y no del de participación de los artículos 1411 y siguientes del Código Civil. Una de las opciones posibles es el equivalente al salario mínimo interprofesional o la equiparación del trabajo con el sueldo que cobraría por llevarlo a cabo una tercera persona, de modo que se contribuye con lo que se deja de desembolsar o se ahorra

por la falta de necesidad de contratar este servicio ante la dedicación de uno de los cónyuges al cuidado del hogar. Sin duda es un criterio que ofrece unas razonables y objetivas pautas de valoración, aunque en la práctica pueda resultar insuficiente en cuanto se niega al acreedor alguno de los beneficios propios de los asalariados que revierten en el beneficio económico para el cónyuge deudor y se ignora la cualificación profesional de quien resulta beneficiado. Pero nada obsta a que el juez utilice otras opciones para fijar finalmente la cuantía de la compensación, teniendo en cuenta que uno de los cónyuges sacrifica su capacidad laboral o profesional a favor del otro, sin generar ingresos propios ni participar en los del otro» (STS nº 614/2015, de 25 de noviembre, citada por SSTS nº 185/2017, de 14 de marzo y 257/2017 de 26 de abril)".

En la STS 11 diciembre 2019 (*Tol 7653638*) se matiza que el Código civil no exige dicho requisito, ni fija ningún tope cuantitativo a la compensación económica procedente:

"El Código civil no exige dicho requisito, ni fija ningún tope cuantitativo a la compensación económica procedente... En consecuencia este tribunal asumiendo la instancia considera que, en atención a una valoración equitativa de los trabajos de coordinación cualificados para la casa prestados por la demandante, durante los diez años del matrimonio, a razón de unos 7000 euros netos al mes, arroja la suma final de 840.000 euros, que consideramos procedente como indemnización liquidatoria del régimen de separación de bienes, que regía el matrimonio de los litigantes, ponderando además los otros elementos de juicio antes considerados, como donaciones recibidas ...nivel de vida que disfrutó, pensión compensatoria de 75000 euros al mes durante cinco años, para cuya fijación se valoraron también sus expectativas profesionales".

6.1. Métodos de cuantificación

De los varios métodos de cuantificación que utilizan nuestros tribunales para la cuantificación de la compensación, no podemos concluir, ni legal ni jurisprudencialmente, que existe preferencias en favor de unos u otros[103].

A) El acuerdo conyugal

El acuerdo entre cónyuges, aunque poco probable, será el primer parámetro a considerar en relación con esta cuestión, pero habrá que atender al principio de igualdad a que se refiere el art. 1328 CC. La STS 24 junio

---

103 En el mismo sentido, A. J. Pérez Martín: *La liquidación del régimen de separación de bienes*, Lexfamily, Córdoba, 2020, p. 106.

2015 (*Tol 5191042*), refiriéndose a los pactos prematrimoniales, afirma que:

> "No existe prohibición legal frente a los denominados pactos prematrimoniales, debiendo ponerse el acento en los límites a los mismos, que están en la protección de la igualdad de los cónyuges y en el interés de los menores, si los hubiere, pues, no en vano, el art. 90.2 del C. Civil establece como requisito para los convenios reguladores, aplicable por analogía en ese caso, para su aprobación, que no sean dañosos para los menores o gravemente perjudiciales para uno de los cónyuges".

El Código Civil, contempla la posibilidad de que los cónyuges no solo estipulen sino que incluso modifiquen o sustituyan el régimen económico matrimonial (art. 1325 CC), pero siempre respetando aquellas normas de carácter imperativo existentes en la regulación de cada uno de los regímenes matrimoniales y, en cualquier caso, las normas que componen el conocido como régimen económico matrimonial primario (arts. 1315 a 1324 CC)[104]. Tratándose de cónyuges sometidos al régimen de separación de bienes es admitida la posibilidad de modulación de la compensación económica por razón del trabajo, es decir, de que se pacte mediante acuerdo prematrimonial las circunstancias a tener en cuenta para su exigibilidad, y, asimismo, la cuantía o las bases a través de las cuales calcular la misma, como señala la SAP Álava 25 abril 2002 (*Tol 317831*).

La doctrina se muestra partidaria, incluso, de una posible renuncia a tal compensación económica en el pacto prematrimonial, "siempre que se respeten los límites consabidos, de forma tal que siga existiendo proporcionalidad. Tal renuncia no conllevaría, a priori, un enriquecimiento injusto, pensado para las relaciones estrictamente patrimoniales y no para las familiares, que tienen una causa específica —*causa matrimonii*— que fundamenta gran parte de los acuerdos entre los cónyuges y que no es estrictamente onerosa o gratuita; el art. 1438 CC se encuentra, además, en sede de separación de bienes y ello lo convierte, por tanto, en disponible —puede ser excluido—[105].

La STS 14 julio 2011 (*Tol 2185564*), señaló que los cónyuges, al pactar el régimen de separación, pueden, asimismo, fijar la cuantía de la compensación. Más recientemente, la STS 13 marzo 2023 (*Tol 9459869*) señala que:

---

104 *Vid.*, en esta materia, M. García Mayo: "Los pactos en previsión de una ruptura familiar", en *Las crisis familiares. Tratado práctico interdisciplinar*, (dir. J. R. De Verda), Tirant lo Blanch, Valencia, 2021, pp. 366 y ss.

105 *Ibidem.*, p, 367.

"En el caso que debemos resolver, la renuncia por los futuros esposos a los derechos y acciones que pudieran corresponderles en el momento de divorcio se introdujo de manera preventiva en unas capitulaciones matrimoniales, junto al contenido típico referido al establecimiento de un régimen económico matrimonial de separación de bienes (art. 1325 CC). Nos encontramos por tanto ante unos pactos en previsión de una crisis matrimonial, plenamente admisibles como negocios de familia siempre que se cumplan los requisitos de los contratos (en especial, art. 1261 CC) y que respeten los límites infranqueables que resultan de la Constitución y del resto del ordenamiento (arts. 1255 y 1328 CC), en el entendido de que el orden público como límite a la autonomía de la voluntad para la ordenación de los efectos de la crisis matrimonial se identifica sustancialmente con los principios y valores constitucionales. Así, señaladamente, los pactos no pueden romper la igualdad jurídica en la posición de los esposos, dando lugar a situaciones de sumisión en lo personal o en lo patrimonial, ni excluir la libertad personal de permanecer o poner fin a la relación matrimonial (art. 32 CE), ni ser contrarios al interés de los hijos menores (art. 39 CE). Tampoco pueden contravenir normas imperativas, como la renuncia a alimentos futuros, cuando procedan. En la regulación del Código civil la compensación por desequilibrio y la compensación por el "trabajo para la casa" tienen carácter disponible, tanto en su reclamación, que puede renunciarse, como en su configuración. Ambas se conceden solo a petición de parte y su determinación judicial debe hacerse teniendo en cuenta los acuerdos a que hubieran llegado los cónyuges (art. 97 CC, para la compensación por desequilibrio), o a falta de acuerdo entre los cónyuges (art. 1438 CC, para la compensación por el trabajo doméstico). Los acuerdos sobre estos derechos, y en particular, los que incluyen su renuncia, pueden formar parte de convenios reguladores de la crisis matrimonial. Partiendo del respeto a la autonomía de la voluntad de los cónyuges, la validez de sus acuerdos exige la formación libre del consentimiento. En el caso, no se ha denunciado por la esposa ningún vicio del consentimiento ni tampoco cabe presumir una relación de superioridad del futuro esposo respecto de ella que diera lugar a que su consentimiento no fuera libremente formado y emitido. Partiendo por tanto de un consentimiento libre y consciente, en el caso debemos rechazar que pueda apreciarse, por el contenido del pacto y su objeto, referido a derechos patrimoniales disponibles, algún límite a la autonomía privada que permita considerar que es lesivo. Como hemos dicho, para ello no es suficiente que en el momento de la disolución del matrimonio concurran los presupuestos para el reconocimiento de los derechos a que se ha renunciado, porque precisamente esa es la finalidad del pacto que los futuros esposos quisieron libremente por entender que así convenía a sus intereses".

B) El coste real del servicio doméstico

El coste económico que supondría contratar a una tercera persona para las tareas de limpieza del hogar es otro de los criterios utilizados por nuestros tribunales para cuantificar la compensación analizada. Para ello, se debe considerar no sólo el salario mensual del empleado doméstico que puede incluso ser superior al salario mínimo, sino calcularlo en función de las horas y días a la semana o al mes que desempeña esta tarea, así como los costes sociales por cotización a la Seguridad Social de su contratación, porque todo ese desembolso se ahorra la familia si uno de los cónyuges desempeña estas tareas.

La ya citada STS 14 julio 2011 (*Tol 2185564*) señaló que:

> "El art. 1438 CC se remite al convenio, o sea que los cónyuges, al pactar este régimen, pueden determinar los parámetros a utilizar para fijar la concreta cantidad debida y la forma de pagarla. Sin embargo, en este caso no se utilizó esta opción y entonces será el juez quien deba fijarla, para lo cual el Código no contiene ningún tipo de orientación.
>
> La sentencia recaída en primera instancia en este procedimiento señaló una cantidad a la que había llegado después de aplicar los criterios que se reproducen ahora: 'en función del sueldo que cobraría por realizar el trabajo una tercera persona, de modo que se contribuye con lo que se deja de desembolsar o se ahorra por la falta de necesidad de contratar servicio doméstico ante la dedicación de uno de los cónyuges al cuidado del hogar'. Esta es una de las opciones posibles y nada obsta a que el juez la utilice para fijar finalmente la cuantía de la compensación, por lo que se admite en esta sentencia".

La SAP Murcia 20 septiembre 2018 (*Tol 6969681*) valoró como criterio de cuantificación un salario muy superior al salario mínimo, abonado al empleado doméstico tomando como referencia es nivel económico del matrimonio. Y la SAP Sevilla 8 marzo 2022 (*Tol 9153189*) considera que:

> "para determinar su cuantía habrá de tenerse en cuenta que ha contado con ayuda externa de una empleada doméstica y jardinero y que la duración del matrimonio, excluyendo los periodos de convivencia no matrimonial ha sido de menos de cuatro años...tomando como referencia aproximada el 50% del salario de una empleada de hogar".

La SAP Córdoba 3 diciembre 2019 (*Tol 7918838*), sí que toma en consideración en orden a la determinación de la cuantía, los días y horas efectivos en que se había contratado a la empleada de hogar:

> "en cuanto a la vía para su cuantificación '[u]na de las opciones posibles es el equivalente al salario mínimo interprofesional o la equiparación del trabajo con el sueldo que cobraría por llevarlo a cabo una tercera persona, de modo que se contribuye con lo que se deja de desembolsar o se ahorra por la falta de necesidad de contratar este servicio ante la dedicación de uno de los cónyuges al cuidado del hogar. Sin duda es un criterio que ofrece unas razonables y objetivas pautas de valoración, aunque en la práctica pueda resultar insuficiente en cuanto se niega al acreedor alguno de los beneficios propios de los asalariados que revierten en el beneficio económico para el cónyuge deudor y se ignora la cualificación profesional de quien resulta beneficiado. Pero nada obsta a que el juez utilice otras opciones para fijar finalmente la cuantía de la compensación, teniendo en cuenta que uno de los cónyuges sacrifica su capacidad laboral o profesional a favor del otro, sin generar ingresos propios ni participar en los del otro'.

...A la hora de cuantificar esa indemnización, se considera acertada la que se solicita por la parte recurrente atendiendo a lo que se había abonado a una empleada de hogar por cuatro horas diarias, dos días a la semana y a ocho euros la hora, durante la vigencia del matrimonio, se trata de una cuantificación prudente y que por ello no se considera deba ser reducida por razón de ese trabajo esporádico en los términos que antes se ha indicado ha desarrollado la demandante durante el matrimonio".

Según lo planteado por la STS 5 mayo 2016 (*Tol 5716443*):

"respecto de los parámetros a considerar para determinar el importe de la compensación por trabajo doméstico a la extinción del régimen de separación de bienes cuando, a falta de acuerdo entre las partes y declarada la procedencia de su reconocimiento a favor de uno de los cónyuges el Tribunal adopta el criterio de fijar la cuantía de dicha compensación en base al salario que una tercera persona cobraría por realizar dicho trabajo doméstico".

Igualmente, la SAP Segovia 6 noviembre 2018 (*Tol 7014164*) pondera el porcentaje del tiempo dedicado a las tareas domésticas y al cuidado de los hijos:

"en función del sueldo que cobraría por realizar el trabajo una tercera persona, de modo que se contribuye con lo que se deja de desembolsar o se ahorra por la falta de necesidad de contratar servicio doméstico ante la dedicación de uno de los cónyuges al cuidado del hogar'. Esta es una de las opciones posibles y nada obsta a que el juez la utilice para fijar finalmente la cuantía de la compensación, por lo que se admite en esta sentencia'.

...En cuanto a que el uso del SMI sea excesivo, ya hemos visto como el propio Tribunal Supremo no lo considera así, dentro de las diversas opciones a valorar".

Asimismo, el Tribunal Supremo en STS 27 mayo 2020 (*Tol 7952821*) atiende al tiempo de dedicación al cuidado del hogar y la familia para determinar la cuantía:

"El quantum, a tenor del art. 1438 del Código Civil lo fija, a falta de acuerdo de los cónyuges, el tribunal y la sentencia del Tribunal Supremo reseñada asume como opción posible la de atender a la retribución que habría de percibir por realizar el trabajo una tercera persona, que es en definitiva el módulo a que acude la demandante, si bien debe corregirse, primero, por cuanto el tiempo de convivencia de que se parte es menor que el que toma en consideración la parte actora y segundo, en la medida en que debe reducirse proporcionalmente, en la medida en que la actividad de la esposa, en cuanto dedicada al cuidado de la familia, ha contribuido de tal forma al levantamiento de las cargas del matrimonio, pero también a las necesidades propias y personales, siendo así que esa actividad ha redundado en su propio interés. En atención a tales premisas se fija la indemnización en la suma de 40.000 euros".

Sin embargo, posteriormente, la SAP Valencia 1 junio 2022 (*Tol 9178422*) adopta un criterio restrictivo al estimar que:

"la dedicación exclusiva de la Sra. J. al trabajo de la casa se realizó durante algo más de nueve años, tiempo que se considera adecuado para generar el derecho a la indemnización pretendida, si bien no en la cuantía solicitada por la demandante, estimando más adecuado y ponderado a las totales circunstancias que han quedado descritas en la presente resolución la cantidad de 50.000 Euros, no pudiendo estarse al cálculo realizado por la Sra. J. en tanto se computa la jornada completa de una empleada de hogar conforme al actual salario mínimo interprofesional (900 Euros/mes), y ni ese salario puede predicarse del periodo de tiempo al que nos tenemos que remitir (2007-2016), ni puede pretenderse una equiparación total con una empleada de hogar".

C) El salario mínimo interprofesional

El Tribunal Supremo en su STS 25 noviembre 2015 (*Tol 5579658*) planteó como criterio para la determinación de la cuantía de la compensación al cónyuge doméstico, el criterio del salario mínimo interprofesional (SMI), de modo que se contribuye con lo que se ahorra o se deja de desembolsar al no haber contratado a un empleado para ello.

La SAP 11 marzo 2014 (*Tol 4487092*) estimó que el quantum:

"a falta de acuerdo de los cónyuges, deberá atender a la retribución que habría de percibir por realizar el trabajo una tercera persona, que es en definitiva el módulo a que acude la demandante, si bien debe corregirse, primero, por cuanto el tiempo de convivencia de que se parte es menor que el que toma en consideración la parte actora y segundo, en la medida en que debe reducirse proporcionalmente, en la medida en que la actividad de la esposa, en cuanto dedicada al cuidado de la familia, ha contribuido de tal forma al levantamiento de las cargas del matrimonio, pero también a las necesidades propias y personales, siendo así que esa actividad ha redundado en su propio interés".

La SAP Segovia 6 noviembre 2018 (*Tol 7014164*) recogiendo este criterio admitió que debía tomarse como referencia el salario mínimo interprofesional. Asimismo, las SSAP Valencia 21 marzo 2022 (*Tol 8916837*), Valencia 24 marzo 2021 (*Tol 8450913*) y Valencia 12 julio 2019 (*Tol 7449090*) que matiza que:

"Debe utilizarse el salario mínimo interprofesional correspondiente a cada una de las anualidades, si bien para una jornada de 10 horas y en 14 pagas".

D) Los signos indicativos del nivel de vida de la familia durante la convivencia conyugal

La STS 19 abril 2023 (*Tol 9519356*) señala que para el correcto cálculo de la compensación y:

"ante la dificultad de determinar con precisión los ingresos de las personas que ejercen actividades comerciales o industriales por cuenta propia o a través de sociedades mercantiles, por lo que deberá acudirse a los indicios, por lo que —indica— resulta de indudable trascendencia los signos indicativos del nivel de vida de la familia durante la convivencia conyugal"

E) La ponderación de otras circunstancias concurrentes

La aplicación de la equidad al acaso concreto viene siendo un criterio constante para cuantificación de la compensación al cónyuge doméstico.

Así, la SAP Alicante 12 enero 2022 (*Tol 8993470*) contempló el criterio del salario mínimo interprofesional aunque no lo aplicó teniendo en cuenta las circunstancias del caso enjuiciado, sin embargo, la SAP Castellón 28 marzo 2022 (*Tol 9167365*) consideró excesivo el criterio del salario mínimo interprofesional[106], ponderando el patrimonio del cónyuge deudor:

"Si se parte de los importes relativos al SMI, y teniendo en cuenta que en el año 1999 no alcanzada los 500 euros, y hasta 2018 eran de 735,9 euros, siendo que ha sido en las últimas anualidades cuando ha llegado a los 1000 euros, pese a que no haya que sujetarse necesariamente a sus mínimos, entendemos algo desproporcionada la cantidad de 150.000 euros para los 20 años de matrimonio cuando no hay constancia de que el señor J. M. haya amasado ahorros o haya realizado alguna inversión, y sea ve ahora en la obligación de desembolsar una compensación por el trabajo de su ex esposa.

De forma prudencial y estimativa, como no puede ser de otra forma pese a las referencias del SMI, rebajamos la indemnización a 120.000 euros, a contar a efectos de intereses desde esta resolución".

La STS 25 noviembre 2015 (*Tol 5579658*) ya acudió al criterio de la ponderación de las demás circunstancias concurrentes:

"teniendo en cuenta dos cosas: primera que no es necesario para obtenerla que se haya producido un incremento patrimonial de uno de los cónyuges, del que pueda ser participe el otro, y, segunda, que lo que se retribuye es la dedicación de forma exclusiva al hogar y a los hijos, dentro de la discrecionalidad que autoriza la norma; [...]atendiendo a los años de convivencia y al apoyo que la esposa ha tenido de terceras personas en la realización de tales menesteres, sin que la situación patrimonial que pretende hacer valer el esposo sea óbice para ello".

---

106 La SAP Huelva 13 octubre 2020 (*Tol 8249487*) ponderó, por otra parte, la obligación que tiene el cónyuge doméstico de construir a las cargas del matrimonio.

En la STS 11 diciembre 2019 (*Tol 7653638*) se pondera con las donaciones recibidas, el nivel de vida del matrimonio y la pensión compensatoria recibida:

> "en atención a una valoración equitativa de los trabajos de coordinación cualificados para la casa prestados por la demandante, durante los diez años del matrimonio, a razón de unos 7000 euros netos al mes, arroja la suma final de 840.000 euros, que consideramos procedente como indemnización liquidatoria del régimen de separación de bienes, que regía el matrimonio de los litigantes, ponderando además los otros elementos de juicio antes considerados, como donaciones recibidas de unos tres millones de euros, nivel de vida que disfrutó, pensión compensatoria de 75000 euros al mes durante cinco años, para cuya fijación se valoraron también sus expectativas profesionales".

La STS 13 enero 2022 (*Tol 8765167*) atiende al criterio del salario mínimo interprofesional aunque lo pondera con otras circunstancias:

> "...fija la cuantía de la compensación en función del sueldo que se habría satisfecho a una tercera persona como empleada de hogar —criterio este que representa, como ya hemos dicho, una de las opciones posibles y admitidas por nuestra doctrina—, pero valorando el trabajo de la recurrente para la casa desde el mes de octubre de 2009 en un 70%, que es lo que considera adecuado teniendo en cuenta, según señala, que las dos hijas menores del matrimonio asistían desde entonces a un centro escolar y que la recurrente compatibilizó la atención dedicada a la casa con su propio trabajo a partir del 1 de diciembre de 2017".

La STS 10 marzo 2023 (*Tol 9460417*) señaló que en orden a la cuantificación de la compensación por trabajo doméstico había que descontar algunos pagos y gastos:

> "es razonable exigir que de la compensación se descuente todo aquello que el cónyuge acreedor de la compensación haya podido percibir durante la convivencia y en lo que exceda de las cargas del matrimonio que incumbían al deudor de la compensación".

No obstante, entiende la citada sentencia que el pago del seguro del hogar, los gastos de dentista o la compra de un colchón, a los que alude el recurrente, forman parte de las necesidades ordinarias de la familia", por lo que no son deducibles, como tampoco los gastos de teléfono.

F) Los salarios dejados de percibir por el cónyuge doméstico

La compensación del art. 1438 CC exige la dedicación exclusiva y excluyente, del cónyuge doméstico, por lo que en ocasiones éste habrá dejado un trabajo externo previo retribuido: por ello, otro de los criterios a tomar en consideración es el salario que tal cónyuge dejó de percibir por todos los años que se dedicó al cuidado del hogar y la familia. No obstante, el Tribunal Supremo en la STS 11 diciembre 2019 (*Tol 7653638*) no consideró aceptable este criterio:

> "La sentencia recurrida, para la determinación de la compensación del art. 1438 del CC, se fundamenta exclusivamente en la supuesta suma de ingresos dejados de percibir y perspectivas profesionales abandonadas por la esposa después de una exitosa vida profesional, cifrando tal compensación en la suma de 6 millones de euros, sin explicación de dónde se obtiene tan concreta cantidad.
>
> Los únicos datos obrantes, al respecto, en la sentencia de la Audiencia, conforme a su fundamento jurídico primero, derivan de que, en siete meses, antes de abandonar su actividad laboral en noviembre de 2004, la demandante percibió, por el trabajo que venía desempeñando, 267.000 libras, equivalentes a unos 310.000 euros, antes de impuestos, lo que, en cómputo mensual, supondrían 44.285,71 euros brutos, sobre los cuales habría que descontar una fuerte imposición, y destinar una importante cantidad a atender a las necesidades vitales y gastos de la actora, sin que la sentencia de la Audiencia exprese cuál sería su capacidad de ahorro en diez años. Desde luego, es impensable que se elevase a la suma de seis millones de euros, como la fijada en la sentencia de la Audiencia, pues equivaldría a 50.000 euros netos al mes, superiores a los ingresos brutos mensuales que obtuvo la esposa en sus últimos siete meses de trabajo. Por otra parte, la demandante voluntariamente dejó su actividad laboral para casarse, lo que le permitió disfrutar de un extraordinario nivel de vida del que no gozaba, ni tenía posibilidades de hacerlo a través de los *ingresos* provenientes de su trabajo, quedando todas sus necesidades cubiertas a través de las aportaciones de su marido. Se fijó a su favor una pensión compensatoria de 75.000 euros líquidos al mes, durante cinco años, lo que supone como mínimo una cantidad total de 4.500.000 de euros, sin perjuicio de las actualizaciones del IPC".

Así las cosas, el entendimiento de la compensación regulada en el art. 1438 CC (que no deja de ser una indemnización por la dedicación y los trabajos pasados en pro de la familia) que establece el legislador para salvaguardar el principio de igualdad entre los cónyuges que debe regir durante la vigencia del matrimonio y evitar situaciones de desequilibrio tras la ruptura matrimonial, puede generar aquello que precisamente pretende evitar: la desigualdad y los desequilibrios patrimoniales en un régimen de separación de bienes —que se pacta voluntariamente— si no se tiene en cuenta cuál ha sido la verdadera aportación económica a las cargas del matrimonio de cada cónyuge. El ignorar si ha habido enriquecimiento del cónyuge deudor nos aleja de los postulados de justicia e igualdad de los cónyuges. Pues si aportó todo lo que ganó ¿qué tiene que indemnizar?

Por otra parte, no tomar en consideración la "doble jornada laboral" de la mujer española del siglo XXI, no es ni equitativo ni acorde con la actual situación socio-familiar y laboral española. En mi opinión, la clave para conceder o no la compensación habría que buscarla en la proporcionalidad de la aportación y nada más, con independencia de que se pueda compensar ex art. 97 CC la pérdida de oportunidades laborales y económicas de este cónyuge doméstico como consecuencia de su dedicación a la familia[107].

V. CONCLUSIONES CRÍTICAS Y PROPUESTAS *DE LEGE FERENDA*

El análisis de todo lo anterior pone de manifiesto la existencia, tras la separación o el divorcio de los casados en régimen de separación de bienes, de un derecho en favor del cónyuge económicamente más "débil" a obtener una compensación por desequilibrio así como una compensación por la realización del trabajo doméstico y atención a la familia durante el tiempo que duró la convivencia matrimonial, pues la compatibilidad entre la pensión compensatoria por desequilibrio del art. 97 CC y la compensación o indemnización al cónyuge doméstico en la liquidación del régimen económico matrimonial de separación de bienes, según reiterada doctrina jurisprudencial, es innegable, por ser distintos tanto sus presupuestos como sus finalidades.

Todo ello puede estar perfectamente justificado, sobre todo, en los casos de aquellos cónyuges (normalmente la mujer) que realizan la doble jornada laboral, sin embargo, la interpretación jurisprudencial de estos preceptos, y, sobre todo, del art. 1438 CC va a dar lugar a que el cónyuge doméstico en numerosos casos realice con el matrimonio el "negocio" de su vida generando una importante descompensación entre uno y otro cónyuge.

Por otra parte, la más reciente línea jurisprudencial de las Audiencia Provinciales, que no del Tribunal Supremo, se abren por fin a una concepción de la realidad social española y de las familias en que ambos cónyuges (aunque en mayor proporción, la mujer) compatibilizan el trabajo externo con el trabajo doméstico; sin embargo, nuestros tribunales limitan la compensación a los "períodos en que la esposa no desarrolló actividad laboral dedicándose exclusivamente al trabajo de la casa". Pese a ello, en mi opinión, son precisamente esos períodos (trabajo interno doméstico y

---

107 Así se manifiestan reiteradamente, las SSTS 20 febrero 2014 (*Tol 4142537*), que se perpetúa en SSTS posteriores como 25 noviembre 2015 (*Tol 5588405*) y 11 diciembre 2019 (*Tol 7653638*), FJ 2.

externo desarrollados simultáneamente) en los que hay una verdadera sobreaportación del cónyuge doméstico y lejos de descontarlos es cuando se deberían computar precisamente y no aquellos en contribuyó tan solo en especie a las cargas del matrimonio como era su obligación.

Y ello es así porque el entendimiento de la indemnización/compensación regulada en el art. 1438 CC —que no deja de ser una indemnización por la dedicación y los trabajos pasados en pro de la familia que establece el legislador para salvaguardar el principio de igualdad entre los cónyuges que debe regir durante la vigencia del matrimonio y evitar situaciones de desequilibrio tras la ruptura matrimonial—, puede generar aquello que precisamente pretende evitar: la desigualdad y los desequilibrios patrimoniales en un régimen de separación de bienes —que se pacta voluntariamente— si no se tiene en cuenta cuál ha sido la verdadera aportación económica a las cargas del matrimonio de cada cónyuge.

No tomar en consideración la "doble jornada laboral" de la mujer española del siglo XXI, no es ni equitativo ni acorde con la actual situación socio-familiar y laboral española y, por otro lado, compensar a quien no realizó físicamente las tareas domésticas supone un agravio difícil de comprender hacia el cónyuge que trabaja externamente y, además, se ocupa de su familia. En mi opinión, la clave para conceder o no la compensación habría que buscarla en la proporcionalidad de la aportación y nada más, con independencia de que se pueda compensar ex art. 97 CC la pérdida de oportunidades laborales y económicas de este cónyuge doméstico como consecuencia de su dedicación a la familia.

Por otro lado, conceder la indemnización al cónyuge doméstico que se dedicó de manera exclusiva al cuidado del hogar cuando su consorte, que trabajó externamente para aportar los fondos necesarios para hacer frente a los gastos familiares y que los aplicó todos a este fin, me parece de una injusticia sin precedentes que habrá que replantearse muy seriamente en una reforma legal y no únicamente mediante la ponderación realizada por los tribunales.

10. LA IMPUGNACIÓN DEL RECONOCIMIENTO DE COMPLACENCIA EN LA RECIENTE JURISPRUDENCIA DEL TRIBUNAL SUPREMO

CARLOS MARTÍNEZ DE AGUIRRE ALDAZ[1]

SUMARIO: I. LOS RECONOCIMIENTOS DE COMPLACENCIA Y SU IMPUGNACIÓN. II. LA STS 15 JULIO 2016: PLANTEAMIENTO. III. LA DOCTRINA DEL TRIBUNAL SUPREMO. 1. Sobre la nulidad de los reconocimientos de complacencia. A) La argumentación del Tribunal Supremo. B) Valoración crítica. 2. Sobre la posibilidad de que quien ha efectuado un reconocimiento de complacencia impugne la paternidad resultante de dicho reconocimiento. A) La argumentación del Tribunal Supremo. B) Valoración crítica. 3. Sobre la determinación de la acción procedente (de impugnación de la filiación matrimonial —art. 136— o extramatrimonial —art. 140.II—) en caso de matrimonio entre el reconocedor y la madre del reconocido anterior al reconocimiento. IV. RECAPITULACIÓN.

I. LOS RECONOCIMIENTOS DE COMPLACENCIA Y SU IMPUGNACIÓN

El objeto genérico de este trabajo son los reconocimientos de complacencia, es decir, aquellos reconocimientos de filiación en los que el reconocedor (normalmente, un varón que reconoce su paternidad) sabe que no es el progenitor biológico del reconocido (es decir, que el reconocido biológicamente no es hijo suyo), pero a pesar de ello lo reconoce. O, en palabras ahora de la importante STS 15 julio 2016 *(Tol 5780303)*, aquellos reconocimientos en los que "el autor del reconocimiento, sabiendo o teniendo la convicción de que no es el padre biológico del reconocido, declara su voluntad de reconocerlo con el propósito práctico de tenerlo por hijo biológico suyo: con la finalidad jurídica de constituir entre ambos una relación jurídica de filiación paterna como la que es propia de la paternidad por naturaleza". El resultado es una filiación legal (fruto del reconocimiento), que el Código civil enmarca dentro de la filiación biológica, pero que carece de base biológica. Los problemas vienen más tarde, cuando

---

[1] CU, Derecho civil, Universidad de Zaragoza.

el reconocedor decide impugnar ese reconocimiento: es claro que en tal caso no cabe la impugnación por error, porque no lo hay (quien reconoció era plenamente consciente de no ser el padre o madre biológico del reconocido), pero es igualmente claro que si se recurre a las acciones de impugnación de la filiación biológica, el reconocedor impugnante podrá demostrar fácilmente, mediante el recurso a las pruebas biológicas, que no es el progenitor biológico, y por tanto la impugnación triunfará.

Precisamente el caso resuelto por la sentencia mencionada en el párrafo anterior, que es arquetípico, puede ayudar a ver el problema: una madre soltera, cuya hija es legalmente de padre desconocido (es decir, no consta en el Registro civil quien es su padre), contrae matrimonio con un varón que no es el padre biológico de su hija, y sabe que no lo es; el marido reconoce más tarde a la niña como hija suya, sabiendo que biológicamente no lo era, ante el encargado del Registro Civil, con el consentimiento expreso de la madre de la niña. Más tarde se produce la separación de hecho de los cónyuges, seguida del divorcio. A consecuencia de todo ello, el ex marido reconocedor (que legalmente es el padre de la niña), quiere deshacer lo hecho, y dejar de ser legalmente padre de quien no es biológicamente su hija: lo que se plantea, entonces, es si puede hacerlo o no, y en su caso por qué vías. En el caso resuelto por la sentencia, el varón reconocedor solicita que se declare la nulidad del reconocimiento por falta de objeto, al no ser el reconocedor padre biológico de la niña reconocida, y subsidiariamente que se realicen las pruebas biológicas de paternidad, de forma que se declare que el demandante no es el padre de la niña, y se rectifique el Registro civil en ese sentido: es decir, nulidad del reconocimiento, o impugnación de la paternidad.

La jurisprudencia en esta materia ha sido un poco atormentada y falta de coherencia, y la doctrina tampoco tiene una postura unánime[2]. Así, en lo que se refiere a la jurisprudencia, unas veces aplica las reglas de impugnación de la paternidad a pretensiones de nulidad del reconocimiento [SSTS 31 octubre 1997 *(Tol 5156805)*, 27 mayo 2004 (*Tol 448407*) y 12 julio 2004(*Tol 476875)*], mientras que en otras declara la nulidad del reconocimiento cuando lo ejercitado es una acción de impugnación de la paternidad [STS 28 marzo 1994 *(Tol 5130369)*, o la importante STS 4 julio 2011 *(Tol 2234835)*]. En líneas generales, el TS ha dado preferencia a la acción

2 Puede verse una amplia exposición del *status quaestionis* en A. S. Gallo Vélez: *Los reconocimientos de complacencia en el Derecho común español*, Dykinson, Madrid, 2017, especialmente pp. 143 y ss., y 229 y ss.

de impugnación, y ha admitido la impugnación de la paternidad derivada de un reconocimiento de complacencia, siempre que dicha acción se ejercite dentro de los plazos de impugnación de la filiación, matrimonial o no matrimonial [pueden verse las STS 4 julio 2011 *(Tol 2234835)* y las citadas por ella, y STS 10 mayo 2012 (*Tol 2539107*)]. Finalmente, en la citada sentencia de 15 julio 2016, del pleno de la Sala Civil, el TS ha querido aclarar este panorama, y sentar doctrina jurisprudencial, en el mismo sentido ya apuntado por la STS, también del pleno, de 4 de julio de 2011. Esta doctrina jurisprudencial ha sido reafirmada, y en cierta medida perfilada, por la STS 28 noviembre 2016 (*Tol 5899845*). Por esta razón, se va a examinar a continuación, principalmente, la primera de estas dos últimas sentencias, que realiza un encomiable esfuerzo argumental, y tiene una excelente ordenación sistemática (sin perjuicio de los importantes desacuerdos de fondo a que me referiré a lo largo de la exposición).

II. LA STS 15 JULIO 2016: PLANTEAMIENTO[3]

Ya se han expuesto más arriba los hechos que dieron lugar a esta sentencia. Como se recordará, el reconocedor impugnante solicitó que se declarara la nulidad del reconocimiento por falta de objeto, al no ser padre biológico de la niña reconocida, y subsidiariamente que se realizaran las pruebas biológicas de paternidad, de forma que se declarara que el demandante no era el padre de la niña, y se rectificara el Registro civil en ese sentido.

En la contestación a la demanda, se reconoció que el demandante no era padre biológico de la niña, pero se defendió la validez del reconocimiento, así como la inexistencia de vicio de la voluntad en el reconocedor; se afirmó también que la acción de impugnación de la paternidad había caducado, por tratarse de impugnación de filiación matrimonial, cuyo plazo es de un año (art. 136 CC).

El Juzgado de Primera Instancia, tras señalar que se trata de un reconocimiento "de complacencia", pues ambas partes admiten que la hija cuya filiación se impugna no fue engendrada por el actor, desestimó la demanda, por haber transcurrido sobradamente el plazo de un año fijado por el

---

3 Sobre esta sentencia, y sus repercusiones, puede verse A. S. Gallo Vélez, "Los reconocimientos de complacencia en el Derecho español: estado de la cuestión", *Actualidad Jurídica Iberoamericana*, 20 (febrero 2024), pp. 226-267.

art. 136 CC para el ejercicio de la acción de impugnación de la filiación matrimonial. Tampoco consideró de aplicación el art. 141 CC, por no haberse acreditado vicio alguno de la voluntad, y porque en todo caso habría caducado la acción, por haber transcurrido el plazo establecido en el referido precepto de un año a contar desde el reconocimiento o desde que cesó el vicio.

El demandante recurrió la sentencia de la primera instancia, alegando que el plazo para el ejercicio de la acción de impugnación era el de 4 años fijado por el art. 140.II CC, aplicable cuando los hijos (reconocidos) nacieron antes de la celebración del matrimonio entre la madre progenitora (biológica) y el padre no progenitor (biológico).

La Audiencia Provincial confirmó la sentencia del Juzgado salvo en lo referente a la condena en costas. Entendió la Audiencia, con apoyo en la jurisprudencia más reciente del TS, que el reconocimiento, efectuado constante matrimonio atribuye a la filiación reconocida el carácter de matrimonial, puesto que el matrimonio de los padres produce el cambio del régimen de filiación (art. 119 CC, cuya aplicación se produce con independencia de la existencia o no de una relación biológica del padre reconocedor con el reconocido, porque se trata de un efecto legal del reconocimiento, unido al matrimonio de los padres); por ello resultaba de aplicación al caso el art. 136 CC, y no el art. 140.II CC, invocado por el apelante.

El recurso de casación interpuesto por el demandante tuvo un solo motivo, en el que denunció infracción por inaplicación del art. 140 CC, y también del art. 136 CC, por haberse aplicado indebidamente. El recurrente insistió en la tesis de que la aplicación del art. 119 requiere que quienes han contraído matrimonio después del nacimiento del hijo sean el padre y la madre biológicos del hijo. El Ministerio Fiscal se manifestó conforme con el recurso de casación, y pidió la revocación de la sentencia de la Audiencia así como que se dictara una nueva sentencia accediendo a las pretensiones del recurrente; ello, con fundamento, entre otras alegaciones, en que el art. 119 CC se refiere literalmente a «los progenitores», y sólo es progenitor, por definición, el padre biológico.

III. LA DOCTRINA DEL TRIBUNAL SUPREMO

La Sentencia citada se marca como objetivo fijar doctrina jurisprudencial en torno a un conjunto de cuestiones planteadas por los reconocimientos de complacencia (al decir del TS, aquellos en los que "el autor del reconocimiento, sabiendo o teniendo la convicción de que no es el padre biológico del reconocido, declara su voluntad de reconocerlo con el propósito práctico de tenerlo por hijo biológico suyo: con la finalidad jurídica de constituir entre ambos una relación jurídica de filiación paterna como la que es propia de la paternidad por naturaleza"), en la estela de las SSTS 29 octubre (*Tol 1396308*) y 5 diciembre 2008 (*Tol 1413621*), 4 julio 2011 (Pleno) (*Tol 2234835*) y 10 de mayo de 2012 (*Tol 2539107*), pero aclarando y concretando algunos extremos que estas sentencias, y otras anteriores, dejaban pendientes de resolución, y en algún momento corrigiéndolas.

1. Sobre la nulidad de los reconocimientos de complacencia

A) La argumentación del Tribunal Supremo

La primera cuestión que se plantea el TS es si los reconocimientos de complacencia son nulos por no corresponderse con la realidad biológica, y su respuesta es que no; pero dice más: añade que "no cabe negar la inscripción en el Registro Civil de tal reconocimiento de complacencia, aunque el encargado del Registro Civil disponga en las actuaciones de datos significativos y concluyentes de los que se deduzca que el reconocimiento no se ajusta a la verdad biológica". Para ello se apoya, entre otros, en los siguientes argumentos (en los que, además, se plantean cuestiones de importante calado, que van en realidad más allá de lo que es la impugnación de los reconocimientos de complacencia):

1) El CC no establece como requisito estructural para la validez del reconocimiento que éste se corresponda con la verdad biológica.

2) Ninguno de los requisitos de validez o eficacia del reconocimiento establecidos en los arts. 121 a 126 CC busca asegurar que se corresponda con la verdad biológica, como tampoco lo hace el art. 26.1 de la Ley de Jurisdicción Voluntaria (en la redacción vigente en el momento en que se dictó la sentencia, "el Juez resolverá lo que proceda sobre el reconocimiento de que se trate, atendiendo para ello al discernimiento de progenitor, la veracidad o autenticidad de su acto, la verosimilitud de la relación de procreación, sin necesidad de una prueba plena de la misma, y el interés del reconocido cuando sea menor o persona con capacidad modificada judicialmente").

3) Frente al autorizado criterio de la Dirección General de los Registros y del Notariado, el TS considera que las exigencias del principio de veracidad biológica o prevalencia de la verdad biológica (arts. 10.1 y 39.2 CE) pueden y deben cohonestarse con las que impone el principio de seguri-

dad jurídica en las relaciones familiares y de estabilidad de los estados civiles, especialmente en interés de los menores de edad (arts. 9.3, 39.3 y 39.4 CE), de manera que la Constitución no impone que en la filiación por naturaleza la verdad biológica prevalezca siempre sobre la realidad jurídica.

4) La tesis de que el reconocimiento de complacencia de la paternidad es nulo por falta de objeto presupone, sin bases legal alguna, que el reconocimiento es, en el Derecho español, una confesión de la realidad o, al menos, de la convicción que el reconocedor tiene de que el reconocido es hijo biológico suyo.

5) No cabe sostener la ilicitud de la causa del reconocimiento de complacencia sobre la base de que la intención del reconocedor es hacer nacer, al margen de las normas sobre la adopción, una relación jurídica de filiación entre él y la persona de la que sabe o tiene la convicción de que no es hijo biológico suyo, puesto que dicha motivación no puede considerarse contraria a la ley, al orden público, ni a la moral: en este último punto, resalta el TS que los reconocimientos de complacencia de la paternidad son frecuentes, y no suscitan reproche social, por lo que no son una práctica que el brazo armado del Derecho tenga que combatir.

6) La nulidad de los referidos reconocimientos no encuentra tampoco soporte en la norma del artículo 6.4 CC (fraude objetivo de las normas sobre la adopción), porque la sanción que establece no es la nulidad, y porque el reconocimiento de complacencia no vale para establecer una filiación adoptiva entre el reconocedor y el reconocido, ni para determinar una filiación por naturaleza que no pueda impugnarse por falta de correspondencia entre el reconocimiento y la verdad biológica.

7) La sala considera inaceptables las consecuencias a las que abocaría la tesis de la nulidad del reconocimiento de complacencia de la paternidad en un Derecho como el español vigente: la acción declarativa de su nulidad sería imprescriptible, y podría ser ejercida por cualquier persona con interés legítimo y directo, acaso incluso por el Ministerio Fiscal.

B) Valoración crítica

Comparto el contenido básico de la doctrina sentada por el TS (los reconocimientos de complacencia no son nulos por el mero hecho de ser de complacencia), pero no algunas de las razones que ofrece la Sala para fundarla, que merecen ser comentadas. Me referiré, en primer lugar, a esas razones, para recalar después en algunos aspectos de la doctrina fijada que me parecen más dudosos.

1) El TS parece desconectar radicalmente el reconocimiento de la filiación de cualquier base biológica, configurándolo más como una declaración de voluntad ("quiero ser padre") que como una declaración de ciencia ("creo que soy el padre, y por eso reconozco"). Tal cosa me parece que desnaturaliza el reconocimiento y su ubicación en el sistema legal de la filiación diseñado por el CC, pero afecta también a la propia configuración de dicho sistema.

De acuerdo con el art. 108 CC, la filiación puede ser por naturaleza —filiación de base biológica, fundada en hecho biológico de la procreación— o por adopción —filiación de base no biológica, fundada en la voluntad de ser padre—[4]. Esto no es una petición de principio; viene demostrado porque las acciones dirigidas a reclamar judicialmente la paternidad o maternidad (por naturaleza) se fundamentan en la existencia de una relación biológica entre quien reclama y la persona respecto a la que se reclama: lo que hay que probar es que existe la relación biológica de paternidad o maternidad, y a partir de ahí se establece la legal. Del mismo modo, las acciones dirigidas a impugnar una filiación legal (por naturaleza) se fundamentan en la inexistencia de relación biológica, y lo que hay que probar es que quien figura legalmente como padre o madre no lo es biológicamente. De ahí también la importancia de las pruebas biológicas. Por eso mismo, no es posible impugnar la filiación adoptiva con base en los arts. 136 y ss. CC, alegando la falta de relación biológica entre adoptante y adoptado: en el caso de la adopción no es la procreación, sino la voluntad (y la decisión judicial) la que genera el vínculo legal de filiación.

El reconocimiento de filiación se enmarca dentro de la filiación por naturaleza, y más en concreto de la filiación no matrimonial[5], lo que significa que tiene como presupuesto institucional —no como requisito legal, expresamente formulado[6]— la convicción del reconocedor de que el reconocido es biológicamente hijo suyo, y la presunción legal (*iuris tantum*, en los términos que veremos) de que esa convicción se corresponde con la realidad[7]. Esto queda demostrado igualmente por la posibilidad

---

4 Así, S. Quicios Molina, *Determinación e impugnación de la filiación*, Thomson Reuters Aranzadi, Cizur Menor, 2014, p. 80.

5 Lo resalta, S. Quicios Molina: *Determinación*, cit., p. 170.

6 Así, R. Barber Cárcamo: *La filiación en España: una visión crítica*. Thomson Reuters Aranzadi, Cizur Menor, 2013, p. 189.

7 Similares ideas en T. Rodríguez Cachón: "Reconocimiento de complacencia e impugnación de la filiación", *Revista de Derecho de Familia*, nº 66/2015, p. 5 (se cita por la edición electrónica).

de que la filiación así establecida sea impugnada, incluso por el propio reconocedor, con base en la inexistencia de vínculo biológico: probado judicialmente que el reconocido no es biológicamente hijo del reconocedor, desaparece la filiación legal. Del mismo modo, que el reconocimiento pueda ser impugnado por error (art. 141 CC) solo tiene sentido si se entiende que ha habido una divergencia entre la convicción del reconocedor de ser padre biológico y la realidad (no lo es). Por último, me parece que la literalidad del art. 26.1 de la Ley de Jurisdicción Voluntaria es suficientemente explícita cuando afirma que "el Juez resolverá lo que proceda sobre el reconocimiento de que se trate, atendiendo para ello... (a) la veracidad o autenticidad de su acto, la verosimilitud de la relación de procreación, sin necesidad de una prueba plena de la misma..."[8]; el notable intento de desactivar esta regla que realiza la sentencia no resulta convincente, frente a la claridad con la que el precepto liga el reconocimiento a la veracidad del acto y la verosimilitud de la relación de procreación: queda claro nuevamente que dicha relación es presupuesto institucional del reconocimiento, en los términos ya indicados.

A partir de cuanto queda dicho, se entiende que no considere correctas las afirmaciones del TS contenidas, sobre todo, en los números 1 y 4, ya que la filiación biológica es presupuesto institucional del reconocimiento, y de la filiación legalmente derivada del mismo: el reconocimiento se basa en la convicción del reconocedor de ser biológicamente padre del reconocido, y en este sentido se configura más como declaración de ciencia —de la convicción del reconocedor de ser biológicamente padre del reconocido— que de voluntad[9]. En relación con el caso resuelto por la sentencia, y como afirma Paniza Fullana[10], llama la atención que lo que no ha sido impedimento para realizar el reconocimiento (la falta de relación biológica entre reconocedor y reconocido) sirva con posterioridad para justificar lo contrario.

---

8 Se apoya en este mismo artículo C. Sanciñena Asurmendi: "Impugnación de la paternidad por reconocimiento de complacencia. Comentario a la STS de 15 de julio de 2016", Cuadernos Civitas de Jurisprudencia Civil num.104/2017, p. 5 (cito por la edición electrónica).

9 Véase, también, C. Martínez de Aguirre, "La filiación", en C. Martínez de Aguirre (coord.)., P. De Pablo, M. A. Pérez Álvarez: *Curso de Derecho civil IV. Derecho de Familia,* 6ª ed., Edisofer, Madrid, 2021, pp. 353 y ss.

10 A. Paniza Fullana: "Acción de impugnación de la filiación en caso de reconocimiento de complacencia", *Revista Doctrinal Aranzadi Civil-Mercantil* nº 9/2016, p. 1 (se cita por la edición electrónica).

2) También creo que caben algunas matizaciones sobre las afirmaciones relativas al fraude de ley y la adopción. En nuestro sistema, la filiación por naturaleza y la filiación adoptiva se diferencian no por sus efectos (que son, con alguna particularidad, idénticos: art. 108.II CC), sino por sus diferentes presupuestos institucionales, que permiten hablar de filiaciones biológicas (por naturaleza) y no biológicas (adopción y filiación derivada de técnicas de reproducción asistida heterólogas)[11]: en estas últimas la voluntad juega un papel decisivo, pero no único, en el nacimiento del vínculo legal de filiación. De los dos tipos de filiación no biológica, uno tiene alcance más general (la adopción), mientras que el otro tiene un cierto carácter particular, puesto que solo se da en determinados casos de empleo de técnicas de reproducción asistida. La adopción, por otro lado, está sujeta a requisitos legales estrictos, y a un fuerte control administrativo y judicial, en interés del menor[12]. A partir de ahí, a mi entender resultan claras dos cosas:

i) Que el reconocimiento nunca puede dar lugar a una filiación adoptiva, porque son dos mecanismos legales diferentes, cuyo resultado es el nacimiento del vínculo legal de filiación. Pero en ambos casos de lo que se trata es de que nazca un vínculo legal de filiación, que es lo pretendido, con sus peculiaridades, tanto por el reconocedor como por el adoptante.

ii) Que el intento del reconocedor de complacencia es generar un vínculo de filiación de base no biológica, pero eludiendo las estrictas reglas de la adopción, y recurriendo a tal fin al reconocimiento, que es un mecanismo de determinación de la filiación de base biológica (por naturaleza): es decir, un claro fraude de ley. Así lo resalta R. Barber Cárcamo[13]: "creo que el de complacencia sí es un reconocimiento hecho en fraude de ley, en cuanto trata de soslayar la determinación de la filiación a partir del dato biológico, lo cual es un resultado contrario al ordenamiento"; y tiene razón[14].

---

11 Véase, genéricamente, D. Jarufe Contreras: *Tratamiento legal de las filiaciones no biológicas en el ordenamiento jurídico español: adopción* versus *técnicas de reproducción humana asistida*, Dykinson, Madrid, 2013.

12 *Cfr.*, D. Jarufe Contreras, *Tratamiento legal*, cit., pp. 145 y ss.

13 R. Barber Cárcamo: "Comentario a la Sentencia del Tribunal Supremo de 15 julio de 2016. La impugnación de la filiación determinada por un reconocimiento de complacencia. Impugnación de la paternidad matrimonial por quien la reconoció previamente", *Boletín del Colegio de Registradores*, 35 (noviembre de 2016), p. 1943.

14 Véase también, por extenso, A. S. Gallo Vélez: *Los reconocimientos*, cit., pp. 181 y ss.

La admisión como buena por parte del TS de la finalidad (y con ella, y la propia doctrina del TS, de la posibilidad) de crear vínculos legales de filiación sin base biológica al margen de la adopción, usando como vía el reconocimiento, además de dar carta de naturaleza al fraude de ley que supone, convierte al reconocimiento en una alternativa legal a la adopción, creando además una filiación revocable a voluntad, al menos durante los plazos de los arts. 136 y 140.II, en los términos que veremos más adelante. De esta manera, el TS extrae los reconocimientos de complacencia del ámbito de las patologías (legales) de la filiación, que es el que les corresponde[15], para introducirlos en el ámbito de la normalidad (legal) de la filiación, lo que me parece muy perturbador.

3) Me parece acertada en lo fundamental la doctrina del TS, en el sentido de que los reconocimientos de complacencia no son nulos de pleno Derecho (salvo que sean absolutamente simulados[16]), también por las perturbadoras consecuencias que ello tendría. La sanción del fraude de ley es la aplicación de la norma defraudada, lo que en este caso presenta algunas peculiaridades de las que hablaré más adelante. De momento baste señalar que el Ordenamiento ha predispuesto, como mecanismos de reacción frente a las irregularidades de la filiación determinada por un reconocimiento, dos vías: las acciones de impugnación de la filiación (arts. 136 y 140 CC), basadas en la inexistencia de relación biológica, y la acción de impugnación del propio reconocimiento por vicios de la voluntad (art. 141 CC)[17]; existiendo tales vías, no es preciso recurrir a la nulidad, que en este ámbito tiene un cierto carácter subsidiario (art. 6.3 CC). Desde otro punto de vista, incluso para fundamentar la nulidad del reconocimiento de complacencia no bastaría con la mera afirmación del reconocedor, o incluso del reconocedor y de la madre biológica, sino que habría que probar la ausencia de relación biológica entre reconocedor y reconocido: pero en nuestro sistema eso se hace, típicamente, por medio de las acciones de impugnación de la paternidad, que son las adecuadas para tal finalidad, lo que conduce a la misma conclusión.

4) Más reticencias suscita la afirmación del Tribunal Supremo de que "no cabe negar, por esa razón, la inscripción en el Registro Civil de tal reconocimiento de complacencia, aunque el encargado del Registro Civil disponga en las actuaciones de datos significativos y concluyentes de los que

---

15 Cfr. A. S. Gallo Vélez, *Los reconocimientos*, cit., p. 121.

16 S. Quicios Molina, *Determinación*, cit., pp. 189 y ss.

17 Véase, nuevamente, S. Quicios Molina: *Determinación*, cit., pp. 189 y ss.

se deduzca que el reconocimiento no se ajusta a la verdad biológica". En esta materia hay un doble punto de partida: i) que el encargado del Registro civil es garante de la legalidad, y debe velar por la concordancia entre el Registro y la realidad (art. 26 LRC); ii) que para ello ha de calificar los hechos según lo que resulte de las declaraciones y documentos presentados (en este caso, del propio reconocimiento), o del propio Registro (art. 27 LRC). A partir de ahí, entiendo que el Registrador sí puede denegar la inscripción (como, por lo demás, ha venido haciendo, correctamente, la DGRN[18]):

a) Cuando el propio reconocedor, al hacer el reconocimiento, manifiesta que el reconocido no es hijo biológico suyo[19]: en este caso lo que no hay, propiamente, es reconocimiento, porque lo que se afirma es que falta la relación biológica que lo funda.

b) Cuando de las circunstancias de hecho, o de los datos del documento o del Registro, resulta claramente que esa filiación es biológicamente imposible (son reconocimientos manifiestamente inveraces[20]): por ejemplo, por la edad de reconocedor y reconocido, o el reconocimiento simultáneo del mismo niño por dos personas del mismo sexo biológico.

Del mismo modo, es claro que el encargado del Registro no puede conducir averiguaciones extrarregistrales para determinar la veracidad de la filiación reconocida, por muy sospechosa que le resulte.

2. *Sobre la posibilidad de que quien ha efectuado un reconocimiento de complacencia impugne la paternidad resultante de dicho reconocimiento*

A) La argumentación del Tribunal Supremo

El TS se plantea, a continuación, si el reconocedor tiene o no legitimación para impugnar la paternidad resultante de su propio reconocimiento, con fundamento en la falta de relación biológica entre reconocedor y reconocido. En relación con ello, el TS fija la doctrina siguiente: "Cabe que quien ha realizado un reconocimiento de complacencia de su paternidad ejercite una acción de impugnación de la paternidad, fundada en el hecho

---

18 *Ad rem* véanse, S. Quicios Molina: *Determinación,* cit., pp. 80 y ss.; y R. Barber Cárcamo: "Comentario", cit., p. 1942.

19 *Cfr.* T. Rodríguez Cachón, "Reconocimiento", cit., p. 6; C. Sanciñena Asurmendi: "Impugnación", cit., p. 7.

20 R. Barber Cárcamo: "Comentario", cit., p. 1945.

de no ser el padre biológico del reconocido. Si esa acción prospera, el reconocimiento devendrá ineficaz. La acción procedente será la regulada en el artículo 136 CC si la paternidad determinada legalmente por el reconocimiento es matrimonial en el momento de ejercicio de la acción; y será la que regula el artículo 140.II CC si la paternidad es no matrimonial y ha existido posesión de estado, aunque ésta no persista al tiempo del ejercicio de la acción". Lo hace con base, resumidamente, en las siguientes consideraciones:

1) Privar al autor del reconocimiento de complacencia de la acción de impugnación de la paternidad fundada en el hecho de no ser el padre biológico del reconocido carece de base legal en las normas sobre filiación (arts. 136 y 140, fundamentalmente).

2) El legislador ha atendido las exigencias del principio de seguridad jurídica en las relaciones familiares y de estabilidad del estado civil determinado mediante el reconocimiento, especialmente en interés del reconocido, estableciendo los respectivos plazos de caducidad de un año (art. 136 CC) y cuatro años (art. 140.II CC), se trate o no de un reconocimiento de complacencia.

3) Dado que no se trata de un reconocimiento «de conveniencia» o en fraude de ley, la regla *nemo auditur propriam turpitudinem allegans* no puede valer para impedir al reconocedor de complacencia el ejercicio de la expresada acción de impugnación de la paternidad.

4) Tampoco cabe invocar a dicho efecto el artículo 7.1 CC (doctrina de los actos propios), pues las cuestiones de estado civil son de orden público indisponible (art. 1814 CC).

5) El reconocimiento es irrevocable, lo que significa que el reconocedor no puede hacerlo ineficaz mediante una declaración de retractación. Es incorrecto calificar de revocación la ineficacia sobrevenida del reconocimiento, sea o no de complacencia, a consecuencia de haber prosperado la acción de impugnación de la paternidad por no ser el reconocedor el padre biológico del reconocido.

6) El artículo 8.1 de la Ley 14/2006, sobre técnicas de reproducción asistida, prohíbe impugnar su paternidad al marido que haya prestado consentimiento formal, previo y expreso a la fecundación de su mujer con contribución de donante o donantes; pero la diferencia entre tales casos y los reconocimientos de complacencia es clara y decisiva: el reconocedor de complacencia es ajeno a la decisión de la madre de engendrar al que será reconocido por aquél.

7) No parece justa una visión general de los reconocedores de complacencia como personas frívolas o inconstantes, cuyos caprichosos cambios de opinión no pueda el Derecho tolerar. La solución de que, aun siendo reconocedores de complacencia, puedan tener la posibilidad de impugnar abierta durante los breves plazos de caducidad establecidos con carácter general en los artículos 136 y 140.II CC, parece una solución moderada, que conjuga adecuadamente los intereses en juego.

B) Valoración crítica

La doctrina sentada en este punto por el TS (el reconocedor de complacencia tiene a su disposición las acciones de impugnación de la filiación), aún matizada de forma muy relevante por los plazos de caducidad a los que están sujetas tales acciones, no me convence (como tampoco a un sector significativo de la doctrina, antes y después de esta sentencia)[21]. En ocasiones, los argumentos que se ofrecen incluyen una cierta contradicción con los principios que se afirma defender. Veámoslo, no necesariamente en el mismo orden de la argumentación del TS.

1) El TS se apoya en la distinción entre los "reconocimientos de complacencia", cuya definición se ha recogido más arriba, y los "reconocimientos de conveniencia" —aquellos cuya finalidad es "crear una mera apariencia de que existe dicha relación de filiación, en orden a conseguir la consecuencia jurídica favorable de una norma (sobre nacionalidad, permisos de residencia, beneficios sociales, etc.) cuyo supuesto de hecho la requiere"—. Estos últimos serían los que incurrirían en fraude de ley, pero no los primeros. La distinción[22] puede ser oportuna, pero no creo que deba servir para excluir que los reconocimientos de complacencia en sentido estricto sean en fraude de ley: de hecho, lo son, como ya hemos visto[23]. Es verdad que son fraudes de ley distintos: en el reconocimiento de complacencia la finalidad es crear realmente una relación de filiación buscada en sí misma, pero eludiendo las reglas de la adopción a través del (mal) uso de las de la filiación (es decir: la filiación creada es un fin en sí misma), mientras que en los reconocimientos de conveniencia la filiación es un medio

---

21 Véanse, por ejemplo, S. Quicios Molina: "Comentario", cit., p. 8; T. Rodríguez Cachón: "Reconocimiento", cit., p. 14; A. S. Gallo Vélez: *Los reconocimientos,* cit., pp. 335 y ss.

22 Que puede verse en S. Quicios Molina: *Determinación,* cit., pp. 166 y ss.

23 Así, también, R. Barber Cárcamo: "Comentario", cit., p. 1945.

para otro fin distinto (permiso de residencia, nacionalidad, etc.), hasta el punto de poder afirmarse que no hay intención real de establecer un vínculo de filiación, por lo que pueden ser considerados como nulos de pleno Derecho por simulación absoluta[24]. Pero que esto sea así no impide que los reconocimientos de complacencia, en este sentido estricto, también supongan un fraude de las normas que rigen la adopción, y más en general la filiación, en nuestro Derecho.

Si esto es así, y si el hecho de ser en fraude de ley es lo que posibilita la aplicación de la regla *nemo auditur,* como afirma el TS, toca ahora entrar en esa cuestión, y en otras directamente relacionadas con ella.

2) Efectivamente, sentado lo anterior, es hora de abordar un conjunto de cuestiones relacionadas entre sí: la aplicación del principio de los actos propios, de la regla *nemo auditur propiam turpitudinem,* y el juego de la irrevocabilidad de las filiaciones no biológicas y de la indisponibilidad del estado civil. Resumidamente, el TS afirma: que la regla *nemo auditur* no impide impugnar la filiación por no tratarse de un acto en fraude de ley (lo que ya ha quedado contestado: es en fraude de ley); que impugnar no es revocar; y que no cabe alegar la doctrina de los actos propios porque las cuestiones de estado civil son indisponibles.

a) Recordemos, en primer lugar, el supuesto: en el reconocimiento de complacencia, el reconocimiento se usa como una forma de conseguir fácil y rápidamente el mismo resultado —ser legalmente padre de quien no es biológicamente hijo— que con la adopción, pero sin necesidad de pasar por los engorrosos trámites y controles de la adopción. Los problemas surgen cuando quien quiso tan alegremente ser padre, ya no quiere seguir siéndolo; naturalmente, no puede impugnar ese reconocimiento por error, porque no lo hubo: en cambio, si impugna la filiación, y se realizan las correspondientes pruebas biológicas, el resultado será que, en efecto, no es el padre (biológico), algo que él ya sabía desde el principio, de forma que podrá conseguir su objetivo (dejar de ser padre) con una cierta facilidad. Algo (mucho) chirría jurídicamente, en este resultado, que permite desligarse de la paternidad con la misma facilidad con la que permitió establecerla, de forma que es la voluntad del reconocedor, usando las reglas del reconocimiento, la que permitió establecer legalmente la paternidad, y es su voluntad, aprovechando ahora las reglas sobre impugnación, la que permite hacerla desaparecer. Pero, como señala S. Quicios Molina[25], si el

---

24 Así, S. Quicios Molina: *Determinación,* cit., p. 167.

25 S. Quicios Molina: *Determinación,* cit., p. 167.

reconocedor quería figurar como padre del reconocido, es muy discutible que esté legitimado para dejar de serlo cuando en un momento posterior cambia de parecer.

b) La primera consecuencia de admitir esa maniobra legal es que se permite al reconocedor lograr un efecto similar al de la revocación, a través del ejercicio de una acción (la de impugnación de la paternidad) que se sabe que triunfará, porque el punto de partida es que el reconocedor-demandante no es biológicamente padre del reconocido. Es cierto que, desde un punto de vista meramente formal, impugnar no es revocar, pero en una perspectiva sustantiva lo que se consigue es, como ya he dicho, permitir al reconocedor establecer legalmente la paternidad mediante una mera declaración suya, y después hacerla desaparecer por obra nuevamente de su voluntad contraria, aunque con la carga de entablar un procedimiento judicial —que se sabe que será favorable— en los plazos legalmente establecidos. Puede no ser técnicamente una revocación, pero el efecto que se consigue es el mismo, a través de una vía más larga y complicada, pero igualmente segura: la clave es que, en efecto, el reconocedor-impugnante triunfará en su acción porque no es el padre biológico, como demostrarán las pruebas biológicas cuando se realicen.

La única barrera alzada por el TS, es la de los plazos de caducidad de la acción —un año si es la del art. 136 CC, cuatro años si es la del art. 140. II CC— que en muchos casos (como el enjuiciado en la sentencia comentada) puede resultar eficaz. Sin embargo, para darnos cuenta del alcance real de tales barreras, sería tanto como decir que la adopción es revocable durante un año, o durante cuatro años, en función de las circunstancias.

Con este resultado, lo que se permite igualmente es que el reconocedor de complacencia disponga del estado civil, en los dos momentos considerados: para hacer nacer la filiación legal, mediante un reconocimiento inveraz, y para hacerla desaparecer después, a través de la acción de impugnación. Por eso usar como argumento para permitir la impugnación, rechazando la aplicabilidad de la regla *nemo auditur*, el de indisponibilidad del estado civil, como hace el TS, me parece en realidad contradictorio: cuando se le permite disponer del estado civil es, precisamente, cuando primero se consideran los reconocimientos de complacencia como algo perteneciente a la normalidad (y no a la patología) de la filiación, y después se admite su impugnación por inexistencia de la relación biológica, aunque sea durante unos plazos relativamente cortos.

c) Conforme a lo anterior, si se admite la impugnación de la paternidad por el reconocedor de complacencia resultan violados dos principios básicos del nuestro Derecho en esta materia: la irrevocabilidad del reconocimiento y el carácter indisponible del estado civil[26]. Cabe identificar aquí, con A. S. Gallo Vélez[27], un segundo fraude de ley, en el que la regla defraudada es la de irrevocabilidad de las filiaciones no biológicas (para la adopción, art. 180.1 CC; para las técnicas de reproducción asistida, art. 8 LTRHA), siendo regla de cobertura las normas reguladoras de las acciones de impugnación. En efecto, mediante el reconocimiento de complacencia se logra establecer legalmente una filiación no biológica, empleando un mecanismo propio de la filiación biológica (por naturaleza), eludiendo así las reglas sobre la adopción (primer fraude). Ahora bien, una vez establecida esta filiación, debería quedar sujeta a una regla básica de ese tipo de filiaciones en las que la voluntad juega un papel fundamental, que es la de su irrevocabilidad. En la medida en que mediante el ejercicio de la acción de impugnación se logra un efecto en todo semejante al de la revocación, es posible identificar un claro fraude a dicha regla (segundo fraude).

Este segundo fraude del que habla, con razón, A. S. Gallo Vélez, es la regla más claramente defraudada, y la que debe ser objeto de especial protección, al estar ligada directamente al interés superior del menor. Visto que la nulidad del reconocimiento de complacencia no es la solución, permitir la impugnación supondría consolidar definitivamente el fraude de ley iniciado mediante el reconocimiento inveraz. La regla que se pretende ahora eludir, y que por tanto ha de ser aplicada, es esta de la irrevocabilidad de las filiaciones no biológicas. Y para eso, efectivamente, son instrumentos útiles tanto la regla *nemo auditur* (que impide al reconocedor alegar su propio empleo, objetivamente fraudulento, del reconocimiento), como el principio de buena fe en su concreción de la regla de los actos propios (art. 7.1 CC), principios todos estos que, como dice A. Paniza Fullana[28] serían de aplicación clara a supuestos como el enjuiciado, en cualquier otro ámbito del Derecho.

Con base en estos argumentos, creo que es razonable mantener, con A. S. Gallo Vélez[29], que para evitar el segundo fraude de ley (a la regla de irrevocabilidad de las filiaciones no biológicas), es preciso impedir la impugnación de la filiación al reconocedor de complacencia y a la madre del hijo reconocido (que es cómplice del fraude), sin que ello implique con-

---

26 S. Quicios Molina: *Determinación*, cit., p. 183.

27 A. S. Gallo Vélez: *Los reconocimientos*, cit., pp. 182 y ss.

28 A. Paniza Fullana: "Acción", cit., p. 1.

29 A. S. Gallo Vélez: *Los reconocimientos*, cit., p. 389.

validación definitiva del primer fraude de ley (a las reglas sobre filiación y adopción), ya que el hijo sí podría ejercitar la acción de impugnación en los términos del art. 137 CC, por tratarse en este caso de una filiación matrimonial.

3. Sobre la determinación de la acción procedente (de impugnación de la filiación matrimonial —art. 136— o extramatrimonial —art. 140.II—) en caso de matrimonio entre el reconocedor y la madre del reconocido anterior al reconocimiento

A) Se plantea a continuación el TS si en casos como el resuelto (el reconocimiento tiene lugar después del matrimonio entre el reconocedor y la madre biológica del reconocido), es procedente la acción de impugnación de la filiación matrimonial, contenida en el art. 136 CC (con plazo de caducidad de un año), o la de impugnación de la filiación extramatrimonial, al amparo del art. 140.II CC (con plazo de caducidad de cuatro años). En relación con ello, el TS fija la siguiente doctrina: "En caso de que el autor del reconocimiento de complacencia y la madre del reconocido hayan contraído matrimonio con posterioridad al nacimiento de éste, la acción de impugnación de la paternidad que dicho reconocedor podrá ejercitar será la regulada en el artículo 136 CC, durante el plazo de caducidad de un año que el mismo artículo establece. También será esa la acción, cuando el reconocimiento se haya realizado con anterioridad a la celebración del referido matrimonio; y a no ser que hubiera caducado antes la acción que regula el artículo 140.II CC, en cuyo caso, el reconocedor no podrá ejercitar la acción del artículo 136 CC: el matrimonio no abrirá un nuevo plazo de un año a tal efecto". Ofrece, para fundamentar esta doctrina, resumidamente, los siguientes argumentos:

1. La finalidad del art. 119 CC es robustecer la protección jurídica de la familia que se ha convertido en matrimonial, robustecimiento que consiste, especialmente, en hacer más difícil la impugnación de la filiación.

2. No se compadece con esa finalidad entender que la aplicación del artículo 119 requiere que "los progenitores" a los que se refiere sean el padre y la madre biológicos. Hay que interpretar dicha expresión en el sentido de "el padre y la madre» legales".

3.ª El CC carece de un precepto semejante al art. 235-7 del Código Civil de Catalunya, conforme al cual la impugnación de la filiación de los hijos comunes nacidos antes del matrimonio de sus padres se regirá por las reglas de la filiación no matrimonial.

4. Ni el tenor literal ni la *ratio* del art. 119 CC permiten limitar en modo alguno el alcance de su consecuencia jurídica en atención al hecho de que la determinación legal de la filiación —el reconocimiento de la paternidad en lo que aquí interesa— se haya producido con anterioridad a la celebración del matrimonio. El orden temporal en el que hayan tenido lugar el matrimonio y la determinación legal de la filiación es irrelevante para la consecuencia de que la filiación adquiere a todos los efectos el carácter de matrimonial desde la fecha del matrimonio.

5. No hay razón alguna para que lo que antecede no deba valer igual porque sea de complacencia el reconocimiento que determine legalmente la paternidad del hijo de la cónyuge del reconocedor.

A esta doctrina añade el TS, en el curso de su argumentación, otra conclusión que debe ser resaltada especialmente: "si el reconocimiento es posterior al matrimonio, el *dies a quo* del plazo de caducidad de un año será el día de la perfección del reconocimiento. Si el matrimonio es posterior, el día de su celebración; aunque, si hubiera caducado antes la acción para impugnar la paternidad no matrimonial, debería denegarse también al reconocedor la acción del artículo 136 CC, pues no parece lógico que disponga de un mayor plazo para impugnar por el simple hecho de haberse casado con la madre".

B) La doctrina sentada en este punto por el TS me parece en lo fundamental correcta. Como resalta R. Barber Cárcamo[30], con ella se confirma la doctrina seguida en algunas sentencias y, sobre todo, se corrigen otras que, pese a tratarse de una filiación matrimonial sobrevenida, habían aplicado indebidamente el art. 140 CC [así STS 27 mayo 2004 (*Tol 448407*) y 29 de noviembre de 2010 (*Tol 1996123*)]. No convence, sin embargo, a esta autora (ni a mi con ella), la fijación de dos momentos diferentes para el *dies a quo* del plazo de caducidad, en función de si el matrimonio es anterior o posterior al reconocimiento, ya que, conforme al art. 136 CC, el *dies a quo* debería ser el mismo, que es el de la inscripción del reconocimiento en el Registro Civil. Y creo que tiene razón.

---

30 Así, también, R. Barber Cárcamo: "Comentario", cit., p. 1945.

IV. RECAPITULACIÓN

Tras esta sentencia, en primer lugar, se consolida la posibilidad de impugnar la paternidad (o maternidad) derivada de un reconocimiento de complacencia, con fundamento en los arts. 136 (si la filiación es matrimonial) o 140 (si la filiación es no matrimonial), siempre que la acción se ejercite dentro de los plazos establecidos en cada uno de dichos artículos. La doctrina del TS es clara en este punto, aunque como se ha indicado el resultado final, desde el punto de vista más sustantivo, no es satisfactorio, ya que se deja la filiación del reconocido en manos del reconocedor, quien la ha establecido usando fraudulentamente la vía del reconocimiento, a sabiendas de no ser el padre biológico, y después la destruye a través del ejercicio de la acción de impugnación (y lo hace con fundamento en esa falta de vínculo biológico, de la que era consciente desde el mismo momento en que reconoció).

En segundo lugar, se aclara, esperemos que definitivamente, la cuestión de qué acción de impugnación (la de la filiación matrimonial, o la de la filiación extramatrimonial) hay que ejercitar en los casos en los que el reconocimiento haya tenido lugar antes del matrimonio de los padres: en tales supuestos, a partir del momento en que los padres contraen matrimonio la filiación pasa a ser matrimonial, y la eventual acción de impugnación debe ser la del art. 136 CC.

En todo caso, y aunque el resultado final no acabe de convencer, sobre todo en lo que respecta a la consolidación de la posibilidad de impugnar la filiación derivada de un reconocimiento de complacencia, es de agradecer la fijación de una doctrina clara en estos dos puntos, en beneficio de la seguridad jurídica.

11. VOLUNTAD PROCREACIONAL Y SOCIOAFECTIVIDAD EN LA DETERMINACIÓN DE LA FILIACIÓN: DE LA DOBLE MATERNIDAD A LA PLURIPARENTALIDAD

ISABEL ZURITA MARTÍN[1]

SUMARIO: I. INTRODUCCIÓN. II. LA DETERMINACIÓN DE LA DOBLE FILIACIÓN MATERNA O PATERNA POR LA DECLARACIÓN DE VOLUNTAD. 1. Antecedentes legislativos. A) El consentimiento en la clínica de reproducción asistida. B) Naturaleza de la manifestación de voluntad de la mujer no gestante. C) ¿Posibilidad de ejercicio de las acciones de filiación?. D) La acreditación de la fecundación mediante técnicas de reproducción asistida. 2. La solución de los tribunales. A) Las primeras sentencias del Tribunal Supremo requiriendo la concurrencia de los requisitos del art. 7.3 LRA. B) Las primeras sentencias estimatorias de la acción de filiación por posesión de estado. C) La "presunción de maternidad". D) Las dos últimas sentencias del Tribunal Supremo: consolidación de la doctrina e interpretación restrictiva de concurrencia de posesión de estado. 3. La última reforma del legislador por medio de la Ley 4/2023: la voluntad de ser progenitor de la madre y de la persona trans no gestantes. A) La determinación de la filiación no matrimonial en la inscripción de nacimiento. B) La inscripción de la filiación en el Registro Civil. C) La legitimación para ejercitar acciones de filiación. III. LA VOLUNTAD PROCREACIONAL Y LA SOCIOAFECTIVIDAD COMO VEHÍCULOS DE DETERMINACIÓN DE LA FILIACIÓN PLURIPARENTAL. 1. El reconocimiento judicial de la pluriparentalidad en Argentina. 2. Las resoluciones judiciales brasileñas y el derecho a la búsqueda de la felicidad. 3. El reconocimiento legal de la filiación pluriparental. IV. REFLEXIÓN FINAL.

I. INTRODUCCIÓN

Puede decirse que la expresión "voluntad procreacional" se viene utilizando en los últimos años para hacer referencia al deseo de ser padre o madre como título hábil para determinar la filiación. Sin embargo, a pesar de lo novedoso de dicha expresión, la voluntad como medio para la determinación de la filiación no ha sido algo ajeno a nuestro ordenamiento jurídico. En realidad, desde el reconocimiento de la adopción como modelo de filiación, junto con la natural, y con los mismos efectos que esta, se está

---

1 CU, Derecho Civil, Universidad de Cádiz.

dotando a la voluntad de habilidad para la creación del vínculo jurídico filial.

Ciertamente, la diferencia entre la filiación natural y la adoptiva no es otra que la inexistencia de lazos biológicos en esta frente a aquella. No obstante, la determinación de la filiación adoptiva va más allá de la simple manifestación de la voluntad de ser padre o madre, pues este vínculo jurídico se deriva de un largo proceso y un complejo expediente que culmina con una resolución judicial. En todo caso, los padres y madres adoptivos, que hemos dado en denominar también "progenitores" —aunque realmente no hayan procreado biológicamente—, cuentan con los mismos derechos y obligaciones recíprocos respecto de sus hijos que emanan de la filiación por naturaleza.

Con el paso del tiempo, al vínculo jurídico adoptivo se han unido otros medios que posibilitan la determinación de la filiación más allá de la verdad biológica, que, o bien suponen modelos filiativos mixtos —entre la filiación natural y la consensual—, o bien centran su atención en la expresión del consentimiento o de la sola voluntad de ser padre o madre.

En el primer caso nos encontramos cuando se utilizan las técnicas de reproducción humana asistida con utilización de donante anónimo: la madre gestante lo es por naturaleza (al seguir atendiéndose al hecho del parto, aunque el proceso de fecundación no sea natural); el padre, simplemente por prestar su consentimiento a la utilización de las técnicas por su pareja. La regulación de la filiación derivada del uso de estas técnicas ha ido evolucionando, tanto en función de los avances científicos en la materia, como en atención a los nuevos modelos familiares y sociales amparados legalmente, lo que propició que, en el caso de una pareja de mujeres, la no gestante pudiera convertirse en madre por su sola declaración de voluntad, dándose virtualidad de este modo a la doble maternidad *ex* art. 7.3 de la Ley 14/2006, de 26 de mayo, sobre técnicas de reproducción humana asistida (LRA). En todos estos casos también hablamos de progenitores con sentido inclusivo.

Lo que a simple vista parece sencillo, se ha convertido, sin embargo, en un problema legal difícil de desentrañar, dada la escasa claridad técnica de las normas que, desde 2007, vienen regulando la materia, que ha sido objeto de una última reforma por medio de la Ley 4/2023, de 28 de febrero, para la igualdad real y efectiva de las personas trans y para la garantía de los derechos de las personas LGTBI (comúnmente llamada Ley trans). A partir de las novedades introducidas por esta norma, también resulta posible la determinación de la filiación por la mera declaración de voluntad de todo progenitor no gestante al margen del uso de técnicas de reproducción humana asistida.

A intentar aclarar este escenario me dedicaré en las siguientes páginas. Esta misión, sin embargo, no es tarea fácil, en tanto debemos partir de dos curiosos problemas como premisas a tener en cuenta: por una parte, la Ley 4/2023 no modifica el artículo 7.3 LRA, que sigue vigente en su redacción reformada de 2015; por otra, la llamada Ley trans se encuentra amenazada de ser derogada en el momento de redactarse estas páginas. Estas observaciones sirven como justificación del tratamiento que este trabajo realiza sobre la evolución normativa y jurisprudencial del art. 7.3 LRA y del análisis posterior de las reformas llevadas a cabo por aquella Ley. En todo caso, la amplitud del tema que se expone hace imposible abordar en profundidad en este trabajo todas las instituciones y cuestiones jurídicas que se ven afectadas o se derivan del mismo, por lo que me limitaré en muchos casos a poner sobre la mesa tan solo algunos apuntes que nos permitan encauzar el hilo conductor de este estudio.

II. LA DETERMINACIÓN DE LA DOBLE FILIACIÓN MATERNA O PATERNA POR LA DECLARACIÓN DE VOLUNTAD

1. Antecedentes legislativos

Hace ya más de una década que los tribunales españoles se han venido pronunciando sobre la determinación de la filiación en los casos de doble maternidad. La novedad de estos litigios vino propiciada por dos circunstancias. En primer lugar, la reforma llevada a cabo en el Código Civil por medio de la Ley 13/2005, de 1 de julio, que modificó el concepto de matrimonio, equiparando sus efectos con independencia del sexo de los contrayentes; y, en segundo lugar, la modificación de la Ley 14/2006, de 26 de mayo, sobre técnicas de reproducción humana asistida, por medio de la Ley 3/2007, de 15 de marzo, reguladora de la rectificación registral de la mención relativa al sexo de las personas, que incorporó un tercer apartado al artículo 7 de la LRA, reconociendo la posibilidad de determinación de la filiación respecto de la consorte de la madre gestante; precepto que fue asimismo rectificado con posterioridad.

Efectivamente, el primitivo artículo 7.3 LRA disponía lo siguiente: "Cuando la mujer estuviere casada, y no separada legalmente o de hecho, con otra mujer, esta última podrá manifestar ante el Encargado del Registro Civil del domicilio conyugal, que consiente en que cuando nazca el hijo de su cónyuge, se determine a su favor la filiación respecto del nacido".

La norma, de escasa técnica legislativa, provocó numerosas dificultades en su aplicación práctica, de las que se pueden destacar especialmente tres: a) solo se prevé para las parejas casadas, dejando al margen de la filiación por esta vía a las parejas de hecho; b) el consentimiento ante el encargado del Registro Civil debe prestarse antes del nacimiento del hijo, careciendo de valor el prestado a la utilización de las técnicas; y c) la ubicación sistemática de la norma la deja fuera de la remisión a la normativa sobre la filiación del Código Civil, lo que ha llevado a plantear la viabilidad de aplicar las presunciones de paternidad y la reclamación de la filiación por posesión de estado.

Es evidente que el distinto tratamiento que el art. 7.3 LRA concede a las parejas de hecho homosexuales frente a las heterosexuales contraría el principio de igualdad y no discriminación[2]. La opción del legislador estatal obligaba a la pareja no casada de la madre gestante a iniciar un proceso de adopción del hijo biológico de esta, con los problemas que podría suscitar, por ejemplo, el fallecimiento de la madre no gestante antes de la adopción, o la separación de la pareja sin haberse determinado la filiación respecto de una persona que convivía con el hijo asumiendo un papel de madre[3], circunstancia esta que ha provocado litigios judiciales, como a continuación se expondrá[4].

---

2 Sobre dicho efecto discriminatorio se ha pronunciado profusamente la doctrina. Entre otros, E. Lamm: "La importancia de la voluntad procreacional en la nueva categoría de filiación derivada de las técnicas de reproducción asistida", *Revista de bioética y Derecho,* nº 24, enero 2012, pp. 84-85; P. Benavente Moreda: "La filiación de los hijos de parejas, casadas o unidas de hecho, del mismo sexo. La situación legal y jurisprudencial actual", *ADC,* 2011, tomo LXIV, fasc. I, p. 115; E. Toral Lara: "Las últimas reformas en materia de determinación extrajudicial de la filiación: las importantes omisiones del legislador y sus consecuencias", *Derecho Privado y Constitución,* nº 30, 2016, pp. 323-324.

3 En este sentido E. Lamm, "La importancia", cit., p. 85; E. Farnós Amorós y M. Garriga Gorina: "¿Madres? Pueden ser más de una", *Indret,* 4/2005, p. 6; o J. Alventosa del Río: "Doble maternidad. Reclamación de filiación matrimonial por posesión de estado. Maternidad biológica y maternidad por ficción legal: concurrencia y simultaneidad. Comentario a la STS 740/2013, de 5 de diciembre", *Revista Boliviana de Derecho,* nº 18, julio 2014, p. 392.

4 Doctrinalmente se propuso aplicar analógicamente el artículo 8.2 LRA, dada la identidad de razón entre el uso de las técnicas de reproducción asistida por una pareja de mujeres y la fecundación heteróloga por una pareja heterosexual. Así,

En 2015 el legislador tuvo ocasión de remedar las deficiencias del artículo 7.3 LRA, por medio de la Disposición final 5.1 de la Ley 19/2015, de 13 de julio, de medidas de reforma administrativa en el ámbito de la Administración de Justicia y del Registro Civil, que introdujo una modificación en la norma, quedando redactada en los siguientes términos: "Cuando la mujer estuviere casada, y no separada legalmente o de hecho, con otra mujer, esta última podrá manifestar conforme a lo dispuesto en la Ley del Registro Civil que consiente en que se determine a su favor la filiación respecto del hijo nacido de su cónyuge". La reforma, sin embargo, no solventaba los problemas que venía suscitando el precepto, siendo lo más destacado de la misma permitir que el consentimiento de la cónyuge de la madre gestante se pudiera manifestar después de haberse producido el nacimiento del hijo y no necesariamente antes, tal como se especificaba en la redacción primigenia de la norma.

A) El consentimiento en la clínica de reproducción asistida

Precisamente esa declaración de la madre no gestante requerida por la norma planteó, y sigue planteando, cuestiones técnico-jurídicas no aclaradas. De entrada, el primitivo artículo 7.3 LRA orillaba el principio de igualdad al abordar la cuestión de la emisión del consentimiento de la mujer casada con la usuaria de las técnicas, en dos aspectos: carece de efectos prestar el consentimiento a la utilización de las técnicas por su pareja para que posteriormente se determine la filiación a su favor, como sí se permite al varón, casado o no; y la emisión del consentimiento para que se establezca la filiación a favor de la mujer no gestante debe darse en un momento temporal concreto, antes del nacimiento del niño —aunque la filiación se atribuya una vez nacido este—, y ante el Encargado del Registro Civil. Este segundo inconveniente fue eliminado, como sabemos, por la Ley 19/2015,

---

A. Díaz Martínez: "La doble maternidad legal derivada de las técnicas de reproducción humana asistida", *Derecho Privado y Constitución*, nº 21, 2007, p. 85; M. V. Jiménez Martínez: "Los problemas planteados por la filiación del nacido en los casos de parejas del mismo sexo", *AC*, nº 7-8, julio-agosto, 2014, p. 6; y V. Benedicto Morán: *La atribución de la filiación. Sistemas civil y canónico*, Atelier, Barcelona, p. 308. Interpretando flexiblemente la norma, M. S. Quicios Molina propone que se permita la inscripción del hijo como matrimonial aun cuando el consentimiento se manifestara en ausencia de matrimonio pero naciendo el hijo después de celebrado este; y también cuando se prestara el consentimiento durante el matrimonio, y el hijo naciera con posterioridad a su separación o disolución, *Determinación e impugnación de la filiación*, Aranzadi, Pamplona, 2014, pp. 54-55.

si bien es cierto que en distintas ocasiones la DGRN admitió la inscripción si el consentimiento se prestaba después del nacimiento, pero con anterioridad a la entrada en vigor de la Ley 3/2007[5].

En realidad, la consecuencia lógica de eliminar el requisito del consentimiento previo al nacimiento debería haber sido conceder eficacia al emitido en la clínica a la utilización de las técnicas reproductivas, pero no lo apreció así el legislador, porque —entendemos— no tenía la voluntad de hacerlo. Sí se salvó con la modificación las situaciones que se habían producido por el desconocimiento de las mujeres sobre el nulo valor de dicho consentimiento, lo que se ponía de manifiesto en el momento de la inscripción del niño[6]; además, deja abierta la puerta a la posibilidad de prestarlo en documento notarial después del nacimiento, dada la eliminación de la referencia al Encargado del Registro[7]. En realidad, la emisión del consentimiento se realizará principalmente en el momento y a través del procedimiento de inscripción, solucionando así los casos de separación o divorcio de la pareja posteriores a la declaración pero previos al nacimiento[8], aunque dejándose irresoluta la duda acerca del plazo con el que cuenta la madre no gestante para efectuar la declaración[9].

En definitiva, se pone claramente de manifiesto una mayor exigencia formal para los matrimonios de mujeres que para las parejas heterosexua-

---

5 Así, las RRDGRN 17 abril 2008 (JUR 2009, 388655), 14 octubre 2008 (JUR 2009, 443280), 24 noviembre 2008 (JUR 2010, 2732). La RDGRN 22 mayo 2008 (JUR 2009, 389849) admite la inscripción incluso con el consentimiento prestado después de la Ley 3/2007. Lo rechazaron, sin embargo, otras tantas: RRDGRN 26 noviembre 2008, 7 enero 2009, 28 febrero 2011, 8 marzo 2011.

6 G. Tomás Martínez: "El consentimiento en relación con la doble filiación materna matrimonial y la práctica del Registro Civil", *AC Jurisprudencia,* nº 7, 2010, pp. 12-13. Igualmente, E. Toral Lara: "Las últimas", cit., p. 328.

7 En esta línea, M. S. Quicios Molina critica al legislador por restringir la forma de prestarse el consentimiento al realizado ante el encargado del Registro Civil, y no extenderla al documento público otorgado ante Notario, "Determinación", cit., p. 51.

8 Para M. B. Andreu Martínez, aunque la norma parece permitir la inscripción con la oposición de madre biológica, el mecanismo no está claro, "La doble maternidad tras la reforma del artículo 7.3 LTRHA y la RDGRN de 8 de febrero de 2017: ¿Realmente avanzamos o hemos retrocedido?", *Indret,* abril 2018, p. 12.

9 J. J. Iniesta Delgado: "La filiación derivada de las formas de reproducción asistida", en *Tratado de Derecho de familia,* vol. V. *Las relaciones paterno-filiales* I (dir. M. Izquierdo Tolsada y M. Cuena Casas), Aranzadi, Pamplona, 2017, p. 961.

les[10], para quienes basta el consentimiento del marido —para evitar la destrucción de la presunción de paternidad—, o del varón no casado prestado en la clínica para que posteriormente se determine la filiación a su favor, máxime si tenemos en cuenta la identidad de razón existente cuando se trata de fecundación heteróloga; en ambos casos el consentimiento —ya sea del varón o de la mujer no gestante— cumple la función de reconocer una filiación que no responde a la verdad biológica[11].

Es claro que los términos en los que se expresa el artículo 7.3 LRA son taxativos —mujer casada y consentimiento ante el encargado del Registro Civil—, por lo que parece difícil realizar una interpretación expansiva de la norma[12]. En esta línea la DGSJFP deniega la solicitud de inscripción de la segunda maternidad cuando el matrimonio es posterior al nacimiento del hijo[13].

En mi opinión, lo deseable hubiese sido optar por una solución similar a la del Código Civil de Cataluña, otorgándose el mismo trato al consentimiento a la utilización de técnicas de reproducción asistida por todas las parejas, casadas o no casadas, con independencia del sexo de sus integrantes. Así, para el caso de mujer casada, el artículo 235-8.1 CCCat. dispone que "Los hijos nacidos a consecuencia de la fecundación asistida de la mujer, practicada con el consentimiento expreso del cónyuge formalizado en un documento extendido ante un centro autorizado o en documento público, son hijos matrimoniales del cónyuge que ha dado el consentimiento"; y, a falta de matrimonio, el artículo 235-13.1 establece que "Los hijos nacidos de la fecundación asistida de la madre son hijos del hombre o de la mujer

---

10 Este diferente trato podría ser considerado discriminatorio por razón de sexo, como ha señalado la doctrina: G. Tomás Martínez: "El consentimiento", cit, p. 8; A. Padial Albás: "La discriminación de la cónyuge y de la conviviente homosexual de la usuaria en la Ley sobre técnicas de reproducción asistida", en *Estudios jurídicos sobre persona y familia* (coord. por M. T. Areces Piñol), Comares, Granada, 2009, pp. 289-290; y V. Benedicto Morán, "La atribución", cit., p. 305. En sentido contrario, M. S. Quicios Molina: "Determinación", cit., p. 50.

11 J. Alventosa del Río: "Doble maternidad", cit., p. 392.

12 En opinión de L., Arechederra Aranzadi, es una norma excepcional y de aplicación restrictiva, y no cabe mediante una interpretación extensiva de esa norma constituir una filiación. La génesis parlamentaria del apartado tercero del art. 7 LRA prueba, en opinión de este autor, que la manifestación de consentimiento de la mujer no gestante no genera una filiación, sino que únicamente tiene razón de ser en el contexto al que se refiere la Ley, *Realidad, ilusión y delirio en el derecho de filiación,* Dykinson, Madrid, 2017, p. 276.

13 RRDGRN 19 septiembre 2019, 6 abril 2021.

que la ha consentido expresamente en un documento extendido ante un centro autorizado o en un documento público".

Avanzando aún más, en la doctrina también se abogaba por la reforma del art. 120 CC, a fin de permitir a la mujer no casada manifestar su voluntad de asumir la filiación del hijo de su pareja, del mismo modo en que lo puede hacer el progenitor varón[14], solución ésta asumida ahora por el legislador por medio de la Ley 4/2023, como después se analizará.

B) Naturaleza de la manifestación de voluntad de la mujer no gestante

Otra cuestión controvertida que se deriva de lo previsto por el art. 7.3 LRA es la naturaleza de la manifestación de voluntad de la esposa de la madre gestante. De entrada, al emplearse en la letra de la norma la expresión "podrá manifestar" que desea ser madre del hijo de su consorte, el legislador parece haber configurado esta imputación de maternidad como una facultad de la madre no progenitora[15], derivándose de ello que, a falta de tal manifestación, el hijo se inscribirá como no matrimonial[16]. Recuérdese que, en el caso del varón casado, la filiación matrimonial determinada como consecuencia de la prestación del consentimiento a la fecundación de su esposa sería inimpugnable.

Por otra parte, podría pensarse que se trata de una especie de reconocimiento, como se ha reflexionado doctrinalmente, si bien con la diferencia de que el reconocimiento *stricto sensu* se basa en la presunción de una verdad biológica aquí inexistente —además de en la convicción del recono-

---

14 Así lo propone Díaz Martínez: "Reproducción asistida y acciones judiciales de filiación: una controvertida relación", en *El Derecho civil ante los nuevos retos planteados por las técnicas de reproducción asistida* (coord. Y. Bustos y V. Múrtula), Dykinson, Madrid, 2021, p. 180.

15 Para M. González Pérez de Castro es llamativo que la norma no disponga que la madre gestante deba aceptar o pueda oponerse al consentimiento de su cónyuge a efectos de impedir la determinación de la filiación de la maternidad voluntaria. "No existe ningún tipo de contrapeso o control —sostiene— a la voluntad de la esposa declarante, máxime cuando la madre gestante, *ex lege*, puede someterse a la técnica sin el consentimiento de su mujer", *La verdad biológica en la determinación de la filiación*, Dykinson, Madrid, 2014, p. 304.

16 Como señala J. J. Iniesta Delgado, el legislador ha preferido configurar la maternidad como una facultad de la madre no gestante, de tal manera que sin el consentimiento de esta resulta imposible imponer la filiación, "La filiación", cit., p. 954.

cedor de ser biológicamente padre del reconocido[17]—, siendo susceptible de ser impugnado cuando no corresponda a esa verdad[18]. Debe tenerse en cuenta, no obstante, que la tesis de que el principio de verdad biológica aboca a la nulidad a los reconocimientos de complacencia fue mantenida por el Tribunal Supremo hasta la STS 14 julio 2004 *(Tol 483491)*, en la que la descartaba implícitamente. Con posterioridad el Alto Tribunal respaldó de forma expresa la validez de estos reconocimientos, así como la posibi-

---

17 C. Martínez de Aguirre y Aldaz: "Comentario a la sentencia del Tribunal Supremo de 15 de julio de 2016 (496/2016). Reconocimiento de complacencia", en *Comentarios a las sentencias de unificación de doctrina (Civil y Mercantil)*, (coord. M. Yzquierdo Tolsada, Dykinson), vol. 8, Madrid, 2016, pp. 352-353. Véase sobre comentarios a la jurisprudencia sobre los reconocimientos, F. Rivero Hernández: "Los reconocimientos de complacencia (Con ocasión de unas sentencias recientes), *ADC*, vol. 58, nº 3, 2005, pp. 50 y ss.

18 En tal sentido, M. S. Quicios Molina: "Determinación", cit., p. 49; y F. J. Jiménez Muñoz, que concluye que en estos casos, en consecuencia, no será aplicable la doctrina jurisprudencial sobre la impugnabilidad de los reconocimientos de complacencia o que, en general, no se correspondan con la verdad biológica, *La reproducción asistida y su régimen jurídico*, Reus, Madrid, 2012, p. 66. Redunda en ello R. Barber Cárcamo: "Doble maternidad legal, filiación y relaciones parentales", *Derecho Privado y Constitución*, nº 28, 2014, pp. 112-113, que puntualiza que el carácter esencialmente voluntario de esta manifestación de consentimiento, no refrendado por dato biológico alguno, lo aleja del reconocimiento; y, precisamente por no ser tal, la declaración del cónyuge no se halla sometida a los controles del art. 124 CC. Para A. Díaz Martínez, quizás el legislador haya querido excluir la vía del reconocimiento por basarse este en la verdad biológica, considerando que, en la práctica, tendrían los mismos efectos; pero en ambos casos podría admitirse como título de atribución de la filiación el consentimiento prestado a la utilización de las técnicas por la cónyuge, tanto por parte de un hombre como de una mujer, pues en los dos casos existe necesidad de donante, y no habría fundamento biológico que lo sustente, "La doble", cit., p. 82. En el mismo sentido, M. Álvarez Sarabia: "Alcance y significado del consentimiento en las técnicas de reproducción humana asistida", *Anales de Derecho. Universidad de Murcia*, julio, http://revistas.um.es/analesderecho, 2015, p. 11; y A. Paniza Fullana: *Realidad biológica versus realidad jurídica: el necesario replanteamiento de la filiación*, Aranzadi, Pamplona, 2017, p 64. Para M. González Pérez de Castro, el consentimiento determina por sí mismo la filiación, al nacimiento del hijo, sin necesidad de seguir un expediente al estilo de la filiación no matrimonial; por lo que se trata del reconocimiento de un *nasciturus* y, de faltar, solo se determinaría la filiación no matrimonial de la mujer gestante, "La verdad", cit., pp. 298-299.

lidad de su revocación posterior por el propio reconocedor[19], posicionamiento éste certeramente criticado por la doctrina[20].

En todo caso, debemos entender la expresión del consentimiento de la mujer no gestante como una manifestación de voluntad de carácter irrevocable, a salvo la posibilidad de impugnación por vicio del consentimiento. La desigualdad de trato también afecta aquí a la protección del propio hijo, al no contemplarse la aplicación de la presunción de paternidad matrimonial.

Finalmente, adviértase que en el caso de matrimonios heterosexuales la mujer no puede ser usuaria de las técnicas sin el consentimiento expreso del marido —a menos que estuvieran separados legalmente o de hecho y así conste de manera fehaciente (art. 6.3)—, mientras que la mujer casada con otra mujer sí puede hacerlo, quedando a la voluntad de la no gestante la atribución de la filiación del nacido a su favor. El CC de Cataluña, en cambio, al no exigir expresamente tal consentimiento del consorte, posibilitaría a la mujer casada someterse a procesos de reproducción por sí sola.

C) ¿Posibilidad de ejercicio de las acciones de filiación?

Si entendemos que el legislador estableció un nuevo título de determinación de la filiación matrimonial materna[21] —que no se identifica estric-

---

19 SSTS 4 julio 2011 (*Tol 2234835*), 15 julio 2016 (*Tol 5780303*), 28 de noviembre de 2016 (*Tol 5899845*).

20 De forma terminante, M. A. Blandino Garrido califica todo ello como un despropósito, "que esperemos la Sala Primera del Tribunal Supremo reconduzca, regresando a los postulados de su doctrina inicial fundados en la nulidad de estos reconocimientos falaces", "La impugnación de los reconocimientos de complacencia", Actualidad Jurídica Iberoamericana, nº 13, agosto 2020, p. 37. Véanse también: M. S. Quicios Molina: "Impugnación por el propio reconocedor de la filiación paterna no matrimonial determinada por medio de un reconocimiento de complacencia a la vista de la jurisprudencia del Tribunal Supremo. Sentencia de 4 de julio de 2011", *CCJC*, nº 90, septiembre-diciembre 2012, pp. 444-446; A. I. Berrocal Lanzarot: "La determinación de la filiación por reconocimiento. Su eventual impugnación, *RCDI*, nº 750, pp. 2235-2265; F. M. Corvo López: "Reflexiones en torno a la impugnación de la paternidad en los casos de reconocimiento de complacencia a la vista de la jurisprudencia del Tribunal Supremo", *Revista Doctrinal Aranzadi Civil-Mercantil*, nº 1, 2017; A. Paniza Fullana, "Realidad biológica", cit., p. 67.

21 En opinión de M. S. Quicios Molina, este título de atribución de la filiación matrimonial se une a la presunción de paternidad matrimonial, al reconocimiento

tamente ni con la maternidad natural ni con la adoptiva[22]—, cuya materialización queda sometida a los tasados condicionantes del art. 7.3 LRA, debe derivarse de ello que la exigencia escrupulosa de estos requisitos impediría la aplicación de la presunción de paternidad[23] —en este caso, maternidad, como ya se ha apuntado—, de la previsión contemplada en el artículo 118 CC —aun faltando la presunción de paternidad del marido por causa de la separación legal o de hecho de los cónyuges, podrá inscribirse la filiación como matrimonial si concurre el consentimiento de ambos—, o de los demás mecanismos previstos para la determinación de filiación no matrimonial (declaración conforme del padre en el formulario oficial, re-

---

de la paternidad o de la maternidad, a la resolución de un expediente registral de determinación de la filiación, a la sentencia judicial y, por lo que respecta a la maternidad por naturaleza, al parto con constancia del nombre de la madre (arts. 115, 118 y 120 CC), "Determinación", cit., p. 47.

22 Para J. J. Iniesta Delgado, esta figura se encuentra mucho más próxima a la filiación adoptiva que a la natural, "La filiación", cit., p. 952.

23 En opinión de C. Ochoa y I. Lledó Benito, aunque es evidente que el documento de consentimiento informado otorgado por ambas cónyuges facilitará una determinación de la filiación matrimonial, se dará poco juego a una presunción de paternidad, entendible en una relación heterosexual conyugal, pero inexistente en una relación de pareja del mismo sexo, en la que científicamente la generación del niño es verosímilmente cierta, "Comentario al art. 7. Addenda", en *Comentarios científico-jurídicos a la Ley sobre Técnicas de Reproducción Humana Asistida* (dir. F. Lledó Yagüe y C. Ochoa Marieta, coord. O. Monje Balmaseda), Dykinson, Madrid, 2007, p. 430. Para C. Castillo Martínez, el art. 7.3 LRA parece haber incorporado en este ámbito un nuevo supuesto de determinación de la filiación matrimonial, distinto de la presunción de paternidad del art. 116 CC, aunque, claro está, supeditado al cumplimiento de determinados requisitos, "La doble inscripción de la filiación matrimonial y la justificación del requisito del uso de técnicas de reproducción asistida", *AC* nº 4, abril, 2017, p. 4. En opinión de M. S. De la Fuente Núñez de Castro, el art. 7.3. LRA supone la no aplicación de la presunción del art. 116 CC, pese a lo preceptuado por el apartado segundo del art. 44 CC. El art. 7.3 LRA —sostiene— vino a suplir esta deficiencia entendiéndose como un nuevo título de determinación de la filiación matrimonial distinto a la presunción de paternidad del art. 116 CC o a la resolución judicial firme que pone fin a un proceso en materia de filiación, "Acción de reclamación de la filiación y doble maternidad legal", *InDret,* enero, 2015, p. 12. También en este sentido, R. Barber Cárcamo: "Doble maternidad", cit., p. 115; y M. V. Jiménez Martínez: "Los problemas", cit., p. 3.

conocimiento o resolución recaída en expediente registral)[24]. A todo ello ha dado respuesta la Ley 4/2023, como después se analizará.

La afanosa observancia del art. 7.3 LRA imposibilitaría, asimismo, el ejercicio de acciones de reclamación de la filiación por la madre gestante frente a su pareja que hubiese consentido la fecundación asistida y posteriormente se negara a prestar el consentimiento exigido por el precepto. La doctrina, no obstante, se encuentra dividida al respecto[25], interpretándose también que sería posible el ejercicio de una acción de reclamación judicial de la maternidad basada en la voluntad de ser madre expresada antes del nacimiento del hijo, aceptando en el formulario médico la fecundación asistida de su pareja y manteniendo posesión de estado sobre este hijo desde el instante en que se emite dicho consentimiento hasta el momento del ejercicio de la acción de reclamación *ex* art. 131 CC[26]. En el otro lado de la ecuación, puede interpretarse que tampoco la madre no gestante podría reclamar la filiación si no prestó el consentimiento en los precisos términos que prevé la norma.

Todo ello es trasunto de la ya mencionada falta de sistemática del art. 7.3 LRA, pues la sede correcta de la norma debería ser el artículo 8, referido a la determinación de la filiación. Celosamente hablando, esta falta de técnica llevaría a considerar inaplicable a la determinación de la filiación respecto de una pareja de mujeres las normas sobre filiación del Código Civil, por aplicación literal del artículo 7.1 LRA, según el cual la filiación de los hijos nacidos con las técnicas de reproducción asistida se regulará

---

24 Así lo entiende F. J. Jiménez Muñoz: "La reproducción", cit., pp. 70 y ss. Como señala R. Barber Cárcamo, en ausencia de una decisión legislativa como la del art. 8.2 LRA para el consentimiento del varón no casado, no cabe forzar hasta ese punto un título de determinación de la filiación que responde y encaja en un modelo totalmente distinto, "Doble maternidad", cit., p. 116.

25 Así la entiende J. J. Iniesta Delgado: "La filiación", cit., p. 964. En sentido contrario, R. Verdera Server: "Comentario a los arts. 7 y 8. Filiación de los hijos nacidos mediante técnicas de reproducción asistida", en *Comentarios a la Ley 14/2006, de 26 de mayo, sobre Técnicas de Reproducción Humana Asistida* (dir. J. A Cobacho Gómez, coord. J. J. Iniesta Delgado, Thomson/Aranzadi, 2006, p. 290; también A. Díaz Martínez, "Reproducción asistida y acciones judiciales de filiación", en *El Derecho Civil ante los nuevos retos planteados por las técnicas de reproducción asistida,* (coord. Y. Bustos Morano y V. Múrtula Lafuente), Dykinson, Madrid, 2021, pp. 177-178.

26 En palabras de M. S. De la Fuente Núñez de Castro: "Acción", cit., p. 30.

por las Leyes civiles, a salvo las especificaciones establecidas "en los tres siguientes artículos"[27].

D) La acreditación de la fecundación mediante técnicas de reproducción asistida

Una última cuestión que debe abordarse en torno a la aplicación del artículo 7.3 LRA se desprende de la acreditación de la utilización las técnicas de reproducción asistida para procrear al hijo cuya inscripción se solicita, requisito que ha venido siendo requerido por los encargados de los Registros Civiles, pero que no se contempla legalmente de forma específica[28]. Piénsese que permitir la inscripción del nacido a favor de la esposa de la madre biológica por el solo consentimiento de esta, sin haberse justificado la utilización de las técnicas de reproducción asistida, abre la puerta a una eventual reclamación de paternidad por parte de un posible padre biológico.

A estos efectos, el artículo 44.5 LRC anterior a la reforma llevada a cabo por la Ley 4/2023 tampoco exigía dicha acreditación, reflejando en realidad una secuencia lógica de lo previsto por el art. 7.3 LRA del que trae causa: "También constará como filiación matrimonial cuando la madre estuviere casada, y no separada legalmente o de hecho, con otra mujer y esta última manifestara que consiente en que se determine a su favor la filiación respecto al hijo nacido de su cónyuge"; por lo que no puede leerse desvinculado de dicho marco sustantivo. Esta norma prevé una nueva forma de determinarse la filiación respecto de un matrimonio de mujeres solo en el ámbito del uso de técnicas de reproducción asistida, de forma

27 Como observa R. Barber Cárcamo, una aplicación literal del art. 7.1 LRA conducirá a la inaplicación del art. 7.3 LRA, "Reproducción asistida y determinación de la filiación", *REDUR*, 8, diciembre, 2010, p. 28. Por otra parte, como ha puntualizado P. Benavente Moreda, la manifestación del consentimiento previsto en el art. 7.3 LRA plantea una clara contradicción con lo previsto en el apartado 2 del citado precepto.

28 En opinión de M. González Pérez de Castro, esta exigencia de los registradores es ilegal, pues no la prevé la ley, aunque su omisión por el legislador está justificada plenamente, ya que dicho consentimiento carece de valor alguno, "La verdad", cit., p. 301. Para R. Barber Cárcamo, en caso de falta de acreditación del uso de la técnica de reproducción asistida no cabe la aplicación del art. 7.3 LRA bajo sanción de nulidad del título, pues la ubicación de dicho precepto en una ley especial e incluso su carácter excepcional para las reglas de dicha ley, abonan que se tome como punto de partida esta exigencia, "Doble maternidad", cit., p. 103.

que debe entenderse que la filiación ha de quedar determinada por el consentimiento prestado según las normas del Registro Civil si efectivamente se ha materializado dicho uso.

No lo entendió así la RDGRN 8 febrero 2017[29], que estima el recurso de las interesadas frente al auto denegatorio de la inscripción por el encargado del Registro, coligiendo de la reforma operada por la Ley 19/2015 en los artículos 7.3 LRA —por la que ya no es necesario que la mujer no gestante preste el consentimiento antes del nacimiento del hijo de su cónyuge—, y 44.5 LRC —reproduciendo lo preceptuado por aquel—, "que la intención del legislador ha sido facilitar la determinación de la filiación de los hijos nacidos en el marco de un matrimonio formado por dos mujeres, independientemente de que hayan recurrido o no a técnicas de reproducción asistida. Todo ello sin perjuicio de las acciones de impugnación de la filiación que pudieran tener lugar en caso de que la gestación no lo hubiera sido como consecuencia de la aplicación de las técnicas de reproducción asistida contempladas en la LTRHA pues la filiación establecida en ese caso no quedaría amparada por la condición de inimpugnable que contempla el artículo 8 de la citada ley".

Lo resuelto así por la entonces DGRN —ahora DGSJFP— ha sido ampliamente criticado por la doctrina, por cuanto viene a entender que el artículo 44.5 LRC crea una forma nueva de determinarse la filiación; y la inscripción solo es un efecto registral de la previa determinación de la filiación prevista por las normas sustantivas correspondientes, en este caso en la LRA[30].

En realidad, la falta de previsión del legislador respecto del consentimiento a la utilización de las técnicas por parte de la esposa de la usuaria parece responder a la imposibilidad de aplicar la presunción de paternidad en estos casos; recuérdese que el consentimiento que presta el marido impide que pueda impugnar posteriormente la filiación matrimonial. Así, como ha apuntado la doctrina, dado que no existe una presunción de "segunda maternidad", basta con exigir el consentimiento a que se establezca la filiación posteriormente, sin que sea preciso el previo consentimiento

---

29 RDGRN 8 febrero 2017 (JUR 2018, 283287).

30 Entre otros, C. C. Castillo Martínez: "La doble inscripción", cit., p. 5; y M. B. Andreu Martínez: "La doble maternidad", cit., p. 20. M. S. Quicios Molina la tacha de realista, pero dogmáticamente pobre, "Determinación legal de la maternidad de la esposa de la madre gestante: Comentario a la RDGRN de 8 febrero 2017", *CCJC*, nº 108, 2018, pp. 11-28.

informado a la utilización de las técnicas de reproducción asistida[31]. El legislador debió haber previsto esta contingencia, aunque quizás no lo hizo porque daba por supuesto, de tan obvio, que la procreación había de provenir en estos casos del uso de procesos de fecundación asistida. Este entendimiento, sin embargo, ha perdido su razón de ser tras la Ley 4/2023, que permite la determinación de la filiación por la mera declaración de voluntad en el momento de la inscripción, como posteriormente se analizará.

El contexto legislativo resultante del art. 7.3 LRA, unido desde luego a una nueva concepción social de la familia que se había venido conformando a lo largo de años atrás, provocaron que la cuestión de la determinación de la doble filiación materna suscitara ciertos conflictos que habían de ser resueltos por los tribunales. Con estas premisas, el Tribunal Supremo tardó algún tiempo en asentar sus criterios, aunque no demasiado en ir apuntándolos.

2. *La solución de los tribunales*

Este dislate legislativo debía ser aplicado por los tribunales y había de darse respuesta a los problemas que se planteaban. Puede decirse que el Tribunal Supremo ha llegado finalmente a la conclusión de que debía darse solución judicial al problema, en espera de una reforma legislativa.

A) Las primeras sentencias del Tribunal Supremo requiriendo la concurrencia de los requisitos del art. 7.3 LRA

La primera sentencia del Tribunal Supremo en torno a esta cuestión data de 18 de enero de 2011 (ECLI:ES:TS:2012:567), evolucionando su posición a lo largo de los años hasta alcanzar una doctrina ya asentada que queda reflejada en dos recientes resoluciones de 2022. En su primera resolución el Tribunal Supremo, aunque no entra en el fondo del asunto por inadmitirse el recurso de casación por error procesal, opta por adherirse a la letra del artículo 7.3 LRA, entendiendo, tal como se había hecho en las dos instancias, que, por tratarse de una pareja no casada, no era posible la determinación de la filiación respecto de la pareja de la madre gestante

---

31 En tal sentido, J. Nanclares Valle: "Reproducción asistida y doble maternidad por naturaleza", *Aranzadi civil*, nº 1, 2008, p. 2249; y M. V. Jiménez Martínez, "Los problemas", cit. p. 4.

por la sola manifestación del consentimiento a la que se refiere dicho precepto.

Esta postura es confirmada meses después por la STS 12 mayo 2011 *(Tol 2124714)* sobre un supuesto de hecho muy similar, aunque la demandante —pareja de la madre gestante— tan solo solicita derecho de visitas. El Tribunal Supremo falla con fundamento en el principio del interés superior del menor, considerando que, si bien no puede hablarse de relaciones jurídicas y la filiación no se ha establecido —"ni en este caso pudo establecerse dados los requerimientos del artículo 7.3 LRA"—, sí debe considerarse que existió una unidad familiar entre las dos convivientes y el hijo biológico de una de ellas, por lo que cabe sustentar el derecho de la pareja de la madre biológica en el artículo 160.2 CC, que establece que "no podrán impedirse sin justa causa las relaciones personales del hijo con sus abuelos y otros parientes y allegados". El Alto Tribunal entiende que el concepto de allegado se ajusta a la relación que mantiene la pareja de la madre con el niño.

En definitiva, aunque, por distintas circunstancias, ambas sentencias del Tribunal Supremo no fallan sobre la acción de reclamación de la filiación de la madre no biológica de los menores, la postura en ese momento existente claramente se decanta por la aplicación estricta de la letra del artículo 7.3 LRA. En todo caso, dicha postura es manifiesta en las dos instancias anteriores a la STS de 18 de enero, y, *obiter dicta*, se expresa así en la STS de 12 de mayo.

B) Las primeras sentencias estimatorias de la acción de filiación por posesión de estado

Esta posición, no obstante, comienza pronto a virar, y lo hace de forma terminante. Efectivamente, la primera resolución del Tribunal Supremo que entra de lleno en la problemática de la determinación de la filiación en estos casos es la STS 5 diciembre 2013 (*Tol 4035995*), que falla a favor de la esposa de la madre gestante y permite la determinación de la filiación aun no cumpliéndose los requisitos exigidos por el artículo 7.3 LRA. En concreto, aunque la pareja estaba casada, y ya figuraban como madres de una niña que había sido concebida por técnicas de reproducción asistida por una madre y adoptada por la otra, al hallarse el caso bajo el ámbito de aplicación del artículo 7.3 en su redacción originaria, no se cumplía la condición de haberse manifestado el consentimiento de la madre no gestante con anterioridad al nacimiento de las dos menores que nacen después, una vez prestado consentimiento informado por ambas en la clínica de reproducción asistida. La demanda de filiación es estimada en las instancias y en casación, sobre la base de la existencia de posesión de estado, por aplicación del artículo 131 CC, al que se remite el artículo 7.1 LRA.

El Tribunal Supremo realiza una interpretación amplia del artículo 7.3 LRA —a la luz del principio de igualdad y del interés superior del menor—, ignorando, en realidad, lo por él preceptuado. Así, el consentimiento previo ante el encargado del Registro que exigía entonces el art. 7.3 LRA queda relegado a un requisito puramente formal de carácter registrar, al que no puede quedar subordinado el principio de la protección integral del menor. No se considera el consentimiento prestado en la clínica como sustituto del requerido por aquel, sino simplemente como una prueba más —que se valora junto a todas las demás, aunque especialmente cualificada—, en la atribución de la filiación por el ejercicio de la acción de reclamación con posesión de estado; aportándose pruebas que pueden acreditar la posesión de estado, la decisión del Tribunal pivota sobre la prestación del consentimiento. Lo más trascendente, quizás, de la resolución, es la superación de la consideración de la verdad biológica en los fundamentos de la regulación del Código Civil sobre las acciones de filiación en general y, en particular, sobre la posesión de estado; el consentimiento a la utilización de las técnicas —no exigido por el art. 7.3 LRA—, pues, hace las veces de vínculo biológico, creando una auténtica ficción jurídica. Y todo ello, en verdad, para atender a la justicia del caso, en el que se había formado ya una familia con otra niña, de la que ambas contendientes aparecían como madres.

Esta resolución vino a ser refrendada poco tiempo después por la STS 15 enero 2014 *(Tol 4122750)*, que pone fin al litigio que ya se había tratado por el propio Tribunal Supremo en la sentencia anteriormente comentada de 12 de mayo de 2011, relativo al derecho del menor a relacionarse con la persona que no es su madre biológica, a la que dedicaremos más atención por su especial trascendencia.

En esta ocasión, el Tribunal Supremo sí debía pronunciarse sobre la determinación de la doble maternidad en el caso de la pareja de hecho formada por Dña. Lucía, madre gestante, y Dña. Zaida, ex pareja de la madre biológica. La STS 12 mayo 2011 había atribuido a la recurrente un régimen de relaciones personales como "allegada" del menor. Pero Dña. Zaida solicita en un nuevo proceso la determinación de la filiación a su favor respecto del hijo biológico de Dña. Lucía. La demanda es estimada en primera instancia y desestimada en apelación, considerándose no acreditada la posesión de estado por el poco tiempo de estabilidad de la pareja desde el nacimiento del menor (3 años), aunque la demandante actuara como madre.

La demandante, Dña. Zaida, presenta recurso de casación basado en un único motivo, invocando la infracción del artículo 131 CC en relación con el artículo 7.3 LRA. El recurso es estimado. En esta sentencia el Tribunal Supremo insiste en la perfecta compatibilidad entre la figura de la posesión de estado y la normativa de las técnicas de reproducción asistida, que viene informada por los principios constitucionales de igualdad de los hijos o de no discriminación por razón de filiación o nacimiento; de protección de la familia; de los hijos y de las madres con independencia de su estado civil; de dignidad de la personas y libre desarrollo de la personalidad; así como de la debida ponderación, cada vez más primordial, del interés superior del menor. El Alto Tribunal sostiene que la conclusión que debe extraerse de este contexto valorativo no es otra que "la plena razón de compatibilidad de ambas normativas en el curso de la acción de filiación no matrimonial, de forma que los consentimientos prestados con ocasión del empleo de las técnicas de reproducción asistida, claramente acreditados de los hechos obrantes y que llevó a la madre biológica a poner como segundo nombre del niño el primer apellido de su pareja, como antecedente o causa de la filiación reclamada, integran y refuerzan la posesión de estado de la mujer homosexual tanto en el plano de su función legitimadora del ejercicio de la acción, como en su faceta de medio de prueba de la filiación reclamada".

Esta razón de compatibilidad resulta también relevante a la hora de abordar el "interés legítimo" que debe presidir la amplia legitimación que se deriva de la posesión de estado. Y, así, una vez "probado el propósito común de ambas mujeres para recurrir a la técnica de reproducción asistida, así como la existencia de una posterior unidad familiar entre las dos convivientes y el hijo biológico de una de ellas, el consentimiento prestado en su momento, por la conviviente que no es la madre biológica del menor, vino investido por un claro interés moral o familiar plenamente legitimado en su aspiración de ser madre, cuya efectividad depende, precisamente, del éxito de la acción entablada".

El Tribunal Supremo pone especial énfasis en la aplicación del interés superior del menor, de tal manera que, en el curso de la acción de reclamación no matrimonial, que trae causa del empleo de las técnicas de reproducción asistida, el interés del menor representa un control o contrapeso para adverar el alcance del consentimiento prestado por la conviviente de la madre biológica.

El fallo no se emite de forma unánime, sin embargo. La controversia del tema propició el voto particular de tres magistrados, que esgrimen básicamente los siguientes argumentos para defender su posición contraria:

– El título de determinación de la filiación *ex* art. 7.3 LRA se apoya en el mero consentimiento de la mujer, prestado antes del nacimiento del hijo y estando casada con la madre biológica, requisitos ambos que se no cumplen en el caso enjuiciado.

– Tampoco cabe acudir a la posesión de estado para reclamarla, porque la posesión de estado no acredita por sí la filiación, sino que constituye un medio de prueba de carácter presuntivo o indirecto, en cuanto ofrece una sólida base de hecho para apreciar la existencia de la relación biológica que constituye el objeto de las acciones judiciales de reclamación de la filiación. Por tanto, no procede invocar la posesión de estado para justificar por sí, al amparo del art. 131 CC, una filiación que se determina necesariamente por el consentimiento de la mujer, cumplidos unos determinados requisitos, si por las razones que sean ese consentimiento no se prestó en su día y ahora no es posible hacerlo.

– La estimación del recurso no responde, materialmente, al interés superior del menor, aunque así se diga, sino al interés de la demandante-recurrente. No se alcanza a comprender que por el solo hecho de que la demandante-recurrente conviviera con el niño durante sus tres primeros años de vida se la declare madre, dando un paso de enorme trascendencia: "Con la estimación del recurso la demandante pasa a ostentar la patria potestad sobre el niño, adquiere expectativas sucesorias que incluso pueden llegar a materializarse sobre bienes que actualmente pertenecen a la otra litigante, podrá decidir sobre la educación del niño en edades o etapas mucho más decisivas para su formación que la que media entre el nacimiento y los tres primeros años de edad, podrá reclamar su guarda y custodia y, en definitiva, tener capacidad de decisión sobre todas las cuestiones que afecten al menor hasta que este cumpla dieciocho años. A cambio, la madre biológica, la única legal a juicio de los magistrados que formulan este voto particular, verá inevitablemente coartada su libertad en todo lo que se refiera a su hijo y, si forma otra relación de pareja o decide contraer matrimonio, tendrá la permanente interferencia de la demandante, como madre del niño con plenitud de derechos, en la nueva unidad familiar. Se crea, así, una situación potencialmente conflictiva en la que no se alcanza a ver ningún beneficio para el menor".

Sea como fuere, el Tribunal Supremo obvia de nuevo las exigencias del artículo 7.3 LRA buscando la justicia del caso, posicionándose de nuevo a favor de la viabilidad de ejercitar en estos casos la acción de reclamación de la filiación con posesión de estado *ex* art. 131 CC, sirviéndose a tales fines del interés superior del menor. La cuestión es que en esta ocasión el interés del menor no parecía quedar tan claro como en anteriores supuestos;

lo que resulta especialmente significativo cuando de lo que se trata es de apartarse de la letra de la ley.

C) La "presunción de maternidad"

Como acabamos de ver, la evolución decisoria del Tribunal Supremo analizada nos lleva a la viabilidad del ejercicio de la acción de reclamación de la filiación en caso de resultar imposible su determinación *ex* art. 7.3 LRA, pero no se pronuncia sobre la aplicabilidad de otras normas relativas a la determinación de la filiación biológica. Sí lo hizo la SAP Madrid 12 marzo 2015 *(Tol 4834756)*, que considera de aplicación al supuesto la presunción de paternidad —en este caso, maternidad— del artículo 116 CC.

Se trataba de una pareja de mujeres que contrae matrimonio en 2008, naciendo en el seno del mismo un hijo biológico de una de ellas; entre 2012 y 2013 se produce la separación fáctica de la pareja y se presenta una demanda de separación, naciendo en 2013 un hijo biológico de la otra, inscrito con el nombre de esta, anotada como casada en el Registro Civil. Para la realización del tratamiento de reproducción asistida, ambas habían firmado como matrimonio el contrato de donación y consentimiento informado de la otra cónyuge. La sentencia de divorcio acuerda atribuir la custodia de cada hijo a la respectiva madre biológica, estableciendo un régimen de visitas a cada madre no custodia respecto del otro hijo. La segunda madre formula recurso de apelación, alegando que no procedía atribuir la maternidad a ambas puesto que solo ella es la madre biológica de su hijo, y dada la separación fáctica del matrimonio.

La sentencia de la Audiencia Provincial confirma la de primera instancia, entendiendo que la declaración de ambas litigantes, que pretenden ser madres biológicas de forma sucesiva, supone una manifestación del derecho a procrear, tratándose de un acuerdo voluntario y libre de ambas madres y cónyuges respectivas. Debe derivarse de ello la protección de aquellos vínculos del menor con la progenitora no biológica, adoptando la decisión de integrar al niño en la familia constituida en su día por las litigantes, sin que pueda admitirse la ruptura de todo vínculo del menor con la madre no biológica, dada la existencia de un núcleo familiar —si bien ya separado— formado por ambos menores y las dos progenitoras.

Fundamentando su decisión, la sentencia de apelación declara que de la lectura conjunta de los artículos 7.3 LRA y 108 CC debe colegirse que no fue intención del legislador contemplar un nuevo supuesto de filiación, esta de carácter homosexual, cosa que claramente rechaza el apartado primero del artículo 7 LRA, que dispone que las especificaciones salvadas del régimen general del artículo 108 y siguientes del CC son las que se contemplan en los tres artículos siguientes, no la mención reseñada en su propio apartado tercero, que se configura como "una mera norma de naturaleza y finalidad claramente registral", sin afectar ni concernir a la configuración de la filiación materna exclusiva o de otro carácter. En consecuencia, a estos efectos resulta aplicable toda la normativa del Código Civil en lo relativo a la determinación de la filiación y sus efectos y, por ende, la presunción del artículo 116 CC, al no existir una norma específica en la LRA y dado el tenor literal del artículo 44 CC.

En definitiva, se está considerando aplicable una norma para la determinación de la paternidad que tiene su fundamento en una presunta verdad biológica —presunción de paternidad del artículo 116 CC— a un supuesto en el que dicha presunción es naturalmente imposible[32]. Verdaderamente, es más difícil justificar esta aplicación que la de la acción del art. 131 CC, aunque también consideremos que se basa igualmente en el vínculo biológico. A mi modo de ver, la cuestión no es que no pueda aplicarse aquella presunción, sino que se aplique por una resolución judicial al margen de lo establecido por la ley, en este caso el 7.3 LRA. El legislador podría —por qué no— atender a esta ficción, como contempla otras, pero hasta la fecha no lo ha hecho; y, como después se analizará, ha desterrado la posibilidad de aplicar esta presunción a la doble maternidad en la reforma realizada en este ámbito por la Ley 4/2023.

---

32 Para M. S. Quicios Molina, sopesando los pros y contras de esta situación, no parece inconcebible aplicar esta presunción sobre la base de una probable voluntad de aceptar como propio al nacido, "Reproducción asistida y modos de determinación legal de la filiación: parto, presunciones, reconocimiento, posesión de estado… e interés superior del menor", en *El Derecho civil ante los nuevos retos plateados por las técnicas de reproducción asistida,* (coord. Y Bustos y V. Múrtula), Dykinson, 2021, pp. 297-299. A favor de esta presunción se muestra Giulia Giovannini, quien realiza un estudio de Derecho comparado sobre la co-maternidad por presunción en *Modelos de determinación de la co-maternidad derivada de reproducción asistida,* Aranzadi, Pamplona, pp. 89 y ss.

D) Las dos últimas sentencias del Tribunal Supremo: consolidación de la doctrina e interpretación restrictiva de concurrencia de posesión de estado

El posicionamiento de los tribunales en relación a la aplicación de las normas sobre determinación de la filiación del CC sobre la letra del artículo 7.3 LRA ha venido siendo confirmado por resoluciones posteriores, tanto de audiencias provinciales como del TSJ de Cataluña[33], entre 2018 y 2020, hasta alcanzar al Tribunal Supremo, que, como se ha adelantado, se ha pronunciado doblemente en 2022, refrendando la jurisprudencia sobre el tema. Las referidas sentencias datan de 27 de enero *(Tol 8791218)* y 11 de julio de ese año (*Tol 9141622*), resolviendo de forma idéntica supuestos de muy similares características. Curiosamente, ambas deniegan a la solicitante la determinación de la filiación, aunque ello no es óbice para que la doctrina de nuestro más Alto Tribunal sea confirmatoria de la ya expresada con anterioridad en relación al viable ejercicio de la acción *ex* art. 131 CC.

En efecto, se trataba de supuestos de reclamación de maternidad extramatrimonial por posesión de estado interpuesta por quien fuera pareja o esposa de la madre por naturaleza. En el caso de la primera sentencia, una pareja no casada acude a la clínica de reproducción asistida prestando consentimiento para la inseminación de la madre gestante. Fruto de dicho tratamiento nace un niño, que es inscrito con los apellidos de la madre biológica. La pareja contrae matrimonio después del nacimiento, pero se separan a los pocos meses, dictándose posteriormente sentencia de divorcio. La mujer no gestante ejercita acción de reclamación de filiación *ex* artículo 131 CC, que es estimada en primera y segunda instancia, al considerarse acreditada la posesión de estado por el tiempo suficiente para conceptuarla como tal. La madre gestante presenta recurso de casación con fundamento en tres motivos: infracción del principio general del interés del menor; infracción del art. 131 CC por considerarse acreditada la posesión de estado; y, en relación con lo anterior, la infracción del derecho a la igualdad, dado que, pese a no existir una contribución continuada y presencia en los actos decisivos del menor, se estima la acción de filiación con posesión de estado. El Tribunal Supremo estima el recurso, y lo hace iniciando su argumentación sobre el reconocimiento de la deficiente regulación vigente sobre la materia y la necesidad de adaptación a cada caso

---

[33] SAP Lleida 29 enero 2018 (*Tol 6555225*), SAP Madrid 23 octubre 2019 (*Tol 7633209*), SAP Barcelona 21 julio 2020 (*Tol 8056384*), STSJ Cataluña 1 julio 2019 (*Tol 7469518*).

concreto de la jurisprudencia interpretativa vertida sobre la misma: "En espera de una necesaria revisión del conjunto del sistema de filiación —declara el Alto Tribunal— que encaje de manera adecuada la derivada del uso de técnicas de reproducción asistida, tanto por lo que se refiera a la determinación extrajudicial como a las acciones judiciales de reclamación e impugnación, para resolver el recurso debemos estar a la deficiente regulación vigente y a la jurisprudencia de la sala adaptada a las circunstancias del presente caso".

Partiendo, pues, de estas consideraciones, el Tribunal Supremo, aun aceptando la viabilidad del ejercicio de la acción de filiación del artículo 131 CC a los casos de doble maternidad, y sin perder de vista lo acordado en sus anteriores sentencias de 5 de diciembre de 2013 y 14 de enero de 2014, considera que en el caso de autos no concurren las circunstancias necesarias para considerar acreditada la constante posesión de estado, como sí sucedió en tales resoluciones, que atendieron al interés de los menores de preservar la unidad y estabilidad familiar derivadas de una relación maternofilial. Así, se sostiene en la STS 27 enero 2022 (*Tol 8791218*): "Las sentencias de instancia han valorado de forma decisiva la existencia de un proyecto común de las litigantes de formar una familia que se habría manifestado en la prestación de consentimiento en la clínica y en los actos inmediatamente posteriores al nacimiento. Ciertamente, en nuestro sistema, el consentimiento de la esposa de la madre es esencial en la determinación extrajudicial de una doble maternidad en el ámbito de la filiación derivada de técnicas de reproducción asistida cuando se presta con los presupuestos y requisitos legales, pero de acuerdo con la doctrina de la sala no es suficiente cuando lo que se ejercita es una acción de reclamación de filiación por posesión de estado. En particular, la sentencia recurrida ha considerado acreditada la constante posesión de estado valorando el tiempo de convivencia transcurrido desde el nacimiento del niño hasta la separación de las dos mujeres (que habría tenido trascendencia en el ámbito familiar), cuando lo cierto es que, en atención a su brevedad y a las circunstancias concurrentes, no puede considerarse con entidad suficiente para conformar una relación de maternidad vivida"[34].

Seis meses después, el Tribunal Supremo vuelve a reiterar esta doctrina, esgrimiendo los argumentos anteriormente expuestos en un caso suma-

---

[34] Comentada por M. S. Quicios Molina: "Doble maternidad y acciones de filiación: conceptos de voluntad de ser madre, posesión de estado e interés superior del menor", *CCJC, nº 120, septiembre-diciembre 2022.*

mente similar, en el que una pareja de mujeres no casada acude a una clínica de reproducción asistida, sin que, en este caso, constara el consentimiento a la fecundación de la mujer no gestante. La convivencia de la pareja se rompió ocho meses después del nacimiento y fue intermitente con posterioridad, viendo y cuidando la demandante del menor por semanas alternas. Tanto Juzgado como Audiencia estiman la demanda de filiación de la madre no gestante, siendo revocada dicha decisión en casación.

De estas dos últimas sentencias del Tribunal Supremo, debemos destacar algunas declaraciones que nos parecen de especial relevancia:

– El artículo 7.3 LRA creó un nuevo título de determinación de otra maternidad, además de la maternidad por naturaleza, pero sometido a estrictos requisitos formales. Las sentencias del TS flexibilizaron los requisitos formales y temporales de esta regulación, propiciando la reforma de 2015.

– A pesar de lo anterior, a falta de concurrencia de los requisitos de aplicación del artículo 7.3 LRA, es viable el ejercicio de la acción de reclamación con posesión de estado del art. 131 CC.

– Siguiendo la doctrina jurisprudencial, en la acreditación de la posesión de estado —al reclamarse una filiación extramatrimonial no determinada—, de los tres elementos clásicos para apreciarla podría prescindirse del *nomem*, pero debe evidenciarse fehacientemente el *tractatus* y la fama. Es preciso que consten de manera continua y actual hechos públicos repetidos y encadenados de los que resulte el goce público de una relación de filiación. De acuerdo con la jurisprudencia de la sala, en el recurso de casación puede impugnarse la valoración jurídica realizada por la sentencia recurrida acerca de si los hechos probados son o no constitutivos del concepto jurídico de posesión de estado.

– El interés del menor no es causa que permita al juez atribuir una filiación. Es el legislador quien, al establecer el sistema de determinación de la filiación, debe valorar en abstracto este interés junto con los demás intereses presentes (la libertad de procreación, el derecho a conocer los orígenes, la certeza de las relaciones, la estabilidad del hijo). La determinación de este interés puede ser objeto de casación.

En definitiva, aun manteniéndose la doctrina sobre el ejercicio en estos casos de la acción de reclamación de la filiación *ex* art. 131 CC, es lo cierto que el Tribunal Supremo endurece la apreciación de la concurrencia de la posesión de estado, resaltando más la relación pública continuada, estable y actual, que el proyecto familiar conjunto que en su día creara la pareja junto al futuro hijo.

Se decanta además el Alto Tribunal por entender la regulación del art. 7.3 LRA como un título de determinación de la doble maternidad —sobre el que insistía el voto particular a la STS 15 enero 2014—, desautorizando lo interpretado con anterioridad, tal cual se ha resaltado, por la SAP Madrid 12 marzo 2015 sobre la mera naturaleza y finalidad registral de esa norma. Definitivamente, el título de determinación de la filiación *ex* art. 7.3 LRA es el consentimiento, en cuya ausencia es posible el ejercicio de la acción de reclamación de la filiación con posesión de estado[35]; pero esta no puede basarse puramente en un mero proyecto de crear una familia si no existe una manifestación constante y pública del estado de hijo.

En conclusión, la determinación de la filiación por la sola manifestación de la voluntad de la pareja de la madre gestante se reduce a los casos en que se cumplan las condiciones del artículo 7.3 CC tras su reforma de 2015: debe tratarse de una pareja casada y tal declaración debe hacerla la mujer no gestante ante el encargado del Registro Civil después del nacimiento del hijo de su consorte. La cuestión es que dicha rectificación de la norma originaria —como el propio Tribunal Supremo ha puesto de manifiesto— aunque más flexible, suscitó nuevos problemas de interpretación y aplicación, referidos particularmente a los plazos para realizar dicha declaración, la posibilidad de hacerlo desde el centro sanitario o la necesidad de aceptación de la comaternidad por la mujer que da a luz, como anteriormente se ha explicado.

3. La última reforma del legislador por medio de la Ley 4/2023: la voluntad de ser progenitor de la madre y de la persona trans no gestantes

Con posterioridad a estas dos resoluciones del Tribunal Supremo, el legislador interviene de nuevo en este ámbito, esta vez por medio de la Ley 4/2023, de 28 de febrero, para la igualdad real y efectiva de las personas trans y para la garantía de los derechos de las personas LGTBI. Esta norma

---

[35] Como sostiene D. Cadenas Osuna, comentando las primeras sentencias del Tribunal Supremo, existen por tanto dos títulos de determinación de la doble maternidad, uno legal —a través del art. 7.3 LRA—, y otro por vía judicial, por medio de la sentencia estimatoria de la acción de reclamación de la filiación, al permitirse por los tribunales el ejercicio de la acción del art. 131 CC, "La determinación de la segunda maternidad por naturaleza en el artículo 7.3 de la Ley de Técnicas de Reproducción Humana Asistida: requisitos para la aplicación del precepto y problemática que plantea", *ADC,* tomo LXXV, 2022, fasc. I (enero-marzo), pp. 106-107.

introduce numerosas novedades en relación a la filiación, que tienen repercusión directa en el tema de la determinación de la doble maternidad, así como de una posible doble paternidad. Sin embargo, a pesar de esta nueva oportunidad para enmendar definitivamente el caos normativo existente, el legislador vuelve a errar, no solo no aclarando las cuestiones que seguían suscitando dudas de aplicación a nuestros tribunales —dejando incólume el art. 7.3 LRA—, sino enmarañando aún más si cabe el contenido de la regulación en su conjunto. Han de considerarse de especial relevancia para el tema aquí abordado la disposición adicional primera — modificativa del Código Civil— y la undécima, reformadora de la Ley del Registro Civil (LRC).

A) La determinación de la filiación no matrimonial en la inscripción de nacimiento

Resulta trascendental la modificación del Código Civil en relación a los medios de determinarse legalmente la filiación no matrimonial, contemplados en el artículo 120 del mismo. Los cinco apartados de este precepto quedan intactos salvo por la inclusión de los términos “progenitor no gestante” y “progenitor gestante” en sus apartados 1° y 5°, respectivamente. Pero, aunque la incidencia literal en la norma resulta, obviamente, menor, no lo es en absoluto el efecto jurídico que desencadena. Así, el apartado 1° queda redactado del siguiente modo: “En el momento de la inscripción del nacimiento, por la declaración conforme realizada por el padre o progenitor no gestante en el correspondiente formulario oficial a que se refiere la legislación del Registro Civil”. Por su parte, el apartado 5.° del artículo 120 CC dispone ahora: “Respecto de la madre o progenitor gestante, cuando se haga constar su filiación en la inscripción de nacimiento practicada dentro de plazo, de acuerdo con lo dispuesto en la Ley del Registro Civil”.

De esta forma, por virtud de la referencia en el texto del apartado 1° al “progenitor no gestante”, en el momento de la inscripción del nacimiento se podrá determinar la filiación por la declaración, no solo del padre, sino también de la madre no gestante o del hombre trans no gestante. Dicha modificación merece una explicación en el Preámbulo de la Ley 4/2023, según la cual, “Lejos de consistir en una modificación meramente formal, la sustitución del término «padre» en el artículo 120.1.° por la expresión «padre o progenitor no gestante» supone la posibilidad, para las parejas de mujeres, y parejas de hombres cuando uno de los miembros sea un hombre trans con capacidad de gestar, de proceder a la filiación no matrimonial por declaración conforme en los mismos términos que en el caso de parejas heterosexuales, en coherencia con las modificaciones operadas sobre la Ley 20/2011, de 21 de julio, del Registro Civil por la disposición final undécima". El Preámbulo no alude, sin embargo, a la rectificación del apartado 5°, que incluye al "progenitor gestante" para, en este caso, admitir al hombre trans que, al conservar sus órganos reproductivos femeninos, da a luz[36]. Tampoco actúa coherente y uniformadamente el legislador en la referida enmienda terminológica —dejando un sinfín de preceptos sin retocar a lo largo del articulado del Código Civil[37]—, cuya necesidad o pretendidos efectos han sido puestos en duda por la doctrina[38].

---

36 Así lo entiende también M. S. Quicios Molina: "Las relaciones de filiación de personas LGTBI tras la Ley 4/2023", *Cuadernos de Derecho Privado,* 5, 2023, p. 2, para quien "se añade la expresión 'progenitor gestante' al término 'madre' para resolver el nudo gordiano de cómo denominar al hombre trans que da a luz: no se le llamará madre ni padre", normalizando legalmente la realidad de que un hombre trans que conserva sus órganos femeninos pueda gestar. Véase también en M. S. Quicios Molina el comentario al caso de Alfred McConnell en el Reino Unido, a quien se registró como "mother", a pesar de su sexo registral varón, "Reproducción asistida y modos de determinación legal de la filiación", en *El Derecho Civil ante los nuevos retos planteados por las técnicas de reproducción asistida* (coord. Y. Bustos Morano y V. Múrtula Lafuente), Dykinson, Madrid, 2021, pp. 287 y ss.

37 Para R. Barber Cárcamo, "la reforma merece la calificación de arbitraria, porque no se comprende cuál ha sido el criterio para retocar sólo algunos artículos, y ridícula, precisamente por el gran número de preceptos que mantienen los clásicos términos padre y padre. Baste el empleo de un buscador sobre el Código para descubrir su alto número", "De la doble filiación materna a la filiación sin madre: los progenitores de la ley trans", Centro de Estudios de Consumo. Publicaciones jurídicas, 29 marzo 2023, p. 2, http://centrodeestudiosdeconsumo.com

38 Reflexiona M. C. Gete-Alonso y Calera que la intervención técnica, en el cambio de sexo, en la reproducción, no ha modificado el fundamento jurídico de la filiación que continúa siendo la biología. Por esta razón, la autora cuestiona hasta qué punto era oportuno este cambio de terminología, que entiende que no comporta variación alguna de la concepción legal de maternidad y paternidad. "Si lo que se quería —concluye— era respaldar el derecho de las personas trans ante la reproducción no era necesario, y si lo buscado era dar visibilidad legal, me parece que se ha hecho lo contrario de lo que reivindican las mujeres y los hombres trans. En efecto, porque, reconocida su aptitud reproductiva y su condición lo que se demandaba en un caso es que se admita el nombre legal de padre, no el de madre, lo que se denegó y en el otro, el nombre legal de madre y no el de padre, que tampoco se admitió. Y la solución que da la legislación española, como las europeas que lo tienen en cuenta, no se acomoda, pues al introducir un nuevo nombre solo reconoce la capacidad de gestación o de fecundación, pero no la función materna o la función paterna...", "La Ley 4/2023 para la igualdad real y efectiva de las personas trans y para la garantía de los derechos de las personas

En este sentido, en su dictamen sobre el anteproyecto de ley, el Consejo de Estado sostuvo que la expresión "progenitor gestante" debería reconsiderarse cuando se aplica a la madre porque aquí su uso no se acomoda exactamente a la realidad. De un lado, "es preciso reconocer que progenitor gestante será siempre la madre, con independencia de quién sea el otro progenitor —hombre o mujer— o incluso de que este sea desconocido (cabe traer aquí a colación la máxima paulina según la cual *mater semper certa est*). De otro, aunque es cierto que la nueva terminología se inserta únicamente en regulación sobre filiación, tampoco cabe desconocer que la maternidad es un concepto que trasciende el hecho puramente biológico de la gestación. De ahí que sea protegida por la Constitución Española, cuyo artículo 39 contiene una garantía institucional al obligar a los poderes públicos a asegurar 'la protección integral (...) de las madres, cualquiera que sea su estado civil'. Por todo ello, considera el Consejo de Estado que debiera evitarse el uso del término 'progenitor gestante' y mantener la referencia a la madre en los artículos del Código Civil que regulan la filiación"[39].

B) La inscripción de la filiación en el Registro Civil

En consonancia con estas modificaciones del Código Civil, se reforma el artículo 44 LRC, relativo a la inscripción de nacimiento y filiación, a los fines de dar entrada a la madre no gestante y a la persona trans gestante.

LGTBI: cambios conceptuales y de configuración de las situaciones personales", *La Ley Derecho de Familia*, nº 38, abril, 2023, p. 17.

39 https://www.boe.es/buscar/doc.php?id=CE-D-2022-901
Redunda en ello R. Barber Cárcamo, entendiendo que la Ley trans pone en cuestión los conceptos de padre y madre, así como la condición de mujer, al equiparar la complejidad y riqueza de la palabra madre con el reduccionismo del progenitor gestante, que puede ser un hombre registral. "Y por dejar en un limbo jurídico —sostiene— si lo determinado es una filiación paterna o materna, lo cual siempre ha estado meridianamente claro, pero ya no. Porque donde antes decía el art. 44 LRC 'la filiación paterna... se hará constar', dice ahora 'la filiación del padre o de la madre no gestante', atribuyendo al progenitor una filiación correspondiente al hijo, y que plantea la duda de si es paterna o materna. Lo mismo que el hecho del parto: la equiparación recogida en los arts. 120.5 Cc. y 44.6.II.3ª LRC conduce a afirmar que la persona trans gestante se determina como madre, pero ni siquiera resulta seguro", "De la doble filiación", cit., pp. 4-5.

El primer inciso del art. 44.4 LRC, que no ha sufrido rectificación alguna, sigue disponiendo que "la filiación se determinará, a los efectos de la inscripción de nacimiento, de conformidad con lo establecido en las leyes civiles y en la Ley 14/2006, de 26 de mayo, sobre técnicas de reproducción humana asistida". Sí experimenta modificación este artículo en su tercer párrafo, que aludía a la "filiación paterna" y se refiere ahora a "la filiación del padre o de la madre no gestante", que se hará constar en el momento de la inscripción del hijo: "a) Cuando conste debidamente acreditado el matrimonio con la madre gestante y resulte conforme con las presunciones de paternidad del marido establecidas en la legislación civil o, aun faltando aquellas y también si la madre estuviere casada con otra mujer, en caso de que concurra el consentimiento de ambos cónyuges, aunque existiera separación legal o de hecho"; y "b) Cuando el padre o la madre no gestante manifieste su conformidad a la determinación de tal filiación, siempre que la misma no resulte contraria a las presunciones establecidas en la legislación civil y no existiere controversia. Deberán cumplirse, además, las condiciones previstas en la legislación civil para su validez y eficacia".

De lo así previsto deriva la eliminación del anterior punto 5 del artículo 44 LRC, antes reproducido, que, como se ha dicho, se incluyó en la LRC al hilo de la regulación de la doble filiación materna introducida por el artículo 7.3 LRA, que, a pesar de la reforma de la Ley 4/2023, sigue manteniéndose con la misma redacción. Se producen, por tanto, dos discordancias legales: por una parte, la referente a la consideración de la separación legal o de hecho, que impide a la mujer no gestante realizar la declaración de asunción de la maternidad a tenor del art. 7.3 LRA, pero no lo hace en virtud del nuevo art. 44.4 a); por otra, y como derivación de lo anterior, el hecho de que el art. 7.3 LRA se refiera a la declaración de la cónyuge no gestante como una potestad de esta, mientras que el art. 44.4 a) LRC exija el consentimiento de ambos cónyuges, lo que viene a confirmar el carácter potestativo de aquella declaración, tal como se había interpretado doctrinalmente.

Podría extraerse que no existe contradicción alguna si consideramos que se trata de dos supuestos distintos: la declaración de la LRA es una facultad que se concede a la mujer casada no gestante, mientras que el caso del art. 44.4 a) es el del consentimiento conjunto de ambas cónyuges, de ahí que se excuse el hecho de que el matrimonio se encuentre separado legalmente o de hecho. Sea esta la interpretación correcta o lo sea la que entiende que es una concurrencia de leyes en contradicción, lo cierto es que no había necesidad de crear tal confusión; hubiese bastado con establecer un solo régimen jurídico para todos los casos. Además, en el supuesto de inexistencia de matrimonio, el art. 44.4 b) LRC también permite al padre o a la madre no gestante manifestar su conformidad a la determinación de la filiación en el momento de la inscripción del hijo.

Ciertamente, si hasta el momento la aplicación del art. 7.3 LRA había supuesto un problema difícil de solventar para los tribunales, tras la Ley 4/2023 su sola existencia es un auténtico despropósito[40]. Si se equipara el tratamiento de la declaración sobre la filiación del nacido de padre y mujer no gestante, no tiene sentido ya la existencia del art. 7.3 LRA, al menos tal cual se contempla ahora. Lo más coherente habría sido eliminar ese precepto e incluir a la madre no gestante en el art. 8 LRA, contemplándola del mismo modo que al padre, casado o no casado, con la mujer que es usuaria de las técnicas de reproducción asistida[41]. Esto es, en el caso de matrimonio, el consentimiento formal, previo y expreso prestado a la fecundación con contribución de donante o donantes impediría impugnar la filiación matrimonial del hijo nacido como consecuencia de tal fecundación, tanto por la mujer progenitora como por su cónyuge —hombre o mujer—; y, a falta de matrimonio, se considerará escrito indubitado a los efectos previstos en el apartado 6 del artículo 44 de la Ley 20/2011, de 21 de julio, del Registro Civil —apartado 8 antes de la Ley 4/2023—, el documento extendido ante el centro o servicio autorizado en el que se refleje el consentimiento a la fecundación con contribución de donante, prestado tanto por varón como por mujer no casados, con anterioridad a la utilización de las técnicas. No puede considerarse un desatino cuestionarse si todo este desconcierto normativo se ha debido simplemente a un lapsus del legislador.

---

40 Como observa R. Barber Cárcamo, "su interpretación coordinada con el nuevo art. 44.4 LRC será el siguiente capítulo de su atribulada historia", "De la doble filiación", cit., p. 6.

41 Así lo entienden L. Esteve Alguacil y Arnau Nonell i Rodríguez, lamentando que se suprimiera la eliminación del art. 7.3 LRA que se preveía en el Anteproyecto de Ley, "Análisis del Anteproyecto de Ley para la igualdad real y efectiva de las personas trans y para las garantías de los derechos de las personas LGTBI", *InDret*, 3/2021, p. 288. Por su parte, M. P. García Rubio no ve inconveniente en ampliar la presunción de paternidad del marido "al cónyuge (o pareja de hecho, si esa es la opción) de la mujer (o persona) que gesta y da a luz" no debe resultar relevante a estos efectos que el citado cónyuge sea hombre, mujer, intersexual o persona asexuada, con lo que dicha presunción se convertiría en la de parentalidad del cónyuge (o de la pareja de hecho)", "Las repercusiones de las propuestas normativas sobre el género preferido en el ámbito de las relaciones familiares", *La Ley Derecho de familia*, nº 30, abril, 2021, p. 14.

Lo que sí parece deducirse de la redacción del nuevo artículo 44.4 a) y b) LRC es que las presunciones de paternidad han de ser entendidas en su sentido tradicional, esto es, solo para presumir la paternidad del marido —varón— de la mujer casada que da a luz, sin que quepa ser extendidas, como se ha hecho judicialmente en alguna ocasión según hemos visto, a los matrimonios formados por dos mujeres. Ello viene respaldado por el hecho de que no se haya modificado el art. 118 CC, que se sigue refiriendo también al marido para permitir que, a falta de presunción de paternidad por causa de separación legal o de hecho de los cónyuges, se pueda inscribir la filiación como matrimonial por concurrir el consentimiento de ambos[42]. La doctrina va más lejos y se plantea si, al identificarse al hombre trans con la "madre" cuando resulte ser progenitor gestante, cabe aplicar la presunción de paternidad en caso de matrimonio entre dos hombres del mismo sexo registral, siendo uno de ellos progenitor gestante[43]. La respuesta a este interrogante parece un jeroglífico, pero puede entenderse que, siguiendo el "espíritu" de la reforma, debería ser positiva.

Pese a lo anterior, no se tiene en cuenta la incidencia de la verdad biológica para admitir la declaración de la mujer al margen del ámbito de las técnicas de reproducción asistida, posibilitándose una hipotética impugnación de la filiación así determinada por un también hipotético padre biológico. Bien es verdad que esto podría acontecer también en el caso de una pareja heterosexual, pero en el supuesto de la doble maternidad ya se parte *ab initio* de una imposibilidad efectiva, de una patente irrealidad biológica que puede desestabilizar la seguridad jurídica que la filiación así determinada debería proporcionar al hijo.

Por último, en el art. 44 LRC también se han realizado otras dos rectificaciones para incorporar a la regulación a la madre no gestante y persona trans gestante. Concretamente, el art. 44.6 LRC incluye a la madre no gestante como persona facultada para realizar el reconocimiento de la filiación no matrimonial en cualquier tiempo con posterioridad a la inscripción de nacimiento. Si esta se realizase mediante declaración del padre o madre no gestante ante el encargado del Registro Civil, se requerirá el consentimiento expreso de la madre o persona trans gestante. En este caso, se está dando definitivamente carta de naturaleza legal al reconocimiento de

---

[42] L. Esteve Alguacil y Arnau Nonell i Rodríguez se muestran críticos con esta solución final del legislador, que se desdice de un primer borrador del Anteproyecto de Ley, en el que sí se reconocía la extensión de la presunción a los matrimonios de mujeres, "Análisis del Anteproyecto, cit., p. 287.

[43] Se lo cuestiona así R. Barber Cárcamo: "De la doble filiación", cit., p. 7.

complacencia —atendiendo solo aquí al reconocimiento solemne—, por cuanto no puede existir, claro está, vínculo biológico entre el nacido y la madre no gestante; a no ser que también se le esté dando refrendo legal a la determinación de la filiación natural por la aportación del óvulo de la madre no gestante. Esto es, ya no solo es madre la que da a luz, sino también la que aporta el óvulo para que aquella lleve a cabo la gestación. Pero esto nos llevaría a considerar que el precepto solo se estaría refiriendo a este caso de aportación del óvulo, quedando excluido el supuesto de la madre no gestante que tampoco aporta su material genético. No parece desde luego que haya sido esa su intención.

En realidad, junto a este reconocimiento formal —o, si se le quiere llamar de alguna forma, reconocimiento *stricto sensu*—, por medio de la declaración conforme de la mujer o persona trans no gestante en el momento de la inscripción de nacimiento también se está respaldando el llamado reconocimiento —en sentido amplio— de complacencia, por obvias razones. En cualquier caso, es claro que el legislador se decanta por un sistema voluntarista de determinación de la filiación, rompiendo con la arraigada doctrina —derivada de la filiación basada en el principio de veracidad o adecuación de la paternidad jurídica a la biológica que inspira y traspasa el Código Civil[44] hasta la fecha[45]—, que sostiene que el reconocimiento debe atender a un presunto sustrato biológico, en cuanto en esta institución la paternidad se ampara bajo una presunción de veracidad[46]. Dicha doctrina, tal cual se ha señalado, fue quebrantada por el Tribunal

44 Explica M. A. Blandino que este principio, junto a la protección del *favor filii* y de la seguridad jurídica fueron los que guiaron la reforma de las acciones de filiación por medio de la Ley 26/2015, de protección de la infancia y la adolescencia, ampliando los cauces que permitían aflorar la realidad biológica, "La impugnación", cit., p. 581.

45 J. A. Fernández Campos y R. Verdera Server destacan cómo el sistema de filiación diseñado por el legislador de 1981 permanece hasta nuestros días, "Retos actuales de la determinación extrajudicial de la filiación", en AA.VV.: *Retos actuales de la filiación,* Tecnos, Madrid, 2018, p. 17.

46 Como destaca A. S. Gallo Vélez, en el reconocimiento la relación biológica existe desde antes de la declaración, lo que lo diferencia de las declaraciones de voluntad, que, en este ámbito, se limitan a la adopción y a la filiación que se establece como consecuencia de las técnicas de reproducción humana asistida, creando ambas el vínculo filiativo. Así, mientras en la adopción el hijo lo es desde el momento de la fecha de la resolución judicial, en el reconocimiento el ordenamiento jurídico presupone que lo es desde la concepción, *Los reconocimientos de complacencia en el Derecho común español,* Dykinson, Madrid, 2017, pp. 100 y ss.

Supremo, que viene reconociendo la validez de estos reconocimientos en sus últimas resoluciones.

Como ya se expuso, valoré negativamente la RDGRN 8 febrero 2017 —que eximía de la acreditación del uso de las TRA para la inscripción del hijo a favor de la mujer no gestante esposa de la madre— sobre la base de evitar un hipotético ejercicio de una acción de reclamación de la filiación por el padre biológico. A partir de esta reforma queda sin sentido dicha consideración, por cuanto ya es posible la determinación de la filiación por la sola declaración de voluntad de la pareja, casada o no casada, mujer o persona trans, de la madre gestante. Aunque la observación sobre las consecuencias a que puede dar lugar sigue teniendo sentido sobre la norma ahora existente: si la mujer gestante no ha sido usuaria de técnicas de reproducción asistida, el padre biológico podría ejercitar dicha acción en cualquier momento.

Repárese, en todo caso, en que tanto el art. 44.4 como el 44.6 LRC hacen referencia literal al padre o madre no gestante, sin mencionar a la persona o progenitor trans no gestante, que sí aparece en el art. 120 CC. ¿Quiere ello decir que no se contempla la declaración o el reconocimiento de paternidad del hombre trans no gestante, o que este se encuentra incluido en el concepto "padre"? Parece que esta segunda opción debe ser la correcta, justificándose ello en la utilización de la expresión "persona trans" para aludir al hombre trans con capacidad para gestar. Entendemos, por ello, que esta elipsis debe achacarse a otro desliz del legislador, que no ha de impedir al hombre trans no gestante manifestar su conformidad a la determinación de la filiación en el momento de la inscripción del hijo o realizar el reconocimiento con posterioridad. Por lo demás, así se explicaba —como se ha señalado anteriormente— en el Preámbulo de la Ley 4/2023 la sustitución de la expresión "padre" por la de "padre o progenitor no gestante" en el art. 120.1° CC. Y, a mayor abundamiento, el propio legislador se ha cuidado de paliar un posible lapsus terminológico incluyendo una disposición adicional décima en la LRC del siguiente tenor: "En las parejas del mismo sexo registral, las referencias hechas a la madre se entenderán hechas a la madre o progenitor gestante y las referencias hechas al padre se entenderán referidas al padre o progenitor no gestante". No se ha incorporado previsión similar, en cambio, en el Código Civil, lo que hubiese sido deseable como ha puesto de manifiesto algún sector doctrinal[47].

Y si se continúa en esta línea de reformas, si es posible la determinación de la filiación respeto de la mujer o del hombre trans no gestantes por la

---

47 M. S. Quicios Molina: "Las relaciones", cit., p. 3.

mera declaración de maternidad o paternidad, admitiéndose la certeza de la inexistencia de vínculo biológico, igualmente se podría admitir la doble filiación paterna por la pura expresión de la voluntad procreacional de la pareja —matrimonial o no— del padre biológico. Pero esto no parece haberlo contemplado el legislador. Debe entenderse, pues, que la pareja hombre del padre biológico —o adoptivo— deberá acudir a un expediente de adopción, o, en su caso, entender aplicable por analogía lo dispuesto para la madre no gestante en cuanto al reconocimiento de la filiación.

Finalmente, la última rectificación del art. 44 LRC se refiere a la inscripción de la filiación mediante expediente aprobado por el Encargado del Registro Civil, también recogida en el apartado 6 del precepto. En este caso, entre las circunstancias que pueden concurrir a fin de inscribir la filiación por esta vía, se incluye a la madre —junto al padre— en la referencia al escrito indubitado en que expresamente se reconozca la filiación; y a la persona trans gestante —junto con la madre— para determinarse la filiación siempre que se pruebe cumplidamente el hecho del parto y la identidad del hijo. Resulta muy llamativo que se haya modificado esta norma y que no se haya hecho lo mismo con el ya mencionado art. 8 LRA, considerando el consentimiento prestado en la clínica por la mujer no casada con la madre gestante como escrito indubitado a estos efectos. Ello me lleva nuevamente a pensar que toda esta distorsión normativa no es sino un despiste del legislador.

C) La legitimación para ejercitar acciones de filiación

La asimilación que realiza el legislador entre los modos de determinación de la filiación para parejas del mismo o diferente sexo lo lleva también a modificar las normas del Código Civil referentes a las acciones de filiación, legitimando a la persona no gestante para el ejercicio de las mismas. Son tres los preceptos del texto codificado que son corregidos en este sentido, procediéndose, como explica el Preámbulo de la Ley 4/2023, a la implementación del lenguaje inclusivo.

En primer lugar, en el art. 132 CC se sustituye los términos padre y madre por "cualquiera de los dos progenitores", debiéndose entender, siguiendo la línea de la modificación de los artículos sobre determinación de la filiación, que ello posibilita que la acción de reclamación de la filiación matrimonial a falta de posesión de estado, que es imprescriptible, la pueda ejercitar también la madre no gestante o la persona trans no gestante.

Igualmente, se sustituye el término "paternidad" del art. 137.1 CC, por la expresión "filiación del padre o progenitor no gestante", en relación a la legitimación del hijo para impugnar la filiación durante el año siguiente a su inscripción. El ejercicio de esta acción, en interés del hijo que sea menor, corresponderá asimismo no solo a la madre, sino también al progenitor gestante, para incluir en este caso al hombre trans con capacidad para gestar. A ello se añade las personas que pueden ejercitar la acción en caso de persona con discapacidad con medidas de apoyo: esta persona, quien preste el apoyo si se encuentra expresamente facultado para ello o, en su defecto, el Ministerio Fiscal.

Por su parte, también se adapta el artículo 137.2 CC, sustituyéndose en este caso el término "progenitor", por el de "padre o progenitor no gestante": "Si el hijo, pese a haber transcurrido más de un año desde la inscripción en el registro, desde su mayoría de edad o desde la extinción de la medida de apoyo, desconociera la falta de paternidad biológica de quien aparece inscrito como su padre o progenitor no gestante, el cómputo del plazo de un año comenzará a contar desde que tuviera tal conocimiento". La cuestión un tanto confusa de este precepto es la referencia a la falta de paternidad biológica del progenitor no gestante. Debemos entender que esta expresión aquí se refiere únicamente al hombre no gestante —pero que ha podido aportar su material genético— y no a la madre no gestante, ya que este precepto regula la impugnación de la filiación paterna, aunque la utilización del término "progenitor no gestante" pueda conducir a error, ya que anteriormente se ha utilizado con carácter omnicomprensivo de padre y madre no gestante, como explicaba el propio Preámbulo de la Ley 4/2023. La promiscuidad terminológica de la norma, como puede fácilmente apreciarse, es recurrentemente equívoca.

Finalmente, el tercer precepto que sufre modificación es el art. 139 CC, referente a la impugnación de la filiación por suposición de parto. En este caso se vuelve a introducir la referencia al "progenitor que conste como gestante" junto a la madre, para facultar para el ejercicio de esta acción al hombre trans con capacidad para gestar.

III. LA VOLUNTAD PROCREACIONAL Y LA SOCIOAFECTIVIDAD COMO VEHÍCULOS DE DETERMINACIÓN DE LA FILIACIÓN PLURIPARENTAL

La admisión de la sola expresión de la voluntad para ser progenitor en los casos de doble maternidad o paternidad, ya venga esta derivada o no de la utilización de técnicas de reproducción asistida, ya se trate de parejas casadas o no casadas, podría llevarnos a reconocer también en un futuro dicha efectividad para la determinación de la filiación pluriparental, tal como está sucediendo en algunos países americanos. En estos casos se hace conjugar el vínculo biológico y el socio-afectivo, a fin de evitar al menor perder alguna de estas relaciones filiales.

En efecto, el reconocimiento de la pluriparentalidad es un hecho en varios países del norte y sur de América —Canadá, EEUU, Brasil, Argentina— desde hace ya varios años, tanto a nivel legal como administrativo y judicial. Entre otras resoluciones, en 2007 se reconoció por primera vez este modelo de filiación por el Tribunal de Apelaciones de Ontario (Canadá)[48]; y en 2015 y 2016 en distintos tribunales brasileños. En 2017, también en EEUU, la Corte Suprema del Condado de Suffolk (Nueva York) concedió una custodia triple sobre un niño de 10 años a favor de su madre y padre biológicos y la que fuera cónyuge del padre, que habían decidido crear una familia múltiple por vía natural, manteniendo relaciones sexuales el marido con una amiga de la pareja, ante el fracaso anterior de la inseminación de la esposa[49]. Siendo inviable realizar una exposición exhaustiva en este trabajo, haré solo referencia a continuación a los casos que entiendo más significativos, por su temporalidad u originalidad, tanto en el marco judicial como en el legal[50].

1. *El reconocimiento judicial de la pluriparentalidad en Argentina*

Resulta especialmente significativo el caso de Argentina, en el que se ha reconocido primeramente en el ámbito registral y con posterioridad en el judicial. La pluriparentalidad de supuestos de hecho resueltos y los fundamentos de las resoluciones judiciales al respecto merecen una descripción y comentario más extenso en estas páginas.

Los dos primeros casos de reconocimiento de filiación pluriparental en Argentina tuvieron lugar por vía administrativa en 2015, bajo el Código Civil y Comercial argentino (CCyCA) derogado en 2010, que no contemplaba la determinación de la filiación derivada de la utilización de técnicas de

48 https://www.ontariocourts.ca/decisions/2007/january/2007ONCA0002.htm

49 https://law.justia.com/cases/new-york/other-courts/2017/2017-ny-slip-op-27073.html

50 Para un estudio más completo sobre el tema véase Giulia Giovannini: *Modelos de determinación de la co-maternidad derivada de reproducción asistida*, Aranzadi, Pamplona, 2023.

reproducción asistida. En el Registro Civil de la Provincia de Buenos Aires, en la localidad de Mar del Plata, se reconoce la triple filiación de Antonio respecto de una pareja de mujeres unidas en matrimonio y de un amigo de ambas que dona su material genético. El padre acepta la propuesta de inseminación de una de sus amigas proponiendo a su vez participar en el plan familiar, formando parte de la vida del niño, con la pretensión de su reconocimiento como padre. Producido el nacimiento, el hijo es inscrito con el apellido de las dos madres, procediendo el padre con posterioridad a la solicitud de inscripción de su filiación con fundamento en la necesidad de asegurar al niño su derecho a la identidad integral y ser reconocido como hijo de dos madres y un padre. El Registro Civil accede a la petición y el menor es registrado con los tres apellidos, siendo esta la primera vez que se reconoce en Argentina la filiación pluriparental, sin que ninguno de los progenitores debiera renunciar a sus derechos y obligaciones respecto del hijo[51].

En ese mismo año se produce el segundo reconocimiento de filiación pluriparental en el ámbito registral, esta vez por el cauce de una relación natural, pues una pareja de mujeres concierta con un amigo que una de ellas mantenga relaciones sexuales con él para quedar embarazada. Fruto de esa relación nace un niño, que es inscrito en el Registro Civil de Buenos Aires inicialmente con el apellido de la madre, al que, una vez contraído matrimonio con su pareja, se une el apellido de la esposa. Cinco años después deciden incorporar el apellido del padre biológico del menor, que es también su padre socio-afectivo, y realizan la petición ante el Registro sobre la base de la resolución del caso anterior. El Registro accede a la solicitud y el niño es inscrito con los tres apellidos en junio de 2015[52].

Estas decisiones administrativas accediendo a la pluriparentalidad han sido a la vez bienvenidas y criticadas por la doctrina. Resulta especialmente reprochada la falta de competencia de la autoridad registral para determinar una filiación en contra de la tradicional regla binaria que establece el artículo 558 CCyCA: "Ninguna persona puede tener más de dos vínculos filiales, cualquiera sea la naturaleza de la filiación". Para este sector doctrinal solo los jueces se encuentran habilitados para evitar la aplicación de una norma a un caso concreto y es, en la mayoría de los casos, a través de la de-

---

51 Registro Civil Provincia de Buenos Aires, 22/04/2015, resolución inédita, citado por A. Bladilo, "Familias pluriparentales en la Argentina: donde tres (¿o más?) no son multitud", *RJUAM*, nº 38, 2018-II, pp. 135-158.

52 Registro Civil de la Ciudad Autónoma de Buenos Aires, 13/07/2015, resolución inédita, citado por A. Bladilo, "Familias pluriparentales", cit., p. 145.

claración de inconstitucionalidad de la misma[53], a tenor del denominado control de constitucionalidad difuso con el que cuenta el ordenamiento argentino[54].

Dos años más tarde de las decisiones registrales en contra del sistema legal binario de filiación aparecen los pronunciamientos judiciales al respecto. El primero de ellos es un caso resuelto por el Juzgado de Familia nº 4 de La Plata en febrero de 2017, que resuelve declarar una triple filiación resultante de una adopción[55]. Se trataba de una niña concebida naturalmente por una pareja heterosexual que después se separa. La pluriparentalidad deviene de la posterior adopción realizada por el segundo marido de la madre. El progenitor biológico, que se encuentra recluido en prisión pero mantiene una relación fluida con la hija, no se opone al reconocimiento de la segunda paternidad, ni el adoptante a los derechos de aquel. El Juzgado decide aceptar la triple filiación en virtud de una adopción de integración *ex* art. 621 CCyC argentino[56]. En el mismo año otros dos tribunales determinan la triple filiación en supuestos diversos; el primero en un caso de una pareja de mujeres con un amigo homosexual, y el segundo en una pareja de dos hombres con una amiga. En ambos supuestos se soli-

---

53 N. De la Torre: "Pluriparentalidad: ¿por qué no más de dos vínculos filiales?", *Revista de Derecho de Familia*, núm. 2015-VI, p. 5. Para E. Litardo y otros, en cambio, el reconocimiento administrativo de la triple filiación visibilizar las "otras familias" que integraban el entramado social, cuyas existencias no eran computadas por el sistema jurídico, anclado a un paradigma heteronormativo, "Múltiple filiación en Argentina: ampliando los límites del parentesco", Revista Boliviana de Derecho, nº 27, enero 2019, p. 391.

54 El ordenamiento argentino cuenta con un mecanismo denominado de control de constitucionalidad y convencionalidad difuso, que se encuentra a cargo de todo juez —nacional o provincial— de cualquier fuero o instancia, unipersonal o colegiado.

55 Juzgado de Familia nº 4 de La Plata, 20/02/2017, "B.A.J.M. s/adopción. Acciones vinculada"», inédito, citado por A. Bladilo, "Familias pluriparentales", cit., p. 145.

56 La llamada "adopción de integración" es recogida por el art. 621 CCyC argentino: "Cuando sea más conveniente para el niño, niña o adolescente, a pedido de parte y por motivos fundados, el juez puede mantener subsistente el vínculo jurídico con uno o varios parientes de la familia de origen en la adopción plena, y crear vínculo jurídico con uno o varios parientes de la familia del adoptante en la adopción simple. En este caso, no se modifica el régimen legal de la sucesión, ni de la responsabilidad parental, ni de los impedimentos matrimoniales regulados en este Código para cada tipo de adopción".

cita y es reconocido el tercer vínculo filial con la persona que no aporta el material genético[57].

Resulta de especial relevancia la sentencia del Juzgado nº 2 de Mar del Plata de 24 de noviembre de 2017, por ser la primera que declara la inconstitucionalidad del art. 558 CCyCA. Se trataba de una mujer que con su mejor amigo y la pareja homosexual de este deciden tener un hijo los tres juntos mediante la inseminación intrauterina del esperma de este último. A tal fin firman el consentimiento informado a que se refieren los artículos 560 y 561 CCyCA para la utilización de estas técnicas (tras la reforma operada en el texto en 2015), haciendo constar su voluntad de llevar a la práctica su proyecto pluriparental. A los fines de permitir la inscripción de la triple filiación en el Registro Civil, la jueza declara la inconstitucionalidad del art. 558 CCyCA sobre la base de la importancia del reconocimiento de la autonomía de la voluntad y la socioafectividad en este tipo de conformaciones familiares. Entiende asimismo que la limitación del art. 558 resulta incompatible con el deber de garantizar el ejercicio de los derechos humanos[58].

Con posterioridad debe destacarse la primera sentencia referente a una pluriparentalidad derivada de una filiación biológica, que se emitió por el Juzgado en Familia y Sucesiones de Tucumán el 7 de febrero de 2020. En este caso, se determina la filiación triple madre-padre biológico-padre afectivo respecto de Juli, una niña de 9 años de edad. La demanda la interpone el padre biológico —no registral— de Juli, impugnando la filiación del ex marido de la madre de la menor, que manifiesta ante la jueza que no quiere elegir entre ambos padres porque ella quiere a los dos, además de querer conservar su nombre y apellidos. En atención a esta petición, la jueza resuelve: 1°. Garantizar el derecho a la dignidad personal de Juli y, en consecuencia, reconocer el "derecho a no elegir entre sus papás"; 2°. Reconocer a la familia conformada por Juli y sus tres progenitores en una constitución pluriparental devenida de la filiación socioafectiva-biológica-originaria, y a la luz de lo establecido por el art. 17 de la Convención Americana de los Derechos Humanos; y 3°. Declarar la inconstitucionalidad del art. 558 CCyCA, puesto que, en el caso particular, esa norma no supera el test de constitucionalidad en vigencia alterando el principio de progresivi-

---

57 Juzgado Contencioso Administrativo y Tributario, 07/07/2017, "F.E.F. c/GCBA y otros si amparo"; y Corte Suprema de Justicia de la Nación, 31/10/2017, "A.N.R. y otros c/GCBA si amparo", inéditos, citadas por A. Bladilo, "Familias pluriparentales", cit., p. 145.

58 Juzgado de Familia nº 2 Mar del Plata, 24/11/2017, «C.M.F. y otros s/materia a categorizar», *La Ley on line*, AR/JUR/103023/2017.

dad cimentado en los Tratados internacionales de Derechos Humanos de los que Argentina es parte integrante[59].

Finalmente, la última sentencia sobre el tema de la que tenemos noticia es la emitida por el Juzgado de Primera Instancia de Familia nº 11 de San Cristóbal el 14 de marzo de 2022. En este caso, el padre biológico tuvo una relación con una mujer casada, y el hijo que nace de esa relación es inscrito con la filiación del marido de la madre. El padre biológico reclama la filiación, pero el no biológico quiere asimismo seguir siendo padre legal del niño. Esta resolución es relevante porque explica las dos posiciones que se pueden adoptar en relación al art. 558 CCyCA: a) declarar su inconstitucionalidad; o b) interpretar el Código Civil de forma sistemática, acomodándolo a la justicia del caso. Aunque esta postura es minoritaria en la doctrina, es la que adopta este tribunal, interpretando tal precepto a la luz de los tratados internacionales sobre Derechos Humanos[60].

El fallo se apoya en diversos fundamentos jurídicos para determinar la triple filiación: a) el derecho a ser oído del menor, que considera como su papá al no biológico; b) el derecho a la identidad del niño, que tiene una vertiente estática —el nombre y apellidos— y otra dinámica, conformada por la proyección social de la persona y la socio-afectividad[61]; c) el derecho a la convivencia familiar y comunitaria (art. 12 Ley de Niñez de la Pro-

---

59 Juzgado Civil en Familia y Sucesiones, Única Nominación, Centro Judicial de Monteros, Poder Judicial de Tucumán, 7 de febrero de 2020, Juicio L.F.F. c/S.C.U. s/ Filiación, Expte. Nº 659/17. En el mismo sentido posteriormente la sentencia del Juzgado de Familia Nº 2, Río Gallegos, Santa Cruz, 17/12/2021, Rubinzal Online, RC J579/22, C. C. A. vs. B. D. E. y otros. Acción de filiación.

60 Juzgado de Primera Instancia de Familia, N°11 T°3 F°269 San Cristóbal, 14 de marzo de 2022, P., R. R. C/ I., N. V. Y OTROS S/Impugnación de filiación matrimonial y reclamación de filiación, Expte. Nº 1005409940.

61 La jueza sostiene en su resolución que estamos hablando nada menos de "...respetar la identidad del niño, en su faz dinámica. Es decir, aquella que trasciende a la identidad 'estática', para poner el foco en la construcción constante que cada persona hace de aquello que la identifica, que la referencia con otras personas, lugares, entorno sociofamiliar, actividades; es decir, todo lo que manifiesta a través de la proyección social. Es lo que el ilustre doctrinario peruano, Dr. Carlos Fernández Sessarego ha denominado 'verdad personal o proyecto de vida' de cada sujeto. Como ha enseñado este brillante jurista, si tomamos en consideración a la vida, la libertad y la identidad como una trilogía de intereses, atribuyéndoles la condición de esenciales entre los esenciales, llegamos a la conclusión, entonces, que ameritan una privilegiada y eficaz tutela jurídica". Ver la cita de la jueza a C. Fernández Sessarego: *El Derecho a la Identidad Personal*, Editorial Astrea, Buenos Aires, 1992, pp. 22, 25, 87, 88, 108 y ss.

vincia de Santa Fe), que incluye no solo el derecho a conocer quiénes son sus progenitores, sino también a la preservación de sus relaciones familiares, reconociendo el derecho a ser criados dentro de su grupo familiar de origen y con sus vínculos afectivos y comunitarios.; d) la función judicial, que debe realizar una interpretación creativa de la norma, con el objeto de asegurar la realización de los valores de justicia y equidad, integrando realidad social, norma y valores. Así, si se aplica estrictamente el art. 558 CCyCA estaríamos obligando al niño a que deje de tener un papá socio-afectivo, para que solo tenga un papá biológico, recortando su derecho a vivir y disfrutar de su familia socio-afectiva. En definitiva, no se puede aplicar el art. 558 porque no se ajusta a los estándares constitucionales y convencionales vigentes; lo justo —se declara— no es necesariamente universal ni eterno, sino que ha de establecerse respecto de cada situación. Es lo que se ha dado en llamar la justicia del caso concreto, es decir la equidad. La jueza finaliza afirmando que "… hay tantas familias como personas que desean formar una, y tantas realidades humanas a las que el derecho no puede exigir que se adapten a su letra, sino que debe ser la norma la que refleje esas realidades; por tanto, su interpretación y aplicación ha de constituirse en una herramienta que contribuya a reflejar y/o acompañar esas realidades, y no en un obstáculo para la concreción de un determinado proyecto de vida (personal o familiar)".

Como puede verse, la trayectoria del reconocimiento de la filiación pluriparental en Argentina —que alcanza ya más de una veintena de resoluciones— es sumamente interesante, tanto por el diferente sistema de control de constitucionalidad de las normas y la interpretación que de las mismas realizan los jueces y tribunales, como por el discurso judicial basado en la defensa de los derechos fundamentales del niño y el interés superior del menor apoyado en textos internacionales.

Debe resaltarse que, del compendiado recorrido que hemos realizado a estas resoluciones, administrativas o judiciales, sobre la necesidad de determinar la triple filiación registral, solo se extrae un análisis de la faceta socio-afectiva previa, y derivada, de dicha determinación, pero no se tratan las consecuencias que la misma despliega en el ordenamiento jurídico, que se traduce en el nacimiento de derechos y obligaciones para todas las partes afectadas, progenitores e hijos, cuyo reflejo legal ha de plantear problemas jurídicos aún más complejos —como no ha dejado de apreciar la doctrina[62] y la propia judicatura[63]—, y sobre cuya solución no se han manifestado dichos pronunciamientos.

2. *Las resoluciones judiciales brasileñas y el derecho a la búsqueda de la felicidad*

Junto a Argentina, Brasil es otro de los países donde más atención judicial se ha concedido a la filiación pluriparental con carácter de normalidad, siendo el pionero en Sudamérica con resoluciones favorables recaídas sobre el tema desde 2014 en el marco de relaciones triangulares que proyectan la creación de una familia[64]. Me parece, entre ellas, destacable, la resolución que resuelve el recurso extraordinario 898.060, San Pablo, Brasil, 15 marzo 2016, por los argumentos novedosos que recoge, especialmente el referente a la dignidad y al derecho a la felicidad. Se determina una triple filiación por naturaleza, por reclamación de la filiación por el padre biológico de una niña, que había sido reconocida por el esposo de su madre y cuidada por este durante veinte años. El Tribunal reconoce el derecho de ambos progenitores, al sostener que la paternidad socioafec-

---

62 Observa A. Bladilo que si resulta complejo abordar el reconocimiento de las filiaciones múltiples, abordar sus efectos nos plantea "escenarios jurídicos más desafiantes", pero ello no debe impedirnos replantearnos modificar lo establecido, pues "las familias pluriparentales suponen otro avance de la autonomía de la voluntad que interpela —y cómo— al Derecho de familias contemporáneo, al que no es una opción ofrecerles el silencio como respuesta", "Familias pluriparentales", cit., p. 156.

63 Véase, A. M. Carriquiry, Jueza de Personas y de Familia de Orán, comentando uno de sus fallos a favor de la multiparentalidad,"La suma de afectos no resta responsabilidades", en *Propuestas para un nuevo Derecho de filiación: la multiparentalidad* (dir. L. B. Pérez Gallardo y M. M. Heras Hernández), Ediciones Olejnik, Santiago, Chile, 2022, pp. 53-62.

64 Fue inédita la decisión de la localidad de Santa María, con la anotación en el Registro Civil de una paternidad y dos maternidades: Comarca de Santa María, Vara Da Direção do foro, caso N.° 027/1.14.0013029-9, Estado do Rio Grande do Sul, 11 de septiembre de 2014. Y una segunda resolución por la Cámara 8.a de Apelaciones en lo Civil de Porto Alegre, 12 de febrero de 2015, caso "L.P.R.; R.C.; M.B.R. s/ acción civil declaratoria de multiparentalidad", voto del Juez José Pedro de Oliveira Eckert. Resoluciones comentadas por G.N. Galperín, "Repensar la familia pluriparental desde el ejercicio de la magistratura. Primera parte", Ed. Microjuris.com Argentina, 17 septiembre 2018, pp. 1-19: https://aldiaargentina.microjuris.com/2018/09/17/repensar-la-familia-pluriparental-desde-el-ejercicio-de-la-magistratura-primera-parte/

tiva, inscrita o no en un registro público, no impide el reconocimiento del vínculo de filiación concomitante basado en el origen biológico, con todas sus consecuencias, patrimoniales y no patrimoniales[65]. Entienden los jueces que la "omisión legislativa en cuanto al reconocimiento de los más diversos diseños familiares no puede servir de excusa para negar protección a situaciones de parentalidad". A esto añade el Tribunal, citando al Tribunal Constitucional alemán, un fundamento apoyado en un principio rector del ordenamiento, como es la dignidad humana, que comprende al ser humano como un ser intelectual y moral, capaz de determinarse y desarrollarse en libertad, lo que implica la asunción por el ordenamiento jurídico de que la elección de las propias finalidades y objetivos de vida de la persona tienen preferencia absoluta respecto de las eventuales formulaciones legales definidoras de modelos preconcebidos[66].

---

65 Recurso Extraordinario 898.060, San Pablo, Brasil, 15 de marzo de 2016: http://www.stf.jus.br/arquivo/cms/noticiaNoticiaStf/anexo/RE898060.pdf. Falla así el Tribunal: "Ex positis, nego provimento ao Recurso Extraordinário e proponho a fixação da seguinte tese para aplicação a casos semelhantes: "A paternidade socioafetiva, declarada ou não em registro público, não impede o reconhecimento do vínculo de filiação concomitante baseado na origem biológica, com todas as suas consequências patrimoniais e extrapatrimoniais". La resolución es alabada por la doctrina partidaria del reconocimiento legal de la pluriparentalidad, remarcando las ilustres reflexiones de los jueces, que tienen como eje la constitucionalización del Derecho de familia y la necesidad de modernizar la disciplina jurídica de la filiación en razón de la evolución social. En este sentido, G.N. Galperín: "Repensar la familia", cit., p. 12. Falla así el Tribunal: "Ex positis, nego provimento ao Recurso Extraordinário e proponho a fixação da seguinte tese para aplicação a casos semelhantes: "A paternidade socioafetiva, declarada ou não em registro público, não impede o reconhecimento do vínculo de filiação concomitante baseado na origem biológica, com todas as suas consequências patrimoniais e extrapatrimoniais".

66 "Como afirma o Tribunal Constitucional Federal alemão, a dignidade humana compreende o ser humano como um ser intelectual e moral, capaz de determinarse e desenvolverse em liberdade ("Dem liegt die Vorstellung vom Menschen als einem geistig-sittlichen Wesen zugrunde, das darauf angelegt ist, in Freiheit sich selbst zu bestimmen und sich zu entfalten") (BVerfGE 45, 187). Cuida-se, assim, da assunção, pelo ordenamento jurídico, de que a eleição das próprias finalidades e objetivos de vida do indivíduo tem preferência absoluta em relação a eventuais formulações legais definidoras de modelos preconcebidos, destinados a resultados eleitos a priori pelo legislador. No campo da família, tem-se que a dignidade humana exige a superação de óbices impostos por arranjos legais ao pleno desenvolvimento dos formatos de família construídos pelos próprios indivíduos em suas relações afetivas interpessoais".

Y, en estrecha relación con la dignidad y derivada de ella, los jueces se apoyan en el derecho humano a la búsqueda de la felicidad, reconocido de forma relativamente reciente en Brasil, aunque su origen se remonta al surgimiento del concepto moderno de Constitución, habiendo sido recogido en el Preámbulo de la Declaración de Independencia de los Estados Unidos, publicada el 4 de julio de 1776. "El derecho a la búsqueda de la felicidad —declara el tribunal brasileño— funciona como un escudo del ser humano frente a las tentativas del Estado de encuadrar su realidad familiar en modelos previamente concebidos por la ley; es el Derecho el que debe amoldarse a las voluntades y necesidades de las personas y no al revés (…) En el campo de la familia se entiende que la dignidad humana exige la superación de los obstáculos impuestos por diseños legales al pleno desarrollo de los formatos de familia construidos por los propios individuos en sus relaciones afectivas interpersonales"[67].

Con posterioridad a esta decisión, la Disposición nº 63 del Consejo Nacional de Justicia de Brasil prevé la posibilidad de reconocimiento, directo en Notaría, de la paternidad y de la maternidad socioafectivas, con la finalidad de dar publicidad a hechos relacionados con la identidad personal de los individuos[68].

---

67 "Transportando-se a racionalidade para o Direito de Família, o direito à busca da felicidade funciona como um escudo do ser humano em face de tentativas do Estado de enquadrar a sua realidade familiar em modelos pré-concebidos pela lei. É o direito que deve se curvar às vontades e necessidades das pessoas, não o contrário, assim como um alfaiate, ao deparar-se com uma vestimenta em tamanho inadequado, faz ajustes na roupa, e não no cliente". El concepto de felicidad también es un argumento al que ha acudido la doctrina en este terreno. Así, para J. D. Jaramillo Manzano, "el derecho se tiene que adaptar a la realidad social para garantizar la felicidad de las personas, esta felicidad a su vez se origina, en este contexto, de las relaciones socioafectivas que las personas crean unas con otras al momento de decidir conformar familia, y es a su vez por medio de estas relaciones socioafectivas que las familias garantizan el mayor interés del niño", "La poligamia y la pluriparentalidad en los distintos ordenamientos jurídicos: un análisis comparado para la discusión sobre la familia plural", *Trans-Pasando Fronteras*, nº 19, 2022, https://doi.org/10.18046/retf.i19.5379, p. 60.

68 Véase G. Mascarenhas Lasmar y M. A. Silva Campos: "Pluriparentalidad: implicaciones, reflexiones y desafíos para el pensamiento jurídico contemporáneo brasileño", en *Propuestas para un nuevo Derecho de filiación: la multiparentalidad* (dir. L. B. Pérez Gallardo y M. M. Heras Hernández), Ediciones Olejnik, Santiago, Chile, 2022, pp. 161-181.

3. El reconocimiento legal de la filiación pluriparental

Finalmente, la filiación pluriparental ha encontrado asimismo reflejo, aunque en número muy escaso, en el ámbito legal. Así ha sucedido por primera vez en el Estado de Columbia Británica (Canadá), en el que la *Family Law: parentage, child custody and support* contempla desde 2013 la posibilidad de establecer la filiación respecto de tres o más progenitores. El art. 30 de esta norma prevé la validez de un acuerdo previo a la concepción de un niño mediante reproducción asistida, entre los padres de intención y la futura madre gestante, acordando ejercer conjuntamente la crianza del menor con la madre biológica. También es posible el acuerdo en el que la madre portadora y su cónyuge o compañero acuerden ejercer la crianza de los hijos con el donante de material genético. Aunque se trata de la primera legislación que incorpora dentro del ordenamiento jurídico de un país la multiparentalidad, solo lo permite en casos de reproducción asistida, omitiendo la posibilidad de una triple filiación derivada de relaciones sexuales naturales. Ello provocó que la Corte Suprema de Columbia Británica se pronunciara en relación a un caso de relación poliamorosa entre tres personas, en el seno del cual se produjo la concepción de un niño por medio de relaciones sexuales naturales entre dos de los miembros del trío. El tribunal entendió que existía un vacío en la *Family Law Act,* y que era posible, en atención de la evolución del concepto familiar y el interés del menor, determinar la filiación respecto de los tres progenitores[69].

También en Canadá, la *Children's Law Reform Act,* R.S.O. 1990, c. C.12, de Ontario, después de su modificación en 2017, regula el acuerdo de coparentalidad anterior al nacimiento del niño que pueden alcanzar hasta cuatro personas *(Part I, Section* 9)[70].

Otro modelo legal se recoge en la legislación del Estado de California (EEUU), cuyo Código de Familia deja en manos de la autoridad judicial la posibilidad de excepcionar la filiación binaria. Concretamente, el artículo 7601 del *Family Code* (CA Fam Code 2021) reconoce que un niño puede tener más de dos progenitores[71], disponiendo el artículo 7612 que un tribunal puede determinar que un menor tenga más de dos padres si entiende que reconocerle solo uno es perjudicial para él. A fin de evaluar

---

69 *BC Supreme Court, British Columbia Birth Registration, No.* 2018-XX-XX5815, 2021 BCSC 767.

70 https://www.ontario.ca/laws/statute/90c12#BK11

71 Section 7601 (c): "This part does not preclude a finding that a child has a parent and child relationship with more than two parents

este perjuicio, los jueces valorarán todos los factores que sean relevantes, como el daño que sufriría el niño si es apartado del entorno estable que disfrutaba con quien hasta la fecha había sido su progenitor, cuidando de él y satisfaciendo todas sus necesidades físicas y afectivas[72]. Por su parte, el artículo 7648 también prevé los supuestos en los que el tribunal puede denegar la reclamación del padre biológico frente al padre socioafectivo por ser del mejor interés para el menor.

Por último, la pluriparentalidad ha sido recientemente regulada por primera vez de forma sistemática en un texto codificado. Efectivamente, la nueva Ley 156/2022, de 22 de julio, del Código de las Familias de Cuba (GOC 2022/919/O99), contempla la filiación pluriparental de forma expresa y pormenorizada. Introduce a estos fines en primer lugar el concepto de parentesco socioafectivo, definiéndolo el art. 21 como aquel que se sustenta en la voluntad y en el comportamiento entre personas vinculadas afectivamente por una relación estable y sostenida en el tiempo que pueda justificar una filiación. "El parentesco socioafectivo —concreta el art. 21.2— es reconocido excepcionalmente por el tribunal competente y tiene los mismos efectos que el parentesco consanguíneo, conforme a las pautas establecidas en el Artículo 59.2 de este Código". A continuación, los artículos 55 a 59 se ocupan de la determinación de la doble maternidad y de la pluriparentalidad a través de distintas vías.

La multiparentalidad es contemplada como una situación de excepcionalidad frente al doble vínculo filiatorio, y proveniente de causas originarias o derivadas. Las primeras obedecen bien a la utilización de técnicas de reproducción asistida —en las que el donante quiere también asumir la paternidad o maternidad—, o bien a supuestos en los que, sobre la base del proyecto de vida en común, se prevea concebir una hija o un hijo por más de dos personas. Las sobrevenidas, en atención a los principios de interés superior de la hija o el hijo y de respeto a la realidad familiar, son casos de filiación construida socioafectivamente —sin que ello conduzca al despla-

---

72 Section 6712 (c): "In an appropriate action, a court may find that more than two persons with a claim to parentage under this division are parents if the court finds that recognizing only two parents would be detrimental to the child. In determining detriment to the child, the court shall consider all relevant factors, including, but not limited to, the harm of removing the child from a stable placement with a parent who has fulfilled the child's physical needs and the child's psychological needs for care and affection, and who has assumed that role for a substantial period of time. A finding of detriment to the child does not require a finding of unfitness of any of the parents or persons with a claim to parentage".

zamiento de las filiaciones ya establecidas—, así como las adopciones por integración.

En el supuesto de multiparentalidad sobrevenida con motivo de la socioafectividad, el art. 59 ordena al juez apreciar todas las circunstancias concurrentes y oír el parecer de la hija o el hijo menor de edad, de acuerdo con su madurez psicológica, capacidad y autonomía progresiva en los casos que corresponda, de modo que pueda disponerse o no el reconocimiento de la filiación a favor de quienes lo han solicitado. Entre esas circunstancias, debe acreditarse la concurrencia de un vínculo socioafectivo familiar notorio y estable, con independencia de la existencia o no de un lazo biológico entre una persona y la hija o el hijo; así como un comportamiento de quien como madre o padre legal ha cumplido meritoriamente los deberes que le competen en razón de la paternidad o maternidad social y familiarmente construida, y de quienes por su intención, voluntad y actuación se pueda presumir que son madres o padres. Además de los progenitores, pueden reclamar la multiparentalidad sobrevenida con motivo de la socioafectividad, la hija o el hijo y la Fiscalía.

Como puede observarse, las previsiones normativas que recoge el Código cubano no hacen sino reflejar las consideraciones tenidas en cuenta por las resoluciones judiciales que han abordado la viabilidad de la filiación pluriparental, según hemos tenido ocasión de analizar; Lo hace, además, más pormenorizadamente que la legislación californiana, definiendo el marco de la facultad concedida a los jueces para excepcionar la regla de la filiación binaria[73].

IV. REFLEXIÓN FINAL

Después de este somero recorrido realizado a los principales cambios legales y jurisprudenciales que ha experimentado el sistema de filiación en los últimos años, quisiera finalizar, simplemente, con una breve reflexión

---

[73] Se congratula L. Pérez Gallardo de que la multiparentalidad se convierta en una realidad en el Código cubano. El "componente afectivo —concluye— se erige en principio del Derecho familiar contenido en el Código, con igual tratamiento y alcance que el de naturaleza biológica. Nunca antes en el Derecho cubano el ADN se dio la mano con el afecto y el amor, "La multiparentalidad en el Derecho familiar cubano: una opción posible", en *Propuestas para un nuevo Derecho de filiación: la multiparentalidad* (dir. L. B. Pérez Gallardo y M. M. Heras Hernández), Ediciones Olejnik, Santiago, Chile, 2022, p. 218.

forjada desde la mirada crítica, aunque prudente, que concibo inherente a todo jurista. Desde ella, mi intención es pronunciarme sobre dos de los asuntos aquí expuestos: la reforma del sistema de filiación llevada a cabo por la Ley trans; y la oportunidad de una nueva reforma legal que acoja la pluriparentalidad en nuestro ordenamiento. Debo confesar, no obstante, que algunas de mis apreciaciones deberán pasar en el futuro —seguramente no muy lejano— por una más profunda y renovada meditación, la misma que —también entiendo— debe hacer el legislador.

Y hemos de partir de una evidencia por todos conocida: nuestro sistema de filiación codificado, además de fundamentarse en el principio de igualdad, se apoya en el de veracidad biológica, al que otorgan prevalencia los preceptos del Código Civil que regulan las formas de determinación de la filiación y las acciones para reclamarla o impugnarla. El principio de veracidad fue correctamente excepcionado por la LRA hasta la incorporación del art. 7.3 a dicha normativa. Pero el problema de esta norma solo era de incorrección técnica, pues el reconocimiento de la doble maternidad derivada del uso de estas técnicas no había de significar, en realidad, cambio de concepto alguno; ya era posible en nuestro ordenamiento la existencia de dos madres, y ya se admitía el consentimiento como medio de determinación de la filiación en el marco de esa Ley. Este cambio conceptual sí se produce por la reforma llevada a cabo por la Ley 4/2023, que da entrada, no solo a una nueva terminología en esta materia, sino a la posibilidad de ser padre o madre a través de la sola declaración de voluntad —al margen de las técnicas de reproducción asistida— de quienes no pueden serlo por pura inviabilidad biológica.

La primera crítica que merece la Ley trans en este ámbito es su escasa técnica legislativa, de la que poco hay que decir que no se haya puesto ya de manifiesto en las páginas anteriores. El desconcierto terminológico que se refleja en los preceptos del Código Civil y de la Ley del Registro Civil concernidos es más que patente; desbarajuste que se agudiza por la falta de uniformidad en el tratamiento de los términos padre y madre a lo largo del articulado del Código. Y es que resulta complicado —sirva como justificación del legislador— afectar un texto codificado en su conjunto por una reforma de este calibre. El Código Civil sigue anclado en la distinción entre hombre y mujer, de la que derivan los conceptos de paternidad y maternidad respectivamente; ahora podemos tener a un hombre en el que se produce el fenómeno de la maternidad.

Lamentablemente, las nuevas modificaciones del sistema de filiación ejecutadas por la Ley 4/2023 no han resuelto los problemas dogmáticos y aplicativos que provocó el art. 7.3 LRA —que queda intacto, no sabemos por qué razón—, al mismo tiempo que provocan otros interrogantes de muy complicada respuesta, que no dejan otra alternativa que formular serios reproches no solo sobre su técnica jurídica, sino sobre la oportunidad de sus propuestas.

Después de la lectura de los preceptos modificados y de la necesidad que he tenido de ordenar pausadamente todos los cambios que en ellos se introducen, a fin de calibrar qué trascendencia pueden estos alcanzar, no puedo evitar plantearme una serie de cuestiones que quiero compartir con el lector: ¿era necesario usar esta vía de rectificación terminológica para incluir la reforma conceptual que se pretende?; ¿no hubiese bastado con añadir una disposición adicional similar a la incorporada a la LRC para entender que la madre y el padre podrían ser también, en algún caso, progenitor gestante y no gestante?; ¿cuántos hombres trans hay con capacidad para gestar, y cuántos de ellos quieren dar a luz?; ¿existe una demanda social que justifique una reforma de esta envergadura en el articulado de todo un Código Civil?; ¿debe igualarse el tratamiento de la excepcionalidad y la generalidad?; ¿no se ve afectado por todo ello el interés superior del menor, su derecho a la identidad y a conocer sus orígenes y el principio de seguridad jurídica?

En un sistema como el nuestro, que sigue basándose en la filiación binaria, de hombre y mujer —no existe un tercer sexo—, en los conceptos de maternidad y paternidad —que no han sido desterrados del Código, como hemos visto—, es muy difícil encajar estas reformas, que son el resultado de admitir un cambio de sexo registral que permite que el hombre pueda asumir la función materna. Pero, una vez admitido esto, consecuencia irremediable es la posibilidad de que una persona con sexo registral varón que tenga capacidad para gestar pueda dar a luz; y a esta relación jurídico-filial debe darse una respuesta desde el sistema de filiación.

Y creo que la respuesta no pasa por el desbocado zarandeo que se ha infligido al articulado de nuestro Código. La excepcionalidad de estas situaciones merece tener un correlativo reflejo excepcional, no general, en la legislación. También considero que, por ahora, no debemos otorgar el mismo tratamiento al reconocimiento de paternidad o maternidad en los casos de viabilidad y de inviabilidad biológica; solo se debería mantener la declaración conforme o el reconocimiento para el progenitor no gestante en el marco de las técnicas de reproducción asistida. Pienso que la determinación de la filiación, por lo que a derechos y obligaciones de los afectados comporta —especialmente para el menor—, y en atención al principio de seguridad jurídica, no debe encontrarse amenazada, desde su origen, por una eventual acción de impugnación con fundamento en la verdad biológica. Al menos, no mientras este principio se considere prevalente y no sea legalmente posible una filiación plural. La sola voluntad procreacional como único factor determinante de la filiación, sin contar —y al no contar— con el sustrato de los lazos de sangre, debe ser tratada con celo por el legislador, de igual modo —y por las mismas razones— que se hace en la adopción, con las excepciones legales que se contemplan, siempre en atención del beneficio del niño. ¿Por qué el niño "proyectado" ha de gozar de menos garantías, en lo que a la idoneidad para ser progenitor se refiere, que el niño adoptado, cuando en ambos casos la filiación se basa en el solo consentimiento y no en la consanguinidad? Como hemos visto, en las últimas sentencias del Tribunal Supremo sobre doble maternidad no se ha considerado suficiente el proyecto de creación de una familia para estimar la acción de reclamación de la filiación por la madre no biológica, exigiéndose de forma fehaciente la concurrencia de una posesión de estado pública, estable y constante en el tiempo.

Sigo defendiendo —como ya hice en otros trabajos— una reforma de nuestro sistema que recoja de forma clara tres clases de filiación: la natural, la adoptiva y la derivada del uso de técnicas de reproducción asistida. La aplicación de unas normas previstas para la filiación biológica a situaciones que no provienen de la procreación natural no ocasiona, como se ha podido comprobar, sino perplejidades, contradicciones, confusión a los aplicadores del Derecho y, como corolario, una palpable inseguridad jurídica, que es, desde luego, legalmente evitable.

Por lo que se refiere a la pluriparentalidad, la evolución del concepto de las relaciones familiares y de la sociedad en su conjunto creo que se hace acreedora de una respuesta del legislador más pronto que tarde[74]; de hecho, ya se han sentado algunas bases en los derechos civiles aragonés

---

[74] En la doctrina española, no son pocos ya quienes abogan por una regulación de este modelo de filiación por nuestro ordenamiento. Entre ellos, veánse los estudios en *Propuestas para un nuevo Derecho de filiación: la multiparentalidad* (dir. L. B. Pérez Gallardo y M. M. Heras Hernández), Ediciones Olejnik, Santiago, Chile, 2022; de: M. P. García Rubio: "Un niño o una niña pueden tener más de dos madres o de dos padres: hacia el reconocimiento jurídico de la multiparentalidad", p. 129; M. A. Blandino Garrido: "Alegato a favor del reconocimiento del parentesco socioafectivo en el ordenamiento español", p. 49; E. Farnós Amorós: "Viejos dogmas y escenarios emergentes de multiparentalidad: una aproximación desde España", pp. 112-114; o G. González Coloma, "El valor jurídico de la socioafectividad en el nuevo concepto de pluriparentalidad en el Derecho de familia", pp. 337-351. Para F. J. Jiménez Muñoz, los propios tribunales españoles podrían extender las normas de filiación a la pluriparentalidad igual que han hecho con

y catalán que pueden conducir a ello, reconociéndose autoridad parental al cónyuge o conviviente del progenitor[75]. En mi opinión, no deberíamos dejar a la libre consideración de los jueces la determinación de una posible filiación plural sin respaldo legal alguno. La cuestión que debe reflexionarse con mayor calma es el modelo de pluriparentalidad que parece oportuno regular, ya sea esta originaria o derivada. De entrada, creo firmemente que la relación paterno-filial basada en la socioafectividad manifestada de forma plena y constante en el tiempo —a modo de posesión de estado[76]— debería poder desembocar —dada la ocasión— en una concurrencia con la filiación biológica, propiciando con ello una pluriparentalidad derivada. Esta ocasión puede producirse por muy diversas circunstancias —como hemos visto en el marco judicial argentino o brasileño—, entre ellas, por la reclamación de filiación por el padre biológico frente al padre legal, que ha ejercido la paternidad efectiva y ha cuidado del hijo, creando esa relación de afecto que no debería ser quebrantada en pro del bienestar del menor; o, existiendo doble filiación determinada, admitiendo como tercera la del nuevo cónyuge o conviviente del padre o madre, soltero, separado o viudo, dando entrada así al denominado "progenitor afín"; o también por medio de una adopción de integración.

Otra cuestión es qué diseño legal deberíamos adoptar para acoger la filiación pluriparental en nuestro ordenamiento. Desde mi punto de vista, no parece que la pluriparentalidad haya de considerarse un modelo de relación filiatoria en el mismo plano que el sistema binario que preside nuestro sistema, y el de todos los demás ordenamientos jurídicos. Sería más pertinente —amén de precavido— el acogimiento de la filiación pluriparental como una solución que, de forma extraordinaria, podría acordar el juzgador, una vez estudiadas las circunstancias concurrentes en cada su-

---

la doble maternidad, "La filiación ante el nuevo reto de la multiparentalidad", en *Propuestas para un nuevo Derecho de filiación: la multiparentalidad*, cit., p. 156.

75 Véase V. García Herrera: "Las familias reconstituidas: el vacío jurídico como obstáculo a su consolidación", en "Propuestas para un nuevo Derecho de filiación", cit., p. 330. A estos efectos, V. Barba propone *de lege ferenda* la distinción entre "progenitor afín de hecho" y "progenitor afín reconocido", asumiendo ambos distintos niveles de derechos y responsabilidad respecto del menor, "Familias reconstituidas, multiparentalidad y sucesiones: nuevos retos", en "Propuestas para un nuevo Derecho de filiación", cit., pp. 482 y ss.

76 Para G. Díaz Pardo, la posesión de estado podría ser un argumento sólido que impidiera que una filiación socioafectiva fuera desvirtuada sin más por la reclamación del progenitor biológico, "Multiparentalidad *versus* filiaciones contradictorias", en "Propuestas", cit., p. 272.

puesto —siempre atendiendo al interés superior del menor—, priorizando las situaciones de afectividad creadas por las relaciones convivenciales de carácter paterno-filial, a la manera en que lo prevé la legislación californiana. No puede darse por supuesto, desde luego, que el interés del menor quede mejor tutelado por el hecho de que el cumplimiento de los deberes inherentes a la patria potestad recaería en tres o dos personas, sino por todas las circunstancias que contribuyen al bienestar y estabilidad del niño.

Me resulta, sin embargo, mucho más difícil aceptar, sin más, un acuerdo previo de parentalidad. En este caso, no nos sirve ni el argumento de la relación socio-afectiva creada ni el principio del interés superior del menor, que todavía no ha nacido. Creo que nuestra sociedad no reclama en la actualidad este arquetipo de creación de familia. Desde mi percepción, estas nuevas realidades sociales no se están abriendo paso con la suficiente fuerza como para provocar una reforma legislativa civil inmediata en esta cuestión; especialmente si tenemos en cuenta que estas relaciones familiares de futuro conllevan *ex ante* la creación de un entramado de derechos y obligaciones plurilaterales recíprocas que pueden resultar, en muchos casos, de complicada gestión para acomodar prioritariamente el interés del niño. Sirva aquí también como argumento —más, si cabe— el antes referido sobre la voluntad procreacional como único referente de la determinación de la filiación y la protección que merece el niño "proyectado" junto al adoptado.

Permítaseme por último compartir un pensamiento al que me ha llevado el acercamiento a este tema: no me deja de resultar curioso cómo ha evolucionado la visión social de la familia en las últimas décadas, pasando de una reducción de las familias extensas a las que se dieron en llamar nucleares, para ahora extender esa familia nuclear ampliándose el número de progenitores más allá del tradicional principio binario que hasta ahora ha presidido, y sigue presidiendo, la legislación. Sea bienvenida esa familia socioafectiva como nueva familia jurídica.

En todo caso, acabo esta reflexión como la inicié: el legislador ha de proceder como el buen jurista, desde la prudencia, que lo conduce a actuar después del estudio de las necesidades sociales, para darles respuesta resolviendo los conflictos que ellas suscitan; nunca provocándolos él mismo por falta de la necesaria cautela o por su obrar en demasía cautivo de la inmediatez.

12. A PROPÓSITO DE LAS TÉCNICAS DE REPRODUCCIÓN ASISTIDA

José Ramón de Verda y Beamonte[1]

SUMARIO: I. LA LEY 14/2006, DE 26 DE MAYO, DE TÉCNICAS DE REPRODUCCIÓN HUMANA ASISTIDA. II. LA DONACIÓN DE GAMETOS O EMBRIONES. 1. La donación de gametos. A) Estado psicofísico del donante y responsabilidad civil de la clínica. B) El consentimiento ha de ser prestado personalmente. C) Caracteres de la donación. a) Irrevocabilidad. b) Gratuidad. c) Formalidad. d) Confidencialidad. 2. La donación de embriones. III. LA USUARIA DE LAS TÉCNICAS DE REPRODUCCIÓN ASISTIDA. 1. Requisitos que deben concurrir en la usuaria. 2. Fecundación homóloga y responsabilidad civil de la clínica por intercambio de gametos. IV. DETERMINACIÓN LEGAL DE LA FILIACIÓN. 1. Usuaria casada con un varón: necesidad de consentimiento del marido e imposibilidad de impugnación de la presunción de paternidad. 2. Usuaria casada con una mujer. A) Posibilidad de que el cónyuge pueda consentir ante el Registro Civil la inscripción a su favor del hijo concebido artificialmente. B) Sobre si para efectuar la inscripción es necesaria la prueba de haberse realizado la reproducción asistida: posición de la Dirección General de Fe Pública y Seguridad Jurídica y crítica de la misma. C) El riesgo de fomentar la reproducción asistida al margen de la Ley: las inseminaciones artificiales domésticas. D) Valor jurídico del consentimiento previo de la mujer de la usuaria a la práctica de la reproducción asistida. 3. Usuaria unida de hecho con un varón. A) El consentimiento voluntario del varón a la reproducción asistida como escrito indubitado a efectos registrales. B) Consentimiento previo voluntario y acción de reclamación de la paternidad. 4. Usuaria unida de hecho con otra mujer: consentimiento previo a la práctica de la reproducción asistida y posesión de estado. V. LA FECUNDACIÓN PÓSTUMA. 1. Requisitos legales. 2. Efectos sucesorios: condición de heredero forzoso del hijo concebido póstumamente, como consecuencia del principio constitucional de igualdad. 3. La transferencia "post mortem" de embriones. VI. LA GESTACIÓN POR SUSTITUCIÓN. 1. La posición del ordenamiento jurídico español: la nulidad del contrato y la atribución legal de la maternidad a la gestante. 2. La posición de la jurisprudencia ante las gestaciones por substitución realizadas en países extranjeros, donde esta práctica es legal: imposibilidad de inscribir la filiación. A) Imposibilidad de inscribir la filiación (interés superior del menor y mercantilización de la gestación y de la filiación). B) Ajuste de la jurisprudencia interna a la emanada del Tribunal Europeo de Derechos Humanos. 3. La posición contraria a la Ley de la Dirección General de Fe Pública y Seguridad Jurídica: admisión de la inscripción, cuando se acompañe una resolución judicial extranjera en la que se determine la filiación del nacido. 4. La reciente reiteración por parte del Tribunal Supremo de la contrariedad al orden público de la gestación por sustitución de carácter comercial.

---

[1] CU, Derecho civil, Universidad de València.

I. LA LEY 14/2006, DE 26 DE MAYO, DE TÉCNICAS DE REPRODUCCIÓN HUMANA ASISTIDA

La filiación plantea cuestiones específicas, cuando es fruto del uso de las técnicas de reproducción asistida, materia esta, que actualmente está contemplada por la Ley 14/2006, de 26 de mayo, la cual deroga la anterior Ley 35/1988, de 22 de noviembre, que había sido parcialmente modificada por la Ley 45/2003, de 21 de noviembre.

La Ley 14/2006, regula la aplicación de las técnicas que enumera en su Anexo I A), como son la inseminación artificial o la fecundación *in vitro*[2], tratando, no obstante, de aspectos más amplios, que los de la mera filiación, como son el del diagnóstico prenatal o el de la investigación con gametos o embriones, aspecto, este último, que siempre suele aparecer asociado en las normativas sobre la materia. En cualquier caso, "Se prohíbe la clonación en seres humanos con fines reproductivos" (art. 1.3).

Ante todo, hay que precisar, que, como prevé el art. 7.1 de la Ley 14/2006, "La filiación de los nacidos con las técnicas de reproducción asistida se regulará por las leyes civiles, a salvo de las especificaciones establecidas en los tres siguientes artículos" (en materia de determinación legal de la filiación, fecundación póstuma o gestación por sustitución), precisando el precepto que, "En ningún caso, la inscripción en el Registro Civil reflejará datos de los que se pueda inferir el carácter de la generación"[3].

---

2 Según el art. 2.2 de la Ley 14/2006, "La aplicación de cualquier otra técnica no relacionada en el anexo requerirá la autorización de la autoridad sanitaria correspondiente, previo informe favorable de la Comisión Nacional de Reproducción Humana Asistida, para su práctica provisional y tutelada como técnica experimental".

3 No creo que la Propuesta de Código Civil elaborada por la Asociación de Profesores de Derecho Civil (en adelante, PCC) parta de una idea distinta. Es cierto que en ella se incluye en el Código la regulación de la filiación derivada de las técnicas de reproducción asistida, a las que se dedican los arts. 223-1 a 223-6. Sin embargo, es claro que no se contempla un nuevo tipo de filiación basado en la voluntad de procrear: el n. 1º del art. 221-1 recoge, así, la clasificación actual, según la cual "La filiación puede tener lugar por naturaleza o adopción". A continuación, añade que "La filiación derivada de técnicas de reproducción asistida se determina con arreglo a las disposiciones especiales previstas en el Capítulo III de este Título". Sin embargo, en ellas no se prevén títulos de determinación de la filiación distintos a los regulados a propósito de la filiación por naturaleza: no lo es el consentimiento del marido a que su mujer se someta a las técnicas de reproducción asistida, que sigue jugando como una causa de exclusión de la impugnación de

II. LA DONACIÓN DE GAMETOS O EMBRIONES

El uso de las técnicas de reproducción asistida presupone la donación de gametos (esperma u óvulos) o embriones (estos últimos, con el fin de ser implantados en la usuaria de las mismas).

1. La donación de gametos

Según el art. 5.6 de la Ley 14/2006, los donantes de gametos deberán tener más de 18 años y "buen estado de salud psicofísica", precisando el art. 5.7 de la misma que "El número máximo autorizado de hijos nacidos en España que hubieran sido generados con gametos de un mismo donante no deberá ser superior a seis".

A) Estado psicofísico del donante y responsabilidad civil de la clínica

El art. 5.6 de la Ley 14/2006 precisa que el estado psicofísico de los donantes ha de cumplir las exigencias de un protocolo obligatorio de estudio, "que incluirá sus características fenotípicas y psicológicas, así como las condiciones clínicas y determinaciones analíticas necesarias para demostrar, según el estado de los conocimientos de la ciencia y de la técnica existentes en el momento de su realización, que los donantes no padecen enfermedades genéticas, hereditarias o infecciosas transmisibles a la descendencia".

La SAP Valencia 30 marzo 2016 *(Tol 5744311)* ha resuelto un caso en el que un niño, fruto de una fecundación *in vitro* con óvulo de donante anónima y esperma del marido de la usuaria, nació con la enfermedad de la hemofilia, razón por la cual los padres interpusieron una demanda de resarcimiento de daños y perjuicios contra la clínica en la que se había practicado la reproducción asistida, reprochándole negligencia en la selección del óvulo de la donante.

---

una paternidad determinada en virtud de la presunción de paternidad del marido (art. 223-4, n. 1° y 2°); ni tampoco el consentimiento del varón no casado respecto a su conviviente *more uxorio*, que, en sí mismo no determina la filiación paterna, por lo que, en defecto de reconocimiento, seguirá siendo necesario acudir al expediente gubernativo, considerándose el consentimiento como un escrito indubitado (art. 223-5, n. 2°). Por cuanto concierne a la determinación de la maternidad de la mujer de la usuaria, sí que creo que el art. 223-3 regula un tipo de filiación basado en la voluntad de aquélla de querer ser madre, pero esto es algo que, a mi entender, ya hace el n. 3 del art. 7 de la Ley 14/2006, añadido por la Ley 3/2007, de 15 de marzo, cuya redacción actual se debe a la Ley 19/2015, de 13 de julio.

La sentencia negó que la clínica hubiera sido negligente en la selección del óvulo, porque no había antecedentes de hemofilia, ni en la donante, ni en su familia, razón por la cual no le era exigible realizar un test genético específico para descartar la existencia de una enfermedad infrecuente. Sin embargó, estimó la demanda, al considerar que la información suministrada a los demandantes (en la cual se reproducía literalmente el tenor del art. 5.6 de la Ley, respecto al contenido que debe tener el protocolo obligatorio para asegurarse del correcto estado psicofísico del donante) era deficiente, entendiendo que, al no ser "expertas en medicina ni en su terminología", no se les había transmitido "la realidad sobre las pruebas y los análisis a los que se ha sometido" al óvulo seleccionado. Dice, así que, "la persona que lee dicho consentimiento informado deduce que se han realizado todas las pruebas necesarias para descubrir y excluir las enfermedades genéticas, hereditarias o infecciosas transmisibles a la descendencia que se pueden detectar según el estado de la ciencia y, concretamente, en el presente caso, la hemofilia, que igual que otras, ya es perfectamente detectable". Concretamente, condenó a la demandada a pagar en concepto de daños morales a cada progenitor 100.000 euros y 200.000 euros al niño nacido hemofílico.

La solución podría parecer extraña desde el momento en que se concede indemnización por daño moral (el patrimonial por el tratamiento de la hemofilia está cubierto por el sistema público de salud), no solo a los padres, sino también al niño, lo que contrasta con la posición que, a mi entender, debe mantenerse respecto de los supuestos en los que los niños nacidos naturalmente padecen enfermedades (por ejemplo, la hemofilia) no detectadas durante el período de embarazo de la madre (y, por lo tanto, no comunicadas a ella en orden a decidir la posible interrupción del mismo), pero que no tienen su origen en una negligencia médica, sino en el patrimonio genético de la madre portadora: en estos supuestos, el niño no puede nacer de otro modo, siendo su no nacimiento la única posibilidad de evitar el padecimiento de la enfermedad, por lo que no puede pretender ningún resarcimiento, si la madre decide no abortar[4].

Sin embargo, en el caso que nos ocupa, el nacimiento del hijo enfermo sí es causado por una mala praxis médica, consistente en no haber informado adecuadamente a los cónyuges del riesgo que asumen al acudir a la reproducción asistida de que nazca un niño con una enfermedad no detectada en los análisis practicados a la donante, induciéndoles a pensar que el hijo artificialmente creado será sano, asumiendo implícitamente frente a ellos una especie de obligación de resultado. No debe, además, olvidarse que, según consolidada jurisprudencia, en el ámbito de la medicina satisfactiva, debe extremarse el cumplimiento de los deberes de información al paciente, con mayor rigor que en la medicina curativa.

---

4 Sobre el tema de los daños derivados del nacimiento *vid.* J. R. de Verda y Beamonte y P. Chaparro Matamoros, P.: "Responsabilidad civil médica en relación con el nacimiento del ser humano, en Responsabilidad civil en el ámbito de las relaciones familiares" (coord. J. R. de Verda y Beamonte), Thomson-Aranzadi, Cizur Menor, 2012, pp. 23-50; como también A. Macía Morillo: *La responsabilidad médica por los diagnósticos preconceptivos y prenatales (las llamadas acciones de 'wrongful birth y wrongful life')*, Tirant lo Blanch, Valencia, 2005; y J. Vidal Martínez: *Consejo Genético en diagnóstico antenatal*, en *Hacia una nueva Medicina: consejo genético* (coord.) C. Mª Romeo Casabona, Comares, Granada, 2014, pp. 119-125.

B) El consentimiento ha de ser prestado personalmente

El consentimiento del donante ha de ser prestado personalmente y no puede ser suplido judicialmente.

En tal sentido se ha pronunciado el AJPI núm. 13 Valencia 13 mayo 2003 (AC 2003, 1887), que ha desestimado la pretensión de una mujer, de ser inseminada con los gametos de su marido, el cual se encontraba en una situación de coma durante más de once años. Dice, así, que la suplencia judicial de la voluntad de un incapaz "no puede en ningún caso extenderse a la realización de un acto tan personalísimo como es la decisión de tener un hijo, ya que es de todo punto discrecional y subjetiva". Y continúa afirmando que la creación de la situación jurídica de la paternidad "genera unas cargas y responsabilidades de tal magnitud y trascendencia que, desde luego, solo en virtud del personal consentimiento o actuación del afectado, y nunca por otra vía sustitutoria, puede admitirse la constitución de la paternidad". Sin embargo, el Auto admite la posibilidad de que la mujer pueda acudir a las técnicas de reproducción asistida, utilizando los gametos de un tercer donante anónimo (cosa, que esta no había pedido), argumentando, que "se da la situación de separación de hecho, contemplada en el ya citado art. 6-3 de la Ley".

A mi entender, este argumento es discutible, porque no me parece que la mera circunstancia de que el marido estuviera internado en un hospital en estado de coma autorice a llegar a la conclusión de que existía una separación de hecho. Repárese que lo pretendido por la mujer no era, simplemente, la autorización a acceder a las técnicas de reproducción asistida, sino, concretamente, el ser inseminada con los gametos de su marido, lo que parece indicar la persistencia de la "affectio maritalis", a pesar de las difíciles circunstancias por las que atravesaba la vida del matrimonio[5].

C) Caracteres de la donación

La donación tendrá carácter irrevocable, gratuito, formal y confidencial.

a) Irrevocabilidad

"La donación solo será revocable cuando el donante precisase para sí los gametos donados, siempre que en la fecha de la revocación aquellos estén disponibles" (art. 5.2).

Precisa el precepto que "A la revocación procederá la devolución por el donante de los gastos de todo tipo originados al centro receptor".

---

5 *Vid.* también AAP La Coruña (Sección 4ª) 3 noviembre 2000, rec. n. 608/2000.

b) Gratuidad

"La donación nunca tendrá carácter lucrativo o comercial" (art. 5.3).

Sin embargo, el carácter gratuito de la donación de gametos es más teórico que real, pues suele haber una retribución que se enmascara a través de la posibilidad de obtener la compensación prevista en el art. 5.3.I de la Ley; y ello, a pesar de las cautelas que el mismo establece. Dice el precepto que "La compensación económica resarcitoria que se pueda fijar solo podrá compensar estrictamente las molestias físicas y los gastos de desplazamiento y laborales que se puedan derivar de la donación y no podrá suponer incentivo económico para esta".

c) Formalidad

"El contrato se formalizará por escrito entre los donantes y el centro autorizado. Antes de la formalización, los donantes habrán de ser informados de los fines y consecuencias del acto" (art. 5.4).

Según la misma norma, "La información y el consentimiento deberán efectuarse en formatos adecuados, siguiendo las reglas marcadas por el principio del diseño para todos, de manera que resulten accesibles y comprensibles a las personas con discapacidad".

d) Confidencialidad

"La donación será anónima y deberá garantizarse la confidencialidad de los datos de identidad de los donantes" (art. 5.5.I), si bien los hijos nacidos mediante el uso de estas técnicas, así como también las usuarias de las mismas, tendrán derecho "a obtener información general de los donantes que no incluya su identidad", lo que se explica por motivos terapéuticos (art. 5.5.II).

"Solo excepcionalmente, en circunstancias extraordinarias que comporten un peligro cierto para la vida o la salud del hijo o cuando proceda con arreglo a las Leyes procesales penales, podrá revelarse la identidad de los donantes, siempre que dicha revelación sea indispensable para evitar el peligro o para conseguir el fin legal propuesto. Dicha revelación tendrá carácter restringido y no implicará en ningún caso publicidad de la identidad de los donantes" (art. 5.5.III)[6].

---

6 Como tampoco, aunque no se diga expresamente, la creación de una relación paterno-filial entre el hijo y el donante.

La STC 116/1999, de 17 de junio *(Tol 13003),* ha considerado que el carácter anónimo de la donación no es contrario al principio de libre investigación de la paternidad, que consagra el art. 39 CE. Dice, así, que "la Constitución ordena al legislador que 'posibilite' la investigación de la paternidad, lo que no significa la existencia de un derecho incondicionado de los ciudadanos que tenga por objeto la averiguación, en todo caso, y al margen de la concurrencia de causas justificativas que lo desaconsejen, de la identidad de su progenitor". Añade que "la acción de reclamación o de investigación de la paternidad se orienta a constituir, entre los sujetos afectados, un vínculo jurídico comprensivo de derechos y obligaciones recíprocos, integrantes de la denominada relación paterno-filial, siendo así que la revelación de la identidad de quien es progenitor a través de las técnicas de procreación artificial no se ordena en modo alguno a la constitución de tal vínculo jurídico, sino a una mera determinación identificativa del sujeto donante de los gametos origen de la donación, lo que sitúa la eventual reclamación, con este concepto y limitado, alcance en un ámbito distinto al de la acción investigadora que trae causa de lo dispuesto en el art. 39.2 de la Constitución". Por último, el Tribunal Constitucional se refiere a la necesidad de asegurar el derecho a la intimidad del donante, a fin de "favorecer el acceso a estas técnicas de reproducción humana artificial" y a que, en caso de no existir el anonimato, "puede resultar especialmente dificultoso obtener el material genético para llevarlas a cabo".

En mi opinión, el alcance que el Tribunal Constitucional atribuye a la acción de investigación de la paternidad es excesivamente restringido, al considerarla, exclusivamente, como un medio para determinar la relación paterno-filial, ignorando la extraordinaria importancia que el conocimiento de los orígenes biológicos de una persona puede tener en orden a la determinación de su identidad como ser humano individual; y parece conciliarse mal con el tenor del artículo 7 del Convenio internacional relativo a los derechos del niño, de 20 de noviembre de 1989, conforme al cual aquel, desde el momento de su nacimiento, tiene derecho, en la medida de lo posible, a conocer a sus padres[7].

Sí que lo dice expresamente el art. 223-1 PCC, utilizándose siempre la tercera versión de borrador de mayo de 2017), que, en n. 4, dispone que "La revelación de la identidad del donante en los supuestos en que proceda legalmente no implica en ningún caso determinación legal de la filiación". No obstante, prevé la novedad de que la filiación pueda "quedar determinada con consentimiento del hijo o de su representante legal, y del donante".

STC 116/1999, de 17 de junio (*Tol 13003*). *Vid.* sobre ella el análisis crítico que lleva a cabo J. Vidal Martínez: "Comentario a la Sentencia del Tribunal Constitucional de 17 de junio de 1999, resolviendo el Recurso de Inconstitucionalidad n. 376/89 contra la Ley 35/1988 de 22 de Noviembre sobre Técnicas de Reproducción Asistida", *Revista de Derecho y Genoma Humano,* 12/2000, pp. 113-137.

7 Es un tanto decepcionante la STEDH 7 septiembre 2023, caso Gayvin-Fournis y Sillia contra Francia, demanda n. 21424/2016, que ha considerado conforme al art. 8 de la Convención de Roma el régimen establecido por la Ley francesa de 2 de agosto de 2021, que ha acabado con el principio del anonimato del donante, pero que no tiene en este punto carácter retroactivo, subordinando la posibilidad de conocer los orígenes biológicos de las personas nacidas mediante técnicas de

Consagra, además, una solución que parece discordante con el vigente art. 180.6 CC (su redacción actual se debe a la Ley 19/2015, de 13 de julio), "Las personas adoptadas, alcanzada la mayoría de edad o durante su minoría de edad a través de sus representantes legales, tendrán derecho a conocer los datos sobre sus orígenes biológicos"[8].

---

reproducción asistida sujetas a la legislación anterior al consentimiento del donante a revelar su identidad.

Afirma que, si bien el derecho a conocer los orígenes biológicos está protegido por el art. 8 de la Convención (en la concreta manifestación del derecho al respeto a la vida privada en que consiste el derecho a la identidad), sin embargo, en este punto, los Estados gozan de un amplio margen de apreciación, al no existir *consensus* sobre el principio de anonimato del donante, por lo que considera legítima la posición de las autoridades francesas, que impidieron a dos personas (nacidas de técnicas de reproducción asistida no sujetas a la Ley del 2021) conocer al padre biológico, en un caso, porque el donante ya había fallecido (y, por lo tanto, no podía consentir), y, en el otro, porque la demandante temía que, si pedía el consentimiento, el donante pudiera no prestarlo, desestabilizándose.

No obstante, tres magistrados emitieron un voto particular, en la que sí consideraron infringido el art. 8 de la Convención, vulnerándose el derecho a la identidad de los demandantes, afirmando que existía un *consensus* "en formación" favorable al reconocimiento del derecho a conocer los propios orígenes biológicos, por lo que el margen de apreciación de los Estados debía considerarse relativamente limitado. Los magistrados discrepantes afirman que, existiendo intereses concurrentes ente el niño y su padre biológico, no conviene conferir un peso superior a los derechos y a las elecciones del padre adulto e inclinar la balanza en el sentido de mantener un anonimato estricto y riguroso.

8 El derecho a conocer los orígenes biológicos del adoptado fue reconocido por la Disposición Final Primera de la Ley 54/2007, de 28 de diciembre de adopción internacional, que lo introdujo, añadiendo un nuevo número, el 5°, en el art. 180 CC, que, tras la reforma de 2015, trata de otra cuestión. Observa A. López Azcona: "Luces y sombras del nuevo marco jurídico en materia de acogimiento y adopción de menores: a propósito de la Ley Orgánica 8/2015 y la Ley 26/2015, de modificación del sistema de protección de la infancia y de la adolescencia", *Boletín del Ministerio de Justicia*, n. 2185, 2016, p. 71, que en su nueva redacción el art. 180.6 CC habla de *representantes legales*, expresión ésta más amplia que la de *padres* usada por el precepto con anterioridad, la cual comprende, no sólo a los adoptantes, sino también al defensor judicial (de haber sido nombrado) y al tutor, en el caso de que los padres adoptivos hubieran fallecido o hubiesen sido privados de la patria potestad.

Con anterioridad a la reforma de 2007, aun faltando un reconocimiento legal expreso en el Código civil, un sector de la doctrina científica defendió la existencia en el ordenamiento jurídico español de un derecho de la personalidad del adoptado a conocer sus orígenes biológicos, con fundamento en diversos preceptos constitucionales (fundamentalmente, el art. 10.1 CE, que consagra el libre desarrollo de la personalidad) y en el art. 7.1. del Convenio de las Naciones Unidas so-

Me parece, en definitiva que los poderes públicos debieran posibilitar que los hijos nacidos mediante el uso de las técnicas de reproducción asistida, al llegar a la mayoría de edad, pudieran identificar a sus padres biológicos, lo que, ciertamente, acabaría con el anonimato del donante, pero no tendría por qué implicar el establecimiento de una nueva relación paterno-filial, ya que se trataría, tan solo, de permitir que una persona pudiera llegar a conocer un aspecto tan esencial de su propia vida privada, como son sus orígenes biológicos[9].

---

bre los derechos del Niño, de 20 de noviembre de 1989, que reconoce el derecho aquél, *en la medida de lo posible,* a conocer a sus padres y a ser cuidado por ellos. Véase, así, en este sentido, con profusión de argumentos, L. García Villaluenga y M.ª Linacero de la Fuente: *El derecho del adoptado a conocer sus orígenes en España y en el Derecho comparado,* Ministerio de Trabajo y Asuntos Sociales, Madrid, 2006, pp. 69 y ss.

Téngase en cuenta, no obstante, que el derecho del adoptado a conocer los propios orígenes biológicos ya era sancionado en el ámbito del Derecho autonómico por el art. 28 de la Ley 37/1991 de Cataluña y posteriormente por el art. 129.1 de la también derogada Ley 9/1998 de 15 de julio, del Código de familia de Cataluña, que se lo reconocía a partir de la mayoría de edad o emancipación, sin que su ejercicio comportara modificación alguna de la filiación adoptiva; y, así mismo, en su número 2, contemplaba el derecho del adoptado a solicitar "en interés de su salud", los datos biogenéticos de sus progenitores biológicos, solicitud ésta, que durante su minoría de edad, podían hacer los adoptantes. En el mismo sentido se pronuncia actualmente, el vigente art. 235-49 de la Ley 25/2010, de 29 de julio, del Libro II del Código civil de Cataluña, relativo a la persona y la familia, que, además, en su número 4, dispone que, si el adoptado pidiera a las Administraciones Públicas los datos que tuviesen sobre su filiación biológica, deberán suministrárselos, para lo que habrá de iniciarse un procedimiento confidencial de mediación, previo a la revelación, en cuyo marco tanto el adoptado como sus padres biológicos deberán ser informados "de las respectivas circunstancias familiares y sociales y de la actitud manifestada por la otra parte con relación al posible encuentro".

9 F. Blasco de Paula: "La Ley sobre técnicas de reproducción asistida: constitucionalidad y aplicación", *Anuario de Derecho Civil,* 1991, fasc. 2º p. 709, al examinar la constitucionalidad del anonimato del donante adopta una postura equilibrada que me convence. Observa el autor que no hay reparos constitucionales a establecer el principio de anonimato del donante, pero siempre que dicho anonimato ceda en favor del hijo que desee conocer, no sólo su origen genético, sino también la identidad de su progenitor biológico. Más radical es la posición mantenida por F. Pantaleón Prieto: "Contra la Ley sobre Técnicas de Reproducción Asistida", *Jueces para la democracia,* n. 5, 1988, pp. 31-33, que se inclina de manera tajante por la inconstitucionalidad del principio del anonimato del donante, con apoyo, no sólo en el art. 39.2 de la Constitución, sino también en otros preceptos del texto constitucional: art. 10 (dignidad), art. 14 (igualdad) y art. 15 (integridad física y moral).

2. *La donación de embriones*

El art. 3.2 de la Ley 14/2006 solo autoriza la transferencia de un máximo de tres embriones a cada mujer "en cada ciclo reproductivo".

Por lo tanto, si se han fecundado *in vitro* más de tres óvulos, puede haber embriones sobrantes, que, conforme al art. 11.4.b) de la misma, pueden ser donados para fines reproductivos[10].

Más recientemente, desde un punto de vista sociológico, G. Ortega Puente: *El conocimiento del propio origen biológico: protección jurídica y derechos en conflicto*, Atelier, Barcelona, 2023, pp. 179-180, afirma que "De forma cuestionable, en un contexto totalmente distinto, en el que el estado de la ciencia ha permitido escenarios que no podían ni plantearse por aquel entonces [cuando se promulga la Ley 35/1988] y en los que existen múltiples y cambiantes modelos de familia, se sigue manteniendo el anonimato, erigiéndose, de nuevo, como dogma".

10 El art. 3 de la anterior Ley 35/1988, de técnicas de reproducción asistida, prohibía "la fecundación de óvulos humanos con cualquier fin distinto a la procreación humana". Así pues, quedaba claramente excluida la posibilidad de crear embriones con la finalidad de experimentar sobre ellos. Era posible experimentar con gran amplitud con los embriones "sobrantes" del proceso de reproducción asistida que estuvieran muertos o no fueran viables (arts. 15.3 y 17.3); sin embargo, sobre los embriones vivos viables sólo se autorizaba la investigación aplicada de tipo diagnóstico y con fines terapéuticos o preventivos, siempre que no comportara la modificación de su patrimonio genético no patológico y se realizara dentro de los catorce días siguientes a la fecundación (art. 15.1.2.). Se trataba, pues, de investigaciones orientadas al bienestar del concebido y al favorecimiento de su desarrollo.

La Ley 45/2003, mantuvo en vigor el régimen legal previsto por la Ley n. 35 de 1988, respecto de la investigación de embriones concebidos *in vitro*, pero lo exceptuó para los que se hallaren crioconservados al tiempo de su entrada en vigor, respecto de los cuales admitió la posibilidad de experimentar con ellos para fines estrictamente científicos, es decir, no orientados a favorecer el bienestar o el mejor desarrollo del concebido (Disposición Final Primera). Por otro lado, la referida Ley intentó acabar con el problema del "almacenamiento" de embriones sobrantes de procesos de reproducción asistida, limitando a tres los óvulos que podían ser fecundados por cada ciclo reproductivo y estableciendo que sólo podrían ser transferidos a la mujer tres embriones con la finalidad de evitar los embarazos múltiples (para lo cual reformó los arts. 4 y 11 de la Ley 35/1988).

La vigente Ley 14/2006, de técnicas de reproducción asistida (que deroga la Ley 35/1988), ha supuesto un cambio radical en el tema de investigación con embriones humanos, siendo una de sus finalidades fundamentales la generalización de la autorización, introducida con carácter excepcional por la Ley 45/2003, para experimentar con todos los embriones sobrantes de procesos de técnicas de reproducción asistida. Para hacer efectiva la posibilidad de experimentar, con fi-

Según resulta del art. 1.2 de la Ley 14/2006, debe de tratarse de un embrión constituido "por el grupo de células resultantes de la división progresiva del ovocito desde que es fecundado hasta 14 días más tarde".

El consentimiento para la donación reproductiva (al igual que para otros fines, como es el de investigación) debe ser prestado por la usuaria y, en el caso de que la misma esté casada con un hombre, también por el marido (art. 11.5 de la Ley).

El consentimiento para la donación podrá ser revocado "en cualquier momento", pero siempre antes de que el embrión haya sido utilizado; y deberá ser renovado, como mínimo, cada dos años: si quienes deben renovar el consentimiento no responden dos veces consecutivas a la petición de renovación del centro, este podrá libremente destinar los embriones a otros fines, como la investigación, o destruirlos (art. 11.6 de la Ley).

III. LA USUARIA DE LAS TÉCNICAS DE REPRODUCCIÓN ASISTIDA

En la legislación española se regula con gran amplitud la posibilidad de acceso de la mujer a las técnicas de la reproducción asistida, desde la consideración de que las mismas no son, exclusivamente, una solución a los problemas de infertilidad de una pareja, sino también un modo de procreación alternativo al natural, que se encuentra a disposición de la mujer, por lo que la usuaria no tiene por qué estar casada, ni unida de hecho a un varón.

---

nes estrictamente científicos, con embriones sobrantes, la nueva Ley n. 14/2006, previamente, posibilita su existencia. La manera de lograrlo es la supresión de la limitación a tres del número ovocitos que podían ser fecundados en cada ciclo reproductivo, manteniendo, sin embargo, la prohibición de transferir más de tres embriones a la usuaria de las técnicas de reproducción asistida.

A mi parecer, si se suprime la autorización para fecundar más de tres óvulos, no es, como se afirma en la Exposición de Motivos de la Ley, para remover un obstáculo "que dificultaba la práctica ordinaria de las técnicas de reproducción asistida, al impedir poner los medios para lograr el mayor éxito con el menor riesgo posible para la salud de la mujer", ya que en casos justificados la Ley 45/2003, admitía la posibilidad de que se fecundaran más de tres ovocitos. Yo creo que la finalidad primordialmente perseguida es favorecer la existencia de una reserva de embriones congelados, con los que experimentar. En la práctica, ello supone autorizar la creación de un ser humano, que podrá ser congelado y uno de cuyos posibles destinos va a ser la investigación científica.

1. Requisitos que deben concurrir en la usuaria

A tenor del art. 6.1 de la Ley 14/2006, "Toda mujer mayor de 18 años y con plena capacidad de obrar podrá ser receptora o usuaria de las técnicas reguladas en esta Ley, siempre que haya prestado su consentimiento escrito a su utilización de manera libre, consciente y expresa".

No obstante, por aplicación del art. 3.1 de la Ley 14/2006, podrá negarse el uso de estas técnicas, cuando dadas las circunstancias, p. ej., la avanzada edad de la solicitante o su precario estado de salud, "no haya posibilidades razonables de éxito" o exista "un riesgo grave para la salud, física o psíquica, de la mujer o la posible descendencia".

"La mujer podrá ser usuaria o receptora de las técnicas reguladas en esta Ley con independencia de su estado civil y orientación sexual" (art. 6.1.II).

Ahora bien, "Si la mujer estuviera casada, se precisará, además, el consentimiento de su marido, a menos que estuvieran separados legalmente o de hecho y así conste de manera fehaciente" (art. 6.3).

La razón de esta exigencia es clara: hay que ponerla en relación con la presunción de paternidad del marido de los hijos nacidos, constante el matrimonio y antes de los trescientos días siguientes a su disolución o separación legal o de hecho de los cónyuges (art. 116 CC). Por ello, parece lógico que, si la usuaria está casada, no con un varón, sino con otra mujer, aquella no necesite el consentimiento de esta para poder acudir a las técnicas de reproducción asistida.

Salvo en el caso de la llamada fecundación homóloga, realizada con gametos del marido o conviviente de hecho, "la elección del donante de semen solo podrá realizarse por el equipo médico que aplica la técnica, que deberá preservar las condiciones de anonimato de la donación"; por lo tanto, "En ningún caso podrá seleccionarse personalmente el donante a petición de la receptora". Ahora bien, "En todo caso, el equipo médico correspondiente deberá procurar garantizar la mayor similitud fenotípica e inmunológica posible de las muestras disponibles con la mujer receptora" (art. 6.5).

2. Fecundación homóloga y responsabilidad civil de la clínica por intercambio de gametos

La jurisprudencia ha tenido ocasión de pronunciarse sobre la responsabilidad civil por intercambio de gametos.

La SAP Las Palmas 16 mayo 2016 *(Tol 5777448)* ha resuelto un caso curioso. Una pareja de hecho había acudido a la reproducción asistida homóloga, naciendo dos gemelos, que, sin embargo, no resultaron ser hijos biológicos del conviviente, sino de un tercero anónimo. La sentencia condenó a la clínica a indemnizar el daño patrimonial (pérdida de pensión de alimentos) y moral sufrido por los hijos, como consecuencia de la imposibilidad de identificar a su padre y de conocer sus orígenes biológicos (120.000 euros para cada uno de ellos por ambos tipos de daños), así como el daño moral padecido por la madre, consistente en la afectación personal e impacto en su vida por tener que asumir en solitario la crianza de los hijos, sentimiento de angustia por no saber la identidad del padre de los mismos (75.000 euros).

La sentencia tiene gran importancia, porque reconoce el resarcimiento del daño moral por violación del derecho a la identidad de los hijos. Habla, así, de un "daño sufrido por los menores en cuanto lesión a sus derechos inmateriales como personas, a su dignidad (artículo 10 CE), que les acompañará durante toda su existencia, es superior al que hubiera supuesto la pérdida de un padre, puesto que como indica la parte actora se les priva de conocer una parte importante de su identidad, de conocer su procedencia biológica, sus antepasados por la línea paterna, su propia historia, y su origen será siempre un interrogante en sus vidas. Ciertamente la Constitución Española en el artículo 39 recoge como principio rector de la política social y económica la protección integral de los hijos, y exige a la ley posibilitar la investigación de la paternidad. La identidad personal es producto de la confluencia de diversos elementos, entre los que forma parte esencial el origen y la integración del individuo en un entorno, desde la herencia genética y familiar, la pertenencia a un grupo étnico, o a un Estado. Este sentimiento de identidad personal es un derecho inmaterial cuya lesión genera un daño moral indemnizable"[11].

---

[11] El art. 223-2 PCC, contempla en su n. 3, el "caso de error médico en la implantación del embrión, derivado del intercambio de los embriones de dos parejas que pretenden una fecundación homóloga", previendo que, en este caso, "queda determinada la maternidad de la madre gestante", solución ésta, que se corresponde con la legislación vigente (determinación legal de la maternidad por el parto), introduciendo, sin embargo, la siguiente novedad: si la madre gestante "pretendiese renunciar a los derechos derivados de la filiación puede quedar determinada la maternidad de la madre genética con su consentimiento".

El caso de intercambio de embriones se ha planteado en la jurisprudencia de instancia italiana y ha sido decidido por la Ordenanza del Tribunal de Roma, 20 agosto 2014, *dir. fam. per.*, 2015, pp. 184 y ss., con nota de M. Bianca: "Il diritto del minore ad avere due soli genitori: rifessioni a margine della decisione del Tribunale di Roma sull'erroneo scambio degli embrioni", que se refiere al mismo como un supuesto de maternidad subrogada "por error", que evoca el conflicto que se produce entre la madre genética y la gestante.

En el caso juzgado sólo nacieron los hijos procedentes de los embriones implantados en una de las parejas que habían acudido a la reproducción asistida (los otros embriones no llegaron a buen término). Discutida la filiación de los gemelos, el Tribunal consideró progenitores legales a la madre gestante y al marido de ésta (no a los padres biológicos), argumentando que la vida se forma y se desarrolla en el útero materno con la creación de un vínculo simbiótico entre la madre y

IV. DETERMINACIÓN LEGAL DE LA FILIACIÓN

En materia de filiación se distingue entre *título constitutivo* y *título de determinación*: el título constitutivo se refiere al hecho previo que crea la filiación, que, desde el punto de vista del Código civil, es la generación (en la filiación por naturaleza) o la adopción (en la filiación adoptiva); el título de determinación es, en cambio, el modo legal de constatarla, que, en el caso de la filiación por naturaleza, presupuesto el hecho de la generación, ha de ser uno de los contenidos en los arts. 113 y ss. CC, que tienen siempre carácter declarativo, pues se basan en la idea de que la verdad legal que de ellos resulta coincide con la verdad biológica (que opera como realidad previa) determinada por la generación[12].

Es parecer mayoritario de la doctrina (que comparto) que, ni la Ley 35/1988 (primero), ni la Ley 14/2006 (después), pretendieron crear un nuevo título constitutivo basado en la voluntad de procrear, sino que se limitaron a regular ciertas peculiaridades para el caso de que la generación tuviera lugar mediante el uso de las técnicas de reproducción asistida, presuponiendo siempre que estábamos ante una filiación por naturaleza (aunque, *sui generis*)[13]; y tampoco se propusieron establecer nuevos títulos de determinación distintos a los regulados en el Código civil, al que claramente se remite el ya citado art. 7.1 de la Ley 14/2006, cuyo tenor no deja lugar a dudas: "La filiación de los nacidos con las técnicas de reproducción asistida se regulará por las Leyes civiles, a salvo de las especificaciones establecidas en los tres siguientes artículos"[14].

---

el concebido. Resalta que en el caso litigioso los gemelos, con toda probabilidad, habían instaurado, desde sus primeros días de vida, una significativa relación afectiva con ambos progenitores, encontrándose ya insertos en "su" familia. Observa, por último, que los padres biológicos pueden encontrar tutela, exclusivamente, en vía resarcitoria (que no se plantea en el litigio).

12 *Cfr.* por todos R. Verdera Server: *Determinación y acreditación de la filiación*, Bosch, Barcelona, 1993, pp. 15 y ss.

13 J. J. Iniesta Delgado: "La filiación derivada de las formas de reproducción humana asistida", en *Tratado de Derecho de familia* (dir. M. Yzquierdo Tolsada y M. Cuena Casas), vol. V, *Las relaciones paterno-filiales* (I), Thomson-Aranzadi, Cizur Menor, 2011, p. 747, observa, así, que la Ley 14/2006, "no se plantea como un sistema alternativo al de la filiación natural o adoptiva, sino como un sistema complementario de la misma".

14 No creo que la Propuesta de Código Civil elaborada por la Asociación de Profesores de Derecho Civil parta de una idea distinta. Es cierto que en ella se incluye en el Código la regulación de la filiación derivada de las técnicas de reproducción asistida, a las que se dedican los arts. 223-1 a 223-6. Sin embargo, es claro que no

Una vez hecha esta precisión, estudiaremos la cuestión de la determinación legal de la filiación en el caso de la reproducción asistida en la que existen peculiaridades, para cuya explicación deben distinguirse diferentes supuestos, en atención a la situación familiar de la usuaria.

En orden a la explicación de las especialidades que la Ley 14/2006 establece en orden a la determinación de la filiación, hay que distinguir los siguientes supuestos:

1. *Usuaria casada con un varón: necesidad de consentimiento del marido e imposibilidad de impugnación de la presunción de paternidad*

Si la usuaria está casada con un varón, cuando éste (tal y como exige el art. 6.3 de la Ley 14/2016) haya prestado "su consentimiento formal, previo y expreso" a que aquélla sea fecundada con gametos propios o de tercero anónimo, ni él, ni su mujer, "podrán impugnar la filiación matrimonial del hijo nacido como consecuencia de tal fecundación" (art. 8.1). Por lo tanto, en el caso de fecundación heteróloga, no se podrá discutir la paternidad del marido, a pesar de existir una disociación entre la verdad legal y la biológica[15].

---

se contempla un nuevo tipo de filiación basado en la voluntad de procrear: el n. 1º del art. 221-1 recoge, así, la clasificación actual, según la cual "La filiación puede tener lugar por naturaleza o adopción". A continuación, añade que "La filiación derivada de técnicas de reproducción asistida se determina con arreglo a las disposiciones especiales previstas en el Capítulo III de este Título". Sin embargo, en ellas no se prevén títulos de determinación de la filiación distintos a los regulados a propósito de la filiación por naturaleza: no lo es el consentimiento del marido a que su mujer se someta a las técnicas de reproducción asistida, que sigue jugando como una causa de exclusión de la impugnación de una paternidad determinada en virtud de la presunción de paternidad del marido (art. 223-4, n. 1º y 2º); ni tampoco el consentimiento del varón no casado respecto a su conviviente *more uxorio*, que, en sí mismo no determina la filiación paterna, por lo que, en defecto de reconocimiento, seguirá siendo necesario acudir al expediente gubernativo, considerándose el consentimiento como un escrito indubitado (art. 223-5, n. 2º). Por cuanto concierne a la determinación de la maternidad de la mujer de la usuaria, sí que creo que el art. 223-3 regula un tipo de filiación basado en la voluntad de aquélla de querer ser madre, pero esto es algo que, a mi entender, ya hace el n. 3 del art. 7 de la Ley 14/2006, añadido por la Ley 3/2007, de 15 de marzo, cuya redacción actual se debe a la Ley 19/2015, de 13 de julio.

15 El art. 235-8.1 del Libro II del CC de Cataluña dispone que "Los hijos nacidos a consecuencia de la fecundación asistida de la mujer, practicada con el consentimiento expreso del cónyuge formalizado en un documento extendido ante un

Este precepto no crea un nuevo título constitutivo de la filiación matrimonial distinto de la generación[16], y tampoco establece un nuevo título de determinación de la misma, que sigue siendo la presunción de paternidad del art. 116 CC[17]: se limita a establecer una causa de exclusión de impugnación, basada en la voluntad de ambos cónyuges de atribuir al hijo que nazca la filiación del marido, con independencia de quien sea su padre biológico[18]. Por ello, la falta de este consentimiento previo no impide la inscripción de la filiación paterna en favor del marido, conforme al art. 44, 4, III, a) de la Ley del Registro Civil de 2011 (acreditado el matrimonio de los progenitores y la procedencia de la presunción de paternidad del marido), sino que lo que sucede es que se excluye la aplicación del art. 8.1 de la Ley 14/2006, por lo que la filiación podrá ser impugnada, por no corresponderse con la verdad biológica[19].

---

centro autorizado o en un documento público, son hijos matrimoniales del cónyuge que ha dado el consentimiento". Con anterioridad, los arts. 92.1 y 97.1 del Código de Familia de Cataluña de 1998 exigían que dicho consentimiento se prestara en documento público. Sin embargo, la jurisprudencia flexibilizó este requisito formal, entendiendo que bastaba que fuera dado en el documento firmado ante el centro autorizado. *Vid.* en este sentido STSJ Cataluña 27 noviembre 2007 *(Tol 1228441)*, como también AAP 12 julio 2011 (JUR 2011, 373587).

16 Sin embargo, A. Sánchez Hernández: "Ad art. 3 LTRHA. Condiciones personales de la aplicación de las técnicas", en *Comentarios a la Ley 14/2006, de 26 de mayo, sobre Técnicas de Reproducción Humana Asistida* (dir. J. A. Cobacho Gómez, coord. J. J. Inhiesta Delgado), Thomson-Aranzadi, Cizur Menor, 2007, p. 53, mantiene una posición contraria, al entender que el consentimiento del marido a que su mujer se someta a las técnicas de reproducción asistida "se erige aquí en fundamento de la paternidad".

17 La situación es distinta en Cataluña, pues el art 235-8.1 del Libro II del CC expresamente considera un título de determinación de la paternidad "el consentimiento a la fecundación asistida de la mujer".

18 *Vid.* en este sentido J. J. Iniesta Delgado: "La filiación", cit., pp. 757-758; M. Navarro Castro: "Ad art. 44 LRC, Inscripción de nacimiento y filiación", en *Comentarios a la Ley del Registro Civil* (dir. J. A. Cobacho Gómez y A. Leciñena Ibarra), Thomson-Aranzadi, Cizur Menor, 2012, pp. 690-692; y R. Verdera Server: "Ad arts. 7 y 8 LTRHA, Filiación de los hijos nacidos mediante técnicas de reproducción asistida", en *Comentarios a la Ley 14/2006, de 26 de mayo, sobre Técnicas de Reproducción Humana Asistida* (dir. J. A. Cobacho Gómez, coord. J. J. Inhiesta Delgado), Thomson-Aranzadi, Cizur Menor, 2007, pp. 266-267, 272.

19 En el mismo sentido se orienta el art. 223-4, núm. 1º y 2º PCC.

2. *Usuaria casada con una mujer*

Si la usuaria está casada con otra mujer, según se ha dicho, no se exige que ésta consienta previamente que aquélla acuda a las técnicas de reproducción asistida, lo que se explica porque en este supuesto no juega el art. 116 CC, por lo que el hijo que nazca, en ningún caso, se presumirá matrimonial.

A) Posibilidad de que el cónyuge pueda consentir ante el Registro Civil la inscripción a su favor del hijo concebido artificialmente

No obstante, el art. 7.3 de la Ley 14/2006 (introducido por la Disposición Adicional Primera de la Ley 3/2007, de 5 de marzo) prevé que, si no está separada legalmente o de hecho, pueda, "manifestar conforme a lo dispuesto en la Ley del Registro Civil que consiente en que se determine a su favor la filiación respecto al hijo nacido de su cónyuge". La razón de ser de la norma es clara: posibilitar que el hijo tenga dos progenitores.

La redacción actual del precepto se debe a la Disposición Adicional Quinta de la Ley 19/2015, de 13 de julio, de medidas de reforma administrativa en el ámbito de la administración de Justicia y del Registro Civil. Con anterioridad, el precepto decía que la mujer casada con la usuaria, no separada legalmente o de hecho, "podrá manifestar ante el Encargado del Registro Civil del domicilio conyugal, que consiente en que cuando nazca el hijo de su cónyuge, se determine a su favor la filiación respecto del nacido". Se planteaba, pues, el problema de la usuaria sometida a las técnicas de reproducción asistida, incluso con el consentimiento escrito de su mujer, sin que esta última hubiera tenido la precaución de acudir al Registro Civil antes del nacimiento del hijo, manifestando su voluntad de que el niño se inscribiera como matrimonial cuando naciera[20]. Con el fin de posibilitar dicha inscripción, la jurisprudencia afirmó que no era necesario que la declaración previa se hubiera hecho ante el Encargado del Registro, bastando con que se hubiera prestado ante la clínica, lo que servía para acreditar "adecuadamente el voluntario consentimiento para

---

[20] La SAP Islas Baleares 5 diciembre 2012 (*Tol 2724548*), estimó, así la demanda de impugnación de la filiación de la mujer de la usuaria, porque el consentimiento para que el niño nacido fuera inscrito como hijo de ambas había sido prestado, después del nacimiento del mismo (no antes), habiéndose celebrado el matrimonio pocos días después del alumbramiento.

la técnica de reproducción asistida y la voluntad concorde de las partes de concebir un hijo"[21].

Este problema ya no se plantea: ahora basta con que la mujer de la usuaria consienta en el momento de practicarse la inscripción del nacimiento que quede determinada la filiación del hijo respecto de ella.

B) Sobre si para efectuar la inscripción es necesaria la prueba de haberse realizado la reproducción asistida: posición de la Dirección General de Fe Pública y Seguridad Jurídica y crítica de la misma

Sigue existiendo una controversia consistente en determinar si, además de manifestar dicho consentimiento, deberá acreditarse que el hijo que se desea inscribir ha sido concebido mediante las técnicas de reproducción asistida.

No lo ha considerado necesario una resolución de la Dirección General de los Registros y del Notariado (hoy de Seguridad Jurídica y Fe Pública)[22], con el argumento de que del actual tenor del art. 7.3 de la Ley 14/2006 (coincidente con el del art. 44 de la Ley del Registro Civil de 2011, redactado también por la Ley 19/2015), "cabe colegir que la intención del legislador ha sido facilitar la determinación de la filiación de los hijos nacidos en el marco de un matrimonio formado por dos mujeres, independientemente de que hayan recurrido o no a técnicas de reproducción asistida"[23].

Esta posición no me convence: no existiendo una presunción de maternidad de la mujer de la usuaria semejante a la que el art. 166 CC establece respecto del marido, parece mucho más razonable exigir la prueba de que la gestación del niño ha tenido lugar mediante dichas técnicas[24].

---

[21] STS 5 diciembre 2013 *(Tol 4035995)*. La solución propugnada por esta sentencia es la que ha sido acogida por el art. 223-3 PCC, cuyo n. 2 se manifiesta en los siguientes términos: "El consentimiento debe prestarse antes del nacimiento del hijo. Puede formalizarse en el documento de consentimiento del tratamiento de fecundación asistida, ante el encargado del Registro Civil o en documento público".

[22] RDGRN 8 febrero 2017 (1ª).

[23] Revoca, así, el AJPI Denia, 22 agosto 2017 (JUR, 2016, 228396), que había sostenido la posición contraria.

[24] *Vid.* en este sentido R. Verdera Server: *La reforma de la filiación. Su nuevo régimen jurídico,* Tirant lo Blanch, Valencia, 2016, p. 112, que argumenta esta posición en la ubicación del art. 7.3 de la Ley 14/2006, el cual "permite presuponer que su ámbito de aplicación está supeditado a esa circunstancia, pese a que su tenor

Podría argumentarse que el art. 44 de la Ley del Registro Civil de 2011 permite que, aun faltando la presunción de paternidad del marido, se haga constar la filiación paterna con el consentimiento de ambos cónyuges. Sin embargo, este precepto debe ponerse en relación con el art. 118 CC, de modo que su concreta finalidad es permitir inscribir la filiación matrimonial de los hijos nacidos, constante el matrimonio, cuando falte la presunción de paternidad, "por causa de la separación legal o de hecho de los cónyuges". Estamos, pues, ante una declaración de voluntad semejante al reconocimiento de una filiación matrimonial, que, dado el carácter heterosexual del matrimonio, es plausible y que, además, si resulta no ser cierta, podrá ser impugnada conforme a los arts. 136 y 137 CC (el título constitutivo es la generación). Por el contrario, en el caso de dos mujeres casadas, desde un punto de vista biológico, la filiación que se pretende inscribir es claramente, inverosímil, por lo que la única manera cabal de explicarla es acreditar la práctica de la reproducción asistida. En realidad, no parece aventurado afirmar que el consentimiento de la cónyuge de la usuaria es un título constitutivo de una filiación distinto de la generación, que no se basa en la verdad biológica, sino en la voluntad de aquélla de querer asumir la maternidad del hijo concebido por su cónyuge a través de las técnicas de reproducción asistida; y, de ahí, que no sea susceptible de impugnación una vez establecida (ello, sin perjuicio de que pudiera impugnarse el consentimiento para la inscripción, si éste no hubiera sido prestado libremente, de la misma manera que cabe impugnar el reconocimiento *ex* art. 141 CC)[25].

---

literal tampoco matice la cuestión". *Vid.* también en el mismo sentido M. Navarro Castro: "Ad art. 44", cit., p. 694.

25 E. Farnós Amorós: "La filiación derivada de reproducción asistida: voluntad y biología", *Anuario de Derecho Civil*, 2015, fasc. 1°, p. 13, afirma que "el consentimiento es el único elemento que 'crea' la filiación. Una vez otorgado, el mismo es vinculante, a diferencia de lo que sucede con un sistema de presunciones, susceptible de destrucción si se prueba la ausencia de base biológica". J. J. Iniesta Delgado: "La filiación", cit., pp. 801-802, observa que el art. 7.3 de la Ley 14/2016, "introduce una importante alteración de los criterios fundantes de la relación de filiación que sitúan la figura aquí recogida en un 'terreno de nadie' entre la filiación por naturaleza y la adopción"; más adelante, añade: "aquí no hay más criterio que justifique la filiación que el consentimiento prestado por la madre consorte y es totalmente diferente a la filiación por naturaleza". Más matizada es la opinión de M. S. Quicios Molina: *Determinación e impugnación de la filiación,* Thomson-Aranzadi, Cizur Menor, 2014, p. 47, quien dice que el art. 7.3 de la Ley 14/2006 ha establecido un "nuevo título de determinación legal de la maternidad", si bien añade que con dicho título "el legislador da entrada en nuestro ordenamiento a una maternidad

C) El riesgo de fomentar la reproducción asistida al margen de la Ley: las inseminaciones artificiales domésticas

Además, hay que tener en cuenta que la solución que propugna la Dirección General de los Registros y del Notariado fomentará, sin duda, el uso de técnicas de reproducción asistida distintas de las previstas por la Ley; y, más concretamente, las auto inseminaciones artificiales con gametos de varones anónimos comprados a distancia a bajo precio en países extranjeros.

De hecho, una sentencia[26] ha contemplado ya un supuesto de una inseminación artificial doméstica, precedida de un documento en el que el varón donante de semen renunciaba a todo "derecho de paternidad que pudiese tener sobre la menor que naciera de dicha inseminación". Nació una niña, que fue inscrita como hija matrimonial de dos mujeres, casadas entre sí. Sin embargo, posteriormente, el donante se "arrepintió" de lo que había firmado y ejercitó una demanda de reclamación de paternidad, que fue estimada en primera instancia, sin que prosperara el recurso de apelación interpuesto por las demandadas, quienes pretendían que se aplicara analógicamente el art. 7.3 de la Ley 14/2006, con el fin de que no pudiera impugnarse la maternidad del cónyuge de la usuaria.

La Audiencia, con buen criterio, rechazó la aplicación analógica del precepto, afirmando que, más que "ante un supuesto análogo al previsto por la ley, ante lo que nos encontramos es una infracción o soslayamiento de la propia norma", que debe llevar a la declaración de la paternidad extramatrimonial del actor, "con respeto a la verdad biológica, conforme al artículo 39-2 de la Constitución Española". También, muy certeramente, negó valor contractual al documento firmado por el donante, al no ser conforme al art. 1255 CC, considerándolo contrario "al interés y al orden público, pues la fijeza y seguridad del estado civil es una exigencia de ese interés, así como la correspondencia con la verdad biológica dentro de los límites y requisitos legales". Consideró, en fin, que la decisión judicial que reconocía la paternidad del demandante no era contraria al interés de la menor, porque no implicaba ningún perjuicio para ella, "más allá de la reorganización del grupo familiar como consecuencia de la declaración relativa a la filiación, que en sí mismo no aparece como negativa para los intereses de la hija, máxime cuando se trata de una niña de muy corta edad, abierta por lo tanto a la fijación y consolidación de nuevos vínculos familiares".

---

que no es en puridad, ni natural, ni adoptiva, y por ello escapa de los dos tipos de filiación a los que se refiere el art. 108 CC". Por lo tanto, en realidad, de lo que parece estar hablando es de un nuevo título constitutivo de la filiación

26 SAP Valencia 27 noviembre 2017 *(Tol 6525594)*.

D) Valor jurídico del consentimiento previo de la mujer de la usuaria a la práctica de la reproducción asistida

Cabe plantearse una última cuestión: ¿qué valor tendría (de haberse dado) el consentimiento previo de la cónyuge de la usuaria a que la misma se sometiera a una fecundación artificial? Pues creo que, a efectos de atribución de la filiación, ninguno, aunque dicho consentimiento previo puede ser un indicio de que el posteriormente dado para la inscripción ha sido dado de manera libre.

Es interesante el supuesto resuelto por una sentencia[27], que ha rechazado que el consentimiento de la usuaria para que el niño se inscribiera como hijo de su mujer estuviese viciado, al haber sido prestado (según la demandante) por su debilidad de carácter y por el dominio que sobre ella ejercía su cónyuge. Frente a ello, la Audiencia resalta que las dos mujeres (todavía no casadas) habían consentido en la clínica que la otra fuera inseminada artificialmente; que, tras nacer un niño de una de ellas, la otra había hecho reserva de semen del mismo donante, para que el hijo que de ella pudiera nacer tuviera el mismo padre; posteriormente, se habían casado e inscrito el niño nacido como hijo de las dos. Deduce, así, "la existencia de una voluntad concorde de ambas litigantes de formar una familia", destacando también que la demandante es licenciada en Educación Física y tenía 33 años cuando se quedó embarazada, sufriendo entonces una decepción "pensando que el trato recibido de la demandada no era adecuado, pero no se aprecia vicio alguno invalidante del consentimiento".

3. *Usuaria unida de hecho con un varón*

Si la usuaria no está casada, sino unida de hecho con un varón, no necesita el consentimiento de éste para ser fecundada con los gametos de un tercero o para que se le implante un embrión no creado a partir de su material reproductor, sin perjuicio de que, no obstante, pueda darlo con carácter voluntario.

A) El consentimiento voluntario del varón a la reproducción asistida como escrito indubitado a efectos registrales

El art. 8.2 de la Ley 14/2006 considera que el documento en el que se recoja dicho consentimiento, si es prestado con anterioridad a la utilización de las técnicas de reproducción asistida ante el centro en las que se realicen, será considerado como un escrito indubitado a los efectos de

---

27 SAP Islas Baleares 31 marzo 2014 (ECLI:ES:APIB:2014:75).

iniciar el expediente gubernativo del art. 44.7°, II de la Ley del Registro Civil de 2011, para la inscripción de la filiación no matrimonial respecto del conviviente[28].

En mi opinión, el consentimiento del varón conviviente no es un título de determinación de la filiación no matrimonial (no parece que formalmente pueda ser calificado como un reconocimiento de un hijo que ni siquiera ha sido todavía concebido), como tampoco lo es el del marido respecto de la filiación matrimonial, por lo que la inscripción de la filiación paterna del conviviente sólo será posible en virtud de expediente gubernativo o de reconocimiento[29], así como en virtud del nuevo modo de determinación previsto por el art. 120.1° CC, que tras la reforma llevada a cabo por la disposición final 2ª de la Ley 19/2015, de 13 de julio, se refiere a la "declaración conforme realizada por el padre en el correspondiente formulario oficial a que se refiere la legislación del Registro Civil".

A mi parecer, el consentimiento para la fecundación homóloga o heteróloga de la usuaria (o para que le sea implantado un embrión de un tercero) dado en las condiciones previstas en el art. 8.2 de la Ley 14/2006, impedirá la impugnación de la filiación determinada, que no podrá ser atacada con el argumento de que no se corresponde con la verdad biológica[30]. Es cierto que en este caso no existe una previsión semejante a la establecida el art. 8.1 de la Ley respecto de la filiación matrimonial[31], pero entiendo que

---

28 La STSJ Cataluña 22 diciembre 2008 *(Tol 1548432)* entiende que basta con que el consentimiento del varón a la fecundación de su compañera pueda deducirse de actos inequívocos, aunque no se haya firmado el documento ante el centro autorizado.

29 *Vid.* en este sentido J. J. Iniesta Delgado: "La filiación", cit., pp. 777-778; y R. Verdera Server: "Ad arts. 7 y 8 LTRHA", cit., pp. 290-291. Esta es también la posición asumida por el art. 223-5, núm. 1° y 2°, PCC,

30 *Vid.*, respecto de un caso de fecundación heteróloga con gametos de donante anónimo, SAP Zaragoza 27 octubre 2015 (ECLI:ES:APZ:2015:2055); y, respecto de un caso de implantación de un embrión de tercero, SAP Sevilla 22 diciembre 2014 *(Tol 4822147)*.

31 En cambio, el art. 223-1, n. 3, PCC sí contiene una norma general, que también es aplicable al supuesto del consentimiento dado por varón no casado: "La filiación determinada no puede ser impugnada por quienes han prestado su consentimiento formal, previo y expreso a la fecundación asistida origen de dicha filiación".

se puede pensar en una aplicación analógica del precepto, basándose en la buena fe y en la doctrina de los actos propios[32].

No creo que esta tesis sea incoherente con la posición actual de la jurisprudencia, que, como es sabido, admite la impugnación de la paternidad en los casos de reconocimientos de complacencia, cuando la filiación reconocida no se corresponda con la verdad biológica[33], pues, como ya he dicho, el consentimiento para la fecundación no es un reconocimiento, el cual tiene lugar (en la forma establecida en el art. 120.2º CC) respecto de un hijo ya nacido (o al menos concebido), sino una manifestación de voluntad del varón no casado (plasmado en un documento privado firmado en la clínica), que implícitamente comporta un acto de responsabilidad, consistente en asumir como propio el posible hijo que se conciba (aunque biológicamente no lo sea) en el marco de una decisión compartida respecto a la consecución de un proyecto familiar común[34]. En este caso, la usuaria no quiere acudir, sin más, a las técnicas de reproducción asistida, sino

32 *Vid.*, así, J. J. Iniesta Delgado: "La filiación", cit., pp. 790-791, quien atribuye al consentimiento del varón conviviente el simple valor de renuncia previa a la acción de impugnación, incidiendo en la idea de que no estamos ante un nuevo título de determinación de la filiación paterna no matrimonial, como demuestra el hecho de que pueda impugnar la filiación quien no renunció a impugnarla, refiriéndose, concretamente al hijo, a cualquier perjudicado, si no hay posesión de estado y a los herederos forzosos que vean afectada su participación en la herencia, si la hay (art. 140 CC).

33 *Vid.* en este sentido STS (Pleno) 15 julio 2016 *(Tol 5780303)* y STS 28 noviembre 2016 *(Tol 5899845)*.

34 Me parece que es en esto en lo que está pensando la norma, aunque, ciertamente, no lo diga expresamente. Es cierto que, como observa J. J. Iniesta Delgado: "La filiación", cit., p. 799, pueden existir, casos de "donante encubierto" o "donante identificado", esto es, de convivientes falsos, que simulan convivir *more uxorio* con la usuaria para que ésta pueda ser fecundada con su semen, en vez de con el de un tercero desconocido, eludiendo, así, la prohibición de selección de gametos establecida por el art. 6.4 de la Ley 14/2016).
En estos casos, podría teóricamente plantarse si el hecho de que la convivencia fuera fingida sería un motivo para excluir la causa de impugnación de la paternidad; y, digo que el problema es teórico, porque, en estos supuestos, el varón que hubiera prestado el consentimiento sería el padre biológico del hijo, razón por la cual se impondría su paternidad.
Lo que en la práctica se han planteado son supuestos en los que, ejercitada una acción de reclamación de paternidad por parte del varón (padre biológico) o de la madre (en representación del hijo), la demandada argumentaba que no había existido convivencia de hecho al tiempo de prestarse el consentimiento para la fecundación homóloga, argumento que no ha impedido prosperar la acción. *Vid.*

que quiere hacerlo para concebir un hijo que legalmente sea considerado como de su conviviente: de ahí que, ni uno, ni otro, puedan impugnar la filiación paterna, una vez establecida[35].

B) Consentimiento previo voluntario y acción de reclamación de la paternidad

Más dudoso es el alcance del inciso final del 8.2 de la Ley 14/2006, que añade: "Quedará a salvo la acción de reclamación de paternidad". La interpretación de la norma es discutible, pero una cosa es clara: en el caso de que la fecundación haya sido heteróloga, el donante no podrá en ningún caso, ejercitar esta acción, pues ello iría en contra del carácter anónimo de la donación de gametos[36].

En su momento, defendí que el precepto debía interpretarse en el sentido de que el hijo (o la madre, representándolo) podía ejercitar la acción, cuando el demandado no lo hubiese reconocido y se hubiese opuesto a la inscripción en el expediente gubernativo, con el argumento de que su consentimiento previo a la fecundación de la usuaria con gametos de un tercero constituía un acto de responsabilidad, que debía asimilarse al de la generación por vía natural; y, que, por la misma razón, también el varón podía ejercitar la acción, cuando quien se hubiera opuesto a la inscripción hubiese sido la madre (sin cuya previa aquiescencia aquél no hubiera podido consentir)[37].

---

en este sentido SAP La Coruña 15 febrero 2006 (*Tol 842674*) y SAP Alicante 23 diciembre 2014 *(Tol 4788954)*.

35 J. J. Iniesta Delgado: "La filiación", cit., p. 791, afirma que sí podrá impugnar la filiación el hijo, pues no puede negársele legitimación "con el solo argumento de que sus progenitores renunciaron ejercitarla".

36 *Vid.* en este sentido claramente, R. Verdera Server: "Ad arts. 7 y 8 LTRHA", cit., pp. 302-303.

37 J. R. De Verda y Beamonte: "Libertad de procreación y libertad de investigación (Algunas reflexiones a propósito de las recientes leyes francesa e italiana sobre reproducción asistida)", en *Diario La Ley*, n. 6161, 4 enero 2005, p. 4.
La SAP Alicante 23 diciembre 2014 *(Tol 4788954)* estimó la acción de reclamación de paternidad no matrimonial ejercitada por la madre de un hijo concebido con el semen del varón con el que convivía. Parece que la estimación del fallo, se basa en la existencia del previo consentimiento del varón a que su conviviente se sometiera a las técnicas de reproducción asistida. Ahora bien, lo cierto es que el demandado era el padre biológico del hijo, al tratarse de una fecundación homóloga.

En contra de esta posición podría replicarse que, si el consentimiento para la práctica de la reproducción asistida no es un título de determinación de la filiación, es difícil de explicar que, por sí mismo, pueda fundamentar una acción de reclamación de paternidad[38]; por lo que quizás fuese más seguro entender que la acción no puede basarse en dicho consentimiento, sino que habría de fundamentarse, exclusivamente, en la verdad biológica, esto es, en el hecho de que el conviviente fuese el padre biológico del hijo, cosa que, claro está, sólo podría tener lugar en la fecundación homóloga[39]. Sin embargo, hay que tener en cuenta que, en virtud del art. 767.3 LEC, puede declararse la filiación que resulte, no sólo de un título de determinación de la misma, sino también de "otros hechos de los que se infiera la filiación de modo análogo", hechos éstos, entre los que cabría, quizás, incluir el consentimiento del art. 8.1 de la Ley 14/2016.

4. *Usuaria unida de hecho con otra mujer: consentimiento previo a la práctica de la reproducción asistida y posesión de estado*

Si la usuaria está unida de hecho con otra mujer, la Ley 14/2006 no contiene una previsión semejante a la recogida en el art. 8.2 respecto del conviviente varón, para el caso de que esta hubiera consentido previamente que aquella se sometiera a las técnicas de reproducción asistida, lo que parece ser una opción consciente del legislador[40].

No obstante, la jurisprudencia ha admitido que dicho consentimiento (de darse) pueda ser considerado como un indicio de posesión de estado, en orden a la reclamación de la maternidad, *ex* art. 131 CC.

En cualquier caso, es posible distinguir una clara evolución en esta doctrina jurisprudencial, que ha ido progresivamente reduciendo su alcance.

a) Fase expansiva.

La STS 5 diciembre 2013 *(Tol 4035995)* confirmó una sentencia que había admitido la reclamación de filiación por posesión de estado presentada por la excónyuge de la madre (contra la oposición de esta), entendiendo que el consentimiento prestado a la inseminación artificial por las entonces convivientes (antes de casarse) era "de particular significación porque constituye la voluntad libre y manifestada por ambas

---

38 Sostiene, sin embargo, esta posición R. Verdera Server: "Ad arts. 7 y 8 LTRHA", cit., pp. 302-303, con total claridad.

39 *Vid.* las reflexiones que sobre este punto realiza J. J. Iniesta Delgado: "La filiación", cit., p. 797-799.

40 Por supuesto, no es aplicable a este supuesto el art. 7.3 de la Ley 14/2006, que exige que las mujeres estén casadas.

litigantes del deseo de ser progenitoras mediante consentimiento expreso, hasta el punto de que en casos como este dicho consentimiento debe ser apreciado, aunque la posesión de estado hubiera sido escasa o no suficientemente acreditada como de ordinario se exige". En cualquier caso, la sentencia recurrida había afirmado que la posesión de estado se deducía también de las actuaciones judiciales llevadas a cabo por la demandante para mantener contacto con las menores (había pedido el establecimiento de un régimen de vistas a su favor y había iniciado un procedimiento de adopción). Había valorado también declaraciones testificales en las que se afirmaba que durante un año la demandante había compartido su vida con las menores "en calidad de madre, hasta que la ruptura de la pareja produce también la ruptura de la relación con las niñas".

Posteriormente, la STS (Pleno) 15 enero 2014 *(Tol 4122750)* confirmó la posibilidad de que pudiera prosperar la acción de reclamación de la maternidad del hijo concebido con el consentimiento de la conviviente de la usuaria, basada en la posesión de estado. Dice, así, que "los consentimientos prestados con ocasión del empleo de las técnicas de reproducción asistida, claramente acreditados de los hechos obrantes y que llevó a la madre biológica a poner como segundo nombre del niño el primer apellido de su pareja, como antecedente o causa de la filiación reclamada, integran y refuerzan la posesión de estado de la mujer homosexual tanto en el plano de su función legitimadora del ejercicio de la acción, como en su faceta de medio de prueba de la filiación reclamada". Más adelante, añade: "En efecto, en el presente caso, probado el propósito común de ambas mujeres para recurrir a la técnica de reproducción asistida, así como la existencia de una posterior unidad familiar entre las dos convivientes y el hijo biológico de una de ellas, el consentimiento prestado en su momento, por la conviviente que no es la madre biológica del menor, vino investido por un claro interés moral o familiar plenamente legitimado en su aspiración de ser madre, cuya efectividad depende, precisamente, del éxito de la acción entablada".

b) Fase restrictiva.

La STS 27 enero 2022 *(Tol 8791218)*, sin embargo, ha venido a matizar el alcance de esta orientación jurisprudencial. En el caso por ella resuelto, había mediado también el consentimiento de la conviviente de la usuaria para que esta se sometiera a una inseminación artificial, como consecuencia de la cual nació un niño, que fue inscrito como hijo extramatrimonial de la madre. Posteriormente, ambas se casaron, pero se separaron en el mismo año de la celebración del matrimonio, marchándose la madre con su hijo a casa de sus padres. Un año después de la separación de hecho se divorciaron, mediante una sentencia que fue dictada en rebeldía de la cónyuge de la madre, quien dos años después interpuso demanda de reclamación de maternidad por posesión de estado, la cual fue estimada en las dos instancias.

Sin embargo, interpuesto recurso de casación por la madre, el mismo fue estimado por el TS, que realiza dos importantes precisiones.

La primera, que la mera "prestación de consentimiento en la clínica" no determina la posesión de estado, pues la misma exige "hechos públicos repetidos y encadenados de los que resulte el goce público de una relación de filiación", lo que no acontecía en el caso examinado: constata, así, la brevedad del "tiempo de convivencia transcurrido desde el nacimiento del niño hasta la separación de las dos mujeres", lo que, unido "a las circunstancias concurrentes", hace que no pueda considerarse que dicha convivencia tenga "entidad suficiente para conformar una relación de maternidad vivida"; se refiere también a los actos posteriores a la ruptura, afirmando que, tras "la separación, la relación se ha limitado a contactos esporádicos, más propios de la amistad con la madre, con quien tiempo después del divorcio la demandante quiso recuperar la relación a la que había puesto fin, que con una relación de maternidad con el niño"; además, no intentó "solicitar medidas personales y patrimoniales respecto del niño en el procedimiento de divorcio, lo que permite cuestionar la constancia y continuidad en la relación".

La segunda de las precisiones tiene que ver con el principio del interés superior del menor. Dice, así, que la sentencia recurrida "da por supuesto que el superior interés del menor queda tutelado por el hecho de que, como consecuencia de la estimación de la demanda, el cumplimiento de los deberes inherentes a la patria potestad recaería en dos personas". "Sin embargo —añade—, no es esa una valoración correcta del interés del menor que conduzca a la estimación de una reclamación de maternidad, porque desde ese punto de vista todas las acciones de reclamación de paternidad y maternidad respecto de menores deberían ser estimadas, aunque no se dieran sus presupuestos legales y jurisprudenciales". Afirma que el mencionado principio solo puede invocarse para "preservar la unidad y estabilidad familiar derivadas de una relación materno filial"; y, que, "En el presente caso no se da esa situación ni se ve el beneficio que reportaría para la estabilidad personal y familiar del niño la creación por sentencia de una relación jurídica que no se basa en un vínculo biológico y que no preserva una continuada y vivida relación materno filial de la demandante con el niño, que desde hace años es cuidado exclusivamente por su madre".

Es también restrictiva la STS 11 julio 2022 *(Tol 9141622)*, que, revocando la recurrida, ha desestimado la demanda de reconocimiento de la maternidad de la antigua conviviente de la usuaria, basada en una pretendida posesión de estado. En este caso, la demandante no había prestado el consentimiento para que su compañera acudiera a las técnicas de reproducción asistida, se había interrumpido la convivencia entre ellas cuando el niño tenía ocho meses y, aunque posteriormente tuvieron una relación no continuada, la misma se rompió al alcanzar el menor los tres años de edad. No obstante, la antigua pareja de la madre le había ayudado a cuidar del niño en semanas alternas, debida a las necesidades laborales de aquella, hasta el momento en el que hijo se había negado a convivir con la expareja, manifestando un "rechazo frontal" hacia ella.

El Tribunal Supremo estima el recurso de la madre biológica. Admite la existencia de una relación sentimental entre las partes y el hecho de que "la demandante sintiera afecto y cariño por el hijo de su compañera, incluso después de su ruptura como pareja, pero ello —afirma— no determina que sea su madre".

Niega que la demandante formara parte de la unidad familiar constituida por la madre biológica y el hijo, constatando la titularidad de una tarjeta de familia monoparental y la existencia de carnets individuales, lo que reflejaba el modelo de familia; que la tarjeta sanitaria del hijo llevaba los apellidos de su madre biológica, y que el niño llamaba "papá" a la actual pareja de la demandada. Observa que la demandante incurría en una contradicción, al postularse como madre, "pues no solo no consintió la inseminación ni realizó intento alguno de que posteriormente quedara determinada la filiación por las vías legales disponibles", sino que no había asumido gastos en favor del menor, afirmando que "Ello, evidentemente, no comporta una realidad integradora de la posesión de estado de quien como madre asume las necesidades ordinarias y diarias de sus hijos con los requisitos de constancia y exteriorización que se precisan".

Respecto al interés superior del menor, vuelva a reproducir las consideraciones expuestas por la sentencia anteriormente citada, pero, además, presta una especial atención a la voluntad del hijo, para la determinación de dicho interés superior en el caso concreto, y, en particular, al informe psicosocial en el que se manifestaba el rechazo frontal de aquel, ya de 13 años", hacia la demandante. Concluye, así, que "Es improcedente y contrario al interés del menor que, tras no haber quedado determinada la filiación por el cauce legal previsto para ello se fije judicialmente cuando no solo no resulta de una constante relación de maternidad vivida, sino que además es contraria a la voluntad, los deseos, sentimientos y opiniones de un menor ya adolescente, a quien debe reconocerse su derecho a participar en las decisiones progresivamente, en función de su edad, madurez, desarrollo y evolución personal, en una etapa tan fundamental para su vida".

No comparto la posición jurisprudencial mantenida por las sentencias expuestas, que, a mi parecer, desnaturaliza la figura de la posesión de estado, que es una situación de hecho, dada la cual es posible presumir que quien es tratado como hijo realmente lo es; y, de ahí que el art. 113 CC le atribuya (creo) el carácter de título de determinación subsidiario de una filiación que se considera probable[41]. Por ello, por definición, no existe posesión de estado (en el sentido del art. 113 CC), cuando, como sucede en el caso de uniones del mismo sexo, la filiación que se reclama es claramente contradicha por la verdad biológica, la cual permite establecer, con absoluta certeza, que quien pretende ser progenitor, claramente, no lo es[42].

La STS 16 mayo 2023 *(Tol 9284111)* ha resuelto el conocido caso mediático que enfrentaba a un popular cantante, con quien había sido su pareja sentimental. Ambos habían acudido a la maternidad subrogada, aunque, en procesos de reproducción asistida diversos, como consecuencia de los cuales habían nacido, con siete meses de diferencia, dos niños con material biológico del cantante, y otros dos, con material biológico de su expareja. La filiación de los hijos se había inscrito, exclusivamente, respecto de sus respectivos padres biológicos.

En el origen del litigio se encuentra una doble acción de paternidad, ejercitada por la expareja del artista, para que se determinase: de una parte, que el propio demandante "es el padre no matrimonial de los dos hijos biológicos de quien fue su pareja masculina, y cuya paternidad está inscrita en el Registro Civil"; de otra que "su expareja es el padre no matrimonial de los dos hijos biológicos del propio demandante, cuya paternidad está inscrita en el Registro Civil".

---

41 *Vid.* a este respecto las certeras críticas de R. Verdera Server; *La reforma*, cit., p. 199.

42 R. Barber Cárcamo: "Situación actual del Derecho de Filiación en España", *ADC*, 2023, fasc. IV (octubre-diciembre), p. 1390, afirma "que la admisión de la posibilidad misma de existencia de posesión de estado de doble maternidad implica un cambio sustancial en su concepto, que dejaría de basarse en la realidad, en el dato biológico, para quedar fundada en la voluntad. Lo cual podría defenderse si la voluntad de ser madre se hubiera previsto legalmente como fuente de la filiación, pero no es así 18".

La demanda fue desestimada en las dos instancias, así como el recurso de casación.

La sentencia comentada se enmarca en la tendencia restrictiva de la consideración de la posesión de estado como título de determinación de la filiación, aunque, respecto de los casos resueltos, hay una importante diferencia (aparte de la resultante de haber mediado la maternidad subrogada, como consecuencia del sexo masculino de los integrantes de la expareja de hecho): en los anteriores, quien invocaba la posesión de estado, pretendía que, con apoyo en ella, se le reconociera como madre; en el presente, quien acude a la posesión de estado pide, no sólo que se declare su paternidad respecto de los hijos biológicos de su antiguo compañero sentimental, sino también la paternidad de este último (en contra de su voluntad) respecto de los de aquél (los del demandante).

El salto cualitativo es, pues, evidente, porque el recurso se basa en un argumento, que, desarrollado hasta sus últimas consecuencias, lleva a afirmar que la mera circunstancia de que el demandando hubiera tratado con un afecto cuasi paternal a los hijos de su compañero hace que, legalmente, deba ser considerado como padre, como consecuencia de la aplicación de la posesión de estado (y ello, aunque, en este supuesto, como pone de manifiesto la sentencia que nos ocupa, ninguno de los litigantes pudiera ser considerado padre de intención de los hijos del otro para la gestación de los niños que no eran hijos biológicos suyos"), "pues es indiscutido que ninguno de ellos intervino ni prestó el consentimiento

Frente a ello, con innegable sentido común, el TS afirma que "El vínculo socio afectivo de los niños entre sí y con quien fue pareja de su respectivo padre no es por sí título para el establecimiento de un vínculo legal de filiación"; y que, "Para este tipo de supuestos el ordenamiento establece el cauce de la adopción, que no se ha querido seguir"; y concluye "No es el ordenamiento español el que impedía la adopción, sino que fueron los litigantes quienes, pudiendo hacerlo, no quisieron adoptar, sin que el hecho de que ahora no sea viable la adopción por la ruptura determine que deba establecerse un vínculo legal de filiación al margen de las causas previstas por el legislador". En realidad, como observa el TS, la desestimación de pretensión no discrimina a los menores, "por el hecho de haber sido concebidos mediante técnicas de reproducción asistida", pues la solución sería la misma "en cualquier caso en el que se hubiera creado una convivencia estable con efectivas relaciones personales entre dos progenitores y sus respectivos hijos, con independencia tanto de las circunstancias de su nacimiento (mediante el empleo de técnicas de reproducción asistida o no, por naturaleza o filiación adoptiva) como del sexo de los progenitores".

Descarta también que la filiación respecto de quienes no se es padre biológico, pueda quedar determinada, por una genérica invocación al principio del interés superior del menor. Dice, así, que "ni una anterior convivencia establecida voluntariamente y amparada por acuerdos alcanzados por las partes, ni una invocación genérica e interesada del principio del interés del menor, justifican que se puedan establecer unas paternidades, con el conjunto de derechos y obligaciones que ello comporta, que carecen de cobertura legal".

Precisa que "El respeto a la vida familiar con independencia de los lazos biológicos entre personas que han vivido juntas con cierta estabilidad, protegido por el art. 8 del Convenio Europeo para la Protección de los Derechos Humanos y Libertades, no exige que en este caso deba establecerse la filiación que se reclama. Los menores tienen su identidad jurídica atribuida por la determinación de la filiación respecto de sus respectivos padres, cuyos apellidos llevan, y desde la separación por voluntad de sus progenitores están integrados en sus respectivas familias"; y añade: "no se trata siquiera de mantener una unidad familiar que ya está rota, y tampoco se alcanza a comprender el beneficio que podría reportar la declaración de la filiación pretendida, que conllevaría la cotitularidad de la patria potestad por dos personas, cuyas vidas, intereses y opiniones no transcurren paralelas, con la fuente de conflictos que pueden derivarse de tomar cada uno parte en las decisiones que afectan a los hijos del otro hasta que alcancen la mayoría de edad"[43].

---

43 Para entender este razonamiento, hay que tener en cuenta que el TEDH, en ocasiones, al conocer de casos de maternidad subrogada realizada en países extranjeros, ha acudido al art. 8 del Convenio de Roma, que consagra el derecho al respeto a la vida privada y familiar, para justificar la necesidad de reconocer una relación jurídica de filiación entre los menores y los padres de intención; y ello, con dos finalidades diversas: una, evitar que el menor que nazca carezca de padres, quedando en una especie de "limbo jurídico"; la otra, para juridificar una relación familiar de hecho consolidada, cuya continuación beneficia al menor.
Muestra de ello, son las SSTEDH 26 junio 2014, caso Mennesson c. Francia, rec. núm. 65192/11, y caso Labassee, rec. núm. 65941/11, en las que se condenó a Francia, por no permitir la inscripción en el Registro civil francés de hijos nacidos en Estados Unidos mediante gestación por sustitución con gametos del varón integrante de la pareja heterosexual comitente; y las posteriores SSTEDH 21 julio 2016, caso Foulon y Bouvet c. Francia, rec. núm. 9063/14 y 10410/14, que condenaron, también a Francia, por impedir sus tribunales inscribir en el Registro Civil del país las declaraciones de reconocimiento formuladas por los padres biológicos, que habían acudido a la India para poder concebir hijos, eludiendo la prohibición de la utilización de la maternidad subrogada.
Por el contrario, la STEDH (*Grande Chambre*) 24 enero 2017, caso Paradiso y Campanelli, rec. núm. 25358/12, entendió que no había existido vulneración del derecho al respeto a la vida privada y familiar, como consecuencia de la negativa de las autoridades italianas a inscribir la filiación de un niño nacido en Rusia, sin material genético de ninguno de los comitentes. Consideró que no había habido violación del derecho al respecto a la "vida familiar", porque, en rigor, en el supuesto enjuiciado, no había existido una verdadera "vida familiar", teniendo en cuenta, tanto la ausencia de un vínculo biológico entre el niño y los demandantes, como la corta duración de las relaciones entre ellos: la convivencia con el hijo en Italia había sido de 6 meses, si bien la Señora Campanelli había además convivido con el niño dos meses más en Rusia.
A mi parecer, tiene razón el TS cuando niega que el recurso al principio del interés superior del menor pueda llevar, sin más, al establecimiento de una relación de filiación con quien no se es padre biológico, porque dicho interés superior debe ser apreciado en atención al caso concreto; y, desde luego, no es lo mismo, juridificar una relación de hecho consolidada, en el seno de una familia armónica en la que se desarrolla positivamente la personalidad del menor, que crear legalmente una relación de filiación con una persona con la que no se tiene vínculos genéticos y que, además, mantiene una relación conflictiva con el padre biológico.

V. LA FECUNDACIÓN PÓSTUMA

El art. 9.2.I de la Ley 14/2006 permite la fecundación póstuma, también llamada *post mortem*, con gametos del marido de la usuaria[44], pero con cautelas, cumplidas las cuales, quedará determinada la filiación del hijo respecto del fallecido, con sus correspondientes consecuencias[45], en particular, en el ámbito sucesorio, siendo llamado a la herencia del padre muerto[46].

1. Requisitos legales

El precepto exige el consentimiento del marido "para que su material reproductor pueda ser utilizado en los 12 meses siguientes a su fallecimiento para fecundar a su mujer"[47], plazo este en el que, por lo tanto, deberá realizarse la fecundación[48].

---

44 *Vid.* también art. 235-8.2 del Libro II del CC de Cataluña, según el cual "En la fecundación asistida practicada después del fallecimiento del marido con gametos de este, el nacido se tiene por hijo suyo si se cumplen las siguientes condiciones: a) Que conste fehacientemente la voluntad expresa del marido para la fecundación asistida después del fallecimiento. b) Que se limite a un solo caso, incluido el parto múltiple. c) Que el proceso de fecundación se inicie en el plazo de 270 días a partir del fallecimiento del marido. La autoridad judicial puede prorrogar este plazo por una justa causa y por un tiempo máximo de 90 días".

45 En el extraño caso en que se llevara una fecundación *post mortem* sin los requisitos exigidos en el art. 9 de la Ley, el nacido, obviamente, no sería considerado hijo del marido premuerto.

46 *Vid.* este sentido, art. 10.3 de la derogada Ley aragonesa de Sucesiones por causa de muerte, de 24 de febrero de 1999, y actualmente, art. 325.3 del vigente Código de Derecho Foral de Aragón de 2011.

47 No basta con el que marido hubiera dado su consentimiento para la congelación de sus gametos, sino que es necesario un específico consentimiento dirigido a que los gametos sean utilizados para fecundar a su mujer en caso de fallecimiento. V. así AAP Barcelona 17 mayo 2011 (AC 2011, 1256).

48 F. Lledó Yagüe: "Ad art. 9", *Comentario jurídico, en Comentarios científico-jurídicos a la Ley sobre técnicas de reproducción humana asistida (Ley 14/2006, de 26 de mayo)*, Dykinson, Madrid, 2007, p. 127, sostiene que no se exige el consentimiento del marido para que la viuda pueda utilizar su material genético, sino, tan sólo, para que pueda ser determinada la filiación respecto del cónyuge premuerto, aunque considera improbable que un juez autorizara la fecundación póstuma sin consentimiento del marido.

No comparto esta opinión. El art. 9.2 de la Ley 14/2006 no disocia ambos planos, sino que exige el consentimiento del marido "para que su material reproductor

La ausencia del consentimiento del varón a la fecundación *post mortem* no puede ser suplida por la vía de la autorización judicial para satisfacer las aspiraciones de la mujer de tener un hijo de su marido premuerto[49].

A diferencia de lo que acontecía bajo la vigencia de la Ley 35/1988, dicho consentimiento podrá prestarse, no solo "en escritura pública, en testamento o documento de instrucciones previas", sino también en el documento a que se refiere el art. 6.3 de la Ley, esto es, en el documento privado, suministrado por el centro autorizado, en el que se autoriza la fecundación de la mujer[50]. "El consentimiento para la aplicación de las técnicas en dichas circunstancias podrá ser revocado en cualquier momento anterior a la realización de aquellas".

---

pueda ser utilizado en los 12 meses siguientes a su fallecimiento para fecundar a su mujer", y, cumplido estos requisitos (de consentimiento y de plazo), establece, como consecuencia necesaria, la determinación de la filiación respecto del marido.

Esta es la posición del AAP La Coruña 3 noviembre 2001 (AC 2001, 183), que revocando el auto recurrido, afirma que del tenor literal del art. 9 se deduce que el precepto exige "el consentimiento exteriorizado para que tal material orgánico pueda ser utilizado, y es entonces y sólo entonces, además, cuando la filiación queda determinada como consecuencia del mismo".

Observa que la tesis contraria llevaría "a situaciones paradójicas como las relativas a que pese a la constancia de que biológicamente se diera a luz a un hijo con el material genético del cónyuge fallecido", "sin embargo no sería legalmente su hijo, los hijos que tuviera su progenitor biológico de otra relación no serían legalmente sus hermanos, podría contraer matrimonio con éstos, carecería de derechos hereditarios, conocería quién es su padre biológico, y así se deduciría de una resolución judicial, y sin embargo no podría utilizar sus apellidos entre otras situaciones semejantes".

Concluye que "La Ley no puede permitir que, en contra del anonimato que preside su régimen jurídico, sea factible la utilización de material orgánico identificado y que la filiación no quede determinada".

49 *Vid.* en este sentido AAAP La Coruña 3 noviembre 2001 (AC 2001, 183), Santa Cruz de Tenerife 2 junio 2010 (AC 2010, 1755) y Barcelona 17 mayo 2011 (AC 2011, 1256), como también AAJPI Valencia 29 octubre 2004 (AC 2005, 952) y Valladolid 12 diciembre 2007 (AC 2011, 553).

50 No significa ello, según J. A. Fernández Campos: "Ad art. 9 LTRHA. Premoriencia del marido", en *Comentarios a la Ley 14/2006, de 26 de mayo, sobre Técnicas de Reproducción Humana Asistida* (dir. J. A. Cobacho Gómez, coord. J. J. Iniesta Delgado), Cizur Menor, 2007, pp. 340-341, que la Ley 14/20076, "haya consagrado el principio de libertad de forma para prestar consentimiento a la reproducción asistida *post mortem*, ni siquiera que permita cualquier forma que garantice el requisito de autenticidad o donde la voluntad del interesado conste fehacientemente".

En el caso de fecundación con gametos del conviviente, según el artículo 9.3 de la Ley 14/2006, el consentimiento prestado por este será considerado como un escrito indubitado a los efectos de iniciar el expediente gubernativo, para la inscripción de la filiación natural del hijo, previsto en el art. 44.7, II LRC 2011 sin perjuicio —dice el precepto— de la acción de la reclamación judicial de paternidad, acción, que podrá ser ejercitada por el hijo, en el caso de que en el expediente se manifestare oposición por parte del Ministerio Fiscal o de parte interesada, probando que su padre manifestó en la forma legalmente prevista que su material reproductor pudiera ser utilizado para fecundar a su compañera y que dicha fecundación tuvo lugar o, al menos, se inició dentro de los doce meses siguientes a su fallecimiento.

2. *Efectos sucesorios: condición de heredero forzoso del hijo concebido póstumamente, como consecuencia del principio constitucional de igualdad*

Determinada la filiación del hijo, creo que este será llamado a la herencia del padre, tanto si existe un llamamiento testamentario hecho a su favor[51] (actualmente no plantea ninguna duda la posibilidad de instituir heredero a un *concepturus* bajo la condición suspensiva de que llegue a nacer), como si, a falta de testamento, es la propia Ley quien lo llama a suceder *ab intestato*[52]. Es cierto que, en este último caso, existe un obstácu-

---

51 *Cfr.* P. J. Femenía López, *"Status" jurídico civil del embrión humano, con especial consideración al concebido "in vitro"*, McGraw-Hill Interamericana de España, 1999, p. 283; J. A. Fernández Campos: "Ad art. 9 LTRHA", cit., p. 351; A. Mª Rodríguez Guitián, *Reproducción artificial post mortem. Análisis del artículo 9 de la Ley 14/2006 de 26 de mayo sobre Técnicas de Reproducción Humana Asistida,* Valencia, 2013, pp. 112-113; y Vidal Martínez, J.: *Las técnicas de reproducción asistida en el Derecho Español,* en *Derechos reproductivos y técnicas de reproducción asistida* (coord. J. Vidal Martínez), Granada, 1998, pp. 115-116.

52 Tal posición, sobre la cual no existe unanimidad en la doctrina científica española es defendida, entre otros, por R. Gómez-Ferrer Sapiña: "Técnicas de reproducción asistida humana y Derecho de sucesiones", *Revista Jurídica del Notariado,* 1995, pp. 181 ss.; J. A. Fernández Campos: "Ad art. 9 LTRHA", cit., p. 351; o J. J. Iniesta Delgado: "La filiación", cit., p. 850. A. M.ª Rodríguez Guitián: *Reproducción artificial,* cit., pp. 112-113, no se pronuncia al respecto (aunque se muestra favorable a una reforma legislativa que reconozca derechos sucesorios a los hijos concebidos *post mortem*). J. Vidal Martínez: "Las técnicas", cit., pp. 115-116, parece aceptarla, al plantear la posible aplicación por analogía del art. 29 CC. En contra, en cambio, claramente F. Pantaleón Prieto: "Técnicas de reproducción asistida y Constitución", *Revista del Centro de Estudios Constitucionales,* n. 15, 1993, mayo-agosto, p. 156,

lo legal a dicha sucesión, pues del art. 758 CC resulta que el heredero ha de existir al tiempo del fallecimiento del causante o, al menos, ha de estar concebido en este momento (esto último, por aplicación del art. 29 CC), lo que no acontece en el caso que nos ocupa.

Sin embargo, dicho obstáculo legal debe ceder ante las exigencias que derivan del principio constitucional de igualdad: determinada legalmente la filiación, no se puede negar a los hijos nacidos de una fecundación *post mortem* los derechos sucesorios que la ley reconoce a todo hijo, pues ello supondría una discriminación contraria al art. 14 de la Constitución[53].

Por las razones apuntadas, me parece que el hijo concebido póstumamente tendrá la condición de heredero forzoso del padre premuerto, por lo que podría ejercitar la acción de preterición en defensa de su legítima, si este, al hacer testamento, no lo hubiera nombrado heredero o legatario[54]. Si hubiese sido hecho testamento después de haber autorizado la fecundación "post mortem", creo que la preterición sería intencional, por lo que habría que proceder a reducir la institución de heredero en la medida necesaria para preservar su legítima (art. 814.I CC); si, en cambio, lo hubiese hecho antes, es claro que la preterición sería no intencional, por lo que se anularía la institución de heredero (art. 814.II CC)[55].

3. *La transferencia "post mortem" de embriones*

A la trasferencia *post mortem* de embriones se refiere el art. 9.2.II de la Ley 14/2006 en los siguientes términos: "Se presume otorgado el consentimiento a que se refiere el párrafo anterior cuando el cónyuge supérstite

---

nota 63, con el argumento de que, al tiempo del fallecimiento del padre, el hijo todavía no estaba concebido.

53 En este sentido, hay que elogiar el art. 325.3 del Código del Derecho Foral de Aragón, que establece que "Si el causante ha expresado en debida forma su voluntad de fecundación asistida *post mortem* con su material reproductor, los hijos así nacidos se considerarán concebidos al tiempo de la apertura de la sucesión siempre que se cumplan los requisitos que la legislación sobre estas técnicas de reproducción establece para determinar la filiación". Por su parte, el art. 412-1.2 del Libro IV del Código Civil de Cataluña dispone que "Los hijos que nazcan en virtud de una fecundación asistida practicada de acuerdo con la ley después de la muerte de uno de los progenitores tienen capacidad para suceder al progenitor premuerto".

54 *Vid.* en este sentido P. J. Femenía López, "*Status jurídico*", cit., p. 289; y J. J. Iniesta Delgado: "La filiación", cit., p. 850.

55 *Cfr.* en este sentido P. J. Femenía López: "*Status jurídico*", cit., p. 289.

hubiera estado sometido a un proceso de reproducción asistida ya iniciado para la transferencia de preembriones constituidos con anterioridad al fallecimiento del marido".

Del precepto se deduce que la trasferencia *post mortem* de embriones es posible, siempre que concurra el consentimiento del marido, si bien, a diferencia de lo que acontece en la fecundación póstuma, no se requiere que el consentimiento sea expreso, sino que el mismo puede ser presunto, diferencia de régimen que se explica, porque en este caso existe ya un ser humano, el embrión no implantado, cuyas expectativas de desarrollo vital son dignas de protección.

Es claro que el precepto no se aplica cuando ha existido un previo consentimiento a la fecundación póstuma con gametos del fallecido, porque dicho consentimiento comprende también la trasferencia del embrión, que es la consecuencia natural del proceso iniciado con la fecundación.

El campo de aplicación del art. 9.2.II es el de una trasferencia de embriones que tiene lugar, sin haber existido un previo consentimiento a la fecundación póstuma, cuando, creado el embrión, el marido muere, sin haberse podido pronunciar sobre el destino del mismo: en este caso, si fallece después de iniciado el procedimiento de trasferencia, se presume su consentimiento para que éste continúe llevándose a cabo.

Por lo tanto, la presunción no existe, si la muerte tiene lugar antes de haberse iniciado el procedimiento. Ahora bien, no parece que el art. 9.2.II agote todas las posibilidades de averiguar el sentido de la voluntad del fallecido. A mi parecer, sería posible llevar a cabo la trasferencia *post mortem* de embriones, cuando, aun no habiendo sido todavía iniciada en el momento de la muerte del marido, sin embargo, fuera posible deducir de otro modo que éste habría querido que se llevara a cabo. A estos efectos creo que asumirían una importante función las declaraciones interpretativas de la voluntad del fallecido que pudieran llevar a cabo la viuda y los parientes más próximos del mismo.

En todo caso, la trasferencia *post mortem* de embriones, al igual que la fecundación póstuma parece que deberá realizarse en el plazo de doce meses, a contar desde la muerte del marido[56].

---

[56] Cfr. así J. J. Iniesta Delgado: "La filiación", cit., p. 845; A. Mª Rodríguez Guitián: "La reproducción *post mortem* en España: Estudio ante un nuevo dilema jurídico, *Revista Boliviana de Derecho*, n. 20, julio, 2015, p. 313.

VI. LA GESTACIÓN POR SUSTITUCIÓN

1. La posición del ordenamiento jurídico español: la nulidad del contrato y la atribución legal de la maternidad a la gestante

El art. 10.1 de la Ley 4/2006, de 26 de mayo, sobre técnicas de reproducción humana asistida, prevé que "Será nulo de pleno derecho el contrato por el que se convenga la gestación, con o sin precio, a cargo de una mujer que renuncia a la filiación materna a favor del contratante o de un tercero"[57].

Por consiguiente, es nulo el contrato que se celebra, cuando una pareja es fértil, pero la mujer no puede o no quiere llevar a cabo el proceso de gestación, razón por la cual se acuerda realizar una fecundación *in vitro* con gametos de la propia pareja e implantar el embrión obtenido en el útero de otra mujer. Es igualmente nulo el contrato que se celebra cuando la mujer de una pareja es estéril, por lo que se acuerda inseminar artificialmente a otra mujer o fecundar *in vitro* un óvulo de ésta con gametos del varón, para, posteriormente, implantar en su útero el embrión resultante: en este caso, la mujer que acepta asumir el proceso de gestación será madre gestante y madre biológica.

El contrato de gestación por sustitución se opone al principio de indisponibilidad del cuerpo humano, ya que recae sobre las facultades reproductivas y de gestación de la madre, haciendo objeto del comercio una función de la mujer, tan elevada, como es la maternidad, la cual no puede ser objeto de trafico jurídico. Se opone también al principio de indisponibilidad del estado civil, ya que trata de modificar las normas que determinan la constitución de la relación jurídica paterno-filial y la atribución de la condición jurídica de madre y de hijo[58].

---

57 A mi parecer la nulidad lo es por ilicitud de la causa, por lo que, por aplicación del art. 1306 CC, ninguna de las partes del contrato de gestación por sustitución tendrá acción para reclamar la restitución de las prestaciones ejecutadas, de modo que los comitentes no podrían pedir la devolución de las cantidades que hubieran pagado a la que se había comprometido a ser madre portadora. En contra, sin embargo, F. Pantaleón Prieto: "Contra la Ley", cit., pp. 27 y 28, quien considera que la nulidad procede de la ilicitud del objeto.

58 Un sector de la doctrina científica actual sigue defendiendo la nulidad del contrato de gestación con apoyo en dichos argumentos y en el principio constitucional de dignidad de la persona humana, consagrado en el art. 10.1 CE, haciendo especial hincapié en el riesgo de vulnerabilidad de las madres portadoras, que pueden verse abocadas a acudir a esta práctica para hacer frente a situaciones de

pobreza o marginación social. *Cfr.*, así, A. Aparisi Miralles: "Maternidad subrogada y dignidad de la mujer", *Cuadernos de Bioética*, XXVIII, 2017/2ª, pp. 163-175; V. Bellver Capella: "¿Nuevas tecnologías? Viejas explotaciones. El caso de la maternidad subrogada internacional", *SCIO. Revista de Filosofía*, n. 11, noviembre de 2015, pp. 19-52; *Id*: "Tomarse en serio la maternidad subrogada altruista", *Cuadernos de Bioética*, XXVIII, 2017/2ª, pp. 229-243; E. Corral García, E.: "El derecho a la reproducción humana. ¿Debe permitirse la maternidad subrogada?", *Revista de Derecho y Genoma Humano*, 38/2013, p. 69; P. M.ª Estellés Peralta: "Gestación por sustitución: Desafíos jurídicos y éticos", *Actualidad Jurídica Iberoamericana*, n. 9, 2018, pp. 330-357; *Id*: "Maternidad subrogada: de los derechos de libertad a los derechos de esclavitud", en *Maternidad subrogada: la nueva esclavitud del siglo XXI. Un análisis ético y jurídico* (dir. M.ª P. Estellés Peralta, coord. M.ª J. José Salar Sotillos), Tirant lo Blanch, Valencia, 2023, pp. 165-212; J. López Guzmán y A. Aparisi Miralles: "Aproximación a la problemática ética y jurídica de la maternidad subrogada", *Cuadernos de Bioética*, XXIII, 2012/2ª, pp. 253-267; J. M. Serrano Ruíz-Calderón: "Manipulación del lenguaje, maternidad subrogada y altruismo", *Ibidem*, XXVIII, 2017/2ª, pp. 219-228; o A. Valero Heredia: "La maternidad subrogada: un asunto de derechos fundamentales", *Teoría y realidad constitucional* (UNED), n. 49, 2019, pp. 421-440.

Otro sector de la doctrina se muestra favorable a la admisión de la validez del contrato, invocando el principio constitucional de libre desarrollo de la personalidad e incluso un pretendido derecho a la reproducción, además de la conveniencia de frenar el llamado *turismo reproductivo*, aunque procediendo siempre con cautelas, para asegurar que el consentimiento de las madres portadoras sea libre y evitar un posible tráfico internacional de niños. *Vid.* en este sentido Álvarez de Toledo Quintana: "El futuro de la maternidad subrogada en España: entre el fraude de Ley y el correctivo del orden público internacional", *Cuadernos de Derecho Transaccional* (octubre 2014), vol. 6, n. 2, p. 39; C. J. Ávila Hernández: "La maternidad subrogada en el Derecho comparado", *Cadernos de Dereito Actual*, n. 6 (2017), pp. 313-344; M.ª P. García Aburuza: "A vueltas con los efectos civiles de la maternidad subrogada", *Revista Aranzadi Doctrinal*, n. 8/2015 (BIB 2015\4006); N. Igareda González: "La inmutabilidad del principio *mater semper certa est* y los debates actuales sobre la gestación por substitución en España", *Universitas. Revista de Filosofía, Derecho y Política*, n. 21, enero 2015, pp. 6-7; B. Román Maestre: "Gestación por sustitución: cuestiones de legitimidad", *Folia Humanística*, n. 8, febrero-marzo 2018, pp. 24-41; C. M. Romeo Casabona: "Las múltiples caras de la maternidad subrogada: ¿aceptamos el caos jurídico actual o buscamos una solución?", *Ibidem*, pp. 1-23; C. Sánchez Hernández: "Gestación por sustitución: una realidad y dos soluciones en la experiencia jurídica española", *InDret* 4/2018; A. J. Vela Sánchez: "Propuesta de regulación del convenio de gestación por sustitución o de maternidad subrogada en España", *Diario La Ley*, n. 7621, 3 mayo 2013; *Idem*: "Crimen en el bar. Regulemos ya en España el convenio de gestación por sustitución", *Ibidem*, n. 9056, 6 octubre 2017; o A. Vila-Coro Vázquez: "Hacia una regulación de la gestación por sustitución como técnica de reproducción asistida", en *Treinta años*

Ciertamente, es evidente la conexión entre procreación y el libre desarrollo de la personalidad, consagrado en el art. 10.1 CE, entendido éste, como un principio constitucional, que significa la autonomía de la persona para elegir, libre y responsablemente, entre las diversas opciones vitales, la que sea más acorde con las propias preferencias. En este caso, la opción vital es concebir, o no, un hijo, decisión personalísima, en la que el Estado no puede inmiscuirse, ni imponiéndola, ni prohibiéndola, debiendo respetar lo que resulte del ejercicio de la libertad de cada ciudadano. La libertad de procreación significa el reconocimiento a la persona de un ámbito de decisión (concebir, o no un hijo) sustraído a la injerencia estatal, pero de esta libertad no se desprende un derecho a exigir a los poderes públicos que éstos hagan efectiva la pretensión de tener hijos. Concretamente, no existe un derecho a exigir al Estado que permita el acceso a las técnicas de reproducción asistida a cualquier persona, en cualquier circunstancia, y, de cualquier modo. Es, por ello, legítimo que se limite el acceso a dichas técnicas con el fin de proteger intereses distintos a los de sus potenciales usuarios, como son la dignidad, tanto de las madres portadoras, como de los hijos concebidos mediante gestación por sustitución[59].

---

de reproducción asistida en España: una mirada interdisciplinaria a un fenómeno global y actual (coord. P. Benavente Moreda y E. Farnós Amorós), Madrid, 2015, pp. 283 y ss. Más recientemente, V. Múrtula Lafuente: "El difícil equilibrio en el tratamiento jurídico de la gestación por sustitución: una propuesta de regulación desde los derechos de la mujer gestante", en *El Derecho civil ante los nuevos retos planteados por las técnicas de reproducción asistida* (dir. Y. Bustos Moreno y V. Múrtula Lafuente), Dykinson, Madrid, 2021, pp. 370-372, en un documentado trabajo, se ha pronunciado en favor de la regulación de la maternidad subrogada con grandes cautelas, que van más allá de la mera exigencia de su carácter altruista.

59 Concuerdo, pues, con Pantaleón Prieto, F.: "Técnicas", cit., pp. 130-131, cuando afirma que "no existe un derecho fundamental de todos a procrear, también por medio de técnicas de reproducción asistida, que vincule al legislador ordinario"; y ello, sin perjuicio de que no comparta sus posteriores consideraciones, realizadas en la p. 133, a propósito de la maternidad subrogada.
De cualquier modo, me parece que la respuesta legal ha de estar basada en un juicio de valores, y no en razonamientos de carácter económico, como son los que, en parte, esgrime en uno de sus numerosos y originales trabajos A. J. Vela Sánchez: "La gestación por encargo desde el análisis económico del Derecho", *Diario La Ley*, n. 8055, 4 abril 2013, en donde se refiere al considerable ahorro de costes que para los españoles supondría el no tener que viajar al extranjero para realizar la gestación por sustitución y a los ingresos que para la economía nacional supondría la práctica en España de la maternidad subrogada.

La nulidad del contrato de gestación por sustitución hace que, a efectos legales, haya que considerar siempre como madre a la gestante, y no, a la biológica (en el caso de que ésta sea distinta de aquélla)[60]. El art. 10.2 de la Ley 14/2006, dice, así, que "La filiación de los hijos nacidos por gestación de sustitución será determinada por el parto"[61]. Sin embargo, el art. 10.3 de la Ley 14/2006, añade que "Queda a salvo la posible acción de reclamación de paternidad respecto del padre biológico, conforme a las reglas generales". Cabría, pues, que el padre biológico ejercitara la acción de reclamación de paternidad y que posteriormente, previo consentimiento de la madre gestante, el hijo fuera adoptado por la mujer de aquél, sin necesidad de mediar la declaración de idoneidad prevista en el art. 176 CC[62].

---

60 No obstante, el Pleno de la Sala Social de Tribunal Supremo, en dos polémicas Sentencias, 25 octubre 2016, n. 881/2016, y 16 noviembre 2016, n. 953/2016 (seguidas de otras posteriores), ha entendido que el nacimiento de un hijo mediante maternidad subrogada (realizada en el extranjero) puede dar lugar a baja laboral y a las correspondientes prestaciones por maternidad, considerando que existe analogía entre la maternidad subrogada y la adopción o el acogimiento. Especialmente curioso es el caso resuelto por la primera de las sentencias: un varón español acudió a la maternidad subrogada en la India, utilizándose en la reproducción asistida su material genético. La madre gestante alumbró dos niñas y aceptó que el varón español asumiera, en exclusiva, "todas las funciones y obligaciones que se derivan de la patria potestad". Las menores fueron inscritas en el Registro Consular como hijas del padre biológico, siendo trasladadas a España por aquél. La Seguridad Social española denegó las prestaciones "por maternidad" solicitadas por el padre biológico de las menores, argumentando que la legislación española considera nulo el contrato de maternidad por sustitución. El Tribunal Supremo, sin embargo, entiende fundada la pretensión del solicitante, afirmando que las prestaciones por maternidad también cubren supuestos de adopción o acogimiento, que la madre puede transferir al padre una parte de ellas y que, en ciertos casos, cuando la madre biológica no puede disfrutarlas (muerte, ausencia de protección) se transfieren al padre. Sobre el argumento *vid.* E. Talens Visconti: "La prestación de maternidad en los supuestos de gestación subrogada", *Actualidad Jurídica Iberoamericana*, n. 9, 2018, pp. 438-453.

61 Esta es la consecuencia natural de la nulidad de contrato con causa ilícita, que pretende alterar los modos legales de determinación de la filiación, sin que me parezcan convincentes los argumentos en contrario esgrimidos por parte de M.ª Núñez Bolaños, I. M.ª Nicasio Jaramillo y E. Pizarro Moreno: "El interés del menor y los supuestos de discriminación en la maternidad subrogada, entre la realidad jurídica y la ficción", *Derecho Privado y Constitución*, n. 29, 2015, pp. 259-260, en favor de la disociación entre la prohibición de gestación por sustitución y la determinación de la filiación por el parto.

62 Esta posibilidad es sugerida por la STS (Pleno) 6 febrero 2014 *(Tol 4100882)* y por el ATS, 2 febrero 2015, rec. n. 245/2012, en interés del menor concebido por

2. *La posición de la jurisprudencia ante las gestaciones por substitución realizadas en países extranjeros, donde esta práctica es legal: imposibilidad de inscribir la filiación*

En la práctica, sucede que parejas estériles (o formadas por miembros del mismo sexo) acuden a países donde está permitida la gestación por sustitución, donde conciertan un contrato de útero de alquiler; y, una vez que nace el niño, lo inscriben en el Registro Consular, como si fuera hijo suyo. Se trata de una práctica que se opone a lo establecido en el art. 10.1 de la Ley 14/2006, precepto que tiene un claro carácter imperativo y determina la formación del orden público español.

A) Imposibilidad de inscribir la filiación (interés superior del menor y mercantilización de la gestación y de la filiación)

La jurisprudencia es contraria a la inscripción en España de la filiación.

La STS (Pleno) 6 febrero 2014 *(Tol 4100882)* ha confirmado la cancelación de la inscripción de la filiación, que había sido realizada en el Registro Civil Consular de los Ángeles, con apoyo en una certificación registral californiana, en favor de dos varones, que habían acudido a la gestación por sustitución. Ha considerado que tal inscripción iba contra el orden público español, pues en "nuestro ordenamiento jurídico y en el de la mayoría de los países con ordenamientos basados en similares principios y valores, no se acepta que la generalización de la adopción, incluso internacional, y los avances en las técnicas de reproducción humana asistida vulneren la dignidad de la mujer gestante y del niño, mercantilizando la gestación y la filiación, 'cosificando' a la mujer gestante y al niño, permitiendo a determinados intermediarios realizar negocio con ellos, posibilitando la explotación del estado de necesidad en que se encuentran mujeres jóvenes en situación de pobreza y creando una especie de 'ciudadanía censitaria' en la que solo quienes disponen de elevados recursos económicos pueden establecer relaciones paterno-filiales vedadas a la mayoría de la población".

No puede considerarse que la posición de la legislación española *per se* sea contraria al interés superior del menor, pues no está dicho que, en principio, lo mejor para este sea que se le reconozca la filiación, siempre respecto de los comitentes, en vez de respecto de la madre gestante, lo que, además, supondría posibilitar que los jueces crearan una regla general de atribución de la filiación, contraria a la claramente establecida por el legis-

---

gestación por sustitución en California a iniciativa de un matrimonio de varones españoles.

lador, en una aplicación discutible de un concepto jurídico indeterminado, como es el "interés del menor", respecto del cual no existe unanimidad[63].

Por otro lado, hay que insistir en que, conforme al art. 10.3 de la Ley 14/2006, cabe que, siendo uno de los comitentes el padre biológico reclame la paternidad y, posteriormente su cónyuge (cualquiera que sea su sexo) lo adopte, sin necesidad de la declaración administrativa de idoneidad (art. 176.2º.2. CC), como también que pueda constituirse un acogimiento en favor de los comitentes, si existe una situación de desamparo por no ocuparse la madre gestante de su hijo[64].

---

[63] La STS (Pleno) 6 febrero 2014 realiza interesantes consideraciones a este respecto. Dice, así, que "La cláusula general de la consideración primordial del interés superior del menor contenida en la legislación no permite al juez alcanzar cualquier resultado en la aplicación de la misma. La concreción de dicho interés del menor no debe hacerse conforme a sus personales puntos de vista, sino tomando en consideración los valores asumidos por la sociedad como propios, contenidos tanto en las reglas legales como en los principios que inspiran la legislación nacional y las convenciones internacionales"; y continúa: "La aplicación del principio de la consideración primordial del interés superior del menor ha de hacerse para interpretar y aplicar la ley y colmar sus lagunas, pero no para contrariar lo expresamente previsto en la misma. No hacerlo así podría llevar a la desvinculación del juez respecto del sistema de fuentes, que es contraria al principio de sujeción al imperio de la ley que establece el art. 117.1 de la Constitución. Hay cambios en el ordenamiento jurídico que, de ser procedentes, debe realizar el parlamento como depositario de la soberanía nacional, con un adecuado debate social y legislativo, sin que el juez pueda ni deba suplirlo".
Observa, además, que, si bien, a tenor del art. 3 de la Convención sobre los Derechos del Niño, el interés superior del menor tiene "una consideración primordial, a la que han de atender los tribunales y demás instituciones públicas y privadas en todas las medidas concernientes a los niños", ello no significa que no haya que realizar una ponderación con otros bienes jurídicos, como "el respeto a la dignidad e integridad moral de la mujer gestante, evitar la explotación del estado de necesidad en que pueden encontrarse mujeres jóvenes en situación de pobreza, o impedir la mercantilización de la gestación y de la filiación", afirmando que "la mercantilización que supone que la filiación de un menor resulte determinada, a favor de quien realiza el encargo, por la celebración de un contrato para su gestación, atenta contra la dignidad del menor al convertirlo en objeto del tráfico mercantil".

[64] El ATS 2 febrero 2015, rec. n. 245/2012, desestimando un incidente de nulidad de actuaciones, ha considerado que la solución adoptada por la STS (Pleno) 6 febrero 2014 no es contraria a la jurisprudencia del Tribunal Europeo de Derechos Humanos, que ha condenado a Francia, por no permitir la inscripción en el Registro civil francés de hijos nacidos en Estados Unidos mediante gestación por sustitución con gametos del varón integrante de la pareja heterosexual comi-

B) Ajuste de la jurisprudencia interna a la emanada del Tribunal Europeo de Derechos Humanos

Con posterioridad a la sentencia comentada, el Tribunal Supremo dictó un auto[65], desestimando un incidente de nulidad de actuaciones, y en que ha considerado que la solución por él consagrada no es contraria a la jurisprudencia del Tribunal Europeos de Derechos Humanos[66], que condenó a Francia, por no permitir la inscripción en el Registro civil francés de hijos nacidos en Estados Unidos mediante gestación por

---

tente [se refiere a las SSTEDH 26 junio 2014, caso Mennesson c. Francia (rec. n. 65192/11), y caso Labassee c. Francia (rec. n. 65941/11].

Observa el TS que la condena al país galo se fundamenta en "la absoluta imposibilidad de que el ordenamiento jurídico francés reconozca cualquier vínculo de filiación entre los comitentes y el niño, no solamente por la imposibilidad de transcribir el acta de nacimiento norteamericana, sino también por la imposibilidad de que se reconozca la filiación biológica paterna (lo que el Tribunal de Estrasburgo considera injustificable), la filiación derivada de la posesión de estado, o la filiación por adopción por parte de los comitentes", "lo que supone una situación de incertidumbre jurídica incompatible con las exigencias del art. 8 del Convenio" de Roma [que consagra el derecho al respeto de la vida familiar, del que forma parte el derecho a la identidad].

El Tribunal de Estrasburgo —añade— "no afirma que la negativa a transcribir al Registro Civil francés las actas de nacimiento de los niños nacidos en el extranjero por gestación por subrogación infrinja el derecho al respeto de la vida privada de esos menores. Lo que afirma es que a esos niños hay que reconocerles un estatus definido, una identidad cierta en el país en el que normalmente van a vivir [...]. En el caso de España, ese estatus puede proceder del reconocimiento o establecimiento de la filiación biológica con respecto a quienes hayan proporcionado sus propios gametos para la fecundación, puede proceder de la adopción, y, en determinados casos, puede proceder de la posesión de estado civil, que son los criterios de determinación de la filiación que nuestro ordenamiento jurídico vigente ha considerado idóneos para proteger el interés del menor".

65 ATS 2 febrero 2015, rec. n. 245/2012. *Vid.* a este respecto la opinión contraria de Vela Sánchez, A. J.: "Erre que erre: el Tribunal Supremo niega la inscripción de la filiación de los hijos nacidos de convenio de gestación por sustitución. A propósito del Auto del Tribunal Supremo de 2 de febrero de 2015", *Diario La Ley*, n. 8600, 8 septiembre 2015.

66 Sobre la materia *vid.* Sánchez Hernández, C.: "La reproducción médica asistida en la jurisprudencia del Tribunal Europeo de Derechos Humanos: especial consideración desde la perspectiva de la seguridad jurídica", *Revista de Derecho Privado*, n. 4, julio-agosto 2018, pp. 39-92.

sustitución con gametos del varón integrante de la pareja heterosexual comitente[67].

> Observa el Tribunal Supremo que la condena al país galo se fundamenta en "la absoluta imposibilidad de que el ordenamiento jurídico francés reconozca cualquier vínculo de filiación entre los comitentes y el niño, no solamente por la imposibilidad de transcribir el acta de nacimiento norteamericana, sino también por la imposibilidad de que se reconozca la filiación biológica paterna (lo que el Tribunal de Estrasburgo considera injustificable), la filiación derivada de la posesión de estado, o la filiación por adopción por parte de los comitentes", "lo que supone una situación de incertidumbre jurídica incompatible con las exigencias del art. 8 del Convenio" de Roma [que consagra el derecho al respeto de la vida familiar, del que forma parte el derecho a la identidad].
>
> El Tribunal de Estrasburgo —añade— "no afirma que la negativa a transcribir al Registro Civil francés las actas de nacimiento de los niños nacidos en el extranjero por gestación por subrogación infrinja el derecho al respeto de la vida privada de esos menores. Lo que afirma es que a esos niños hay que reconocerles un estatus definido, una identidad cierta en el país en el que normalmente van a vivir [...]. En el caso de España, ese estatus puede proceder del reconocimiento o establecimiento de la filiación biológica con respecto a quienes hayan proporcionado sus propios gametos para la fecundación, puede proceder de la adopción, y, en determinados casos, puede proceder de la posesión de estado civil, que son los criterios de determinación de la filiación que nuestro ordenamiento jurídico vigente ha considerado idóneos para proteger el interés del menor"[68].

---

67 *Vid.* SSTEDH 26 junio 2014, caso Mennesson c. Francia, rec. n. 65192/11, y caso Labassee, rec. n. 65941/11. La doctrina establecida por estas sentencias fue posteriormente confirmada por la STEDH 21 julio 2016, caso Foulon y Bouvet c. Francia, rec. n. 9063/14 y 10410/14, que condena a Francia por impedir sus tribunales inscribir en el Registro Civil del país las declaraciones de reconocimiento formuladas por los padres biológicos, que habían acudido a la India para poder concebir hijos, eludiendo la prohibición de la utilización de la maternidad subrogada establecida en el art. 47 del Código Civil galo.

68 En cualquier caso, hay que tener en cuenta el cambio jurisprudencial sobre la materia protagonizado por el Tribunal de Estrasburgo, al resolver de manera definitiva el caso Paradiso y Campanelli c. Italia. Dicho caso tiene su origen en el nacimiento de un hijo en Rusia mediante un contrato de útero de alquiler celebrado entre la pareja comitente (los demandantes) y la sociedad Rosjurconsulting. Una vez nacido el niño, la madre gestante dio su consentimiento para que aquél fuera inscrito a nombre de los demandantes, como, efectivamente, tuvo lugar en el Registro Civil de Moscú. Los problemas surgieron cuando los "padres" pretendieron la inscripción del certificado ruso de nacimiento de su "hijo" en el Registro Civil italiano. Las autoridades administrativas y judiciales se negaron a practicar la inscripción solicitada, argumentando que el certificado era falso, pues no había vínculo de filiación alguno entre los demandantes, ya que el niño había sido concebido mediante gestación subrogada, la cual (al igual que la reproducción artificial heteróloga) es prohibida por el Derecho Italiano. Como consecuencia

En la actualidad, no cabe dudar de que la jurisprudencia del Tribunal Supremo se ajusta al Dictamen Consultivo del Tribunal Europeo de Derechos Humanos de 10 de abril de 2019[69], el cual ha señalado que, recono-

---

de ello, el niño fue puesto a cargo de los servicios sociales, considerado en estado de abandono y confiado en acogimiento, siendo declarado idóneo para la adopción.

En Sentencia 27 enero 2015 la Sección 2ª del TEDH había condenado a Italia por considerar que las actuaciones descritas atentaban contra el art. 8 del Convenio de Roma. Sin embargo, tal fallo fue revocado por la *Grande Chambre* en Sentencia 24 enero 2017, rec. n. 25358/12, que entendió que no había existido vulneración del derecho al respeto a la vida privada y familiar, con los siguientes argumentos: 1º. Consideró que no hubo violación del derecho al respecto a la "vida familiar", por entender que, en rigor, no puede entenderse que en el supuesto enjuiciado existiese una verdadera "vida familiar", teniendo en cuenta, tanto la ausencia de un vínculo biológico entre el niño y los demandantes, como la corta duración de las relaciones entre ellos: la convivencia con el hijo en Italia había sido de 6 meses, si bien la Señora Campanelli había además convivido con el niño dos meses más en Rusia. 2º. Consideró también que, si bien, las medidas denunciadas inciden sobre el derecho a la vida privada de los demandantes, no obstante, esta incidencia no constituía una injerencia ilegítima en dicho derecho, obedeciendo a una finalidad legítima, cual es el deseo de las autoridades italianas de reafirmar la exclusiva competencia del Estado para reconocer la existencia de relaciones paterno-filiales, exclusivamente, en el caso de relación biológica o de adopción legal, con el objetivo de proteger a los niños. Afirmo, además, que los Tribunales italianos había realizado una justa ponderación entre los diferentes intereses en juego, que entraba dentro del margen de apreciación de cada Estado, al constatar que la separación del niño de los demandantes no provoca a aquél daños graves o irreparables.

69 Dictamen Consultivo TEDH (*Grande Chambre*) de 10 de abril de 2019 (demanda n. P16-2018-001).

Para la correcta comprensión de este Dictamen hay que tener en cuenta que la Sala Primera de la Corte de Casación francesa, actualmente (como consecuencia de las repetidas condenas de Francia por parte del TEDH) en cuatro sentencias de la misma fecha, permite la inscripción de la filiación paterna en el Registro Civil francés en favor del padre de intención, que, a su vez, sea padre biológico del niño y sea designado como padre legal en el certificado de nacimiento expedido en el país extranjero en el que haya tenido lugar la gestación subrogada. Sin embargo, no permite la inscripción de la maternidad en favor de la madre de intención, que figure como madre legal en el certificado de nacimiento extranjero, pero sí que la misma pueda adoptar al niño, siempre que esté casada con el padre biológico, se cumplan los requisitos legalmente exigidos para la adopción y la misma sea conforme al interés del menor [Corte de Casación francesa 5 julio 2017 (rec. n. 15-28597), *Bull.*, 2017, I, n. 163; (rec. n. 16-16901), ibídem, I, n. 164; (rec. n. 16-50025), ibídem, I, n. 164; (rec. n. 16-16455), ibídem, I, n. 165].

cida la paternidad legal del padre de intención, que, a su vez, sea padre biológico del niño[70], el derecho al respeto a la vida privada de este último exige que el Derecho interno ofrezca también la posibilidad de establecer un vínculo de filiación respecto de la "madre de intención", que, aunque no sea la madre biológica, sin embargo, sea designada como madre legal en un certificado de nacimiento extranjero, legalmente expedido. Ahora bien, precisa que el establecimiento de la maternidad no tiene porqué realizarse a través de la inscripción en el Registro Civil nacional en base al certificado de nacimiento extranjero, sino que se puede acudir a otras vías, como es la de la adopción, siempre que se garantice la efectividad y celeridad de las mismas, de acuerdo con el interés superior del niño[71].

Además, hay que tener en cuenta que el Dictamen se realiza en relación al conocido caso Mennesson c. Francia, en el que el padre de intención era el padre biológico, lo que no sucedía respecto de la madre de intención. De ahí que el TEDH precise que el Dictamen, al permitir la adopción como cauce alternativo (al de la inscripción con base en el certificado extranjero de nacimiento) para el establecimiento de la maternidad, se refiere, exclusivamente, al supuesto en que la madre de intención no sea la madre biológica, sin prejuzgar cuál debiera ser la solución en el caso de que sí lo fuera.

En cualquier caso, con apoyo en el Dictamen del TEDH, el Pleno de la Corte de Casación francesa 4 octubre 2019 (n. recurso 10-19.053) ha considerado que no procede la anulación de la inscripción de nacimiento realizada en el Registro Civil francés en base a la certificación extranjera, en la que figuraba como madre legal la madre de intención (mujer del padre legal y biológico), que no era la madre biológica de las dos niñas nacidas en California mediante gestación subrogada. El argumento ha sido que, dado que el litigio planteado por el caso Mennesson se prolongaba durante 15 años, no existían otras vías que permitiesen reconocer la filiación materna en condiciones que no supusiesen una injerencia desproporcionada en el derecho al respeto a la vida privada de las menores.

Sobre la aplicación práctica de la Instrucción por parte de la DGRN, *vid.* J. M.ª Díaz Fraile: "La gestación por sustitución ante el Registro Civil Español. Evolución de la doctrina de la DGRN y de la jurisprudencia española y europea", *Revista de Derecho civil*, vol. VI, n. 1 (enero-marzo 2019), pp. 96-110.

70 Posibilidad ésta, claramente reconocida en el art. 10.3 de la Ley 14/2006.

71 El Dictamen ha servido de fundamento a la decisión adoptada por la STEDH (Sección 3º) 18 mayo 2021, caso Valdís Fjölnisdóttir y otros contra Islandia, demanda n. 71552/2017, que conoció del caso de dos mujeres casadas, que habían acudido a una gestación subrogada, realizada con gametos de terceros en California, como consecuencia de la cual nació un niño, que fue Registrado en el extranjero como hijo de aquellas, emitiéndose un certificado de nacimiento y un pasaporte estadounidense a su favor.

Consideró, así, legítima la denegación por parte de las autoridades islandesas de la inscripción de filiación respecto de las comitentes, solicitada con base en el certificado de nacimiento californiano, por ser posible la adopción conjunta del niño y haber existido un acogimiento provisional del mismo, que pasó a ser permanente, por lo que no existían obstáculos reales y efectivos al disfrute de la vida familiar, llegándose a una solución que suponía una ponderación adecuada de aquella con la prohibición islandesa de maternidad subrogada.

También el Dictamen ha servido de fundamento a la STEDH (Sección 1ª) 31 agosto 2023, caso C. contra Italia, demanda n. 47196/2021. En el origen del litigio se halla la decisión de las autoridades italianas de no reconocer la filiación de un niño nacido en Ucrania a través de maternidad subrogada. En este caso, no obstante, se había denegado la inscripción de la filiación, tanto respecto del padre de intención, que también lo era biológicamente, como respecto de la madre de intención, que no lo era biológicamente.

La sentencia recuerda la doctrina de que el art. 8 del Convenio de Roma exige que el Derecho interno ofrezca la posibilidad del reconocimiento de la relación de filiación, cuando el padre de intención también sea el padre biológico, motivo por el que condena a Italia, constatando que el niño había estado durante cuatros años sin relación de filiación alguna y sin la nacionalidad italiana (en situación de apátrida). Sin embargo, recuerda igualmente que la elección de los medios para permitir el reconocimiento de la relación entre un niño y un padre de intención (no biológico) entra dentro del margen de apreciación del Estado, siempre que no tenga lugar en un plazo de tiempo excesivo, considerando que la negativa de Italia a inscribir automáticamente la filiación respecto de la madre de intención, que no era madre biológica, no vulneraba el art. 8 del Convenio, en tanto que el Estado posibilitaba el establecimiento de la filiación a través de la adopción.

Desde otra perspectiva, el Dictamen ha servido de base a la STEDH (Sección 3ª) 22 noviembre 2022, caso D. B. y otros contra Suiza, demanda n. 58817/2015, la cual ha condenado al estado suizo por violación del derecho a la vida familiar de un niño nacido en California mediante maternidad subrogada. En este caso, se trataba de un niño concebido con los gametos de uno de los integrantes de la pareja comitente, que formaban una unión de hecho registrada de personas del mismo sexo. El Estado reconoció la paternidad del padre biológico, pero no la del padre de intención, al estar prohibida en Suiza la gestación por sustitución. Se daba, además, la circunstancia de que hasta 2018 el estado suizo sólo permitía la adopción por parejas casadas, no por integrantes de uniones de hecho registradas. La sentencia observa que durante casi 7 años y ocho meses (la adopción tendría lugar en 2018, mientras que la pretensión de reconocimiento de la filiación se había planteado en 2011) el niño no había tenido ninguna posibilidad de establecer un relación de filiación con el padre de intención, de manera definitiva, y que tal lapso de tiempo no es compatible con el interés superior del menor, en la medida en que puede situarle en una situación de incertidumbre jurídica en cuanto a su identidad en la sociedad y privarle de la posibilidad de vivir y desarrollarse en un entorno estable.

3. La posición contraria a la Ley de la Dirección General de Fe Pública y Seguridad Jurídica: admisión de la inscripción, cuando se acompañe una resolución judicial extranjera en la que se determine la filiación del nacido

La posición contraria a la Ley de la Dirección General de los Registros y del Notariado (hoy Dirección General de Seguridad Jurídica y Fe Pública): admisión de la inscripción, cuando se acompañe una resolución judicial extranjera en la que se determine la filiación del nacido.

No obstante lo dicho, la Instrucción de la DGRN de 5 de octubre de 2010 mantiene una discutible posición sobre la materia[72].

a) En su directriz segunda, afirma que: "En ningún caso se admitirá como título apto para la inscripción del nacimiento y filiación del nacido, una certificación registral extranjera o la simple declaración, acompañada de certificación médica relativa al nacimiento del menor en la que no conste la identidad de la madre gestante".

Por lo tanto, se abandona la posición mantenida por la RDGRN 18 febrero 2009, que, en el supuesto anteriormente mencionado (los dos varones que habían viajado a California para poder acceder a la gestación

---

72 La Instrucción de 5 de octubre de 2010 sigue en vigor, en toda su extensión. La DGRN dictó la Instrucción de 14 de febrero de 2019, sobre actualización del régimen registral de la filiación de los nacidos mediante gestación por sustitución, que pretendía solucionar el problema que surge cuando en el país extranjero en el que se realiza la gestación subrogada no queda determinada por sentencia judicial la filiación del hijo respecto de los comitentes. Admitía, así (siempre que en la certificación registral extranjera o en la declaración y certificación médica del nacimiento del menor constara la identidad de la gestante), la determinación de la filiación paterna mediante el reconocimiento legal por parte del padre español comitente, acompañada de prueba biológica de su paternidad (ADN), y que, posteriormente, la madre comitente adoptara al menor (siempre que hubiera existido renuncia de la madre gestante, después del nacimiento). No obstante, la Instrucción, ni siquiera fue publicada en el BOE, siendo dejada sin efecto, cuatro días después, por la posterior Instrucción DGRN de 18 de febrero de 2019. *Vid.* sobre la cuestión M.ª B. Andreu Martínez: "Una nueva vuelta de tuerca en la inscripción de los hijos nacidos mediante gestación subrogada en el extranjero: la Instrucción de la DGRN de 18 de febrero de 2019", *Actualidad Jurídica Iberoamericana*, n. 10 *bis*, junio 2019, pp. 64-85; G. Muñoz Rodrigo: "La filiación y la gestación por sustitución: a propósito de las Instrucciones de la DGRN de 14 y 18 de febrero de 2019", *Ibidem*, n. 10 *bis*, junio 2019, pp. 722-735; A. J. Vela Sánchez: "Análisis estupefacto de la Instrucción de la DGRN de 18 de febrero de 2019, sobre actualización del régimen registral de la filiación de los nacidos mediante gestación por sustitución", *Diario La Ley*, n. 9453, 10 julio 2019.

por sustitución), había admitido la posibilidad de inscribir la filiación de los hijos nacidos mediante gestación por sustitución a través de un mero certificado registral de nacimiento (expedido por las autoridades californianas), lo que, por lo tanto, ya no será posible.

b) Por el contrario, sí que admite la inscripción en los Registros civiles consulares de los hijos nacidos mediante gestación por sustitución, cuando, al menos, uno de los solicitantes sea español y se presente ante el encargado del Registro una resolución judicial, dictada en el país de origen.

En su directriz primera dice, así, que: "La inscripción de nacimiento de un menor, nacido en el extranjero como consecuencia de técnicas de gestación por sustitución, sólo podrá realizarse presentando, junto a la solicitud de inscripción, la resolución judicial dictada por Tribunal competente en la que se determine la filiación del nacido" (párrafo primero)[73].

Por consiguiente, la atribución de la filiación de los nacidos mediante gestación por sustitución debe basarse en una previa resolución judicial, que (salvo que resulte de aplicación un Convenio Internacional) habrá de ser objeto de exequátur, conforme al procedimiento establecido en los arts. 52 y ss. de la Ley 29/2015, de 30 de julio, de cooperación jurídica internacional en materia civil)[74].

---

73 La razón de este requisito se explica de la siguiente manera: "La exigencia de resolución judicial en el país de origen tiene la finalidad de controlar el cumplimiento de los requisitos de perfección y contenido del contrato respecto del marco legal del país donde se ha formalizado, así como la protección de los intereses del menor y de la madre gestante. En especial, permite constatar la plena capacidad jurídica y de obrar de la mujer gestante, la eficacia legal del consentimiento prestado por no haber incurrido en error sobre las consecuencias y alcance del mismo, ni haber sido sometida a engaño, violencia o coacción o la eventual previsión y/o posterior respeto a la facultad de revocación del consentimiento o cualesquiera otros requisitos previstos en la normativa legal del país de origen. Igualmente, permite verificar que no existe simulación en el contrato de gestación por sustitución que encubra el tráfico internacional de menores".

74 Así lo exige, como regla general, la directriz primera de la Instrucción, según la cual: "Para proceder a la inscripción de nacimiento deberá presentarse ante el Registro Civil español, la solicitud de la inscripción y el auto judicial que ponga fin al mencionado procedimiento de exequátur" (párrafo segundo).
Sin embargo, la misma directriz, en su párrafo tercero, establece que no será necesario acudir al procedimiento de exequátur, cuando la resolución judicial extranjera "tuviera su origen en un procedimiento análogo a uno español de jurisdicción voluntaria", disponiendo que, en tal caso, "el encargado del Registro Civil controlará incidentalmente, como requisito previo a su inscripción, si tal resolución judicial puede ser reconocida en España".

A mi parecer, la solución propuesta por la Instrucción no es correcta[75], porque, en definitiva, está creando una regla general que presta cobertura administrativa a un "turismo reproductivo", el cual trata de eludir la aplicación de un precepto legal (el art. 10.1 de la Ley Orgánica 14/2006), que, claramente, establece la nulidad del contrato de gestación por sustitución, norma ésta, que creo que debe ser considerada de orden público; y ello, en la medida en que responde al principio, común en los países de la Europa continental, de que no pueden ser objeto de tráfico jurídico las facultades reproductivas y de gestación de la mujer.

Podría replicarse que en la actualidad la idea de "orden público atenuado" permite reconocer ciertos efectos jurídicos en España a instituciones desconocidas en nuestro Derecho. Esta idea ha posibilitado, por ejemplo, que, existiendo varias mujeres unidas a un único varón, el matrimonio

---

En este mero control incidental —continúa la Instrucción— el encargado "deberá constatar: a) La regularidad y autenticidad formal de la resolución judicial extranjera y de cualesquiera otros documentos que se hubieran presentado. b) Que el Tribunal de origen hubiera basado su competencia judicial internacional en criterios equivalentes a los contemplados en la legislación española. c) Que se hubiesen garantizado los derechos procesales de las partes, en particular, de la madre gestante. d) Que no se ha producido una vulneración del interés superior del menor y de los derechos de la madre gestante. En especial, deberá verificar que el consentimiento de esta última se ha obtenido de forma libre y voluntaria, sin incurrir en error, dolo o violencia y que tiene capacidad natural suficiente. e) Que la resolución judicial es firme y que los consentimientos prestados son irrevocables, o bien, si estuvieran sujetos a un plazo de revocabilidad conforme a la legislación extranjera aplicable, que éste hubiera transcurrido, sin que quien tenga reconocida facultad de revocación, la hubiera ejercitado".

75 La doctrina de la Dirección General de los Registros y del Notariado ha sido objeto de críticas generalizadas por parte de los civilistas; y no sólo de los que están claramente en contra de la admisión de la validez del contrato de maternidad subrogada, como es el caso de E. Corral García: "El derecho", cit., pp. 48-49, sino también de los que están en favor de admitir su validez legal, negando que el recurso al principio del interés superior del menor puede llevar a soluciones contrarias al orden público español y propiciar un claro fraude de ley. *Vid.* así A. J. Vela Sánchez: "El interés superior del menor como fundamento de la incorporación de la filiación derivada del convenio de gestación por encargo", *Diario La Ley*, n. 8162, 3 octubre 2013. A favor, en cambio, se muestra un sector de la doctrina iusinternacionalista, de la que, por ejemplo, son exponentes A. L. Calvo Caravaca y J. Carrascosa González: "Gestación por sustitución y Derecho Internacional Privado: consideraciones en torno a la Resolución de la Dirección General de los Registros y del Notariado de 18 de febrero de 2009", *Cuadernos de Derecho Transaccional* (octubre 2009), vol. 1, n. 2, p. 319.

pueda ser tenido en cuenta en orden a la percepción de una pensión de viudedad; o que un acogimiento constituido judicialmente en un país islámico pueda dar lugar a un reagrupamiento familiar (siendo equiparado a una tutela dativa). Sin embargo, en estos casos, no se admite la recepción sustantiva de la institución misma, es decir, no se permite la inscripción de un matrimonio en el que los cónyuges sean más de dos personas, como tampoco la inscripción como adopción de un acogimiento de carácter islámico (que en el país de origen no genera una relación de filiación). Creo que en el supuesto que nos ocupa, sucede algo semejante: no es que la Instrucción pretenda atribuir ciertos efectos jurídicos a una institución prohibida por el Derecho español, sino que está proponiendo la recepción sustantiva de la misma, lo que no parece admisible[76].

4. *La reciente reiteración por parte del Tribunal Supremo de la contrariedad al orden público de la gestación por sustitución de carácter comercial*

Más recientemente, el Pleno del Tribunal Supremo ha reiterado su doctrina.

> La STS (Pleno) 31 marzo 2022 *(Tol 8898029)* ha ratificado la doctrina de que la gestación por sustitución comercial (que era la contemplada en el caso enjuiciado) es contraria al orden público, "vulnerando gravemente los derechos fundamentales reconocidos en nuestra Constitución y en los convenios internacionales sobre derechos humanos en los que España es parte"[77].

---

[76] La situación creada por la Instrucción de la DGRN de 5 de octubre de 2010, en total oposición a la jurisprudencia del TS es calificada, con razón, por M.ª D. Cervilla Garzón: "Gestación subrogada y dignidad de la mujer", *Actualidad Jurídica Iberoamericana*, n. 9, 2019, p. 35, como "esquizofrénica".

[77] Invoca, en particular, el art. 2 a) del Protocolo Facultativo de la Convención sobre los Derechos del Niño, en el que se define la venta de niños (proscrita por el art. 35 de la Convención) como "todo acto o transacción en virtud del cual un niño es transferido por una persona o grupo de personas a otra a cambio de remuneración o de cualquier otra retribución", así como el Informe de la Relatora Especial ante la Asamblea General de la ONU, de 15 de enero de 2018, según el cual "la gestación por sustitución comercial entra de lleno" en dicha definición, cuando concurren tres elementos: a) la "remuneración o cualquier otra retribución"; b) "el traslado del niño (de la mujer que lo ha gestado y parido a los comitentes)"; y c) "el intercambio de a) por b) (pago por la entrega del niño)"; precisando que "La entrega a que se obliga la madre gestante no tiene que ser necesariamente actual (esto es, de un niño ya nacido), puede ser futura, como ocurre en el contrato de gestación por sustitución".

Dice, así, que, "Tanto la madre gestante como el niño a gestar son tratados como meros objetos, no como personas dotadas de la dignidad propia de su condición de seres humanos y de los derechos fundamentales inherentes a esa dignidad", y más adelante: "En definitiva, el futuro niño, al que se priva del derecho a conocer sus orígenes, se cosifica pues se le concibe como el objeto del contrato, que la gestante se obliga a entregar a la comitente"[78]; e, igualmente, constata que, "Para que el contrato llegue a buen término, se imponen a la gestante unas limitaciones de su autonomía personal y de su integridad física y moral incompatibles con la dignidad de todo ser humano"[79].

---

78 Estoy de acuerdo con el perjuicio que para el niño nacido como consecuencia de una maternidad subrogada supone no poder conocer sus orígenes biológicos, pero, en realidad, este daño lo sufre en toda reproducción asistida realizada conforme a la legislación española, que no tenga carácter homólogo.

79 Pese a su longitud, me parece conveniente trascribir las consideraciones que realiza la sentencia, recogiendo algunas cláusulas del contrato de gestación subrogada firmado por la comitente con una sociedad mexicana: "La madre gestante se obliga desde el principio a entregar al niño que va a gestar y renuncia antes del parto, incluso antes de la concepción, a cualquier derecho derivado de su maternidad. Se obliga a someterse a tratamientos médicos que ponen en riesgo su salud y que entrañan riesgos adicionales a las gestaciones resultantes de una relación sexual ('tantas transferencias embrionarias como sean necesarias', 'llevar a cabo hasta las transferencias de 3 (tres) embriones por cada ciclo de reproducción asistida', 'tomar medicamentos para el ciclo de transferencia de embriones por vía oral, por inyección o intravaginal en horarios específicos durante periodos prolongados de tiempo). La madre gestante renuncia a su derecho a la intimidad y confidencialidad médica ('la gestante sustituta, mediante la firma del presente contrato, renuncia a todos los derechos de confidencialidad médica y psicológica, permitiendo a los especialistas que la evaluarán, compartir dichos resultados con la futura madre', 'la gestante sustituta acepta que la futura madre o un representante que la sociedad mercantil *México Subrogacy* S. de R. L. de C. V. designe, esté presente en todas las citas médicas relacionadas con el embarazo', 'la futura madre puede estar presente en el momento del nacimiento del niño'). Se regulan por contrato cuestiones como la interrupción del embarazo o la reducción embrionaria, cómo será el parto (por cesárea, 'salvo que el médico tratante recomiende que sea un parto vaginal'), qué puede comer o beber la gestante, se fijan sus hábitos de vida, se le prohíben las relaciones sexuales, se le restringe la libertad de movimiento y de residencia, de modo más intenso según avanza el embarazo, prohibiéndole salir de la ciudad donde reside o cambiar de domicilio salvo autorización expresa de la futura madre, hasta recluirla en una concreta localidad distinta de la de su residencia en la última fase del embarazo. La madre gestante se obliga 'a someterse a pruebas al azar sin aviso previo de detección de drogas, alcohol o tabaco según la petición de la futura madre'. Y, finalmente, se atribuye a la comitente la decisión sobre si la madre gestante debe seguir o no con vida en caso de que sufriera alguna enfermedad o lesión potencialmente mortal".

Hay que observar que, en el caso resuelto, no se pretendía[80] el reconocimiento en España de un acto de una autoridad extranjera. La demanda origen del procedimiento había sido interpuesta por el padre de una mujer, que había sido reconocida en México como madre legal de un niño nacido mediante sustitución por gestación. En ella, con apoyo en el art. 131.I CC, se pretendía que se reconociera la maternidad de la hija por posesión de estado, ya que el niño había convivido dos años con ella, habiéndolo tratado como hijo durante este período, argumentándose, además, que no era posible acudir a la adopción, por existir una diferencia de edad superior a los 45 años entre ellos.

El Tribunal Supremo pone de manifiesto la falta de legitimación activa del padre del comitente para ejercitar la acción, pues la filiación reclamada se oponía a otra legalmente determinada, esto es, a la de la madre gestante, a tenor del art. 10.2 de la Ley 14/2016 (aplicable, conforme al art. 9.4 CC)[81]. Pero su argumentación va más allá, puesto que en la demanda se había invocado también el interés superior del menor y en la sentencia recurrida se había estimado aquélla, haciéndose referencia al interés del niño a "no mudar la naturaleza del modelo familiar en que vive".

Toma en consideración el interés superior del niño, pero niega que el mismo deba llevar a un reconocimiento directo de la relación de filiación en un proceso iniciado por quien carecía de legitimación activa para instarlo. Indica que la vía por la que debe tener lugar el establecimiento de la relación de filiación es la de la adopción; y es en este ámbito, en el que debe apreciarse el interés superior del niño, dándose relevancia a la relación familiar de hecho que mantiene con la comitente, en orden a acreditar con "prontitud" el requisito de su idoneidad para la adopción, e, incluso, suprimiéndose dicho requisito por aplicación del núm. 3º del art. 176.2 CC (al haber existido una guarda de hecho por un tiempo superior a 1 año). Respecto de la cuestión de la diferencia de edad entre el menor y comitente, afirma que no se trata de un "obstáculo excesivo, habida cuenta de que la diferencia máxima de 45 años entre adoptante y adoptado prevista en la normativa reguladora de la adopción no tiene un carácter absoluto" (no es necesario, según el art. 175.1 CC, en los casos previstos en el artículo 176.2 CC), "tanto más cuando los hechos fijados por la Audiencia Provincial revelan la integración del menor en el núcleo familiar y los cuidados de que es objeto desde hace varios años".

---

80 A diferencia del contemplado en la ya citada STS (Pleno) 6 febrero 2014 *(Tol 4100882).*

81 La circunstancia de que la acción de reclamación de la filiación estuviera basada en la posesión de estado encuentra explicación en la existencia de una discutible doctrina jurisprudencial del Tribunal Supremo, recaída a propósito de acciones ejercitadas por quien, en el momento de la práctica de la reproducción asistida, era conviviente de hecho de la usuaria de dicha técnica.

Hay que recordar que, si la usuaria está unida de hecho con otra mujer, la Ley 14/2006 no contiene una previsión semejante a la recogida en el art. 8.2 respecto del conviviente varón, para el caso de que esta hubiera consentido previamente que aquella se sometiera a las técnicas de reproducción asistida, lo que parece ser una opción consciente del legislador. No obstante, la jurisprudencia ha admitido que dicho consentimiento (de darse) pueda ser considerado como un indicio de posesión de estado, en orden a la reclamación de la maternidad, *ex* art. 131 CC

Concluye, afirmando que "Esta solución satisface el interés superior del menor, valorado in concreto", "pero a la vez intenta salvaguardar los derechos fundamentales", "como son los derechos de las madres gestantes y de los niños en general", "que resultarían gravemente lesionados si se potenciara la práctica de la gestación subrogada comercial porque se facilitara la actuación de las agencias de intermediación en la gestación por sustitución, en caso de que estas pudieran asegurar a sus potenciales clientes el reconocimiento casi automático en España de la filiación resultante del contrato de gestación subrogada, pese a la vulneración de los derechos de las madres gestantes y de los propios niños, tratados como simples mercancías y sin siquiera comprobarse la idoneidad de los comitentes para ser reconocidos como titulares de la patria potestad del menor nacido de este tipo de gestaciones"[82].

[82] Esta sentencia, que esperemos sirva para hacer reflexionar a la DGSJFP, se encuentra en la línea marcada por el citado Dictamen Consultivo TEDH *(Grande Chambre)*, de 10 de abril de 2019 (demanda n. P16-2018-001), que —como he dicho— ha señalado que el establecimiento de la maternidad no tiene porqué realizarse a través de la inscripción en el Registro Civil nacional en base al certificado de nacimiento extranjero, sino que se puede acudir a otras vías, como es la de la adopción, siempre que se garantice la efectividad y celeridad de las mismas, de acuerdo con el interés superior del niño.

13. PROTECCIÓN DE MENORES DESAMPARADOS Y ADOPCIÓN

MARTA ORDÁS ALONSO[1]

SUMARIO: I. INTRODUCCIÓN. II. EL INTERÉS SUPERIOR DEL MENOR Y SU DERECHO A SER OÍDO Y ESCUCHADO. 1. El interés del menor como "criterio valorativo circunstancial". 2. El derecho de los menores a desarrollarse y ser educados en su familia de origen no es un derecho absoluto. La subversión de los términos. 3. La relevancia del derecho del menor a ser oído y escuchado. III. PRIMER PASO: LA DECLARACIÓN DE UN MENOR EN SITUACIÓN DE DESAMPARO. 1. La declaración de desamparo ante hechos meramente constitutivos de riesgo. 2. La intervención judicial a posteriori. 3. El retorno del menor con sus padres de origen no es un principio absoluto e incondicionado. 4. La flexibilidad procedimental de los procedimientos especiales del Libro IV LEC como mecanismo utilizado en contra de la familia de origen. IV. SEGUNDO PASO: LA CONSTITUCIÓN DE UNA GUARDA CON FINES DE ADOPCIÓN. 1. Su introducción por la Ley 26/2017, de 28 de julio. 2. La "imposibilidad definitiva de retorno" como acelerante en la constitución de una guarda con fines de adopción. V. TERCER PASO: LA DEFINITIVA SUPRESIÓN DE LAS VISITAS UNA VEZ ACORDADA LA GUARDA CON FINES DE ADOPCIÓN. VI. CUARTO PASO: EL INNECESARIO ASENTIMIENTO DE LOS PROGENITORES BIOLÓGICOS A LA ADOPCIÓN DEL HIJO DECLARADO EN DESAMPARO. 1. Los progenitores "incursos en causa de privación de la patria potestad". Su apreciación en el momento en que tiene lugar la intervención administrativa. 2. La burla del requisito del asentimiento a través de la consideración como indicador de desamparo el hecho de tener otro hermano en esa situación. VII. REFLEXIÓN FINAL.

I. INTRODUCCIÓN

Las páginas que siguen se dedican a poner de manifiesto, en cuatro pasos, la "terrible" relación existente entre desamparo y adopción tal y como es acogida por el legislador, aplicada por la Administración e interpretada por numerosas resoluciones judiciales y que responde a la idea que late en diferentes comparecencias producidas en la Comisión especial del Senado sobre la problemática de la adopción nacional y otros temas afines (2010)[2] que resultan suficientemente significativas y no vienen sino a dar

---

1 CU, Derecho Civil, Universidad de León.

2 En concreto, se afirma en dichas comparecencias (la cursiva es mía):
- "Una vez tomada la resolución del desamparo, los *plazos* de impugnación del desamparo, *de posible vuelta del menor con su familia biológica, deben ser realmente muy breves y concretos*".

la razón a Carrasco Perera cuando, con durísimas palabras, describe esta situación como expropiación masiva de niños *ad maiorem infantis beatitudinem*[3].

El *modus operandi* es el siguiente:

1°. Ante la existencia de un menor necesitado de protección, se observa una clara tendencia a declarar la situación de desamparo ante hechos que meramente implican una situación de riesgo.

Una vez decretado el desamparo y separado el menor de su familia, abundan los supuestos en que, por virtud de resolución administrativa, el derecho a mantener contacto con la misma se ve limitado, suspendido o suprimido sin causa o motivo alguno que justifique tal proceder. Supresión del régimen de visitas que, además de atentar con el derecho del niño a mantener contacto directo y regular con sus progenitores, salvo que ello sea contrario a su interés superior, se traducirá en un mayor desarraigo que, a su vez, desencadenará la imposibilidad de retorno con su familia de origen.

2°. La Administración, en no pocas ocasiones, muestra una especial "diligencia" a la hora de acordar una guarda con fines de adopción con gran celeridad, incluso a sabiendas de que los progenitores están haciendo todo lo posible por superar las circunstancias que motivaron la declaración de desamparo con resultados constatables. Es más, se observa la excesiva ligereza con la que la entidad pública califica el retorno de imposible, en cuyo caso la guarda preadoptiva podrá ser adoptada antes de que transcurran los dos años durante los cuales los padres pueden pedir la revocación del desamparo por cambio de las circunstancias.

3°. Si no habían sido eliminadas previamente, una vez acordada por resolución administrativa la guarda preadoptiva, se verán suprimidas las visitas del menor con su familia de origen, excepción hecha de los supuestos

---

- "En relación con la cuestión de las *visitas* de los padres al menor, *se consideran inadecuadas si no se ve clara la posibilidad de reinserción* con la familia".
- "Se propone: *revisar los plazos que se brindan a las familias biológicas para resolver sus dificultades con un criterio realista y promover rápidamente su adopción*, cuando se considere inviable su retorno a la familia biológica".
- "*Para que en España tengamos más niños en adopción*, los servicios de protección de menores tendrían que actuar conforme a los criterios de detección precoz, intervención inmediata y acortamiento del tiempo del procedimiento".

3 A. Carrasco Perera: "Padres sin hijos y ciudadanos que lo pagan", *AJA.*, 2010, p. 1.

de adopción abierta, prescindiendo totalmente de cuál sea el interés del menor.

4º. Pero es más, acordada la guarda con fines de adopción, la administración debe realizar la propuesta de adopción al Juez en el plazo más breve. Adopción para cuya formalización no será necesario el asentimiento de los padres privados o incursos en causa de privación de la patria potestad, teniendo en cuenta que la mera declaración de desamparo implica que esos progenitores están incursos en una causa de privación de la patria potestad. Siendo igualmente innecesario contar con el asentimiento de los progenitores que tuvieren suspendida la patria potestad cuando hubieran transcurrido dos años desde la notificación de la declaración de situación de desamparo, en los términos previstos en el artículo 172.2 CC, sin oposición a la misma o cuando, interpuesta en plazo, hubiera sido desestimada.

Pese a su extensión, considero conveniente concluir esta breve introducción ejemplificando lo expuesto en líneas precedentes mediante el recurso a los hechos que se encuentran en la base de la Sentencia del Tribunal Superior de Justicia de Cataluña 30 abril 2010 en la que no se discute por los progenitores la declaración administrativa de desamparo, sino la responsabilidad patrimonial por funcionamiento anormal de la administración pública habida cuenta de los hechos que siguieron a tal declaración y que muestra perfectamente la tesis que se trata de poner de manifiesto en este trabajo. Se trata de unos padres toxicómanos, sin medios económicos, a los que se fijan unas visitas pautadas, con horario preciso, a cumplir a más de 50 kms. de distancia. Considerada la drogodependencia irreversible, se procede a constituir un acogimiento preadoptivo. Resultan sumamente ilustrativas, a este respecto, las palabras del Tribunal que me permito reproducir en lo que ahora interesa: "Sólo puede comprenderse —que no justificarse, por tanto— hasta cierto punto la postura de la administración encaminada a considerar el caso como irreversible en aquellos momentos, si se parte de la convicción de que se actuó con excesiva celeridad, sin datos objetivos de valoración, o con datos muy insuficientes, y con el prejuicio más absoluto de que se trataba de dos progenitores drogadictos de muy larga duración, con absoluta ausencia de conciencia de enfermedad y sin posibilidad razonable de rehabilitación. Y un hijo sin vinculación aparente alguna por el hecho mismo de ser un recién nacido. [...] Y un prejuicio es una condena sin juicio y sin defensa. Es cierto que el estado que presentaban los padres en los seis o siete primeros meses no hacía augurar, *prima facie* y sin otras pruebas, un buen pronóstico, [...] pero todo indica que la velocidad con que la administración ha actuado, y enlazado una premisa falsa y sus respectivas consecuencias, que han adquirido la naturaleza de otras premisas menores también falsas, nos permite calificar de gran sofisma el resultado obtenido: partiendo de una situación hipotética, como si de acreditada se tratara, de irreversibilidad en la drogodependencia de los padres, surge la necesidad imperiosa de adoptar la más extrema y quirúrgica de las medidas, el acogimiento preadoptivo, y en el ínterin, aprovechando el estado de los padres —cuya recuperación en nada se ha favorecido desde la acción social pública— y el incumplimiento de sus visitas iniciales, se ha ido dilatando en el tiempo la frecuencia de las mismas, con el fin —y la indicación técnica— de que el vínculo empático materno no se desarrollase y fuera un obstáculo, hasta llegar a un régimen de visitas, ya en un momento en que no sólo se tenía constancia del inicio de la recuperación sino en el que se hacía oídos sordos y ojos cerrados —con la excepción del EAIA de El Garraf que siempre ha apostado por la recuperación de los padres— a una evidencia que iba tomando cuerpo, la rehabilitación de los padres, lenta pero constante, calificable de contrario a los más elementales sentimientos de piedad y probidad que cabe esperar de unos seres humanos frente a otros, pues una hora de visita cada dos meses es diseñar una relación familiar grotesca, una intolerable caricatura de lo que debe ser una relación paternofilial, casi una forma de tortura que no sólo padece el menor, como intenta mostrar la administración, sino unos padres cada vez más conscientes de su drama. Existen pruebas más que suficientes que indican que los progenitores, desde junio de 2001, menos de nueve meses después del nacimiento y de ocho desde el desamparo, han iniciado el camino de una lenta, progresiva y en buena medida objetivada recuperación". Tres años después la situación en nada se parece al momento inicial de actuación de la entidad administrativa. La cuestión a debatir "no es la situación de desamparo, que para nada ha sido recurrida, sino la existencia de un funcionamiento anormal de la administración pública en base a la efectividad de una ruptura del vínculo con todas sus consecuencias tanto para el menor, Daniel, como para sus progenitores y hermanos, que provocó la administración con la adopción no justificada del acogimiento simple en familia, y la suspensión injustificada de la visitas cuando ya eran mensuales, conociendo, ya en agosto de 2001, que desde el junio de 2001 ambos progenitores se encontraban en Murcia y Alicante, sin ingresos económicos y sin posibilidades de apoyos familiares para sostener las mismas dentro del primer periodo o fase de desintoxicación voluntaria y que la evolución era buena, es decir, por causas absolutamente ajenas a su voluntad. ¿Qué hizo la administración con esa primera comunicación de evolución positiva de recuperación de los padres en agosto de 2001? Pues cerrar la posibilidad con la suspensión del ya mínimo régimen de visitas, ya franqueando cualquier posibilidad de que el contacto en ese momento pudiera ser beneficioso para ambos, hijo y padres biológicos en atención a una motivación mutua. [...] La conclusión es que la administración ignoró el proceso de desintoxicación y restructuración de la familia Jacinto - Fátima, que debiera haber sido analizada, con una sospecha razonada de irrecuperabilidad, puede ser que sí, pero en ningún caso, frustrada de antemano. Ese acogimiento simple con finalidad preadoptiva acordado por Resolución de 29.6.2001 y suspensión de visitas, determinan esa finalidad clara y directa, preconcebida para establecer un vínculo parental sustitutivo, que borrara uno anterior, sin seguir por tanto, los trámites, no formales, que sí se siguieron, sino de fondo, de concepción de la institución cuando exista una evidencia cierta de irrecuperabilidad de ese entorno por una razonable conclusión para ello. [...] Ha de concluirse, por tanto, la existencia de un supuesto de responsabilidad patrimonial de la administración demandada, por el funcionamiento negligente de la administración protectora a la hora de valorar, controlar y determinar, sin datos objetivos razonables, la imposibilidad de creación de un entorno familiar estable. Y estas mismas razones determinan suficientemente la antijuridicidad del daño".

II. EL INTERÉS SUPERIOR DEL MENOR Y SU DERECHO A SER OÍDO Y ESCUCHADO

1. El interés del menor como "criterio valorativo circunstancial"

Los cambios introducidos en la Ley Orgánica 1/1996, de 15 de enero, de Protección Jurídica del Menor por la Ley Orgánica 8/2015, de 22 de julio, de Modificación del Sistema de Protección a la Infancia y a la Adolescencia desarrollan y refuerzan el derecho del menor a que su interés superior sea prioritario mediante la modificación del artículo 2 LOPJM que, en su apartado 2, introduce un elenco de criterios generales que deberán ser tenidos en cuenta a efectos de la interpretación y aplicación en cada caso del interés superior del menor, sin perjuicio de los establecidos en la legislación específica aplicable, así como de aquellos otros que puedan estimarse adecuados atendiendo a las circunstancias del caso concreto. Tal y como indica la Observación General 14 del Comité sobre los derechos del niño, el carácter no exhaustivo de la lista significa que es posible no limitarse a ellos y tomar en consideración otros factores pertinentes en las circunstancias específicas de cada niño o grupo de niños concreto.

Todos los criterios de la lista deben ser tenidos en cuenta y ponderados con arreglo a cada situación[4], teniendo en cuenta los elementos esenciales que enumera el art. 2.3 LOPJM, los cuales deberán ser valorados conjuntamente, conforme a los principios de necesidad y proporcionalidad, de forma que la medida que se adopte en el interés superior del menor no restrinja o limite más derechos que los que ampara.

Tratándose de adopción, señala el art. 176.1 CC, la resolución judicial que la constituya tendrá en cuenta siempre el interés del adoptando que se convierte en norte y guía de cualquier decisión judicial al respecto.

Ahora bien, hemos de insistir en que el concepto de interés superior del niño debe ajustarse y definirse de forma individual, caso por caso, con arreglo a la situación concreta del niño o los niños afectados y teniendo en cuenta el contexto, la situación y las necesidades personales lo que lo convierte en flexible y adaptable, respetando plenamente los derechos que figuran en la Convención de las Naciones Unidas de los Derechos del Niño y sus Protocolos facultativos[5]. En palabras del Tribunal Supremo en Sentencia de 21 febrero 2023 (*Tol 9448902*), "el interés del menor difícilmente puede concebirse, desde un punto de vista estrictamente abstracto o general, mediante una simple especulación intelectual que prescinda del concreto examen del contexto en que se manifiesta. O dicho de otro modo, no puede fijarse a priori para cualquier menor, sino que debe ser apreciado con relación a un menor determinado en unas concretas circunstancias".

2. *El derecho de los menores a desarrollarse y ser educados en su familia de origen no es un derecho absoluto. La subversión de los términos*

Entre sus múltiples manifestaciones, el interés superior del menor abarca el derecho a ser educado y vivir con su propia familia. Así, la ONU considera la familia como el núcleo fundamental de la sociedad y el medio natural para el crecimiento, el bienestar y la protección de los niños[6]. En

---

4 *Vid.* Observación general N. 14 (2013) del Comité sobre los Derechos del Niño sobre el derecho del niño a que su interés superior sea una consideración primordial.

5 Para profundizar *vid.* Observación general N. 14 (2013) del Comité sobre los Derechos del Niño sobre el derecho del niño a que su interés superior sea una consideración primordial.

6 Punto 3 del Anexo de la Resolución de la Asamblea General de Naciones Unidas Directrices sobre las modalidades alternativas de cuidado de los niños (2010); Ob-

consecuencia, tanto la normativa internacional como nacional reconocen el derecho del niño a la vida familiar. Así, a tenor de lo establecido en el art. 9.1 de la Convención de las Naciones Unidas sobre los Derechos del Niño, los Estados Parte velarán porque el niño no sea separado de sus padres contra la voluntad de éstos, excepto cuando, a reserva de revisión judicial, las autoridades competentes determinen, de conformidad con la ley y los procedimientos aplicables, que tal separación es necesaria en interés superior del niño. Paralelamente, el art. 16 de la misma establece que ningún niño será objeto de injerencias arbitrarias o ilegales en su familia.

El Tribunal Europeo de Derechos Humanos, interpretando el art. 8 del Convenio Europeo de Derechos Humanos, ha insistido en declarar que para un progenitor y su hijo estar juntos representa un elemento esencial de la vida familiar[7]. Las medidas internas que lo impiden constituyen una injerencia en el derecho a la vida privada y familiar protegido por el artículo 8 del Convenio Europeo a no ser que, prevista por la Ley, persiga una o varias de las finalidades legítimas de acuerdo con el segundo párrafo del precepto y sea "necesaria, en una sociedad democrática", para alcanzarlas. La noción de "necesidad" implica una injerencia basada en una necesidad social imperiosa y, principalmente, proporcionada a la finalidad legítima perseguida[8]. Doctrina que lleva al Tribunal a afirmar que, en los asuntos relativos a la vida familiar, la ruptura del contacto con un niño demasiado pequeño puede llevar a una alteración importante de la relación con su progenitor[9]; por ello, la desintegración de una familia constituye una medida muy grave que debe basarse en consideraciones inspiradas en los intereses del niño y tener peso específico y solidez[10], no siendo suficien-

---

servación general N. 14 del Comité sobre los Derechos del Niño sobre el derecho del niño a que su interés superior sea una consideración primordial (2013).

7 SSTEDH Caso Olsson contra Suecia 24 marzo 1988, Caso Buscemi contra Italia 16 septiembre 1999, Caso Gnahore contra Francia 19 septiembre 2000, Caso Venema y Venema-Huiting contra Países Bajos 17 diciembre 2002, Caso Errico contra Italia 24 febrero 2009, Caso R.M.S. contra España 18 junio 2013, Caso Z.J. contra Lituania 29 abril 2014, Caso Haddad contra España 18 junio 2019, Caso Omorefe contra España 23 junio 2020.

8 SSTEDH Caso Errico contra Italia 24 febrero 2009, Caso Santos Nunes contra Portugal 22 mayo 2012.

9 SSTEDH Caso Saleck Bardi contra España 24 mayo 2011, Caso K. A. B. contra España de 10 abril 2012, Caso R.M.S. contra España 18 junio 2013.

10 SSTEDH Caso Errico contra Italia 24 febrero 2009, Caso Santos Nunes contra Portugal 22 mayo 2012, Caso R.M.S. contra España 18 junio 2013.

te comprobar que estaría mejor atendido en su nueva situación[11]. El Tribunal reconoce que las autoridades disponen de un amplio margen de apreciación a la hora de determinar la necesidad de prestar asistencia a un menor, pero el Tribunal debe estar convencido en el caso concreto de que existan unas circunstancias que justifiquen la separación temporal del menor, correspondiendo al Estado acreditar que se ha llevado a cabo una cuidadosa valoración del impacto de la medida de protección tanto en los padres como en el hijo, así como de las distintas alternativas a la asunción de la custodia por la entidad pública antes de la aplicación de la misma[12].

Por su parte, el art. 11.2.b LOPJM, entre los principios rectores de la actuación de los poderes públicos en relación con los menores, expresamente contempla el mantenimiento en su familia de origen, salvo que no sea conveniente para su interés.

Como conclusión, el niño no debe ser separado de sus padres, a no ser que tal separación venga exigida por su interés superior. Pero, tal y como el Tribunal Europeo de Derechos Humanos se encarga de subrayar, la desintegración de una familia constituye una medida muy grave que debe basarse en consideraciones inspiradas en los intereses del niño y tener peso específico y solidez[13], no siendo suficiente comprobar que estaría mejor atendido en su nueva situación[14].

En contra de esta tesis, abundan las resoluciones administrativas y los pronunciamientos judiciales en los cuales la separación del niño de su familia o la imposibilidad de retorno a la misma se apoya en afirmaciones tales como "el derecho de los menores a desarrollarse y ser educados en su familia de origen no es un derecho absoluto sino que cede cuando el propio interés del menor haga necesarias otras medidas"[15], o que "el interés que se valora es el de unos menores perfectamente individualizados, con nombres y apellidos, que han crecido y se han desarrollado en un determinado entorno familiar, social y económico que debe mantenerse en lo posible, si ello les es beneficioso. El interés en abstracto no basta ni puede ser interpretado desde el punto de vista de la familia biológica, sino

---

11 STEDH Caso Olsson contra Suecia 24 marzo 1988.

12 STEDH Caso Moser contra Austria 21 septiembre 2006.

13 SSTEDH Caso Errico contra Italia 24 febrero 2009, Caso Santos Nunes contra Portugal 22 mayo 2012, Caso R.M.S. contra España 18 junio 2013.

14 STEDH Caso Olsson contra Suecia 24 marzo 1988.

15 STS 14 febrero 2018 (*Tol 6516349*).

desde el propio interés del menor"[16]; o que califican el retorno como una "circunstancia excepcional"[17]. Estos dos últimos fragmentos ("debe mantenerse en lo posible" referido a la familia de acogida, o la configuración del retorno como "excepcional") implican subvenir absolutamente los términos y partir del mantenimiento del menor en el entorno en el que ha crecido si ello es beneficioso, cuando el punto de partida de las medidas de protección del menor que hayan implicado una separación de su núcleo familiar adoptadas por la entidad pública no debería ser otro que su reinserción en la familia de origen, salvo que dicho retorno sea contrario a su interés. Por ello no extraña que el Tribunal Europeo de Derechos Humanos Caso Omorefe contra España 23 junio 2020 afirme que "las autoridades internas no buscaron realizar un ejercicio de ponderación entre los intereses del menor y los de la madre biológica sino que se concentraron en los intereses del menor en vez de intentar conciliar los de ambos, y que además, realmente no consideraron seriamente la posibilidad de reunión del menor y de su madre biológica [...] En este contexto, el Tribunal no está convencido de que las autoridades internas hubieran considerado debidamente los esfuerzos de la demandante para regularizar y estabilizar su situación". Y constata lo que viene siendo práctica habitual: "que los tribunales internos asumieron y reiteraron la afirmación relativa a la ausencia de competencias de puericultura de la demandante sin haber recurrido a peritos independientes que podrían haber certificado una posible evolución a este respecto desde el inicio del procedimiento [...] el Tribunal constata graves errores de diligencia en el procedimiento llevado a cabo por las autoridades responsables de la tutela, guarda y adopción y así como por determinados órganos jurisdiccionales de primera instancia a este respecto, y en concreto, la inercia de estos al tener en cuenta las conclusiones de los informes elaborados y de las decisiones adoptadas por los distintos órganos de la Administración que intervinieron a lo largo del examen del asunto". Consideraciones del Tribunal Europeo de Derechos Humanos perfectamente trasladables a un nada desdeñable número de medidas de protección del menor acordadas por la administración y confirmadas miméticamente por diferentes órganos judiciales[18].

---

16 SSTS 13 febrero 2015 (*Tol 4712378*), 14 julio 2015 (*Tol 5390920*), 2 noviembre 2022 (*Tol 9291533*), SAP Castellón 27 julio 2021 (*Tol 9156598*).

17 SAP Granada 26 octubre 2021 (*Tol 8794914*).

18 A la "inercia de las autoridades administrativas" aluden también las SSTEDH Caso K. A. B. contra España de 10 abril 2012, Caso R.M.S. contra España 18 junio 2013.

No hay que olvidar, como indica Bercovitz Rodríguez-Cano, que la protección del menor no consiste en proporcionarle los mejores padres o guardadores posibles, sino en confiarle a quienes por naturaleza o adopción les corresponde, salvo los supuestos excepcionales en los que los mismos incumplen sus deberes de protección, dando así lugar a una situación de desamparo de sus hijos[19].

3. *La relevancia del derecho del menor a ser oído y escuchado*

Íntimamente conectado con el interés superior del menor se encuentra su derecho a ser oído y escuchado. No en vano, a la hora de determinar ese interés superior en el caso concreto ha de tenerse en consideración los deseos, sentimientos y opiniones del menor, así como su derecho a participar progresivamente, en función de su edad, madurez, desarrollo y evolución personal, en el proceso de determinación de su interés superior (art. 2.2.b LOPJM). Dicho de otro modo, la evaluación del interés superior del niño debe abarcar el respeto del derecho del menor a expresar libremente su opinión y a que esta se tenga debidamente en cuenta en todos los asuntos que le afectan[20]. Ambos preceptos, 2 y 9 LOPJM, tienen funciones complementarias. El niño ya no es un receptor pasivo de los cuidados y atenciones de los adultos sino un protagonista activo, un individuo con opiniones propias que habrán de ser atendidas en consonancia con su capacidad y madurez, llamado a participar en todo proceso de toma de decisiones que le

---

19 R. Bercovitz Rodríguez-Cano: "¿Protección de menores 'versus' protección de progenitores?", *Revista doctrinal Aranzadi Civil-Mercantil*, 1999, p. 12-13. En parecidos términos, indica H. Díez García (en "Comentario al art. 172 CC" en *Comentarios al Código Civil*, Tirant lo Blanch, 2013, p. 1785 y en "Comentario al art. 172" en Bercovitz Rodríguez-Cano, R.: *Comentarios a las modificaciones del Código Civil del año 2015*, Tirant lo Blanch, 2015, p. 504-505) la finalidad de las medidas jurídicas de protección no es otra que amparar y defender a los menores ante situaciones excepcionales de desprotección, pero no admiten modificar una determinada realidad económica y social en la que éstos pudieran verse inmersos, aunque existan personas en mejores condiciones para proveer a su cuidado. *Vid.* igualmente M. L. Roca Fernández-Castanys: "Régimen jurídico-administrativo de la tutela asistencial de menores y de los Centros de Protección", *Revista Andaluza de Administración Pública*, n. 80, 2012, p. 311.

20 *Vid.* Observación general N. 12 (2009) del Comité sobre los Derechos del Niño sobre el derecho del niño a ser escuchado.

afecten[21]. Por ello, cualquier decisión adoptada en interés del menor que resulte contraria a su opinión requerirá de una especial motivación[22].

En consonancia con lo expuesto, la Ley Orgánica 8/2015, de 22 de julio, efectúa una reforma del art. 9 LOPJM que pasa a denominarse "derecho a ser oído y escuchado" y, por lo que al objeto de este trabajo interesa, el menor tiene derecho a ser oído y escuchado en cualquier procedimiento administrativo, judicial o de mediación en que esté afectado y que conduzca a una decisión que incida en su esfera personal, familiar o social, teniéndose debidamente en cuenta sus opiniones, en función de su edad y madurez[23]. Para ello, el menor deberá recibir la información que le permita el ejercicio de este derecho en un lenguaje comprensible, en formatos accesibles y adaptados a sus circunstancias. En dichos procedimientos, las comparecencias o audiencias del menor tendrán carácter preferente, y se realizarán de forma adecuada a su situación y desarrollo evolutivo, con la asistencia, si fuera necesario, de profesionales cualificados o expertos, cuidando preservar su intimidad y utilizando un lenguaje que sea comprensible para él, en formatos accesibles y adaptados a sus circunstancias informándole tanto de lo que se le pregunta como de las consecuencias de su opinión, con pleno respeto a todas las garantías del procedimiento.

En definitiva, si la decisión no tiene en cuenta el punto de vista del menor o no concede a su opinión la importancia que merece de acuerdo con su edad y madurez, no respeta la posibilidad de que participe en la determinación de su interés superior[24].

En el ámbito del sistema de protección de menores objeto de este trabajo: 1°. La resolución administrativa que declare la situación de desamparo y las medidas adoptadas se notificará en legal forma al menor afectado si tuviere suficiente madurez y, en todo caso, si fuere mayor de doce años, de forma inmediata sin que sobrepase el plazo máximo de cuarenta y ocho horas. La información será clara, comprensible y en formato accesible, in-

---

21 Defensor del Pueblo: *Estudio sobre la escucha y el interés superior del menor. Revisión judicial de medidas de protección y procesos de familia*, 2014, p. 13.

22 H. Díez García: "Comentario al art. 154", cit., p. 403.

23 La madurez habrá de valorarse por personal especializado, teniendo en cuenta tanto el desarrollo evolutivo del menor como su capacidad para comprender y evaluar el asunto concreto a tratar en cada caso. Se considera, en todo caso, que tiene suficiente madurez cuando tenga doce años cumplidos.

24 *Vid.* Observación General N. 14 (2013) del Comité sobre los Derechos del Niño sobre el derecho del niño a que su interés superior sea una consideración primordial.

cluyendo las causas que dieron lugar a la intervención de la Administración y los efectos de la decisión adoptada y adaptada a su grado de madurez. Siempre que sea posible, y especialmente en el caso del menor, esta información se facilitará de forma presencial (art. 172 CC). 2º. La Entidad Pública a la que, en el respectivo territorio, esté encomendada la protección de menores regulará las visitas y comunicaciones que correspondan a los progenitores, abuelos, hermanos y demás parientes y allegados respecto a los menores en situación de desamparo, pudiendo acordar motivadamente, en interés del menor, la suspensión temporal de las mismas previa audiencia de los afectados y del menor si tuviere suficiente madurez y, en todo caso, si fuera mayor de doce años, con inmediata notificación al Ministerio Fiscal (art. 161). 3º. El menor acogido tendrá derecho a ser oído en los términos del artículo 9 y, en su caso, ser parte en el proceso de oposición a las medidas de protección y declaración en situación de desamparo de acuerdo con la normativa aplicable y en función de su edad y madurez. Para ello tiene derecho a ser informado y notificado de todas las resoluciones de formalización y cese del acogimiento (art. 21 bis LOPJM). 4º. La Entidad Pública podrá delegar la guarda de un menor declarado en situación de desamparo en las personas que, reuniendo los requisitos de capacidad para adoptar previstos en el artículo 175 y habiendo prestado su consentimiento, hayan sido preparadas, declaradas idóneas y asignadas para su adopción. A tal efecto, la Entidad Pública, con anterioridad a la presentación de la propuesta de adopción, delegará la guarda con fines de adopción hasta que se dicte la resolución judicial de adopción, mediante resolución administrativa debidamente motivada, previa audiencia de los afectados y del menor si tuviere suficiente madurez y, en todo caso, si fuere mayor de doce años, que se notificará a los progenitores o tutores no privados de la patria potestad o tutela (art. 176bis CC).

El derecho del menor a ser oído y escuchado es, por tanto, una norma de orden público cuya omisión tendrá como consecuencia la anulación de la resolución administrativa o de la sentencia, con retroacción al momento anterior al dictado de la misma. Como excepción, en atención a la falta de madurez o si se pone en riesgo el interés superior del menor, considera el Tribunal Supremo, es posible que la exploración sea denegada, tratando de evitar que la audiencia directa del menor le produzca un perjuicio mayor que el que se trata de conjugar. Pero, para ello, será necesario que el tribunal lo motive[25]. Motivación que, entiendo, debe ser reforzada.

---

[25] *Vid.*, entre otras, SSTS 7 marzo 2017 (*Tol 5990813*), 25 octubre 2017 (*Tol 6408271*), ATS 12 diciembre 2018.

Si nos circunscribimos al tema objeto del presente estudio, reviste especial relevancia la STS 13 julio 2023 (*Tol 9661449*) que, con buen criterio, estima el recurso por infracción procesal interpuesto contra la sentencia de segunda instancia en la medida en que la Audiencia Provincial había prescindido de la comparecencia directa de dos menores, de catorce y quince años, para ejercitar su derecho a ser oídos y que su opinión de conozca y se valore sin motivar las razones por las que tal audiencia era contraria a su interés superior. Y ello en contra de la opinión del Ministerio Fiscal quien considera: 1°. Que habiendo sido oídos los menores en primera instancia en forma amplia en fecha relativamente cercana a la resolución de segunda instancia no cabe realizar reproche alguno a la Audiencia por no haberla acordado de oficio. 2°. "La opinión de los menores en cuanto al regreso con su familia biológica cuando concurren factores de desamparo no puede tener el mismo peso que cuando expresan sus deseos en otro tipo de decisiones (atribución de guarda y custodia a progenitores ambos aptos para ejercer las funciones inherentes a la patria potestad)"[26].

---

26 En el supuesto sometido a la consideración del Tribunal, en la Sentencia de primera Instancia ya se hacía constar que adquiere singular relevancia en este supuesto el resultado de la diligencia de exploración entendida con los menores, quienes manifiestan sin ambages su deseo de retornar con el padre al domicilio familiar, siendo constatable el alto grado de comprensión y argumentación que presentan para decantarse por la conclusión de la medida tutelar a la que se encuentran sometidos y para reclamar una ampliación de las restringidas comunicaciones con el padre que se limitan a una visita semanal". A ello se une la convicción del juez, una vez examinadas las circunstancias que habían dado lugar a la declaración de desamparo, cobertura deficiente de necesidades básicas, próximo desahucio de la vivienda familiar, incumplimiento del padre del convenio regulador en cuanto al régimen de salidas con la madre, entre otras, de que la administración encargada de la protección de menores cuenta con la posibilidad de establecer otra medida menos radical que la declaración de desamparo, acordando otro tipo de controles y seguimientos que posibiliten supervisar el desarrollo de la dinámica familiar. Dicha constatación, unida a la expresa voluntad de los menores de reunirse con su padre, llevan al Juzgado a estimar la demanda por la que se impugnaba la resolución administrativa de desamparo. Resolución de desamparo que se mantiene por la Audiencia Provincial al estimar el recurso de apelación contra la Sentencia de Primera Instancia y lo hace prescindiendo de la comparecencia directa de los menores para ejercer su derecho a ser oídos y escuchados. Así las cosas, considera el Tribunal Supremo "la audiencia no fue acordada por el tribunal provincial mediante el ejercicio de sus facultades de oficio, ni tampoco motivó por qué no oía de manera directa e inmediata a unos menores que por su edad y madurez pueden ejercitar su derecho por sí mismos y así desean hacerlo. Esto no significa en modo alguno que la voluntad de los menores sea vinculante para el juzgador

Por último, pese a reconocer que en el acto de la vista la menor no había cumplido los doce años, la ausencia de una adecuada motivación me lleva discrepar de la opinión del Tribunal Supremo manifestada en el ATS 12 diciembre 2018 al confirmar la sentencia de la Audiencia Provincial que denegó la exploración de la menor interesada por la madre bajo el fundamento siguiente: "la situación y voluntad de la menor se deriva de la abundante documentación que conforma el expediente administrativo en el que se han emitido informe que recoge su evolución. El derecho a ser oído constituye un derecho propio de la menor que se entiende cumplido sin que conste por otra parte petición por parte de la menor en este sentido". Motivación que el Tribunal Supremo considera suficiente y añade (la cursiva es mía): "nos hallamos ante un procedimiento de oposición a resolución administrativa en materia de protección de menores, en el que por su naturaleza, y especiales características, *intervienen expertos o profesionales en contacto permanente con los menores,* y cuyo resultado queda reflejado a través de los múltiples informes que constan en las actuaciones, lo que *supone el cumplimiento del derecho del menor a ser explorado u oído,* como se desprende de toda la normativa nacional e internacional relativa a menores, *pues dicha exploración puede realizarse a través de expertos*".

III. PRIMER PASO: LA DECLARACIÓN DE UN MENOR EN SITUACIÓN DE DESAMPARO

1. *La declaración de desamparo ante hechos meramente constitutivos de riesgo*

Detectada la necesidad de efectuar una intervención protectora del menor por parte de la entidad pública, el ordenamiento jurídico español diferencia entre las situaciones de riego y de desamparo, reservando esta última para aquellos casos en los que la gravedad de la desprotección sea

---

quien, como hemos reiterado, debe basarse en el interés superior del menor, sin que pueda atribuírsele al menor la responsabilidad de la decisión (por todas, sentencia 705/2021, de 19 de octubre), especialmente cuando existen situaciones de riesgo o desamparo, pero sí determina que se les dé la ocasión de explicar su opinión y que a su vez se dé respuesta a las razones por las que sus deseos no pueden ser cumplidos", motivo por el que declara la nulidad del procedimiento, con reposición de las actuaciones al momento anterior al señalamiento de la votación y fallo del recurso de apelación para que el tribunal oiga a los menores.

tal que justifique separar al menor de su entorno familiar. Desamparo que solo debería aplicarse como último recurso y, en lo posible, ser temporal y por el menor tiempo posible. Al análisis de las diferencias entre riesgo y desamparo así como el régimen jurídico de cada uno de ellos se ha dedicado un trabajo previo al que me remito[27]. Me limitaré en las páginas que siguen a destacar única y exclusivamente aquellas cuestiones relevantes en cuanto a la relación entre desamparo y adopción.

Define el art. 172 CC la situación de desamparo como aquella que se produce de hecho a causa del incumplimiento o del imposible o inadecuado ejercicio de los deberes de protección establecidos por las leyes para la guarda de los menores, cuando éstos queden privados de la necesaria asistencia moral o material. Definición reiterada por el art. 18.1 LOPJM.

Del tenor de ambos preceptos se deducen tres requisitos cuya concurrencia permitirá apreciar una situación de esta índole:

1°. Un incumplimiento, imposible o inadecuado ejercicio de los deberes de protección establecidos por las leyes para la guarda de los menores, es decir, los relativos a la esfera personal del menor que integran el contenido de la patria potestad o tutela, en su caso: velar por él, tenerlo en compañía, alimentarlo, educarlo, y procurarle una educación integral.

2°. Que, como resultado del incumplimiento, imposible o inadecuado ejercicio de los deberes de protección, el menor quede privado de la necesaria asistencia moral o material.

3°. Que exista una relación de causalidad entre el incumplimiento, imposible o inadecuado ejercicio de los deberes de protección y el resultado de la privación de la necesaria asistencia moral o material del menor.

A los tres requisitos previamente enumerados cabe, en mi opinión, añadir un 4° cual es el hecho de que los perjuicios que para el menor se derivan de dicho incumplimiento, imposible o inadecuado ejercicio de los deberes de protección establecidos por las leyes no puedan ser evitados mientras permanezca en su entorno de convivencia pues, de lo contrario, nos encontraremos ante una situación de riesgo, no de desamparo, del menor.

Ahora bien, la situación de desamparo se genera de forma objetiva, es decir, al margen y con independencia de las causas que motivaron el in-

---

27 M. Ordás Alonso: "El nuevo sistema de protección de menores en situación de riesgo o desamparo como consecuencia de la entrada en vigor de la Ley 26/2015, de 28 de julio", *Aranzadi civil-mercantil. Revista doctrinal*, n. 9, 2016.

cumplimiento, imposible o inadecuado ejercicio de los deberes de protección que puede estar causado tanto por actos propios e imputables a aquellos que tienen el deber de cuidar de los menores, como obedecer a circunstancias de las que no son responsables[28]. Ello, conviene insistir, siempre y cuando resulte imprescindible separar al menor de su núcleo familiar.

Reservada la declaración de desamparo para aquellos supuestos en los que la efectividad de la protección resulte irreconciliable con la permanencia del menor en el núcleo familiar, en la práctica, el desamparo, concebido por la legislación como medida de último recurso, ha ostentado un cuasimonopolio alrededor del cual se han articulado las políticas públicas de protección del menor, separando de sus familias a niños que meramente se encontraban en una situación de riesgo, desoyendo los principios fundamentales que han de guiar la intervención administrativa en materia de protección de menores: la necesidad, la progresividad y la proporcionalidad, lo que requiere, siempre que sea posible, una actuación escalonada, de menor a mayor intensidad dirigida a poner fin a las situaciones de riesgo antes de adoptar medidas más drásticas[29], reservando la

---

28 Objetividad que queda claramente de manifiesto en la SAP La Rioja (Sección 1ª) n. 285/2008 de 13 octubre (*Tol 1480654*), al estimar que por ignorancia, imposibilidad, defecto de aptitudes sociales, incultura, marginación o cualquier otra razón posible, incluida la drogadicción de la madre, y "aun no entendiendo que se hayan producido o buscado de propósito tales circunstancias por los progenitores", los menores se encontraban en una situación de absoluta desatención material y moral. A la misma idea responde la caracterización del desamparo como una situación "fáctica, querida o no" (*vid.* SAP Valencia 3 mayo 20023 (*Tol 9663751*)). Por lo que a la doctrina se refiere, *vid.* H. Díez García, H.: "Comentario al art. 172 CC" en *Comentarios al Código Civil*, cit., p. 1789; M. Miranda Estrampes: "La Convención frente al desamparo del menor", en Villagrasa Alcaide, C. y Ravetllat Ballesté, I.: *El desarrollo de la Convención sobre los Derechos del Niño en España*, Bosch, Barcelona, 2006, p. 120; L. Murillo Jaso: "El desamparo de menores y el acogimiento. Problemática práctica en Aragón y soluciones jurídicas", en *Actas de los decimoterceros encuentros del Foro de Derecho aragonés*, Zaragoza, 2003, p. 275; M. A. Pérez Álvarez: "El desamparo: resoluciones administrativas, sentencias judiciales y reformas legales", en *Estudios jurídicos en memoria del profesor José Manuel Lete del Río*, Civitas, Navarra, 2009, p. 711. En sentido contrario, A. J. Huélamo Buendía (en "Procedimiento de impugnación de las resoluciones administrativas en materia de protección de menores", https://www.fiscal.es, p. 8-9) exige que dicho incumplimiento sea imputable a los padres o tutor legal del menor.

29 M. Ballesteros de los Ríos: "Comentario a la STS de 31 de julio de 2009", *C.C.J.C.*, n. 84, 2010, p. 3; E. Farnós Amorós: "Comentario a la Sentencia del TSJ de Cata-

declaración de desamparo, como indica el AAP Toledo 10 octubre 2006 (*ECLI:ES:APTO:2006:456A*), "para supuestos gravísimos que van mucho más allá de tener más o menos habilidades sociales, mayor o menor cociente intelectual o formación académica y por supuesto tener unos u otros recursos económicos. Ni la pobreza ni la incultura ni la poca inteligencia, son en sí mismas causas que impliquen desatención y desamparo de la prole y en cualquier caso, cuando una situación se basa en las mismas, cuando se aprecia que la madre puede recibir ayuda para adquirir las habilidades de las que carece, la obligación de los poderes públicos es prestar esa ayuda y colaboración (adoptando además mientras tanto las medidas de protección que sean necesarias) para evitar llegar a la más dramática de las situaciones imaginables, cual es la separación de por vida del niño, de su familia de origen"[30].

Sin embargo, basta manejar una base de datos de jurisprudencia para observar cómo se hace caso omiso de dichas consideraciones. Así, a título de ejemplo:

La Ley Orgánica 8/2015, de 22 de julio, de modificación del sistema de protección a la infancia y a la adolescencia canaliza a través de la administración pública competente para intervenir en situaciones de riesgo las medias de prevención, intervención y seguimiento de las situaciones de riesgo prenatal, a los efectos de evitar una posterior declaración de riego o desamparo del recién nacido. Ello no ha impedido que, con posterioridad a su entrada en vigor, se continúen dictando resoluciones administrativas que acuerdan la incoación de la declaración de desamparo y asunción de tutela de menores no nacidos, seguidas de una ulterior resolución por la que se acuerda la declaración de desamparo y asunción de tutela del niño recién nacidos. Sin embargo, como afirma Díez García, los propios presupuestos del desamparo impiden su utilización con carácter preventivo, para eso está la situación de riesgo, lo que impide declarar en desamparo al *nasciturus* pues ni tiene personalidad jurídica ni está sometido a potestad alguna, por lo que difícilmente puede haberse ésta incumplido o ejercido inadecuadamente. Es más, en sentido estricto no puede decirse que esté privado de la necesaria asistencia moral y material[31].

---

luña (Sala de lo contencioso-administrativo, sección 4ª) de 30 de abril de 2010", *C.C.J.C.*, n. 86, 2011, p. 3.

30 En el mismo sentido, SAP Toledo 21 noviembre 2006 (*ECLI:ES:APTO:2006:969*), SAP Toledo 28 abril 2015 (*ECLI:ES:APTO:2015:359*).

31 H. Díez García: "Comentario al art. 172 CC" en *Comentarios al Código Civil*, cit., p. 1796; H. Díez García: "Comentario al art. 172" en *Comentarios a las modificaciones,*

Íntimamente relacionado con lo anterior, la LOPJM considera un indicador de desamparo, entre otros, el tener un hermano declarado en tal situación, salvo que las circunstancias familiares hayan cambiado de forma evidente. No estamos ante una "circunstancia" que determine el desamparo, sino ante un "indicador" del mismo. Y, si las circunstancias han cambiado de forma evidente, ¿por qué continúa estando en desamparo el otro menor? ¿porque debido al tiempo transcurrido está plenamente integrado en una familia de acogida? Como indica la SAP Barcelona 2 mayo 2014 (*Tol 4390044*) no parece razonable vincular de forma causal el desamparo de los hijos menores al destino de sus hermanos mayores[32]. Cuestión distinta es que, con independencia de la previa declaración en desamparo de otro hijo, la misma situación de desprotección que llevó en su día a tomar aquella decisión conduzca a la necesaria intervención de la administración para proteger a otro menor, declaración de desamparo que se produciría por concurrir las circunstancias determinantes de tal situación, puede que coincidente en ambos menores, pero no por el mero hecho de tener un hermano en dicha situación[33]. Si finalmente se declara en desamparo a un menor por el hecho de tener un hermano en tal situación, no hay que olvidar el principio según el en la medida de lo posible conviene no separar a los hermanos (arts. 172 ter CC) y, de ser esto imprescindible, no podrán impedirse sin justa causa las relaciones personales entre ellos (art. 160 CC)[34].

Lo cierto es que son abundantísimas las resoluciones judiciales que confirman la declaración de desamparo de menores recién nacidos, que son separados de sus padres en el propio hospital en el que se ha producido su alumbramiento, amparándose en el hecho de que otros hijos de los mismos progenitores se encuentran sometidos a tutela de la administra-

---

cit., p. 512.

32 En este sentido, afirma la STJC de Cataluña 31 marzo 2011 (*Tol 2126751*) no supone, necesariamente, una arbitrariedad o una vulneración del principio de igualdad ni de la seguridad jurídica el hecho de que se considere a unos padres biológicos suficientemente capacitados para el cuidado de uno de sus hijos y no de los otros más pequeños, admitiendo la separación de los hermanos por haber quedado la misma justificada en atención al interés superior de los menores.

33 *Vid.* al respecto la SAP Murcia 15 de noviembre 2012 (*ECLI:ES:APMU:2012:2731*).

34 *Vid.* punto 16 del Anexo de la Resolución de la Asamblea General de Naciones Unidas Directrices sobre las modalidades alternativas de cuidado de los niños (2010). Un ejemplo de circunstancias que pueden determinar la separación de los hermanos puede verse en la STEDH Caso Covezzi y Morselli contra Italia 9 mayo 2003.

ción[35]. En estos casos, ¿es posible que concurran las circunstancias exigidas por el art. 172 C.C. para declarar la situación de desamparo? Situación de desamparo que, hay que insistir, es de interpretación restrictiva, considerándose una medida de último recurso[36]. Pues bien, no parece factible que los progenitores hayan incumplido sus deberes de guarda, ni que el menor se haya privado de la necesaria asistencia moral y material por lo que, estimo, en la mayoría de los supuestos nos encontraremos todo lo más ante una situación de riesgo que legitimará una intervención de la administración en el propio entorno del menor. Sólo cuando se pueda acreditar la existencia de los tres requisitos implícitos en el tenor del art. 172 CC y no pueda protegerse de manera efectiva al menor en su entorno familiar será, entonces sí, posible declarar la situación de desamparo[37]. Si a ello se une que estos supuestos suelen ir seguidos de una inexplicable celeridad a la hora de constituir una guarda con fines de adopción seguida de una

---

35 Como ejemplo pueden verse STSJ de Cataluña 12 marzo 2015 (ECLI:ES:TSJCAT:2015:3079); SAP Murcia 15 de noviembre 2012 (*ECLI:ES:APMU:2012:2731*).

36 Como indica la SAP Cádiz 16 julio 2021 (*Tol 8646513*): "para apreciar la situación de desamparo se han de examinar minuciosamente las circunstancias específicas de cada caso concreto, atendiendo fundamentalmente al interés del menor, sin desconocer, la necesaria protección de la situación familiar a que pertenece dicho menor, conforme a lo dispuesto en el artículo 39.1 de la CE, por lo que se hace necesario estimar que la asistencia moral y material de los menores en orden a la declaración de desamparo, ha de merecer una interpretación restrictiva, buscando un equilibrio entre el beneficio del menor y la protección de sus relaciones paterno-filiales, de tal manera que sólo se estime la existencia del desamparo cuando se acredite efectivamente, el incumplimiento de unos mínimos de atención al menor exigidos por la conciencia social más común, ya que, en definitiva, si primordial y preferente es el interés del menor, es preciso destacar la extraordinaria importancia que revisten los otros derechos e intereses en juego, es decir, los de los padres biológicos y los de las restantes personas implicadas en esa situación, lo que entronca directamente en el principio de prioridad de la propia familia natural proclamada en la Declaración de la Asamblea General de las Naciones Unidas de 30 de diciembre de 1986, en su artículo 9, que proclama el interés del niño a ser educado por sus padres naturales, lo que, por otro lado, reconoce también el artículo 172 ter. 2 de nuestro CC".

37 Así acontece, por ejemplo, en el supuesto de hecho de la SAP Sevilla 5 febrero 2007 (*Tol 7324862*) pues la menor al nacer presentaba síndrome de abstinencia por la adicción de la madre a la heroína y cocaína y su tratamiento con metadona y fue retirada del hospital donde se encontraba ingresada desde su nacimiento con un alta voluntaria a pesar del riesgo que implicaba debido a la detección de una afección cardiaca, negándose a ingresarla en un centro hospitalario.

rápida adopción prescindiendo del asentimiento de los padres biológicos, el cuadro está completo[38].

Contemplando la previsión legal desde otra perspectiva, y sirviendo como ejemplo los antecedentes de hecho de la STS 31 julio 2009 (*Tol 1723143*), pensemos en una niña que fue declarada en desamparo cuando, si la entidad pública hubiera sido rigurosa, debería haber sido declarada en situación de riesgo, cuyo retorno a su familia biológica es negado por el Tribunal Supremo apoyándose en argumentos tales como la "hipotética posibilidad de que la pareja se rompa" o, por lo que ahora nos interesa, debido al hecho de que la madre esté a cargo de un nuevo hijo, lo cual, a su opinión, "no desvirtúa las conclusiones anteriores, pues este hecho no demuestra por sí mismo que la reinserción familiar de la menor que fue declarada en desamparo sea procedente; las cargas parentales revisten mayor dificultad cuando el número de hijos es mayor; y el interés de la menor objeto de este proceso debe ser considerado, según acaba de verse, teniendo en cuenta no solamente las circunstancias de la familia biológica, sino también las derivadas de su actual situación de acogimiento". Dejando a un lado el desatino absoluto de la Sentencia en este y otros aspectos, no consta que se hubiera adoptado ninguna medida de protección respecto a este nuevo hijo porque no ha sido necesaria. Aplicada la previsión del reformado art. 18 LOPJM a esta madre no solo le habrían privado, injustamente y sin retorno, de su primer hijo sino probablemente, y con base en dicha privación, también del segundo.

Tampoco faltan las actuaciones administrativas que prescinden del art. 17.10 LOPJM a cuyo tenor la negativa de los progenitores, tutores, guardadores o acogedores a prestar el consentimiento respecto de los tratamientos médicos necesarios para salvaguardar la vida o integridad física o psíquica de un menor constituye una situación de riesgo, no de desamparo.

---

38 Más contundente se muestra H. Díez García (en "Comentario al art. 172 CC" en *Comentarios al Código Civil*, cit., p. 1796) al afirmar que el inmediato alejamiento de un recién nacido de su entorno puede constituir una forma de eludir la norma que impide el asentimiento de la madre a la adopción antes de que transcurran treinta días del parto, pues bastaría con declarar el desamparo e inmediatamente después se podría proceder a la adopción del recién nacido antes de dicho plazo prescindiendo de dicho asentimiento al considerarla incursa en causa de privación de la patria potestad.
Los supuestos de desamparo de niños recién nacidos son detenidamente estudiados por M. V. Mayor del Hoyo: "Análisis de los problemas jurídicos de aplicación del desamparo de menores en Aragón y propuestas hermenéuticas y *de lege ferenda*", *Revista de Derecho Civil Aragonés*, n. 19, 2013, p. 18-19.

Por otro lado, el art. 18 LOPJM dispone que la situación de pobreza de los progenitores, tutores o guardadores no podrá ser tenida en cuenta para la valoración de la situación de desamparo. Se recoge de esta manera en una norma con rango de ley una previsión que venía siendo exigida desde hace tiempo por diferentes instrumentos internacionales[39], algunos de ellos mucho más explícitos al aludir a que "la pobreza económica y material, o las condiciones imputables directa y exclusivamente a esa pobreza", no deberían constituir nunca la única justificación para separar un niño del cuidado de sus padres[40].

Ahora bien, ¿cómo ha de interpretarse la expresión "no podrá ser tenida en cuenta" para la valoración de la situación de desamparo recogida en el precepto? Obviamente, no podrá decretarse la situación de desamparo de un menor basándose única y exclusivamente en la pobreza de sus padres, tutores o guardadores pero ¿puede ser esta una circunstancia que, unida a otras, desemboque en una declaración de desamparo? La respuesta a este interrogante no resulta ni mucho menos fácil, ni probablemente resulte factible aportar respuestas categóricas válidas para la multiplicidad de supuestos fácticos que la realidad plantea, siendo así que la concurrencia o no de una situación de desamparo debe ser analizada caso por caso. Sin embargo, y como punto de partida, considero habría que preguntarse ¿las circunstancias concurrentes, excluida la pobreza, por sí solas justifican la declaración de un menor en situación de desamparo?[41] Si la respuesta es sí, la pobreza no ha jugado ningún papel en la valoración de la situación del menor. Si la respuesta es no, en mi opinión, se deberá proporcionar a la familia el apoyo económico y de otra índole y ello porque no es en modo alguno admisible, como en ocasiones acontece[42], confundir el interés del

---

39 *Vid.* Punto 14 del Anexo de la Resolución de la Asamblea General de Naciones Unidas Directrices sobre las modalidades alternativas de cuidado de los niños (2010).

40 *Vid.* Punto 14 del Anexo de la Resolución de la Asamblea General de Naciones Unidas Directrices sobre las modalidades alternativas de cuidado de los niños (2010).

41 Hay que tener en cuenta que la administración suele unir la pobreza a otras causas a la hora de declarar la situación de desamparo, no en vano, indica A. Carrasco Perera (en "Desamparados", *A.J.A.*, 2003, p. 1) "nunca se dice que la pobreza de los padres conduzca «por sí sola» al desamparo material o moral de los hijos. Se es demasiado hipócrita para confesarlo".

42 *Vid.* AAP Sevilla de 8 marzo 2001.

menor con el bienestar material del menor[43]. En apoyo de la tesis que defiendo puede alegarse el art. 17 *in fine* LOPJM a tenor del cual la concurrencia de circunstancias o carencias materiales se considerará indicador de riesgo, pero nunca podrá desembocar en la separación del entorno familiar.

Pese a ello abundan las resoluciones en las que se alude a la existencia de "carencias materiales", o a la falta de capacidad de los progenitores para satisfacer sus "necesidades materiales", entre las cuales ocupa un lugar significativo la vivienda[44], tanto como detonante de la separación del

---

43 *Vid.* H. Díez García: "Comentario al art. 172 CC" en *Comentarios al Código Civil*, cit., p. 1786.

44 Claro exponente de lo expuesto en el texto es la SAP Huesca 30 noviembre 2020 (*Tol 8272029*) declarando en desamparo a un menor que, desde mi punto de vista, se encontraba en situación de riesgo, debiendo las autoridades administrativas colaborar en la tramitación de cuantas ayudas económicas fueran necesarias para posibilitar la permanencia del niño con sus padres. Señala la Audiencia. "el expediente administrativo aportado a los autos, así como el informe psicosocial, revelan que, ya incluso antes de nacer el menor, sus dos progenitores habían sido objeto de seguimiento por los Servicios Sociales, quienes alertaron a los centros hospitalarios de la Comunidad, tras tener noticia de que la madre se encontraba en estado de gestación, a fin de que comunicaran el nacimiento del bebé, el cual, ya a los pocos días de nacer, fue declarado en situación de desamparo en atención a los antecedentes de sus padres. Posteriormente, y en vista de la actitud inicialmente favorable de aquéllos, la situación de desamparo mutó en situación de riesgo unos seis meses después, iniciándose un programa de preservación familiar durante el cual, al principio, hubo una colaboración entre los padres y los Servicios Sociales, contando los primeros con la asistencia y la supervisión de la entidad pública. Sin embargo, al desaparecer los progenitores con el menor sin dejar seña de su paradero, y habiendo perdido el apelante el trabajo que había conseguido, el menor y la madre fueron localizados meses después ocupando una vivienda en construcción sin suministro de agua ni electricidad, lo que dio lugar a la restauración de la situación de desamparo. De este modo, resulta que el apelante ya tuvo una primera oportunidad de tener contactos con su hijo y de asistirle, incluso con ayuda y supervisión de la Administración, pero los acontecimientos ya narrados hicieron precisa una nueva declaración de desamparo con la consiguiente asunción automática de la tutela por parte de la entidad pública.
El apelante insiste en que en la actualidad dispone de medios de vida, de una vivienda con condiciones de habitabilidad y de un apoyo familiar. A este respecto hemos de estar al resultado de la prueba practicada, ya que, aparte de lo que obra en el expediente administrativo, comparecieron al juicio, además de una representante de la entidad pública, la psicóloga y la trabajadora social que intervinieron en el informe pericial psicosocial que obra en autos, concluyendo aquéllas que un retorno a la familia biológica supondría un riesgo para el menor, quien

entorno familiar como el hecho de tener dichas necesidades cubiertas con sus padres de acogida un factor en contra del retorno del menor con su familia de origen.

Lo expuesto queda claramente de manifiesto en los hechos que se encuentran en la base de la STEDH Caso R.M.S. contra España 18 junio 2013: El 23 de agosto de 2005, la pequeña G., de 3 años y 10 meses de edad, fue separada de su madre quien había acudido a los locales de los servicios sociales en Motril con su pareja y su hija para solicitar una ayuda debido a su peligrosa situación. Dos días más tarde, el 25 de agosto de 2005, la Delegación provincial declaró la situación provisional de desamparo de la menor. El 30 de agosto de 2005, la madre fue informada de que la Delegación se hacía cargo de la tutela de su hija y del traslado de esta al centro de acogida *Nuestra Señora del Pilar* de Granada sin informar a la madre y sin dar respuesta a sus solicitudes de trasladarla a un centro de acogida más cercano a su domicilio. La madre vio a su hija por última vez el 27 de septiembre de 2005 debido a la suspensión total y permanente del régimen de visitas. El procedimiento administrativo tendente al acogimiento familiar comenzó el 9 de junio de 2006, habiendo sido seleccionados los padres de acogida el 2 de abril de 2006. Sin embargo, la madre indicó que su hija le había contado que le habían llevado a una casa con piscina, lo que implicaría que los padres de acogida habían entrado en contacto con la menor mucho antes de la fecha mencionada, es decir, unos días después de la separación de su madre y en cualquier caso antes del 27 de septiembre de 2005, fecha en la que la madre y su hija se vieron por última vez. El motivo por el que se decretó el desamparo no fue otro que la ausencia de recursos de la madre que se encontraba en situación de indigencia extrema, siendo así que la niña no estuvo expuesta a ninguna situación de violencia o maltrato físico o psíquico, ni de abusos sexuales y los tribunales no constataron carencias afectivas, de estado de salud inquietante o de desequilibrio psíquico de los padres. Se trataba tan solo de una carencia material que las autoridades

---

además ha superado su adaptación al nuevo entorno sociofamiliar, y que el apelante carece de un empleo estable, sin que tenga ingresos propios, y carece también de una vivienda que pueda considerarse como suya, residiendo en un piso de unos 68 metros cuadrados que está a nombre de su hermano y su cuñada y en el que éstos ya viven con sus tres hijos, por todo lo cual se considera en el informe que este apoyo familiar es insuficiente. Por tanto, y en ese contexto de economía familiar precaria y de falta de un proyecto de paternidad coherente y estable, se considera oportuna la continuidad de la medida de protección propuesta por los Servicios Sociales, ya que revertirla podría perjudicar el desarrollo integral del menor".

podrían haber compensado o ayudado por otros medios, que no la total separación de la familia, última medida que sólo debe aplicarse a los casos más graves. El Tribunal Europeo de Derechos Humanos considera que el papel de las autoridades de protección social es precisamente ayudar a las personas en dificultad que no tengan los conocimientos necesarios del sistema y guiarles en sus pasos y aconsejarles, entre otras cosas, sobre los diferentes tipos de beneficios sociales disponibles, oportunidades para obtener vivienda social u otros medios de superar sus dificultades, que era lo que la demandante había buscado inicialmente[45].

---

[45] Después de casi seis años de haber estado separada de su madre, la niña estaba bien adaptada en su familia de acogida, que satisfacía todas sus necesidades materiales y afectivas y con la que vivía desde el 16 de febrero de 2007. El Tribunal observa en este sentido que el paso del tiempo tuvo el efecto de hacer más difícilmente reversible una situación que podría haber sido orientada por otros medios que la separación y la declaración de desamparo de la niña. Madre e hija se vieron por última vez el 27 de septiembre de 2005 y, desde entonces, la madre no ha cesado de reclamarla tanto ante los órganos competentes de la administración como ante los tribunales internos. Por tanto, ha habido violación del artículo 8 del Convenio Europeo de Derechos Humanos. Resolviendo en equidad, el Tribunal consideró que procedía conceder a la demandante 30.000 en concepto de daño moral.

Tras la Sentencia del Tribunal Europeo de Derechos Humanos, la madre de la menor formuló incidente extraordinario de nulidad de actuaciones contra la Sentencia del Juzgado de Primera Instancia n. 16 de Granada de 4 de septiembre de 2009 interesando la reposición de las actuaciones al momento anterior a la misma y, previos los trámites oportunos, el dictado de una nueva resolución de conformidad con la Sentencia del Tribunal Europeo de Derechos Humanos, y que, en su virtud, se acordase no haber lugar al acogimiento familiar de la menor, ordenando la adopción de cuantas medidas fueran necesarias en orden a facilitar que la menor fuera devuelta a su madre; subsidiariamente, la adopción de las medidas oportunas en orden a que se constituyera acogimiento familiar permanente en favor del tío abuelo de la menor, con derecho a visitas, adoptándose cuantas medidas fueran necesarias en orden a facilitar que la menor fuera devuelta a su madre. El incidente fue inadmitido por Auto de 9 de enero de 2014. Contra dicho Auto la madre interpuso recurso de apelación, que fue desestimado por Auto de la Audiencia Provincial de Granada (Sección Quinta) de 3 de septiembre de 2014. Contra ambos autos se interpone recurso de amparo ante el Tribunal Constitucional denunciando la vulneración del derecho fundamental a un proceso con todas las garantías (art. 24.2 CE), en relación con el art. 10.2 CE y con el art. 13 CEDH, y del derecho fundamental a la tutela judicial efectiva sin indefensión (art. 24.1CE), en relación con el derecho fundamental a la integridad física y moral de la menor (art. 15 CE), reclamándose su interpretación conforme al art. 8CEDH. Así las cosas, la STC 65/2016 11 abril 2016 (*Tol 5787171*) estima el amparo solicitado por

Igualmente, por poner otro ejemplo de las muchas Sentencias en este sentido, la Sentencia del Juzgado nº 16 de Málaga de 18 de abril de 2013, revocada por la SAP Málaga 19 noviembre 2014 (*Tol 5220161*), desestimó la oposición a la resolución de desamparo al considerar que ha quedado acreditado su necesidad basándose en que la falta de recursos económicos, situación de desempleo de los progenitores, posible desahucio de la vivienda, y falta de apoyo familiar revestían suficiente gravedad para concluir que se encontraban en situación de grave riesgo. Es más, en la fecha de dictar Sentencia, estima el Juez que subsisten los motivos por los que se declaró la situación de desamparo de los menores, sin que las alegaciones sobre la búsqueda de empleo y vivienda, así como el profundo cariño que les profesan a sus menores hijos y la promesa sincera de cumplir en el futuro con los deberes inherentes a la patria potestad, desvirtúen el hecho de su "actual falta de capacidad para manejar la extrema situación económica actual".

Para concluir, en ningún caso se separará a un menor de sus progenitores en razón de una discapacidad del menor, de ambos progenitores o de uno de ellos. Todo lo más, y de ser ello necesario, nos encontraremos ante una situación de riesgo. Se cumple así con lo establecido en el art. 23.4 de la Convención de Naciones Unidas sobre los Derechos de las Personas con Discapacidad, de 13 de diciembre de 2006 que, a mayor abundamiento, dispone en el art. 23.2 que los Estados Parte prestarán la asistencia apropiada a las personas con discapacidad para el desempeño de sus responsabilidades en la crianza de los hijos[46]. Como en supuestos anteriores, la realidad se aparta del tenor de la ley en no pocos supuestos en los que se recurre a expresiones absolutamente vagas tipo "ausencia de madurez de la madre", o a que presenta un "grado de discapacidad" sin más puntualizaciones, ni especificar en qué afecta o si afecta al cumplimiento de los

---

la madre, en su propio nombre y en el de su hija menor de edad, y declara que ha sido vulnerado su derecho fundamental a la tutela judicial efectiva sin indefensión y, en consecuencia, declara la nulidad de los autos previamente mencionados y acuerda retrotraer las actuaciones al momento inmediatamente anterior a Auto del Juzgado de Primera Instancia n. 16 de Granada de 9 de enero de 2914 para que dicte una nueva respetuosa con el derecho fundamental vulnerado.

46 Ahora bien, indica Mayor Del Hoyo (en "Análisis de los problemas", cit., p. 26), no podemos pensar que, en una interpretación desproporcionada de la Convención, la mera presencia de una discapacidad excluya la posible declaración de desamparo si se dan las circunstancias que lo originan, en tanto que sería discriminatorio para los progenitores sin discapacidad y, sobre todo, iría en contra del interés del menor. *Vid.*, en este sentido, la SAP Cantabria 1 febrero 2021 (*Tol 8389872).*

deberes inherentes a la patria potestad, para decretar el desamparo del menor[47].

2. *La intervención judicial a posteriori*

"En caso de separación, el Estado debe garantizar que la situación del niño y su familia haya sido evaluada, cuando sea posible, por un equipo multidisciplinario de profesionales perfectamente capacitados, con la colaboración judicial apropiada, de conformidad con el artículo 9 de la Convención, a fin de asegurarse de que es la única opción que puede satisfacer el interés superior del niño" Así lo establece el Punto 64 Observación general Nº 14 del Comité sobre los Derechos del Niño sobre el derecho del niño a que su interés superior sea una consideración primordial —2013—.

Sin embargo, se constata cómo en el ordenamiento jurídico español esa "colaboración judicial" se produce una vez que el niño ha sido separado de su familia y en el solo supuesto de que la declaración de desamparo haya sido impugnada. Será, por tanto, la administración que en cada territorio esté encargada de la protección de menores la que declare a un menor en situación de desamparo. Potestad administrativa que será ejercida sin necesidad de autorización judicial previa, ni de ratificación a posteriori.

Es de hacer notar que la resolución en la que se declare el desamparo no sólo debe ser motivada sino que, como indica el Defensor del Pueblo, la Ley debería haber exigido una motivación reforzada y coherente con los principios recogidos en el art. 2 LOPJM sobre criterios para determinar el interés superior del menor. Es más, en dicha motivación debería aludirse a las actuaciones de apoyo previo a la familia que se hubieran llevado a cabo para la defensa del derecho a la vida privada y familiar en consonancia con las exigencias del Tribunal Europeo de Derechos Humanos. Frente a esta exigencia, las propias Fiscalías ponen de relieve la escueta fundamentación de las resoluciones de desamparo[48], no siendo infrecuente que las resoluciones administrativas en las que se declara a un menor en situación de

---

47 *Vid.* SAP Valencia 26 mayo 2021 (*Tol 8539706*) en la que únicamente se afirma que, en el momento del nacimiento de la menor, en la progenitora concurrían "graves circunstancias", además de un grado de discapacidad del 65%. A "problemas de salud mental y de comportamiento" alude la SAP Zaragoza 30 octubre 2020 (*Tol 8275423*).

48 *Vid.* Memoria de la Fiscalía General del Estado correspondiente al año 2013, p. 431.

desamparo se limiten a enumerar los apartados relativos a circunstancias que figuran en las normas de protección como indicadores de desamparo, sin efectuar mayor concreción[49].

La resolución administrativa por la que la entidad pública declara a un menor en desamparo y asume su tutela está revestida de presunción de legalidad con la consiguiente ejecutividad[50]. En caso de discrepancia, el remedio previsto por el Ordenamiento Jurídico es un proceso civil regulado en el artículo 780 LEC denominado de "oposición a las resoluciones administrativas en materia de protección de menores". Por lo tanto, el sistema se basa en una resolución administrativa declarando el desamparo y un eventual control jurisdiccional a posteriori de la misma. Proceso que será igualmente aplicable a otro tipo de resoluciones administrativas adoptadas en materia de protección de menores tales como, por ejemplo, la restricción o supresión del régimen de visitas por parte de sus progenitores.

A tenor de lo establecido en la Disposición Adicional de la Ley Orgánica 1/1996 de protección Jurídica del Menor, contra las resoluciones que declaren el desamparo y la asunción de la tutela por ministerio de la Ley los recursos se admitirán en todo caso en un solo efecto, lo que implica que mientras se sustancia el recurso no se suspenderán los efectos de la resolución administrativa impugnada. Es más, indica la doctrina, la salvaguarda del interés superior del menor conllevará que no se modifique su situación personal hasta que la resolución judicial que determine la misma quede definitivamente firme y, de este modo, tenga ya ejecutoriedad, al objeto de establecer definitivamente el status personal y familiar del menor[51].

Entre las ventajas de la desjudicialización se encuentra dotar al sistema de una capacidad de respuesta ágil, en opinión de algunos, sin ocasionar por ello una merma de garantías del menor al comunicar al Ministerio Fiscal la existencia de un menor en situación de desamparo y la asunción de la tutela automática a los efectos de posibilitar tanto la función de supervisión que tiene encomendada como la eventual impugnación de dichas decisiones administrativas[52]. Sin embargo, dado que la declaración de desamparo afecta a la protección constitucional de la familia, no falta quien

---

49 Defensor del Pueblo: *Consideraciones sobre los Anteproyectos de Ley de protección a la infancia y Ley Orgánica complementaria* (2014), p. 10.

50 *Vid.* SAP Alicante 15 abril 2008 (*ECLI:ES:APA:2008:2388*).

51 A. J. Huélamo Buendía: "Procedimiento de impugnación", cit., p. 13-14.

52 Informe elaborado por la Comisión especial del Senado sobre la problemática de la adopción nacional y otros temas afines, 2010, p. 9.

considera el procedimiento correcto sería o bien que la entidad pública interviniera inmediatamente y, una vez estudiada la situación, si se considera que concurren los presupuestos para declarar al menor en desamparo se regulara un procedimiento para que el Juez decretase esa situación con las consecuencias de la tutela automática y la suspensión de patria potestad; o bien, si se declara el desamparo por la entidad administrativa, está debería de solicitar al Juez la suspensión/privación de la patria potestad[53]. A parecidas conclusiones llega el Defensor del Pueblo afirmando que la articulación legal del sistema de protección está basada en la existencia de unos organismos administrativos con medios especializados y potestades muy contundentes. Frente a ello, una vía tradicional sería la adopción de medidas cautelares por parte del juzgado; sin embargo, tal posibilidad no se contempla en la práctica, puesto que se entiende que se anticiparía la decisión de fondo, sin disponer de un conocimiento suficiente de la cuestión, cuando el núcleo del debate puede requerir del apoyo de equipos técnicos que necesitan un tiempo para emitir su dictamen. Ello lleva a plantearse si sería conveniente un cambio de modelo en que la jurisdicción deba supervisar y ratificar, en todo caso, la resolución de desamparo adoptada por la administración competente, transcurrido un plazo prudente (por ejemplo de 3 a 6 meses) de modo que la autoridad judicial ratifique, module o anule dicha resolución[54]. Comparto plenamente la opinión mantenida por el Defensor del Pueblo habida cuenta de que en los últimos años hemos asistido a un aumento del número de resoluciones judiciales que consideran no se dan los presupuestos necesarios para la existencia de un menor en situación de desamparo, no obstante su declaración inicial por parte de la entidad pública. A lo que se une el hecho de que existen dificultades objetivas para que este número pueda ser mayor, sobre todo por la falta de asesoramiento a los familiares desde el inicio del procedimiento administrativo[55]. Familiares que en buena parte de los casos carecen de

---

53 B. Soriano Ibáñez: "El desamparo de menores y el acogimiento. Problemática práctica en Aragón y soluciones jurídicas", en *Actas de los decimoterceros encuentros del Foro de Derecho aragonés*, Zaragoza, 2003, p. 256.

54 Defensor del Pueblo: *Estudio sobre la escucha y el interés superior del menor. Revisión judicial de medidas de protección y procesos de familia*, 2014, p. 32-33.

55 Defensor del Pueblo: *Estudio sobre la escucha y el interés superior del menor. Revisión judicial de medidas de protección y procesos de familia*, 2014, p. 31. En esta última idea insiste I. Ravetllat Ballesté (en "La protección de las personas menores de edad en la legislación civil catalana. Especial incidencia en el estudio de la Ley 14/2010, de 27 de mayo, de los derechos y las oportunidades en la infancia y la adolescencia", *InDret*, 2014, p. 25) cuando afirma que el número de declaraciones de desamparo

conocimientos jurídicos, por lo que es indispensable que la parte afectada se vea amparada por la asistencia letrada desde el primer momento en que se produce la retirada de los menores de su entorno familiar. No en vano el Defensor del Pueblo ha señalado como uno de los problemas a los que se enfrenta la protección de menores en España no es otro que la carencia de información y de asistencia jurídica de las familias biológicas desde el primer momento de la intervención administrativa, que les dificulta reaccionar ante las decisiones que se van adoptando[56].

3. El retorno del menor con sus padres de origen no es un principio absoluto e incondicionado

De acuerdo con la doctrina reiterada del Tribunal Europeo de Derechos Humanos, la asunción de la tutela de un niño debe considerarse una medida temporal a suspender tan pronto como la situación se preste, de manera que cualquier acto de ejecución debe ser coherente con un objetivo final: unir de nuevo al progenitor natural y al niño[57]. En consecuencia, se impone a las autoridades competentes, desde el momento de asumir la tutela, la obligación positiva de tomar las medidas necesarias para facilitar la reunificación familiar cuando sea realmente posible, y con más y más fuerza, pero siempre buscando el equilibrio con el deber de considerar el interés superior del niño[58]. La idoneidad de las medidas para reunir a un progenitor y su hijo se juzga según la rapidez de su aplicación, pues el paso del tiempo puede tener consecuencias irremediables para la relación entre el niño y aquél de los progenitores que no vive con él[59].

---

en las que no concurren los presupuestos básicos para la declaración del mismo hay que pensar que son muy superiores a aquellas en que tal decisión es revisada, y, por la autoridad judicial producto de las condiciones socioeconómicas de buena parte de las familias afectadas que pueden carecer de conocimientos jurídicos y tener escaso nivel social, cultural y económico.

56 Defensor del Pueblo: *Estudio sobre la escucha y el interés superior del menor. Revisión judicial de medidas de protección y procesos de familia*, 2014, p. 28.

57 SSTEDH Caso R.M.S. contra España 18 junio 2013, Caso Haddad contra España 18 junio 2019, Caso Omorefe contra España 23 junio 2020.

58 SSTEDH Caso Errico contra Italia 24 febrero 2009, Caso Saleck Bardi contra España 24 mayo 2011, Caso R.M.S. contra España 18 junio 2013, Caso K. A. B. contra España 10 abril 2012, Caso Santos Nunes contra Portugal 22 mayo 2012, Caso Z.J. contra Lituania 29 abril 2014, Caso P.F. contra Polonia 16 septiembre 2014.

59 SSTEDH Caso K. A. B. contra España 10 abril 2012, Caso Saleck Bardi contra España 24 mayo 2011, Caso Omorefe contra España 23 junio 2020.

En definitiva, la directriz, la guía, de las medidas de protección del menor que hayan implicado una separación de su núcleo familiar adoptadas por la entidad pública no es otra que su reinserción en la familia de origen[60]. Retorno que deberá producirse tanto si han cambiado las circunstancias que motivaron la declaración de desamparo como si, en fase de revisión judicial de la resolución administrativa que lo declaraba, se estima que no había motivos para declarar al menor en desamparo.

En este sentido, resulta indispensable traer a colación la STS (Sala de lo Civil, Sección 1ª) núm. 565/2009 de 31 julio (*Tol 1723143*)[61] que finaliza sus argumentaciones afirmando que "debe concluirse que el derecho de los padres biológicos no es reconocido como principio absoluto cuando se trata de adoptar medidas de protección respecto de un menor desamparado y tampoco tiene carácter de derecho o interés preponderante, sino de fin subordinado al fin al que debe atenderse de forma preferente, que es

---

60 Y ello pese a que, fruto de las reformas del verano de 2015, pone de relieve H. Díez García (en "Comentario al art. 172" en *Comentarios a las modificaciones...*) el legislador ha pretendido rebajar la prioridad o el nivel de valoración que habría de darse al derecho del menor a vivir, crecer y ser educado en su propia familia.

61 Sentencia por la que se estima el recurso de casación contra SAP Toledo de 21 de noviembre de 2006. Se trata de una menor nacida el 13 de abril de 2001 cuya tutela automática es asumida por la entidad pública el 2 de abril de 2003, formalizada el 5 de agosto de 2003, al haberse detectado en la pareja "carencias referidas a pautas de alimentación y organización doméstica, horarios y cuidados para un bebé, así como problemas de pareja. A ello se añaden rumores de que la madre se dedica a la prostitución y juega a las máquinas". El padre de la niña fallece el 7 de julio del mismo año. Formalizada la tutela el 5 de agosto, el 26 de dicho mes se propone la búsqueda de pareja para formalizar acogimiento preadoptivo judicial, prohibiendo a la madre el contacto con su hija por resolución del 6 de octubre. En tan sólo un mes y medio, sin intentar por todos los medios a su alcance la administración que sean los padres quienes desarrollen adecuadamente sus responsabilidades paterno filiales, se decide separar definitivamente a una hija de su madre biológica, prohibirle todo contacto con ella y gestionar un acogimiento preadoptivo.
En la misma línea, entre otras, SSTS 21 febrero 2011 (*Tol 2052804*), 13 junio 2011 (*Tol 2189133*), 6 febrero 2012 (*Tol 2441171*), 7 febrero 2012 (*Tol 2459269*), 6 junio 2014 (*Tol 4364744*), 9 julio 2015 (*Tol 5205501*), 10 marzo 2016 (*Tol 5673586*), 17 marzo 2016 (*Tol 5681144*), 14 febrero 2018 (*Tol 6516349*), SAP Cádiz 17 mayo 2019 (*Tol 7357648*), SAP Granada 24 mayo 2019 (*Tol 7700339*), SAP Cádiz 9 marzo 2020 (*Tol 8026169*), SAP Almería 15 septiembre 2020 (*Tol 8626031*), SAP Asturias 18 enero 2021 (*Tol 837062*), SAP Vizcaya 21 abril 2021 (*Tol 8492442*), SAP Cádiz 16 julio 2021 (*Tol 8646513*), SAP Valencia 3 mayo 20023 (*Tol 9663751*), SAP Cantabria 30 mayo 2023 (*Tol 9649072).*

el interés del menor. La adecuación al interés del menor es, así, el punto de partida y el principio en que debe fundarse toda actividad que se realice en torno a la defensa y a la protección de los menores. Las medidas que deben adoptarse respecto del menor son las que resulten más favorables para el desarrollo físico, intelectivo e integración social del menor y hagan posible el retorno a la familia natural; pero este retorno no será aceptable cuando no resulte compatible con las medidas más favorables al interés del menor" y fija como doctrina jurisprudencial el hecho de que "para acordar el retorno del menor desamparado a la familia biológica no basta con una evolución positiva de los padres biológicos, ni con su propósito de desempeñar adecuadamente el rol paterno y materno, sino que es menester que esta evolución, en el plano objetivo y con independencia de las deficiencias personales o de otro tipo que puedan haber determinado el desamparo, sea suficiente para restablecer la unidad familiar en condiciones que supongan la eliminación del riesgo de desamparo del menor y compensen su interés en que se mantenga la situación de acogimiento familiar en que se encuentre teniendo en cuenta, entre otras circunstancias, el tiempo transcurrido en la familia de acogida, si su integración en ella y en el entorno es satisfactoria, si se han desarrollado vínculos afectivos con ella, si obtiene en la familia de acogida los medios necesarios para su desarrollo físico y psíquico, si se mantienen las referencias parentales del menor con la familia biológica y si el retorno al entorno familiar biológico comporta riesgos relevantes de tipo psíquico"[62].

---

[62] En definitiva, en la práctica, no importa tanto la variación de las circunstancias que motivaron el desamparo como los vínculos con la familia de acogida. Meridianamente clara en el sentido expuesto resulta la SAP Granada de 11 junio 2021 (*Tol 8629924*) a cuyo tenor: "conforme al art. 172.2 del CC, la solicitud de revisión de la situación de desamparo, es facultad que le asiste al progenitor dentro de los dos años siguientes a la notificación de la declaración administrativa de desamparo, a cuyo términos perderá aquél el derecho a solicitar su revisión a la Entidad Pública. De tal forma que, una vez transcurrido dicho plazo, tan solo le corresponde al Ministerio Fiscal la facultad de instar el reintegro del menor al núcleo familiar, cesando la suspensión de la patria potestad y la revocación del desamparo, pudiendo acordarlo también de oficio la Entidad Pública de conformidad con el apartado 3 del citado precepto. Lo cual reviste especial relevancia, toda vez que producida la declaración de desamparo, se activan las correspondientes medidas de guarda que, en casos como el presente, pueden incluir la constitución de acogimiento familiar preadoptivo; motivando el establecimiento no solamente de las garantías de atención respecto de las necesidades personales y materiales del menor, sino, además, de vínculos afectivos que llegan a consolidarse entre la familia de acogida y el propio menor. De tal forma que, por más que, llegados

Doctrina que la propia Exposición de Motivos de la Ley 26/2015, de 28 de julio, dice haber incorporado a la reforma de la protección de menores en España. En concreto, el art. 19 bis LOPJM establece que cuando del pronóstico se derive la posibilidad de retorno a la familia de origen, la entidad pública aplicará el programa de reintegración familiar, sin perjuicio de lo dispuesto en la normativa relativa a los menores extranjeros no acompañados. Ahora bien, para acordar el retorno del menor desamparado a su familia de origen será imprescindible que se haya comprobado una evolución positiva de la misma, objetivamente suficiente para restablecer la convivencia familiar, que se hayan mantenido los vínculos, que concurra el propósito de desempeñar las responsabilidades parentales adecuadamente y que se constate que el retorno con ella no supone riesgos relevantes para el menor a través del correspondiente informe técnico. En los casos de acogimiento familiar, deberá ponderarse, en la toma de decisión sobre el retorno, el tiempo transcurrido y la integración en la familia de acogida y su entorno, así como el desarrollo de vínculos afectivos con la misma[63].

---

a este punto, pudiera cambiar el criterio, la actitud o las circunstancias de los progenitores suspendidos en el ejercicio de la patria potestad, no solamente el cumplimiento de lo establecido legalmente sobre legitimación del progenitor, sino la observancia del interés superior del menor, una vez así se corrobore por la Entidad Pública y el Ministerio Fiscal, llaman al mantenimiento de la situación orientada a consumación de la definitiva adopción".

63 Manifiestamente claro en este sentido es el AAP Barcelona 1 octubre 2007 (*Tol 7531054*) a tenor del cual "una vez expuesta la situación personal y familiar tanto de los menores como de los aquí apelantes, la Sala quiere dejar constancia que la presente controversia, en la que se cuestiona e impugna la supresión por parte de los padres biológicos del régimen de visitas para con sus hijos, al haberse acordado la constitución de su acogimiento preadoptivo, ciertamente entraña y significa un problema humano de gran contenido ético y moral en el que los intereses en conflicto se concretan en el deseo de aquél de poderlos ver y en el fondo de intentar recuperarlos, frente a la actitud de la entidad pública y de los propios padres acogedores de mantener el actual 'statu quo', en el ámbito familiar de éstos, en cuyo seno viven los niños desde hace más de tres años y medio de los siete y seis de vida de cada uno de ellos [...] en el caso que nos ocupa, en que la convivencia de los menores durante tan prolongado período de tiempo con los acogedores ha contribuido a solidificar una situación sentimental y afectiva de los niños en su entorno concreto, que realiza para ellos el esquema ideal y creativo de la familia, al ser éste su único referente parental —puesto que desde principios del año 2004 no han visto ni han tenido contacto alguno con ninguno de sus progenitores biológicos—, implica la imposibilidad de retorno de los niños con sus padres biológicos, y, por ende, cualquier remoción o separación de los menores respecto de los acogedores, superponiendo vínculos puramente biológicos, sin dinámica

Para concluir, cuando se proceda a la reunificación familiar, la entidad pública realizará un seguimiento posterior de apoyo a la familia del menor. Precepto que el Tribunal Supremo, en Sentencia 17 marzo 2016 (*Tol 5681144*), ha declarado "sirve de guía a la hora de interpretar el interés del menor a situaciones anteriores a su entrada en vigor".

La lectura detenida de los requisitos exigidos tanto por la Sentencia del Tribunal Supremo como por el nuevo art. 19 bis LOPJM para que pueda tener lugar el retorno del menor a su familia de origen, que no tiene porqué ser biológica, pone claramente de manifiesto la dificultad sino imposibilidad de que concurran en la práctica. Tanto la lentitud que caracteriza a los tribunales, como el factor tiempo, juegan ciertamente en contra de los progenitores que en un determinado momento vieron suspendida la potestad parental de sus hijos y que, en consecuencia, no pueden recuperarlos afectiva y materialmente. Por ello, por más que sus condiciones hayan cambiado positivamente, su indefensión es total, no pueden competir con el tiempo que los menores han estado en compañía de la familia de acogida, con el desarrollo de vínculos afectivos con la misma o el mantenimiento de referencias parentales con la familia de origen, máxime si previamente se les había privado de la posibilidad de visitar a sus hijos o comunicarse con ellos o se había establecido un régimen de visitas inadecuado[64]. Circunstancias permitidas o provocadas por el propio sistema y totalmente ajenas al comportamiento de los progenitores biológicos. En definitiva, el papel determinante del tiempo en los procesos unido a la errónea creencia, frecuente en muchos casos, de que el interés del menor se encuentra en proporcionarle "los mejores padres"[65] conduce, en la práctica, a convertir el

---

o suficiente contenido espiritual, a realidades concretas de amor, que desde el remedio del acogimiento preadoptivo y de la futura adopción enriquece tanto a acogedores como a acogidos —cual ha quedado suficientemente acreditado en autos en el supuesto objeto de examen—, equivaldría o representaría la negación del fundamental principio aludido del 'favor minoris', resultando, en consecuencia, el acogimiento preadoptivo en su día propuesto por el I.C.A.A., como la medida más adecuada para la protección de los niños Juan María y Daniela".

64 En parecidos términos P. Benavente Moreda: "Riesgo, desamparo y acogimiento de menores. Actuaciones de la administración e intereses en juego", *Anuario de la Facultad de Derecho de la Universidad Autónoma de Madrid*, n. 15, 2011, p. 42.

65 Sirva como ejemplo la SAP Málaga 22 julio 2000 (ECLI:ES:APMA:2000:3163): "Alfonso tenía poco más de dos años cuando dejó de vivir con sus padres, teniendo una situación afectiva consolidada en su nuevo núcleo familiar, que produciría conflicto emocional difícilmente superable por los padres biológicos al no poder cerrar la puerta de sus sentimientos hacia las figuras de referencia actuales, que

retorno del menor en su familia de origen en un mero *desiderátum*, cuando no en una mera declaración de intenciones que en rarísimas ocasiones llega a producirse[66]. No en vano, la propia jurisprudencia llega a calificar el retorno del menor con su familia de origen como una "circunstancia excepcional"[67], otorgando prevalencia a la consecución de una filiación adoptiva sobre los vínculos con la familia biológica, lo que implica hacer caso omiso tanto de la normativa internacional como de la doctrina emanada del Tribunal Europeo de Derechos Humanos.

Un detenido examen de cualquier repertorio jurisprudencial lleva a concluir que no son infrecuentes resoluciones judiciales en las que se declara una declaración de desamparo improcedente; o una resolución administrativa por la que se acuerda el acogimiento preadoptivo, hoy guarda con fines de adopción, es considerada precipitada y carente de justificación; incluso que el transcurso del tiempo haga inviable el retorno del

---

por otra parte son óptimas, frente a la aventura de la integración en su familia natural, cuya situación ha mejorado notablemente pero que sigue siendo problemática dadas las limitaciones personales evidentes de los progenitores, debiendo primar la estabilidad para el menor adquirida en estos últimos años que el ponerle en situación de riesgo en aras de una utópica reunificación familiar".

66 Benavente Moreda, P.: "Riesgo, desamparo", cit., p. 45.

67 En este sentido, señala la SAP Granada 26 octubre 2021 (*Tol 8794914*): "es cierto que, como se reconoce por la sentencia de instancia, no puede ignorarse la posibilidad de presentación de cambios sustanciales en las circunstancias o aptitudes personales, sociales, asistenciales y de cualquier otro orden que pudiera propiciar un replanteamiento de la posibilidad de retorno o reintegración del menor en la familia de origen. Si bien, ello, *como circunstancia excepcional*, tan solo puede ser valorado desde una indeclinable y exclusiva perspectiva conservadora del interés superior del menor. [...] producida la declaración de desamparo, se activan las correspondientes medidas de guarda que, en casos como el presente, pueden incluir la constitución de acogimiento familiar preadoptivo; motivando el establecimiento no solamente de las garantías de atención respecto de las necesidades personales y materiales del menor, sino, además, de vínculos afectivos que llegan a consolidarse entre la familia de acogida y el propio menor. Todo lo cual responde a un sistema legal de tratamiento de la situación de desamparo, *enfocada a la plena restitución de las condiciones de desarrollo de la personalidad del menor, en el deseable marco de su integración en una nueva familia*, con los mismos derechos y garantías que dispensa la institución de la patria potestad, *a través del reconocimiento de la filiación adoptiva* a que se orienta el acogimiento iniciado como finalidad óptima a la que se orienta la intervención de la Entidad Pública. Y ello, *con prevalencia sobre los vínculos con la familia biológica*, cuya extinción, precisamente en el interés del menor adoptado, contempla expresamente y como norma general el art. 178.1 del CC".

menor con su familia de origen pese a haber cambiado las circunstancias que motivaron la adopción de la medida de protección. ¿Qué acontece en estos supuestos cuando el Tribunal estima que el interés del menor imposibilita el retorno con su familia de origen? Dejando a un lado aquellos casos, en absoluto infrecuentes, en los que opta por estimar que el cambio de circunstancias de los progenitores, pese al esfuerzo realizado el cual reconocen, no ha sido suficiente para revocar la resolución de desamparo con lo que obvian entrar en el problema de fondo[68], en ocasiones estiman que el fallo ordenando el reintegro del menor no es ejecutable en sus propios términos acordando un cumplimiento por equivalente mediante el abono de una indemnización sustitutoria[69] lo que no es otra cosa que una compraventa[70] o una "expropiación masiva"[71]. Los progenitores podrán acudir a los tribunales y pedir que la administración responda por los daños morales generados como consecuencia del ¿imposible? retorno del menor a la familia de origen[72]. Daños a los que gráficamente alude la Audiencia Provincial de Sevilla como "un dolor que forzosamente iba *in crescendo* cual si a un cuerpo se le van arrancando de forma lenta pero pro-

---

68 Como ejemplo podemos citar la ya "clásica" STS 31 julio 2009 (*Tol 1723143*) pues, aunque considera acreditada la evolución favorable de la madre biológica, "no permite asegurar que esta evolución sea suficiente para eliminar el riesgo de desamparo de la menor si se restablece la unidad familiar, pues, entre otros factores, depende según el dictamen pericial, de hechos circunstanciales, como su vida en pareja". Esta conclusión, como acertadamente indica, M. Ballesteros de los Ríos (en "Comentario a la STS de 31 de julio de 2009", *cit.*, p. 14) es demoledora, no se justifica por qué esa evolución no basta para eliminar el riesgo y se señala que ello depende de que continúe o no su vida en pareja. Por tanto, ante la hipotética posibilidad de que la pareja se rompa es preferible el no retorno de la menor, lo que implica no sólo es anticiparse a un futuro que se desconoce sino supeditarlo a algo que puede ocurrir en cualquier familia.

69 Prestación que, como indica P. Benavente Moreda (en "Riesgo, desamparo", cit., p. 48) únicamente atiende, si es que se puede considerar que lo hace efectivamente, a los intereses de los padres de origen, pero de ningún modo da respuesta al "interés superior" del menor al que se priva durante años del derecho a estar con su familia.

70 E. Corral García: "El Derecho a la integridad moral del menor como fundamento de la imposibilidad de la reinserción en su familia", *Revista doctrinal Aranzadi Civil-Mercantil*, N. 11, 2003, p. 1.

71 A. Carrasco Perera: "Padres sin hijos", cit., p. 1.

72 L. Allueva Aznar: "Situaciones de riesgo y desamparo en la protección de menores. A propósito de la Ley 14/2010, de 27 de mayo, de los derechos y oportunidades de la infancia y la adolescencia", *InDret*, octubre 2011, p. 22.

gresiva los distintos miembros"[73]. Ahora bien, ¿en cuánto está valorada la pérdida de todo contacto con un hijo?, ¿hay dinero suficiente para cubrir el daño moral ocasionado por tal pérdida?

Lo anterior no resulta incompatible con la posibilidad de plantearse la existencia de responsabilidad patrimonial por parte de la entidad pública. Ello conlleva el análisis detenido de un abanico de cuestiones (la doctrina de los daños continuados, la indemnización del daño moral derivado de la privación de la compañía de los hijos, la valoración del daño, la prescripción de la acción) cuyo estudio ha sido abordado en un trabajo previo a cuyas reflexiones me remito[74].

En este sentido, y a riesgo de resultar políticamente incorrecta, he de manifestar mi absoluto rechazo a la doctrina jurisprudencial expuesta que se dice dictada atendiendo a que "el derecho de los padres biológicos no es reconocido como principio absoluto cuando se trata de adoptar medidas de protección respecto de un menor desamparado y tampoco tiene carácter de derecho o interés preponderante, sino de fin subordinado al fin al que debe atenderse de forma preferente, que es el interés del menor". Parte el Tribunal Supremo de un error de base cual es considerar que el principio de reintegración familiar es un derecho de los padres cuando, en igual o mayor medida, es también un derecho del hijo. Se observan igualmente, desde diferentes ámbitos, exacerbadas críticas contra lo que denominan "biologismo" o "biologicismo" entendido como una preterición del interés superior del menor frente a otros intereses de los padres

---

73 *Vid.* AAP Sevilla 30 diciembre 2205 (*Tol 8157433*). Hay que tener en cuenta que, en el caso concreto, además de los daños morales, la Audiencia considera acreditado un sufrimiento que se ha traducido en el actual padecimiento de dos graves enfermedades, como lo acreditan los informes médicos aportados: una de naturaleza psíquica caracterizada por un cuadro depresivo reactivo, que tuvo manifestaciones tan graves como el intento de suicidio, y otra de naturaleza física u orgánico a resultas de la cual se halla actualmente en tratamiento oncológico presentando plena afectación de un pulmón. A la vista de tal documental, y dados todos los antecedentes fácticos expuestos, la Sala llega al convencimiento de que tales padecimientos son consecuencia directa o indirecta del sufrimiento soportado durante casi diez años por la solicitante. Diez años de recursos para finalizar viendo cómo, pese a considerar que no concurrían los presupuestos para haber declarado a los menores en situación de desamparo, el tiempo jugó en su contra convirtiendo el fallo en inejecutable.

74 *Vid.* M. Ordás Alonso: "Responsabilidad patrimonial de la Administración y desamparo", en *La responsabilidad por daños en las relaciones familiares,* Bosch, 2017.

biológicos[75], sin plantearse siquiera que el interés del menor puede coincidir con el de sus padres biológicos. Así, es usual referirse a que el menor se encuentra "totalmente integrado y adaptado social, escolar y familiarmente", que "se encuentra adaptada a la familia preadoptiva que ve como su padre y su madre", que "un cambio en la situación de la menor podría generar un desajuste psicológico con problemas emocionales, de estrés y ansiedad. Problemas conductuales de agresividad o mal comportamiento así como dificultades para adaptarse al nuevo entorno social y escolar, con posibles problemas de aprendizaje. Y problemas a nivel afectivo, de tristeza o depresión infantil"[76]. Consideraciones vagas y generales que, en ocasiones, se presentan a modo de mera posibilidad ("podría generar"). En este sentido, resulta forzoso traer a colación la STEDH (Sala 3ª) Caso Görgülü contra Alemania 26 febrero 2004 llamando la atención sobre aquellos supuestos en los que los Tribunales sólo se centran en los efectos inminentes que una separación de sus padres de acogida tendría sobre el niño, pero no en los efectos a largo plazo que una separación permanente de su padre natural podría tener sobre el menor[77].

---

75 Un claro ejemplo de esta tendencia es el Informe elaborado por la Comisión especial del Senado sobre la problemática de la adopción nacional y otros temas afines (2010) que, en sus conclusiones, afirma que "se detecta claramente, tanto en la actuación de las entidades públicas como, sobre todo, en la judicatura, un excesivo biologismo, entendido como una preterición del interés superior del menor frente a otros intereses de los padres biológicos, que van más allá de la admitida y recomendable pretensión de mantener al menor en el medio familiar de origen cuando ello sea posible. Este excesivo biologismo tiene una de sus manifestaciones en la forma de llevarse a cabo las visitas de los progenitores donde suele primar el adultismo, esto es, el interés de los adultos, sobre el bienestar de los menores".

76 *Vid.* a este respecto la STS 31 julio 2009 (*Tol 1723143*).

77 No puedo sino discrepar de la solución adoptada por el AAP Tarragona 19 julio 2002 que, pese a admitir que la prueba documental practicada acredita que, "si bien la señora V. ha cumplimentado hasta unos mínimos aceptables las previsiones materiales y económicas del plan de mejora establecido por la administración, al contar ella y su actual compañero el señor M. M. con una vivienda arrendada de condiciones aceptables y un puesto de trabajo con ingresos suficientes para sustentar las necesidades básicas de las menores, además de que el citado señor M. ha participado en el programa de visitas y manifiesta su voluntad de cooperar en su educación, lo cierto es que el desarrollo de las visitas de la señora V. con las menores ha demostrado la completa inexistencia de vínculos afectivos de éstas con respecto a su madre biológica y, por el contrario, su plena integración en la familia de acogida. [...] Resulta de la extensa documentación la reiterada actitud de rechazo por parte de las menores hacia la figura de su madre biológica (inicial-

Considero conveniente reproducir en esta sede las reflexiones recogidas en el AAP Sevilla de 3 de febrero de 2000 (AC 2000/56) al afirmar que "la situación de bonanza en la nueva familia acogedora no es razón suficiente para la adopción de una decisión, incluso si tal bonanza no lo es sólo material sino también afectiva y social porque toda la normativa de protección al menor destaca la necesidad de procurar la reinserción con la familia original, por lo que el «hallazgo» de una familia ideal no

---

mente por parte de la mayor, Carolina, al ser mucho más débil el recuerdo de las otras dos, que dejaron de convivir con ella a una edad muy temprana, pero extendiéndose pronto a sus hermanas), así como la particular situación de angustia y sufrimiento psicológico que para las tres han comportado las visitas, y el temor de que este reencuentro con su madre pueda suponer el abandono del entorno de estabilidad en que se encuentran actualmente, dado el especial vínculo establecido con sus acogedores, a quienes consideran sus únicos padres". Así las cosas, concluye la Audiencia afirmando que "la situación que presentan las menores es la de una completa ruptura de los vínculos afectivos con su madre biológica, y paralelamente, la plena asunción de sus actuales acogedores como sus únicos progenitores, lo que les produce un estado de auténtico temor y angustia ante la perspectiva de abandonar su convivencia con éstos. Tal situación, que después del prolongado trámite anteriormente descrito, cabe calificar de irreversible, implica la ausencia del soporte afectivo que constituye la base de la relación materno-filial, y en consecuencia, hay que considerar que imposibilita a la hoy apelante el ejercicio de su potestad sobre las menores —entendida en su acepción amplia de conjunto de funciones a desempeñar para su adecuado desarrollo y formación, y siempre desde la perspectiva de la protección de su interés—, integrando, por tanto, el supuesto previsto en el ya mencionado artículo 13.1.b) de la Ley 37/1991, por todo lo cual se estima procedente la medida de acogimiento preadoptivo acordada por la Juez «a quo» y, en suma, la desestimación del recurso". Como he indicado con anterioridad, la misión del Derecho no es proporcionar "los mejores padres". La madre ha seguido las indicaciones de la administración, su pareja se ha implicado, tienen vivienda aceptable e ingresos suficientes para sustentar las necesidades de las menores. El problema parece radicar en la impotencia de la madre. De "pasividad" habla la sentencia, pero es difícil sostener que tal ha sido su actitud cuando ha cumplimentado el plan de mejora establecido por la administración. Respecto al rechazo de las niñas, es lógico si fueron separadas de su madre muy pequeñas, pero quizá no irrecuperable. Contrasta comprobar cómo en supuestos de ausencia de relaciones de los progenitores con sus hijos a los que quizá ni conocen, en ausencia de desamparo, se establece un régimen progresivo de visitas, cuando este fracasa se cambia por otro y así sucesivamente existiendo grandes reticencias a suspender el mismo, muchas más a modificar el sistema de guarda y qué decir de la privación de la patria potestad, y la ligereza con la que se acuerda la guarda preadoptiva de los menores en desamparo, se suspenden las visitas y se mutila toda posibilidad de retorno del niño con su familia de origen.

tiene por qué contraponerse a la posibilidad de reinserción en su familia original, pues es sabido que el grado de bienestar material y afectivo no se da en todas las familias por igual hacia sus hijos y no por ello se piensa en promover mutaciones familiares en aras de colocar a los hijos en la que sea posible alcanzar para el menor una situación poco menos que idílica; el interés del menor no consiste pues en procurarle, «encontrarle» el mejor núcleo familiar posible, a modo de una subasta familiar en la que cada familia pujaría ofreciendo los mejores servicios materiales y disponibilidades afectivas, sino en su mantenimiento en el núcleo familiar de pertenencia por razón de nacimiento que es el naturalmente llamado a proporcionar los mayores lazos afectivos y donde naturalmente ha de desarrollarse con mayor potencialidad su personalidad, por lo que es esto lo que habrá de analizarse y ponderarse, no marginarse y olvidarlo en aras de la buena asistencia material y afectiva de la familia acogedora que siempre se ha de presumir dada la provisionalidad de tal acogimiento". Incluso, añado yo, en estos supuestos excepcionales en los que no hay más alternativa que declarar al menor en desamparo con la consiguiente asunción de la tutela automática por parte de la entidad pública, la guarda deberá llevarse a cabo en el ámbito de su familia extensa antes que recurriendo a un acogimiento a través de personas extrañas, salvo que sea inconveniente para el menor y no lo es el mero hecho de que existe una diferencia generacional con los abuelos o que no parece conveniente aumentar su carga de trabajo si ellos están de acuerdo con asumir la guarda del menor. Es hora, por tanto, de acabar con lo que ha sido calificado como "oficializado sistema de *devotos* de la reinserción de menores en capas sociales más favorecidas que los padres de los que nacieron"[78].

En definitiva, Administración y tribunales españoles olvidan la doctrina del Tribunal Europeo de Derechos Humanos. En concreto, cuando un asunto llega a su conocimiento el punto decisivo no es otro que saber si las autoridades españolas tomaron todas las medidas necesarias y adecuadas que sería razonablemente esperar para facilitar el regreso de los hijos con sus progenitores biológicos tan pronto como sea posible para que puedan llevar una vida familiar normal. El resultado de tal comprobación acostumbra a jugar en contra del Estado español. Sirva como ejemplo la Sentencia de 18 de junio de 2019 Caso Haddad contra España en la que, a pesar de la oposición del padre a la constitución de un acogimiento familiar preadoptivo, este fue adoptado por la única razón de la ausencia de contacto

---

78 Carrasco Perera, A.: "Padres sin hijos", cit., p. 1.

entre la menor y su padre durante varios años cuando las reuniones entre ellos habían sido suspendidas por el Juez de Primera Instancias tras una denuncia por violencia de género de la que fue absuelto. En consecuencia, considera el Tribunal, las autoridades competentes son responsables de la ruptura del contacto entre el demandante y su hija, al menos desde la absolución del mismo, y éstas han incumplido su obligación positiva de tomar las medidas que le permitan disfrutar de contacto regular con la menor. Lo que se traduce en una violación del art. 8 del Convenio Europeo de Derechos Humanos. Igual ocurrió en el caso R.M.S contra España en el que el acogimiento familiar preadoptivo fue considerado basándose únicamente en el motivo de que no había habido contacto entre la menor y su madre desde hace años, cuando los encuentros entre ellas habían sido suspendidos por decisión administrativa y judicial. Supuesto especialmente sangrante habida cuenta de que la situación de desamparo había sido declarada única y exclusivamente por cuestiones económicas, sin que la posterior evolución económica haya llamado la atención del juez, lo que hoy específicamente prohíbe la LOPJM. Pero es más, en numerosas ocasiones, como indica la SAP Asturias (Sección 4ª) núm. 88/2016 de 10 marzo, no solo no se adoptan medidas positivas encaminadas a lograr una reunificación sino que "las actuaciones de la recurrente en aras de mantener la relación con su hijo (defensor judicial, recursos y solicitudes...) y las de la Administración que se dirigen a proseguir con la ruptura de la relación madre/hijo en beneficio de la figura de la adopción".

A nadie se le escapa, y así lo ha indicado reiteradamente el Tribunal Europeo de Derechos Humanos, que la reunión de los padres naturales con niños que han vivido durante algún tiempo en una familia de acogida no puede producirse inmediatamente y necesita preparación[79]. Ahora bien, las obligaciones positivas que recaen sobre los Estados abarcan asegurar que el niño pueda reunirse con su progenitor o tener contacto con él, pero también incluyen todas la medidas preparatorias que permitan alcanzar ese resultado[80]. Por ejemplo, mediante el establecimiento de un régimen de visitas que se vaya paulatinamente incrementando hasta concluir con el definitivo retorno del menor con su familia. En esta idea insiste el punto 51 del Anexo de la Resolución de la Asamblea General de Naciones Unidas *Directrices sobre las modalidades alternativas de cuidado de los niños* (2010)

---

79 *Vid.*, a título de ejemplo, SSTEDH Caso Santos Nunes contra Portugal 22 mayo 2012, Caso Z.J. contra Lituania 29 abril 2014.

80 SSTEDH Caso R.M.S. contra España 18 junio 2013, Caso Haddad contra España 18 junio 2019.

al establecer que una vez decidida, la reintegración del niño en su familia debería concebirse como un proceso gradual y supervisado, acompañado de medidas de seguimiento y apoyo que tengan en cuenta la edad del niño, sus necesidades y desarrollo evolutivo y la causa de la separación.

Tampoco hay que obviar la posibilidad de poner fin a la situación de desamparo, sustituyendo esta por una situación de riesgo. Merece la pena, en este sentido, hacer alusión a la STS 2 octubre 2017 (*Tol 6375650)* que desestima los recursos extraordinario por infracción procesal y de casación interpuestos contra la Sentencia de la AP de Castellón 15 septiembre 2016 que una vez comprobada la evolución positiva de la familia de origen, pone fin al desamparo y opta porque el menor se mantenga, por su interés, en el medio familiar de origen, pero con unas cautelas que la madre ahora va a ser consciente que no son por imposición administrativa sino judicial de manera que, si ésta no se sometiese al PIF que se elabore, con la continuidad en la escolarización del menor, será el momento para, en interés del menor, declararlo en situación de desamparo.

4. La flexibilidad procedimental de los procedimientos especiales del Libro IV LEC como mecanismo utilizado en contra de la familia de origen

Íntimamente relacionado con el apartado anterior, dedicado al estudio del difícil, cuando no imposible, retorno del menor con su familia de origen se encuentra la doctrina jurisprudencial que, al analizar si el juez, al examinar la impugnación de la declaración de desamparo por la administración, debe contemplar únicamente las circunstancias que concurrían en el momento en que la administración asumió la tutela del menor y subordinar el examen de un posible cambio de circunstancias a una solicitud de revocación de las medidas acordadas[81] o, por el contrario, debe contemplar la existencia de un cambio de circunstancias producido con posterioridad al momento en que se declaró, con el fin de determinar si los padres se encuentran en condiciones de asumir nuevamente la patria potestad, se ha decantado por la segunda de las alternativas.

Así, la STS 31 julio 2009 (*Tol 173143*)[82] sienta como doctrina jurisprudencial que es procedente que el juez, al examinar la impugnación de

---

[81] En este sentido, entre otras, SAP Cádiz 20 enero 2006 (*Tol 882082*), SAP La Rioja 13 octubre 2008 (*Tol 1480654*), SAP Cádiz 27 abril 2012 (*Tol 2558819*).

[82] En el mismo sentido, SSTS 7 febrero 2012 (*Tol 2459269*), 9 julio 2015 (*Tol 5205501),* 10 marzo 2016 (*Tol 5673586*), STSJ de Cataluña 25 julio 2013 *(Tol 3943639),* STSJ

la declaración de desamparo por la administración interpuesta al amparo del artículo 172.6 CC, contemple el cambio de circunstancias producido con posterioridad al momento en que se produjo la declaración con el fin de determinar si los padres se encuentran en condiciones de asumir nuevamente la patria potestad. Para llegar a esta conclusión el Tribunal Supremo se apoya en el hecho de que "la jurisprudencia constitucional, dada la importancia de los intereses de orden personal y familiar de los menores, de los padres biológicos y de los restantes afectados, ha admitido la existencia de un menor rigor formal en este tipo de procesos; ha declarado que no se configuran como un simple conflicto entre pretensiones privadas, sino que se amplían *ex lege* las facultades del Juez en garantía de los intereses que han de ser tutelados, entre los que ocupa una posición prevalente el interés del menor (STC 58/2008, de 28 de abril); y ha consagrado la legitimidad constitucional de la que llama «la exclusión de la preclusividad» (SSTC 75/2005, de 4 de abril, 58/2008, de 28 de abril), es decir, de la exclusión de los efectos del principio de preclusión, según el cual la clausura de una fase o plazo procesal impide replantear lo ya decidido en ella. El artículo 413 LEC, como una manifestación de este principio, consagra el principio de perpetuación de la acción disponiendo que «[n]o se tendrán en cuenta en la sentencia las innovaciones que, después de iniciado el juicio, introduzcan las partes o terceros en el estado de las cosas o de las personas que hubiere dado origen a la demanda y, en su caso, a la reconvención». Este principio tiene como finalidad institucional el mantenimiento de la seguridad jurídica como garantía de la contradicción e igualdad de oportunidades de defensa y admite excepciones, como la posibilidad de formular alegaciones complementarias para la integración del objeto del proceso (artículo 412 LEC), y la posibilidad de tomar en consideración modificaciones posteriores al inicio del juicio cuando lo imponen razones de interés público o general relacionadas con el objeto del proceso que determinan que éste se rija por los principios de oficialidad y verdad material o que deba atenderse de manera prevalente a fines institucionales superiores a los de la seguridad jurídica y garantía de contradicción que presiden su desarrollo. Esto último sucede en el tipo de proceso que estamos examinando, en el que el CC ordena que «se buscará siempre el interés del menor» (artículo 172.4 CC). Este precepto, como expone el Ministerio Fiscal, atribuye al interés del menor desamparado un

---

de Cataluña 12 marzo 2015 (ECLI:ES:TSJCAT:2015:3079), SAP Alicante 26 noviembre 2014 (*Tol 4752001*), SAP Málaga 19 de noviembre 2014 (*Tol 5220161*), SAP Granada 28 junio 2019; SAP Cádiz 9 marzo 2020 (*Tol 8026169*).

carácter prevalente en la adopción y revisión jurisdiccional de las medidas de control en consonancia con los tratados internacionales ratificados por España y presta suficiente apoyo legal, a juicio de esta Sala, a la exclusión del principio *perpetuatio actionis* [perpetuación de la acción] que rige en el proceso civil".

Insistiendo en esta idea, por su cercanía en el tiempo, considero merece la pena detenerse en las consideraciones efectuadas por el Tribunal Supremo en Sentencia de 21 febrero 2023 (*Tol 9448902*) que discrepa del "argumento de la sentencia del tribunal provincial de que la situación a analizar sea la concurrente al tiempo de la adopción de las medidas administrativas de protección, en virtud de los principios de litispendencia y perpetuación de la jurisdicción, como si de una fotografía se tratase, que congelase en el tiempo una imagen o el estado de cosas existentes al momento de dictarse la resolución administrativa objeto de oposición en este trance. Lejos de ello, estos procedimientos especiales, tuitivos frente a las situaciones de riesgo en las que puedan hallarse los menores, con la finalidad de preservar el libre desarrollo de su personalidad y garantizar su interés superior (arts. 10.1 y 39 CE), se sustancian con gran flexibilidad procedimental, de manera tal que las partes gozan de un amplio margen para formular nuevas alegaciones y proponer pruebas sobre ellas (art. 752 LEC), susceptibles de ser sometidas al principio de contradicción. En efecto, comoquiera que las relaciones y comportamientos humanos no son estáticos, sino dinámicos, no pueden ser ignorados acontecimientos ulteriores u otros hechos que afecten a la resolución del caso, so pena de vulnerarse el derecho fundamental a la tutela judicial efectiva del art. 24.1 CE. Es, por ello, que cabe, en estos juicios del Libro IV de la LEC, el acopio y consideración judicial de nuevos datos trascendentes para tomar la decisión que sea más adecuada en la delicada misión de velar por los intereses preferentes de los menores".

De este modo, considera, "no puede ni debe prescindir de los nuevos elementos de enjuiciamiento aportados a los autos por el Ministerio Fiscal, e informes a los que hace referencia la administración recurrente". Así, consideraciones tales como "un nuevo embarazo de la madre de persona que no es el padre de Cristián, con la natural crisis de pareja que tal circunstancia trajo consigo, con episodios violentos, falta de estabilidad y de madurez de la madre, en contraste con la situación de equilibrio emocional del menor, bajo el régimen de acogimiento que disfruta, y la valoración negativa que supondría, para su interés superior, un cambio de régimen de custodia con evidentes factores de riesgo" alegadas por el Ministerio Fiscal que el propio Tribunal Supremo reconoce son posteriores a la resolución administrativa de desamparo de 7 de abril de 2020. A ello se une el que "con la finalidad de valorar la reintegración del niño con sus padres no se puede prescindir de los informes posteriores aportados al proceso, indicativos de la evolución positiva o negativa de los factores de riesgo, en su día, apreciados para acordar la medida de protección adoptada, máxime cuando se pretende el reintegro familiar".

Las consideraciones anteriores llevan al Tribunal Supremo a estimar los recursos extraordinario por infracción procesal y de casación; casar la sentencia de la Sección 2ª de la Audiencia Provincial de Toledo núm. 263/2021, de 9 de diciembre, recurrida; estimar el recurso de apelación interpuesto contra la sentencia de 14 de julio del Juzgado de Primera Instancia núm. 2 de Toledo y, revocando la misma, desestimar la oposición de las medidas de protección de 19 de diciembre de 2019, de incoación del procedimiento de declaración de desamparo y asunción de tutela del menor no nacido, así como la resolución de 7 de abril de 2020, por la que efectivamente se acordó la declaración de desamparo y asunción de tutela del menor.

Sin entrar a valorar aspectos tales como la incoación de un procedimiento de declaración de desamparo de un *nasciturus*, cosa que no considero posible en los términos en que se encuentra redactado el art. 17.9 LOPJM, o que tal actuación administrativa se encontrara motivada, entre otros parámetros, por la existencia de otros hermanos con medidas de protección, lo que estimo altamente cuestionable; lo cierto es que el juez de primera instancia dejó sin efecto la resolución administrativa de desamparo de 7 de abril de 2020 considerando, en síntesis, que las circunstancias que habían motivado en su momento la declaración de desamparo de los hermanos del menor o bien habían sido superadas (ej. los padres se encuentran rehabilitados de sus adiciones, cuentan con domicilio propio con todos los suministros, el padre ha encontrado trabajo, etc.) o bien son susceptibles de superación mediante un proyecto específico de actuación con mantenimiento del menor en su propia familia. Indicadores de riesgo, pero no circunstancias que justifiquen la declaración de desamparo. Opinión de la que discrepa el Tribunal Supremo con base en circunstancias producidas con posterioridad a la resolución administrativa por la que se declaraba el desamparo.

La doctrina jurisprudencial expuesta en líneas precedentes puede causar mayor o menor perplejidad, puede ser compartida o no, pero no deja de sorprender si se compara con la postura que el propio Tribunal Supremo mantiene en cuanto al momento en que se ha de atender para apreciar la existencia de una causa de privación de la patria potestad a los efectos de prescindir del asentimiento de los padres biológicos a la adopción del menor pues, en este caso, y por más que los padres hayan superado las circunstancias que motivaron la resolución administrativa de desamparo, considera el Alto Tribunal habrá que atender al momento en que dicha resolución fue dictada y no al tiempo de formalización de la adopción. Diferente criterio en uno y otro caso que, en ambos, opera en perjuicio de la familia de origen: si no había motivos para declarar al menor en desamparo, pero el tribunal considera que los hay con posterioridad al dictado de la resolución administrativa, no declarará el desamparo improcedente; si el menor fue declarado en desamparo se prescindirá del asentimiento de los padres a la adopción del menor aun cuando las circunstancias hayan variado hasta el punto de encontrarse en situación de poder ejercer la patria potestad. Al análisis de este tema se dedica un epígrafe posterior de este trabajo.

IV. SEGUNDO PASO: LA CONSTITUCIÓN DE UNA GUARDA CON FINES DE ADOPCIÓN

1. Su introducción por la Ley 26/2017, de 28 de julio

Con la entrada en vigor de la Ley 26/2015, de 28 de julio, el acogimiento preadoptivo ha sido sustituido por una guarda con fines de adopción cuyo régimen jurídico se contiene en el art. 176 bis CC. Sin embargo, como señala Mayor del Hoyo, esta fase, no obligatoria, del procedimiento de adopción no es todavía adopción. En consecuencia, ni se rompen los vínculos jurídico-filiales con la familia anterior, ni se crean unos nuevos con la futura familia adoptiva, por lo que su calificación como acogimiento no era en modo alguno incorrecta[83]. Es más, el propio art. 176 bis CC establece que los guardadores con fines de adopción tendrán los mismos derechos y obligaciones que los acogedores familiares.

Téngase en cuenta que la resolución administrativa por la que se constituya la guarda con fines de adopción deberá estar debidamente motivada, previa audiencia, que no consentimiento ni asentimiento, de los afectados y del menor si tuviere suficiente madurez y, en todo caso, si fuere mayor

---

[83] *Vid.* M.V. Mayor del Hoyo: *La adopción en el Derecho común español*, Tirant lo Banch, Valencia, 2019, p. 143 quien dedica las páginas siguientes a poner de manifiesto las muchas incoherencias que la nueva regulación plantea.

de doce años, que se notificará a los progenitores o tutores no privados de la patria potestad o tutela, lo que contrasta con lo establecido en el art. 177 CC regulador del papel de la voluntad de los interesados en el procedimiento de adopción. E igualmente sorprende que para formalizar una guarda con fines de adopción no de requiera el consentimiento del menor si tuviera suficiente madurez y, en todo caso, si fuera mayor de doce años cuando este si viene exigido a la hora de constituir un acogimiento familiar (art. 173 CC).

2. *La "imposibilidad definitiva de retorno" como acelerante en la constitución de una guarda con fines de adopción*

La Administración, en no pocas ocasiones, muestra una inusual "diligencia" a la hora de acordar una guarda con fines de adopción con gran celeridad, incluso a sabiendas de que los progenitores están haciendo todo lo posible por superar las circunstancias que motivaron la declaración de desamparo con resultados constatables.

Es más, si se estima concurre una "imposibilidad definitiva de retorno", concepto indeterminado donde los haya, sometido a la realización de un juicio de valor que pudiera resultar equivocado, la entidad pública puede constituir una guarda preadoptiva[84] antes de que transcurran los dos años durante los cuales los padres pueden pedir la revocación del desamparo por cambio de las circunstancias.

El análisis de cualquier repertorio jurisprudencial pone de manifiesto la excesiva ligereza con la que la entidad pública califica el retorno de imposible, constituyendo la guarda preadoptiva, cuando no la adopción, antes de que transcurran los dos años durante los cuales los padres, ante una variación de las circunstancias, pueden solicitar la revocación de la

[84] Hay que tener en cuenta que la Fiscalía General del Estado, en la Memoria correspondiente al año 2009 (p. 831) "recuerda también a los Srs. Fiscales que, si bien la pauta general en la adopción de las medidas de protección será el intento de reintegro del menor con su familia de origen, ello no debe ser óbice para la constitución de acogimientos preadoptivos o adopciones inmediatas, cuando de los informes conste la irreversibilidad de la imposibilidad de los padres para cuidar adecuadamente de los hijos, sugiriéndose la conveniencia en algunos casos más evidentes de que tanto la Entidad Pública como el Ministerio Fiscal promuevan la privación definitiva de la patria potestad conforme a las previsiones del artículo 170 del CC, a fin de lograr mayores espacios de seguridad jurídica y por ende, mayores posibilidades de estabilización de la situación de los menores".

declaración administrativa de desamparo. Lo que nos lleva a preguntarnos cuándo la situación se presenta como irreversible. ¿Cuándo hay imposibilidad definitiva de retorno? La apreciación de tal circunstancia queda en manos de la administración que en cada territorio tenga encomendada la protección de menores si bien, considero, deberá efectuar una interpretación restrictiva[85].

Nos encontramos así ante la privación de hecho de un derecho por una mera resolución administrativa, sin intervención judicial, no siendo suficiente a estos efectos con afirmar que los progenitores siempre podrán acudir al Juzgado y formular recurso en el plazo de dos meses y siempre que no hayan pasado dos años de la notificación del desamparo. Desde mi punto de vista, ante la gravedad de las consecuencias que de tal consideración se derivan, hubiera sido deseable que el legislador hubiera puesto en manos de la autoridad judicial tanto la apreciación de la imposibilidad definitiva de retorno como la constitución de la guarda preadoptiva. En este sentido, como he manifestado en trabajos previos, mi absoluto desacuerdo con la desjudicialización del sistema de protección de menores efectuada por las reformas del año 2015, que se ve acrecentada en este caso concreto

---

85 La amplitud con la que se interpreta dicho concepto queda claramente puesta de manifiesto en la SAP Tarragona 4 diciembre 2015 (*Tol 5617905*) al afirmar que la supresión de las visitas y propuesta de acogimiento preadoptivo, con el objetivo de establecer una adopción, requiere que se aprecie una situación irreversible en la madre de carencia de aptitud parental determinante de una desprotección del menor con pronóstico de persistencia y sin perspectivas de evolución favorable, al menos, a corto plazo. Situación que, pone de relieve, no puede apreciarse en el caso concreto pues las carencias de la madre sólo venían motivadas por su corta edad y falta de apoyo familiar (al haber sido rechazada por su familia a causa de no mantener sus costumbres o principios de su origen magrebí). Se trata de una persona que en todo momento ha mostrado una voluntad de insertarse en la sociedad de su residencia, cursando estudios con aprovechamiento, empadronándose, buscando trabajo —a pesar de la dificultad que supone la situación de extranjería en que quedó al ser apartada del núcleo familiar que le amparaba por reagrupación— y apoyos de amistades sobre las que no hay ningún dato que revele su inconveniencia. No consta que carezca de habilidades parentales para cuidar de un bebé, que no se le ha dado oportunidad de desarrollar o demostrar, pues la única opción que se le presentó fue el internamiento sin llegar a valorar, cuando lo rechazó, si la casa donde pasó a residir y de donde se le retiró al niña, reunía condiciones de habitabilidad y si la persona que allí la acogió ofrecía apoyo suficiente para poder mantener la niña con su madre junto con la ayuda que pudiera haber prestado la administración. Actualmente, con 24 años de edad, una vivienda y un trabajo puede tener oportunidad de recuperar a su hija.

al omitir el art. 176 bis.1 CC toda referencia a que la resolución administrativa en la que acuerda la guarda preadoptiva sea ni siquiera notificada al Ministerio Fiscal.

No resisto la tentación de reiterar las duras palabras Sentencia del Tribunal Superior de Justicia de Cataluña (Sala de lo Contencioso-Administrativo, Sección 4ª) núm. 481/2010 de 30 abril, a cuyos hechos me he referido previamente: "Sólo puede comprenderse —que no justificarse, por tanto— hasta cierto punto la postura de la administración encaminada a considerar el caso como irreversible en aquellos momentos, si se parte de la convicción de que se actuó con excesiva celeridad, sin datos objetivos de valoración, o con datos muy insuficientes, y con el prejuicio más absoluto de que se trataba de dos progenitores drogadictos de muy larga duración, con absoluta ausencia de conciencia de enfermedad y sin posibilidad razonable de rehabilitación. Y un hijo sin vinculación aparente alguna por el hecho mismo de ser un recién nacido. [...] Y un prejuicio es una condena sin juicio y sin defensa. Es cierto que el estado que presentaban los padres en los seis o siete primeros meses no hacía augurar, *prima facie* y sin otras pruebas, un buen pronóstico, ... pero todo indica que la velocidad con que la administración ha actuado, y enlazado una premisa falsa y sus respectivas consecuencias, que han adquirido la naturaleza de otras premisas menores también falsas, nos permite calificar de gran sofisma el resultado obtenido: partiendo de una situación hipotética, como si de acreditada se tratara, de irreversibilidad en la drogodependencia de los padres, surge la necesidad imperiosa de adoptar la más extrema y quirúrgica de las medidas, el acogimiento preadoptivo, y en el ínterin, aprovechando el estado de los padres —cuya recuperación en nada se ha favorecido desde la acción social pública— y el incumplimiento de sus visitas iniciales, se ha ido dilatando en el tiempo la frecuencia de las mismas, con el fin —y la indicación técnica— de que el vínculo empático materno no se desarrollase y fuera un obstáculo, hasta llegar a un régimen de visitas, ya en un momento en que no sólo se tenía constancia del inicio de la recuperación sino en el que se hacía oídos sordos y ojos cerrados —con la excepción del EAIA de El Garraf que siempre ha apostado por la recuperación de los padres— a una evidencia que iba tomando cuerpo, la rehabilitación de los padres, lenta pero constante, calificable de contrario a los más elementales sentimientos de piedad y probidad que cabe esperar de unos seres humanos frente a otros, pues una hora de visita cada dos meses es diseñar una relación familiar grotesca, una intolerable caricatura de lo que debe ser una relación paternofilial, casi una forma de tortura que no sólo padece el menor, como intenta mostrar la administración, sino unos padres cada vez más conscientes de su drama. Existen pruebas más que suficientes que indican que los progenitores, desde junio de 2001, menos de nueve meses después del nacimiento y de ocho desde el desamparo, han iniciado el camino de una lenta, progresiva y en buena medida objetivada recuperación". Tres años después la situación en nada se parece al momento inicial de actuación de la entidad administrativa. [...] La conclusión es que la administración ignoró el proceso de desintoxicación y restructuración de la familia Jacinto - Fátima, que debiera haber sido analizada, con una sospecha razonada de irrecuperabilidad, puede ser que sí, pero en ningún caso, frustrada de antemano. Ese acogimiento simple con finalidad preadoptiva acordado por Resolución de 29.6.2001 y suspensión de visitas, determinan esa finalidad clara y directa, preconcebida para establecer un vínculo parental sustitutivo, que borrara uno anterior, sin seguir por tanto, los trámites, no formales, que sí se siguieron, sino de fondo, de concepción de la institución cuando exista una evidencia cierta de irrecuperabilidad de ese entorno por una razonable conclusión para ello".

Sirva como ejemplo los hechos que se encuentran en la base de la STEDH (Sección 3ª) Caso Omorefe contra España 23 junio 2020: El 4 de febrero de 2009 el menor es declarado en situación legal de desamparo. El 25 de marzo del mismo año la administración propone la ejecución de un acogimiento familiar preadoptivo, apenas veinte días después de que la madre fuera informada, mediante carta de 6 de marzo, de que su hijo sería entregado a una familia de acogida y de que disponía de seis meses para alcanzar los objetivos requeridos para que su hijo volviera con ella. El 8 de mayo de 2009 la madre se ve privada de todo contacto con el menor sin que se presentara ningún informe pericial psicológico que demostrara la pretendida falta de aptitud maternal de la demandante. El 25 de mayo de 2009, mucho antes de cumplido el plazo de los seis meses concedido a la madre, la administración propone al juez la retirada de la patria potestad para poder declarar la adopción del menor sin el asentimiento de la madre. Administración que, en su informe de 22 de septiembre, señaló que incluso si la madre llegara a cumplir las condiciones que le habían impuesto, ya no sería posible el regreso del niño con su madre biológica debido al transcurso del tiempo. El Juez de Primera Instancia consideró que se podía proceder a la adopción a pesar de la oposición de la madre. Pues bien, con meridiana claridad, señala el Tribunal Europeo de Derechos Humanos que "no le convencen las razones que la Administración y los órganos jurisdiccionales consideraron suficientes para justificar el acogimiento preadoptivo del menor y su posterior adopción, a pesar de la clara oposición de la demandante, que solo pudo ejercer su derecho de visitas durante tres meses, al comienzo del procedimiento, lo que parece sugerir que desde el primer momento la intención de la administración era colocar al menor en acogimiento familiar preadoptivo".

Dicha "intención" que el TEDH observa en diferentes casos que llegan a su conocimiento es reconocida expresamente por algunos pronunciamientos judiciales que ponen el acento (la cursiva es mía) en la intención buscada por el legislador en las reformas del año 2015 al afirmar que "con el propósito de no tener abiertos permanentemente procesos judiciales de impugnación de resoluciones administrativas, ya que es contrario a uno de los principios que informa nuestro ordenamiento jurídico que no es otro que la seguridad jurídica, en materia de protección y *favorecer y facilitar los procesos de adopción de los menores tutelados*, garantizando así la integración de los mismos en un núcleo familiar definitivo, estable e idóneo para su desarrollo personal normalizado, cuando la reintegración o reinserción en su entorno familiar de origen se prevea, en atención a las circunstancias concurrentes, *muy difícil o imposible*, la Ley 54/2007, a través de la reforma de los arts. 172 CC del artículo 780 y del 781 LEC, ha reformado el sistema de impugnación, ante el orden jurisdiccional civil, de las resoluciones administrativas en materia de protección de menores"[86]. Razón no les falta, esa fue la intención del legislador, pero la finalidad no debe ser "favorecer y facilitar" la adopción sino la reinserción del menor en su familia de origen siempre que esto sea posible y, a estos efectos, no es lo mismo difícil que imposible.

Un año antes, la Sentencia de 18 de junio de 2019 Caso Haddad contra España afirma que las autoridades españolas debían haber considerado medidas menos radicales que el acogimiento familiar preadoptivo y, en todo caso, tener en cuenta las peticiones del padre biológico a partir del momento en que fue absuelto de los cargos que habían motivado el alejamiento forzoso de sus hijos. Destaca el Tribunal que los tribunales de primera y segunda instancia se negaron a considerar los argumentos del demandante para oponerse al acogimiento familiar de su hija con vistas a su adopción y se limitaron a confirmar las decisiones de la administración en base a los argumentos utilizados por esta y reproducidos automáticamente en todos los procedimientos posteriores. El hecho de que las autoridades administrativas se limitaran a reproducir sucesivamente sus decisiones sin proceder a nuevas constataciones, ni valorar, con base en pruebas tangibles, la evolución de las circunstancias, demuestra claramente la intención

---

86 SAP Granada 22 noviembre 2019 (*Tol 7734202*).

de la administración de acoger a la menor en una familia en régimen preadoptivo.

V. TERCER PASO: LA DEFINITIVA SUPRESIÓN DE LAS VISITAS UNA VEZ ACORDADA LA GUARDA CON FINES DE ADOPCIÓN

En los casos extremos en que la separación del menor de sus progenitores sea imprescindible para garantizar su interés, tras la declaración de desamparo y asunción de la tutela *ex lege* por la entidad pública, se requiere un estricto escrutinio respecto a otras restricciones por parte de las autoridades, por ejemplo en el derecho de visitas de los padres, ya que estas restricciones suplementarias comportan el riesgo de cercenar las relaciones familiares entre los padres y el hijo[87]. En este sentido, debe tenerse en cuenta que el reconocimiento del derecho del niño a mantener contacto directo y regular con sus progenitores[88], salvo que ello sea contrario a su superior interés, es un principio prioritario que se extiende también a los menores separados de su familia por la entidad pública.

Por ello, tal y como indica la Observación General nº 14, los responsables de la toma de decisiones velarán por que el niño mantenga los lazos y la relación con sus padres y su familia (hermanos, familiares y personas con las que el niño haya tenido una relación personal estrecha), a menos que ello contravenga el interés superior del niño. Cuando se separa a un niño de su familia, en las decisiones que se adopten acerca de la periodicidad y la duración de las visitas y otras formas de contacto deben tenerse en cuenta la calidad de las relaciones y la necesidad de conservarlas[89].

En parecidos términos se ha pronunciado el Tribunal Europeo de Derechos Humanos, quien contempla la necesidad de tener contactos entre

---

87 STEDH Caso Moser contra Austria 21 septiembre 2006.

88 En este sentido, tanto el art. 9.3 de la Convención de las Naciones Unidas de los Derechos del Niño como el art. 24 de la Carta de Derechos Fundamentales de la Unión Europea establecen el derecho de todo niño a mantener de forma periódica relaciones personales y contactos directos con su padre y con su madre, salvo si ello es contrario a sus intereses. En ello insiste, en nuestro Derecho interno, el art. 161 CC al reconocer a los hijos menores el derecho a relacionarse con sus progenitores aunque éstos no ejerzan la patria potestad, siempre que conserven su titularidad.

89 Observación general N. 14 del Comité sobre los Derechos del Niño sobre el derecho del niño a que su interés superior sea una consideración primordial (2013).

el menor y los demás miembros de su familia desde la perspectiva de la obligación que pesa sobre los Estados de tomar las medidas que sean necesarias para reunir a padres e hijos, dado que la separación no debe durar más allá de lo estrictamente necesario para la protección de los derechos del menor. Por ello, y aun cuando la medida inicial de separar al menor de su entorno familiar pudiera encontrarse justificada, el Tribunal debe examinar si los procedimientos posteriores fueron conformes al artículo 8 del Convenio Europeo de Derechos Humanos[90], ejerciendo un riguroso control sobre las restricciones complementarias tales como las establecidas por las autoridades en cuanto a los derechos y visitas de los padres pues estas restricciones complementarias comportan el riesgo de amputar de forma efectiva las relaciones familiares entre los padres y el menor[91]. Prohibición de contactos que resulta especialmente grave en aquellos supuestos en los que los menores son separados de sus progenitores inmediatamente después de su nacimiento, pues no han tenido ninguna oportunidad de afianzar su relación[92]. En definitiva, como indica el Tribunal, la prohibición absoluta o una limitación excesiva de las visitas difícilmente será compatible con el artículo 8 del Convenio Europeo de Derechos Humanos y con la reunificación familiar como meta final que le es inherente; en consecuencia, sólo circunstancias extremas podrán justificar dichas limitaciones. Ello no impide afirmar que la obligación de las autoridades internas de adoptar medidas concretas para facilitar los encuentros entre un progenitor y su hijo no es absoluta, ya que es posible que tales encuentros no puedan producirse inmediatamente y requieran preparativos (por ejemplo, cuando tras un largo período sin contactos entre padres e hijos, la aproximación de unos y otros debe ser gradual)[93].

En definitiva, la supresión del régimen de visitas supone un paso más para el desarraigo del menor respecto de su familia de origen con las importantes consecuencias que de ello se derivan en cuanto a la procedencia o no de su retorno a la misma. Por ello, la limitación, suspensión o supresión de las mismas debe estar basado en debidamente motivadas y reservarse para supuestos de extrema gravedad.

Ahora bien, excepto en los supuestos de adopción abierta, y salvo que convenga otra cosa al interés del menor, la entidad pública procederá a

---

90 STEDH Caso T.P. y K.M. contra Reino Unido 10 mayo 2001.

91 STEDH Caso T.P. y K.M. contra Reino Unido 10 mayo 2001.

92 STEDH Caso Moser contra Austria 21 septiembre 2006.

93 STEDH (Sección 3ª) Caso Saleck Bardi contra España 24 mayo 2011.

suspender el régimen de visitas y relaciones con la familia de origen cuando se inicie el período de convivencia preadoptiva (art. 176 bis.2 CC). Dado que el menor no va tener relación con su familia biológica se limita drásticamente, por no decir que se elimina, toda posibilidad de retorno. Se entra así en un círculo vicioso en el cual como la situación es irreversible, lo que no hay que olvidar será apreciado por la administración, procede constituir una guarda preadoptiva sin esperar los dos años concedidos por el art. 172 C.C. para que solicite una revocación de la declaración de desamparo por cambio de las circunstancias que la motivaron. En un segundo paso, constituida una guarda preadoptiva, procede suprimir las visitas de sus progenitores lo que, de hecho, va a convertir la situación en irreversible. Pensemos en la perversión del sistema que suprime las visitas y, con posterioridad, somete al menor a una guarda preadoptiva basándose únicamente en el motivo de que no había habido contacto entre la menor y sus padres desde hace varios años, mientras que los encuentros habían sido suspendidos por las decisiones administrativas y judiciales[94]. La violación de los derechos del menor no puede ser más palmaria.

Un recorrido por cualquier repertorio jurisprudencial demuestra que el inciso "salvo que convenga otra cosa al interés del menor" es obviado por la administración e igualmente por la jurisprudencia menor, siendo constatable el hecho de que si la administración acuerda la guarda preadoptiva, antes acogimiento preadoptivo, determina de manera automática la suspensión de las visitas, sin ninguna concesión al interés del menor o a si el beneficio de este, en el caso concreto, exige dicha suspensión o, por el contrario, el mantenimiento de las visitas con algún tipo de restricción, incluso sin ella. Es más, no es extraño que tienda a identificarse erróneamente el interés del menor con el de los acogedores, o con los pactos a los que la administración ha llegado con dichos acogedores[95].

Ante esta situación, los padres, incluso los abuelos, recurren la resolución administrativa por la que se acordó la suspensión de las visitas a su

---

94 *Vid.* al respecto, STEDH Caso R.M.S. contra España 18 junio 2013.

95 Sirva como muestra el motivo segundo de casación alegado por el Letrado de la Junta de Andalucía y resuelto por la STS 14 febrero 2018 (*Tol 6516349*), a cuyo tenor: "En el motivo segundo se alega la infracción del art. 173 bis y del art. 176 apartados 1 y 2 CC. Se argumenta que en el presente caso la resolución que acuerda la idoneidad de los acogedores preadoptivos excluye la posibilidad de existencia de un régimen de visitas de los menores acogidos, de manera que si se introduce un régimen de visitas estaría peligrando que los acogedores se desentendieran de un acogimiento que solicitaron y consintieron bajo ciertas condiciones".

hijo ante una guarda con fines de adopción, siendo habitual que lo que se examine sea la procedencia o no de la guarda preadoptiva para, una vez considerado que sí, estimar que la supresión del régimen de vistas deviene necesaria para el buen resultado de la guarda[96]. Así, son frecuentes expresiones del siguiente o parecido tenor: "todo apunta a que los niños van a integrarse en una familia distinta de la biológica [...] de modo que no es conveniente el mantenimiento de unos lazos que pretenden arrastrar a los niños en contra de lo que les conviene"[97]; "hay que elegir entre la familia de origen, que ha fallado desde el primer momento, y otra nueva. Elegir la segunda parece lo más conveniente para los niños"[98]; "si la modalidad de acogimiento de que se trata está encaminada a la definitiva adopción de los menores por la familia elegida al respecto [...] es aconsejable la ruptura de vínculos estables con la familia de origen, y por tanto el mantenimiento de un periódico y continuado régimen de visitas con la familia biológica pudiera ser una medida contraproducente para el beneficio que con el acogimiento familiar preadoptivo se pretende conseguir"[99]; o llamando la atención sobre "el efecto negativo que produciría en los menores el contacto con la familia biológica, pues vendría a alterar el proceso de adaptación, y recuperación, que para aquellos (los menores) se busca"[100]; "el superior interés de los menores aconseja la favorable integración en su nueva familia de acogimiento preadoptivo para cuyo éxito es preciso, a su vez, la ruptura de cualquier tipo de vínculo con todo el entorno de la familia biológica que pudiera entorpecer el necesario ambiente de cariño, estabilidad y seguridad que su nueva situación requiere"[101].

Suspensión de las visitas que incluso es adoptada previamente a la guarda preadoptiva y con la mirada puesta en la misma. Así, afirma la SAP Murcia 15 marzo 2005 (*Tol 773408*), "dado que la previsión es que las menores pasen con familia ajena en régimen preadoptivo, resulta conveniente para ellas romper todo vínculo con la biológica y, por tanto, suspender el régimen de visitas".

No es la familia sino la administración quien recurre el régimen de visitas que la sentencia de instancia había fijado a favor de los padres —los do-

---

96 SAP Asturias 7 enero 2010.

97 AAP Cádiz 20 septiembre 2005 (*Tol 793869*).

98 AAP Cádiz 20 septiembre 2005 (*Tol 793869*).

99 AAP Valladolid 10 octubre 2011 (*ECLI:ES:APVA:2011:1000A*).

100 AAP Granada 26 enero 2002 (*ECLI:ES:APGR:2002:7A*).

101 SAP Asturias 11 octubre 2012 (*Tol 2684860*).

mingos de 18 a 20 horas— en la SAP Toledo 6 marzo 2008 (*Tol 6952879*), recurso de apelación que es estimado por la Audiencia en base a la existencia de un acogimiento preadoptivo de la menor. Afirma la Sala, "nos encontramos por lo tanto, no ante una situación general de declaración de desamparo y asunción de tutela automática, sino ante una especial situación en la que la posibilidad de que el expediente concluya con la adopción de la menor por una nueva familia, está más que avanzada, por lo que si bien todavía no nos encontramos en el supuesto de privación *ipso iure* del derecho de visitas que prevé el art. 160 para el supuesto de hijos adoptados por otro, si se da la posibilidad prevista en el art. 161, de suspensión del derecho de visitas cuando se trata de un menor acogido, en este caso además, de un menor acogido en la modalidad del acogimiento preadoptivo por lo que lo procedente es suspender el régimen de visitas conforme al art. 161 del Código Civil, hasta tanto recaiga sentencia definitiva en el procedimiento de adopción, dándose la posibilidad de su reanudación solo si la sentencia fuera desestimatoria, pues de lo contrario, el mantener las visitas durante la tramitación del procedimiento, a lo único que contribuiría sería a mantener en la menor un estado de confusión respecto a su situación, absolutamente desaconsejable desde cualquier punto de vista".

Así las cosas, la STS 14 febrero 2018 (*Tol 6516349*)[102] afirma que "el artículo 19 bis, que incluye las disposiciones comunes a la guarda y tutela, con entrada en vigor el 18 de agosto de 2015, pero que sirve de guía a la hora de interpretar el interés del menor a situaciones anteriores, dispone en el número 3 que «para acordar el retorno del menor desamparado a su familia de origen será imprescindible que se haya comprobado una evolución positiva de la misma. [...] En los casos de acogimiento familiar, deberá ponderarse, en la toma de decisión sobre el retorno, el tiempo transcurrido y la integración en la familia de acogida y su entorno, así como el desarrollo de vínculos afectivos con la misma.» Las anteriores consideraciones son extrapolables al régimen de visitas. En concreto, si favorece el interés de los niños ser visitados por los padres biológicos, en la situación de acogimiento familiar preadoptivo en que se encuentran, o, si por el contrario, podría perjudicarles para su desarrollo físico, intelectivo o de integración en su nuevo medio". Con esta base, estima el recurso de casación interpuesto contra la Sentencia de Segunda Instancia que, a su juicio, pone el foco de la *ratio decidendi* en los progenitores y en el interés de éstos, por encomiable

---

[102] STS15 junio 2018 (*Tol 6645442*), AATS 14 octubre 2020, 28 octubre 2020, 16 junio 2021, 15 septiembre 2021, SAP Álava 21 agosto 2020 (*Tol 8331395*), SAP Jaén 30 junio 2021 (*Tol 8627880*),

que sea, por recuperar la proximidad de sus hijos, para ofrecerles a aquellos una oportunidad. Y ello teniendo en cuenta la "precisa", en opinión del Alto Tribunal, argumentación de la Juez de Primera Instancia según la cual "se constata de informes técnicos «un acoplamiento satisfactorio de los menores con su familia acogedora, hasta el punto de estar totalmente integrados en el núcleo familiar actual, con fuertes lazos afectivos entre los menores y los componentes de la familia acogedora». Al ponderar los intereses de éstos, en relación con los de la madre, y partiendo de los informes obrantes en autos que ponen de manifiesto la plena integración de los menores con otra familia con la que han logrado lazos de afectividad, añade que, ante esta realidad «no puede ceder el que la madre haya rehecho su vida o mejorado su situación económica». Frente al derecho de ella «prevalece el interés de éstos de vivir un ambiente de afecto y armonía que no va a encontrar junto a los recurrentes, cuya falta de capacidad y habilidades para cumplir respecto de los menores los deberes de la patria potestad, han quedado patentes»".

Tres meses después, el Tribunal Supremo vuelve a pronunciarse en Sentencia 15 junio 2018 (*Tol 6645442*)[103] en la que, interpretando el art. 176 bis CC, afirma que "en él se recoge la figura de la guarda con fines adoptivos en los casos en que el menor se encuentra en una situación de desamparo. Con esta figura se ha venido a sustituir el anterior acogimiento preadoptivo, que regulaba el antiguo art. 173 bis 3.º CC, y ha desaparecido de entre las formas de acogimiento familiar del art. 173 bis CC, para incluirse como una fase del proceso de adopción, siempre y cuando concurran ciertas circunstancias. Esta sustitución no supone una simple modificación terminológica, pues se persigue con esta figura conseguir que el menor se integre en la que será su familia adoptiva. De ahí que con la guarda con fines adoptivos se produce la suspensión del régimen de visitas y relaciones con la familia de origen (arts. 176 bis, 2 CC), salvo excepciones. Pero como no se trata de una adopción definitiva es por lo que las relaciones con la familia de origen no se extinguen, sino que se suspenden, en tanto no se obtenga la resolución judicial constitutiva de aquella. Las excepciones a esta previsión son las siguientes: (i) que convenga hacer lo contrario atendiendo al interés del menor; (ii) que se dé alguno de los supuestos previstos en el art. 178.4 CC que se refiere a la posibilidad de acordar el mantenimiento de alguna forma de relación o contacto entre el menor, los miembros de la familia de origen que se determine y la familia adoptiva".

---

[103] STS15 junio 2018 (*Tol 6645442*); ATS (Sala de lo Civil, Sección 1ª) 15 septiembre 2021.

Aplicando esta doctrina al caso concreto y reiterando lo expuesto en la Sentencia 14 febrero 2018 (*Tol 6516349*), a la vista de las circunstancias concurrentes —fue abuela la que ha venido asumiendo o sustituyendo a la figura de la madre, desde que tenía seis meses y hasta que cumplió los dos años, tiempo durante el que se encontraban bien de salud, estando al corriente de sus vacunaciones, y sin que presentaran ningún tipo de problema de gravedad, que la entidad pública no motiva la suspensión de las visitas que hasta la fecha se habían desarrollado sin incidencias; que no se ha aportado informe alguno en el que se diga que las mismas son perjudiciales para los menores; que nietas y abuela mantienen una estrecha relación— desestima el recurso de casación y ordenada restaurar las relaciones de la abuela con sus nietas.

Esta última Sentencia del Tribunal Supremo es excepcional. La práctica demuestra que los tribunales españoles usualmente no actúan así. No se acuerda la guarda preadoptiva y se evalúa si el beneficio del menor aconseja o no suspender las visitas, sino que, operando con un gran automatismo, estas son suspendidas si se acuerda una guarda con fines de adopción. La Sentencia del Tribunal Supremo constituye la excepción. Suspendidas las visitas, la posibilidad de retorno con la familia de origen desaparece.

Volviendo a la literalidad del art. 176.bis.2 CC, "salvo que convenga otra cosa al interés del menor, la Entidad Pública procederá a suspender el régimen de visitas y relaciones con la familia de origen cuando se inicie el período de convivencia preadoptiva a que se refiere el apartado anterior, excepto en los casos previstos en el artículo 178.4". Pues bien, el art. 178.4 CC contempla la denominada adopción abierta, definida por Martínez de Aguirre y Aldaz como aquella en la que se admite un cierto grado de relación, de intensidad fáctica y legal variable, entre el adoptado y su familia de origen y, por extensión, o de manera complementaria, entre la familia adoptiva y la familia de origen del adoptado[104].

En la adopción abierta es decisión de la entidad pública y de la autoridad judicial determinar los miembros de la familia de origen con los que el adoptado va a poder mantener relaciones, pudiendo tratarse de hermanos que no han sido dados en adopción o lo han sido a familias diferentes en cuyo caso podrían estar implicadas hasta tres familias, pudiendo acordar el

---

[104] C. Martínez de Aguirre y Aldaz: "La historia interminable: una nueva reforma de la adopción", en *El nuevo régimen jurídico del menor*, Aranzadi, 2017, p. 344.

mantenimiento de relaciones entre todas ellas o solo entre ambas familias adoptivas[105].

Pues bien, la reforma de 2015 introdujo la adopción abierta en nuestro ordenamiento jurídico, siendo obvio que también cabe una guarda preadoptiva abierta posibilitando que adoptando y familia de origen mantuvieran relaciones y así lo admite expresamente el art. 176 bis.2 CC al introducir la salvaguarda de lo establecido en el art. 178.4 del mismo texto legal. En este caso, coincido con Martínez de Aguirre y Aldaz al afirmar que para ello habrá que entender que es preciso el consentimiento de la familia preadoptiva y del adoptado mayor de 12 años. En todo caso, la guarda adoptiva abierta implica que, en el momento de constitución judicial de la adopción, el juez podrá acordar el mantenimiento de esa relación preexistente contando con el renovado consentimiento de progenitor o progenitores adoptivos y del menor si ha cumplido los doce años, no bastando con el consentimiento prestado a la guarda preadoptiva, pero también podrá determinar su modificación o finalización pues la experiencia de la guarda preadoptiva abierta puede conducir a que los adoptantes o el adoptado rechacen la continuidad de las relaciones con la familia de origen[106].

VI. CUARTO PASO: EL INNECESARIO ASENTIMIENTO DE LOS PROGENITORES BIOLÓGICOS A LA ADOPCIÓN DEL HIJO DECLARADO EN DESAMPARO

1. *Los progenitores "incursos en causa de privación de la patria potestad". Su apreciación en el momento en que tiene lugar la intervención administrativa*

Una vez decretada la guarda preadoptiva, la propuesta de adopción al Juez tendrá que realizarse en el plazo más breve posible y, en todo caso, antes de transcurridos tres meses desde el día en el que se hubiera acordado la delegación de guarda con fines de adopción. Plazo que podrá prorrogarse hasta el máximo de un año cuando la entidad pública considere necesario, en función de la edad y circunstancias del menor, establecer un período de adaptación del menor a la familia (art. 176 bis.3 CC). Obsérvese la celeridad con que puede constituirse una adopción ¿cuándo exista

---

105 C. Martínez de Aguirre y Aldaz: "La historia interminable", cit., p. 345.

106 C. Martínez de Aguirre y Aldaz: "La historia interminable", cit., p. 346.

un pronóstico fundado de "imposibilidad definitiva de retorno" a la familia de origen?

Pero es más, no será necesario el asentimiento de los padres biológicos a la adopción si se encuentran incursos en causa de privación de la patria potestad. Teniendo en cuenta que la expresión "incursos en causa legal para tal privación" empleada por el art. 177.2.2º CC no ha de ser interpretada en términos procesales, como existencia de un procedimiento incoado en el que se esté ejercitando la acción para privar a los padres de la patria potestad, sino en términos materiales, como constatación de la concurrencia de un motivo que con arreglo a la ley sea causa para privarles de la patria potestad.

La interpretación de cuándo se encuentran los progenitores incursos en una causa de privación de la patria potestad no resulta fácil[107], pero de su interpretación en términos más o menos amplios se derivan importantísimas consecuencias jurídicas dado que, de concurrir causa de privación, determinará que los progenitores sean citados para mera audiencia no vinculante para la constitución de la adopción mientras que, en caso contrario, será preciso su asentimiento preceptivo el cual tendrá carácter vinculante para el juez, a expensas de lo que pueda determinarse en el ulterior proceso judicial contradictorio instado por los progenitores citados para mera audiencia sobre la necesidad de asentimiento en la adopción regulado en el art. 781 LEC que se tramitará por los cauces del juicio verbal. En este procedimiento el Juez apreciará si los padres están o no incursos en causa de privación de la patria potestad con la finalidad exclusiva de determinar si han de asentir la adopción o simplemente ser oídos, pero no se va a decidir si se les priva o no de la patria potestad.

A este respecto, se ha de hacer constar que, tal y como señala la STC 58/2008, de 28 de abril (*Tol 1315314*), la especial trascendencia de los intereses en juego no permite que la controversia judicial sobre la concurrencia de causa de privación de la patria potestad, en tanto que supuesto

---

107 La SAP Teruel 22 octubre 2020 (*Tol 7913849*) estima el recurso de apelación interpuesto contra la sentencia de primera instancia que declara no ser necesario el asentimiento de la madre en la adopción de su hija al considerarla incusa en causa de privación de la patria potestad dada a su carencia de habilidades para cumplir como madre, la falta de interés por aprender, el agobio que mostraba, la renuncia a su hija manifestada por escrito, circunstancias todas ellas compatibles con una depresión postparto que los propios profesionales de los servicios sociales contemplaron, no solo como posible, sino como razonable y la derivaron a la psicóloga de la comarca.

habilitante para prescindir del asentimiento a la adopción, sea meramente intuida o presumida. Sin embargo, la STS 6 junio 2014 (*Tol 4364744*) afirma que "la declaración de desamparo del menor se produce precisamente por el incumplimiento por sus padres de sus deberes y mientras se mantenga el incumplimiento, se mantendrá la declaración de desamparo, con las medidas complementarias. De aquí que cuando un menor esté protegido por medio de la declaración de desamparo, se está produciendo un incumplimiento de los deberes inherentes a la potestad y corresponderá demostrar lo contrario a quien lo niegue". Opta el Tribunal por una interpretación amplia de la noción "causa de privación de la patria potestad"[108].

Tan amplia que se llega a considerar incursos en causa de privación de la patria potestad, con la consecuencia de no requerir su asentimiento para la adopción a padres cuya filiación en el momento de declarar al menor en situación de desamparo aún no había sido reconocida[109]. O a considerar incursa en causa de privación de la patria potestad a una menor declarada en desamparo[110].

---

108 En igual sentido, STS 6 febrero 2012 (*Tol 2441171*), SAP León 16 noviembre 2015 (*Tol 5592145*); SAP Granada 24 mayo 2019 (*Tol 7700339*), SAP Jaén 13 junio 2019 (*Tol 8293073*), SAP Málaga 31 enero 2020 (*Tol 8293073*). Manifiestamente en contra de la equiparación realizada por el Tribunal Supremo se manifiesta V. Mayor del Hoyo (en "Análisis de los problemas", cit., p. 40) quien pone el acento en que no son situaciones ni conceptos jurídicos intercambiables. "Para que haya desamparo es preciso que se dé, efectivamente, esa falta de ejercicio o ejercicio deficiente de los deberes legales de guarda, pero no basta con eso, sino que hace falta que ello produzca un resultado específico: la desatención moral o material del menor. Para que los padres estén incursos en causa de privación de la autoridad familiar basta con el incumplimiento en los términos vistos, aunque no se produzca el resultado de la desasistencia. Y no solo el supuesto de hecho es distinto, también las consecuencias que la ley atribuye a una y otra situación son distintas. La consecuencia diseñada por la ley para el desamparo es la asunción de la tutela *ministerio legis* por la entidad pública y la suspensión de la autoridad familiar. La consecuencia diseñada por la ley para la situación de estar incurso en causa de privación es la exclusión de necesidad de asentimiento para la adopción, siempre que tal situación se aprecie en procedimiento judicial contradictorio —art. 177.2 CC—. Y, puesto que no son conceptos jurídicos intercambiables, quizás resulta más oportuno no usarlos indistintamente y actuar con precisión técnico-jurídica, justificando con claridad la ausencia de necesidad del asentimiento para la adopción con el hecho de estar incurso en la causa de privación por darse el supuesto de incumplimiento de los deberes inherentes a la autoridad".

109 STS 6 febrero 2012 (*Tol 2441171*).

110 Así acontece en los hechos que se encuentran en la base de la SAP Asturias 10 marzo 2016 (*Tol 5688753*) en la que se declara en desamparo a un menor recién

Mi discrepancia con la doctrina sentada por el Tribunal Supremo es absoluta en este punto. Pensemos, por poner algunos ejemplos, en aquellos casos en los que la declaración de desamparo es revocada por errónea tras un proceso que dura varios años, o en aquellos otros en los que se aprecia la existencia de un cambio de circunstancias y la evolución favorable de los progenitores, aunque ello se presentaba complicado en un primer momento pero, debido al tiempo transcurrido, se considera, en interés del menor, que no procede el retorno con su familia de origen[111]. O, en aquellos otros en que la situación de desamparo ha sido provocada por la propia administración como el TEDH pone de manifiesto en la Sentencia del Caso K. A. B. contra España de 10 abril 2012 en la que el acogimiento preadoptivo tiene su origen en una situación de desamparo causada por la propia administración al expulsar a la madre del menor del territorio

nacido cuya madre, en el momento del nacimiento, estaba declarada en desamparo y sometida a tutela de la Administración. Reaccionando contra tal medida, considera la Audiencia que "no se puede deducir sin más que Tamara esté incursa en causa de privación de patria potestad para obviar el requisito de necesidad de asentimiento. Doña Tamara, como se ha visto, durante el periodo en que estuvo bajo la tutela de la Consejería por su propio desamparo, desarrolló, dentro de sus posibilidades (menor de 15 años institucionalizada y embarazada) lo que consideró que podía hacer para no perder a su hijo, siendo efectivamente sorprendente que a pesar de haber solicitado ayuda, asumido culpas por conductas disruptivas, no se le hubieren procurado los medios para alcanzar esas actitudes y aptitudes que insistentemente dice la Administración que le faltan, para posteriormente tras su éxito o fracaso haber tomado una decisión. No cabe de más recordar, a la vista de lo actuado, el apartado 6 del artículo 19 bis que introduce el apartado 13 del artículo primero de la Ley de 26/2015 de 29 de julio SIC de modificación del sistema de protección a la infancia y a la adolescencia, que si bien no es de aplicación, hace una referencia expresa a las menores y las jóvenes sujetas a medidas de protección que estén embarazadas, que prescribe recibirán el asesoramiento y el apoyo adecuados a su situación. En el plan individual de protección se contemplará esta circunstancia, así como la protección del recién nacido. Hasta ese momento, durante la minoría de edad resulta al menos dudoso si cabria considerar que estaba incursa o no en causa de privación de Patria Potestad, precisamente en atención a su menor edad y en este caso concreto, institucionalizada".

111 Mantienen la necesidad de asentimiento de los padres a la adopción del hijos declarado en desamparo A. L. Rebolledo Varela: "Procedimientos judiciales de acogimiento y adopción: la exigencia de consentimientos y su modo de prestación en la Ley Orgánica 1/1996, del 15 de enero", en *Desprotección social de los menores y las instituciones de amparo reguladas en la ley orgánica de protección jurídica del menor:* jornadas de derecho civil en homenaje a Estanislao de Aranzadi, Aranzadi, 1997, p. 79.

nacional sin que mediara ninguna satisfactoria que justificara la urgencia de tal expulsión. Unido a una posterior adopción prescindiendo del consentimiento del padre biológico al considerar que su comportamiento constituía una causa de privación de la patria potestad cuando, en verdad, las autoridades administrativas no hicieron nada por ayudarlo a acreditar su filiación, negándole el papel de padre biológico al no poder costear la prueba de paternidad.

Desacuerdo que se acrecienta si nos atenemos al momento al que, según el Tribunal Supremo, hay que atender para apreciar la existencia de una causa de privación de la patria potestad que haga innecesario que el progenitor incurso en ella preste su asentimiento para la adopción. Momento que no es otro que aquel en el que se produce la intervención administrativa, pues es el momento en el que los padres se encontraban incursos en causa de privación de la patria potestad. En concreto, señala que "que la privación de la patria potestad requiere, de manera ineludible, la inobservancia de aquellos deberes de modo constante, grave y peligroso para el beneficiario y destinatario de la patria potestad, el hijo, por lo que a la luz de esta afirmación surge la imposibilidad de que la intención del legislador haya sido que el juicio de valor sobre el incumplimiento o cumplimiento de esos deberes pueda tener lugar precisamente en el momento que en el ejercicio de la patria potestad está suspendido al estar los menores acogidos por la entidad pública correspondiente, debiendo indicarse que las normas jurídicas no deben ser interpretadas de manera que conduzcan a soluciones que no se adaptan al contenido y filosofía que inspira el cuerpo legal en el que están insertos o los mismos lleguen a ser absurdos o inoperantes"[112].

Con esta base, la SAP Málaga 22 julio 2000 (*ECLI:ES:APMA:2000:3163*) considera adecuado prescindir del asentimiento de los padres biológicos dada la conducta desordenada de los padres que motivó la declaración de desamparo, "sin garantía, por tanto, de que esa situación no se pueda volver a repetir pese a la evidente mejoría operada en el núcleo familiar, en alto grado atribuible a la influencia beneficiosa de los hijos mayores".

Aun admitiendo el favorable cambio de circunstancias, por si acaso estas se modificaran, no considera necesario el asentimiento de la madre la SAP Granada 24 mayo 2019 (*Tol 7700339*): "de la documental obrante en las actuaciones se desprende que la madre entregó la tutela de las menores

---

112 Entre las más recientes, SSTS 6 febrero 2012 (*Tol 2441171*), 6 junio 2014 (*Tol 4364744*), SAP Granada 24 mayo 2019 (*Tol 7700339*).

por no poderlas atender, cuando éstas tenían 2 y tres años, durante cuatro años se intentó reintegrarlas en el ámbito familiar lo que no fue posible, las menores actualmente se encuentran plenamente integradas. La declaración de desamparo implica o es causa de privación de la patria potestad. No podemos negar el cambio en la situación de la madre, que ha quedado reflejado en el informe emitido por los servicios sociales del excelentísimo ayuntamiento de DIRECCION001 en el que se recoge textualmente que desde la retirada de las menores, y hasta que Coro conoció a su actual pareja, venía mostrando un nivel de desestructuración y desorden importante, ciertamente de lo que conocen es su actual pareja, con el que tiene una hija el auténtico estabilizador de esta situación y que Coro, por sus limitaciones derivadas de su falta de habilidades personales, educativas y sociales, no sería capaz de realizar por sí sola. Señalan que actualmente a nivel de funcionamiento personal, Coro y su pareja vienen funcionando bien, aunque tienen serias dudas de un funcionamiento adecuado de Coro si alguna de las condiciones actuales se modificaran, así de que pudiera afrontar sola sus necesidades básicas y las de otras personas en condiciones adecuadas, sin recurso o apoyo externo".

Sumamente reveladora resulta la SAP Cádiz 20 enero 2006 (*Tol 882082*) al considerar absolutamente inoperantes los informes del centro Reto donde acredita que la progenitora ha superado con éxito un programa de rehabilitación de su dependencia de los opiáceos, o datos tales como que ha encontrado una casa en la que vive con sus otros dos hijos, hermanos de la menor de cuya adopción se trata, "por cuanto que lo esencial es apreciar si concurría o no causa de privación de la patria potestad al momento en que se produce la intervención de la entidad pública administrativa acordando el desamparo, y no con posterioridad. [...] poder afirmar, a tenor de los medios probatorios obrantes en autos, que la oponente madre biológica, ahora recurrente, incumplían con los deberes asistenciales impuestos por el artículo 154 del Código Civil para el ejercicio de la patria potestad, sin que, en modo alguno, sea acogible la tesis de que a «posteriori» se encuentra en situación de madurez y rehabilitada para poder ocuparse de su hija Irene ya que el momento concreto en que debe tenerse en cuenta para concretar si los padres biológicos están o no incursos en la privación de la patria potestad es aquél en el que se decrete el desamparo y no cualquier otro posterior carente de trascendencia a los oportunos efectos debatidos".

Tesis que contrasta con la mantenida por el Tribunal Supremo a la hora de establecer el momento al que ha de atender el juez a la hora de estimar la procedencia o no de la declaración de desamparo pues, como he tenido ocasión de desarrollar en páginas precedentes, la doctrina del Alto Tribunal no es otra que estimar procedente que el juez, al examinar la impugnación de la declaración de desamparo por la Administración interpuesta al amparo del artículo 172.6 CC, contemple el cambio de circunstancias producido con posterioridad al momento en que se produjo la declaración con el fin de determinar si los padres se encuentran en condiciones de asumir nuevamente la patria potestad[113]. En definitiva, la interpretación del Tribunal Supremo opera siempre en perjuicio del derecho de la familia de origen a reunirse con su hijo.

La aplicación práctica de esta tesis lleva a la STEDH 18 junio 2019 Caso Haddad contra España a considerar que ha existido violación del art. 8 del Convenio Europeo de Derechos Humanos una vez constatada la existencia de grandes deficiencias en el procedimiento llevado a cabo por las autoridades encargadas de la tutela, la ubicación de la niña y su posible adopción prescindiendo de las nuevas circunstancias de los procedimientos penales contra el padre y su absolución definitiva de los delitos que justificaron la medida de alejamiento de sus hijos.

Es más, como el Tribunal Europeo de Derechos Humanos señala en STEDU Caso Pedersen y otros contra Noruega 10 marzo 2020, aludiendo a un supuesto en el que el establecimiento de un régimen de visitas muy estricto alejó cualquier posibilidad realista de una posible reunificación, "cuando las autoridades son responsables de una situación de ruptura familiar por haber incumplido su obligación de adoptar medidas para facilitar la reunificación familiar, no podrán basar una decisión de autorización de adopción por la ausencia de vinculación afectiva entre los padres y el niño".

Para rematar la indefensión de los progenitores biológicos y por si alguna duda hubiera, el vigente art. 177 CC establece que tampoco será necesario el asentimiento de los progenitores que tuvieren suspendida la patria potestad cuando hubieran transcurrido dos años de la notificación de la declaración de situación de desamparo, en los términos previstos en el artículo 172.2 CC, sin oposición a la misma o cuando, interpuesta en plazo, hubiera sido desestimada[114]. Que un padre no se oponga a la declaración

---

[113] STS 565/2009, de 31 de julio.

[114] . En opinión de A. Díaz Martínez (en "La tutela judicial efectiva en los procedimientos de oposición a las resoluciones administrativas sobre protección de menores y adopción", *Revista doctrinal Aranzadi Civil-Mercantil*, n. 5, 2014, BIB 2014\2880, p. 5), debería analizarse con más detenimiento, en relación con el derecho a la tutela judicial efectiva, especialmente en lo atinente al último inciso,

de desamparo de su hijo bien sea porque es consciente de la situación que atraviesa, bien porque carece de los conocimientos necesarios para ello, no debería en modo alguno conducir a que se prescinda de su asentimiento a la hora de constituir la adopción.

Para concluir, comparto el parecer del AAP Zaragoza 21 febrero 2017 al considerar que, en ausencia de asentimiento, el juez debe analizar más exhaustivamente si el interés del adoptando se satisface con la adopción, no obstante partir de la valoración de dicho interés como criterio determinante de la decisión.

2. *La burla del requisito del asentimiento a través de la consideración como indicador de desamparo el hecho de tener otro hermano en esa situación*

En apartados anteriores de este trabajo he tenido ocasión de detenerme en lo cuestionable que, a mi entender, resulta la automática declaración en desamparo de un recién nacido por el mero hecho de que sus hermanos se encuentren en tal situación. A las consideraciones allí efectuadas me remito.

Únicamente insistir en esta sede en el hecho de cómo la mera circunstancia de tener uno o más hermanos declarados en situación de desamparo puede, no sólo conducir a declarar en idéntica situación al nuevo miembro de la familia, sino a considerar la situación irreversible, lo que tendrá como consecuencia la constitución de una guarda con fines de adopción que traerá consigo la supresión de las visitas, si estas no han sido suspendidas previamente, y, en un paso más, la constitución de una adopción prescindiendo del asentimiento de los progenitores biológicos. Todo ello en un breve espacio de tiempo lo que se puede traducir en la tentación de burlar el requisito del asentimiento de los progenitores a la adopción mediante la declaración en desamparo de un recién nacido por el mero hecho de tener hermanos previamente declarados en dicha situación, lo

---

pues parece especialmente peligroso y excesivo interpretar que un progenitor cuyo hijo sea declarado en desamparo no deba nunca asentir a la adopción del menor si impugnó la decisión administrativa y los órganos judiciales la consideraron correcta, a la vista de las circunstancias concurrentes en ese momento. Distinta naturaleza presentan y diferente opinión merecen, a su juicio, los casos de total pasividad ante la actuación administrativa, no combatida ante los tribunales civiles por los padres biológicos.

cual me parece como mínimo cuestionable por las razones expuestas en páginas precedentes.

VII. REFLEXIÓN FINAL

Las reformas del sistema de protección de menores del año 2015 han fortalecido la actuación de la administración pública a quien se otorgan potestades desorbitadas. Tan es así que el Defensor del Pueblo recientemente ha considerado la conveniencia de abordar, desde el plano legislativo, un refuerzo de las garantías legales en estos procesos en los que la Administración debe proceder a una declaración de desamparo con la asunción de tutela del menor, separándolo de sus progenitores. Ese refuerzo de las garantías puede adoptar la forma de un procedimiento urgente de ratificación judicial, en el que la autoridad judicial comprueba, cautelar e inicialmente, la procedencia de las decisiones adoptadas, sin perjuicio de un examen en otro procedimiento posterior de oposición o revisión de la medida.

No sólo comparto plenamente la opinión del Defensor del Pueblo, sino que esta ratificación a posteriori la considero el menor de los males en caso de que el legislador no vuelva a optar por dejar en manos de la autoridad judicial la decisión misma de declarar a un menor en desamparo, suprimir las visitas, considerar que no hay posibilidad de retorno, etc. En su efecto, al menos, una rápida ratificación judicial de la medida administrativa es imprescindible.

Igual que imprescindible resulta que administración y tribunales ajusten su proceder a la doctrina emanada del Tribunal Europeo de Derechos Humanos que, lejos de considerar el reintegro del menor con su familia de origen una "circunstancia extraordinaria", estima que la asunción de la tutela de un niño debe considerarse una medida temporal a suspender tan pronto como la situación se preste, de manera que cualquier acto de ejecución debe ser coherente con un objetivo final: unir de nuevo al progenitor natural y al niño. En consecuencia, se impone a las autoridades competentes, desde el momento de asumir la tutela, la obligación positiva de tomar las medidas necesarias para facilitar la reunificación familiar cuando sea realmente posible buscando el equilibrio con el deber de considerar el interés superior del niño. No es así como se actúa en un número importante de supuestos en los cuales, como el propio Tribunal Europeo de Derechos Humanos ha constatado en diferentes asuntos sometidos a su conocimiento, las autoridades españolas no tomaron todas las medidas necesarias y adecuadas que sería razonablemente esperar para facilitar el regreso de los hijos con sus progenitores biológicos tan pronto como sea posible para que puedan llevar una vida familiar normal, afirmando que por parte de la administración "se trasluce que, desde el primer momento, la meta no era otra que la adopción del menor en un breve período de tiempo".

A llamar la atención sobre estos hechos y la necesidad tanto de una reforma legislativa como de un cambio en el modo de proceder por parte de la administración y tribunales se ha dedicado este trabajo.

14. RESPONSABILIDAD POR DAÑO MORAL EN EL ÁMBITO DEL DERECHO DE FAMILIA

JOSÉ RAMÓN DE VERDA Y BEAMONTE[1]

SUMARIO: I. CONSIDERACIONES PRELIMINARES. II. LA RUPTURA DE LA PROMESA DE MATRIMONIO. 1. Fundamento de la obligación resarcitoria. A) La teoría contractual. B) La teoría del hecho jurídico. C) Recapitulación y toma de posición. 2. Requisitos de la obligación resarcitoria. 3. Legitimación procesal. 4. Los obligados al resarcimiento. 5. El daño resarcible. III. LA CAUSACIÓN DOLOSA O NEGLIGENTE DE LA NULIDAD MATRIMONIAL. 1. Casos típicos (reserva mental y error doloso en cualidad personal). 2. El fundamento jurídico del resarcimiento: el ámbito de aplicación de los arts. 98 y 1902 CC. 3. La culpa como criterio de imputación de responsabilidad por el daño in contrahendo. IV. EL INCUMPLIMIENTO DE LOS DEBERES CONYUGALES. 1. Nuestra posición general sobre la cuestión del resarcimiento del daño moral derivado del incumplimiento de las obligaciones conyugales. 2. Presupuestos de la responsabilidad. A) El daño moral resarcible. B) La culpa como criterio de imputación de la responsabilidad. C) El nexo de causalidad. D) El hecho dañoso. 3. La lesión del derecho fundamental a la intimidad. A) La prevalencia práctica de la vía penal sobre la civil: el delito de descubrimiento y revelación de secretos. B) Supuestos de intromisión ilegítima. 3. El supuesto de la infidelidad. V. OBSTACULIZACIÓN DE LAS RELACIONES DEL OTRO PROGENITOR CON LOS HIJOS COMUNES.

I. CONSIDERACIONES PRELIMINARES

Tradicionalmente la responsabilidad civil ha sido una institución extraña al ámbito familiar[2], lo cual encontraba sentido en el marco de una familia de tipo patriarcal, donde el padre y marido ostentaba la jefatura de la misma, por lo que la injerencia del Estado en ella era mínima[3].

---

1 CU, Derecho civil, Universidad de València.

2 Señala G. J.: Bosques Hernández: "Comentario a la STS de 30 de junio de 2009", *CCJC*, nº 83/2010, p. 902, que "Son los vínculos de solidaridad y altruismo ligados a un deber de tolerancia intrafamiliar lo que ha servido de escudo, para evitar la entrada de las reclamaciones jurídicas en el ámbito familiar".

3 E. Carbone: "Réquiem per un'immunità: violazione dei doveri coniugali e responsabilità civile", *Giur. it.*, 2006, abril, c. 700, habla de la existencia de una costumbre de sacrificar los derechos individuales a una malentendida paz doméstica, como un triunfo del "mos" respecto del "ius", situando la inmunidad aquiliana entre cónyuges en el marco de un planteamiento, más amplio, de intentar preservar el enclave doméstico de la invasión del Derecho estatal.

Sin embargo, a medida que la familia evoluciona y que el modelo patriarcal se sustituye por otro, basado en el principio de igualdad de los cónyuges y en el de titularidad y ejercicio conjunto de la patria potestad, la intervención de los Tribunales, para asegurar la efectividad de dicho principio, así como el respeto de los derechos fundamentales e intereses legítimos de los miembros de la familia, parece inevitable[4].

En la jurisprudencia italiana[5], se ha observado que se asiste a un tránsito de la "familia institución" a la "familia comunidad", configurada, no ya, como un lugar de compresión y mortificación de derechos irrenunciables, sino como sede de autorrealización y desarrollo personal, marcada por el recíproco respeto e inmune a cualquier distinción de roles, en cuyo ámbito sus componentes conservan sus connotaciones esenciales y reciben reconocimiento y tutela, antes que como cónyuges, como personas. Y se añade: por tanto, el respeto de la dignidad y de la personalidad de cada miembro del núcleo familiar asume la connotación de un derecho inviolable, cuya lesión por parte de otro componente de la familia, así como por parte de un tercero, constituye el presupuesto lógico de la responsabilidad civil, no pudiendo considerarse, claramente, que los derechos definidos como inviolables reciban distinta tutela según que sus titulares se coloquen, o no, en el interior de un contexto familiar.

La jurisprudencia constitucional española ha puesto de manifiesto reiteradamente la conexión entre libertad nupcial y el principio de libre desarrollo de la personalidad consagrado en el art. 10.1 CE, afirmado, así, que "la libertad de opción entre el estado civil de casado o de soltero es uno de los derechos fundamentales más íntimamente vinculados al libre desarrollo de la personalidad, considerado por la Constitución fundamento del orden político y de la paz social"[6].

Las leyes 13/2005, de 1 de julio, y 15/2005, de 8 de julio, que operaron una de las más profundas reformas del Derecho de familia en nuestro Or-

---

4 D. Vargas Aravena: *Daños civiles en el matrimonio*, La Ley, Madrid, 2009, p. 29, observa, así, que "el hecho de que el daño se produzca entre sujetos pertenecientes a una familia no es obstáculo para la común aplicación de la normativa de responsabilidad civil", si bien este autor entiende que la vía para pedir el resarcimiento debe ser, no el art. 1902 CC (como nosotros pensamos), sino los arts. 1101 y ss. CC.

5 Cass. Civ. 10 mayo 2005, n. 9801, *Gur. it.*, 2006, abril, c. 693.

6 ATC 156/1987, de 11 de febrero de 1987 (RTC 1987, 156 AUTO). La STC 184/1990, de 15 de noviembre de 1990 (RTC 1990, 184), reitera la misma idea, afirmando que "la posibilidad de optar entre el estado civil de casado o el de soltero está íntimamente vinculada al libre desarrollo de la personalidad (art. 10.1 CE)".

denamiento jurídico, tienen, sin duda, un hilo conductor, consistente en la "personalización" del matrimonio.

Las referidas leyes, en efecto, hacen jugar al principio constitucional de libre desarrollo de la personalidad, consagrado en el art. 10.1 CE, una importancia hasta ahora desconocida. Acentúan, así, la función del matrimonio como un medio de desarrollo de la personalidad de los cónyuges, en detrimento de su carácter de institución social, cuya estabilidad se ha considerado, desde siempre, un valor social, lo que ha estado en estrecha relación con la conexión de la institución matrimonial con la procreación y educación de los hijos; y de ahí la exigencia del requisito de la heterosexualidad de los contrayentes.

Las propias Exposiciones de Motivos de las leyes ponen de manifiesto esta idea.

Así, la de la Ley 13/2005, con el fin de justificar la supresión del requisito de la heterosexualidad, permitiendo, así, los matrimonios entre personas del mismo sexo, se refiere a la exigencia del "establecimiento de un marco de realización personal que permita que aquéllos que libremente adoptan una opción sexual y afectiva por personas de su mismo sexo puedan desarrollar su personalidad".

Por su parte, la Exposición de Motivos de la Ley 15/2005, en orden a explicar el nuevo sistema de divorcio, basado en la pura voluntad de cualquiera de los cónyuges de disolver el matrimonio, y desconectado de cualquier idea de culpa, afirma que "se estima que el respeto al libre desarrollo de la personalidad, garantizado por el artículo 10.1 de la Constitución, justifica reconocer mayor trascendencia a la voluntad de la persona cuando ya no desea seguir vinculada con su cónyuge".

En definitiva, la condición de miembro de una familia no puede servir como criterio de exención de responsabilidad de los daños causados en la misma, lo que me parece especialmente evidente en el caso de los cónyuges, desde el momento en que la legislación actual acentúa la consideración del matrimonio como un medio al servicio del desarrollo de la personalidad de los contrayentes.

No obstante lo dicho, el principio de responsabilidad civil va, poco a poco, impregnando el ordenamiento jurídico español, en los distintos ámbitos familiares[7].

---

7 Para una visión de conjunto sobre el tema, con importantes aportaciones sobre la materia, puede verse *Responsabilidad civil en el ámbito de las relaciones familiares*

II. LA RUPTURA DE LA PROMESA DE MATRIMONIO

La jurisprudencia ha revitalizado un precepto que parecía muerto. Nos referimos al art. 43 CC[8].

El art. 42 CC niega a la promesa de matrimonio el carácter de fuente de la obligación de contraerlo. Dice, así, que "La promesa de matrimonio no produce obligación de contraerlo ni de cumplir lo que se hubiera estipulado para el supuesto de su no celebración"[9] . Añadiendo, además, que "No se admitirá a trámite la demanda en que se pretenda su cumplimiento".

La norma está dirigida a la tutela de la libertad nupcial de los contrayentes, garantizando que la constitución de una familia fundada en el matrimonio, sólo tendrá lugar en virtud de un acto de voluntad concurrente en

---

(coord. J. R. De Verda y Beamonte), "Monografías de la Revista de Derecho Patrimonial", Thomson-Aranzadi, Cizur Menor, 2012; así como M.ª B. Sainz-Cantero Caparrós y A. M.ª Pérez Vallejo: *Valoración y reparación de daños entre familiares. Fundamentos para su reclamación*, Comares, Granada, 2012.

8 En la doctrina científica española existen importantes aportaciones sobre la promesa de matrimonio. Véase, así, Ortega Pardo: "La ruptura de los esponsales en el derecho español vigente", *RGLJ*, tomo IX (177 de la colección), junio de 1946, 1945, p. 628; ya, con posterioridad a la reforma operada por la Ley 30/1981, de 7 de julio, F. Badosa Coll: "Comentario a los arts. 42-43 CC", en *Comentarios a las reformas del derecho de familia*, vol. I, Tecnos, Madrid, 1984, pp. 99-117; J. Delgado Echeverría: "Comentario al art. 43 CC", en *Matrimonio y divorcio. Comentarios al Título IV del Libro Primero del Código Civil* (coord. por J. L. Lacruz Berdejo), 2ª ed., Civitas, Madrid, 1994, pp. 45-59; Id.: "Comentario al art. 43 CC", *ibi*, pp. 45-59; y, más recientemente, S. Carrión Olmos, S.: "Promesa de matrimonio y resarcimiento de daños", en *Daños en el Derecho de familia* (coord. J. R. De Verda y Beamonte), "Monografías de la Revista de Derecho Patrimonial", Thomson-Aranzadi, Cizur Menor, 2006, pp. 117-146; Vargas Aravena, D.: *Daños civiles*, cit., pp. 47-95; como también De Verda y Beamonte, J. R. y Chaparro Matamoros, P.: "Responsabilidad civil por incumplimiento de la promesa de matrimonio", en *Responsabilidad civil en el ámbito de las relaciones familiares* (coord. J. R. De Verda y Beamonte), "Monografías de la Revista de Derecho Patrimonial", Thomson-Aranzadi, Cizur Menor, 2012, pp. 211-296, con extensas referencia de Derecho Comparado.

9 Esto implica que cualquier pacto entre los contrayentes que contuviera disposiciones que rigiesen los efectos del incumplimiento de la promesa de matrimonio sería nulo de pleno derecho. La SAP Cantabria 19 abril 2005 (AC 2005, 1833) desestimó, así, las pretensiones de la demandante, quien presentó un pacto elevado a escritura pública en el que se establecía que las consecuencias en caso de incumplimiento de la promesa de matrimonio consistían en abonar el demandado a la demandante la suma de 36.000 euros.

el momento de su celebración. La institución del matrimonio está animada por el principio fundamental de absoluta libertad de los individuos, tanto respecto del *an* como respecto del *quando*: plena libertad de dar vida a una familia fundada sobre el matrimonio, plena libertad (hasta la perfección del acto) para decidir no contraerlo.

La libertad matrimonial exige que ninguna persona deba asumir el estado civil de casado y los radicales efectos jurídicos, personales y patrimoniales, que conlleva contra su voluntad. Quien contrae matrimonio debe ser plenamente consciente del acto que realiza y consentir con entera libertad en todas las consecuencias jurídicas que de dicho acto derivan. La naturaleza misma del matrimonio exige la espontaneidad y la libertad del querer y, por ello, no puede obligarse a una persona a celebrar un matrimonio, por el mero hecho de haberse comprometido a contraerlo. Es, hasta el último momento, un acto de la persona, enteramente libre e incoercible[10].

No obstante, el art. 43 CC afirma que "El incumplimiento, sin causa, de la promesa cierta de matrimonio hecha por persona mayor de edad o por menor emancipado sólo producirá la obligación de resarcir a la otra parte de los gastos hechos y de las obligaciones contraídas en consideración al matrimonio prometido"; añade, además, que "Esta acción caducará al año contado desde el día de la negativa a la celebración del matrimonio"[11];

---

10 La norma contenida en el art. 42 CC es fruto de una larga evolución histórica, pues, en nuestro Derecho Histórico la promesa de matrimonio (los denominados esponsales) producían obligación de contraerlo (*cfr.* Part. 4, I, 3), debiendo esperarse hasta la promulgación de la Ley de Matrimonio Civil Obligatorio de 1870 para ver legalmente proclamado, en su art. 3, el principio, según el cual no producirá "obligación civil la promesa de futuro matrimonio cualquiera que sea forma y solemnidades con que se otorgue, ni las cláusulas penales ni cualesquiera otras que en ella se estipulen".
El mismo principio, de la irrelevancia jurídica de la promesa de matrimonio, pasará al art. 43 CC (actual art. 42), cuya redacción originaria, anterior a la dada (al actual art. 43 CC) por la Ley 30/1981, de 7 de julio, decía que "Los esponsales de futuro no producen obligación de contraer matrimonio". En este precepto, a diferencia de lo que acontecía en el art. 3 de la Ley de Matrimonio Civil Obligatorio de 1870, expresamente, no se negaba eficacia a las cláusulas penales pactadas para el supuesto de la no celebración del matrimonio, aunque su ineficacia fue defendida por la doctrina, con apoyo en el principio general del Derecho, de la libertad nupcial y en la idea de que, careciendo de eficacia la obligación de contraer matrimonio, no podía tenerla la obligación accesoria, de pagar lo que se hubiere pactado, para el supuesto de su no celebración.

11 La SAP Guadalajara 10 abril 2014 (*Tol 4265223*) constata que, siendo el plazo de caducidad, no resulta interrumpido por la existencia de dos burofaxes, en los que

y esta previsión no es peculiaridad del Derecho español, pues es posible encontrar una solución, más o menos semejante, en la mayoría de los Derechos de nuestro entorno (§§ 1297 a 1302 *BGB,* §§ 45 y 46 *ABGB,* arts. 90 a 93 *ZGB,* arts. 79-81 CCI) o, en su defecto, una previsión de la jurisprudencia en este sentido[12].

1. Fundamento de la obligación resarcitoria

Esta aparente contradicción, que, como se ha dicho, no es específica de nuestro ordenamiento jurídico, ha hecho correr ríos de tinta sobre la naturaleza jurídica de la promesa de matrimonio y sobre el fundamento de la obligación resarcitoria en el caso de incumplimiento de la misma.

La discusión fue particularmente importante en la doctrina científica alemana[13], en la que en torno a esta cuestión existen, básicamente, dos

---

la novia reclama al novio que rompió la promesa el resarcimiento de los gastos de preparación de la boda.

12 Si comparamos otros códigos civiles europeos con el francés en materia de promesa de matrimonio, lo primero que llama la atención es el silencio de este último sobre la materia, lo cual es significativo porque en el *Ancien Droit* los esponsales eran regulados, siendo considerados un verdadero contrato. Después de publicado el *Code*, la jurisprudencia francesa, desde tiempos bien tempranos, negó la validez del contrato de *fiançailles*, por considerarlo contrario al principio de libertad matrimonial, admitiendo, sin embargo, la reparación de los daños que la ruptura culpable de la promesa produjera a quien había confiado en ella, a través del art. 1382 del *Code* (correspondiente al art. 1902 CC español). Esta orientación jurisprudencial quedó fijada en dos célebres "arrêts", esto es, Ch. Civ. 30 mayo 1838 (S. 1838, pp. 492-494.) y Ch. Civ. 11 junio 1838 (S. 1838, pp. 494-497), y se ha mantenido invariable en la jurisprudencia francesa, llegando hasta nuestros días, siendo compartida por la práctica totalidad de los autores galos, que niegan la validez de la promesa de matrimonio, pero admiten que su ruptura pueda dar lugar a una reparación de daños y perjuicios por la vía de la responsabilidad civil extracontractual, mediando los requisitos a los que se supedita ésta. *Cfr.*, así, en la jurisprudencia de la Corte de Casación: Ch. Req. 24 marzo 1845 (D. 1845, pp. 177-178), Ch. Req. 16 enero 1877 (D. 1877, pp. 84-88), Ch. Req. 12 noviembre 1901 (D. 1901, pp. 46-47), Ch. Civ. 2 marzo 1926 (D. 1927, p. 67-68), Ch. Req. 23 junio 1938 (G.P. 1938, II, p. 586), Ch. Civ. 10 mayo 1943 (D. 1943, pp. 10-11), Ch. Civ. 3 julio 1944 (D. 1945, pp. 81-82), Ch. Civ. 2ª 16 marzo 1955 (D. 1955, 324), Ch. Civ. 1ª 4 enero 1995 (D. 1995, p. 251).

13 El § 1297 *BGB* dispone, en su párrafo primero, que la promesa de matrimonio no produce acción para demandar su celebración, declarando, en su párrafo segundo, la nulidad de las penas pactadas, para el supuesto de que éste no tuviera

teorías: de un lado, la que afirma que la promesa es un negocio jurídico (*Vertragstheorie*); y, de otro, la que lo niega, afirmando que se trata de un mero hecho, que, en unión con otras circunstancias, es susceptible de producir efectos jurídicos (*Tatsächlichkeitstheorie*)[14].

A) La teoría contractual

Los autores alemanes se han esforzado por hallar una explicación que concilie la obligación de resarcir del novio, que, sin un motivo importante, rompe la promesa del matrimonio, con el principio de libertad nupcial.

Tradicionalmente la doctrina mayoritaria ha sostenido que la promesa es un contrato[15], un precontrato[16], un negocio jurídico de Derecho de

---

lugar. Hay, pues, que resaltar que la norma no declara la nulidad de la promesa de matrimonio, sino su inexigibilidad ante los Tribunales; y ello, a diferencia de lo que afirma respecto de las penas convencionales, respecto de las cuales, sí dice, expresamente, que son nulas. Creo que la redacción del precepto ha influido en la posición de la doctrina científica alemana al explicar la naturaleza de la promesa de matrimonio y, consiguientemente, el fundamento de la obligación de resarcir los daños que su ruptura provoca en los términos previstos en el § 1298 *BGB*.

14 A ellas podemos añadir la "*Theorie des gesetzliches* Rechtsverhältnises", desarrollada por C. W. Canaris: "Das Verlöbnis als *gesetzliches* Rechtsverhälniss", *Archiv für die civilistische Praxis*, vol. 165, 1965, p. 1 ss., que, a mi parecer, no se opone a la teoría del hecho jurídico, sino que la complementa y explica de modo convincente.

15 Un importante sector de la doctrina científica alemana ha sostenido que la promesa de matrimonio es un contrato que genera la obligación recíproca de los prometidos de contraer un matrimonio, al cual son de aplicación las disposiciones generales sobre el negocio jurídico y los contratos, si bien el cumplimiento de la obligación es inexigible, por lo que su incumplimiento culpable puede dar lugar, exclusivamente, a una indemnización de daños y perjuicios. Véase, así, entre los autores clásicos, K. Cosack: *Lehrbuch des Deutschen bürgerlichen Rechts aus der Grundlage des bürgerlichen Gesetzbuchs*, vol. 2°, *Das Sachenrecht, Das Recht der Wertpapiere. Das Gemeinschaftsrecht. Das Familienrecht. Das Erbrecht*, 4ª ed., Verlag von Gustav Fischer, Jena, 1904, pp. 466-467; C. Crome: *System des Deutsches Bürgerlichen Rechts*, vol. 4°, *Immaterialgüterrechte.– Familienrecht*, Verlag von I. C. B. Mohr, Tübingen, 1908, pp. 196-198, en particular, notas 1 y 5; T. Kipp y M. Wolff: *Lehrbuch des Bürgerlichenrechts*, vol. 2°, t. 2°, *Das Familienrecht*, 6ª ed., R. G. Elmert'sche Verlagsbuchhandlung (G. Braun), Marburg, 1928, pp. 18-19. En la doctrina moderna G. Brudermüller: "Einf v § 1297 *BGB*", en O. Palandt: *Bürgerliches Gesetzbuch*, 62ª ed., Verlag C. H. Beck, 2002, pp. 1585-1586; como también B. Bergerfurth: *Das Eherecht*, 9ª ed., Rudolf Haufe Verlag, Freiburg im Breisgau, 1987, p. 23; J. Gernhuber y D. Coester-Waltjen: *Lehrbuch des Familienrechts*, 4ª ed., C. H. Beck'sche Verlagsbuchhandlung, München, 1994, pp. 65-70; D. Heckelmann: "Vor § 1297 *BGB*", en Erman: *Bür-*

familia[17] o un negocio de Derecho de la persona[18], del que surge la obligación jurídica de contraer el matrimonio. Sin embargo, al ser dicha obligación de carácter personalísimo, no puede ser exigida coactivamente, de modo que su incumplimiento da lugar, exclusivamente, a una indemnización de daños y perjuicios en la medida prevista por la Ley.

---

gerliches Gesetzbuch (dirigido por H. P. Westermann), 11ª ed., Köln, Aschendorff, Verlag Dr. Otto Schmidt, Münster, 2004, p. 3720; o H. Rosenthal: *Bürgerliches Gesetzbuch,* 15ª ed. por B. Kamnitzer y H. Bohnenberg, Carl Heymanns Verlag KG, Köln, Berlin, Bonn, München, 1965, pp. 1280-1281.

16 Esta tesis fue, por ejemplo, defendida por O. Opet y W. Blume: *Das Familienrecht des Bürgerlichen Gesetzbuchs,* 1ª y 2ª Sección, *Bürgerliche Ehe. Verwandtschaft,* en *Kommentar zum Bürgerlichen Gesetzbuche und seinen Nebengesetzen,* Carl Heymanns Verlag, Berlin, (1906), pp. 6-8, que hablan de la promesa como un precontrato, un *pactum de matrimonio ineiundo,* que origina una obligación de contraer un futuro matrimonio. Sin embargo, los autores, contra lo que es opinión común en la doctrina alemana, entienden que dicha obligación es meramente natural, explicando, así, el hecho de que no pueda exigirse su cumplimiento ante los Tribunales.

17 Un amplio sector de la doctrina científica alemana mantiene la naturaleza negocial de la promesa, aunque sostiene que estamos ante un contrato o negocio, *sui generis,* haciendo hincapié en las especialidades propias de la promesa en orden a evitar una aplicación indiscriminada de las normas generales del contrato, configurándola como un negocio de Derecho de familia. Véase en este sentido H. Denburg: *Das Familienrecht,* en H. Denburg: *Das bürgerliche Recht des Deutschen Reichs und Preußens,* vol. 4°, 4ª ed., Verlag der Buchhandlung des Waisenhauses, Halle a. S., 1908, pp. 24-25; F. Endemann: *Lehrbuch des Bürgerlichen Rechts. Einfürung in das Studium des Bürgerliches Gesetzbuchs,* vol. 2°, *Sachenrecht. Familienrecht,* 6ª ed., Berlin, 1900, Carl Heymanns Verlag, p. 660; como también, en parte, H. Dölle: *Familienrecht,* vol. 1°, Verlag C. F. Müller, Karlsruhe, 1964, p. 63.

No obstante lo expuesto, hay que tener en cuenta que no todos los autores que califican la promesa de matrimonio como un contrato o negocio de Derecho de familia lo hacen con la finalidad de someterla a un régimen específico diverso del de los contratos, sino que, en ocasiones, con dicha expresión quieren significar que a través de ella se crea una relación jurídica familiar, idea ésta de honda raigambre germana. Es el caso de F. Leonhard: *Bürgerliches Recht. Ein Lehrbuch in kurzen Sätzen,* 2ª ed., Carl Heymanns Verlag, Berlin, 1926, p. 159; o B. Wolf: *Das Bürgerliche Gesetzbuch unter Berücksichtigung des gesamten Rechtsprechung der oberen Gerichte des Deutschen Reichs,* en colaboración con C. Neukirch, Nosenmeyer y H. Telgmann (dirigido por B. Wolf), Verlag der Buchhandlung des Waisenhauses, Halle a S., 1908.

18 En este sentido, ya H. Mitteis: *Bürgerliches Recht. Familienrecht,* 3ª ed., Verlag von Julius Srpinger, Berlin, 1931, p. 9; más recientemente, G. Beitzke: *Familienrecht,* 25ª ed., C. H. Beck'sche Verlagsbuchhandlung, München, 1988, p. 25; y H. Lange: "Ad § 1297 *BGB*", en *Burgerliches Gesetzbuch* (dirigido por Th. Soergel y continuado por W. Siebert), vol. 7, *Familienrecht I* (§§ 1297-1588), *VAHRG; Nichteheliche Lebens-*

A mi parecer, se incurre, así, en una curiosa paradoja, pues, con el fin de proteger la libertad nupcial, se estima que son nulas las penas convencionales accesorias que, indirectamente, podrían inducir a los prometidos a casarse; y, en cambio, se admite la validez de la promesa, esto es, del negocio jurídico principal, que, directamente, les obliga a celebrar el matrimonio, aunque, ciertamente, esta obligación se considere inexigible.

La tesis contractual ha sido objeto de crítica por parte de un sector de la moderna doctrina científica alemana[19].

La crítica se basa en los siguientes argumentos:

a) En primer lugar, se observa que la ruptura de la promesa puede dar lugar, exclusivamente, a la obligación de resarcir el interés negativo o de la confianza, esto es, los daños derivados de la inutilidad de los gastos, obligaciones y disposiciones patrimoniales adoptadas en consideración al matrimonio proyectado; pero no, a la de reparar el interés positivo o al cumplimiento de la promesa, como, en cambio, sucedería, si ésta fuera un auténtico contrato, en cuyo caso, el resarcimiento debiera comprender la pérdida de los beneficios que el novio perjudicado por la ruptura hubiera obtenido de haberse casado[20].

b) En segundo lugar, se constata que la promesa puede ser rota en todo momento por cualquiera de los prometidos, de manera que el cumplimiento de la obligación de contraer matrimonio se deja al puro arbitrio de aquéllos, sujetándose su eficacia a una condición resolutoria puramente potestativa, lo que va en contra de la esencia misma de la "obligación", esto es, su carácter vinculante[21].

---

gemeinschaf, Verlag W. Kohlhammer, Stuttgart, Berlin. Köln, Mainz, 1988, pp. 28-29.

19 Concretamente por C. W. Canaris: "Das Verlöbnis", cit., pp. 2-9, quien se ha ocupado extensamente de la naturaleza jurídica de la promesa de matrimonio.

20 *Cfr.*, en este sentido, C. W.: Canaris: "Das Verlöbnis", cit., p. 4; D. Giesen: *Familienrecht,* 2ª ed., Mohr Siebeck, Tübingen, 1997, pp. 51-52; y D. Henrich: *Familienrecht,* 5ª ed., Walter de Gruyter, Berlin, New York, 1995, p. 24.

21 *Cfr.*, en este sentido, C. W. Canaris: "Das Verlöbnis", cit., 4-5. Entiende el autor que esta circunstancia es incompatible con la naturaleza de una obligación, ya que le faltaría su característica decisiva, esto es, la obligatoriedad, pues el principio "pacta sunt servanda" no es un principio que pueda ser renunciado en casos particulares: "Diese Annahme aber ist mit dem Wessen einer Rechtspflicht unvereinbar: es würde ihr das entscheidende Charakteristikum, die 'Verbindlichkeit' fehlen".

B) La teoría del hecho jurídico

A mi entender, en orden a la crítica de la teoría contractual, adquiere mayor relevancia el argumento de que la libertad nupcial impide asumir mediante un negocio jurídico la obligación de contraer futuro matrimonio, al ser aquélla un principio de orden público que no puede ser derogado por actos de autonomía privada.

Por ello, parece preferible la teoría que niega que la promesa de matrimonio sea un contrato, viendo en ella un mero hecho[22], al que, en unión con otras circunstancias (ruptura, sin concurrir un motivo importante), la Ley asigna unos efectos (indemnización del interés negativo o interés de la confianza), que no son los queridos por los novios al tiempo de prometerse: lo querido y prometido por ellos es sólo el futuro matrimonio, cuya celebración no puede reclamarse judicialmente; y, de ahí, que la promesa no pueda considerarse un negocio jurídico[23].

El fundamento de la obligación de indemnizar el interés negativo se sitúa entonces en la necesidad de tutelar la confianza, que legítimamente suscitó el hecho de la promesa en quien la recibió, respecto de la celebración de un futuro matrimonio[24], en consideración al cual realizó gastos, contrajo obligaciones o adoptó ciertas medidas (en relación con el propio

---

22 La teoría de la promesa de matrimonio como hecho jurídico tuvo importantes defensores entre los autores que escribieron después de la promulgación del *BGB*, los cuales apoyaban su postura, fundamentalmente, en la consideración de que la libertad que debía regir la celebración del matrimonio hacía imposible asumir jurídicamente una obligación de casarse en un futuro. Así, Hellmann: "Das Verlöbnis nach dem Bürgerlichen Gesetzbuche", *Deutsche Juristen-Zeitung*, 1901, p. 220; L. Jacobi: *Das persönliche Eherecht*, en L. Jacobi: *Das Recht des Bürgerlichen Gesetzbuchs in Einzeldarstellungen*, F. Guttentag, Verlagsbuchhanlung, Berlin, 1896, pp. 15-16; E. Landsberg: *Das Recht des Bürgerlichen Gesetzbuches vom 18. August 1896. Ein Dogmatisches Lehrbuch*, vol. 1°, 2ª ed., F. Guttentag, Verlagsbuchhandlung, Berlin, 1904, pp. 831-833; o B. Matthiaß: *Lehrbuch des Bürgerlichen Rechtes*, vol. 2°, *Das Sachenrecht, das Persönlichkeits- und Immaterialgüterrecht, Das Familienrecht und das Erbrecht*, 4ª ed., Verlag von D. Häring, Berlin, 1900, p. 226.

23 Este argumento ha hecho que un importante sector de la doctrina científica alemana se aparte de la teoría del contrato. Véase en este sentido D. Giesen: *Familienrecht*, cit, pp. 50-51; D. Henrich: *Familienrecht*, cit., p. 24; y D. Schwab: *Familienrecht*, 12ª ed., Verlag C. H. Beck, München, 2003, p. 23.

24 Según afirma L. Jacobi: *Das persönliche Eherecht*, cit., p. 16, quien ha provocado que otro adopte medidas costosas tiene que soportar las consecuencias, en el caso de que, por su culpa, su finalidad resulte frustrada.

patrimonio o una situación adquirida) a los que la ruptura convierte en inútiles[25].

La obligación resarcitoria se considera, así, como una consecuencia de la *culpa in contrahendo*[26] en la que incurre quien se comporta negligentemente en el período previo a la conclusión del matrimonio proyectado, suscitando primero, con su promesa, una confianza razonable en que aquél se llevaría a cabo, para después defraudar dicha confianza, rompiendo su promesa sin un motivo importante, con el consiguiente perjuicio patrimonial de quien actuó de buena fe, creyendo en su cumplimiento[27].

La tesis del hecho jurídico tiene como consecuencia práctica la no aplicación de las normas del negocio jurídico en materia de capacidad de obrar y de protección del consentimiento.

Lo primero significa que es posible que el prometido menor de edad, cuya confianza en la celebración del matrimonio quede defraudada, pueda ejercitar la pretensión de reparación[28]. Lo segundo lleva a la imposibilidad de que quien es demandado en virtud de dicho precepto pueda exonerarse de responsabilidad, alegando haber incurrido en reserva mental al hacer la promesa, ya que esta circunstancia no excluye la confianza que aquélla haya podido suscitar en el otro prometido, cuya protección no tiene por qué quedar excluida[29].

Además, en orden a excluir pretensiones de reparación injustas, el recurso a la simulación, además de ser improcedente, es innecesario, ya que si los novios no tenían ninguna intención de casarse, la promesa no pudo generar en ellos ninguna confianza legítima en que se cumpliría, por lo que nada pueden reclamarse por esta causa[30]; y tampoco es preciso acu-

---

25 Véanse a este respecto las consideraciones de C. W. Canaris: "Das Verlöbnis", cit., pp. 9-12.

26 L. Jacobi: *Das persönliche Eherecht,* cit., p. 16; y D. Henrich: *Familienrecht,* cit., p. 24, hablan expresamente de *culpa in contrahendo* para explicar el fundamento de la obligación de resarcimiento prevista en los §§ 1298 y 1299 *BGB.*

27 C. W. Canaris: "Das Verlöbnis", cit., p. 12, prefiere hablar, para explicar los efectos de la ruptura de promesa, más de responsabilidad por confianza, que de *culpa in contrahendo,* aunque considerando ésta una especie de aquélla.

28 *Cfr.*, en este sentido, C. W. Canaris: "Das Verlöbnis", cit., p. 18.

29 *Cfr.*, en este sentido, C. W. Canaris: "Das Verlöbnis", cit., p. 21.

30 *Cfr.*, en este sentido, C. W. Canaris: "Das Verlöbnis", cit., p. 21.
Hellmann: "Das Verlöbnis", cit., p. 221, afirma que si las declaraciones son hechas con falta de seriedad o son simuladas la costumbre impide que pueda hablarse de una promesa.

dir a la disciplina del error, del dolo o de la intimidación ya que, de haberse dado éstos al tiempo de hacerse la promesa, concurrirá un motivo importante para la ruptura, por lo que aquél que lo haya padecido podrá negarse a casarse, sin tener que satisfacer ninguna indemnización por ello[31].

C) Recapitulación y toma de posición

A mi parecer, la promesa no puede considerarse un contrato especial o un negocio de Derecho de familia, porque, como ya he dicho, la libertad nupcial impide asumir mediante un negocio jurídico la obligación de contraer futuro matrimonio, al ser aquella un principio de orden público que no puede ser derogado por actos de autonomía privada.

Del art. 42 CC resulta, con total claridad, que los esponsales no son vinculantes en el plano jurídico, porque no obligan a los promitentes a contraer matrimonio, ni tampoco a cumplir lo que se hubiera estipulado para el caso de su no celebración. Por otro lado, es evidente que los efectos resarcitorios determinados por el art. 43 CC, para el caso de ruptura sin causa, no son los queridos por los novios, cuando se prometen (recuérdese que la esencia del negocio jurídico radica en ser una declaración de voluntad a la que el Derecho atribuye efectos jurídicos en la medida en que son queridos por el o los declarantes).

¿Por qué, entonces, en virtud del art. 43 CC, el promitente que incumple, sin causa, la promesa cierta de matrimonio debe resarcir al promisario de los gastos hechos y de las obligaciones contraídas en atención al matrimonio proyectado?

En mi opinión, esta disposición tiene como finalidad tutelar la confianza legítimamente suscitada por la promesa (respecto a la celebración del matrimonio), en consideración a la cual quien la recibe realiza, de buena fe, gastos o asume obligaciones a los que la ruptura convierte en inútiles: una cosa es que se tenga libertad para apartarse de la promesa (la decisión de casarse es libre) y otra, bien diversa, es que, en caso de ruptura (sin una causa razonable) de aquélla, no se deba responder por la lesión culpable de la confianza suscitada por los propios actos o declaraciones[32].

---

31 *Cfr.*, en este sentido, C. W. Canaris: "Das Verlöbnis", cit., p. 21, así como Hellmann: "Das Verlöbnis", cit., p. 221.

32 En la doctrina española G. García Cantero: "Comentario a los art. 42 y 43 CC", en *Comentarios al Código civil y Compilaciones forales* (dir. M. Albaladejo), t. II, 2ª ed.,

Por lo tanto, con el incumplimiento de la promesa de matrimonio, pasa algo semejante a lo que acontece con la ruptura de los tratos preliminares: no cabe duda de que si alguien entra en negociaciones con otro puede apartarse de ellas, sin que esté obligado a concluir el contrato de cuya celebración se trataba (a ello se opone el principio de autonomía privada); ahora bien, si se comporta de mala fe, rompiendo las negociaciones de manera arbitraria o intempestiva, debe resarcir a la persona perjudicada el interés contractual negativo (en este caso, por aplicación del art. 1902 CC).

No obstante, hay que reconocer que el art. 43 CC llega a una solución que armoniza el principio de tutela de la confianza con el de libertad nupcial, el cual quedaría desvirtuado, si la negativa a cumplir la promesa produjera consecuencias patrimoniales tan gravosas, que el promitente se viera constreñido a contraer matrimonio para escapar al pago de una indemnización cuantiosa.

Ello explica la limitación del importe máximo de la indemnización a los conceptos que la propia norma determina (gastos hechos y obligaciones contraídas en atención al matrimonio), cerrando la posibilidad de que el promisario pueda pedir el resarcimiento de otros daños (al menos, patri-

---

Edersa, Madrid, 1982, p. 43, califica la promesa como un negocio jurídico familiar preparatorio del matrimonio.

Pero esta tesis es aislada entre los autores españoles, entre los cuales es prácticamente unánime la opinión de que la promesa de matrimonio no es un negocio jurídico, explicando, en general, el resarcimiento previsto en el art. 43 CC en la idea de ruptura de la confianza. *Vid.*, en este sentido, en particular, J. Delgado Echeverría: "Comentario al art. 43 CC", en *Matrimonio y divorcio. Comentarios al Título IV del Libro Primero del Código civil* (coord. J. L. Lacruz Berdejo), 2ª ed., Civitas, Madrid, 1994, pp. 49-50; como también L. Díez-Picazo y A. Gullón: *Sistema de Derecho civil*, vol. IV, *Derecho de familia. Derecho de sucesiones*, 12ª ed., Tecnos, Madrid, 2018, p. 58; y J. M. Osorio Serrano: "El matrimonio", en *Curso de Derecho civil IV. Derechos de Familia y de Sucesiones* (F. J. Sánchez Calero), 9ª ed., Tirant lo Blanch, Valencia, p. 78.

F. Badosa Coll: "Comentario a los arts. 42 y 43 CC", cit., pp. 111-112, excluye también que la promesa de matrimonio sea un negocio jurídico, fundamentando la norma del art. 43 CC en la frustración de la confianza, pero niega que el precepto contemple un caso de indemnización (por no existir ilicitud en la ruptura), hablando de un reembolso que "se funda en un empobrecimiento jurídicamente repercutible en persona diferente del que la sufre", posición esta, que es seguida por S. Carrión Olmos: "Promesa", cit., p. 128; y Díaz Martínez, A.: "Comentario al art. 43 CC", en *Comentarios al Código civil* (dir. R. Bercovitz Rodríguez-Cano), t. I, Tirant lo Blanch, Valencia, 2013, p. 640.

moniales), como, por ejemplo, el consistente en la pérdida del estado civil de casado o de la posibilidad de haberse podido contraer otro matrimonio.

Una vez hechas estas aclaraciones conceptuales, procederemos al estudio del art. 43 CC[33].

2. *Requisitos de la obligación resarcitoria*

La obligación resarcitoria presupone el incumplimiento, sin causa, de una promesa cierta de matrimonio, hecha por un mayor de edad o por un menor emancipado.

a) A mi parecer, el carácter cierto de la promesa tiene una doble significación.

De un lado, exige la existencia de un propósito serio de contraer matrimonio en un periodo razonable, sin que sea suficiente una pura relación de noviazgo entre dos personas, las cuales se representen el futuro matrimonio como una pura hipótesis, pendiente de ulterior concreción[34]. De otro lado, la certeza significa que la promesa debe ser probada, prueba que puede realizarse por cualquiera de los medios admitidos en Derecho[35]. Se ha deducido, así, la existencia de una promesa cierta de matrimonio de

---

33 La SAP Madrid 9 abril 2019 (*Tol 7373099*) ha precisado que no es posible aplicar analógicamente el art. 43 CC a la ruptura de la promesa de convivencia *more uxorio*, aunque sí el principio de prohibición de enriquecimiento injusto para resarcir a uno de los convivientes de los pagos por él realizados para reformar la vivienda de su compañera sentimental, en la que ambos pretendían vivir una vez acabada la rehabilitación, los cuales fueron cifrados en la cantidad de 32.642,34 euros.

34 En la redacción del art. 43 CC del Proyecto de Ley del Gobierno se habla del incumplimiento de la "promesa *seria* de matrimonio", sustituyéndose en el Senado la expresión *seria* por la de *cierta*, que, es la que acabaría pasando al texto legal aprobado. Observa J. Delgado Echeverría: "Comentario al art. 43 CC", cit., p. 50, que la seriedad, exigida por la doctrina antes de la reforma del 81, "sigue siendo el requisito previo que caracteriza la promesa".

35 No era así antes de la reforma de 1981, pues el art. 44 CC (correspondiente al actual 43 CC) exigía que la promesa hubiese sido hecha en documento público o privado. Observa J. Delgado Echeverría: "Comentario al art. 43 CC", cit., p. 50, que la forma es libre, pudiéndose haber hecho verbalmente, siempre que queda probada por hechos concluyentes.

la circunstancia de que se había incoado el oportuno expediente previo y se había fijado un día concreto para la celebración de la boda[36].

b) No todo incumplimiento de la promesa de matrimonio origina el nacimiento de la obligación resarcitoria, sino, tan sólo, el incumplimiento de aquélla "sin causa"[37].

---

36 Vid. en tal sentido STS 16 diciembre 1996 (*Tol 5152812*), como también, SAP Málaga 31 octubre 2014 (*Tol 4713350*), respecto de un caso en que se había fijado fecha para la boda canónica, habiéndose ya realizado los cursos prematrimoniales.

37 El § 1298, III *BGB* afirma que la obligación de reparar no procede cuando la ruptura tiene lugar en virtud de un motivo importante (*wichtiger Grund*), de lo que se deduce la obligación de resarcimiento en el caso contrario.
La doctrina científica alemán aprecia la importancia del motivo para la ruptura en sentido objetivo a (con la significativa excepción de C. W. Canaris: "Das Verlöbnis", cit., pp. 28-29), proponiendo, tanto la jurisprudencia, como el común de los autores un criterio sociológico, que tiene en cuenta los valores generalmente admitidos en el círculo social de los prometidos, conforme a la cuales la ruptura parezca razonable. *Cfr.*, en este sentido, en la jurisprudencia Berlin 24 enero 1907 (JW 1907, p. 178) y en la doctrina, ya H. Denburg: *Das Familienrecht,* cit., pp. 29-30, como también posteriormente D. Heckelmann: "Ad § 1298 BGB", en Erman: *Bürgerliches Gesetzbuch* (dirigido por H. P. Westermann), 11ª edición, Aschendorff, Münster, Verlag Dr. Otto Schmidt, Köln, 2004, p. 3723; T. Kipp y M. Wolff: *Lehrbuch,* cit., p. 124; H. Lange: "Ad § 1298 BGB", en *Burgerliches Gesetzbuch* (dirigido por Th. Soergel y continuado por W. Siebert), volumen 7, *Familienrecht I* (§§ 1297-1588), *VAHRG; Nichteheliche Lebensgemeinschaf,* Verlag W. Kohlhammer, Stuttgart, Berlin. Köln, Mainz, 1988, p. 34; H. Lehmann: *Deutsches Familienrecht,* 4ª edición por D. Henrich, Walter de Gruyter & Co., Berlin, 1967, p. 31; H. Rosenthal: *Bürgerliches Gesetzbuch,* cit., p. 1283; R. Schmidt: *Bürgerliches Recht,* volumen 4°, *Das Familienreht,* Duncker & Humblot, Berlin, 1957, p. 18; y Siebert y Vogel: *Familienrecht,* 2ª edición, W. Kohlhammer Verlag, Stuttgart-Köln, 1954, p. 5.
Es minoritario el sector de la doctrina científica que ha ofrecido un criterio de valoración abstracto, que tiene en cuenta lo que es conforme a la naturaleza del matrimonio (*bei richtiger Würdigung des Wessens der Ehe*), criterio defendido, por ejemplo, por H. Dölle: *Familienrecht,* cit., p. 74; y H. Mitteis: *Bürgerliches Recht. Familienrecht,* 3ª edición, Verlag von Julius Srpinger, Berlin, 1931, p. 11.
En cualquier caso, como observan T. Kipp y M. Wolff: *Lehrbuch,* cit., p. 24, pueden ser causas basadas en el comportamiento culpable del otro promitente o ajenas a toda idea de culpa. Por ejemplo, H. Lehmann: *Deutsches Familienrecht,* cit., p. 31, se refiere a los siguientes casos: la infidelidad, los malos tratos, las ofensas a los familiares, las enfermedades graves, la ruina económica y los graves defectos de carácter.
Es aislada la posición de C. W. Canaris: "Das Verlöbnis", cit., pp. 28-29, que aprecia la importancia del motivo, no con un criterio objetivo, sino subjetivo o indivi-

En la redacción originaria del art. 44 CC (correspondiente al actual art. 43) se decía "sin justa causa"[38], calificativo que desapareció tras la reforma operada por la Ley 30/1981, de 7 de julio, en el vigente art. 43 CC[39].

La locución legal "sin causa" plantea un problema exegético[40]. Desde luego, hay que excluir un criterio interpretativo meramente subjetivo, que identifique la "causa" con los puros móviles internos del sujeto que incumple, pues, si así fuera, el nacimiento de la obligación resarcitoria sería ilusorio[41].

---

dualista. Dice, así, que, ante todo, tienen que ser consideradas las concepciones —siempre que sean conocidas— de quien rompe la promesa. Afirma que una circunstancia que objetivamente carece de importancia (por ejemplo, una leve enfermedad de la novia) puede autorizar la ruptura, si el que la hace hubiera manifestado claramente que su existencia le disuadiría de celebrar el matrimonio.

38 Dicha exigencia permanece, en cambio, en el art. 81.I CC italiano, que supedita el resarcimiento a la circunstancia de que la ruptura lo sea "senza giusto motivo", como también en el art. 1594.I CC portugués, de similar dicción.

39 Probablemente, la supresión de la palabra "justa" se consideró más acorde con el principio de libertad nupcial, desde cuya perspectiva es difícil considerar "injusta", en sentido estricto, la decisión de no casarse, cualquiera que sea el motivo de la ruptura de la promesa (otra cosa son los efectos de la ruptura en el ámbito resarcitorio).

Así, F. Badosa Coll: "Comentario a los arts. 42 y 43 CC", en *Comentarios a las reformas del Derecho de familia*, vol. I, Tecnos, Madrid, 1984, p. 117, afirma que con la supresión del requisito de que la causa sea "justa" se "excluye el juicio valorativo sobre ella, acerca de su suficiencia o insuficiencia con respecto a la decisión de negarse a contraer matrimonio".

Sin embargo, G. García Cantero: "Comentario a los art. 42 y 43 CC", cit., p. 40, valora negativamente la supresión de la expresión "justa", considerando que sigue siendo exigible el requisito de que la causa de la ruptura sea "seria, razonable y justa, según apreciación judicial".

40 La SAP Sevilla 30 enero 2001 (JUR 2001, 194405) entendió que, a pesar de que no había quedado probada la ruptura de la promesa matrimonial, el apartamiento de aquélla no habría sido arbitrario o injustificado, al exigir la actora como garantía para el matrimonio que el demandado otorgara testamento a su favor. En este sentido, señala la sentencia que "la única posible causa mediata o indirecta de la ruptura que se puede considerar acreditada es una exigencia de la actora extraña al compromiso matrimonial, por lo que sería esta conducta de condicionar el matrimonio al otorgamiento de testamento, imputable exclusivamente a la actora, la que motivó al demandado a apartarse de su celebración".

41 Lo constata F. Sancho Rebullida: "Los esponsales", en Lacruz Berdejo, J. L. y otros: *Elementos de Derecho civil*, IV, *Derecho de familia*, 3ª ed., fascículo 1º, Bosch, Barcelona, 1989, p. 102.

Creo que se impone una interpretación objetiva de la locución legal "sin causa"[42], conforme a la cual hay que excluir la obligación de resarcir, cuando la ruptura sea consecuencia de un cambio sobrevenido de circunstancias (por ejemplo, padecimiento de una enfermedad grave o pérdida del trabajo y, en consecuencia, de la posibilidad de obtener ingresos que permitan mantener una familia) o del conocimiento posterior de una cualidad negativa del otro promitente, que, según los valores generalmente aceptados o imperantes en el ambiente o círculo social al que pertenecen los novios, hagan razonable apartarse del inicial propósito de contraer matrimonio[43].

c) El art. 43 CC exige que la promesa sea realizada por persona mayor de edad o por menor emancipado.

No es éste un requisito de capacidad, ya que, como se ha dicho antes, la promesa de matrimonio no es un negocio jurídico. Ahora bien, para que el incumplimiento de aquélla pueda dar lugar al reembolso de los

---

42 Podemos decir con F. Sancho Rebullida: "Los esponsales", cit., p. 102, que, tras la reforma de 1981, la causa que justifica la ruptura (a efectos de quedar eximido de responsabilidad) ha dejado de ser "justa en su sentido más estricto", para pasar a ser "razonable y atendible".

43 Es la solución defendida por la generalidad de la doctrina alemana, tal y como se ha expuesto *supra* en la nota correspondiente, solución esta, a la que personalmente me adhiero.

En la doctrina española hay opiniones diversas.

Para F. Badosa Coll: "Comentario a los arts. 42 y 43 CC", cit., pp. 116-117, de la expresión "sin causa, se deduce que sólo "la discrecionalidad absoluta de la negativa, la pura y siempre revocación" da lugar a la obligación de resarcir, debiendo —según él— admitirse como causa de la ruptura "todo motivo realmente existente" (aunque excluye el haberse roto el matrimonio porque se ha contraído otro compromiso o matrimonio).

J. Delgado Echeverría: "Comentario al art. 43 CC", cit., p. 42, acogiendo la tesis de Canaris, acude a los criterios subjetivos de quien rompe la promesa, siempre que estos sean conocidos por el otro promitente, porque, en este caso, este último, conociendo la causa, no podría razonablemente esperar la celebración del matrimonio; y solo "cuando no consten las valoraciones personales o no sean conocidas por la otra parte, serán decisivos los criterios del ambiente social en que se mueven". Se adhiere a esta opinión D. Vargas Aravena: *Daños civiles*, cit., pp. 53-54.

P. De Pablo Contreras: "La promesa de matrimonio", en *Curso de Derecho civil (IV). Derecho de Familia* (coord. C. Martínez de Aguirre y Aldaz), 5ª ed., Edisofer, Madrid, 2016, p 118, por su parte, remite la apreciación de la razonabilidad de la causa de la ruptura a criterios sociológicos, refiriéndose a las "valoraciones sociales dominantes". En sentido semejante se pronuncian L. Díez-Picazo y A. Gullón: *Sistema*, cit., p. 58, que se refieren a "los usos sociales, las opiniones generalizadas y las circunstancias del caso".

gastos efectuados, es necesario que sea capaz de suscitar en quien la recibe la confianza de que se va a cumplir y no parece que pueda suscitar dicha confianza la promesa hecha por quien, por su edad temprana, carece de las condiciones de madurez necesarias como para comprometerse.

3. Legitimación procesal

En torno a la legitimación para ejercitar la acción de responsabilidad, cabe hacer las siguientes precisiones.

En primer lugar, el art. 43 CC concede legitimación a la parte cuya confianza en la celebración de las nupcias quiebra, como consecuencia de la negativa, sin causa, de la otra, a cumplir la promesa de matrimonio. Sin embargo, la jurisprudencia también concede acción resarcitoria al promitente que incumple la promesa de matrimonio, pero, por una causa imputable al otro[44], solución ésta, expresamente consagrada por el art. 81 CC italiano, que sujeta a responsabilidad, no sólo al promitente que, sin justo motivo, se niega a cumplir la promesa de matrimonio, sino también al promitente que, con su propia culpa, ha dado justo motivo al otro para negarse a celebrar el matrimonio[45].

En segundo lugar, la legislación española[46] no contempla que personas distintas a los propios promitentes, como, por ejemplo, los padres y otros

---

44 La SAP Ciudad Real 3 mayo 2005 (*Tol 632838*) consideró una agresión a la demandada como causa suficiente para romper la promesa de matrimonio, ya que es claro que "el haber sido víctima de una agresión por parte de quien iba a ser su marido, es causa suficiente, motivada y legítima, para romper la promesa de matrimonio, con lo cual no se da el requisito que exige el art. 43 del CC del incumplimiento sin causa".
La SAP Málaga 31 octubre 2014 (*Tol 4713350*) también consideró justa causa para la ruptura de la promesa que el novio, 37 días antes de la fecha fijada para la boda, llamase telefónicamente a la novia y le dijera que no quería casarse, sin ofrecer explicación alguna, mandándole después, pocos días antes de la fecha de la boda (que ya había sido cancelada), un fax en el que le decía que quería casarse.

45 *Vid.* en el mismo sentido art. 1594, I del Código civil portugués.

46 En el Derecho alemán se admite una legitimación amplia para ejercitar la acción de resarcimiento.
El § 1298, I *BGB* reconoce la facultad de exigir la reparación de los gastos hechos y de las obligaciones contraídas en atención al matrimonio, no sólo al prometido perjudicado por la ruptura, esto es, a quien es abandonado o rompe la promesa en virtud de un comportamiento culpable del otro, sino también a sus padres o terceras personas que hayan actuado en lugar de ellos.

familiares de éstos, puedan reclamar el reembolso de los gastos hechos y de las obligaciones contraídas en razón del matrimonio proyectado[47], lo que no parece excesivamente justo[48], ya que, en numerosas ocasiones son

---

En cambio, respecto de otro tipo de daños, el precepto fija una legitimación más restringida, disponiendo que sólo el promitente perjudicado puede ser también indemnizado por los daños derivados de otras medidas que haya adoptado en consideración al matrimonio proyectado, las cuales afecten a los propios bienes o a una situación adquirida.

En base a esta última previsión se considera indemnizable la renuncia a una casa. *Cfr.* en este sentido D. Heckelmann: "Vor § 1297 *BGB*", cit., p. 3724; D. Henrich: *Familienrecht,* cit., p. 26; Lehmann, H.: *Deutsches Familienrecht,* cit., p. 31; A. Lüderitz: *Familienrecht,* 27ª edición, C. H. Beck'sche Verlagsbuchhandlung, München, 1999, p. 48, p. 48; A. Wacke: "Ad § 1298 *BGB*", en *Münchener Kommentar zum Bürgerlichen Gesetzbuch,* volumen 7, *Familienrecht* I §§ 1297-1588, *VAHRG. VAÜG. Hausrats V,* C. H. Beck'sche Verlagsbuchhandlung, München, 2000 p. 90). También la ruptura de una relación de negocios. *Cfr.* así T. Kipp y M. Wolff: *Lehrbuch,* cit., p. 25, B. Matthiaß: *Lehrbuch,* cit., p. 227; como también E. Goldmann, L. Lilienthal y L. Stenberg: *Das Bürgerliche Gesetzbuch systematisch dargestellt,* Verlag von Franz Vahlen, Berlin, 1921, cit., p. 12, nota 14, que se refieren a la renuncia, por parte de una actriz de un contrato, en consideración al matrimonio proyectado. También, la pérdida de un puesto de trabajo. *Cfr.*, en este sentido, G. Beitzke: *Familienrecht,* cit., p. 30; G. Brudermüller: "Ad § 1298 BGB", en O. Palandt: *Bürgerliches Gesetzbuch,* 62ª edición, Verlag C. H. Beck, 2002, p. 1586; C. Crome: *System,* cit., p. 199, nota 30; H. Dölle: *Familienrecht,* cit., p. 77; H. Denburg: *Das Familienrecht,* cit., p. 31; F. Endemann: *Lehrbuch,* cit., p. 609, nota 11; D. Heckelmann: "Vor § 1297 *BGB*", cit., p. 3724; T. Kipp y M. Wolff: *Lehrbuch,* cit., p. 25; H. Lange: "Ad § 1297 *BGB*", cit., p. 37; H. Lehmann: *Deutsches Familienrecht,* cit., p. 31; A. Lüderitz: *Familienrecht,* cit., p. 48; B. Matthiaß: *Lehrbuch,* cit., p. 227; H. Mitteis: *Bürgerliches Recht,* cit., p. 12; J. Münder: "Ad §§ 1298 y 1299 BGB", en *Reihe Alternativkommentare. Kommentar zum Bürgerlichen Gesetzbuch,* Luchterhand, 1981, p. 74; O. Opet y W. Blume: *Das Familienrecht,* cit., p. 11; D. Schwab: *Familienrecht,* cit., p. 26; Siebert y Vogel: *Familienrecht,* 2ª edición, W. Kohlhammer Verlag, Stuttgart-Köln, 1954, p. 6; A. Wacke: "Ad § 1298 *BGB*", cit., p. 90. Por último, el abandono de una profesión. *Cfr.*, así, H. Lange: "Ad § 1297 *BGB*", cit., p. 37; B. Matthiaß: *Lehrbuch,* cit., p. 227; Siebert y Vogel: *Familienrecht,* p. 6; A. Wacke: "Ad § 1298 *BGB*", cit., p. 90.

47 En cambio, el art. 1594.I CC portugués, sí prevé el resarcimiento de los gastos hechos y de las obligaciones contraídas en consideración al matrimonio por los progenitores del promitente inocente o por terceros que hayan actuado en su nombre. Téngase en cuenta, no obstante, que, a diferencia de lo que sucede en el Derecho alemán, en el portugués, el contenido de la obligación del resarcimiento es el mismo, con independencia de quien ejercite la acción (promitente inocente u otras personas legitimadas para ello).

48 *Vid.* en este sentido J. Delgado Echeverría, J: "Comentario al art. 43 CC", cit., p. 57; y G. García Cantero: "Comentario a los art. 42 y 43 CC", cit., p. 41.

ellos quienes desprendidamente realizan una serie de gastos que, en principio, debieran ser satisfechos por los promitentes[49].

No obstante, queda siempre a salvo la posibilidad de que dichos padres o familiares puedan hacer valer la ineficacia de las donaciones que hubieran hecho a los promitentes, en razón del matrimonio no celebrado (art. 1342 CC), y, así mismo, podrán, en su caso, acudir a la acción de enriquecimiento cuando se den los requisitos a los que la jurisprudencia subordina su ejercicio[50].

4. Los obligados al resarcimiento

Del art. 43 CC, tal y como resulta de la interpretación que del precepto realiza la jurisprudencia, se deduce que el obligado al resarcimiento es el promitente, que, sin causa, incumple la promesa de matrimonio, así como el que, con su conducta, da motivo razonable a la otra parte para que ésta rehúse la celebración del matrimonio.

Por lo tanto, en virtud del art. 43 CC, no se puede demandar a terceras personas, distintas de los promitentes, el reembolso de desplazamientos patrimoniales realizados a su favor, que tuvieran su causa en el matrimonio proyectado, aunque siempre cabrá la posibilidad de acudir a la doctrina del enriquecimiento injusto para obtener el oportuno resarcimiento[51].

---

49 En cualquier caso, la SAP Sevilla 8 mayo 2003 (JUR 2003, 267751) admitió la eficacia de la reclamación por parte de los padres de la novia de los gastos efectuados en consideración al matrimonio, señalando que "los padres de Natalia tienen legitimación activa para ejercitar la pretensión procesal, ya que se obligaron de forma solidaria al pago del crédito recibido, junto a su hija y al novio de ésta en el momento de la firma de la escritura pública, y para que el crédito fuese concedido hipotecaron su propia vivienda, donde habitaban", lo que implica, a juicio del tribunal, que no existía ánimo de lucro en los padres de Natalia, habida cuenta que hipotecan su propia casa para la felicidad de su hija.

50 *Vid.* en este sentido SAP Huelva 14 enero 1998 (AC 1998, 2720).

51 *Vid.* en este sentido STS 27 marzo 1958 (*Tol 4350927*), que estimó la demanda, interpuesta por el antiguo novio contra quien habría de haber sido su futuro suegro para que le reembolsara el valor de las obras realizadas en el piso, propiedad de la mujer de este último, en el que él habitaba y donde los promitentes tenían pensado fijar su domicilio conyugal después de la celebración del matrimonio, obras, cuyo valor fue cifrado en 32.568 ptas. Supuesto semejante es el contemplado por la SAP Córdoba 4 noviembre 2013 (*Tol 5381013*), que condenó a la madre del novio a resarcir a la novia el importe de las cantidades invertidas en las obras de

5. El daño resarcible

El art. 43 CC fija, con toda claridad, cuál es el alcance de la obligación resarcitoria, la cual comprende "sólo"[52], "los gastos hechos y las obligaciones contraídas en consideración al matrimonio prometido"[53].

La expresión "sólo" indica claramente que estamos ante una norma de carácter restrictivo, que, en aras de la protección de la libertad nupcial, reduce drásticamente el daño resarcible, que queda limitado a los "gastos hechos" y a las "obligaciones contraídas", que guarden "una relación de causalidad directa" con la promesa de matrimonio[54].

Parece prudente aplicar la solución del § 1298 *BGB,* que prevé que los daños resarcibles han de ser razonables en atención a las circunstancias, como también el art. 81.I CC italiano, según el cual sólo serán resarcibles aquellos gastos u obligaciones que sean proporcionados a las condiciones de los promitentes[55].

a) Son gastos indemnizables los hechos en consideración al matrimonio proyectado, los cuales quedan sin utilidad, dada la negativa del promitente a celebrarlo. Es decir, únicamente se indemnizan aquellos gastos que, de no haber mediado la promesa incumplida, no se habrían realizado. No

---

la vivienda propiedad de aquélla, donde los novios, una vez casados, pretendían fijar el domicilio familiar.

52 La expresión "solo" no figuraba en la redacción del art. 43 CC del Proyecto de Reforma de Ley del Gobierno, siendo introducida posteriormente en el iter legislativo del precepto, lo que, como indica G. García Cantero: "Comentario a los art. 42 y 43 CC", cit., p. 35, subraya la excepcionalidad de la norma.

53 Esta expresión coincide casi literalmente con lo que, según el art. 81 CC italiano, es posible reclamar al promitente culpable de la ruptura, el cual, sin embargo, no emplea la expresión "solo".
También con la utilizada por el art. 1593.I CC portugués, del cual, sin embargo, en relación con el art. 1591 del mismo, resulta que, como establece el art. 1591 CC español, las únicas indemnizaciones posibles en los casos de ruptura de matrimonio son los gastos hechos y las obligaciones contraídas en consideración al matrimonio proyectado.

54 Como expone la STS 16 diciembre 1996 (*Tol 5152812*).

55 Ambas circunstancias son tenidas en cuenta por el art. 1594.III CC portugués, según el cual el juez, al fijar el importe de la indemnización, tendrá en cuenta la razonabilidad de los gastos asumidos y de las obligaciones contraídas en atención a las circunstancias del caso y a la situación de los promitentes, como también las ventajas que, con independencia del matrimonio, dichos gastos y obligaciones puedan seguir ofreciendo.

se indemnizan, en cambio, aquellos otros gastos que, aunque aparezcan vinculados al matrimonio, pudieran tener utilidad con independencia de la celebración de aquél.

En nuestra jurisprudencia se han considerado indemnizables los gastos originados por los siguientes conceptos: el importe del billete de avión que debió pagar la novia para regresar a España desde Suecia (donde residía), así como el de transportar los muebles de ésta[56]; los derivados de cancelaciones de la reserva del comedor (donde se pensaba celebrar el banquete nupcial)[57], del encargo de reportaje fotográfico[58] y de lista de boda[59], así como el precio del traje[60] y de los zapatos de novia[61]; los generados por la compra de enseres, electrodomésticos, elementos de menaje y decoración del futuro hogar[62]; el coste de las invitaciones de boda[63], de las alianzas[64] o de la cancelación del viaje de novios[65].

b) No sólo son indemnizables los gastos hechos, sino también las "obligaciones contraídas en consideración al matrimonio proyectado". En este sentido, se ha considerado una obligación indemnizable el importe de los intereses del préstamo personal solicitado por la demandada para contribuir al pago del precio del piso donde los litigantes pensaban fijar su domicilio conyugal, el cual era propiedad del demandado[66]. También se ha condenado al demandado-apelante, al pago de la cantidad de 10.293'52

---

56 SAP Asturias 15 noviembre 2000 (AC 2000, 2310).

57 SSAP Alicante 2 noviembre 2000 (JUR 2000, 46609), Barcelona 12 junio 2008 (*Tol 1373569*) e Islas Baleares 3 enero 2012 (*Tol 2400393*).

58 SSAP Alicante 2 noviembre 2000 (JUR 2000, 46609) e Islas Baleares 3 enero 2012 (*Tol 2400393*).

59 SAP Alicante 2 noviembre 2000 (JUR 2000, 46609).

60 SSAP Alicante 2 noviembre 2000 (JUR 2000, 46609), Valladolid 16 abril 2008 (*Tol 1518272*), Málaga 31 octubre 2014 (*Tol 4713350*) e Islas Baleares 3 enero 2012 (*Tol 2400393*).

61 SSAP Alicante 2 noviembre 2000 (JUR 2000, 46609) y Valladolid 16 abril 2008 (*Tol 1518272*).

62 *Vid.* en tal sentido SSAP Badajoz 10 julio 2007 (*Tol 7555788*), Valladolid 16 abril 2008 (*Tol 1518272*), Murcia 29 mayo 2009 (JUR 2009, 280024), Guadalajara 15 enero 2010 (JUR 2011, 221192) e Islas Baleares 3 enero 2012 (*Tol 2400393*).

63 SSAP Barcelona 12 junio 2008 (*Tol 1373569*) e Islas Baleares 3 enero 2012 (*Tol 2400393*).

64 SAP Islas Baleares 3 enero 2012 (*Tol 2400393*).

65 SAP Málaga 31 octubre 2014 (*Tol 4713350*).

66 SAP Almería 24 octubre 1994 (AC 1994, 2380).

euros correspondientes a las obligaciones asumidas por razón del matrimonio, derivadas de la compra de muebles, enseres y una vidriera[67].

c) Dada la literalidad del art. 43 CC, es claro que ha de excluirse la posibilidad de resarcimiento del lucro cesante, por la pérdida de las ganancias dejadas de obtener como consecuencia de la promesa de matrimonio. Y es que el art. 43 CC se refiere a "gastos hechos y obligaciones contraídas", no a ganancias dejadas de obtener.

El art. 43 CC sólo contempla la indemnización de los "gastos hechos" y de las "obligaciones contraídas", debiendo existir un nexo de causalidad preciso entre dichos conceptos y la promesa de matrimonio. Por lo tanto, a diferencia de lo que sucede en otros ordenamientos (señaladamente en el alemán, en virtud de lo dispuesto en el § 1298.I *BGB*), el precepto no prevé la indemnización de otros daños patrimoniales indirectos, como puede ser la pérdida de una posición contractual, de un subsidio o de un empleo[68], por causa del traslado a la localidad donde los promitentes pensaban establecer su domicilio conyugal[69].

---

67 SAP Badajoz 10 julio 2007 (*Tol 7555788*).

68 SAP Asturias 15 noviembre 2000 (AC 2000, 2310) denegó el resarcimiento del daño, consistente en la pérdida de un subsidio por desempleo, que recibía la demandante en Suecia, país en el que residía y que abandonó para casarse con el demandado, a consecuencia de la promesa de éste, de que se casaría con ella.

69 Sin embargo, STS 16 diciembre 1996 (*Tol 5152812*) estimó la demanda de una promitente abandonada, que, ante la promesa del novio demandado, de que se casaría con ella, trasladó su residencia al domicilio de aquél, abandonando el piso que tenía arrendado en otra localidad, donde venía viviendo y en el que aceptaba huéspedes, con lo que obtenía una serie de ingresos económicos. El demandado se negó a cumplir la promesa de matrimonio y la actora se encontró con que había perdido su condición de arrendataria del piso en el que residía anteriormente, por lo que pidió la indemnización del daño subsiguiente. El TS no estimó la demanda con apoyo en el art. 43 CC, pero si en base al art. 1902 CC, cifrando el daño resarcible en tres millones de pesetas, cantidad inferior a la reclamada, al entender que había existido negligencia concurrente por parte de la víctima, que debía determinar una aminoración del *quantum* debido.
No estoy de acuerdo con la aplicación que hace el TS del art. 1902 CC para fundamentar el fallo condenatorio, porque, a nuestro juicio, este artículo no juega en el caso de la ruptura de la promesa de matrimonio, cuyos efectos económicos se rigen, exclusivamente, por el art. 43 CC: éste precepto es una norma especial, que establece un supuesto específico de responsabilidad prenegocial, la cual es una clase de responsabilidad civil extracontractual, por lo que excluye la aplicación de la norma general del art. 1902 CC.

Es evidente que el art. 43 CC no contempla la indemnización del daño moral que pudiera derivar de la ruptura de la promesa de matrimonio para el promitente abandonado[70]. No obstante, la clara posición de la jurisprudencia española al respecto, que en general compartimos, hay que tener en cuenta que, aunque, en principio el art. 43 CC no contempla la reparación de daños no patrimoniales, hay casos en los cuales el incumplimiento de la promesa, concurriendo ciertas circunstancias, puede ocasionar un daño moral resarcible en virtud del art. 1902 CC o a través del art. 9 de la Ley Orgánica 1/1982 de 5 de mayo (por vulneración del derecho al honor). Piénsese, por ejemplo, en el supuesto en el que el novio no se presenta en el ayuntamiento donde se iba a celebrar la boda o desaparece súbitamente la misma mañana del día de la ceremonia nupcial.

III. LA CAUSACIÓN DOLOSA O NEGLIGENTE DE LA NULIDAD MATRIMONIAL

Otro supuesto en el que la jurisprudencia aplica, con cautela, el principio de responsabilidad civil es el que tiene lugar cuando uno de los contrayentes causa dolosa o negligentemente la nulidad matrimonial[71].

En consecuencia, a mi entender, sólo son indemnizables los daños patrimoniales directos que tienen cabida en los conceptos de "daños hechos y obligaciones contraídas en consideración al matrimonio prometido", sancionándose, así, una regla que, si bien tutela la confianza puesta en el cumplimiento de la promesa, no incide de manera decisiva en la libertad nupcial de los promitentes, al limitarse rigurosamente el contenido de la obligación de resarcimiento.

70 Así lo constata la doctrina y la jurisprudencia. *Vid.* en este sentido, S. Carrión olmos: "Promesa", cit., p. 130; J. delgado Echeverría: "Comentario al art. 43 CC", cit., p. 59; P. De Pablo Contreras: "La promesa", cit., p. 118; L. Díez-Picazo y A. Gullón: *Sistema,* cit., p. 58; G. García Cantero: "Comentario a los art. 42 y 43 CC", cit., p. 42; M.ª Linacero de la Fuente: "Matrimonio. Parejas de hecho", en *Tratado de Derecho de familia* (dir. M.ª Linacero de la Fuente), Tirant lo Blanch, Valencia 2016, pp. 72-73; y, en la jurisprudencia, STS 16 diciembre 1996 (*Tol 5152812*), SSAP Barcelona 17 enero 2000 (AC 2000, 1134) y Toledo 3 abril 2000 (AC 2000, 4476). Más recientemente, SAP Madrid 9 abril 2019 (*Tol 7373099*), con apoyo en argumento de que no es indemnizable el daño moral por ruptura de la promesa de matrimonio, ha considerado que tampoco lo es el daño moral por incumplimiento de la promesa de instaurar o mantener una convivencia *more uxorio.*

71 *Vid.* ya en este sentido STS 21 enero 1957 (*Tol 4377413*).

1. Casos típicos (reserva mental y error doloso en cualidad personal)

Existen dos casos típicos en que esto acontece: la nulidad por reserva mental y por error en cualidad personal.

a) La reserva mental tiene lugar cuando uno de los contrayentes excluye la causa del matrimonio, mediante un acto de voluntad interno, no manifestado externamente. Quien realiza la reserva mental no desea, pues, asumir el estado civil de casado, sino solamente su mera apariencia para lograr un efecto que la ley asigna a dicho estado, por ejemplo, la tarjeta de residente comunitario, cuando se trata de un contrayente extranjero que se casa, con tal fin, con un español.

La reserva mental es causa de nulidad del matrimonio civil, como lo es del canónico, teniendo actualmente encaje en el art. 73.1° CC, en la redacción dada por la Ley 30/1981, de 7 de julio, el cual declara nulo "El matrimonio celebrado sin consentimiento matrimonial"[72].

---

72 Cabe plantear hasta qué punto la admisión de la reserva mental como causa de nulidad de matrimonio es conciliable con el interés público a la certeza y seriedad de las actuaciones relativas al estado civil de las personas.
A mi entender, esta ida debe resolverse partiendo de la idea de la especificidad del negocio jurídico matrimonial respecto del contrato. En el ámbito del Derecho de la contratación la exigencia de seguridad de las relaciones jurídicas patrimoniales (a los efectos de favorecer la circulación de la riqueza) justifica sobradamente que, en virtud del principio de responsabilidad negocial, nadie pueda invocar en perjuicio de la otra parte contratante una causa de nulidad imputable a la propia conducta dolosa de quien la alega. Sin embargo, tal consecuencia parece desmesurada respecto del matrimonio, que no es un contrato, sino un negocio jurídico de Derecho de familia, en cuya virtud dos personas asumen una plena comunidad de vida; y, de ahí, que deba tutelarse exquisitamente la *realidad* del consentimiento nupcial; y ello frente a otras consideraciones, debiendo prevalecer el interés privado de los contrayentes a demandar la nulidad del matrimonio contraído con reserva mental frete al interés público a la seguridad de las relaciones matrimoniales y a la estabilidad de las actuaciones relativas al estado civil de las personas.
La categoría de la nulidad matrimonial ha de vertebrarse sobre la idea-fuerza del valor preeminente de la persona sobre la institución, lo que debe traducirse en una inequívoca protección de la voluntad real de los contrayentes, frente a desmesuradas consideraciones de utilidad social o de estabilidad del vínculo.
La doctrina actual es favorable al reconocimiento de la reserva mental como causa de invalidez matrimonial. Vid, en este sentido, L. Díez-Picazo y A. Gullón: *Sistema,* cit., p. 77; A. Díaz Martínez: "Comentario al art. 73 CC", en *Comentarios al Código civil* (dir. R. Bercovitz Rodríguez-Cano), t. I, Tirant lo Blanch, Valencia, 2013, pp. 833-834; J. A. Doral García: "Comentario al art. 73 CC", en *Matrimonio y divorcio. Comentarios al nuevo título IV del Libro primero del Código civil* (coord. J. L. Lacruz Ber-

A propósito de la reserva mental hay que hacer referencia a una conocida sentencia del TS[73], recaída, sin embargo, en un caso en el que la declaración de nulidad había tenido lugar en la jurisdicción eclesiástica, acudiéndose posteriormente a la vía civil para pedir el resarcimiento del daño moral.

El recurrente había contraído matrimonio canónico, como un simple medio para poder mantener relaciones sexuales con la recurrida, "sin considerarse atado permanentemente", lo que alegó, con éxito, ante los tribunales eclesiásticos, a los efectos de obtener la nulidad de tal matrimonio. Declarada la nulidad, la mujer demandó y obtuvo de la jurisdicción civil, en primera instancia, una indemnización de cinco millones de pesetas, en concepto de resarcimiento de daños y perjuicios (morales y materiales), por considerarse al marido "único responsable doloso del matrimonio entre ambos". Interpuesto recurso de apelación por el demandado, la Audiencia dictó sentencia, por la que se rebajó la cuantía de la indemnización a dos millones de pesetas.

Contra la sentencia de la Audiencia el demandado interpuso recurso de casación, invocando, entre otros motivos, infracción de ley, por aplicación indebida del art. 1269 CC (alegando la existencia de coacciones morales y materiales por parte de la demandante, tendentes a obligarle a la celebración del matrimonio, lo que, a su juicio, venía a excluir las pretendidas maquinaciones insidiosas) y por interpretación errónea del art. 1270 CC (razonando que, aunque pudiera entenderse que él había

---

dejo), 2ª ed., Civitas, Madrid, 1994, p. 704; G. García Cantero: "Comentario al art. 47 CC", en *Comentarios al Código civil y Compilaciones forales* (dir. M. Albaladejo), t. II, 2ª ed., Madrid, 1982, p. 218; C. Hornero Méndez: "Las crisis matrimoniales", en *Derecho de Familia* (dir. A. López y López y R. Valpuesta Fernández), 2ª ed., Tirant lo Blanch, Valencia, 2017, p. 69; Linacero de la Fuente, M.ª: "Nulidad, separación y divorcio", en *Tratado de Derecho de familia* (dir. Mª Linacero de la Fuente), Tirant lo Blanch, Valencia 2016, p. 132; O. Monje Balmaseda: "Requisitos del matrimonio", en *Sistema de Derecho civil, Derecho de familia* (dir. F. Lledó Yagüe y R. Herrera Campos), Dykinson, Madrid, 2002, p. 72; E. Roca i Trías: "Los requisitos del matrimonio", en *Derecho de familia* (coord. E. Roca i Trías), 3ª ed., Tirant lo Blanch, Valencia, 1997, p. 73; M.ª D.: Toldrá i Roca: "La reserva mental en el matrimonio civil", en *Estudios en homenaje a la profesora Teresa Puente* (coord. L. Prats), vol. II, Universidad de Valencia, Valencia, 1996, pp. 519 ss.; C. Villagrasa Alcaide: *Matrimonio civil y reserva mental*, EUB, Barcelona 1996. Es aislada la opinión contraria de M. Albaladejo García: *Curso de Derecho civil*, IV, *Derecho de familia*, 7ª ed., Bosch, Barcelona, 1996, p, 374.

La jurisprudencia de instancia ha ido también progresivamente admitiendo la reserva mental como causa de nulidad de matrimonio. *Vid.* en este sentido, entre otras, SSAP Barcelona 8 noviembre 1999 (AC 1999, 2588), Valencia 20 julio 2006 (JUR 2007, 40031), Málaga 30 noviembre 2006 (JUR 2007, 163775), Málaga 22 enero 2009 (*Tol 6757271*), Barcelona 25 noviembre 2009 (*Tol 1830186*), Vizcaya 20 mayo 2010 (*Tol 1996579*) y Vizcaya 30 abril 2019 (*Tol 7418109*), la cual, no obstante, ha denegado la pretensión de resarcimiento del daño moral derivado de nulidad de matrimonio, indicando que dicha pretensión debiera de haberse encauzado a través del art. 1902 CC.

73 STS 26 noviembre 1985 (*Tol 1736098*).

actuado dolosamente, debía también considerarse doloso el comportamiento de la demandante, que no se había opuesto a la demanda de nulidad, "lo que hubiera sido lo lógico, considerando los daños y perjuicios que más adelante han sido alegados").

El TS desestimó el recurso, declarando que la sentencia recurrida no había interpretado indebidamente el art. 1269 CC, porque "los hechos expuestos y los demás probados revelan una conducta del recurrente que ha de ser calificada de dolosamente grave [...] puesto que el recurrente se sirvió indudablemente de la astucia de celebrar un matrimonio para lograr sus apetencias sexuales exclusivamente, circunstancia que de haber sido conocida por la contrayente recurrida hubiera impedido la celebración de la boda. Como variedad dentro de la conducta dolosa seguida por el recurrente, puede considerarse que aquélla incidió en clara reserva mental, como vicio de la declaración de voluntad al contraer matrimonio, pues hubo una manifiesta discordancia consciente entre voluntad y declaración, circunstancia ocultada a la otra parte al silenciar, que se expresaba en forma deliberadamente disconforme con lo que derivaba de sus términos y de su verdadera voluntad, de modo que resultó su conducta un lazo tendido a la buena fe de la otra parte".

El TS consideró, además, no haber existido interpretación errónea del art. 1270 CC, observando que "el recurrente, amparándose en la realidad sociológica actual, pluralista, liberal y abierta, en casos como el ahora contemplado origina sin duda para la parte perjudicada y engañada un evidente daño moral, consecuencias de carácter patrimonial resultantes de la conducta dolosa de la otra parte, y ello sin considerar la unión matrimonial como únicamente determinada por una perspectiva de ganancias o adquisiciones para la mujer, en cuanto que para ésta, a la idea lucrativa o de asistencia material, ha de añadirse el daño no patrimonial que se origina con la frustración de la esperanza de lograr una familia legítimamente constituida".

Creo que la solución a la que llega el TS ha de compartirse, pero no, así, el fundamento jurídico en el que se basa el fallo. A nuestro parecer, es totalmente improcedente fundamentar la indemnización del daño moral resultante de la impugnación de la validez del matrimonio en los arts. 1269 y 1270 CC; y ello, por dos razones: en primer lugar, porque el matrimonio no es un contrato, sino un negocio jurídico de Derecho de familia, por lo que no origina obligaciones contractuales para quienes lo contraen; y, en segundo lugar, porque, en el momento en el que tal daño se produce, no hay todavía ningún vínculo jurídico entre los contrayentes, sino un deber de éstos de actuar con buena fe, para no defraudar la confianza del otro en la validez del matrimonio, la cual queda truncada, cuando, al tiempo de celebrarse aquél, concurren causas de nulidad imputables al comportamiento malicioso o negligente de uno de ellos.

b) El art. 73.4º CC, redactado por la Ley 30/1981, de 7 de julio, establece como causa de nulidad el error en aquellas cualidades personales del otro contrayente, que "por su entidad, hubieran sido determinantes de la prestación del consentimiento"[74].

---

[74] Sobre esta causa de nulidad puede verse S. Carrión Olmos: *El art. 73.4 del Código civil (Notas para su estudio), Revista de Derecho Privado,* 1987, pp. 646 ss., pp. 789 ss., pp. 862 ss.; J. A. Cobacho Gómez: *El error en el matrimonio,* en *Estudios de Derecho civil en homenaje al Profesor Dr. José Luis Lacruz Berdejo,* vol. I, Barcelona, 1992, pp. 239 ss.;

Se trata, pues, de un error que recae sobre cualidades personales del otro contrayente, determinantes de la prestación del consentimiento de quien se equivoca, y de "entidad", lo que remite a una valoración objetiva que, a mi parecer, debe ser realizada con arreglo a un criterio sociológico, teniendo en cuenta el sistema de valores, no sólo de la entera sociedad, sino también el imperante en el círculo social en el que se mueven los contrayentes.

Son varias las sentencias de instancia en las que, además, de declararse la nulidad de matrimonio por error, se concede una indemnización de daños y perjuicios morales o materiales al demandante, al haber sido causado el vicio del consentimiento por la conducta contraria a la mala fe del otro contrayente, que no le advierte de dicho error.

Se ha declarado la nulidad de un matrimonio, al haber prestado el demandante el consentimiento, creyendo equivocadamente que el hijo que esperaba de su futura esposa era suyo, y condenado a la demandada al pago de los gastos de boda[75].

Se ha declarado también la nulidad de un matrimonio por error, consistente en el desconocimiento, por parte de la mujer, de la orientación homosexual de su marido y condenado a éste al pago de una indemnización de 6.000 euros, que aquélla demandaba por "el grave perjuicio moral y psicológico que le ha producido"[76].

Igualmente, se ha declarado la nulidad del matrimonio, por ignorar la demandante que el otro contrayente estaba vinculado por un matrimonio reconocido por las autoridades de la India, condenándose a este último al pago de 12.000 euros, en concepto de indemnización[77].

Se ha condenado también al demandado al pago de una indemnización de 30.000 euros, por el daño moral causado a la otra contrayente, a quien había ocultado que, tres años antes de contraer matrimonio, se había sometido a un análisis en el que había dado positivo en el VIH. La declaración de nulidad había sido previamente declarada, según parece, por causa de error, al desconocer la demandante el resultado de dicho análisis. El marido desarrolló la enfermedad un mes después de la celebración del matrimonio y, aunque mantuvo relaciones sexuales con su mujer, ésta no fue contagiada[78].

Por último, más recientemente, en relación a un matrimonio declarado nulo por un Tribunal Eclesiástico, se ha acogido una demanda de resarcimiento del marido a

---

J. R. de Verda y Beamonte: *El error en el matrimonio*, *Studia Albornotiana*, Bolonia, 1997.

75 SAP Toledo 14 noviembre 2001 (AC 2001, 2509). *Vid.* en el mismo sentido SAP Madrid 19 febrero 2016 (*Tol 5687829*), que conoció de un supuesto similar, condenando a la mujer demandada al pago de 18.000 euros, en concepto de reparación del daño moral.

76 SAP Islas Baleares 5 junio 2006 (JUR 2006, 253511).

77 SAP Cádiz-Ceuta 4 diciembre 2006 (AC 2007, 1026).

78 SAP Madrid 10 julio 2007 (*Tol 2039407*).

quien la mujer le había hecho creer que el hijo que esperaba era suyo, razón por la cual se había casado con ella, cuando, en realidad, era de otro hombre (un piloto de aviación) con el que había mantenido una relación de noviazgo, que rompió para reanudar la relación con quien posteriormente se acabaría casando (los cónyuges habían sido novios durante cuatro años, interrumpiendo su relación durante unos dos años en los que el marido estuvo en el Seminario). La indemnización se ha fijado en 50.000 euros, por el daño moral causado "por el profundo dolor y vacío emocional que provocan los hechos que han dado lugar al procedimiento, acompañado de la frustración del proyecto de vida familiar existente" y la circunstancia de que el demandante había mantenido una relación paterno filial con la niña durante casi cuatro años; y en 12.191,42 euros, por daño psico-físico, dado el sufrimiento del marido, que se ha visto obligado a seguir tratamiento psicológico y psiquiátrico y a estar de baja laboral durante 31 días[79].

2. *El fundamento jurídico del resarcimiento: el ámbito de aplicación de los arts. 98 y 1902 CC*

El fundamento jurídico del resarcimiento del daño derivado de la nulidad del matrimonio es confuso en la jurisprudencia, donde, como ya hemos visto, el TS, en la emblemática sentencia sobre reserva mental[80], condena con base en el art. 1101 CC, lo que, según hemos explicado, no nos parece correcto, dado que el matrimonio no es un contrato en sentido técnico, sino un negocio constitutivo de estado civil.

La duda se ciñe, pues, a determinar si la indemnización debe proceder conforme al art. 1902 CC o por la vía del art. 98 CC, tesis ésta seguida por algunas sentencias de instancia[81].

Según este último precepto, "El cónyuge de buena fe cuyo matrimonio sea declarado nulo tendrá derecho a una indemnización si ha existido convivencia conyugal, atendidas las circunstancias previstas en el artículo 97"[82].

---

79 SAP Madrid 24 mayo 2019 (*Tol 7388024*).

80 STS 26 noviembre 1985 (*Tol 1736098*).

81 Por ejemplo, SAP Cádiz-Ceuta 4 diciembre 2006 (AC 2007, 1026) SAP Islas Baleares 5 junio 2006 (JUR 2006, 253511); y SAP Madrid 19 febrero 2016 (*Tol 5687829*).

82 A mi entender, la indemnización del art. 98 CC es diferente a la pensión compensatoria del art. 97 CC, siendo diferentes sus presupuestos (exigencia de mala fe de uno de los contrayentes y de convivencia entre ellos) y su misma naturaleza. No es casualidad que el art. 98 CC use la expresión "indemnización", expresión esta que contrastaba con la de "pensión", que utilizaba el art. 97 CC, en la redacción dada al precepto por la Ley 30/1981, de 7 de julio, con anterioridad a la reforma del mismo, debida a la Ley 15/2005, de 8 de julio.

En realidad, si se sigue el iter legislativo del precepto se observa que la intención del legislador cambió a lo largo del mismo.

En el Proyecto del Gobierno se proponía una redacción del art. 98 CC, bien diversa de la que acabaría por prosperar, que era la siguiente: "El cónyuge cuyo matrimonio haya sido declarado nulo tendrá también el derecho a la pensión a que se refiere el artículo anterior, si por la convivencia marital la sentencia produce una situación análoga". *Cfr. Código civil (Reformas 1978-1983) Trabajos parlamentarios*, vol. II (ed. dirigida por F. Santaolalla), Madrid, 1985, p. 1218.

Así pues, en el Proyecto del Gobierno, de un lado, se extendía la pensión compensatoria por divorcio o separación a los supuestos de nulidad matrimonial (siempre que hubiera existido convivencia); y, de otro, se prescindía del examen de la buena o mala fe de los contrayentes, a los efectos de determinar la obligación de satisfacer la pensión.

A este texto se presentaron dos enmiendas, que habrían de influir decisivamente en la redacción definitiva del precepto y que alejarían el art. 98 CC del art. 97 CC. La enmienda nº 127 propuso la siguiente redacción: "El cónyuge cuyo matrimonio haya sido declarado nulo tendrá derecho a una indemnización si ha existido convivencia marital, atendidas las circunstancias previstas en el artículo anterior". Se justificaba la sustitución de la "pensión" por una "indemnización", con el argumento de que, de este modo, se llegaba a una solución más acorde con el supuesto de nulidad, que posee contornos específicos respecto de la separación o el divorcio; y, de otro, con la idea de sanción frente a un acto nulo (loc. ult. cit., vol. II, p. 1274).

La enmienda nº 376 propuso, igualmente, un cambio en la redacción del art. 98 CC en los siguientes términos: "El cónyuge de buena fe cuyo matrimonio haya sido declarado nulo no tendrá derecho a la pensión que establece el artículo anterior, sin perjuicio de lo establecido en el artículo 95 de su derecho a reclamar daños y perjuicios que le hubiesen sido causados, si por la convivencia marital la sentencia produce una situación análoga. La justificación de la enmienda era la siguiente: "Estimamos que no cabe habar de una *pensión entre cónyuges* en el caso de la nulidad porque nunca han sido *cónyuges*, nunca existió el matrimonio. Es una aberración jurídica. Lo que sí cabe es la existencia, en su caso, de una indemnización por daños y perjuicios, cosa a la que lógicamente sólo tendrá derecho el cónyuge de buena fe contra el de mala fe, y además del derecho que ya le atribuye el artículo 95" (loc. ult. cit., vol. II, p. 1386).

En el Informe de la Ponencia se cambió radicalmente la redacción del precepto: "El cónyuge de buena fe cuyo matrimonio haya sido declarado nulo tendrá derecho a una indemnización si ha existido convivencia conyugal, atendidas las circunstancias previstas en el artículo 97" (loc. ult. cit., vol. II, p. 1407). Y la Ponencia justificó el cambio de redacción del precepto en la aceptación "sustancial o parcial" de las enmiendas nº 127 (Grupo Comunista) y 376 (Grupo Vasco). Posteriormente, en el Dictamen de la Comisión de Justicia se sustituyó la expresión "convivencia marital" por la de "convivencia conyugal" (loc. ult. cit., vol. II, p. 1424) y el precepto no sufriría alteraciones en el ulterior iter parlamentario.

A mi parecer, el art. 98 CC es un precepto "extraño", en el que quizás subyace la idea última de evitar que un cónyuge "culpable" pudiera escapar al pago de la pensión compensatoria (suponiendo que éste debiera satisfacerla), instando la nulidad, en vez de acudir al divorcio; y que plantea un problema de coordinación con el art. 1902 CC. Es, desde luego, difícil delimitar, con contornos nítidos y precisos, el exacto ámbito de aplicación del art. 98 y su relación con el art. 1902.

Propongo la siguiente solución[83]:

a) El art. 98 cubre los daños que, directamente, derivan de la convivencia *more uxorio* con una persona a la que se reputaba estar unido en un matrimonio, que, a la postre, resultó ser inválido: se trata, fundamentalmente, de un daño moral que tiene su origen en una intromisión de un "extraño" en la propia intimidad personal y familiar. Por lo tanto, la convivencia (verdadera *ratio* de la indemnización) desempeña, en relación al art. 98, una doble función: de un lado, es presupuesto del nacimiento del derecho a la indemnización; y, de otro, delimita el ámbito del daño resarcible a través del precepto[84].

---

83 Que comparte M.ª A. Carrión Vidal: *La nulidad matrimonial civil*, Reus, Madrid, 2023, p. 387 y ss.

84 No me convence la tesis que realiza una lectura del art. 98 CC en clave de "desequilibrio económico", tal y como proponen C. Lasarte Álvarez y R. Valpuesta Fernández: "Comentario al art. 98 CC", en *Matrimonio y divorcio. Comentarios al nuevo título IV del Libro primero del Código civil* (coord. J. L. Lacruz Berdejo), 2ª ed., Madrid, 1994, pp. 1189-1190; M. León González: "La indemnización del artículo 98 del Código de Derecho Civil (Comentario a la Sentencia de 10 de marzo de 1992)", *Anuario de Derecho Civil*, 1993, fasc. 2º, p. 970; y D. Vargas Aravena: *Daños civiles*, cit., pp. 326-327, aproximando, en definitiva, la indemnización del art. 98 CC a la pensión del art. 97 CC; y ello (sin perjuicio de lo ya dicho en la nota precedente), porque el desequilibrio económico que el cónyuge de buena fe pudiera sufrir respecto del de buena fe, tiene su cauce en el art. 95.II CC, según el cual "Si la sentencia de nulidad declara la mala fe de uno sólo de los cónyuges, el que hubiere obrado de buena fe podrá optar por aplicar en la liquidación del régimen económico matrimonial las disposiciones relativas al régimen de participación y el de mala fe no tendrá derecho a participar en las ganancias obtenidas por su consorte".
Por otro lado, esa lectura en clave de "desequilibrio económico" lleva a los autores a interpretar el art. 98 CC en el sentido de entender que la indemnización en él prevista también tendrá lugar, por razones de justicia, cuando ambos contrayentes sean de buena fe, para evitar que, en este caso, se excluya una justa reparación. Sin embargo, esta interpretación parece ir contra lo que claramente se deduce del precepto, que, al identificar al acreedor de la indemnización, se refiere al cónyu-

b) En cambio, el art. 1902 permite resarcir aquellos daños que no tienen causa directa e inmediata en la convivencia, sino que derivan, más estrictamente, de la circunstancia de la celebración de un matrimonio nulo. Es, sobre todo, el daño moral, consistente en la frustración del propósito de formar una familia fundada en el matrimonio (con las consiguientes secuelas psíquicas), el cual tiene lugar, con independencia de que haya existido, o no, convivencia entre los contrayentes; y, así mismo, los gastos hechos y de las obligaciones contraídas en consideración al matrimonio nulo, los cuales pierden su utilidad, tras su declaración de invalidez, por lo que también han de ser indemnizados[85].

Se trata, en definitiva, de la indemnización del daño *in contrahendo*, resultante de la lesión culpable del interés de la confianza. Nos encontramos, pues, ante un caso de responsabilidad prematrimonial por lesión de la libertad negocial[86]. El hecho ilícito consiste en la infracción del principio de buena fe, el cual obliga a los contrayentes a un deber de lealtad y de

---

ge de buena fe, con lo que implícitamente presupone que el deudor es, exclusivamente, el de mala fe. En realidad, no parece necesario realizar este interpretación forzada de la norma, si se considera que los desequilibrios que no puedan ser reparados a través del art. 95.II CC (entre ellos, señaladamente, los que tengan lugar, cuando ambos contrayentes sean de buena fe) podrán ser resarcidos a través del principio de enriquecimiento injusto, que opera prescindiendo de la buena o mala fe de los sujetos, tal y como acontece en el supuesto de extinción de uniones de hecho, donde se aplica dicho principio para reparar el perjuicio sufrido por el conviviente que se dedicó al cuidado de la familia o colaboró desinteresadamente en la actividad económica del otro. Sería absurdo aplicar el principio de enriquecimiento injusto en el caso de convivencia de hecho y negarla en el caso de convivencia fruto de un matrimonio declarado nulo.

85 En favor de encuadrar el resarcimiento del daño moral derivado de la causación doloso o negligente de la nulidad matrimonial en el art. 1902 CC, con independencia de la explicación que den a la indemnización del art. 98 CC, se orientan R. de Ángel Yagüez: "Indemnización del daño moral resultante de la declaración de nulidad de matrimonio", *Diario La Ley*, 1986, 2°, pp. 717; G. García Cantero: "Comentario a los arts. 97 a 101 CC", en *Comentarios al Código Civil y Compilaciones forales* (dirigidos por M. Albaladejo), tomo II, arts. 22 a 107 del Código civil, Edersa, Madrid, 1982, p. 448; y D. Vargas Aravena: *Daños civiles*, cit., pp. 327-332. No obstante, en opinión de E. Roca i Trías: "Comentario al art. 98 CC", cit., p. 629-630, estos daños son, precisamente, los contemplados en el art. 98 CC.

86 Utilizando palabras de C. M. Bianca: *Diritto civile*, 2.1., *La famiglia*, 6ª ed., Milano, 2017, p. 170, a proposito dell'art. 129 *bis* cod. civ. italiano.

corrección[87] para no defraudar sus recíprocas expectativas a la validez del matrimonio, evitando la concurrencia de causas de nulidad imputables a su comportamiento malicioso o negligente, como son la reserva mental o el error en cualidad inducido por una reticencia dolosa o culpable, como es el silenciar que el hijo que se espera es (o puede ser) de otro, que se está ligado por un previo matrimonio o que se ha dado positivo de VIH en una análisis, aunque éste no haya sido repetido (y, por lo tanto, no exista plena certeza de padecerse la enfermedad)[88].

3. La culpa como criterio de imputación de responsabilidad por el daño in contrahendo

La solución que se propone tiene como ventaja asegurar el resarcimiento del daño *in contrahendo*, en los casos en que no concurren los presupuestos del art. 98 CC[89].

---

[87] En la doctrina italiana M. Bianca: *La buona fede nei rapporti familiari, Actualidad Jurídicia Iberoamericana*, n. 10 bis, 2019, p, 23, habla de la existencia un deber de lealtad, derivado de la buena fe, "quale dovere di informare l'altro familiare, nei limiti in cui ciò non comporti un apprezzabile sacrificio".

[88] Claro está que la obligación de resarcimiento presupone, no solo el dolo o la negligencia del demandado, sino también que el interés del demandante (que reclama el resarcimiento) sea digno de protección, por haber confiado, legítima y razonablemente, en la validez del matrimonio, lo que no tendrá lugar cuando haya conocido la reserva mental del otro contrayente.

[89] Aunque el art. 98 CC se limite a decir que el cónyuge (*rectius* contrayente) de buena fe, hay que entender, implícitamente, que la indemnización o procede cuando ambos contrayentes tienen mala fe, ni tampoco cuando los dos son de buena fe, tal y como afirma la 9 marzo 1992 (AC 1993, 1406), según la cual en los "casos de buena fe concurrente y coincidente no opera el alegado artículo 98"; y en "los casos de mala de fe de ambos, tampoco ha de aplicarse el precepto 98, pues la indemnización carece de toda razón de ser y consistencia". En la doctrina se pronuncian en el mismo sentido L. Díez-Picazo y A. Gullón: *Sistema*, cit., p. 123; G. García Cantero: "Nulidad de matrimonio", *Actualidad Civil*, 1993, nº 3, pp. 551-552; F. Igartua Arregui: "Comentario a la STS 26 noviembre 1985", *Cuadernos Civitas de Jurisprudencia Civil*, enero-marzo 1986, nº 10, p. 3235; C. Martínez de Aguirre y Aldaz: "Régimen común a la nulidad, la separación y el divorcio", en *Curso de Derecho civil (IV). Derecho de Familia* (coord. C. Martínez de Aguirre y Aldaz), 5ª ed., Edisofer, Madrid, 2016, p. 219; M.ª J. Reyes López: "El resarcimiento derivado de la declaración de nulidad matrimonial", en *Daños en el Derecho de familia* (dir. J. R. De Verda y Beamonte), "Monografías de la Revista de Derecho Patrimonial", Thomson-Aranzadi, Cizur Menor, 2006, p. 204; y E. Roca i Trías: "Comentario

Así sucederá, por ejemplo, cuando no haya existido convivencia entre los contrayentes o la celebración del matrimonio nulo sea imputable a la mala fe de un tercero, tal y como aconteció en un antiguo caso resuelto por el TS[90] en el que apreciada la existencia de temor reverencial respecto de la madre de uno de los contrayentes, la condena indemnizatoria fue fundamentada en el art. 1902 CC[91].

Pero, sobre todo, cuando no sea posible afirmar que el demandado conocía la causa de nulidad del matrimonio y no la comunicó al otro contrayente, ya que, en este caso, no concurre mala fe, en el sentido que habitualmente se entiende dicha expresión en relación con el art. 98 CC[92]. En cambio, la aplicación del art. 1902 CC no plantea ningún problema, cuando la reticencia del demandado no pueda ser calificada como dolosa, pero sí, por lo menos, de negligente, pues el criterio de imputación de responsabilidad en el que se basa el precepto es el dolo o la culpa[93].

a) A este respecto, me parece interesante volver a referirme al caso resuelto por la sentencia de instancia[94] estimatoria de la demanda interpuesta por una mujer,

---

al art. 98 CC", en *Comentarios a las reformas del Derecho de familia,* vol. I, Tecnos, Madrid, 1984, pp. 631-632. *Vid,* no obstante, C. Lasarte Álvarez y R. Valpuesta Fernández: "Comentario al art. 98 CC", cit., p. 1190; M. León González: "La indemnización", cit., p. 970; y D. Vargas Aravena: *Daños civiles,* cit., p. 326, sosteniendo la aplicación del precepto en los casos de buena fe de ambos contrayentes.

90 STS 21 enero 1957 (*Tol 4377413*).

91 *Cfr.*, en favor de encuadrar la indemnización debida por un tercero por causación de la nulidad matrimonial en el art. 1902 CC, L. Díez-Picazo y A. Gullón: *Sistema,* cit., p. 58, 123; y E. Roca i Trías: "Comentario al art. 98 CC", cit., p. 632, que se refieren al supuesto de matrimonio contraído por la coacción de un tercero.

92 *Cfr.*, en tal sentido, E. Roca i Trías: "Comentario al art. 98 CC", cit., 632.

93 El problema práctico no se plantea —claro está— si se interpreta la expresión "mala fe" del art. 98 CC en sentido amplio, es decir, incluyendo en ella, no solo el dolo, sino también la culpa. Así lo hace SAP Madrid 19 febrero 2016 (*Tol 5687829*), según la cual el precepto resarce el daño moral derivado de la nulidad del matrimonio, sufrido por "quien confiadamente accedió al mismo, viéndose afectado, sin culpa suya, por la frustración de un proyecto de vida en común", sin necesidad de que exista dolo, bastando "la mera actitud imprudente o negligente del demandado", en este caso, la mujer, que había hecho creer al demandante que el hijo era suyo, razón por la cual se casó con ella. Dice, así, que "existía la posibilidad, perfectamente conocida por la misma, de que el embarazo que determinó la celebración del matrimonio obedeciese a sus relaciones con un tercero, lo que no manifestó" al entonces su novio.

94 SAP Madrid 10 julio 2007 (*Tol 2039407*).

pretendiendo una indemnización por daño moral, al haberle ocultado el otro contrayente que era portador del VIH[95].

Los hechos son los siguientes. El demandado se sometió a un análisis en el que dio positivo de VIH, aconsejándosele realizar una nueva prueba, lo que no hizo. Tres años después contrajo matrimonio, sin informar a la mujer de su posible condición de portador de anticuerpos del VIH. Como consecuencia de haberse vacunado para realizar el viaje de novios a Sudáfrica, desarrolló la enfermedad, que le fue diagnosticada, aproximadamente, un mes después de la celebración del matrimonio, momento en el que informó a la mujer, que, afortunadamente, no fue contagiada, a pesar de que habían mantenido relaciones sexuales sin la utilización de profilácticos.

La Juez *a quo* entendió que no podía imputarse responsabilidad al demandado, por no informar de una enfermedad diagnosticada después de la celebración del matrimonio, dando por bueno un informe clínico, según el cual había padecido una "amnesia selectiva", como consecuencia de la cual no era consciente de ser portador de los anticuerpos del VIH, lo que explicaría que no hubiera informado del resultado positivo del análisis al que se había sometido antes de casarse. La Audiencia revocó la sentencia recurrida, afirmando "la existencia de culpa en la conducta del demandado", condenándole al pago de una indemnización de 30.000 euros, sin pronunciarse sobre el carácter contractual o extracontractual de su responsabilidad.

Es evidente que, de haberse encauzado la pretensión resarcitoria a través del art. 98 CC, la suerte del proceso hubiera sido incierta, pues es dudoso que la conducta del demandado pudiera ser calificada como dolosa. Sin embargo, para la aplicación del art. 1902 CC bastaba la mera culpa del autor del hecho dañoso, la cual sí concurrió según la Audiencia, sosteniendo ésta que la omisión del demandado de "no comunicar su enfermedad [a la actora] poniéndola en riesgo de poder contraerla, no puede sino calificarse como una omisión que se ha de atribuir a título de culpa, pues dadas las circunstancias concurrentes, no sólo tenía que habérselo comunicado por cuanto se trata de un deber de cualquier persona con otra respecto de la que pretende hacer una vida en común, sino porque existía un riesgo de poder contagiarle la enfermedad".

La Audiencia concluyó afirmando que había existido un daño moral resarcible "derivado de la misión con culpa al ocultar [el demandado] su enfermedad, con una relación directa en cuanto a tal conducta omisiva, por cuanto no cabe duda de que

---

95 El ocultamiento de ser portador del VIH puede llegar a ser delictivo cuando concurre imprudencia grave. Así lo ha declarado la STS 6 junio 2011 (*Tol 2143155*), que resuelve un caso en el que el varón, portador del VIH y habiendo desarrollado SIDA, mantiene relaciones frecuentes con uso de preservativo (que se rompió en varias ocasiones) con su pareja, sin habérselo comunicado. Como consecuencia de ello, la mujer quedó embarazada, resultando infectadas tanto la madre como la hija nacida de esas relaciones sexuales. El Supremo entiende que no existe dolo en la actuación del acusado, si bien la conducta debe ser calificada como de imprudencia grave, "por la importancia del riesgo ocasionado y la entidad del resultado potencial derivado del mismo (el contagio del Sida) [...], pues, aún con la utilización del preservativo, tal resultado [...] era no sólo evitable sino sin duda también previsible", condenando al acusado, finalmente, por dos delitos de lesiones imprudentes en concurso ideal.

al descubrir [la actora] la enfermedad de su pareja, el hecho de haber mantenido relaciones sexuales sin las precauciones debidas, tratarse de una enfermedad que es transmisible; hasta que pudo constatar que no estaba contagiada, sus sentimientos no pudieron ser otros que el sufrimiento psíquico, zozobra, ansiedad, angustia, sensación anímica de inquietud, pesadumbre, temor o incertidumbre que son los que la jurisprudencia ha constatado para derivar el daño moral, máxime cuando la pareja había contraído matrimonio, lo que en principio implica la existencia de un plan de vida en común, e incluso se ha de derivar de las pruebas practicadas el deseo de procrear".

Por lo tanto, el hecho de que la demandada no hubiera sido contagiada no excluyó el resarcimiento del daño moral, si bien fue tenido en cuenta para moderar su cuantía, que quedó fijada en 30.000 euros. La Audiencia observó, así, que "la falta de consecuencias a medio o a largo, tampoco nos puede llevar a entender que el daño moral puede ser una cantidad simbólica, siempre y cuando no podemos obviar la conducta [del demandado] que de manera irresponsable pone en riesgo de contraer la enfermedad a la persona que había decidido casarse con él, con lo que tal hecho lleva consigo, no sólo [...] la falta de lealtad a su pareja, sino también el hecho de truncar las expectativas de vida en común"[96].

b) También me parece pertinente traer a colación la más reciente sentencia[97] que ha estimado la demanda de resarcimiento del marido a quien la mujer le había hecho creer que la hija que esperaba era suyo, razón por la cual se había casado con ella.

El demandado argumentaba que, después de casarse empezó a sospechar que su mujer le era infiel, porque la misma recibía llamadas y mensajes de un compañero de trabajo, si bien ella lo negaba, hasta que, tres años después de celebrarse el matrimonio, tras una discusión, le dijo que iba a divorciarse y que se iba a vivir con el verdadero padre de la niña, ante lo cual decidió hacerse una prueba de paternidad, que descartó que él fuera el padre biológico. Descubrió, además, que la mujer lo sabía desde hacía dos años antes, pues, el anterior novio se había sometido a una prueba que había dado como resultado que él era el padre biológico.

El marido interpuso demanda de resarcimiento contra la mujer y el padre biológico, por haberle ocultado que no era el padre de la menor, circunstancia esta que ambos sabía, al menos desde que el anterior novio se había hecho la prueba de paternidad. La demandada se opuso, argumentando que, al tiempo de casarse, pensaba que su marido era el padre de la hija que esperaba y que, cuando supo que no lo era,

96 La sentencia excluyó, en cambio, la indemnización de los gastos de boda, por entender que no habían sido probados y porque "no pueden conceptuarse como daños y perjuicios, sino que se trata de cantidades abonadas para una celebración, que, en definitiva, se llevó a cabo".
No podemos estar de acuerdo con esta afirmación, porque, aunque el matrimonio se celebrara, los gastos de boda perdieron toda su utilidad, una vez que aquél fue declarado nulo. De ahí que, si hubiesen sido probados, debieran haber ser sido indemnizados, como admiten las SSAP Zaragoza 2 junio 1997 (AC 1997, 1284) y Toledo 14 noviembre 2001 (AC 2001, 2509).

97 SAP Madrid 24 mayo 2019 (*Tol 7388024*).

se lo había comunicado a su esposo, que, sin embargo, no quiso dar credibilidad a los resultados de la prueba para salvar el matrimonio.

La demanda fue desestimada en primera instancia, pero estimada en segunda instancia, condenándose a la mujer demandada (y absolviéndose al anterior novio), por aplicación del art. 1902 CC.

Observa la Audiencia que la mujer había mantenido antes del matrimonio relaciones sexuales esporádicas con su anterior novio, "existiendo cercanía temporal en una de ellas y en la que la citada", por lo que claramente "la duda sobre la paternidad era una realidad por ella conocida de forma necesaria, que no comunicó, como exige una actuación leal y de buena fe, al que entonces era su novio, y más al contrario, le manifestó que se había quedado embarazada de él, lo que determinó que contrajesen matrimonio en los meses posteriores" y que la niña que nació fuera considerada cono "hija suya e inscrita como hija matrimonial de ambos, manteniendo el apelante una relación afectiva con la niña derivada de su considerada relación paternal, con los consiguientes e intensos vínculos que esa situación genera".

Concluye que, al haber comunicado la demandada al demandante "las dudas sobre la paternidad biológica de la menor, ni en el momento de conocer que estaba embarazada, ni posteriormente" (cuando tuvo conocimiento cierto de que el otro demandado era el padre biológico de la niña", "concurren los requisitos que el art. 1902 CC exige, es decir, un comportamiento o conducta culposa que ha generado causalmente un daño derivado de esa ocultación".

IV. EL INCUMPLIMIENTO DE LOS DEBERES CONYUGALES

Mucho más discutido es el tema de si es posible el resarcimiento de los daños morales por incumplimiento de los deberes conyugales[98], consagrados en los arts. 67 y 68 CC[99].

---

98 Por cuando concierne a la doctrina científica, un número significativo de autores se ha pronunciado a favor del resarcimiento del daño moral derivado del incumplimiento de las obligaciones recíprocamente asumidas por los cónyuges. Véanse, en este sentido, G. García Cantero: "Comentario al art. 67 CC", en *Comentarios al Código Civil y Compilaciones forales* (dirigidos por M. Albaladejo), tomo II, arts. 22 a 107 del Código civil, Edersa, Madrid, 1982, p. 186; Id.: "Comentario al art. 68 CC", *ibi*, pp. 195-196; M.ª C. Gete-Alonso y Calera: "Comentario al art. 67 CC", en *Comentarios a las reformas del derecho de familia*, Tecnos, Madrid, vol. I, 1984, p. 322; J. L. Lacruz Berdejo: "Efectos del matrimonio", en Lacruz Berdejo, J. L. y otros: *Elementos de Derecho civil*, IV, *Derecho de familia*, 3ª ed., fascículo 1º, Bosch, Barcelona, 1989, pp. 146-147; Id.: "Comentario al art. 68 CC" (redacción del precepto en la 2ª edición revisada por J. Rams Albesa y J. Delgado Echeverría), en *Matrimonio y divorcio. Comentarios al Título IV del Libro Primero del Código Civil* (coord. por J. L. Lacruz Berdejo), 2ª ed., Civitas, Madrid, 1994, p. 657; M.ª T. Marín García de Leonardo: "Separación y divorcio sin causa. Situación de los daños personales", *Revista de Derecho Patrimonial*, 2006-1, nº 16, pp. 154-155; M.ª A. Novales Alquézar:

"Hacia una teoría general de la responsabilidad civil en el Derecho de Familia. El ámbito de las relaciones personales entre los cónyuges", *RJN*, 2006, nº 60, pp. 201-203 y 207; A. M. Romero Coloma: "El deber de fidelidad conyugal y la responsabilidad civil por su infracción", *La Ley*, nº 7646, Sección Doctrina, 7 junio 2011, Año XXXII; y D. Vargas Aravena: *Daños civiles*, cit., pp. 179-255.

Otros autores se oponen a la posibilidad del resarcimiento del daño moral originado por el incumplimiento de los deberes conyugales.

Entre ellos los hay que, en general, se oponen a aplicación de la responsabilidad civil en el ámbito de las relaciones familiares (salvo, en el caso de daños morales derivados de comportamientos delictivos). Es el caso de J. Ferrer Riba: "Relaciones familiares y límites del derecho de daños", *InDret*, octubre de 2001, pp. 14-16, quien fundamenta su posición, entre otros argumentos, en la idea de que las normas del Derecho de familia son un sistema, completo y cerrado, que contiene las específicas sanciones aplicables en el caso de incumplimiento de los deberes conyugales, esto es, la separación o el divorcio (téngase en cuenta que escribe antes de la reforma operada por la Ley 15/2005, de 8 de julio). No obstante, parece que el propósito del autor es negar la aplicación del art. 1902 CC al incumplimiento de la obligación de infidelidad, ya que, tras pronunciarse contundentemente a este respecto, añade lo siguiente: "La exclusión de la acción de responsabilidad no rige, sin embargo, respecto de aquellas conductas que causen daño a derechos o intereses del otro cónyuge conceptualmente separables de su interés en el mantenimiento del matrimonio y en el respeto a sus reglas. Así pueden ser indemnizados los daños causados a la integridad física y psíquica del cónyuge, a su salud, libertad, honor, intimidad, libertad sexual o patrimonio". No queda claro, si, a su juicio, el resarcimiento debe quedar, o no, limitado al caso de que el incumplimiento suponga un hecho delictivo, ya que se refiere a este posible criterio para delimitar la responsabilidad del infractor, pero sin decantarse claramente en favor de él.

Otros autores son igualmente contrarios a la indemnización de daños morales derivados del incumplimiento de los deberes conyugales, si bien, cuando concurre culpa grave, admiten la reparación de daños morales ocasionados por ilícitos civiles que tienen lugar en otros ámbitos de la familia diversos del matrimonio, como, por ejemplo, en el supuesto de obstaculización de relaciones paterno-filiales e, incluso, en el específico caso del incumplimiento del deber de fidelidad, cuando éste vaya acompañado del ocultamiento de la verdadera paternidad del hijo que el marido creía ser suyo. Véase, en este sentido, A. M.ª Rodríguez Guitián: "Indemnización del daño moral al progenitor por la privación de la relación personal con el hijo (A propósito de la STS de 30 de junio de 2009)", *ADC*, tomo LXII, fasc. IV, 2009, pp. 1831-1832; *Id.*: "De nuevo sobre la reparación de los daños en el ámbito del matrimonio (A propósito de la STS de 14 de julio de 2010)", *La Ley*, nº 7582, Sección Doctrina, 4 marzo 2011, Año XXXII.

Por último, hay quien admite el resarcimiento del daño moral derivado del incumplimiento de las obligaciones conyugales, cuando el mismo se resuelva en la vulneración de un derecho fundamental del otro consorte o de "aquellos principios básicos que identifican el matrimonio en nuestro ordenamiento jurídico". Tal es la posición de L. López de la Cruz: "El resarcimiento del daño moral derivado del incumplimiento de los deberes conyugales", *InDret*, octubre de 2010, pp. 30, 32-35, quien, en particular, se refiere a la posibilidad de indemnizar los comportamientos que afecten a la "dignidad de la persona, la libertad, el honor, la intimidad o la propia imagen". Con este argumento, excluye la posibilidad de resarcimiento, en el caso de infidelidad, a no ser que la misma vaya acompañada de la ocultación de la verdadera filiación del hijo aparentemente matrimonial. Afirma, así, que lo que "no debe quedar impune es la conducta desleal de la esposa que de forma dolosa oculta la paternidad originada por la relación extramatrimonial".

99 La jurisprudencia francesa es claramente favorable a acudir a la responsabilidad civil como mecanismo de tutela de los deberes conyugales, y ello, a pesar de que en el Derecho galo existe un precepto específico, el art. 267 del *Code*, el cual prevé que el cónyuge que obtenga el divorcio, por culpa exclusiva de su consorte, pueda obtener del mismo una indemnización de daños y perjuicios, con el fin de reparar las consecuencias, de particular gravedad, que sufra, a consecuencia de la disolución del matrimonio (a lo que también tiene derecho el cónyuge, que haya sido demandado en un divorcio pronunciado por alteración definitiva del vínculo conyugal, si él mismo no ha presentado ninguna demanda de divorcio).

En la práctica judicial del país vecino se ha planteado en numerosas ocasiones la cuestión de si este precepto impide al cónyuge que sufre un daño distinto que pueda demandar su resarcimiento por la vía del derecho común, esto es, mediante la aplicación del principio general de responsabilidad civil extracontractual contenido en el art. 1382 del mismo Código (actual art. 1240, tras la reforma llevada a cabo por la Ordenanza 131/2016, de 10 febrero 2016).

La Corte de Casación se ha pronunciado reiteradamente a favor de la compatibilidad de los dos preceptos, en diversos fallos, que casan y reenvían sentencias de apelación, las habían denegado una pretensión resarcitoria, formulada al amparo del art. 1382, con el argumento de que en el ámbito del divorcio este precepto quedaba desplazado por el art. 267 (ambos del *Code*). *Vid.* así Ch. Civ. 2ª 27 febrero 1980 (B.C. 1980, II, nº 45), Ch. Civ. 2ª 25 junio 1980 (B.C. 1980, II, nº 2), Ch. Civ. 2ª 11 febrero 1981 (B.C. 1981, II, nº 30), Ch. Civ. 2ª 13 marzo 1985 (B.C. 1985, II, nº 64), Ch. Civ. 1ª 26 febrero 1996 (BC 1996, II, nº 47), Ch. Civ. 1ª 11 enero 2005 (B.C. 2005, I, nº 13). Ch. Civ. 1ª 6 julio 2005 (B.C. 2005, I, nº 307) y Ch. Civ. 1ª 12 enero 2011 (Juris-Data: 2011-000233).

El vigente art 1792.1º CC de Portugal, en la redacción dada al precepto por la Ley 61/2008, de 31 de octubre, reconoce expresamente el cónyuge lesionado tiene derecho a pedir la reparación de los daños causados por el otro conforme al régimen general del derecho común.

Supr. Trib. Just. 8 septiembre 2009 (464/09.7YFLSB) explica que esta nueva redacción confirma la posibilidad de reparar el daño moral resultante del incumplimiento de los deberes conyugales, siempre que el demandante acredite haber su-

1. *Nuestra posición general sobre la cuestión del resarcimiento del daño moral derivado del incumplimiento de las obligaciones conyugales*

A mi parecer, cabe el resarcimiento del daño moral por incumplimiento de los deberes conyugales por la vía del el art. 1902 CC[100].

El argumento de acudir a la pensión compensatoria, para negar la posibilidad de que prosperen demandadas de responsabilidad civil por incumplimiento de deberes conyugales, me parece insostenible[101].

---

frido un daño, disgusto o perjuicio anímico (ocasionado por un comportamiento culpable del otro consorte), que, por su gravedad, merezca tutela jurídica en los términos del art. 496.1º del Código civil portugués, negando el resarcimiento del mero disgusto ocasionado por la ruptura de la relación conyugal, como proyecto de vida.

Sin embargo, lo cierto es que se discute si el resarcimiento del daño moral exige que la violación del deber conyugal suponga una lesión simultánea de un derecho de la personalidad del cónyuge ofendido.

La cuestión ha sido abordada por Supr. Trib. Just. 12 mayo 2016 (2325/12.3TVSLB.L1.S1) *Cadernos de Direito Privato*, nº 61, 2018, enero/marzo, que ha afirmado que es claro que el cónyuge ofendido tiene derecho a ser indemnizado en los términos generales de la responsabilidad, cuando exista una violación concomitante de las obligaciones conyugales y de los derechos de la personalidad, y, que, cuando no la haya, la solución es más dudosa, debiendo decidirse la cuestión en atención a las circunstancias del caso concreto. En el supuesto enjuiciado consideró que la violación de los deberes de fidelidad, de asistencia y de respeto durante once años por parte del marido, que abandonaba intermitentemente el domicilio conyugal para irse a vivir con sucesivas mujeres (desatendiendo, además, el pago de los gastos familiares), había causado un daño al derecho de la personalidad de la mujer al respeto a su integridad psíquica, ocasionándole una depresión persistente. Cuantifico el daño moral en 15.000 euros.

100 Para una profundización de los fundamentos de esta posición nos remitos a de Verda y Beamonte, J. R. y Chaparro Matamoros, P.: "Responsabilidad civil por incumplimiento de los deberes conyugales", en *Responsabilidad civil en el ámbito de las relaciones familiares* (coord. J. R. de Verda y Beamonte), "Monografías de la Revista de Derecho Patrimonial", Thomson-Aranzadi, Cizur Menor, 2012, pp. 103-174.

101 A. Fraccon: "Nuovi approdi della responsabilità civile. Anche la Cassazione oltrepassa la soglia dei rapporti tra coniugi", *Giur. it*, 2006, abril, c. 699, observa que no puede justificarse una especie de inmunidad relativa, invocando una especial tutela de las instituciones familiares, como, por ejemplo, la pensión compensatoria por divorcio. La diversa naturaleza y finalidad de estos remedios dejan intacta la aplicabilidad del art. 2043 del *Codice*, para aquellos comportamientos que presenten los requisitos de la responsabilidad civil, del mismo modo que no excluyen la tutela penal, allá donde se produzcan sus supuestos de hecho típicos.

En primer lugar, porque la pensión compensatoria y la responsabilidad civil tienen finalidades distintas, que, además, no son incompatibles: la primera trata de corregir el desequilibrio económico que el divorcio produce a un cónyuge, en relación con la posición del otro, que implique un empeoramiento en la situación que tenía durante el matrimonio; la segunda, por el contrario, se orienta a resarcir el daño moral que experimenta un cónyuge, por la violación de los deberes conyugales, que comete el otro.

En segundo lugar, porque los presupuestos de ambas son también distintos: la pensión compensatoria se liga a una situación objetiva de desequilibrio económico; en cambio, la responsabilidad civil del cónyuge sólo surge cuando la conducta culpable del cónyuge que incumple sus deberes causa al otro un daño, esencialmente, de carácter moral.

En tercer lugar, porque es posible que el cónyuge que deba percibir la pensión compensatoria y el que tenga derecho a ser resarcido no sea el mismo. Sería, por ejemplo, el caso de una mujer infiel, a la que el divorcio colocara en una situación económica peor a la que gozara durante el matrimonio. Ésta tendría derecho a percibir la pensión, ya que su culpa no le privaría de ésta, no obstante, a mi entender, podría quedar sujeta a responsabilidad civil, por incumplimiento del deber de fidelidad.

2. *Presupuestos de la responsabilidad*

Para que dicha responsabilidad surja no bastará, desde luego, la sola constatación del ilícito civil, sino que, además, será necesario la existencia de un daño moral que deba ser resarcido, el nexo de causalidad entre el incumplimiento y el daño, y el dolo o culpa del infractor[102].

---

[102] Desde mi punto de vista, la indemnización del daño deba discurrir por la vía del art. 1902 CC, y no, por la del art. 1101 CC, ya que las obligaciones conyugales no tienen carácter contractual por la sencilla razón de que el matrimonio no es un contrato, sino un negocio jurídico de Derecho de familia, constitutivo de *status*, del que surge para los cónyuges una plena comunidad de vida (material y espiritual), con los derechos-deberes de convivencia, fidelidad, respeto y socorro mutuo. D. Vargas Aravena: *Daños civiles*, cit., pp. 234-236, afirma, sin embargo, con argumentos consistentes, que los daños causados por incumplimiento de los deberes personales del matrimonio deben resarcirse a través del art. 1101 y ss. CC, con base en que "dichas normas no sólo son aplicables cuando la obligación violada tenga un origen contractual, sino siempre que exista entre las partes un vínculo obligacional preexistente a la propia afirmación de responsabilidad, cualquiera que sea su fuente".

A) El daño moral resarcible

El primero de los presupuestos es la existencia de un daño resarcible, el cual no puede ser identificado con el que estrictamente resulte del divorcio, cuya causa, en el Derecho actual, es la mera voluntad de cualquiera de los cónyuges de no permanecer casado, siendo irrelevante, a este efecto, la razón por la cual se inste la disolución del matrimonio (por ejemplo, un incumplimiento de las obligaciones conyugales del otro consorte).

El daño resarcible *ex* art. 1902 CC surgirá por la lesión del derecho que tiene cada cónyuge a que el otro cumpla las obligaciones, que, libre y recíprocamente, asumieron al tiempo de contraer el matrimonio, con el fin de desarrollar en él su personalidad[103].

Hay que insistir en que la finalidad de la responsabilidad civil no es sancionar comportamientos ilícitos (aquí, el incumplimiento de los deberes conyugales), sino reparar los daños que éstos ocasionen. En este caso, se tratará de un daño moral, el cual deberá ser probado, por quien lo invoca, por ejemplo, el sentimiento de abandono, ansiedad o baja estima, ocasionado por la violación de los deberes por parte de su cónyuge, o el quebranto emocional sufrido por el varón, que se creía padre de un niño nacido constante el matrimonio, y que no lo es. Se excluyen, pues, los daños patrimoniales, provocados por el divorcio, que deberán encauzarse, en su caso, a través de la prestación compensatoria del art. 97 CC.

B) La culpa como criterio de imputación de la responsabilidad

El criterio general de imputación de responsabilidad civil en Derecho español es la culpa, sin distinción de grados, según resulta del art. 1902 CC.

Sin embargo, con apoyo en los arts. 168 y 1390 CC, autorizada doctrina sostiene que en el ámbito de las relaciones familiares sólo se debe responder por dolo o culpa grave[104].

---

103 Sobre la valoración y reparación del daño originado en el ámbito de las relaciones familiares, en general, *vid.* M.ª Sainz-Cantero Caparrós y A. M.ª Pérez Vallejo.: *Valoración y reparación*, cit., pp. 209 y ss.

104 M.ª T. Marín García de Leonardo: "Remedios indemnizatorios en las relaciones conyugales", en *Daños en el Derecho de familia* (coord. J. R. de Verda y Beamonte), "Monografías de la Revista de Derecho Patrimonial", Thomson-Aranzadi, Cizur Menor, 2006, pp. 160-161.

Ahora bien, en realidad, sólo el segundo de dichos preceptos supedita la responsabilidad del infractor (en este caso, la del cónyuge, cuya administración de los bienes gananciales causa daño a la sociedad) a su actuación dolosa. Por el contrario, el art 168.II CC se limita a precisar que "En caso de pérdida o deterioro de los bienes por dolo o culpa grave, responderán los padres de los daños y perjuicios sufridos".

Este precepto no se puede interpretar sin tener en cuenta que el art. 164.I CC exige a los padres administrar los bienes de los hijos, "con la misma diligencia que los suyos propios". Por lo tanto, los padres responderán de los daños causados en el patrimonio de los hijos, por administrarlo sin haber desplegado una diligencia regular o media, si éste era el grado de diligencia con el que gestionaban su propio patrimonio. En definitiva, la finalidad del art. 168.II CC es la de hacer responder, en todo caso, a los padres que administran los bienes de los hijos de manera dolosa o gravemente culposa, sin que éstos puedan eximirse alegando que eran igualmente descuidados en la gestión de sus propios asuntos.

Hay que tener en cuenta que una cosa es que la responsabilidad sólo surja por incumplimientos graves o reiterados de los deberes conyugales, lo que nos parece imprescindible en orden a evitar una proliferación de demandas basadas en incumplimientos nimios, y otra cosa, diversa, es que se aplique un criterio subjetivo de atribución de responsabilidad civil, más rígido que el ordinario, lo que ya no nos parece correcto[105].

C) El nexo de causalidad

Ha de quedar acreditada la existencia de un nexo de causalidad entre el incumplimiento de los deberes conyugales y el daño moral, cuya reparación se pide[106].

---

105 *Vid.* en este sentido J. Barceló Doménech: "La responsabilidad por dolo en las relaciones familiares", *Actualidad Jurídica Iberoamericana*, nº 4 *ter*, 2016, pp. 294 y ss.; M.ª B. Sainz-Cantero Caparrós y A. M.ª Pérez Vallejo: *Valoración y reparación*, cit., pp. 98-103.
En el sentido de considerar bastante la culpa como criterio de imputación de la responsabilidad en las relaciones familiares parece orientarse la STS 30 junio 2009 (*Tol 1570770*), la cual reconoce el resarcimiento por daño moral resultante de haber quedado privado el padre de la posibilidad de relacionarse con la hija, a la cual se hará referencia más adelante, en texto.

106 M.ª Sainz-Cantero Caparrós y A. M.ª Pérez Vallejo: *Valoración y reparación*, cit., pp. 129 y ss., estudian, con gran detalle, esta materia.

El nexo puede quedar roto por un suceso de fuerza mayor, por ejemplo, un contratiempo económico o una enfermedad que imposibilite a uno de los cónyuges cumplir su deber de asistencia y socorro; también, por la propia conducta del demandante, cuya infidelidad, por ejemplo, puede motivar la de su consorte; en otras ocasiones, con su comportamiento puede, no romper el nexo de causalidad, pero sí concurrir a la producción del daño o a su agravamiento, lo que deberá ser apreciado para reducir su cuantía.

D) El hecho dañoso

El hecho dañoso no tiene porqué constituir un delito penal, por ejemplo, de lesiones o de abandono de familia; de hecho, si lo fuera, la responsabilidad civil del infractor no se regiría por los arts. 1902 y ss. CC, sino por los arts. 107 y ss. CP, o, en su caso, si se tratase de un delito contra la intimidad o el honor (calumnia o injurias), por el art. 9 de la Ley Orgánica 1/1982, de 5 de mayo.

El hecho dañoso puede ser un mero ilícito civil, consistente en el incumplimiento de los deberes conyugales, que objetivamente ha de ser grave o reiterado, como decía el art. 82.1° CC en su anterior redacción[107].

Esto no significa exigir una culpabilidad reforzada al cónyuge que incumple, sino excluir que los tribunales se vean obligados a conocer de demandas de responsabilidad civil dirigidas a obtener la reparación de daños morales, basadas en la alegación de incumplimientos nimios de las obligaciones conyugales[108].

Los deberes conyugales son las obligaciones recíprocas contempladas en los arts. 67 y 68 CC, que constituyen la causa del negocio jurídico ma-

---

107 Sobre el tema de los deberes conyugales, en general, puede consultarse M.ª A. Novales Alquézar: *Las obligaciones personales del matrimonio en el Derecho comparado,* I y II, Colegio de Registradores de la Propiedad y Mercantiles de España, 2009.

108 Cass. Civ. 10 mayo 2005, n. 9801, *Giur. it.*, 2006, abril, c. 694, afirma que no deben tomarse en consideración comportamientos de mínima eficacia lesiva, susceptibles de encontrar solución en el interior de la familia, a través del espíritu de comprensión y tolerancia, que es parte del deber de recíproca asistencia, sino únicamente aquellas conductas, que, por su intrínseca gravedad, sean agresiones a derechos fundamentales de la persona.

trimonial[109], esto es, las de convivencia[110], asistencia[111], respeto[112] y fidelidad[113].

---

109 Como constata S. Carrión Olmos: "Reflexiones de urgencia en torno a las Leyes 13 y 15/2005, por las que se modifica el Código civil en materia de separación y divorcio y derecho a contraer matrimonio", *La Ley*, 19 de julio de 2005, p. 3.

110 El deber de convivencia constituye la premisa de la existencia de una plena comunidad de vida entre los cónyuges y actúa como condición para el ejercicio de los demás. Por lo tanto, el incumplimiento de este deber que, con frecuencia, comportará el de otros, puede determinar la causación de daño moral resarcible. A mi parecer el abandono de hogar puede dar lugar a una reparación de un daño moral, si tiene lugar de manera intempestiva e injustificada, siendo ilustrativa la jurisprudencia francesa, que ha conocido diversos supuestos de este tipo.
Cour Poitiers 13 abril 2010 ("Juris-Data": 2010-009314) condenó al marido a pagar 1.500 euros a la mujer, a quien comunicó, por teléfono, mientras estaba comprando en un mercado situado a 10 kilómetros del domicilio conyugal, que abandonaba la vivienda y se separaba. Dicha comunicación tuvo lugar después de haber regresado los cónyuges de vacaciones y de haber decidido, pocos meses antes, adquirir un apartamento. La Corte se refiere a la "brutalidad" con que el marido informó de una decisión, totalmente inesperada para los miembros de su familia.
Cour Paris 8 septiembre 2010 ("Juris-Data": 2010-016261) condenó a la mujer que había abandonado el domicilio conyugal, llevándose al hijo común y una parte de los muebles, a pagar al marido 2.000 euros.
Cour Orléans 9 noviembre 2010 ("Juris-Data": 2010-026273) condenó a pagar 3.000 euros al marido francés, que había contraído en Argelia matrimonio con una nacional de este país y al día siguiente retornó a Francia, viviendo sólo en Europa, comportamiento éste, que se califica por la sentencia como "brutal" e "intempestivo".

111 Son interesantes algunos casos extraídos de la jurisprudencia francesa.
Cour Douai 26 noviembre 2009 ("Juris-Data": 2009-022300) condenó al marido a pagar a la mujer 3.000 euros, por no haber contribuido espontáneamente a sufragar las necesidades de la familia, durmiendo en un hotel y en un apartamento, poco después del nacimiento del segundo hijo del matrimonio, lo que ocasionaría a la demandante un intenso perjuicio moral.
Cour Aix-en-Provence 4 marzo 2010 ("Juris-Data": 2010-019876) condenó a la mujer a pagar al marido 10.000 euros, por haber mantenido un comportamiento hostil hacia él, obligándolo a abandonar el domicilio conyugal a la edad de 80 años, así como la región en la que había vivido durante largo tiempo, para tener que ir a refugiarse en la casa de su anterior mujer, que lo acogió. El marido había tenido que dejar de trabajar como dentista, debido a un problema ocular, razón por la cual perdió su fuente de ingresos, disminuyendo el nivel de vida de la familia. La mujer lo invitaba continuadamente a irse de casa, porque decía que no quería ocuparse de un indigente, hasta que finalmente lo consiguió, lo que fue considerado por la Corte como una conducta contraria al deber de asistencia.

112 Hay conductas contrarias al deber de respeto que, sin duda, pueden considerarse atentatorias contra el derecho al honor y que, por tanto, darían lugar, al resarcimiento *ex* art. 9 de la LO 1/1982, de 5 de mayo.
Así ocurriría cuando se insultase gravemente al otro cónyuge.
Ch. Civ. 1ª 11 enero 2005 (B.C. 2005, I, nº 13), así, la sentencia recurrida, que había pronunciado el divorcio por culpa de la mujer, a quien se le atribuía un comportamiento violento, injurioso y humillante, incluso en presencia de terceros, respecto de su marido, pero que, sin embargo, había rechazado la demanda de resarcimiento de este último, con el argumento de que en los juicios de divorcio no resultaba procedente la aplicación del art. 1382 del "Code"
Cour Aix-en-Provence 24 mayo 2011 (JurisData: 2011-012129) condenó al marido a pagar a la mujer 2.000 euros, por haber tenido un comportamiento injurioso y agresivo, después de su separación, dejándole en el contestador automático del teléfono mensajes groseros y amenazantes.
El derecho al honor se vulnera igualmente, cuando se atribuyen hechos falsos, que hacen desmerecer en la consideración social.
Así, Cour Versailles 28 octubre 2010 (JurisData: 2010-020727) condenó al marido a pagar 8.000 euros, como consecuencia de haber escrito un correo electrónico a la dirección americana de la empresa en que trabaja su mujer, en el cual se decía que su promoción profesional se había debido al hecho de mantener una relación sexual con su jefe, lo que motivaría una investigación interna en el seno de la sociedad. Observa la Corte que el marido, al difundir injurias en el medio profesional en el que su cónyuge desarrollaba su labor profesional, sin tener en cuenta las consecuencias que de ello podría derivarse, había incumplido gravemente la obligación conyugal de respeto mutuo.
Cour Nîmes 18 mayo 2011 (JurisData: 2011-015641) condenó al marido a pagar 2.000 euros a la mujer, a la que había acusado de mantener una relación extraconyugal y de no ocuparse de los hijos, pidiéndole que regresara con ellos a la casa de sus padres.
También se lesionaría el derecho al honor, cuando se sometiera al otro cónyuge a un comportamiento socialmente humillante.
Cour Paris 2 octubre 2010 (JurisData: 2010-020212) condenó al marido a pagar a la mujer 10.000 euros, por su falta de delicadeza, al haber anunciado durante una carrera de caballos su intención de divorciarse, enterándose la demandante de esta circunstancia por amigos que estaban presentes en dicha carrera.
Cour Aix-en-Provence 24 mayo 2011 (JurisData: 2011-012130) condenó al marido a pagar 2.000 euros a la mujer, con el fin de reparar el daño moral que esta última había sufrido, ante la imposibilidad de poder entrar en el domicilio conyugal, por haberse cambiado (sin que lo supiera) la cerradura de la puerta, cuando pretendía entrar en la vivienda en compañía de varias amigas, lo que la Corte calificó como "algo particularmente humillante".
En ocasiones, la intromisión ilegítima del derecho al honor se producirá, de manera refleja, como consecuencia de la realización, por parte del otro consorte, de

La Ley 15/2005, de 8 de julio, ha añadido al art. 68 CC un último inciso, que dice que los cónyuges "Deberán, además, compartir las responsabilidades domésticas y el cuidado y atención de ascendientes y descendientes y otras personas dependientes a su cargo".

La constitucionalidad de esta disposición[114] suscita dudas, en la medida en que supone una injerencia pública en un ámbito íntimo de la persona,

---

actos deshonrosos, por razón de la intensidad de la relación personal que deriva de la comunidad de vida existente entre los cónyuges.

Cour Toulose, 1ª Ch., 2ª Sect., 21 marzo 2006, nº 05/03162 (D. on-line) condenó al marido a pagar 5.000 euros a la mujer, como consecuencia del comportamiento exhibicionista de su marido, el cual, en una reunión familiar, había reconocido su problema, así como haber realizado diversas llamadas telefónicas a una muchacha de 17 años, en cuya mesa (así como en el bolsillo de su vestido) había dejado fotografías de hombres desnudos. La Corte consideró que la difusión de un comportamiento de su cónyuge, altamente reprobado por la moral social, suponía una humillación para la esposa, a la que, por este motivo, se le causaba un daño moral cierto.

Cour Pau 13 abril 2010 (Juris-Data: 2010: 006211) condenó al marido a pagar a la mujer 5.000 euros, como consecuencia de haber introducido y escondido en el domicilio familiar (desconociéndolo su cónyuge) bolsas, sin comprobar su contenido, sufriendo la mujer daños morales, al ser detenida (junto con el hijo menor) en su propia vivienda por la policía y ser sujeta a prisión preventiva en el marco de una actuación judicial contra el terrorismo.

Cour Bordeaux 15 marzo 2011 (Juris-Data: 2011-008834) entendió que el marido, condenado penalmente por difusión de imágenes pedófilas, debía pagar a su mujer 5.000 euros, por los temores que ésta había podido tener sobre la incidencia del comportamiento de su cónyuge sobre el desarrollo moral de los hijos comunes y por la humillación que había sufrido al ser registrado el domicilio familiar en busca de pruebas, lo que le obligó a seguir un tratamiento psicológico.

Cour Reims, 1ª Ch. 2ª Sect., 8 abril 2011, nº 10/01180 (D. on-line). condenó al marido a pagar a la mujer 1.000 euros, como consecuencia de la humillación que ésta había sufrido en el seno de la pequeña comunidad religiosa (baptista) a la que pertenecía el matrimonio. El marido, que era diácono de la iglesia, tenía una actitud "ambigua" hacía las mujeres jóvenes, la cual fue denunciada por alguna de ellas ante el pastor, por considerarla impropia de un cristiano. El marido, como consecuencia del escándalo, tuvo que dimitir de su cargo de diácono.

113 Nada digo aquí respecto del incumplimiento del deber de fidelidad, pues a esta materia me refiero con detenimiento, *supra*, en texto.

114 S. Carrión Olmos: "Separación y divorcio tras la Ley 15/2005, de 8 de julio", en *Comentarios a las reformas del Derecho de Familia de 2005* (coord. J. R. de Verda y Beamonte), "Colección Monografías Aranzadi", Thomson-Aranzadi, Cizur Menor, 2006, p. 180, juzga esta disposición "quizá no del todo afortunada, al menos, por cuanto a su ubicación se refiere".

como es el de la libre decisión de los cónyuges acerca de la asignación y distribución de las tareas domésticas, lo que, además, parece estar en contradicción con el principio constitucional de libre desarrollo de la personalidad, el cual implica el reconocimiento, como principio general inspirador del ordenamiento jurídico, de la autonomía de la persona para elegir entre las diversas opciones vitales, de acuerdo con sus propios intereses y preferencias[115].

Este intervencionismo estatal, calificado como "una norma de pedagogía social"[116], que pretende imponer a los cónyuges un modelo de organización de las tareas domésticas, basado en la igualdad (aunque expresamente no se utilice esta palabra), resulta paradójico[117], si se tiene en cuenta que, precisamente, el principio constitucional de libre desarrollo de la personalidad es el hilo conductor de la reforma introducida por la Ley 15/2005, al establecer como causa de separación y disolución del matrimonio la mera voluntad de los cónyuges, así como también lo es de la reforma operada por la Ley 13/2005, de 1 de julio, por la que se admite el matrimonio entre personas del mismo sexo.

A mi entender, una vez proclamado en el art. 66 CC, que "El marido y la mujer son iguales en derechos y deberes", proclamación seguramente necesaria al tiempo de promulgarse la Ley 30/1981, dados los antecedentes

---

115 L. Díez-Picazo y A. Gullón: *Sistema,* cit., p, 88, consideran que se trata de "un precepto difícil de integrar en el sistema legal, pues utiliza frases muy generales, susceptibles de todas las interpretaciones posibles". E. Serrano Gómez: "Efectos del matrimonio", en E. Serrano Alonso y otros: *El nuevo matrimonio civil. Estudio de las leyes 13/2005, de 1as leyes 13/2005, de 1 de julio, y 15/2005, de 8 de julio, de Reforma del Código Civil. Con formularios,* Edisofer, Madrid, 2005, p. 70, entiende que "esta referencia 'a compartir las responsabilidades domésticas', se trata de una concesión legal del legislador a determinados movimientos feministas".
Tiene razón M. Paradiso: *I rapporti personali tra coniugi,* en *Il codice civile. Commentario* (dir. P. Schlesinger), artículos 143 a 148, Giuffrè, Milano, 1990, p. 6, cuando habla de la necesidad de individualizar en los deberes conyugales el contenido mínimo para garantizar la identidad sustancial del matrimonio, respetando, al mismo tiempo, la legítima diferenciación de las diversas realidades familiares.

116 M.ª L. Atienza Navarro: "La incidencia de las reformas de 2005 en materia de efectos personales del matrimonio", en *Comentarios a las reformas del Derecho de Familia de 2005* (coord. J. R. de Verda y Beamonte), "Colección Monografías Aranzadi", Thomson-Aranzadi, Cizur Menor, 2006, pp. 160-161, p. 153.

117 M.ª L. Atienza Navarro: "La incidencia", cit., p. 156; y M.ª T. Marín García de Leonardo: "Remedios indemnizatorios", cit., p. 157, llaman la atención sobre este punto.

históricos de sumisión de la mujer al marido (que, por supuesto, no son exclusivos de nuestro Derecho), el Estado no tiene por qué predeterminar legalmente la distribución de las funciones que cada uno de los cónyuges asumirá en el matrimonio, sino que debe respetar los acuerdos a los que ambos lleguen libremente a este respecto, por ejemplo, que uno de ellos se dedique a las labores del hogar y el otro trabaje fuera de casa, opción, que, desde un punto de vista constitucional, es tan perfectamente legítima, como aquélla en la que se pacta una distribución por igual de las tareas domésticas[118].

En cualquier caso, me parece que el ámbito propio para extraer consecuencias del incumplimiento de este denominado "deber" es el de la pensión compensatoria, ya que el número 4º del art. 97 CC establece que "La dedicación pasada y futura a la familia es uno de los criterios para determinar la cuantía de aquélla"; por lo que no será examinado en este trabajo.

Al inicio de este epígrafe decíamos que la cuestión del resarcimiento del daño moral por incumplimiento de los deberes conyugales era discutible. No obstante, hay que tener en cuenta que las discusiones no se plantean por igual en todos los casos. Es, así, indudable el resarcimiento del daño moral provocado por el incumplimiento de un deber conyugal, si éste provoca una lesión de un derecho fundamental, en particular, si tiene carácter delictivo (por ejemplo, una vulneración del derecho al respeto mutuo, que da lugar a un delito contra los derechos al honor, a la intimidad o a la propia imagen). En realidad, el supuesto que ha hecho correr ríos de tinta en la doctrina española es el de la infidelidad.

En este breve estudio, una vez expuesta mi posición general sobre el tema, me centraré en dos casos que creo ilustran bien la práctica jurisprudencial española: en primer lugar, el del incumplimiento del deber de respeto, que origina una intromisión ilegítima en el derecho fundamental a la intimidad del otro cónyuge; y, en segundo lugar, el del incumplimiento del deber de fidelidad.

---

[118] J. L. Lacruz Berdejo: "Efectos del matrimonio", cit., p. 135, afirma, así, "la necesidad de respetar, junto al 'libre desarrollo', las bases sobre las cuales establecieron libremente los cónyuges la vida familiar".

3. *La lesión del derecho fundamental a la intimidad*

En España, en la práctica de los Tribunales no son infrecuentes los procesos por lesión del derecho a la intimidad de uno de los cónyuges, procedente de una intromisión ilegítima del otro consorte.

Sin embargo, se trata de una tema poco tratado por los tribunales civiles, porque, por razones puramente procesales, existe una tendencia a encauzar este tipo de intromisiones hacia la vía penal, concretamente, a través del delito de descubrimiento y revelación de secretos, regulado en el art. 197 CP, solicitándose, en su caso, en dicha vía el resarcimiento pertinente.

A) La prevalencia práctica de la vía penal sobre la civil: el delito de descubrimiento y revelación de secretos

La mayoría de las causas se tramitan por el tipo básico del art. 197.1 CP. Conforme a dicho precepto, "El que, para descubrir los secretos o vulnerar la intimidad de otro, sin su consentimiento, se apodere de sus papeles, cartas, mensajes de correo electrónico o cualesquiera otros documentos o efectos personales o intercepte sus telecomunicaciones o utilice artificios técnicos de escucha, transmisión, grabación o reproducción del sonido o de la imagen, o de cualquier otra señal de comunicación, será castigado con las penas de prisión de uno a cuatro años y multa de doce a veinticuatro meses".

La jurisprudencia observa que nos encontramos ante un delito de intención, que requiere un especial elemento subjetivo, consistente en apoderarse de efectos personales, interceptar las comunicaciones o utilizar artificios técnicos, con la finalidad precisa de "descubrir secretos o vulnerar la intimidad del otro"[119], delito que se consuma con el mero apoderamiento, interceptación o utilización del aparato, cualificado por dicha finalidad, sin que sea necesario, que, como consecuencia de ello, se descubran datos secretos o íntimos de la víctima[120].

---

[119] *Vid.* en este sentido SSTS 20 junio 2003 (*Tol 293934*) y 21 marzo 2007 (*Tol 1050619*), AAP Huesca 21 septiembre 2001 (JUR 2001, 291866), SAP Barcelona 22 noviembre 2006 (JUR 2007, 181899), AAP Barcelona 18 enero 2008 (JUR 2008, 106746), SAP Barcelona 17 enero 2011 (*Tol 2101512*) y SAP Toledo 22 marzo 2011 (*Tol 2122383*).

[120] *Vid.* en este sentido STS 20 junio 2003 (*Tol 293934*) y STS 30 abril 2007 (*Tol 1106835*), SAP Barcelona 22 noviembre 2006 (JUR 2007, 181899), AAP Barcelona

En no pocos casos, el infractor pretende apoderase de documentos para poder aportarlos en juicio (por ejemplo, cartas en que consta el importe de nóminas[121] o pensiones[122], o declaraciones de renta[123]) y, así, probar la capacidad económica del otro cónyuge en orden a fijar la cuantía de una pensión compensatoria o de alimentos. La jurisprudencia ha declarado reiteradamente que este propósito de servirse de los documentos personales en procesos familiares no exime de responsabilidad penal a quien comete el delito.

En este sentido se pronuncia, por ejemplo, una sentencia del TS[124], que confirmó la condena del marido (si bien apreciando la atenuante analógica del art. 21.6 en relación con el art. 23.1 CP) a una pena de prisión y multa de seis meses.

El acusado compró un ordenador y lo instaló en su casa, introduciendo su nombre de usuario y su propia contraseña. Posteriormente, observó que las facturas mensuales de la compañía telefónica se incrementaban notablemente, porque se estaba disparando el consumo de internet. Con el fin de averiguar quién utilizaba su ordenador, adquirió un programa para monitorizar la actividad informática y de internet desde una ubicación alejada, de modo que, cada 30 minutos, volcaba copia de todas las comunicaciones telemáticas realizadas a través de su ordenador particular en la cuenta de correo del ordenador que utilizaba en su oficina. Al comprobar que la usuaria era su mujer, que ésta entraba en chats como casados/infieles, en los que se mantenían conversaciones de contenido sexual, y que, además, tenía un amante, procedió a apoderare de varios correos electrónicos, que posteriormente aportó en un juicio de separación, ante la angustia y el temor a perder la custodia de su hija de tres años y de que ésta se educara en un ambiente inadecuado.

El TS considera que no puede considerarse ilícita "la acción consistente en la instalación de un programa que permite conocer los movimientos u operaciones realizados desde un determinado ordenador [...] pues parece claro que el propietario del ordenador puede instalar un programa que le permita verificar el uso que se da a ese instrumento, cuando sospecha razonablemente que está siendo utilizado de forma no autorizada".

Por el contrario, sí considera ilícita la conducta del recurrente "consistente en apoderarse del contenido de las conversaciones y comunicaciones privadas de su esposa, una vez que había comprobado que era ella quien utilizaba el citado ordenador para comunicarse con terceros. La cuestión no permite albergar duda alguna una vez que el recurrente conoció el contenido del primero de los correos, pues desde

---

18 enero 2008 (JUR 2008, 106746), SAP Albacete 27 octubre 2009 (*Tol 1754107*) y SAP Toledo 22 marzo 2011 (*Tol 2122383*).

121 *Vid.* en este sentido SAP Huesca 26 noviembre 2009 (*Tol 3800933*).

122 *Vid.* en este sentido STS (Sala 2ª) 23 octubre 2000 (*Tol 3800931*) y SAP Huesca 26 noviembre 2009 (*Tol 3800933*).

123 *Vid.* en este sentido SAP Madrid 10 septiembre 2010 (*Tol 2022404*), si bien quien se apodera de la declaración de la renta no es el cónyuge, sino el conviviente de hecho, con el fin de utilizarla en un juicio civil para pedir una pensión compensatoria para ella y una pensión de alimentos para el hijo común de la pareja.

124 STS 21 marzo 2007 (*Tol 1050619*).

ese momento pudo tener, y sin duda tuvo, la seguridad de que se trataba de comunicaciones íntimas de su esposa, que afectaban al ámbito de su intimidad más estricta, a las que no podría pretender tener acceso legítimamente aun cuando se realizaran desde su ordenador personal, a pesar de lo cual continuó apoderándose de las dichas comunicaciones"[125].

Además del tipo delictivo básico del art. 197.1 CP, hay que considerar el tipo cualificado del art. 197.4 CP, según el cual "Se impondrá la pena de prisión de dos a cinco años si se difunden, revelan o ceden a terceros los datos o hechos descubiertos o las imágenes captadas a que se refieren los números anteriores"[126].

Sin embargo, la jurisprudencia considera que no se da la conducta típica contemplada en el art. 197.4 CP, cuando uno de los cónyuges se limita a poner a disposición del Tribunal un dato secreto o un aspecto íntimo en el marco de un juicio de carácter familiar; y ello, aunque dichos extremos hayan sido indebidamente descubiertos, mediante un apoderamiento, interceptación o utilización de artefactos técnicos, penalmente ilícitos y, por tanto, subsumibles en el tipo básico del art. 197.1 CP. Es, así, usual afirmar que en estos casos falta el "dolo de divulgación, al tratarse de un procedimiento de publicidad restringida a las propias partes, a sus letrados y a los profesionales que integran el órgano judicial"[127].

No obstante lo dicho, esto es, que la mayoría de los casos de vulneración de intimidad en el ámbito de las relaciones conyugales se encauzan a través del art. 197.1 CP, nada impide acudir a la vía civil, en particular, cuando se trate de intromisiones ilegítimas que no constituyan un ilícito penal; y, en cualquier paso, las normas que regulan el resarcimiento del daño moral por vulneración del derecho a la intimidad son las mismas, con independencia de que se trate de un ilícito penal o civil, esto es, las contenidas en el art. 9 de la LO 1/1982, de 5 de mayo, de protección civil de los derechos al honor, a la intimidad personal y familiar y a la propia imagen.

---

125 *Vid.* en el mismo sentido SSAP Valencia 4 junio 2002 (JUR 2002, 231802), Huesca 26 noviembre 2009 (*Tol 3800933*) y Madrid 10 septiembre 2010 (*Tol 2022404*).

126 El art. 197.4 CP tiene un segundo párrafo, cuyo tenor es el siguiente: "Será castigado con las penas de prisión de uno a tres años y multa de doce a veinticuatro meses, el que, con conocimiento de su origen ilícito y sin haber tomado parte en su descubrimiento, realizare la conducta descrita en el párrafo anterior".

127 *Vid.* en este sentido SAP Madrid 11 mayo 2001 (JUR 2001, 198207), SAP Madrid 25 mayo 2005 (ARP 2005, 321) y SAP Barcelona 22 noviembre 2006 (JUR 2007, 181899).

En cualquier caso, es obvio que no toda intromisión en la intimidad del otro cónyuge, entendida ésta en el sentido estricto del término que se ha expuesto, es ilegítima.

A este respecto, me parece oportuno realizar dos precisiones.

En primer lugar, serán legítimas las intromisiones que hayan sido consentidas por el cónyuge que las sufre, quien, de este modo, estaría ejercitando la facultad positiva que forma parte del contenido del derecho fundamental de la intimidad, la cual consiste —como explica la jurisprudencia constitucional— "en un poder jurídico sobre la publicidad de la información relativa al círculo reservado de su persona".

Téngase en cuenta que el art. 197.1 CP sanciona, exclusivamente, las intromisiones ilegítimas en la intimidad ajena realizadas sin el consentimiento de la víctima, pues, de mediar, dicho consentimiento constituirá una causa de exclusión de la tipicidad, por lo que no habrá delito alguno.

No cabe, sin embargo, que un cónyuge realice una renuncia general a su derecho a la intimidad en favor del otro, ya que, como resulta del art. 1.3 LO 1/1982, se trata de un derecho indisponible. Pero sí es posible, que, como prevé el artículo 2.2 LO 1/1982, un cónyuge consienta "expresamente" un acto de intromisión en su intimidad, por ejemplo, que se le grabe desnudo o que se abra la correspondencia que llegue al domicilio conyugal.

Este consentimiento, aunque sea expresión de un acto de autonomía de la persona, no puede ser considerado como fuente de una obligación contractual, sino que opera como causa de exclusión de la ilegitimidad de una intromisión, que, de no darse dicho consentimiento, sería antijurídica y, en consecuencia, generaría una obligación de resarcir el daño moral causado.

El consentimiento, según el art. 2.2 LO 1/1982, ha de ser "expreso". Por lo tanto, el hecho de que un cónyuge consienta una vez en que el otro le fotografíe desnudo no significa que le autorice para volver a hacerlo posteriormente; y ese consentimiento para captar una imagen no significa, necesariamente, autorización para publicarla, por ejemplo, colgándola en una página de internet.

Una sentencia de instancia[128] condenó a una mujer separada de hecho por delito de descubrimiento de secretos del 197.1 CP, por haberse apoderado de correspondencia que, con consentimiento del marido, le era remitida a éste al antiguo domi-

---

[128] SAP Barcelona 17 enero 2011 (*Tol 2101512*).

cilio conyugal, donde, además, compartía con la acusada una estancia que ambos usaban como despacho y en la que se guardaban documentos de uno y de otro.

Afirma la Audiencia que "yerra la apelante cuando mantiene que existía entre los todavía cónyuges una esfera de intimidad familiar que, tácitamente, autorizaba a la esposa a acceder a la información que recibía su marido en el domicilio, pues el hecho de que siguiera constando la dirección [del antiguo domicilio conyugal] en el correo a él dirigido o que siguiera habiendo en la vivienda un despacho común para ambos, no permiten inferir, como se pretende en el recurso, que se le permitía [a la mujer] tácitamente, acceder a la información dirigida al marido".

En segundo lugar, en orden a determinar el carácter legítimo o ilegítimo de la intromisión, no puede dejarse de valorar el comportamiento de la víctima.

El derecho a la intimidad, ciertamente, se proyecta sobre una realidad objetiva, esto es, el "ámbito propio y reservado frente a la acción y conocimiento de los demás", necesario "para mantener una calidad mínima de la vida humana".

Ahora bien, la protección de la intimidad de cada cual tiene un aspecto relativo, que depende de la propia voluntad, exteriorizada no sólo por el consentimiento expreso a concretos actos de intromisión, sino también por los propios actos, esto es, por conductas libres, que, de hecho, permiten que terceros conozcan aspectos de la vida personal o familiar sobre los que, en principio, se tiene un derecho de reserva.

Es, por ello, que, como dice el art. 2.1 LO 1/1982, la protección de la intimidad debe realizarse, teniendo en cuenta el ámbito que, por sus propios actos, mantenga cada persona reservado para sí misma o su familia. Este precepto, en nuestra opinión, es una aplicación de la doctrina de los propios actos a la protección del derecho a la intimidad[129].

A mi entender, la previsión de la norma es correcta, si se le da una interpretación adecuada y proporcionada, que no cuestione el poder jurídico que el derecho a la intimidad atribuye sobre la publicidad de la información relativa al círculo reservado de la persona y de su familia. Creo que debe entenderse en el sentido de que, cuando una persona hace público cierto aspecto de su intimidad, por ejemplo, divulgándolo en un programa de televisión o en un círculo significativo de personas, éste, objetivamente, deja de formar parte de su "ámbito, propio y reservado"; si se nos permite la expresión, "ya no cabe marcha atrás", porque ha perdido el poder de

---

129 *Vid.* en este sentido J. Vidal Martínez: *El derecho a la intimidad en la Ley Orgánica de 5-5-1982*, Montecorvo, Madrid, 1984, p. 72.

control sobre el mismo; y, de ahí, que no pueda lamentarse de que lo que voluntariamente ha divulgado sea después reproducido o comentado en otros medios de comunicación. Como tiene dicho el Tribunal Constitucional en fallos constantes "a cada persona corresponde acotar el ámbito de su intimidad personal y familiar que reserva al conocimiento ajeno".

Una sentencia de instancia[130] ilustra esta idea, al absolver del delito de descubrimiento y revelación de secretos a la mujer que había aportado a un procedimiento de separación unas fotos y grabaciones, tomadas del ordenador usado por ambos cónyuges en el domicilio conyugal, el cual no tenía ninguna clave de acceso. La acusada declaró que había descubierto las fotos, en las que su marido aparecía con otra mujer, cuando iba a imprimir una foto del hijo común y en el mismo fichero donde se encontraban tales fotos del hijo común y de su familia, no creyendo que tuviera que pedir permiso a nadie para coger dichas fotos.

La Audiencia estimó especialmente significativa la conducta del marido denunciante, considerando "acreditado que en los específicos círculos familiares, de amistad y profesionales permitió y facilitó la divulgación de aspectos de su vida personal y privada que luego intenta achacar a la acusada. Por un lado [...] difundió la noticia de su relación extramatrimonial entre sus hermanos y entre sus cuñados, quienes posteriormente la propagaron a otras personas del círculo familiar, tanto del esposo como de la esposa, hasta el punto de exhibir el supuesto perjudicado, cuatro meses antes de la definitiva ruptura matrimonial, un CD con fotos de la mujer con la que mantenía relaciones, que dejó en casa de un cuñado. Además, el socio [...] declara que conocía tales relaciones". Dice la Audiencia que "Ningún ánimo de conocer o de descubrir secretos se aprecia en la conducta de la acusada cuando, en su propio domicilio y a través de su propio ordenador, encuentra la información de carácter privado, afectante a las relaciones fuera del matrimonio que mantenía su esposo, que él mismo ha introducido en la casa común y en el ordenador común, dejando tal información a la libre disposición de la esposa [...] Ella no ha quebrantado la reserva que cubría los datos personales de él, ya que él previamente los había exteriorizado o puesto a disposición de terceros [...] no ha invadido ni violentado el ámbito de la intimidad personal de [su marido], puesto que este último lo había abierto a un amplio círculo de familiares y de amigos".

B) Supuestos de intromisión ilegítima

El art. 7 LO 1/1982 recoge un elenco no cerrado de conductas que dan lugar a una intromisión ilegítima en los derechos de la personalidad. Concretamente, afectan al derecho a la intimidad las conductas descritas en el art. 7.1 y 3.

Con apoyo en dichos preceptos y en la práctica jurisprudencial, analizaremos una serie de supuestos típicos de intromisión en el derecho a

---

130 SAP Madrid 7 diciembre 2005 (ARP 2006, 70).

la intimidad del otro cónyuge, realizados con vulneración del deber de respeto mutuo.

a) El emplazamiento de aparatos de escucha, de filmación, de dispositivos ópticos o de cualquier otro medio apto para grabar o reproducir la vida íntima de las personas

El art. 7.1 LO 1/1982 considera intromisión ilegítima en el derecho a la intimidad "El emplazamiento en cualquier lugar de aparatos de escucha, de filmación, de dispositivos ópticos o de cualquier otro medio apto para grabar o reproducir la vida íntima de las personas"; ello, lógicamente, sin el consentimiento de la víctima.

El bien jurídico que se quiere proteger aquí es el derecho a la intimidad, siendo la imagen o la voz el medio a través del cual se produce la intromisión; y ello, sin perjuicio de que, en estos supuestos, se pueda originar, además, una vulneración en dichos bienes de la personalidad.

A diferencia de lo que establece el art. 197.1 CP, el cual para la existencia de un delito de descubrimiento de secretos exige que se utilicen los artificios técnicos, el art. 7.1 LO considera un ilícito civil el mero emplazamiento de los mismos; y es por ello que, producida la conducta típica, debe reconocerse a las personas afectadas el derecho a hacer cesar la intromisión (es lo que se denomina tutela inhibitoria).

Utilizando el tenor del art. 9.2 LO 1/1982, de 5 de mayo, se trata de una medida básica "para poner fin a la intromisión ilegítima de que se trate y restablecer al perjudicado en el pleno disfrute de sus derechos, así como para prevenir o impedir intromisiones ulteriores".

La acción de cesación pretende impedir la persistencia de la vulneración del derecho de la personalidad producida por el hecho ilícito (en nuestro caso, el emplazamiento de los artificios técnicos). En ocasiones, esta acción será bastante para la defensa del derecho a la imagen del ofendido, pero en otras muchas no, en cuyo caso procederá la reparación del daño moral subsiguiente a la intromisión, daño moral que el art. 9.3 LO presume.

El 9.3 LO 1/1982 afirma, así, que "La existencia de perjuicio se presumirá siempre que se acredite la intromisión ilegítima".

La razón de ser de esta presunción, que se aparta de la regla general de la responsabilidad civil, según la cual quien reclama el resarcimiento de un daño debe probarlo, estriba en el hecho de que estamos ante un tipo de daños, que, por su subjetividad, es difícil demostrar, por lo que establecer la carga de la prueba sobre el ofendido supondría dificultar extraordinariamente la posibilidad de obtener el resarcimiento.

El TS condenó al marido, el cual había grabado conversaciones íntimas mantenidas por su mujer desde el teléfono del dormitorio, con el fin de averiguar si le era infiel, y posteriormente las divulgó en el círculo de los familiares y amigos[131]. Así mismo, condenó a la mujer, que había encargado a dos detectives que colocaran unos aparatos para interceptar y grabar las conversaciones mantenidas por su marido desde el teléfono instalado en el despacho del colegio que ella dirigía y en donde él trabajaba; así mimo, le condenó a pagar, en concepto de responsabilidad civil, 1.000.000 de pesetas a su cónyuge (solidariamente con su secretaria, cómplice de la misma)[132].

b) La revelación o publicación del contenido de cartas, memorias u otros escritos personales de carácter íntimo

El art. 7.3 LO 1/1982 considera una intromisión ilegítima "la revelación o publicación del contenido de cartas, memorias u otros escritos personales de carácter íntimo", por ejemplo, correos electrónicos intercambiados por uno de los cónyuges con un tercero.

También hay que considerar un ilícito civil el mero apoderamiento o interceptación de dichos escritos personales, lo que posibilitaría una acción de cesación de esa conducta ilícita, así como la restitución de los mismos, sin perjuicio, en su caso, de la posible acción para obtener el resarcimiento del daño moral originado por el conocimiento, por parte del infractor, de los datos íntimos o de su revelación a terceros.

Normalmente, como ya se ha dicho, la mayoría de los casos se han dado en la jurisprudencia penal y versan sobre apoderamiento de cartas o de correos electrónicos.

En la jurisprudencia de instancia se condenó a la pena de prisión de un año (y de pago de multa) al marido que, aprovechando un momento de ausencia de su mujer, se había apoderado de diversos documentos guardados en una carpeta; entre ellos, cartas de carácter personal, que posteriormente aportó a un proceso matrimonial con el propósito de probar su infidelidad[133].

Así mismo, en un supuesto semejante, se condenó al acusado a la misma pena, además de al pago de una indemnización de 900 euros por daño moral, afirmándose que resultaba "inadmisible la alegación del recurrente de que, por tratarse de su esposa [...] está exento de la obligación constitucional de respetar el bien jurídico

131 STS 14 mayo 2001 (*Tol 4926171*).

132 STS 20 junio 2003 (*Tol 293934*).

133 SAP Valencia 4 junio 2002 (JUR 2002, 231802).

protegido de su cónyuge, bajo la excusa de cerciorarse y alegar pruebas de la infidelidad" del mismo[134].

Cada vez es más frecuente que la intromisión ilegítima se lleve a cabo mediante la interceptación y apoderamiento de correos electrónicos[135].

A este respecto es ilustrativa una sentencia que condenó al acusado a la pena de prisión de un año (y pago de multa), si bien la intromisión enjuiciada no se produjo en el seno de un matrimonio, sino en el de una unión de hecho rota. Observa la Audiencia que el varón "aprovechando la confianza que propicia la convivencia y como represalia por la ruptura no asumida se apropió de datos íntimos y personales" de su antigua compañera sentimental, en concreto, de su clave de correo electrónico que tenía anotada en una libreta, modificándola para bloquear su acceso; y, haciéndose pasar por ella, cambió su presentación por la siguiente frase visible para todos sus contactos: "Soy una gran puta y lo sabéis todos y todas y no tengo compasión por nadie me follo a quien más meta la pata pero soy una perra". Así mismo, colgó dos fotos de ella, semidesnuda, y otra, con su silueta completamente desnuda. De todo ello deduce que incurrió en el delito sancionado en el art. 197.1 CP, "vulnerando su intimidad y vejándola e injuriándola"[136].

c) La captación o difusión de imágenes de desnudos del otro cónyuge

La captación o difusión de imágenes de desnudos del otro cónyuge, sin su consentimiento, constituyen una intromisión en su derecho a la intimidad en su dimensión corporal.

En algunas ocasiones, se ha dado el caso de que personas que mantuvieron una relación conyugal o de análoga relación de afectividad, una vez rota ésta, por deseo de venganza, difunden a través de la red fotografías en las que el otro aparece desnudo.

Es evidente que este comportamiento es una intromisión ilegítima en los derechos a la intimidad y a la propia imagen de la víctima, pues, el consentimiento para captar una imagen no significa, necesariamente, autorización para difundirla, pues, a tenor del art. 2.1 LO, el consentimiento ha de ser expreso para cada concreto acto de intromisión (captar y difundir una imagen son conductas diversas).

Una sentencia de instancia condenó a la pena de un año de prisión y a pagar a su mujer 6.000 euros en concepto de daño moral. Observa la Audiencia que el acusado puso al alcance de la página de internet, denominada sexo-casero.com, bajo el título "Paula la golfa de Oviedo", tres fotografías de la denunciante, sin su permiso, en dos

---

134 la SAP Albacete 21 noviembre 2002 (ARP 2002, 855).

135 *Vid.* en este sentido, por ejemplo, SAP Jaén 12 mayo 2011 (*Tol 2228074*).

136 SAP Albacete 27 octubre 2009 (*Tol 1754107*).

de las cuales aparecía con los pechos descubiertos y en una tercera sin ropa, lo que "motivó la recepción por su parte de diversas llamadas telefónicas con la intención de conectar con ella"[137].

d) La prohibición de divulgar entre terceros aspectos de la vida íntima del otro cónyuge

Es evidente que sobre cada cónyuge pesa la prohibición de divulgar entre terceros aspectos de la vida íntima del otro, de los que tenga conocimiento por razón de la convivencia o de la relación de confianza que se establece entre los cónyuges, así como de los que afecten a la vida íntima de la familia[138].

Es más, parece que el deber de sigilo respecto de datos de la intimidad del otro cónyuge, conocidos como consecuencia de confidencias o de la convivencia, persiste tras la disolución del matrimonio[139].

---

137 SAP Asturias 1 septiembre 2010 (ARP 2010, 1177).

138 En la jurisprudencia italiana Cass. Civ. 11 mayo 1977, nº 1814, *Dir. fam.*, 1977, p. 1141, condenó a la mujer, que había informado a terceros de la enfermedad venérea padecida por su marido.

139 *Cfr.* en este sentido G. García Cantero: "Comentario al art. 67 CC", cit., p. 185; M.ª C. Gete-Alonso y Calera: "Comentario al art. 67 CC", cit., p. 324; y J. L. Lacruz Berdejo: "Efectos del matrimonio", cit., p. 146.
El deber de respeto de las confidencias maritales ("marital confidences") es claro en la doctrina y jurisprudencia inglesas, que han venido perfilando los requisitos que deben concurrir en la revelación de las confidencias maritales, para que las mismas sean consideradas ilegales y, por lo tanto, den lugar al resarcimiento de los daños y perjuicios. N. V. Lowe y G. Douglas: *Bromley's Family Law,* 10ª ed., Oxford University Press, Oxford, 2007, pp. 113-115, enumeran dichos requisitos: en primer lugar, que la información suministrada sea privada, esto es, que no sea de conocimiento general de otras personas; en segundo lugar, que haya sido dada en circunstancias de confianza, esto es, bajo el presupuesto de que el otro cónyuge no la divulgará a terceros, confianza que puede deducirse de la materia sobre la que verse la confidencia; y, en tercer lugar, que la divulgación de la información no haya sido autorizada por aquél a quien se refiere.
En la jurisprudencia francesa existen dos célebres resoluciones judiciales relativas al tema de la revelación en memorias de aspectos de la vida privada del anterior cónyuge.
Cour Paris 15 marzo 1990 (D 1990, IR 104) consideró que una artista había vulnerado el derecho a la vida privada de su antiguo cónyuge, al haber revelado en una obra de carácter autobiográfico episodios relativos a la vida personal de este último, el cual, si bien era llamado con un nombre ficticio, no obstante, era fácilmente identificable. Se realizaba, así, una descripción precisa del personaje, se

Es ilustrativo el caso contemplado por una sentencia de instancia[140]. En el origen del proceso se halla la publicación de un libro, titulado "Hasta la libertad", en el que el autor, en clave autobiográfica narraba sus experiencias vitales y su personal visión de la situación carcelaria española. En algunas de sus páginas se contenían referencias a la demandante, desde su primera toma de contacto hasta su ruptura, pasando por su matrimonio. La Audiencia consideró probado que en el libro se revelaron detalles de la vida privada de la demandante que constituyen atentados a su intimidad; se descubrieron aspectos de su salud; se divulgó el contenido de cartas y se narraron encuentros íntimos de ambos. Concluye: "No importa si se trata de informaciones ciertas o no; lo importante es constatar que mientras que nada en las alegaciones de las partes permite inducir que la demandante había traficado con su intimidad o con su imagen, y en consecuencia no hay motivos para afirmar que sus derechos han quedado debilitados como consecuencia de su propia actuación, el demandado sí que divulga extremos que objetivamente carecen de interés público. Para describir la vida en la cárcel o denunciar el sistema penitenciario (si es eso lo que pretendía), no hace falta entrar en pormenores de un 'vis a vis' ni dar noticia de las relaciones personales pasadas de la demandante".

3. *El supuesto de la infidelidad*

El deber de fidelidad es el que ha suscitado mayor controversia en nuestra doctrina, habiendo sido contemplado en diversos fallos, en los que dicho incumplimiento ha ido acompañado de la ocultación de la verdadera filiación paterna del hijo del matrimonio.

---

revelaba la existencia de un anterior matrimonio, de un hijo nacido del mismo, se describían las relaciones con éste y se relataba su conducta infiel.

TGI Paris 5 marzo 1997 ("JurisData": 1997-041022) resolvió el caso, relativo a las memorias publicadas por Brigitte Bardot, en las cuales la actriz se refería a sus sucesivos amantes y maridos, a veces, en términos muy hirientes. Uno de sus antiguos cónyuges, Jacques Charrier, la demandó, así como también su hijo Nicolás, nacido de aquél, al haber relatado la repulsión que le había provocado su estado de embarazo, sus tentativas de aborto, así como por haber expresado, en términos virulentos e intolerables, el desprecio y odio que había sentido hacia el niño que tenía que nacer. El Tribunal consideró que ni las particularidades del género literario de la obra escrita por la demandada, ni su celebridad internacional, ni el carácter pretendidamente histórico de sus memorias, le autorizaban para suscitar la curiosidad del público por revelaciones íntimas e hirientes, despreciando el derecho fundamental de los demandantes a la protección de su personalidad. Consideró, así, que la actriz había utilizado palabras hirientes para el niño, el cual, al publicarse las memorias, había descubierto la aversión de que había sido objeto por parte de su madre, condenando a ésta al pago de una indemnización por daño moral de 100.000 francos.

140 SAP Gerona 18 marzo 2004 (AC 2004, 709).

La cuestión ha ido siendo abordada por la jurisprudencia de manera diversa, existiendo cuatro importantes sentencias del TS en esta materia.

a) La más conocida de ellas[141] negó, tajantemente, que la infracción del deber de fidelidad constituyera un ilícito civil susceptible de dar lugar a un supuesto de responsabilidad civil. En su fundamento jurídico tercero, a propósito de una demanda de reparación del daño moral sufrido por el marido por la infidelidad de la mujer, que tuvo dos hijos de un amante durante el matrimonio, se afirma que "el quebrantamiento de los deberes conyugales especificados en los artículos 67 y 68 del Código Civil son merecedores de innegable reproche ético-social"; más adelante, añade que "no cabe comprender su exigibilidad dentro del precepto genérico del artículo 1001, por más que se estimen como contractuales tales deberes en razón de la propia naturaleza del matrimonio, pues lo contrario llevaría a estimar que cualquier causa de alteración de la convivencia matrimonial, obligaría a indemnizar".

En definitiva, el argumento en el que se basa el fallo es el de que los deberes conyugales tienen un carácter puramente ético o moral, es decir, no son una obligación jurídica en sentido estricto, por lo que su falta de cumplimiento no da lugar a un daño resarcible.

Este planteamiento me parece incorrecto. Los deberes conyugales no son meras obligaciones de conciencia propuestas a los esposos para un feliz desarrollo del matrimonio, sino que constituyen auténticas obligaciones jurídicas. Si no lo fueran, no tendría razón de ser que el Código civil los incluyera entre los efectos del matrimonio, ni que legalmente fueran calificados como tales, por los arts. 67 y 68, que, al enunciarlos, hablan de que los cónyuges "deben" o "están obligados" a cumplirlos. Al proceder de este modo, el legislador no hace, sino seguir el mandato contenido en el art. 32.2 CE, de regular "los derechos y deberes de los cónyuges"[142].

Precisamente, la significación jurídica de los deberes conyugales es la razón por la cual los contrayentes tienen que asumirlos, al tiempo de pres-

---

141 STS 30 julio 1999 (*Tol 1993904*).

142 El carácter jurídico de las obligaciones matrimoniales es claramente afirmado por la jurisprudencia italiana, que, en este punto es seguido por el común de la doctrina. *Vid.*, así, en la jurisprudencia, Cass. Civ. 10 mayo 2005, n. 9801, *Giur. it.*, 2006, abril, c. 693; Cass. Civ., sez. I, 15 septiembre 2011, n. 18853; y Cass. Civ., sez. III, 7 marzo 2019, n. 6598, *Guida al diritto,* 2019; y, en la doctrina, C. M. Bianca: *Diritto civile,* cit., p. 51, así como la aportación de R. Senigaglia: "Famiglia e rapporto giurido non patrimoniale", *Giust. civ.*, 2019, fasc. 1, enero, 97 ss.

tar su consentimiento, ya que, en caso contrario, el matrimonio sería nulo: la exclusión de los deberes conyugales constituye, en puridad, la exclusión de la causa del negocio jurídico matrimonial y, de ahí, la relevancia de la simulación y de la reserva mental como causas de invalidez del matrimonio (art. 73.1 CC).

La supresión, como causa de separación, del incumplimiento de los deberes conyugales, operada por la Ley 15/2005, de 8 de julio, no es argumento para negar la juridicidad[143] de los deberes conyugales, pues esta nueva orientación legal se explica en un planteamiento general, de eliminación de todas las causas de separación o divorcio, distintas de la mera voluntad de los cónyuges de seguir conviviendo.

La Ley 15/2005 ha suprimido, así, todas las causas de separación o divorcio contempladas en el Derecho anterior, las cuales giraban, básicamente, en torno a la idea del "cese efectivo de la convivencia conyugal", a través del cual tenía lugar la constatación objetiva de la quiebra del matrimonio, exigiéndose, a este respecto, el transcurso de una serie de plazos, de duración variable, que podían llegar hasta los cinco años, en ausencia de una previa demanda de separación, si lo que había existido era una separación de hecho, impuesta por uno de los cónyuges al otro.

Actualmente se establece como única causa de separación o divorcio la voluntad de ambos cónyuges o de uno sólo de ellos, con tal de que ésta se manifieste, una vez transcurridos tres meses desde la celebración del matrimonio, plazo, que no es necesario que se cumpla, cuando se acredite la existencia de un riesgo para la vida, la integridad física, la libertad, la integridad moral o libertad o indemnidad sexual del cónyuge demandante o de los hijos de ambos o de cualquiera de los miembros del matrimonio, según resulta de la actual redacción del art. 86 CC.

Se ha admitido, pues, no sólo el divorcio por mutuo consentimiento, sino el divorcio por mera voluntad de uno sólo de los cónyuges, el cual podrá imponer al otro su decisión de disolver el matrimonio, en cualquier momento, sin necesidad de acreditar ninguna situación objetiva de cese efectivo de la convivencia.

143 *Vid.* en este sentido A. M.ª Rodríguez Guitián: "De nuevo sobre la reparación", cit., quien considera que "La razón de tan profunda modificación legal no radica seguramente tanto en una pérdida absoluta del carácter jurídico de los deberes conyugales como en que el legislador ha buscado reconocer una mayor trascendencia a la voluntad de una persona de no seguir vinculada a su cónyuge, en virtud del respeto al libre desarrollo de la personalidad del art. 10 CE de 1978".

En la Exposición de Motivos de la Ley 15/2005 se justifica esta nueva regulación del divorcio en el principio constitucional de libre desarrollo de la personalidad y en la idea de que cuando una persona ha llegado a la convicción de que su matrimonio ya no es cauce de desarrollo de su personalidad, se le debe permitir acudir al divorcio de manera inmediata, afirmándose en ella que "el ejercicio de su derecho a no continuar casado no puede hacerse depender de la demostración de la concurrencia de causa alguna".

Contra lo que a veces se afirma, creo que la sentencia a la que nos estamos refiriendo, no creó jurisprudencia, pues, aunque existe una sentencia anterior, que resolvió un caso semejante a aquélla, ésta no contenía la misma *ratio decidendi.*

b) Otra sentencia[144] contempló también una demanda de resarcimiento, que presuponía la infidelidad de la mujer. El matrimonio se había contraído canónicamente en 1956. Los cónyuges se separaron canónicamente en 1974, por sevicias y adulterio del marido, y en 1976 recaería sentencia de nulidad canónica. En 1990 se practicó una prueba de paternidad, que dio como resultado que uno de los hijos nacidos durante el matrimonio no era del marido, quien interpuso una demanda de reparación del daño moral sufrido, por "el comportamiento doloso de la demandada al ocultar la verdadera paternidad".

El TS no estimó el recurso interpuesto por quien se había creído padre sin serlo, pero no fundamentó su fallo en la afirmación de que el incumplimiento de los deberes conyugales no puede dar lugar a una reparación de daños y perjuicios, como, en cambio, haría la posterior sentencia de 30 de julio, sino en la consideración de que no habían quedado acreditados los hechos aducidos por el demandante y recurrente, esto es, que la mujer había sabido y ocultado la filiación extramatrimonial del hijo. Por otro lado, parece que en este supuesto no podía alegarse la infidelidad de la mujer, cuando el propio demandante había incurrido en la misma conducta, ya que la sentencia canónica de separación tuvo como causa sus sevicias y adulterio.

A mi parecer, la tesis sustentada por la primera de las sentencias a la que nos hemos referido es errónea, porque la obligación de fidelidad, que tiene evidente conexión con la de respeto mutuo, es un auténtico deber jurídico.

---

144 STS 22 julio 1999 (*Tol 1993913*).

Es verdad que el adulterio fue despenalizado por la Ley de 28 de mayo de 1978, pero una cosa es que se suprima la tutela penal de la obligación de fidelidad (lo que es razonable, en atención al carácter subsidiario y de último remedio que ha de tener el Derecho penal) y otra cosa, muy distinta, es que se le prive de tutela civil, a través del art. 1902 CC.

c) La tercera de las sentencias[145] fue neutra y, a mi parecer, era especialmente importante, no tanto por lo que dice, sino, sobre todo, por lo que no dice. El actor y recurrente solicitaba, entre otros conceptos, una indemnización de 100.000 euros por daño moral derivado del deterioro de su fama y honor por el conocimiento de la infidelidad de su ex esposa y la pérdida del vínculo con su hija.

El Tribunal Supremo, confirmando la sentencia recurrida, desestimó el recurso, pero no por razones de fondo. De hecho, a diferencia de lo que había declarado la primera de las sentencias citadas, en ningún momento, excluyó la posibilidad de resarcimiento del daño moral provocado por el incumplimiento de la obligación de fidelidad, sino que decide el caso por entender prescrita la acción ejercitada[146].

---

[145] STS 14 julio 2010 (*Tol 1944661*).

[146] La sentencia recurrida había rechazado que los hechos constituyeran un supuesto de daños continuados, afirmando que "aunque la jurisprudencia sobre daños continuados o de producción sucesiva e ininterrumpida declara que el plazo de prescripción no comienza a contar hasta la producción del definitivo resultado, también matiza que esto es así cuando no es posible fraccionar en etapas diferentes o hechos diferenciados la serie proseguida", para posteriormente añadir que "en el caso examinado sí cabe ese fraccionamiento o separación según los hechos probados puestos en relación con las alegaciones, fundamentos y peticiones de la demanda". En base a esto, analiza las diferentes partidas exigidas por el actor, que pudo y debió haber reclamado mucho antes de la fecha de interposición de la demanda (15 noviembre 2005): "300.000 euros en concepto de daño moral por la pérdida de una hija a consecuencia de la declaración judicial de no ser su padre biológico, hecho coincidente con la fecha de la sentencia de 2003 a partir de la cual pudo ejercitar la acción; 100.000 euros por daños morales derivados de los daños físicos y secuelas psicológicas producidas por la separación matrimonial, acordada en sentencia de 12 de junio de 2002, reconociéndose en la demanda que el actor había sufrido un síncope en marzo y añadiéndose que el 3 de septiembre sufrió otro y se le implantó un marcapasos; 100.000 euros por daño moral derivado del deterioro de su fama y honor por el conocimiento de la infidelidad de su ex esposa y la pérdida del vínculo con su hija, declarado judicialmente el 27 de marzo de 2003; y, en fin, 14.638'13 euros por daño patrimonial y enriquecimiento injusto derivado de haber criado, educado y alimentado como hija suya

d) La cuarta sentencia[147] es definitiva y parece zanjar la cuestión, a nivel jurisprudencial, por proceder del Pleno de la Sala Primera del TS, la cual ha casado la sentencia recurrida, que había condenado a la exmujer demandada a resarcir a su exmarido (con 15.000 euros), por el daño moral ocasionado, "dada la situación de clara frustración y desasosiego de quien durante mucho tiempo ha tenido relación, contacto y cariño con quien pensaba que era su hijo, para luego enterarse que se trataba de un hijo ajeno", lo que le originó un estado de baja por daños psicológicos.

A tal efecto se afirma, tajantemente, que el ocultamiento doloso de la verdadera filiación biológica del hijo que el marido creía ser suyo no da lugar a un daño moral resarcible, negando, así, la aplicación de los preceptos generales de la responsabilidad civil, contractual (art. 1101 CC) o

---

a quien no lo era, incluyendo en tal reclamación las transferencias hechas a la demandada desde el 2 de abril de 2001 hasta el 3 de noviembre de 2003".
Acoge el TS la tesis de la Audiencia de no encontrarnos ante un caso de daños continuados al ser posible diferenciar el origen de los distintos daños por los que se reclama indemnización y acepta como momento inicial del plazo de prescripción el establecido en la sentencia de instancia pues, dice el alto tribunal, "ni la separación conyugal es en sí misma ilícita, como tampoco lo es que el cónyuge ya separado conviva con otra persona, ni desde luego cabe encuadrar en el concepto de daño continuado, a los efectos jurídicos de que no comience a correr el plazo de prescripción de la acción, el recuerdo más o menos periódico, más o menos intenso u obsesivo, de lo sucedido anteriormente, incluso aunque este recuerdo pueda repercutir en el estado de salud del sujeto, ya que de admitir semejante identificación el inicio del plazo de prescripción se prolongaría indefectiblemente, en todos los casos imaginables, hasta la muerte del propio sujeto, y por ende incluyendo la propia muerte entre los daños imputables al demandado por su conducta en cualquier tiempo pasado".
Por otra parte, el TS detecta una incongruencia en el recurso, al invocar el actor, de un lado, su incapacidad reconocida en un informe médico del día 16 de noviembre de 2005 (un día después de la fecha de presentación de la demanda), su ingreso hospitalario de 13 de enero de 2006 y la resolución de 12 de mayo siguiente como prueba de la continuidad o progresividad del daño, al tiempo que afirma, por otro lado, que el plazo de prescripción debe comenzar a correr en septiembre de 2005, coincidiendo con la fecha del informe médico que constata su "empeoramiento" y "la producción del definitivo resultado". Por todo ello, entiende el TS que el recurrente debió haber ido por la vía de los daños permanentes, a la vista del planteamiento del motivo, "que presenta como continuación o agravación de los daños hechos posteriores a la propia presentación de la demanda para, después, situar incoherentemente el comienzo del plazo de prescripción en una fecha anterior".

147 STS 13 noviembre 2018 (*Tol 6919709*).

extracontractual (art. 1902 CC), en orden a la reparación de dicho daño. El TS emplea una serie de argumentos que, en parte, reproducen lo ya dicho, por la sentencia primeramente comentada, aunque de modo más desarrollada.

1º) En primer lugar, la negación del carácter jurídico de las obligaciones matrimoniales. Niega, así, que el daño "sea indemnizable mediante el ejercicio de las acciones propias de la responsabilidad civil, contractual o extracontractual, a partir de un juicio de moralidad indudablemente complejo y de consecuencias indudablemente negativas para el grupo familiar"; y afirma que "se trata de unos deberes estrictamente matrimoniales y no coercibles jurídicamente con medidas distintas".

No reiteraré lo ya dicho, respecto a la indiscutible juridicidad que, a mi entender, tienen los derechos-deberes matrimoniales. Hay constatar, sin embargo, que el TS está confundiendo planos diversos: por un lado, el del resarcimiento del daño moral resultante de la estricta infidelidad (sea de la mujer o del marido); y, por otro, la reparación del ocasionado por el ocultamiento doloso de la paternidad biológica del hijo matrimonial, concebido como consecuencia de la infidelidad del otro cónyuge: evidentemente, los hechos que generan uno y otro daño no son los mismos (ni tampoco su reproche jurídico), aunque el segundo tenga como presupuesto el primero.

Además, el hecho cierto de que los cónyuges no puedan reclamarse el cumplimiento de sus obligaciones recíprocas por vía judicial no significa que no tengan carácter jurídico, sino que ello se explica por su naturaleza personalísima, que lleva a la imposibilidad práctica de su imposición coactiva por parte del Estado, lo que mermaría la libertad personal y la integridad física y moral de los esposos. No se puede pretender aplicar al matrimonio los esquemas propios del contrato, en concreto, el cumplimiento forzoso en forma específica de las obligaciones; y ello, porque el matrimonio no es un contrato, sino un negocio jurídico de Derecho de familia, que afecta profundamente a la persona de los cónyuges, en la medida en que les impone una plena comunidad de vida, material y espiritual, la cual no tiene parangón posible con ninguna de las relaciones jurídicas nacidas de la celebración de un contrato. Por otra parte, incluso en el ámbito de los negocios de carácter patrimonial, se excluye la ejecución específica de las obligaciones contractuales en los casos en los que la naturaleza de la obligación o su carácter personalísimo (*intuitu personae*) haga inviable tal ejecución.

La errónea posición de partida del TS hace que el mismo afirme que el daño indemnizable a supuestos que no tienen "su origen en el incumplimiento de los deberes propios del matrimonio, como es el deber de fidelidad del artículo 68 del Código Civil, sino en la condición de persona afectada por la acción culposa o negligente de quien lo causa".

Se olvida, así, que la condición jurídica de casado no es la misma que la de soltero: quien contrae matrimonio asume voluntariamente un conjunto de derechos y deberes que integran un estado civil diverso al de no casado. Pero es que, además, estamos ante un daño moral que puede afectar a una persona no casada, respecto de la cual — obviamente— no hay obligación de fidelidad, ni juega la presunción de paternidad derivada del hecho de estar casado con la madre, pues no lo está: sin embargo, ésta, mediante afirmaciones falsas, puede inducirle a pensar que el hijo es suyo y, como consecuencia de ello, reconocerlo: si después llega a saber que, en realidad, no lo es, puede sufrir un daño moral semejante (aunque no idéntico) al que el TS se niega a reparar.

Por otro lado, es evidente, que, en ningún caso, estamos un juicio sobre la moralidad del cónyuge infiel, sino ante un juicio estrictamente jurídico, consistente en determinar si concurren los requisitos de la responsabilidad civil: no se trata tampoco de sancionar civilmente el comportamiento del cónyuge infiel, sino de reparar el daño moral causado por su infidelidad, cuya existencia en el supuesto enjuiciado es innegable.

2°) Un segundo argumento, usado por la sentencia comentada, es el de que el resarcimiento del daño moral al que nos venimos refiriendo causaría "consecuencias indudablemente negativas para el grupo familiar".

No estoy muy seguro de a qué consecuencias negativas se refiere dicha afirmación. No creo que se esté pensando en la ruptura de la paz familiar, pues la misma ya fue truncada como consecuencia de la constatación de la infidelidad (de hecho, cuando se interpone la demanda de resarcimiento, los cónyuges ya estaban divorciados).

Quizás el TS esté pensando en el riesgo, sobre el que llamaba la atención la primera de las sentencias comentadas de que "cualquier causa de alteración de la convivencia matrimonial, obligaría a indemnizar".

No obstante, no creo que la infidelidad, seguida de la ocultación dolosa de la verdadera filiación biológica del hijo matrimonial, sea una circunstancia de poca entidad, además, de que lo lógico es pensar que cuando se plantea una demanda de estas características la convivencia matrimonial ya no existe.

3º) Un tercer argumentado empleado es el apriorismo conceptual (carente de cualquier apoyo legal expreso) de considerar que las normas de Derecho de familia constituyen un sistema cerrado y completo, que excluye la posibilidad de acudir a normas generales, en este caso, las del Código civil en materia de responsabilidad civil[148]. De ahí que repitiendo lo ya dicho por la primera de las sentencias comentadas, afirme que "Conductas como la enjuiciada tienen respuesta en la normativa reguladora del matrimonio [...] mediante la separación o el divorcio".

Sin embargo, lo cierto es que este argumento ha perdido peso tras la reforma de 2005, por la que se han suprimido las antiguas causas de separación y divorcio y, entre ellas, las contempladas en el número 1º del art. 86 CC en su anterior redacción. Es más, una vez suprimida la causa de separación basada en el incumplimiento de los deberes conyugales, parece inevitable hacer entrar en juego las reglas de la responsabilidad civil para asignarles alguna consecuencia, si no se les quiere privar de trascendencia jurídica y convertirlos en meros imperativos éticos, lo que no casa con el claro tenor de los arts. 67 y 68 CC, que —recordemos— hablan de "deberes" y de "obligaciones".

A ello hay que añadir que el propio TS, en ocasiones, ha aplicado, sin ningún problema, normas generales de responsabilidad contractual y extracontractual para condenar a reparar daños morales causados en el ámbito familiar (ya lo hemos visto el caso de los daños derivados de la nulidad

---

148 Este argumento es rechazado por la actual jurisprudencia italiana, que niega el carácter de sistema cerrado del Derecho de familia y da entrada a las normas generales de responsabilidad civil en el ámbito de las relaciones familiares, acudiendo, en particular, a la responsabilidad civil extracontractual para reparar el daño moral derivado de una infidelidad que da lugar a la lesión de un derecho o bien constitucionalmente protegido. *Cfr.* en este sentido Cass. Civ. 10 mayo 2005, n. 9801, *Giur. it.*, 2006, abril, c. 693; Cass. Civ., sez. I, 15 septiembre 2011, n. 18853; e Cass. Civ., sez. III, 7 marzo 2019, n. 6598, *Guida al diritto*, 2019.
Por lo demás, el carácter de sistema abierto del Derecho de familia es indiscutido en la actual doctrina italiana. *Vid.* al respecto, entre otros, C. M. Bianca: *Diritto civile*, cit., pp. 47-48; A. Bizzarro: "Famiglie e responsabilità", *Actualidad Jurídica Iberoamericana*, nº 3, 2015, p. 145 ss.; G. Carapezza Figlia: "Violación de los deberes conyugales y responsabilidad civil: la experiencia italiana", *Actualidad Jurídica Iberoamericana*, nº 4 ter, 2016, p. 260 ss.; E. Carbone: "Réquiem", cit., c. 700; R. Marini: "Infedeltà coniugale e damno", *Dir. fam. per.*, 2018, fasc. 3, septiembre, p. 1021 ss.; C. Petta: "Alcune considerazioni sulla natura giuridica della responsabilità da illecito endofamiliare e sulla sua estensibilità all'interno della famiglia di fatto", *Actualidad Jurídica Iberoamericana*, nº 3, 2015, p. 105 ss.; R. Tommasini: "I rapporti personali nela famiglia", *Dir. famiglia*, 2006, fasc. 2, p. 681 ss.

matrimonial y, posteriormente, veremos, el de la obstaculización de las relaciones del otro progenitor con los hijos comunes).

Creo, en fin, que la sentencia comentada merece una valoración negativa, en cuanto cierra el camino hacia el resarcimiento de un daño moral, sobre cuya reparación existía un importante consenso doctrinal y jurisprudencial (al menos por cuanto respecta al supuesto de infidelidad acompañado de ocultamiento de la paternidad biológica, como demuestran las numerosas sentencias de instancia recaídas sobre la materia)[149]; y ello, con argumentos teóricos muy discutibles (y poco desarrollados), alejándose, de este modo, de sentimientos comúnmente compartidos en la sociedad[150].

---

149 En la jurisprudencia de instancia se han estimado, en efecto, diversas pretensiones de resarcimiento por daño moral, que tenían como presupuesto el incumplimiento del deber de fidelidad.
En los fallos existe una línea argumental que se repite, que es la de considerar que, en sí mismo, el incumplimiento de la obligación de fidelidad no puede dar a un daño moral resarcible, sino que tiene que ir acompañado de un elemento que, de algún modo, lo cualifique, elemento referido (según los fallos), bien a la exigencia de un criterio de culpabilidad reforzado (dolo) [SAP Valencia 2 noviembre 2004 (AC 2004, 1994) o León 30 enero 2009 *(Tol 1491065)*], bien a la concurrencia de otro acto ilícito concomitante (señaladamente, el ocultamiento de la paternidad biológica del hijo que el marido cree erróneamente cree ser suyo) [SAP Barcelona 16 enero 2007 *(Tol 7530913)*], o bien a circunstancias que permitan calificar como grave el incumplimiento del deber conyugal [SAP Cádiz 3 abril 2008 *(Tol 1376794)*].

150 ¿Es coincidente la posición del TS con la mantenida con la Corte de Casación italiana?
Solo en parte, pues, aunque la Corte de Casación también admite que la vulneración de un deber conyugal (en particular, la infidelidad conyugal) no puede dar lugar al resarcimiento del daño moral, sino cuando origine la lesión de un derecho constitucionalmente protegido, sin embargo (a diferencia del TS), admite con toda claridad, el carácter jurídico de las obligaciones conyugales y niega el carácter de sistema cerrado del Derecho de familia. *Vid.* a este respecto Cass. Civ., sez. I, 15 septiembre 2011, n. 18853; e Cass. Civ., sez. III, 7 marzo 2019, n. 6598, *Guida al diritto*, 2019, 17, 33, que consagran la siguiente máxima: "I doveri che derivano ai coniugi dal matrimonio hanno natura giuridica e la loro violazione non trova necessariamente sanzione unicamente nelle misure tipiche previste dal diritto di famiglia, quale l'addebito della separazione, discendendo dalla natura giuridica degli obblighi suddetti che la relativa violazione, ove cagioni la lesione di diritti costituzionalmente protetti, possa integrare gli estremi dell'illecito civile e dar luogo a un'autonoma azione volta al risarcimento dei danni non patrimoniali, ai sensi dell'articolo 2059 del codice civile".
Me pregunto hasta qué punto la posición de la Corte de Casación no encuentra explicación en la circunstancia de que el art. 2059 del Código civil italiano solo permite la reparación del daño moral en los casos expresamente previstos por la

V. OBSTACULIZACIÓN DE LAS RELACIONES DEL OTRO PROGENITOR CON LOS HIJOS COMUNES

Por último, me referiré a la cuestión del resarcimiento del daño moral originado por una intromisión ilegítima en las relaciones familiares, que no procede de las administraciones públicas, sino del otro progenitor[151].

---

ley, entre los cuales no se encuentra el incumplimiento de los deberes conyugales; quizás, por ello, se reconduce la cuestión al ámbito de la lesión de los derechos y bienes constitucionalmente protegidos, con el fin de poder reforzar la calificación del carácter antijurídico del comportamiento del infractor.

En cualquier caso, la jurisprudencia italiana considera que hay vulneración de un derecho constitucionalmente protegido en casos en los que, si nos atenemos a la doctrina sentada por el TS, raramente darían lugar a la estimación de una demanda de resarcimiento de daños y perjuicios antes los tribunales españoles.

Así Cass. Civ., sez. I, 15 septiembre 2011, n. 18853, *Dir. fam. pers.*, 2012, fasc. 1, p. 159, observa que procederá el resarcimiento cuando la infidelidad ocasione una lesión del derecho a la salud del cónyuge (que deberá ser cumplidamente probada desde el punto de vista del requisito del nexo de causalidad) y "ove l'infedeltà per le sue modalità abbia trasmodato in comportamenti che, oltrepassando i limiti dell'offesa di per sé insita nella violazione dell'obbligo in questione, si siano concretizzati in atti specificamente lesivi della dignità della persona, costituente bene costituzionalmente protetto". En el caso concreto casó la sentencia recurrida, que no había estimado la demanda de la mujer, que pedía al risarcimento dei danni (biologico ed esistenziale) causatile dalla violazione dei doveri nascenti dal matrimonio e, in particolare, dall'obbligo di fedeltà, avvenuto con modalità per lei particolarmente frustranti, stante la notorietà della relazione da lui intrattenuta con altra donna, anch'essa sposata.

Cass. Civ., sez. I, 1 junio 2012, n. 8862, *Fam. e dir.*, 2013, p. 123, afirma che la responsabilità tra coniuge non si fonda sulla mera violazione dei doveri matrimoniali "ma sulla lesione, a seguito dell'avvenuta violazione di tali doveri, di beni inerenti la persona umana, come la salute, la privacy, i rapporti relazionali, etc". Casó también la sentencia recurrida, que no había considerado, ni siquiera para negarlas, las incidencias que, según la demandante, habían tenido sobre su salud, *privacy* y reputación la infidelidad de su marido.

151 El tema ha sido estudiado con detenimiento en la doctrina argentina por A. Kemelmajer de Carlucci: "Daños y perjuicios causados al progenitor por la obstaculización del derecho a tener una adecuada comunicación con un hijo. Una interesante sentencia italiana", *Revista de Derecho de Daños* (Buenos Aires), nº 2, 2001, pp. 285 y ss., la cual, aunque de manera prudente, se manifiesta en favor del resarcimiento del daño moral, cuando concurran los requisitos de la responsabilidad civil extracontractual, precisando la autora que la dificultad de probar su existencia no debe conducir a la improcedencia de la reparación (p. 303).

El resarcimiento exige, sin duda, una injerencia de los poderes del Estado, concretamente, del poder judicial en un ámbito, respecto del cual, tradicionalmente, la responsabilidad civil ha sido una institución extraña, lo cual encontraba sentido en el marco de una familia de tipo patriarcal, donde el padre y marido ostentaba la jefatura de la misma, por lo que la injerencia del Estado en ella era mínima. Sin embargo, como ya se ha dicho, la familia evoluciona y, progresivamente, los jueces empiezan a intervenir para garantizar la efectividad de los derechos y la protección de los intereses legítimos de las personas que la forman. Pero, para ello, han de vencerse ciertos perjuicios, entre otros, el apriorismo conceptual de considerar que las normas de Derecho de familia constituyen un sistema cerrado y completo, que excluye la posibilidad de acudir a normas generales, en este caso, las del Código civil en materia de responsabilidad civil extracontractual[152].

En la jurisprudencia española hay diversos fallos en los que se admite un resarcimiento de daño moral derivado de un comportamiento del otro progenitor, calificado como ilícito penal, por desobediencia de la resolución judicial que fija el régimen de visitas[153].

Pero hay también resoluciones que abordan la cuestión del resarcimiento del daño moral por obstaculización de las relaciones paterno-filiales desde un punto de vista estrictamente civil, entre las que destaca la importante sentencia del TS, que podemos calificar de innovadora[154].

Si no me equivoco, se trata de la primera sentencia del TS en la que, revocándose la dictada por la Audiencia, se reconoce la indemnización del daño moral sufrido por el padre, a quien la madre había impedido la relación personal con el hijo reconocido y a quien el Juzgado competente había atribuido la guarda y custodia del mismo.

Se trata, pues, de una resolución puntera en el campo de la responsabilidad civil en el ámbito de las relaciones familiares, máxime, cuando en la jurisprudencia de instancia, como acabamos de relatar, se había negado la indemnización de este tipo de daño moral.

---

152 Así, M. Martín-Casals y J. Ribot: "Damages in family matters in Spain: exploring uncharted new land or backsliding", *Che International Survey of Family Law*, 2010, p. 351, consideran que los conflictos en materia de Derecho de familia deben resolverse conforme a las específicas normas dictadas al efecto, excluyendo la posibilidad de acudir a las reglas generales de responsabilidad civil.

153 Éste es el caso de la SAP Tarragona 27 octubre 2008 (*Tol 1440146*) o de la SAP Zaragoza 26 mayo 2009 (*Tol 375094*).

154 STS 30 junio 2009 (*Tol 1570770*). *Vid.* al respecto C. González Beilfuss y M. Navarro Michel: "Sustracción internacional de menores y responsabilidad civil (Comentario a la Sentencia del Tribunal Supremo de 30 de junio de 2009)", *Revista Jurídica de Cataluña*, n. 3-2010, pp. 805-834; y J. Marín García: "Comentario a la STS de 30 de junio de 2009", *Cuadernos Civitas de Jurisprudencia Civil*, n. 84-2010.

En el caso litigioso el padre había demandado a la madre, con quien había mantenido una relación sentimental, de la que nació un hijo, que posteriormente reconoció, así como a la Iglesia de la Cienciología, en la que la madre había ingresado después de tener el niño, a quien se llevó a Estados Unidos, sin permitir que el demandante tuviera relaciones con él, a pesar de existir resoluciones de Tribunales españoles, que le habían atribuido la guarda y custodia del menor, las cuales no pudieron ser ejecutadas en América.

El TS no condena a la Iglesia de la Cienciología, por no haberse probado la influencia que la misma pudiera haber ejercido en la decisión de la madre "y para proteger el principio de libertad religiosa recogido en el art 16 CE"; y porque "Además, no puede serles atribuida ninguna acción u omisión dirigida a impedir las relaciones entre padre e hijo".

Pero sí condena a la madre, constatando que "efectuó un acto contrario a derecho en un doble sentido, en primer lugar, impidiendo que el menor [...] pudiese relacionarse con su padre, vulnerando así el artículo 160 CC, y en segundo lugar, oponiéndose a la ejecución de la sentencia que otorgaba la guarda y custodia del hijo a su padre, que conocía perfectamente [...] Por tanto, conociendo el contenido de las diversas sentencias que ella misma recurrió, debe considerarse que hubo una acción deliberada dirigida a cometer un acto consistente en impedir las relaciones paterno-filiales".

Respecto del daño moral reclamado afirma que "El problema de las relaciones entre los progenitores separados en orden a la facilitación de los tratos de quien no convive con los hijos cuya guarda y custodia ha sido atribuida al otro progenitor presenta problemas complejos hasta el punto de que en diversas reuniones internacionales se ha venido manteniendo el principio de sanción al progenitor incumplidor para proteger no sólo el interés del menor, sino el de quien no convive con el hijo".

En cualquier caso, acaba reconociendo la posibilidad de su resarcimiento. Dice, así, que "El daño existe en este caso y no consiste únicamente en la imposibilidad de ejercicio de la patria potestad y del derecho de guarda y custodia, porque en este caso sólo podría ser reclamado por el menor afectado por el alejamiento impuesto por el progenitor que impide las relaciones con el otro, sino que consiste en la imposibilidad de un progenitor de tener relaciones con el hijo por impedirlo quien se encuentra de hecho a cargo del menor"; y, más adelante: "En consecuencia de lo dicho, hay que concluir que el daño a indemnizar en este caso es exclusivamente el daño moral ocasionado por quien impide el ejercicio de la guarda y custodia atribuida al otro en una decisión judicial e impide las relaciones con el otro progenitor y ello con independencia de que se pueda, al mismo tiempo y de forma independiente, ejercitar las acciones penales por desobediencia".

La sentencia, pues, constituye un importante avance en orden a romper el "prejuicio", al que nos hemos referido, consistente en considerar que las normas de derecho de familia constituyen un sistema cerrado, que no permite la aplicación de normas o principios generales tendentes al resarcimiento, "prejuicio" éste, que carece de fundamento legal y que aparece contradicho en esta resolución judicial.

Por cuanto se refiere al concreto tema de la valoración del daño moral, el demandante había solicitado 35.000.000 de pesetas (5.000.000 de pesetas por cada año de imposibilidad de relacionarse con el menor). El TS afirma que, teniendo en cuenta que el padre no había reclamado los daños materiales que le pudieran haber ocasionado los procedimientos iniciados durante los años siguientes a la desaparición del hijo menor, "considera adecuada[155] la cantidad de 60.000 euros, teniendo en cuenta, además, que el daño es irreversible".

155 J. Marín García: "Comentario a la STS de 30 de junio de 2009", *CCJC*, nº 84/2010, p. 1390, afirma, a este respecto, que "El Tribunal Supremo renuncia a cercenar la discrecionalidad judicial en la cuantificación del daño moral, pues es fiel a la convicción de que esta categoría de perjuicio no puede cuantificarse de acuerdo con pautas objetivas".